해커스
IFRS
정윤돈
재무회계연습

KB194169

해커스 경영아카데미

┃ 이 책의 저자

정윤돈

학력
성균관대학교 경영학과 졸업

경력
현 ┃ 해커스 경영아카데미 교수
해커스공무원 교수
해커스금융 교수
미래세무회계 대표 회계사
삼일아카데미 외부교육 강사

전 ┃ 삼정회계법인 감사본부(CM본부)
한영회계법인 금융감사본부(FSO)
한영회계법인 금융세무본부(FSO TAX)
대안회계법인 이사
이그잼 경영아카데미 재무회계 전임(회계사, 세무사)
합격의 법학원 재무회계 전임(관세사, 감평사)
와우패스 강사(CFA-FRA, 신용분석사, 경영지도사)
KEB하나은행, KB국민은행, 신한은행, IBK기업은행,
부산은행 외부교육 강사

자격증
한국공인회계사, 세무사

저서
해커스 IFRS 정윤돈 회계원리
해커스 IFRS 정윤돈 중급회계 1/2
해커스 IFRS 정윤돈 고급회계
해커스 IFRS 정윤돈 재무회계 키 핸드북
해커스 IFRS 정윤돈 객관식 재무회계
해커스 세무사 IFRS 정윤돈 재무회계 1차 FINAL
해커스 IFRS 정윤돈 재무회계연습
해커스공무원 정윤돈 회계학 재무회계 기본서
해커스공무원 정윤돈 회계학 원가관리회계 · 정부회계 기본서
해커스공무원 정윤돈 회계학 단원별 기출문제집
해커스 신용분석사 1부 이론 + 적중문제 + 모의고사
IFRS 중급회계 스터디가이드
IFRS 재무회계 기출 Choice 1/2
IFRS 객관식 재무회계 1/2
신용분석사 완전정복 이론 및 문제 1/2
신용분석사 기출 유형 정리 1부
신용분석사 최종정리문제집 1/2부

머리말

／

재무회계 학습에 있어서 가장 중요한 것은 '각 거래가 재무제표에 어떠한 영향을 가져오는지'를 파악하는 것입니다. 이를 위해 여러 교재들이 각 거래를 회계처리나 그림, 산식 등을 이용하여 풀이하고 있지만, 이로 인해 수험생들이 각 거래에 따른 재무제표의 영향은 뒤로하고 오로지 회계처리와 그림 등만을 학습하는 실수를 범하고 있습니다. 재무회계를 효과적으로 학습하기 위해서는 거래별로 재무제표에 어떠한 영향이 발생하는지를 늘 고민하는 습관을 가지셔야 합니다.

본서의 특징은 아래와 같습니다.

첫째, 본서에 수록된 문제들은 공인회계사·세무사 2차 시험 대비를 목적으로 하여 공인회계사·세무사 시험에 가장 적합한 난이도의 문제와 시험에 자주 출제되는 문제들입니다. 또한 2023년까지 공인회계사·세무사 2차 시험에 출제된 문제 중 중요한 문제들을 모두 반영하였습니다.

둘째, 문제별로 난이도를 Level 1 ~ 5까지로 나누었습니다. Level 1은 기본서에서도 볼 수 있었던 문제들로서 재무회계를 어느 정도 학습하신 분들은 가벼운 마음으로 보시면 됩니다. Level 2와 3은 실제 시험과 비슷한 난이도의 문제들로서 반복해서 풀이하여 정확히 숙지하는 것이 중요합니다. Level 4는 유예 수험생들을 대상으로 하여 종합문제 형식으로 구성하였으며, Level 5의 경우 출제 빈도가 낮은 문제들로 구성하여 난도 높은 문제를 통해 심화 학습할 수 있도록 하였습니다.

셋째, 주제별로 문제를 나누고 해당 주제에서 나올 수 있는 모든 유형의 문제를 수록하여 다양한 문제를 풀어보고 철저한 시험 대비가 가능하도록 하였습니다.

넷째, 복잡한 계산 문제들은 분개 위주가 아닌 재무제표를 중심으로 해설을 기재하였습니다.

마지막으로 바쁘고 늘 피곤해하는 부족한 남편을 사랑해주고 아껴주는 아내 현주와 살아가는 이유를 주는 딸 소은, 소율에게 사랑한다는 말 전합니다.

정윤돈

목차

제2장 / 재고자산

제3장 / 유형자산

제4장 / 기타의 자산

I 투자부동산

II 무형자산의 최초 취득 및 후속측정

III 매각예정비유동자산 및 처분자산집단

제5장 / 충당부채

I 충당부채의 인식과 측정

II 충당부채의 사례

제6장 / 자본

제7장 / 금융자산

제10장 / 리스

목차 해커스 IFRS 정윤돈 재무회계연습

제11장 / 종업원급여와 주식기준보상거래

I 종업원급여

II 퇴직급여

III 주식결제형 주식기준보상거래

IV 주식결제형 주식기준보상거래의 특수상황

V 현금결제형 주식기준보상거래

VI 선택형 주식기준보상거래

목차 해커스 IFRS 정윤돈 재무회계연습

제14장 / 회계변경과 오류수정

I 회계추정치의 변경

II 회계정책의 변경

III 오류수정

제15장 / 현금흐름표

I 영업활동으로 인한 현금흐름 - 직접법

II 투자·재무활동으로 인한 현금흐름

III 영업활동으로 인한 현금흐름 - 간접법

제16장 / 사업결합과 합병회계

I 사업결합과 합병회계

제17장 / 관계기업 투자주식

I 관계기업 투자주식

제18장 / 연결회계

I 연결회계

제19장 / 외화환산과 파생상품

I 외화환산과 파생상품

제 1 장

고객과의 계약에서 생기는 수익

해커스 IFRS 정윤돈 재무회계연습

I 고객과의 계약에서 생기는 수익의 인식 5단계

문제 1 표시 - Level 1

12월 말 결산법인인 ㈜한영은 20×1년 1월 1일 고객에게 3월 31일에 제품을 이전하는 계약을 체결하였다. 고객은 계약에 따라 20×1년 1월 31일에 대가 ₩1,000을 미리 지급하여야 한다. 그런데 고객은 20×1년 3월 1일에 대가를 지급하였다. ㈜한영은 20×1년 3월 31일에 제품을 이전하는 수행의무를 이행하였다.

물음 1 ㈜한영이 고객과 체결한 계약이 **취소할 수 있는 계약**이라고 할 경우 각 일자에 해야 할 회계처리를 하시오.

물음 2 ㈜한영이 고객과 체결한 계약이 **취소할 수 없는 계약**이라고 할 경우 각 일자에 해야 할 회계처리를 하시오.

물음 3 위 물음과 독립적으로 다음은 ㈜대한의 20×1년과 20×2년의 수취채권, 계약자산, 계약부채에 대한 거래이다.

[공인회계사 1차 2019년 수정]

(1) ㈜대한은 고객에게 제품을 이전하기로 한 약속을 수행의무로 식별하고, 제품을 고객에게 이전할 때 각 수행의무에 대한 수익을 인식한다.

(2) ㈜대한은 20×2년 1월 31일 ㈜민국에게 제품 A를 이전하는 **취소 불가능 계약**을 20×1년 10월 1일에 체결하였다. 계약에 따라 ㈜민국은 20×1년 11월 30일에 대가 ₩1,000 전액을 미리 지급하여야 하나 ₩300만 지급하였고, 20×2년 1월 15일에 잔액 ₩700을 지급하였다. ㈜대한은 20×2년 1월 31일에 제품 A를 ㈜민국에게 이전하였다.

(3) ㈜대한은 ㈜만세에게 제품 B와 제품 C를 이전하고 그 대가로 ₩1,000을 받기로 20×1년 10월 1일에 계약을 체결하였다. 계약에서는 제품 B를 먼저 인도하도록 요구하고, 제품 B의 인도대가는 제품 C의 인도를 조건으로 한다고 기재되어 있다. ㈜대한은 제품의 상대적 개별 판매가격에 기초하여 제품 B에 대한 수행의무에 ₩400을, 제품 C에 대한 수행의무에 ₩600을 배분한다. ㈜대한은 ㈜만세에게 20×1년 11월 30일에 제품 B를, 20×2년 1월 31일에 제품 C를 각각 이전하였다.

상기 거래에 대하여 20×1년 12월 31일 현재 ㈜대한의 수취채권과 계약자산, 계약부채금액은 각각 얼마인가? (단, 기초잔액은 없는 것으로 가정한다)

─┤ 풀이 ├─

물음 1 취소할 수 있는 계약 회계처리

20×1년 1월 1일	- 회계처리 없음 -				
20×1년 1월 31일	- 회계처리 없음 -				
20×1년 3월 1일	차) 현금	1,000	대) 계약부채	1,000
20×1년 3월 31일	차) 계약부채	1,000	대) 계약수익	1,000

☑ 계약을 취소할 수 있으므로 대가의 지급기일인 20×1년 1월 31일에 ㈜한영은 대가를 받을 무조건적인 권리를 갖지 못한다.

물음 2 취소할 수 없는 계약 회계처리

20×1년 1월 1일	- 회계처리 없음 -				
20×1년 1월 31일	차) 수취채권	1,000	대) 계약부채	1,000
20×1년 3월 1일	차) 현금	1,000	대) 수취채권	1,000
20×1년 3월 31일	차) 계약부채	1,000	대) 계약수익	1,000

☑ 계약을 취소할 수 없으므로 대가의 지급기일인 20×1년 1월 31일에 ㈜한영은 대가를 받을 무조건적인 권리를 갖기 때문에 수취채권으로 인식하여야 한다.

물음 3 (1) 20×1년 말 수취채권: 700

(2) 20×1년 말 계약자산: 400

(3) 20×1년 말 계약부채: 1,000

(4) 제품 A 회계처리

20×1년 11월 30일	차) 현금 차) **수취채권**	300 **700**	대) **계약부채** 대) **계약부채**	300 **700**
20×2년 1월 15일	차) 현금	700	대) 수취채권	700
20×2년 1월 31일	차) 계약부채	1,000	대) 계약수익	1,000

(5) 제품 B 회계처리

20×1년 11월 30일	차) **계약자산(제품 B)**	**400**	대) 계약수익	400
20×2년 1월 31일	차) 수취채권(제품 C) 차) 수취채권	600 400	대) 계약수익 대) 계약자산(제품 B)	600 400

참고 계약자산과 계약부채, 수취채권의 회계처리

수행의무 이행 O		현금수령 O	차) **현금**	×××	대) **계약수익**	×××
	현금수령 X	무조건적 권리 X	차) **계약자산**	×××	대) **계약수익**	×××
		무조건적 권리 O	차) **수취채권**	×××	대) **계약수익**	×××
수행의무 이행 X		현금수령 O	차) **현금**	×××	대) **계약부채**	×××
	현금수령 X	무조건적 권리 X	- 회계처리 없음 -			
		무조건적 권리 O	차) **수취채권**	×××	대) **계약부채**	×××

문제 2   계약의 변경(재화의 판매) - Level 2

20×1년 1월 1일 A사는 제품 120개를 고객에게 개당 ₩100에 판매하기로 계약하고, 향후 2개월에 걸쳐 고객에게 이전하기로 하였다. A사는 제품에 대한 통제를 한 시점에 이전한다. 20×1년 1월 중 기업이 제품 50개에 대한 통제를 고객에게 이전한 다음에, 추가로 제품 30개를 고객에게 납품하기로 계약을 변경하였다. 그 후 20×1년 2월 중 기존 계약 제품 40개와 추가 계약 제품 10개를 고객에게 이전하였다. 추가 제품은 최초 계약에 포함되지 않았다.

물음 1 계약을 변경할 때 추가 제품 30개에 대한 계약변경의 가격은 개당 ₩95이다. 추가 제품은 계약변경시점에 그 제품의 개별 판매가격을 반영하여 가격이 책정되고, 원래 제품과 구별된다. 이 경우 A사가 2월에 고객에게 이전한 기존 계약 제품 40개에 대한 수익인식액과 추가 계약 제품 10개에 대한 수익인식액을 구하시오.

물음 2 계약을 변경할 때 추가 제품 30개에 대한 계약변경의 가격은 개당 ₩95이다. 추가 제품은 계약변경시점에 그 제품의 개별 판매가격을 반영하여 가격이 책정되지 못했고, 원래 제품과 구별된다. 이 경우 A사가 2월에 고객에게 이전한 기존 계약 제품 40개에 대한 수익인식액과 추가 계약 제품 10개에 대한 수익인식액을 구하시오.

물음 3 고객은 20×1년 1월에 이전받은 최초 제품 50개에 그 인도된 제품 특유의 사소한 결함이 있음을 알게 되었다. A사는 그 제품의 결함에 대한 보상으로 고객에게 개당 ₩15씩 일부 공제를 약속하였다. 이 경우 A사가 1월에 고객에게 이전한 제품 50개에 대한 수익인식액을 구하시오.

물음 4 위 물음과 별도로 A사는 제품 판매와 관련하여 20×1년 9월 1일 고객에게 제품 100개를 개당 ₩4,000에 판매하기로 약속하였다. 제품은 6개월에 걸쳐 고객에게 이전된다. 20×1년 11월 30일까지 제품 60개에 대한 통제를 고객에게 이전하면서 현금 ₩240,000을 수령하였다. 20×1년 12월 1일 추가로 제품 50개를 납품하기로 계약을 변경하였다. 추가 제품 50개를 판매하는 협상을 진행하면서, 양 당사자는 처음에 판매되는 50개에 대하여 개당 ₩3,460에 합의하였다(개별 판매가격을 반영하지 않은 가격이다). 그러나 고객은 이전받은 최초 제품 60개에 결함이 있음을 알게 되었다. 기업은 그 제품의 결함에 대한 보상으로 고객에게 개당 ₩400씩 일부 공제를 약속하였다. 기업과 고객은 기업이 추가로 납품하는 제품 50개에 부과하는 가격에서 ₩24,000(= ₩400 × 제품 60개)을 공제하기로 합의하였다. 따라서 계약변경에서 추가 제품 50개의 가격을 ₩149,000, 개당 ₩2,980으로 정하였다. 또한, 20×1년 12월 31일까지 제품 20개에 대한 통제를 고객에게 이전하면서 현금 ₩30,000을 수령하였고 20×2년 3월 31일까지 제품 70개에 대한 통제를 고객에게 이전하면서 현금 ₩279,000을 수령하였다.

A사가 20×1년과 20×2년에 수익으로 계상할 금액을 아래의 양식에 따라 기재하고 해당 연도에 발생한 수익이 없으면 '없음'으로 기재하시오(단, A사의 보고기간은 매년 1월 1일부터 12월 31일까지이다).

구분	20×1년 수익으로 계상할 금액	20×2년 수익으로 계상할 금액
A사	①	②

물음 5 A사는 제품 100개(개당 ₩500)를 고객에게 판매하는 계약을 체결하였으며, 이 제품은 3개월에 걸쳐 고객에게 이전된다. A사는 한 시점에 각 제품에 대한 통제를 고객에게 이전한다. A사가 제품 50개를 이전한 후 계약을 변경하여 남은 제품 50개 중 30개(개당 ₩400으로 조정)만 이전하기로 계약을 변경하였다.

물음 5-1 계약변경 전에 이전한 제품 50개와 계약변경 후 이전할 제품 30개가 구별되는 경우에 계약변경 전에 이전한 제품 50개에 대한 수익과 계약변경 후 이전할 제품 30개에 대한 수익을 각각 구하시오.

물음 5-2 계약변경 전에 이전한 제품 50개와 계약변경 후 이전할 제품 30개가 구별되지 않는 경우에 계약변경 전에 이전한 제품 50개에 대한 수익과 계약변경 후 이전할 제품 30개에 대한 수익을 각각 구하시오.

→| 풀이 |

물음 1 (1) 기존 계약 제품 40개에 대한 수익인식액: 4,000

(2) 추가 계약 제품 10개에 대한 수익인식액: 950

근거

동 계약의 변경은 계약의 범위가 확장되고 확장된 부분은 개별 판매가격을 반영하였으므로 별도의 계약이다.

(1) 기존 계약 제품 40개에 대한 수익인식액: 40개 × @100 = 4,000

(2) 추가 계약 제품 10개에 대한 수익인식액: 10개 × @95 = 950

물음 2 (1) 기존 계약 제품 40개에 대한 수익인식액: 3,940

(2) 추가 계약 제품 10개에 대한 수익인식액: 985

근거

동 계약의 변경은 **계약의 범위가 확장되고 확장된 부분은 개별 판매가격을 반영하지 않았으며, 재화·용역이 구별되므로 기존 계약은 종료하고 새로운 계약이 시작되는 것**으로 본다.

(1) 기존 계약 제품 40개에 대한 수익인식액: 40개 × @98.5[1] = 3,940

　1) [(120 - 50)개 × @100 + 30개 × @95] ÷ (70 + 30)개 = @98.5

(2) 추가 계약 제품 10개에 대한 수익인식액: 10개 × @98.5 = 985

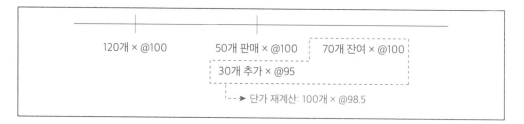

물음 3 1월에 고객에게 이전한 제품 50개에 대한 수익인식액: 4,250

근거

기존 제품의 결함으로 인한 가격할인분은 **별도의 계약에 해당하지 않고 재화·용역이 구분되지 않으므로 기존 계약의 일부로 인식(매출에누리)**한다.

=> 1월에 고객에게 이전한 제품 50개에 대한 수익인식액: 50개 × @(100 - 15) = 4,250

물음 4

구분	20×1년 수익으로 계상할 금액	20×2년 수익으로 계상할 금액
A사	① 290,000	② 259,000

근거

이미 이전한 것과 구별되는 재화가 추가되었거나, 추가 재화의 협상가격이 추가 제품의 개별 판매가격을 반영하지 않았다. 따라서 계약변경은 별도의 계약으로 회계처리하기 위한 조건을 충족하지 못하며, **계약변경을 원래 계약이 종료되고 새로운 계약이 체결된 것**으로 회계처리한다.

① 20×1년 수익: **60개 × @4,000 - 60개 × @400 + 20개 × @3,700[1]** = 290,000

　1) 계약변경 후 인식할 제품 개당 가격: (40개 × @4,000 + 50개 × @3,460) ÷ 90개 = @3,700

② 20×2년 수익: **70개 × @3,700 = 259,000**

회계처리

20×1년 11월 30일	차) 현금	240,000	대) 매출	240,000
20×1년 12월 1일	차) 매출에누리	24,000	대) 환불부채	24,000
20×1년 12월 31일	차) 현금 환불부채 수취채권	30,000 24,000 20,000	대) 매출	74,000
20×2년 3월 31일	차) 현금	279,000	대) 수취채권 매출	20,000 259,000

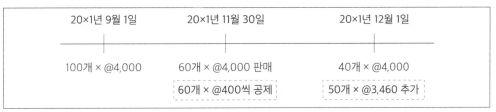

참고 계약변경 정리

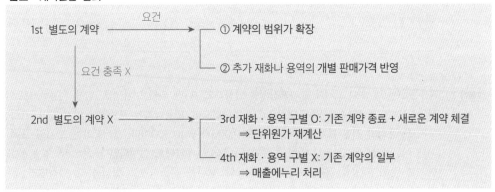

물음 5 **물음 5-1** 기존에 이전한 제품 50개의 수익: 50개 × 500 = 25,000

계약변경 후 이전할 제품 30개의 수익: 30개 × 400 = 12,000

☑ 계약변경 전에 이전한 제품과 계약변경 후 이전할 제품이 구별되는 경우 기존 계약을 종료하고 새로운 계약을 체결한 것처럼 회계처리한다.

물음 5-2 기존에 이전한 제품 50개의 수익: 50개 × 462.5 = 23,125

계약변경 후 이전할 제품 30개의 수익: 30개 × 462.5 = 13,875

☑ 계약변경 전에 이전한 제품과 계약변경 후 이전할 제품이 구별되지 않는 경우 기존 계약의 일부인 것처럼 회계처리한다.

☑ 제품 80개의 단위당 판매가: (50개 × 500 + 30개 × 400)/80개 = 462.5

문제 3 계약의 변경(용역의 제공) - Level 2

물음 1 A사는 20×0년 1월 1일부터 20×1년 12월 31일까지 2년간 ㈜민국의 본사 건물을 일주일 단위로 청소하고, ㈜민국은 A사에 연간 ₩600,000을 매 연도 말에 지급한다. 계약 개시시점에 그 용역의 개별 판매가격은 연간 ₩600,000이다. A사는 용역을 제공한 첫 연도인 20×0년에 ₩600,000을 수령하고 수익으로 인식하였다. 20×0년 12월 31일에 A사와 ㈜민국은 계약을 변경하여 2차 연도의 용역대금을 ₩600,000에서 ₩540,000으로 감액하고 2년을 더 추가하여 계약을 연장하기로 합의하였다. 연장기간에 대한 총대가 ₩1,020,000은 20×2년 말과 20×3년 말에 각각 ₩510,000씩 지급하기로 하였다. 2차 연도 개시일에 용역의 개별 판매가격은 연간 ₩540,000이며, 20×1년부터 20×3년까지 3년간 계약의 개별 판매가격의 적절한 추정치는 ₩1,620,000(= 연간 ₩540,000 × 3년)이다.

A사가 20×1년과 20×2년에 수익으로 계상할 금액을 아래의 양식에 따라 기재하고 해당 연도에 발생한 수익이 없으면 '없음'으로 기재하시오(단, A사의 보고기간은 매년 1월 1일부터 12월 31일까지이다).

[공인회계사 1차 2018년 수정]

구분	20×1년 수익으로 계상할 금액	20×2년 수익으로 계상할 금액
A사	①	②

물음 2 A사는 20×1년 초에 고객에게 기계장치를 납품하고 2년간 유지보수용역도 함께 제공하기로 약속하였다. A사와 고객은 거래가격을 ₩90,000으로 합의하였으며, 변동대가는 포함되어 있지 않다. 기계장치와 2년간 유지보수용역의 개별 판매가격은 각각 ₩60,000과 ₩40,000이다. 기계장치는 20×1년 초에 고객에게 통제를 이전하였으며, 20×1년 말까지 유지보수용역도 계약대로 이행되었다. 20×2년 초에 A사와 고객은 잔여 1년 동안 제공할 유지보수용역의 빈도와 범위를 축소하기로 합의하고, 20×2년의 유지보수용역을 ₩15,000으로 결정하였다(단, 기계장치와 유지보수용역은 별도의 수행의무이다).

물음 2-1 A사가 20×1년에 인식할 수익을 구하시오(단, 기계장치와 유지보수용역은 보통 따로 판매하지는 않는다).

물음 2-2 20×2년 초에 합의한 계약변경으로 A사가 20×2년에 인식할 수익을 구하시오.

─┤ 풀이 ├─

물음 1

구분	20×1년 수익으로 계상할 금액	20×2년 수익으로 계상할 금액
A사	① 520,000	② 520,000

매주의 청소용역이 구별되더라도, 기업은 청소용역을 한국채택국제회계기준서 제1115호 문단 22(2)에 따라 단일 수행의무로 회계처리한다. 매주의 청소용역이 실질적으로 서로 같고 고객에게 이전하는 방식이 같은 용역을 기간에 걸쳐 이전하면서 진행률 측정에 같은 방법(시간기준 진행률 측정)을 사용하는 일련의 구별되는 용역이기 때문이다. 계약변경일에 기업은 제공할 나머지 용역을 파악하고 그것들이 구별된다고 결론짓는다. 그러나 나머지 대가로 지급받을 금액 510,000은 제공할 용역의 개별 판매가격 540,000을 반영하지 않는다. 기업은 계약의 변경을 한국채택국제회계기준서 제1115호 문단 21(1)에 따라 원래 계약이 종료되고 새로운 계약이 체결된 것처럼 회계처리한다.

계약변경일에 기업은 제공할 나머지 용역을 파악하고, 그것들이 구별된다고 결론짓는다. 그러나 나머지 대가로 지급받을 금액은 1,560,000[1]로, 제공할 용역의 개별 판매가격 1,620,000을 반영하지 않는다.

1) 기존 계약 중 미이행 부분 540,000 + 변경된 계약분 510,000 × 2년 = 1,560,000

따라서 기업은 계약의 변경을 한국채택국제회계기준서 제1115호 문단 21(1)에 따라 원래 계약이 종료되고 3년의 청소용역 대가가 1,560,000인 새로운 계약이 체결된 것처럼 회계처리한다. 기업은 나머지 3년 동안 용역을 제공하는 대로 매년 520,000(= 1,560,000 ÷ 3년)을 수익으로 인식한다.

물음 2 **물음 2-1** A사가 20×1년에 인식할 수익: 72,000

(1) 기계장치에 배분된 거래가격: 90,000 × 60,000/100,000 = 54,000

(2) 유지보수용역에 배분된 거래가격: 90,000 × 40,000/100,000 = 36,000

(3) 20×1년도 수익: 54,000 + 36,000 × 1/2 = 72,000

☑ 기계장치는 통제가 이전되는 한 시점에 수익을 인식하고 유지보수용역은 기간에 걸쳐 수익을 인식한다

물음 2-2 A사가 20×2년에 인식할 수익: 15,000

계약변경으로 계약의 범위가 축소되었으므로 별도계약으로 회계처리하지 않는다. 계약변경일 이후에 제공할 유지보수용역은 기계장치 납품과 구별되며, 계약변경 전에 제공한 유지보수용역과도 구별된다. 그러므로 이러한 계약변경은 기존 계약을 종료하고 새로운 계약을 체결한 것처럼 회계처리한다. 따라서 20×2년에 유지보수용역과 관련된 15,000의 수익을 기간이 경과하는 대로 인식한다.

문제 4   수행의무의 식별 - Level 1

다음의 각 사례는 독립적이다. [기준서 사례 수정]

사례 1 기업(소프트웨어 개발자)은 2년 동안 소프트웨어 라이선스를 이전하고, 설치용역을 수행하며, 특정되지 않은 소프트웨어 갱신(Update)과 기술지원(온라인과 전화)을 제공하는 계약을 고객과 체결하였다. 기업은 라이선스, 설치용역, 기술지원을 별도로 판매한다. 설치용역은 각 이용자 유형(예 마케팅, 재고관리, 기술정보)에 맞추어 웹 스크린을 변경하는 것을 포함한다. **설치용역은 일상적으로 다른 기업이 수행하는 데 소프트웨어를 유의적으로 변형하지 않는다.** 소프트웨어는 갱신과 기술지원이 없어도 가동되는 상태이다.

사례 2 약속한 재화와 용역은 **사례 1** 과 같다. 다만, 계약에서는 설치용역의 일부로 고객이 사용하고 있는 다른 고객 맞춤 소프트웨어 어플리케이션에 접근할 수 있도록 소프트웨어에 유의적인 새로운 기능성을 추가하기 위해 **실질적인 고객 맞춤화**를 규정한다. 그 고객 맞춤화 설치용역은 다른 기업이 제공할 수도 있다.

사례 3 기업은 장비를 판매하고 설치용역을 제공하기로 하는 계약을 고객과 체결한다. 그 장비는 **어떠한 고객 맞춤화나 변형 없이 가동**될 수 있다. 필요한 설치는 복잡하지 않고 **몇몇 대체 용역제공자가 수행할 수도 있다.**

사례 4 계약에 따라 고객이 기업의 설치용역을 사용해야 한다는 점을 제외하고는 **사례 3** 과 같은 사실을 가정한다.

사례 5 제약회사인 ㈜한영은 승인된 제약화합물에 대한 특허권을 고객에게 10년 동안 라이선스하고 약의 제조도 약속한다. 이 약은 성숙기 제품이므로 기업은 약에 대한 어떠한 지원활동도 하지 않을 것이다. 이는 기업의 사업관행과 일관된다. 약의 제조과정이 매우 특수하기 때문에 이 약을 제조할 수 있는 다른 기업은 없다. 그러므로 라이선스는 제조용역과 별도로 구매할 수 없다.

사례 6 약속한 재화와 용역은 **사례 5** 와 같다. 약을 생산하기 위해 사용되는 **제조과정이 유일하거나 특수하지 않고 몇몇 다른 기업도 고객을 위해 약을 제조할 수 있다.**

사례 7 운송주선회사인 기업은 고객의 국내 생산 공장에서 유럽에 소재하는 창고까지 화물을 운송하는 계약을 체결하였다. 기업은 고객과의 화물운송계약에 따라 의뢰받은 화물의 특성, 일정, 배송지 등을 확인한 후 직접 해운사와 육상운송회사를 선정하여 예약을 진행하였다. 계약에 따르면 회사는 고객을 대신하여 통관업무와 보험가입업무도 수행한다. 해운운송, 육상운송, 통관업무와 보험가입업무는 하나로 합쳐서 **유의적인 통합용역으로 제공되거나 상호관련성이 매우 높은 용역은 아니다.**

사례 8 기업은 제조기업으로 최종 고객에게 재판매하는 유통업자(기업의 고객)에게 제품을 판매한다. 기업은 **과거부터 유통업자에게서 기업의 제품을 구매한 최종 고객에게 무료로 유지보수용역을 제공해왔다.** 기업은 유통업자와의 계약을 협의하는 동안 당시 유지보수용역을 분명하게 약속하지 않았고 기업과 유통업자 간 최종 계약에 그 용역조건을 규정하지도 않았다.

사례 9 기업은 제조기업으로 최종 고객에게 재판매하는 유통업자(기업의 고객)에게 제품을 판매한다. 기업은 유통업자와의 계약에서 **유지보수용역을 제공하지 않기로 약속하였다.** 그리고 기업은 보통 유지보수용역을 제공하지 않으므로 계약 체결시점에 유지보수용역제공에 대한 **암묵적 약속도 생기지 않았다.** 기업은 유통업자에게 제품에 대한 통제를 이전함으로써 **계약이 완료된다.** 그러나 최종 고객에게 판매하기 전에, 기업은 유통업자에게서 제품을 구매하는 모든 당사자에게 무료로 유지보수용역을 제공하겠다고 제안하였다.

각 사례별로 아래의 양식에 따라 하나의 수행의무로 식별되는지, 각각의 수행의무로 식별되는지를 나타내시오.

구분	하나의 수행의무로 식별	각각의 수행의무로 식별
예 사례 0	예 O	예 -
사례 1		
사례 2		
사례 3		
사례 4		
사례 5		
사례 6		
사례 7		
사례 8		
사례 9		

구분	하나의 수행의무로 식별	각각의 수행의무로 식별
사례 1	-	O
사례 2	O	-
사례 3		O
사례 4	-	O
사례 5	O	-
사례 6		O
사례 7	-	O
사례 8	-	O
사례 9	O	-

사례 1 **각각의 수행의무로 식별**

기업은 한국채택국제회계기준서 제1115호 문단 27에 따라 어떤 재화와 용역이 구별되는지를 판단하기 위해 고객에게 약속한 재화와 용역을 파악한다. 기업은 소프트웨어가 다른 재화와 용역보다 먼저 인도되고, 갱신과 기술지원이 없어도 가동되는 상태임을 안다. 고객은 계약 개시시점에 이전되는 소프트웨어 라이선스와 함께하여 갱신에서 효익을 얻을 수 있다. 그러므로 기업은 고객이 각 재화와 용역 그 자체에서 효익을 얻거나 쉽게 구할 수 있는 다른 재화와 용역과 함께하여 효익을 얻을 수 있으므로, 한국채택국제회계기준서 제1115호 문단 27(1)의 기준을 충족한다고 결론짓는다. 또 기업은 한국채택국제회계기준서 제1115호 문단 29의 원칙과 요소를 참고하고, 고객에게 각 재화와 용역을 이전하기로 한 약속이 그 밖의 각 약속과 별도로 식별된다고 (그러므로 한국채택국제회계기준서 제1115호 문단 27(2)의 기준을 충족한다고) 판단한다. 이 결론에 이를 때, 기업은 비록 소프트웨어를 고객의 시스템에 통합하더라도 설치용역은 소프트웨어 라이선스를 사용하거나 그 라이선스에서 효익을 얻는 고객의 능력에 유의적으로 영향을 미치지 않는다고 본다. 설치용역은 일상적이고 다른 공급자가 제공할 수 있기 때문이다.

사례 2 **하나의 수행의무로 식별**

기업은 어떤 재화와 용역이 한국채택국제회계기준서 제1115호 문단 27에 따라 구별되는지를 판단하기 위하여 고객에게 약속한 재화와 용역을 파악한다. 기업은 문단 27(1)의 기준이 충족되는지를 먼저 파악한다. **사례 1**과 같은 이유로, 기업은 소프트웨어 라이선스, 설치, 소프트웨어 갱신, 기술지원 각각이 그 기준을 충족한다고 판단한다. 그 다음에 기업은 한국채택국제회계기준서 제1115호 문단 29의 원칙과 요소를 평가함으로써 문단 27(2)의 기준이 충족되는지를 파악한다. 기업은 계약 조건에 따라 계약에서 정한 대로 고객 맞춤화 설치용역을 이행함으로써 기존 소프트웨어 시스템에 라이선스된 소프트웨어를 통합하는 유의적인 용역을 제공하는 약속이 생긴다고 본다. 다시 말하면, 기업은 계약에서 정한 결합산출물(기능적이고 통합된 소프트웨어 시스템)을 생산하기 위하여 투입물로써 라이선스와 고객 맞춤화 설치용역을 사용하는 것이다(한국채택국제회계기준서 제1115호 문단 29(1)). 소프트웨어는 용역에 의해 유의적으로 변형되고 고객 맞춤화된다(한국채택국제회계기준서 제1115호 문단 29(2) 참조). 따라서 기업은 라이선스를 이전하기로 한 약속을 고객 맞춤화 설치용역과 별도로 식별할 수 없으므로 한국채택국제회계기준서 제1115호 문단 27(2)의 기준을 충족하지 못한다고 판단한다. 그러므로 소프트웨어 라이선스와 고객 맞춤화 설치용역은 구별되지 않는다.

사례 3 **각각의 수행의무로 식별**

기업은 계약에서 약속한 두 가지의 재화와 용역(① 장비, ② 설치용역)을 식별한다. 기업은 약속한 각 재화나 용역이 구별되는지를 판단하기 위하여 한국채택국제회계기준서 제1115호 문단 27의 기준을 검토한다. 기업은 장비와 설치용역이 각각 한국채택국제회계기준서 제1115호 문단 27(1)의 기준을 충족하는지를 판단한다. 고객은 장비를 사용하거나, 폐물 가치보다 많은 금액으로 재판매하여 장비 그 자체에서 효익을 얻을 수 있거나, 쉽게 구할 수 있는 다른 자원(예 대체 제공자에게서 구할 수 있는 설치용역)과 함께하여 효익을 얻을 수 있다. 또한 고객은 그 기업에서 이미 획득한 다른 자원(장비)과 함께하여 설치용역에서 효익을 얻을 수도 있으므로 장비와 설치용역은 구별된다.

사례 4 각각의 수행의무로 식별

기업의 설치용역을 사용하도록 하는 계약상 요구는 이 경우에 약속된 재화와 용역이 구별되는지의 판단을 바꾸지 않는다. 기업의 설치용역을 사용하도록 하는 계약상 요구는 재화나 용역의 특성 자체를 바꾸는 것이 아니며, 고객에 대한 기업의 약속을 바꾸는 것도 아니다. 비록 고객이 기업의 설치용역을 사용해야 하더라도 장비와 설치용역을 구별할 수 있어(각각 한국채택국제회계기준서 제1115호 문단 27(1)의 기준을 충족함) 장비를 제공하는 약속과 설치용역을 제공하는 약속은 각각 별도로 식별할 수 있다. 즉, 그것들은 각각 한국채택국제회계기준서 제1115호 문단 27(2)의 기준을 충족한다. 이 점에서 기업의 분석은 **사례 3** 의 분석과 일치한다.

사례 5 하나의 수행의무로 식별

제조용역 없이는 고객이 라이선스에서 효익을 얻을 수 없으므로, ㈜한영은 라이선스와 제조용역을 단일의 수행의무로 회계처리한다.

사례 6 각각의 수행의무로 식별

㈜한영은 제조과정을 다른 기업이 제공할 수 있기 때문에 고객이 라이선스 자체에서 효익을 얻을 수 있다고 판단한다. 따라서 ㈜한영은 라이선스와 제조용역을 구별하여 특허권 라이선스와 제조용역 두 가지 수행의무로 회계처리한다.

사례 7 각각의 수행의무로 식별

고객은 해운운송, 육상운송, 통관업무와 보험가입업무를 별도로 계약하더라도 그 자체로부터 각각 효익을 얻을 수 있다. 또한 기업은 계약에 포함된 각각의 용역들을 함께 결합하여 제공하는 것도 아니며, 유의적인 고객 맞춤화가 필요한 것도 아니고, 상호의존성이나 상호관련성이 매우 높은 것도 아니므로 기업의 수행의무는 각각의 수행의무로 식별할 수 있다.

사례 8 각각의 수행의무로 식별

고객과의 계약에서 식별되는 수행의무는 계약에 분명히 기재한 재화나 용역에만 한정되지 않을 수 있다. 고객에게 이전할 것이라는 **정당한 기대를 하도록 한다면**, 이러한 약속도 고객과의 계약에 포함될 수 있다. 동 거래는 사업관행에 기초하여 기업은 계약 개시시점에 유통업자와 협상한 교환의 일부로 유지보수용역을 제공하기로 하는 암묵적 약속을 하였다고 판단한다. 이는 해당 용역을 제공하는 기업의 과거 관행도 유통업자와 최종 고객 모두 정당한 기대를 하게 된다. 또한, 고객은 제품 그 자체에 효익을 얻을 수 있으며 제품과 유지보수용역이 식별 가능하므로 기업은 제품과 유지보수용역을 각각 수행의무로 식별한다.

사례 9 하나의 수행의무로 식별

유지보수 약속은 계약 개시시점에 기업과 유통업자 사이의 계약에 포함되지 않는다. 그러므로 기업은 유지보수용역을 제공하기로 한 약속을 수행의무로 식별하지 않는다. 그러나 유지보수용역을 제공하기로 한 의무를 충당부채로 회계처리한다.

문제 5 │ 거래형태별 수익(보증의무) - Level 3

각 물음은 서로 독립적이다.

물음 1 A사는 20×1년 말에 대당 제조원가가 ₩300,000인 핸드폰 10대를 대당 ₩460,000에 판매하고 핸드폰을 사용하는 중에 고장이 발생하면 **2년간 무상으로 수리해주기로 하였다.** 관련 법률에 따르면 판매 후 2년간 **무상수리하여야** 하며, **동종업계에서는 모두 2년간 무상수리를 보증**한다.

> (1) A사는 원하는 고객들에게 **핸드폰 1대당 ₩40,000을 받고 1년의 추가적인 제품보증을 제공하기로 하였다.** 이러한 제품보증을 구매한 고객에게 판매한 핸드폰은 4대이다.
>
> (2) A사는 핸드폰 판매와 관련하여 20×2년과 20×3년, 20×4년에 수리비용으로 지출될 것으로 예상되는 금액을 아래와 같이 추정하였다.
>
> | 20×2년 | 20×3년 | 20×4년 |
> |---|---|---|
> | 대당 ₩10,000 | 대당 ₩15,000 | 대당 ₩20,000 |

동 거래로 A사의 20×1년 말 재무상태표에 계상될 충당부채와 20×1년에 수익으로 인식할 금액은 얼마인가?

물음 2 12월 말 결산법인인 A사는 20×1년 말에 제조원가가 ₩300,000인 기계 1대를 ₩480,000에 판매하고 중장비를 사용하는 중에 고장이 발생하면 **4년간 무상으로 수리해주기로 하였다.** 관련 법률에 따르면 판매 후 **2년간 무상수리하여야** 하며, **동종업계에서는 모두 2년간 무상수리를 보증**한다. 향후 4년간 발생할 것으로 예상되는 수리비용은 다음과 같다.

구분	20×2년	20×3년	20×4년	20×5년
수리비용	₩1,000	₩2,000	₩6,000	₩10,000

A사는 무상수리를 별도로 판매하지 않으므로 **수리용역의 개별 판매가격은 없으나 적정이윤은 원가의 25%에 해당하는 것으로 추정**하였다. 동 거래로 A사의 20×1년 말 재무상태표에 계상될 충당부채와 20×1년에 수익으로 인식할 금액은 얼마인가?

물음 3 12월 말 결산법인인 A사는 20×1년 말에 대당 제조원가가 ₩300,000인 자동차 10대를 대당 ₩480,000에 판매하고 고객이 자동차를 사용하는 중에 **10만Km 동안 무상수리에 보증을 제공하지만, 경쟁 상황을 고려하여 판매촉진을 위해서 20만Km까지 품질보증거리를 확대**하기로 하였다. 관련 법률에 따르면 **판매 후 10만Km까지는 무상수리하여야 하며, 동종업계 모두 10만Km까지 무상수리를 보증**한다. 향후 이용거리 간 발생할 것으로 예상되는 대당 수리비용은 다음과 같다.

구분	0 ~ 10만Km까지 무상수리 시 대당 수리비용	10만 ~ 20만Km까지 무상수리 시 대당 수리비용
수리비용	₩3,000	₩16,000

A사는 무상수리를 별도로 판매하지 않으므로 수리용역의 개별 판매가격은 없으나 적정이윤은 원가의 25%에 해당하는 것으로 추정하였다. 동 거래로 A사의 20×1년 말 재무상태표에 계상될 충당부채와 20×1년에 수익으로 인식할 금액은 얼마인가? `유예`

물음 4 다음을 읽고 답하시오. `[세무사 2차 2024년]`

> 20×1년에 영업을 시작한 ㈜세무는 당해 연도 12월 31일 로봇청소기 1,000대를 대당 ₩20,000에 판매하였다. ㈜세무의 보증정책 및 관련 자료는 다음과 같다.
>
> * ㈜세무는 판매한 제품에 대하여 무상보증서비스를 기본 1년간 제공하고 있으며, 고객이 대당 ₩2,000을 추가 지불할 경우 무상보증서비스 제공기간은 2년 연장되어 총 3년이 된다. 여기서, 기본 1년간 제공하는 무상보증서비스는 확신유형의 보증에 해당하며, ⓐ **고객이 추가 지불하는 금액 대당 ₩2,000은 무상보증기간 연장조건에 대한 개별 판매가격을 반영한다.**
> * 20×1년 12월 31일 판매한 로봇청소기 1,000대 가운데 400대에 대해서 무상보증기간 연장조건이 추가로 판매되었다.
> * ㈜세무는 기본 무상보증기간과 연장 무상보증기간(추가 2년)에 보증활동을 위해 각각 ₩500,000과 ₩700,000을 지출할 것으로 추정하였다. 추정시점은 20×1년 12월 31일이며, 이후 추정의 변경은 없었다.
> * ㈜세무가 매년 실제로 지출한 총보증비용은 다음과 같다.
>
> | 연도 | 20×2년 | 20×3년 | 20×4년 |
> |---|---|---|---|
> | 실제 지출 총보증비용 | ₩520,000 | ₩245,000 | ₩480,000 |

(1) 동 거래에서 ㈜세무가 20×1년 말 인식하는 부채의 세부 계정과 금액을 기재하시오(단, 항목이 2개 이상인 경우 모든 항목을 구분하시오).

(2) 동 거래에서 ㈜세무가 20×2년과 20×3년에 인식하는 당기손익을 계산하시오. ㈜세무는 보증용역에 대한 대가를 기간에 걸쳐 수익으로 인식하기 위하여 발생원가를 이용하여 수행의무의 이행정도를 측정한다(단, 당기손익이 손실에 해당하는 경우 금액 앞에 '(-)'를 표시하시오).

20×2년 인식할 당기손익	①
20×3년 인식할 당기손익	②

(3) 위 자료의 조건 ⓐ와 관련하여 고객의 추가 지불금액 대당 ₩2,000이 무상보증기간 연장조건의 개별 판매가격을 반영하지 못했을 경우, 로봇청소기 판매시점에 ㈜세무가 인식하는 재화판매 수익을 계산하시오. 무상보증기간 연장조건의 개별 판매가격은 ₩5,000으로 가정한다.

→| **풀이** |

물음 1 (1) 20×1년 말 충당부채: 250,000

(2) 20×1년 수익: 4,600,000

회계처리

	차) 현금[1]	4,760,000	대) 매출	4,600,000
			계약부채[2]	160,000
20×1년	차) 매출원가	3,000,000	대) 재고자산	3,000,000
	차) 제품보증비	250,000	대) 제품보증충당부채[3]	250,000
	1) 4대 × (460,000 + 40,000) + (10대 − 4대) × 460,000 = 4,760,000			
	2) 4대 × 40,000 = 160,000			
	3) 10대 × (10,000 + 15,000) = 250,000			

물음 2 (1) 20×1년 말 충당부채: 3,000

(2) 20×1년 수익: 460,800

　　　1) 보증용역의 개별 판매가격: (6,000 + 10,000) × (1 + 25%) = 20,000

　　　2) 거래가격의 배분

　　　　① 기계: 480,000 × 480,000/(480,000 + 20,000) = 460,800

　　　　② 보증용역: 480,000 × 20,000/(480,000 + 20,000) = 19,200

　　　　☑ 법적 무상보증기간을 초과하는 무상보증은 용역유형의 보증에 해당하므로 별도의 수행의무이다.

회계처리

	차) 현금	480,000	대) 매출	460,800
			계약부채	19,200
20×1년	차) 매출원가	300,000	대) 재고자산	300,000
	차) 제품보증비	3,000	대) 제품보증충당부채	3,000

물음 3 (1) 20×1년 말 충당부채: 30,000

(2) 20×1년 수익: 4,608,000

　　　1) 보증용역의 개별 판매가격: 10대 × @16,000 × (1 + 25%) = 200,000

　　　2) 거래가격의 배분

　　　　① 자동차: 480,000 × 10대 × 4,800,000/(4,800,000 + 200,000) = 4,608,000

　　　　② 보증용역: 480,000 × 10대 × 200,000/(4,800,000 + 200,000) = 192,000

　　　　☑ 법적 무상보증거리를 초과하는 무상보증은 용역유형의 보증에 해당하므로 별도의 수행의무이다.

　　　3) 제품보증충당부채: 10대 × @3,000 = 30,000

회계처리

	차) 현금	4,800,000	대) 매출	4,608,000
			계약부채	192,000
20×1년	차) 매출원가	3,000,000	대) 재고자산	3,000,000
	차) 제품보증비	30,000	대) 제품보증충당부채	30,000

물음 4 (1) 20×1년 말 인식하는 부채의 세부 계정과 금액

    1) 계약부채: 800,000

    2) 제품보증충당부채: 500,000

(2)

20×2년 인식할 당기손익	① (-)20,000
20×3년 인식할 당기손익	② 35,000

근거

×1년 말	차)	현금	1,000대 × @20,000 = 20,000,000	대)	매출	20,000,000
	차)	현금	400대 × @2,000 = 800,000	대)	계약부채[1]	800,000
	차)	제품보증비	500,000	대)	제품보증충당부채[2]	500,000
×2년 말	차)	충당부채	500,000	대)	현금	520,000
		제품보증비	20,000			
×3년 말	차)	계약부채[3]	280,000	대)	보증수익	280,000
	차)	보증원가	245,000	대)	현금	245,000

1) 무상보증기간 연장조건은 개별 판매가격을 반영하므로 별도의 계약을 회계처리하고 거래가격을 배분하지 않는다.
2) 확인유형보증에 해당하는 기본 무상보증기간에 대해서만 충당부채를 인식한다.
3) 800,000 × 245,000/700,000 = 280,000

① 20×2년 인식할 당기손익: (-)20,000
② 20×3년 인식할 당기손익: 280,000 - 245,000 = 35,000

(3) 판매시점에 인식할 재화판매 수익: 19,040,000

근거

1. 연장조건을 구매한 400개에 대한 재화의 개당 거래가격 배분액: (20,000 + 2,000) × 20,000/(20,000 + 5,000) = 17,600
   ☑ 무상보증기간 연장조건이 개별 판매가격을 반영하지 못하므로 거래가격을 개별 판매가격을 기준으로 두 수행의무에 배분하여야 한다.
2. 재화의 판매에 따른 수익: (1) + (2) = 19,040,000
   (1) 600대: 600대 × @20,000 = 12,000,000
   (2) 400대: 400대 × @17,600 = 7,040,000

문제 6 | 거래가격의 산정(변동대가) - Level 1

A사는 싱글몰트 위스키 제조·판매를 영업으로 하고 있다. 20×1년 7월에 고객에게 위스키 100병을 20×1년 11월 1일에 인도하기로 계약하였다. 위스키의 고정대가는 1병당 ₩20,000이다. 또한 20×2년 3월 1일에 열리는 세계 위스키 콘테스트 결과에 따라 위스키 100병 전체에 대한 변동대가를 받기로 계약에 포함하였다. 세계 위스키 콘테스트 결과는 1, 2, 3, 4등급으로 나누어지게 되는데, 등급에 따라 결정되는 추가 금액은 다음과 같다. 다만, 현재 어느 등급이 매겨질지는 알 수 없고, 각각의 확률도 알 수 없지만 4등급으로 될 가능성은 거의 없다.

등급	1등급	2등급	3등급	4등급
변동대가(100병 전체)	₩400,000	₩200,000	₩60,000	₩0

물음 1 A사가 20×1년 11월 1일에 수익으로 인식할 금액을 구하시오.

물음 2 세계 위스키 콘테스트 결과에 대한 예상 확률이 1등급 20%, 2등급 30%, 3등급 40%, 4등급 10%이며, 변동대가를 기댓값으로 추정한다고 가정할 때, A사가 20×1년 11월 1일에 수익으로 인식할 금액을 구하시오.

물음 3 위 물음과 별도로 B사는 20×1년 초에 선박을 제조하여 인도하는 계약을 고객과 체결하였다. 선박은 20×3년 말까지 완성해서 인도하여야 한다. 약속한 대가는 ₩300,000이지만, 20×3년 말보다 3개월 이전에 인도할 때는 조기 인도 보너스 ₩70,000을 추가로 수령하기로 하였다. 또한 선박을 납품한 후 12개월 동안 운항횟수에 따라 추가로 보너스를 수령하기로 하였다. 운항횟수에 따른 추가 보너스와 확률은 다음과 같다.

운항횟수	50회 이하	51~100회	101회 이상
추가 보너스	₩5,000	₩10,000	₩20,000
확률	20%	30%	50%

B사는 운항횟수에 따른 변동대가는 기댓값을 사용하고, 조기 인도 보너스의 변동대가는 가능성이 가장 높은 금액을 사용하기로 결정하였다. 조기 인도할 가능성은 20%로 추정하였다. B사가 선박 제조·인도와 관련하여 거래가격으로 산정할 금액을 구하시오.

물음 4 위 물음과 독립적으로 C사는 개발 완료한 약품제조 원천기술을 D사가 5년 동안 사용하도록 하고, 반환하지 않는 일시금 ₩10,000과 향후 발생하는 D사 제품 매출의 10%에 해당하는 변동대가를 수취하는 독점 생산 및 판매권 계약을 체결하였다. 후속적으로 C사가 제공할 추가적인 제품이나 용역은 없다. 이 경우 C사가 동 계약에 대하여 어떻게 수익을 인식하는지 밝히고 그 이유를 쓰시오(단, D사 제품 매출은 그 추정치가 너무 불확실하여 C사가 받게 될 변동대가의 추정은 불가능하다).

물음 5 위 물음과 별도로 E사는 20×1년 12월 10일에 고객과의 계약을 체결하였다. 계약에 따르면 E사는 계약 개시시점에 계약에 표시된 제품 10,000개를 개당 ₩1,000에 이전하기로 되어 있다. 제품에 대한 통제는 20×1년 12월 10일에 고객에게 이전한다. E사는 과거 실무에 기초하여 고객 관계를 유지하기 위해 고객에게 가격할인을 부여할 것으로 예상하고 있고, 따라서 계약의 대가는 변동될 수 있다. 다음 두 가지 경우에 각 변동대가 추정액을 거래가격에 포함시킬 수 있는지를 아래의 양식에 따라 기재하시오.

경우 1 E사는 동 제품과 비슷한 제품을 판매한 경험이 많아 관측 가능한 자료에 따르면 E사는 과거에 이러한 제품에 대해 판매가격의 약 10%의 가격할인을 부여하였으며, 여러 해 동안 10%보다 유의적으로 큰 가격할인을 부여한 적이 없다. 이는 현행 시장정보가 가격을 10% 낮춘다면 유통망을 통해 제품을 유통시키기에 충분할 것임을 암시한다. E사는 권리를 갖게 될 변동대가를 추정하기 위하여 기댓값방법을 사용하기로 결정하였다. E사는 10% 할인을 제공할 것으로 보고 거래가격이 ₩9,000,000(= 10,000개 × ₩900)이 될 것으로 추정한다. 또한 E사는 불확실성이 해소될 때(즉, 가격할인 총액이 산정될 때) 이미 인식한 누적수익금액 중 유의적인 부분을 되돌리지 않을 가능성이 매우 높다고 결론지었다.

경우 2 E사는 동 제품과 비슷한 제품을 판매한 경험이 있으나, 그 제품은 진부화 위험이 높고 제품 가격결정의 변동성이 매우 높았던 경험이 있다. 관측 가능한 자료에 따르면 E사가 과거에 비슷한 제품에 부여한 가격할인은 판매가격의 30 ~ 50%로 그 범위가 넓었으며, 현행 시장정보도 제품을 유통망에 유통시키려면 가격을 10 ~ 60% 정도 낮추는 것이 필요할 수 있음을 암시한다. E사는 권리를 갖게 될 변동대가를 추정하기 위하여 기댓값방법을 사용하기로 결정하였다. E사는 45% 할인을 제공할 것으로 보고 거래가격이 ₩5,500,000(= 10,000개 × ₩550)이 될 것으로 추정하였다. 또한 E사는 불확실성이 해소될 때(즉, 가격할인 총액이 산정될 때) 이미 인식한 누적수익금액 중 유의적인 부분을 되돌리지 않을 가능성이 매우 높다고 결론지을 수 없었다.

구분	변동대가 추정액을 거래가격에 포함시킬 수 있는지 여부
예 경우 0	예 포함시킬 수 없다. / 포함시킬 수 있다.
경우 1	
경우 2	

---| 풀이 |--

물음 1 20×1년 11월 1일에 수익으로 인식할 금액: 2,060,000

   (1) 고정대가: 100병 × @20,000 = 2,000,000

   (2) 변동대가: 60,000

   ☑ 4등급이 될 가능성이 거의 없으며, 유의적인 부분을 되돌리지 않을 가능성이 매우 높은 부분인 60,000을 수익으로 인식한다.

물음 2 20×1년 11월 1일에 수익으로 인식할 금액: 2,164,000

   (1) 고정대가: 100병 × @20,000 = 2,000,000

   (2) 변동대가: 400,000 × 20% + 200,000 × 30% + 60,000 × 40% + 0 × 10% = 164,000

물음 3 거래가격: 300,000 + (@5,000 × 20% + @10,000 × 30% + @20,000 × 50%) = 314,000

   ☑ 운항횟수에 따른 변동대가는 기댓값을 사용하여 추정하고, 조기 인도에 따른 보너스는 조기 인도할 상황과 인도하지 못할 상황 중 가능성이 가장 높은 금액 0으로 추정하였다.

물음 4 D사가 권리를 갖는 지적재산이 전체 라이선스기간에 걸쳐 변동되는 것이 아니므로 고객에게 부여한 권한이 사용권에 해당한다. 따라서 C사는 고정대가 10,000을 일시에 수익으로 인식한다. 물론 매출액의 10%에 해당하는 변동대가는 불확실성이 해소될 때(즉, D사가 제품을 생산하여 판매할 때) 수익으로 인식한다.

물음 5

구분	변동대가 추정액을 거래가격에 포함시킬 수 있는지 여부
경우 1	포함시킬 수 있다.
경우 2	포함시킬 수 없다.

경우 1 E사는 불확실성이 해소될 때(즉, 가격할인 총액이 산정될 때) 이미 인식한 누적수익금액 중 유의적인 부분을 되돌리지 않을 가능성이 매우 높다고 결론지었으므로 **변동대가를 거래가격에 포함시켜 수익으로 인식한다.**

경우 2 E사는 불확실성이 해소될 때(즉, 가격할인 총액이 산정될 때) 이미 인식한 누적수익금액 중 유의적인 부분을 되돌리지 않을 가능성이 매우 높다고 결론지을 수 없기 때문에 변동대가를 거래가격에 포함시키지 않는다.

문제 7	거래가격의 산정(비현금대가) - Level 2

A사는 20×1년 초에 특정 설비를 제작하여 공급하고 2년 동안 설비의 유지보수 용역을 제공하는 계약을 B사와 체결하였다. 계약에 따르면 A사는 설비 제작을 쉽게 이행할 수 있도록 설비 제작에 필요한 특별 원재료를 B회사로부터 공급받기로 하였고, 판매대가로 B사의 발행주식 100주를 수취하기로 하였다. A사는 20×1년 3월 1일에 B사로부터 특별 원재료(공정가치 ₩2,000)를 공급받아 설비 제작에 사용하였으며, 제작 완료한 설비의 통제를 20×1년 8월 1일에 B회사에게 이전하고 B회사의 발행주식 100주를 수취하였다. 20×1년 초와 8월 1일 현재 B사의 발행주식 100주의 공정가치는 각각 ₩19,000과 ₩20,000이다. 동 거래로 A사가 수익으로 인식할 금액을 구하시오.

풀이

A사가 수익으로 인식할 금액: 22,000

20×1년 3월 1일	차) 원재료	2,000	대) 계약부채[1]	2,000
	1) 설비자산의 통제가 고객에게 이전되기 전이므로 아직 매출을 인식하지 않고 계약부채로 인식한다.			
20×1년 8월 1일	차) 금융자산(B주식) 계약부채	20,000 2,000	대) 매출[2]	22,000
	2) 설비자산의 통제를 이전하는 20×1년 8월 1일의 B사 주식의 공정가치와 이미 인식했던 계약부채의 합계액을 매출로 인식한다.			

A회사는 고객에게 환불조건부판매를 마케팅 포인트로 하여 영업을 하고 있는 회사이다. C회사와 제품을 개당 **₩100에 판매**하기로 20×1년 10월 1일 계약을 체결하였으며, 계약상 C회사가 **6개월 동안 1,000개 넘게 구매하면 개당 가격을 ₩90으로 소급하여 낮추기로 계약**을 정하였다. 따라서 계약상 대가 중의 일부는 환불될 수 있다. A회사는 제품에 대한 통제를 고객에게 이전할 때 대가를 지급받을 권리가 생긴다. 그러므로 기업은 가격 감액을 소급적용하기 전까지는 개당 ₩100의 대가를 받을 무조건적 권리(수취채권)가 있다. A회사는 **20×1년 12월 31일까지 C회사에 제품 600개를 판매**하였으며, A회사는 C회사가 대량 할인을 받을 수 있는 1,000개의 임계치를 초과하여 구매할 수 있을 것이라고 추정한다.

물음 1 20×2년 3월 31일까지 C회사에 추가로 제품 500개를 판매하였다. 판매대금은 20×2년 4월 1일에 일괄적으로 현금회수하였다. A회사가 20×2년에 ① 수익으로 인식할 금액과 ② 20×1년과 20×2년의 회계처리를 제시하시오.

물음 2 위 **물음 1**과 달리 20×2년 3월 31일까지 C회사에 추가로 제품 300개를 판매하였다. 판매대금은 20×2년 4월 1일에 일괄적으로 현금회수하였다. A회사가 20×2년에 ① 수익으로 인식할 금액과 ② 20×1년과 20×2년의 회계처리를 제시하시오.

물음 3 위 물음과 독립적으로 A마트는 소비자에게 여러 가지의 상품을 판매하고 있다. A마트는 가격비교 차액보상제도를 실시하여 향후 1개월 동안 경쟁사가 동일 상품을 더 낮은 가격에 파는 경우 고객에게 판매한 가격과 경쟁사의 판매가격과의 차이를 환불해주기로 하였다. 이러한 제도는 과거에 A마트가 실시했던 제도와 동일하고, A마트는 그러한 경험에 기초하여 이번 계약을 예측할 수 있다고 본다. A마트는 B상품을 ₩10,000에 판매하였다. A마트는 상품별 가격 인하를 과거 경험을 통하여 측정하였고, B상품의 경우 **가격보장기간 동안 3%의 가격 인하가 있을 것이고, 예측이 변동되어 누적수익금액이 유의적으로 환원되지 않을 가능성이 매우 높다고** 판단하였다. A마트는 가격비교 차액보상제도로 인하여 고객으로부터 환불요청이 있을 때 이를 매출에서 차감하고 있다. 이 경우 A마트가 B상품을 ₩10,000에 판매하는 시점에 수행할 회계처리를 보이시오.

물음 1 ① 20×2년에 수익으로 인식할 금액: 500개 × @90 = 45,000

② 20×1년과 20×2년의 회계처리

20×1년 12월 31일	차) 수취채권	60,000	대) 계약수익	54,000
			환불부채[1]	6,000
	1) 600개 × @(100 - 90) = 6,000			
20×2년 3월 31일	차) 수취채권	50,000	대) 계약수익	45,000
			환불부채[2]	5,000
	2) 500개 × @(100 - 90) = 5,000			
20×2년 4월 1일	차) 환불부채	11,000	대) 수취채권	110,000
	현금	99,000		

물음 2 ① 20×2년에 수익으로 인식할 금액: 36,000

- 20×2년 300개 판매분: 300개 × @100 = 30,000
- 20×1년 600개 소급분: 600개 × @(100 - 90) = 6,000

② 20×1년과 20×2년의 회계처리

20×1년 12월 31일	차) 수취채권	60,000	대) 계약수익	54,000
			환불부채	6,000
20×2년 3월 31일	차) 수취채권	30,000	대) 계약수익	36,000
	환불부채	6,000		
20×2년 4월 1일	차) 현금	90,000	대) 수취채권	90,000

물음 3 회계처리

| 판매시점 | 차) 현금 | 10,000 | 대) 계약수익 | 9,700 |
| | | | 환불부채 | 300 |

한국채택국제회계기준서 제1115호 문단 50에 따라 A마트는 고객에게 재화를 이전하고 그 대가로 받게 될 권리에 해당하는 금액을 추정하여야 한다. 문단 56에 따라 변동대가와 관련된 불확실성이 나중에 해소될 때 이미 인식한 누적수익금액 중 유의적으로 되돌리지 않을 가능성이 매우 높다면 B상품의 거래가격은 예상되는 환불금액을 고려한 9,700이다. B상품을 받은 대가와 거래가격의 차이는 B상품에 대해 환불할 것으로 예상되는 현금을 나타내므로 환불부채로 인식한다.

문제 9 거래가격의 산정(고객에게 지급할 대가) - Level 2

각 물음은 서로 독립적이다.

물음 1 A사는 20×1년 7월 1일 고객에게 1년 동안 재화를 판매하기로 계약을 체결하였다. 고객은 1년 동안 최소 제품 100단위를 단위당 ₩20,000씩 총 ₩2,000,000의 제품을 사기로 약속하였다. 계약에서 A사는 계약 개시시점에 고객에게 환불되지 않는 ₩200,000을 지급하도록 되어 있다. 이는 고객이 기업의 제품을 사용하는 데 필요한 변경에 대해 고객에게 보상하는 것이다. A사는 20×1년에 제품 50단위를 판매하고 현금 ₩1,000,000을 수령하였다. A사가 20×1년에 인식할 수익을 구하시오.

물음 2 ㈜하늘은 상업용 로봇을 제작하여 고객에게 판매한다. 20×1년 9월 1일에 ㈜하늘은 청소용역업체인 ㈜사과에게 청소로봇 1대를 ₩600,000에 판매하고, ㈜사과로부터 2개월간 청소용역을 제공받는 계약을 체결하였다. ㈜하늘은 ㈜사과의 청소용역에 대한 대가로 ₩50,000을 지급하기로 하였다. ㈜하늘은 20×1년 10월 1일 청소로봇 1대를 ㈜사과에게 인도하고 현금 ₩600,000을 수취하였으며, ㈜사과로부터 20×1년 10월 1일부터 2개월 간 청소용역을 제공받고 현금 ₩50,000을 지급하였다. ㈜하늘이 아래의 각 상황별로 20×1년에 인식하게 될 수익을 구하시오.

상황	20×1년 수익으로 인식할 금액
(상황 1) ㈜사과가 ㈜하늘에게 제공한 청소용역의 공정가치가 ₩50,000인 경우	①
(상황 2) ㈜사과가 ㈜하늘에게 제공한 청소용역의 공정가치가 ₩40,000인 경우	②
(상황 3) ㈜사과가 ㈜하늘에게 제공한 청소용역의 공정가치를 합리적으로 추정할 수 없는 경우	③

물음 3 C사는 기계장치를 최종 고객에게 직판하기도 하지만, C사가 대리점 D에 판매하고, 대리점 D가 최종 고객에게 판매하는 판매채널도 있다. 이때, 고가의 기계장치인 경우 C사는 대리점 D의 재무부담을 고려하여 신용공여기간을 장기로 부여하는 것뿐만 아니라 무이자로 대여금을 제공하고 있다. 20×1년 초 C사는 기계장치 1대를 대리점 D에 ₩400,000에 판매하면서 ₩300,000을 대리점 D에 무이자로 대여(3년 후에 원금상환 조건)해주었다. 20×1년 초의 동 대여금에 적용될 시장이자율은 연 12%이다. C사가 대리점 D에 기계장치를 판매할 때 인식할 매출을 구하시오(단, 대리점 D는 본인을 가정, 3년, 12% 현가계수: 0.7118). **유예**

→| 풀이 |

물음 1 (1) 제품 단위당 수익: (2,000,000 - 200,000) ÷ 100단위 = @18,000

(2) 20×1년에 인식할 수익: 50단위 × @18,000 = 900,000

회계처리

20×1년 7월 1일	차) 선급금	200,000	대) 현금	200,000
판매 시	차) 현금	1,000,000	대) 계약수익	900,000
			선급금	100,000

☑ 고객에게 지급할 대가가 고객에게 받은 구별되는 재화나 용역에 대한 지급이 아니라면, 그 대가는 거래가격 즉, 수익에서 차감하여 회계처리한다.

물음 2

상황	20×1년 수익으로 인식할 금액
(상황 1) ㈜사과가 ㈜하늘에게 제공한 청소용역의 공정가치가 ₩50,000인 경우	① 600,000
(상황 2) ㈜사과가 ㈜하늘에게 제공한 청소용역의 공정가치가 ₩40,000인 경우	② 590,000
(상황 3) ㈜사과가 ㈜하늘에게 제공한 청소용역의 공정가치를 합리적으로 추정할 수 없는 경우	③ 550,000

근거

① (상황 1) 20×1년 수익으로 인식할 금액: 600,000

② (상황 2) 20×1년 수익으로 인식할 금액: 600,000 - (50,000 - 40,000) = 590,000

③ (상황 3) 20×1년 수익으로 인식할 금액: 600,000 - 50,000 = 550,000

참고

기업이 고객에게 지급할 대가가 고객에게서 받은 구별되는 재화나 용역에 대한 지급이라면 그에 대한 회계처리는 아래와 같다.

① 원칙: 다른 공급자에게 구매한 경우와 같은 방법으로 처리

② 재화나 용역의 공정가치를 초과하는 경우: 초과액을 거래가격에서 차감

③ 재화나 용역의 공정가치를 추정할 수 없는 경우: 전액을 거래가격에서 차감

물음 3 (1) 20×1년 초 대여금의 현재가치: 300,000 × 0.7118 = 213,540

(2) 판매시점에 인식할 매출: 400,000 - (300,000 - 213,540) = 313,540

☑ C사 입장에서 이자지원으로 인한 효익은 대리점 D가 영업 중단 없이 최종 고객에게 기계장치를 원활하게 판매하는 것이다. 이런 영업 지속은 대리점 D로부터 받는 재화나 용역과는 무관하다고 볼 수 있다. 그러므로 C사는 이자지원 부분을 매출의 차감으로 표시한다.

문제 10　거래가격의 산정(계약에 포함된 유의적인 금융요소) - Level 2

물음 1　A사는 20×1년 7월 1일 제품을 판매하기로 고객과 계약을 체결하였다. 제품에 대한 통제는 20×3년 6월 30일에 고객에게 이전될 것이다. 계약에 따라 고객은 20×1년 7월 1일 계약에 서명하는 시점에 ₩400,000을 지급하기로 하였다. A사가 약속된 대가를 조정하기 위해 사용해야 할 이자율은 연 6%라고 판단하였다. 그러나 20×1년 말 이후 A사는 고객 신용특성의 변동을 반영하여 새로운 할인율 연 10%를 산정하였다. A사는 20×3년 6월 30일에 원가 ₩300,000의 재고자산을 이전하였다. 동 거래가 A사의 20×3년 당기순이익에 미치는 영향을 구하시오.

물음 2　B사는 고객에게 재고자산을 판매하는 계약을 체결하였다. 재고자산에 대한 통제는 계약에 서명할 때 고객에게 이전된다. 계약에 표시된 가격은 ₩200,000이며, 3년 분납지급(매년 말 지급)할 예정이고, 계약 시 이자율은 8%로서 매년 할부금은 ₩77,606이다. 〔유예〕

　　물음 2-1　계약 할인율 8%가 별도 금융거래의 이자율을 반영하는 경우 B사가 거래 개시시점에 수익으로 인식할 금액을 구하시오.

　　물음 2-2　계약 할인율 8%는 계약 개시시점에 B사와 고객 간의 별도 금융거래에서 고객의 신용특성을 반영한 이자율 12%보다 상당히 낮다고 판단할 경우 B사가 거래 개시시점에 수익으로 인식할 금액을 구하시오(단, 3년, 12% 연금현가계수는 2.40183이다).

─┤ 풀이 ├─

물음 1 동 거래가 A사의 20×3년 당기순이익에 미치는 영향: (1) + (2) + (3) = 136,720 증가

(1) 매출액: 449,440

(2) 매출원가: (-)300,000

(3) 이자비용: (-)12,720

회계처리

20×1년 7월 1일	차) 현금	400,000	대) 계약부채	400,000
20×1년 12월 31일	차) 이자비용	12,000	대) 계약부채	12,000
20×2년 12월 31일	차) 이자비용[1]	24,720	대) 계약부채	24,720
	1) 400,000 × 6% × 6/12 + 400,000 × 1.06 × 6% × 6/12 = 24,720			
20×3년 6월 30일	차) 이자비용[2]	12,720	대) 계약부채	12,720
	차) 계약부채	449,440	대) 계약수익	449,440
	차) 매출원가	300,000	대) 재고자산	300,000
	2) 424,000 × 6% × 6/12 = 12,720			

물음 2 **물음 2-1** 거래 개시시점에 수익으로 인식할 금액: 200,000

계약 할인율 8%가 계약 개시시점에 B사와 고객 간의 별도 금융거래에서 사용될 이자율과 동일할 경우, 금융의 시장조건은 재고자산의 현금판매가격이 200,000임을 의미한다. 그러므로 B사는 재고자산을 고객에게 이전할 때 200,000의 수익과 수취채권을 인식한다. 3년 동안 할부금 총액 232,818과의 차이 32,818은 3년 동안 이자수익으로 인식한다.

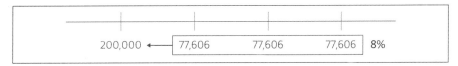

물음 2-2 거래 개시시점에 수익으로 인식할 금액: 186,396

계약 할인율 8%가 계약 개시시점에 B사와 고객 간의 별도 금융거래에서 고객의 신용특성을 반영한 이자율 12%보다 상당히 낮다고 판단할 경우, 이는 재고자산의 현금판매가격이 200,000보다 낮음을 의미한다. 따라서 **매년 할부금 77,606을 12%로 할인한 186,396으로 수익과 수취채권을 인식한다.** 3년 동안 할부금 총액 232,818과 186,396의 차이 46,422는 3년 동안 이자수익으로 인식한다.

V | Step 4: 거래가격의 배분

문제 11 | 거래가격의 배분(거래가격의 변동, 계약변경 후 거래가격의 변동) - Level 3

물음 1 D건설회사의 보고기간은 매년 1월 1일부터 12월 31일까지이다. D건설회사는 20×1년 초 도로와 교량을 건설하는 계약을 체결하고 즉시 공사를 진행하였다(도로의 건설과 교량의 건설이라는 별도의 이행의무가 있다고 가정). D건설회사는 계약체결 시 거래가격을 ₩120,000으로 결정하였고 이는 ₩100,000의 고정가격과 포상금에 대한 추정치 ₩20,000이 포함된 금액이다. D건설회사는 ₩20,000의 장려금에 대한 변동가능대가를 추정하는 데 최선의 추정치를 이용한다. D건설회사는 추정치의 변동으로 수익이 감소하지 않을 가능성이 매우 높다고 결론 내렸다. 20×2년 초에 변동가능대가가 계약 개시 이후 예상했던 ₩20,000에서 ₩30,000으로 변동되었다. 동 변동은 건설기간 중 기상상황의 호전으로 인한 것으로서 예상한 것보다 일찍 공사를 종료할 것으로 기대하였기 때문에 발생하였다. 예측치가 변동되어 20×1년 말에 도로의 90%가 완료되었지만 교량 건설은 아직 시작하지 않았다가 20×2년에 두 공사 모두 완료되었다(단, 20×1년 도로 건설의 개별 판매가격은 ₩70,000이고 교량 건설의 개별 판매가격은 ₩70,000이었으나 20×2년 도로 건설의 개별 판매가격은 ₩60,000이고 교량 건설의 개별 판매가격은 ₩70,000으로 변경되었다. 또한 동 공사는 모두 지금까지 수행을 완료한 부분에 대해 집행 가능한 지급청구권을 D건설회사가 가지고 있다).

D건설회사가 20×1년과 20×2년에 수익으로 계상할 금액을 아래의 양식에 따라 기재하고 해당 연도에 발생한 수익이 없으면 '없음'으로 기재하시오.

구분	20×1년 수익으로 계상할 금액	20×2년 수익으로 계상할 금액
D건설회사	①	②

물음 2 다음의 거래는 모두 연속되는 상황이다.

[공인회계사 2차 2019년 수정]

> **거래 1** ㈜사과는 고객에게 구별되는 제품 2개(제품 A와 제품 B)를 이전하기로 20×1년 6월 1일 약속하였다. 제품 A는 계약 개시시점에, 제품 B는 20×2년 2월 28일에 각각 이전한다. 고객이 약속한 대가는 총 ₩2,400으로 고정대가 ₩2,000과 ㈜사과가 추정한 변동대가 ₩400이 포함되어 있다. 이는 불확실성이 해소될 때 이미 인식한 누적수익금액 중 유의적인 부분을 되돌리지 않을 가능성이 매우 높다고 결론지었기 때문이다.
>
> **거래 2** ㈜사과는 20×1년 10월 31일 아직 고객에게 인도하지 않은 제품 B에 제품 C를 추가하여 20×2년 5월 31일에 이전하기로 계약의 범위를 변경하고, 계약가격을 ₩600(고정대가) 증액하였다. 그러나 이 금액은 제품 C의 개별 판매가격을 나타내지 않는다. 제품 C의 개별 판매가격은 제품 A와 제품 B의 개별 판매가격과 같다.
>
> **거래 3** ㈜사과는 제품 B와 제품 C를 인도하기 전에 권리를 갖게 될 것으로 예상하는 변동대가 추정치를 ₩400에서 ₩500으로 수정하였다. ㈜사과는 변동대가 추정치의 변동분 ₩100을 거래가격에 포함할 수 있다고 결론지었는데, 불확실성이 해소될 때 이미 인식한 누적수익금액 중 유의적인 부분을 되돌리지 않을 가능성이 매우 높다고 결론지었기 때문이다.

물음 2-1 **거래 1** 에서 ㈜사과가 제품 A를 계약 개시시점에 고객에게 이전할 때 수익으로 인식할 금액을 구하시오.

물음 2-2 **거래 2** 에서 ㈜사과의 계약변경으로 제품 B와 제품 C의 수행의무에 배분되는 거래가격을 구하시오.

물음 2-3 **거래 3** 에서 ㈜사과의 거래가격 증가분으로 인하여 20×2년 2월 28일에 제품 B를 고객에게 이전하면서 인식할 수익금액과 20×2년 5월 31일에 제품 C를 고객에게 이전하면서 인식할 수익금액을 각각 구하시오.

| ─┤ 풀이 ├─ |

물음 1

구분	20×1년 수익으로 계상할 금액	20×2년 수익으로 계상할 금액
D건설회사	① 54,000	② 76,000

① 20×1년 수익: **60,000 × 90% = 54,000**

② 20×2년 수익: **76,000**

    ⊙ 거래가격의 배분

      • 도로 건설: 120,000 × 70,000/140,000 = 60,000

      • 교량 건설: 120,000 × 70,000/140,000 = 60,000

    ⓒ 거래가격 변동분의 배분

      • 도로 건설: 10,000 × 70,000/140,000 = 5,000

      • 교량 건설: 10,000 × 70,000/140,000 = 5,000

      ☑ 거래가격을 이행의무에 배분하는 기준(상대적 개별 판매가격기준으로 배분하는 데 사용한 비율)은 계약 개시 후 변경하지 않았다.

    ⓒ 추가적으로 인식할 수익금액: 11,000 + 65,000 = 76,000

      • 도로 건설: (60,000 + 5,000) × 100% - 60,000 × 90% = 11,000

      • 교량 건설: 60,000 + 5,000 = 65,000

물음 2   **물음 2-1** 제품 A를 계약 개시시점에 고객에게 이전할 때 수익으로 인식할 금액: **1,200**

㈜사과는 2,400의 거래가격을 제품 A의 수행의무와 제품 B의 수행의무에 동일하게 배분한다. 그 이유는 **변동대가를 전부 하나의 수행의무에 배분하거나 단일 수행의무의 일부를 구성하는 구별되는 재화나 용역에 배분할 수 있는 요건**(① 수행의무를 이행하거나 구별되는 재화나 용역을 이전하는 기업의 노력과 변동 지급조건이 명백하게 관련되어 있다. ② 계약상 모든 수행의무와 지급조건을 고려할 때, 변동대가를 전부 그 수행의무나 구별되는 재화 또는 용역에 배분하는 것이 거래가격 배분의 목적에 맞는다)**을 모두 충족하지 못하기 때문이다.**

물음 2-2 (1) 계약변경으로 제품 B의 수행의무에 배분되는 거래가격: **(2,400 ÷ 2 + 600) ÷ 2 = 900**

(2) 계약변경으로 제품 C의 수행의무에 배분되는 거래가격: **(2,400 ÷ 2 + 600) ÷ 2 = 900**

㈜사과는 이 계약변경으로 **기존 계약이 종료되고 새로운 계약이 체결된 것처럼 회계처리하여야** 한다. 그 이유는 나머지 제품 B와 제품 C가 계약변경 전에 고객에게 이전한 제품 A와 구별되고, 추가 제품 C의 약속된 대가가 제품 C의 개별 판매가격을 나타내지 않기 때문이다. 또한 각 제품의 개별 판매가격은 동일하므로 변경된 계약의 거래가격은 제품 B의 수행의무와 제품 C의 수행의무에 동일하게 배분된다.

물음 2-3 (1) 20×2년 2월 28일에 제품 B를 고객에게 이전하면서 인식할 수익금액: 925
(2) 20×2년 5월 31일에 제품 C를 고객에게 이전하면서 인식할 수익금액: 925

계약변경을 기존 계약이 종료되고 새로운 계약이 체결된 것처럼 회계처리하더라도 거래가격 증가분 100은
계약변경 전에 약속된 변동대가에 귀속시킨다. 또한 거래가격 증가분 100을 계약 개시시점과 같은 기준으로
배분한다. 따라서 거래가격이 변동된 기간에 제품 A의 수익 50을 인식한다.

제품 B와 제품 C는 두 제품의 개별 판매가격이 같고, 변동대가를 양쪽의 수행의무가 아닌 한쪽에만 배분하도
록 하는 기준(① 수행의무를 이행하거나 구별되는 재화나 용역을 이전하는 기업의 노력과 변동 지급조건이 명
백하게 관련되어 있다. ② 계약상 모든 수행의무와 지급조건을 고려할 때, 변동대가를 전부 그 수행의무나 구
별되는 재화 또는 용역에 배분하는 것이 거래가격 배분의 목적에 맞는다)을 충족하지 못하므로 거래가격의 변
동을 동일하게 배분한다.

각 물음은 서로 독립적이다.

물음 1 12월 말 결산법인인 ㈜포도는 제품 A, B, C를 함께 판매하였다. 총거래가격은 ₩100이다. 제품 A의 개별 판매가격이 ₩50으로 시장에서 거래되고 있는 반면, 제품 B와 제품 C는 개별 판매되지 않는다. 다만, 경쟁사가 제품 B와 매우 비슷한 제품을 ₩25에 판매하고 있다. 제품 C는 동일·유사 제품의 시장가격을 확인할 수 없으나, 제품 C의 생산원가는 ₩50이며, 이윤은 원가의 50%를 가산한다. 이 경우 거래가격을 각 수행의무인 제품들에 배분하시오.

물음 2 12월 말 결산법인인 ㈜사과는 고객과 계약을 체결하고 제품 A, B, C를 ₩100에 판매하기로 하였다. ㈜사과는 서로 다른 시점에 각 제품에 대한 수행의무를 이행하며, 각 제품의 개별 판매가격은 다음과 같다.

제품 A	제품 B	제품 C	합계
₩50	₩25	₩75	₩150

각 제품의 개별 판매가격의 합계액 ₩150이 약속된 대가 ₩100을 초과하므로 고객은 제품 묶음을 구매하면서 할인을 받는 것이다. 전체 할인이 귀속되는 수행의무에 대한 관측 가능한 증거는 없다.

물음 2-1 ㈜사과의 각 제품별 거래가격을 배분하시오.

물음 2-2 만약 개별 제품의 판매가격은 다음과 같으며, ㈜사과가 제품 B와 제품 C를 함께 ₩60에 판매한다고 할 경우 각 제품별 거래가격을 배분하시오.

제품 A	제품 B	제품 C	합계
₩40	₩55	₩45	₩140

물음 2-3 위의 물음과 독립적으로 개별 제품의 판매가격은 다음과 같으며, ㈜사과는 제품 B와 제품 C를 함께 ₩40에 판매한다.

제품 A	제품 B	제품 C	합계
₩40	₩55	₩45	₩140

또한, 동 계약에는 제품 D를 이전하는 약속도 포함되어 있고, ㈜사과는 제품 D를 넓은 범위의 금액(₩20 ~ ₩60)으로 서로 다른 고객에게 판매하기 때문에 제품 D의 개별 판매가격 변동성은 매우 높다고 가정한다. 이 경우 ㈜사과의 각 제품별 거래가격을 배분하시오.

물음 2-4 위의 **물음 2-3**에서 거래가격이 ₩100이 아니라 ₩90일 경우 적절한 할인액의 배분방법을 제시하시오.

물음 1 (1) 판매가격의 추정

　　1) 제품 A: 50(판매가격)

　　2) 제품 B: 25(시장평가 조정 접근법)

　　3) 제품 C: 50 × (1 + 50%) = 75(예상원가 · 이윤 가산접근법)

(2) 배분가격

　　1) 제품 A: 100 × 50/150 = 33

　　2) 제품 B: 100 × 25/150 = 17

　　3) 제품 C: 100 × 75/150 = 50

물음 2　**물음 2-1**

구분	거래가격
제품 A	100 × 50/150 = 33
제품 B	100 × 25/150 = 17
제품 C	100 × 75/150 = 50
합계	100

물음 2-2

구분	거래가격
제품 A	100 × 40/(40 + 60) = 40
제품 B	(100 - 40) × 55/100 = 33
제품 C	(100 - 40) × 45/100 = 27
합계	100

☑ 기업이 제품 B와 제품 C를 함께 60에, 제품 A를 40에 판매하고 있으므로 전체 할인액 40은 제품 B와 제품 C를 이전하는 약속에 배분하여야 한다.

물음 2-3

구분	거래가격 1차 배분	거래가격 2차 배분
제품 A	40	40
제품 B	40	40 × 55/100 = 22
제품 C		40 × 45/100 = 18
제품 D	20	20
합계	100	100

☑ 제품 D 배분 거래가격(잔여접근법)은 20(= 100 - 40 - 40)으로 관측 가능한 판매가격의 범위(20 ~ 60)에 있다.

물음 2-4 거래가격이 100이 아니라 90일 때 잔여접근법을 적용하여 추정한 제품 D의 개별 판매가격은 10(= 90 - 80)이 된다. 이는 관측 가능한 판매가격의 범위(20 ~ 60)에 가깝지 않기 때문에 ㈜사과가 제품 D를 이전하는 수행의무를 이행하고 그 대가로 받을 권리를 갖게 될 것으로 예상하는 금액 10을 충실하게 표현하지 못한다고 결론짓는다. 그러므로 ㈜사과는 다른 적절한 방법을 사용하여 제품 D의 개별 판매가격을 추정하고, 각 제품의 상대적인 개별 판매가격을 사용하여 제품 A, B, C, D에 거래가격 90을 배분한다.

각 물음은 서로 독립적이다.

물음 1 A사는 제품을 ₩50,000에 판매하기로 계약을 체결하였다. 이 계약의 일부로 기업은 앞으로 30일 이내에 ₩40,000 한도의 구매에 대해 30% 할인권을 고객에게 주었다. A사는 할인을 제공하기로 한 약속을 제품 판매 계약에서 수행의무로 회계처리한다. A사는 고객의 60%가 할인권을 사용하고 추가 제품을 평균 ₩25,000에 구매할 것으로 추정한다. A사가 동 제품을 판매하는 시점에 인식할 수익을 구하시오.

물음 2 A사는 제품을 ₩50,000에 판매하기로 계약을 체결하였다. 이 계약의 일부로 기업은 앞으로 30일 이내에 ₩40,000 한도의 구매에 대해 30% 할인권을 고객에게 주었다. A사는 할인을 제공하기로 한 약속을 제품 판매 계약에서 수행의무로 회계처리한다. A사는 고객의 60%가 할인권을 사용하고 추가 제품을 평균 ₩25,000에 구매할 것으로 추정한다. 또한, A사는 계절 마케팅의 일환으로 앞으로 30일 동안 모든 판매에 10% 할인을 제공할 계획이다. 10% 할인은 30% 할인권에 추가하여 사용할 수 없다. A사가 동 제품을 판매 하는 시점에 인식할 수익을 구하시오.

물음 3 A사는 고객에게 컴퓨터를 ₩2,000에 판매하기로 하는 계약을 체결하면서 이 계약의 일부로 고객이 앞으로 60일 이내에 A사의 매장에서 구매하는 ₩1,000까지의 어떠한 제품에 대해서도 25%의 할인을 제공받을 수 있는 할인권을 제공하였다. A사는 할인을 제공하기로 한 약속을 컴퓨터 판매 계약에서 별도의 수행의무로 회계처리한다. A사는 계절판촉활동으로 앞으로 60일 이내에 구매하는 모든 고객에게 10%의 할인을 제공할 계획이고 이 경우 25% 할인권을 추가하여 사용할 수 없다. A사는 일반적으로 이 컴퓨터 모델을 할인권 없이 ₩2,000에 판매하고 있다. A사는 고객의 80%가 할인권을 사용하고 추가로 구매하는 제품의 평균 구입가격은 ₩500(할인 전 금액)이라고 추정하였다.   유예

물음 3-1 A사가 동 컴퓨터 1대를 판매하는 시점에 인식할 수익을 구하시오.

물음 3-2 고객이 60일 이내에 할인권을 사용하여 ₩200의 제품을 ₩150에 구매하는 시점에 A사가 인식할 수익을 구하시오.

물음 3-3 위의 **물음 3-2**에 이어서 할인권의 사용기한까지 추가적인 구매는 없었다고 가정한다면 할인권의 사용기한이 종료되는 시점에 A사가 수행해야 할 회계처리를 보이시오.

—│ 풀이 │—

물음 1 A사가 동 제품을 판매하는 시점에 인식할 수익: **45,872**

(1) 할인권의 추정 개별 판매가격: 4,500

@25,000(추가 제품 평균 구입가격) × 30%(할인율) × 60%(할인권 행사 가능성) = 4,500

(2) 거래가격 배분

구분	거래가격
제품	50,000 × 50,000/(50,000 + 4,500) = 45,872
할인권	50,000 × 4,500/(50,000 + 4,500) = 4,128
합계	50,000

(3) 판매시점 회계처리

차) 현금	50,000	대) **계약수익**	45,872
		계약부채	4,128

물음 2 A사가 동 제품을 판매하는 시점에 인식할 수익: **47,170**

(1) 할인권의 추정 개별 판매가격: 3,000

@25,000(추가 제품 평균 구입가격) × 20%(증분할인율) × 60%(할인권 행사 가능성) = 3,000

☑ 모든 고객은 앞으로 30일 동안 구매금액의 10% 할인을 받을 수 있기 때문에 고객에게 중요한 권리를 제공하는 할인은 10%에서 증분되는 20% 할인뿐이다.

(2) 거래가격 배분

구분	거래가격
제품	50,000 × 50,000/(50,000 + 3,000) = 47,170
할인권	50,000 × 3,000/(50,000 + 3,000) = 2,830
합계	50,000

(3) 판매시점 회계처리

차) 현금	50,000	대) **계약수익**	47,170
		계약부채	2,830

물음 3 **물음 3-1** 판매시점에 인식할 수익: 1,942

(1) 거래가격의 배분

수행의무	개별 판매가격	계산	거래가격 배분
컴퓨터	2,000	2,000 × 2,000/(2,000 + 60) =	1,942
할인권	60[1]	2,000 × 60/(2,000 + 60) =	58
			2,000

1) 평균 구입가격 500 × 증분할인율(25% - 10%) × 선택권의 행사가능성 80% = 60

(2) 고객에게 컴퓨터를 판매하는 시점의 회계처리

차) 현금	2,000	대) 계약수익	1,942
		계약부채	58

물음 3-2 고객이 할인권을 사용하여 추가 구매하는 시점에 인식할 수익: 173

• 구매시점 회계처리

차) 현금	150	대) 계약수익	173
계약부채[1]	23		

1) 58 × 200/500 = 23

물음 3-3 할인권 사용기한 종료시점 회계처리

차) 계약부채[1]	35	대) 계약수익	35

1) 58 - 23 = 35

─☆ Self Study

고객선택권(= 할인권) 지급 시 ① 고객선택권 행사가능성과 ② 행사를 안 해도 고객이 지급받는 할인액을 고려하여 거래가격 배분 시 사용된 개별 판매가격을 추정한다.

VI | Step 5: 수익의 인식

문제 14 | 수익의 인식(이행시기 구분, 유의적인 금융요소, 재무제표 표시) - Level 2

물음 1 다음 각 사례별로 기간에 걸쳐 이행하는 수행의무인지 한 시점에 이행되는 수행의무인지를 밝히시오.

[기준서 사례 수정]

사례 1 기업은 고객에게 전문가 의견을 제공하는 컨설팅용역을 제공하기로 고객과 계약을 체결하였다. 전문가 의견은 고객에게 특정된 사실 및 상황에 관련된다. 기업이 약속한 대로 수행하지 못하는 경우 외의 사유로 고객이 컨설팅용역 계약을 종료한다면, 고객은 계약에 따라 기업의 발생원가에 15% 이윤을 더하여 보상해야 한다. 15% 이윤은 기업이 비슷한 계약에서 벌어들이는 이윤에 가깝다.

사례 2 기업은 장비를 건설하기로 고객과 계약을 체결한다. 계약의 지급 일정에서는 고객이 계약 개시 시점에 계약가격의 10%인 선급금을 지급하고, 건설기간에 정기적으로 계약가격의 50%에 해당하는 금액까지 지급하며, 건설이 완료되어 장비가 규정된 성능 시험을 통과한 후에 계약가격의 40%를 최종 지급하도록 정하였다. 기업이 약속한 대로 수행하지 못하는 경우가 아니라면 이미 지급받은 금액은 환불되지 않는다. 고객이 계약을 종료할 경우에 기업은 고객에게서 받은 기성금(Progress Payment)만 보유할 권리가 있다. 기업은 고객에게서 보상받을 권리가 더는 없다.

사례 3 기업은 특수 기계장치를 건설하기로 고객과 계약을 체결하였다. 기업은 다양한 고객을 위해 특수 기계장치를 건설한다. 각 특수 기계장치의 디자인과 건설은 각 고객의 필요와 기계장치에 통합될 기술의 유형에 따라 상당히 다르다. 기업이 수행을 완료한 부분에 대해 집행 가능한 지급청구권이 있다.

물음 2 ㈜대한은 20×1년 1월 1일 ㈜민국과 자동화 설비장치인 시스템 A를 판매하는 계약을 체결하였으며 주요 계약내용은 다음과 같다.

[공인회계사 2차 2018년 수정]

> <주요 계약내용>
> - ㈜대한은 ㈜민국에게 시스템 A를 20×2년 12월 31일까지 이전한다.
> - 시스템 A는 자동화설비 로봇과 로봇의 작동을 위한 소프트웨어를 포함한다.
> - ㈜민국은 ㈜대한에게 대가를 20×1년 1월 1일 계약 체결시점에 ₩1,000,000을 지급하거나 20×2년 12월 31일 제품 이전시점에 ₩1,210,000을 지급하는 방안 중 하나를 선택할 수 있다.

㈜대한은 로봇과 소프트웨어 제작 및 개발 프로젝트 전체를 책임지고 있다. ㈜대한이 개발하는 소프트웨어는 시스템 A의 로봇에서만 사용 가능하며 해당 로봇은 ㈜대한이 개발하는 소프트웨어가 아니면 작동하지 않는다. 시스템 A의 제작에 2년이 소요되며, ㈜대한은 총 ₩800,000의 제작원가 중 개발 1년차에 60%(₩480,000), 2년차에 40%(₩320,000)가 투입될 것으로 예상한다. 로봇 제작원가와 소프트웨어 개발원가의 비율은 50% 대 50%이다. 20×1년도에 예상대로 원가가 발생하였다. ㈜대한은 ㈜민국이 주문한 제품과 동일한 시스템 A 여러 대를 제작 중이며 ㈜민국이 주문한 제품은 특정되지 않는다. 계약 체결시점에 ㈜대한과 ㈜민국의 신용 특성을 반영하는 계약 이자율은 10%이다.

다음의 각 물음은 독립적이다.

물음 2-1 20×1년 1월 1일 ㈜대한이 식별해야 할 ㈜민국과의 계약에 의한 수행의무와 수행의무 이행에 따른 수익을 어떻게 인식할지를 간략하게 설명하시오.

물음 2-2 ㈜민국이 20×1년 1월 1일 계약 체결시점에 대가 ₩1,000,000을 ㈜대한에게 지급하기로 결정했다면, ㈜대한이 20×1년 12월 31일에 수행해야 할 회계처리를 제시하고 그 이유를 간략하게 설명하시오.

물음 2-3 ㈜민국이 20×2년 12월 31일 시스템 A 이전시점에 대가 ₩1,210,000을 ㈜대한에게 지급하기로 결정했다면, ㈜대한이 20×1년 12월 31일에 수행해야 할 회계처리를 제시하고 그 이유를 간략하게 설명하시오.

물음 2-4 ㈜민국은 20×3년 3월 1일 ㈜만세와 포장시스템을 구매하는 별도의 계약을 체결하였다. 해당 계약은 취소 불가능하다. 계약에 의하면 ㈜민국은 20×3년 5월 1일까지 ㈜만세에게 대가 ₩500,000을 지급하여야 하며, ㈜만세는 20×3년 12월 31일까지 포장시스템을 이전해야 한다. ㈜민국은 20×3년 6월 15일에 ㈜만세에게 ₩500,000을 지급하였다. ㈜만세가 포장시스템 계약에 대해 20×3년 5월 1일에 수행해야 할 회계처리를 제시하고 그 이유를 간략하게 설명하시오.

│ 풀이 │

물음 1 **사례 1** 기업이 자신의 의무를 이행할 수 없고 고객이 의견을 제공하는 다른 컨설팅 기업을 고용하는 경우에 다른 컨설팅 기업은 기업이 지금까지 완료한 작업을 실질적으로 다시 수행할 필요가 있을 것이다. 기업이 수행한 진행 중인 작업의 효익을 다른 컨설팅 기업이 이용할 수 없을 것이기 때문이다. 전문가 의견의 성격은 고객이 그 의견을 받을 때에만 기업의 수행에서 효익을 얻을 수 있게 된다는 것이다. 그러나 기업은 지금까지 수행을 완료한 부분에 대해 원가에 적정한 이윤(다른 계약에서의 이윤에 가까움)을 더한 금액만큼 집행 가능한 지급청구권이 있다. 따라서 기업은 수행의무의 진행률을 측정하여 기간에 걸쳐 수익을 인식한다.

사례 2 기업이 약속한 대로 이행하지 못하는 경우가 아닌 사유로 고객이 계약을 종료하는 경우에는 고객의 지급액이 환불되지 않더라도, 계약의 모든 기간 내내 지급받은 누적금액이 적어도 지금까지 수행을 완료한 부분에 대해 기업에 보상해야 할 금액에 상당한다고 예상되지 않는다. 이는 건설하는 동안 여러 차례 고객이 지급한 대가의 누적금액이 그 시점에 부분적으로 완료된 장비의 판매가격보다 적을 것이기 때문이다. 따라서 기업은 지금까지 수행을 완료한 부분에 대해 **지급청구권이 없다.** 기업이 지금까지 수행을 완료한 부분에 대해 지급청구권이 없기 때문에 기업의 수행의무는 기간에 걸쳐 이행되지 않는다. 따라서 기업은 장비가 기업에 대체 용도가 있는지를 파악할 필요가 없다. 기업은 동 계약을 **한 시점에 이행하는 수행의무로** 회계처리한다.

사례 3 고객에 특화된 그 기계장치의 디자인 때문에 다른 고객에게 그 기계장치를 쉽게 넘기는 기업의 실무적 능력이 제한되므로 그 자산은 기업에 대체 용도가 없다. 또한 고객이 지금까지 수행을 완료한 부분에 대해 집행 가능한 지급청구권이 있다. 따라서 기업은 **수행의무의 진행률을 측정하여 기간에 걸쳐 수익을 인식한다.**

물음 2 **물음 2-1** ㈜대한의 ㈜민국과의 계약에 의한 수행의무는 **단일의 수행의무에 해당한다.** 그 이유는 ㈜대한이 개발하는 소프트웨어는 시스템 A의 로봇에서만 사용 가능하며, 해당 로봇은 ㈜대한이 개발하는 소프트웨어가 아니면 작동하지 아니하는 결합산출물에 해당하기 때문이다.

㈜대한은 한 시점에 통제를 이전하는 것으로 보아 **그 통제 이전시점에 수익을 인식한다.** 그 이유는 ㈜대한은 ㈜민국이 주문한 제품과 동일한 시스템 A 여러 대를 제작 중이며, ㈜민국이 주문한 제품은 특정되지 않고 수행을 완료한 부분에 대하여 집행 가능한 지급청구권도 존재하지 않기 때문이다.

물음 2-2 **회계처리**

20×1년 1월 1일	차) 현금	1,000,000	대) 계약부채	1,000,000
20×1년 12월 31일	차) 이자비용[1]	100,000	대) 계약부채	100,000
	1) 1,000,000(계약부채) × 10%(계약 이자율) = 100,000			

☑ ㈜대한이 20×2년 말 자산의 통제를 이전하면서 일시에 수익을 인식하므로 미리 받는 1,000,000의 계약부채에 대해 유의적인 금융요소를 반영하여 거래가격에 반영하여야 한다.

물음 2-3 회계처리 없음

㈜대한은 20×2년 12월 31일 해당 자산의 통제를 이전 시 일시에 수익을 인식하여야 하므로 20×1년 12월 31일 현재 수행하여야 하는 회계처리는 없다.

물음 2-4 **회계처리**

20×3년 5월 1일	차) 수취채권	500,000	대) 계약부채	500,000

㈜대한과 ㈜만세와의 계약은 **취소 불가능한 계약에 해당하므로 아직 수령하지 못한 500,000에 대하여 수취채권을 인식하는** 분개를 수행한다. 또한 ㈜만세가 아직 ㈜대한에게 포장시스템을 이전하지 아니하였으므로 매출로 인식하지는 못하고 수취채권과 동일한 금액만큼을 계약부채로 인식한다.

문제 15 수익의 인식(수행의무의 진행률) - Level 4

각 물음은 서로 독립적이다.

[기준서 사례 수정]

물음 1 A건설회사는 고객과 정유공장을 건설하는 계약을 체결하였다. 계약의 성격은 다음과 같다.   [유예]

> (1) 정유공장은 고객의 사양요청에 맞춰 설계되고 이러한 고객의 사양은 계약기간에 걸쳐 변동이 예상된다.
>
> (2) 정유공장은 건설회사에 대체적인 용도가 없다.
>
> (3) 계약대금의 지급방법에 따르면 환불 불가능한 진척도에 따른 대금지급이 요구된다.
>
> (4) 고객은 (계약 중단에 따른 벌금을 부담하고) 언제든지 계약을 취소할 수 있으며, 이때 건설중인자산은 고객의 소유가 된다. 따라서 다른 기업은 중단시점까지 이행된 부분에 대한 재작업이 요구되지 않는다.
>
> (5) 물리적 점유와 소유권은 계약이 완료될 때까지 이전되지 않는다.
>
> (6) 구체적인 계약내용은 아래와 같다.
>
> - 계약기간은 20×1년 초부터 20×3년 12월 31일까지로 3년이다.
> - 총예상도급금액은 ₩300,000,000이다.
> - 총예상계약원가는 ₩200,000,000이다.
> - 첫해의 원가는 ₩120,000,000이다.
>   (건설회사에 귀책사유가 있는 비효율에 따른 원가 ₩20,000,000 포함)

건설회사는 투입원가기준이 이행의무의 충족에 대한 진척도를 측정하는 합리적인 방법이라고 결론 내렸다.

물음 1-1 A건설회사가 20×1년에 인식할 계약수익과 동 거래가 20×1년 A건설회사의 당기순이익에 미친 영향을 구하시오.

물음 1-2 계약을 완료하기 위한 총예상원가가 20×2년 말에 자재원가의 증가로 인하여 ₩250,000,000으로 증가하였다. 20×2년 말에 20×1년의 비효율원가를 제외한 누적실제원가는 ₩200,000,000이다. 20×2년에 A건설회사가 인식해야 할 계약수익과 계약원가를 구하시오.

물음 2 B사는 총대가 ₩50,000에 20×1년 6월 30일까지 3층 건물을 개조하고 새 엘리베이터를 설치하기로 20×0년 11월에 고객과 계약하였다. 엘리베이터 설치를 포함하여 약속된 개조용역은 기간에 걸쳐 이행하는 단일 수행의무이다. 총예상원가는 엘리베이터 조달원가 ₩15,000을 포함하여 ₩40,000(기타원가 ₩25,000)이다. B사는 수행의무의 진행률 측정에 발생원가에 기초한 투입법을 사용하였다. 엘리베이터가 20×1년 6월 30일까지 설치되지 않더라도, 20×0년 12월에 현장으로 인도될 때 고객은 엘리베이터를 통제한다. 20×0년 12월 31일 현재 B사의 엘리베이터 제외 그 밖의 발생원가는 ₩5,000이다. 동 거래와 관련하여 20×0년에 B사가 인식할 수익과 비용은 각각 얼마인지 구하시오.   [유예]

물음 3 기업이 재화나 용역에 대한 통제를 기간에 걸쳐 이전하며, 수익을 인식하는 경우를 서술하시오.

물음 1 **물음 1-1** (1) 투입원가기준 진행률: (120,000,000 - 20,000,000) ÷ 200,000,000 = 50%

(2) 20×1년 계약수익: 300,000,000 × 50% = 150,000,000

(3) 20×1년 당기순이익에 미친 영향

150,000,000 - 100,000,000(계약원가) - 20,000,000(비효율에 따른 원가) = 30,000,000

☑ 건설회사는 투입원가모형에서 인식할 수익의 금액을 결정하기 위하여 재화나 용역의 이전을 나타내지 않는 원가를 제외하여야 한다. 그러므로 건설회사에 귀책사유가 있는 비효율과 관련된 원가는 제외되어야 한다.

물음 1-2 (1) 20×2년 누적진행률: 200,000,000 ÷ 250,000,000 = 80%

(2) 20×2년 계약수익: 300,000,000 × 80% - 150,000,000 = 90,000,000

(3) 20×2년 계약원가: 200,000,000 - 100,000,000 = 100,000,000

물음 2 (1) 20×0년에 B사가 인식할 수익: 22,000

(2) 20×0년에 B사가 인식할 비용: 20,000

1) 20×0년 말 현재 진행률: 5,000 ÷ 25,000(조달원가 제외) = 20%

2) 20×0년 매출: (50,000 - 15,000) × 20% + 15,000(엘리베이터 원가) = 22,000

☑ 엘리베이터 조달원가 15,000은 진행률에 비례적이지 않다고 판단한다. 그 이유는 엘리베이터가 20×1년 6월까지 설치되지 않더라도 20×0년 12월 현장으로 인도될 때 고객이 엘리베이터를 통제하기 때문이다. 따라서 B사가 진행률을 측정할 때 엘리베이터 조달원가를 포함하면 기업의 수행정도를 과대평가하므로 엘리베이터 조달원가를 발생원가 측정치와 거래원가에서 제외하여 진행률을 조정한다. 즉, 사용한 재화의 원가(15,000)와 동일한 금액을 수익으로 인식하여 이익이 0이 되게 한다.

3) 20×0년 매출원가: 5,000 + 15,000 = 20,000

물음 3 (1) 고객은 기업이 수행하는 대로 기업의 수행에서 제공하는 효익을 동시에 얻고 소비한다.

(2) 기업은 수행하여 만들어지거나 가치가 높아지는 대로 고객이 통제하는 자산을 기업이 만들거나 그 자산 가치를 높인다.

(3) 기업이 수행하여 만든 자산이 기업 자체에는 대체 용도가 없고, 지금까지 수행을 완료한 부분에 대해 집행 가능한 지급청구권은 기업에 있다.

┌─☆ Self Study ─────────────────────────────

진행률을 측정하는 경우 수행의무를 이행할 때 고객에게 통제를 이전하는 재화나 용역은 모두 진행률 측정에 포함해야 한다. 반면에, 진행률 측정방법을 적용할 때 고객에게 통제를 이전하지 않은 재화나 용역은 진행률 측정에서 제외한다. 또한 고객에게 재화나 용역에 대한 통제를 이전하는 과정에서 기업의 수행정도를 나타내지 못하는 다음과 같은 투입물의 영향은 진행률 측정에서 제외한다.

1) 발생원가가 기업이 수행의무를 이행할 때 그 진척도에 이바지하지 않는 경우

2) 발생원가가 기업이 수행의무를 이행할 때 그 진척도에 비례하지 않는 경우: 기업의 수행정도를 나타내는 최선의 방법은 발생원가의 범위까지만 수익을 인식하도록 투입법을 조정하는 것이다.

문제 16 계약원가(계약체결 증분원가와 계약이행원가) - Level 3

A사는 공개 입찰과정을 통하여 B사에 3년간 네트워크 관리용역을 제공하는 계약을 20×1년 1월 1일에 체결하였다. 3년 이후에 계약을 1년 단위로 갱신할 수 있는데, 평균 고객기간은 5년이다. A사의 계약체결과정에서 발생한 원가는 ₩30,000으로 영업사원 수수료 ₩20,000과 실사를 위한 외부 법률 수수료 ₩6,000, 제안서 제출을 위한 교통비 ₩4,000으로 구성된다. 실사를 위한 외부 법률 수수료와 제안서 제출비용은 계약이 체결되지 않았더라도 발생한다. 영업사원 수수료는 고객이 계약에 서명할 때에 종업원에게 지급한다. 즉, 계약이 체결되지 않으면 영업사원 수수료는 지급되지 않는다.

A사는 고객에게 용역을 제공하기 전에, 고객의 네트워크에 접근할 수 있는 기술플랫폼을 기업 내부에서 사용하기 위해 설계하고 구축하였다. 기술플랫폼 설치를 위하여 들인 최초 원가는 다음과 같으며, 모두 회수될 것으로 예상된다.

- 설계용역: ₩1,000

- 하드웨어: ₩20,000

- 소프트웨어: ₩18,000

- 데이터 이전 및 시험: ₩3,000

A사는 기술플랫폼 설치를 위한 최초 원가에 추가하여, 고객에게 용역을 제공하는 업무를 담당할 직원 2명을 배정하였으며, 연간 ₩20,000의 급여가 발생할 것으로 예상하였다.

[기준서 사례 수정]

물음 1 계약체결과정에서 발생한 원가 중 자산으로 인식할 수 있는 금액을 구하시오.

물음 2 계약체결과정에서 발생한 원가 중 일부를 20×1년 1월에 자산으로 인식하고 계약체결 증분원가는 5년간 정액법으로 상각하며, A사가 20×3년 말 현재 관리용역을 제공하고 대가로 받을 금액은 ₩100,000이며, 용역의 제공과 관련하여 추가로 비용으로 인식할 금액은 ₩94,000이다. A사가 자산으로 인식한 계약체결 증분원가와 관련하여 20×3년 말에 인식할 손상차손을 구하시오(단, 계약이행과정에서 발생하는 지출은 고려하지 않는다).

물음 3 계약이행과정에서 발생한 원가 중 자산으로 인식할 수 있는 금액을 구하시오.

┤ 풀이 ├

물음 1 자산으로 인식할 계약체결 증분원가: 20,000

계약체결 증분원가는 고객과의 계약을 체결하기 위해 지출한 금액으로 계약이 체결되지 않았다면 들지 않았을 원가를 말한다. 그러므로 고객과의 계약체결 증분원가가 회수될 것으로 예상된다면 이를 자산으로 인식한다.

차) 계약체결자산[1]	20,000	대) 현금	30,000
비용	10,000		

1) 자산으로 인식한 계약체결 증분원가와 계약이행원가는 3년의 계약기간에 걸쳐 고객에게 이전하는 용역과 관련되고, 3년 후 1년 단위로 두 번 갱신될 것으로 예상되기 때문에 5년에 걸쳐 상각한다.

물음 2 (1) 계약체결 증분원가 20×3년 말 장부금액: 20,000 - 20,000 × 3/5 = 8,000

(2) 계약체결 증분원가의 손상차손: (100,000 - 94,000) - 8,000 = (-)2,000

물음 3 자산으로 인식할 계약이행원가: 4,000

기술플랫폼 설치를 위하여 들인 최초 원가 중 하드웨어 원가 20,000은 유형자산으로 회계처리하고, 소프트웨어 원가 18,000은 무형자산으로 회계처리한다. 설계용역 원가 1,000과 데이터 이전 및 시험 관련 원가 3,000은 계약이행원가로 자산화한다. 이는 당해 원가가 고객과 체결한 계약에 직접 관련되며, 미래 수행의무를 이행할 때 사용할 기업의 자원을 창출하고, 미래에 원가 회수가 예상되므로 자산화조건을 모두 충족하기 때문이다. 그러나 고객에게 용역제공을 담당할 직원의 급여는 자원을 창출하거나 가치를 높인다고 볼 수 없으므로 자산으로 인식하지 않고, 급여 발생시점에 비용으로 인식한다.

VIII | 거래형태별 수익

문제 17 | 거래형태별 수익(본인과 대리인, 위탁판매) - Level 3

유통업을 영위하고 있는 ㈜대한은 20×1년 1월 1일 제품 A를 생산하는 ㈜민국과 각 제품에 대해 다음과 같은 조건의 판매 계약을 체결하였다.

- ㈜대한은 제품 A에 대해 매년 최소 200개의 판매를 보장하며, 이에 대해서는 재판매 여부에 관계없이 ㈜민국에게 매입대금을 지급한다. 다만, ㈜대한이 200개를 초과하여 제품 A를 판매한 경우 ㈜대한은 판매되지 않은 제품 A를 모두 조건 없이 ㈜민국에게 반환할 수 있다.
- 고객에게 판매할 제품 A의 판매가격은 ㈜대한이 결정한다.
- ㈜민국은 ㈜대한에 1개당 원가 ₩1,000의 제품 A를 1개당 ₩1,350에 인도하며, ㈜대한은 판매수수료 ₩150을 가산하여 1개당 ₩1,500에 고객에게 판매한다.

㈜민국은 위 계약을 체결한 즉시 ㈜대한에게 제품 A 250개를 인도하였다.

물음 1 ㈜대한이 20×1년에 제품 A 150개를 판매하였을 경우 동 거래로 인해 ㈜대한과 ㈜민국이 20×1년에 인식할 아래의 금액들을 구하시오.

㈜대한	20×1년에 수익으로 인식할 금액	①
	20×1년에 비용으로 인식할 금액	②
㈜민국	20×1년에 수익으로 인식할 금액	③
	20×1년에 비용으로 인식할 금액	④

물음 2 ㈜대한이 20×1년에 제품 A 240개를 판매하였을 경우 동 거래로 인해 ㈜대한과 ㈜민국이 20×1년에 인식할 아래의 금액들을 구하시오.

㈜대한	20×1년에 수익으로 인식할 금액	①
	20×1년에 비용으로 인식할 금액	②
㈜민국	20×1년에 수익으로 인식할 금액	③
	20×1년에 비용으로 인식할 금액	④

─┤ 풀이 ├─

물음 1

㈜대한	20×1년에 수익으로 인식할 금액	① 225,000	
	20×1년에 비용으로 인식할 금액	② 202,500	
㈜민국	20×1년에 수익으로 인식할 금액	③ 270,000	
	20×1년에 비용으로 인식할 금액	④ 200,000	

근거

① ㈜대한이 20×1년에 수익으로 인식할 금액: @1,500 × 150개 = 225,000

② ㈜대한이 20×1년에 비용으로 인식할 금액: @1,350 × 150개 = 202,500

③ ㈜민국이 20×1년에 수익으로 인식할 금액: @1,350 × 200개 = 270,000

④ ㈜민국이 20×1년에 비용으로 인식할 금액: @1,000 × 200개 = 200,000

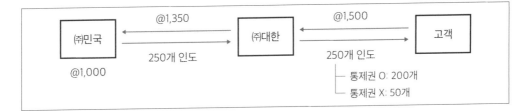

물음 2

㈜대한	20×1년에 수익으로 인식할 금액	① 306,000	
	20×1년에 비용으로 인식할 금액	② 270,000	
㈜민국	20×1년에 수익으로 인식할 금액	③ 330,000	
	20×1년에 비용으로 인식할 금액	④ 246,000	

근거

① ㈜대한이 20×1년에 수익으로 인식할 금액: @1,500 × 200개 + @150 × 40개 = 306,000

② ㈜대한이 20×1년에 비용으로 인식할 금액: @1,350 × 200개 = 270,000

③ ㈜민국이 20×1년에 수익으로 인식할 금액: @1,350 × 200개 + @1,500 × 40개 = 330,000

④ ㈜민국이 20×1년에 비용으로 인식할 금액: @1,000 × 240개 + @150 × 40개 = 246,000

소셜커머스 업체인 ㈜소셜은 IT기업으로 자리 잡고 있지만, 유통업의 전형적인 거래 방식을 따르고 있다. ㈜소셜이 수익을 창출하는 방식은 두 가지로 분류된다. 상품 판매자가 오픈마켓에 입점해 상품을 판매하면 ㈜소셜이 판매액에서 일정 비율의 수수료를 받게 되는 방식과 ㈜소셜이 직접 상품을 매입해 소비자에게 판매(직매입)하는 방식이다. ㈜소셜이 오픈마켓을 통하여 상품을 판매하는 방식은 해당 상품에 대해 통제하고 있지 못하며, 직매입을 통하여 상품을 판매하는 방식은 해당 상품에 대한 통제를 하고 있다.

(1) ㈜A는 20×1년 중 ㈜소셜에게 개당 원가 ₩70,000의 제품 10개를 발송하고 운임으로 ₩10,000을 지급하였다. ㈜소셜은 20×1년 말 현재 제품 4개를 보유하고 있으며, 제품 6개는 개당 ₩100,000에 판매하였다. ㈜소셜은 동 거래를 직매입을 통하여 상품을 판매하는 방식으로 ㈜A와 계약하였다. ㈜소셜은 고객에게 제품이 판매되는 경우에 판매된 제품 1개당 ₩90,000을 ㈜A에게 지급한다(단, 20×1년 말 제품 1개당 순실현가능가치는 ₩80,000으로 파악되었다).

(2) ㈜B는 20×1년 중 ㈜소셜에게 개당 원가 ₩70,000의 제품 10개를 발송하고 운임으로 ₩10,000을 지급하였다. ㈜소셜은 20×1년 말 현재 제품 4개를 보유하고 있으며, 제품 6개는 개당 ₩100,000에 판매하였다. ㈜소셜은 동 거래를 오픈마켓을 통하여 상품을 판매하는 방식으로 ㈜B와 계약하였다. ㈜소셜은 고객에게 제품이 판매되는 경우에 판매된 제품 1개당 ₩90,000을 ㈜B에게 지급한다(단, 20×1년 말 제품 1개당 순실현가능가치는 ₩80,000으로 파악되었다).

물음 1 ㈜소셜이 직매입계약을 통해서 20×1년에 수익으로 인식할 금액은 얼마인가?

물음 2 ㈜A가 동 거래를 통해서 20×1년에 수익으로 인식할 금액은 얼마인가?

물음 3 ㈜소셜이 오픈마켓계약을 통해서 20×1년에 수익으로 인식할 금액은 얼마인가?

물음 4 ㈜B가 동 거래를 통해서 20×1년에 매출총이익으로 인식할 금액은 얼마인가? (단, 재고자산평가손실은 기타비용으로 처리한다)

물음 5 ㈜소셜은 위의 거래 외에는 거래가 없었고, 기초재고자산이 없다고 가정한다면, 20×1년의 재고자산회전율은 얼마인가? (단, 재고자산평가손실은 기타비용으로 처리한다)

물음 6 위 물음과 별도로 유통업을 영위하는 C사는 20×1년 1월 1일에 액면금액 ₩10,000인 상품권 50매를 액면금액으로 발행하였다. 20×1년 1월 1일 이전까지 C사가 상품권을 발행한 사실은 없으며, 이후 20×2년 1월 1일에 추가로 100매를 액면금액으로 발행하였다. C사는 상품권 액면금액의 60% 이상 사용하고 남은 금액은 현금으로 반환하며, 상품권의 만기는 발행일로부터 1년이다. 만기까지 사용되지 않은 상품권은 만기 이후 1년 이내에는 90%의 현금으로 상환해줄 의무가 있으나, 1년이 경과하면 그 의무는 소멸한다. 20×1년에 발행한 상품권 중 42매가 정상적으로 사용되었으며, 사용되지 않은 상품권 중 5매는 20×2년 중에 현금으로 상환되었고, 나머지 3매는 상환되지 않아 20×2년 12월 31일 현재 C사의 의무는 소멸하였다. 한편, 20×2년에 발행한 상품권은 20×2년 중에 90매가 정상적으로 사용되었다.

상품권 사용 시 상품권 잔액을 현금으로 반환한 금액은 다음과 같다.

구분	금액
20×1년도 발행분	₩31,000
20×2년도 발행분	₩77,000

C사는 고객의 미행사권리에 대한 대가를 다른 당사자에게 납부하도록 요구받지 않는다고 가정한다면, C사의 상품권에 대한 회계처리와 관련하여 아래의 금액들을 구하시오. [공인회계사 1차 2023년 수정]

20×1년에 수익으로 인식할 금액	①
20×2년에 수익으로 인식할 금액	②

─┤ **풀이** ├──

물음 1 직매입계약을 통해서 20×1년에 수익으로 인식할 금액: 6개 × @100,000 = 600,000

☑ ㈜소셜은 직매입계약을 통하여 제품을 통제하고 있으므로 ㈜A는 제품에 대한 통제를 할 수 없다. 따라서 ㈜소셜은 제품을 수령할 때 매입으로 회계처리하고 제품이 판매되는 시점에 수익으로 인식한다.

물음 2 (1) 동 거래를 통해서 20×1년에 수익으로 인식할 금액: 10개 × @90,000 = 900,000

☑ ㈜소셜이 직매입계약을 통하여 제품을 통제하고 있으므로 ㈜A는 제품에 대한 통제를 할 수 없다. 따라서 제품 10개를 모두 판매한 것으로 보아 전액을 수익으로 인식한다. 또한, 운임 10,000은 매출운임에 해당된다.

(2) 직매입에 대한 ㈜소셜의 회계처리

20×1년 제품 수령 시	차) 재고자산	900,000	대) 매입채무	900,000
20×1년 제품 판매 시	차) 현금	600,000	대) 매출	600,000
	차) 매출원가	540,000	대) 재고자산	540,000
20×1년 매입대금결제 시	차) 매입채무	540,000	대) 현금	540,000

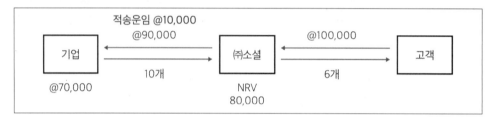

물음 3 오픈마켓계약을 통해서 20×1년에 수익으로 인식할 금액: 6개 × @10,000 = 60,000

☑ ㈜소셜이 제품을 통제하지 못하고 있으므로 ㈜B는 위탁판매를 한 것이다. 따라서 ㈜소셜은 고객에게 판매한 제품 6개에 대한 수수료만 수익으로 인식한다.

물음 4 (1) ㈜B가 20×1년에 매출총이익으로 인식할 금액: 600,000 - 426,000 = 174,000

1) 위탁매출액: 6개 × @100,000 = 600,000

2) 매출원가: 6개 × @70,000 + 10,000 × 6개/10개 = (-)426,000

(2) 오픈마켓에 대한 ㈜소셜의 회계처리

20×1년 제품 수령 시	- 회계처리 없음 -			
20×1년 제품 판매 시	차) 현금	600,000	대) 수탁판매수수료수익	60,000
			환불부채	540,000
20×1년 대금결제 시	차) 환불부채	540,000	대) 현금	540,000

물음 5 재고자산회전율: 매출원가 ÷ [(기초재고 + 기말재고)/2] = 540,000 ÷ [(0 + 320,000)/2] = 3.375

(1) 매출원가: 6개 × @90,000 = 540,000

(2) 기말재고: 4개 × @90,000 - 4개 × (@90,000 - 80,000) = 320,000

☑ 직매입의 경우 ㈜소셜이 재고자산에 대한 통제를 하고 있으므로 재고자산에 대한 평가손실도 ㈜소셜이 인식하여야 한다.

물음 6	20×1년에 수익으로 인식할 금액	① 397,000
	20×2년에 수익으로 인식할 금액	② 860,000

근거

① 20×1년에 수익으로 인식할 금액: ㉠ + ㉡ = 397,000

    ㉠ 20×1년 상품권 사용분에 대한 수익: 42매 × 10,000 - 31,000 = 389,000

    ㉡ 20×2년 상품권 미사용분 중 상환의무가 없는 10%에 대한 수익: 8매 × 10,000 × 10% = 8,000

② 20×2년에 수익으로 인식할 금액: ㉠ + ㉡ + ㉢ = 860,000

    ㉠ 20×2년 상품권 사용분에 대한 수익: 90매 × 10,000 - 77,000 = 823,000

    ㉡ 20×2년 상품권 미사용분 중 상환의무가 없는 10%에 대한 수익: 10매 × 10,000 × 10% = 10,000

    ㉢ 20×1년 상품권 미사용분 중 상환의무가 있는 90%에 대한 기간경과분 수익: 3매 × 10,000 × 90% = 27,000

        ☑ 기말시점에 미사용분 중 10%는 환불되지 않으므로 수익으로 인식한다.

참고

계약의 식별기준을 충족하지 못하지만 고객에게 대가를 받은 경우에는 고객에게 받은 대가는 수익으로 인식하기 전까지 부채로 인식하며, 해당 부채는 고객에게 받은 대가로 측정하고 다음 사건 중 어느 하나가 일어난 경우에만 받은 대가를 수익으로 인식한다.

① 고객에게 재화나 용역을 이전해야 하는 의무가 남아 있지 않고, 고객이 약속한 대가를 모두 받았으며 그 대가는 환불되지 않는다.

② 계약이 종료되었고 고객에게 받은 대가는 환불되지 않는다.

물음 1 A회사가 B회사에 20×1년 말에 반품가능조건으로 현금판매한 금액은 ₩10,000이며, 매출원가율은 70%이다. 그리고 **업계평균 반품률은 1%이며**, 업계평균 반품률을 이용하여 반품으로 인한 환불액을 신뢰성 있게 추정 가능하다. 가방이 반품될 경우 수선만 하면 판매가치의 감소는 없다. 그리고 가방이 반품될 경우 수선에 총 ₩20이 지출될 것으로 추정된다.

물음 1-1 A회사가 20×1년 수익으로 인식할 금액을 구하고 회계처리를 보이시오.

물음 1-2 20×2년에 실제로 반품될 금액이 ₩150이며, 수선으로 인해 총 ₩30이 지출된 경우 반품으로 인해 A회사가 20×2년에 당기손익으로 인식할 금액과 회계처리를 보이시오.

물음 1-3 20×2년에 실제로 반품될 금액이 ₩150이며, 수선으로 인해 총 ₩30이 지출되고 반환된 재고자산의 가치 감소액이 ₩50이다. 반품으로 인해 A회사가 20×2년에 당기손익으로 인식할 금액과 회계처리를 보이시오.

물음 1-4 위의 **물음 1-1**과 다르게, A회사가 **업계평균 반품률을 모르는 경우** 20×1년 말 재무상태표에 계상될 부채와 관련된 회계처리를 보이시오.

물음 2 위 물음과 별도로 B사는 단위당 원가 ₩8,000의 재고자산을 단위당 ₩12,000에 판매하는 계약을 고객과 체결하였다. 재고자산에 대한 통제가 이전될 때 현금을 받는다. B사의 사업관행은 고객이 사용하지 않은 재고자산을 30일 이내에 반품하면 전액 환불받을 수 있도록 허용한다. B사는 20×1년 7월 1일에 제품 100단위를 고객에게 판매하고 현금 ₩1,200,000을 수령하였다. B사는 변동대가를 추정하기 위해 기댓값방법을 사용하여 3단위의 재고자산이 반환될 것으로 추정하였다. 재고자산이 반환될 때 회수비용 ₩2,000이 발생하고, 반품될 재고자산의 잠재적 가치는 단위당 원가의 20%가 감소할 것으로 예상하였다. 20×1년 7월 31일에 재고자산 4단위가 반환되었다. 반환될 때 회수비용은 ₩2,000이 발생하였고, 반품된 재고자산의 가치 감소분은 단위당 ₩1,800이다. (1) B사가 20×1년 7월 1일에 자산으로 인식할 반환재고회수권과 (2) 동 거래가 20×1년 B사의 당기순이익에 미친 영향을 구하시오.

물음 1 **물음 1-1** (1) 수익으로 인식할 금액: 10,000 × (1 - 1%) = 9,900

(2) 비용으로 인식할 금액: (7,000) × (1 - 1%) + (20) = (-)6,950

회계처리

판매 시	차) 현금	① 10,000	대) 매출	① 10,000
	차) 매출	① × A% 100	대) 환불부채	① × A% 100
	차) 매출원가	② 7,000	대) 재고자산	② 7,000
	차) 반품비용 예상비용 + 가치 감소분 20		대) 매출원가	② × A% 70
	반환재고회수권 대차차액 50			

물음 1-2 당기손익으로 인식할 금액: (50) + (10) - (35) = (-)25

회계처리

반품 시	차) 환불부채	BV 100	대) 현금	반품액 150
	매출	③ 대차차액 50		
	차) 재고자산[1]	FV 105	대) 반환재고회수권	BV 50
	반품비용	대차차액 10	현금	반품비발생액 30
			매출원가[2]	③ × 매출원가율 35

1) 150 × 70% = 105
2) 50 × 70% = 35

물음 1-3 당기손익으로 인식할 금액: (50) + (60) - (35) = (-)75

회계처리

반품 시	차) 환불부채	BV 100	대) 현금	반품액 150
	매출	③ 대차차액 50		
	차) 재고자산[3]	FV 55	대) 반환재고회수권	BV 50
	반품비용	대차차액 60	현금	반품비발생액 30
			매출원가	③ × 매출원가율 35

3) 150 × 70% - 50 = 55

물음 1-4 부채인식액: 환불부채 10,000

회계처리

판매 시	차) 현금	현금수령액 10,000	대) 환불부채	현금수령액 10,000
	차) 반환재고회수권	BV 7,000	대) 재고자산	BV 7,000

물음 2 (1) B사가 20×1년 7월 1일에 자산으로 인식할 반환재고회수권: 17,200

(2) 동 거래가 20×1년 B사의 당기순이익에 미친 영향: 374,800

회계처리

판매 시	차) 현금	① 1,200,000	대) 매출	① 1,200,000
	차) 매출	① × A% 36,000	대) 환불부채	① × A% 36,000
	차) 매출원가	② 800,000	대) 재고자산	② 800,000
	차) 반품비용 예상비용 + 가치 감소분 6,800		대) 매출원가	② × A% 24,000
	반환재고회수권 대차차액 17,200			
반품 시	차) 환불부채	BV 36,000	대) 현금	반품액 48,000
	매출	③ 대차차액 12,000		
	차) 재고자산 FV(가치 감소분 반영) 24,800		대) 반환재고회수권	BV 17,200
	반품비용	대차차액 2,400	현금	반품비발생액 2,000
			매출원가	③ × 매출원가율 8,000

문제 20 거래형태별 수익(재매입약정) - Level 2

물음 1 아래의 각 상황별로 A사가 해야 할 회계처리를 보이시오.

> **상황 1** A사는 20×1년 1월 1일 원가 ₩800,000의 재고자산을 ₩1,000,000에 판매하기로 고객과의 계약을 체결하였다. 계약에는 20×1년 3월 31일 이전에 그 자산을 ₩1,050,000에 다시 살 권리를 기업에 부여하는 콜옵션이 포함되어 있다. A사는 20×1년 3월 31일에 콜옵션을 행사하였다.

> **상황 2** A사는 20×1년 1월 1일 원가 ₩800,000의 재고자산을 ₩1,000,000에 판매하기로 고객과의 계약을 체결하였다. 계약에는 20×1년 3월 31일 이전에 그 자산을 ₩1,050,000에 다시 살 권리를 기업에 부여하는 콜옵션이 포함되어 있다. A사는 20×1년 3월 31일까지 콜옵션을 행사하지 않았다.

> **상황 3** A사는 20×1년 1월 1일 장부금액 ₩800,000의 유형자산을 ₩1,000,000에 판매하기로 고객과 계약을 체결하였다. 계약에서 고객의 요구에 따라 20×1년 3월 31일 이전에 기업이 자산을 ₩1,050,000에 다시 사야 하는 풋옵션이 포함되어 있다. 20×1년 3월 31일 시장가치는 ₩1,020,000이 될 것으로 예상된다. 고객은 20×1년 3월 31일 풋옵션을 행사하였다.

> **상황 4** A사는 20×1년 1월 1일 장부금액 ₩800,000의 유형자산을 ₩1,000,000에 판매하기로 고객과 계약을 체결하였다. 계약에서 고객의 요구에 따라 20×1년 3월 31일 이전에 기업이 자산을 ₩900,000에 다시 사야 하는 풋옵션이 포함되어 있다. 20×1년 3월 31일에 시장가치는 ₩750,000이 될 것으로 예상된다. A사는 재매입일의 재매입가격이 자산의 기대시장가치를 유의적으로 초과하기 때문에 고객이 풋옵션을 행사할 경제적 유인이 유의적이라고 결론을 지었다. 고객은 20×1년 3월 31일 풋옵션을 행사하였다.

물음 2 ㈜세무는 20×1년 1월 1일 ㈜한국에게 원가 ₩100,000의 제품을 ₩200,000에 현금판매하였다. 판매계약에는 20×1년 6월 30일 이전에 ㈜한국이 요구할 경우 ㈜세무가 판매한 제품을 ₩210,000에 재매입해야 하는 풋옵션이 포함된다. 풋옵션이 행사될 유인은 판매시점에 유의적일 것으로 판단하였으나 실제로 20×1년 6월 30일까지 풋옵션이 행사되지 않은 채 권리가 소멸하였다. 또한 20×1년 1월 1일 기준으로 재매입일 예상 시장가치는 ₩160,000이었다.

> **물음 2-1** 아래의 금액들을 구하시오.

구분	금액
20×1년 1월 1일 ㈜세무의 금융부채인식액	①
20×1년 6월 30일 ㈜세무의 이자비용인식액	②
20×1년 6월 30일 ㈜세무의 매출액	③

> **물음 2-2** 만약 동 거래의 재매입 시 재매입해야 하는 금액이 ₩180,000이고 다른 조건이 동일한 경우, 아래의 금액들을 구하시오.

구분	금액
20×1년 ㈜세무의 수익인식액	①
20×1년 ㈜세무의 비용인식액	②

> ㈜세무는 20×1년 3월 1일에 개당 원가 ₩10,000의 제품 200개를 고객에게 개당 ₩15,000에 현금 판매하였다. 계약에 따르면, 고객은 20×1년 4월 30일에 해당 제품을 개당 ₩15,300의 행사가격으로 ㈜세무에게 판매할 수 있는 풋옵션을 보유한다. 고객은 20×1년 4월 30일 제품 20개에 대하여 풋옵션을 행사하였으며, 나머지 수량에 대한 풋옵션은 행사되지 않은 채 소멸하였다.

(1) 제품 판매 당시 풋옵션을 행사할 경제적 유인이 유의적인 것으로 판단한 경우, 거래에서 ㈜세무가 20×1년 인식할 당기 매출액과 당기손익을 계산하시오(단, 당기손익이 손실에 해당하는 경우 금액 앞에 '(-)'를 표시하시오).

20×1년 인식할 당기 매출액	①
20×1년 인식할 당기손익	②

(2) 제품 판매 당시 풋옵션을 행사할 경제적 유인이 유의적이지 않은 것으로 판단한 경우, 동 거래에서 ㈜세무가 20×1년 인식할 당기 매출액과 당기손익을 계산하시오. 고객의 풋옵션 행사로 인해 제품이 반품될 확률은 10%이며, 최초 판매가격과 풋옵션 행사가격의 차액(개당 ₩300)은 제품 회수에 소요되는 원가로 간주한다. 또한 회수된 제품의 가치하락은 없는 것으로 가정한다(단, 당기손익이 손실에 해당하는 경우 금액 앞에 '(-)'를 표시하시오).

20×1년 인식할 당기 매출액	①
20×1년 인식할 당기손익	②

물음 1 **상황 1** 회계처리

20×1년 1월 1일	차) 현금	1,000,000	대) 단기차입금	1,000,000
20×1년 3월 31일	차) **이자비용**	**50,000**	대) 미지급이자	50,000
	차) 단기차입금	1,000,000	대) 현금	1,050,000
	미지급이자	50,000		

상황 2 회계처리

20×1년 1월 1일	차) 현금	1,000,000	대) 단기차입금	1,000,000
20×1년 3월 31일	차) **이자비용**	**50,000**	대) 미지급이자	50,000
	차) 단기차입금	1,000,000	대) **매출**	**1,050,000**
	미지급이자	50,000		
	차) 매출원가	800,000	대) 재고자산	800,000

상황 3 회계처리

20×1년 1월 1일	차) 현금	1,000,000	대) 단기차입금	1,000,000
20×1년 3월 31일	차) **이자비용**	**50,000**	대) 미지급이자	50,000
	차) 단기차입금	1,000,000	대) 현금	1,050,000
	미지급이자	50,000		

상황 4 회계처리

20×1년 1월 1일	차) 현금	1,000,000	대) 리스보증금	900,000
			선수리스료	100,000
20×1년 3월 31일	차) 리스보증금	900,000	대) 현금	900,000
	차) 선수리스료	100,000	대) **리스료수익**	**100,000**

물음 2 **물음 2-1**

구분	금액
20×1년 1월 1일 ㈜세무의 금융부채인식액	① 200,000
20×1년 6월 30일 ㈜세무의 이자비용인식액	② 10,000
20×1년 6월 30일 ㈜세무의 매출액	③ 210,000

회계처리

20×1년 1월 1일	차) 현금	200,000	대) **단기차입금**	**200,000**
20×1년 6월 30일	차) **이자비용**	**10,000**	대) 미지급비용	10,000
	차) 미지급비용	10,000	대) **매출**	**210,000**
	단기차입금	200,000		
	차) 매출원가	100,000	대) 재고자산	100,000

물음 2-2

구분	금액
20×1년 ㈜세무의 수익인식액	① 200,000
20×1년 ㈜세무의 비용인식액	② 100,000

회계처리

20×1년 1월 1일	차) 현금	200,000	대) 선수리스료수익	20,000	
			리스보증금	180,000	
20×1년 6월 30일	차) 선수리스료수익	20,000	대) 매출	**200,000**	
	리스보증금	180,000			
	차) 매출원가	**100,000**	대) 재고자산	100,000	

참고

만약 풋옵션을 행사하였다면 아래와 같이 회계처리하여야 한다.

회계처리

20×1년 6월 30일	차) 선수리스료수익	20,000	대) 리스료수익	20,000
	차) 리스보증금	180,000	대) 현금	180,000

물음 3 (1)

20×1년 인식할 당기 매출액	① 2,754,000
20×1년 인식할 당기손익	② 894,000

근거

20×1년 3월 1일	차) 현금	@15,000 × 200개 = 3,000,000	대) 금융부채	3,000,000
20×1년 4월 30일	차) 이자비용	@300 × 200개 = 60,000	대) 미지급이자	60,000
	차) 미지급이자	@300 × 20개 = 6,000	대) 현금	306,000
	금융부채	@15,000 × 20개 = 300,000		
	차) 미지급이자	@300 × 180개 = 54,000	대) 매출	**2,754,000**
	금융부채	@15,000 × 180개 = 2,700,000		
	차) 매출원가	@10,000 × 180개 = 1,800,000	대) 재고자산	1,800,000

① 매출액: 2,754,000

② 당기손익: (-)60,000 + 2,754,000 - 1,800,000 = 894,000

(2)

20×1년 인식할 당기 매출액	① 2,700,000
20×1년 인식할 당기손익	② 894,000

근거

20×1년 3월 1일	차) 현금	@15,000 × 200개 = 3,000,000	대) 매출	3,000,000
	차) 매출	@15,000 × 20개 = 300,000	대) 환불부채	300,000
	차) 매출원가	@10,000 × 200개 = 2,000,000	대) 재고자산	2,000,000
	차) 반품비	@300 × 20개 = 6,000	대) 매출원가 @10,000 × 20개 = 200,000	
	반환재고회수권	194,000		
20×1년 4월 30일	차) 환불부채	@15,000 × 20개 = 300,000	대) 현금	300,000
	차) 재고자산	@10,000 × 20개 = 200,000	대) 반환재고회수권	194,000
			현금 @300 × 20개 = 6,000	

① 매출액: 3,000,000 - 300,000 = 2,700,000

② 당기손익: 3,000,000 - 300,000 - 2,000,000 + 200,000 - 6,000 = 894,000

12월 말 결산법인인 A회사는 20×1년 1월 1일에 기계와 예비부품을 판매하기로 B회사와 계약을 체결하였다. 제작이 완료되면, B회사는 기계와 예비부품이 계약에서 약정한 규격인지를 검사한 후 인수하게 된다.

> (1) 20×1년 9월 1일에 기계와 예비부품의 제작이 완료되었으며, B회사는 인수한 후 계약금액 ₩2,000,000을 지급하였다.
>
> (2) B회사는 기계와 예비부품에 대한 대가를 지급하지만 기계만을 물리적으로 점유하며, B회사가 예비부품을 인수하더라도 B회사는 A회사의 창고가 B회사의 공장과 인접하기 때문에 예비부품을 A회사의 창고에 보관하도록 요청하였다. 예비부품에 대한 법적 권리는 B회사가 보유한다.
>
> (3) A회사는 자신의 창고의 별도 구역에 예비부품을 보관하고 그 부품은 B회사의 요청에 따라 즉시 운송할 준비가 되어 있다. A회사는 예비부품을 10개월 정도 보유할 것으로 예상하고 있으며, 예비부품을 사용하거나 다른 고객에게 넘길 능력은 없다(단, A회사가 제공하는 보관용역은 구별되는 용역이다).
>
> (4) A회사가 기계장치와 예비부품, 보관용역을 개별적으로 판매하는 경우 거래가격은 각각 ₩1,920,000, ₩360,000, ₩120,000이다.

위 거래에서 A회사가 20×1년에 인식할 수익금액을 계산하면 얼마인가?

┤ **풀이** ├────────────────────────────────

(1) 수행의무의 판단

기업은 보관용역이 고객에게 제공되는 용역이고 기계 및 예비부품과 구별되기 때문에 보관용역을 제공하는 약속을 하나의 수행의무로 식별한다. 따라서 기업은 계약상 세 가지 수행의무(기계장치 판매, 예비부품 판매와 보관용역을 제공하는 약속)를 회계처리한다.

(2) 20×1년에 인식할 수익금액: 1,600,000 + 300,000 + 40,000 = 1,940,000

회계처리

20×1년 9월 1일	차) 현금	2,000,000	대) 기계장치 매출[1] 예비부품 매출[2] 계약부채		1,600,000 300,000 100,000
	1) 2,000,000 × 1,920,000 ÷ (1,920,000 + 360,000 + 120,000) = 1,600,000 2) 2,000,000 × 360,000 ÷ (1,920,000 + 360,000 + 120,000) = 300,000				
20×1년 12월 31일	차) 계약부채	40,000	대) 보관용역수익[3]		40,000
	3) 100,000 × 4/10개월 = 40,000				

문제 22 거래형태별 수익(라이선싱) - Level 3

각 물음은 서로 독립적이다.

물음 1 다음의 <자료 1>을 이용하여 <요구사항>에 답하시오.

<자료 1>

(1) ㈜대한은 20×1년 4월 1일에 만성질환을 치료하는 A약에 대한 특허권을 고객에게 20×1년 9월 1일부터 1년 동안 라이선스하고 약의 제조도 약속하는 계약을 체결한 후 ₩800,000을 받았다. 고객에게 제공하는 A약의 제조과정이 유일하거나 특수하지 않고 몇몇 다른 기업도 고객을 위해 약을 제조할 수 있다. 특허권을 라이선스하는 약속과 제조용역을 제공하기로 하는 약속은 계약상 구별된다. 유의적인 금융요소에 대해서는 고려하지 않는다.

(2) A약은 성숙기 제품으로 성숙기 제품의 경우에 기업의 사업관행은 약에 대한 어떠한 지원활동도 하지 않는다. A약은 유의적인 개별 기능성이 있으며, 고객은 기업의 계속적인 활동이 아닌 기능성에서 약품 효익의 상당부분을 얻는다.

(3) ㈜대한이 특허권 라이선스와 제조용역을 별도로 판매하는 경우, 특허권 라이선스와 제조용역의 개별 판매가격은 각각 ₩550,000과 ₩450,000이다. 한편, 특허권 라이선스와 제조용역 제공과 관련하여 총 ₩500,000의 원가가 발생할 것으로 예상하였으며, 실제 발생원가는 다음과 같다. 제조용역은 기간에 걸쳐서 이행하는 수행의무이며 투입된 원가에 기초하여 진행률을 측정한다.

구분	총예상원가	실제 발생원가	
		20×1년	20×2년
특허권 라이선스	₩300,000	₩300,000	-
제조용역	₩200,000	₩60,000	₩140,000
합계	₩500,000	₩360,000	₩140,000

<요구사항 1>

㈜대한이 20×1년과 20×2년에 인식할 수익을 계산하시오.

20×1년 수익	①
20×2년 수익	②

<요구사항 2>

고객에게 제공하는 A약의 제조과정이 매우 특수하기 때문에 A약을 제조할 수 있는 다른 기업이 없다고 가정하는 경우, ㈜대한이 20×1년과 20×2년에 인식할 수익을 계산하시오(단, ㈜대한이 고객에게 제공하는 재화와 용역은 고객에게 특정된 사실 및 상황에 관련되기 때문에 다른 고객에게 쉽게 이전할 수 없다).

20×1년 수익	①
20×2년 수익	②

물음 2 다음의 <자료 2>를 이용하여 물음에 답하시오.

<자료 2>

㈜민국은 다음의 제품들을 생산하여 고객에게 판매한다. 20×1년 각 제품과 관련된 거래는 다음과 같다.

(1) 제품 A

- ㈜민국은 20×1년 12월 1일 제품 A를 ₩500,000에 고객에게 판매하기로 계약을 체결하였다.

- 이 계약의 일부로 ㈜민국은 제품 A에 대한 통제권 이전 후 30일 이내에 ₩500,000 한도의 구매에 대해 62.5%의 할인권을 고객에게 주었다.

- ㈜민국은 고객이 추가 제품을 평균 ₩250,000에 구매하고 할인권의 행사 가능성을 80%로 추정한다. 할인권은 고객에게 중요한 권리를 제공한다.

- 20×1년 12월 31일 제품 A에 대한 통제권을 고객에게 이전하고 현금을 수령하였다.

(2) 제품 B

- ㈜민국은 20×1년 7월 1일 제품 B를 ₩700,000에 판매하고 고객에게 청소용역을 3개월간 제공받는 계약을 체결하였다.

- ㈜민국은 청소용역에 대한 대가로 ₩300,000을 지급하기로 하였다. 청소용역의 공정가치는 ₩200,000이다.

- ㈜민국은 20×1년 8월 1일 제품 B를 인도하고 현금 ₩700,000을 받았으며, 고객으로부터 20×1년 8월 1일부터 20×1년 10월 31일까지 청소용역을 제공받고 현금 ₩300,000을 지급하였다.

(3) 제품 C와 제품 D

- ㈜민국은 20×1년 6월 1일 제품 C와 제품 D를 이전하기로 약속하였다.

- 제품 C는 계약 개시시점에 고객에게 이전하고, 제품 D는 20×2년 2월 1일에 이전한다.

- 고객이 약속한 대가는 고정대가 ₩300,000과 ₩50,000으로 추정되는 변동대가를 포함하며, 대금은 제품 D가 이전되는 시점에 받기로 하였다. 변동대가 추정액은 변동대가 추정치의 제약이 고려된 후의 금액이며, 변동대가는 제품 C와 제품 D에 모두 배분한다.

- ㈜민국은 20×1년 12월 31일 변동대가 추정치 및 추정치의 제약을 재검토한 결과 변동대가를 ₩60,000으로 추정하였다.

- 제품 C와 제품 D의 날짜별 개별 판매가격은 다음과 같다.

구분	20×1년 6월 1일	20×1년 12월 31일
제품 C	₩300,000	₩280,000
제품 D	₩100,000	₩120,000

㈜민국이 각 제품의 판매로 20×1년에 인식해야 할 수익을 계산하시오.

제품 A	제품 B	제품 C	제품 D
①	②	③	④

→ **│풀이│**

물음 1 <요구사항 1>

20×1년 수익	① 548,000
20×2년 수익	② 252,000

(1) 20×1년 거래가격의 배분

1) 라이선스: 800,000 × 550,000/(550,000 + 450,000) = 440,000

2) 제조용역: 800,000 × 450,000/(550,000 + 450,000) = 360,000

☑ 고객에게 제공하는 A약의 제조과정이 유일하거나 특수하지 않고 몇몇 다른 기업도 고객을 위해 약을 제조할 수 있으므로 동 거래는 구별되는 수행의무로 본다.

(2) 수행의무별 인식할 수익

① 20×1년 수익: 440,000 + 108,000 = 548,000

· 라이선스: 440,000 × 100% = 440,000

· 제조용역: 360,000 × 60,000/200,000 = 108,000

② 20×2년 수익: 252,000

제조용역: 360,000 × 100% - 108,000 = 252,000

☑ 동 라이선스는 A약의 제조기술에 대한 특허권이며, 기업이 약에 대한 어떠한 지원활동도 하지 않으므로 라이선스 사용권으로 판단해야 한다. 제조용역은 문제에서 기간에 걸쳐 수익을 인식한다고 제시되었다.

<요구사항 2>

20×1년 수익	① 576,000
20×2년 수익	② 224,000

근거

① 20×1년 수익: 800,000 × 360,000/500,000 = 576,000

② 20×2년 수익: 800,000 × (360,000 + 140,000)/500,000 - 576,000 = 224,000

☑ 약의 제조과정이 매우 특수하고 다른 기업이 제조할 수 없으므로 **단일의 수행의무**에 해당한다. 또한 고객에게 제공하는 재화나 용역이 다른 고객에게 쉽게 이전할 수 없고, 대금을 회수하였으므로 **기간에 걸쳐 수익을 인식**한다.

물음 2

제품 A	제품 B	제품 C	제품 D
① 400,000	② 600,000	③ 270,000	④ 0

근거

① 제품 A의 수익인식액: 500,000 × 500,000/(500,000 + 125,000[1]) = 400,000

　1) 할인권의 개별 판매가격: 250,000 × 62.5% × 80% = 125,000

② 제품 B의 수익인식액: 700,000 - (300,000 - 200,000) = 600,000

③ 제품 C의 수익인식액: (300,000 + 60,000) × 300,000/(300,000 + 100,000) = 270,000

☑ 거래가격의 변동 시 계약 개시시점과 동일한 기준으로 배분한다.

④ 제품 D는 수행의무를 이행하지 않았으므로 수익으로 인식할 금액은 없다.

문제 23 거래형태별 수익(재화나 용역 간의 교환) - Level 2

B사는 최근 해외지역의 늘어난 재고자산 수요를 충족시키기 위해 보유 중인 원가 ₩2,000,000의 재고자산(공정가치 ₩2,300,000)과 C사의 재고자산을 교환하였다. 동 교환거래는 상업적 실질이 있다. 또한 B사는 C사에게 추가로 현금 ₩50,000을 지급하였다.

물음 1 C사 재고자산의 공정가치를 ₩2,400,000으로 알 수 있는 경우와 C사 재고자산의 공정가치를 알 수 없는 경우 B사가 교환으로 인식할 재고자산의 취득원가와 수익을 아래의 양식에 따라 구하시오.

구분	재고자산 취득원가	교환으로 인식할 수익
C사 재고자산의 공정가치를 알 수 있는 경우	①	②
C사 재고자산의 공정가치를 알 수 없는 경우	③	④

물음 2 위 물음과 독립적으로 B사의 재고자산과 C사의 재고자산의 성격과 가치가 유사하다면, B사가 동 거래에 대하여 해야 할 회계처리를 보이시오.

물음 3 위 물음과 독립적으로 동 거래가 재고자산이 아니라 유형자산 간의 교환인 경우 B사가 인식할 유형자산의 취득금액과 처분손익을 구하시오(단, B사가 보유한 유형자산의 공정가치가 보다 명확하다).

물음 4 위 물음과 독립적으로 동 거래가 재고자산이 아니라 유형자산 간의 교환인 경우 B사가 인식할 유형자산의 취득금액과 처분손익을 구하시오(단, C사가 보유한 유형자산의 공정가치가 보다 명확하고, C사 유형자산의 공정가치는 ₩2,400,000이다).

→| 풀이 |

물음 1

구분	재고자산 취득원가	교환으로 인식할 수익
C사 재고자산의 공정가치를 알 수 있는 경우	① 2,400,000	② 2,350,000
C사 재고자산의 공정가치를 알 수 없는 경우	③ 2,350,000	④ 2,300,000

(1) C사 재고자산의 공정가치를 알 수 있는 경우 회계처리

차) 재고자산 C 1st	2,400,000	대) 매출 3rd	2,350,000
		현금 2nd	50,000
차) 매출원가	2,000,000	대) 재고자산 B	2,000,000

(2) C사 재고자산의 공정가치를 알 수 없는 경우 회계처리

차) 재고자산 C 3rd	2,350,000	대) 매출 1st	2,300,000
		현금 2nd	50,000
차) 매출원가	2,000,000	대) 재고자산 B	2,000,000

물음 2

차) 재고자산 C	2,050,000	대) 재고자산 B	2,000,000
		현금	50,000

물음 3

(1) B사가 인식할 유형자산의 취득금액: 2,350,000

(2) B사가 인식할 유형자산의 처분손익: 300,000 이익

(3) 회계처리

차) 유형자산 C	2,300,000	대) 유형자산 B	2,000,000
		유형자산처분이익	300,000
차) 유형자산 C	50,000	대) 현금	50,000

물음 4

(1) B사가 인식할 유형자산의 취득금액: 2,400,000

(2) B사가 인식할 유형자산의 처분손익: 350,000 이익

(3) 회계처리

차) 유형자산 C	2,400,000	대) 유형자산 B	2,000,000
		현금	50,000
		유형자산처분이익	350,000

다음에 제시된 <자료 1>과 <자료 2>는 독립적이다. 각 <자료>에 대한 물음에 답하시오. [공인회계사 2차 2021년]

<자료 1>

㈜대한은 다음의 제품들을 생산하여 고객에게 판매한다. ㈜대한은 재고자산에 대해 계속기록법을 적용하여 회계처리하고 있으며, 20×1년 각 제품과 관련된 고객과의 거래는 다음과 같다.

(1) 제품 A

· ㈜대한은 20×1년 12월 31일에 제품 A를 1개월 이내에 **반품을 허용하는 조건으로 ₩150,000**(매출원가율 70%)에 판매하였다.

· ㈜대한은 과거 경험에 따라 이 중 **5%가 반품될 것으로 예상**하며, 이러한 변동대가의 추정치와 관련된 불확실성이 해소될 때(즉, 반품기한이 종료될 때) 이미 인식한 누적수익금액 중 유의적인 부분을 되돌리지 않을 가능성이 높다고 판단하였다.

· 반품된 제품 A는 일부 수선만 하면 다시 판매하여 이익을 남길 수 있다. ㈜대한은 제품 A가 **반품될 경우 회수 및 수선을 위해 총 ₩200이 지출**될 것으로 예상하였다.

· 20×1년 12월 31일 매출 중 20×2년 1월 말까지 실제 반품된 제품 A의 판매가격 합계는 ₩8,000이며, 반품된 제품 A의 회수 및 수선을 위해 총 ₩250이 지출되었다.

(2) 제품 B

· ㈜대한은 20×1년 11월 1일 ㈜독도에 제품 B를 ₩50,000(원가 ₩48,000)에 현금판매하였다.

· 계약에 따르면 ㈜대한이 ㈜독도의 요구에 따라 **20×2년 4월 30일에 제품 B를 ₩54,800에 다시 매입해야 하는 풋옵션**이 포함되어 있다.

· 20×1년 11월 1일에 추정한 20×2년 4월 30일의 제품 B에 대한 **예상시장가격은 ₩52,000**이며, 이러한 추정에 변동은 없다.

· 20×2년 4월 30일 현재 제품 B의 **실제시장가격은 예상과 달리 ₩60,000으로 형성**되어 있으며, 따라서 해당 풋옵션은 만기에 행사되지 않고 소멸되었다.

(3) 제품 C

· ㈜대한은 통신장비인 제품 C의 판매와 통신서비스를 모두 제공하고 있다. ㈜대한은 통상적으로 제품 C를 한 대당 ₩300,000에 현금판매하고, 통신서비스는 월 ₩2,500씩 24개월에 총 ₩60,000의 약정으로 제공하고 있다.

· ㈜대한은 신규 고객 유치를 위한 특별행사로 20×1년 9월 1일부터 20×1년 12월 31일까지 제품 C와 통신서비스를 결합하여 이용하는 고객에게는 **현금보조금 ₩43,200을 계약체결일에 지급**하고 있다.

· 이 결합상품은 20×1년 10월 1일과 12월 1일에 각각 10명과 20명의 고객에게 1인당 1개씩 판매되었다.

물음 1 ㈜대한이 20×1년에 고객에게 판매한 제품 A와 제품 B에 관련된 회계치리기 ㈜대헌의 20×1년과 20×2년 포괄손익계산서상 당기순이익에 미치는 영향을 각각 계산하시오(단, 당기순이익이 감소하는 경우에는 금액 앞에 (-)를 표시하시오).

제품	구분	금액
제품 A	20×1년 당기순이익에 미치는 영향	①
	20×2년 당기순이익에 미치는 영향	②
제품 B	20×1년 당기순이익에 미치는 영향	③
	20×2년 당기순이익에 미치는 영향	④

물음 2 ㈜대한이 20×1년에 특별행사로 판매한 제품 C와 통신서비스의 결합상품 판매로 인해 20×1년과 20×2년에 수익으로 인식할 금액을 각각 계산하시오.

20×1년 수익	①
20×2년 수익	②

<자료 2>

(1) ㈜민국은 20×1년 3월 1일 구별되는 제품 A와 제품 B를 고객에게 이전하기로 계약하였다. 제품 A는 계약시점에, 제품 B는 20×1년 10월 1일에 각각 고객에게 이전하기로 하였다. 고객이 약속한 대가는 총 ₩15,000으로, 여기에는 고정대가 ₩12,000과 불확실성이 해소될 때 이미 인식한 누적수익금액 중 유의적인 부분을 되돌리지 않을 가능성이 매우 높다고 판단한 변동대가 ₩3,000이 포함되어 있다.

(2) ㈜민국은 20×1년 7월 1일에 아직 고객에게 인도하지 않은 제품 B에 추가하여 또 다른 제품 C를 20×1년 12월 1일에 이전하기로 계약의 범위를 변경하고, 계약가격 ₩4,000(고정대가)을 증액하였는데, 이 금액이 제품 C의 개별 판매가격을 나타내지는 않는다.

(3) ㈜민국은 20×1년 8월 1일에 권리를 갖게 될 것으로 예상한 변동대가의 추정치와 추정치의 제약을 재검토하여 변동대가를 ₩3,000에서 ₩4,200으로 수정하였다. ㈜민국은 이러한 변동대가 추정치 변경분을 거래가격에 포함할 수 있다고 결론지었다.

(4) ㈜민국은 20×1년 9월 1일에 이미 이전한 제품 A에 사소한 결함이 있다는 것을 알게 되어 고객과 합의하여 고정대가를 ₩1,000만큼 할인해주기로 하였다.

(5) 제품 A, 제품 B, 제품 C의 일자별 개별 판매가격은 다음과 같다.

구분	20×1. 3. 1.	20×1. 7. 1.	20×1. 8. 1.	20×1. 9. 1.
제품 A	₩8,000	₩8,000	₩9,000	₩8,500
제품 B	₩7,000	₩6,000	₩6,000	₩6,000
제품 C	₩5,000	₩6,000	₩5,000	₩5,500

물음 3 ㈜민국이 제품 A, B, C를 약속시점에 모두 고객에게 이전하였다고 할 때, 20×1년 ㈜민국이 각 제품과 관련하여 수익으로 인식할 금액을 계산하시오.

구분	제품 A	제품 B	제품 C
수익	①	②	③

물음 1

제품	구분	금액
제품 A	20×1년 당기순이익에 미치는 영향	① 42,550
	20×2년 당기순이익에 미치는 영향	② (-)200
제품 B	20×1년 당기순이익에 미치는 영향	③ (-)1,600
	20×2년 당기순이익에 미치는 영향	④ 3,600

(1) 제품 A 20×1년 당기순이익: 150,000 × (1 - 70%) × 95% - 200 = 42,550

(2) 제품 A 20×2년 당기순이익: (7,500 - 8,000) × (1 - 70%) - (250 - 200) = (-)200

회계처리

20×1년 12월 31일	차) 현금	150,000	대) 매출		150,000
	차) 매출	7,500	대) 환불부채		7,500
	차) 매출원가	105,000	대) 재고자산		105,000
	차) 반품비용	200	대) 매출원가		5,250
	반환재고회수권	5,050			
20×2년 1월 31일	차) 환불부채	7,500	대) 현금		8,000
	매출	500			
	차) 재고자산	5,600	대) 반환재고회수권		5,050
	반품비용	50	현금		250
			매출원가		350

(3) 제품 B 20×2년 매출총이익: 54,800 - 48,000 = 6,800

(4) 제품 B 20×2년 당기순이익: 6,800 - 3,200 = 3,600

회계처리

20×1년 11월 1일	차) 현금	50,000	대) 차입금		50,000
20×1년 12월 31일	차) 이자비용[1]	1,600	대) 미지급이자		1,600
	1) 4,800 × 2/6 = 1,600				
20×2년 4월 30일	차) 이자비용[2]	3,200	대) 미지급이자		3,200
	차) 차입금	50,000	대) 매출		54,800
	미지급이자	4,800			
	차) 매출원가	48,000	대) 재고자산		48,000
	2) 4,800 × 4/6 = 3,200				

물음 2

20×1년 수익	① 8,030,000
20×2년 수익	② 792,000

(1) 대당 총거래가격: 300,000 + 60,000 - 43,200 = 316,800

(2) 대당 거래가격 배분

   1) 제품: 316,800 × 300,000/360,000 = 264,000

   2) 통신서비스: 316,800 × 60,000/360,000 = 52,800

회계처리

20×1년	차) 현금	316,800	대) 매출		264,000
			계약부채		52,800

(3) 20×1년 제품 수익: 264,000 × (10 + 20)대 = 7,920,000

(4) 20×1년 통신서비스 수익: 52,800 × 10대 × 3/24 + 52,800 × 20대 × 1/24 = 110,000

(5) 20×1년 수익: 7,920,000 + 110,000 = 8,030,000

(6) 20×2년 수익: 52,800 × 10대 × 12/24 + 52,800 × 20대 × 12/24 = 792,000

물음 3	구분	제품 A	제품 B	제품 C
	수익	① 7,640	② 5,780	③ 5,780

근거

① 20×1년 제품 A 수익: 8,000 + 640 - 1,000(할인) = 7,640

- 20×1년 3월 1일 제품 A 수익: 15,000 × 8,000/15,000 = 8,000
- 20×1년 8월 1일 이행된 수행의무(제품 A)에 대한 거래가격 변동으로 인한 제품 A에 대하여 추가로 인식할 수익 (4,200 - 3,000) × 8,000/15,000 = 640

② 20×1년 제품 B 수익: 5,780

- 20×1년 3월 1일 제품 B 수익: 15,000 × 7,000/15,000 = 7,000
- 20×1년 7월 1일 새로운 계약 체결로 인식할 제품 B의 수익: $(7,560^{1)} + 4,000) \times 6,000/12,000 = 5,780$

  1) 이미 이전한 것과 구별되는 재화가 추가되었으나, 추가 재화의 협상가격이 추가 제품의 개별 판매가격을 반영하지 않았다. 따라서 계약변경은 별도의 계약으로 회계처리하기 위한 조건을 충족하지 못하며, 계약변경을 원래 계약이 종료되고 새로운 계약이 체결된 것으로 회계처리한다.

  cf 20×1년 8월 1일 이행된 수행의무(제품 B)에 대한 거래가격 변동으로 인한 제품 B에 대하여 추가로 인식할 수익 (4,200 - 3,000) × 7,000/15,000 = 560

③ 20×1년 제품 C 수익: (7,560 + 4,000) × 6,000/12,000 = 5,780

참고

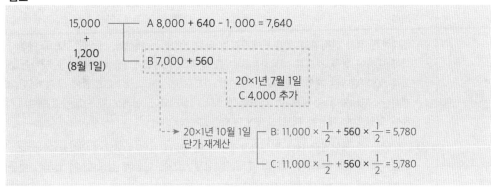

다음의 각 물음은 독립적이다.　　　　　　　　　　　　　　　　　　　　　　　[공인회계사 2차 2024년]

물음 1 다음의 <자료 1>을 이용하여 답하시오.

<자료 1>

(1) ㈜대한은 20×1년 1월 1일에 계약당 현금 ₩20,000을 받고 1년 동안 유지보수용역을 제공하기로 100명의 고객들과 1건씩 별도 계약을 체결하였다. 계약 조건에는 20×1년 말에 각 고객이 현금 ₩20,000을 추가 지급하면 20×2년의 유지보수용역 계약을 갱신할 수 있는 선택권이 규정되어 있다. 또한 20×2년에 갱신하는 각 고객은 현금 ₩20,000에 20×3년에 대한 갱신 선택권을 받는다. 각 고객이 지급하는 금액은 환불되지 않는다.

(2) ㈜대한은 고객이 처음에 용역을 구매하지 않거나 용역계약이 소멸되도록 한 경우에는 연간 유지보수용역에 대해 20×2년과 20×3년에 각각 ₩80,000과 ₩120,000의 유의적으로 높은 가격을 부과한다. 따라서 갱신 선택권을 제공하는 ㈜대한의 약속은 고객에게 중요한 권리를 제공하는 수행의무이다.

(3) ㈜대한은 갱신 선택권의 개별 판매가격을 직접 산정하는 대신에, 제공할 것으로 예상하는 모든 용역에 대하여 받을 것으로 예상하는 대가를 산정하여 거래가격을 배분한다. ㈜대한은 20×1년 말에 고객 80명(판매된 계약의 80%)이 갱신할 것으로 예상하고, 20×2년 말에 고객 64명(20×1년 말에 갱신한 고객 80명 중 80%)이 갱신할 것으로 예상하였다. 실제로 매 연도에 ㈜대한의 예상에는 변동이 없었으며, 예상한 대로 고객이 계약을 갱신하였다.

(4) ㈜대한은 총 예상원가 대비 발생원가에 기초한 수익인식이 고객에게 이전하는 용역을 반영한다고 판단하였다. 3개 연도 각 계약의 추정 및 실제 원가는 다음과 같으며, 매 연도에 변동이 없다.

20×1년	20×2년	20×3년
₩10,000	₩15,000	₩20,000

(5) 계산 시 원 미만과 %는 소수점 둘째 자리에서 반올림한다(예 32.58%는 32.6%로 계산). 또한 유의적인 금융요소에 대해서는 고려하지 않는다.

위 거래와 관련하여 ㈜대한이 20×2년도 포괄손익계산서에 수익으로 인식할 금액과 20×2년 말 재무상태표에 표시할 부채의 금액을 각각 계산하시오.

20×2년도 수익	①
20×2년 말 부채	②

물음 2 다음의 <자료 2>를 이용하여 답하시오.

<자료 2>

(1) ㈜대한은 20×1년 말에 제품 A를 ₩4,500,000에 판매하기로 고객과 계약을 체결하고 제품 A에 대한 통제를 고객에게 이전하였다. 이 계약의 일부로 ㈜대한은 앞으로 50일 이내에 ₩4,500,000 한도의 구매에 대해 45% 할인권을 고객에게 주었다.

(2) ㈜대한은 판촉활동의 일환으로 앞으로 50일 동안 모든 판매에 5% 할인을 제공할 계획이다. 5% 할인은 45% 할인권에 추가하여 사용할 수 없다. 따라서 제품 A의 판매 계약에서 증분할인을 제공하는 ㈜대한의 약속은 고객에게 중요한 권리를 제공하는 수행의무이다.

(3) 20×1년 말 ㈜대한은 20×2년 중에 고객의 50%가 할인권을 사용하고 추가 제품을 평균 ₩2,500,000에 구매할 것으로 보고 할인권의 개별 판매가격을 추정하였으며, 예상한 대로 변동 없이 할인권이 사용되었다.

㈜대한이 제품 A와 관련하여 20×1년도 포괄손익계산서상 수익으로 인식할 금액을 계산하시오.

20×1년도 수익	①

물음 3 다음의 <자료 3>을 이용하여 답하시오.

<자료 3>

(1) ㈜대한은 20×1년 1월 1일에 제품 B를 판매하기로 고객과 계약을 체결하였다. 제품 B에 대한 통제는 20×2년 말 시점에 고객에게 이전되었으며, 이때 제품 B의 원가는 ₩800,000이다. 동 계약에 따르면 고객은 20×1년 1월 1일 계약에 서명할 때 현금 ₩1,000,000을 지급하거나, 2년 경과 후 제품 B를 통제할 때 현금 ₩1,210,000을 지급하는 두 가지 지급방법 중에서 선택할 수 있다.

(2) 고객은 계약에 서명할 때 현금 ₩1,000,000을 지급하기로 선택하였다. 두 가지 대체 지급 선택권을 경제적으로 동등하게 하기 위해 필요한 거래의 내재이자율은 연 10%이다.

(3) 동 계약에는 유의적인 금융요소가 포함되어 있으며, 계약 개시시점에 ㈜대한과 고객이 별도 금융거래를 한다면 반영하게 될 할인율은 연 8%이다. 이에 따라, ㈜대한은 약속한 대가를 조정하기 위해 할인율 연 8%를 사용하였다.

제품 B와 관련하여 ㈜대한의 20×1년 말 재무상태표에 표시되는 부채의 금액과 20×2년도 포괄손익계산서의 당기순이익에 미치는 영향을 각각 계산하시오(단, 당기순이익이 감소하는 경우 금액 앞에 (-)를 표시하시오).

20×1년 말 부채	①
20×2년도 당기순이익에 미치는 영향	②

물음 4 기업회계기준서 제1115호 '고객과의 계약에서 생기는 수익' 중 재매입약정은 자산을 판매하고, 같은 계약이나 다른 계약에서 그 자산을 다시 사기로 약속하거나 다시 살 수 있는 선택권을 갖는 계약이다. ㈜대한이 판매한 자산을 다시 살 수 있는 권리(콜옵션)를 포함한 계약을 고객과 체결한 경우, 다음 조건에 따라 ㈜대한의 회계처리 방법을 각각 서술하시오.

| 재매입가격이 원래 판매가격보다 높은 경우 | ① |
| 재매입가격이 원래 판매가격보다 낮은 경우 | ② |

―| 풀이 |―――

물음 1

20×2년도 수익	① 1,683,600
20×2년 말 부채	② 1,795,840

근거

(1) ㈜대한은 고객이 ×2, ×3년에만 용역을 구매하고자 할 경우 유지보수용역 가격이 유의적으로 높기 때문에 고객이 계약을 체결하지 않고는 받을 수 없는 중요한 권리를 갱신선택권이 제공한다고 본다. 각 고객이 ×1년에 지급하는 ₩20,000 중 일부는 사실상 그 후 연도에 제공될 용역에 대한 지급액으로 환불되지 않는 선지급액이므로, ㈜대한이 선택권을 제공하는 약속은 별도의 수행의무이다.

(2) 계약 개시시점의 유지보수계약과 관련하여 인식할 총수익금액: 4,880,000[1])
   1) 100개 × @20,000 + 100개 × 80% × @20,000 + 80개 × 80% × @20,000 = 4,880,000

(3) 연도별 예상대가의 배분

연도	계약 갱신 가능성을 조정한 예상원가	예상대가의 배분
20×1년	10,000 × 100개 = 1,000,000(28.7%)	4,880,000 × 28.7% = 1,400,560
20×2년	15,000 × 80개 = 1,200,000(34.5%)	4,880,000 × 34.5% = 1,683,600
30×3년	20,000 × 64개 = 1,280,000(36.8%)	4,880,000 × 36.8% = 1,795,840
합계	3,480,000	4,880,000

(4) 회계처리

20×1년 1월 1일	차) 현금	2,000,000	대) 계약부채	2,000,000
20×1년 12월 31일	차) 현금	1,600,000	대) 계약수익	1,400,560
			계약부채	199,440
20×2년 12월 31일	차) 현금	1,280,000	대) 계약수익	1,683,600
	계약부채	403,600		

(5) 20×2년 말 부채: 2,000,000 + 199,440 - 403,600 = 1,795,840

물음 2

20×1년도 수익	① 4,050,000

근거

(1) 할인권의 개별 판매가격: 2,500,000 × (45% - 5%) × 50% = 500,000

(2) 20×1년 말 매출: 4,500,000 × 4,500,000/(4,500,000 + 500,000) = 4,050,000

물음 3	20×1년 말 부채	① 1,080,000
	20×2년도 당기순이익에 미치는 영향	② 280,000

근거

회계처리						
20×1년 1월 1일	차)	현금	1,000,000	대)	계약부채	1,000,000
20×1년 12월 31일	차)	이자비용	80,000	대)	계약부채	80,000
20×2년 12월 31일	차) 차) 차)	이자비용 계약부채 매출원가	86,400 1,166,400 800,000	대) 대) 대)	계약부채 매출 재고자산	86,400 1,166,400 800,000

☑ 기업이 현금판매가격으로 수익을 인식하기 위해서 유의적인 금융요소를 반영하여 약속한 대가를 조정할 때, 계약 개시시점에 기업과 고객이 별도 금융거래를 한다면 반영하게 될 할인율(고객의 신용특성을 반영한 이자율)을 사용한다. 그러나 개시후에는 이자율이나 그 밖의 상황이 달라져도 그 할인율을 새로 수정하지 않는다.

① 20×1년 말 부채: 1,000,000 + 80,000 = 1,080,000

② 20×2년 당기순이익에 미치는 영향: (-)86,400 + 1,166,400 - 800,000 = 280,000

물음 4	재매입가격이 원래 판매가격보다 높은 경우	① 금융약정으로 회계처리
	재매입가격이 원래 판매가격보다 낮은 경우	② 리스약정으로 회계처리

문제 26 거래가격의 변동 - Level 4

20×1년 중에 건설사 A는 고객의 토지에 공장을 건설하는 계약을 수주하였고, 관련 자료는 다음과 같다. [유예]

<관련 자료>

(1) 20×1년 중에 건설사 A는 고객의 토지에 공장을 건설하는 계약을 ₩240,000에 수주하였다. 동 금액에는 고정대가 ₩200,000과 변동대가 ₩40,000이 포함되어 있다. 이에 대하여 불확실성이 해소될 때 이미 인식한 누적수익금액 중 유의적인 부분을 되돌리지 않을 가능성이 매우 높지 않다고 결론지었다. 동 공장은 건설사 A사에게 대체적인 용도가 없으며 계약대금의 지급방법에 따르면 환불 불가능한 진척도에 따른 대금지급이 고객에게 요구된다. 이에 건설사 A는 투입원가기준이 이행의무의 충족에 대한 진척도를 측정하는 합리적인 방법이라고 결론 내렸다. 동 공장 건설의 각 연도별 실제 발생한 누적계약원가와 추정한 총계약원가는 다음과 같다.

구분	20×1년	20×2년	20×3년
실제 발생한 누적계약원가	₩20,000	₩60,000	₩100,000
추정총계약원가	100,000	100,000	100,000

(2) 20×2년 중에 고객은 해당 토지에 별도의 저장시설도 필요하다고 판단하고 저장시설을 건설하기로 결정하였다. 고객과 건설사 A는 다음과 같이 계약을 변경하기로 합의하였다.

20×2년 중에 저장시설에 대한 공사를 시작하여 20×3년 말까지 저장시설에 대한 건설을 완료한다.

동 저장시설은 건설사 A사에게 대체적인 용도가 없으며 계약대금의 지급방법에 따르면 환불 불가능한 진척도에 따른 대금지급이 고객에게 요구된다. 이에 건설사 A는 투입원가기준이 이행의무의 충족에 대한 진척도를 측정하는 합리적인 방법이라고 결론 내렸다. 동 저장시설 건설의 각 연도별 실제 발생한 누적계약원가와 추정한 총계약원가는 다음과 같다.

구분	20×2년	20×3년
실제 발생한 누적계약원가	₩20,000	₩40,000
추정총계약원가	40,000	40,000

(3) 각 시점별 공장과 저장시설의 개별 판매가격은 다음과 같다.

구분	20×1년	20×2년	20×3년
공장	₩200,000	₩200,000	₩240,000
저장시설	-	100,000	160,000

물음 1 저장시설을 추가 건설하는 대가로 건설사 A는 ₩80,000을 추가로 수령하게 되었다. 통상 건설사 A는 이와 유사한 저장시설을 건설하는 경우 ₩100,000을 계약금액으로 산정한다. 그러나 건설사 A는 현재 진행 중인 공장 공사에 투입했던 설비 및 인력을 저장시설 공사에 투입할 수 있으므로 그만큼 투입원가를 절감할 수 있다고 판단해서 ₩20,000만큼 할인한 ₩80,000을 저장시설의 대가로 산정하였다. 이는 개별 판매가격을 반영하였다. 이 경우 건설사 A가 20×2년에 계약수익으로 인식할 금액을 구하시오.

20×2년에 계약수익으로 인식할 금액	①

물음 2 위의 **물음 1**과 독립적으로 저장시설을 추가 건설하는 대가로 건설사 A는 ₩70,000을 추가로 수령하게 되었다. 통상 건설사 A는 이와 유사한 저장시설을 건설하는 경우 ₩100,000을 계약금액으로 산정한다. 그러나 건설사 A는 현재 진행 중인 공장 공사에 투입했던 설비 및 인력을 저장시설 공사에 투입할 수 있으므로 그만큼 투입원가를 절감할 수 있다고 판단하였고, 여기에 추가해서 고객과의 관계 유지를 위해 추가 할인을 제공해서 ₩30,000만큼 할인한 ₩70,000을 저장시설의 대가로 산정하였다. 이는 **개별 판매가격을 반영하지 못하였다.** 이 경우 건설사 A가 20×2년에 계약수익으로 인식할 금액을 구하시오.

20×2년에 계약수익으로 인식할 금액	①

물음 3 위의 **물음 2**에 이어서 20×3년 초에 건설사 A는 변동대가 추정치 및 추정치의 제약을 재검토한 결과 변동대가를 ₩30,000으로 추정하였고 이는 불확실성이 해소될 때 이미 인식한 누적수익금액 중 유의적인 부분을 되돌리지 않을 가능성이 매우 높다고 결론지었다. 이 경우 건설사 A가 20×3년에 각 수행의무에 따라 계약수익으로 인식할 아래의 금액들을 구하시오.

20×3년에 공장 건설 관련 계약수익으로 인식할 금액	①
20×3년에 저장시설 관련 계약수익으로 인식할 금액	②

┤풀이├

물음 1

20×2년에 계약수익으로 인식할 금액	① 120,000

(1) 진행률 산정

   1) 공장 건설

     • 20×1년: 20,000 ÷ 100,000 = 20%

     • 20×2년: 60,000 ÷ 100,000 = 60%

   2) 저장시설

     20×2년: 20,000 ÷ 40,000 = 50%

(2) 20×2년에 계약수익으로 인식할 금액: 80,000 + 40,000 = 120,000

   1) 20×2년 공장 건설로 인한 수익인식액: 200,000 × 60% - 200,000 × 20% = 80,000

   2) 20×2년 저장시설로 인한 수익인식액: 80,000 × 50% = 40,000

   ☑ 불확실성이 해소될 때 이미 인식한 누적수익금액 중 유의적인 부분을 되돌리지 않을 가능성이 매우 높지 않다고 결론지었기 때문에 변동대가는 포함시키지 않는다.

참고

1. 계약의 변경 판단

  동 거래는 한국채택국제회계기준서 제1115호 문단 20 (1), (2)의 요건(① 구별되는 약속한 재화나 용역이 추가되어 계약의 범위가 확장된다. ② 계약가격이 추가로 약속한 재화나 용역의 개별 판매가격에 특정 계약 상황을 반영하여 적절히 조정한 대가만큼 상승한다. 예를 들면 기업은 기존 고객이 받는 할인을 고려하여 추가 재화나 용역의 개별 판매가격을 조정할 수 있는데, 이는 새로운 고객에게 비슷한 재화나 용역을 판매할 때 드는 판매 관련 원가를 들일 필요가 없기 때문이다)을 모두 충족하는 것으로 보아 추가되는 저장시설 계약을 별도의 계약으로 회계처리한다.

2. 진행률 산정

  공장 건설과 저장시설의 건설계약은 건설사 A가 수행하여 만든 자산이 기업 자체에는 대체 용도가 없고, 지금까지 수행을 완료한 부분에 대해 집행 가능한 지급청구권이 기업에 있으므로 수행의무를 기간에 걸쳐 이전한다.

물음 2

20×2년에 계약수익으로 인식할 금액	① 113,000

(1) 20×2년 계약변경에 따른 거래가격의 배분

   1) 공장 건설: (200,000 + 70,000) × 200,000 ÷ (200,000 + 100,000) = 180,000

   2) 저장시설: (200,000 + 70,000) × 100,000 ÷ (200,000 + 100,000) = 90,000

(2) 진행률 산정

   1) 공장 건설

     • 20×1년: 20,000 ÷ 100,000 = 20%

     • 20×2년: 60,000 ÷ 100,000 = 60%

   2) 저장시설

     20×2년: 20,000 ÷ 40,000 = 50%

(3) 20×2년에 계약수익으로 인식할 금액: 68,000 + 45,000 = 113,000

   1) 20×2년 공장 건설로 인한 수익인식액: 180,000 × 60% - 200,000 × 20% = 68,000

   2) 20×2년 저장시설로 인한 수익인식액: 90,000 × 50% = 45,000

1. 계약의 변경 판단

동 거래는 저장시설 건설의 수행의무가 구별되는 것으로 분석되지만 계약금액이 업무범위 증가에 따른 개별 판매가격에서 특정 계약 상황 외에 고객관계 등을 추가로 고려해서 금액이 변동되었기 때문에, 한국채택국제회계기준서 제1115호 문단 20 (1), (2)의 요건을 충족하지 못하는 것으로 보아 별도 계약으로 회계처리할 수 없다. 계약이 변경됨으로써 건설사 A에게는 기존 계약에 따라 건설하고 있던 공장과 관련된 계약의 변경일 현재 나머지 수행의무와 저장시설을 건설해야 할 새로운 수행의무가 생겼으며, 변경 계약금액을 공장과 저장시설 각각의 독립적인 판매가격을 기준으로 두 수행의무에 배분하고, 기존에 인식한 건설 중인 공장과 관련하여 인식한 수익도 조정한다.

2. 진행률 산정

공장 건설과 저장시설의 건설계약은 건설사 A가 수행하여 만든 자산이 기업 자체에는 대체 용도가 없고, 지금까지 수행을 완료한 부분에 대해 집행 가능한 지급청구권이 기업에 있으므로 기간에 걸쳐 진행기준으로 수익을 인식한다.

물음 3		
20×3년에 공장 건설 관련 계약수익으로 인식할 금액		① 92,000
20×3년에 저장시설 관련 계약수익으로 인식할 금액		② 55,000

(1) 20×3년 초 거래가격 변동에 따른 거래가격의 배분

　　1) 공장 건설: (230,000 + 70,000) × 200,000 ÷ (200,000 + 100,000) = 200,000

　　2) 저장시설: (230,000 + 70,000) × 100,000 ÷ (200,000 + 100,000) = 100,000

(2) 진행률 산정

　　1) 공장 건설

　　　　• 20×1년: 20,000 ÷ 100,000 = 20%

　　　　• 20×2년: 60,000 ÷ 100,000 = 60%

　　　　• 20×3년: 100,000 ÷ 100,000 = 100%

　　2) 저장시설

　　　　• 20×2년: 20,000 ÷ 40,000 = 50%

　　　　• 20×3년: 40,000 ÷ 40,000 = 100%

(3) 20×3년에 공장 건설 관련 계약수익으로 인식할 금액: 200,000 × 100% - 180,000 × 60% = 92,000

(4) 20×3년에 저장시설 관련 계약수익으로 인식할 금액: 100,000 × 100% - 90,000 × 50% = 55,000

IX | 고객충성제도

문제 27 고객충성제도 - Level 2

각 물음은 서로 독립적이다.

물음 1 PK마트는 20×1년에 일정 기간 동안 상품을 구매한 회원에게 포인트를 부여하였다. 회원은 포인트를 이용하여 PK마트의 식료품을 추가 구매할 수 있으며, 포인트의 유효기간은 부여일 이후 3년이다. PK마트의 20×1년 매출은 총 ₩100,000,000이며, 부여한 총포인트는 100,000포인트이다. 고객에게 판매한 상품의 개별 판매가격은 ₩94,500,000이고, 고객에게 부여한 100,000포인트의 객관적인 공정가치는 신뢰성 있게 추정할 수 있다. 다만, 포인트를 사용하는 경우 1포인트의 개별 판매가격은 ₩105이다. 다음은 연도별 예상 포인트와 실제청구된 포인트의 내역이다.

구분	20×1년	20×2년	20×3년
청구예상 포인트	80,000포인트	90,000포인트	85,000포인트
실제청구된 포인트	24,000포인트	57,000포인트	4,000포인트
실제회수된 누적보상포인트	24,000포인트	81,000포인트	85,000포인트

PK마트가 제공한 포인트에 대하여 (1) 이연시킬 매출액을 계산하고, 20×1년부터 20×3년까지 PK마트가 수행할 (2) 회계처리를 보이시오.

물음 2 12월 말 결산법인인 ㈜한영은 고객들이 제품을 구매하는 경우 구매금액 ₩10당 1마일리지의 다른 항공사 보상점수를 제공한다. 마일리지는 고객들이 항공사에서 항공권을 구매할 때 1마일리지당 ₩1의 할인과 교환할 수 있다.

> (1) ㈜한영이 20×1년 중 판매한 제품의 거래가격은 ₩100,000이며, 이로 인해 고객에게 제공한 포인트는 10,000점이다. 고객이 구매한 제품과 제공한 마일리지의 개별 판매가격을 기초로 배분한 결과 마일리지당 개별 거래가격 배분액은 ₩1(총액 ₩10,000)이다.
>
> (2) ㈜한영은 마일리지에 배분된 대가를 자기의 계산으로 회수하고 있으며 항공사에게는 각 마일리지마다 ₩0.9를 지급한다. 항공사에게 지급할 금액은 20×1년 말 현재 미지급상태에 있으며, ㈜한영은 보상과 관련된 모든 의무를 이행하였다.

물음 2-1 ㈜한영이 20×1년에 해야 할 회계처리를 하시오.

물음 2-2 ㈜한영이 항공사를 대신하여 대가를 회수한다고 할 경우 20×1년에 해야 할 회계처리를 하시오.

물음 3 ㈜포도는 20×1년 11월 1일에 다음과 같은 조건으로 고객에게 제품을 이전하는 계약을 체결하였다.

> - 20×1년 12월 1일: 고객으로부터 ㈜포도는 대가 ₩1,000,000을 수령하였다.
> - 20×2년 1월 2일: ㈜포도는 고객에게 제품을 이전하였다.

고객은 실제로 ㈜포도에게 20×2년 1월 1일에 대가 ₩1,000,000을 지급하였다. 유예

물음 3-1 ㈜포도가 20×1년 11월 1일에 체결한 고객과의 계약이 **취소 가능한 계약**일 경우와 **취소 불가능한 계약**일 경우에 20×1년 말에 재무상태표에 계상될 수취채권, 계약자산, 계약부채로 계상할 금액을 각각 구하시오(단, 관련이 없는 계정의 금액은 '없음'으로 표시한다).

구분	20×1년 말 수취채권	20×1년 말 계약자산	20×1년 말 계약부채
취소 가능한 계약일 경우	①	②	③
취소 불가능한 계약일 경우	④	⑤	⑥

물음 3-2 동 계약이 취소 가능한 계약일 경우 20×2년 1월 2일에 ㈜포도는 고객에게 제품을 이전하면서 구매금액 ₩100당 고객충성포인트 10점을 부여한다. 고객은 ㈜포도의 제품을 구매할 때 포인트 1점과 할인 ₩1을 교환할 수 있다. ㈜포도는 부여한 포인트 중 90%가 교환될 것으로 예상하고, 교환 가능성에 기초하여 포인트당 개별 판매가격을 ₩0.9으로 추정하였다. ㈜포도가 20×2년 1월 2일에 수익으로 인식할 금액을 구하시오(단, 소수점 첫째 자리에서 반올림한다).

물음 3-3 **물음 3-2**와 관련하여 20×2년 말까지 20,000포인트가 교환되었고 전체적으로 80,000포인트가 교환될 것으로 예상하였다. 20×3년 말 현재 25,000포인트가 추가로 교환되었고 전체적으로 90,000포인트가 교환될 것으로 추정을 변경한 경우 20×3년에 동 거래와 관련하여 ㈜포도가 인식할 수익을 구하시오.

─┤ 풀이 ├─

물음 1 (1) 이연시킬 매출액: 10,000,000

(2) 회계처리

20×1년 매출	차) 현금	100,000,000	대) 매출 계약부채	90,000,000 10,000,000
20×1년 말	차) 계약부채	3,000,000	대) 포인트 매출	3,000,000
20×2년 말	차) 계약부채	6,000,000	대) 포인트 매출	6,000,000
20×3년 말	차) 계약부채	1,000,000	대) 포인트 매출	1,000,000

(3) 부여한 포인트의 개별 판매가격

제공된 포인트 총개별 판매가격: 105 × 100,000포인트 = 10,500,000

(4) 거래가격 배분

- 일반 매출액: 100,000,000 × 94,500,000/(94,500,000 + 10,500,000) = 90,000,000
- 포인트 관련 이연매출액: 100,000,000 × 10,500,000/(94,500,000 + 10,500,000) = 10,000,000

(5) 연도별 누적포인트 매출액

구분	이연매출	예상회수비율	누적매출액	당기매출액
20×1년 말	10,000,000	24,000/80,000 = 30%	3,000,000	3,000,000
20×2년 말	10,000,000	81,000/90,000 = 90%	9,000,000	6,000,000
20×3년 말	10,000,000	100%	10,000,000	1,000,000

물음 2 **물음 2-1** 회계처리

20×1년	차) 현금	100,000	대) 제품 매출 보상점수수익[1]	90,000 10,000
	차) 보상점수원가[2]	9,000	대) 미지급금	9,000

1) 10,000마일리지 × @1 = 10,000
2) 10,000마일리지 × @0.9 = 9,000

물음 2-2 회계처리

20×1년	차) 현금	100,000	대) 제품 매출 계약부채	90,000 10,000
	차) 계약부채	10,000	대) 미지급금 보상점수판매수익	9,000 1,000

물음 3-1

구분	20×1년 말 수취채권	20×1년 말 계약자산	20×1년 말 계약부채
취소 가능한 계약일 경우	① 없음	② 없음	③ 없음
취소 불가능한 계약일 경우	④ 1,000,000	⑤ 없음	⑥ 1,000,000

(1) 취소 가능한 계약일 경우 회계처리

　　회계처리 없음

(2) 취소 불가능한 계약일 경우 회계처리

20×1년 12월 1일	차) 수취채권	1,000,000	대) 계약부채	1,000,000

물음 3-2 20×2년 1월 2일에 수익으로 인식할 금액: 917,431

$1,000,000 × 1,000,000/(1,000,000 + 90,000^{1)}) = 917,431$

1) 포인트의 개별 판매가격: $1,000,000 ÷ 100 × 10 × 0.9 = 90,000$

회계처리

20×2년 1월 2일	차) 계약부채	1,000,000	대) 매출	917,431
			계약부채(포인트)	82,569

물음 3-3 20×3년에 포인트와 관련하여 인식할 수익: 20,643

[계약부채의 배분]

구분	보상점수 배분액	× 누적회수(회수된)	÷ 총예상회수(회수될)	= 누적수익	당기수익(N/I)
20×2년 말	82,569	20,000	80,000	① 20,642	20,642
20×3년 말	82,569	45,000	90,000	② 41,285	② - ① = 20,643

참고 고객충성제도 기업이 직접 보상하는 경우 문제 풀이 TOOL

1. 1st 부여된 보상점수(계약부채) 계상

　거래가격 × 보상점수의 개별 판매가격/(재화·용역의 개별 판매가격 + 보상점수의 개별 판매가격)

2. 2nd 부여된 보상점수(선수수익) 연도별 배분

구분	보상점수 배분액	누적회수(회수된)	총예상회수(회수될)	누적수익	당기수익(N/I)
20×1년 말	a	b	c	① = a × b ÷ c	①
20×2년 말	a	d	e	② = a × d ÷ e	② - ①

회계처리

매출 시	차) 현금	×××	대) 매출	×××
			계약부채	×××
매년 말	차) 계약부채	×××	대) 보상점수수익^{1)}	×××
	1) 보상점수배분액 × 회수된 포인트(누적)/총 회수될 포인트 = 전기까지 인식한 누적수익			

문제 28   라이선싱 - 프랜차이즈와 고객충성제도 - Level 4

다음에 제시된 <자료>는 독립적이며 각 <자료>에 대한 물음에 답하시오.   [공인회계사 2차 2019년]

<자료 1>

(1) ㈜민국은 20×0년 6월 1일에 고객과 계약을 체결하여 고객이 20×0년 10월 1일부터 5년 동안 ㈜민국의 상호를 사용하고 ㈜민국의 제품을 판매할 권리를 제공하는 프랜차이즈 라이선스를 부여하기로 계약하였다. 해당 프랜차이즈 라이선스는 라이선스기간에 기업의 지적재산에 접근할 수 있는 권리를 고객에게 부여한다.

(2) ㈜민국은 프랜차이즈 라이선스를 부여하고 그 대가로 고정대가 ₩200,000과 고객의 매출액 중 5%를 판매기준 로열티(변동대가)로 받기로 하였다. ㈜민국은 변동대가를 ₩10,000으로 추정한다. 고정대가는 계약과 동시에 받았으며, 변동대가는 매년 말 받기로 되어 있다. 20×0년 계약기간 중 고객은 ₩30,000을 매출로 인식하였다.

(3) ㈜민국은 프랜차이즈 상점을 운영하기 위해 필요한 기계설비를 제공하기로 고객과 약속하였다. 라이선스와 기계설비를 결합 품목으로 통합하는 유의적인 용역을 제공하는 것은 아니다. 원가 ₩70,000의 기계설비에 대한 고정대가는 기계설비 인도시점으로부터 향후 3년에 걸쳐 ₩50,000씩 받기로 하였다. 기계설비는 20×0년 7월 1일에 인도되었으며 고객에게 통제가 이전되었다. ㈜민국이 고객과 별도 금융거래를 한다면 고객의 신용특성을 반영하여 적용할 이자율은 연 10%이다. 라이선스와 기계설비의 대가는 각 개별 판매가격을 반영한다. 이자율 연 10%, 3기간, 연금현가계수는 2.4869이다. 답안 작성 시 원 이하는 반올림한다.

물음 1   <자료 1>에서 ㈜민국의 20×0년 당기순이익에 미치는 영향을 계산하시오(단, 당기순이익이 감소하는 경우에는 (-)를 숫자 앞에 표시하시오).

물음 2   <자료 1>에서 프랜차이즈 라이선스가 라이선스를 부여한 시점에 존재하는 대로 지적재산을 사용할 권리를 고객에게 부여하는 것이라고 가정한다. 이 경우 ㈜민국의 20×0년 당기순이익에 미치는 영향을 계산하시오(단, 당기순이익이 감소하는 경우에는 (-)를 숫자 앞에 표시하시오).

<자료 2>

(1) ㈜한국은 원가 ₩1,000,000의 안마기(제품)를 1대당 ₩2,000,000에 판매하며 1년간 무상으로 품질보증을 실시하기로 하였다. 이러한 보증은 제품이 합의된 규격에 부합한다는 확신을 고객에게 제공한다. 또한 ㈜한국은 고객들에게 2년간 총 8회 안마기 기능 업그레이드를 위한 방문서비스를 제공하기로 하였다. 방문서비스당 개별 판매가격은 ₩45,000이고 안마기 판매가격에 포함되어 있다.

(2) ㈜한국은 안마기 판매가격 ₩1,000당 10포인트를 적립하는 고객충성제도를 운영한다. 고객은 포인트를 사용하여 ㈜한국 제품의 구매대금을 결제할 수 있다. 포인트의 개별 판매가격은 포인트당 ₩10이고 포인트 중 70%가 사용될 것으로 예상한다. 즉, 교환될 가능성에 기초한 포인트당 개별 판매가격은 ₩7로 추정한다. 안마기의 개별 판매가격은 한 대당 ₩2,000,000이다. ㈜한국은 안마기를 20×0년 10대, 20×1년 15대 판매하였으며, ㈜한국의 교환된 누적포인트와 교환예상 총포인트는 다음과 같다.

구분	20×0년	20×1년
교환된 누적포인트	70,000포인트	280,000포인트
교환예상 총포인트	140,000포인트	350,000포인트

(3) 20×0년과 20×1년 판매된 안마기에 대한 방문서비스는 다음과 같이 고객에게 제공되었다.

구분	20×0년	20×1년	20×2년	20×3년	합계
20×0년 판매분	28회	30회	22회	-	80회
20×1년 판매분	-	42회	50회	28회	120회

(4) 판매된 안마기와 관련하여 20×0년과 20×1년의 예상 품질보증비용(매출액의 5%)과 실제 발생한 품질보증비용은 다음과 같다.

구분		20×0년	20×1년
예상 품질보증비용		₩1,000,000	₩1,500,000
실제 보증비용 발생액	20×0년 판매분	₩550,000	₩300,000
	20×1년 판매분	-	₩750,000

물음 3 <자료 2>에서 ㈜한국의 20×0년도와 20×1년도 포괄손익계산서와 20×0년 말과 20×1년 말 재무상태표에 인식될 다음의 금액을 계산하시오. 유예

구분	제품 매출	포인트 매출	방문서비스 수익	품질보증충당부채
20×0년	①			
20×1년		②	③	④

물음 4 ㈜포도는 두 가지 지적재산 라이선스(라이선스 X와 Y)에 대해 고객과 계약을 체결하였고, 이는 한 시점에 각각 이행되는 두 가지 수행의무를 나타낸다. 라이선스 X와 Y의 개별 판매가격은 각각 ₩800과 ₩1,000 이다.

<상황 1>

계약에 표시된 라이선스 X의 가격은 고정금액 ₩800이고, 라이선스 Y의 대가는 고객이 라이선스 Y를 사용한 제품을 미래에 판매한 금액의 3%이다. 배분 목적상, ㈜포도는 기준서 제1115호 문단 53에 따라 판매기준 로열티(변동대가)가 ₩1,000이라고 추정한다.

<상황 2>

계약에 표시된 라이선스 X의 가격은 고정금액 ₩300이고, 라이선스 Y의 대가는 고객이 라이선스 Y를 사용한 제품을 미래에 판매하는 금액의 5%이다. 기준서 제1115호 문단 53에 따른 기업의 판매기준 로열티(변동대가) 추정치는 ₩1,500이다.

물음 4-1 <상황 1>에서 ㈜포도는 계약 개시시점에 라이선스 Y를 이전하고, 한 달 후에 라이선스 X를 이전한다고 할 때, 아래의 표에 답하시오.

구분	라이선스 X	라이선스 Y
수익인식시기		
수익인식금액		

물음 4-2 <상황 2>에서 라이선스 Y는 계약 개시시점에 고객에게 이전하고 라이선스 X는 3개월 후에 이전한다. ₩300의 고정금액에 대해서, 아래의 표에 답하시오.

구분	라이선스 X	라이선스 Y
수익인식시기		
수익인식금액		

물음 4-3 <상황 2>에서 첫째 달에 ㈜포도는 고객으로부터 ₩200의 로열티를 받았다. ₩200의 로열티에 대해서, 아래의 표에 답하시오(단, 수익으로 인식할 금액이 없으면 '없음'으로 기재한다).

구분	라이선스 X	라이선스 Y
첫째 달의 수익인식금액		

물음 1 20×0년 당기순이익에 미치는 영향: 10,000 + 1,500 + 124,345 - 70,000 + 6,217 = 72,062

    (1) 고정대가: 200,000 × 1/5년 × 3/12 = 10,000

    (2) 로열티대가: 30,000 × 5% = 1,500

        ☑ 로열티는 변동대가를 추정하지 않으며, 권리가 확정되는 시점과 수행의무가 이행되는 시점 중 나중 시점에 수익을 인식한다.

    (3) 할부매출: 50,000 × 2.4869 = 124,345

    (4) 매출원가: (-)70,000

    (5) 이자수익: 124,345 × 10% × 6/12 = 6,217

물음 2 20×0년 당기순이익에 미치는 영향: 262,062

    200,000(사용권이므로 부여시점에 전액 인식) + 1,500 + 124,345 - 70,000 + 6,217 = 262,062

물음 3

구분	제품 매출	포인트 매출	방문서비스 수익	품질보증충당부채
20×0년	① 16,000,000			
20×1년		② 1,680,000	③ 2,592,000	④ 750,000

    (1) 거래가격 배분

구분	개별 판매가격	거래가격	거래가격 배분
안마기	2,000,000		1,600,000
방문서비스	45,000 × 8회 = 360,000		288,000
포인트	2,000,000/@1,000 × 10포인트 × @7 = 140,000		112,000
합계	2,500,000	2,000,000	

    (2) 20×0년 제품 매출: 1,600,000 × 10대 = 16,000,000

    (3) 20×0년 수익

        1) 제품: 1,600,000 × 10대 = 16,000,000

        2) 방문서비스: 288,000 × 10대 × 28/80회 = 1,008,000

        3) 포인트: 112,000 × 10대 × 70,000/140,000 = 560,000

    (4) 20×1년 포인트 매출

        1) 20×0년 포인트 매출: 112,000 × 10대 × 70,000/140,000 = 560,000

        2) 20×1년 누적포인트 매출: 112,000 × (10 + 15)대 × 280,000/350,000 = 2,240,000

        3) 20×1년 포인트 매출: 2,240,000 - 560,000 = 1,680,000

    (5) 20×1년 방문서비스 수익

        1) 20×1년 방문서비스 수익 중 20×0년 판매분: 288,000 × 10대 × 30/80회 = 1,080,000

        2) 20×1년 방문서비스 수익 중 20×1년 판매분: 288,000 × 15대 × 42/120회 = 1,512,000

        3) 20×1년 방문서비스 수익: 1,080,000 + 1,512,000 = 2,592,000

    (6) 20×1년 말 품질보증충당부채: 1,500,000 - 750,000 = 750,000

        cf 20×0년 판매분은 20×1년 말 현재 보증기간이 종료되었으므로, 관련 충당부채인식액은 없다.

참고 회계처리

20×0년 중	차) 보증비	550,000	대) 현금	550,000
20×0년 말	차) 보증비	450,000	대) 제품보증충당부채	450,000
20×1년 중	차) 보증비	1,050,000	대) 현금	1,050,000
20×1년 말	차) 보증비	300,000	대) 제품보증충당부채	300,000

- ☑ 20×1년 말 B/S 제품보증충당부채: 1,500,000 - 750,000 = 750,000
- ☑ 20×1년 보증비: 실제 지출액 (-)1,050,000
  제품보증충당부채 변동액 (-)750,000(×1년) - (-)450,000(×0년) = (-)300,000

물음 4 　물음 4-1

구분	라이선스 X	라이선스 Y
수익인식시기	라이선스를 이전할 때	후속적으로 판매될 때
수익인식금액	800	1,000

근거

변동지급액이 라이선스 Y를 이전하는 수행의무의 산출물(향후 고객이 라이선스 Y를 사용한 제품 판매)과 특정적으로 관련되고, 예상 로열티 금액 1,000을 모두 라이선스 Y에 배분하는 것이 배분 목적에 부합한다. 이는 판매기준 로열티에 대한 기업의 추정치(1,000)가 라이선스 Y의 개별 판매가격에 가깝고 고정금액 800이 라이선스 X의 개별 판매가격에 가깝기 때문이다. 따라서 ㈜포도는 변동대가 1,000 모두를 라이선스 Y에 배분하고, 라이선스 X에 800을 배분한다.

라이선스 Y에 배분된 대가가 판매기준 로열티의 형태이기 때문에 라이선스 Y의 이전시점에 ㈜포도는 수익을 인식하지 않고, 후속적으로 판매될 때 판매기준 로열티의 수익을 인식한다. 그리고 라이선스 X를 이전할 때, 라이선스 X에 배분된 800을 수익으로 인식한다.

물음 4-2

구분	라이선스 X	라이선스 Y
수익인식시기	라이선스가 고객에게 이전될 때	라이선스가 고객에게 이전될 때
수익인식금액	133	167

근거

비록 변동지급이 라이선스 Y를 이전하는 수행의무의 산출물(향후 고객이 라이선스 Y를 사용한 제품을 판매)과 특별히 관련될지라도, 기업이 변동대가를 라이선스 Y에 모두 배분하면 거래가격 배분원칙에 부합하지 않는다. 즉, 라이선스 X에 300, 라이선스 Y에 1,500을 배분하는 것은 라이선스 X와 Y의 각 개별 판매가격 800과 1,000에 기초한 거래가격의 합리적 배분을 반영하지 못한다. 따라서 거래가격 300을 800과 1,000에 기초하여 라이선스 X와 Y에 배분하며, 판매기준 로열티와 관련된 대가 1,500도 800과 1,000에 기초하여 라이선스 X와 Y에 배분한다.

① 거래대가의 라이선스 X 배분: 300 × (800/1,800) = 133
② 거래대가의 라이선스 Y 배분: 300 × (1,000/1,800) = 167

라이선스 Y에 배분된 167과 라이선스 X에 배분된 133은 각각의 라이선스가 고객에게 이전될 때 수익으로 인식한다.

물음 4-3	구분	라이선스 X	라이선스 Y
	첫째 달의 수익인식금액	없음	111

근거

① 로열티의 라이선스 Y 배분: 200 × (1,000/1,800) = 111

② 로열티의 라이선스 X 배분: 200 × (800/1,800) = 89

라이선스 Y에 배분된 111은 수익으로 인식하는 반면, 라이선스 X에 배분된 89는 계약부채로 인식한다. 왜냐하면 라이선스 X는 아직 수행의무가 이행되지 않았기 때문이다.

문제 29 라이선싱 - Level 4

다음을 읽고 답하시오.

㈜세무는 20×1년 7월 1일 고객에게 두 가지 지적재산 라이선스(라이선스 X와 라이선스 Y)에 대해 고객과 계약을 체결하였고, 이는 한 시점에 각각 이행되는 두 가지 수행의무를 나타낸다고 판단한다. 거래조건과 대금수취에 관한 자료는 다음과 같다.

<라이선스 X>

• 개별 판매가격: ₩700,000

• 계약상 거래가격: 고객이 라이선스 X를 이용하여 생산한 재화의 3개월 판매금액에 대하여 5%를 수취하며, 계약일 기준 ₩300,000으로 추정된다.

• 이전시점: 20×1년 7월 1일

• 대금수취: 20×1년 9월 30일에 고객의 3개월 판매실적에 근거하여 현금 ₩400,000을 수취하였다.

<라이선스 Y>

• 개별 판매가격: ₩300,000

• 계약상 거래가격: 고정대가 ₩500,000으로 개별 판매가격을 반영하지 못한다.

• 이전시점: 20×1년 9월 30일

• 대금수취: 20×1년 8월 15일에 현금 ₩500,000을 수취하였다.

동 거래에서 ㈜세무가 20×1년에 월별로 인식하는 매출액을 계산하시오.

7월 매출액	8월 매출액	9월 매출액
①	②	③

7월 매출액	8월 매출액	9월 매출액
① 350,000	② 0	③ 550,000

근거

1. 기준서 제1115호 문단 85를 적용할 때, 비록 변동지급이 라이선스 X를 이전하는 수행의무의 산출과 특별히 관련될지라도, 기업은 변동대가를 라이선스 X에 모두 배분하면 거래가격 배분원칙에 부합하지 않는다. 즉, 라이선스 X, Y에 400,000과 500,000을 배분하는 것은 라이선스 X, Y의 개별 판매가격인 700,000과 300,000에 기초한 거래가격의 합리적 배분을 반영하지 못한다. 그러므로 거래가격 400,000과 500,000을 개별 판매가격인 700,000과 300,000에 기초하여 라이선스 X, Y에 배분한다.

2. 거래가격 배분

구분	라이선스 X	라이선스 Y
고정대가 500,000	500,000 × 700,000/1,000,000 = 350,000	500,000 × 300,000/1,000,000 = 150,000
판매기준 로열티 400,000	400,000 × 700,000/1,000,000 = 280,000	400,000 × 300,000/1,000,000 = 120,000

3. 월별 수익인식액

구분		7월 매출액	8월 매출액	9월 매출액
라이선스 X	고정대가	350,000		
	로열티			280,000
라이선스 Y	고정대가			150,000
	로열티			120,000
합계		350,000	0	550,000

4. 변동대가의 추정과 관련된 요구사항에도 불구하고, 지적재산의 라이선스를 제공하는 대가로 약속된 판매기준 로열티나 사용기준 로열티의 수익을 다음 중 **나중의 사건이 일어날 때 인식**한다.

(1) 후속 판매나 사용

(2) 판매기준 또는 사용기준 로열티의 일부나 전부가 배분된 수행의무를 이행함

문제 30 건설계약의 회계처리 및 손실이 예상되는 건설계약 - Level 3

다음에 제시되는 물음은 각각 독립된 상황이다.

12월 말 결산법인인 A회사는 20×1년 1월 1일에 B회사로부터 교량 건설을 수주하였다. 공사계약기간은 20×1년 3월 1일부터 20×3년 12월 31일까지이고, 공사계약금액은 ₩1,800,000이다. 진행기준 적용 시 진행률은 총추정원가 대비 현재까지 발생한 누적원가를 이용한다.

구분	20×1년	20×2년	20×3년
당기발생계약원가	₩260,000	₩892,000	₩288,000
완성 시까지 추가계약원가 예상액	₩1,040,000	₩288,000	-
계약대금청구액	₩400,000	₩900,000	₩500,000
계약대금회수액	₩300,000	₩900,000	₩600,000

물음 1 건설계약과 관련하여 20×1년부터 20×2년까지 매년 포괄손익계산서와 재무상태표에 인식할 아래의 금액들을 구하시오.

구분		20×1년	20×2년
포괄손익계산서	계약손익		
재무상태표	계약자산		
	계약부채		

물음 2 20×2년 12월 31일 건설자재 가격이 급등하여 추가 소요원가가 ₩288,000에서 ₩848,000으로 증가할 것으로 예상된다. 그 외의 조건은 위의 자료와 동일할 때, 아래의 금액들을 구하시오(단, 손실의 경우에는 금액 앞에 (-)로 표시하며, A회사는 손실이 예상되는 경우에도 계약을 계속 이행하는 것으로 가정한다).

구분		20×2년
포괄손익계산서	계약수익	
	계약원가	
재무상태표	계약자산	
	계약부채	

물음 1

구분		20×1년	20×2년
포괄손익계산서	계약손익	100,000	188,000
재무상태표	계약자산	0	140,000
	계약부채	40,000	0

(1) 진행률 산정

구분	20×1년	20×2년
당기누적원가	260,000	1,152,000
추정총계약원가	1,300,000	1,440,000
누적진행률	20%	80%

(2) 20×1년

```
                    B/S
계약자산        0   계약부채      40,000   ① 누적수익: 1,800,000 × 20% = 360,000
수취채권  100,000                          ② 누적수익 360,000 < 누적수취채권 증가 400,000
                                              ⇒ 계약부채 40,000(= 400,000 - 360,000)
                    I/S                    ③ 수취채권: 400,000 - 300,000 = 100,000
계약원가  260,000   계약수익    360,000   ④ 계약손익
계약손익  100,000                             (1,800,000 - 1,300,000) × 20% - 0 = 100,000
```

회계처리

원가투입	차) 미성공사	260,000	대) 현금	260,000
기말결산	차) 계약자산	360,000	대) 계약수익	360,000
	차) 계약원가	260,000	대) 미성공사	260,000
대금청구	차) 수취채권	400,000	대) 계약자산	360,000
			계약부채	40,000
대금회수	차) 현금	300,000	대) 수취채권	300,000

(3) 20×2년

```
                    B/S
계약자산  140,000   계약부채         0   ① 누적수익: 1,800,000 × 80% = 1,440,000
수취채권  100,000                          ② 누적수익 1,440,000 > 누적수취채권 증가 1,300,000
                                              ⇒ 계약자산 140,000(= 1,440,000 - 1,300,000)
                    I/S                    ③ 수취채권: 1,300,000 - 1,200,000 = 100,000
계약원가  892,000   계약수익  1,080,000   ④ 계약손익
계약손익  188,000                             (1,800,000 - 1,440,000) × 80% - 100,000 = 188,000
```

회계처리

원가투입	차) 미성공사	892,000	대) 현금	892,000
기말결산	차) 계약부채 계약자산 차) 계약원가	40,000 1,040,000 892,000	대) 계약수익 대) 미성공사	1,080,000 892,000
대금청구	차) 수취채권	900,000	대) 계약자산	900,000
대금회수	차) 현금	900,000	대) 수취채권	900,000

물음 2

구분		20×2년
포괄손익계산서	계약수익	676,800
	계약원가	976,800
재무상태표	계약자산	0
	계약부채	263,200

(1) 진행률 산정

구분	20×1년	20×2년
당기누적원가	260,000	1,152,000
추정총계약원가	1,300,000	2,000,000
누적진행률	20%	57.6%

(2) 계약손익 계산

	20×1년	20×2년
당기 계약이익	1st A 100,000	3rd B(역산) (-)300,000
20×2년 누적계약손익	2nd 총계약수익 - 20×2년 추정총계약원가 = A + B	
	(1,800,000 - 2,000,000) = (-)200,000	

(3) 재무제표

B/S

계약자산	0	계약부채	263,200
수취채권	100,000		

I/S

계약원가	892,000	계약수익(역산)	676,800
손실부담계약손실	84,800	계약손실	300,000

① 누적수익: 1,800,000 × 57.6% = 1,036,800

② 누적수익 1,036,800 < 누적수취채권 증가 1,300,000
  ⇒ 계약부채 263,200(= 1,300,000 - 1,036,800)

③ 수취채권: 1,300,000 - 1,200,000 = 100,000

④ 계약손익
  (1,800,000 - 2,000,000) × 100% - 100,000 = (-)300,000

⑤ 손실부담계약 관련 손실
  (1,800,000 - 2,000,000) × (1 - 57.6%) = (-)84,800

㈜한영은 20×1년 초에 A회사와 건물을 건설하는 계약을 체결하였다. 총계약수익금액은 ₩1,000,000이며, 공사기간은 20×3년 말까지이다. 관련 자료는 다음과 같다.

(1) 연도별 공사진행률과 각 연도 말에 추정한 총계약원가는 다음과 같다(단, 20×2년 중 발주자의 재정상태 악화로 20×2년 말 현재 공사는 중단된 상태이다).

구분	20×1년	20×2년	20×3년
공사진행률	30%	60%	?
추정총계약원가	₩800,000	₩850,000	?

(2) 연도별 실제발생계약원가와 진행청구액 및 발주자로부터 회수한 금액은 다음과 같다. ㈜한영이 20×2년 말까지 발주자에게 청구한 금액은 ₩600,000이지만 이 중 ₩550,000만 회수되었으며, 나머지는 회수가 불투명한 상태이다.

구분	20×1년	20×2년	20×3년
실제발생계약원가	₩240,000	₩270,000	?
진행청구액	₩380,000	₩220,000	?
회수한 금액	₩300,000	₩250,000	?

물음 1 ㈜한영이 20×1년과 20×2년에 인식할 계약원가와 계약수익, 계약손익을 구하시오.

물음 2 ㈜한영이 20×1년과 20×2년에 해야 할 회계처리를 보이시오.

물음 3 주어진 자료에서 회수액 ₩550,000을 ₩200,000으로 변경하였을 경우 20×2년의 계약손익과 관련한 회계처리를 보이시오.

→| 풀이 |

물음 1

구분	20×1년	20×2년
누적진행률	30%	60%
계약원가	(-)240,000	(-)270,000
계약수익	1,000,000 × 30% = 300,000	Min[550,000, 510,000[1]] - 300,000 = 210,000
계약손익	60,000	(-)60,000

1) 240,000 + 270,000 = 510,000

물음 2 (1) 20×1년 회계처리

원가투입	차) 미성공사	240,000	대) 현금	240,000		
기말결산	차) 계약자산	300,000	대) 계약수익	300,000		
	차) 계약원가	240,000	대) 미성공사	240,000		
대금청구	차) 수취채권	380,000	대) 계약자산	300,000		
			계약부채	80,000		
대금회수	차) 현금	300,000	대) 수취채권	300,000		

(2) 20×2년 회계처리

원가투입	차) 미성공사	270,000	대) 현금	270,000		
기말결산	차) 계약부채	80,000	대) 계약수익	210,000		
	계약자산	130,000				
	차) 계약원가	270,000	대) 미성공사	270,000		
대금청구	차) 수취채권	220,000	대) 계약자산	130,000		
			계약부채	90,000		
대금회수	차) 현금	250,000	대) 수취채권	250,000		

물음 3

구분	20×1년	20×2년
누적진행률	30%	60%
계약원가	(-)240,000	(-)270,000
계약수익	1,000,000 × 30% = 300,000	Min[200,000, 510,000] - 300,000 = (-)100,000
계약손익	60,000	(-)370,000

20×2년 회계처리 - 계약손익 관련

원가투입	차) 미성공사	270,000	대) 현금	270,000	
기말결산	차) 손상차손	100,000	대) 손실충당금	100,000	
	차) 계약자산	0	대) 계약수익	0	
	차) 공사원가	270,000	대) 미성공사	270,000	

☑ 이미 계약수익으로 인식한 금액에 대해서는 추후 회수가능성이 불확실해지는 경우 이미 인식한 수익금액을 조정하지 않는다. 이 경우 회수 불가능한 금액이나 더 이상 회수가능성이 높다고 볼 수 없는 금액을 별도의 비용(손상차손)으로 인식한다.

건설계약(선급공사비, 미사용재료원가, 진행률을 합리적으로 추정할 수 없는 경우) - Level 3

보고기간 말이 12월 31일인 C건설은 20×1년 중에 B사의 공장 건설공사를 ₩1,600,000에 수주하였다. 공사기간은 20×1년 5월 1일부터 20×4년 10월 10일까지로 예정되어 있다.

(1) 20×1년에 발생한 계약원가는 ₩240,000이며, 20×1년 말 현재 추정추가계약원가는 ₩960,000이다. 20×1년 말 현재 C건설이 발주자에게 계약서에 따라 청구한 금액은 ₩400,000이며, 이 중 ₩260,000을 수령하였다.

(2) 20×2년에 발생한 계약원가는 ₩360,000이다. 이 중 ₩40,000은 마감재이며, ₩20,000은 페인트이다. 마감재와 페인트는 20×3년에 사용하기 위해 준비된 것이다. 마감재는 동 계약을 위해 별도로 제작된 것이 아니고, 페인트는 동 계약을 위해 별도로 제작된 특수페인트이다. 20×2년 말 현재 추정추가계약원가는 ₩800,000(마감재와 페인트 제외)이다. 20×2년 말 현재 C건설이 발주자에게 청구한 누적금액은 ₩760,000이며, 이 중 당기에 ₩40,000을 수령하였다.

(3) 20×3년에 발생한 계약원가는 ₩300,000(20×2년에 구입한 마감재와 페인트 제외)이다. 20×2년에 구입한 마감재와 페인트는 예정대로 20×3년에 사용되었다. 20×3년 말 현재 추정추가계약원가는 ₩600,000이다. 20×3년 말 현재 C건설이 발주자에게 청구한 누적금액은 ₩900,000이며, 이 중 누적으로 ₩440,000을 수령하였다.

(4) 20×4년에 발생한 계약원가는 ₩620,000이다. 공사가 예정보다 늦게 완공되어 C건설이 위약금 ₩10,000을 부담하기로 하였다. 공사계약금액 중 위약금을 차감한 미회수된 잔액은 20×4년 공사완공시점에 수령하였다.

물음 1 각 회계기간에 C건설이 인식할 계약손익을 구하시오.

구분	20×1년	20×2년	20×3년	20×4년
계약이익(손실)	①	②	③	④

물음 2 회계기간 종료일에 C건설이 인식할 계약자산(계약부채)을 구하시오.

구분	20×1년	20×2년	20×3년
계약자산(계약부채)	①	②	③

물음 3 위 물음과 독립적으로 발주자의 재무적 어려움으로 인해 20×3년 말 현재 미회수된 계약금액 중 ₩100,000만 회수가능하다고 가정한다. C건설이 인식할 20×3년의 계약수익과 손상차손, 계약원가를 구하시오.

---| 풀이 |---

물음 1

구분	20×1년	20×2년	20×3년	20×4년
계약이익(손실)	① 80,000	② 0	③ (-)20,000	④ 10,000

(1) 진행률

    1) 20×1년: 240,000/(240,000 + 960,000) = 20%

    2) 20×2년: (240,000 + 360,000 - 40,000)/(240,000 + 360,000 - 40,000 + 800,000 + 40,000) = 40%

    3) 20×3년: (240,000 + 320,000 + 300,000 + 40,000)/(900,000 + 600,000) = 60%

    ☑ 현장에 인도되었거나 계약상 사용을 위해 준비되었지만 아직 계약공사를 위해 설치, 사용 또는 적용이 되지 않은 재료의 원가와 같은 계약상 미래 활동과 관련된 계약원가는 누적발생원가에서 제외되지만, 재료가 계약을 위해 별도로 제작된 경우에는 누적발생원가에 포함한다.

(2) 계약손익

    1) 20×1년: (1,600,000 - 1,200,000) × 20% = 80,000

    2) 20×2년: (1,600,000 - 1,400,000) × 40% - 80,000 = 0

    3) 20×3년: (1,600,000 - 1,500,000) × 60% - 80,000 = (-)20,000

    4) 20×4년: (1,590,000[1] - 1,520,000) × 100% - 60,000 = 10,000

        1) 위약금 10,000 차감

물음 2

구분	20×1년	20×2년	20×3년
계약자산(계약부채)	① (-)80,000	② (-)120,000	③ 60,000

(1) 누적수익

    1) 20×1년: 1,600,000 × 20% = 320,000

    2) 20×2년: 1,600,000 × 40% = 640,000

    3) 20×3년: 1,600,000 × 60% = 960,000

(2) 누적수취채권 증가액

    1) 20×1년: 400,000

    2) 20×2년: 760,000

    3) 20×3년: 900,000

(3) 계약자산(계약부채)

    1) 20×1년: 320,000 - 400,000 = (-)80,000(계약부채)

    2) 20×2년: 640,000 - 760,000 = (-)120,000(계약부채)

    3) 20×3년: 960,000 - 900,000 = 60,000(계약자산)

물음 3 (1) 20×3년 계약수익: 0

(2) 20×3년 손상차손: 100,000

(3) 20×3년 계약원가: 340,000

근거

(1) 20×3년 계약수익: Min[900,000, (440,000 + 100,000)] - 1,600,000 × 40% = 0

☑ 누적발생원가와 회수가능액 중 작은 금액이 전기까지 인식한 수익금액보다 작은 경우에 수익금액은 '0'으로 하고 차액은 별도의 손상차손으로 처리한다.

(2) 20×3년 손상차손: 540,000 - 640,000 = (-)100,000

(3) 20×3년 계약원가: 300,000(당기발생액) + 40,000(마감재) = 340,000

회계처리

원가투입	차)	미성공사	340,000	대)	현금	300,000
					선급공사비	40,000
기말결산	차)	계약자산	0	대)	계약수익	0
	차)	손상차손	100,000	대)	손실충당금	100,000
	차)	계약원가	340,000	대)	미성공사	340,000

문제 33 건설계약(미사용재료, 선급공사원가, 회수가능성이 높지 않은 경우, 손실이 예상되는 경우) - Level 4

다음은 A건설의 건설계약과 관련된 자료이다. 각각의 건설계약은 상호 독립적이며 발주자가 건설시작 이전에 주요 설계구조를 지정할 수 있으며, 건설 진행 중에도 주요 구조변경을 지정할 수 있는 등 건설계약의 정의를 충족한다.

유예

<계약 1>

A건설은 20×1년 1월 1일 서울시와 공원을 건설하는 도급계약(**총도급금액 ₩18,000,000, 추정총계약원가 ₩14,000,000, 건설 소요기간 3년**)을 체결하였다. 동 도급계약과 관련하여 20×1년 말에 A건설이 추정한 총계약 원가는 ₩15,000,000으로 증가하였으며, 20×2년 말에 계약원가를 검토한 결과 추가로 ₩1,000,000만큼 증가 할 것으로 추정되었다. A건설은 동 도급계약의 결과를 신뢰성 있게 추정할 수 있으므로 진행기준으로 수익을 인식하고 있으며, 진행률은 누적발생계약원가를 추정총계약원가로 나눈 비율로 적용하고 있다.

구분	20×1년	20×2년	20×3년
당기원가발생액	₩3,000,000	₩8,500,000[1]	₩4,500,000
당기대금청구액	₩4,000,000	₩10,000,000	₩4,000,000
당기대금회수액	₩3,400,000	₩8,800,000	₩5,800,000

1) 20×2년 말에 발생한 원가 ₩8,500,000에는 계약상 20×3년도 공사에 사용하기 위해 준비되었지만 아직 사용되지 않은 ₩400,000의 재료원가와 하도급계약에 따라 수행될 공사에 대해 하도급자에게 선급한 금액 ₩300,000이 포함되어 있다 (단, 재료는 동 계약을 위해 별도로 제작된 것이다).

물음 1 A건설의 20×2년 재무제표에 보고될 다음의 금액을 계산하시오(단, 공사손실의 경우에는 금액 앞에 (-)를 표시할 것).

포괄손익계산서	계약수익	①
	계약손익	②
재무상태표	계약자산	③
	계약부채	④

<계약 2>

A건설은 20×1년 초 서남시와 시청건물을 건설하는 계약을 체결하였다. 계약 체결시점에 A건설은 동 도급계약의 결과를 신뢰성 있게 추정할 수 있으므로 진행기준으로 수익을 인식하기로 하였으며, 진행률은 누적계약발생원가를 추정총계약원가로 나눈 비율을 적용하기로 하였다. 총공사계약금액은 ₩20,000,000이며, 공사기간은 20×3년 말까지이다. 각 연도별 공사진행률과 각 연도 말에 추정한 총계약원가 등은 다음과 같다. 20×2년 중 서남시의 재정상태 악화로 20×2년 말 현재 공사는 중단된 상태이고, 20×2년 말까지 서남시청에 청구한 금액은 ₩12,000,000이지만 이 중 ₩8,000,000만 회수되었으며, 나머지는 회수가 불투명한 상태이다.

구분	20×1년	20×2년	20×3년
추정총계약원가	₩16,000,000	₩17,000,000	?
실제발생계약원가	₩4,800,000	₩5,400,000	
공사대금청구액	₩5,600,000	₩6,400,000	
공사대금회수액	₩5,000,000	₩3,000,000	

물음 2 A건설의 20×2년 포괄손익계산서에 보고될 다음의 금액을 계산하시오(단, 공사손실의 경우에는 금액 앞에 (-)를 표시할 것).

	계약수익	①
포괄손익계산서	계약원가	②
	계약손익	③

물음 3 20×3년 초 서남시의 자구책 마련으로 공사계약금액 회수에 대한 불확실성이 해소되었다. 하지만 20×2년의 공사 중단으로 인해 공사는 20×4년에 가서야 완성되었고, A건설의 요구로 인해 20×3년 말 총공사계약금액이 ₩25,000,000으로 재조정되었다. 20×3년에 발생한 공사원가는 ₩15,000,000이며, 20×4년의 공사원가는 ₩2,800,000이 발생할 것으로 추정되었으나 20×4년에 실제 발생한 공사원가는 ₩3,000,000이었다. 20×3년 초 서남시의 자구책 마련 이후 공사대금청구액 및 회수액은 다음과 같다.

구분	20×3년	20×4년
공사대금청구액	₩9,500,000	₩3,500,000
공사대금회수액	₩13,000,000	₩4,000,000

A건설의 20×3년 말 재무제표에 보고될 다음의 금액을 계산하시오(단, 공사손실의 경우에는 금액 앞에 (-)를 표시하고 손실부담계약 관련 손실은 계약원가에 포함시킨다).

	계약수익	①
포괄손익계산서	계약원가	②
	계약손익	③
재무상태표	계약자산	④
	계약부채	⑤

—| 풀이 |—

물음 1

포괄손익계산서	계약수익	① 9,000,000
	계약손익	② 800,000
재무상태표	계약자산	③ 0
	계약부채	④ 1,400,000

(1) 진행률 산정

구분	20×1년	20×2년
누적발생계약원가(A)	3,000,000	11,200,000[1]
추정총계약원가(B)	15,000,000	16,000,000
누적진행률(A/B)	20%	70%

1) 3,000,000 + 8,500,000 - 300,000 = 11,200,000(재료는 동 계약을 위해 별도로 제작된 것으로 발생원가에 포함한다)

(2) 20×2년 계약수익: $18,000,000 \times 70\% - 18,000,000 \times 20\% = 9,000,000$

(3) 20×2년 계약손익: $(18,000,000 - 16,000,000) \times 70\% - (18,000,000 - 15,000,000) \times 20\% = 800,000$

(4) 20×2년 계약자산(부채): $18,000,000 \times 70\% - 14,000,000 = (-)1,400,000$

물음 2

포괄손익계산서	계약수익	① 2,000,000
	계약원가	② 5,400,000
	계약손익	③ (-)3,400,000

(1) 진행률 산정

구분	20×1년	20×2년
누적발생계약원가(A)	4,800,000	
추정총계약원가(B)	16,000,000	고려하지 않는다.
누적진행률(A/B)	30%	

(2) 공사손익

구분	20×1년	20×2년
당기계약수익	20,000,000 × 30% = 6,000,000	Min[10,200,000, 8,000,000[1]] - 6,000,000 = 2,000,000
당기계약원가	4,800,000	5,400,000
당기계약손익	1,200,000	(-)3,400,000

1) 5,000,000 + 3,000,000 = 8,000,000

물음 3

포괄손익계산서	계약수익	① 14,500,000
	계약원가	② 15,300,000
	계약손익	③ (-)800,000
재무상태표	계약자산	④ 1,000,000
	계약부채	⑤ 0

(1) 진행률 산정

구분	20×3년
누적발생계약원가(A)	4,800,000 + 5,400,000 + 15,000,000 = 25,200,000
추정총계약원가(B)	25,200,000 + 2,800,000 = 28,000,000
누적진행률(A/B)	90%

(2) 20×3년 계약수익: 25,000,000 × 90% - 8,000,000 = 14,500,000

(3) 20×3년 계약원가: 15,000,000 + (28,000,000 - 25,000,000) × (1 - 90%) = 15,300,000

(4) 20×3년 계약손익: 14,500,000 - 15,300,000 = (-)800,000

   별해 (25,000,000 - 4,800,000 - 5,400,000 - 15,000,000 - 2,800,000) × 100% - (1,200,000 - 3,400,000) = (-)800,000

(5) 20×3년 말 계약자산(부채): 25,000,000 × 90% - 21,500,000 = 1,000,000(계약자산)

문제 34 건설계약(특수한 계약원가) – Level 4

다음의 각 물음은 독립적이다.

물음 1 ㈜합격은 20×1년 1월 1일 워터파크 공사를 ㈜현주로부터 ₩1,000,000에 수주하였다. 공사기간은 20×1년 1월 1일부터 20×3년 12월 31일까지이며, 공사원가의 인식요건을 만족하는 수주원가로 ₩40,000을 지출하였다. 또한 공사를 위하여 건설장비 1대를 수주하는 즉시 구입하였다. 건설장비의 취득원가는 ₩90,000, 내용연수 4년, 잔존가치는 없으며, 정액법으로 감가상각한다. 건설장비는 워터파크의 슬라이드 제작을 위하여 특별히 제작되었으며, 다른 공사에는 사용할 수 없다(단, 아래의 공사원가 자료에는 수주원가와 건설장비에 대한 감가상각비 효과는 포함되어 있지 않다).

구분	20×1년	20×2년	20×3년
누적발생계약원가	₩170,000	₩450,000	₩800,000
총추정계약원가	₩710,000	₩760,000	₩800,000

물음 1-1 ㈜합격의 연도별 적용할 진행률은 얼마인가?

물음 1-2 ㈜합격의 연도별 계약손익은 얼마인가?

물음 1-3 ㈜합격의 20×1년 회계처리를 보이시오.

물음 2 A사는 문화재청으로부터 석굴암 진입로 포장공사를 ₩100,000에 수주하였다. 회사는 공사 완공 후 하자보수의무가 있으며, 20×1년에는 하자보수예상액으로 총 ₩2,000을 추정하였고, 20×2년과 20×3년에는 총 ₩2,500으로 추정하였다. 하자보수원가를 제외한 공사와 관련된 자료는 다음과 같다(단, 진행률은 발생원가기준으로 결정하며, 하자보수원가는 계약의 진행률에 비례해서 계약원가로 배분한다).

구분	20×1년	20×2년	20×3년
누적발생공사원가	₩32,000	₩54,000	₩92,000
총추정공사원가	₩80,000	₩90,000	₩92,000
수취채권 증가액(대금청구액)	₩30,000	₩40,000	₩30,000
계약대금수령액	₩25,000	₩35,000	₩40,000

물음 2-1 각 회계기간 계약원가에 포함할 하자보수원가를 계산하시오.

물음 2-2 각 회계기간의 계약손익을 계산하시오.

물음 2-3 20×1년 말과 20×2년 말 계약자산 또는 계약부채를 계산하시오.

물음 2-4 20×1년과 20×2년의 회계처리를 보이시오.

물음 1 **물음 1-1**

구분	20×1년	20×2년	20×3년
누적발생계약원가	170,000 + 90,000/3 = 200,000	450,000 + 90,000 × 2/3 = 510,000	800,000 + 90,000 = 890,000
총추정계약원가	710,000 + 90,000 = 800,000	760,000 + 90,000 = 850,000	800,000 + 90,000 = 890,000
누적진행률	25%	60%	100%

물음 1-2 (1) 20×1년 계약손익: 1,000,000 × 25% - (40,000 + 710,000 + 90,000) × 25% = 40,000

(2) 20×2년 계약손익: 1,000,000 × 60% - (40,000 + 760,000 + 90,000) × 60% - 40,000 = 26,000

(3) 20×3년 계약손익: 1,000,000 × 100% - (40,000 + 800,000 + 90,000) × 100% - (40,000 + 26,000) = 4,000

물음 1-3 20×1년 회계처리

공사 전 지출	차) 선급계약원가	40,000	대) 현금	40,000
	차) 기계장치	90,000	대) 현금	90,000
당기 중	차) 미성공사	170,000	대) 현금	170,000
결산일	차) 미성공사(수주비)	10,000	대) 선급계약원가	10,000
	차) 미성공사(상각비)	30,000	대) 감가상각누계액	30,000
	차) 계약자산	250,000	대) 계약수익	250,000
	차) 계약원가	210,000	대) 미성공사	210,000

물음 2 **물음 2-1** (1) 진행률 산정

구분	20×1년	20×2년	20×3년
누적발생공사원가	32,000	54,000	92,000
총추정공사원가	80,000	90,000	92,000
누적진행률	40%	60%	100%

(2) 20×1년 계약원가에 포함할 하자보수원가: 2,000 × 40% = 800

(3) 20×2년 계약원가에 포함할 하자보수원가: 2,500 × 60% - 800 = 700

(4) 20×3년 계약원가에 포함할 하자보수원가: 2,500 × 100% - (800 + 700) = 1,000

물음 2-2 (1) 20×1년 계약손익: (100,000 - 80,000 - 2,000) × 40% = 7,200

(2) 20×2년 계약손익: (100,000 - 90,000 - 2,500) × 60% - 7,200 = (-)2,700

(3) 20×3년 계약손익: (100,000 - 92,000 - 2,500) × 100% - (7,200 - 2,700) = 1,000

물음 2-3 (1) 20×1년 말 계약자산: 40,000 - 30,000 = 10,000

(2) 20×2년 말 계약부채: 60,000 - 70,000 = (-)10,000

물음 2-4 (1) 20×1년 회계처리

원가투입	차)	미성공사	32,000	대)	현금	32,000
	차)	미성공사	800	대)	하자보수충당부채	800
기말결산	차)	계약자산	40,000	대)	계약수익	40,000
	차)	계약원가	32,800	대)	미성공사	32,800
대금청구	차)	수취채권	30,000	대)	계약자산	30,000
대금회수	차)	현금	25,000	대)	수취채권	25,000

(2) 20×2년 회계처리

원가투입	차)	미성공사	22,000	대)	현금	22,000
	차)	미성공사	700	대)	하자보수충당부채	700
기말결산	차)	계약자산	20,000	대)	계약수익	20,000
	차)	계약원가	22,700	대)	미성공사	22,700
대금청구	차)	수취채권	40,000	대)	계약자산	30,000
					계약부채	10,000
대금회수	차)	현금	35,000	대)	수취채권	35,000

㈜대한은 20×1년 5월 1일에 ₩900,000의 약속된 대가로 고객에게 고객 소유의 토지에 상업용 건물을 건설해주고, 그 건물을 20개월 이내에 완성할 경우에는 ₩50,000의 보너스를 받는 계약을 체결하였다. 다음의 <자료>를 이용하여 물음에 답하시오. 유예

[공인회계사 2차 2019년]

<자료>

(1) 고객은 건설기간 동안 건물을 통제하므로 약속된 재화와 용역의 묶음을 기간에 걸쳐 이행하는 **단일 수행의무로 회계처리**한다. 계약 개시시점에 ㈜대한은 다음과 같이 예상하였다.

 • 거래가격: ₩900,000

 • 총계약원가 추정액: ₩700,000

(2) 건물의 완공은 날씨와 규제 승인을 포함하여 ㈜대한의 영향력이 미치지 못하는 요인에 매우 민감하고, ㈜대한은 비슷한 유형의 계약에 대한 경험도 적다. ㈜대한은 발생원가에 기초한 투입측정법이 수행의무의 적절한 진행률이 된다고 판단하였다. 20×1년 말 ㈜대한은 변동대가를 다시 평가하고 변동대가 추정치에 여전히 제약이 있는 것으로 결론지었다.

(3) 20×2년도 1분기에 ㈜대한과 고객은 건물의 평면도를 바꾸는 계약변경에 합의하였다. **계약변경으로 고정대가는 ₩100,000, 총계약원가는 ₩400,000이 증액**되었으며 보너스 획득 허용기간은 최초 계약 개시시점부터 36개월로 16개월 연장되었다. 계약변경일에 ㈜대한은 그동안의 경험과 수행할 나머지 업무를 고려할 때 변동대가 추정치에 제약이 없는 것으로 판단하였다.

(4) ㈜대한이 각 회계연도에 지출한 누적계약원가와 총계약원가 추정액을 정리하면 다음과 같으며 이러한 금액에는 **자본화차입원가가 포함되어 있지 않다**. 건물은 20×4년 4월 30일에 완공되었다.

구분	20×1년	20×2년	20×3년
누적계약원가	₩420,000	₩715,000	₩1,035,000
총계약원가 추정액	₩700,000	₩1,100,000	₩1,150,000

(5) 각 회계연도 계약원가에 포함될 차입원가는 다음과 같이 계산되었다.

구분	20×1년	20×2년	20×3년
자본화차입원가	₩1,000	₩3,000	₩1,000

(6) 20×3년까지 ㈜대한의 건설 계약대금청구액과 계약대금회수액은 다음과 같다.

구분	20×1년	20×2년	20×3년
계약대금청구액	₩400,000	₩300,000	₩200,000
계약대금회수액	₩400,000	₩200,000	₩100,000

물음 1 20×2년도 1분기 계약변경에 대해 ㈜대한이 수행해야 할 회계처리를 설명하고 그 근거를 간략히 서술하시오.

물음 2 ㈜대한의 20×2년과 20×3년의 계약손익금액을 계산하시오(단, 계약손실인 경우에는 (-)를 숫자 앞에 표시 하시오).

구분	20×2년	20×3년
계약손익	①	②

물음 3 ㈜대한의 20×2년과 20×3년 말 계약자산(미청구공사) 또는 계약부채(초과청구공사)를 각각 구하시오(단, ㈜대한은 손실부담계약에 해당되는 경우 예상손실을 미성공사에서 차감하는 방법을 사용한다).

풀이

물음 1 기존 계약이 종료되고 새로운 계약이 시작된 것으로 보아 **전진적으로 회계처리를 수행**한다. 나머지 재화나 용역이 구별되 므로 계약변경일에 부분적으로 이행된 단일의 수행의무 중 일부를 구성하고 있지 않기 때문이다.

물음 2

구분	20×2년	20×3년
계약손익	① (-)173,000	② (-)51,000

(1) 진행률

　　1) 20×1년 진행률: 420,000/700,000 = 60%

　　2) 20×2년 진행률: 715,000/1,100,000 = 65%

　　3) 20×3년 진행률: 1,035,000/1,150,000 = 90%

(2) 계약손익

　　1) 20×1년 계약손익: (900,000 - 700,000) × 60% - 1,000 = 119,000

　　2) 20×2년 계약손익: (1,050,000 - 1,100,000) × 100% - 4,000 - 119,000 = (-)173,000

　　3) 20×3년 계약손익: (1,050,000 - 1,150,000) × 100% - 5,000 - (54,000) = (-)51,000

물음 3 (1) 20×2년 말 계약부채: 1,050,000 × 65% - 700,000(누적청구) - 17,500(손실충당금)[1] = (-)35,000

　　1) (1,050,000 - 1,000,000) × (1 - 65%) = (-)17,500

　　☑ 손실부담계약을 충당부채로 인식하지 않고 미성공사에서 차감하는 충당금설정법을 사용하도록 하고 있으므로 문제의 단서 에 따라 풀이한다.

(2) 20×3년 말 계약자산: 1,050,000 × 90% - 900,000(누적청구) - 10,000(손실충당금)[2] = 35,000

　　2) (1,050,000 - 1,150,000) × (1 - 90%) = (-)10,000

제 2 장

재고자산

해커스 IFRS 정윤돈 재무회계연습

문제 1 재고자산의 매입과 기말재고자산 조정 - Level 4

각 물음은 서로 독립적이다.

물음 1 다음은 12월 말 결산법인인 A사의 20×1년도 재고자산의 매입과 관련된 자료들이다. 이들 자료를 기초로 물음에 답하시오.

> (1) 선적지인도조건으로 매입 중인 상품 ₩3,000이 12월 31일 현재 운송 중에 있다. 12월 31일까지 선적서류가 도착하지 않아 매입에 관한 회계처리를 하지 못하였다.
>
> (2) 도착지인도조건으로 매입 중인 상품 ₩2,000이 12월 31일 현재 운송 중에 있다. 12월 26일 선적서류가 도착하여 매입에 관한 회계처리를 하였다.
>
> (3) 선적지인도조건으로 매입 중인 상품 ₩1,000이 12월 31일 현재 운송 중에 있으나 운송 중 사고로 인하여 소실되었다. 12월 26일 선적서류가 도착하여 매입에 관한 회계처리를 하였다.
>
> (4) 거래처에서 판매를 위탁한 상품 ₩2,500이 12월 31일 현재 창고에 보관되어 있다. 회사에서는 상품을 구입한 것으로 보아 12월 31일 현재 매입으로 회계처리하였다.
>
> (5) 12월 30일, 1개월 후에 재판매하는 조건으로 거래처로부터 상품 ₩3,400을 매입하고 매입채무로 회계처리하였다. 상품은 12월 31일 현재 창고에 보관되어 있으며 대금의 결제는 다음 해 1월 2일에 있었다.

A사의 12월 31일 현재 매입채무와 창고에 있는 모든 재고자산을 실사한 결과 재고자산이 각각 ₩9,000과 ₩12,000이라면 12월 31일 현재 올바른 매입채무와 재고자산은 얼마인가?

물음 2 A회사는 유통업체로 다양한 판매방식을 이용하여 매출을 발생시키고 있다. 20×1년 12월 31일 종료하는 회계연도의 수정 전 시산표상의 매출액은 ₩9,000,000, 기말재고자산은 ₩2,000,000, 매입채무는 ₩5,000,000이다. A회사의 회계담당자는 20×1년의 결산을 수행하면서 아래의 사항을 누락한 것을 발견하고 이를 수정하였다(단, 매입과 매출거래는 모두 외상거래이다).

(1) 20×1년 말 현재 B회사에 도착지인도조건으로 판매한 상품매가 ₩130,000이 운송 중에 있다. A회사는 이 상품에 대하여 창고 출고시점에 매출로 계상하였다. 동 상품의 매출총이익률은 20%이다.

(2) 20×1년 말 현재 외주가공업체인 C회사에 원재료 ₩43,000을 외주가공을 위해 판매하고 매출로 ₩60,000을 계상하였다. A회사는 이를 외주가공 후 전량 재매입하여 판매할 계획이며, 당해 원재료 보관위험의 책임은 모두 A회사가 보유하고 있다.

(3) A회사는 20×1년 10월 신상품을 출시하면서 3개월 내에 반품가능조건으로 상품을 외상판매하였다. 결산일인 12월 31일 현재 반품기간이 경과된 금액은 ₩2,000,000이고 반품기간이 미경과된 금액은 ₩800,000이나, 이를 전액 매출로 인식하였다. 동 제품의 매출원가율은 70%이다. 반품기간이 미경과된 재고자산 중 10%의 반품이 예상되고 반품 시 재고자산의 가치 변동이나 반품비용은 없는 것으로 한다.

(4) 20×1년 12월 10일에 선적지인도조건으로 상품을 선적하였는데 매입에 관한 회계처리는 하지 않았다. 상품의 송장가격은 ₩3,000으로 상품은 운송 중 전량 소실되었으며, A사는 운송회사에 대해서 ₩1,800의 손해배상을 청구해 놓은 상태이다.

(5) 20×1년 12월 30일에 3개월 후 판매자에게 ₩3,500에 재판매할 수 있는 풋옵션을 보유하는 조건으로 상품을 ₩3,000에 매입하고 재고자산과 매입채무를 인식하였다. 풋옵션 행사시점의 예상시장가치는 ₩3,200으로 추정되며, 매입대금은 20×2년 1월 30일에 지급하였다.

(6) 20×1년 말 C회사로부터 검수완료조건부 매입계약으로 원재료 ₩48,000을 공급받아 매입 회계처리를 수행하고 재고자산으로 인식하였다. 하지만 20×2년 초 A회사의 검수부서에서 검수를 수행한 결과 물품에 하자가 있어 C회사로 다시 반품처리하였다.

물음 2-1 결산 시 위의 재고자산과 관련하여 항목별로 수행하여야 할 수정분개를 보이시오.

물음 2-2 위의 재고자산 결산항목을 조정한 후 수정 후 시산표에 기재될 정확한 매출액과 기말재고자산, 매입채무는 얼마인지 다음 양식에 맞게 작성하시오.

구분	매출액	재고자산	매입채무
수정 전 금액	9,000,000	2,000,000	5,000,000
(1)			
(2)			
⋮			
수정 후 금액			

물음 3 20×1년 12월 31일 현재 <자료>의 수정사항을 반영하기 전 ㈜한국의 기말재고 실사금액과 매출액은 각각 ₩2,000,000과 ₩4,000,000이었다.

[공인회계사 2차 2024년]

<자료>

(1) 20×1년 12월 20일에 ㈜서울에 판매한 상품 A의 하자가 발견되어 반품되었고, ㈜한국은 이를 승인하였다. ㈜한국은 반품받은 상품 A의 하자 원인을 조사한 후 20×2년 1월 2일 ㈜한국의 재고창고에 보관 조치함과 동시에 ㈜서울과의 매출거래를 취소하였다. 상품 A의 원가는 ₩1,000,000이며 매출총이익률은 50%이다.

(2) ㈜한국은 20×1년 12월 1일 장부금액 ₩200,000인 상품 B를 ㈜부산에게 ₩400,000에 판매하고 매출로 인식하였다. ㈜부산과의 본 거래는 ㈜한국이 6개월 후 ₩420,000에 재구매하는 약정을 맺었다.

(3) ㈜한국은 20×1년 11월 25일과 12월 5일에 상품 C를 ㈜대구에게 각각 ₩500,000, ₩300,000에 외상판매하고 매출로 인식하였다. ㈜대구와의 거래는 판매일로부터 30일 이내에 반품 가능한 조건부로 이루어졌으며, 매출총이익률은 20%이다(단, 반품 가능성은 신뢰성 있게 측정할 수 없으며, ㈜한국은 반환제품회수권을 재고자산에 포함시킨다).

(4) 원재료 A의 기말재고자산금액에는 매입가격 ₩200,000과 수입통관세금 ₩10,000(향후 본 원재료를 사용한 제품이 완성되는 시점에 환급받을 수 있음), 원재료 A의 후속생산단계에 투입하기 위하여 필요한 창고보관비용 ₩20,000, 하역료 ₩20,000이 포함되어 있으며, 매입처로부터 받은 리베이트 ₩40,000은 기타수익으로 처리하였다.

<자료>를 반영한 ㈜한국의 20×1년 기말재고자산과 매출액의 정확한 금액을 계산하시오.

20×1년 기말재고자산	①
20×1년 매출액	②

물음 1

구분	매입채무	재고자산
수정 전 금액	9,000	12,000
(1)	3,000	3,000
(2)	(-)2,000	-
(3)	-	-
(4)	(-)2,500	(-)2,500
(5)	(-)3,400	(-)3,400
수정 후 금액	4,100	9,100

(1)

구분	회사 금액	수정분개	올바른 금액
매입채무	-	3,000	3,000
재고자산	-	3,000	3,000

회계처리

12월 31일	차) 재고자산	3,000	대) 매입채무	3,000

(2)

구분	회사 금액	수정분개	올바른 금액
매입채무	2,000	(-)2,000	-
재고자산	-	-	-

회계처리

12월 31일	차) 매입채무	2,000	대) 매출원가	2,000

(3)

구분	회사 금액	수정분개	올바른 금액
매입채무	1,000	-	1,000
재고자산[1]	-	-	-

1) 재고는 운송 중에 소실되어 운송손실로 비용처리한다.

회계처리 없음

(4)

구분	회사 금액	수정분개	올바른 금액
매입채무	2,500	(-)2,500	-
재고자산	2,500	(-)2,500	-

회계처리

12월 31일	차) 매입채무	2,500	대) 재고자산	2,500

(5)

구분	회사 금액	수정분개	올바른 금액
매입채무	3,400	(-)3,400	-
재고자산	3,400	(-)3,400	-

회계처리

12월 31일	차) 매입채무	3,400	대) 재고자산	3,400

물음 2 **물음 2-1** (1) 1) 결산사항 분석

구분	회사 계상액	수정사항	GAAP상 계상액
매출액	130,000	(-)130,000	0
재고자산	0	104,000	104,000[1]
매입채무	-	-	-

1) 130,000 × (1 - 20%) = 104,000

2) 수정분개

결산 시	차) 매출	130,000	대) 매출채권	130,000
	차) 재고자산	104,000	대) 매출원가	104,000

(2) 1) 결산사항 분석

구분	회사 계상액	수정사항	GAAP상 계상액
매출액	60,000	(-)60,000	0
재고자산	0	43,000	43,000
매입채무	-	-	-

2) 수정분개

결산 시	차) 매출	60,000	대) 매출채권	60,000
	차) 재고자산	43,000	대) 매출원가	43,000

(3) 1) 결산사항 분석

구분	회사 계상액	수정사항	GAAP상 계상액
매출액	2,800,000	(-)80,000	2,720,000[2]
재고자산	-	-	-
매입채무	-	-	-

2) 2,000,000 + 800,000 × (1 - 10%) = 2,720,000

2) 수정분개

결산 시	차) 매출	80,000	대) 환불부채	80,000
	차) 반환재고회수권	56,000	대) 매출원가	56,000

(4) 1) 결산사항 분석

구분	회사 계상액	수정사항	GAAP상 계상액
매출액	-	-	-
재고자산	-	-	-
매입채무	-	3,000	3,000

2) 수정분개

결산 시	차) 상품	3,000	대) 매입채무	3,000
	차) 운송손실	3,000	대) 상품	3,000

(5) 1) 결산사항 분석: A회사는 행사시점의 예상시장가치에 비추어 풋옵션을 행사할 가능성이 유의적이다. 따라서 해당 거래를 매입으로 처리하지 않고 금융약정으로 본다.

구분	회사 계상액	수정사항	GAAP상 계상액
매출액	-	-	-
재고자산	3,000	(-)3,000	0
매입채무	3,000	(-)3,000	0

2) 수정분개

결산 시	차) 매입채무	3,000	대) 재고자산	3,000

(6) 1) 결산사항 분석: 검수완료조건을 성취하지 못하여, 20×1년 말 현재 매입에 해당되지 않는다.

구분	회사 계상액	수정사항	GAAP상 계상액
매출액	-	-	-
재고자산	48,000	(-)48,000	0
매입채무	48,000	(-)48,000	0

2) 수정분개

결산 시	차) 매입채무	48,000	대) 재고자산	48,000

물음 2-2

구분	매출액	재고자산	매입채무
수정 전 금액	9,000,000	2,000,000	5,000,000
(1)	(-)130,000	104,000	-
(2)	(-)60,000	43,000	-
(3)	(-)80,000	-	-
(4)	-	-	3,000
(5)	-	(-)3,000	(-)3,000
(6)	-	(-)48,000	(-)48,000
수정 후 금액	8,730,000	2,096,000	4,952,000

20×1년 기말재고자산	① 3,390,000
20×1년 매출액	② 1,300,000

근거

1. 거래별 기말 수정분개

(1)	차) 매출[1]	2,000,000	대) 매출채권	2,000,000
	차) 재고자산	1,000,000	대) 매출원가	1,000,000
(2)	차) 매출	400,000	대) 단기차입금	400,000
	차) 재고자산	200,000	대) 매출원가	200,000
	차) 이자비용[2]	3,333	대) 미지급이자	3,333
(3)	차) 매출	300,000	대) 환불부채	300,000
	차) 반환재고회수권[3]	240,000	대) 매출원가	240,000
(4)	차) 관세미수금[4]	10,000	대) 재고자산	10,000
	차) 기타수익[5]	40,000	대) 재고자산	40,000

1) 1,000,000 ÷ (1 - 50%) = 2,000,000
2) (420,000 - 400,000) × 1/6 = 3,333
3) 300,000 × (1 - 20%) = 240,000, 11월 25일 판매분은 반품기간이 종료되어 매출과 매출원가를 인식하며, 문제에서 반환재고회수권을 재고자산에 포함시키므로 재고자산에 가산한다.
4) 과세당국으로부터 추후 환급받을 수 있는 금액은 제외한다.
5) 리베이트는 수익창출과정에서 발생하는 순자산의 증가가 아니라 당초 그 금액만큼 매입원가가 적게 소요된 것으로 매입금액에서 차감한다.

2.

구분	기말재고자산	매출액
수정 전 금액	2,000,000	4,000,000
(1)	1,000,000	(-)2,000,000
(2)	200,000	(-)400,000
(3)	240,000	(-)300,000
(4)	(-)50,000	-
수정 후 금액	3,390,000	1,300,000

문제 2	재고자산의 원가흐름의 가정과 회계변경 및 오류수정 - Level 3

각 물음은 서로 독립적이다.

물음 1 다음은 A사의 20×9년도 상반기의 매입과 매출에 관한 자료이며, 재고자산의 평가방법으로 가중평균법을 적용하고 있다(단, 장부상 재고와 실지재고는 일치하며, 소수점 이하 금액은 반올림한다).

일자	적요	수량	단가
1월 1일	기초재고	50개	₩310
2월 3일	매입	200개	₩330
3월 12일	매출	(-)100개	₩500
4월 7일	매입	90개	₩350
5월 23일	매출	(-)150개	₩600
6월 30일	매입	60개	₩370

물음 1-1 기말단가기록법(총평균법)을 적용한다고 가정할 경우 A사의 (1) 20×9년 6월 30일 현재 재고자산금액과 (2) 20×9년 상반기 매출총이익을 각각 계산하시오.

물음 1-2 계속단가기록법(이동평균법)을 적용한다고 가정할 경우 A사의 (1) 20×9년 6월 30일 현재 재고자산금액과 (2) 20×9년 상반기 매출총이익을 각각 계산하시오.

물음 2 B사는 상품매매업을 주업으로 20×1년 초 설립되었으며, 상품을 선입선출법으로 평가하는 회계처리방침을 세웠다. 다음은 B사의 연도별 상품재고 및 매출총이익에 대한 자료이다.

회계연도	매출총이익	선입선출법하의 기말재고자산	가중평균법하의 기말재고자산
20×1년	₩450,000	₩160,000	₩120,000
20×2년	₩660,000	₩250,000	₩200,000
20×3년	₩810,000	₩140,000	₩180,000
20×4년	₩920,000	₩190,000	₩220,000

B사가 가중평균법으로 상품재고자산을 평가하였다고 가정하고 20×1년부터 20×4년까지의 매출총이익을 계산하시오.

물음 3 다음은 ㈜한국의 상품에 관련된 자료이다.

(1) 모든 매입·매출거래는 현금거래이다.

(2) 상품의 단위당 판매가격은 ₩1,500이고, 20×1년 상품의 매입·매출에 관한 자료는 다음과 같다.

일자	구분	수량(개)	단위원가	금액
1월 1일	기초상품	200	₩1,100	₩220,000
2월 28일	매입	2,400	₩1,230	₩2,952,000
3월 5일	매출	2,100	-	-
3월 6일	매출환입	100	-	-
8월 20일	매입	2,600	₩1,300	₩3,380,000
12월 25일	매출	1,500	-	-
12월 31일	기말상품	1,700	-	-

(3) 상품의 원가흐름에 대한 가정으로 **가중평균법**을 적용하고 있다.

(4) 20×1년 12월 31일 상품에 대한 실사수량은 1,700개이다.

물음 3-1 상품에 대한 회계처리로 **계속기록법**을 적용하는 경우, 20×1년 12월 25일에 필요한 회계처리를 제시하시오.

물음 3-2 상품에 대한 회계처리로 **실지재고조사법**을 적용하는 경우, 20×1년 포괄손익계산서에 보고되는 매출원가를 계산하시오.

물음 4 A사의 20×1년 상품흐름과 관련된 자료는 다음과 같다.

구분	수량	단위당 원가	원가
기초재고(1월 1일)	200개	@1	₩200
매출(5월 1일)	100개		
매입(7월 1일)	300개	@2	₩600
매출(9월 1일)	300개		

* 감모손실과 평가손실은 발생하지 않았다.

A사는 20×1년에 이동평균법을 적용하던 중 발생한 오류로 인하여 매출원가를 ₩525으로 산정하는 오류가 발생하였다. 20×2년에는 기초재고 100개를 ₩200에 매출하였고, 이외의 다른 거래는 없다. 동 오류를 수정하기 전 A회사의 부분재무제표는 아래와 같다.

구분		20×1년	20×2년
부분포괄손익계산서	매출	₩1,000	₩200
	매출원가	₩(-)525	₩(-)275
	당기순이익	₩475	₩(-)75
부분재무상태표	상품	₩275	₩0
	이익잉여금	₩475	₩400

동 오류를 수정하였을 때 아래의 A사 부분재무제표를 구하시오. 【유예】

구분		20×1년	20×2년
부분포괄손익계산서	매출	₩1,000	₩200
	매출원가	①	⑤
	당기순이익	②	⑥
부분재무상태표	상품	③	⑦
	이익잉여금	④	⑧

II. 재고자산의 원가흐름의 가정

→| **풀이** |

물음 1 **물음 1-1** (1) 20×9년 6월 30일 현재 재고자산금액: 150개 × @338 = 50,700

1) 20×9년 6월 30일 현재 재고수량: 50 + 200 - 100 + 90 - 150 + 60 = 150개

2) 평균단가: (50개 × 310 + 200개 × 330 + 90개 × 350 + 60개 × 370) ÷ (50 + 200 + 90 + 60)개 = @338

(2) 20×9년 상반기 매출총이익

1) 매출액: 100개 × 500 + 150개 × 600 = 140,000

2) 매출원가: 135,200 - 50,700 = 84,500

3) 매출총이익: 140,000 - 84,500 = 55,500

물음 1-2 (1) 20×9년 6월 30일 현재 재고자산금액: 150개 × @349 = 52,350

1) 2월 3일 평균단가: (50개 × 310 + 200개 × 330) ÷ (50 + 200)개 = @326

2) 4월 7일 평균단가: (150개 × 326 + 90개 × 350) ÷ (150 + 90)개 = @335

3) 6월 30일 평균단가: (90개 × 335 + 60개 × 370) ÷ (90 + 60)개 = @349

(2) 20×9년 상반기 매출총이익

1) 매출액: 100개 × 500 + 150개 × 600 = 140,000

2) 매출원가: 135,200 - 52,350 = 82,850

3) 매출총이익: 140,000 - 82,850 = 57,150

물음 2

구분	20×1년	20×2년	20×3년	20×4년
변경 전 매출총이익	450,000	660,000	810,000	920,000
20×1년 재고자산 감소	(-)40,000	40,000		
20×2년 재고자산 감소		(-)50,000	50,000	
20×3년 재고자산 증가			40,000	(-)40,000
20×4년 재고자산 증가				30,000
변경 후 매출총이익	410,000	650,000	900,000	910,000

☑ 기말재고자산 변동액 ∝ 1/매출원가 변동액 ∝ 매출총이익 · 당기순이익 · 이익잉여금 변동액

참고

구분	20×1년	20×2년	20×3년	20×4년
당기순이익	(-)40,000	(-)10,000	90,000	(-)10,000
이익잉여금	(-)40,000	(-)50,000	40,000	30,000
매출원가	40,000	10,000	(-)90,000	10,000

회계처리

20×4년 말	차) 재고자산 매출원가	30,000 10,000	대) 이익잉여금	40,000

물음 3 **물음 3-1** 회계처리

	차) 현금[1]	2,250,000	대) 매출	2,250,000
20×1년 12월 25일	차) 매출원가[2]	1,927,500	대) 상품	1,927,500

1) 1,500개 × @1,500 = 2,250,000
2) 1,500개 × @1,285 ≒ 1,927,500

(1) 2월 28일 평균단가: (200개 × 1,100 + 2,400개 × 1,230) ÷ (200 + 2,400)개 = @1,220

(2) 8월 20일 평균단가: (600개 × 1,220 + 2,600개 × 1,300) ÷ (600 + 2,600)개 = @1,285

물음 3-2 (1) 평균단가: (220,000 + 2,952,000 + 3,380,000) ÷ (200 + 2,400 + 2,600)개 = @1,260

(2) 20×1년 포괄손익계산서에 보고될 매출원가: (2,100 - 100 + 1,500)개 × @1,260 = 4,410,000

물음 4

구분		20×1년	20×2년
부분포괄손익계산서	매출	1,000	200
	매출원가	① (-)625	⑤ (-)175
	당기순이익	② 375	⑥ 25
부분재무상태표	상품	③ 175	⑦ 0
	이익잉여금	④ 375	⑧ 400

근거

1. 20×1년의 정확한 기말재고자산과 매출원가
   (1) 평균단가
      1) 5월 1일 평균단가: @1
      2) 9월 1일 평균단가: (@1 × 100개 + @2 × 300개)/400개 = @1.75
   (2) 기말재고자산: @1.75 × 100개 = 175
   (3) 매출원가: @1 × 100개 + @1.75 × 300개 = 625
2. 부분재무제표
   ① (-)625
   ② 475 + (525 - 625) = 375
   ③ 275 + (525 - 625) = 175
   ④ 475 + (525 - 625) = 375
   ⑤ (275) - (525 - 625) = (-)175
   ⑥ (75) - (525 - 625) = 25
   ⑦ 0(전량 판매)
   ⑧ 400(자동조정오류로 동 오류가 20×2년 말 이익잉여금에 미치는 영향은 없음)

문제 3 재고자산 종합(기말재고자산 조정, 원가흐름의 가정, 감모손실과 평가손실) - Level 3

각 물음은 서로 독립적이다.

물음 1 다음은 ㈜사과의 20×1년도 상반기 매입과 매출에 관한 자료이며, 재고자산의 평가방법으로 **가중평균법**을 적용하고 있다(단, 소수점 이하 금액은 반올림한다).

일자	적요	수량	단가
1월 1일	기초재고	50개	₩310
2월 25일	매입	200개	₩330
5월 11일	매출	(-)100개	₩500
7월 10일	매입	90개	₩350
9월 25일	매출	(-)150개	₩600
12월 31일	매입	60개	₩370

㈜사과는 실지재고조사법을 적용하여 기말상품 수량을 확정하고 있다. 12월 31일자 상품 실사 결과 실제수량은 100개였으며, 상품수량 부족분 중 50%는 정상적인 영업과정에서 발생하였다. 또한 기말 현재 동 상품과 관련하여 성능이 개선된 신제품이 출시됨에 따라 상품의 순실현가능가치가 ₩300으로 하락하였다. ㈜사과는 정상감모와 재고자산평가손실은 매출원가에 가산하고 비정상감모는 영업외비용으로 처리하고 있으며, ㈜사과의 재고자산평가충당금의 기초잔액은 ₩5,000이다.

물음 1-1 ㈜사과는 재고 기말실사를 통해 파악된 실지재고액만을 고려하여 매출원가 산정을 위한 수정분개를 하였다. 또한 정확한 매출원가의 도출을 위해 ① 감모손실에 대한 수정분개와 ② 기말 재고자산의 평가를 위한 분개를 추가로 수행한다고 할 때, ①과 ②의 수정분개를 보이시오.

물음 1-2 보고기간 말 ㈜사과의 재무상태표에 동 재고자산의 계정과목과 금액이 어떻게 표시되는가?

물음 2 다음은 한국채택국제회계기준을 적용하고 있는 A사의 재고자산과 관련된 자료이다. A사의 회계기간은 20×1년 1월 1일부터 12월 31일까지이다. 관련 자료를 기초로 하여 각 물음에 답하시오.

---

(1) 상품(기초): ₩500,000, 재고자산평가충당금(기초): ₩0

(2) 당기총매입: ₩4,100,000, 매입에누리와 환출: ₩80,000, 매입할인: ₩20,000

(3) 기말상품의 장부재고액과 실지재고액 및 공정가치는 다음과 같다. 재고자산감모손실 중 30%는 원가성이 있는 것으로 판명되었으며 종목별로 저가법을 적용한다.

상품	장부재고	실지재고	단위원가	판매단가	추정판매비
A	1,000개	900개	₩100	₩150	₩40
B	400개	350개	₩200	₩240	₩60
C	500개	500개	₩250	₩300	₩80

(4) 당기 중 접대비로 사용한 재고자산의 원가는 ₩150,000이다.

(5) A사는 재고자산과 관련하여 평가손실 및 원가성 있는 감모는 매출원가에 포함하고, 원가성 없는 감모는 기타비용으로 처리한다.

물음 2-1 상기 관련 자료를 토대로 20×1년 말 재무상태표에 계상할 재고자산의 장부금액을 구하면 얼마인가? (단, 장부금액은 취득원가에서 재고자산평가충당금을 차감한 후의 금액이다)

물음 2-2 상기 관련 자료를 토대로 20×1년 포괄손익계산서에 계상할 매출원가를 구하시오.

물음 2-3 상기 관련 자료에서 기초상품에 대한 재고자산평가충당금이 ₩15,000만큼 계상되었을 경우 매출원가를 구하고, 재고자산평가충당금 설정과 관련한 회계처리를 제시하시오.

물음 2-4 상기 관련 자료에서 기초상품에 대한 재고자산평가충당금이 ₩30,000만큼 계상되었을 경우 매출원가를 구하고, 재고자산평가충당금 설정과 관련한 회계처리를 제시하시오.

물음 3 재고자산 저가법 평가가 '재무보고를 위한 개념체계'에 기술된 재무제표요소의 인식기준에 부합하는 사유를 서술하시오.

물음 1 **물음 1-1** ① 감모손실에 대한 수정분개

차) 영업외비용(재고자산감모손실)	8,450	대) 매출원가	8,450

② 기말재고자산의 평가를 위한 분개

차) 재고자산평가충당금	1,200	대) 매출원가	1,200

- 12/31 현재 재고수량: 50 + 200 - 100 + 90 - 150 + 60 = 150개
- 12/31 재고 총평균단가: @338

$$총평균단가: \frac{50개 \times 310 + 200개 \times 330 + 90개 \times 350 + 60개 \times 370}{50개 + 200개 + 90개 + 60개} = \frac{135,200}{400개} = @338$$

- 비정상감모손실: (150 - 100)개 × 50% × @338 = 8,450
- 기말재고자산평가충당금: 100개 × (@338 - @300) = 3,800

  ☑ 전기 말 재고자산평가충당금 5,000이 당기 말 재고자산평가충당금 3,800을 초과하므로 차액 1,200만큼 재고자산평가충당금을 감소시키고 매출원가에서 차감한다.

참고

기말실사를 통해 파악된 실지재고액만을 고려한 위 ①, ② 반영 전의 매출원가 산정 분개

차) 매출원가	×××	대) 재고자산(기초)	×××
재고자산(기말)[1]	33,800	매입	×××

1) 평가손실을 차감하기 전 금액을 기록: 100개 × @338 = 33,800

물음 1-2 재고자산의 재무상태표 표시방법

재고자산	33,800
재고자산평가충당금	(-)3,800
	30,000

참고

재고자산			
기초재고	15,500	당기판매	84,500
(-)기초평가충당금	(-)5,000	정상감모	8,450
		평가손실	(-)1,200
		비정상감모	8,450
당기매입	119,700	기말재고	33,800
		(-)기말평가충당금	(-)3,800

결산수정분개

차) 매출원가	101,400	대) 기초재고	15,500
기말재고	33,800	매입	119,700
차) 기타비용	8,450	대) 매출원가	8,450
차) 평가충당금	1,200	대) 매출원가	1,200

물음 2 **물음 2-1** (1) 상품 A: 900개 × Min[100, (150 - 40)] = 90,000

(2) 상품 B: 350개 × Min[200, (240 - 60)] = 63,000

(3) 상품 C: 500개 × Min[250, (300 - 80)] = 110,000

(4) 20×1년 말 재무상태표에 계상할 재고자산의 장부금액: 90,000 + 63,000 + 110,000 = 263,000

물음 2-2 20×1년 포괄손익계산서에 계상할 매출원가: 4,073,000

(1) 20×1년 원가성이 없는 감모: (10,000 + 10,000) × (1 - 30%) = 14,000

1) A: (1,000 - 900)개 × 100 = 10,000

2) B: (400 - 350)개 × 200 = 10,000

3) C: 감모수량 없음

(2) 매출원가

500,000 + (4,100,000 - 80,000 - 20,000) - 263,000 - 14,000 - 150,000 = 4,073,000

(3) T계정을 이용한 풀이

재고자산

기초상품	500,000	매출원가(판매 + 평가손실 + 정상감모)	4,073,000
당기매입	4,000,000	접대비	150,000
		비정상감모손실	14,000
		기말상품(순액)	263,000

물음 2-3 (1) 매출원가

(500,000 - 15,000) + (4,100,000 - 80,000 - 20,000) - 263,000 - 14,000 - 150,000 = 4,058,000

(2) T계정을 이용한 풀이

재고자산

기초상품	500,000 - 15,000	매출원가(판매 + 평가손실 + 정상감모)	4,058,000
당기매입	4,000,000	접대비	150,000
		비정상감모손실	14,000
		기말상품(순액)	263,000

(3) 재고자산평가충당금 회계처리

차) 매출원가	7,000	대) 재고자산평가충당금	7,000

☑ 기말재고자산평가충당금: 7,000 + 15,000 = 22,000
- A: 단위원가가 순실현가능가치보다 작으므로 저가법 적용대상 아님
- B: 350개 × [200 - (240 - 60)] = 7,000
- C: 500개 × [250 - (300 - 80)] = 15,000

☑ 재고자산평가충당금 변동: 22,000 - 15,000 = 7,000

물음 2-4 (1) 매출원가

(500,000 - 30,000) + (4,100,000 - 80,000 - 20,000) - 263,000 - 14,000 - 150,000 = 4,043,000

(2) T계정을 이용한 풀이

재고자산

기초상품	500,000 - 30,000	매출원가(판매 + 평가손실 + 정상감모)	4,043,000
당기매입	4,000,000	접대비	150,000
		비정상감모손실	14,000
		기말상품(순액)	263,000

(3) 재고자산평가충당금 회계처리

차) 재고자산평가충당금	8,000	대) 매출원가	8,000

☑ 재고자산평가충당금 변동: 22,000 - 30,000 = (-)8,000

참고

1. 계속기록법하의 결산회계처리

매출원가	- 회계처리 없음 -			
감모손실	차) 매출원가 　　기타비용	6,000 14,000	대) 재고자산	20,000
접대비	회사가 접대비 회계처리 누락 시 회계처리해야 함			
평가손실	차) 평가충당금	8,000	대) 매출원가	8,000

2. 실지재고조사법하의 결산회계처리

매출원가	차) 매출원가 　　재고자산(기말)	4,215,000 285,000	대) 재고자산(기초) 　　매입	500,000 4,000,000
감모손실	차) 기타비용	14,000	대) 매출원가	14,000
접대비	차) 접대비	150,000	대) 매출원가	150,000
평가손실	차) 평가충당금	8,000	대) 매출원가	8,000

물음 3 재고자산의 순실현가능가치가 취득원가보다 하락했다는 사실은 재고자산으로 인하여 기업에 유입될 미래경제적효익이 감소하였다는 것을 의미한다. 따라서 **감소한 금액을 신뢰성 있게 측정할 수 있다면 미래경제적효익의 감소를 인식해주는 것**이 재무제표요소의 인식기준에 부합하는 것이다.

참고 감모손실과 평가손실 회계처리(정상감모손실, 평가손실 매출원가에 포함 가정)

1. 계속기록법하의 회계처리

매입	차) 상품	×××	대) 매입채무	×××
판매	차) 매출채권	×××	대) 매출	×××
	차) 매출원가	×××	대) 상품	×××
결산	=> 결산시점 기말재고: ① + ② + ③			
- 매출원가	- 회계처리 없음 -			
- 감모손실	차) 매출채권(정상감모)	① - 1	대) 상품	①
	기타비용(비정상감모)	① - 2		
- 평가손실	차) 매출원가	②	대) 재고자산평가충당금	②

2. 실지재고조사법하의 회계처리

매입	차) 매입	×××	대) 매입채무	×××
판매	차) 매출채권	×××	대) 매출	×××
결산				
- 매출원가	차) 매출원가	대차차액	대) 기초재고	1st
	기말재고	3rd(② + ③)	매입	2nd
- 감모손실	차) 기타비용(비정상감모)	① - 2	대) 매출원가	① - 2
- 평가손실	차) 매출원가	②	대) 재고자산평가충당금	②

문제 4 재고자산의 감모손실과 평가손실 - Level 3

㈜포도는 20×1년에 설립된 회사로 원재료를 제조공정에 투입하여 재공품을 거쳐 제품을 생산판매하고 있다.

<20×1년 말 현재 보유 중인 재고자산>

구분	장부수량	실제수량	단위당		
			원가	현행대체원가	순실현가능가치
제품	400개	370개	₩4,000	₩3,800	₩3,600
재공품	50개	50개	₩1,500	₩1,200	₩1,400
원재료	200개	180개	₩1,000	₩800	₩850

<20×2년 말 현재 보유 중인 재고자산>

구분	장부수량	실제수량	단위당		
			원가	현행대체원가	순실현가능가치
제품	500개	470개	₩5,000	₩4,800	₩5,200
재공품	30개	20개	₩1,400	₩1,200	₩1,100
원재료	100개	70개	₩1,200	₩700	₩900

㈜포도는 20×2년 12월 28일 ㈜앵두에 제품 200개를 개당 ₩4,500에 판매하는 확정판매계약을 체결하였다. 동 계약은 20×3년 중에 인도할 예정이며, 판매 시 거래원가는 ₩200이다.

[물음 1] ㈜포도가 20×1년도에 인식할 재고자산감모손실과 재고자산평가손실(또는 평가손실환입)을 계산하시오(단, 평가손실환입의 경우에는 환입이라고 표시할 것).

[물음 2] ㈜포도가 20×2년도에 인식할 재고자산감모손실과 재고자산평가손실(또는 평가손실환입)을 계산하시오(단, 평가손실환입의 경우에는 환입이라고 표시할 것).

물음 3 위 물음과 독립적으로 ㈜대한은 재고자산에 대해 저가법을 적용하고 있으며, 기말재고자산에 대한 <자료>는 다음과 같다.

[공인회계사 2차 2022년]

<자료>

(1) 상품과 원재료에 대한 단위당 취득원가는 다음과 같다.

구분	상품	원재료
취득원가	₩600/개	₩20/g

(2) 기말 현재 보유 중인 상품의 수량은 3,000개이며, 이 중 2,000개는 확정판매계약을 이행하기 위해 보유 중이다. 상품의 판매가격은 다음과 같다.

구분	일반판매	확정판매계약
판매가격	₩550/개	₩500/개

(3) 상품 판매 시 확정판매계약 여부와 상관없이 개당 ₩10에 해당하는 판매비용이 발생할 것으로 예상된다.

(4) 기말 현재 보유 중인 원재료는 400g이며, 제품을 생산하기 위해 사용된다. 제품의 원가는 순실현가능가치를 초과할 것으로 예상되며, 기말 현재 원재료의 현행대체원가는 ₩16/g이다.

<자료>를 이용하여 ㈜대한이 상품과 원재료에 대해 인식할 재고자산평가손실금액을 각각 계산하시오.

항목	상품	원재료
재고자산평가손실	①	②

물음 4 다음은 ㈜하늘의 당기 상품재고(단일품목)와 관련된 자료이다. ㈜하늘은 상품에 대하여 선입선출법을 적용하여 단위원가를 결정한다.

기초상품재고		당기상품매입				판매량	순실현가능가치
수량	단가	1차 매입		2차 매입			
100개	₩3,000	100개	₩3,500	50개	₩4,000	180개	₩3,800

기말재고수량 중 40개가 확정판매계약을 이행하기 위하여 보유하고 있으며, 확정판매계약의 단위당 계약가격은 ₩4,200이다. 당기에 ㈜하늘이 인식할 재고자산평가손실을 구하시오.

물음 5 한국채택국제회계기준서 제1002호 '재고자산'은 재고자산 시가가 원가 이하로 하락하여 저가법을 적용할 수 있는 사유를 제시하고 있다. 해당 사유 중 두 가지를 제시하시오.

물음 6 재고자산을 취득원가 이하의 순실현가능가치로 감액하여 저가평가하는 회계처리의 근거 및 문제점을 간단히 기술하시오.

물음 7 원재료의 재고자산평가손실을 계산할 때 고려해야 할 기업회계기준 내용을 서술하시오.

―| **풀이** |―――

물음 1 (1) 20×1년도 재고자산감모손실: 140,000

    1) 제품: (400 - 370)개 × @4,000 = 120,000

    2) 재공품: 해당사항 없음

    3) 원재료: (200 - 180)개 × @1,000 = 20,000

(2) 20×1년도 재고자산평가손실: 189,000

    1) 제품: 370개 × (4,000 - 3,600) = 148,000

    2) 재공품: 50개 × (1,500 - 1,400) = 5,000

    3) 원재료: 180개 × (1,000 - 800) = 36,000(관련 제품 저가법 적용으로 원재료도 저가법 적용)

물음 2 (1) 20×2년도 재고자산감모손실: 200,000

    1) 제품: (500 - 470)개 × 5,000 = 150,000

    2) 재공품: (30 - 20)개 × 1,400 = 14,000

    3) 원재료: (100 - 70)개 × 1,200 = 36,000

(2) 20×2년도 재고자산평가충당금환입: (-)43,000 환입

    1) 20×2년 재고자산평가충당금

      ① 제품

        - 확정판매계약분: 200개 × [5,000 - (4,500 - 200)] = 140,000

        - 확정판매계약 초과분: 저가법 적용대상 아님

      ② 재공품: 20개 × (1,400 - 1,100) = 6,000

      ③ 원재료: 생산된 제품(확정판매계약 초과분)이 저가법 적용대상이 아니므로 원재료도 저가법 적용대상 아님

    2) 재고자산평가충당금환입: (8,000) + 1,000 + (36,000) = (-)43,000 환입

      ① 제품: 기말평가충당금 140,000 - 기초평가충당금 148,000 = (-)8,000 환입

      ② 재공품: 기말평가충당금 6,000 - 기초평가충당금 5,000 = 1,000

      ③ 원재료: 기말평가충당금 0 - 기초평가충당금 36,000 = (-)36,000 환입

물음 3

항목	상품	원재료
재고자산평가손실	① 280,000	② 1,600

근거

① 상품의 기말재고자산평가충당금: 280,000

  • 확정판매계약분: 2,000개 × [600 - (500 - 10)] = 220,000

  • 확정판매계약 초과분: 1,000개 × [600 - (550 - 10)] = 60,000

② 원재료의 기말재고자산평가충당금: 400g × (20 - 16) = 1,600

☑ 기초에 재고자산평가충당금에 대한 언급이 없으므로 기말재고자산평가충당금이 전액 평가손실이 된다.

물음 4 평가손실: 0

근거

기말상품 원가: 20개 × 3,500 + 50개 × 4,000 = 270,000

기말상품 순실현가능가치: 40개 × 4,200 + 30개 × 3,800 = 282,000

70개 전체의 순실현가능가치가 원가보다 높으므로 평가손실 인식 대상은 없다.

참고 기말상품 70개를 구분하는 방법

기말상품 70개 중 확정판매계약을 체결한 40개부터 먼저 판매되는 것으로 가정

① 확정판매계약 대상

 기말상품 원가: 20개 × 3,500 + 20개 × 4,000 = 150,000

 기말상품 순실현가능가치: 40개 × 4,200 = 168,000

 따라서 평가손실 인식 대상이 아니다.

② 일반판매 대상

 기말상품 원가: 30개 × 4,000 = 120,000

 기말상품 순실현가능가치: 30개 × 3,800 = 114,000

 일반판매 대상에 대해서만 평가손실 6,000 인식

☑ 실무에서 확정판매계약 대상 40개 중 20개가 1차 매입분인지의 여부를 식별하는 것은 어려울 수 있다. 또한 다음 연도에 확정판매계약 대상 상품을 인도하기 전에 일반판매가 먼저 발생할 수도 있다. 따라서 기말상품을 구분하여 저가법을 적용하는 것은 타당하지 않다.

물음 5 (1) 물리적으로 손상된 경우

(2) 완전히 또는 부분적으로 진부화된 경우

(3) 판매가격이 하락한 경우

(4) 완성하거나 판매하는 데 필요한 원가가 상승한 경우

물음 6 (1) 근거: 자산의 장부금액이 판매나 사용으로부터 실현될 것으로 기대되는 금액을 초과해서는 안 되기 때문이다.

(2) 문제점

 1) 보유손실은 인식하지만 보유이익은 인식하지 않으므로 논리의 일관성이 없다.

 2) 어떤 기간에는 원가로, 또 다른 기간에는 공정가치로 평가하게 되어 기간별 비교가능성을 왜곡시킨다.

 3) 이익을 과소 표시하여 주주에게 불리한 정보를 제공한다.

물음 7 완성될 제품이 원가 이상으로 판매될 것으로 예상하는 경우에는 그 생산에 투입하기 위해 보유하는 원재료 및 기타소모품에 대해서는 감액하지 않는다.

각 물음은 서로 독립적이다.

물음 1 각 물음은 서로 독립적이다. 다음은 B사 재고자산에 대한 20×1년 기록이다. B사는 원가흐름에 대한 가정으로 가중평균법을 적용하고 있다(단, 단위당 판매가는 ₩200이고, 매출과 매입거래는 모두 현금거래이다).

일자	매입			매출
	수량	구입단가	금액	수량
기초	100개	₩100	₩10,000	
4월				50개
6월	150개	₩130	₩19,500	
7월				100개
10월	150개	₩150	₩22,500	
12월				150개
합계	400개		₩52,000	300개

물음 1-1 B사가 재고자산에 대해 계속기록법을 적용할 경우 12월 판매 시와 12월 말 결산 시 해야 할 회계처리를 보이시오(단, 감모손실과 평가손실은 없다).

물음 1-2 B사가 재고자산에 대해 실지재고조사법을 적용하였고, 아래의 상황이 추가되었다.

> (1) 기초재고자산에 대한 평가충당금은 ₩1,000이다.
>
> (2) 기말 창고상 존재하는 재고자산의 수량은 80개이다.
>
> (3) 동 재고자산의 기말 순실현가능가치는 단위당 ₩100이다.
>
> (4) 회사는 감모손실은 매출원가에 포함하고 평가손실은 매출원가에 포함하지 않는다.

20×1년 말 B사의 부분재무상태표와 20×1년 B사의 부분포괄손익계산서를 아래의 양식에 따라 작성하시오.

재무상태표		
재고자산	①	
재고자산평가충당금	(②)	
포괄손익계산서		
매출원가	③	
재고자산평가손실	④	

물음 2 유통업을 영위하는 ㈜대한의 20×1년도 기초재고자산은 ₩855,000이며, 기초재고자산평가충당금은 ₩0이다. 20×1년도 순매입액은 ₩7,500,000이다. ㈜대한의 20×1년도 기말재고자산 관련 자료는 다음과 같다.

조	항목	장부수량	실제수량	단위당 원가	단위당 순실현가능가치
A	A1	120개	110개	₩800	₩700
	A2	200개	200개	₩1,000	₩950
B	B1	300개	280개	₩900	₩800
	B2	350개	300개	₩1,050	₩1,150

㈜대한은 재고자산감모손실과 재고자산평가손실을 매출원가에 포함한다. ㈜대한이 항목별기준 저가법과 조별기준 저가법을 각각 적용할 경우, ㈜대한의 20×1년도 포괄손익계산서에 표시되는 매출원가는 얼마인가?

[공인회계사 1차 2019년 수정]

물음 1 **물음 1-1** 회계처리

12월 판매 시	차) 현금		30,000	대) 매출		30,000
	차) 매출원가[1]		20,850	대) 상품		20,850
	1) 150개 × @139 = 20,850					
12월 말 결산 시	- 회계처리 없음 -					

(1) 6월의 단위당 원가: (50개 × 100 + 150개 × 130) ÷ 200개 = @122.5

(2) 10월의 단위당 원가: (100개 × 122.5 + 150개 × 150) ÷ 250개 = @139

물음 1-2

재무상태표		
재고자산	① 10,400	
재고자산평가충당금	(②) (2,400)	
포괄손익계산서		
매출원가	③ 41,600	
재고자산평가손실	④ 1,400	

(1) 실지재고조사법 기말재고자산 단위당 원가: 52,000 ÷ 400개 = @130

(2) 20×1년 재고자산감모손실: (100 - 80)개 × @130 = 2,600

(3) 20×1년 말 재고자산취득원가: 80개 × @130 = 10,400

(4) 20×1년 말 재고자산평가충당금: @(130 - 100) × 80개 = 2,400

(5) 20×1년 재고자산평가손실: 2,400 - 1,000 = 1,400

(6) 20×1년 매출원가: 52,000 - 10,400 = 41,600

회계처리

20×1년 말	차) 매출원가		41,600	대) 기초재고		10,000
	기말재고		10,400	매입		42,000
	차) 재고자산평가손실		1,400	대) 재고자산평가충당금		1,400

물음 2 (1) 항목별기준

    1) 기말재고자산: 110개 × Min[800, 700] + 200개 × Min[1,000, 950] + 280개 × Min[900, 800]
        + 300개 × Min[1,050, 1,150] = 806,000

    2) 매출원가: 855,000 + 7,500,000 - 806,000 = 7,549,000

(2) 조별기준

    1) 기말재고자산: Min[110개 × 800 + 200개 × 1,000, 110개 × 700 + 200개 × 950]
        + Min[280개 × 900 + 300개 × 1,050, 280개 × 800 + 300개 × 1,150] = 834,000

    2) 매출원가: 855,000 + 7,500,000 - 834,000 = 7,521,000

문제 6 재고자산 종합(매입, 감모손실과 평가손실, 오류수정) - Level 3

다음은 ㈜대한의 재고자산에 관련된 자료이다.

[세무사 2차 2017년]

(1) 20×1년 1월 1일 재고자산은 ₩200,000이고, 재고자산평가충당금은 ₩15,000이다.

(2) 20×1년 1월 1일 재고자산을 ₩18,000,000에 취득하면서 ₩6,000,000은 즉시 지급하였다. 나머지 대금은 20×1년 12월 31일과 20×2년 12월 31일에 ₩6,000,000씩 총 2회에 걸쳐 분할지급하면서, 기초미지급대금의 연 5% 이자도 함께 지급하기로 하였다. 취득일 현재 재고자산의 현금가격상당액은 총지급액을 유효이자율로 할인한 현재가치와 동일하며, 동 거래에 적용되는 유효이자율은 연 8%이다.

(3) 현재가치 계산 시 아래의 현가계수를 이용하고, 계산은 소수점 첫째 자리에서 반올림하시오.

기간	단일금액 ₩1의 현가계수	
	5%	8%
1	0.95238	0.92593
2	0.90703	0.85734
3	0.86384	0.79383

(4) 20×1년 총매입액은 ₩30,000,000(1월 1일 매입액 포함)이고, 매입에누리와 환출은 ₩1,000,000, 매입할인은 ₩400,000이다.

(5) 20×1년 총매출액은 ₩40,000,000이고, ㈜대한이 부담한 매출운임은 ₩100,000, 매출에누리와 환입은 ₩300,000, 매출할인은 ₩150,000이다.

(6) 20×1년 12월 31일 재고자산의 장부상 수량은 1,100개, 실사수량은 1,050개이다. 재고자산의 단위당 취득원가는 ₩1,300이고, 기말평가를 위한 자료는 다음과 같다.

단위당 현행대체원가	단위당 예상판매가격	단위당 예상 판매비용
₩1,200	₩1,400	₩150

(7) 재고자산감모손실 중 80%는 원가성이 있고 20%는 원가성이 없는 것으로 판명되었다. 원가성이 있는 재고자산감모손실과 재고자산평가손실(환입)은 매출원가에 반영하고, 원가성이 없는 재고자산감모손실은 기타비용으로 처리한다.

물음 1 20×1년 1월 1일의 매입액을 계산하시오.

물음 2 ㈜대한은 재고자산의 기말장부수량에 단위당 취득원가를 적용하여 매출원가 산정을 위한 분개를 하였다. 정확한 매출원가 계산을 위해 ① 재고자산감모손실과 ② 재고자산평가손실(환입)에 대한 분개를 추가로 행하였다. ①과 ②의 분개가 매출원가에 미치는 영향을 각각 계산하시오(단, 매출원가를 감소시키는 경우에는 금액 앞에 (-)를 표시하시오).

물음 3 20×1년 포괄손익계산서에 보고되는 ① 매출액, ② 매출원가, ③ 당기순이익을 각각 계산하시오(단, ③의 당기순이익을 계산할 경우 매출총이익은 ₩3,000,000으로 가정한다).

물음 4 20×1년 초 설립된 ㈜민국은 20×3년도 재무제표의 발행이 승인되기 전 다음과 같은 중요한 오류사항을 발견하였다.

(1) 20×2년 12월 28일 ㈜갑과 선적지인도조건으로 상품을 ₩500,000(원가 ₩450,000)에 판매하는 계약을 체결하였다. 해당 상품은 20×2년 12월 30일에 선적되어 20×3년 1월 5일에 ㈜갑에게 인도되었고, ㈜민국은 20×3년에 매출을 인식하였다.

(2) 20×3년 10월 1일 ㈜민국은 원가 ₩1,000,000인 상품을 ㈜병에게 ₩1,000,000에 인도하면서 매출을 인식하였다. ㈜민국은 동 상품을 6개월 후 ₩1,100,000에 재구매하기로 약정하였다.

(3) 20×3년 11월 10일 ㈜민국은 고객에게 상품을 인도하고 ₩250,000의 매출을 인식하였다. 이 거래는 시용판매에 해당(인도일로부터 2개월간 구입의사표시 가능)하며 매출총이익률은 20%이다. 20×3년 12월 31일까지 고객이 구입의사를 표시하지 않은 금액은 판매가로 ₩100,000이다.

오류수정 전 당기순이익은 20×1년 ₩1,500,000, 20×2년 ₩3,000,000, 20×3년 ₩1,000,000이고, 20×3년 매출원가는 ₩10,000,000이다. 당기순이익 외에 이익잉여금의 변동사항은 없다. 상기 오류를 수정한 후 ㈜민국의 ① 20×3년 매출원가, ② 20×3년 당기순이익, ③ 20×3년 기말이익잉여금을 각각 계산하시오.

물음 1 20×1년 1월 1일 매입액: 17,512,380

매입채무: (6,000,000 + 12,000,000 × 5%) × 0.92593 + (6,000,000 + 6,000,000 × 5%) × 0.85734 = 11,512,380

• 매입 시 회계처리

차) 재고자산	17,512,380	대) 현금	6,000,000
		매입채무	11,512,380

물음 2 ① 재고자산감모손실이 매출원가에 미치는 영향: 52,000 증가

  • 정상감모손실: (1,100 - 1,050)개 × @1,300 × 80% = 52,000

  • 비정상감모손실: (1,100 - 1,050)개 × @1,300 × 20% = 13,000

② 재고자산평가손실(환입)이 매출원가에 미치는 영향: 37,500 증가

  • 20×1년 말 재고자산평가충당금: 1,050개 × @[1,300 - (1,400 - 150)] = 52,500

  • 20×1년 재고자산평가손실(환입): 52,500 - 15,000(기초재고자산평가충당금) = 37,500

③ 계속기록법하의 감모손실과 평가손실 회계처리

차) 매출원가	52,000	대) 재고자산	65,000
기타비용	13,000		
차) 매출원가	37,500	대) 재고자산평가충당금	37,500

재고자산

기초재고	200,000	당기판매	27,370,000
(-)기초평가충당금	(-)15,000	정상감모	52,000
		평가손실	37,500
		비정상감모	13,000
		기말재고	1,365,000
당기매입	28,600,000	(-)기말평가충당금	(-)52,500

물음 3 ① 매출액: 40,000,000 - 300,000(에누리) - 150,000(매출할인) = 39,550,000

  ☑ 매출운임은 별도의 판매관리비로 처리한다.

② 매출원가: ㉠ + ㉡ - ㉢ - ㉣ = (-)27,459,500

  ㉠ 기초재고자산(순액): 200,000 - 15,000 = 185,000

  ㉡ 매입: 30,000,000 - 1,000,000 - 400,000 = 28,600,000

  ㉢ 기말재고자산(순액): 1,050개 × @(1,400 - 150) = 1,312,500

  ㉣ 비정상감모손실: 13,000

③ 당기순이익: ㉠ - ㉡ - ㉢ - ㉣ = 1,966,010

  ㉠ 매출총이익: 3,000,000

  ㉡ 기타비용(비정상감모손실): 13,000

  ㉢ 매입채무 관련 이자비용: 11,512,380 × 8% = 920,990

  ㉣ 매출운임: 100,000

물음 4 ① 20×3년 매출원가: 10,000,000 - 1,000,000 - 100,000 × (1 - 20%) = 8,920,000

② 20×3년 당기순이익: 1,000,000 - 570,000 = 430,000

③ 20×3년 기말이익잉여금: (1,500,000 + 3,000,000 + 1,000,000) + (500,000 - 570,000) = 5,430,000

④ 오류수정 정산표

구분	20×1년	20×2년	20×3년
20×2년 12월 28일 판매		500,000	(-)500,000
20×3년 10월 1일 판매			(-)50,000
20×3년 11월 10일 판매			(-)20,000
수정 후 당기손익에 미치는 영향	–	500,000	(-)570,000

판매 - 오류수정분개

20×2년 12월 28일	차) 매출 500,000　　대) 이익잉여금 500,000 ☑ 회사가 20×2년 12월 28일에 해당 재고자산을 선적하였기 때문에 기말재고자산에 포함되지 않고 20×2년 매출원가에 계상되어 있으므로 매출원가는 별도의 오류수정이 필요하지 않다
20×3년 10월 1일	차) 매출 1,000,000　　대) 차입금 1,000,000 차) 재고자산 1,000,000　　대) 매출원가 1,000,000 차) 이자비용[1] 50,000　　대) 미지급이자 50,000 1) (1,100,000 - 1,000,000) × 3/6개월 = 50,000
20×3년 11월 10일	차) 매출 100,000　　대) 매출채권 100,000 차) 재고자산[2] 80,000　　대) 매출원가 80,000 2) 100,000 × (1 - 20%) = 80,000

문제 7 재고자산의 취득원가, 외화환산, 감모손실과 평가손실 - Level 4

다음은 ㈜세무의 20×1년 상품(동일품목)의 매입 · 매출에 관한 자료이며, ㈜세무는 한국채택국제회계기준에 따라 적절하게 회계처리를 하였다고 가정한다.

[세무사 2차 2022년]

(1) 20×1년 1월 1일 상품수량은 1,000개이고, 상품평가충당금은 ₩15,000이다.

(2) 20×1년 1월 2일 ㈜한국으로부터 상품 2,500개를 취득하면서 ₩500,000은 즉시 지급하고, 나머지 대금 ₩2,000,000은 20×2년 말에 지급하기로 하였으며, ㈜세무 공장까지의 운반비 ₩80,000은 ㈜한국이 부담하였다. 취득일 현재 상품의 현금가격상당액은 총지급액을 유효이자율로 할인한 현재가치와 동일하며, 동 거래에 적용되는 유효이자율은 연 9%이다(단, 9%의 1기간과 2기간 기간 말 단일금액 ₩1의 현가계수는 각각 0.9174와 0.8417이다. 금액계산은 소수점 첫째 자리에서 반올림한다).

(3) 20×1년 8월 20일 상품 2,600개를 수입하였는데, 상품대금 중 US$700은 20×1년 6월 30일 선지급하였고, US$1,200은 20×1년 8월 20일 입고시점에 지급하였으며, US$800은 20×2년 1월 15일 지급하였다. 환율정보는 다음과 같다.

20×1년 6월 30일	20×1년 8월 20일	20×1년 12월 31일	20×2년 1월 15일
₩1,150/US$	₩1,350/US$	₩1,400/US$	₩1,480/US$

(4) 20×1년 10월 8일 상품 4,100개를 판매하였다.

(5) 20×1년 12월 25일 상품 1,500개의 구입대금 ₩1,725,000을 지급하였다. 동 상품은 도착지인도조건으로 계약하였고 20×1년 말 현재 운송 중이다.

(6) 20×1년 12월 28일 도착지인도조건으로 판매하는 계약을 체결하고 출고한 상품 300개는 20×1년 말 현재 운송 중이다.

< 추가 자료 >

(1) 상품의 감모손실 중 75%는 원가성이 있고, 25%는 원가성이 없는 것으로 가정한다. 원가성이 있는 감모손실과 평가손실(환입)은 매출원가에 반영하고, 원가성이 없는 감모손실은 기타비용으로 처리한다.

(2) 20×1년 말 현재 ㈜세무는 동일한 상품을 개당 ₩1,250에 구입할 수 있으며, ㈜세무가 판매할 경우 개당 예상 판매가격은 ₩1,300이며, 개당 예상 판매비용은 ₩40이다.

물음 1 20×1년 1월 2일 매입한 상품의 취득원가는 얼마인가?

물음 2 20×1년 8월 20일 매입한 상품의 취득원가는 얼마인가?

물음 3 상품 감모손실이 없다고 가정할 때, 20×1년 말 상품재고수량은 몇 개인가?

물음 4 20×1년 원가성 있는 감모수량이 150개라면, 20×1년 말 현재 ㈜세무의 창고에 보관 중인 실제 상품재고수량은 몇 개인가?

물음 5 20×1년 매출원가에 반영될 상품평가손실(환입)은 얼마인가? 매출원가를 증가시키면 '증가', 감소시키면 '감소'라고 표시하시오(단, 원가성 있는 감모수량은 150개이며, 평가충당금을 고려하기 전 상품단가는 ₩1,280으로 가정한다).

┤ 풀이 ├

물음 1 20×1년 1월 2일 매입한 상품의 취득원가: 2,183,400

회계처리

20×1년 1월 2일	차) 매입(상품)	2,183,400	대) 현금	500,000
			매입채무[1]	1,683,400
	1) 2,000,000 × 0.8417 = 1,683,400			

☑ ㈜한국이 부담한 운반비는 ㈜한국의 매출운임으로 ㈜세무는 고려사항이 없다.

물음 2 20×1년 8월 20일 매입한 상품의 취득원가: 3,505,000

회계처리

20×1년 6월 30일	차) 선급금	805,000	대) 현금[1]	805,000
	1) $700 × 1,150 = 805,000			
20×1년 8월 20일	차) 매입(상품)	3,505,000	대) 선급금	805,000
			현금[2]	1,620,000
			매입채무[3]	1,080,000
	2) $1,200 × 1,350 = 1,620,000			
	3) $800 × 1,350 = 1,080,000			

물음 3 20×1년 말 상품재고수량: 2,000개

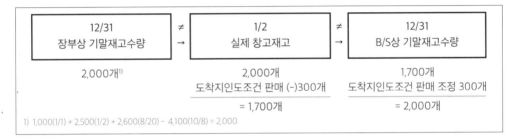

1) 1,000(1/1) + 2,500(1/2) + 2,600(8/20) - 4,100(10/8) = 2,000

물음 4 20×1년 말 창고에 보관 중인 실제 상품재고수량: 1,500개

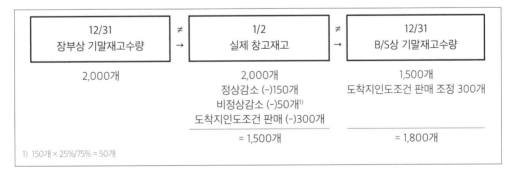

1) 150개 × 25%/75% = 50개

물음 5 20×1년 매출원가에 반영될 상품평가손실: 21,000 증가

(1) 기말재고자산평가충당금: 1,800개 × [1,280 - (1,300 - 40)] = 36,000

(2) 20×1년 평가손실: 36,000 - 15,000(기초재고자산평가충당금) = 21,000

다음은 ㈜도도의 20×1년 12월 31일의 약식잔액시산표와 기말수정사항의 일부이다. ㈜도도의 회계기간은 매년 1월 1일부터 12월 31일까지이다.

<잔액시산표>

기초상품	₩300,000	매출할인	₩50,000
총매입액	₩3,000,000	총매출액	₩4,500,000
매입에누리와 환출	₩40,000	기초재고자산평가충당금	₩29,000

<기말수정사항>

(1) 기말 현재 창고에 보관 중인 재고자산에 관한 자료는 다음과 같다. 회사는 실지재고조사법으로 상품재고장을 기록하고 있으며, 재고자산감모손실 중 30%는 원가성이 있는 것으로 판명되었다.

상품	장부재고	실지재고	단위당 원가	판매단가	추정판매비
A	600개	540개	₩200	₩250	₩40
B	500개	450개	₩300	₩340	₩60
C	1,000개	1,000개	₩100	₩120	₩30

회사는 당기 중에 접대목적으로 원가 ₩70,000인 상품을 거래처에 배포하였다. 회사는 상품을 거래처에 배포할 때 재고자산수불부에만 기록했을 뿐 회계처리는 하지 않았다.

(2) 도착지인도조건으로 20×1년 12월 29일에 상품 A 100개를 개당 ₩200에 주문하였다. 이 상품의 선적일은 20×1년 12월 30일이었으며 도착일은 20×2년 1월 5일로서 결산일 현재 회사는 매입 회계처리를 하였다.

(3) 상품 D는 위탁판매를 하고 있는데, 당기에 위탁판매하기 위하여 발송한 상품원가 ₩300,000 중 ₩200,000에 대해서는 다음의 매출계산서가 도착하였으며, 기말 현재 회계처리는 안 된 상태이다.

매출계산서

매출액	₩300,000
판매수수료	₩(-)50,000
송금할 금액	₩250,000

(4) 신상품 E는 시용판매를 하고 있는데, 당기 시용매출분 ₩700,000(매가) 중 기말까지 매입의사표시를 해온 것은 ₩440,000(매가)이며 ㈜도도는 ₩700,000을 매출로 인식하였다. 그리고 시용매출액은 원가의 30%를 가산한 금액이다.

(5) 타처보관재고에서는 재고자산평가손실이 발생하지 않았다고 가정한다.

(6) 회사는 재고자산의 판매과정에서 발생하는 정상적인 감모손실과 평가손실은 매출원가에 반영하고 비정상감모손실은 기타비용으로 처리한다.

다음의 약식 기능별 포괄손익계산서의 ① ~ ⑨에 기록될 금액을 구하시오.

포괄손익계산서(기능별)

매출액		①
매출원가		
기초상품매입액	②	
당기상품매입액	③	
기말상품재고액	(④)	
평가충당금 변동액	⑤	
매출 이외의 상품 감소액	(⑥)	(⑦)
매출총이익		×××
기타비용(재고자산감모손실)		(⑧)
마케팅비용(접대비)		(⑨)

---| 풀이 |---

포괄손익계산서(기능별)

매출액		① 4,490,000
매출원가		
기초상품매입액	② 300,000	
당기상품매입액	③ 2,940,000	
기말상품재고액	(④) (-)643,000	
평가충당금 변동액	⑤ (-)10,000	
매출 이외의 상품 감소액	(⑥) (-)88,900	(⑦) (-)2,498,100
매출총이익		×××
기타비용(재고자산감모손실)		(⑧) (-)18,900
마케팅비용(접대비)		(⑨) (-)70,000

근거

① 매출액: 4,500,000(시산표잔액) - 50,000(매출할인) + 300,000(위탁판매) - 260,000(매입의사표시 없는 시용판매) = 4,490,000

② 기초상품재고액: 300,000(시산표잔액)

③ 당기상품매입액: 3,000,000(시산표잔액) - 40,000(매입에누리와 환출) - 20,000(운송 중인 도착지인도조건 상품) = 2,940,000

④ 기말상품재고액

A상품	540개 × 200 =	108,000
B상품	450개 × 300 =	135,000
C상품	1,000개 × 100 =	100,000
D상품(미판매 적송품)	300,000 - 200,000 =	100,000
E상품(미판매 시송품)	(700,000 - 440,000) × 1/1.3 =	200,000
계		643,000

⑤ 평가충당금 변동액

   기말재고자산평가충당금: @(300 - 280) × 450개 + @(100 - 90) × 1,000개 = 19,000

   평가충당금 변동액: 19,000 - 29,000 = (-)10,000 환입

⑥ 매출 이외의 상품 감소액

비정상감모손실	(60개 × 200 + 50개 × 300) × 70% =	18,900
마케팅비용		70,000
계		88,900

⑦ 매출원가: ② + ③ - ④ + ⑤ - ⑥ = 2,498,100

⑧ 기타비용(재고자산감모손실): 18,900(비정상감모손실)

⑨ 마케팅비용(접대비): 70,000(접대목적의 상품소비)

회계처리 - 결산수정분개

재고자산(기말)	차)	매출원가	2,917,000	대)	재고자산(기초)		300,000
		재고자산(기말)[1]	343,000		매입(순액)		2,960,000
	1) 540개 × @200 + 450개 × @300 + 1,000개 × @100 = 343,000(실제 창고 존재)						
비정상감모	차)	기타비용	18,900	대)	매출원가		18,900
평가손실	차)	평가충당금	10,000	대)	매출원가		10,000
접대비	차)	접대비	70,000	대)	매출원가		70,000
미착상품	차)	매입채무	20,000	대)	매출원가		20,000
위탁판매	차)	재고자산	100,000	대)	매출원가		100,000
	차)	매출채권	250,000	대)	매출		300,000
		수수료비용	50,000				
시용판매	차)	매출	260,000	대)	매출채권		260,000
	차)	재고자산	200,000	대)	매출원가		200,000

문제 9 재고자산 종합 (2) - Level 3

유통업을 영위하고 있는 B사는 재고자산에 대해 계속기록법과 가중평균법을 적용하고 있으며, 기말에는 실지재고조사를 실시하고 있다. 다음은 B사의 20×1년 재고자산(단일상품)과 관련된 자료이다.

(1) 일자별 거래 자료

일자	적요	수량	매입단가	비고
1월 1일	기초재고	100개	₩200	전기 말 실사수량
3월 1일	매입	200개	₩200	
6월 1일	매입계약	200개	₩300	선적지인도조건
7월 1일	매출	200개	-	
9월 1일	매입계약	200개	₩300	도착지인도조건
11월 1일	매출	100개	-	

(2) B사가 6월 1일에 계약한 상품 200개는 6월 30일에 창고로 입고되었다.

(3) B사가 9월 1일에 계약한 상품 200개는 11월 1일에 선적되었으나 12월 말 현재까지 운송 중인 상태로 확인되었다.

(4) 12월 말 현재 B사가 창고에 보관 중인 상품의 총 수량은 300개이고 실사를 통해 다음과 같은 사실을 발견하였다.

   1) B사는 12월 1일에 ㈜민국으로부터 상품 200개(단위원가 ₩300)에 대해 판매를 수탁받아 창고에 보관하였으며, 이 중 20%를 12월 중에 판매하였다.

   2) B사는 12월 1일에 ㈜만세와 위탁판매계약을 체결하고 상품 50개(단위원가 ₩240)를 적송하였다. 기말 실사 후 ㈜만세가 12월 말 현재 보관 중인 상품은 20개임을 확인하였다.

(5) B사는 재고자산감모손실과 재고자산평가손실(환입)을 매출원가에서 조정하고 있다.

(6) 수탁품과 적송품에서는 감모(분실, 도난 등)가 발생하지 않았다.

물음 1   기말재고자산의 단위당 취득원가를 구하시오.

물음 2   기말재고자산의 실제 수량을 구하시오.

물음 3   20×1년 기말재고자산의 단위당 순실현가능가치가 ₩200이고, 재고자산평가충당금의 기초잔액이 ₩3,000일 때, B사의 20×1년도 매출원가를 구하시오.

풀이

물음 1 기말재고자산의 단위당 취득원가: @240

근거

기말재고자산의 단위당 취득원가: (100개 × @200 + 200개 × @200 + 200개 × @300) ÷ 500개 = @240
☑ 9월 1일 매입계약은 도착지인도조건으로 매입 후 12월 말 현재까지 운송 중인 상태이므로 당기 매입액에 포함하지 않는다.

물음 2 기말재고자산의 실제 수량: 160개

근거

기말재고자산의 실제 수량: 창고에 보관 중인 재고 300개 - 수탁 중인 재고 200개 × (1 - 20%) + 위탁판매 미판매 재고 20개 = 160개

물음 3 B사의 20x1년도 매출원가: 85,000

근거

T계정을 이용한 풀이

재고자산			
기초재고	순액(= 기초 취득가 - 기초 평가충당금)	당기판매	대차차액
	100개 × @200 - 3,000 = 17,000	정상감모	(장부 - 실제수량) × 취득가 × 정상감모비율
		평가손실	실제수량 × (취득가 - NRV)
		비정상감모	(장부 - 실제수량) × 취득가 × 비정상감모비율
당기매입	문제 제시	기말재고	실제수량 × Min[NRV, 취득원가]
	200개 × @200 + 200개 × @300 = 100,000		160개 × Min[@240, @200] = 32,000

⇒ 매출원가: 17,000 + 100,000 - 32,000 = 85,000

문제 10 매출총이익률법 - Level 2

각 물음은 서로 독립적이다.

물음 1 12월 말 결산법인인 A사는 전기자동차를 제조판매하는 회사로 20×1년 4월 1일 창고에 화재가 발생하였다. 20×1년 1월 1일 상품재고액은 ₩10,000이며 관련된 자료들은 다음과 같다고 할 경우 물음에 답하시오.

구분	금액	구분	금액
기초매입채무	₩30,000	기초매출채권	₩20,000
현금매입	₩10,000	현금매출	₩15,000
매입할인	₩3,000	매출할인	₩5,000
1분기 매입채무 결제액	₩500,000	1분기 매출채권 회수액	₩500,000
3월 31일 현재 매입채무	₩20,000	3월 31일 현재 매출채권	₩30,000

20×1년 3월 31일 현재 선적지인도조건으로 매입하는 운송 중인 미착품 ₩6,000이 있으며, 매입채무를 인식하지 않았다. A사는 제품을 판매할 때 원가에 25% 이익을 가산하여 판매한다. 화재 이후에 남은 창고보관 제품의 내역은 다음과 같다.

구분	원가	판매가
제품 A	₩40,000	₩8,000
제품 B	₩20,000	₩30,000

A사가 화재로 인하여 인식할 재해손실은 얼마인가?

물음 2 신용판매만을 하는 ㈜대한은 20×1년 중 창고에 보관 중이던 상품의 일부를 도난당하였다. 사고 조사과정에서 수집된 20×0년도 및 20×1년도 도난사건과 관련하여 회수하지 못한 상품의 원가는 얼마로 추정되는가?

(1) ㈜대한의 20×0년도 신용 매출액과 평균매출채권을 이용하여 계산한 매출채권회전율은 10.5회, 매출원가와 평균재고자산을 이용하여 계산한 재고자산회전율은 8회이었다. 또한 ㈜대한은 20×0년도에 매출원가에 25%를 가산하여 상품을 판매하였다.

(2) ㈜대한의 20×0년 1월 1일 매출채권은 ₩10,000, 상품재고액은 ₩8,000이었으며, 20×0년도에는 경기부진으로 인해 기말매출채권이 기초 대비 80% 증가하였다.

(3) 20×1년 1월 1일부터 상품 도난시점까지 ㈜대한의 상품 매입액과 상품 매출액은 각각 ₩260,000과 ₩330,000이었으며, 매출원가율은 20×0년도와 동일하였다.

(4) 경찰의 신속한 수사로 인해 도난 당일에 원가 ₩10,000의 상품을 회수하였다.

물음 3 매출총이익률법이 일반적으로 인정된 회계원칙으로 수용되지 못하는 이유를 설명하시오.

물음 1 (1) 매출액: 15,000 + 510,000[1] = 525,000

   1) 매입채무 T계정: 20,000 + 외상매출 = 500,000 + 30,000, 외상매출: 510,000

(2) 매입: 10,000 + 490,000[2] + 6,000(선적지인도조건 미기록) = 506,000

   2) 매입채무 T계정: 30,000 + 외상매입 = 500,000 + 20,000, 외상매입: 490,000

(3) 기말재고: 10,000 + 506,000 - 525,000/1.25 = 96,000

(4) 재해손실액: 96,000 - 6,000 - 8,000 - 20,000[3] = 62,000

   3) 남아 있는 재고자산의 측정액: Min[장부가, NRV]

참고 매입에누리 등과 매출에누리 등의 차감 여부

재무제표에 표시될 매출원가는 총매입액을 기준으로 하는 것이 아니라 기업에 순수하게 유출되는 순매입액을 기준으로 한다. 그러므로 문제의 자료에서 총매입액과 에누리, 환출, 할인 등을 제시하고 있다면 총매입액에서 에누리, 환출, 할인을 차감한 순매입액을 기준으로 풀이하여야 한다. 다만, 문제에서 매입채무의 기초, 기말잔액 및 매입채무 지급액을 제시한 후에 에누리, 환출, 할인을 추가 자료로 제시하였다면 매입채무에는 이미 해당 금액이 고려되어 있으므로 추가로 차감할 필요가 없다.

	매입채무	당기매입
지급	기초	= 현금매입 + 외상매입(순)[4]
기말	외상매입(순)	4) 에누리 · 환출 · 할인 고려됨
		= 총매입 - 매입에누리 · 환출 · 할인 + 매입운임

물음 2 (1) 20×0년 매출: 10.5 = 매출/14,000[1], 매출: 147,000

   1) {10,000 + (10,000 + 10,000 × 0.8)} ÷ 2 = 14,000

(2) 20×0년 매출원가: 147,000/(1 + 25%) = 117,600

(3) 20×0년 기말재고: 8 = 117,600/[(8,000 + 기말재고)/2], 기말재고: 21,400

(4) 20×1년 기말재고: 21,400 + 260,000 - 330,000/1.25 = 17,400

(5) 회수하지 못한 상품의 원가: 17,400 - 10,000 = 7,400

물음 3 (1) 매출총이익률은 변화하기 쉽기 때문에 과거 자료로부터 구한 매출총이익률을 이용하여 재고자산을 추정하면 당기의 재고자산을 적절하게 반영한다고 볼 수 없다.

(2) 판매 가능한 자산이 반드시 판매되거나 기말재고로 남아 있어야 한다는 가정에 근거하고 있기 때문에 파손, 도난 등과 같은 감모손실을 파악할 수 없다.

(3) 매출총이익률 계산 당시의 상품배합과 기말재고자산의 상품배합이 일치하지 않을 경우에는 기말재고자산이 왜곡된다.

문제 11 소매재고법 - Level 3

각 물음은 서로 독립적이다.

물음 1 A사는 업종의 특성상 매출가격환원법이 다른 재고자산평가방법보다 합리적이라고 인정하여 매출가격환원법을 사용하고 있다. A사의 20×1년도 재고자산과 관련된 자료는 다음과 같다. 원가율 계산 시 소수점 다섯째 자리(0.00%)에서 반올림한다.

구분	원가	매가
기초재고	₩12,000	₩20,000
당기총매입액	₩200,000	₩308,000
매입할인	₩3,000	
순인상		₩4,000
순인하		₩1,600
매출액		₩295,000
종업원할인		₩3,000
정상파손	₩1,000	₩1,500
비정상파손	₩4,000	₩8,000

A사가 원가흐름의 가정으로 **저가기준 선입선출법을 적용**하는 경우와 **가중평균법을 적용**하는 경우 다음 표의 각 번호에 해당하는 금액은 얼마인가?

구분	기말재고(원가)	매출원가
저가기준 선입선출매출가격환원법	①	②
가중평균매출가격환원법	③	④

물음 2 B사는 할인마트를 운영하고 있으며 재고자산을 **평균원가 소매재고법에 따라 평가**하고 있다. 소매재고법에 따라 측정한 20×0년 말과 20×1년 말의 재고자산의 원가는 ₩22,000과 ₩18,000이다. B사의 부문손익계산서상 매출액과 매출원가는 다음과 같다.

구분	20×0년 말	20×1년 말
매출액	₩600,000	₩500,000
매출원가	₩330,000	₩300,000

20×1년 중 가격 순인하액은 ₩25,000이고, 가격 순인상액과 종업원할인 및 파손은 없다고 할 경우 B사가 20×1년에 매입한 재고자산의 판매금액은 얼마인가? 유예

물음 3 C사는 소매재고법으로 재고자산을 평가하고 있다. 원가율은 **전통적소매재고법으로** 계산하며, C사는 재고자산의 구입과 판매를 모두 외상으로 한다. 다음에 주어진 자료를 이용하여 **재무상태표 기말재고자산과 포괄손익계산서 당기 매출원가금액을** 계산하시오. [유예]

(1) 기초와 기말재무상태표계정은 다음과 같다.

계정과목	기초	기말
매출채권	₩350,000	₩300,000
매입채무	₩250,000	₩209,000

(2) 당기에 매출채권을 회수한 금액은 ₩1,120,000이며, 매입채무를 지급한 금액은 ₩950,000이다.

(3) 기초재고원가는 ₩204,000, 기말재고매가는 ₩440,000이다.

(4) 당기 판매가 순인상액은 ₩250,000이며, 순인하액은 ₩80,000이다.

물음 4 소매업을 영위하고 있는 ㈜대한은 재고자산에 대해 소매재고법을 적용하고 있다. 다음의 <자료>를 이용하여 <요구사항>에 답하시오. [공인회계사 2차 2022년]

<자료>

(1) ㈜대한의 당기 재고자산과 관련된 항목별 원가와 매가는 다음과 같다.

항목	원가	매가
기초재고자산	?	₩40,000
당기매입액(총액)	?	210,000
매입환출	₩3,000	5,000
매입할인	1,000	
매출액(총액)		120,000
매출환입	2,000	16,000
매출에누리		4,000
가격 인상액(순액)		22,000
가격 인하액(순액)		15,000
정상파손	2,000	4,000
비정상파손	6,000	12,000
종업원할인		2,000

(2) ㈜대한이 재고자산에 대해 원가기준으로 선입선출법과 가중평균법을 각각 적용하여 측정한 원가율은 다음과 같다.

적용방법	원가율
원가기준 선입선출법	55%
원가기준 가중평균법	50%

(3) 정상파손의 원가는 매출원가에 포함하며, 비정상파손의 원가는 영업외비용으로 처리한다.

(4) 원가율 계산 시 소수점 이하는 반올림한다(예 61.6%는 62%로 계산).

<요구사항 1>

㈜대한의 재고자산 관련 <자료>를 이용하여 기초재고자산과 당기매입액(총액)의 원가를 계산하시오.

기초재고자산 원가	①
당기매입액(총액) 원가	②

<요구사항 2>

㈜대한이 재고자산에 대해 저가기준으로 선입선출법을 적용하였을 경우와 가중평균법을 적용하였을 경우 매출원가를 각각 계산하시오.

적용방법	매출원가
저가기준 선입선출법	①
저가기준 가중평균법	②

물음 5 소매재고법이 흔히 사용되는 경우를 서술하시오.

물음 6 소매재고법을 사용할 때 기말재고자산이나 매출원가가 왜곡 표시될 수 있는 경우를 설명하시오.

해커스 IFRS 정윤돈 재무회계연습

제2장

재고자산

물음 1

구분	기말재고(원가)	매출원가
저가기준 선입선출매출가격환원법	① 14,539	② 190,461
가중평균매출가격환원법	③ 14,562	④ 190,438

(1) T계정 분석

상품(원가)			
기초재고	12,000	매출원가	?
총매입액	200,000		
매입할인	(-)3,000	기말재고	?
비정상파손	(-)4,000		
	205,000		205,000

상품(매가)			
기초재고	20,000	총매출액	295,000
총매입액	308,000	종업원할인	3,000
순인상액	4,000	정상파손	1,500
순인하액	(-)1,600		
비정상파손	(-)8,000	기말재고	22,900
	322,400		322,400

(2) 저가기준 선입선출매출가격환원법

　1) 원가율: (205,000 - 12,000) ÷ (322,400 - 20,000 + 1,600) = 63.49%

　2) 기말재고(원가): 22,900 × 63.49% = 14,539

　3) 매출원가: 205,000 - 14,539 = 190,461

(3) 가중평균매출가격환원법

　1) 원가율: 205,000 ÷ 322,400 = 63.59%

　2) 기말재고(원가): 22,900 × 63.59% = 14,562

　3) 매출원가: 205,000 - 14,562 = 190,438

물음 2

(1) 20×0년 원가율: 330,000/600,000 = 55%

(2) 20×1년 원가율: 300,000/500,000 = 60%

(3) 20×1년 기초재고(매가): 22,000/55% = 40,000

(4) 20×1년 기말재고(매가): 18,000/60% = 30,000

(5) 20×1년 매입(매가): 40,000 + 매입(매가) - 25,000 = 500,000 + 30,000, 매입(매가): 515,000

물음 3

(1) 매출액: 1,120,000 + 300,000 - 350,000 = 1,070,000

(2) 매입: 950,000 + 209,000 - 250,000 = 909,000

(3) **원가율(전통적소매재고법): (204,000 + 909,000)/(440,000 + 1,070,000 + 80,000) = 70%**

(4) 기말재고자산: 440,000 × 70% = 308,000

(5) 매출원가: 204,000 + 909,000 - 308,000 = 805,000

물음 4 <요구사항 1>

기초재고자산 원가	① 10,000
당기매입액(총액) 원가	② 120,000

상품(원가)				상품(매가)			
기초재고	?	매출원가	?	기초재고	40,000	총매출액	120,000
총매입액	?			총매입액	210,000	매출에누리 등	(-)20,000
매입할인 등	(-)4,000	기말재고	?	매입환출	(-)5,000	종업원할인	2,000
비정상파손	(-)6,000			순인상액	22,000	정상파손	4,000
				순인하액	(-)15,000		
				비정상파손	(-)12,000	기말재고(역산)	134,000
					240,000		240,000

(1) 판매가능재고자산 원가: 240,000 × 50% = 120,000

(2) 당기매입재고자산 원가: (240,000 - 40,000) × 55% = 110,000

(3) 기초재고자산 원가: 120,000 - 110,000 = 10,000

(4) 당기 매입액(총액) 원가: 120,000 - 10,000 + 4,000 + 6,000 = 120,000

<요구사항 2>

적용방법	매출원가
저가기준 선입선출법	① 51,660
저가기준 가중평균법	② 57,020

(1) 저가기준 선입선출법

　　1) 원가율: 110,000 ÷ (240,000 - 40,000 + 15,000) = 51%

　　2) 매출원가: 120,000 - 134,000 × 51% = 51,660

(2) 저가기준 가중평균법

　　1) 원가율: 120,000 ÷ (240,000 + 15,000) = 47%

　　2) 매출원가: 120,000 - 134,000 × 47% = 57,020

물음 5 소매재고법은 이익률이 유사하고 품종변화가 심한 다품종 상품을 취급하는 유통업에서 실무적으로 다른 원가측정법을 사용할 수 없는 경우에 흔히 사용한다.

물음 6 소매재고법은 당기의 판매가능재고자산으로부터 추정한 원가율에 기초하여 기말재고자산을 추정하는 방법이므로, 기말재고자산이 당기에 회사가 취급한 전체 재고자산의 배합을 대표하는가에 따라 소매재고법 적용의 타당성이 영향을 받는다.

　[예] 계절별로 상이한 재고자산을 취급하여 기말재고자산에 포함된 재고가 당기 중에 취급한 재고와 다른 재고자산이거나, 기말에 보유하고 있는 재고자산 중 상당한 부분이 특별할인판매대상이라면, 추정한 원가율이 적절하게 기말재고자산의 원가를 대표하지 못할 가능성이 높다.

각 물음은 서로 독립적이다.

물음 1 자동차 부품 제조업체인 ㈜하늘의 회계담당자는 20×1년 말에 다음과 같은 자료를 확인하였다.

<자료>

(1) 20×1년 12월 31일 현재 거래처로부터 매입한 원재료 ₩50,000이 운송 중에 있다. 도착지인도조건으로 선적되었으며, ㈜하늘은 동 재고자산의 선적 시 매입을 기록하였다.

(2) 당기 재고자산 실사 시 20×1년 12월 31일 거래처로부터 선적지인도조건으로 주문을 받은 제품이 포함되어 있다. 동 제품은 현재 선적을 준비하고 있지 않으며, 원가는 ₩57,000, 매가는 ₩70,000이다. ㈜하늘은 주문받은 즉시 동 거래에 대해 매출을 인식하였다.

(3) 20×1년 12월 20일에 제품을 고객들에게 인도하면서 시용판매 ₩60,000을 매출로 인식하였다. 제품의 원가는 ₩45,000이며 12월 31일 현재 매입 의사를 밝힌 고객은 전체의 1/3이다.

(4) ㈜하늘의 제품 중 위탁판매를 위하여 수탁자에게 보낸 적송품 10개 중 12월 31일 현재 6개만 고객에게 판매되었다. 동 제품의 판매가는 개당 ₩10,000이며, 매출총이익률은 40%이다. ㈜하늘은 해당 제품이 출고되어 적송한 시점에 전액 매출에 대한 회계처리를 하였다.

물음 1-1 제시된 자료를 이용하여, 아래의 금액(①~④)을 구하시오(단, 수정 전 기말재고자산은 실지재고조사법에 근거하고, 모든 거래는 외상거래라고 가정한다).

구분	재고자산	매출원가	매입채무	매출채권
수정 전 금액	?	?	₩1,000,000	₩1,000,000
수정사항				
(1)				
(2)				
(3)				
(4)				
수정액 합계	①	②		
수정 후 금액	?	?	③	④

물음 1-2 ㈜하늘은 20×2년 1월 1일 화재가 발생하여 20×1년 말 현재 보유하고 있던 재고자산의 상당 부분이 소실되었다. 화재로 인하여 손실을 피한 창고 안에 있었던 재고자산은 현재 ₩200,000으로 확인되었다. 다음의 자료를 이용하여 화재로 인한 재고자산 손실액을 구하시오(단, 매출원가 대비 매출총이익률은 25%라고 가정한다).

<자료>

(1) 20×1년 초 재고자산은 ₩840,000이다.

(2) 20×1년 초 매입채무는 ₩350,000이 존재하였다. 당기 매입채무 현금지급액은 ₩2,150,000이다. 기말매입채무는 ₩1,000,000으로 가정한다.

(3) 20×1년 초 매출채권은 ₩950,000이 존재하였다. 당기 매출채권 현금회수액은 ₩3,250,000이며, 당기 매출채권에서 손상이 확정되어 제거한 금액은 ₩300,000이다. 기말매출채권은 ₩1,200,000으로 가정한다.

(4) 20×1년에 발생한 매입에누리는 ₩100,000이고, 매출할인은 ₩120,000이다.

물음 2 ㈜포도의 당해 상품 매매와 관련된 자료는 다음과 같다.

<자료>

(1) 재고자산의 물량 흐름

구분	수량	단위원가
기초상품재고	650개	@700
1월 20일 매입	1,500개	@800
2월 10일 매출(외상매출)	1,500개	@1,000
5월 25일 매입	750개	@820
7월 10일 매출(외상매출)	1,200개	@1,000
10월 20일 매입	800개	@844
12월 15일 매출(외상매출)	350개	@1,000

(2) ㈜포도는 기말재고자산 실사 중에 감모 수량이 100개가 발생한 것을 확인하였고, 이 중 40개는 원가성이 있는 감모인 것을 확인하였다. 기말재고자산의 순실현가능가치는 ₩750이고, 전기 말에 재고자산평가충당금은 없었다.

(3) ㈜포도는 정상감모손실과 평가손실을 매출원가로 기록하고 있으며, 비정상감모손실은 기타비용으로 기록하고 있다.

(4) 기말재고자산 중 250개는 ₩1,200에 판매하기로 확정판매계약을 맺었으며, 이 계약에서만 판매비용으로 ₩200이 발생한다.

물음 2-1 ㈜포도는 재고자산에 대해 가중평균법을 사용하고 있으며, 재고자산 수량을 계속기록법에 따라 기록하는 경우, 7월 10일에 ㈜포도가 해야 할 회계처리를 보이시오(단, 단위원가는 소수점 첫째 자리에서 반올림한다).

물음 2-2 ㈜포도는 재고자산에 대해 가중평균법을 사용하고 있으며, 재고자산 수량을 실지재고조사법에 따라 기록하는 경우, 매출원가를 계산하시오.

물음 2-3 ㈜포도는 재고자산에 대해 가중평균법을 사용하고 있으며, 재고자산 수량을 실지재고조사법에 따라 기록하는 경우, 매출원가를 계산하시오(단, 기초에 동 재고자산에 대한 평가충당금은 ₩20,000이 존재한다고 가정한다).

물음 2-4 ㈜포도는 재고자산에 대해 선입선출법을 사용하고 있으며, 재고자산 수량을 계속기록법과 실지 재고조사법에 따라 기록할 경우, 두 방법에 따른 매출원가의 차이를 구하시오.

물음 3 ㈜사과가 최근 3개년에 걸쳐 보고한 당기순이익은 20×1년에 ₩10,000, 20×2년에 ₩20,000, 20×3년에 ₩30,000이었다. 그러나 기말재고자산의 오류금액이 20×1년에 과대계상 ₩2,000, 20×3년에 과소계상 ₩3,000이었음을 20×3년 장부 마감 전에 발견하였다. 이러한 오류는 중요한 오류에 해당한다. 오류를 수정한 20×3년 당기순이익이 ₩27,000일 경우 20×2년에 기말재고의 오류를 구하시오(단, 과대계상인지 과소계상인지 여부를 밝히고 금액을 보이시오).

물음 4 다음은 식료품 할인점을 운용하는 ㈜앵두의 상품재고와 관련된 자료이다. ㈜앵두는 소매재고법을 적용하여 기말재고자산을 배분하고 있다.

구분	원가	매가
기초상품	₩7,000,000	₩10,000,000
매입액	60,000,000	85,000,000
매입운임	600,000	–
매입환출	100,000	600,000
매입에누리	500,000	–
매출액		68,500,000
가격 순인상		1,500,000
가격 순인하		2,900,000
정상파손	200,000	1,000,000
비정상파손	900,000	1,300,000
종업원할인		800,000

㈜앵두가 저가법 적용 선입선출법을 사용할 경우, 매출원가를 구하시오(단, 원가율은 소수점 셋째 자리에서 반올림한다. 예 47.678% → 47.68%).

물음 1 **물음 1-1**

구분	재고자산	매출원가	매입채무	매출채권
수정 전 금액	?	?	1,000,000	1,000,000
수정사항				
(1)	-	(-)50,000	(-)50,000	-
(2)	-	-	-	(-)70,000
(3)	30,000	(-)30,000	-	(-)40,000
(4)	24,000	(-)24,000	-	(-)40,000
수정액 합계	① 54,000	② (-)104,000	(-)50,000	(-)150,000
수정 후 금액	?	?	③ 950,000	④ 850,000

회계처리 - 결산수정분개

(1)	차) 매입채무	50,000	대) 매출원가	50,000
(2)	차) 매출	70,000	대) 매출채권	70,000
(3)	차) 매출 차) 재고자산	40,000 30,000	대) 매출채권 대) 매출원가	40,000 30,000
(4)	차) 매출 차) 재고자산[1]	40,000 24,000	대) 매출채권 대) 매출원가	40,000 24,000
	1) @10,000 × 4개 × (1 - 40%) = 24,000			

물음 1-2

(1) 매입채무 T계정: 350,000 + 당기매입액 = 2,150,000 + 1,000,000, 당기매입액: 2,800,000[1]

  1) 매입에누리는 고려하지 않는다.

(2) 매출채권 T계정: 950,000 + 외상매출액 = 3,250,000 + 300,000 + 1,200,000, 외상매출액: 3,800,000[2]

  2) 매출할인은 고려하지 않는다.

(3) 재고자산 T계정: 840,000 + 2,800,000 = 3,800,000/(1 + 25%) + 기말재고자산, 기말재고자산: 600,000

(4) 화재로 인한 재고자산 손실액: 600,000 - 200,000 - 30,000(시용판매) - 24,000(위탁판매) = 346,000

물음 2 **물음 2-1** **회계처리**

7월 10일	차) 매출채권 차) 매출원가	1,200,000 956,400	대) 매출 대) 상품	1,200,000 956,400

(1) 2월 10일 평균단위원가: (650개 × @700 + 1,500 × @800) ÷ (650 + 1,500)개 = @770

(2) 7월 10일 평균단위원가: (650개 × @770 + 750개 × @820) ÷ (650 + 750)개 = @797

(3) 7월 10일 매출: 1,200개 × @1,000 = 1,200,000

(4) 7월 10일 매출원가: 1,200개 × @797 = 956,400

물음 2-2 (1) 장부상 기말재고수량: 650 + 1,500 − 1,500 + 750 − 1,200 + 800 − 350 = 650개

(2) 평균단위원가: (650 × 700 + 1,500 × 800 + 750 × 820 + 800 × 844) ÷ (650 + 1,500 + 750 + 800) = @796

(3) 감모손실

    1) 정상감모손실: 40개 × @796 = 31,840

    2) 비정상감모손실: 60개 × @796 = 47,760

(4) 기말평가충당금: 13,800

    1) 확정판매계약분: 순실현가능가치(1,200 − 200 = 1,000)가 평균단위원가보다 크므로 저가법대상이 아니다.

    2) 확정판매계약 초과분: (650 − 100 − 250)개 × @(796 − 750) = 13,800

(5) 매출원가: 455,000 + 2,490,200 − 47,760 − 437,800 + 13,800 = 2,473,440

재고자산

기초재고	455,000	당기판매	대차차액
(기초평가충당금)	−	정상감모	(장부 − 실제수량) × 취득가 × 정상감모비율
		평가손실	기말평가충당금 − 기초평가충당금
		비정상감모	47,760
당기매입	2,490,200	기말재고	437,800
		(기말평가충당금)	(−)13,800

물음 2-3 매출원가: 455,000 − 20,000 + 2,490,200 − 47,760 − 437,800 + 13,800 = 2,453,440

재고자산

기초재고	455,000	당기판매	대차차액
(기초평가충당금)	(−)20,000	정상감모	(장부 − 실제수량) × 취득가 × 정상감모비율
		평가손실	기말평가충당금 − 기초평가충당금
		비정상감모	47,760
당기매입	2,490,200	기말재고	437,800
		(기말평가충당금)	(−)13,800

물음 2-4 차이금액: 0

선입선출법을 사용하는 경우 계속기록법과 실지재고조사법은 기말재고자산과 매출원가의 차이가 존재하지 않는다.

물음 3 (1) 20×2년 기말재고의 오류: 6,000 과소계상 오류

(2) 오류수정 정산표

구분	20×1년	20×2년	20×3년
수정 전 당기순이익	10,000	20,000	30,000
20×1년 재고자산 과대계상	(-)2,000	2,000	
20×2년 재고자산 오류		A	-A
20×3년 재고자산 과소계상			3,000
수정 후 당기순이익			27,000

☑ 30,000 - A + 3,000 = 27,000, A = 6,000

물음 4 (1) 원가율: (I - 7,000,000)/(II - 10,000,000 + 2,900,000)

= (66,100,000 - 7,000,000)/(91,700,000 - 10,000,000 + 2,900,000) = 69.86%

(2) 기말재고(원가): 21,400,000 × 69.86% = 14,950,040

(3) 저가법 적용 선입선출법 사용 시 매출원가: 66,100,000 - 14,950,040 = 51,149,960

	상품(원가)		
기초	7,000,000	매출원가	?
매입	60,600,000		
매입환출 등	(-)600,000		
비정상파손	(-)900,000	기말재고	?
합계: I	66,100,000		

	상품(매가)		
기초	10,000,000	매출액	68,500,000
매입	85,000,000	종업원할인	800,000
매입환출	(-)600,000	정상파손	1,000,000
순인상	1,500,000		
순인하	(-)2,900,000		
비정상파손	(-)1,300,000	기말재고(역산)	21,400,000
합계: II	91,700,000		91,700,000

문제 13 농림어업 - Level 4

다음의 각 물음은 독립적이다. [공인회계사 2차 2023년]

물음 1 ㈜대한농림은 사과를 생산·판매하는 사과 과수원을 운영하고 있다. <자료 1>을 이용하여 각 <요구사항>에 답하시오. **유예**

> <자료 1>
>
> (1) 사과나무의 20×1년 초 장부금액은 ₩50,000이며, 잔존내용연수는 5년이다. 잔존가치는 없으며, 정액법으로 감가상각하고 원가모형을 적용한다.
>
> (2) 20×1년 9월에 20박스의 사과를 수확하였으며, 수확한 사과의 순공정가치는 박스당 ₩30,000이고 수확비용은 총 ₩20,000이다.
>
> (3) 20×1년 10월에 10박스를 ₩400,000에 판매하였고, 판매비용은 총 ₩10,000이다.
>
> (4) 20×1년 말 사과 10박스를 보유하고 있고, 10박스의 순공정가치는 ₩450,000이다.
>
> (5) 20×1년에 생산되기 시작하여 20×1년 말 수확되지 않고 사과나무에서 자라고 있는 사과의 순공정가치는 ₩200,000으로 추정된다.

<요구사항 1>
㈜대한농림의 20×1년도 포괄손익계산서상 당기순이익에 미치는 영향을 계산하시오.

당기순이익에 미치는 영향	①

<요구사항 2>
20×1년 말 ㈜대한농림의 재무상태표에 보고할 재고자산과 유형자산의 금액을 계산하시오.

재고자산	①
유형자산	②

물음 2 ㈜민국농림은 돼지를 사육하는 돼지농장을 운영하고 있다. <자료 2>를 이용하여 각 <요구사항>에 답하시오.

<자료 2>

(1) 20×1년 1월 1일 돼지 1마리를 ₩500,000에 취득하였다. 취득 시 돼지의 공정가치는 ₩480,000이 며, 추정매각부대비용은 ₩20,000이다.

(2) ㈜민국농림은 우수 돼지사육농가로 선정되어 정부로부터 20×1년 1월 1일에 ₩60,000의 보조금을 수령하였다. 보조금을 수령한 ㈜민국농림은 돼지를 2년간 사육해야 하며, 만약 사육을 중단할 경우 기간경과에 비례하여 반환해야 하는 의무조항을 준수해야 한다. 돼지는 20×1년 말까지 정상적으로 사육되었다.

(3) 20×1년 말 돼지의 공정가치와 추정매각부대비용은 각각 ₩600,000과 ₩30,000이다.

<요구사항 1>
㈜민국농림의 20×1년도 포괄손익계산서상 당기순이익에 미치는 영향을 계산하시오.

당기순이익에 미치는 영향	①

<요구사항 2>
생물자산을 인식하기 위해서는 첫 번째로 과거사건의 결과로 자산을 통제할 수 있어야 하고, 두 번째로 자산과 관련된 미래경제적효익의 유입가능성이 높아야 함과 동시에 세 번째 요건을 충족해야 한다. ① 세 번째 요건이 무엇인지를 서술하고, ② 생물자산의 최초 인식시점에 한하여 세 번째 요건을 충족하지 못할 경우 생물자산의 측정방법을 서술하시오.

세 번째 요건	①
세 번째 요건 미충족 시 측정방법	②

물음 3 ㈜포도는 20만평 면적의 조림지에서 나무를 키우고 있다. ㈜포도는 조림지의 나무를 순공정가치로 평가하는데, 기대순현금흐름을 현행시장이자율로 할인한 현재가치로 순공정가치를 산정하고 있다. 조림지 나무의 기초 순공정가치는 ₩400,000이며, 이 금액이 생물자산의 기초장부금액이다.

물음 3-1 당기 중에 조림지 나무 중 일부를 벌목하여 목재가공 공정에 투입하였다. 벌목한 나무의 순공정가치는 ₩30,000이다. 나무를 벌목하는 시점에 해야 할 회계처리를 보이시오.

물음 3-2 당기 중에 조림 관련 비용이 ₩8,000 발생하였다. 당기 말에 조림지 나무를 순공정가치로 평가하였는데 그 금액은 ₩480,000이다. 당기 중에 발생한 조림 관련 비용 및 당기 말 생물자산의 평가와 관련하여 해야 할 회계처리를 보이시오(단, 조림 관련 비용은 당기비용으로 인식한다).

물음 3-3 조림지로 사용하는 토지도 공정가치 평가가 가능한지 서술하시오.

물음 1 <요구사항 1>

당기순이익에 미치는 영향	① 860,000

근거

회계처리

20×1년 9월	차) 수확물(사과)[1]	600,000	대) 평가이익		600,000
	차) 수확비용	20,000	대) 현금		20,000
	1) 20박스 × @30,000 = 600,000, 생물자산에서 수확된 수확물은 수확시점에 순공정가치로 측정한다.				
20×1년 10월	차) 현금	400,000	대) 매출		400,000
	차) 매출원가	300,000	대) 수확물(사과)		300,000
	차) 판매비용	10,000	대) 현금		10,000
20×1년 말	차) 생물자산(자라나는 사과)[2]	200,000	대) 평가이익		200,000
	차) 생산용식물(사과나무) 감가상각비[3]	10,000	대) 감가상각누계액		10,000
	2) 생물자산은 살아있는 동물이나 식물을 말하며, 생산용식물에서 자라는 생산물을 포함한다. 그러므로 기말에 순공정가치로 평가하여야 한다.				
	3) (50,000 - 0)/5년 = 10,000				

☑ 이미 수확하여 보유하는 사과 10박스는 재고자산으로 처리하여 저가법을 적용하므로 평가이익은 인식하지 않는다.

⇒ 당기순이익에 미치는 영향: 600,000 - 20,000 + 400,000 - 300,000 - 10,000 + 200,000 - 10,000 = 860,000

<요구사항 2>

재고자산	① 300,000
유형자산	② 40,000

근거

① 재고자산(수확한 사과 중 미판매분): 10박스 × @30,000 = 300,000
② 유형자산(생산용식물): 50,000 - 10,000 = 40,000

물음 2   <요구사항 1>

당기순이익에 미치는 영향	① 100,000

근거

회계처리

<table>
<tr><td rowspan="2">20×1년 초</td><td>

차) 생물자산[1]   460,000   대) 현금   500,000
　　취득손실   **40,000**
차) 현금   60,000   대) 이연정부보조금수익   60,000

</td></tr>
<tr><td>

1) 480,000 - 20,000 = 460,000, 생물자산을 **최초 인식시점에 공정가치에서 처분부대원가를 뺀** 금액으로 인식하여 발생하는 평가손익과 생물자산의 공정가치에서 처분부대원가를 뺀 금액의 변동으로 발생하는 평가손익은 발생한 기간의 당기손익에 반영한다.

</td></tr>
<tr><td rowspan="2">20×1년 말</td><td>

차) 생물자산[2]   110,000   대) **평가이익**   **110,000**
차) 이연정부보조금수익[3]   30,000   대) **정부보조금수익**   **30,000**

</td></tr>
<tr><td>

2) (600,000 - 30,000) - 460,000 = 110,000
3) 기업이 특정 농림어업활동에 종사하지 못하게 요구하는 경우를 포함하여 공정가치에서 처분부대원가를 뺀 금액으로 측정하는 생물자산과 관련된 정부보조금에 부수되는 조건이 있는 경우에는 그 조건을 충족하는 시점에만 당기손익으로 인식한다. 시간의 경과에 따라 보조금의 일부가 기업에 귀속될 수 있는 경우에는 시간의 경과에 따라 그 정부보조금을 당기손익으로 인식한다.

</td></tr>
</table>

⇒ 당기순이익에 미치는 영향: (-)40,000 + 110,000 + 30,000 = 100,000

<요구사항 2>

세 번째 요건	① 자산의 공정가치나 원가를 신뢰성 있게 측정할 수 있다.
세 번째 요건 미충족 시 측정방법	② 취득원가로 최초 측정하고, 감가상각누계액과 손상차손누계액을 차감한 금액으로 후속측정을 수행한다.

물음 3   **물음 3-1**   **회계처리**

<table>
<tr><td rowspan="3">나무를 벌목하는 시점</td><td>

차) 수확물[1]   30,000   대) 수확물평가이익   30,000
차) **원재료**[2]   **15,000**   대) **수확물**   **15,000**

</td></tr>
<tr><td>

1) 벌목한 나무의 순공정가치로 수확물을 인식한다.

</td></tr>
<tr><td>

2) 수확물은 목재가공 공정의 원재료로 투입되므로 이 시점에서 원재료로 대체하는 회계처리를 한다.

</td></tr>
</table>

물음 3-2   **회계처리**

<table>
<tr><td>생물자산 관리비용 발생</td><td>

차) 생물자산관리비   8,000   대) 현금   8,000

</td></tr>
<tr><td rowspan="3">생물자산 기말평가</td><td>

차) 생물자산   80,000   대) 생물자산평가이익[1]   80,000

</td></tr>
<tr><td>

1) 생물자산평가이익: 480,000 - 400,000 = 80,000

</td></tr>
<tr><td>

☑ 만약 생물자산 관리비용을 생물자산의 장부금액에 가산하였다면 생물자산의 평가 전 기말장부금액은 408,000이 되며, 평가이익은 480,000 - 408,000 = 72,000이 되어 당기순손익에 미치는 영향에는 차이가 없다.

</td></tr>
</table>

물음 3-3   조림지로 사용하는 토지는 생물자산과 구분되는 별개의 자산으로 유형자산으로 분류한다. 따라서 ㈜포도의 선택에 따라 원가모형과 재평가모형 중 한 가지 방법을 적용할 수 있으나 생물자산에 적용하는 공정가치 평가를 적용할 수는 없다.

제 **3** 장

유형자산

해커스 IFRS 정윤돈 재무회계연습

회계사·세무사·경영지도사 단번에 합격!
해커스 경영아카데미 cpa.Hackers.com

문제 1 | 유형자산 취득원가(일괄 구입) - Level 1

각 물음은 서로 독립적이다.

물음 1 ㈜호도는 20×1년 초 토지와 토지 위에 정착된 건물을 일괄하여 ₩50,000,000에 취득하였다. 20×1년 초 현재 토지와 건물의 공정가치 비율은 4 : 1이었다. 건물의 내용연수는 5년이며, 잔존가치는 없는 것으로 추정하였다.

> **물음 1-1** 20×1년 초 토지와 건물을 취득하면서 건물을 철거하고 새로운 건물을 신축하였다. 건물 철거에 소요된 비용은 ₩2,000,000이며, 철거 시 수거한 고철 등을 매각하여 ₩300,000을 수령하였다. 건물 신축과 관련하여 20×1년도에 ₩10,000,000의 건설비가 발생하였으며, 건물은 20×1년 12월 초 완공되었다. 신축건물의 추정내용연수는 20년이며, 잔존가치 없이 정액법으로 감가상각한다. 20×1년 말 토지와 건물의 장부금액은 각각 얼마인지 계산하시오.

> **물음 1-2** **물음 1-1**과 관계없이 ㈜호도는 토지와 건물을 일괄 취득하고 건물을 계속 사용하였다. 건물은 정액법을 적용하여 감가상각하였다. 그러나 20×2년 초 더 이상 건물을 사용할 수 없어 이를 철거하고 새로운 건물을 신축하였다. 건물 철거에 소요된 비용은 ₩2,000,000이며, 철거 시 수거한 고철 등을 매각하여 ₩300,000을 수령하였다. 건물 신축과 관련하여 20×2년도에 ₩20,000,000의 건설비가 발생하였으며, 건물은 20×2년 12월 초 완공되었다. 신축건물의 추정내용연수는 20년이며, 잔존가치 없이 정액법으로 감가상각한다. 20×1년 말과 20×2년 말 토지와 건물의 장부금액은 각각 얼마인지 계산하시오.

물음 2 ㈜한국은 20×1년 1월 1일 설립되어 사업을 시작하였다. 아래 자료를 이용하여 다음 물음에 답하시오.

> (1) ㈜한국은 투자부동산에 대해서는 공정가치모형을 적용하며 유형자산에 대해서는 재평가모형을 적용한다.
>
> (2) 20×1년 말과 20×2년 말 재평가로 인한 내용연수와 잔존가치의 변경은 없다.
>
> (3) 재평가모형을 적용하여 장부금액을 조정하는 경우, 기존의 감가상각누계액을 전액 제거하는 방법을 적용한다.
>
> (4) 자산을 사용함에 따라 재평가잉여금의 일부를 이익잉여금으로 대체하는 회계처리방법은 채택하지 않았다.

㈜한국은 20×1년 7월 1일 토지와 건물을 일괄하여 ₩90,000,000에 현금취득하였다. 동 토지와 건물 취득 시 공정가치는 각각 ₩80,000,000과 ₩20,000,000이었다. ㈜한국은 이를 2년 동안 사업에 사용한 후, 철거하고 새 건물을 건축할 예정이다. 건물의 철거비는 ₩5,000,000이 발생할 것으로 추정된다. 20×1년 말 토지의 공정가치는 ₩70,000,000이며, 건물의 공정가치는 취득 시와 동일하다. 건물에 관한 추가 정보는 다음과 같다.

> - 추정잔존가치: ₩0
> - 추정내용연수: 2년
> - 감가상각방법: 체감잔액법(연수합계법)

㈜한국의 20×1년도 포괄손익계산서상 당기순이익과 기타포괄이익에 미친 영향을 구하시오(단, 음의 영향을 미칠 경우 (-)를 숫자 앞에 표시하시오). [공인회계사 2차 2017년]

물음 3 A사는 20×1년에 기계장치 ₩2,000,000을 현금으로 취득하였다. 설치장소 준비원가로 ₩30,000, 조립원가로 ₩20,000을 지출하였다. 동 기계장치 설치와 관련하여 전문가에 지급한 수수료는 ₩5,000이며, 기계장치를 사용할 직원의 교육훈련비로 ₩15,000을 지출하였다. 기계장치는 4월 1일 설치가 완료되었으나, 기계장치가 정상적으로 작동되는지 여부를 시험하는 과정에서 7월 1일부터 사용 가능하게 되었다. 시운전과정에서 원가 ₩4,000이 발생하였으며, 시험과정에서 생산된 시제품은 ₩2,000에 판매하였다. 20×1년 동 기계장치와 관련하여 A사가 인식할 감가상각비를 계산하시오(단, 동 기계장치의 내용연수는 10년, 잔존가치는 0이며 정액법을 사용한다).

물음 4 ㈜세무는 20×1년 1월 1일 기계장치(내용연수 4년, 잔존가치 ₩0, 정액법 상각, 원가모형 적용)를 ₩240,000에 취득하여 기계장치가 정상적으로 작동되는지 여부를 시험한 후 즉시 사용하고 있다. 시험하는 과정에서 시운전비 ₩40,000이 발생하였고, 시험하는 과정에서 생산된 시제품은 시험 종료 후 즉시 전부 판매하고 ₩20,000을 현금으로 수취하였다. ㈜세무는 20×1년 7월 1일 동 기계장치를 재배치하기 위해 운반비 ₩50,000과 설치원가 ₩50,000을 추가 지출하였다. 동 기계장치의 취득원가를 구하시오.

물음 5 ㈜현주는 20×1년 초 제품을 생산하는 데 필수적인 고가의 기계장치를 ₩100,000(잔존가치 0, 내용연수 10년, 정액법)에 구입하여 원가모형으로 평가하고 있으며, 취득금액 중 ₩20,000을 종합검사원가로 별도로 구분하여 인식하였다. ㈜현주는 제품의 품질을 유지하기 위하여 동 기계장치에 대하여 5년마다 정기적인 종합검사를 수행할 예정이다. 그러나 제품에 하자가 발견됨에 따라 20×4년 말 기계장치에 대하여 종합검사를 수행하여 ₩15,000을 지출하였으며, 향후 정기적 종합검사를 3년마다 실시하기로 하였다.

물음 5-1 동 거래가 ㈜현주의 20×4년 당기손익에 미치는 영향은 얼마인가?

물음 5-2 ㈜현주는 20×4년 말 종합검사에서 결함이 발견되어 20×5년 1월부터 3월 말까지 3개월간 수선작업을 위해 기계장치의 운행을 중단하였다. 동 수선작업에 총 소요된 금액은 ₩30,000이며, 동 수선으로 인해 기계장치로 인한 미래경제적효익이 증가될 것으로 기대하지는 않는다. 동 거래가 ㈜현주의 20×5년 당기손익에 미치는 영향은 얼마인가?

물음 5-3 ㈜현주가 20×5년 말 재무상태표에 계상할 동 기계장치에 대한 정보를 아래의 양식에 따라 작성하시오.

	B/S	
유형자산	①	
(감가상각누계액)	(②)	
유형자산 BV	③	

물음 1 **물음 1-1** (1) 토지의 기말장부금액: 50,000,000 + 2,000,000 - 300,000 = 51,700,000

(2) 건물의 기말장부금액: 10,000,000 - 10,000,000/20년 × 1/12 = 9,958,333

물음 1-2 (1) 20×1년 말과 20×2년 말 토지 장부금액: 50,000,000 × 4/5 = 40,000,000

(2) 20×1년 말 건물 장부금액: 50,000,000 × 1/5 - 10,000,000/5년 = 8,000,000

(3) 20×2년 말 건물 장부금액: 20,000,000 - 20,000,000/20년 × 1/12 = 19,916,667

☑ 구건물의 잔여장부금액과 철거비용은 20×2년도 당기비용으로 처리한다.

물음 2 (1) 20×1년 당기순이익에 미친 영향: (-)8,000,000

(2) 20×1년 기타포괄이익에 미친 영향: 8,000,000

회계처리

취득 시	차) 토지[1]	72,000,000	대) 현금	90,000,000
	건물	18,000,000		
	1) 90,000,000 × 80,000,000/(80,000,000 + 20,000,000) = 72,000,000			
기말	차) 재평가손실(N/I)[2]	2,000,000	대) 토지	2,000,000
	차) 감가상각비(N/I)[3]	6,000,000	대) 감가상각누계액	6,000,000
	차) 감가상각누계액	6,000,000	대) 재평가잉여금(OCI)[4]	8,000,000
	건물	2,000,000		
	2) 70,000,000 - 72,000,000 = (-)2,000,000			
	3) 18,000,000 × 2/(1 + 2) × 6/12 = 6,000,000			
	4) 20,000,000 - (18,000,000 - 6,000,000) = 8,000,000			

물음 3 20×1년 감가상각비: 102,950

(1) 기계장치 취득금액: 2,000,000 + 30,000 + 20,000 + 5,000 + 4,000 = 2,059,000

(2) 20×1년 감가상각비: 2,059,000 × 1/10 × 6/12[1] = 102,950

1) 사용 가능한 날(7/1)부터 감가상각한다.

물음 4 기계장치 취득원가: 240,000 + 40,000 = 280,000

☑ 시험과정에서 발생한 시제품의 매각금액과 재배치비용 등은 유형자산의 취득원가에 가산하지 않는다.

물음 5 **물음 5-1** 20×4년 당기손익에 미치는 영향: (-)16,000

(1) 직전 종합검사 처분손실: 20,000 × 4/5 - 20,000 = (-)4,000

(2) 감가상각비: (100,000 - 20,000 - 0)/10년 + 20,000/5년 = (-)12,000

회계처리

20×1년 초	차) 기계장치	100,000	대) 현금	100,000
×1년 말 ~ ×3년 말	차) 감가상각비[1]	12,000	대) 감가상각누계액	12,000
	1) (100,000 - 20,000)/10년 + 20,000/5년 = 12,000			
20×4년 말	차) 감가상각비	12,000	대) 감가상각누계액	12,000
	차) 감가상각누계액	16,000	대) 기계장치	20,000
	처분손실(N/I)	4,000		
	차) 기계장치	15,000	대) 현금	15,000

물음 5-2 20×5년 당기손익에 미치는 영향: (-)43,000

(1) 수선비: (-)30,000

(2) 감가상각비: (100,000 - 20,000 - 0)/10년 + 15,000/3년 = (-)13,000

회계처리

20×5년 수선비 지출 시	차) 수선비	30,000	대) 현금	30,000
20×5년 말	차) 감가상각비	13,000	대) 감가상각누계액	13,000

물음 5-3

		B/S	
유형자산	① 95,000		
(감가상각누계액)	② (45,000)		
유형자산 BV	③ 50,000		

① 100,000 - 20,000 + 15,000 = 95,000

② (80,000 × 5년/10년) + (15,000 × 1년/3년) = (-)45,000

③ 95,000 - 45,000 = 50,000

문제 2   유형자산 취득원가(교환취득) - Level 2

각 물음은 서로 독립적이다.

물음 1 ㈜현주는 차량 A를 ㈜윤돈의 차량 B와 교환하였으며, 추가로 현금 ₩20,000을 지급하였다. 교환 당시 차량 A와 차량 B의 장부금액 및 공정가치는 다음과 같다.

구분	차량 A	차량 B
취득원가	₩500,000	₩1,000,000
감가상각누계액	₩200,000	₩150,000
공정가치	₩250,000	₩270,000

물음 1-1 동 거래가 **상업적 실질이 있는** 교환거래에 해당될 경우, ㈜현주의 차량 B 취득원가와 유형자산 처분손익은 각각 얼마인가?

물음 1-2 동 거래가 **상업적 실질이 있는** 교환거래에 해당될 경우, ㈜현주의 차량 B 취득원가와 유형자산 처분손익은 각각 얼마인가? (단, ㈜현주의 **차량 A의 공정가치를 신뢰성 있게 측정할 수 없다**)

물음 1-3 동 거래가 **상업적 실질이 있는** 교환거래에 해당될 경우, ㈜현주의 차량 B 취득원가와 유형자산 처분손익은 각각 얼마인가? (단, **두 차량의 공정가치를 신뢰성 있게 측정할 수 없다**)

물음 1-4 동 거래가 **상업적 실질이 없는** 교환거래에 해당될 경우, ㈜현주의 차량 B 취득원가와 유형자산 처분손익은 각각 얼마인가?

물음 1-5 동 거래가 **상업적 실질이 없는** 교환거래에 해당하고, ㈜윤돈이 교환시점에 **차량 B에 손상이 발생하였음을 발견한 경우**, ㈜현주와 ㈜윤돈의 차량 취득원가와 유형자산처분손익은 얼마인가? (단, ㈜윤돈이 차량 B를 처분하기 위한 **처분부대원가는 ₩10,000, 사용가치는 ₩250,000으로** 예상된다)

물음 2 A사는 사업다각화를 위하여 신규 사업에 진출하기로 결정해 수도권에 새로운 공장을 건설하기로 하였다. 이에 따라 A사는 20×1년 1월 1일 경기도에 보유하고 있는 **토지를 경기도 소재의 B사 토지와 교환**하였다. B사 토지에는 B사가 사용하던 공장건물이 세워져 있었고, A사는 공장건물을 그대로 사용할 계획이다. 이 토지의 교환거래는 상업적 실질이 있는 거래에 해당되며, 관련 자료는 다음과 같다.

구분	A사의 토지	B사의 토지	B사의 건물
장부금액	₩30,000,000	₩60,000,000	₩15,000,000
공정가치	₩50,000,000	₩90,000,000	₩30,000,000

A사는 상기 교환거래를 하면서 공정가치 차이에 대한 대가로 B사에게 현금 ₩70,000,000을 추가로 지급하였으며, 건물의 증설을 위하여 추가로 ₩5,000,000을 지출하였다. 동 공장건물은 20×1년 7월 1일부터 **가동할 수 있는 상태가 완료**되었으나, 각종 기계장치의 설치가 완료되지 않아 20×1년 말까지 아직 사용하지 못하고 있다. 위 교환거래가 A사의 20×1년도 법인세비용차감전순손익에 얼마의 영향을 미치는가? (단, 공장건물의 추정내용연수는 10년이며 잔존가치는 ₩1,000,000이고 정액법으로 감가상각한다)   유예

물음 1 **물음 1-1** 상업적 실질 ○ + 제공한 자산의 공정가치가 보다 명확

(1) 취득원가: 250,000 + 20,000 = 270,000

(2) 유형자산처분손실: 50,000

1) 1st 처분손익

차)	자산(신규취득자산)	250,000	대)	자산(기존 보유자산)	300,000
		제공한 자산 FV			BV
	처분손실	50,000			
		제공한 자산 FV - BV			

2) 2nd 현금지급액

차)	자산(신규취득자산)	20,000	대)	현금	20,000

물음 1-2 상업적 실질 ○ + 제공받은 자산의 공정가치가 보다 명확

(1) 취득원가: 270,000

(2) 유형자산처분손실: 50,000

• 처분손익 & 현금지급액 동시 고려 시 회계처리

차)	자산(신규취득자산)	270,000	대)	자산(기존 보유자산)	300,000
		1st 취득한 자산 FV			2nd BV
	처분손실	50,000		현금	20,000
		대차차액			3rd 현금지급액

물음 1-3, 4 상업적 실질 × or 자산의 공정가치가 불명확

(1) 취득원가: 320,000

(2) 유형자산처분손익: 0

(3) 회계처리

차)	자산(신규취득자산)	300,000	대)	자산(기존 보유자산)	300,000
		제공한 자산 BV			BV
차)	자산(신규취득자산)	20,000	대)	현금	20,000

물음 1-5 (1) ㈜현주

1) 취득원가: 300,000 + 20,000 = 320,000

2) 유형자산처분손익: -

(2) ㈜윤돈

1) 취득원가: 260,000[1] - 20,000 = 240,000

1) Max[270,000 - 10,000, 250,000] = 260,000

2) 유형자산처분손익: -

물음 2 법인세비용차감전순이익에 미치는 영향: 18,300,000

(1) 교환으로 취득한 토지와 건물의 취득원가

1) 토지: (50,000,000 + 70,000,000) × 90,000,000/120,000,000 = 90,000,000

2) 건물: (50,000,000 + 70,000,000) × 30,000,000/120,000,000 = 30,000,000

(2) 법인세비용차감전순이익에 미치는 영향

유형자산처분이익	50,000,000 - 30,000,000 =	20,000,000
감가상각비	(30,000,000 + 5,000,000 - 1,000,000) ÷ 10년 × 6/12 =	(-)1,700,000
계		18,300,000

차)	B사 토지[1]	37,500,000	대)	A사 토지	30,000,000
	B사 건물[2]	12,500,000		유형자산처분이익	20,000,000
차)	B사 토지	52,500,000	대)	현금	70,000,000
	B사 건물	17,500,000			

1) 50,000,000 × 90,000,000/120,000,000 = 37,500,000

2) 50,000,000 × 30,000,000/120,000,000 = 12,500,000

문제 3 | 유형자산 취득원가 종합(일괄 취득, 국공채매입손실) - Level 2

각 물음은 서로 독립적이다.

물음 1 ㈜진규는 공장을 신축할 목적으로 건물이 있는 토지를 구입하고 현금 ₩600,000을 지급하였다. 이전 소유자는 토지와 건물에 대한 담보로 은행으로부터 ₩400,000을 차입하였으며, 동 차입금은 ㈜진규가 승계하기로 하였다. 취득일 현재 토지와 건물의 공정가치 비율은 9 : 1이며, **건물은 취득과 동시에 철거하였다.** 추가적인 자료는 아래와 같을 때, 토지와 건물의 취득원가는 각각 얼마인가?

---

(1) 이전 소유주의 안전설비 미설치로 인한 범칙금(㈜진규가 대납): ₩10,000

(2) 구건물 철거비용: ₩5,000, 폐자재 처분으로 인한 수입금액: ₩3,000

(3) 토지와 건물 구입 관련 중개수수료: ₩10,000

(4) 건물 철거 후 건축허가시점까지 발생한 토지 임대수익: ₩10,000

(5) 건물의 설계비용: ₩30,000

(6) 토지 취득세와 등기비용: ₩5,000

(7) 토지 재산세 20×1년분: ₩8,000

(8) 토지 정지비용: ₩30,000

(9) 건물 신축을 위한 토지 굴착비용: ₩50,000

(10) 토지 등기를 위하여 취득한 공채 취득금액(취득과 동시에 처분하여 처분손실 ₩3,000 인식)
    : ₩20,000

(11) 건설사업자와의 건설계약금액: ₩500,000

(12) 건물건설현장 파견직원 연간 총급여(파견기간은 8개월): ₩12,000

(13) 공장진입도로 공사비용(추후 지방자치단체에서 유지보수함): ₩18,000

(14) 울타리와 주차장 공사비(내용연수 영구적): ₩20,000

(15) 건물 신축용 차입금의 지급이자(전액 자본화기간 동안 발생한 금액임): ₩30,000

(16) 공장건물 관련 화재보험료(보험기간: 20×1년 7월 1일부터 1년간, 건물은 20×2년 초부터 사용 가능)
    : ₩240,000

물음 2 유형자산 취득과 관련된 부대비용을 취득원가에 포함하는 근거를 약술하시오.

물음 3 A사는 20×1년 초 영업용 건물을 ₩10,000,000에 취득하면서 취득세 ₩100,000을 지출하였다. 동 건물 취득과 관련하여 **3년 만기 국채를 액면금액(₩300,000)으로 의무매입**하였다. 국채의 액면이자율은 5%이고, 이자는 매년 말에 후급한다. A사는 취득한 국채를 AC금융자산으로 분류하였으며 **구입 당시의 시장이자율은 연 12%**이다. 한편, 관련 현가계수는 12%, 3년 현가계수: 0.71178, 12%, 3년 연금현가계수: 2.40183 이다(단, 건물은 잔존가치 0, 내용연수 5년, 정액법으로 상각한다). 동 거래가 A사의 20×1년 당기손익에 미치는 영향은 얼마인가?

풀이

물음 1

구분	토지	건물
현금지급액	600,000	
부채부담액	400,000	
(1) 이전 소유주 범칙금 대납액	10,000	
(2) 구건물 철거비용	5,000	
(2) 폐자재 처분수입	(-)3,000	
(3) 중개수수료	10,000	
(5) 건물 설계비용		30,000
(6) 토지 취득세와 등기비용	5,000	
(8) 토지 정지비용	30,000	
(9) 토지 굴착비용		50,000
(10) 공채할인금액	3,000	
(11) 건설계약금액		500,000
(12) 파견직원 급여[1]		8,000
(13) 집입도로 공사비용	18,000	
(14) 울타리와 주차장 공사비	20,000	
(15) 자본화이자		30,000
(16) 화재보험료		120,000
합계	1,098,000	738,000

1) 12,000 × 8/12개월 = 8,000

물음 2 유형자산회계의 초점은 그 자산을 사용함으로써 획득되는 수익과 발생비용을 대응시켜 적정한 순이익을 결정하는 데 있다. 유형자산은 기업이 영업활동에 장기간 사용할 목적으로 취득한 자산이므로 유형자산을 취득하여 수익창출활동에 사용하기까지 소요된 모든 지출액을 취득원가에 자본화한다. 이를 통해 유형자산으로부터 효익을 제공받는 기간에 걸쳐 수익과 대응되도록 비용으로 배분하여 적정한 순이익을 결정할 수 있다.

물음 3 20×1년 당기손익에 미치는 영향: (-)2,000,141

(1) 국공채 공정가치: 300,000 × 0.71178 + 15,000 × 2.40183 = 249,561

(2) 건물 취득원가: 10,000,000 + 100,000 + (300,000 - 249,561) = 10,150,439

(3) 당기손익에 미치는 영향: 29,947 - 2,030,088 = (-)2,000,141

    1) 이자수익: 249,561 × 12% = 29,947

    2) 감가상각비: (10,150,439 - 0)/5년 = (-)2,030,088

	B/S		I/S	
유형자산	10,150,439		N/I	
			(감가상각비): (-)2,030,088	
AC금융자산 등	249,561		이자수익: 29,947	
			OCI	

회계처리

취득시점	차)	유형자산	10,100,000	대)	현금	10,100,000
	차)	AC금융자산	249,561	대)	현금	300,000
		유형자산	50,439			
기말시점	차)	감가상각비	2,030,088	대)	감가상각누계액	2,030,088
	차)	현금	15,000	대)	이자수익	29,947
		AC금융자산	14,947			

참고

유형자산 취득과 관련하여 국·공채 등을 불가피하게 매입하는 경우 국·공채 매입금액과 공정가치의 차액을 유형자산 취득원가에 가산한다.

문제 4 복구원가(복구시점, 복구충당부채의 재측정, 오류수정) - Level 3

㈜동해는 20×1년 초부터 10년간 해상에서 석유를 채굴할 수 있는 권리를 취득하는 계약을 체결하였다. ㈜동해의 결산일은 매년 12월 31일이며, 관련 자료는 다음과 같다.

(1) 해저구조물은 20×1년 초 ₩1,000,000(내용연수 10년, 잔존가치 0, 정액법 상각)에 취득하였으며, 계약만료 시 석유채굴선을 제거하고 원상복구하는 경우 복구원가는 ₩500,000으로 추정되며, 복구원가의 현재가치는 ₩192,770이다(현재가치를 위한 할인율은 10%).

(2) 해저구조물의 복구원가를 포함한 20×1년 말 공정가치는 ₩1,093,493으로 평가되었으며, 신기술의 개발로 복구원가의 현재가치는 ₩234,397로 추정되었다. 이는 계약 만료시점의 복구원가가 ₩650,000으로 변경되고, 현재가치를 위한 할인율이 12%로 변경되었기 때문이다.

물음 1 ㈜동해가 유형자산에 대해서 원가모형을 적용하고 복구충당부채의 변경도 고려하지 않는다고 가정할 때, 계약기간 만료일인 2×10년에 실제 복구원가 ₩550,000이 발생하였을 경우, 동 거래가 ㈜동해의 2×10년 당기손익에 미치는 영향은 얼마인가?

물음 2 ㈜동해가 유형자산을 원가모형으로 측정하고 복구충당부채의 변경도 고려할 때, 동 거래가 20×2년 당기손익에 미치는 영향은 얼마인가? (단, 소수점 첫째 자리에서 반올림한다)

물음 3 ㈜동해가 유형자산을 재평가모형으로 측정하고 복구충당부채의 변경도 고려할 때, 20×1년 당기손익에 미치는 영향은 얼마인가?

물음 4 위 물음과 별도로 A회사는 20×1년 1월 1일 ₩10,000,000에 토지를 취득하였다. A회사는 토지를 5년간 사용한 후 원상복구를 해야 할 의무를 부담하며, 5년 후 복구비용으로 지출한 금액은 ₩2,000,000으로 추정하였다. 이러한 복구비용은 충당부채의 인식요건을 충족하고, 복구비용의 현재가치 계산에 적용할 할인율은 10%이며, 이후 할인율은 변동하지 않는다고 가정한다(단, 토지 감가상각방법은 정액법이며, 5년 현가계수는 0.62092이다).

물음 4-1 20×1년 1월 1일 A회사가 토지 취득 시 해야 할 회계처리를 하시오.

물음 4-2 20×1년 12월 31일의 회계처리를 하시오.

물음 5 위의 물음과 독립적으로 공인회계사 사나는 20×3년 ㈜JIP의 재무제표에 대한 회계감사를 수임하였다. ㈜JIP는 해양여객운송을 주된 사업목적으로 하며 이를 위한 해양구조물도 설치 운영하고 있다. ㈜JIP는 20×2년 초 해양구조물 설치를 완료한 후 다음 자료에 의하여 회계처리를 하였다.

- 해양구조물의 취득원가: ₩200,000
- 해양구조물의 감가상각: 내용연수 10년, 잔존가치 없음, 정액법 사용

공인회계사 사나는 ㈜JIP의 유형자산에 대한 감사과정 중 해양구조물이 수질오염을 유발할 가능성이 있음을 발견하였다. 이 구조물의 경제적 사용이 종료된 후 지출될 **원상회복원가를 할인율 6%로 취득시점의 현재가치로 환산하면 ₩50,000**이다. 공인회계사 사나는 이러한 사실을 반영하여 ㈜JIP에 재무제표 수정을 요청하였다. ㈜JIP는 **소급법을 적용**하려고 한다. 동 오류수정이 ㈜JIP의 **20×2년 이익잉여금과 20×3년 당기순이익에 미치는 영향**은 얼마인가? [유예]

→ |풀이|

물음 1

2×10년 당기손익에 미치는 영향 (-)214,732	감가상각비: (1,000,000 + 192,770 - 0)/10 = (-)119,277
	이자비용: (500,000/1.1) × 10% = (-)45,455
	복구공사손실: 500,000 - 550,000 = (-)50,000

물음 2

구분		회계처리			
변경시점	복구충당부채 증가	차) 유형자산	22,350	대) 복구충당부채	22,350
	복구충당부채 감소	- 회계처리 없음 -			
20×2년 결산일		차) 감가상각비	121,760	대) 감가상각누계액	121,760
		차) 복구충당부채전입액	28,128	대) 복구충당부채	28,128

(1) 복구충당부채 변경액: PV(변경된 복구원가) by 변경 시 R_2 - PV(변경 전 복구원가) by 취득 시 R_1

    : 234,397 - 192,770 × 1.1 = 22,350

(2) 변경 후 Dep: (변경 전 유형자산 BV + 복구충당부채 변경액 - 잔존가치)/잔존내용연수(정액법 가정 시)

    : (1,192,770 - 119,277 + 22,350 - 0)/9 = (-)121,760

(3) 복구충당부채전입액: PV(변경된 복구원가) by 변경 시 R_2 × 변경 시 R_2

    : 234,397 × 12% = (-)28,128

(4) 20×2년 당기손익에 미치는 영향: (121,760) + (28,128) = (-)149,888

물음 3

20×1년 당기손익에 미치는 영향 (-)140,904	감가상각비: (1,000,000 + 192,770 - 0)/10 = (-)119,277
	이자비용: (192,770) × 10% = (-)19,277
	재평가손실: (22,350) + 20,000 = (-)2,350

구분		회계처리			
변경시점	복구충당부채 증가	차) 재평가잉여금(OCI)	20,000	대) 복구충당부채	22,350
			2nd BV		1st
		재평가손실(N/I)	2,350		
			대차차액		
	복구충당부채 감소	- 회계처리 없음 -			

(1) 복구충당부채 변경액: PV(변경된 복구원가) by 변경 시 R_2 - PV(변경 전 복구원가) by 취득 시 R_1

    : 234,397 - 192,770 × 1.1 = 22,350

(2) 복구충당부채 변경 전 재평가잉여금: 1,093,493 - (1,192,770 - 119,277) = 20,000

물음 4 **물음 4-1** 회계처리

20×1년 1월 1일	차) 토지	11,241,840	대) 현금	10,000,000
			복구충당부채[1]	1,241,840
	1) 2,000,000 × 0.62092 = 1,241,840			

물음 4-2 회계처리

20×1년 12월 31일	차) 감가상각비[1]	248,368	대) 토지	248,368
	차) 이자비용	124,184	대) 복구충당부채	124,184
	1) 1,241,840/5년 = 248,368			

물음 5 (1) 20×2년 이익잉여금에 미치는 영향: (−)8,000

(2) 20×3년 당기순이익에 미치는 영향: (−)8,180

1) 복구비용을 충당부채로 인식하여 취득원가에 산입한 것에 대한 오류수정분개

차) 해양구조물	50,000	대) 복구충당부채	50,000
차) 이익잉여금[1]	3,000	대) 복구충당부채	6,180
복구충당부채전입액[2]	3,180		

1) 20×2년분: 50,000 × 6% = 3,000
2) 20×3년분: 53,000 × 6% = 3,180

2) 복구비용의 취득원가 산입에 따른 감가상각비에 대한 오류수정분개

차) 이익잉여금	5,000	대) 감가상각누계액	10,000
감가상각비	5,000		

1. 회사의 B/S, I/S

B/S			I/S	
구축물	200,000		감가상각비	20,000
감가상각누계액	(40,000)			
	160,000			

2. 올바른 B/S, I/S

B/S			I/S	
구축물	250,000	복구충당부채 56,180	감가상각비	25,000
감가상각누계액	(50,000)		이자비용	3,180
	200,000			

문제 5	복구충당부채의 재측정 - Level 4

각 물음은 서로 독립적이다.

A사는 경주시 소유의 토지에 5년간 방사선폐기물 매립장을 설치하고 이를 이용하는 계약을 체결하였다. 동 계약에 따르면 5년의 계약기간 종료 후 A사는 토지를 원상회복해야 할 의무를 부담하기로 되어 있다. 방사선폐기물 매립장은 20×1년 1월 1일 ₩3,000,000에 설치가 완료되어 사용하기 시작하였으며, 동 일자로 추정한 원상회복을 위한 지출액은 ₩500,000으로 추정하였다. 그러나 20×1년 12월 31일에 기술발전의 결과로서 미래 복구비용이 ₩400,000으로 감소할 것으로 추정하였다. 방사선폐기물 매립장의 잔존가치는 없으며 정액법으로 상각한다.

부채의 특유위험과 화폐의 시간가치에 대한 현행시장의 평가를 반영한 세전이자율은 20×1년 1월 1일, 20×1년 12월 31일, 20×2년 12월 31일에 각각 10%, 12%, 8%이다. 현가계수는 다음과 같다.

구분	1년	2년	3년	4년	5년
8%	0.92593	0.85734	0.79383	0.73503	0.68058
10%	0.90909	0.82645	0.75131	0.68301	0.62092
12%	0.89286	0.79719	0.71178	0.63552	0.56743

물음 1 A사는 방사선폐기물 매립장에 대해 원가모형을 적용하고 있다. 이 경우 아래의 표를 채우시오.

구분	20×1년	20×2년
감가상각비	①	⑤
이자비용	②	⑥
기말구축물의 장부금액	③	⑦
기말복구충당부채의 장부금액	④	⑧

물음 2 A사가 방사선폐기물 매립장에 대해 재평가모형을 적용(누계액제거법을 사용하고 사용기간 동안 재평가잉여금을 이익잉여금으로 대체하지 않음)하고 있다. 20×1년 말과 20×2년 말 구축물의 공정가치가 각각 ₩2,850,000과 ₩1,400,000이라고 할 때, 아래의 표를 채우시오(단, 음수의 경우 '(-)'표시를 붙이시오).

구분	20×1년	20×2년
당기손익에 미친 영향	①	⑤
기타포괄손익에 미친 영향	②	⑥
기말구축물의 장부금액	③	⑦
기말복구충당부채의 장부금액	④	⑧

--| 풀이 |--

물음 1

구분	20×1년	20×2년
감가상각비	① 662,092	⑤ 640,268
이자비용	② 31,046	⑥ 30,505
기말구축물의 장부금액	③ 2,561,070	⑦ 1,953,621
기말복구충당부채의 장부금액	④ 254,208	⑧ 317,532

회계처리

20×1년 초	차) 구축물 3,310,460	대) 현금 3,000,000 복구충당부채[1] 310,460	
	1) 500,000 × 0.62092 = 310,460		
20×1년 말	차) 감가상각비[2] 662,092 차) 이자비용[3] 31,046 차) 복구충당부채[4] 87,298	대) 감가상각누계액 662,092 대) 복구충당부채 31,046 대) 구축물 87,298	
	2) 3,310,460/5 = 662,092 3) 310,460 × 10% = 31,046 4) (310,460 + 31,046) - 400,000 × 0.63552 = 87,298		
20×2년 말	차) 감가상각비[5] 640,268 차) 이자비용[6] 30,505 차) 구축물[7] 32,819	대) 감가상각누계액 640,268 대) 복구충당부채 30,505 대) 복구충당부채 32,819	
	5) 2,561,070/4 = 640,268 6) 254,208 × 12% = 30,505 7) 400,000 × 0.79383 - (254,208 + 30,505) = 32,819		

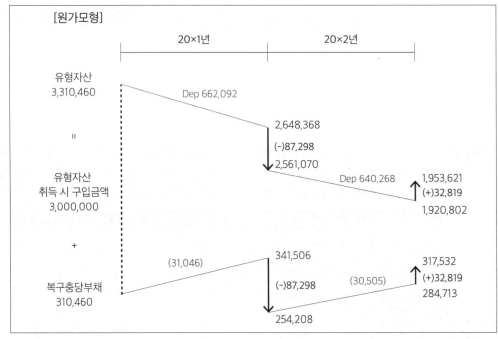

[원가모형]

물음 2

구분	20×1년	20×2년
당기손익에 미친 영향	① (-)693,138	⑤ (-)1,224,394
기타포괄손익에 미친 영향	② 288,930	⑥ (-)288,930
기말구축물의 장부금액	③ 2,850,000	⑦ 1,400,000
기말복구충당부채의 장부금액	④ 254,208	⑧ 317,532

회계처리

20×1년 초	차)	구축물	3,310,460	대)	현금 복구충당부채	3,000,000 310,460
20×1년 말	차) 차) 차) 차)	감가상각비 이자비용 감가상각누계액 복구충당부채	662,092 31,046 662,092 87,298	대) 대) 대) 대)	감가상각누계액 복구충당부채 재평가잉여금[1)] 구축물 재평가잉여금	662,092 31,046 201,632 460,460 87,298
	1) 2,850,000 - (3,310,460 - 662,092) = 201,632					
20×2년 말	차) 차) 차) 차)	감가상각비[2)] 이자비용 감가상각누계액 재평가잉여금 재평가손실 재평가손실[3)]	712,500 30,505 712,500 288,930 448,570 32,819	대) 대) 대) 대)	감가상각누계액 복구충당부채 구축물 복구충당부채	712,500 30,505 1,450,000 32,819
	2) 2,850,000/4 = 712,500					
	3) 400,000 × 0.79383 - (254,208 + 30,505) = 32,819					

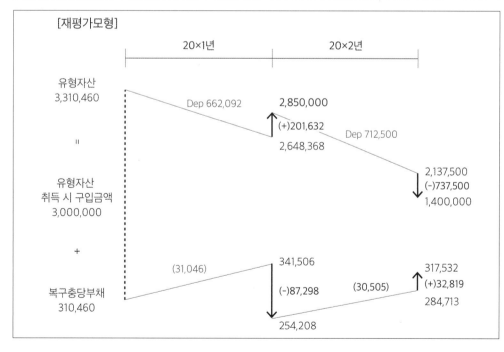

[재평가모형]

III | 정부보조금

<table>
<tr><td>문제 6</td><td>정부보조금(자산차감법과 이연수익법의 비교, 손상차손, 상환의무가 있는 정부보조금) - Level 2</td></tr>
</table>

12월 말 결산법인인 ㈜하늘은 20×1년 1월 1일 기계장치를 ₩100,000에 취득하였다. 기계장치의 취득과 관련하여 ㈜하늘은 **정부로부터 ₩45,000을 보조받아 충당**하였다. 기계장치의 경제적 내용연수는 5년, 잔존가치는 ₩10,000, 감가상각방법은 정액법이다.

물음 1 20×1년 12월 31일에 ㈜하늘이 해야 할 회계처리를 하시오(단, ㈜하늘은 **정부보조금을 관련 자산에서 차감**하는 방식을 사용하고 있다).

물음 2 ㈜하늘이 20×2년 6월 30일에 동 기계장치를 ₩60,000에 처분하였을 경우, (1) 정부보조금을 관련 자산에서 차감하는 방식과 (2) 정부보조금을 이연수익으로 처리하는 방식에 해야 할 회계처리를 각각 보이시오.

물음 3 **물음 2**와 독립적으로 ㈜하늘이 20×2년 초에 정부보조금을 상환하였다고 할 경우, (1) 정부보조금을 관련 자산에서 차감하는 방식과 (2) 정부보조금을 이연수익으로 처리하는 방식에 해야 할 회계처리를 각각 보이시오.

물음 4 위의 물음과 독립적으로 ㈜하늘이 동 유형자산에 대하여 **이중체감법으로 감가상각**한다고 할 경우, 20×2년 포괄손익계산서에 계상될 감가상각비를 계산하시오(단, ㈜하늘은 **정부보조금을 관련 자산에서 차감하는 방식**을 사용하고 있다).

물음 5 위의 물음과 독립적으로 20×1년 중 ㈜하늘의 기계장치가 손상징후를 보였으며, 20×1년 말의 회수가능액은 ₩50,000으로 **추정**된다고 할 경우 유형자산손상차손으로 인식할 금액을 계산하시오.

물음 6 위의 **물음 5**에 이어서 동 기계장치의 20×2년 말 회수가능액이 ₩70,000으로 **추정**된다고 할 경우, 동 기계장치가 20×2년 ㈜하늘의 당기손익에 미치는 영향은 얼마인가?

물음 7 위의 물음과 독립적으로 ㈜하늘은 20×1년 1월 1일 경제적 내용연수 5년, 잔존가치 ₩0인 기계장치를 ₩200,000에 취득하였다. 기계장치 취득과 관련하여 ㈜하늘은 **정부로부터 ₩100,000을 수령하고 동 차입금을 20×5년 말에 상환하여야 하며, 매년 말 액면이자율 2%를 지급하는 조건**이며 20×1년 1월 1일 구입 당시의 **시장이자율은 10%**이다. 이 경우, ㈜하늘의 20×1년 당기손익에 미치는 영향은 얼마인가? (단, 이자율 10%, 5기간 ₩1의 현가는 0.6209, 정상연금 ₩1의 현가는 3.7908이며 기계장치의 감가상각방법은 정액법이며 잔존가치는 없다)

물음 1 회계처리

20×1년 12월 31일	차) 감가상각비[1] 차) 정부보조금[2]	18,000 9,000	대) 감가상각누계액 대) 감가상각비	18,000 9,000
	1) (100,000 - 10,000)/5년 = 18,000			
	2) 18,000 × 45,000/(100,000 - 10,000) = 9,000			

물음 2 (1) 정부보조금을 관련 자산에서 차감하는 방식 회계처리

20×2년 6월 30일	차) 감가상각비[1] 차) 정부보조금[2] 차) 현금 감가상각누계액[3] 정부보조금[4]	9,000 4,500 60,000 27,000 31,500	대) 감가상각누계액 대) 감가상각비 대) 기계장치 유형자산처분이익	9,000 4,500 100,000 18,500
	1) 18,000 × 6/12 = 9,000			
	2) 9,000 × 6/12 = 4,500			
	3) 18,000 + 9,000 = 27,000			
	4) 45,000 - 9,000 - 4,500 = 31,500			

(2) 정부보조금을 이연수익으로 처리하는 방식 회계처리

20×2년 6월 30일	차) 감가상각비 차) 이연수익 차) 현금 감가상각누계액 유형자산처분손실 차) 이연수익	9,000 4,500 60,000 27,000 13,000 31,500	대) 감가상각누계액 대) 정부보조금수익 대) 기계장치 대) 정부보조금수익	9,000 4,500 100,000 31,500

물음 3 (1) 정부보조금을 관련 자산에서 차감하는 방식 회계처리

20×2년 초	차) 정부보조금 감가상각비	36,000 9,000	대) 현금	45,000

(2) 정부보조금을 이연수익으로 처리하는 방식 회계처리

20×2년 초	차) 이연수익 보조금상환손실	36,000 9,000	대) 현금	45,000

☑ 상환의무가 발생하게 된 정부보조금은 회계추정의 변경으로 회계처리한다. 보조금이 없었더라면 현재까지 당기손익으로 인식했어야 하는 추가 감가상각누계액은 즉시 당기비용으로 인식한다.

물음 4 20×2년 포괄손익계산서상 감가상각비: 24,000 - 12,000 = 12,000

(1) 20×1년 감가상각비: (100,000 - 0) × 2/5 = 40,000

(2) 20×2년 감가상각비: (100,000 - 40,000) × 2/5 = 24,000

(3) 20×2년 정부보조금상계액: 24,000 × 45,000/(100,000 - 10,000) = 12,000

물음 5 유형자산손상차손으로 인식될 금액: 32,000

회계처리

20×1년 말	차)	감가상각비	18,000	대)	감가상각누계액	18,000
	차)	정부보조금	9,000	대)	감가상각비	9,000
	차)	손상차손[1]	32,000	대)	손상차손누계액	32,000
1) 100,000 - 18,000 - 50,000 = 32,000						

참고

다음과 같은 견해도 있다.

회계처리

20×1년 말	차)	감가상각비	18,000	대)	감가상각누계액	18,000
	차)	정부보조금	9,000	대)	감가상각비	9,000
	차)	손상차손	32,000	대)	손상차손누계액	32,000
	차)	정부보조금	16,000	대)	손상차손[2]	16,000
2) 32,000 × 45,000/(100,000 - 10,000) = 16,000						

물음 6 20×2년 당기손익에 미치는 영향: (10,000) + 9,000 + 24,000 = 23,000

(1) 20×2년 손상 후 감가상각비: (50,000 - 10,000) ÷ (5 - 1)년 = (-)10,000

(2) 20×2년 정부보조금상계액: 10,000 × (45,000 - 9,000)/(50,000 - 10,000) = 9,000

(3) 손상차손환입: Min[70,000, (82,000 - 18,000)] - (50,000 - 10,000) = 24,000

    ☑ 유형자산의 손상차손을 인식하는 경우 정부보조금 차감 전 장부금액을 기준으로 손상차손을 인식하고, 정부보조금은 변경된 장부금액에 대한 새로운 감가상각비의 비율을 이용하여 환입을 수행하는 것이 타당하다

물음 7 20×1년 당기손익에 미치는 영향: (33,934) + (6,967) = (-)40,901

(1) 정부보조금: 100,000 - (100,000 × 0.6209 + 2,000 × 3.7908) = 30,328

(2) 감가상각비: (200,000 - 30,328 - 0)/5 = (-)33,934

(3) 이자비용: 69,672 × 10% = (-)6,967

문제 7 정부보조금(손상차손과 감가상각) - Level 3

각 물음은 서로 독립적이다.

물음 1 ㈜한국은 20×1년 1월 1일 설립되어 사업을 시작하였다. ㈜한국은 유형자산에 대해서 원가모형을 적용한다. ㈜한국은 20×1년 7월 1일 정부보조금 ₩90,000(상환의무 없음)을 현금 지원받아 동 일자에 기계장치를 ₩500,000에 현금취득하였다. ㈜한국은 수취한 정부보조금을 관련 자산차감법으로 회계처리한다. 20×1년 말 현재 동 기계장치의 순공정가치는 ₩400,000, 사용가치는 ₩420,000이며, 손상차손의 인식요건을 충족한다. 기계장치에 관한 추가 정보는 다음과 같다.

- 추정잔존가치: ₩50,000
- 추정내용연수: 3년
- 감가상각방법: 정액법

㈜한국의 20×1년도 포괄손익계산서상 당기순이익과 기타포괄이익에 미친 영향을 구하시오(단, 음의 영향을 미칠 경우 (-)를 숫자 앞에 표시하시오). [공인회계사 2차 2017년]

물음 2 A회사는 방위산업에 종사하고 있는 회사로 20×1년 방위산업설비 취득 시 설비자금의 일부인 ₩1,000,000을 20×1년 7월 1일 정부로부터 현금지원받았다.

(1) 유형자산의 취득일은 20×1년 10월 1일이고, 유형자산의 취득원가는 ₩4,000,000, 내용연수는 5년이며, 잔존가치는 ₩200,000으로 추정된다.

(2) A회사는 해당 유형자산을 20×4년 9월 30일 ₩1,600,000에 처분하였다.

A회사가 감가상각방법을 정액법으로 하는 경우와 연수합계법으로 하는 경우, 45%의 정률법으로 수행하는 각 경우에 동 거래가 A회사의 20×4년 당기손익에 미친 영향을 각각 계산하시오(단, 회사는 정부보조금을 수령한 경우 이를 부채로 분류하여 인식하고 있다).

→ | 풀이 |

물음 1 (1) 20×1년 당기순이익에 미친 영향: (-)65,000

(2) 20×1년 기타포괄이익에 미친 영향: 0

회계처리

20×1년 말	차)	감가상각비[1]	75,000	대)	감가상각누계액	75,000
	차)	정부보조금[2]	15,000	대)	감가상각비	15,000
	차)	손상차손[3]	5,000	대)	손상차손누계액	5,000

1) (500,000 - 50,000)/3 × 6/12 = 75,000
2) 75,000 × 90,000/(500,000 - 50,000) = 15,000
3) (500,000 - 75,000) - Max[420,000, 400,000] = 5,000

참고

견해에 따라 아래와 같이 회계처리할 수도 있다.

회계처리

20×1년 말	차)	감가상각비[4]	75,000	대)	감가상각누계액	75,000
	차)	정부보조금[5]	15,000	대)	감가상각비	15,000
	차)	손상차손[6]	5,000	대)	손상차손누계액	5,000
	차)	정부보조금[7]	1,000	대)	손상차손	1,000

4) (500,000 - 50,000)/3 × 6/12 = 75,000
5) 75,000 × 90,000/(500,000 - 50,000) = 15,000
6) (500,000 - 75,000) - Max[420,000, 400,000] = 5,000
7) 5,000 × 90,000/(500,000 - 50,000) = 1,000

물음 2 (1) 정액법인 경우

　　1) 20×4년 초 유형자산 BV: 4,000,000 - (4,000,000 - 200,000) × 27/60개월 = 2,290,000

　　2) 20×4년 초 이연수익 BV: 1,000,000 - 1,000,000 × 27/60개월 = 550,000

　　3) 당기손익에 미친 영향: 처분이익(1,600,000 - 2,290,000) + 보조금수익 550,000 = (-)140,000

(2) 연수합계법인 경우

　　1) 20×4년 초 유형자산 BV: 4,000,000 - (4,000,000 - 200,000) × (5 + 4 + 3 × 3/12)/15 = 1,530,000

　　2) 20×4년 초 이연수익 BV: 1,000,000 - 1,000,000 × (5 + 4 + 3 × 3/12)/15 = 350,000

　　3) 당기손익에 미친 영향: 처분이익(1,600,000 - 1,530,000) + 보조금수익 350,000 = 420,000

(3) 정률법인 경우

　　1) 20×4년 초 감가상각누계액: 450,000 + 1,597,500 + 878,625 = 2,926,125

　　　① 20×1년 말 감가상각비: (4,000,000 - 0) × 45% × 3/12 = 450,000

　　　② 20×2년 말 감가상각비: (4,000,000 - 450,000) × 45% = 1,597,500

　　　③ 20×3년 말 감가상각비: (4,000,000 - 450,000 - 1,597,500) × 45% = 878,625

　　2) 20×4년 초 유형자산 BV: 4,000,000 - 2,926,125 = 1,073,875

　　3) 20×4년 초 이연수익 BV: 1,000,000 - 2,926,125 × 1,000,000/(4,000,000 - 200,000) = 229,967

　　4) 당기손익에 미친 영향: 처분이익(1,600,000 - 1,073,875) + 보조금수익 229,967 = 756,092

　　☑ 문제에서 당기순이익을 물어봤으므로 20×4년 초부터 20×4년 9월 30일까지의 감가상각은 고려하지 않고 20×4년 초 BV를 기준으로 처분손익을 구하여도 당기손익에 미치는 영향은 동일하다.

문제 8 정부보조금(정부보조금 기타, 정부보조금과 재평가) - Level 3

아래의 물음은 서로 독립적이다.

물음 1 ㈜포도는 20×1년 12월 초 인턴사원 급여에 대하여 **정부로부터 보조금 ₩200,000을 수령**하였다. 정부보조금은 **20×1년 12월분 급여 ₩200,000**과 **20×2년 1월분 급여 ₩200,000의 일부에 대한 보조**이다. 회사는 매월 말 급여를 지급하며, 12월 31일 인턴사원에 대한 급여 ₩200,000을 지급하였다. 인턴사원의 급여에 대한 정부보조금의 회계처리를 서술하시오.

물음 2 ㈜하늘은 원자재를 저가에 공급하기 위해서 판매가격을 제조원가보다 낮게 하는 판매정책을 채택함으로써, 과거손실을 보전해주는 **₩300,000의 상환의무가 없는 정부보조금**을 추가로 수령하였다. 정부보조금수령 시 회계처리를 나타내시오.

물음 3 ㈜사과는 20×1년 중 발생한 지진으로 인해 재고자산이 소실되었으며, 이에 대한 보전을 목적으로 회사가 아직 납부하지 못한 전기 당기법인세부채 ₩100,000을 감면받았다. 당기법인세부채 감면에 대한 회계처리를 나타내시오.

물음 4 정부로부터 무상으로 수령하는 자산을 회계처리하는 방법에 있어서 기타수익으로 회계처리하지 않고 이연수익법과 관련 자산차감법으로 회계처리하는 이론적 근거를 설명하시오.

물음 5 12월 말 결산법인인 ㈜참외는 20×1년 초 사업을 위하여 필요한 기계장치를 ₩1,000,000에 취득하였다. 회사는 관련 법규에 따라 동 기계장치 구입을 목적으로 정부로부터 **₩400,000의 상환의무가 없는 정부보조금을 수취**하였다. 동 기계장치는 내용연수 5년, 정액법으로 상각하며, 잔존가치는 없다. ㈜참외는 정부보조금을 관련 계정과목에서 차감하거나 차감 표시하는 방법을 적용하고, 동 기계장치에 재평가모형을 적용한다. 재평가 회계처리는 기존의 감가상각누계액을 제거하여 자산의 순장부금액이 되도록 수정하는 방법을 사용한다. 동 기계장치의 공정가치는 아래와 같다.

구분	20×1년 말	20×2년 말
공정가치	₩960,000	₩510,000

자산을 사용하는 동안 재평가잉여금을 이익잉여금으로 대체하지 않는 경우 아래의 금액들을 구하시오.

구분		20×1년 말	20×2년 말
포괄손익계산서	당기순이익에 미친 영향		
	기타포괄손익에 미친 영향		
재무상태표	재평가잉여금		

물음 1 수익 관련 보조금은 이연수익(부채)으로 처리한 후 관련 원가를 비용으로 인식할 때 수익으로 인식하거나 관련 비용에서 차감할 수 있다.

(1) 수익으로 인식 시 회계처리

20×1년 12월 초	차) 현금	200,000	대) 이연수익	200,000
20×1년 12월 31일	차) 급여	200,000	대) 현금	200,000
	차) 이연수익	100,000	대) 정부보조금수익	100,000

(2) 비용으로 인식 시 회계처리

20×1년 12월 초	차) 현금	200,000	대) 이연수익	200,000
20×1년 12월 31일	차) 급여	200,000	대) 현금	200,000
	차) 이연수익	100,000	대) 급여	100,000

물음 2 회계처리

정부보조금 수령 시	차) 현금	300,000	대) 정부보조금수익[1]	300,000

1) 이미 발생한 비용이나 손실에 대한 보전 또는 향후의 관련 원가 없이 기업에 제공되는 즉각적인 금융지원으로 수취하는 정부보조금은 수취할 권리가 발생한 기간에 수익으로 인식한다.

물음 3 회계처리

20×1년 말	차) 당기법인세부채	100,000	대) 정부보조금수익[1]	100,000

1) 이미 발생한 비용이나 손실에 대한 보전 또는 향후의 관련 원가 없이 기업에 제공되는 즉각적인 금융지원으로 수취하는 정부보조금은 수취할 권리가 발생한 기간에 수익으로 인식한다. 또한 보조금을 수취하는 방법은 보조금에 적용되는 회계처리방법에 영향을 미치지 않는다. 따라서 **보조금을 현금으로 수취하는지 또는 정부에 대한 부채를 감소시키는지에 관계없이 동일한 방법으로 회계처리한다**

물음 4 자산수증이익을 자산 취득시점에 인식하지 않고, 증여받은 자산의 내용연수에 걸쳐 자산을 사용하여 효익이 창출되는 기간에 수익으로 인식하는 것으로 수익·비용 대응의 원칙에 부합한다.

물음 5	구분		20×1년 말	20×2년 말
포괄손익계산서	당기순이익에 미친 영향		(-)120,000	(-)210,000
	기타포괄손익에 미친 영향		160,000	(-)160,000
재무상태표	재평가잉여금		160,000	0

(1) 20×1년 감가상각비: 1,000,000 ÷ 5년 = 200,000

(2) 20×1년 정부보조금상계액: 200,000 × 400,000/(1,000,000 - 0) = 80,000

(3) 20×1년 재평가잉여금: 960,000 - (1,000,000 - 200,000) = 160,000

(4) 20×2년 감가상각비: 960,000 ÷ (5 - 1)년 = 240,000

(5) 20×2년 정부보조금상계액: 240,000 × (400,000 - 80,000)/(960,000 - 0) = 80,000

   별해 400,000 ÷ 5년 = 80,000

(6) 20×2년 재평가손실: 510,000 - (960,000 - 240,000) + 160,000 = (-)50,000

   ⇒ 정부보조금이 있는 유형자산에 재평가모형을 적용할 때도 정부보조금이 없을 경우와 동일하게 재평가모형을 적용
   하여 재평가손익을 계산한다. 또한 재평가 이후 감가상각과 상계하는 정부보조금은 재평가 이후 시점의 정부보조
   금잔액과 유형자산의 감가상각대상금액을 기준으로 하여 산정한다. 그러므로 정부보조금은 재평가손익에는 영향
   을 미치지 않는다.

회계처리

20×1년 초	차) 현금	400,000	대) 정부보조금	400,000
	차) 기계장치	1,000,000	대) 현금	1,000,000
20×1년 말	차) 감가상각비	200,000	대) 감가상각누계액	200,000
	차) 정부보조금	80,000	대) 감가상각비	80,000
	차) 감가상각누계액	200,000	대) 기계장치	40,000
			재평가잉여금	160,000
20×2년 말	차) 감가상각비	240,000	대) 감가상각누계액	240,000
	차) 정부보조금	80,000	대) 감가상각비	80,000
	차) 감가상각누계액	240,000	대) 기계장치	450,000
	재평가잉여금	160,000		
	재평가손실	50,000		

[자산차감법 사용 시 B/S]

	B/S	×1년 말		B/S	×2년 말
기계장치	960,000		기계장치	510,000	
정부보조금	(320,000)		정부보조금	(240,000)	
		재평가잉여금 160,000			

㈜대한의 유형자산과 관련된 다음의 <자료>를 이용하여 각 물음에 답하시오. [공인회계사 2차 2023년]

<자료>

(1) ㈜대한은 20×1년 1월 1일 주유소사업을 시작하면서 동 일자로 다음의 자산을 취득하였다.

(단위: ₩)

자산항목	취득금액	내용연수	잔존가치
주유기계	50,000,000	5년	10,000,000
저유설비	15,000,000	3년	3,000,000
배달트럭	12,000,000	4년	2,000,000

(2) 주유기계는 인공지능이 탑재된 설비로 정부산하 인공지능사업단으로부터 ₩20,000,000을 지원받아 취득하였다. 보조금에 대한 상환의무는 없고, 보조금은 자산의 장부금액 계산 시 차감하는 방법으로 회계처리한다.

(3) ㈜대한은 저유설비의 허가를 받으면서 저유설비의 내용연수 종료 시에 저유설비와 관련된 환경복구공사를 이행해야 하는 법적의무를 부여받았다. 복구의무는 충당부채의 인식요건을 충족하며, 종료시점에 소요되는 복구원가는 저유설비 취득원가의 50%로 추정된다. 복구원가를 현재가치로 계상하기 위해 적용할 할인율은 연 10%이다(3기간, 이자율 10%, 단일금액 ₩1의 현재가치는 ₩0.7513148이다).

(4) 배달트럭의 주요 부품인 타이어는 2년마다 교체해야 할 것으로 추정하고 있다. 타이어 가격은 ₩5,000,000 (잔존가치는 없으며, 취득 시에는 배달트럭원가에 포함되어 있음)이며, 배달트럭을 구성하는 타이어의 원가가 배달트럭 전체 원가에 비교하여 유의적이라고 가정한다.

(5) ㈜대한의 모든 자산은 정액법으로 감가상각을 하고 있으며, 원가모형을 적용하고 있다.

(6) 계산과정에서 발생하는 소수점은 소수점 아래 첫째 자리에서 반올림한다(예 1,029.6은 1,030으로 계산).

물음 1 ㈜대한이 20×1년도 포괄손익계산서에 계상해야 할 감가상각비를 감가상각대상 자산 항목별로 구분하여 기재하시오.

물음 2 20×3년 7월 1일에 주유기계를 ₩25,000,000에 처분하였을 경우 주유기계처분손익을 계산하시오. 단, 처분손실이 발생할 경우 금액 앞에 (-)를 표시하시오.

주유기계처분손익	①

물음 3 저유설비와 관련하여 20×3년 말 실제 복구원가는 ₩7,000,000이었다. 20×3년도 ㈜대한의 저유설비와 관련한 회계처리가 20×3년도 포괄손익계산서상 당기순이익에 미치는 영향을 계산하시오. 단, 당기순이익이 감소하는 경우 금액 앞에 (-)를 표시하시오.

당기순이익에 미치는 영향	①

물음 1 (1) 주유기계 감가상각비: (50,000,000 - 20,000,000 - 10,000,000) ÷ 5년 = 4,000,000

(2) 저유설비 감가상각비: 5,878,287

회계처리

20×1년 초	차) 저유설비	20,634,861	대) 현금	15,000,000
			복구충당부채[1]	5,634,861
	1) 15,000,000 × 50% × 0.7513148 = 5,634,861			
20×1년 말	차) 감가상각비[2]	5,878,287	대) 감가상각누계액	5,878,287
	차) 이자비용[3]	563,486	대) 복구충당부채	563,486
	2) (20,634,861 - 3,000,000) ÷ 3년 = 5,878,287			
	3) 5,634,861 × 10% = 563,486			

(3) 배달트럭 감가상각비: (12,000,000 - 5,000,000 - 2,000,000) ÷ 4년 + 5,000,000 ÷ 2년 = 3,750,000

☑ 유형자산을 구성하는 일부의 원가가 당해 유형자산의 전체 원가에 비교하여 유의적이라면, 해당 유형자산을 감가상각할 때 그 부분은 별도로 구분하여 감가상각한다.

물음 2

주유기계처분손익	① 5,000,000

(1) 20×3년 7월 1일 주유기계 장부금액: (50,000,000 - 20,000,000) - 4,000,000 × 2.5년 = 20,000,000

(2) 주유기계처분이익: 25,000,000 - 20,000,000 = 5,000,000

물음 3

당기순이익에 미치는 영향	① (-)6,060,105

(1) 20×3년 감가상각비: (20,634,861 - 3,000,000) ÷ 3년 = (-)5,878,287

(2) 20×3년 이자비용: 5,634,861 × 1.1^2 × 10% = (-)681,818

(3) 20×3년 복구공사이익: (-)7,000,000 + 15,000,000 × 50% = 500,000

(4) 당기순이익에 미치는 영향: (1) + (2) + (3) = (-)6,060,105

문제 10 감가상각 및 손상차손 - Level 2

20×1년 1월 1일 영업을 시작한 K회사의 유형자산 내역은 다음과 같다. K회사의 결산일은 매년 12월 31일이다.

> (1) 20×1년 1월 1일 토지 A와 건물 A를 취득하고 ₩812,500을 지급하였다. 취득 당시의 공정가치는 토지 A ₩72,000, 건물 A ₩828,000이었다.
>
> (2) 20×1년 7월 1일 기계 A를 ₩300,000에 구입하였다. 이 기계의 잔존가치는 ₩30,000이고, 내용연수는 5년이다.
>
> (3) 20×1년 1월 1일 기계 B를 취득하면서 ₩4,000을 먼저 지급하고, 잔금은 20×1년 12월 31일부터 매년 ₩4,000씩 3년간 분할 상환하기로 하였다. 유효이자율은 연 8%이다(할인율이 8%인 경우 ₩1의 3년 현가는 0.79383이며, 연금현가는 2.57710이다).

<감가상각명세표>

자산	취득일	취득원가	잔존가치	감가상각방법	내용연수	감가상각비 20×1년	20×2년
토지 A	20×1. 1. 1.	①					
건물 A	20×1. 1. 1.	②	₩47,500	정액법	③	₩14,000	₩14,000
기계 A	20×1. 7. 1.	₩300,000	₩30,000	연수합계법	5년	④	⑤
기계 B	20×1. 1. 1.	⑥	₩308	정액법	5년		⑦

물음 1 위의 감가상각명세표 ①~⑦에 알맞은 금액을 계산하시오.

물음 2 K회사의 유형자산 중 기계 B가 20×1년 말 물리적 손상으로 인하여 사용가치가 ₩8,000, 순공정가치가 ₩10,000이 되었으나, 20×2년 말 기계 B의 사용가치와 순공정가치를 재측정한 결과 사용가치가 ₩12,000, 순공정가치가 ₩11,000으로 회복되었다면, K회사가 (1) 20×1년 말에 인식할 유형자산손상차손과 (2) 20×2년 말에 인식할 유형자산손상차손환입액은 얼마인가? (단, 회사는 유형자산을 원가모형으로 후속측정하며, 다른 유형자산은 손상사유가 발생하지 않은 것으로 가정한다)

물음 3 유형자산의 감가상각대상금액을 내용연수 동안 체계적으로 배분하기 위해 다양한 방법(정액법, 체감잔액법, 생산량비례법)을 사용할 수 있다. 회사가 감가상각방법을 결정하거나 변경할 때 고려해야 할 사항에 대하여 2줄 이내로 약술하시오.

물음 4 유형자산의 감가상각방법, 내용연수 및 잔존가치는 매 회계연도 말에 재검토하여야 한다. 20×3년 말 감가상각 전 기계 A의 감가상각방법, 내용연수 및 잔존가치를 재검토한 결과 감가상각방법을 정액법으로, 잔존가치를 ₩14,000으로 변경하는 것이 타당한 것으로 파악되었으며, 잔존내용연수는 4년으로 추정되었다. 20×3년 K회사가 인식할 기계 A의 감가상각비를 계산하시오.

물음 5 **물음 4**의 감가상각방법과 내용연수 재검토 결과 정액법과 잔존내용연수를 4년으로 추정하였으나, 잔존가치를 ₩180,000으로 추정한 경우에 20×3년 K회사가 인식할 기계 A의 감가상각비를 계산하시오.

─┤ 풀이 ├──

물음 1 ① 812,500 × 72,000/(72,000 + 828,000) = 65,000

② 812,500 × 828,000/(72,000 + 828,000) = 747,500

③ (747,500 − 47,500)/14,000 = 50년

④ (300,000 − 30,000) × 5년/15년 × 6/12 = 45,000

⑤ (300,000 − 30,000) × 5년/15년 × 6/12 + (300,000 − 30,000) × 4년/15년 × 6/12 = 81,000

⑥ 4,000 + 4,000 × 2.57710(3년, 8% 연금현가) = 14,308

⑦ (14,308 − 308) ÷ 5년 = 2,800

물음 2 (1) 20×1년 말 유형자산손상차손

장부금액	14,308 − (14,308 − 308) ÷ 5년 =	11,508
회수가능액	Max[8,000, 10,000] =	(−)10,000
계		1,508

(2) 20×2년 말 유형자산손상차손환입

회수가능액	Min[Max(11,000, 12,000), 8,708[1]] =	8,708
장부금액	10,000 − (10,000 − 308) ÷ 4년 =	(−)7,577
계		1,131

1) 손상차손환입의 한도: 14,308 − (14,308 − 308) × 2년/5년 = 8,708(손상차손을 인식하지 않았을 경우의 장부금액)

물음 3 유형자산의 감가상각방법은 자산의 미래경제적효익이 소비되는 형태를 반영하여, 자산의 원가가 합리적이고 체계적으로 배분될 수 있도록 결정함으로써 적정한 수익·비용 대응이 이루어질 수 있도록 한다.

물음 4 (1) 20×2년 기계 A의 장부금액

취득원가		300,000
감가상각누계액	45,000 + 81,000 =	(−)126,000
장부금액		174,000

(2) 20×3년 기계 A의 감가상각비: (174,000 − 14,000) ÷ (4 + 1)년 = 32,000

물음 5 20×3년 기계 A의 감가상각비: 0

☑ 기계장치의 장부금액보다 잔존가치가 큰 경우 잔존가치가 기계장치의 장부금액보다 작아질 때까지 감가상각을 중단한다.

매년 12월 31일이 결산일인 A사는 20×1년 초 취득원가 ₩1,000,000의 기계장치를 취득하여 즉시 사용하기 시작하였다. 동 기계장치의 내용연수는 5년이며, 잔존가치 없이 정액법으로 감가상각하고 **원가모형**을 사용한다. A사는 20×3년 초에 동 기계장치에 대하여 수선비 ₩40,000을 지출하였다. 동 지출로 인하여 **잔존내용연수가 1년 더 연장**되었고 **잔존가치에는 변화가 없었다**. 한편 동 기계장치는 기업환경의 변화에 따라 효용의 변동이 심한 자산으로, 20×2년 말과 20×3년 말 현재 손상차손 인식 여부 검토를 위한 자료는 아래와 같다.

구분	20×2년 말	20×3년 말
회수가능액	₩320,000	₩500,000

물음 1 동 거래로 인해 A사의 20×2년 당기손익에 미친 영향을 구하시오.

물음 2 A사가 20×3년 초에 수선비 지출 시 수행할 회계처리를 보이시오.

물음 3 동 거래로 인해 A사의 20×3년 당기손익에 미친 영향을 구하시오.

---| **풀이** |--

물음 1 20×2년 당기손익에 미친 영향: (200,000) + (280,000) = (-)480,000

(1) 20×2년 감가상각비: (1,000,000 - 0) ÷ 5년 = (-)200,000

(2) 20×2년 말 손상 전 장부금액: 1,000,000 - 200,000 × 2년 = 600,000

(3) 20×2년 손상차손: 320,000 - 600,000 = (-)280,000

물음 2 회계처리

20×3년 초	차) 기계장치	40,000	대) 현금	40,000

☑ 동 수선비 지출로 기계장치의 잔존내용연수가 1년 연장되었으므로 자산으로부터 발생한 미래경제적효익이 기업에 유입될 가능성이 높다고 판단되고 자산의 원가를 신뢰성 있게 측정할 수 있으므로 자본적 지출로 보아 기계장치의 장부금액에 동 금액을 가산한다.

물음 3 20×3년 당기손익에 미친 영향: (90,000) + 210,000 = 120,000

(1) 20×3년 감가상각비: (320,000 + 40,000 - 0) ÷ (5 - 2 + 1)년 = (-)90,000

(2) 20×3년 말 손상차손환입 전 장부금액: 320,000 + 40,000 - 90,000 = 270,000

(3) 20×3년 말 손상차손환입 한도: Min[①, ②] = 480,000

① 20×3년 말 회수가능액: 500,000

② 손상차손을 인식하지 않았을 경우 20×3년 말 장부금액: 480,000

• 손상차손을 인식하지 않았을 경우 20×3년 초 장부금액: 1,000,000 - 200,000 × 2년 + 40,000 = 640,000

• 손상차손을 인식하지 않았을 경우 20×3년 감가상각비: (640,000 - 0) ÷ 4년 = (-)160,000

• 손상차손을 인식하지 않았을 경우 20×3년 말 장부금액: 640,000 - 160,000 = 480,000

(4) 20×3년 손상차손환입: 480,000 - 270,000 = 210,000

문제 12 재평가모형과 손상, 외화환산 - Level 3

㈜세무는 20×1년 1월 1일 기계장치를 취득하고(취득원가 ₩1,200,000, 내용연수 5년, 잔존가치 ₩0, 정액법 감가상각), 매년 말 재평가모형을 적용한다. 동 기계장치의 기말장부금액은 기존의 감가상각누계액을 전액 제거하는 방법으로 조정하며, 재평가잉여금이 발생할 경우 자산을 사용하는 기간 중에 이익잉여금으로 대체하지 않는다. 또한, 동 기계장치에 대하여 손상징후를 검토하고 손상징후가 발견되면 이를 반영하는데, 처분부대원가는 무시할 수 없을 정도로 판단한다. 재평가와 자산손상을 적용하기 위한 연도별 자료는 다음과 같다. [세무사 2차 2021년]

구분	20×1년 말	20×2년 말	20×3년 말
공정가치	₩1,050,000	₩730,000	₩490,000
사용가치	₩1,090,000	₩680,000	₩470,000
순공정가치	₩1,020,000	₩690,000	₩480,000

물음 1 ㈜세무가 20×1년 말에 계상할 ① 손상차손과 ② 기타포괄손익을 계산하시오(단, 손상차손 혹은 기타포괄손익이 없으면 0으로 표시하고, 기타포괄손실이 발생하면 금액 앞에 (-)를 표시하시오).

손상차손	①
기타포괄손익	②

물음 2 ㈜세무가 20×2년 말에 계상할 ① 손상차손을 계산하시오.

손상차손	①

물음 3 ㈜세무가 20×3년 말에 보고할 ① 기타포괄손익을 계산하시오(단, 기타포괄손실이 발생하면 금액 앞에 (-)를 표시하시오).

기타포괄손익	①

물음 4 ㈜세무는 사업을 확장하기 위해 20×4년 4월 1일 미국에 있는 건물을 $1,000에 추가로 구입하였다. 동 건물의 내용연수는 5년이며, 잔존가치는 ₩0이다. 추가로 구입한 건물의 20×4년 말 공정가치가 $1,100일 경우, 동 건물과 관련하여 ㈜세무의 20×4년도 재무제표에 표시될 ① 건물의 감가상각비와 ② 재평가잉여금을 계산하시오. 감가상각은 월할 상각하며, 각 일자별 환율은 다음과 같다.

구분	20×4년 4월 1일	20×4년 12월 31일
환율	₩1,000/$	₩900/$

물음 1

손상차손	① 0
기타포괄손익	② 90,000

회계처리

20×1년 말	차)	감가상각비[1]	240,000	대)	감가상각누계액	240,000	
	차)	감가상각누계액	240,000	대)	재평가잉여금[2]	90,000	
					기계장치	150,000	

1) (1,200,000 - 0)/5년 = 240,000
2) 1,050,000 - (1,200,000 - 240,000) = 90,000
☑ 사용가치가 공정가치와 상각후원가보다 크므로 손상차손으로 인식할 금액은 없다.

물음 2

손상차손	① 7,500

회계처리

20×2년 말	차)	감가상각비[1]	262,500	대)	감가상각누계액	262,500	
	차)	감가상각누계액	262,500	대)	기계장치	320,000	
		재평가잉여금[2]	57,500				
	차)	재평가잉여금[3]	32,500	대)	손상차손누계액[4]	40,000	
		손상차손	7,500				

1) (1,050,000 - 0)/4년 = 262,500
2) 730,000 - (1,050,000 - 262,500) = (-)57,500
3) 90,000 - 57,500 = 32,500
4) 730,000 - Max[680,000, 690,000] = 40,000

물음 3

기타포괄손익	① 22,500

회계처리

20×3년 말	차)	감가상각비[1]	230,000	대)	감가상각누계액	230,000	
	차)	손상차손누계액	20,000	대)	손상차손환입[2]	7,500	
					재평가잉여금[3]	12,500	
	차)	감가상각누계액	230,000	대)	재평가잉여금[4]	10,000	
		손상차손누계액	20,000		기계장치	240,000	

1) (690,000 - 0)/3년 = 230,000
2) 전기 손상차손 인식액(재평가모형은 손상차손환입에 한도가 없다)
3) Max[470,000, 480,000] - (690,000 - 230,000) - 7,500 = 12,500
4) 490,000 - Max[470,000, 480,000] = 10,000

물음 4

① 건물의 감가상각비: $1,000 × 1,000 ÷ 5년 × 9/12 = 150,000

② 재평가잉여금: 140,000

공정가치	$1,100 × 900 =	990,000
장부금액	($1,000 - $1,000 ÷ 5년 × 9/12) × 1,000 =	(-)850,000
재평가잉여금		140,000

☑ 공정가치로 측정하는 비화폐성 외화항목은 공정가치 평가손익을 당기손익(또는 기타포괄손익)으로 인식하며 외환차이도 당기손익(또는 기타포괄손익)으로 인식한다.

문제 13 재평가잉여금 비례수정법 – Level 2

A사(1. 1. ~ 12. 31.)는 20×2년 1월 1일에 건물(취득원가 ₩1,000,000, 잔존가치 ₩100,000, 내용연수 10년)을 현금 취득하였다. 동 건물은 정액법을 사용하여 상각한다. A사는 건물에 대해 매년 말 재평가하여 회계처리하는 재평가 모형을 선택하였다. 각 연도 말 건물에 대한 공정가치는 다음과 같다. A사는 연도별 내용연수와 잔존가치 추정의 변경은 없었고 감가상각방법도 정액법으로 계속 적용하였다.

20×2년 말	20×3년 말	20×4년 말
₩1,183,000	₩673,600	₩741,520

A사의 기타포괄손익은 재평가잉여금 외에는 없고, 법인세효과는 없다고 가정한다. 한편, A사는 재평가자산이 제거되는 시점에서 재평가잉여금을 이익잉여금으로 대체하지 않으며, 재평가자산을 보유 중에 재평가잉여금의 일부를 이익잉여금으로 대체하지도 않는다.

A사가 비례수정법(총장부금액과 기존의 감가상각누계액을 비례적으로 조정하는 방법)을 이용할 경우 20×3년 말, 20×4년 말의 연도별 부분재무상태표를 다음의 양식으로 작성하시오(단, 소수점 미만의 금액은 첫째 자리에서 반올림한다).

구분	건물의 취득원가	감가상각누계액
20×3년 말	①	②
20×4년 말	③	④

구분	건물의 취득원가	감가상각누계액
20×3년 말	① 817,000	② 143,400
20×4년 말	③ 1,016,457	④ 274,937

근거

① 673,600 + 143,400 = 817,000

② (673,600 - 100,000) ÷ 8 × 2 = 143,400

③ 741,520 + 274,937 = 1,016,457

④ (741,520 - 100,000) ÷ 7 × 3 = 274,937

	B/S	×3년 말		B/S	×4년 말
유형자산	817,000		유형자산	1,016,457	
감가상각누계액	(143,400)		감가상각누계액	(274,937)	재평가잉여금 ××
공정가치	673,600		공정가치	741,520	

다음의 각 물음은 독립적이다.

㈜대한의 유형자산과 관련된 다음의 <공통 자료>를 이용하여 각 물음에 답하시오.　　[공인회계사 2차 2021년]

<공통 자료>

(1) ㈜대한의 20×1년 12월 31일 현재 재무상태표상 유형자산은 다음과 같다.

계정과목	금액
토지	₩1,150,000
손상차손누계액	?
기계장치	₩2,000,000
감가상각누계액	₩(-)1,200,000
손상차손누계액	₩(-)100,000
건물	₩3,300,000

(2) ㈜대한은 토지와 건물에 대해서는 재평가모형을 적용하고 있으며, 처분부대원가는 무시할 수 없는 수준이다. 한편, 기계장치에 대해서는 원가모형을 적용하고 있다.

(3) 재평가모형을 적용하여 장부금액을 조정하는 경우 기존의 감가상각누계액을 전액 제거하는 방법을 사용하며, 재평가잉여금을 이익잉여금으로 대체하지 않는다.

(4) 20×2년 초 토지와 건물의 공정가치는 20×1년 말 공정가치와 동일하다.

(5) ㈜대한은 토지를 2년 전인 20×0년 초 ₩1,100,000에 취득하였으며, 20×0년 말과 20×1년 말 공정가치와 회수가능액은 다음과 같다.

구분	20×0년 말	20×1년 말
공정가치	₩1,200,000	₩1,150,000
회수가능액	₩1,250,000	₩950,000

(6) 20×1년 말 현재 기계장치는 취득 후 3년이 경과하였으며, 잔존가치 없이 정액법으로 감가상각한다. 또한 기계장치의 취득 이후 손상은 20×1년에 최초로 발생하였다.

(7) 건물은 20×1년 초에 본사 사옥으로 사용하기 위하여 ₩4,000,000에 취득(내용연수 4년, 잔존가치 ₩0, 정액법 상각)하였다.

물음 1 다음의 <추가 자료 1>을 이용하여 답하시오.

<추가 자료 1>

(1) ㈜대한은 20×2년 초 보유하고 있던 토지를 ㈜민국의 토지와 교환하면서 ₩100,000을 지급하였다. ㈜민국 토지의 장부금액은 ₩800,000이며 공정가치는 ₩1,200,000이다.

(2) 교환은 상업적 실질이 있으며, ㈜대한의 토지 공정가치가 ㈜민국의 토지 공정가치보다 더 명백하다.

(3) ㈜대한이 교환으로 취득한 토지의 20×2년 말 공정가치는 ₩1,380,000이다.

<공통 자료>에 비어 있는 20×1년 말 재무상태표상 토지의 ① 손상차손누계액과 토지와 관련한 회계처리가 20×2년도 포괄손익계산서상 ② 당기순이익에 미치는 영향 및 ③ 기타포괄이익에 미치는 영향을 각각 계산하시오(단, 당기순이익이나 기타포괄이익이 감소하는 경우에는 금액 앞에 (-)를 표시하시오).

20×1년 말 손상차손누계액	①
20×2년 당기순이익에 미치는 영향	②
20×2년 기타포괄이익에 미치는 영향	③

물음 2 다음의 <추가 자료 2>를 이용하여 답하시오.

<추가 자료 2>

(1) ㈜대한이 20×2년에 기계장치의 내용연수와 잔존가치를 변경하여 내용연수는 2년 연장되고, 잔존가치는 ₩200,000으로 변경되었다.

(2) 20×2년 말 기계장치에 손상징후가 존재하였으며, 기계장치의 20×2년 말 사용가치는 ₩670,000이고 순공정가치는 ₩700,000이다.

기계장치와 관련한 회계처리가 20×2년도 당기순이익에 미치는 영향을 계산하시오(단, 당기순이익이 감소하는 경우에는 금액 앞에 (-)를 표시하시오).

당기순이익에 미치는 영향	①

물음 3 다음의 <추가 자료 3>을 이용하여 답하시오.

<추가 자료 3>

(1) ㈜대한은 20×2년 초에 ₩600,000을 지출하여 건물에 냉난방장치를 설치하였다. 동 지출은 자산의 **인식요건을 충족**하나, 동 지출로 내용연수와 잔존가치의 변동은 없었다.

(2) 20×2년 말 건물의 공정가치는 ₩2,500,000이다.

(3) 20×2년 말 건물에 손상징후가 존재하였으며, 건물의 20×2년 말 순공정가치와 사용가치는 다음과 같다.

순공정가치	사용가치
₩2,200,000	₩2,000,000

건물과 관련하여 20×1년 말 재무상태표에 인식할 ① 재평가잉여금과 20×2년도 포괄손익계산서에 인식할 ② 감가상각비와 ③ 손상차손을 계산하시오.

20×1년 말 재평가잉여금	①
20×2년 감가상각비	②
20×2년 손상차손	③

→ 풀이

물음 1

20×1년 말 손상차손누계액	① 200,000
20×2년 당기순이익에 미치는 영향	② 200,000
20×2년 기타포괄이익에 미치는 영향	③ 130,000

(1) 20×1년 말 손상차손누계액: 1,150,000(20×1년 말 공정가치) - 950,000(20×1년 말 회수가능액) = 200,000

   1) 20×0년 말 토지 재평가잉여금(기타포괄손익): 1,200,000 - 1,100,000 = 100,000

   2) 20×1년 말 토지 재평가손실(발생): 1,150,000 - 1,200,000 = (-)50,000

   3) 20×1년 말 토지 손상차손(발생): 950,000 - 1,150,000 = (-)200,000

(2) 20×2년 초 토지 취득원가: 1,150,000(제공한 자산 공정가치) + 100,000(현금지급액) = 1,250,000

(3) 20×2년 초 유형자산처분이익(당기손익): 1,150,000(제공한 자산 공정가치) - 950,000(제공한 자산 장부금액) = 200,000

[교환 시 회계처리]

	차) 손상차손누계액	200,000	대) (구)토지	1,150,000
20×2년 초	(신)토지	1,150,000	처분이익	200,000
	(신)토지	100,000	현금	100,000

(4) 20×2년 토지 재평가잉여금(기타포괄손익): 1,380,000 - 1,250,000 = 130,000

물음 2

당기순이익에 미치는 영향	① (-)50,000

(1) 20×2년 초 현재 잔존내용연수: 2년 + 2년 = 4년

   ☑ 취득시점부터 20×1년 말까지 3년간 잔존가치 없이 정액법 감가상각누계액이 1,200,000이므로 매년 감가상각비는 400,000이다. 따라서 최초 취득 시 내용연수는 5년이다.

(2) 20×2년 감가상각비: (700,000 - 200,000) ÷ 4년 = 125,000

(3) 20×2년 말 손상차손환입 전 장부금액: 700,000 - 125,000 = 575,000

(4) 손상차손 인식하지 않았을 경우 20×2년 말 장부금액(한도)

   800,000(손상인식하지 않았을 경우 20×1년 말 장부금액) - (800,000 - 200,000) ÷ 4년 = 650,000

(5) 20×2년 손상차손환입: Min[700,000, 650,000] - 575,000 = 75,000

(6) 20×2년 당기순이익 감소: 75,000 - 125,000 = (-)50,000

물음 3		
20×1년 말 재평가잉여금	① 300,000	
20×2년 감가상각비	② 1,300,000	
20×2년 손상차손	③ 100,000	

(1) 20×1년 감가상각비: 4,000,000 ÷ 4년 = 1,000,000

(2) 20×1년 말 재평가잉여금: 3,300,000(공정가치) - 3,000,000 = 300,000

(3) 20×2년 감가상각비: (3,300,000 + 600,000) ÷ 3년 = 1,300,000

(4) 20×2년 말 재평가 전 장부금액: 3,900,000 - 1,300,000 = 2,600,000

(5) 20×2년 재평가로 인한 재평가잉여금 감소액: 2,500,000 - 2,600,000 = (-)100,000

(6) 20×2년 손상차손 발생: 2,200,000 - 2,500,000 = (-)300,000

(7) 20×2년 당기손익 인식 손상차손: 300,000 - 200,000(재평가잉여금) = 100,000

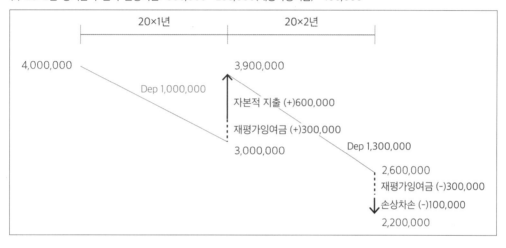

해커스 IFRS 정윤돈 재무회계연습

제3장 유형자산

다음은 ㈜세무와 ㈜대한이 각각 보유한 영업용 차량과 관련된 자료이다. [세무사 2차 2023년]

(1) 20×1년 1월 1일 ㈜세무와 ㈜대한은 원가모형을 적용하고 있는 다음과 같은 영업용 차량을 서로 교환하면서 ㈜세무는 ㈜대한으로부터 현금 ₩20,000을 수취하였다.

구분	㈜세무	㈜대한
취득원가	₩400,000	₩600,000
감가상각누계액	150,000	400,000
공정가치	240,000	220,000

(2) 교환거래는 상업적 실질이 있으며, 취득한 자산과 제공한 자산 모두 공정가치를 신뢰성 있게 측정할 수 있다. ㈜세무가 소유한 영업용 차량의 공정가치보다 ㈜대한이 소유한 영업용 차량의 공정가치가 더 명백하다.

(3) ㈜세무는 ㈜대한으로부터 취득한 영업용 차량에 대해 잔존내용연수는 5년, 잔존가치는 ₩20,000으로 추정하였으며 정액법으로 감가상각한다. 동 영업용 차량에 대해 원가모형을 적용하며, 20×2년 말과 20×3년 말 회수가능액은 각각 ₩110,000과 ₩95,000이다. ㈜세무는 20×2년 말에 영업용 차량에 대해 손상차손이 그리고 20×3년 말에 손상차손환입이 발생하였다고 판단하였다.

(4) ㈜대한은 ㈜세무로부터 취득한 영업용 차량에 대해 잔존내용연수는 4년, 잔존가치는 ₩0으로 추정하였으며, 연수합계법으로 감가상각한다. 동 영업용차량에 대해 재평가모형을 적용하며, 매년 말 공정가치로 재평가를 실시하고, 자산의 총장부금액에서 감가상각누계액을 제거하는 방법을 사용한다. 동 영업용차량의 20×1년 말과 20×2년 말의 공정가치는 각각 ₩160,000과 ₩50,000이다. ㈜대한은 동 영업용 차량을 사용하는 기간 동안 손상차손이 발생하지 않은 것으로 판단하였으며, 재평가잉여금을 이익잉여금으로 대체하지 않는다.

물음 1 ㈜세무가 영업용차량과 관련하여 ① 20×2년 말 인식해야 할 손상차손과 ② 20×3년 말 인식해야 할 손상차손환입을 계산하시오.

20×2년 말 인식해야 할 손상차손	①
20×3년 말 인식해야 할 손상차손환입	②

물음 2 ㈜대한의 영업용차량에 대한 회계처리가 ① 20×1년도 기타포괄이익에 미치는 영향 ② 20×2년도 당기순이익에 미치는 영향을 계산하시오(단, 기타포괄이익과 당기순이익에 미치는 영향이 감소하는 경우 금액 앞에 '(-)'를 표시하시오).

20×1년도 기타포괄이익에 미치는 영향	①
20×2년도 당기순이익에 미치는 영향	②

물음 1

| 20×2년 말 인식해야 할 손상차손 | ① 30,000 |
| 20×3년 말 인식해야 할 손상차손환입 | ② 15,000 |

(1) 20×1년 초 회계처리

차) 신자산	220,000	대) 구자산(BV)	250,000
현금	20,000		
처분손실	10,000		

(2) 20×2년 말 손상전상각후원가

220,000 - (220,000 - 20,000) × 2/5 = 140,000

(3) 20×2년 말 손상차손

140,000 - 110,000 = 30,000

(4) 20×3년 말 손상차손환입전상각후원가

110,000 - (110,000 - 20,000) × 1/3 = 80,000

(5) 20×3년 말 손상차손환입

Min[140,000 - (220,000 - 20,000)/5, 95,000] - 80,000 = 15,000

물음 2

| 20×1년도 기타포괄이익에 미치는 영향 | ① 16,000 |
| 20×2년도 당기순이익에 미치는 영향 | ② (-)94,000 |

(1) 20×1년 초 회계처리

차) 신자산	220,000	대) 구자산(BV)	200,000
		처분이익	20,000
차) 신자산	20,000	대) 현금	20,000

(2) 20×1년 말 재평가잉여금

160,000 - [240,000 - (240,000 - 0) × 4/10] = 16,000

(3) 20×2년 감가상각비

(160,000 - 0) × 3/6 = 80,000

(4) 20×2년 재평가손실

(160,000 - 80,000) - 50,000 - 16,000(재평가잉여금) = 14,000

(5) 20×2년 당기순이익에 미치는 영향

(80,000) - 14,000 = (-)94,000

12월 말 결산법인 A사는 20×1년 1월 1일 해저에 매장된 원유개발을 위한 해양구조물을 ₩300,000에 취득하고, 원가모형을 적용하기로 하였다. 해양구조물의 경제적 내용연수는 3년, 내용연수 종료시점의 잔존가치는 없으며, 정액법으로 감가상각한다. 관련 법률에 따르면 해양구조물의 내용연수가 종료되면 원상복구의무가 부여되며, 복구비용 추정과 관련된 자료들은 다음과 같다.

(1) 원상복구를 위해서 인부 10명이 20일간 작업을 하여야 하며, 20×1년 1월 1일 현재 1인당 인건비는 1일 ₩800이다. 또한 해체작업과 관련하여 발생하는 간접원가의 추정치는 다음과 같다.

금액	확률
₩30,000	20%
₩40,000	50%
₩60,000	30%

(2) 해양구조물의 내용연수 동안 연평균 물가상승률은 4%로 예상되며, 시장위험프리미엄은 3년간 물가상승률을 반영한 현금흐름의 총 10%이다.

(3) A사는 원상복구를 직접 할 수 있는 상황이 아니므로 해체전문 건설사업자와 계약을 체결하려고 한다. 해체전문 건설사업자의 정상이윤은 원가의 20%로 추정된다.

(4) 복구충당부채를 산정할 때 사용할 적절한 할인율은 6%이다.

또한, A사는 20×1년 초 관련 법규에 따라 동 해양구조물을 취득하는 데 ₩120,000을 정부로부터 보조받았으며, 이 보조금에 대해서는 상환의무가 없다. A사는 정부보조금을 관련 계정과목에서 차감하거나 차감 표시하는 방법을 적용한다. [유예]

물음 1 동 거래를 통하여 A사가 20×1년 초에 인식할 충당부채를 구하시오.

물음 2 20×3년 말 실제 복구공사를 실시한 결과 복구비용으로 ₩320,000을 지출하였다면, 20×3년 A사가 인식할 비용총액을 구하시오.

물음 3 위 물음과 독립적으로 20×1년 말 동 해양구조물의 회수가능액은 ₩300,000이고 손상을 인식할 수 있는 객관적인 사유가 발생하였다. 또한 20×2년 말 동 해양구조물에 대한 손상사유가 해소되어 회수가능액이 ₩360,000으로 회복되었다. 이 경우 20×1년 말 A사가 인식할 해양구조물의 손상차손과 동 거래가 20×2년 A사의 당기손익에 미치는 영향을 구하시오.

물음 4 위 물음과 독립적으로 20×2년 초 현재 구조물의 내용연수 종료 후 해체원가는 ₩447,195으로 추정되고 할인율은 10%로 변경되었다. 구조물로 인해 A사의 20×2년 당기손익에 미치는 영향을 구하시오.

물음 5 위 물음과 독립적으로 회사는 구조물의 복구원가에 대한 모든 정보를 알고 있었음에도 불구하고, 복구충당부채에 대한 어떠한 회계처리도 수행하지 않고 구조물을 수선하기 위하여 20×1년과 20×2년에 각각 ₩10,000씩 수선충당부채로 적립하였다. 회사는 현재 20×2년의 감가상각비를 인식한 상태이다. 20×2년 말 회사가 수행하여야 하는 오류수정 회계처리를 보이시오.

물음 6 위 물음과 독립적으로 A사는 해양구조물에 대해 재평가모형을 적용하고 있다. 20×1년 말의 공정가치가 ₩419,549이고, 20×2년 말의 공정가치가 ₩129,774이다. 동 거래가 20×2년 A사의 당기손익에 미치는 영향을 구하시오(단, A사는 재평가잉여금을 사용기간 동안 이익잉여금으로 대체하지 않는다).

물음 7 위 물음과 독립적으로 A사는 해양구조물에 대해 재평가모형을 적용하고 있다. 20×1년 말의 공정가치가 ₩419,549이고 회수가능액은 ₩339,549이며, 손상을 인식할 수 있는 객관적인 사유가 발생하였다. 20×1년 말 A사가 수행할 회계처리를 보이시오(단, 누계액제거법을 가정한다).

물음 8 위 물음과 독립적으로 A사는 해양구조물에 대해 재평가모형을 적용하고 있다. 20×1년 말의 공정가치가 ₩419,549이며 20×2년 초 현재 구축물 내용연수 종료 후 해체원가는 ₩447,195으로 추정되고, 할인율은 10%로 변경되었다. 구축물로 인해 A사가 20×2년 초에 수행하여야 할 회계처리를 보이시오.

물음 1 20×1년 초에 인식할 충당부채: 254,324

(1) 취득시점의 복구원가: 244,800

[10명 × 20일 × @800 + (30,000 × 20% + 40,000 × 50% + 60,000 × 30%)] × (1 + 20%) = 244,800

(2) 내용연수 종료시점의 복구공사원가: 244,800 × $(1 + 4\%)^3$ × (1 + 10%) = 302,903

(3) 구조물 취득시점의 복구충당부채: 302,903 ÷ $(1 + 6\%)^3$ = 254,323

물음 2 20×3년 A사가 인식할 비용총액: (184,774) + 40,000 + (17,145) + (17,097) = (-)179,016

(1) 감가상각비: (300,000 + 254,323 - 0)/3년 = (-)184,774(단수차이)

(2) 정부보조금상계액: 184,774 × 120,000/(554,323 - 0) = 40,000

(3) 복구충당부채 전입액: 302,903/1.06 × 6% = (-)17,145(단수차이)

(4) 복구공사손실: 320,000 - 302,903 = (-)17,097

물음 3 (1) 20×1년 말 손상차손: 69,549

(2) 20×2년 당기손익에 미치는 영향: 91,401 감소

회계처리

20×1년 초	차)	현금	120,000	대)	정부보조금	120,000
	차)	구축물	554,323	대)	현금	300,000
					복구충당부채	254,323
20×1년 말	차)	감가상각비	184,774	대)	감가상각누계액	184,774
	차)	정부보조금	40,000	대)	감가상각비	40,000
	차)	이자비용[1]	15,259	대)	복구충당부채	15,259
	차)	손상차손[2]	69,549	대)	손상차손누계액	69,549
	1) 254,323 × 6% = 15,259					
	2) (554,323 - 184,774) - 300,000 = 69,549					
20×2년 말	차)	감가상각비[3]	150,000	대)	감가상각누계액	150,000
	차)	정부보조금[4]	40,000	대)	감가상각비	40,000
	차)	이자비용[5]	16,175	대)	복구충당부채	16,175
	차)	손상차손누계액[6]	34,774	대)	손상차손환입	34,774
	3) 300,000 ÷ (3 - 1)년 = 150,000					
	4) 150,000 × (120,000 - 40,000)/(300,000 - 0) = 40,000					
	5) 269,582 × 6% = 16,175					
	6) Min[360,000, 554,323 × 1/3] - 150,000 = 34,774					

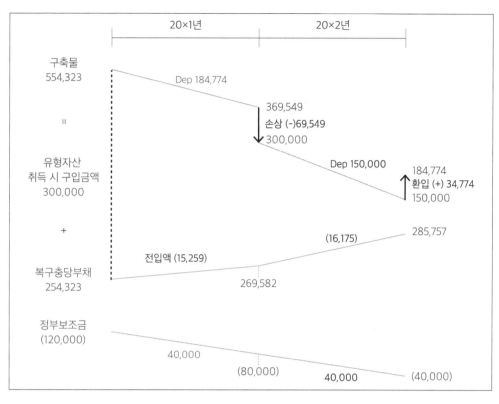

물음 4 20×2년 당기손익에 미치는 영향: 231,732 감소

회계처리

20×1년 초	차) 구축물	100,000	대) 복구충당부채[1]	100,000
	1) 복구충당부채 변경액: 369,583 - 254,323 × 1.06 = 100,000			
20×2년 말	차) 감가상각비[2]	234,775	대) 감가상각누계액	234,775
	차) 정부보조금[3]	40,000	대) 감가상각비	40,000
	차) 이자비용[4]	36,958	대) 복구충당부채	36,958
	2) (554,323 - 184,774 + 100,000)/2년 = 234,775			
	3) 234,775 × (120,000 - 40,000)/469,549 = 40,000			
	4) 369,583 × 10% = 36,958			

☑ 20×2년 초 변경된 복구충당부채: 447,195/(1 + 10%)^2 = 369,583

물음 5 회계처리

	차) 구축물	254,323	대) 복구충당부채	285,757
20×2년 말	감가상각비	84,775	감가상각누계액	169,550
	수선충당부채	20,000	수선비	10,000
	이자비용	16,175		
	미처분이익잉여금	90,034		

계정	GAAP	회사
구축물	554,323	300,000
감가상각누계액	(369,550)	(200,000)
정부보조금	40,000	40,000
복구충당부채	285,757	-
수선충당부채	0	20,000
감가상각비	144,775	60,000
이자비용	16,175	-
수선비	-	10,000

물음 6 20×2년 당기손익에 미치는 영향: 215,950 감소

(1) 20×1년 말 재평가잉여금: 419,549 - (554,323 - 184,774) = 50,000

(2) 20×2년 감가상각비: 419,549/2년 = 209,775

(3) 20×2년 정부보조금상계액: 209,775 × (120,000 - 40,000)/419,549 = 40,000

(4) 20×2년 재평가손실: (419,549 - 209,775) - 129,774 - 50,000 = 30,000

(5) 20×2년 이자비용: 269,582 × 6% = 16,175

물음 7 회계처리

	차) 감가상각비	184,774	대) 감가상각누계액	184,774
	차) 정부보조금	40,000	대) 감가상각비	40,000
	차) 감가상각누계액	184,774	대) 재평가잉여금	50,000
20×1년 말			구축물	134,774
	차) 손상차손[1]	30,000	대) 손상차손누계액	80,000
	재평가잉여금	50,000		
	차) 이자비용	15,259	대) 복구충당부채	15,259

1) 419,549 - 339,549 - 50,000 = 30,000

물음 8 회계처리

	차) 재평가잉여금	50,000	대) 복구충당부채	100,000
20×2년 초	재평가손실	50,000		

문제 17　차입원가 자본화(정부보조금, 외화차입금) – Level 2

12월 31일이 결산일인 ㈜합격은 보유하고 있던 토지에 본사 사옥으로 사용할 건물을 신축하기 위하여 20×1년 1월 1일 건설회사와 도급계약을 체결하였다. 관련 자료는 다음과 같다.

(1) ㈜합격은 20×1년 4월 1일부터 4월 30일까지 건물설계와 건물 신축 관련 인가업무를 완료하였고, 20×1년 5월 1일부터 본격적인 건물 신축공사를 시작하였다(건물설계 및 관련 인허가는 건물을 의도된 용도로 사용하기 위해 필요한 활동이다).

(2) ㈜합격의 건물 신축과 관련하여 다음과 같이 지출이 발생하였다.

 • 20×1. 4. 1.: ₩800,000

  * 20×1년 4월 1일 A사는 정부로부터 동 건물 신축과 관련하여 ₩400,000을 보조받아 자산차감법으로 처리하였다.

 • 20×1. 7. 1.: ₩3,000,000

 • 20×2. 6. 30.: ₩1,200,000

(3) 동 건물은 20×2년 6월 30일에 완공되었으며 ㈜합격은 완공 즉시 사용하였다.

(4) ㈜합격의 20×1년 중 차입금 현황은 다음과 같다.

차입금	차입일	차입금액	상환일	연 이자율
A	20×1. 4. 1.	₩1,200,000	20×2. 3. 31.	12%
B	20×1. 7. 1.	₩3,000,000	20×2. 12. 31.	9%
C	20×0. 1. 1.	₩1,000,000	20×3. 12. 31.	12%

 * 이들 차입금 중 차입금 A는 건물 신축을 위하여 개별적으로 차입되었으며, 이 중 ₩400,000은 20×1년 4월 1일부터 20×1년 6월 30일까지 연 10%의 이자지급조건의 정기예금에 예치하였다. 차입금 B, C는 일반적으로 차입된 것이다.

(5) ㈜합격은 건물에 대해서 내용연수 10년, 잔존가치 ₩382,250, 정액법으로 감가상각한다.

물음 1　20×1년 연평균지출액은 얼마인가?

물음 2　20×1년 자본화가능차입원가와 20×1년 말 건설중인자산의 장부금액은 얼마인가?

물음 3　A사가 적격자산 평균지출액을 회계기간 동안 건설중인자산의 매월 말 장부금액 가중평균으로 계산한다고 할 때, 20×2년 연평균지출액은 얼마인가?

물음 4 A사가 적격자산 평균지출액을 회계기간 동안 건설중인자산의 매월 말 장부금액 가중평균으로 계산한다고 할 때, 20×2년 자본화가능차입원가는 얼마인가?

물음 5 위 물음과 독립적으로 일반차입금 B, C의 이자율을 알지 못한다고 가정할 때, 20×1년 건설과 관련하여 차입원가 ₩218,000을 자본화하였다면 일반차입금에 대한 자본화이자율은 얼마인가?

물음 6 동 거래가 20×2년 ㈜합격의 당기순이익에 미친 영향은 얼마인가?

물음 7 위와는 독립적으로 ㈜합격은 20×1년 초 건물을 신축하기 위하여 $100를 차입(환율 ₩1,000/$, 연 5% 이자지급)한 후, 건설을 시작하였다. 유사한 조건의 원화차입금 이자율은 연 12%이다. 20×1년도의 평균 환율은 ₩1,030/$, 기말환율이 ₩1,050/$이라고 할 때, 동 외화차입금과 관련하여 자본화할 금융비용은 얼마인가?

─┤ 풀이 ├─

물음 1 20×1년 연평균지출액: 1,800,000

물음 2 (1) 적수 산정

(2) 20×1년 자본화가능차입원가: 98,000 + 102,000 = 200,000

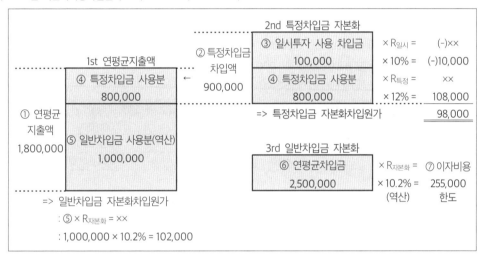

① 연평균지출액: (800,000 × 9 - 400,000 × 9 + 3,000,000 × 6)/12 = 1,800,000

② 특정차입금 연평균차입금: 1,200,000 × 9/12 = 900,000

③ 일시투자 사용 연평균차입금: 400,000 × 3/12 = 100,000

⑥, ⑦ 일반차입금의 연평균차입금과 이자비용

구분	차입금액(I)	적수(II)	연평균차입금(III = I × II)	이자비용
B(9%)	3,000,000	6/12	1,500,000	1,500,000 × 9%
C(12%)	1,000,000	12/12	1,000,000	1,000,000 × 12%
합계			⑥ 2,500,000	⑦ 255,000

(3) 20×1년 말 건설중인자산의 장부금액 800,000 + 3,000,000 + 200,000 - 400,000(정부보조금) = 3,600,000

물음 3 20×2년 연평균지출액: 1,800,000

물음 4 20×2년 자본화할 차입원가: 36,000 + 146,250 = 182,250

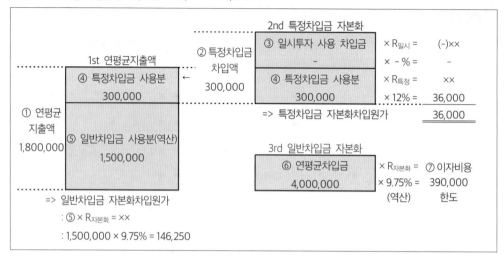

① 연평균지출액: (800,000 - 400,000 + 3,000,000 + 200,000) × 6/12 = 1,800,000

② 특정차입금 연평균차입금: 1,200,000 × 3/12 = 300,000

⑥, ⑦ 일반차입금의 연평균차입금과 이자비용

구분	차입금액(I)	적수(II)	연평균차입금(III = I × II)	이자비용
B(9%)	3,000,000	12/12	3,000,000	3,000,000 × 9%
C(12%)	1,000,000	12/12	1,000,000	1,000,000 × 12%
합계			⑥ 4,000,000	⑦ 390,000

물음 5 자본화이자율: 12%

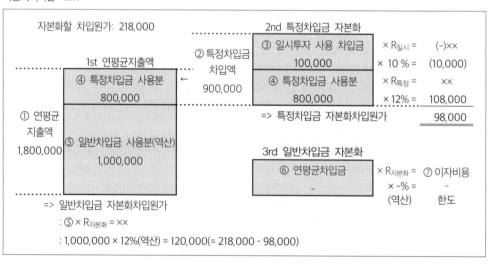

물음 6 20×2년 당기순이익에 미친 영향: (1) + (2) = (-)473,750

(1) 20×2년 이자비용: (-)243,750

1) 특정차입금의 이자비용: 전액 자본화되므로 당기손익에 미친 영향은 없다.

2) 일반차입금의 이자비용: 발생액 390,000 - 자본화된 이자비용 146,250 = (-)243,750

(2) 20×2년 감가상각비: (-)230,000

1) 20×2년 6월 30일 완공 시 건물의 취득원가(정부보조금 차감액): 4,982,250

800,000 + 3,000,000 + 1,200,000 - 400,000 + 200,000 + 182,250 = 4,982,250

2) 20×2년 감가상각비: (4,982,250 - 382,250) ÷ 10년 × 6/12 = (-)230,000

물음 7 자본화할 금융비용: 10,250

(1) 20×1년 이자비용: $(100) × 5% × ₩1,030/$ = (-)5,150

(2) 외환 관련 손실: $(100) × ₩(1,050 - 1,000)/$ + $(100) × 5% × ₩(1,050 - 1,030)/$ = (-)5,100

(3) 유사한 원화차입금 이자비용: $100 × ₩1,000 × 12% = 12,000

(4) 12,000 > 5,150 + 5,100(외환 관련 손실 전액 자본화차입원가 반영)

㈜대한은 본사 사옥 건설을 위하여 다음과 같이 지출하였다.

- 20×1년: 4월 1일 ₩800,000, 10월 1일 ₩2,000,000
- 20×2년: 1월 1일 ₩1,300,000

㈜대한의 지출액 중 20×1년 10월 1일의 지출액 ₩2,000,000에는 본사 사옥 건설과 관련하여 수령한 정부보조금 ₩400,000이 포함되어 있다. 본사 사옥은 20×2년 9월 30일에 준공되었다. ㈜대한의 20×1년도 차입금은 다음과 같으며, 20×2년도에 신규로 조달한 차입금은 없다.

<차입금 현황>

차입금	차입일	차입금액	상환일	이자율	이자지급조건
A	20×1. 4. 1.	₩500,000	20×2. 12. 31.	6%	단리/매년 말
B	20×1. 7. 1.	₩2,000,000	20×2. 12. 31.	8%	단리/매년 말
C	20×1. 1. 1.	₩1,000,000	20×2. 6. 30.	12%	단리/매년 말

이들 차입금 중 차입금 A는 본사 사옥 건설목적을 위하여 개별적으로 차입되었으며, 이 중 ₩100,000은 20×1년 4월 1일부터 6월 30일까지 연 4%(단리) 이자지급조건의 정기예금에 예치하였다. 차입금 B, C는 일반목적으로 차입하였다. 한편, 차입금 B 중 ₩400,000은 20×1년 7월 1일부터 9월 30일까지 연 6%(단리) 이자지급조건의 정기예금에 예치하였다(단, 적격자산의 연평균지출액은 회계기간 동안 건설중인자산의 매월 말 장부금액을 가중평균하여 계산한다).

물음 1 20×1년의 연평균지출액을 구하시오.

물음 2 20×1년 말 건설중인자산의 장부금액(정부보조금 차감하여 계산)을 구하시오.

물음 3 20×2년의 연평균지출액을 구하시오.

물음 4 20×2년의 자본화할 차입원가를 구하시오. (자본화이자율은 %기준 소수점 셋째 자리에서 반올림한다)
예 0.0789 → 0.79

물음 5 적격자산의 취득, 건설 또는 생산과 직접 관련되는 차입원가를 자본화하는 논리적 근거를 서술하시오.

물음 6 차입원가의 자본화를 위해서 관련 자산이 적격자산이어야 한다. 적격자산의 정의를 제시하고, 금융자산과 생물자산이 적격자산에 해당하지 않는 이유를 서술하시오.

물음 7 자본화가능차입원가의 정의를 충족시키기 위해 차입원가가 갖추어야 할 중요한 속성을 서술하시오.

물음 1 20×1년 연평균지출액: 800,000 × 9/12 + 2,000,000 × 3/12 - 400,000 × 3/12 = 1,000,000

물음 2 (1) 자본화이자율: (2,000,000 × 8% × 6/12 + 1,000,000 × 12%) ÷ (2,000,000 × 6/12 + 1,000,000 × 12/12) = 10%

(2) 특정차입금 자본화할 차입원가: 500,000 × 9/12 × 6% - 100,000 × 3/12 × 4% = 21,500

(3) 일반차입금 자본화할 차입원가: Min[200,000, {1,000,000 - (500,000 × 9/12 - 100,000 × 3/12)} × 10%] = 65,000

(4) 20×1년 말 건설중인자산의 장부금액: 800,000 + 2,000,000 - 400,000 + 21,500 + 65,000 = 2,486,500

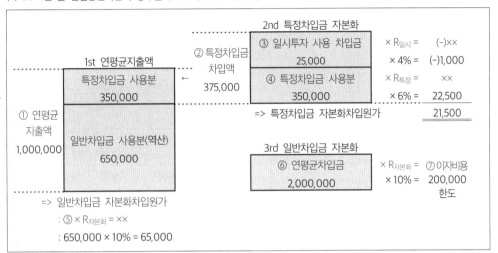

물음 3 20×2년 연평균지출액: 2,486,500 × 9/12 + 1,300,000 × 9/12 = 2,839,875

물음 4 20×2년의 자본화할 차입원가: 22,500 + 213,705 = 236,205

(1) 자본화할 이자율: 227,500 ÷ 2,625,000 = 8.67%

차입금	차입금액	적수	연평균차입금	이자율	이자비용
A[1]	500,000	3/12	125,000	6%	7,500
B	2,000,000	12/12	2,000,000	8%	160,000
C	1,000,000	6/12	500,000	12%	60,000
합계			2,625,000		227,500

1) 자본화기간에 포함되지 않는 기간(20×2년 10월 1일 ~ 12월 31일)에 발생한 특정차입금은 일반차입금으로 본다.

(2) 특정차입금 자본화할 차입원가: 500,000 × 9/12 × 6% = 22,500

(3) 일반차입금 자본화할 차입원가: Min[227,500, (2,839,875 - 500,000 × 9/12) × 8.67%] = 213,705

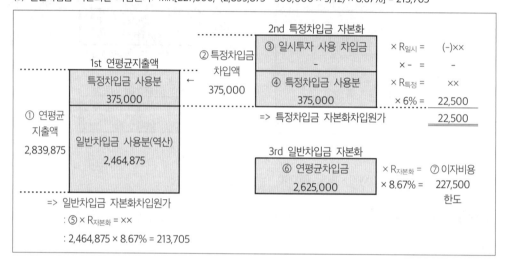

물음 5 자산이 개발되고 있는 기간에는 자원 투입을 위한 지출에 자금이 필요하며, 자금 조달은 원가를 발생시킨다. 자산의 원가는 자산의 취득원가의 일부로서 지출하기 위한 자금을 조달하는 데 발생하는 원가를 포함하여, 자산을 의도된 용도로 사용하거나 판매 가능한 상태에 이르게 하는 데 발생하는 모든 필수적 원가를 포함해야 한다. 따라서 적격자산과 관련된 차입원가를 비용으로 즉시 인식하는 것은 그 자산의 원가를 충실하게 표현하지 못하는 것이다.

물음 6 (1) 적격자산의 정의

의도된 용도로 사용하거나 판매 가능한 상태에 이르게 하는 데 상당한 기간을 필요로 하는 자산

(2) 금융자산과 생물자산이 적격자산에 해당하지 않는 이유

금융자산과 생물자산은 공정가치와 순공정가치로 측정되는 자산이다. 한국채택국제회계기준은 공정가치로 측정되는 자산과 관련된 차입원가는 자본화를 요구하지 않는다. 이는 이러한 자산의 측정은 건설 또는 생산기간 동안 발생하는 차입원가에 의하여 영향을 받지 않기 때문이다.

물음 7 적격자산의 취득, 건설 또는 생산과 직접 관련된 차입원가는 당해 적격자산과 관련된 지출이 발생하지 아니하였다면 부담하지 않았을 차입원가이다.

문제 19 차입원가 자본화(자본화기간, 자기자본지출액, 정부보조금) - Level 4

㈜대한의 공장건물 신축과 관련한 다음의 <자료>를 이용하여 물음에 답하시오.   [공인회계사 2차 2022년]

<자료>

(1) 20×1년 4월 1일 ㈜대한은 ㈜민국과 도급계약을 체결하였으며, 동 건설공사는 20×3년 3월 31일에 완공되었다. ㈜대한의 공장건물은 차입원가 자본화 적격자산에 해당한다.

(2) 동 공사와 관련된 공사비 지출 내역은 다음과 같다.

일자	공사비 지출액
20×1년 8월 1일	₩120,000
20×1년 9월 1일	1,500,000
20×2년 4월 1일	3,000,000
20×2년 12월 1일	1,500,000

(3) 상기 공사비 지출 내역 중 20×1년 8월 1일 ₩120,000은 물리적인 건설공사 착공 전 각종 인허가를 얻기 위한 활동에서 발생한 것이다.

(4) ㈜대한의 차입금 내역은 다음과 같으며, 모든 차입금은 매년 말 이자지급조건이다.

일자	차입금액	차입일	상환일	연 이자율
특정차입금 A	₩900,000	20×1. 8. 1.	20×2. 8. 31.	6%
특정차입금 B	1,800,000	20×2. 11. 1.	20×3. 3. 31.	7%
일반차입금 C	1,000,000	20×1. 1. 1.	20×3. 9. 30.	8%
일반차입금 D	500,000	20×1. 7. 1.	20×4. 6. 30.	10%

(5) ㈜대한은 20×2년 12월 1일에 ₩300,000의 정부보조금을 수령하여 즉시 동 공장건물을 건설하는 데 모두 사용하였다.

(6) ㈜대한은 전기 이전에 자본화한 차입원가는 연평균지출액 계산 시 포함하지 아니하며, 연평균지출액과 이자비용은 월할 계산한다.

(7) 자본화이자율은 소수점 아래 둘째 자리에서 반올림한다(예 5.67%는 5.7%로 계산).

물음 1 ㈜대한이 20×1년 ~ 20×3년에 자본화할 차입원가를 계산하시오.

구분	20×1년	20×2년	20×3년
특정차입금 자본화차입원가	①	③	⑤
일반차입금 자본화차입원가	②	④	⑥

물음 2 ㈜대한이 동 공사와 관련하여 20×2년도 적격자산에 대한 연평균지출액 중 자기자본으로 지출한 금액을 구하시오.

물음 3 ㈜대한은 ㈜민국과 상기 도급계약의 일부 조항 해석에 대한 이견이 발생하여, 20×3년 1월 한 달 동안 적격자산에 대한 적극적인 개발활동을 중단하였다. 이 기간 동안 상당한 기술 및 관리활동은 진행되지 않았으며, 이러한 일시적 지연이 필수적인 경우도 아니어서 ㈜대한은 동 기간 동안 차입원가의 자본화를 중단하였다. 이때, ㈜대한이 20×3년 자본화할 차입원가를 계산하시오(단, 동 건설공사는 예정대로 20×3년 3월 31일에 완공되었다).

유예

구분	20×3년
특정차입금 자본화차입원가	①
일반차입금 자본화차입원가	②

물음 1

구분	20×1년	20×2년	20×3년
특정차입금 자본화차입원가	① 22,500	③ 57,000	⑤ 31,500
일반차입금 자본화차입원가	② 14,700	④ 130,000	⑥ 88,440

(1) 20×1년

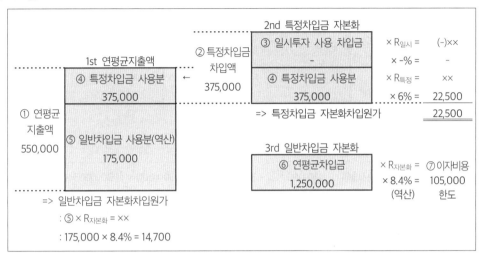

① 연평균지출액: $(120,000 \times 5 + 1,500,000 \times 4)/12 = 550,000$

    ☑ 적격자산을 의도된 용도로 사용하거나 판매 가능한 상태에 이르게 하는 데 필요한 활동은 당해 자산의 물리적인 제작 뿐만 아니라 그 이전 단계에서 이루어진 기술 및 관리상의 활동을 포함한다.

② 특정차입금 연평균차입금: $900,000 \times 5/12 = 375,000$

③ 일시투자 사용 연평균차입금: -

⑥, ⑦ 일반차입금의 연평균차입금과 이자비용

구분	차입금액(I)	적수(II)	연평균차입금(III = I × II)	이자비용
C(8%)	1,000,000	12/12	1,000,000	1,000,000 × 8%
D(10%)	500,000	6/12	250,000	250,000 × 10%
합계			⑥ 1,250,000	⑦ 105,000

(2) 20×2년

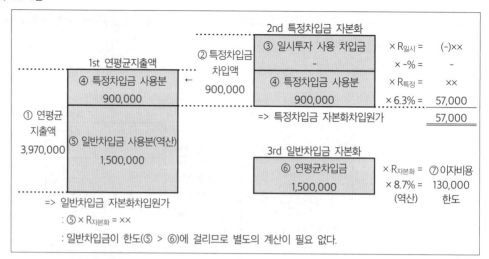

① 연평균지출액: (1,620,000 × 12 + 3,000,000 × 9 + 1,500,000 × 1 - 300,000 × 1)/12 = 3,970,000

② 특정차입금 연평균차입금: (900,000 × 8 + 1,800,000 × 2)/12 = 900,000

    ☑ 특정차입금의 당기 이자비용: 900,000 × 8/12 × 6% + 1,800,000 × 2/12 × 7% = 57,000

③ 일시투자 사용 연평균차입금: -

⑥, ⑦ 일반차입금의 연평균차입금과 이자비용

구분	차입금액(I)	적수(II)	연평균차입금(III = I × II)	이자비용
C(8%)	1,000,000	12/12	1,000,000	1,000,000 × 8%
D(10%)	500,000	12/12	500,000	500,000 × 10%
합계			⑥ 1,500,000	⑦ 130,000

(3) 20×3년

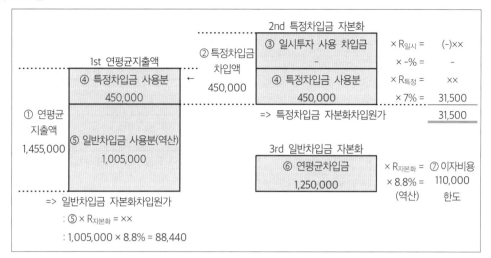

① 연평균지출액: 5,820,000 × 3/12 = 1,455,000

② 특정차입금 연평균차입금: (1,800,000 × 3)/12 = 450,000

③ 일시투자 사용 연평균차입금: -

⑥, ⑦ 일반차입금의 연평균차입금과 이자비용

구분	차입금액(I)	적수(II)	연평균차입금(III = I × II)	이자비용
C(8%)	1,000,000	9/12	750,000	750,000 × 8%
D(10%)	500,000	12/12	500,000	500,000 × 10%
합계			⑥ 1,250,000	⑦ 110,000

물음 2 20×2년도 적격자산에 대한 연평균지출액 중 자기자본으로 지출한 금액: 3,070,000 - 1,500,000 = 1,570,000

구분	20×3년
특정차입금 자본화차입원가	① 21,000
일반차입금 자본화차입원가	② 58,960

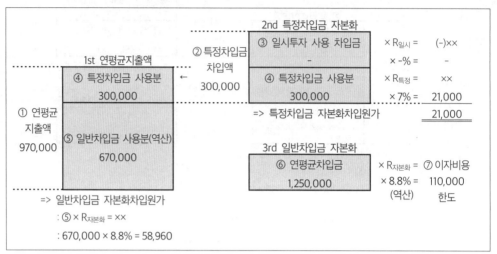

① 연평균지출액: 5,820,000 × 2/12 = 970,000

② 특정차입금 연평균차입금: (1,800,000 × 2)/12 = 300,000

③ 일시투자 사용 연평균차입금: -

⑥, ⑦ 일반차입금의 연평균차입금과 이자비용

구분	차입금액(I)	적수(II)	연평균차입금(III = I × II)	이자비용
C(8%)	1,000,000	9/12	750,000	750,000 × 8%
D(10%)	500,000	12/12	500,000	500,000 × 10%
합계			⑥ 1,250,000	⑦ 110,000

참고

특정 보고기간 초에 특정목적차입금을 차입하여 보고기간 말까지 상환하지 않은 상태인데, 자본화는 특정목적차입금을 차입한 후 일정기간(①)이 경과된 후에 개시되었고, 자본화중단기간(②)이 있으며, 자본화가 종료되었는데도 특정목적차입금을 보고기간 말까지 상환하지 않은 기간(③)이 있다. 기준서 1023호 문단 14는 적격자산 취득이 완료되기 전까지 즉, 자본화기간 내에 그 적격자산 취득과 관련하여 차입한 특정목적차입금의 차입원가를 자본화이자율의 산정에서 제외한다는 것이다. 언뜻 보면 당연한 규정인 것 같은데, 이 규정을 추가함으로써 자본화기간 개시 전 또는 자본화 중단기간에 발생한 특정목적차입금의 차입원가는 일반목적차입원가의 자본화이자율을 계산할 때 제외하는 반면, 자본화기간 종료 후에 발생한 특정목적차입금의 차입원가는 일반목적차입금의 자본화이자율을 계산할 때 포함한다는 명확한 지침을 마련한 것이다. - 2023년 회계저널 10월호

문제 20 차입원가 자본화(외화차입금) - Level 3

B사는 공장건물을 신축하기로 하고 ㈜파랑건설과 20×1년 4월 1일 총계약금액 ₩2,000,000의 건설계약을 체결하였다. 공장건물의 준공예정일은 20×2년 12월 31일이다. B사는 **20×1년 4월 1일 외화차입금 $100을 차입**하여 계약금으로 지급하였다. **표시이자율은 연 2%**로 20×1년 말 현금으로 지급하였으며, 환율자료는 다음과 같다.

구분	현물환율
20×1년 4월 1일	₩1,000/$
20×1년 12월 31일	₩1,050/$
20×1년 4월 1일부터 12월 31일까지의 평균환율	₩1,020/$

물음 1 B사가 20×1년 공장 건설과 관련하여 차입한 외화차입금과 **유사한 조건을 갖는 원화차입금의 이자율은 5%**라고 한다. B사가 외화차입금과 관련하여 20×1년도에 보고할 다음의 각 금액들을 계산하시오(단, 이자비용은 외화표시 이자금액에 평균환율을 곱한 금액으로 측정하며, 이자비용인식액과 이자지급액과의 차액은 외화손실로 인식한다).

구분	당기손익 처리금액	자본화할 금액
이자비용	①	②
외환손실	③	④

물음 2 차입원가의 자본화를 개시하기 위해서 차입원가가 발생하여야 하는 것 외에 나머지 요건 두 가지를 서술하시오.

물음 1

구분	당기손익 처리금액	자본화할 금액
이자비용	① 0	② 1,530
외환손실	③ 2,825	④ 2,220

(1) 이자비용[1]: $100 × 2% × 9/12 × ₩1,020/$ = 1,530

    1) 이자비용은 특정 외화차입금에서 발생하였고 자본화기간과 차입기간이 동일하므로 전액 자본화한다.

(2) 외화환산손실

    1) 특정 외화차입금의 연평균차입액: $100 × ₩1,000/$ × 9/12 = 75,000

    2) 자본화기간 중의 외환손실: 5,000 + 45 = 5,045

      • 외화차입금 관련 손실: $100 × (₩1,050/$ − ₩1,000/$) = 5,000

      • 이자비용 관련 손실: $2 × 9/12 × (₩1,050/$ − ₩1,020/$) = 45

    3) 자본화할 외환손실: 2,220

      • 유사한 원화차입금 이자비용(한도): $100 × ₩1,000 × 5% × 9/12 = 3,750

      • 자본화할 외환손실: Min[(3,750 − 1,530), 5,045] = 2,220

    4) 당기손익으로 인식할 외환손실: 5,045 − 2,220 = 2,825

회계처리

20×1년 4월 1일	차) 현금	$100 × ₩1,000	대) 차입금	$100 × ₩1,000
20×1년 12월 31일	차) 이자비용 　　외환손실 차) 외환손실 차) 건설중인자산	$100 × 2% × 9/12 × ₩1,020 45 5,000 3,750	대) 현금 대) 차입금 대) 이자비용 　　외환손실	$100 × 2% × 9/12 × ₩1,050 $100 × (₩1,050 − ₩1,000) 1,530 2,220

물음 2

(1) 적격자산에 대하여 지출하고 있다.

(2) 적격자산을 의도된 용도로 사용하거나 판매 가능한 상태에 이르게 하는 데 필요한 활동을 수행하고 있다.

문제 21 차입원가 자본화(토지 취득 후 건물 신축) - Level 4

다음은 A사의 유형자산 취득과 관련된 자료이며, A사의 결산일은 매년 12월 31일이다.

(1) 20×1년 1월 1일에 본사 사옥을 건설하기 위하여 **토지구입계약을 체결**하였으며, 매매계약서상 대금지불조건은 다음과 같다.

20×1년 1월 1일: 계약금	₩1,000,000
20×1년 4월 1일: 중도금	₩2,000,000
20×1년 6월 30일: 잔금	₩3,000,000
	₩6,000,000

토지 소유에 따른 위험과 보상이 잔금청산일에 이전되며, 잔금지급을 위하여 20×1년 6월 30일 은행으로부터 ₩3,000,000을 연 12% 이자율로 차입(상환일은 20×3년 말)하였다.

(2) A사는 상기 토지에 사옥을 건설하기 위하여 20×1년 7월 1일에 삽질건설회사와 도급계약을 체결하였으며, 건축공사를 위한 공사비 지출액은 다음과 같다. 공사 완료 예정일은 20×2년 12월 31일이다. 연평균지출액을 계산할 때 전기에 자본화한 차입원가는 포함한다.

20×1년 7월 1일: 계약금	₩2,000,000
20×1년 12월 31일: 1차 중도금	₩3,000,000
20×2년 7월 1일: 2차 중도금	₩3,000,000
20×2년 12월 31일: 잔금	₩2,000,000
	₩10,000,000

(3) A사가 토지잔금지급을 위하여 개별적으로 차입한 차입금 이외에 토지 및 건물 신축과 관련하여 개별적으로 차입한 차입금은 없으며, 각 연도별 일반차입금의 평균잔액과 차입원가는 다음과 같다.

연도	일반차입금 평균잔액	차입원가	자본화이자율
20×1년	₩4,000,000	₩520,000	13%
20×2년	₩10,000,000	₩1,400,000	14%

물음 1 20×1년 토지에 가산할 자본화가능차입원가를 계산하시오.

물음 2 20×1년 건설중인자산에 가산할 자본화가능차입원가를 계산하시오.

물음 3 20×2년 건설중인자산에 가산할 자본화가능차입원가를 계산하시오.

물음 1 20×1년 토지에 대한 자본화가능차입원가: 130,000

(1) 토지에 대한 평균지출액

일자	지출액	자본화기간[1]	평균지출액
20×1년 1월 1일	1,000,000	6/12	500,000
20×1년 4월 1일	2,000,000	3/12	500,000
20×1년 6월 30일	3,000,000	0/12	0
계	6,000,000		1,000,000

1) 토지취득완료 이전에 해당하는 기간이다.

(2) 자본화가능차입원가

특정차입금	$3,000,000 \times 12\% \times 0/12 =$	0
일반차입금	$(1,000,000 - 0) \times 13\% =$	130,000
자본화가능차입원가		130,000

물음 2 20×1년 건설중인자산에 대한 자본화가능차입원가: 505,000

(1) 건설중인자산에 대한 평균지출액

구분	일자	지출액	자본화기간	평균지출액
토지	20×1년 7월 1일	6,000,000	6/12	3,000,000
건물	20×1년 7월 1일	2,000,000	6/12	1,000,000
	20×1년 12월 31일	3,000,000	0/12	0
계		11,000,000		4,000,000

(2) 자본화가능차입원가

특정차입금	$3,000,000 \times 12\% \times 6/12 =$	180,000
일반차입금	$(4,000,000 - 3,000,000 \times 6/12) \times 13\% =$	325,000
자본화가능차입원가		505,000

(3) 한도비교

1) 일반차입금에 대한 자본화가능차입원가

토지	130,000
건설중인자산	325,000
계	455,000

2) 일반차입금에 대한 자본화가능차입원가 455,000이 일반차입금에 대한 당기 차입원가 520,000을 초과하지 아니하므로 455,000을 전액 자본화한다.

물음 3 20×2년 건설중인자산에 대한 자본화가능차입원가: 1,760,000

(1) 건설중인자산에 대한 평균지출액

구분	일자	지출액	자본화기간	평균지출액
토지	20×1년	6,130,000	12/12	6,130,000
건물	20×1년	5,505,000	12/12	5,505,000
	20×2년 7월 1일	3,000,000	6/12	1,500,000
	20×2년 12월 31일	2,000,000	0/12	0
계		16,635,000		13,135,000

(2) 자본화가능차입원가

특정차입금	$3,000,000 \times 12\% =$	360,000
일반차입금(한도: 1,400,000)	Min[(13,135,000 − 3,000,000 × 12/12) × 14% = 1,418,900, 1,400,000] =	1,400,000
자본화가능차입원가		1,760,000

A건설은 종로구와 건설계약을 체결하였다. 공사기간은 20×1년 7월 1일부터 20×3년 7월 1일까지이다. 최초 계약금액은 ₩2,000,000이었으나, 20×2년 계약금액이 ₩2,300,000으로 변경되었다. 회사는 진행률을 수행한 공사를 반영하는 계약원가의 비율로 결정한다. [유예]

(1) A건설의 공사원가 지출액은 다음과 같다. 총계약원가 추정액은 20×1년에는 ₩1,600,000이었으나, 20×2년에는 ₩2,200,000으로 증가하였다. 이러한 금액은 자본화차입원가는 포함되지 않은 금액이다.

일자	금액
20×1년 7월 1일	₩500,000
20×1년 9월 1일	₩300,000
20×2년 1월 1일	₩340,000
20×2년 7월 1일	₩400,000
20×3년 4월 1일	₩560,000

(2) A건설이 건설계약대금을 청구하고 수령한 금액은 다음과 같다.

일자	청구한 금액	수령한 금액
20×1년 7월 1일	₩400,000	₩300,000
20×1년 9월 1일	₩500,000	₩300,000
20×2년 7월 1일	₩400,000	₩300,000
20×2년 10월 1일	₩800,000	₩400,000
20×3년 7월 1일	₩200,000	₩1,000,000

(3) 건설계약의 자본화차입원가 산정에 필요한 차입금 내역은 다음과 같다.

차입금	차입일	상환일	차입금액	이자율
A	20×1. 4. 1.	20×3. 7. 31.	₩200,000	연 6%
B	20×0. 8. 1.	20×1. 6. 30.	₩240,000	연 10%
C	20×1. 1. 1.	20×3. 6. 30.	₩200,000	연 8%

(4) 차입금 A는 공사를 위하여 개별적으로 차입(특정차입금)하였으며, 이 중 ₩40,000은 20×1년 7월 1일부터 9월 30일까지 일시 예치하여 이자수익 ₩300이 발생하였다. 차입금 B와 C는 일반차입금이다.

(5) 자본화이자율을 적용하는 적격자산 지출액은 연평균으로 계산하며, 연평균지출액을 계산할 때 이미 자본화된 차입원가는 포함하지 않는다.

물음 1 A건설이 본 공사와 관련하여 20×1년 자본화할 차입원가를 계산하시오.

물음 2 A건설의 20×2년 발생한 이자비용 중 당기손익으로 처리할 금액과 자본화할 금액을 각각 계산하시오.

물음 3 20×1년과 20×2년의 계약손익을 계산하시오(단, 20×1년 자본화차입원가는 ₩20,000이며, 20×2년 자본화 차입원가는 ₩30,000이라고 가정한다).

┤ 풀이 ├

물음 1 20×1년 자본화할 차입원가: 6,575

(1) 연평균지출액: 500,000 × 6/12 + 300,000 × 4/12 = 350,000

(2) 계약대금연평균수령액: 300,000 × 6/12 + 300,000 × 4/12 = 250,000

(3) 연평균순지출액: 350,000 - 250,000 = 100,000

(4) 특정차입금

 1) 연평균지출액: 200,000 × 6/12 - 40,000 × 3/12 = 90,000

 2) 자본화차입원가: 200,000 × 6% × 6/12 - 300 = 5,700

(5) 일반차입금

구분	금액	적수	연평균차입금	차입원가
B	240,000	6/12	120,000	120,000 × 10%
C	200,000	12/12	200,000	200,000 × 8%
계			320,000	28,000(한도)

 1) 자본화이자율: 28,000/320,000 = 8.75%

 2) 자본화차입원가: (100,000 - 90,000) × 8.75% = 875

(6) 20×1년 자본화차입원가: 5,700 + 875 = 6,575

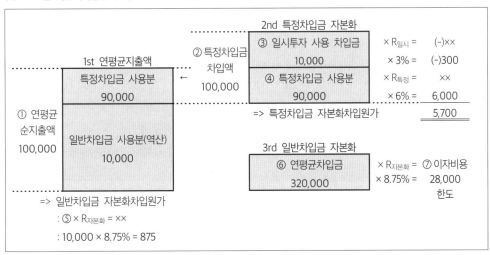

물음 2 (1) 20×2년 당기손익으로 처리할 이자비용: 0

    (2) 20×2년 자본화할 이자비용: 28,000

        1) 연평균지출액: 800,000 × 12/12 + 340,000 × 12/12 + 400,000 × 6/12 = 1,340,000

        2) 계약대금연평균수령액: 600,000 × 12/12 + 300,000 × 6/12 + 400,000 × 3/12 = 850,000

        3) 연평균순지출액: 1,340,000 - 850,000 = 490,000

        4) 특정차입금

            • 연평균지출액: 200,000

            • 자본화차입원가: 200,000 × 6% = 12,000

        5) 일반차입금

            • 자본화이자율: 8%(한도: 200,000 × 8% = 16,000)

            • 자본화차입원가: Min[(490,000 - 200,000) × 8% = 23,200, 16,000] = 16,000

        6) 20×2년 당기손익으로 처리할 비용은 없다.

        7) 20×2년 자본화할 이자비용: 12,000 + 16,000 = 28,000

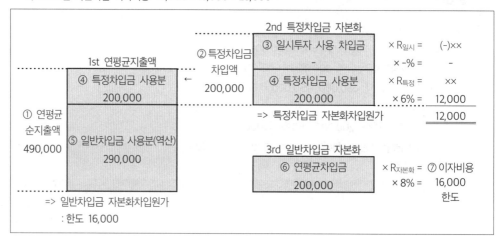

물음 3 (1) 20×1년 계약이익: 180,000 이익

    (2) 20×2년 계약손실: (-)160,000 손실

        1) 진행률

            ① 20×1년: 800,000/1,600,000 = 50%

            ② 20×2년: 1,540,000/2,200,000 = 70%

        2) 계약손익

            ① 20×1년: (2,000,000 - 1,600,000) × 50% - 20,000 = 180,000

            ② 20×2년: (2,300,000 - 2,200,000) × 70% - (30,000 + 20,000) - 180,000 = (-)160,000

참고

1. 자본화차입원가 산정을 위한 연평균지출액 계산 시 공사대금수령액은 차감한다.
2. 계약손익을 계산할 때 자본화차입원가를 제외하고 계산한 다음 각 회계기간 자본화차입원가를 추가로 비용에 포함한다.

문제 23 차입원가 자본화와 오류수정 - Level 4

B사는 20×5년 초 공장건물을 신축하기 시작하여 20×6년 6월 30일 완공하였으며, 20×6년 7월 1일부터 사용하기 시작하였다. 건물의 내용연수는 20년이고, 잔존가치 없이 정액법으로 감가상각하며 기중 취득자산의 경우 월할 계산한다. 총건설비(자본화 대상 차입원가 제외)는 ₩100,000,000이며, 건설을 위하여 직접 차입한 자금은 없으나 일반차입금을 건설자금으로 사용하였다. 다음은 건설과 관련된 자료이다. 20×6년 건설비 평균지출액에는 과년도 지출액도 포함된 상태이다.

구분	20×5년	20×6년
건설비 평균지출액	₩5,000,000	₩10,000,000
일반차입금 이자비용	₩600,000	₩700,000
일반차입금 자본화이자율	7%	8%

B사의 회계담당자는 20×6년 말 B사가 동 차입원가를 공장건물에 자본화하지 않은 것을 알게 되었다. B사는 20×6년 말 동 공장건물에 대한 감가상각을 수행하였다. 이 경우 B사의 회계담당자가 수행하여야 할 수정분개를 보이시오(단, 20×6년 평균지출액에 20×5년의 자본화된 차입원가를 포함시키지 않는다). 유예

풀이

회계처리

20×6년 말	차)	공장건물	1,050,000	대)	감가상각누계액	26,250
		감가상각비	26,250		이자비용	700,000
					미처분이익잉여금	350,000

(1) 자본화차입원가
   1) 20×5년: Min[5,000,000 × 7% = 350,000, 600,000] = 350,000
   2) 20×6년: Min[10,000,000 × 8% = 800,000, 700,000] = 700,000
(2) 20×6년 말 변동사항
   1) 취득금액: 1,050,000 증가
   2) 감가상각누계액: 26,250 증가
   3) 감가상각비: (350,000 + 700,000) × 1/20 × 6/12 = 26,250 증가
   4) 이자비용: 700,000 감소
(3) 회사의 B/S, I/S

B/S		I/S	
		이자비용	700,000

(4) 올바른 B/S, I/S

B/S		I/S	
공장건물	1,050,000	감가상각비	26,250
감가상각누계액	(26,250)	이자비용	-

제 **4** 장

기타의 자산

해커스 IFRS 정윤돈 재무회계연습

회계사 · 세무사 · 경영지도사 단번에 합격!
해커스 경영아카데미 cpa.Hackers.com

| 문제 1 | 투자부동산의 정의, 후속측정 및 계정재분류 - Level 3 |

다음에 제시되는 물음은 각각 독립된 상황이다.

물음 1 ㈜한국(보고기간 말 12월 31일)은 20×1년 1월 1일에 10층 건물을 ₩200,000에 취득하였다. 건물의 내용연수는 20년이며, 잔존가치는 없다. ㈜한국은 모든 유형자산을 정액법으로 상각하고 있다. 20×1년 12월 31일 현재 10층 건물의 공정가치는 ₩195,000이다.

물음 1-1 ㈜한국이 10층 빌딩을 **임대목적**으로 취득하였으며, 공정가치모형을 적용한다고 할 때, 20×1년도의 재무제표에 표시될 다음의 금액을 구하시오.

구분	금액
건물의 기말장부금액	①
당기손익에 미치는 영향	②
기타포괄손익에 미치는 영향	③

물음 1-2 ㈜한국이 10층 빌딩을 **자가사용목적**으로 취득하였으며, 재평가모형을 적용한다고 할 때 20×1년도의 재무제표에 표시될 다음의 금액을 계산하시오.

구분	금액
건물의 기말장부금액	①
당기손익에 미치는 영향	②
기타포괄손익에 미치는 영향	③

물음 1-3 위의 물음과 관련하여 ㈜한국이 20×2년 초에 10층 빌딩을 ₩198,000에 매각하였을 때 임대목적으로 취득했을 경우의 처분손익과 자가사용목적으로 취득했을 경우의 처분손익을 각각 계산하시오.

구분	금액
임대목적 빌딩의 처분손익	①
자가사용목적 빌딩의 처분손익	②

물음 1-4 위의 **물음 1-2**에 이어서 ㈜한국이 20×2년 7월 1일에 동 건물을 임대목적으로 사용하기로 변경하였고, 투자부동산은 공정가치모형을 적용하기로 하였다. 20×2년 7월 1일 건물의 공정가치는 ₩200,000이고, 20×2년 12월 31일 건물의 공정가치는 ₩180,000이다. 20×2년도의 재무제표에 표시될 다음의 금액을 계산하시오(단, 소수점 미만의 금액은 첫째 자리에서 반올림한다).

구분	금액
당기손익에 미치는 영향	①
기타포괄손익에 미치는 영향	②

물음 2 ㈜한국은 20×1년 초 자가사용목적으로 건물을 ₩10,000,000에 취득하여 원가모형을 적용하고 있다. 이 건물의 잔존가치는 ₩0, 내용연수는 10년이며 정액법으로 감가상각한다. ㈜한국은 20×1년 말 동 건물을 ㈜한강에게 임대하였다.

[공인회계사 2차 2010년 수정]

물음 2-1 ㈜한국이 투자부동산에 대해서 원가모형을 적용하기로 하였을 경우, 20×1년과 20×2년 ㈜한국의 재무상태표에 계상될 건물(투자부동산)의 장부금액(① ~ ②)과 동 건물과 관련하여 포괄손익계산서상 당기손익에 미치는 영향(③ ~ ④)을 계산하시오(단, 법인세효과는 무시하며 손실의 경우에는 금액 앞에 (-)표시할 것).

구분	투자부동산 장부금액	당기손익의 영향
20×1년	①	③
20×2년	②	④

물음 2-2 ㈜한국은 투자부동산에 대해서 공정가치모형을 적용하기로 하였으며, 각 연도 말 건물의 공정가치는 다음과 같다.

구분	20×1년 말	20×2년 말
공정가치	₩9,600,000	₩10,200,000

20×1년과 20×2년 중 손상차손(환입)이 발생하지 않았을 경우, 위의 공정가치 자료에 의하여 20×1년과 20×2년 ㈜한국의 재무상태표에 계상될 투자부동산 금액(① ~ ②)과 동 건물과 관련하여 포괄손익계산서상 당기손익에 미치는 영향(③ ~ ④)을 계산하시오(단, 법인세효과는 무시하며 손실의 경우에는 금액 앞에 (-)표시할 것).

구분	투자부동산 장부금액	당기손익의 영향
20×1년	①	③
20×2년	②	④

물음 3 12월 말 결산법인인 ㈜하늘은 20×1년 1월 1일 건물을 ₩10,000에 취득하였다. 건물의 경제적 내용연수는 10년, 잔존가치는 없으며 감가상각방법은 정액법이다. 각 보고기간 말 현재 건물의 공정가치는 다음과 같다.

20×1년 말	20×2년 말	20×3년 말	20×4년 말
₩9,180	₩7,200	₩6,300	₩6,000

(단, 동 건물을 자가사용부동산으로 분류하여 재평가모형을 적용하는 경우에는 사용 중에 재평가잉여금을 이익잉여금으로 대체하지 않고, 회계처리는 감가상각누계액을 우선적으로 상계하는 방법을 사용한다)

다음에 제시되는 물음은 각각 독립된 상황이다.

물음 3-1 ㈜하늘은 20×0년 초부터 동 건물을 건설하기 시작하였고 20×0년 말까지 총 ₩9,000을 지출하였다. 동 건물은 20×1년 초 건설이 완료되었고, ㈜하늘은 동 건물을 임대목적으로(취득시점에 동 건물의 공정가치는 ₩10,000임) 취득하여 공정가치모형을 적용하기로 하였다. ㈜하늘이 20×1년 초에 해야 할 회계처리를 보이시오.

물음 3-2 ㈜하늘이 동 건물을 임대목적으로 취득한 것이라고 할 경우, 20×2년 말 ㈜하늘이 해야 할 회계처리를 (1) 원가모형을 적용하는 경우와 (2) 공정가치모형을 적용하는 경우로 나누어 보이시오.

물음 3-3 ㈜하늘이 동 건물을 임대목적으로 취득하여 공정가치모형을 적용하였으나, 20×2년 7월 초 건물의 사용목적을 자가사용목적으로 변경하였다. 20×2년 7월 초 동 건물의 공정가치는 ₩10,500이다. 또한 20×2년 7월 초 현재 건물의 잔여내용연수를 10년으로 추정하였으며, 잔존가치 없이 정액법으로 감가상각하기로 하였다. ㈜하늘이 동 건물에 대해서 원가모형과 재평가모형을 적용하는 경우를 구분하여 동 거래가 20×2년 ㈜하늘의 당기손익에 미친 영향을 구하시오.

물음 3-4 위 물음과 독립적으로 ㈜하늘은 20×1년 7월 1일 자가사용목적으로 건물을 ₩200,000에 취득하였으며 내용연수 20년, 잔존가치 없이 정액법으로 상각하였다가 20×2년 7월 초 투자부동산(공정가치모형 적용)으로 대체하였을 경우에 각 시점별 공정가치가 아래와 같다.

20×1. 12. 31.	20×2. 7. 1.	20×2. 12. 31.
₩220,000	₩210,000	₩202,000

동 거래가 ㈜하늘의 20×2년 당기손익에 미친 영향을 (1) 원가모형을 적용하는 경우와 (2) 재평가모형을 적용하는 경우로 나누어 보이시오(단, 소수점 이하의 숫자는 반올림한다).

물음 1 **물음 1-1**

구분	금액
건물의 기말장부금액	① 195,000
당기손익에 미치는 영향	② (-)5,000
기타포괄손익에 미치는 영향	③ 0

근거

임대목적 취득 빌딩은 투자부동산이며, 공정가치모형을 적용할 경우 감가상각비는 인식하지 않는다. 또한 평가손익은 당기손익에 반영하므로 기타포괄손익에 미치는 영향은 없다.

⇒ 당기손익에 미치는 영향: 투자부동산평가손실 = 195,000 - 200,000 = (-)5,000

물음 1-2

구분	금액
건물의 기말장부금액	① 195,000
당기손익에 미치는 영향	② (-)10,000
기타포괄손익에 미치는 영향	③ 5,000

근거

자가사용목적 빌딩은 유형자산이며, 감가상각비를 인식한 후 재평가 회계처리를 적용한다.

20×1년 말	차) 감가상각비	10,000	대) 감가상각누계액	10,000
	차) 감가상각누계액	10,000	대) 재평가잉여금[1]	5,000
			건물	5,000

1) 195,000 - (200,000 - 10,000) = 5,000

물음 1-3

구분	금액
임대목적 빌딩의 처분손익	① 3,000 이익
자가사용목적 빌딩의 처분손익	② 3,000 이익

근거

① 투자부동산처분이익: 198,000 - 195,000 = 3,000

② 유형자산처분이익: 198,000 - 195,000 = 3,000
  ☑ 건물과 관련된 재평가잉여금 5,000은 당기손익으로 재분류되지 않는다.

물음 1-4

구분	금액
당기손익에 미치는 영향	① (−)25,132
기타포괄손익에 미치는 영향	② 10,132

근거

20×2년 7월 1일	차) 감가상각비[1] 5,132 대) 감가상각누계액 5,132 차) 투자부동산 200,000 대) 건물 195,000 감가상각누계액 5,132 재평가잉여금[2] 10,132 1) 195,000 × 6/(240 − 12) = 5,132 2) 200,000 − (195,000 − 5,132) = 10,132
20×2년 12월 31일	차) 투자부동산평가손실 20,000 대) 투자부동산 20,000

① 감가상각비 (5,132) + 투자부동산평가손실 (20,000) = (−)25,132
② 재평가잉여금 10,132

물음 2 **물음 2-1**

구분	투자부동산 장부금액	당기손익의 영향
20×1년	① 9,000,000	③ (−)1,000,000
20×2년	② 8,000,000	④ (−)1,000,000

☑ 투자부동산을 원가모형으로 평가하는 경우 대체 전 장부금액을 승계하며, 원가모형으로 평가하는 투자부동산은 유형자산과 동일하게 감가상각을 수행한다.

물음 2-2

구분	투자부동산 장부금액	당기손익의 영향
20×1년	① 9,600,000	③ (−)1,000,000
20×2년	② 10,200,000	④ 600,000

근거

③ 감가상각비: (10,000,000 − 0) ÷ 10년 = (−)1,000,000
투자부동산을 공정가치모형으로 평가하는 경우, 유형자산에 대한 재평가 회계처리를 수행한 후 대체한다. 따라서 재평가이익 600,000(= 9,600,000 − 9,000,000)은 기타포괄손익으로 인식하고 기타포괄손익누계액의 재평가잉여금으로 계상한다.
④ 투자부동산평가이익: 10,200,000 − 9,600,000 = 600,000
공정가치모형으로 평가하는 투자부동산은 감가상각을 수행하지 않고 공정가치 변동분을 당기손익으로 인식한다.

물음 3 **물음 3-1**

20×1년 초	차) 투자부동산 10,000 대) 건설중인자산 9,000 투자부동산평가이익 1,000

☑ 건설 중인 투자부동산의 취득이 완료되면 공정가치로 평가하고 차액은 당기손익으로 인식한다.

물음 3-2 (1) 원가모형을 적용하는 경우

20×2년 말	차) 감가상각비[1] 1,000 대) 감가상각누계액 1,000 1) (10,000 − 0)/10년 = 1,000

(2) 공정가치모형을 적용하는 경우

20×2년 말	차) 투자부동산평가손실[2] 1,980 대) 투자부동산 1,980 2) 7,200 − 9,180 = (−)1,980

물음 3-3 (1) 원가모형 적용 시 20×2년 당기손익에 미친 영향: 795

　　　1) 투자부동산평가이익: 10,500 - 9,180 = 1,320

　　　2) 감가상각비: (10,500 - 0)/10년 × 6/12 = (-)525

　　(2) 재평가모형 적용 시 20×2년 당기손익에 미친 영향: (-)1,980

　　　1) 투자부동산평가이익: 10,500 - 9,180 = 1,320

　　　2) 감가상각비: (-)525

　　　3) 재평가손실: 7,200 - (10,500 - 525) = (-)2,775

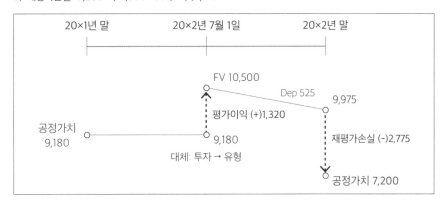

참고　회계처리

1. 원가모형을 적용하는 경우

대체 시	차)	건물(유형자산)	10,500	대)	투자부동산	9,180
					투자부동산평가이익	1,320
기말	차)	감가상각비	525	대)	감가상각누계액	525

2. 재평가모형을 적용하는 경우

대체 시	차)	건물(유형자산)	10,500	대)	투자부동산	9,180
					투자부동산평가이익	1,320
기말	차)	감가상각비	525	대)	감가상각누계액	525
	차)	감가상각누계액	525	대)	건물(유형자산)	3,300
		재평가손실	2,775			

물음 3-4 (1) 원가모형을 적용하는 경우 20×2년 당기손익에 미친 영향: (5,000) + (8,000) = (−)13,000

20×2년 7월 1일	차) 감가상각비[1]	5,000	대) 감가상각누계액	5,000
	차) 감가상각누계액	10,000	대) 건물	200,000
	투자부동산	210,000	재평가잉여금	20,000
	1) (200,000 − 0)/20년 × 6/12 = 5,000			
20×2년 말	차) 투자부동산평가손실[2]	8,000	대) 투자부동산	8,000
	2) 202,000 − 210,000 = (−)8,000			

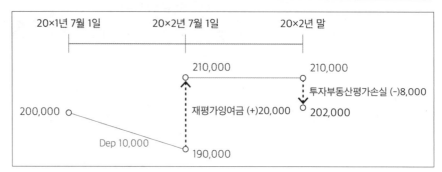

(2) 재평가모형을 적용하는 경우 20×2년 당기손익에 미친 영향: (5,641) + (8,000) = (−)13,641

20×1년 말	차) 감가상각비	5,000	대) 감가상각누계액	5,000
	차) 감가상각누계액	5,000	대) 재평가잉여금	25,000
	건물	20,000		
20×2년 7월 1일	차) 감가상각비[3]	5,641	대) 감가상각누계액	5,641
	차) 감가상각누계액	5,641	대) 건물	220,000
	투자부동산	210,000		
	재평가잉여금	4,359		
	3) (220,000 − 0)/19.5년 × 6/12 = 5,641			
20×2년 말	차) 투자부동산평가손실	8,000	대) 투자부동산	8,000

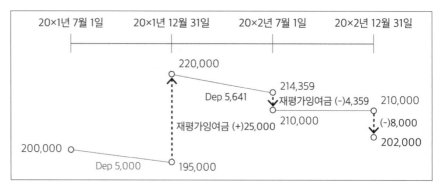

| 문제 2 | 유형자산의 재평가, 손상 및 투자부동산 계정재분류 – Level 4 |

각 물음은 서로 독립적이다.

물음 1 다음은 ㈜한국이 20×1년 10월 1일 시세차익을 목적으로 취득한 건물과 관련된 자료이다.

(1) ㈜한국은 건물을 아래의 지급조건으로 취득하였다.

- 20×1년 10월 1일: ₩1,000,000 현금지급

- 20×2년 9월 30일: ₩1,000,000 현금지급

건물 취득일 현재 건물의 현금가격상당액은 총지급액을 5%의 이자율로 할인한 현재가치와 동일하다.

(2) 건물 취득시점에 건물의 내용연수는 20년으로 추정하였으며, 잔존가치는 없고 정액법으로 상각한다.

(3) ㈜한국은 투자부동산에 대해서는 공정가치모형을 적용하며 유형자산에 대해서는 원가모형을 적용한다.

(4) ㈜한국은 20×2년 4월 1일부터 건물을 본사 사옥으로 사용하기 시작하였다.

(5) ㈜한국은 20×5년 7월 1일 동 건물을 ₩1,700,000에 처분하였다.

(6) 건물의 공정가치와 회수가능액은 다음과 같으며 손상차손의 인식요건을 충족한다.

일자	공정가치	회수가능액
20×1. 12. 31.	₩2,035,100	₩2,040,000
20×2. 4. 1.	₩2,059,200	₩2,070,000
20×2. 12. 31.	₩2,127,500	₩2,150,000
20×3. 12. 31.	₩1,800,000	₩1,575,000
20×4. 12. 31.	₩1,821,600	₩1,770,000

위의 거래들에 대해 ㈜한국이 관련 회계처리를 모두 적절하게 수행한 경우, 해당 연도 당기순이익에 미치는 영향을 구하시오(단, 원 이하는 반올림하며, 당기순이익에 음의 영향을 미칠 경우 (-)를 숫자 앞에 표시하시오). [공인회계사 2차 2017년]

구분	금액
20×1년	①
20×2년	②
20×3년	③
20×4년	④
20×5년	⑤

물음 2 아래 자료를 이용하여 물음에 답하시오. 유예

(1) ㈜대한은 사옥으로 사용하기 위하여 20×1년 4월 1일 토지와 건물을 일괄하여 취득하였으며, 대금은 분할지급하기로 하였다.

  1) 취득 관련 대금지급조건

    • 20×1년 4월 1일: ₩1,000,000 지급

    • 20×2년 3월 31일: ₩4,000,000 지급

    • 20×3년 3월 31일: ₩5,000,000 지급

  토지와 건물 취득일 현재 현금가격상당액은 총지급액을 연 5%의 이자율로 할인한 현재가치와 동일하다(단, 현재가치 계산 시 아래의 현가계수를 이용하시오).

기간	5% 현가계수	
	단일금액 ₩1	정상연금 ₩1
1	0.9524	0.9524
2	0.9070	1.8594

  2) 취득일 현재 토지와 건물의 상대적 공정가치 비율은 7 : 3이다.

  3) 취득시점에 건물의 내용연수는 10년으로 추정하였으며, 잔존가치는 없고 정액법으로 상각한다.

(2) 20×3년 4월 1일 ㈜대한은 사옥으로 사용하던 건물을 ㈜누리에게 임대하기로 하였고, 임대는 동 일자로 즉시 개시되었다.

(3) 20×1년부터 20×3년까지 건물과 토지 관련 사항은 다음과 같으며, 20×1년 말 건물에 대한 손상징후가 있다.

구분	건물 공정가치	건물 회수가능액	토지 공정가치
20×1. 12. 31.	₩2,800,000	₩2,553,000	₩7,000,000
20×2. 12. 31.	₩2,475,000	₩2,450,000	₩6,500,000
20×3. 4. 1.	₩2,480,000	₩2,500,000	₩6,500,000
20×3. 12. 31.	₩2,450,000	₩2,500,000	₩6,600,000

(4) ㈜대한은 유형자산을 재평가모형으로 회계처리하고, 투자부동산은 공정가치모형으로 회계처리를 하고 있다. 재평가모형을 적용하여 장부금액을 조정할 때 감가상각누계액을 전액 제거하는 방법을 사용하며, 매년 재평가를 실시한다. 또한 유형자산의 경우 자본에 포함된 **재평가잉여금**은 자산을 사용하는 기간 중에 이익잉여금으로 대체하지 않는다.

물음 2-1 위의 거래들에 대해 ㈜대한이 관련 회계처리를 모두 적절하게 수행한 경우 20×2년 당기순이익과 기타포괄이익에 미치는 영향을 계산하시오(단, 당기순이익과 기타포괄이익이 감소하는 경우에는 (-)를 숫자 앞에 표시하시오).

당기순이익	①
기타포괄이익	②

물음 2-2 위의 거래들에 대해 ㈜대한이 관련 회계처리를 모두 적절하게 수행한 경우 20×3년 당기순이익과 기타포괄이익에 미치는 영향을 계산하시오(단, 당기순이익과 기타포괄이익이 감소하는 경우에는 (-)를 숫자 앞에 표시하시오).

당기순이익	①
기타포괄이익	②

물음 3 ㈜세무의 공장건물과 관련한 사항은 다음과 같다.   [세무사 2차 2020년]

> (1) ㈜세무는 20×1년 1월 1일에 공장건물을 ₩25,000,000에 신규 취득하였다. ㈜세무는 곧바로 공장건물을 제품 생산에 사용하였다. ㈜세무는 공장건물에 대하여 내용연수는 10년, 잔존가치는 ₩0으로 추정하고, 정액법에 의해 감가상각하기로 하였으며 재평가모형을 적용하였다. 20×1년 말과 20×2년 말 공장건물의 공정가치는 각각 ₩24,750,000과 ₩26,400,000이었다. ㈜세무는 자산의 장부금액을 재평가금액으로 조정할 때, 총장부금액은 장부금액의 변동에 따라 비례하여 수정하고, 재평가일의 감가상각누계액은 손상차손누계액을 고려한 후 총장부금액과 장부금액의 차이와 같아지도록 조정한다. 또한 재평가잉여금은 이익잉여금으로 대체하지 않는다.
>
> (2) ㈜세무는 20×3년 들어 경기악화로 동 공장건물의 가동을 멈추게 되었다. 이에 따라 ㈜세무는 20×3년 7월 1일에 동 공장건물을 임대목적으로 전환하고 즉시 임대를 개시하였다. ㈜세무는 임대목적으로 전환하는 시점에서 공장건물을 투자부동산으로 분류변경하고, 공정가치모형을 적용하기로 하였다. 20×3년 7월 1일 현재 공장건물의 공정가치는 ₩25,000,000이었다.

물음 3-1 ㈜세무의 20×1년 말 재무상태표에 표시될 공장건물의 감가상각누계액과 재평가잉여금을 계산하시오.

공장건물의 감가상각누계액	공장건물 관련 재평가잉여금
①	②

물음 3-2 ㈜세무의 20×2년 말 재무상태표에 표시될 공장건물의 감가상각누계액과 재평가잉여금을 계산하시오.

공장건물의 감가상각누계액	공장건물 관련 재평가잉여금
①	②

물음 3-3 ㈜세무의 20×3년 7월 1일 재분류 직전 공장건물 감가상각누계액과 재분류로 인하여 발생하는 재평가손익을 계산하고, 20×3년 7월 1일에 수행할 분개를 제시하시오. (단, 손실은 금액 앞에 '(-)'를 표시하며, 계산된 금액이 없는 경우에는 '없음'으로 표시한다)

재분류 직전 공장건물 감가상각누계액 ①	재분류로 인하여 발생하는 재평가손익 ②
차)	대)

물음 4 A사는 20×1년 1월 1일 내용연수 8년의 건물을 ₩10,000,000에 취득하여 사용하고 있다. 동 건물의 잔존가치는 없으며 정액법으로 감가상각한다고 한다. 건물과 관련한 공정가치와 회수가능액은 다음과 같다.

유예

구분	20×1년 말	20×2년 말	20×3년 말
공정가치	₩9,100,000	₩7,500,000	₩7,600,000
회수가능액	₩9,600,000	₩6,000,000	₩7,500,000

물음 4-1 A사는 취득시점부터 해당 건물에 대하여 원가모형으로 회계처리하였다. 20×3년에 A사가 해당 건물과 관련하여 인식할 당기손익에 미친 영향을 구하시오(단, A사는 20×3년 초에 동 건물에 대하여 ₩1,000,000의 수선비를 지출하였는데, 동 지출로 인하여 잔존내용연수가 2년 더 연장되었다).

물음 4-2 **물음 4-1**과 관련하여, A사는 20×4년 6월 30일에 동 건물을 B사에 임대하였으며, 투자부동산에 대해서는 공정가치모형을 적용하기로 하였다. 20×4년 6월 30일 건물의 공정가치가 ₩7,000,000이며, 20×4년 12월 31일 건물의 공정가치가 ₩6,900,000일 때, 동 거래로 A사의 20×4년 당기손익에 미친 영향과 기타포괄손익에 미친 영향을 구하시오.

물음 4-3 **물음 4-2**와 관련하여, A사는 B사에게 임대한 건물을 20×6년 7월 1일에 다시 자기 사업에 사용하기로 결정하였다. 동 건물의 20×5년 12월 31일의 공정가치는 ₩7,500,000이고 20×6년 7월 1일의 공정가치는 ₩6,300,000이라고 할 때, 동 거래가 A사의 20×6년 당기손익에 미친 영향을 구하시오.

물음 1

구분	금액
20×1년	① 70,815
20×2년	② (-)90,815
20×3년	③ (-)405,000
20×4년	④ 193,800
20×5년	⑤ (-)68,800

(1) 20×1년 ~ 20×2년 당기손익에 미친 영향

    1) 20×1년 당기손익에 미친 영향: 82,720 - 11,905 = 70,815

    2) 20×2년 당기손익에 미친 영향: 24,100 - 35,715 - 79,200 = (-)90,815

회계처리

20×1년 10월 1일	차) 투자부동산	1,952,380	대) 현금	1,000,000
			미지급금[1]	952,380
	1) 1,000,000/1.05 = 952,380			
20×1년 12월 31일	차) 투자부동산	82,720	대) 투자부동산평가이익	82,720
	차) 이자비용[2]	11,905	대) 미지급금	11,905
	2) 952,380 × 5% × 3/12 = 11,905			
20×2년 4월 1일	차) 유형자산	2,059,200	대) 투자부동산	2,035,100
			투자부동산평가이익	24,100
20×2년 9월 30일	차) 미지급금	964,285	대) 현금	1,000,000
	이자비용	35,715		
20×2년 12월 31일	차) 감가상각비[3]	79,200	대) 감가상각누계액	79,200
	3) 2,059,200 × 9/(240 - 6)개월 = 79,200			

(2) 20×3년 당기손익에 미친 영향(= 자산의 변동): 1,575,000 - (2,059,200 - 79,200) = (-)405,000

(3) 20×4년 당기손익에 미친 영향(= 자산의 변동): 193,800

    Min[1,770,000, 2,059,200 - 2,059,200 × 33/(240 - 6)개월] - 1,575,000 = 193,800

(4) 20×5년 당기손익에 미친 영향(= 자산의 변동): 1,700,000 - 1,768,800 = (-)68,800

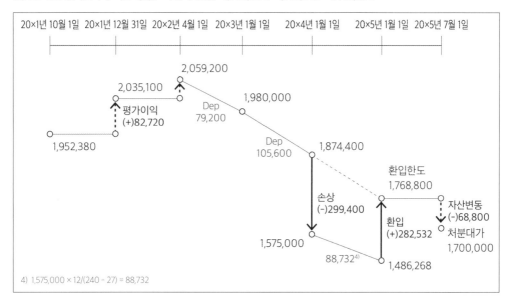

당기순이익	① (-)559,971
기타포괄이익	② (-)300,906

근거

① 20×2년 당기순이익에 미치는 영향: (104,308) + (276,000) + 40,126 + (41,220) + (178,569)
= (-)559,971

② 20×2년 기타포괄이익에 미치는 영향: 132,874 + 25,000 + (458,780) = (-)300,906

회계처리

20×1년 4월 1일	차)	토지[1]	6,541,220	대)	현금	1,000,000
		건물	2,803,380		미지급금[2]	8,344,600

1) (1,000,000 + 8,344,600) × 7/10 = 6,541,220
2) 4,000,000 × 0.9524 + 5,000,000 × 0.9070 = 8,344,600

20×1년 12월 31일	차)	감가상각비[3]	210,254	대)	감가상각누계액	210,254
	차)	감가상각누계액	210,254	대)	재평가잉여금[4]	206,874
					건물	3,380
	차)	재평가잉여금	206,874	대)	손상차손누계액[5]	247,000
		손상차손	40,126			
	차)	토지	458,780	대)	재평가잉여금[6]	458,780
	차)	이자비용[7]	312,923	대)	미지급금	312,923

3) 2,803,380/10 × 9/12 = 210,254(상각후원가: 2,593,126)
4) 2,800,000 - 2,593,126 = 206,874
5) 2,800,000 - 2,553,000 = 247,000
6) 7,000,000 - 6,541,220 = 458,780
7) 8,344,600 × 5% × 9/12 = 312,923

20×2년 3월 31일	차)	이자비용[8]	104,308	대)	현금	4,000,000
		미지급금	3,895,692			

8) 8,344,600 × 5% × 3/12 = 104,308

20×2년 12월 31일	차)	감가상각비[9]	276,000	대)	감가상각누계액	276,000
	차)	손상차손누계액[10]	173,000	대)	손상차손환입	40,126
					재평가잉여금	132,874
	차)	감가상각누계액	276,000	대)	재평가잉여금[11]	25,000
					건물	251,000
	차)	재평가잉여금	458,780	대)	토지[12]	500,000
		재평가손실	41,220			
	차)	이자비용[13]	178,569	대)	미지급금	178,569

9) (2,553,000 - 0) × 12/111개월 = 276,000(상각후원가 2,277,000)
10) 2,450,000 - 2,277,000 = 173,000
11) 2,475,000 - 2,450,000 = 25,000
12) 7,000,000 - 6,500,000 = 500,000
13) (8,344,600 × 1.05 - 4,000,000) × 5% × 9/12 = 178,569

물음 2-2		
당기순이익	① (-)123,303	
기타포괄이익	② 138,780	

근거

① 20×3년 당기순이익에 미치는 영향: (59,523) + (75,000) + (30,000) + 41,220 = (-)123,303

② 20×3년 기타포괄이익에 미치는 영향: 80,000 + 58,780 = 138,780

회계처리

20×3년 3월 31일	차) 이자비용[1] 미지급금	59,523 4,940,477	대) 현금	5,000,000
	1) (8,344,600 × 1.05 - 4,000,000) × 5% × 3/12 = 59,523			
20×3년 4월 1일	차) 감가상각비[2] 차) 손상차손누계액 감가상각누계액 투자부동산	75,000 74,000 75,000 2,480,000	대) 감가상각누계액 대) 건물 재평가잉여금[3]	75,000 2,549,000 80,000
	2) (2,475,000 - 0) × 3/(111 - 12)개월 = 75,000			
	3) 2,480,000 - 2,400,000 = 80,000			
20×3년 12월 31일	차) 투자부동산평가손실 차) 토지	30,000 100,000	대) 투자부동산 대) 재평가이익 재평가잉여금	30,000 41,220 58,780

(1) 토지

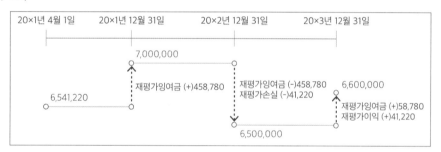

(2) 건물

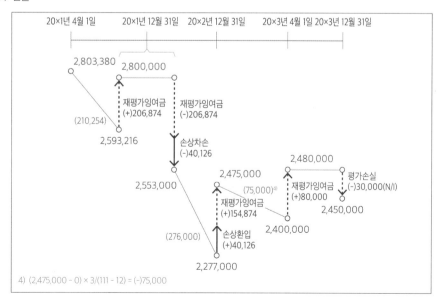

4) (2,475,000 - 0) × 3/(111 - 12) = (-)75,000

공장건물의 감가상각누계액	공장건물 관련 재평가잉여금
① 2,750,000	② 2,250,000

근거

① 20×1년 말 공장건물의 감가상각누계액: (24,750,000 - 0) ÷ 9년 × 1년 = 2,750,000

② 20×1년 말 공장건물 관련 재평가잉여금: 24,750,000 - 25,000,000 × 9/10 = 2,250,000

물음 3-2

공장건물의 감가상각누계액	공장건물 관련 재평가잉여금
① 6,600,000	② 6,650,000

근거

① 20×2년 말 공장건물의 감가상각누계액: (26,400,000 - 0) ÷ 8년 × 2년 = 6,600,000

② 20×2년 말 공장건물 관련 재평가잉여금: (26,400,000 - 24,750,000 × 8/9) + 2,250,000
  = 6,650,000

물음 3-3

재분류 직전 공장건물 감가상각누계액	재분류로 인하여 발생하는 재평가손익
① 8,250,000	② 250,000(기타포괄손익)

회계처리

20×3년 7월 1일	차) 감가상각비[1]	1,650,000	대) 감가상각누계액	1,650,000
	차) 투자부동산	25,000,000	대) 건물(대차차액)	33,000,000
	감가상각누계액[2]	8,250,000	재평가잉여금	250,000

1) 26,400,000 ÷ 8 × 6/12 = 1,650,000
2) 6,600,000 + 1,650,000 = 8,250,000

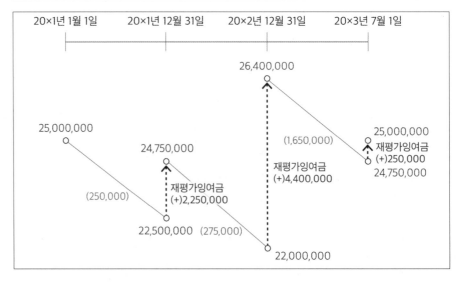

물음 4 **물음 4-1** 20×3년 당기손익에 미친 영향: 감가상각비 (-)875,000 + 손상차손환입 1,312,500 = 437,500

(1) 20×3년 초 손상 전 장부금액 + 자본적 지출

10,000,000 - 10,000,000 × 2/8 + 1,000,000 = 8,500,000

(2) 20×3년 초 손상 후 장부금액 + 자본적 지출

6,000,000 + 1,000,000 = 7,000,000

(3) 20×3년 감가상각비

7,000,000 ÷ (8 - 2 + 2) = 875,000

(4) 20×3년 말 환입 전 장부금액

7,000,000 - 875,000 = 6,125,000

(5) 20×3년 손상차손환입: Min[①, ②] - 6,125,000 = 1,312,500

1) 20×3년 말 손상되지 않았을 경우 장부금액: 8,500,000 - 8,500,000/8 = 7,437,500

2) 20×3년 말 회수가능액: 7,500,000

물음 4-2 (1) 20×4년 당기손익에 미친 영향: (-)631,250

1) 감가상각비: 7,437,500 ÷ 7년 × 6/12 = (-)531,250

2) 투자부동산평가손실: 6,900,000 - 7,000,000 = (-)100,000

(2) 20×4년 기타포괄손익에 미친 영향: 93,750

재평가잉여금: 7,000,000 - (7,437,500 - 531,250) = 93,750

물음 4-3 20×6년 당기손익에 미친 영향: (-)1,900,000

1) 투자부동산평가손실: 6,300,000 - 7,500,000 = (-)1,200,000

2) 감가상각비: 6,300,000 ÷ (2.5 + 2)년 × 6/12 = (-)700,000

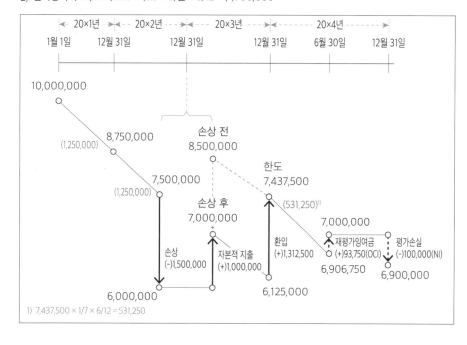

B사는 투자부동산을 20×1년 초 ₩200,000에 취득하여 공정가치모형으로 회계처리하고 있었다. 각 연도별 투자부동산의 공정가치는 다음과 같다.

구분	20×1년 말	20×2년 말	20×3년 말
공정가치	₩250,000	₩230,000	₩240,000

B사는 20×2년 초 비교할 만한 시장의 거래가 줄어들고, 시장가격 정보를 쉽게 얻을 수 없게 되어 동 투자부동산을 원가모형으로 회계처리하기로 하였다. B사는 20×2년 초부터 투자부동산의 장부금액을 기준으로 잔존내용연수는 5년, 잔존가치는 없고, 정액법으로 하여 감가상각하기로 결정하였다. B사는 20×3년 말까지 감가상각에 대한 회계처리를 수행하였다. 회사가 계상한 20×3년의 당기순이익은 ₩500,000, 20×3년 초의 이익잉여금은 ₩700,000이라면 올바른 20×3년 당기순이익과 20×3년 초 이익잉여금을 구하시오. 유예

—| 풀이 |—

(1) 20×3년 당기순이익: 500,000 + 50,000 + 10,000 = 560,000
(2) 20×3년 초 이익잉여금: 700,000 + 30,000 = 730,000
(3) 회사 계상
   1) 투자부동산: 250,000
   2) 감가상각누계액: 250,000 × 2/5 = 100,000
   3) 감가상각비: 50,000
(4) GAAP
   1) 투자부동산: 240,000
   2) 투자부동산평가이익: 10,000
   3) 오류수정분개

차) 감가상각누계액	100,000	대) 투자부동산	10,000
		감가상각비	50,000
		투자부동산평가이익	10,000
		미처분이익잉여금	30,000

☑ 비교할 만한 시장의 거래가 줄어들고 시장가격 정보를 쉽게 얻을 수 없게 되어도 당해 부동산을 처분하거나 유형자산, 재고자산으로 계정대체하기 전까지는 계속하여 공정가치로 측정한다.

II | 무형자산의 최초 취득 및 후속측정

문제 4   무형자산의 인식요건 및 상각, 영업권 - Level 2

각 물음은 서로 독립적이다.

물음 1 아래의 각 사례는 서로 독립적이며 모든 회사의 회계기간은 1월 1일부터 12월 31일까지이다. 각 회사는 모두 원가모형을 적용하며, 상각방법은 정액법을 사용한다.

물음 1-1 A사는 이메일 발송용 고객목록을 20×1년 7월 1일 ₩200,000에 취득하였다. 회사는 당해 고객목록 정보로부터 1 ~ 3년간 효익을 얻을 것으로 기대하고 있다. 회사의 경영진은 내용연수에 대한 최선의 추정기간을 2.5년으로 결정하였다. A사가 동 무형자산에 대해 인식할 20×1년의 무형자산상각비를 구하시오.

물음 1-2 B사는 20×1년 9월 1일 무형자산을 ₩40,000에 취득하였다. 동 무형자산은 15년 동안 순현금유입의 원천이 될 것으로 예상된다. 회사는 동 무형자산을 취득한 금액의 40%로 4년 후 구매하려는 제3자와 약정하였으며, 4년 후 동 무형자산을 매각할 의도를 가지고 있다. B사가 동 무형자산에 대해 인식할 20×1년 무형자산상각비를 구하시오.

물음 1-3 C사는 20×1년 11월 1일 법정 잔여연수가 10년인 저작권을 ₩150,000에 취득하여 사용하였다. 시장분석을 통하여 동 저작권이 20×1년 말 현재부터 4년 동안만 순현금유입을 창출할 것이라는 증거를 확보하였다. C사가 동 무형자산에 대해 인식할 20×1년의 무형자산상각비를 구하시오.

물음 1-4 D사가 보유하고 있는 면세점 라이선스는 매 9년마다 갱신이 가능하다. 9년 후 갱신하여야 하며 면세점 라이선스를 20×1년 초 ₩1,000,000에 취득하였다. 이 라이선스는 거의 원가 없이 비한정으로 갱신할 수 있으며, 최근의 취득 이전에 두 번 갱신하였다. 회사는 라이선스를 비한정으로 갱신하려는 의도를 가지고 있으며, 갱신할 수 있는 능력을 가지고 있다는 증거도 있다. 과거의 라이선스를 갱신하는 데 어려움은 없고, 라이선스는 비한정으로 기업의 순현금유입에 기여할 것으로 기대된다. 그러나 동 라이선스에 대해 발급기관이 20×2년 초 시점에 더 이상 라이선스를 갱신해주지 않고 이를 회수하기로 결정하였다. 회사는 만료시점까지 라이선스가 순현금유입에 기여할 것으로 예상한다. D사가 동 무형자산에 대해 인식할 20×2년의 무형자산상각비를 구하시오.

해커스 IFRS 정윤돈 재무회계연습   제4장   기타의 자산

물음 2 다음은 12월 말 결산법인 A사의 20×3년도 관련 자료들로 각 물음은 모두 독립적이다. 회계오류의 경우 모두 중요한 오류에 해당된다.

물음 2-1 A사는 20×2년 1월 1일 발생한 사업결합으로, 최초 인식한 브랜드 ₩60,000의 내용연수를 비한정으로 추정하였다. A사는 20×2년 말과 20×3년 말 현재 무형자산의 회수가능액을 각각 ₩40,000과 ₩52,000으로 추정하였으나 손상징후가 발생하지는 않아서 손상차손을 인식하지 않았다. 또한 A사는 20×2년 말 브랜드와 관련하여 현금 ₩10,000을 추가적으로 지출하였고, 이를 브랜드 취득원가에 가산하였다. A사의 20×3년 말 현재 무형자산 장부금액이 ₩70,000이라고 할 경우, A사의 회계담당자가 20×3년 말 수행할 수정분개를 보이시오.

물음 2-2 A사는 20×1년 초 경제적 내용연수가 10년, 잔존가치가 없는 무형자산을 ₩100,000에 취득하였다. 취득 시 회계처리는 정확히 하였으나, 무형자산의 미래경제적효익이 소멸되는 형태를 합리적으로 추정할 수 없어 무형자산상각비를 인식하지 않았다. A사의 회계담당자가 20×3년 말 수행할 수정분개를 보이시오.

물음 3 ㈜대한은 기능성 운동복을 생산하여 판매하는 회사이다. ㈜대한이 인식하는 무형자산은 자산의 경제적효익이 소비될 것으로 예상되는 형태를 신뢰성 있게 결정할 수 없으며, ㈜대한은 원가모형을 적용하고 있다. 다음의 <자료>를 이용하여 <요구사항>에 답하시오.

[공인회계사 2차 2024년]

<자료>

(1) ㈜대한은 20×1년 1월 1일 경쟁입찰을 통해 특허권을 ₩500,000에 취득하였다. 이 특허권은 향후 10년간 현금유입에 기여할 것으로 추정된다. ㈜대한은 5년 후 업종변경을 계획하고 있어 변경하기 전까지 이 특허권을 사용할 계획이다. 이에 경쟁입찰에서 탈락한 ㈜민국은 5년 후 본 특허권을 양도할 것을 제안하였고, ㈜대한은 특허권 구입과 동시에 5년 후 ㈜민국에게 취득가액의 50%에 매도하기로 약정하였다. 20×3년에 특허권 침해사건으로 인해 법적 소송이 발생하였으나 소송에서 승소하여 특허권의 미래경제적효익은 유지되었다. 본 소송과 관련하여 ₩150,000의 법률대리인비용을 20×3년 1월 1일에 지출하였다.

(2) ㈜대한이 생산하는 제품과 유사한 제품을 생산하는 ㈜한국이 보유하고 있던 고객목록을 20×1년 1월 1일 ₩200,000에 구입하였다. 의류는 5년을 주기로 소비자의 취향이 바뀌는 관계로 본 고객목록은 구입시점으로부터 5년간 사용할 수 있을 것으로 추정하였다. 다만, ㈜한국의 고객목록을 ㈜대한이 활용하기 위해서는 고객목록 데이터의 보정이 필요하여 구입시점부터 1년간 보정작업을 수행하였다.

(3) 20×2년 1월 1일 ㈜대한은 의류생산기계를 기계가동을 위해 필요한 2개의 소프트웨어와 함께 ₩10,000,000에 일괄 구입하였다. 기계와 소프트웨어 A, B의 공정가치는 각각 ₩7,000,000, ₩3,000,000, ₩2,000,000이다. 다만 소프트웨어 A가 없더라도 의류생산기계의 사용은 가능하나 소프트웨어 A를 사용할 경우 기계의 효율성이 높아진다. 반면에 소프트웨어 B 없이는 의류생산기계의 가동이 불가능하며 소프트웨어 B로부터 발생하는 미래경제적효익은 확인할 수 없다. 동종업종에서 10년 전 소프트웨어 A, B를 모두 사용해본 결과 각각 3년간 경제적효익이 발생하였으나, ㈜대한이 20×2년 1월 1일 진부화를 고려하여 추정한 결과 2년간 경제적효익이 발생할 것으로 예상되었다. 그러나 본 소프트웨어의 효익에 대한 제3자의 접근을 법적으로 통제할 수 있는 기간은 5년이다.

(4) ㈜대한은 20×3년 1월 1일 자체 생산한 의류의 판매촉진과 광고를 위해 웹사이트를 개발하였다. 개발에 들어간 금액은 ₩300,000이며, 웹사이트를 운영하기 위한 직원의 훈련비 ₩100,000이 지출되었다. 이 웹사이트는 3년간 사용 가능할 것으로 추정하였다.

<요구사항 1>

㈜대한이 20×1년, 20×2년, 20×3년에 인식할 무형자산상각비를 각각 계산하시오.

20×1년 무형자산상각비	①
20×2년 무형자산상각비	②
20×3년 무형자산상각비	③

<요구사항 2>

㈜대한은 20×3년에 자체 브랜드인 바바패션을 런칭하였다. 브랜드 개발에 지출된 금액은 ₩200,000이다. ㈜대한이 지출한 브랜드 개발금액 ₩200,000을 무형자산으로 인식할 수 있는지 여부와 그 이유를 각각 서술하시오.

인식 여부	①
이유	②

물음 1 **물음 1-1** 20×1년 무형자산상각비: (200,000 - 0) × 1/2.5 × 6/12 = 40,000

물음 1-2 20×1년 무형자산상각비: (40,000 - 40,000 × 40%) × 1/4 × 4/12 = 2,000

물음 1-3 20×1년 무형자산상각비: (150,000 - 0) × 2/(2 + 48) = 6,000

물음 1-4 20×2년 무형자산상각비: 1,000,000 × 1/8 = 125,000

물음 2 **물음 2-1** 회계처리

20×3년 말	차) 미처분이익잉여금	30,000	대) 무형자산		10,000
			손상차손누계액		8,000
			손상차손환입		12,000

(1) 회사

무형자산: 70,000

(2) GAAP

1) 무형자산: 60,000[1]

   1) 외부적으로 창출한 브랜드 등도 취득이나 완성 후의 지출은 그 지출이 발생한 시점에 당기손익으로 처리한다.

2) 손상차손누계액: 60,000 - 52,000 = 8,000

3) 손상차손환입: 52,000 - 40,000 = 12,000

☑ 내용연수가 비한정인 무형자산의 경우 손상징후에 관계없이 매년 손상검사를 해야 하며, 공정가치와 중요한 차이가 있을 경우 손상을 인식한다.

물음 2-2 회계처리

20×3년 말	차) 미처분이익잉여금	20,000	대) 상각누계액		30,000
	무형자산상각비	10,000			

☑ 미래경제적효익의 소비형태를 합리적으로 추정할 수 없는 경우에는 정액법으로 상각한다.

  <요구사항 1>

20×1년 무형자산상각비	① 50,000
20×2년 무형자산상각비	② 1,350,000
20×3년 무형자산상각비	③ 1,350,000

근거

1. 특허권

20×1년, 20×2년, 20×3년 무형자산상각비: (500,0000 - 500,000 × 50%) ÷ 5년 = 50,000

☑ 미래경제적효익의 소비형태를 신뢰성 있게 결정할 수 없으니 정액법 사용, 내용연수 종료시점에 제3자가 자산을 구입하기로 약정하여 잔존가치는 0이 아니며, 소송비용은 자산의 미래경제적효익을 증가시키지 않았으므로 비용처리한다.

2. 고객목록

(1) 20×1년 무형자산상각비: 없음

☑ 사용 가능한 시점이 20×2년이므로 20×1년은 상각하지 않는다.

(2) 20×2년, 20×3년 무형자산상각비: 200,000 ÷ (5 - 1)년 = 50,000

3. 무형자산 + 유형자산 일괄 구입

(1) 소프트웨어 B는 기계장치의 운영에 필수적이므로 기계장치와 함께 유형자산으로 분류하며, 기계장치 운영에 필수적이지 않은 소프트웨어 A만 무형자산으로 분류한다.

(2) 소프트웨어 B의 취득원가: 10,000,000 × 3,000,000/(7,000,000 + 3,000,000 + 2,000,000) = 2,500,000

(3) 20×2년, 20×3년 무형자산상각비: 2,500,000 ÷ Min[2, 5]년 = 1,250,000

4. 웹사이트 개발비

광고목적으로 개발한 웹사이트에 대한 지출액은 무형자산이 아닌 비용처리한다.

☑ 기업이 주로 자체의 재화와 용역의 판매촉진과 광고를 위해 웹사이트를 개발한 경우에는 그 웹사이트가 어떻게 미래경제적효익을 창출할지를 제시할 수 없다. 따라서 이러한 웹사이트 개발에 대한 모든 지출은 발생시점에 비용으로 인식한다.

5. 연도별 무형자산상각비

(1) 20×1년: 50,000

(2) 20×2년: 50,000 + 50,000 + 1,250,000 = 1,350,000

(3) 20×3년: 50,000 + 50,000 + 1,250,000 = 1,350,000

<요구사항 2>

인식 여부	① 불가
이유	② 사업을 전체적으로 개발하는 데 발생한 원가와 구별할 수 없으므로 무형자산으로 인식하지 않는다.

각 물음은 서로 독립적이다.

물음 1 ㈜우리는 20×1년 초 사업결합을 통하여 주파수이용권과 회원권을 무형자산으로 인식하였으며, 공정가치는 각각 ₩1,000,000과 ₩2,500,000이다. ㈜우리는 무형자산에 대하여 매 보고기간 말 원가모형을 적용하여 평가하며, 20×1년과 20×2년 말 현재 주파수이용권과 회원권의 회수가능액은 다음과 같다.

[공인회계사 2차 2011년]

구분	20×1. 12. 31.	20×2. 12. 31.
주파수이용권	₩720,000	₩900,000
회원권	₩2,500,000	₩2,000,000

주파수이용권의 내용연수는 5년이며, 회원권의 내용연수는 비한정으로 판단된다. ㈜우리는 무형자산을 정액법으로 상각하며, 잔존가치는 영(0)으로 가정할 때, 무형자산과 관련하여 ㈜우리가 인식할 다음 ①부터 ⑥까지의 금액을 계산하시오(단, 회수가능액이 장부금액보다 낮으면 손상징후가 있는 것으로 가정한다).

구분	20×1년	20×2년
무형자산상각비	①	④
손상차손	②	⑤
손상차손환입	③	⑥

물음 2 위 물음과 독립적으로 12월 말 결산법인인 B사는 20×1년 6월 1일 사업결합의 성과로 식별 가능한 무형자산인 고객목록을 공정가치 ₩40,000에 취득하였다. B사는 고객목록에 대하여 원가모형을 적용하기로 하였으며, 미래경제적효익이 소멸되는 형태를 합리적으로 추정할 수 없다고 판단하였다. B사는 고객목록의 경제적 내용연수를 비한정으로, 20×1년 말 회수가능액은 ₩30,000으로 추정하였으나 손상징후가 발생하지는 않는다. 또한 B사는 20×1년 10월 고객목록과 관련하여 현금 ₩10,000을 추가적으로 지출하였다. 동 거래가 B사의 20×1년 당기손익에 미치는 영향은 얼마인가?

물음 3 C사는 20×1년 초 무형자산을 ₩200,000에 취득하여 원가모형을 적용하였다. 무형자산의 법적 내용연수는 10년이지만, 기술의 발전을 고려할 때 5년 동안만 순현금유입을 창출할 수 있을 것으로 예상되었다. 잔존가치는 없는 것으로 추정하였고, 경제적효익은 소비되는 형태를 신뢰성 있게 결정할 수 없다. 20×3년 말 무형자산의 손상을 시사하는 징후가 있어 손상검사를 하였고, 회수가능액에 대한 자료가 아래와 같을 때 20×3년 말 손상차손으로 인식할 금액을 구하시오.

(1) 20×3년 말 공정가치는 ₩40,000, 처분부대원가는 ₩4,000으로 추정하였다.

(2) 20×3년 말 현재 무형자산으로부터 기대되는 미래현금흐름은 향후 2년간 ₩20,000씩으로 예상한다(단, 현재가치 평가에 적용되는 할인율은 10%이다).

물음 1

구분	20×1년	20×2년
무형자산상각비	① 200,000	④ 180,000
손상차손	② 80,000	⑤ 500,000
손상차손환입	③ 0	⑥ 60,000

근거

(1) 20×1년

① 무형자산 상각비: 1,000,000/5년 = 200,000

② 손상차손(주파수): 800,000 - 720,000 = 80,000

③ 손상차손환입: 0

(2) 20×2년

④ 무형자산 상각비: 720,000/4년 = 180,000

⑤ 손상차손(회원권): 2,500,000 - 2,000,000 = 500,000

⑥ 손상차손환입(주파수): Min[900,000, 600,000[1]] - 540,000 = 60,000
   1) 1,000,000 - 1,000,000 × 2/5 = 600,000

물음 2 20×1년 당기손익에 미치는 영향: (-)20,000

(1) 무형자산 손상차손: 30,000 - 40,000 = (-)10,000

   ☑ 내용연수가 비한정인 무형자산은 손상징후에 관계없이 손상차손을 인식한다.

(2) 고객목록에 대한 지출액: (-)10,000

   ☑ 고객목록 등은 외부에서 취득하였는지 또는 내부적으로 창출하였는지에 관계없이, 취득이나 완성 후의 지출을 발생시점에 당기손익으로 인식한다.

물음 3 20×3년 말 손상차손: (2) - (1) = (-)44,000

(1) 20×3년 말 손상 전 장부금액: 200,000 - (200,000 - 0) × 3/5 = 80,000

(2) 20×3년 말 회수가능액: Max[①, ②] = 36,000

① 순공정가치: 40,000 - 4,000 = 36,000

② 사용가치: 20,000/1.1 + 20,000/1.1^2 = 34,711

각 물음은 독립적이다.

물음 1 다음은 A사의 개발비와 특허권에 대한 자료이다. A사는 IT기술에 대한 연구개발활동을 진행하여 다음과 같은 항목을 지출하였다(단, 아래 표의 금액은 각 단계에서 발생한 총지출액이며, **매월 균등하게 발생한다**고 가정한다).

항목	개발단계 (20×1. 1. 1. ~ 6. 30.)	생산단계 (20×1. 7. 1. ~ 12. 31.)
연구원 인건비	₩20,000	₩20,000
재료비	₩20,000	₩40,000
합리적으로 배분된 간접경비	₩40,000	₩70,000

(1) 개발단계에 사용할 설비자산은 **20×1년 3월 1일 ₩100,000에 구입**하였다. 설비자산의 잔존가치는 '0'이며, 내용연수는 10년이다. 감가상각방법은 정률법이며, 상각률은 0.2이다.

(2) 개발단계에서의 지출은 **20×1년 4월 1일부터 무형자산의 인식요건을 모두 충족**한다.

(3) A사의 개발활동 결과 20×1년 5월 초 시제품이 제작되었으며, 시제품의 원가는 ₩20,000으로 별도로 지출되었다.

(4) **20×1년 7월 초 개발이 종료**되고, 즉시 생산이 시작되었다. 개발한 통신기술에 대하여 **20×1년 10월 초 특허권을 취득**하였으며, 특허권과 **직접 관련된 지출은 ₩350,000**이다. 이러한 지출은 특허권의 미래경제적효익을 실질적으로 증가시킬 가능성이 매우 높다고 판단된다.

(5) A사 무형자산의 내용연수는 10년, 잔존가치는 '0'이며, 감가상각방법은 정액법이다.

(6) 20×2년 말 경쟁업체의 유사제품 출시로 개발비의 회수가능액이 ₩40,000으로 추정되었으나, 20×3년 말 관련 시장의 소비자들이 A사의 제품이 월등히 우수한 것으로 판단함에 따라 개발비의 회수가능액이 ₩70,000으로 회복되었다(단, 소수점 첫째 자리에서 반올림한다).

물음 1-1 무형자산으로 인식되었던 개발비에 대하여 특허권을 획득하고 법적 권리가 확보되었을 때, 개발비잔액을 산업재산권으로 대체하지 않고, 계속 개발비로서 잔여기간에 걸쳐 상각하는 회계처리의 이론적 근거를 제시하시오.

물음 1-2 20×1년의 개발비 취득원가와 특허권 취득원가는 각각 얼마인가?

물음 1-3 동 거래가 B사의 20×1년과 20×2년, 20×3년 당기손익에 미치는 영향을 각각 구하시오(단, 기계장치의 감가상각비는 제외한다).

구분	20×1년	20×2년	20×3년
당기손익에 미치는 영향			

물음 1-4 만약, 동 개발비의 **내용연수가 비한정**이고 B사가 **재평가모형을 적용**하고, 20×1년 공정가치는 ₩60,000, 회수가능액은 ₩56,000이며, 20×2년의 공정가치는 ₩68,000, 회수가능액은 ₩70,000인 경우, 20×1년 당기손익에 미치는 영향과 20×2년 기타포괄손익에 미치는 영향은 얼마인가?

물음 2 다음은 ㈜대한의 무형자산과 관련된 자료이다.

(1) ㈜대한은 탄소배출량을 혁신적으로 감소시킬 수 있는 신기술에 대해서 연구 및 개발활동을 수행하고 있다. ㈜대한의 20×1년과 20×2년의 연구 및 개발활동에서 발생한 지출 내역을 요약하면 다음과 같다.

구분	20×1년	20×2년
연구활동	₩900,000	₩300,000
개발활동	-	3,500,000

(2) ㈜대한의 개발활동과 관련된 지출은 모두 무형자산의 인식요건을 충족한다.

(3) ㈜대한의 탄소배출량 감소와 관련된 신기술은 20×2년 중에 개발이 완료되었으며, 20×2년 10월 1일부터 사용가능하게 되었다.

(4) ㈜대한은 신기술 관련 무형자산에 대해서 원가모형을 적용하며 추정내용연수 4년, 잔존가치 ₩0, 연수합계법으로 상각한다.

(5) 20×3년 말 상기 신기술의 사업성이 매우 낮은 것으로 판명되었고, 신기술의 회수가능금액은 ₩1,000,000으로 평가되었다.

㈜대한이 동 거래로 인식할 연도별 비용의 합계를 구하시오.

구분	20×2년	20×3년
비용의 합계	①	②

| 물음 1 | 물음 1-1 | 특허권의 효용이 지속되는 기간과 개발비의 효용이 지속되는 기간이 상이하며, 하나의 개발활동을 통하여 다수의 특허권을 취득하게 되는 경우, 개발비 미상각잔액을 개별 특허권의 취득원가로 배분할 합리적인 기준이 없기 때문이다. |

물음 1-2 (1) 개발비 취득원가: (20,000 + 20,000 + 40,000) × 3/6 + 100,000 × 0.2 × 3/12 + 20,000 = 65,000

(2) 특허권 취득원가: 350,000

물음 1-3

구분	20×1년	20×2년	20×3년
당기손익에 미치는 영향	(-)182,000	(-)56,750	(-)26,250

(1) 20×1년 N/I영향: (-)182,000

　　1) 개발비 상각비: 65,000 × 1/10 × 6/12 = (-)3,250

　　2) 특허권 상각비: 350,000 × 1/10 × 3/12 = (-)8,750

　　3) 경상개발비: (20,000 + 20,000 + 40,000) × 3/6 = (-)40,000

　　4) 생산단계 지출: (20,000 + 40,000 + 70,000) = (-)130,000

(2) 20×2년 N/I영향: (-)56,750

　　1) 개발비 상각비: 65,000 × 1/10 = (-)6,500

　　2) 특허권 상각비: 350,000 × 1/10 = (-)35,000

　　3) 개발비 손상차손: 40,000 - (65,000 - 3,250 - 6,500) = (-)15,250

(3) 20×3년 N/I영향: (-)26,250

　　1) 개발비 상각비: 40,000 × 1/8.5 = (-)4,706

　　2) 특허권 상각비: 350,000 × 1/10 = (-)35,000

　　3) 개발비 손상차손환입: Min[(65,000 - 3,250 - 6,500 - 6,500), 70,000] - (40,000 - 4,706) = 13,456

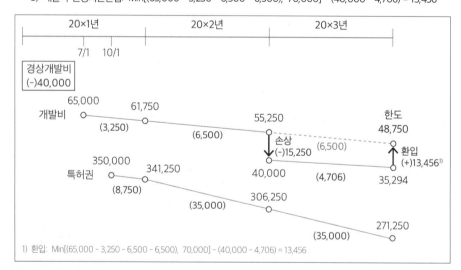

물음 1-4 (1) 20×1년 당기손익에 미치는 영향: 56,000 - 65,000 = (-)9,000

(2) 20×2년 기타포괄손익에 미치는 영향: 68,000 - 65,000 = 3,000

구분	20×2년	20×3년
비용의 합계	① 650,000	② 2,150,000

근거

① 20×2년 비용의 합계: 300,000 + 350,000 = 650,000

   ⊙ 연구비: 300,000

   ⓒ 개발비의 20×2년 감가상각비: (3,500,000 - 0) × 4/10 × 3/12 = 350,000

② 20×3년 비용의 합계: 1,312,500 + 837,500 = 2,150,000

   ⊙ 개발비의 20×3년 감가상각비: (3,500,000 - 0) × 4/10 × 9/12 + (3,500,000 - 0) × 3/10 × 3/12 = 1,312,500

   ⓒ 20×3년 말 손상 전 개발비 장부금액: 3,500,000 - 350,000 - 1,312,500 = 1,837,500

   ⓒ 20×3년 개발비 손상차손: 1.837,500 - 1,000,000 = 837,500

다음의 <자료>를 이용하여 물음에 답하시오.　　　　　　　　　　　　　　　　　[공인회계사 2차 2020년]

<자료>

(1) ㈜민국은 바이오신약 개발프로젝트 X와 Y를 진행 중에 있다. 프로젝트 X는 20×1년 6월 1일 임상 승인을 받아 무형자산의 인식기준을 충족하였으며, 이후 발생한 지출은 모두 자산화 요건을 충족한다. 프로젝트 Y는 20×1년 중 임상에 실패하여 개발을 중단하였다. 프로젝트 X, Y와 관련된 지출액은 다음과 같으며, 프로젝트 X의 20×1년 지출액 중 6월 1일 이후에 지출한 금액은 ₩500,000이다.

구분	20×1년	20×2년
프로젝트 X	₩800,000	₩100,000[1]
프로젝트 Y	₩700,000	-

1) 20×2년 1월 2일 지출금액이다.

20×2년 1월 3일 프로젝트 X의 개발이 종료되고 바로 제품에 대한 생산이 시작되었다. 개발비의 내용연수는 3년이고 잔존가치는 ₩0이며 연수합계법에 따라 상각한다. 상각은 월할 계산을 원칙으로 한다.

(2) ㈜민국은 20×2년 1월 1일 제3자로부터 신약 관련 기술을 ₩500,000에 구입하고 기타무형자산으로 인식하였다. 기타무형자산의 내용연수는 5년, 잔존가치는 ₩0, 정액법으로 상각한다. 제3자로부터 구입한 신약 관련 기술에 대한 활성시장은 존재한다.

(3) ㈜민국은 개발비에 대해서는 원가모형을 적용하며, 기타무형자산에 대해서는 재평가모형을 적용한다. 20×2년 말과 20×3년 말 개발비의 회수가능액과 기타무형자산의 공정가치는 다음과 같다.

구분	개발비 회수가능액	기타무형자산 공정가치
20×2년 말	₩150,000	₩480,000
20×3년 말	₩200,000	₩280,000

(4) ㈜민국은 20×1년 1월 1일 토지사용과 관련하여 지방자치단체와 임대차계약을 체결하는 과정에서 지방자치단체 조례의 감면 요건을 충족하여, 임차료를 전액 면제받았다. ㈜민국은 면제받은 임차료의 공정가치 ₩1,000,000을 토지무상사용권으로 인식하였다. ㈜민국은 토지무상사용권이 소비되는 행태를 신뢰성 있게 결정할 수 없었으며, 토지무상사용권의 내용연수는 10년, 잔존가치는 ₩0으로 추정하였다.

물음 1　개발프로젝트와 관련하여 ㈜민국이 20×1년 말 인식할 무형자산과 20×1년 비용을 계산하시오(단, 20×1년 무형자산과 관련된 손상차손은 발생하지 않는다고 가정한다).

무형자산	①
비용	②

물음 2 ㈜민국이 개발비와 관련하여 20×2년에 인식할 손상차손과 20×3년에 인식할 손상차손환입을 계산하시오 (단, 회수가능액이 장부금액보다 낮으면 손상징후가 있는 것으로 가정하며, 회수가능액이 장부금액보다 증가하는 것은 해당 자산의 용역잠재력 증가를 반영한 것으로 본다).

20×2년 손상차손	①
20×3년 손상차손환입	②

물음 3 ㈜민국은 재평가잉여금을 사용하는 기간 동안 이익잉여금으로 대체하며, 대체분개 후 재평가를 수행한다. 매 보고기간 말 자산의 장부금액이 공정가치와 중요하게 차이가 나며, 손상차손은 발생하지 않았고, 발생한 비용 중 자본화된 금액은 없다. 기타무형자산과 관련된 회계처리가 ㈜민국의 20×3년 당기순이익 및 기타포괄이익에 미치는 영향을 계산하시오(단, 당기순이익과 기타포괄이익이 감소하는 경우에는 (-)를 숫자 앞에 표시하시오).

당기순이익에 미치는 영향	①
기타포괄이익에 미치는 영향	②

물음 4 토지무상사용권과 관련된 회계처리가 ㈜민국의 20×1년 당기순이익에 미치는 영향을 계산하시오(단, 당기순이익이 감소하는 경우에는 (-)를 숫자 앞에 표시하시오).

당기순이익에 미치는 영향	①

─┤ **풀이** ├─

물음 1

무형자산	① 500,000
비용	② 1,000,000

(1) 프로젝트 X

    1) 20×1년 비용: 800,000 - 500,000 = 300,000

    2) 20×1년 말 개발비: 500,000

(2) 프로젝트 Y

    20×1년 전액 비용처리: 700,000

물음 2	20×2년 손상차손	① 150,000
	20×3년 손상차손환입	② 50,000

(1) 20×2년

    1) 20×2년 초 개발비: 500,000 + 100,000 = 600,000

    2) 20×2년 말 손상 전 상각후원가: 600,000 - 600,000 × 3 ÷ (3 + 2 + 1) = 300,000

    3) 20×2년 손상차손: 150,000 - 300,000 = (-)150,000

(2) 20×3년

    1) 20×3년 말 환입 전 상각후원가: 150,000 - 150,000 × 2 ÷ (2 + 1) = 50,000

    2) 20×3년 말 손상되지 않았을 경우 상각후원가: 600,000 - 600,000 × (3 + 2) ÷ 6 = 100,000

    3) 20×3년 손상차손환입: Min[100,000, 200,000] - 50,000 = 50,000

물음 3	당기순이익에 미치는 영향	① (-)140,000
	기타포괄이익에 미치는 영향	② (-)60,000

(1) 20×2년 무형자산상각비: 500,000 ÷ 5년 = 100,000

(2) 20×2년 말 재평가잉여금: 480,000 - (500,000 - 100,000) = 80,000

(3) 20×3년 무형자산상각비: 480,000 ÷ 4년 = 120,000

(4) 20×3년 재평가손실: 280,000 - (480,000 - 120,000) + 60,000 = (-)20,000

		20×1년		20×2년		20×3년
Y		700,000 (비용)				
X	경상개발비	300,000 (비용)				
	개발비	500,000 (자산)	100,000 (자산)	(300,000)+(150,000) 상각 + 손상	(100,000) 상각	50,000 환입
기타 무형자산			500,000 (자산)	(100,000) 상각 + 재평가	(120,000) 상각	(20,000) 재평가손실(N/I)

물음 4	당기순이익에 미치는 영향	① 900,000

회계처리

20×1년 1월 1일	차) 토지무상사용권	1,000,000	대) 보조금수익	1,000,000
20×1년 12월 31일	차) 무형자산상각비	100,000	대) 토지사용권	100,000

☑ 기업이 이미 조례감면요건을 충족하였기 때문에 미래에 이행조건이 없는 보조금이다. 그러므로 정부보조금은 정부보조금을 수취할 권리가 발생하는 기간에 당기손익으로 인식한다.

문제 8 매각예정비유동자산 - Level 2

A사는 20×1년 말 사용 중인 기계장치를 매각하기로 결정하여 계정 대체하였다. 동 거래는 매각예정으로 분류하는 요건을 모두 충족시킨다. 20×1년 초 기계장치의 장부금액은 ₩7,000(잔존내용연수 7년, 잔존가치 없음, 정액법으로 상각)이다. 20×1년 말 현재 동 기계장치의 공정가치는 ₩5,000이며, 사용가치는 ₩4,470이다. 이 기계장치의 매각예정일은 20×2년 말이며, 매각 시 매각부대원가는 ₩550으로 예상된다. 현재가치 평가가 필요한 경우 할인율은 연 10%이다. 유예

물음 1 당해 기계장치가 A사의 20×1년도 당기순이익에 미친 영향을 구하시오.

물음 2 A사는 2개의 구분되는 현금창출단위에서 영업을 영위하고 있으며, 이 중 매각예정으로 분류한 기계장치와 관련된 영업은 중단영업의 요건을 충족한다. A사는 20×0년에 다음과 같은 손익계산서를 작성하였다.

구분	20×0년(실제 공시 금액)	매각예정 기계장치 관련 금액
매출총이익	₩400,000	₩100,000
판매관리비	₩160,000	₩60,000
영업이익	₩240,000	₩40,000
영업외손익	-	-
법인세비용차감전순이익	₩240,000	

또한, A사의 20×1년 영업이익은 아래와 같다(단, 20×1년 영업외손익은 없고, 기계장치에 대한 감가상각비는 고려되어 있다).

구분	기타현금창출단위	매각예정 기계장치 관련 금액
매출총이익	₩300,000	₩20,000
판매관리비	₩120,000	₩30,000

A사가 20×1년에 보고할 손익계산서를 전기 손익계산서와 비교하는 아래와 같은 양식으로 작성하시오(단, 법인세율은 20%이다).

구분	20×0년	20×1년
영업이익		
영업외손익		
법인세비용차감전계속영업이익		
법인세비용		
계속영업이익		
중단영업이익(손실)		
당기순이익		

물음 3 20×2년 7월 1일 A사가 기계장치를 ₩6,000에 매각하였으며, 매각부대원가로 ₩500이 발생하였다고 할 경우 처분손익을 계산하시오.

물음 4 **물음 3**과 독립적으로 20×2년 7월 1일 A사는 매각계획을 철회하였다. 20×2년 7월 1일 순공정가치는 ₩5,700, 사용가치는 ₩5,800이다. 동 거래가 A사의 20×2년 당기손익에 미치는 영향은 얼마인가?

─┤ **풀이** ├──

물음 1 20×1년도 당기순이익에 미친 영향: (-)2,500

(1) 감가상각비: (7,000 - 0)/7년 = (-)1,000

(2) 손상차손: 4,500[1] - (7,000 - 1,000) = (-)1,500

    1) 순공정가치: 5,000 - 550/1.1 = 4,500

참고

매각예정비유동자산은 사용하지 않는 자산이므로 장부금액과 순공정가치 중 적은 금액으로 측정하고, 1년 이후 매각이 예상된다면 매각부대원가는 현재가치로 평가한다.

물음 2

구분	20×0년	20×1년
영업이익	200,000	180,000
영업외손익	-	-
법인세비용차감전계속영업이익	200,000	180,000
법인세비용	(40,000)	(36,000)
계속영업이익	160,000	144,000
중단영업이익(손실)	32,000[1]	(8,000)[2]
당기순이익	192,000	136,000

1) 40,000 × (1 - 20%) = 32,000
2) (20,000 - 30,000) × (1 - 20%) = (-)8,000

물음 3 처분손익: (6,000 - 500) - 4,500 = 1,000

참고

매각예정비유동자산은 감가상각하지 않으므로 장부금액은 전기 말 순공정가치가 된다. 또한 매각 관련 부대원가는 매각금액에 반영한다.

물음 4 20×2년 당기손익에 미치는 영향: 500

(1) 손상차손환입: 5,500[1] - 4,500 = 1,000

    1) Min[회수가능액, 매각예정 분류 전 장부금액의 감가상각 등 반영 후 잔액]
    = Min[Max[5,700, 5,800], (7,000 - 7,000/7년 × 1.5)] = 5,500

(2) 재분류 후 감가상각비: (5,500 - 0)/5.5년 × 6/12 = (-)500

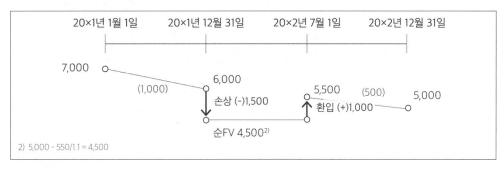

2) 5,000 - 550/1.1 = 4,500

회계처리

20×2년 7월 1일	차)	손상차손누계액	1,000	대)	손상차손환입	1,000
	차)	손상차손누계액	500	대)	매각예정비유동자산	6,000
		유형자산	5,500			

제 **5** 장

충당부채

해커스 IFRS 정윤돈 재무회계연습

I │ 충당부채의 인식과 측정

문제 1   충당부채의 인식(단일회계기간) - Level 2

각 물음은 독립적이다.

물음 1 다음은 각 기업의 사례이다. 이 사례별로 20×1년 말 재무제표에 충당부채를 인식할 수 있는지 판단하시오 (단, 모든 사례에 대하여 예상되는 유출금액은 중요하며, 그 금액을 신뢰성 있게 추정할 수 있다고 가정한다).

사례 1 ㈜세계는 법률이 요구하는 경우에만 오염된 토지를 정화하는 정책을 가지고 있다. 이제까지는 오염된 토지를 정화해야 한다는 법규가 없었고, 따라서 ㈜세계는 지난 몇 년에 걸쳐 토지를 오염시켜왔다. 그런데 이미 오염된 토지를 정화하는 것을 의무화하는 관계 법률이 연말 후에 곧 제정될 것이 20×1년 12월 31일 현재 거의 확실하다. 제정될 법률에 따라 오염된 토지를 정화하기 위한 추가 금액이 필요할 것으로 예상한다.

사례 2 20×1년 12월 28일 ㈜부산은 한 사업부를 폐쇄하기로 결정하였고 이를 고객과 폐쇄되는 사업부의 종업원들에게 공표하였다. 그러나 20×1년 12월 31일까지 이 사업부의 폐쇄와 관련한 지출이나 폐쇄결정의 구체적인 이행시기에 대해서는 계획을 확정하지 못하였다.

사례 3 ㈜서울은 외부용역에 의존하여 20×1년까지 한국채택국제회계기준을 적용해왔다. 그러나 20×2년부터 회사 자체적으로 한국채택국제회계기준을 적용하기 위하여 회계 관련 분야의 기존 종업원들을 교육훈련하고 기존의 회계처리시스템을 수정·보완할 계획이며, 이를 위하여 외부용역비보다 더 큰 지출이 필요함을 알고 있다. ㈜서울은 20×1년 말까지 회사 내부의 회계시스템 개선을 위하여 어떠한 비용도 지출하지 않았다.

사례 4 ㈜클린은 기존의 법규에 따라 적정한 폐수처리시설을 운용하고 있다. 그런데 기존의 법규상 기준치보다 더 강화된 새로운 폐수처리에 대한 법규가 연말 이후에 곧 제정될 것이 20×1년 12월 31일 현재 거의 확실하다. 개정될 법규에 따라 추가 시설투자가 필요할 것으로 예상한다.

사례 5 ㈜도도는 제품을 판매하는 시점에 구매자에게 제품보증을 약속한다. 판매 후 2년 안에 제조상 결함이 명백한 경우 ㈜도도는 판매 계약조건에 따라 수선해주거나 다른 제품으로 대체해 준다. 과거 경험에 비추어보면 제품보증에 따라 일부가 청구될 가능성이 높다. 즉, 청구될 가능성이 청구되지 않을 가능성보다 높다.

사례 6 ㈜사과는 환경 관련 법규가 없는 국가에서 기업이 오염을 유발하는 섬유사업을 운영하고 있다. 그러나 기업은 사업을 운영하면서 **오염시킨 토지를 정화할 의무를 부담한다는** 환경정책을 대외적으로 공표하고 있다. 당해 기업은 대외에 공표한 정책을 준수한 사실이 있다.

사례 7 정부는 조세 제도에 대해 많은 변경을 하였다. 이러한 변경으로 금융서비스 부분의 ㈜포도는 금융서비스 규정의 지속인 준수를 확보하기 위해 다수의 관리 종업원과 판매 종업원을 교육훈련할 필요가 있다. 그러나 보고기간 말 현재 ㈜포도는 종업원에 대한 어떠한 **교육훈련도** 하지 않았다.

사례 8 ㈜포스포는 기술적인 이유로 **용광로의 내벽을 4년마다 대체할 필요가** 있다. 보고기간 말 내벽을 2년 동안 사용하였다.

사례 9 ㈜에시이아나는 법률에 따라 항공기를 5년에 한 번씩 분해 수리하여야 한다.

물음 2 ㈜에스코바르는 메데인 현지 공장이 콜롬비아 새 정부의 수립 후 수용될 가능성이 있다. 수용되는 경우 받게 되는 보상은 장부금액 100억원의 40%로 추정된다. 20×1년 말 현재 회사의 판단으로는 실제 공장이 수용될 가능성이 불확실하다. 이 경우 20×1년 말 ㈜에스코바르에 필요한 회계처리를 하거나, 회계처리가 필요 없는 경우 그 이유를 설명하시오.

물음 3 ㈜칼리는 칼리 현지 공장이 콜롬비아 새 정부의 수립 후 수용될 가능성이 있다. 수용되는 경우 받게 되는 보상은 장부금액 100억원의 130%로 추정된다. 20×1년 말 현재 회사의 판단으로는 실제 공장이 수용될 가능성이 높다. 이 경우 20×1년 말 ㈜칼리에 필요한 회계처리를 하거나, 회계처리가 필요 없는 경우 그 이유를 설명하시오.

물음 1 **사례 1** 토지정화비용 등 환경과 관련된 지출이 현재의무가 되기 위해서는 과거에 환경오염을 발생시켰으며, 그러한 환경오염으로 인해 법적의무 또는 의제의무가 발생하여야만 한다. 이 경우 토지정화의 법규가 없었으므로 회사에게 법적인 의무는 발생하지 않았다. 그러나 이미 오염된 토지를 정화하는 것을 의무화하는 관계 법률이 연말 후 곧 제정될 것이 기말 현재 거의 확실한 경우에는 현재의무를 발생시켰다고 볼 수 있다. 그러므로 과거 오염이 법적의무를 발생시킨 것은 아니라고 하더라도 현재의무를 발생시킬 것이 거의 확실하므로 **충당부채로 인식한다.**

사례 2 구조조정의 주요 내용을 공표했으나 발표된 경영방침 또는 구체적이고 유효한 약속을 통하여 관련 당사자에게 표명한 것이 아니기 때문에 관련 당사자가 기업이 구조조정을 이행할 것이라는 기대를 할 수 없고, 의제의무가 발생하지 않는다. 따라서 **충당부채로 인식하지 않는다.**

사례 3 종업원 교육훈련비는 교육시점에 지출의무가 발생하므로 미래의 예상 지출을 **충당부채로 인식하지 않는다.**

사례 4 폐수처리시설과 관련한 지출예상액이 현재의무가 되기 위해서는 환경오염이 과거에 발생하고, 그에 따른 환경정화와 관련한 지출을 이행하는 것 외에는 현실적인 대안이 없어야 한다. 그러나 폐수처리시설과 관련된 환경오염은 과거에 발생한 것이 아니라 미래에 발생될 것이라 예상되는 오염이다. 또한 환경오염이 발생되지 않는 방식으로 공장을 운영한다면, 폐수처리시설과 관련된 지출이 반드시 발생하는 것도 아니므로 (미래행위에 독립적이지 않음) 현재의무에 해당하지 않는다.

사례 5 제품의 보증판매로 법적의무를 발생시켜 제품보증에 대한 가능성이 높고 과거의 경험에 비추어보면 제품의 보증 이행에 따른 원가를 최선의 추정치로 인식할 수 있다. 그러므로 **충당부채로 인식한다.**

사례 6 기업이 준수한 행위가 오염에 의해 영향을 받은 상대방에게 오염된 토지를 기업이 정화할 것이라는 정당한 기대를 가지도록 하게 하기 때문에 의제의무를 발생시키는 의무발생사건이 되므로 **충당부채로 인식한다.**

사례 7 의무발생사건이 발생하지 않았으므로 **충당부채로 인식하지 않는다.**

사례 8 현재의무가 없으므로 **충당부채로 인식하지 않는다.**

☑ 미래 발생할 수선원가(수선비)는 법률적인 요구가 있는 경우든 없는 경우든 충당부채로 인식하지 않는다. 수선유지가 필요한 자산을 매각하는 등 기업의 미래행위로써 미래지출을 회피할 수 있기 때문에 현재의무가 아니다.

사례 9 현재의무가 없으므로 **충당부채로 인식하지 않는다.**

☑ 미래 발생할 수선원가(수선비)는 법률적인 요구가 있는 경우든 없는 경우든 충당부채로 인식하지 않는다. 수선유지가 필요한 자산을 매각하는 등 기업의 미래행위로써 미래지출을 회피할 수 있기 때문에 현재의무가 아니다.

물음 2 회계처리 없음

수용으로 인한 손실 발생가능성이 불확실하기 때문에 재무제표에 손실과 충당부채를 인식할 수 없다.

물음 3 회계처리 없음

수용으로 인한 손실 발생가능성이 높지만 수용치 이익이 예상되므로 이익이 예상되는 경우에는 발생가능성이 거의 확실하지 않다면 우발자산으로 주석에 기재한다.

각 물음은 독립적이다.

물음 1 아래의 각 사례들은 A사의 20×1년과 20×2년에 발생한 사건으로, 금액은 신뢰성 있게 추정이 가능하다고 가정한다. 아래의 사례 중 A사의 20×1년 말 재무상태표에 충당부채로 인식할 사항과 20×2년 말 재무상태표에 **충당부채로 인식할 사항**을 아래의 양식에 따라 기재하시오.   [공인회계사 1차 2018년 수정]

20×1년 말 재무상태표상 충당부채로 계상될 사례	20×2년 말 재무상태표상 충당부채로 계상될 사례
1, 2	3

사례 1 석유산업에 속한 A사는 오염을 일으키고 있지만 사업을 영위하는 특정 국가의 법률에서 요구하는 경우에만 오염된 토지를 정화한다. A사는 20×1년부터 토지를 오염시켰으나, 이러한 사업이 운영되는 어떤 국가에서도 오염된 토지를 정화하도록 요구하는 법률이 20×1년 말까지 제정되지 않았다. 20×2년 말 현재 A사가 사업을 영위하는 국가에서 이미 오염된 토지를 정화하도록 요구하는 법안이 연말 후에 곧 제정될 것이 거의 확실하다.

사례 2 20×1년 초 새로운 법률에 따라 A사는 20×1년 말까지 매연 여과장치를 공장에 설치해야 하고, 해당 법률을 위반할 경우 벌과금이 부과될 가능성이 매우 높다. A사는 20×2년 말까지 매연 여과장치를 설치하지 않아 20×2년 말 관계 당국으로부터 벌과금 납부서(납부기한: 20×3년 2월 말)를 통지받았으나 아직 납부하지 않았다.

사례 3 20×1년 12월 12일 해외사업부를 폐쇄하기 위한 구체적인 계획에 대하여 이사회 동의를 받았다. 20×1년 말이 되기 전 이러한 의사결정의 영향을 받는 대상자들에게 그 결정을 알리지 않았고, 실행을 위한 어떠한 절차도 착수하지 않았다. 20×2년 말이 되어서야 해당 사업부의 종업원들에게 감원을 통보하였다.

사례 4 20×1년 ㈜포도는 ㈜사과의 일부 차입금에 대해 보증을 제공하였다. 20×1년 말 현재 ㈜사과의 재무상태는 안정적이다. 20×2년 ㈜사과의 재무상태가 악화되어 ㈜사과는 20×2년 7월 1일 채권자로부터의 보호를 위한 절차를 신청하였다.

사례 5 ㈜앵두가 개발한 의료기기를 구입한 종합병원에서 이 의료기기를 이용하여 치료를 하던 중 20×1년 환자 2명이 사망하는 사고가 발생하였다. 이에 종합병원은 ㈜앵두를 상대로 손해배상청구소송을 제기하여 20×1년 말 현재 소송이 진행 중이며, 패소할 것이 거의 확실하다. 다만, 소송의 장기화로 20×1년부터 20×2년 말까지 현재로는 손해배상금액을 전혀 예측할 수 없다가 20×3년 2월 10일 법원은 ㈜앵두에게 10억원을 배상하라는 판결을 선고하였다(단, ㈜앵두의 재무제표 발행승인일은 다음연도 2월 20일이다).

물음 2 A회사는 20×1년 중 환경 관련법이 개정되어 이를 충족하기 위해서 20×2년 12월 31일까지 공장건물에 오염정화장치를 설치해야 한다. 20×1년 말을 기준으로 공장건물의 잔여내용연수는 8년이며, 오염정화장치의 설치원가 예상액은 ₩50,000,000이며, 이를 설치하지 않은 경우 부담할 벌금은 설치시점까지 매년 ₩10,000,000으로 예상되고 있다. A회사는 20×2년 말까지 오염정화장치를 설치하지 않았다. 한편, A회사는 20×3년 공장을 B회사에 매각하면서 관련 사업을 정리하였다. 오염정화장치의 설치와 관련하여 20×1년 말, 20×2년 말과 20×3년 말에 인식할 당기손익효과와 충당부채금액을 아래의 양식으로 계산하시오.

구분	20×1년 말	20×2년 말	20×3년 말
당기손익효과			
충당부채금액			

물음 3 A회사는 노트북을 제조 판매하는 회사로 제품에 하자가 발생하는 경우 무상으로 수리해주는 정책을 시행하고 있다. A회사는 20×1년 중 제품 100,000대를 판매하였으며, 개별 제품에 하자가 발생하여 무상으로 수리해줄 가능성은 0.1%로 예상된다. A회사는 동 거래와 관련하여 충당부채로 인식할 수 있는지 서술하시오.

물음 4 의제의무와 잠재적 의무가 현재의무에 해당되는지 서술하시오.

⊣ 풀이 ⊢

물음 1

20×1년 말 재무상태표상 충당부채로 계상될 사례	20×2년 말 재무상태표상 충당부채로 계상될 사례
2	1, 3, 4, 5

사례 1 법률이 20×2년 말 현재 제정될 것이 거의 확실하므로 20×2년 말에 충당부채를 인식한다.

사례 2 20×1년 말까지 여과기를 설치하지 않았으므로 벌과금에 대하여 충당부채를 인식한다. 20×2년에 납부서를 받았으므로 금액과 시기가 확정되어 더 이상 충당부채로 계상하지 않는다.

사례 3 20×2년 말이 되어서야 의제의무가 성립하므로 충당부채를 인식한다.

사례 4 20×1년에 미래경제적효익의 유출가능성이 높지 않아 충당부채로 인식하지 않고, 20×2년에 미래경제적효익의 유출가능성이 높아져 충당부채로 인식한다.

사례 5 보고기간 말 존재하였던 현재의무가 보고기간 후 재무제표 발행승인일 전에 소송사건의 확정에 의해 확인되는 경우, 충당부채금액을 수정하거나 새로운 충당부채를 인식한다. 그러므로 20×3년 2월 10일에 소송이 확정되는 경우 20×2년 말 현재 신뢰성 있게 추정할 수 있으므로 충당부채를 인식하고 20×1년 말 현재는 신뢰성 있게 추정할 수 없으므로 충당부채로 인식하지 않는다.

물음 2

구분	20×1년 말[1]	20×2년 말[2]	20×3년 말[3]
당기손익효과	없음	(-)10,000,000	없음
충당부채금액	없음	10,000,000	없음

1) 정화장치 설치기한이 20×2년 말까지이고 회사의 정책에 따라 관련 비용의 지출액이 달라지므로 정화장치에 대한 설치비용 및 범칙금에 대한 충당부채 계상액은 없다.

2) 정화장치를 설치하지 않고 기한이 지났으므로 1년분의 범칙금 10,000,000을 충당부채로 계상하고 비용처리한다.

3) 회사는 관련 공장을 매각하였으므로 추가로 인식할 손익과 부채는 없다.

물음 3 충당부채로 인식할 수 있다. 판매한 제품에 하자가 발생할 가능성은 0.1%이지만, 다수의 유사한 의무가 존재하므로 전체를 하나의 의무로 보아 자원의 유출가능성 여부를 판단한다. 동 거래는 100,000대의 0.1%에 해당하는 100대에 대하여 무상으로 수리해줄 가능성이 높으므로 충당부채로 인식하여야 한다.

물음 4 의제의무는 기업이 특정 책임을 부담하겠다는 것을 상대방에게 표명함으로써, 기업이 당해 책임을 이행할 것이라는 정당한 기대를 상대방이 가지게 될 때 발생하는 의무이며 현재의무에 해당한다. 잠재적 의무는 기업이 전적으로 통제할 수 없는 하나 이상의 불확실한 미래사건의 발생 여부에 의해서만 그 존재가 확인되는 의무이며 현재의무가 아니다.

문제 3 충당부채의 측정 - Level 2

아래의 모든 기업은 매년 12월 31일을 보고기한으로 하며, 재무제표 발행승인일은 20×3년 2월 25일이다. 아래의 각 사례별로 20×2년 말 재무상태표에 충당부채로 보고할 금액을 다음 양식과 같이 표시하고, 충당부채로 계상할 금액이 없으면 '없음'으로 기재하시오.

구분	20×2년 말 재무상태표에 충당부채로 계상할 금액
사례 1	×××

사례 1 ㈜포스포는 철강생산에 사용하는 용광로 내벽을 매 3년마다 대규모 수선을 하고 주요 부품을 교체하여야 하며, 이를 법률에서 규정하고 있다. 만약, 법률을 위반하면 벌과금(추정금액 ₩200,000)을 납부하여야 한다. 20×2년 12월 30일이 법률에서 정한 3년째이다. ㈜포스포의 경영진은 수선과 주요부품 교체로 1억원의 지출을 예상하고 있다. ㈜포스포의 경영진은 해외자원개발투자에 대한 손실로 인해 자금의 여력이 없어 20×3년 12월 30일에 용광로 내벽을 수선하기로 결정하였다. 벌과금의 납부기간은 20×3년 3월 31일까지이며, ㈜포스포는 20×3년 2월 10일 벌과금 ₩230,000을 납부하였다(단, 벌과금 납부고지서는 20×3년 2월 8일에 수령하였다).

사례 2 20×1년 중 ㈜동영고속은 ㈜동영건설의 은행차입금에 대하여 ㈜파라오와 함께 연대보증을 제공하였다. ㈜동영건설은 재무상태가 악화되어 20×2년 12월 은행차입금 ₩1,000,000을 상환하지 못한 채 파산하였다. ㈜동영고속은 ㈜동영건설의 은행차입금에 대한 연대보증을 하면서, 채무불이행에 대한 위험에 대비하기 위하여 보증보험에 가입하였다. ㈜동영건설의 파산으로 인해 ㈜동영고속은 보증보험회사로부터 ₩300,000을 지급받을 것이 확실시 된다. 또한, ㈜동영고속은 ㈜동영건설에게 지급해야 하는 미지급금 ₩200,000을 지급하지 않기로 결정하였다. 한편, ㈜파라오는 경영난으로 인해 이행의무 기대부분 ₩500,000 중 20%를 책임질 수 없는 불가피한 상황이 발생하였다.

사례 3 A사는 20×2년 말 안마의자를 2년간 무상수리하는 조건으로 판매하였다. 안마의자 1대당 무상수리비용 예상액은 아래와 같이 추정되며, 모든 무상수리비용은 보고기간 말 지출된다고 가정한다. 안마의자 1대당 20×3년 말의 무상수리비용과 20×4년 말의 무상수리비용이 모두 발생한다. A사가 20×2년 말 판매한 안마의자가 모두 100대라고 가정한다(단, 미래현금흐름의 추정에 고려한 위험을 제외한 세전 이자율은 10%이고, 1기간 현가계수는 0.9091, 2기간 현가계수는 0.8264이며, 동 무상수리는 확신유형의 보증이다).

구분	발생확률	20×3년 말	20×4년 말
하자가 없는 경우	70%	-	-
중요하지 않은 하자	20%	₩2,000	₩4,000
중요한 하자	10%	₩10,000	₩20,000

사례 4 B사가 20×2년 말 손해배상청구소송과 관련하여 충당부채로 인식할 최선의 추정치가 ₩10,000이다. 기업이 충당부채 의무를 이행하기 위해서는 현재 보유하고 있는 장부금액 ₩7,000의 토지를 처분하여야 하는데, 토지를 처분하는 경우 발생할 예상처분이익은 ₩2,000이다.

사례 5 C사는 고객들에게 무료 여행권 지급 이벤트를 진행하고 있다. 20×2년 말 현재 이벤트 행사와 관련하여 지출이 예상되는 금액은 ₩600,000이다. C사는 동 이벤트 행사와 관련하여 손해보험에 가입하였으며, ₩650,000을 보상받을 것이 거의 확실하다.

사례 6 D사가 판매한 제품의 결함으로 제품을 사용하던 고객이 부상을 입었다. 고객은 손해배상소송을 제기하였으며, 20×2년 말 현재 계류 중이다. 회사가 패소할 가능성이 매우 높고, 패소 시 추정되는 손실금액은 ₩5,000,000 ~ ₩10,000,000의 범위 내에서 결정될 가능성이 있다. 동 범위 내의 금액 중 손실금액으로 판결이 내려질 확률은 모두 동일하다고 판단되며, 회사는 보험에 가입되어 있어 동 소송과 관련하여 보험회사로부터 ₩7,000,000을 수령할 것이 거의 확실하다. D사가 동 거래와 관련하여 20×2년 말 충당부채로 인식할 금액을 구하시오.

구분	20×2년 말 재무상태표에 충당부채로 계상할 금액
사례 1	230,000
사례 2	600,000
사례 3	358,666
사례 4	10,000
사례 5	600,000
사례 6	7,500,000

사례 1 보고기간 말 현재의무가 존재하는 충당부채금액을 추정하는 데 필요한 정보를 보고기간 후 재무제표 발행승인일 전에 입수하면, 그 정보를 반영해서 보고기간 말 재무상태표에 인식할 충당부채금액을 추정한다. 수선유지비는 법적 강제사항 여부와 관계없이 충당부채로 인식하지 않는다. 만약, 재무제표 발행승인일(20×3년 2월 25일) 후에 벌과금 230,000을 납부하였다면, 20×2년 말 충당부채로 인식할 금액은 200,000이다. 그리고 20×3년에 230,000을 납부할 때 30,000을 추가로 비용처리한다.

사례 2 ㈜동영고속의 충당부채: 1,000,000 × 50% + 500,000 × 20% = 600,000

지출액의 일부 또는 전부를 제3자가 변제할 것이 예상되는 경우, 변제를 받을 것이 거의 확실하게 되는 때에 한하여 변제금액을 별도의 자산으로 회계처리한다. 다만, 그 금액이 관련 충당부채금액을 초과할 수 없다. 이 경우 충당부채와 관련하여 인식된 비용은 제3자의 변제와 관련하여 인식한 금액과 상계하여 표시할 수 있다.

차) 미지급금	200,000	대) 보증충당부채	600,000
변제자산	300,000		
보증손실	100,000		

사례 3 (1) 1대당 무상수리비용 예상액

    1) 20×3년 말: 0 × 70% + 2,000 × 20% + 10,000 × 10% = 1,400

    2) 20×4년 말: 0 × 70% + 4,000 × 20% + 20,000 × 10% = 2,800

(2) 20×2년 말 충당부채: 1,400 × 0.9091 × 100대 + 2,800 × 0.8264 × 100대 = 358,666

사례 4 충당부채로 인식할 금액은 10,000이다. 관련 자산의 예상처분이익은 충당부채금액에 영향을 미치지 않는다.

사례 5

차) 이벤트 관련 비용	600,000	대) 이벤트 관련 충당부채	600,000
차) 변제자산	600,000	대) 이벤트 관련 비용 or 별도 수익	600,000

☑ 제3자의 변제가 거의 확실한 경우 동 금액은 자산으로 인식하고 충당부채에서 차감하지 않는다. 또한 자산으로 인식할 금액은 충당부채로 인식한 금액을 초과할 수 없다.

사례 6 20×2년 충당부채로 인식할 금액: 7,500,000

☑ 연속적인 범위 내에 분포하고 각각의 발생확률이 동일한 경우 당해 범위의 중간값을 사용하여 충당부채를 계상하고, 지출액의 일부 또는 전부를 제3자가 변제할 것이 예상되는 경우 변제를 받을 것이 거의 확실하게 되는 때에 한하여 변제금액을 별도의 자산으로 회계처리한다.

문제 4 ㅣ 손실부담계약 - Level 2

각 물음은 서로 독립적이다.

물음 1 12월 말 결산법인인 ㈜포도는 20×1년 12월 생산제품 100개를 개당 ₩100에 판매하는 확정판매계약을 체결하였다. 20×1년 말 현재 인도한 제품은 없으며, 20×2년 중에 인도할 예정이다. ㈜포도는 20×1년 말 현재 해당 제품의 제조원가를 개당 ₩120으로 추정하였다. 20×1년 말 현재 생산이 완료된 제품은 없다. 또한 동 계약을 해지하였을 경우, 위약금은 개당 ₩30이다.

> **물음 1-1** ㈜포도가 20×1년 말 현재 충당부채로 계상할 금액은 얼마인가?

> **물음 1-2** ㈜포도가 20×1년 말 현재 해당 제품 50개를 보유하고 있으며, 제품의 개당 장부금액이 ₩130이라고 할 경우 20×1년 말 현재 충당부채를 구하고, 20×1년 말에 ㈜포도가 해야 할 회계처리를 보이시오.

물음 2 A사는 20×1년 12월 15일 원재료를 ₩50,000에 매입하는 확정계약을 체결하였다. 원재료 매입은 20×2년 중에 있을 예정으로 20×1년 말 현재 원재료 시장가격은 ₩20,000으로 하락하였다. A사가 당해 확정계약을 해지하면 계약상대방에게 위약금으로 ₩33,000을 지급하여야 한다고 할 경우 20×1년 말에 충당부채로 인식할 금액을 구하시오.

물음 3 20×1년 1월 1일에 설립된 ㈜대한은 상품 A를 매입하여 판매하며, 제품 B를 생산하여 판매하는 회사이다. ㈜대한은 당기순이익 극대화를 위해 의사결정한다. <자료>를 이용하여 <요구사항>에 답하시오.

[공인회계사 2차 2024년]

<자료>

(1) ㈜대한은 ㈜민국의 상품 A 200개를 20×2년 7월 1일에 단위당 ₩20,000에 현금 매입하는 확정매입계약을 20×1년 7월 1일에 체결하였다. 본 확정매입계약을 ㈜대한이 해지할 수는 있으나 해지할 경우 손해배상금 ₩1,500,000을 지급해야 한다. 상품 A의 단위당 현행원가는 다음과 같다.

20×1. 7. 1.	20×1. 12. 31.
₩20,000	₩15,000

(2) ㈜대한은 제품 B 300개를 단위당 판매가격 ₩10,000으로 20×2년 7월 1일 ㈜한국에 납품해야 하는 확정판매계약을 20×1년 2월 1일에 체결하였다. ㈜한국과의 계약을 통해 ㈜대한은 해당 제품의 판매와 관련한 판매비용을 절감할 수 있게 되었지만, 이 계약을 이행하지 않을 경우 위약금 ₩1,000,000이 발생하게 된다. 20×1년 12월 31일 현재 제품 B의 단위당 원가 및 가격 관련 정보는 다음과 같다.

장부상 원가	일반판매가격	추정판매비용
₩15,000	₩15,000	₩2,000

<요구사항 1>
㈜대한의 20×1년도 12월 31일 상품 A와 관련된 확정계약손실액을 계산하시오.

확정계약손실액	①

<요구사항 2>
20×2년 7월 1일 상품 A의 단위당 현행원가가 각각 ₩17,000과 ₩13,000일 경우, 상품 A와 관련한 회계처리가 ㈜대한의 20×2년도 포괄손익계산서상 당기순이익에 미치는 영향을 각각 계산하시오(단, 당기순이익이 감소하는 경우에는 금액 앞에 (-)를 표시하시오).

현행원가가 ₩17,000일 경우	①
현행원가가 ₩13,000일 경우	②

<요구사항 3>
제품 B와 관련하여 20×1년 12월 31일 현재 ㈜대한의 재고수량이 각각 100개와 400개일 경우, ㈜대한이 20×1년도 포괄손익계산서에 인식할 비용을 각각 계산하시오.

재고수량이 100개일 경우	①
재고수량이 400개일 경우	②

---| 풀이 |

물음 1 **물음 1-1** 보유한 제품이 없는 경우 20×1년 말 충당부채

Min[100개 × (@120 - @100) = 2,000, 100개 × @30 = 3,000] = 2,000

물음 1-2 보유한 제품이 있는 경우 20×1년 말 충당부채

Min[(100 - 50)개 × (@120 - @100) = 1,000, 50개 × @30 = 1,500] = 1,000

회계처리

재고자산 손상	차) 재고자산평가손실[1]	1,500	대) 재고자산평가충당금	1,500
	1) 50개 × (@130 - @100) = 1,500			
충당부채 인식	차) 손실부담계약손실	1,000	대) 손실부담계약충당부채	1,000

☑ 손실부담계약을 이행하기 위하여 사용할 자산인 제품을 보유하고 있으므로 당해 제품에 대한 손상차손을 먼저 인식한 후 충당부채를 인식한다.

물음 2 20×1년 말 충당부채: Min[50,000 - 20,000 = 30,000(계약이행), 33,000(계약미이행)] = 30,000

물음 3 <요구사항 1>

확정계약손실액	① 1,000,000

근거

확정매입계약 관련 충당부채(= 손실액) 인식액: Min[(1), (2)] = 1,000,000

(1) 계약 이행 시 손실액: 200개 × (20,000 - 15,000) = 1,000,000

(2) 계약 미이행 시 손실액: 1,500,000

<요구사항 2>

현행원가 ₩17,000일 경우	① 400,000
현행원가 ₩13,000일 경우	② (-)400,000

근거

① 현행원가 ₩17,000인 경우: (17,000 - 20,000) × 200개 + 1,000,000 = 400,000 이익

② 현행원가 ₩13,000인 경우: (13,000 - 20,000) × 200개 + 1,000,000 = (-)400,000 손실

<요구사항 3>

재고수량이 100개일 경우	① 1,200,000
재고수량이 400개일 경우	② 1,700,000

근거

1. 재고수량이 100개일 경우

   (1) 보유 중인 재고자산 평가손실: 100개 × @(15,000 - 10,000) = 500,000

   (2) 추가 생산할 재고자산의 확정계약손실: (300 - 100)개 × @(15,000 - 10,000) = 1,000,000

   ☑ 계약 이행을 위한 재고자산 200개의 추가 생산에 대한 원가자료가 없으므로 장부상 원가를 사용한다.

   (3) 포괄손익계산서에 인식할 총비용: Min[①, ②] = 1,200,000

   ① 계약 이행을 위한 총손실액: 500,000 + 1,000,000 = 1,500,000

   ② 계약 미이행 총손실액: 위약금 1,000,000 + 평가손실 100개 × @[15,000 - (15,000 - 2,000)] = 1,200,000

2. 재고수량이 400개일 경우

   (1) 보유 중인 재고자산 평가손실: 300개 × @(15,000 - 10,000) = 1,500,000

   (2) 계약 이행 시 손실액: 1,500,000 + 100개 × @[15,000 - (15,000 - 2,000)] = 1,700,000

   (3) 계약 미이행 시 손실액: 1,000,000 + 400개 × @[15,000 - (15,000 - 2,000)] = 1,800,000

   (4) 확정계약에 대한 손실: Min[1,700,000, 1,800,000] = 1,700,000

다음의 각 물음들은 독립적이며, 보고기간 말은 매년 12월 31일이다. 예상되는 유출금액을 신뢰성 있게 추정할 수 있다고 가정한다.

물음 1 20×1년 12월 12일 이사회는 한 사업부를 폐쇄하기로 하였다. 보고기간 말(20×1년 12월 31일)이 되기 전에 이 의사결정의 영향을 받는 당사자들에게 그 결정을 알리지 않았고, 그 결정을 실행하기 위한 어떠한 절차도 착수하지 않았다. 20×1년 말 현재 충당부채로 인식하여야 하는지 여부를 판단하시오.

물음 2 20×1년 12월 12일 이사회는 특정한 제품을 생산하는 하나의 사업부를 폐쇄하기로 하였다. 20×1년 12월 20일 사업부를 폐쇄하기 위한 구체적인 계획에 대하여 이사회의 동의를 받았고, 고객들에게 다른 제품 공급처를 찾아야 한다고 알리는 서한을 보냈으며, 사업부 종업원들에게는 감원을 통보하였다. 20×1년 말 현재 충당부채를 인식하여야 하는지 여부를 판단하시오.

물음 3 A사는 20×1년 12월 중 교육사업부를 폐쇄하는 구조조정을 실시하기로 하였다. 구조조정계획은 20×1년 12월 27일에 개최된 이사회에서 통과되었으며, 이를 즉시 공표하고 주요거래처에 통보하였다. 관련된 자료들이 아래와 같다고 할 경우 20×1년 말 충당부채로 인식할 금액을 구하시오.

구분	내용
예상영업손실	20×2년 3월 말 사업을 완전히 종료하는 시점까지의 예상영업손실 ₩50,000
종업원 관련 사항	교육사업부 30명 중 10명은 1인당 ₩20,000을 지급하고 해고하고, 나머지 20명은 다른 부서로 배치하며 재배치 교육비용 ₩30,000이 발생할 것으로 예상
해당 사업부 자산 처분	교육사업부 자산 처분으로 예상되는 처분이익 ₩20,000

물음 4 20×1년 말 현재 B사는 일부 생산시설의 폐쇄 및 이전에 대한 상세한 계획을 수립하고 이를 공표하였으며 예상되는 영향은 다음과 같다. 회사의 할인율은 연 10%이며 관련 현가계수는 아래와 같다.

구분	20×2년 말	20×3년 말	20×4년 말
종업원 해고급여 지급액	₩100,000	₩200,000	₩100,000
기존직원 재배치비용	₩260,000	₩500,000	₩360,000
구조조정대상사업부 회계법인수수료	₩156,000	₩300,000	-
신규사업에 대한 홍보비용	₩250,000	₩350,000	₩480,000
신입사원 교육비용	₩150,000	₩260,000	₩280,000
구조조정대상 자산처분이익	₩300,000	₩260,000	-
현가계수(10%)	0.90909	0.82645	0.75131

20×1년 말 현재 구조조정충당부채로 인식해야 할 금액을 계산하시오.

다음의 <자료>를 이용하여 물음에 답하시오.

<자료>

(1) ㈜대한은 20×1년 말 A사업부의 폐쇄 및 이전(구조조정)에 대한 구체적인 계획을 수립하고 이를 종업원 등의 이해관계자들에게 공표한 후 즉시 이행하였다. A사업부에 대한 구조조정은 20×3년 말에 완료될 것으로 예상된다.

(2) 20×1년 말 현재 구조조정과 관련하여 발생할 것으로 예상되는 항목별 금액은 다음과 같다(단, A사업부에 대한 외부 컨설팅은 구조조정을 위한 필수적 활동이며, 아래 표에 제시된 지출과 손익은 모두 해당 연도의 기말에 발생한 것으로 가정한다).

구분	20×2년 말	20×3년 말
A사업부 종업원 해고급여	₩100,000	₩200,000
A사업부 외부 컨설팅비	80,000	50,000
A사업부 예상 영업손실	10,000	12,000
기존 직원 교육훈련비	20,000	30,000
구조조정 관련 자산 처분이익	3,000	2,000

(3) 20×1년 말 충당부채 계산 시 적용할 할인율은 연 10%이며, 이후 할인율의 변동은 없다. 관련 현가계수는 아래와 같으며, 답안 작성 시 원 미만은 반올림한다.

기간	1	2
단일금액 ₩1의 현가계수	0.9091	0.8265

(4) 구조조정과 관련한 모든 지출과 손익은 예상과 동일하게 발생하였다.

A사업부 구조조정과 관련한 회계처리가 ㈜대한의 ① 20×1년도 당기순이익과 ② 20×2년도 당기순이익에 미치는 영향을 각각 계산하시오(단, 당기순이익이 감소하는 경우에는 금액 앞에 (-)를 표시하시오).

20×1년도 당기순이익에 미치는 영향	①
20×2년도 당기순이익에 미치는 영향	②

물음 1 공표되지 않은 사업부의 폐쇄

의무발생사건이 일어나지 않았고 따라서 의무도 없다. 그러므로 충당부채를 인식하지 않는다.

물음 2 공표된 사업부의 폐쇄

의무발생사건의 결정을 고객과 종업원에게 알리는 것이며, 그날부터 의제의무가 생긴다. 사업부를 폐쇄하기로 하는 이사회의 결정사항을 알림으로써 고객과 종업원들에게 그에 대한 정당한 기대를 가지게 하기 때문에 충당부채를 인식한다.

물음 3 20×1년 말 충당부채: 10명 × 20,000 = 200,000

☑ 재배치비용과 같이 계속사업과 관련된 지출예상액은 구조조정충당부채로 인식할 수 없으며, 관련된 자산의 처분이익과 예상되는 영업손실도 고려되지 않는다.

물음 4 20×1년 말 구조조정충당부채: 721,083

(100,000 + 156,000) × 0.90909 + (200,000 + 300,000) × 0.82645 + (100,000 + 0) × 0.75131 = 721,083

물음 5

20×1년도 당기순이익에 미치는 영향	① (-)370,263
20×2년도 당기순이익에 미치는 영향	② (-)64,026

근거

1) 20×1년 당기순이익에 미치는 영향: (-)370,263

충당부채 전입액: (100,000 + 80,000) × 0.9091 + (200,000 + 50,000) × 0.8265 = 370,263

2) 20×2년 당기순이익에 미치는 영향: ① + ② + ③ + ④ = (-)64,026

① 충당부채 전입액: 370,263 × 10% = (-)37,026

② 20×2년 기타손익: (-)10,000 - 20,000 + 3,000 = (-)27,000

③ 20×2년 구조조정 관련 지출액: (-)100,000 - 80,000 = (-)180,000

④ 20×2년 충당부채 환입액: 370,263 × 1.1 - 250,000 × 0.9091 = 180,000(단수차이)

다음 각 물음은 상호 독립적이며 모든 기업의 보고기간은 매년 1월 1일부터 12월 31일까지이다. 각 사례에서 제시된 금액은 최선의 추정치이다.

물음 1 A사는 20×1년 초 거래처의 3년 만기 차입금 ₩1,000,000에 대하여 다른 회사와 연대하여 지급보증을 제공하였으며, 거래처가 채무를 불이행할 경우 다른 회사와 보증금액을 50%씩 부담하기로 하였다. 또한 A사는 동 보증의 대가로 거래처로부터 20×1년 초 ₩300,000의 현금을 수령하였다. 20×2년 말 거래처가 차입금을 상환하지 못한 채 파산하였으며, 연대보증을 제공한 다른 회사도 재무상황의 악화로 보증금액의 1/2만 지급할 수 있는 것으로 파악되었다. A사는 거래처에 대한 채무보증과 관련하여 보증보험에 가입하고 있으며 예상되는 보험금수령액은 ₩300,000이다. 또한 20×2년 말 현재 A사의 미지급금 중 ₩200,000은 채무자인 거래처에 지급할 금액이다. 한편, 20×2년 말 현재 채권자로부터 보증채무의 이행에 대한 요구는 없으며, 거래처의 청산절차가 진행되는 20×3년 상반기 중 보증채무의 이행청구가 있을 것으로 예상된다. 현재 사례의 공시와 관련하여, 20×2년 재무상태표에 표시할 충당부채, 주석으로 공시할 우발부채의 금액과 동 거래가 20×2년 A사의 당기손익에 미친 영향을 구하시오.

물음 2 20×1년 중 A회사가 가동 중인 공장 인근의 가축이 집단으로 폐사하는 사고가 발생하였다. 피해주민은 사고의 원인이 A공장에서 배출한 폐수에 의한 것이라고 주장하며 A회사를 상대로 ₩50,000,000의 손해배상소송을 청구하였다. 20×1년 말 현재 소송이 진행 중이며 A회사는 소송금액 ₩50,000,000을 전액 지급할 가능성이 높은 것으로 파악하였다. 20×2년 3월 2일 법원은 A회사에게 ₩30,000,000을 지급하라는 판결을 하였으며, 회사는 손해배상금액을 20×2년 4월 30일에 지급하였다. A회사의 20×1년도 재무제표 발행 승인일은 20×2년 3월 30일이다. 현재 사례의 공시와 관련하여 재무상태표에 표시할 충당부채금액은 얼마인가?

물음 1 (1) 충당부채: Max[300,000 × 1/3 = 100,000, 500,000 + 500,000 × 1/2 = 750,000] = 750,000

(2) 우발부채: 500,000 × 1/2 = 250,000

(3) 20×2년 당기손익에 미친 영향: 보증수익 100,000 - 보증손실 150,000[1] = (-)50,000

    1) 750,000 - 100,000 - 200,000 - 300,000 = 150,000

회계처리

20×2년 말	차) 금융보증부채	100,000	대) 보증수익	100,000
	차) 금융보증부채	100,000	대) 보증충당부채	750,000
	미지급금	200,000		
	보증손실	450,000		
	차) 변제자산	300,000	대) 보증손실	300,000

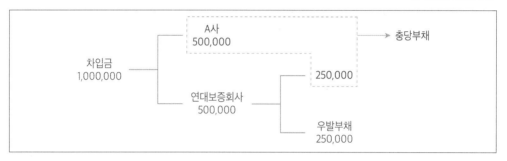

물음 2 충당부채: 30,000,000

☑ 20×2년 3월 2일에 판결이 확정되었고, 재무제표 발행승인일보다 이전이므로 동 금액을 충당부채로 인식한다.

☆ Self Study

1. 금융보증계약: 채무상품의 최초 계약조건이나 변경된 계약조건에 따라 지급기일에 특정 채무자가 지급하지 못하여 보유자가 입은 손실을 보상하기 위해 발행자가 특정 금액을 지급하여야 하는 계약

구분	측정
최초 인식	FV, 반증이 없는 한 수취 대가와 동일하고 보증기간에 걸쳐 수익인식
후속측정	Max[손실충당금, 최초 인식금액 - 인식한 이익누계액]

2. 보고기간후사건: 보고기간 말과 재무제표 발행승인일 사이에 발생한 유리하거나 불리한 사건

수정을 요하는 보고기간후사건	보고기간 말에 존재하였던 상황에 대해 증거를 제공
수정을 요하지 않는 보고기간후사건	보고기간 후에 발생한 상황을 나타내는 사건

A사는 20×0년 결산일인 12월 31일(재무제표 발행승인일: 20×1년 2월 25일) 다음과 같은 상황에 직면해 있다.

상황 1 A사는 해저유전개발을 진행하고 있으며, 20×0년 초부터 착수해 결산일인 현재 유전개발이 상당부분 진행되고 있다. A사는 해당 해저유전을 개발하면서 인근 해안의 수질을 오염시켜 인근지역 주민들이 어획량 감소 등의 피해에 따른 손실액 상당부분에 대한 보상을 요청한 상태이다. A사는 이러한 회사의 과거 개발 활동으로 인하여 생긴 환경파괴와 주민피해에 대하여 법적의무가 없더라도 정상적으로 복구하고 충분한 보상을 하는 정책을 실시하여 왔으며, 이러한 보상정책은 회사의 친환경적 이미지 확립에 기여하였다고 보고 있다. 해당 지역 어민들에 대한 적절한 보상금액은 ₩10,000,000으로 추정하였다.

상황 2 A사가 현재 운용하고 있는 증유정유시설의 기계장치는 매 5년마다 대규모의 수선과 주요부품의 교체를 관련 법률에서 규정하고 있다. 당해 말 회사는 법률에 의한 수선주기가 돌아와 해당 기계에 대한 수선과 부품교체가 완료되어야 한다. 이러한 부품교체작업에는 ₩80,000,000의 지출이 예상되고 있으나, 회사는 자체 점검한 결과, 해당 기계장치의 유휴작업시간이 상당하여, 정상교체주기보다 더 사용하더라도 문제가 없다고 판단하고, 부품교체작업을 1년 뒤로 미루기로 결정하였다. 한편, 법률 규정에 의하면 정해진 기간 내에 회사가 수선작업을 완료하지 않을 경우 ₩3,000,000의 벌과금을 납부하여야 할 것으로 추정하고 있다. 최초 영업개시 이후 회사가 업무 관련 벌과금을 미납한 경우는 단 한 차례도 없다.

상황 3 A사는 20×0년 1월 1일에 재무상태가 안정적이던 ㈜하늘의 대출금 ₩6,000,000에 대하여 ㈜포도와 함께 연대보증을 제공하였다. 대출은행은 ㈜하늘의 채무불이행이 발생하자 연대보증 제공자인 A사와 ㈜포도에 대하여 채무이행을 요구하고 있다. 한편, ㈜포도도 현재 자금난을 겪고 있어 기존 이행의무 기대부분의 ₩3,000,000중 1/3만 책임질 수 있는 불가피한 상황이 발생하였다. 이 부분에 대하여도 A사는 직접 그 채무액을 변제해야 할 가능성이 높은 것으로 나타났다. 단, 이자부분을 고려하지 않는다.

상황 4 A사는 정유사업을 영위해 오며 정유공장 주변시설에 소음과 매연으로 인한 피해를 지속적으로 입혀왔다. 이와 관련한 법규가 없어 A사는 인근 주민들에게 피해를 보상해야 할 의무가 없음에도 불구하고, 회사의 친환경적 이미지를 고려하여 회사는 지역주민들을 위한 편의시설과 공원 등을 건설할 계획을 가지고 있다. 한편, 이러한 회사의 계획은 지역주민들과의 의견교환을 통하는 과정에서 널리 알려졌고, 주민들은 이러한 계획에 대하여 정당한 기대를 가지고 있다. 추정되는 복구비용은 ₩4,000,000 ~ ₩6,000,000 사이에서 균등분포를 이룬다고 가정한다. 한편, 확보된 예산이 정상적으로 집행될 확률은 그렇지 않을 확률보다 높다.

상황 5 A사는 석유화학사업부를 폐쇄하기로 결정하고 20×0년 12월 10일 이사회에서 구조조정계획을 승인한 후, 주요 내용을 구체적으로 공표하였다. 구조조정과 관련하여 예상되는 해고직원들의 퇴직금은 ₩5,846,720 이며, 구조조정 완료 시까지 예상되는 영업손실과 관련 자산 예상처분이익은 각각 ₩2,000,000, ₩2,056,720이다. 또한 구조조정 후 새로운 제도와 물류체제의 구축에 대한 투자예상액은 ₩1,345,000이다.

상황 6 A사는 제조물 배상책임을 부담하고 있다. 즉, 회사가 제조, 판매한 제품의 소비자가 당해 제품을 사용하던 중 신체적 또는 물질적인 손해가 발생한 경우 회사가 그러한 손해가 명백하게 자사의 책임이 아님을 증명하지 못하는 한 그 손해에 대해서 책임을 져야 하고, 이와 관련하여 몇 차례 배상금을 지급한 적이 있다. 제조물 배상책임에 대한 소송이 20×0년 12월 중 제기되었으나 담당 변호사와 의논 끝에 패소가능성이 낮다고 결론지었다. 하지만 20×1년 2월 10일 법원의 판결로 인해 A사는 법원의 판결에 따라 소비자에게 배상금 ₩10,000,000을 지급하여야 한다.

위의 각 상황별로 충당부채로 인식할 금액을 구하시오(단, 충당부채로 계상될 금액이 없는 경우에는 '-'로 표시한다).

──┤ 풀이 ├──

상황 1 충당부채: 10,000,000

상황 2 충당부채: 3,000,000

상황 3 충당부채: 6,000,000 × 1/2 + 3,000,000 × 2/3 = 5,000,000

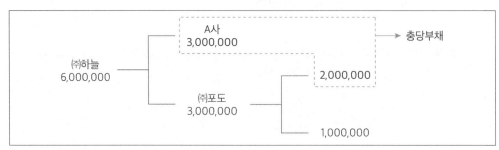

상황 4 충당부채: (4,000,000 + 6,000,000)/2 = 5,000,000

상황 5 충당부채: 5,846,720
☑ 예상되는 영업손실과 구조조정과 관련된 자산의 예상처분이익은 충당부채로 계상하지 않는다.

상황 6 충당부채: 10,000,000
☑ 보고기간 말에 존재하였던 현재의무가 보고기간 말 후에 소송사건의 확정에 의해 확인되는 경우 이미 재무제표에 인식한 금액
은 수정하고, 재무제표에 인식하지 않은 항목은 새로 인식하여야 한다.

문제 8 보고기간후사건 - Level 1

각 물음은 독립적이다.

물음 1 각 회사별 결산일은 12월 31일이고 20×1년도 재무제표에 아래의 사항들이 반영되어 있지 않다. 20×1년 재무제표는 20×2년 2월 10일 확정된다.

물음 1-1 20×2년 1월 10일 창고에 화재가 발생하여 건물과 물품이 전소되었다. 화재손실액은 ₩3,000,000으로 추정되며, 이 가운데 ₩1,000,000은 화재보험금으로 충당될 것으로 예상된다. 20×1년도 재무제표를 적정하게 작성하기 위해 필요한 회계처리를 수행하시오(단, 회계처리할 사항이 없으면 '회계처리 없음'으로 기재하라).

물음 1-2 20×1년 말 재고자산에 대하여 ₩200,000의 평가손실을 인식하였다. 그런데 재무제표일 후에 추가적인 검토 결과, 재고자산의 순실현가능가치가 20×1년 말 현재 추가로 ₩300,000이 하락하였다. 또한 20×1년 말 현재 회사가 보유하고 있던 FVPL금융자산은 재무상태표일 후에 시장가격이 급격히 하락하여 ₩300,000의 평가손실이 추가로 발생하였다. 이 두 경우 공정가치 변동은 모두 20×2년 2월 10일 이전에 확인된 자료들이다. 회사는 재고자산평가손실로 인한 손익을 매출원가에 반영하기로 하였다. 20×1년도 재무제표를 적정하게 작성하기 위해 필요한 회계처리를 수행하시오(단, 회계처리할 사항이 없으면 '회계처리 없음'으로 기재하라).

물음 2 A사는 제품에 대한 배상책임을 부담하고 있다. 즉, A사가 제조·판매하는 제품의 소비자가 당해 제품을 사용하던 중 신체적 또는 물리적 손해가 발생한 경우 A사가 그러한 손해가 명백하게 자사의 책임이 아님을 증명하지 못하는 한 A사가 발생한 손해에 대해서 책임을 져야 한다.

물음 2-1 A사가 미래에 발생할지도 모를 제품 배상책임에 대해서 당기 말에 이를 부채로 인식하여야 하는지 설명하시오.

물음 2-2 제품 배상책임에 대한 소송에서 A사가 패소하여 배상금을 지급하도록 하는 법원의 판결이 보고기간 후에 내려졌다. 아직 재무제표가 공표되지 않았다고 할 때 A사는 이 사건을 어떻게 회계처리하는지 설명하시오.

물음 3 미지급배당금 인식에 대한 이익잉여금 처분의 회계처리를 결산일이 아닌 주주총회일에 하는 이유를 보고기간후사건 회계처리와 관련하여 설명하시오.

물음 4 다음은 ㈜세무의 결산일(20×1년 12월 31일) 이후, 이사회가 재무제표를 승인하기 전에 발생한 사건들이다. 아래의 사건들이 개별적으로 ㈜세무의 20×1년 당기순손익에 미치는 영향은 각각 얼마인가? (단, 각 사건들은 상호 독립적이고, 금액적으로 중요하며, 당기순이익을 증가시키면 '이익'으로, 감소시키면 '손실'로 표시하시오).

[세무사 2차 2022년]

> 사건 1. 20×2년 1월 31일: 20×1년 말 현재 자산손상의 징후가 있었으나, 손상금액의 추정이 어려워서 자산손상을 인식하지 않았던 매출거래처 A가 파산되어 매출채권 ₩100,000의 회수가 불가능하게 되었다.
>
> 사건 2. 20×2년 2월 1일: 보유하던 기계장치(20×1년 말 장부금액 ₩500,000)가 지진으로 파손되었으며, 고철판매 등으로 ₩8,000을 회수할 수 있을 것으로 파악되었다.
>
> 사건 3. 20×2년 2월 5일: 인근 국가에서의 전쟁 발발로 환율이 비정상적으로 급등하였다. 이러한 환율 변동을 20×1년 말 재무제표에 반영할 경우, ㈜세무가 추가로 인식해야 할 외환손실은 ₩300,000이다.
>
> 사건 4. 20×2년 2월 7일: ㈜세무는 소송 중이던 사건의 판결 확정으로 ₩150,000의 배상금을 지급하게 되었다. ㈜세무는 이사회 승인 전 20×1년 말 재무상태표에 동 사건과 관련하여 충당부채 ₩170,000을 계상하고 있었다.

구분	금액 및 이익/손실
사건 1	①
사건 2	②
사건 3	③
사건 4	④

물음 1 **물음 1-1** 회계처리 없음

물음 1-2 회계처리

20×1년 말	차) 매출원가	300,000	대) 재고자산평가충당금	300,000

물음 2 **물음 2-1** A사가 부담해야 할 제품 배상책임은 법적 책임이지만 이러한 책임이 미래에 발생할 가능성이 높고, A사가 부담해야 할 배상금액을 합리적으로 추정할 수 있는 경우에만 충당부채로 인식할 수 있다.

물음 2-2 보고기간 말 현재 소송이 진행 중이었다면 이후 법원의 확정판결은 보고기간 말 현재 존재하였던 상황에 추가적인 증거를 제공한 것이므로 재무제표를 수정하여야 한다. 그러나 보고기간 후 소송이 처음 제기되어 확정판결을 받은 것이라면 이는 보고기간 말 현재 존재하지 않았던 상황에 추가적인 증거를 제공한 것이므로 주석으로 공시한다.

물음 3 배당을 포함한 이익잉여금의 처분은 재무제표일 후 이사회에서 승인하고 주주총회에서 결의를 받게 된다. 재무제표일 현재에는 기업이 배당금을 지급해야 할 어떠한 사건이나 거래도 발생하지 않았기 때문에 재무상태표에 미지급배당금이라는 부채를 인식할 수 없다. 추후 주주총회에서 배당금의 지급결의라는 사건으로 인하여 비로소 기업은 배당금 지급에 대한 의무가 발생되고, 이 시점에서 미지급배당금을 인식하여야 한다.

물음 4

구분	금액 및 이익/손실
사건 1	① 100,000 손실
사건 2	② -
사건 3	③ -
사건 4	④ 20,000 이익

근거

사건 1. 수정을 요하는 보고기간후 사건이므로 재무상태표 손상차손 ₩100,000을 추가로 인식한다.

사건 2. 수정을 요하는 보고기간후 사건이 아니므로 수정하지 않는다.

사건 3. 수정을 요하는 보고기간후 사건이 아니므로 수정하지 않는다.

사건 4. 수정을 요하는 보고기간후 사건이므로 재무상태표 충당부채를 ₩170,000에서 ₩150,000으로 수정한다.

각 물음은 서로 독립적이다(단, 아래의 보증은 모두 확신유형의 보증에 해당한다).

물음 1 A회사는 컴퓨터를 제조 및 판매하는 회사로서 판매된 제품에 대한 매출총이익률은 40%이다.

> (1) A회사는 판매시점부터 1년간 무상으로 제품수리보증을 해주고 있으며, 이는 확신유형의 보증에 해당한다. 그리고 고객은 제품을 구매할 때 원하는 경우 1년 추가 보증을 대당 ₩200에 구매할 수 있다.
>
> (2) 20×1년과 20×2년 12월 31일에 각각 500대와 800대의 컴퓨터를 대당 ₩1,000에 판매하였다.
>
> (3) 1년 추가 보증과 함께 판매한 컴퓨터의 수량은 전체 판매량의 20%이며 보증활동은 지속적이다. 보증수리 청구 유형별 최선의 추정치에 의한 보증수리비용 및 판매 제품에 대한 보증수리 발생확률은 아래의 표에 제시되어 있다. 보증수리 발생확률은 20×1년과 20×2년에 동일하게 적용된다.

보증수리유형	건당 추정비용	보증수리 발생확률	
		판매 후 1년 이내	판매 후 2년 이내
본체	₩100	8%	14%
통신장비	₩50	4%	9%
모니터	₩200	2%	5%

물음 1-1 20×1년 12월 31일 A회사가 수행할 회계처리(기말수정분개 포함)를 제시하시오(단, 매입과 매출과 관련해서 현금거래를 가정하고, 화폐의 시간가치는 고려하지 않는다).

물음 1-2 20×1년 12월 31일에 판매된 컴퓨터에 대한 보증수리비용 ₩4,000이 20×2년에 발생하였다. 위주어진 정보 이외에 다른 비용 및 수익은 없다고 가정하고 20×2년 회계처리를 보이시오.

물음 2 12월 말 결산법인인 C사는 20×1년 출시된 신제품을 판매하면서 제품에 하자가 발생하는 경우 무상으로 수리하여 주기로 하였다. 보증비용은 매출액의 5%로 추정되며, 20×1년과 20×2년의 매출액과 실제 발생한 제품보증비용은 다음과 같다.

회계연도	매출액	실제 발생한 제품보증비용	
		20×1년분	20×2년분
20×1년	₩2,000,000	₩10,000	-
20×2년	₩4,000,000	₩40,000	₩52,000

물음 2-1 무상수리기간이 2년일 경우, 20×1년 제품보증충당부채와 20×2년 제품보증충당부채가 당기손익에 미치는 영향을 구하시오.

물음 2-2 위의 **물음 2-1**에서 무상수리기간이 1년일 경우, 20×1년 제품보증충당부채와 20×2년 제품보증충당부채가 당기손익에 미치는 영향을 구하시오.

물음 1 **물음 1-1** 회계처리

	차)	현금	520,000	대)	매출	500,000
					계약부채	20,000
20×1년 말	차)	매출원가	300,000	대)	재고자산	300,000
	차)	제품보증비[1]	7,000	대)	제품보증충당부채	7,000
1) 500대 × (100 × 8% + 50 × 4% + 200 × 2%) = 7,000						

물음 1-2 회계처리

	차)	제품보증비	4,000	대)	현금	4,000
20×2년 중						
	차)	현금	832,000	대)	매출	800,000
					계약부채	32,000
20×2년 말	차)	매출원가	480,000	대)	재고자산	480,000
	차)	제품보증비[1]	4,200	대)	제품보증충당부채	4,200
1) 800대 × 14 - 7,000 = 4,200						

물음 2 **물음 2-1** (1) 20×1년 제품보증충당부채: 2,000,000 × 5% - 10,000 = 90,000

(2) 20×2년 제품보증충당부채: (2,000,000 + 4,000,000) × 5% - (10,000 + 40,000 + 52,000) = 198,000

(3) 20×2년 당기손익에 미치는 영향: 1) + 2) = (-)200,000

    1) 제품보증비용 발생액: (40,000) + (52,000) = (-)92,000

    2) 제품보증충당부채 증가액: 90,000 - 198,000 = (-)108,000

물음 2-2 (1) 20×1년 제품보증충당부채: 2,000,000 × 5% - 10,000 = 90,000

(2) 20×2년 제품보증충당부채: 4,000,000 × 5% - 52,000 = 148,000

(3) 20×2년 당기손익에 미치는 영향: 1) + 2) = (-)150,000

    1) 제품보증비용 발생액: (40,000) + (52,000) = (-)92,000

    2) 제품보증충당부채 증가액: 90,000 - 148,000 = (-)58,000

제 **6** 장

자본

해커스 IFRS 정윤돈 재무회계연습

회계사 · 세무사 · 경영지도사 단번에 합격!
해커스 경영아카데미 cpa.Hackers.com

문제 1   자기주식 - Level 1

다음은 ㈜서울의 20×1년 초 주주지분 내역 및 20×1년 중 자기주식거래에 대한 자료이다. ㈜서울의 결산일은 매년 말이다.

---

(1) 20×1년 초 주주지분은 다음과 같다.

납입자본: 보통주자본금(액면 ₩5,000)	₩1,000,000	
주식발행초과금	₩500,000	₩1,500,000
이익잉여금		₩400,000
기타자본요소: 일반적립금		₩100,000
자본총계		₩2,000,000

(2) 3월 21일: 자기주식 4주를 주당 ₩8,000에 취득하였다.

(3) 7월 10일: 자기주식 1주를 ₩8,500에 재발행하였다.

(4) 8월 15일: 자기주식 1주를 ₩7,200에 재발행하였다.

(5) 10월 20일: 3월 21일에 취득한 보통주 1주를 소각하였다.

(6) 12월 15일: 대주주로부터 자본을 충실히 할 목적으로 보통주 5주를 증여받았다. 증여 당시 주식의 시가는 주당 ₩6,920이었다.

(7) 12월 28일: 증여받은 주식 중 3주를 주당 ₩7,300에 재발행하였다.

(8) 12월 31일: 20×1년의 당기순이익으로 ₩200,000을 보고하였다.

물음 1 위의 거래를 한국채택국제회계기준서에 따라 회계처리할 경우, **자본총계에 미치는 영향**을 아래 양식에 맞춰 요약하시오(단, 자기주식의 처분 시 자기주식의 장부금액은 이동평균법으로 산정한다).

일자	자본총계에 미치는 영향
3월 21일	×××
이하 생략	×××
12월 31일	×××
계	×××

물음 2 자기주식을 자산으로 표시하자는 주장과 자본의 차감항목으로 표시하자는 주장이 있다. 각각의 주장근거에 대하여 설명하고 표시방법을 약술하시오.

풀이

물음 1

일자	자본총계에 미치는 영향
3월 21일	(-)32,000
7월 10일	8,500
8월 15일	7,200
10월 20일	0
12월 15일	0
12월 28일	21,900
12월 31일	200,000
계	205,600

회계처리

3월 21일	차) 자기주식	32,000	대) 현금	32,000
7월 10일	차) 현금	8,500	대) 자기주식 자기주식처분이익	8,000 500
8월 15일	차) 현금 자기주식처분이익 자기주식처분손실	7,200 500 300	대) 자기주식	8,000
10월 20일	차) 자본금 감자차손	5,000 3,000	대) 자기주식	8,000
12월 15일	\- 회계처리 없음[1] \- 1) 현행 한국채택국제회계기준은 자기주식을 취득원가로 평가한다. 무상으로 증여받은 주식에 든 비용은 없으므로 회계처리하지 않으며, 주당 단가만 감소한다.			
12월 28일	차) 현금	21,900	대) 자기주식[2] 자기주식처분손실 자기주식처분이익	4,000 300 17,600
	2) 8,000 × 3주/(1 + 5주) = 4,000			
12월 31일	차) 집합손익	200,000	대) 이익잉여금	200,000

물음 2 자기주식을 자산으로 표시하자는 주장의 근거는 자기주식을 재발행하면 현금유입이 있을 것이므로 자기주식도 미래의 경제적효익을 제공한다는 것이다. 반면에, 자기주식을 자본의 차감항목으로 표시하자는 주장의 근거는 자기주식을 자산으로 본다면 회사가 자산의 일부를 스스로 소유할 수 있다는 모순이 발생하고, 자기주식에 대해서는 의결권과 신주인수권 및 잔여재산분배청구권이 없기 때문에 자기주식은 미발행주식에 불과하다는 것이다. 따라서 자기주식을 납입자본에서 차감하는 형식으로 재무상태표에 표시한다.

문제 2 출자전환 - Level 2

A사는 자금부담을 완화시키는 방법을 고심하고 있다. 때마침 해외 민간기업에서 투자를 하겠다는 의사를 전달하였지만, 투자유치조건으로 회사의 부채비율을 낮추어야 한다는 기준을 세웠다. 이를 위하여 임시주주총회에서 자사의 주식을 발행(액면총액 ₩500,000)하여 이전에 발행한 차입금을 중도에 상환하기로 하였다. 중도상환일 현재 차입금의 장부금액은 ₩1,000,000이다.

물음 1 발행한 A사 주식의 공정가치가 ₩700,000일 때, 차입금의 중도상환시점의 회계처리를 수행하시오.

물음 2 발행한 A사 주식의 공정가치를 신뢰성 있게 측정할 수 없으나, 중도상환되는 A사 차입금의 공정가치는 ₩800,000으로 신뢰성 있게 측정할 수 있을 경우 차입금의 중도상환시점의 회계처리를 수행하시오.

물음 3 위 물음과 별도로 A사는 20×1년 10월 20일 ㈜대한은행과 금융부채 ₩180,000을 출자전환하기로 합의하고, 보통주식 10주를 발행교부하기로 하였다. 20×2년 1월 20일 A사는 보통주식 10주를 발행하여 출자전환을 완료하였다. A사가 발행한 보통주식의 각 일자별 주당 공정가치는 다음과 같다고 할 경우 금융부채의 출자전환으로 A사가 20×1년과 20×2년에 해야 할 회계처리를 보이시오(단, 금융부채의 공정가치는 ₩200,000이고 발행주식 1주당 액면금액은 ₩10,000이다).

20×1년 10월 20일	20×2년 1월 20일
₩12,000	₩15,000

---| **풀이** |--

물음 1 회계처리

차입금 중도상환 시	차) 차입금	1,000,000	대) 자본금 주식발행초과금 채무상환이익	500,000 200,000 300,000

물음 2 회계처리

차입금 중도상환 시	차) 차입금	1,000,000	대) 자본금 주식발행초과금 채무상환이익	500,000 300,000 200,000

물음 3 회계처리

20×1년 10월 20일		- 회계처리 없음 -		
20×2년 1월 20일	차) 금융부채	180,000	대) 자본금 주식발행초과금 채무상환이익	100,000 50,000 30,000

⇒ 채무조정이익(N/I): 금융부채의 장부금액 - 지분상품의 공정가치
= 180,000 - 150,000(금융부채 소멸일의 공정가치) = 30,000

┌─ ☆ **Self Study** ──

출자전환은 채무자와 채권자가 금융부채의 조건을 재협상한 결과, 채무자가 채권자에게 지분상품을 발행하여 금융부채의 전부 또는 일부를 소멸시키는 것을 말한다. 출자전환을 통하여 발행된 지분상품은 금융부채가 소멸된 날에 최초로 인식하고 측정한다.
금융부채의 장부금액과 지분상품의 공정가치의 차액은 당기손익으로 인식하고, 지분상품의 공정가치를 신뢰성 있게 측정할 수 없다면 소멸된 금융부채의 공정가치로 지분상품을 측정한다.

차) 금융부채	BV	대) 자본금 주식발행초과금 채무조정이익	─┐ ─┘	원칙: 발행주식의 FV 예외: 금융부채 FV N/I

문제 3 이익잉여금 - Level 2

다음은 12월 말 결산법인인 A사의 20×1년 1월 1일 현재 재무상태표 자본항목을 표시한 것이다.

납입자본		₩10,000
자본금(100주)	₩10,000	
기타자본잉여금		₩6,000
주식발행초과금	₩4,000	
자기주식처분이익	₩1,000	
감자차익	₩1,000	
이익잉여금		₩8,000
이익준비금	₩5,000	
미처분이익잉여금	₩3,000	
기타자본구성요소		₩2,200
재평가잉여금	₩1,000	
FVOCI금융자산평가이익	₩2,000	
자기주식(보통주 5주)	₩(-)800	

(1) 2월 26일: 개최된 주주총회에서 A사는 현금배당 ₩1,000, 주식배당 ₩1,000을 각각 처분하기로 하고 즉시 지급, 발행하였다. 이익준비금은 상법에서 정하는 최소한의 금액을 적립하기로 하였다(단, 20×0년 중간배당은 없다).

(2) 9월 1일: 중간배당으로 현금 ₩600을 지급하였다.

(3) 12월 31일: 유형자산을 공정가치로 측정하여 추가로 재평가잉여금 ₩500을 인식하였다. A사는 재평가잉여금을 사용 중에 이익잉여금으로 대체하는 정책을 채택하고 있다. 20×1년 말 현재 재평가모형을 적용하는 유형자산의 잔존내용연수는 4년, 내용연수 종료시점의 잔존가치는 없으며, 정액법으로 감가상각한다.

(4) A사는 20×1년도 당기순이익으로 ₩8,000을 보고한다.

물음 1 A사의 20×1년 2월 26일 주주총회 직후 차기이월이익잉여금은 얼마인가?

물음 2 A사가 20×1년 말 재무상태표에 보고할 미처분이익잉여금은 얼마인가?

물음 3 A사가 20×2년 주주총회에서 배당률 5%로 현금배당을 실시한다면 현금배당 지급액은 얼마인가?

│ 풀이 │

물음 1 차기이월이익잉여금: 미처분이익잉여금 3,000 - 현금배당 1,000 - 주식배당 1,000 = 1,000

☑ 기초재무상태표의 이익준비금 5,000은 자본금의 1/2에 상당하는 금액으로 이익준비금을 추가 적립하지 않는다.

회계처리

20×1년 2월 26일	차) 미처분이익잉여금	2,000	대) 현금 자본금		1,000 1,000
20×1년 9월 1일	차) 미처분이익잉여금	600	대) 현금		600
20×1년 12월 31일	차) 재평가잉여금 차) 집합손익	200 8,000	대) 미처분이익잉여금 대) 미처분이익잉여금		200 8,000

물음 2

전기이월이익잉여금		1,000
중간배당		(-)600
당기순이익		8,000
재평가잉여금의 이익잉여금 대체	1,000/5년 =	200
미처분이익잉여금		8,600

물음 3 현금배당 지급액: (100주 - 5주 + 10주[1]) × @100 × 5% = 525

☑ 자기주식은 배당금 계산 시 제외한다.

[1] 주식배당으로 증가한 주식수: 1,000 ÷ @100 = 10주

12월 말 결산법인인 A사의 20×0년 12월 31일 현재 재무상태표상 자본의 구성 내역은 다음과 같다.

구분		금액	비고
자본금		₩1,000,000	1,000주, 주당액면 ₩1,000
자본잉여금	주식발행초과금	₩177,000	
	자기주식처분이익	₩43,000	
이익잉여금	이익준비금	₩400,000	
	재무구조개선적립금	₩140,000	
	시설확장적립금	₩50,000	
	미처분이익잉여금	₩300,000	
기타자본	자기주식	₩(-)150,000	100주
	재평가잉여금	₩40,000	
합계		₩2,000,000	

A사는 자본거래의 결과로 발생한 손익은 우선 상계하며, 손실이 발생하는 경우에는 정기주주총회에서 이익잉여금의 처분으로 우선 상각하는 정책을 채택하고 있다. 또한 이익준비금의 적립은 법률이 허용하는 최소한의 금액을 적립한다. 20×1년 중 아래와 같은 사건이 발생하였다.

(1) 20×1년 2월 5일 개최된 정기주주총회에서 재무구조개선적립금 중 ₩40,000을 이입하고 이익잉여금을 다음과 같이 처분하였다. 20×0년 중 중간배당으로 지급한 금액은 ₩30,000이다.

현금배당	₩50,000
주식배당	₩10,000
시설확장적립금의 적립	₩10,000
이익준비금 적립액	?

(2) 20×1년 7월 1일 보유 중인 자기주식 전부를 주당 ₩1,000에 처분하였다.

(3) 20×1년 10월 1일 공정가치 ₩500,000의 토지를 현물출자받고 보통주식 400주를 발행교부하였다. 발행교부일 현재 보통주식의 주당 공정가치는 ₩1,200이다.

(4) 20×1년도에 보고한 당기순이익은 ₩120,000이며, 당기에 발생한 재평가잉여금은 ₩30,000이다. 재평가잉여금은 건물과 관련된 것으로 사용함에 따라 이익잉여금으로 대체하고 있으며, 20×1년 초 현재 잔존내용연수는 4년, 정액법으로 감가상각한다.

(5) 20×2년 2월 8일에 개최예정인 정기주주총회에서는 임의적립금을 이입하지 않으며, 최대한의 금액을 현금배당할 예정이다.

물음 1 A사의 20×1년 2월 5일 정기주주총회 종료 직후 차기이월이익잉여금은 얼마인가?

물음 2 A사의 20×1년 2월 5일 정기주주총회 종료 직후 이익잉여금은 얼마인가?

물음 3 A사의 20×1년 말 미처분이익잉여금은 얼마인가?

물음 4 A사의 20×1년 말 현재 자본총계는 얼마인가?

물음 5 A사가 20×2년 2월 8일에 현금배당으로 선언할 금액은 얼마인가?

—| **풀이** |——

물음 1 차기이월이익잉여금: 262,000

기초미처분이익잉여금		300,000
재무구조개선적립금 이입		40,000
현금배당 및 주식배당	(50,000) + (10,000) =	(-)60,000
시설확장적립금 적립		(-)10,000
이익준비금 적립	(30,000 + 50,000) × 10% =	(-)8,000
차기이월이익잉여금		262,000

물음 2 이익잉여금: 830,000

기초이익잉여금	400,000 + 140,000 + 50,000 + 300,000 =	890,000
현금배당		(-)50,000
주식배당		(-)10,000
이익잉여금		830,000

물음 3 미처분이익잉여금: 392,000

차기이월이익잉여금		262,000
당기순이익		120,000
재평가잉여금의 이익잉여금 대체	40,000/4년 =	10,000
미처분이익잉여금		392,000

물음 4 자본총계: 2,700,000

기초자본총계		2,000,000
현금배당		(-)50,000
자기주식처분금액	100주 × @1,000 =	100,000
현물출자(토지의 공정가치)		500,000
총포괄이익	120,000 + 30,000 =	150,000
자본총계		2,700,000

물음 5 배당 가능액: 350,000

20×1년 말 미처분이익잉여금		392,000
자기주식처분손실	(150,000 - 100주 × @1,000) - 43,000 =	(-)7,000
이익준비금 적립	(392,000 - 7,000)/1.1 × 0.1 =	(-)35,000
배당 가능액		350,000

참고 일자별 회계처리

20×1년 2월 5일	차) 임의적립금 미처분이익잉여금	40,000 38,000	대) 현금 주식배당 임의적립금 이익준비금	50,000 10,000 10,000 8,000
20×1년 7월 1일	차) 현금 자기주식처분이익 자기주식처분손실	100,000 43,000 7,000	대) 자기주식	150,000
20×1년 10월 1일	차) 토지	500,000	대) 자본금 주식발행초과금	400,000 100,000
20×1년 12월 31일	차) 집합손익 차) 유형자산 차) 재평가잉여금	120,000 30,000 10,000	대) 미처분이익잉여금 대) 재평가잉여금 대) 미처분이익잉여금	120,000 30,000 10,000
20×2년 2월 28일	차) 미처분이익잉여금 차) 미처분이익잉여금	7,000 385,000	대) 자기주식처분손실 대) 현금 이익준비금	7,000 350,000 35,000

해커스 IFRS 정윤돈 재무회계연습

제6장 자본

문제 5 | 이익배당우선주, 회계변경 및 오류수정, 상환우선주, 현물출자 - Level 4

제조업을 영위하는 ㈜합격의 20×5년 말 현재 주주지분 내용 및 과거 5년간의 순손익과 관련된 내용은 다음과 같다.

---

(1) 20×5년 12월 31일 ㈜합격의 주주지분은 다음과 같다.

보통주자본금(1,000주, 액면 ₩500)	₩500,000
우선주자본금	
4% 비참가적·비누적적 우선주(200주, 액면 ₩500)	₩100,000
8% 부분참가적(10% 부분참가)·누적적 우선주(400주, 액면 ₩500)	₩200,000
합계	₩800,000

(2) ㈜합격은 20×1년 초 영업을 개시한 이래 5년 동안 영업활동에서 다음과 같이 순이익 또는 순손실을 보고하였다.

20×1년	₩(-)150,000
20×2년	₩(-)130,000
20×3년	₩(-)120,000
20×4년	₩250,000
20×5년	₩920,000

(3) ㈜합격은 지금까지 배당을 전혀 하지 못하였으며, 영업을 개시한 이래 이익잉여금을 제외한 자본계정에는 아무런 변동이 없었다. ㈜합격은 20×6년 2월 18일 주주총회에서 현금배당을 하려고 한다.

물음 1 보통주와 8% 우선주에 배분될 최대 현금배당 가능액은 얼마인가? (단, 보통주는 8% 우선주의 배당률에 따라 배당한다)

물음 2 기업의 입장에서 누적적 우선주에 대한 연체배당금을 어떻게 보고하여야 하는가?

물음 3 다음은 ㈜민국의 20×1년 12월 31일 현재 재무상태표의 자본 내역과 이와 관련된 추가 정보이다.

<20×1년 말 자본 내역>

자본금	₩2,000,000
FVOCI금융자산평가이익	₩30,000
해외사업장외화환산이익	₩50,000
이익잉여금	₩500,000
자본총계	₩2,580,000

<추가 정보>

(1) 20×2년 중 주당액면금액 ₩500의 주식 1,000주를 주당 ₩800에 발행하였다.

(2) 20×2년 중 자기주식 50주를 주당 ₩900에 취득하였다.

(3) FVOCI금융자산평가이익과 해외사업장외화환산이익은 각각 자산의 공정가치 및 환율의 변동에 기인한 것이다. 20×2년 12월 31일 현재 재무상태표상 잔액은 각각 ₩40,000과 ₩10,000이다.

(4) 20×1년에 비용화해야 할 지출을 자산으로 회계처리한 중요한 오류를 20×2년도 장부를 마감한 후, 재무제표 발행승인일 전에 발견하였다. 이 오류로 인하여 20×1년 비용이 ₩400,000 과소계상되었고, 20×2년 비용은 ₩100,000 과대계상되었다. 이 오류가 반영되기 전 20×2년도 당기순이익은 ₩400,000이다.

(5) 20×1년에 취득하여 사용해 오던 기계장치의 감가상각방법을 20×2년 중에 변경하였다. 이 회계변경의 20×2년도에 대한 효과는 재무제표에 이미 반영되었다. 그러나 이 회계변경을 소급적용하면 20×1년도의 비용은 ₩40,000 감소한다.

20×2년도 자본변동표상 나타날 20×2년 말 이익잉여금과 자본총계, 그리고 20×2년도 포괄손익계산서상 총포괄이익은 각각 얼마인가? (단, 법인세효과는 고려하지 않는다) 유예

물음 4 위 물음과는 독립적으로 A사는 20×1년 1월 1일 액면금액 ₩200,000의 상환우선주(상환시점의 상환금액은 ₩200,000)를 ₩195,000에 할인하였다. A사는 20×3년 12월 31일 당해 우선주를 액면금액으로 상환하여야 하며, 배당률은 8%, 비누적적 우선주이다. 20×1년 1월 1일 현재 A사의 시장이자율은 10%로, 10% 3기간 현재가치계수는 0.7513, 연금현가계수는 2.4868이다. A사는 20×1년 12월 31일에 8%의 현금배당을 선언하고 즉시 현금으로 지급하였다. A사가 20×1년 1월 1일 발행한 상환우선주와 관련하여 보고할 다음의 각 금액들을 계산하시오.

구분		금액
20×1년 1월 1일	부채 증가액	①
	자본 증가액	②
20×1년도	당기손익에 미친 영향	③
	이익잉여금에 미친 영향	④

물음 5 위의 **물음 4** 에서 A사가 20×1년 1월 1일에 발행한 상환우선주가 누적적 우선주일 경우, 이와 관련하여 보고할 다음의 각 금액들을 계산하시오.

구분		금액
20×1년 1월 1일	부채 증가액	①
	자본 증가액	②
20×1년도	당기손익에 미친 영향	③
	이익잉여금에 미친 영향	④

---| **풀이** |---

물음 1 (1) 최대 현금배당 가능액: 770,000[1]/1.1 = 700,000(이익준비금 고려)

　　　　1) 5년간 순손익총계

(2) 최대 현금배당 가능액 배분

구분	4% 우선주	8% 우선주	보통주	합계
8% 우선주 연체배당금	-	64,000[2]	-	64,000
20×5년 배당금	4,000[3]	16,000[4]	40,000[5]	60,000
잔여배당금 배분	-	4,000[6]	572,000[7]	576,000
합계	4,000	84,000	612,000	700,000

2) 200,000 × 8% × 4년 = 64,000

3) 100,000 × 4% = 4,000

4) 200,000 × 8% = 16,000

5) 500,000 × 8% = 40,000

6) Min[576,000 × 200,000/700,000 = 164,571, 200,000 × (10% - 8%)] = 4,000

7) 576,000 - 4,000 = 572,000

(3) 보통주에 배분될 최대 현금배당 가능액: 612,000

(4) 8% 우선주에 배분될 최대 현금배당 가능액: 84,000

물음 2 일반적으로 주주에 대한 배당금은 배당결의가 있어야만 법률적인 지급의무가 발생하는 것으로 보기 때문에 연체배당금은 부채로 보지 않는다. 다만, 연체배당금이 있다는 사실은 주석으로만 공시하면 된다.

물음 3 1) 20×2년 말 이익잉여금: 600,000

2) 20×2년 말 자본총계: 3,405,000

3) 20×2년도 포괄손익계산서상 총포괄이익: 470,000

	이익잉여금	자본총계	총포괄이익
기초	500,000	2,580,000	-
(1)	-	800,000	-
(2)	-	(-)45,000	-
(3)	-	(-)30,000	(-)30,000[1]
(4)	100,000[2]	100,000[2]	500,000[3]
(5)[4]	-	-	-
계	600,000	3,405,000	470,000

1) FVOCI금융자산평가이익 증가 10,000 - 해외사업장외화환산이익 감소 (40,000) = (-)30,000

2) 전기오류수정손실 (400,000) + 당기순이익 400,000 + 비용과대 수정 100,000 = 100,000

3) 당기순이익 400,000 + 비용과대 수정 100,000 = 500,000

4) 감가상각방법의 변경은 회계추정치의 변경으로서 전진적으로 회계처리하기 때문에 이익잉여금에 대한 수정사항은 없다.

물음 4

구분		금액
20×1년 1월 1일	부채 증가액	① 150,260
	자본 증가액	② 44,740
20×1년도	당기손익에 미친 영향	③ 15,026 감소
	이익잉여금에 미친 영향	④ 31,026 감소

근거

① 부채요소: 200,000 × 0.7513 = 150,260
　☑ 비누적적 우선주이므로 상환금액에 대해서만 PV평가액을 부채로 인식한다.

② 자본요소: 195,000 - 150,260 = 44,740

③ 당기손익에 미친 영향(이자비용): 150,260 × 10% = 15,026 감소

④ 이익잉여금에 미친 영향: (15,026) + 현금배당(200,000 × 8%) = 31,026 감소

회계처리

20×1년 초	차) 현금	195,000	대) 상환우선주(부채)	150,260
			자본항목	44,740
20×1년 말	차) 이자비용	15,026	대) 상환우선주(부채)	15,026
	차) 이익잉여금	16,000	대) 현금	16,000

물음 5

구분		금액
20×1년 1월 1일	부채 증가액	① 190,048
	자본 증가액	② 4,952
20×1년도	당기손익에 미친 영향	③ 19,005 감소
	이익잉여금에 미친 영향	④ 19,005 감소

근거

① 부채요소: 200,000 × 0.7513 + 16,000 × 2.4868 = 190,048

② 자본요소: 195,000 - 190,048 = 4,952

③ 당기손익에 미친 영향(이자비용): 190,048 × 10% = 19,005 감소

④ 이익잉여금에 미친 영향: 19,005 감소

회계처리

20×1년 초	차) 현금	195,000	대) 상환우선주(부채)	190,048
			자본항목	4,952
20×1년 말	차) 이자비용	19,005	대) 상환우선주(부채)	3,005
			현금	16,000

다음에 제시되는 물음은 각각 독립된 상황이다.　　　　　　　　　　　　　　　[공인회계사 2차 2014년]

<공통 자료>

(1) ㈜민국의 상환우선주 발행 및 상환 등에 관련된 거래는 아래와 같다.

- 20×1년 4월 1일: 우선주 100주 발행(주당 액면금액 ₩5,000, 주당 발행금액 ₩13,350)
- 20×2년 3월 31일: 우선주에 대한 배당금지급
- 20×3년 3월 31일: 우선주에 대한 배당금지급
- 20×3년 4월 1일: 우선주에 대한 상환 절차 완료(주당 상환금액 ₩15,000)

(2) 우선주 발행 시 유효이자율: 연 6%

(3) ㈜민국의 주주총회는 매년 3월 31일에 열리며, 위 우선주의 연 배당률은 4%로 고정되어 있고 주주총회에서 배당결의 후 즉시 배당금을 지급한다.

물음 1 ㈜민국이 발행한 우선주는 비누적적 우선주이며, 우선주의 보유자가 20×3년 4월 1일에 상환을 청구할 수 있는 권리를 가지고 있다.

(1) ㈜민국이 20×1년 해야 할 모든 회계처리를 하시오(순액법 사용).

(2) ㈜민국의 20×3년도 재무상태표의 자본에 영향을 미치는 금액을 구하시오(단, 감소의 경우에는 금액 앞에 (-)를 표시하시오).

물음 2 ㈜민국이 발행한 우선주는 누적적 우선주이며, 발행자인 ㈜민국이 20×3년 4월 1일까지 상환할 수 있는 권리를 가지고 있다.

(1) ㈜민국이 20×1년에 해야 할 모든 회계처리를 하시오(순액법 사용).

(2) ㈜민국의 20×3년도 재무상태표의 자본에 영향을 미치는 금액을 구하시오(단, 감소의 경우에는 금액 앞에 (-)를 표시하시오).

물음 3 상환우선주가 **금융부채에 해당하는 요건 두 가지를 쓰시오.**

---| 풀이 |--

물음 1 (1) 20×1년 회계처리

20×1년 4월 1일	차) 현금	1,335,000	대) 금융부채	1,335,000
20×1년 12월 31일	차) 이자비용[1]	60,075	대) 금융부채	60,075
	1) 1,335,000 × 6% × 9/12 = 60,075			

(2) 20×3년 자본에 영향을 미치는 금액: (21,226) + (20,000) = (-)41,226

회계처리

20×3년 3월 31일	차) 이자비용[2] 차) 이익잉여금	21,226 20,000	대) 금융부채 대) 현금	21,226 20,000
	2) 1,335,000 × 1.06 × 6% × 3/12= 21,226			
20×3년 4월 1일	차) 금융부채	1,500,000	대) 현금	1,500,000

물음 2 (1) 20×1년 회계처리

20×1년 4월 1일	차) 현금	1,335,000	대) 우선주자본금 주식발행초과금	500,000 835,000
20×1년 12월 31일			- 회계처리 없음 -	

(2) 20×3년 자본에 영향을 미치는 금액: (20,000) + (1,500,000) = (-)1,520,000

회계처리

20×3년 3월 31일	차) 이익잉여금	20,000	대) 현금	20,000
20×3년 4월 1일	차) 이익잉여금[1]	1,500,000	대) 현금	1,500,000
	1) 상환우선주를 상환할 때는 미처분이익잉여금이 감소한다(상법 제345조).			

물음 3 (1) 우선주 발행자가 보유자에게 확정되었거나 결정 가능한 미래시점에 확정되었거나 결정 가능한 금액을 의무적으로 상환해야 한다.

(2) 우선주 보유자가 발행자에게 특정일이나 그 이후에 확정되었거나 결정 가능한 금액의 상환을 청구할 수 있는 권리를 보유하고 있다.

문제 7 현물출자, 자기주식, 이익배당우선주, 신주청약 - Level 3

다음은 ㈜한국의 20×3년 1월 1일 자본구성 부분재무상태표이다. ㈜한국은 자본을 다음의 양식으로 보고하고 있다.

<부분재무상태표>

Ⅰ. 자본금		₩6,000,000
1. 보통주자본금	₩5,000,000	
2. 우선주자본금	₩1,000,000	
Ⅱ. 자본잉여금		₩46,000,000
1. 주식발행초과금	₩45,000,000	
2. 감자차익	₩300,000	
3. 자기주식처분이익	₩700,000	
Ⅲ. 자본조정		₩(-)3,500,000
1. 자기주식(보통주)	₩(-)3,500,000	
Ⅳ. 기타포괄손익누계액		₩1,500,000
1. FVOCI금융자산평가손익	₩(-)1,500,000	
2. 재평가잉여금	₩3,000,000	
Ⅴ. 이익잉여금		₩13,000,000
1. 이익준비금	₩2,000,000	
2. 임의적립금	₩3,200,000	
3. 미처분이익잉여금	₩7,800,000	
자본 합계		₩63,000,000

<추가 자료>

(1) 보통주는 20×3년 1월 1일 현재 10,000주가 발행되었으며 주당 발행가는 ₩5,000이었고, 주당 액면금액은 ₩500이다. 우선주는 20×3년 1월 1일 현재 1,000주가 발행되었으며 주당 액면금액은 ₩1,000이다.

(2) 우선주는 1종류만 발행되었으며, 배당률은 연 5%이다. 우선주는 누적적 우선주로 12%까지 부분참가적 우선주이다.

(3) 주식 발행 시 주식발행초과금과 주식할인발행차금은 우선적으로 서로 상계처리한다.

(4) ㈜한국이 20×3년 1월 1일 현재 보유하고 있는 자기주식의 수량은 500주이다. 자기주식의 취득은 원가법으로 처리하며 자기주식의 처분 시 취득원가의 배분은 평균법으로 계산한다. 자기주식을 소각하는 경우 감자되는 금액은 소각되는 주식수에 비례하는 자본금만을 감소시키며, 감자차익과 감자차손은 우선적으로 서로 상계처리한다.

다음의 물음에 답하시오(단, 각 물음은 독립적인 상황이다).

[공인회계사 2차 2013년]

물음 1 ㈜한국은 사업확장을 위하여 20×3년 1월 15일 ㈜민국으로부터 공정가치가 ₩1,200,000인 공장부지를 수취하고 보통주 3,000주를 발행하여 지급하였다. ㈜한국의 동 발행 보통주 신주의 공정가치는 ₩1,800,000으로 추정된다. 이상의 보통주 신주발행 직후 ㈜한국의 자본금과 자본잉여금을 각각 계산하시오.

항목	금액
자본금	①
자본잉여금	②

물음 2 ㈜한국은 20×3년 3월 5일 보유하고 있는 자기주식 중 100주를 소각하였으며, 20×3년 3월 15일 200주를 주당 ₩8,000에 재발행하였다. ㈜한국은 주주총회에서 감자차손을 이익잉여금에서 처분하기로 의결하였다. 이상의 자기주식과 관련된 일련의 거래 후 이 거래가 ㈜한국의 자본잉여금과 이익잉여금에 미친 영향을 각각 계산하시오(단, 감소의 경우에는 금액 앞에 (-)를 표시하고, 변동이 없으면 '변동 없음'으로 표시하시오).

항목	금액
자본잉여금	①
이익잉여금	②

물음 3 ㈜한국은 20×0년 1월 1일 설립되었으며, ㈜한국의 보통주와 우선주는 설립과 동시에 발행되었다. ㈜한국은 설립 이래 처음으로 20×3년 4월 20일에 20×2년 12월 31일을 기준일로 하는 ₩700,000의 현금배당을 선언하였다. ㈜한국의 우선주와 보통주에 각각 배분되는 배당금을 계산하시오.

항목	금액
우선주	①
보통주	②

물음 4 ㈜한국은 20×3년 5월 1일 사업확장과 운영자금 조달을 위하여 보통주 신주 2,000주를 임직원과 일반인에게 청약을 받아 발행하기로 이사회에서 의결하였다. ㈜한국이 발행하고자 하는 보통주 신주는 주당 액면금액이 ₩500이고 신주발행금액은 주당 ₩12,000이다. 청약자는 주식청약일에 청약한 주식대금의 30%를 납입하고, 주식대금잔액은 1개월 후에 납입하며, 청약된 주식은 주식대금잔액 납부 2개월 후 발행된다. 청약계약이 해약되는 경우 ㈜한국은 이미 납입된 주식대금을 상환할 의무가 없으며, 청약자가 청약한 주식대금의 잔액을 납부하지 않는 경우 이미 납입한 주식대금에 대해서는 비례기준(납입한 주식대금/신주의 발행금액)에 의거하여 청약자에게 주식을 발행교부한다. ㈜한국의 보통주 신주에 대한 청약은 주식청약일에 2,000주가 청약되었으나 이후 주식시장 상황악화로 인하여 청약된 주식대금잔액의 80%만 납입되었다. 주식청약을 미이행계약의 관점에서 회계처리하는 경우, 청약된 주식대금잔액의 납입 직후 주식청약이 ㈜한국의 부채와 자본에 미친 영향과 이러한 주식청약으로 ㈜한국이 발행교부할 보통주 신주의 수를 계산하시오(단, 감소의 경우에는 금액 앞에 (-)를 표시하고, 변동이 없으면 '변동 없음'으로 표시하시오).

항목	금액/신주의 수
부채	①
자본	②
발행교부할 신주의 수	③

물음 1

항목	금액
자본금	① 7,500,000
자본잉여금	② 45,700,000

근거

① 자본금: 6,000,000 + 3,000주 × @500 = 7,500,000

② 자본잉여금: 46,000,000 - 주식발행초과금 감소액(1,500,000 - 1,200,000) = 45,700,000

회계처리

20×3년 1월 15일	차)	토지 주식발행초과금	1,200,000 300,000	대)	자본금	1,500,000

물음 2

항목	금액
자본잉여금	① (-)100,000
이익잉여금	② (-)350,000

근거

① 자본잉여금: -Min[300,000, 650,000] + 200,000 = (-)100,000

   ㉠ 감자차손: 액면금액 100주 × @500 - 자기주식 장부금액 3,500,000 × 100/500주 = (-)650,000

   ㉡ 자기주식처분이익: 200주 × @8,000 - 3,500,000 × 200/500주 = 200,000

② 이익잉여금: 감자차손 상계액(650,000 - 300,000) = (-)350,000

회계처리

20×3년 3월 5일	차)	자본금 감자차익 감자차손	50,000 300,000 350,000	대)	자기주식	700,000
	차)	미처분이익잉여금	350,000	대)	감자차손	350,000
20×3년 3월 15일	차)	현금	1,600,000	대)	자기주식 자기주식처분이익	1,400,000 200,000

물음 3

항목	금액
우선주	① 204,348
보통주	② 495,652

근거

	우선주		보통주	
누적분	1,000,000 × 5% × 2 =	100,000		–
당기분	1,000,000 × 5% =	50,000	(10,000 - 500)주 × @500 × 5% =	237,500
	Min[A, B] =	54,348	700,000 - 237,500 - 204,348 =	258,152
잔여분	A: 1,000,000 × (12% - 5%)			
	B: (700,000 - 387,500¹⁾) × 1,000,000/5,750,000²⁾			
합계	①	204,348	②	495,652

1) 100,000 + 50,000 + 237,500 = 387,500
2) 보통주 @500 × (10,000주 – 자기주식 500주) = 4,750,000
   우선주   1,000,000
                                             5,750,000

물음 4

항목	금액/신주의 수
부채	① 변동 없음
자본	② 20,640,000
발행교부할 신주의 수	③ 1,720주

근거

① 부채
  변동 없음(잔금은 반환하지 않고 신주를 발행하므로 신주청약증거금은 자본)
② 자본: 자본변동분 = 현금증감분 = ㉠ + ㉡ = 20,640,000
  ㉠ 신주청약증거금: 2,000주 × @12,000 × 30% = 7,200,000
  ㉡ 청약잔금 이행액: 2,000주 × @12,000 × 70% × 80% = 13,440,000
③ 발행교부할 신주의 수: ㉠ + ㉡ = 1,720주
  ㉠ 이행된 청약: 2,000주 × 80% = 1,600주
  ㉡ 미이행된 청약의 잔금: 2,000주 × @12,000 × 30% × 20%/@12,000 = 120주

회계처리

20×3년 5월 1일	차) 현금¹⁾	7,200,000	대) 신주청약증거금	7,200,000
	1) 2,000주 × @12,000 × 30% = 7,200,000			

20×3년 7월 1일	차) 현금²⁾	13,440,000	대) 자본금⁴⁾	800,000
	신주청약증거금³⁾	5,760,000	주식발행초과금⁵⁾	18,400,000
	차) 신주청약증거금⁶⁾	1,440,000	대) 자본금⁷⁾	60,000
			주식발행초과금⁸⁾	1,380,000

2) 2,000주 × @12,000 × 70% × 80% = 13,440,000
3) 2,000주 × @12,000 × 30% × 80% = 5,760,000
4) 2,000주 × 80% × @500 = 800,000
5) 역산
6) 2,000주 × @12,000 × 30% × 20% = 1,440,000
7) 1,440,000/@12,000 × @500 = 60,000
8) 역산

자기주식과 이익배당 - Level 3

12월 말 결산법인인 ㈜사직은 20×1년 1월 1일 액면금액 ₩5,000인 보통주 10,000주를 주당 ₩5,000에 발행하여 설립되었다. ㈜사직은 20×2년 3월 정기주주총회에서 1%의 주식배당을 결의하고, 결의한 주식을 20×2년 5월에 발행하였다. 배당결의일의 주가는 주당 ₩6,000이고, 발행일의 주가는 주당 ₩7,000이다. 20×2년 6월 1일에 ㈜사직은 보통주 1,000주를 ₩6,000,000에 발행하고, 신주발행 직접비용 ₩100,000을 지급하였다. 당기순이익은 다음과 같다.

[공인회계사 2차 2011년]

연도	당기순이익
20×1년	₩2,000,000
20×2년	₩2,500,000
20×3년	₩3,000,000

20×3년 동안 ㈜사직은 다음과 같은 거래를 하였다.

(1) 3월 1일 자사 보통주 1,000주를 주당 ₩7,000에 취득하였다. ㈜사직은 자기주식 회계처리에 원가법을 사용하고 있다.

(2) 5월 1일 자기주식 500주를 주당 ₩8,000에 매각하였다.

(3) 6월 초 FVOCI금융자산을 ₩1,000,000에 취득하였으며, 12월 말 공정가치는 ₩1,200,000이다.

(4) 12월 15일 주주들에게 최초로 주당 ₩30의 현금배당을 결의하였다.

20×3년 12월 31일의 ① 자본금, ② 자본잉여금, ③ 자기주식, ④ 이익잉여금을 계산하시오.

풀이

① 자본금: 50,000,000 + 500,000 + 5,000,000 = 55,500,000
② 자본잉여금: 900,000 + 500,000 = 1,400,000
③ 자기주식: (7,000,000) + 3,500,000 = (-)3,500,000
④ 이익잉여금: 2,000,000 + (500,000) + 2,500,000 + (349,800) + 31,800 + 3,000,000 = 6,682,000

회계처리

20×1년 1월 1일	차)	현금	50,000,000	대)	자본금 ①	50,000,000
20×1년 12월 31일	차)	집합손익	2,000,000	대)	미처분이익잉여금 ④	2,000,000
20×2년 3월 정기주주총회	차)	미처분이익잉여금 ④	500,000	대)	미교부주식배당금	500,000
20×2년 5월 주식교부	차)	미교부주식배당금	500,000	대)	자본금 ①	500,000
20×2년 6월 1일	차)	현금	5,900,000	대)	자본금 ① 주식발행초과금 ②	5,000,000 900,000
20×2년 12월 31일	차)	집합손익	2,500,000	대)	미처분이익잉여금 ④	2,500,000
20×3년 3월 1일	차)	자기주식 ③	7,000,000	대)	현금	7,000,000
20×3년 5월 1일	차)	현금	4,000,000	대)	자기주식 ③ 자기주식처분이익 ②	3,500,000 500,000
20×3년 6월 초	차)	FVOCI금융자산	1,000,000	대)	현금	1,000,000
20×3년 12월 15일	차)	미처분이익잉여금 ④	349,800	대)	미지급배당금[1] 이익준비금 ④	318,000 31,800
	1) (10,000주 + 100주 + 1,000주 - 1,000주 + 500주) × 30 = 318,000					
20×3년 12월 31일	차) 차)	FVOCI금융자산 집합손익	200,000 3,000,000	대) 대)	FVOCI금융자산평가이익 미처분이익잉여금 ④	200,000 3,000,000

A회사의 20×1년도 이익잉여금 처분이 반영된 부분재무상태표와 20×2년 중 발생한 거래 내역은 다음과 같다.

<부분재무상태표>

Ⅰ. 자본금(주당 액면금액 ₩5,000의 보통주)		₩50,000,000
Ⅱ. 자본잉여금		₩400,000
1. 주식발행초과금	₩400,000	
Ⅲ. 이익잉여금		₩2,800,000
1. 이익준비금	₩2,000,000	
2. 임의적립금	₩600,000	
3. 미처분이익잉여금	₩200,000	
계		₩53,200,000

<자료>

(1) 20×2년 4월 1일 보통주 2,000주를 주당 ₩4,500에 유상증자하였다.

(2) 20×2년 7월 1일 자기주식 500주를 주당 ₩5,200에 취득하였다.

(3) 20×2년 10월 1일 보유하고 있던 자기주식 중 300주를 주당 ₩5,100에 처분하였다.

(4) A회사의 20×2년도 당기순이익은 ₩3,000,000이었다.

(5) A회사의 20×2년도 이익잉여금 처분안은 다음과 같으며, 20×3년 2월 15일 개최된 주주총회에서 변동 없이 승인되었다. 배당기산일은 모두 기초시점으로 한다.

현금배당	배당률 3%
주식배당	배당률 2%
이익준비금	현금배당금의 10% 적립
임의적립금	전액 적립목적 달성하여 전액 이입
주식할인발행차금상각	₩200,000
자기주식처분손실	전액 상각

물음 1 기중 자본거래에 대한 회계처리를 모두 하시오.

물음 2 20×3년 2월 15일 주주총회 결의일에 해야 할 회계처리를 하시오.

물음 3 A회사의 20×2년도 이익잉여금 처분이 반영된 자본항목만 기재한 부분재무상태표를 작성하시오.

풀이

물음 1 회계처리

20×2년 4월 1일	차)	현금 주식발행초과금 주식할인발행차금	9,000,000 400,000 600,000	대)	자본금	10,000,000
20×2년 7월 1일	차)	자기주식	2,600,000	대)	현금	2,600,000
20×2년 10월 1일	차)	현금 자기주식처분손실	1,530,000 30,000	대)	자기주식	1,560,000

물음 2 회계처리

20×3년 2월 15일	차) 차)	임의적립금 미처분이익잉여금	600,000 3,357,000	대) 대)	미처분이익잉여금 자기주식처분손실 주식할인발행차금 미지급배당금[1] 이익준비금[2] 미교부주식배당금[3]	600,000 30,000 200,000 1,770,000 177,000 1,180,000

1) 현금배당: (10,000 + 2,000 - (500 - 300)자기주식)주 × 5,000 × 3% = 1,770,000
2) 이익준비금 적립: 1,770,000 × 10% = 177,000
3) 주식배당: (10,000 + 2,000 - (500 - 300)자기주식)주 × 5,000 × 2% = 1,180,000

물음 3

부분재무상태표

자본금		60,000,000
자본잉여금		0
자본조정		(-)260,000
자기주식	(-)1,040,000	
주식할인발행차금	(-)400,000	
미교부주식배당금	1,180,000	
이익잉여금		2,620,000
이익준비금	2,177,000	
미처분이익잉여금[1]	443,000	
자본총계		62,360,000

1) 20×1년 말 미처분이익잉여금 200,000
　임의적립금이입 600,000
　주주총회결의사항 (-)3,357,000
　당기순이익 3,000,000
　20×2년 말 미처분이익잉여금 443,000

A사의 20×1년 초 현재 자본은 다음과 같다.

구분	금액
자본금(보통주) - 액면금액 ₩5,000	₩10,000,000
자본금(상환우선주) - 액면금액 ₩5,000	₩2,000,000
주식발행초과금(보통주)	₩2,000,000
자기주식(100주)	₩(1,000,000)
미처분이익잉여금	₩6,000,000

다음은 20×1년 중 A사에서 발생한 자본 관련 거래이다.

거래 1 회사는 2월 28일과 3월 1일 무상증자와 유상증자를 실시하였고 그 내역은 다음과 같다.

(1) 무상증자(2월 28일): 주식발행초과금(보통주) ₩1,000,000을 재원으로 하여 보통주를 액면가로 무상증자하였다.

(2) 유상증자(3월 1일): 보통주 400주를 주당 ₩7,000을 납입받고 발행하였으며, 발행 시 발생한 거래원가는 ₩200,000이다.

거래 2 3월 2일 개최된 정기주주총회에서 다음과 같이 20×1년도 이익잉여금 처분을 승인하였다.

(1) 현금배당: ₩300,000

(2) 주식배당: ₩200,000(보통주에 대해서만 주식배당을 하였으며, 4월 1일에 주식 발행)

(3) 이익준비금 적립: ₩60,000

(4) 임의적립금 적립: ₩100,000

거래 3 5월 20일 상환우선주(우선주) 400주를 ₩2,200,000에 모두 취득하였으며, 이 중 200주는 12월 31일에 상환절차를 완료하였고, 나머지 200주는 다음연도 중에 상환절차를 완료할 예정이다.

거래 4 6월 1일 보유 중인 자기주식 100주 중 50주를 주당 ₩9,000에 처분하고, 50주는 소각하였다(단, 소각 시 자본금만 제거한다).

거래 1부터 **거래 4**까지 각 거래가 자본항목에 미치는 금액을 아래의 양식에 따라 표시하시오(단, 금액이 음수이면 앞에 (-)표시를 하시오).

구분	자본금	자본잉여금	자본조정	이익잉여금
거래 1	①	②		
거래 2	③			④
거래 3			⑤	⑥
거래 4	⑦	⑧	⑨	⑩

─┤ 풀이 ├─

구분	자본금	자본잉여금	자본조정	이익잉여금
거래 1	① 3,000,000	② (-)400,000		
거래 2	③ 200,000			④ (-)500,000
거래 3			⑤ (-)1,100,000	⑥ (-)1,100,000
거래 4	⑦ (-)250,000	⑧ 0	⑨ 700,000	⑩ 0

거래 1 회계처리

20×1년 2월 28일	차)	주식발행초과금	1,000,000	대)	자본금	1,000,000
20×1년 3월 1일	차)	현금	2,800,000	대)	자본금	2,000,000
					주식발행초과금	800,000
	차)	주식발행초과금	200,000	대)	현금	200,000

거래 2 회계처리

20×1년 3월 2일	차)	미처분이익잉여금	660,000	대)	미지급배당금	300,000
					미교부주식배당금	200,000
					이익준비금	60,000
					임의적립금	100,000
20×1년 4월 1일	차)	미교부주식배당금	200,000	대)	자본금	200,000

거래 3 회계처리

20×1년 5월 20일	차)	자기주식(우선주)	2,200,000	대)	현금	2,200,000
20×1년 12월 31일	차)	미처분이익잉여금	1,100,000	대)	자기주식(우선주)	1,100,000

거래 4 회계처리

20×1년 6월 1일	차)	현금	450,000	대)	자기주식	500,000
		자기주식처분손실	50,000			
	차)	자본금	250,000	대)	자기주식	500,000
		감자차손	250,000			

12월 말 결산법인인 A사는 20×1년 1월 1일 액면금액 ₩5,000인 보통주 10,000주를 주당 ₩5,000에 발행하여 설립되었다. A사는 20×2년 3월 정기주주총회에서 1%의 주식배당을 결의하고, 결의한 주식을 20×2년 4월에 발행하였다. 20×2년 6월 1일 A사는 보통주 1,000주를 ₩6,000,000에 발행하고, 신주발행 직접비용 ₩100,000을 지급하였다. 당기순이익은 다음과 같다.

연도	당기순이익
20×1년	₩2,000,000
20×2년	₩2,500,000
20×3년	₩3,000,000

20×3년 동안 A사는 다음과 같은 거래를 하였다.

(1) 1월 1일: A사가 20×1년 1월 1일에 발행한 전환사채 가운데 60%가 전환되어 보통주를 교부하였다(단, A사는 상법의 전환간주일과 관계없이 전환권 행사일부터 보통주로 간주하고 있다). 20×1년 1월 1일, 다음과 같은 조건으로 A사는 전환사채를 액면발행하였다.

   • 발행 당시 동종 일반사채의 시장이자율: 12%(3년 현가: 0.7118, 3년 연금현가: 2.4018)

   • 액면금액: ₩1,000,000(표시이자율: 연 8%, 매년 말 후급)

   • 전환조건: 사채액면 ₩10,000에 대해 액면 ₩5,000짜리 보통주 1주 교부

   • 상환기일: 20×3년 12월 31일, 상환할증금: ₩90,000

   (단, A사는 전환권대가를 자본잉여금으로 분류한다)

(2) 3월 1일: 자사 보통주 1,000주를 주당 ₩7,000에 취득하였다. A사는 자기주식에 대하여 원가법을 사용하고 있다.

(3) 5월 1일: 자기주식 500주를 주당 ₩8,000에 매각하였다.

(4) 6월 1일: 시장성이 있는 주식을 ₩1,000,000에 취득하고 이를 FVOCI금융자산으로 분류하였다. 12월 말 공정가치는 ₩1,200,000이다.

(5) 12월 15일: 동 일자를 기준으로 이사회는 중간배당으로 주주들에게 최초로 주당 ₩30의 현금배당을 결의 및 지급하였다. A사는 현금배당에 대해 이익준비금을 법정 최소 비율로 적립하고 있다.

(6) 보유 중인 토지에 대해 재평가모형으로 평가하고 있다. 기말 현재 토지의 공정가치는 20×2년 중에 ₩1,500,000을 지급하고 취득한 것으로 20×2년 말 공정가치는 ₩1,800,000이었다. 20×3년 말 현재 공정가치는 ₩1,650,000으로 나타났다.

상기 자료를 이용하여 다음의 20×3년 자본변동표에 들어가야 할 빈칸(① ~ ⑩)을 완성하시오.

구분	자본금	자본잉여금	자본조정	기타포괄손익누계액	이익잉여금
20×2. 12. 31.	①	②		③	④
1. 1.의 거래		⑤			
5. 1.의 거래		⑥	⑦		
12. 15.의 거래					⑧
12. 31.의 거래				⑨	⑩
20×3. 12. 31.					

―| 풀이 |―

구분	자본금	자본잉여금	자본조정	기타포괄손익누계액	이익잉여금
20×2. 12. 31.	① 55,500,000	② 931,994		③ 300,000	④ 4,000,000
1. 1.의 거래		⑤ 326,786			
5. 1.의 거래		⑥ 500,000	⑦ 3,500,000		
12. 15.의 거래					⑧ (-)319,800
12. 31.의 거래				⑨ 50,000	⑩ 3,000,000
20×3. 12. 31.					

근거   20×2년 말 잔액

1. 자본금: 10,000주 × 5,000 + 10,000주 × 1% × 5,000(주식배당) + 1,000주 × 5,000(유상증자) = 55,500,000
2. 자본잉여금: 900,000(주식발행초과금) + 31,994[1](전환권대가) = 931,994
   1) 1,000,000 - (80,000 × 2.4018 + 1,090,000 × 0.7118) = 31,994
3. 자본조정: 0
4. 기타포괄손익누계액: 300,000(재평가잉여금)
5. 이익잉여금: 2,000,000(20×1년 당기순이익) + 2,500,000(20×2년 당기순이익) - 500,000(20×2년 주식배당) = 4,000,000

회계처리

20×3년 1월 1일	차) 전환사채	600,000	대) 전환권조정	27,214
	사채상환할증금	54,000	자본금	300,000
	전환권대가	19,196	주식발행초과금	345,982

⇒ ⑤ 자본잉여금에 미친 영향: 345,982 - 19,196 = 326,786

20×3년 5월 1일	차) 현금	4,000,000	대) 자기주식	3,500,000
			자기주식처분이익	500,000

⇒ ⑥ 자본잉여금에 미친 영향: 500,000
   ⑦ 자본조정에 미친 영향: 3,500,000

20×3년 12월 15일	차) 이익잉여금[1]	319,800	대) 현금	319,800

1) [10,000주 + 10,000주 × 1%(주식배당) + 1,000주(유상증자) + 60주(전환권 행사) - 500주(자기주식)] × @30 = 319,800
☑ 중간배당에 대한 이익준비금의 적립은 배당금 지급시점이 아닌 20×3년 초 개최될 주주총회에서 이루어진다.
⇒ ⑧ 이익잉여금에 미친 영향: (-)319,800

20×3년 12월 31일	차) FVOCI금융자산	200,000	대) FVOCI금융자산평가이익(OCI)	200,000
	차) 재평가잉여금	150,000	대) 토지	150,000
	차) 집합손익	3,000,000	대) 이익잉여금	3,000,000

⇒ ⑨ 기타포괄손익누계액에 미친 영향: 50,000
   ⑩ 이익잉여금에 미친 영향: 3,000,000

문제 12 자본 종합 (2) - Level 4

다음의 각 물음은 독립적이다.

다음 <자료>를 이용하여 물음에 답하시오.   [공인회계사 2차 2024년]

<자료 1>

• ㈜대한은 20×0년 1월 1일에 설립되었으며, ㈜대한의 보통주와 우선주는 설립과 동시에 발행되었다.

• 다음은 ㈜대한의 20×2년 1월 1일의 <부분재무상태표>이다.

<부분재무상태표>

자본금		₩6,000,000
1. 보통주자본금	₩4,000,000	
2. 우선주자본금	2,000,000	
자본잉여금		5,400,000
1. 주식발행초과금	5,000,000	
2. 감자차익	400,000	
자본조정		(1,375,000)
1. 자기주식(보통주)	(1,375,000)	
기타포괄손익누계액		4,000,000
1. 재평가잉여금	4,000,000	
이익잉여금		10,000,000
1. 이익준비금	4,000,000	
2. 미처분이익잉여금	6,000,000	
자본총계		₩24,025,000

• ㈜대한의 20×2년 1월 1일 현재 발행된 보통주는 800주이며, 1주당 발행금액은 ₩6,000이고, 1주당 액면금액은 ₩5,000이다. ㈜대한의 20×2년 1월 1일 현재 발행된 우선주는 400주이며, 1주당 액면금액은 ₩5,000이다.

• ㈜대한의 20×2년 1월 1일 현재 우선주는 한 종류만 발행되었으며 보통주 배당률은 연 4%, 우선주 배당률은 연 6%이다. 해당 누적적 우선주는 12%까지 부분참가적 우선주이다.

• ㈜대한이 20×2년 1월 1일 현재 보유하고 있는 자기주식의 수량은 250주이다. 자기주식의 취득은 원가법으로 처리하며, 자기주식의 처분 시 단가산정은 가중평균법에 의한다.

• 자본거래에서 발생한 차손은 이미 인식한 관련 자본잉여금과 우선 상계한다.

<자료 2>

- ㈜대한은 설립 이래 배당금을 지급하지 못하다가 20×1년 경영성과에 대해 20×2년 2월 15일 주주총회에서 설립 후 처음으로 현금배당 ₩500,000을 원안대로 승인하고 이를 지급하였다.

- ㈜대한은 사업확장을 위하여 20×2년 3월 1일에 보통주 300주(1주당 액면금액: ₩5,000)를 발행하고 그 대가로 공정가치가 ₩1,300,000인 토지를 취득하였다(단, 현물출자로 인한 자산의 취득원가는 해당 자산의 공정가치로 한다).

- ㈜대한은 20×2년 3월 1일 지분상품으로 분류되는 전환우선주 100주(1주당 액면금액: ₩5,000, 1주당 발행금액: ₩6,000)를 유상증자하였다. 유상증자 시 신주발행 관련 직접비용 ₩10,000이 발생하였다. 전환우선주는 발행일로부터 3개월이 경과한 후부터 보통주로 전환이 가능하며, 우선주 1주가 보통주 1.15주(1주당 액면금액: ₩5,000)로 전환되는 조건이다.

- ㈜대한이 20×2년 3월 1일 발행한 전환우선주 중 40주가 20×2년 9월 1일 보통주로 전환되었다. ㈜대한은 관련 회계처리를 대한민국의 상법 규정에 근거하여 수행하였다.

- ㈜대한은 보유하고 있는 자기주식 중 20주를 20×2년 7월 1일에 1주당 ₩6,500에 재발행하였다.

- ㈜대한은 20×2년 11월 1일 자본잉여금 ₩500,000과 이익준비금 ₩500,000을 재원으로 하여 보통주에 대한 무상증자를 실시하였다.

- ㈜대한의 20×2년도 당기순이익은 ₩1,000,000이다.

- ㈜대한은 20×2년 중에 중간배당(현금배당) ₩400,000을 지급하였으며, 20×2년 말 이사회결의 전 결산배당으로 ₩600,000(현금배당 ₩400,000과 주식배당 ₩200,000)을 책정하였다. ㈜대한의 주주총회 예정일은 20×3년 2월 15일이다.

물음 1 ㈜대한의 20×2년 말 재무상태표에 표시되는 자본금, 자본잉여금, 자본조정 및 이익잉여금의 금액을 각각 계산하시오(단, 음의 값은 금액 앞에 (-)를 표시하시오).

자본금	①
자본잉여금	②
자본조정	③
이익잉여금	④

물음 2 ㈜대한의 20×2년 2월 15일 주주총회에서 지급된 현금배당과 관련하여, ㈜대한의 우선주와 보통주에 배분되는 배당금을 각각 계산하시오(단, 답안 작성 시 원 미만은 반올림한다).

우선주에 배분되는 배당금	①
보통주에 배분되는 배당금	②

─┤ 풀이 ├─

물음 1

자본금	① 9,030,000
자본잉여금	② 4,780,000
자본조정	③ (-)1,265,000
이익잉여금	④ 9,600,000

근거

1. 일자별 회계처리

20×2년 2월 15일	차)	미처분이익잉여금	500,000	대)	현금	500,000
	☑ 이익준비금이 자본금의 1/2을 초과하므로 추가 적립은 없다.					
20×2년 3월 1일	차)	토지 주식발행초과금	1,300,000 200,000	대)	보통주자본금	1,500,000
20×2년 3월 1일	차)	현금	590,000	대)	우선주자본금 주식발행초과금	500,000 90,000
20×2년 7월 1일	차)	현금	130,000	대)	자기주식[1) 자기주식처분이익	110,000 20,000
	1) 1,375,000 × 20/250주 = 110,000					
20×2년 9월 1일	차)	우선주자본금 주식발행초과금	200,000 30,000	대)	보통주자본금[2)	230,000
	2) 40주 × 1.15주 × @5,000 = 230,000					
20×2년 11월 1일	차)	자본잉여금 이익준비금	500,000 500,000	대)	보통주자본금	1,000,000
20×2년 중	차)	미처분이익잉여금	400,000	대)	현금(중간배당)	400,000
20×2년 12월 31일	차)	집합손익	1,000,000	대)	미처분이익잉여금	1,000,000

2. 자본변동표 작성

구분	자본금	자본잉여금	자본조정	이익잉여금
20×2년 초	6,000,000	5,400,000	(-)1,375,000	10,000,000
2/15				(-)500,000
3/1	1,500,000	(-)200,000		
3/1	500,000	90,000		
7/1		20,000	110,000	
9/1	30,000	(-)30,000		
11/1	1,000,000	(-)500,000		(-)500,000
중간배당				(-)400,000
당기순이익				1,000,000
합계	9,030,000	4,780,000	(-)1,265,000	9,600,000

우선주에 배분되는 배당금	① 303,158
보통주에 배분되는 배당금	② 196,842

근거

구분	우선주에 배분되는 배당금	보통주에 배분되는 배당금
전기이전분	2,000,000 × 6% × 1 = 120,000	-
당기분	2,000,000 × 6% × 1 = 120,000	(800 - 자기주식 250)주 × @5,000 × 4% = 110,000
잔여분	63,158[1]	×××
합계	303,158	500,000 - 303,158 = 196,842

1) Min[①, ②] = 63,158

   ① 2,000,000 × (12% - 6%) = 120,000

   ② (500,000 - 120,000 - 120,000 - 110,000) × 2,000,000/(2,000,000 + 2,750,000) = 63,158

문제 13 자본 종합 (3) - Level 4

다음은 12월 말 결산법인인 ㈜하늘의 20×0년 말 부분재무상태표이다.

부분재무상태표		
자본금		₩5,500,000
보통주자본금(액면금액 ₩5,000)	5,000,000	
우선주자본금(액면금액 ₩5,000)	500,000	
자본잉여금		₩2,570,000
보통주주식발행초과금	2,500,000	
감자차익	40,000	
자기주식처분이익	30,000	
자본조정		₩(-)132,500
주식선택권	67,500	
자기주식(보통주, 50주)	(-)200,000	
기타포괄손익		₩175,000
FVOCI금융자산평가이익	150,000	
토지 재평가잉여금	25,000	
이익잉여금		₩7,500,000
이익준비금	500,000	
임의적립금	3,000,000	
미처분이익잉여금	4,000,000	

아래의 물음에 답하시오(단, 각각의 거래는 모두 독립적이다).

물음 1　㈜하늘은 20×1년 2월 10일 주주총회에서 다음과 같은 내용을 승인하고, 지급하였다.

> (1) 보통주에 주당 10%, 우선주에 주당 5%의 현금배당을 지급하기로 결정하였다. (단, 이익준비금은 상법의 규정에 따라 최소한으로 적립한다)
>
> (2) 임의적립금의 이입 ₩100,000, 임의적립금의 적립 ₩250,000

동 거래로 인하여 20×1년 ㈜포도의 재무제표에 영향을 미치는 아래의 금액을 계산하시오(단, 감소의 경우 '-'로 표시하고 해당사항이 없으면 '없음'으로 표시한다).

자본총계에 미치는 영향	①
이익잉여금에 미치는 영향	②
미처분이익잉여금에 미치는 영향	③

물음 2 ㈜하늘은 20×1년 4월 1일에 자기주식 100주를 주당 ₩5,500에 구입하였다. 그리고 5월 1일에 100주를 주당 ₩4,000에 매각하였고, 9월 13일에 30주를 소각하였다. ㈜하늘은 자기주식의 단위원가를 선입선출법을 적용하여 결정하고 있다. 자기주식의 매각과 소각거래로 인하여 20×1년 ㈜포도의 재무제표에 영향을 미치는 아래의 금액을 계산하시오(단, 감소의 경우 '-'로 표시하고 해당사항이 없으면 '없음'으로 표시한다).

자본잉여금에 미치는 영향	①
자본조정에 미치는 영향	②

물음 3 ㈜하늘은 20×1년 2월 10일 실시한 주주총회에서 20×0년 말 유통 중인 보통주를 대상으로 10%의 주식배당을 실시하였으며 즉시 지급하였다. 또한, 20×1년 5월 1일에 유통 중인 보통주를 대상으로 주당 ₩200의 중간배당을 지급하였다(단, 이익준비금은 상법의 규정에 따라 최소한으로 적립한다). 동 주식배당과 중간배당으로 인하여 20×1년 ㈜포도의 재무제표에 영향을 미치는 아래의 금액을 계산하시오(단, 감소의 경우 '-'로 표시하고 해당사항이 없으면 '없음'으로 표시한다).

자본금 증가액	①
중간배당 지급액	②
미처분이익잉여금에 미치는 영향	③

물음 4 20×1년 초에 ㈜하늘이 보유하고 있던 FVOCI금융자산은 지분상품으로 현재 장부금액은 ₩200,000이다. 이 중 절반을 20×1년 8월 1일에 처분하여 평가이익 ₩12,500을 인식하였고 처분에 따른 평가이익은 이익잉여금으로 대체하지 않았다. 또한 20×1년 말 현재 회사가 보유하고 있는 FVOCI금융자산의 공정가치는 ₩20,000 상승하였다. 20×1년 9월 1일에 재평가모형을 적용하는 토지는 처분하여 처분이익 ₩30,000을 인식하였으며, 재평가잉여금은 전액 이익잉여금으로 대체하였다. 동 거래로 인하여 20×1년 ㈜포도의 재무제표에 영향을 미치는 아래의 금액을 계산하시오(단, 감소의 경우 '-'로 표시하고 해당 사항이 없으면 '없음'으로 표시한다).

당기순이익에 미치는 영향	①
포괄손익계산서상의 기타포괄손익에 미치는 영향	②
이익잉여금에 미치는 영향	③

풀이

물음 1

자본총계에 미치는 영향	① (-)500,000
이익잉여금에 미치는 영향	② (-)500,000
미처분이익잉여금에 미치는 영향	③ (-)700,000

근거

① 자본총계에 미치는 영향: (-)500,000(현금 감소액)

② 이익잉여금에 미치는 영향: (-)500,000(현금 감소액)

③ 미처분이익잉여금에 미치는 영향: (550,000) + 100,000 - 250,000 = (-)700,000

회계처리

20×1년 2월 10일	차) 미처분이익잉여금	550,000	대) 현금[1]			500,000
			이익준비금[2]			50,000
	차) 임의적립금	100,000	대) 미처분이익잉여금			100,000
	차) 미처분이익잉여금	250,000	대) 임의적립금			250,000

1) (1,000주 - 50주) × @5,000 × 10% + 100주 × @5,000 × 5% = 500,000
2) 500,000 × 10% = 50,000(보통주와 우선주 현금배당액 모두 이익준비금 적립대상이다)

물음 2

자본잉여금에 미치는 영향	① (-)45,000
자본조정에 미치는 영향	② 595,000

근거

① 자본잉여금에 미치는 영향: (30,000) - 15,000 = (-)45,000

② 자본조정에 미치는 영향: 475,000 - 45,000 + 165,000 = 595,000

회계처리

20×1년 5월 1일	차) 현금	400,000	대) 자기주식[1]		475,000
	자기주식처분이익	30,000			
	자기주식처분손실	45,000			
	1) 200,000(50주 기초보유분) + 50주 × 5,500 = 475,000				
20×1년 9월 13일	차) 자본금	150,000	대) 자기주식[2]		165,000
	감자차익	15,000			
	2) 30주 × 5,500 = 165,000				

물음 3

자본금 증가액	① 475,000
중간배당 지급액	② 209,000
미처분이익잉여금에 미치는 영향	③ (-)684,000

회계처리

20×1년 2월 10일	차) 미처분이익잉여금	475,000	대) 자본금[1]		475,000
	1) (1,000주 - 50주) × @5,000 × 10% = 475,000(주식배당은 이익준비금을 적립하지 않는다)				
20×1년 5월 1일	차) 미처분이익잉여금	209,000	대) 현금[2]		209,000
	2) (1,000주 - 50주 + 95주) × @200 = 209,000(중간배당의 이익준비금 적립은 다음연도 주주총회에서 이행한다)				

물음 4

당기순이익에 미치는 영향	① 30,000
포괄손익계산서상의 기타포괄손익에 미치는 영향	② 32,500
이익잉여금에 미치는 영향	③ 55,000

근거

② 포괄손익계산서상의 기타포괄손익에 미치는 영향: 12,500 + 20,000 = 32,500
  ☑ 재평가잉여금이 이익잉여금으로 대체된 금액은 포괄손익계산서의 기타포괄손익 변동액에는 포함되지 않는다.

③ 이익잉여금에 미치는 영향: 30,000 + 25,000(재평가잉여금 이익잉여금 대체분) = 55,000

FVOCI금융자산 회계처리

20×1년 8월 1일	차)	FVOCI금융자산	12,500	대)	FVOCI금융자산평가이익	12,500
	차)	현금	112,500	대)	FVOCI금융자산	112,500
20×1년 12월 31일	차)	FVOCI금융자산	20,000	대)	FVOCI금융자산평가이익	20,000

토지 회계처리

20×1년 9월 1일	차)	현금	FV + 30,000	대)	토지	FV
					처분이익	30,000
	차)	재평가잉여금	25,000	대)	미처분이익잉여금	25,000

문제 14 | 자본 종합 (4) 자본거래, 전환우선주, 상환우선주, 이익배당우선주 – Level 4

다음의 각 물음은 독립적이다. 다음은 ㈜대한의 자료이고, 각 물음에 답하시오.

[공인회계사 2차 2022년]

<공통 자료>

(1) 다음은 20×4년 1월 1일 ㈜대한의 부분재무상태표이다.

부분재무상태표

자본금		₩6,000,000
1. 보통주자본금	₩4,000,000	
2. 우선주자본금	2,000,000	
자본잉여금		9,800,000
1. 주식발행초과금	6,800,000	
2. 감자차익	3,000,000	
자본조정		(1,000,000)
1. 자기주식(보통주)	(1,000,000)	
기타포괄손익누계액		4,000,000
1. 재평가잉여금	4,000,000	
이익잉여금		8,000,000
1. 이익준비금	3,000,000	
2. 미처분이익잉여금	5,000,000	
자본총계		₩26,800,000

(2) 20×4년 1월 1일 자본의 구성항목은 다음과 같다.

- 20×4년 1월 1일 현재 발행된 보통주(주당 액면금액: ₩5,000, 주당 발행금액: ₩10,000)는 800주이고, 우선주(주당 액면금액: ₩5,000, 주당 발행금액: ₩12,000)는 400주이다.

- 우선주는 20×4년 1월 1일 현재 한 종류만 발행되었으며, 우선주는 누적적 우선주로 10%까지 부분참가적 우선주이다.

- 보통주배당률은 연 3%이고, 우선주배당률은 연 4%이다.

- ㈜대한이 20×4년 1월 1일 현재 보유하고 있는 자기주식의 수량은 100주이다.

물음 1 <공통 자료>와 <추가 자료 1>을 활용하여 물음에 답하시오.

<추가 자료 1>

(1) ㈜대한은 자본금을 확충하기 위하여 20×4년 2월 1일에 주식발행초과금을 재원으로 하여 현재 유통 중인 보통주를 대상으로 20%의 무상증자를 실시하였다.

(2) ㈜대한은 유상증자로 보통주 신주(주당 액면금액: ₩5,000, 주당 신주발행금액: ₩12,000) 105주를 발행하기로 하고, 20×4년 2월 15일에 청약증거금 ₩250,000을 수령하였다. 20×4년 4월 1일 신주발행 관련 직접비용 ₩200,000을 현금지급하고 나머지 유상증자대금을 전액 납입받아 유상증자를 완료하였다.

(3) ㈜대한은 재무전략의 일환으로 20×4년 9월 1일에 보통주 200주(주당 액면금액: ₩5,000)를 발행하고 그 대가로 공정가치가 ₩1,200,000인 토지를 취득하였다(단, 현물출자로 인한 자산의 취득원가는 해당 자산의 공정가치로 한다).

(4) ㈜대한의 20×4년 당기순이익은 ₩1,500,000이다. ㈜대한은 20×4년 경영성과에 대해서 20×5년 2월 15일 주주총회에서 20×4년도 재무제표에 대한 결산승인을 수행하였으며 현금배당(₩500,000), 이익준비금 적립(₩500,000)을 원안대로 승인하고 이를 지급하였다.

㈜대한의 20×4년 말 재무상태표에 표시되는 자본금, 자본잉여금 그리고 이익잉여금의 금액을 각각 계산하시오.

자본금	①
자본잉여금	②
이익잉여금	③

물음 2 <공통 자료>와 <추가 자료 2>를 활용하여 다음의 <요구사항>에 답하시오(단, 회계처리는 대한민국의 상법 규정에 근거하여 수행하였다).

<추가 자료 2>

(1) ㈜대한은 20×4년 3월 1일 지분상품으로 분류되는 전환우선주 100주(주당 액면금액: ₩5,000, 주당 발행금액: ₩12,000)를 유상증자하였다. 유상증자 시 신주발행 관련 직접비용 ₩10,000이 발생하였다. 전환우선주는 발행일로부터 3개월이 경과한 후부터 보통주로 전환이 가능하며, 우선주 1주가 보통주 1.4주(주당 액면금액: ₩5,000)로 전환되는 조건이다.

(2) ㈜대한이 20×4년 3월 1일 발행한 전환우선주 중 40주가 20×4년 9월 1일 보통주로 전환되었다.

(3) ㈜대한은 20×4년 4월 1일에 지분상품으로 분류되는 상환우선주 100주(주당 액면금액: ₩5,000)를 주당 ₩12,500에 발행하였다.

(4) 20×4년 6월 1일에 지분상품으로 분류되는 상환우선주 100주를 주당 ₩13,000에 취득하였다.

(5) 20×4년 8월 1일에 20×4년 6월 1일에 취득한 상환우선주를 소각하였다. ㈜대한은 상환우선주의 상환을 위하여 별도의 임의적립금을 적립하지 않았다.

<요구사항 1>
㈜대한의 20×4년 9월 1일 전환우선주 전환과 관련된 회계처리를 수행하시오.

<요구사항 2>
㈜대한의 20×4년 말 재무상태표에 표시되는 자본금과 자본잉여금의 금액을 각각 계산하시오.

자본금	①
자본잉여금	②

물음 3 ㈜대한은 20×1년 1월 1일 설립되었으며, ㈜대한의 보통주와 우선주는 설립과 동시에 발행되었다. ㈜대한은 설립 이래 배당금을 지급하지 못하다가 처음으로 20×4년 4월 1일에 20×3년 12월 31일을 기준으로 하는 ₩500,000의 현금배당을 선언하였다. ㈜대한의 우선주와 보통주에 배분되는 배당금을 각각 계산하시오(단, 답안 작성 시 원 이하는 반올림한다).

우선주에 배분되는 배당금	①
보통주에 배분되는 배당금	②

물음 1

자본금	① 8,225,000
자본잉여금	② 9,835,000
이익잉여금	③ 9,500,000

근거

① 자본금: 6,000,000 + 700,000 + 525,000 + 1,000,000 = 8,225,000

② 자본잉여금: 9,800,000 - 700,000 + 535,000 + 200,000 = 9,835,000

③ 이익잉여금: 8,000,000 + 1,500,000 = 9,500,000

회계처리

20×4년 2월 1일	차)	주식발행초과금[1]	700,000	대)	보통주자본금	700,000
	1) (800 - 자기주식 100)주 × 20% × @5,000 = 700,000					
20×4년 2월 15일	차)	현금	250,000	대)	신주청약증거금	250,000
20×4년 4월 1일	차)	신주청약증거금	250,000	대)	보통주자본금	525,000
		현금[2]	1,010,000		주식발행초과금	735,000
	차)	주식발행초과금	200,000	대)	현금	200,000
	2) 105주 × 12,000 - 250,000 = 1,010,000					
20×4년 9월 1일	차)	토지	1,200,000	대)	보통주자본금	1,000,000
					주식발행초과금	200,000
20×4년 12월 31일	차)	집합손익	1,500,000	대)	미처분이익잉여금	1,500,000

물음 2 <요구사항 1>

회계처리

20×4년 9월 1일	차) 우선주자본금[1]	200,000	대) 보통주자본금[2]	280,000
	주식발행초과금	80,000		

1) 40주 × @5,000 = 200,000
2) 40주 × 1.4 × @5,000 = 280,000

<요구사항 2>

자본금	① 7,080,000
자본잉여금	② 11,160,000

근거

① 자본금: 6,000,000 + 500,000 - 200,000 + 280,000 + 500,000 = 7,080,000
② 자본잉여금: 9,800,000 + 690,000 - 80,000 + 750,000 = 11,160,000

(1) 전환우선주의 일자별 회계처리

20×4년 3월 1일	차) 현금	1,200,000	대) 우선주자본금	500,000
			주식발행초과금	700,000
	차) 주식발행초과금	10,000	대) 현금	10,000
20×4년 9월 1일	차) 우선주자본금	200,000	대) 보통주자본금	280,000
	주식발행초과금	80,000		

(2) 상환우선주의 일자별 회계처리

20×4년 4월 1일	차) 현금	1,250,000	대) 우선주자본금	500,000
			주식발행초과금	750,000
20×4년 6월 1일	차) 자기주식	1,300,000	대) 현금	1,300,000
20×4년 8월 1일	차) 미처분이익잉여금	1,300,000	대) 자기주식	1,300,000

☑ 우리나라 상법 제345조에서는 회사는 정관으로 정하는 바에 따라 회사의 이익으로써 소각할 수 있는 종류주식(상환우선주)을 발행할 수 있다고 규정하고 있다. 따라서 상환우선주를 상환할 때 미처분이익잉여금이 감소한다.

물음 3

우선주에 배분되는 배당금	① 296,364
보통주에 배분되는 배당금	② 203,636

근거

	우선주		보통주	
누적분	2,000,000 × 4% × 2 =	160,000		–
당기분	2,000,000 × 4% =	80,000	(800 - 100)주 × @5,000 × 3% =	105,000
	Min[A, B] =	56,364		
잔여분	A: 2,000,000 × (10% - 4%)			–
	B: (500,000 - 345,000) × 2,000,000/5,500,000			
합계		① 296,364	500,000 - 296,364 =	② 203,636

다음의 각 물음은 독립적이다.

[공인회계사 2차 2023년]

다음의 <자료 1>을 이용하여 물음 1 부터 물음 3 까지 답하시오.

<자료 1>

(1) ㈜대한은 20×1년 1월 1일에 설립되었으며, 보통주와 우선주는 설립과 동시에 발행되었다.

(2) 다음은 ㈜대한의 20×2년 1월 1일의 <부분재무상태표>이다.

<부분재무상태표> (단위: ₩)

Ⅰ. 자본금		6,000,000
1. 보통주자본금	4,000,000	
2. 우선주자본금	2,000,000	
Ⅱ. 자본잉여금		20,500,000
1. 주식발행초과금	20,000,000	
2. 감자차익	500,000	
Ⅲ. 자본조정		(-)1,000,000
1. 자기주식(보통주)	(-)1,000,000	
Ⅳ. 기타포괄손익누계액		2,000,000
1. 재평가잉여금	2,000,000	
Ⅴ. 이익잉여금		9,000,000
1. 이익준비금	3,000,000	
2. 임의적립금	2,000,000	
3. 미처분이익잉여금	4,000,000	
자본 총계		36,500,000

(3) ㈜대한의 20×2년 1월 1일 현재 발행된 보통주는 8,000주이며, 주당 발행금액은 ₩2,000이고, 주당 액면금액은 ₩500이다. ㈜대한의 20×2년 1월 1일 현재 발행된 우선주는 4,000주이며, 주당 액면금액은 ₩500이다.

(4) 우선주는 한 종류만 발행되었으며 보통주 배당률은 연 4%, 우선주 배당률은 연 6%이다.

(5) ㈜대한이 20×2년 1월 1일 현재 보유하고 있는 자기주식의 수량은 1,000주이다. 자기주식의 취득은 원가법으로 처리하며, 자기주식의 처분 시 단가산정은 가중평균법에 의한다.

(6) ㈜대한의 20×2년 매출액은 ₩100,320,000이고, 당기순이익은 ₩1,950,000이다.

물음 1 ㈜대한은 설립 이래 처음으로 20×3년 3월 말에 20×2년 말을 기준일로 하는 ₩500,000의 현금배당을 선언하였다. 아래의 각 사례에 대응하여 ㈜대한의 우선주와 보통주에 각각 배분되는 배당금을 계산하시오. 단, 답안 작성 시 원 이하는 반올림한다.

사례	우선주금액	보통주금액
(사례 1) 우선주는 누적적 우선주로 완전참가적 우선주	①	②
(사례 2) 우선주는 누적적 우선주로 7.5%까지 부분참가적 우선주	③	④

물음 2 ㈜대한은 공장을 증설하기 위하여 20×2년 12월 말에 ㈜민국으로부터 공정가치가 ₩1,550,000인 공장부지를 취득하고 보통주 3,500주를 발행하여 지급하였다. 또한 ㈜대한은 20×2년 12월 말에 주식발행초과금을 재원으로 보통주 200주를 무상증자하였다.

<요구사항 1>
상기의 보통주 신주 발행 및 무상증자 직후 20×2년 12월 말 ㈜대한의 보통주자본금과 자본잉여금을 각각 계산하시오.

보통주자본금	①
자본잉여금	②

<요구사항 2>
㈜대한의 20×2년 말의 부채비율이 120%라고 할 때, ㈜대한의 20×2년 기말 총자산회전율을 계산하시오. 단, 총자산회전율은 [(매출액/기말자산) × 100], 부채비율은 [(기말부채/기말자본) × 100]을 사용하며, 계산 결과(%)는 소수점 첫째 자리에서 반올림한다(예 53.2%는 53%로 계산).

기말 총자산회전율	①

물음 3 상환우선주에 대해서 ① 주주가 상환권을 갖는 경우와 ② 발행회사가 상환권을 갖는 경우에 대해 한국채택국제회계기준상의 분류 측면에서 이를 각각 서술하시오.

물음 1

사례	우선주금액	보통주금액
(사례 1) 우선주는 누적적 우선주로 완전참가적 우선주	① 283,636	② 216,364
(사례 2) 우선주는 누적적 우선주로 7.5%까지 부분참가적 우선주	③ 270,000	④ 230,000

근거

1. 사례 1: 누적적 + 완전참가적

구분	우선주	보통주
당기 이전분(20×1년)	2,000,000 × 6% × 1년 = 120,000	-
당기분	2,000,000 × 6% × 1년 = 120,000	(8,000 - 1,000[1])주 × @500 × 4% = 140,000
잔여분	43,636[2]	×××
합계	① 283,636	500,000 - 283,636 = ② 216,364

1) 자기주식 1,000주는 배당대상에서 제외한다.
2) (500,000 - 120,000 - 120,000 - 140,000) × 2,000,000/[2,000,000 + (8,000 - 1,000)주 × @500] = 43,636

2. 사례 2: 누적적 + 부분참가적

구분	우선주	보통주
당기 이전분(20×1년)	2,000,000 × 6% × 1년 = 120,000	-
당기분	2,000,000 × 6% × 1년 = 120,000	(8,000 - 1,000)주 × @500 × 4% = 140,000
잔여분	30,000[3]	×××
합계	③ 270,000	500,000 - 270,000 = ④ 230,000

3) Min(①, ②) = 30,000
　① (500,000 - 120,000 - 120,000 - 140,000) × 2,000,000/[2,000,000 + (8,000 - 1,000)주 × @500] = 43,636
　② 2,000,000 × (7.5% - 6%) = 30,000

물음 2 <요구사항 1>

보통주자본금	① 5,850,000
자본잉여금	② 20,200,000

근거

회계처리

20×2년 말	차)	토지	1,550,000	대)	자본금[1]	1,750,000
		주식발행초과금	200,000			
	차)	주식발행초과금[2]	100,000	대)	자본금	100,000

1) 3,500주 × @500 = 1,750,000
2) 200주 × @500 = 100,000

① 20×2년 말 보통주자본금: 4,000,000 + 1,750,000 + 100,000 = 5,850,000

② 20×2년 말 자본잉여금: 20,500,000 - 200,000 - 100,000 = 20,200,000

<요구사항 2>

기말 총자산회전율	① 114%

근거

1. 20×2년 말 자본총계: 36,500,000 + 1,550,000(현물출자) + 1,950,000(당기순이익) = 40,000,000
   ☑ 무상증자는 자본총계에 영향을 미치지 않는다.

2. 20×2년 말 부채총계: 120% × 40,000,000 = 48,000,000

3. 20×2년 말 자산총계: 48,000,000 + 40,000,000 = 88,000,000

4. 20×2년 말 총자산회전율: 100,320,000 ÷ 88,000,000 = 114%

물음 3 ① 주주가 상환권을 갖는 경우: 부채로 분류한다.
② 발행회사가 상환권을 갖는 경우: 자본으로 분류한다.

제 7 장

금융자산

해커스 IFRS 정윤돈 재무회계연습

문제 1 FVPL금융자산(지분상품)과 FVOCI금융자산(지분상품)의 비교 (1) - Level 2

A사는 20×1년 8월 1일에 ㈜하늘의 주식 100주를 주당 ₩2,000에 취득하였으며, 취득과정에 ₩1,000의 수수료를 지출하였다. A사는 20×2년 5월 1일에 ㈜하늘의 주식 40주를 주당 ₩2,500에 매각하였으며, 수수료 ₩500을 지출하였다. ㈜하늘 주식의 20×1년 말과 20×2년 말 현재 주당 공정가치는 각각 ₩2,200과 ₩2,000이다.

물음 1 A사가 ㈜하늘의 주식을 취득일에 FVPL금융자산으로 분류한 경우와 FVOCI금융자산으로 분류한 경우 20×1년도 재무제표에 반영될 금액을 구하시오(단, 금액이 없으면 '0'으로 표시하고, 금액이 손실이면 금액 앞에 (-)표시를 하시오).

구분	FVPL금융자산으로 분류	FVOCI금융자산으로 분류
당기손익에 미치는 영향	①	③
재무상태표상 기타포괄손익	②	④

물음 2 A사가 ㈜하늘의 주식을 취득일에 FVPL금융자산으로 분류한 경우와 FVOCI금융자산으로 분류한 경우 20×2년도 재무제표에 반영될 금액을 구하시오(단, 금액이 없으면 '0'으로 표시하고, 금액이 손실이면 금액 앞에 (-)표시를 하시오. 또한 FVOCI금융자산으로 분류한 경우 처분시점에 평가손익을 이익잉여금으로 대체하지 않는다).

구분	FVPL금융자산으로 분류	FVOCI금융자산으로 분류
당기손익에 미치는 영향	①	③
재무상태표상 기타포괄손익	②	④

물음 1

구분	FVPL금융자산으로 분류	FVOCI금융자산으로 분류
당기손익에 미치는 영향	① 19,000	③ 0
재무상태표상 기타포괄손익	② 0	④ 19,000

근거

1. FVPL금융자산으로 분류
   ① 당기손익에 미치는 영향: 19,000
      • 취득시점의 수수료비용: (-)1,000
      • 기말평가이익: (2,200 - 2,000) × 100주 = 20,000
   ② 재무상태표상 기타포괄손익: 해당사항 없음
2. FVOCI금융자산으로 분류
   ③ 당기손익에 미치는 영향: 해당사항 없음
   ④ 재무상태표상 기타포괄손익: 2,200 × 100주 - (2,000 × 100주 + 1,000) = 19,000

(1) FVPL금융자산으로 분류 시 회계처리

20×1년 8월 1일	차) FVPL금융자산	200,000	대) 현금	200,000
	차) 수수료	1,000	대) 현금	1,000
20×1년 12월 31일	차) FVPL금융자산	20,000	대) FVPL금융자산평가이익	20,000

(2) FVOCI금융자산으로 분류 시 회계처리

20×1년 8월 1일	차) FVOCI금융자산	201,000	대) 현금	201,000
20×1년 12월 31일	차) FVOCI금융자산	19,000	대) FVOCI금융자산평가이익	19,000

물음 2	구분	FVPL금융자산으로 분류	FVOCI금융자산으로 분류
	당기손익에 미치는 영향	① (-)500	③ (-)500
	재무상태표상 기타포괄손익	② 0	④ 19,000

근거

1. **FVPL금융자산으로 분류**
   ① 당기손익에 미친 영향: (-)500
   - 처분이익: (2,500 × 40주 - 500) - 2,200 × 40주 = 11,500
   - 평가손실: 2,000 × 60주 - 2,200 × 60주 = (-)12,000
   ② 재무상태표상 기타포괄손익: 해당사항 없음

2. **FVOCI금융자산으로 분류**
   ③ 당기손익에 미친 영향: 처분 시 수수료비용 (-)500
   ④ 재무상태표상 기타포괄손익: 19,000
   - 처분한 40주: 2,500 × 40주 - 2,010 × 40주 = 19,600
   - 보유 중인 60주: 2,000 × 60주 - 2,010 × 60주 = (-)600

(1) FVPL금융자산으로 분류 시 회계처리

20×2년 5월 1일	차) 현금	99,500	대) FVPL금융자산	88,000
			처분이익	11,500
20×2년 12월 31일	차) FVPL금융자산평가손실	12,000	대) FVPL금융자산	12,000

(2) FVOCI금융자산으로 분류 시 회계처리

20×2년 5월 1일	차) FVOCI금융자산	12,000	대) FVOCI금융자산평가이익	12,000
	차) 현금	99,500	대) FVOCI금융자산	100,000
	처분손실	500		
20×2년 12월 31일	차) FVOCI금융자산평가이익	12,000	대) FVOCI금융자산	12,000

문제 2 FVPL금융자산(지분상품)과 FVOCI금융자산(지분상품)의 비교 (2) - Level 3

아래는 12월 말 결산법인인 C사가 거래한 D사 주식과 관련된 내용들이다. 이들 자료를 이용하여 물음에 답하시오.

(1) 20×1년 10월 1일 D사 주식 100주를 주당 ₩5,000에 취득하고 증권회사 수수료로 주당 ₩50을 지급하였다. 취득일 현재 D사 주식의 주당 공정가치는 ₩4,900이다.

(2) 20×1년 말 현재 D사 주식의 주당 공정가치는 ₩4,700이다.

(3) 20×2년 7월 1일 C사는 D사 주식 40주를 주당 ₩5,200에 처분하였으며, 처분 시 거래원가는 주당 ₩50이다.

(4) 20×2년 말 현재 D사 주식의 주당 공정가치는 ₩5,400이다

물음 1 D사 주식을 FVPL금융자산으로 분류하였다고 할 경우 C사가 ① 20×1년 인식할 평가손익과 ② 20×2년도에 인식할 처분손익, ③ 20×2년에 인식할 평가손익은 각각 얼마인가?

물음 2 D사 주식을 FVOCI금융자산으로 분류할 경우 C사가 ① 20×1년 포괄손익계산서에 인식할 기타포괄손익, ② 20×2년도에 인식할 처분손익은 각각 얼마인가? (단, 처분 시 평가이익을 이익잉여금으로 대체하지 않는다)

물음 3 D사 주식을 FVOCI금융자산으로 분류할 경우 C사가 20×2년 포괄손익계산서에 인식할 기타포괄손익은 얼마인가? (단, 처분 시 평가이익을 이익잉여금으로 대체하지 않는다)

물음 1 ① 20×1년 말 공정가치 평가로 인식할 평가손실: @(4,700 - 4,900) × 100주 = (-)20,000

☑ 취득 시 수수료는 비용처리, 취득 시 취득원가는 취득시점의 공정가치

② 20×2년 처분이익: 18,000

회계처리

20×2년	차) 현금	@(5,200 - 50) × 40주	대) FVPL금융자산	@4,700 × 40주
			처분이익(대차차액)	18,000

③ 20×2년 평가이익: @(5,400 - 4,700) × 60주 = 42,000

물음 2 ① 20×1년 포괄손익계산서에 인식할 기타포괄손익: @(4,700 - 4,950) × 100주 = (-)25,000

☑ 취득 시 수수료는 취득원가에 가산, 취득 시 취득원가는 취득시점의 공정가치

② 20×2년 처분손익: @50 × 40주 = (-)2,000

회계처리

20×2년	차) FVOCI금융자산	@(5,200 - 4,700) × 40주	대) 평가손실(OCI)	@250 × 40주
			평가이익(OCI)	10,000
	차) 현금	@(5,200 - 50) × 40주	대) FVOCI금융자산	@5,200 × 40주
	처분손실	@50 × 40주 = 2,000		

☑ FVOCI금융자산으로 분류된 지분상품은 처분 시 평가손익을 재분류조정하지 않는다.

물음 3 (1) 20×2년 말 B/S상 평가이익: 37,000

1) 처분: 40주 × @(5,200 - 4,950) = 10,000

2) 미처분: 60주 × @(5,400 - 4,950) = 27,000

(2) 20×2년 포괄손익계산서에 인식할 기타포괄손익: 37,000 - (-)25,000[1] = 62,000

1) 20×1년 평가손실

| 문제 3 | FVPL금융자산(지분상품)과 FVOCI금융자산(지분상품)의 비교 (3) - Level 4 |

각 물음은 서로 독립적이다.

12월 말 결산법인인 ㈜현주는 20×1년 초에 설립되었고, 20×1년 A사 지분상품에 대한 취득과 처분상황은 아래와 같다(단, 주식 평가는 이동평균법에 따른다).

일자	구분	취득 시 주당 공정가치	거래원가(거래 전체)
2월	10주 취득	₩1,000	₩1,000
5월	10주 취득	₩1,200	₩1,000
8월	10주 처분	₩1,300	₩1,000
9월	10주 취득	₩1,400	₩1,000

각 연도별 A사 주식의 1주당 공정가치는 다음과 같다(단, 20×1년 이후 취득과 처분은 없었다).

구분	주당 공정가치
20×1년 말	₩1,200
20×2년 말	₩800
20×3년 말	₩1,100

물음 1 ㈜현주가 A사 주식을 취득시점에 FVPL금융자산으로 분류하였을 때, 아래의 물음에 답하시오.

물음 1-1 동 거래와 관련하여 ㈜현주가 20×1년에 인식할 금융자산처분손익은 얼마인가?

물음 1-2 동 거래가 ㈜현주의 20×1년 당기손익에 미치는 영향은 얼마인가?

물음 1-3 20×2년 말 ㈜현주가 재무상태표에 인식할 FVPL금융자산의 장부금액과 20×2년 포괄손익계산서에 인식할 금융자산평가손익은 얼마인가?

물음 1-4 20×3년 초 A사는 현금배당 5%와 무상증자 10%를 결의하였으며, ㈜현주는 동 배당을 받을 권리가 있고, 20×3년 1월 10일 현금배당과 무상주를 수령하였다. 동 거래와 관련된 회계처리를 보이시오(단, A사의 1주당 액면금액은 ₩500이다).

물음 1-5 위의 **물음 1-4**에 이어서 20×3년 말 ㈜현주가 재무상태표에 인식할 FVPL금융자산의 장부금액과 20×3년 포괄손익계산서에 인식할 금융자산평가손익은 얼마인가?

물음 2 ㈜현주가 A사 주식에 대하여 취득시점에 FVOCI금융자산으로 분류하였을 때, 아래의 물음에 답하시오.

물음 2-1 동 거래와 관련하여 ㈜현주가 20×1년에 인식할 금융자산처분손익은 얼마인가? (단, 처분 시 평가이익은 이익잉여금으로 대체한다)

물음 2-2 동 거래가 ㈜현주의 20×1년 당기손익과 기타포괄손익에 미치는 영향은 얼마인가?

물음 2-3 20×2년 말 ㈜현주가 재무상태표에 인식할 금융자산평가손익과 20×2년 포괄손익계산서에 인식할 금융자산평가손익은 얼마인가?

─┤ 풀이 ├─

물음 1 **물음 1-1** 금융자산처분이익: 12,000 - 11,000 = 1,000

(1) 처분가: 1,300 × 10주 - 1,000 = 12,000

(2) 장부금액: (1,000 × 10주 + 1,200 × 10주) × 10/20주 = 11,000

물음 1-2 당기손익에 미치는 영향: (3,000) + 1,000 + (1,000) = (-)3,000

(1) 취득 시 수수료: 2월(1,000) + 5월(1,000) + 9월(1,000) = (-)3,000

(2) 처분이익: 1,000

(3) 평가손실: 1,200 × 20주 - (1,100주 × 10주 + 1,400 × 10주) = (-)1,000

[20×1년 말 B/S]

	B/S	
FVPL금융자산	기말 FV 24,000	

회계처리

20×1년 2월	차)	FVPL금융자산 수수료비용(N/I)	10,000 1,000	대)	현금	11,000
20×1년 5월	차)	FVPL금융자산 수수료비용(N/I)	12,000 1,000	대)	현금	13,000
20×1년 8월	차)	현금	12,000	대)	FVPL금융자산 금융자산처분이익(N/I)	11,000 1,000
20×1년 9월	차)	FVPL금융자산 수수료비용(N/I)	14,000 1,000	대)	현금	15,000
20×1년 말	차)	금융자산평가손실(N/I)	1,000	대)	FVPL금융자산	1,000

물음 1-3 (1) 20×2년 말 장부금액: 800 × 20주 = 16,000

(2) 20×2년 금융자산평가손실: (800 - 1,200) × 20주 = (-)8,000

[20×2년 말 B/S]

	B/S	
FVPL금융자산	기말 FV 16,000	

회계처리

20×2년 말	차)	금융자산평가손실(N/I)	8,000	대)	FVPL금융자산	8,000

물음 1-4 **회계처리**

20×3년 초	차)	미수배당금	500	대)	배당금수익(N/I)[1]	500
	1) 20주 × 500 × 5% = 500					
20×3년 1월 10일	차)	현금	500	대)	미수배당금	500

☑ 무상증자 10%는 주식수의 변동만 가져오지 순자산의 변동이 없으므로 회계처리하지 않는다.

물음 1-5   (1) 20×3년 말 장부금액: 1,100 × (20 × (1 + 10%))주 = 24,200

(2) 20×3년 금융자산평가이익: 24,200 - 16,000 = 8,200

[20×3년 말 B/S]

B/S		
FVPL금융자산	기말 FV 24,000	

회계처리

20×2년 말	차) FVPL금융자산	8,200	대) 금융자산평가이익(N/I)	8,200

물음 2   **물음 2-1**   금융자산처분손실: (1,300 × 10주 - 1,000) - 1,300 × 10주 = (-)1,000

물음 2-2   (1) 당기손익에 미치는 영향: (-)1,000

(2) 기타포괄손익에 미치는 영향: 1,000 - 3,000 = (-)2,000

회계처리

20×1년 2월	차) FVOCI금융자산	11,000	대) 현금	11,000
20×1년 5월	차) FVOCI금융자산	13,000	대) 현금	13,000
20×1년 8월	차) FVOCI금융자산[1)	1,000	대) FVOCI금융자산평가이익	1,000
	차) 현금[2)	12,000	대) FVOCI금융자산	13,000
	금융자산처분손실(N/I)	1,000		
	차) FVOCI금융자산평가이익	1,000	대) 이익잉여금	1,000
	1) 10주 × 1,300 - (11,000 + 13,000) × 10/20주 = 1,000			
	2) 10주 × 1,300 - 1,000(처분 시 수수료) = 12,000			
20×1년 9월	차) FVOCI금융자산	15,000	대) 현금	15,000
20×1년 말	차) FVOCI금융자산평가손실[3)	3,000	대) FVOCI금융자산	3,000
	3) 20주 × 1,200 - (12,000 + 15,000) = (-)3,000			

[20×1년 말 B/S]

B/S		
FVOCI금융자산	기말 FV 24,000	
		FVOCI금융자산평가손실 (-)3,000

물음 2-3   (1) 20×2년 말 재무상태표상 금융자산평가손실: (-)11,000

(2) 20×2년 포괄손익계산서에 인식할 금융자산평가손실(I/S): (11,000) - (3,000)[1) = (-)8,000

    1) 20×1년 말 평가손실누계액(B/S)

1) 20×2년 말 장부금액: 800 × 20주 = 16,000

2) 20×2년 말 금융자산평가손실: 16,000 - 27,000 = (-)11,000

[20×2년 말 B/S]

B/S		
FVOCI금융자산	기말 FV 16,000	
		FVOCI금융자산평가손실 (-)11,000

문제 4 AC금융자산(기중취득, 기중처분) – Level 2

12월 말 결산법인인 ㈜현주는 20×1년 초 액면금액이 ₩100,000인 A사 사채를 ₩84,150에 취득하고 AC금융자산으로 분류하였다. A사 사채의 만기일은 20×4년 말로 취득일의 유효이자율은 10%이고 표시이자율은 5%이다. 이자지급일은 매년 12월 31일이다(단, 관련 현가계수는 다음과 같다. 4년, 10% 현가계수: 0.68301, 연금현가계수: 3.16987).

각 물음은 상호 독립적이다.

물음 1 동 금융자산과 관련하여 ㈜현주의 20×1년부터 20×2년 말까지의 F/S효과와 회계처리를 보이시오.

물음 2 ㈜현주가 동 사채를 20×1년 초가 아닌 20×1년 7월 1일에 취득하였을 경우, 동 금융자산과 관련하여 20×1년 7월 1일의 F/S효과와 회계처리를 보이시오(단, 20×1년 7월 1일의 동 사채와 관련된 시장이자율은 12%이고 관련 현가계수는 다음과 같다. 4년, 12% 현가계수: 0.63552, 연금현가계수: 3.03735).

물음 3 물음 1 에 이어서 ㈜현주는 동 AC금융자산을 20×3년 4월 1일 ₩98,000에 처분하였다. 동 거래가 ㈜현주의 당기손익에 미치는 영향을 구하고, 20×3년에 해야 할 회계처리를 하시오.

─┤ 풀이 ├───

물음 1   (1) 20×1년 F/S효과 및 회계처리

B/S	
AC금융자산	총장부금액 ① × (1 + R) - 액면이자
	84,150 × 1.1 - 5,000 = 87,565

I/S
N/I영향: 이자수익 = 기초총장부금액 × 유효 R × 보유기간/12
= 84,150 × 10% = 8,415
OCI변동: -

회계처리

20×1년 초	차) AC금융자산	84,150	대) 현금	84,150
20×1년 말	차) 현금	5,000	대) 이자수익	8,415
	AC금융자산	3,415		

(2) 20×2년 F/S효과 및 회계처리

B/S	
AC금융자산	총장부금액 ① × (1 + R) - 액면이자
	87,565 × 1.1 - 5,000 = 91,322

I/S
N/I영향: 이자수익 = 기초총장부금액 × 유효 R × 보유기간/12
= 87,565 × 10% = 8,757
OCI변동: -

회계처리

20×2년 말	차) 현금	5,000	대) 이자수익	8,757
	AC금융자산	3,757		

물음 2 20×1년 7월 1일 F/S효과 및 회계처리

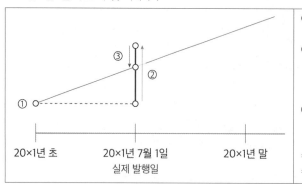

① 20×1년 초 CF의 PV(12%): 78,739
  = 5,000 × 3.03735 + 100,000 × 0.63552
② 20×1년 초 ~ 발행일 유효이자[1]
  = ① × 유효 R × 미보유기간/12
  = 78,739 × 12% × 6/12 = 4,724
  1) 실제발행일(7/1)의 유효 R 12% 사용
③ 20×1년 초 ~ 발행일 액면이자
  = 액면금액 × 액면 R × 미보유기간/12
  = 100,000 × 5% × 6/12 = 2,500
=> 현금지급액: ① + ② 83,463
=> AC금융자산 BV: ① + ② - ③ 80,963

회계처리

20×1년 7월 1일	차) AC금융자산	① + ② - ③ 80,963	대) 현금	① + ② 83,463
	미수이자	③ 2,500		

B/S		
AC금융자산	① + ② - ③ 80,963	
미수이자	③ 2,500	

참고

회계처리

20×1년 12월 31일	차) 현금	5,000	대) 이자수익	4,724
	AC금융자산	2,224	미수이자	2,500

물음 3

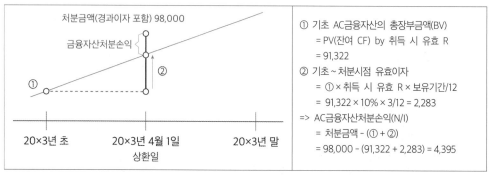

① 기초 AC금융자산의 총장부금액(BV)
  = PV(잔여 CF) by 취득 시 유효 R
  = 91,322
② 기초 ~ 처분시점 유효이자
  = ① × 취득 시 유효 R × 보유기간/12
  = 91,322 × 10% × 3/12 = 2,283
=> AC금융자산처분손익(N/I)
  = 처분금액 - (① + ②)
  = 98,000 - (91,322 + 2,283) = 4,395

회계처리

20×3년 4월 1일	차) 미수이자	③ 5,000 × 3/12 = 1,250	대) 이자수익[1]	② 2,283
	AC금융자산	② - ③ 1,033		
	차) 현금	처분금액 98,000	대) AC금융자산	① + ② - ③ 92,355
			미수이자	③ 1,250
			금융자산처분이익	대차차액 4,395

1) ① × 유효 R 보유기간/12 = 2,283

20×3년 당기손익에 미치는 영향: (1) + (2) = 98,000 - 91,322(자산의 증감) = 6,678

(1) 이자수익: 2,283

(2) 금융자산처분이익: 4,395

문제 5 FVOCI금융자산(채무상품) - Level 1

12월 말 결산법인인 ㈜현주는 20×1년 초 액면금액 ₩100,000인 A사 사채를 ₩84,150에 취득하고 FVOCI금융자산으로 분류하였다. A사 사채의 만기일은 20×4년 말로 취득일의 유효이자율은 10%이고 표시이자율은 5%이며, 이자지급일은 매년 12월 31일이다.

(1) A사 사채의 공정가치는 20×1년 말에 ₩95,000, 20×2년 말에 ₩90,000이다.

(2) 관련 현가계수는 다음과 같다. 4년, 10% 현가계수: 0.68301, 연금현가계수: 3.16987

각 물음은 상호 독립적이다.

물음 1 20×1년 ~ 20×2년 말 동 금융자산과 관련한 F/S효과와 회계처리를 보이시오.

물음 2 물음 1에 이어서 ㈜현주는 동 FVOCI금융자산을 20×3년 말 ₩98,000에 처분하였다. 동 거래가 ㈜현주의 당기손익에 미치는 영향 및 기타포괄손익에 미치는 영향을 구하고, 20×3년에 해야 할 회계처리를 보이시오(단, 처분대가에는 액면이자가 포함되어 있지 않다).

물음 1 (1) 20×1년 F/S효과 및 회계처리

	B/S		
FVOCI금융자산	기말 FV 95,000		
		금융자산평가이익	기말 FV - 총장부금액 95,000 - (84,150 × 1.1 - 5,000) = 7,435

	I/S	
N/I영향: 이자수익 = 기초총장부금액 × 유효 R × 보유기간/12		
= 84,150 × 10% = 8,415		
OCI변동: 금융자산평가이익(FV평가) = 기말 B/S상 OCI - 기초 B/S상 OCI		
= 7,435 - 0 = 7,435		

회계처리

20×1년 초	차)	FVOCI금융자산	84,150	대)	현금	84,150
20×1년 말	차)	현금 FVOCI금융자산	5,000 3,415	대)	이자수익	8,415
	차)	FVOCI금융자산	7,435	대)	금융자산평가이익(OCI)	7,435

(2) 20×2년 F/S효과 및 회계처리

	B/S		
FVOCI금융자산	기말 FV 90,000		
		금융자산평가이익	기말 FV - 총장부금액 90,000 - (87,565 × 1.1 - 5,000) = (-)1,322

	I/S	
N/I영향: 이자수익 = 기초총장부금액 × 유효 R × 보유기간/12		
= 87,565 × 10% = 8,757		
OCI변동: 금융자산평가이익(FV평가) = 기말 B/S상 OCI - 기초 B/S상 OCI		
= (1,322) - 7,435 = (-)8,757		

회계처리

20×3년 말	차)	현금 FVOCI금융자산	5,000 3,757	대)	이자수익	8,757
	차)	금융자산평가이익(OCI) 금융자산평가손실(OCI)	7,435 1,322	대)	FVOCI금융자산	8,757

물음 2

<u>I/S</u>

N/I영향: 이자수익 = 기초총장부금액 × 유효 R × 보유기간/12

= 91,322 × 10% = 9,132

∴ 금융자산처분손익[1] = 처분금액 FV - 처분시점 총장부금액

= 98,000 - (91,322 × 1.1 - 5,000) = 2,546

OCI변동: 금융자산평가이익(FV평가) = 기말 B/S상 OCI - 기초 B/S상 OCI

= 0 - (1,322) = 1,322

1) FVOCI채무상품은 AC금융자산과 당기손익에 미치는 영향이 같으므로 처분시점의 총장부금액과 처분대가의 차액이 처분으로 인한 당기손익효과이
다. 풀이의 N/I영향은 이에 따른 방법으로 작성된 것이며, 회계처리는 원칙에 따라 작성된 것이다.

(1) 이자수익 회계처리

20×3년 말	차) 현금	5,000	대) 이자수익		9,132
	FVOCI금융자산	4,132			

(2) 1단계 - 평가 회계처리

20×3년 말	차) FVOCI금융자산[2]	3,868	대) 금융자산평가손실(OCI)	1,322
			금융자산평가이익(OCI)	2,546

2) 98,000 - (90,000 + 4,132) = 3,868

(3) 2단계 - 처분 회계처리

20×3년 말	차) 현금	98,000	대) FVOCI금융자산	98,000

(4) 3단계 - 재분류조정[3] 회계처리

3) FVOCI로 분류된 채무상품은 지분상품과 달리 처분 시 평가손익누계액을 당기손익으로 재분류조정한다.

20×3년 말	차) 금융자산평가이익(OCI)	2,546	대) 금융자산처분이익(N/I)	2,546

문제 6 | 채무상품(AC금융자산과 FVOCI금융자산의 비교) – Level 3

12월 말 결산법인인 A사는 20×1년 1월 1일 액면금액 ₩100,000의 B사 사채를 ₩93,660에 취득하였다. A사 사채의 표시이자율은 8%로 이자지급일은 매년 말이며, 취득 시의 유효이자율은 10%이다. A사의 사채 만기일은 20×4년 12월 31일이다.

(1) 20×1년 12월 31일, B사 사채의 공정가치는 ₩92,000이며, 신용위험은 유의적으로 증가하지 않았다. B사 사채의 12개월 기대신용손실과 전체기간 기대신용손실은 각각 ₩2,000과 ₩3,000이다.

(2) 20×2년 중 B사 사채는 신용손실이 발생하였으며 20×2년 12월 31일 현재 추정미래현금흐름은 다음과 같다. 20×2년 말 현재 유사한 금융자산의 현행 시장이자율은 14%이며, 20×2년 말에 수령할 표시이자는 정상적으로 회수하였다.

구분	20×3년 말	20×4년 말
액면이자	–	₩60,000
표시이자	₩4,000	₩4,000

(3) 20×3년 12월 31일, B사 사채의 추정미래현금흐름은 다음과 같으며, 이들 현금흐름의 회복은 신용손실이 회복된 사건과 관련되어 있다. 20×3년 말 현재 유사한 금융자산의 현행 시장이자율은 12%이며, 20×3년 말에 수령할 것으로 추정된 표시이자 ₩4,000은 정상적으로 회수하였다.

구분	20×4년 말
액면이자	₩80,000
표시이자	₩7,000

물음 1 A사가 동 사채를 AC금융자산으로 분류하는 경우

> **물음 1-1** 동 사채와 관련하여 20×1년 말 부분재무상태표와 20×1년 부분포괄손익계산서를 보이시오.
>
> **물음 1-2** 동 사채와 관련하여 20×2년 말 부분재무상태표와 20×2년 부분포괄손익계산서를 보이시오.
>
> **물음 1-3** 20×3년 부분포괄손익계산서를 보이시오.

물음 2 A사가 동 사채를 FVOCI금융자산으로 분류하는 경우

> **물음 2-1** 동 사채와 관련하여 20×1년 말 부분재무상태표와 20×1년 부분포괄손익계산서를 보이시오.
>
> **물음 2-2** 동 사채와 관련하여 20×2년 말 부분재무상태표와 20×2년 부분포괄손익계산서를 보이시오.
>
> **물음 2-3** 동 사채와 관련하여 20×3년 말 부분재무상태표와 20×3년 부분포괄손익계산서를 보이시오.
>
> **물음 2-4** 20×3년 말 A사가 동 사채와 관련하여 수행할 회계처리를 보이시오.

─┤ 풀이 ├─────────────────────────────

물음 1 참고 현금흐름 정리

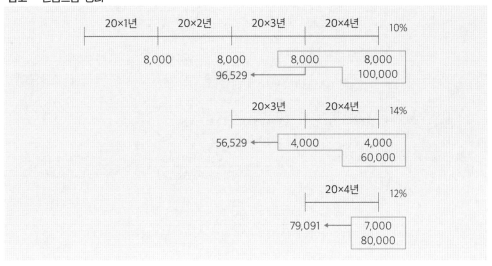

물음 1-1 20×1년 부분재무상태표와 부분포괄손익계산서

	B/S	×1년 말
AC금융자산	총장부금액 ① × (1 + R) - 액면이자	
	93,660 × 1.1 - 8,000 = 95,026	
(손실충당금)	(-)2,000	
	상각후원가 93,026	

I/S
N/I영향: 이자수익 = 기초총장부금액 × 유효 R × 보유기간/12
= 93,660 × 10% = 9,366
∴ 손상차손 = 기말 B/S상 손실충당금 - 기초 B/S상 손실충당금
= (2,000) - 0 = (-)2,000
OCI변동: -

회계처리

20×1년	차) 현금	8,000	대) 이자수익	9,366
	AC금융자산	1,366		
	차) 손상차손	2,000	대) 손실충당금	2,000

물음 1-2 20×2년 부분재무상태표와 부분포괄손익계산서

	B/S		신용손상 전
AC금융자산	총장부금액 ① × (1 + R) - 액면이자		
	95,026 × 1.1 - 8,000 = 96,529		
(손실충당금)	(-)2,000		
	상각후원가 94,529		

	B/S		신용손상 후
AC금융자산	총장부금액 ① × (1 + R) - 액면이자		
	95,026 × 1.1 - 8,000 = 96,529		
(손실충당금)	역산 (-)40,000		
	상각후원가[1] 56,529		

1) 4,000/1.1 + 64,000/1.1² = 56,529

	I/S
N/I영향: 이자수익 = 기초총장부금액 × 유효 R × 보유기간/12	
= 95,026 × 10% = 9,503	
: 손상차손 = 신용손상 후 상각후원가 - 신용손상 전 상각후원가	
= 56,529 - 94,529 = (-)38,000	
OCI변동: -	

회계처리

20×2년	차) 현금	8,000	대) 이자수익	9,503
	AC금융자산	1,503		
	차) 손상차손	38,000	대) 손실충당금	38,000

물음 1-3 20×3년 부분재무상태표와 부분포괄손익계산서

	B/S		환입 전
AC금융자산	×××		
(손실충당금)	×××		
	상각후원가[1] 58,182		

1) 56,529 × 1.1 - 4,000 = 58,182

	B/S		환입 후
AC금융자산	×××		
(손실충당금)	×××		
	상각후원가[2] 79,091		

2) 87,000/1.1 = 79,091

	I/S
N/I영향: 이자수익 = 기초상각후원가 × 유효 R × 보유기간/12	
= 56,529 × 10% = 5,653	
: 손상차손 = 환입 후 상각후원가 - 환입 전 상각후원가	
= 79,091 - 58,182 = 20,909	
OCI변동: -	

물음 2 **물음 2-1** 20×1년 부분재무상태표와 부분포괄손익계산서

B/S			×1년 말
FVOCI금융자산	기말 FV 92,000		
		평가손익(FV) ①	기말 FV - 총장부금액 92,000 - 95,026 = (-)3,026
		평가손익(손실충당금) ②	기말기대신용손실누계액 2,000
			① + ② = (-)1,026

I/S

N/I영향: 이자수익 = 기초총장부금액 × 유효 R × 보유기간/12

= 93,660 × 10% = 9,366

∴ 손상차손 = 기말기대손실누계액 - 기초기대손실누계액

= (2,000) - 0 = (-)2,000

OCI변동: 금융자산평가손실 = 기말 B/S상 OCI - 기초 B/S상 OCI

= (1,026) - 0 = (-)1,026

회계처리

20×1년	차) 현금	8,000	대) 이자수익	9,366
	FVOCI금융자산	1,366		
	차) 손상차손	2,000	대) FVOCI금융자산	3,026
	FVOCI금융자산평가손실	1,026		

물음 2-2 20×2년 부분재무상태표와 부분포괄손익계산서

	B/S		손상 전
FVOCI금융자산	기말 FV		
	××		
		평가손익	기말 FV - 상각후원가[1]
			×× - 94,529

1) 95,026 × 1.1 - 8,000 - 2,000 = 94,529

	B/S		손상 후
FVOCI금융자산[2]	기말 FV		
	52,755		
		평가손익	기말 FV - 상각후원가[3]
			52,755 - 56,529 = (-)3,774

2) $4,000/1.14 + 64,000/1.14^2 = 52,755$
3) $4,000/1.1 + 64,000/1.1^2 = 56,529$

I/S

N/I영향: 이자수익 = 기초총장부금액 × 유효 R × 보유기간/12

$= 95,026 × 10\% = 9,503$

∴ 손상차손 = 신용손상 후 상각후원가 - 신용손상 전 상각후원가

$= 56,529 - 94,529 = (-)38,000$

OCI변동: 금융자산평가손실 = 기말 B/S상 OCI - 기초 B/S상 OCI

$= (3,774) - (1,026) = (-)2,748$

회계처리

20×2년	차)	현금	8,000	대)	이자수익	9,503
		AC금융자산	1,503			
	차)	손상차손	38,000	대)	FVOCI금융자산	40,748
		FVOCI금융자산평가손실	2,748			

물음 2-3 20×3년 부분재무상태표와 부분포괄손익계산서

	B/S		환입 전
FVOCI금융자산	기말 FV		
	××		
		평가손익	기말 FV - 상각후원가[1]
			×× - 58,182

1) 56,529 × 1.1 - 4,000 = 58,182

	B/S		환입 후
FVOCI금융자산[2]	기말 FV		
	77,679		
		평가손익(FV)	기말 FV - 상각후원가[3]
			77,679 - 79,091 = (-)1,412

2) 87,000/1.12 = 77,679
3) 87,000/1.1 = 79,091

I/S

N/I영향: 이자수익 = 기초상각후원가 × 유효 R × 보유기간/12

＝ 56,529 × 10% = 5,653

：손상차손 = 환입 후 상각후원가 - 환입 전 상각후원가

＝ 79,091 - 58,182 = 20,909

OCI변동: 금융자산평가이익 = 기말 B/S상 OCI - 기초 B/S상 OCI

＝ (1,412) - (3,774) = 2,362

물음 2-4 회계처리

20×3년 말	차)	현금	4,000	대)	이자수익	5,653
		FVOCI금융자산	1,653			
	차)	FVOCI금융자산	23,271	대)	손상차손환입	20,909
					금융자산평가손실	2,362

12월 말 결산법인인 A사는 20×1년 1월 1일 액면금액 ₩100,000, 만기 3년의 회사채를 취득하였다. 다음은 이와 관련된 자료들이다.

> (1) 회사채의 발행일은 20×1년 1월 1일, 만기일은 20×3년 말이며, 표시이자율은 4%로 매년 말 지급한다.
>
> (2) 취득일 현재 시장이자율은 10%이며, 거래원가를 고려하는 경우 유효이자율은 연 9%이다.
>
> (3) 회사채의 20×1년 말 현재 공정가치는 ₩90,000이며, 신용위험은 유의적으로 증가하지 않았다. 20×1년 말 현재 12개월 기대신용손실과 전체기간 기대신용손실은 각각 ₩3,000과 ₩7,000으로 추정하였다.

기간	9%		10%	
	현가계수	연금현가계수	현가계수	연금현가계수
1	0.9174	0.9174	0.9091	0.9091
2	0.8417	1.7591	0.8265	1.7356
3	0.7722	2.5313	0.7513	2.4868

물음 1 A사가 회사채를 취득할 때 발생한 거래원가는 얼마인지 계산하시오.

물음 2 A사가 회사채를 FVPL금융자산으로 분류하기로 하였을 때, 동 회사채가 20×1년도 당기손익에 미친 영향과 총포괄이익에 미친 영향을 구하시오.

물음 3 A사가 회사채를 AC금융자산으로 분류하기로 하였을 때, 동 회사채가 20×1년도 당기손익에 미친 영향과 총포괄이익에 미친 영향을 구하시오.

물음 4 A사가 회사채를 FVOCI금융자산으로 분류하기로 하였을 때, 동 회사채가 20×1년도 당기손익에 미친 영향과 총포괄이익에 미친 영향을 구하시오.

물음 5 A사는 20×2년 7월 1일 회사채를 ₩94,000에 처분하였으며, 처분금액에는 경과이자가 포함되어 있다. A사가 회사채를 최초 인식할 때 ① FVOCI금융자산으로 분류한 경우와 ② AC금융자산으로 분류한 경우, 20×2년 7월 1일에 각각 해야 할 회계처리를 보이시오.

─┤ 풀이 ├─

물음 1 100,000 × 0.7513 + 4,000 × 2.4868 + 거래원가 = 100,000 × 0.7722 + 4,000 × 2.5313, 거래원가: 2,268

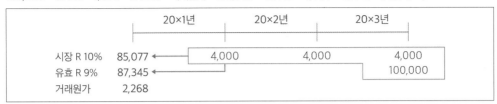

물음 2 (1) 당기손익에 미친 영향: (2,268) + 4,000 + 4,923 = 6,655

(2) 총포괄손익에 미친 영향: 6,655 + 0 = 6,655

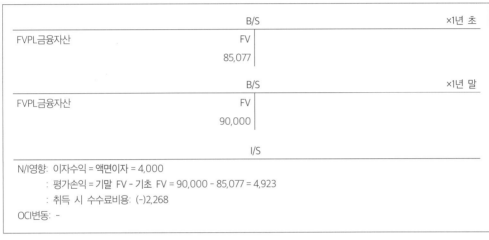

☑ 취득 시 거래원가 2,268은 비용처리한다.

물음 3 (1) 당기손익에 미친 영향: 7,861 + (3,000) = 4,861

(2) 총포괄손익에 미친 영향: 4,861 + 0 = 4,861

		B/S		×1년 초
AC금융자산	총장부금액 ① × (1 + R) − 액면이자			
	87,345			
(손실충당금)	(−)			
	상각후원가 87,345			

		B/S		×1년 말
AC금융자산	총장부금액 ① × (1 + R) − 액면이자			
	87,345 × 1.09 − 4,000 = 91,206			
(손실충당금)	(−)3,000			
	상각후원가 88,206			

I/S

N/I영향: 이자수익 = 기초총장부금액 × 유효 R × 보유기간/12

= 87,345 × 9% = 7,861

: 손상차손 = 기말 B/S상 손실충당금 − 기초 B/S상 손실충당금

= (3,000) − 0 = (−)3,000

OCI변동: −

물음 4 (1) 당기손익에 미친 영향: 7,861 + (3,000) = 4,861

(2) 총포괄손익에 미친 영향: 4,861 + 1,794 = 6,655

B/S		×1년 초
FVOCI금융자산	기말 FV	
	87,345	
	평가손익(FV)	기말 FV - 총장부금액
		-
	평가손익(손실충당금)	기말기대신용손실누계액
		-

B/S		×1년 말
FVOCI금융자산	기말 FV	
	90,000	
	평가손익(FV)	기말 FV - 총장부금액
		90,000 - 91,206 = (-)1,206
	평가손익(손실충당금)	기말기대신용손실누계액
		3,000
		1,794

I/S

N/I영향: 이자수익 = 기초총장부금액 × 유효 R × 보유기간/12

= 87,345 × 9% = 7,861

: 손상차손 = 기말기대신용손실누계액 - 기초기대손실누계액

= (3,000) - 0 = (-)3,000

OCI변동: 금융자산평가이익 = 기말 B/S상 OCI - 기초 B/S상 OCI

= 1,794 - 0 = 1,794

물음 5 ① FVOCI금융자산으로 분류한 경우

		B/S		×1년 말
FVOCI금융자산	기말 FV			
	90,000			
		평가손익(FV)		기말 FV - 총장부금액
				90,000 - 91,206 = (-)1,206
		평가손익(손실충당금)		기말기대신용손실누계액
				3,000
				1,794

		B/S		×2년 7월 1일
FVOCI금융자산	기말 FV			
	92,000			
미수이자	2,000	평가손익(FV)		기말 FV - 총장부금액
				92,000 - (91,206 + 2,104) = (-)1,310
		평가손익(손실충당금)		기말기대신용손실누계액
				3,000
				1,690

회계처리

	차) 미수이자	2,000	대) 이자수익	$91,206 \times 9\% \times 6/12 = 4,104$		
	FVOCI금융자산	2,104				
	차) 금융자산평가이익[1]	104	대) FVOCI금융자산	104		
20×2년 7월 1일	차) 현금	94,000	대) 미수이자	2,000		
			FVOCI금융자산	92,000		
	차) 금융자산평가이익	1,690	대) 처분이익	1,690		

[1] (94,000 - 2,000) - (90,000 + 2,104) = (-)104

② AC금융자산으로 분류한 경우

		B/S	×1년 말
AC금융자산	총장부금액 ① × (1 + R) - 액면이자		
	87,345 × 1.09 - 4,000 = 91,206		
(손실충당금)	(-)3,000		
	상각후원가 88,206		

		B/S	×2년 7월 1일(처분 직전)
AC금융자산	총장부금액 ① × (1 + R) - 액면이자		
	93,310		
(손실충당금)	(-)3,000		
	상각후원가 90,310		
미수이자	2,000		

회계처리

	차) 미수이자	2,000	대) 이자수익	$91,206 \times 9\% \times 6/12 = 4,104$		
	AC금융자산	2,104				
20×2년 7월 1일	차) 현금	94,000	대) 미수이자	2,000		
	손실충당금	3,000	AC금융자산	93,310		
			처분이익	1,690		

문제 8 채무상품의 재분류 – Level 3

12월 말 결산법인인 A사는 20×1년 1월 1일 액면금액 ₩100,000, 만기 3년의 회사채를 취득하였다. 다음은 이와 관련된 자료들이다.

(1) 회사채의 발행일은 20×1년 1월 1일, 만기일은 20×3년 말이며, 표시이자율은 4%로 매년 말 지급한다.

(2) 취득일 현재 시장이자율은 10%이며, 거래원가를 고려하는 경우 유효이자율은 연 9%이다.

(3) 회사채의 20×1년 말 현재 공정가치는 ₩90,000이며, 신용위험은 유의적으로 증가하지 않았다. 20×1년 말 현재 12개월 기대신용손실과 전체기간 기대신용손실은 각각 ₩3,000과 ₩7,000으로 추정하였다.

기간	9%		10%	
	현가계수	연금현가계수	현가계수	연금현가계수
1	0.9174	0.9174	0.9091	0.9091
2	0.8417	1.7591	0.8265	1.7356
3	0.7722	2.5313	0.7513	2.4869

A사는 20×1년 중 사업모형이 변경되어 회사채의 분류를 다음과 같이 변경하기로 하였다. 각 물음에 20×2년 1월 1일에 해야 할 회계처리를 하시오(단, 20×2년 1월 1일 현재 회사채의 공정가치와 기대신용손실은 자료에서 주어진 20×1년 말 현재의 금액과 동일하다고 가정한다).

물음 1 FVPL금융자산에서 AC금융자산으로 재분류한 경우

물음 2 FVPL금융자산에서 FVOCI금융자산으로 재분류한 경우

물음 3 AC금융자산에서 FVPL금융자산으로 재분류한 경우

물음 4 AC금융자산에서 FVOCI금융자산으로 재분류한 경우

물음 5 FVOCI금융자산에서 FVPL금융자산으로 재분류한 경우

물음 6 FVOCI금융자산에서 AC금융자산으로 재분류한 경우

물음 7 위 물음과 독립적으로, ㈜대한은 20×1년 1월 1일 발행된 ㈜민국의 A사채를 공정가치로 동 일자에 현금으로 취득하였으며, 취득 시 동 사채의 신용이 손상되어 있지 않았다. [공인회계사 2차 2019년]

(1) ㈜대한이 취득한 A사채와 관련된 조건은 다음과 같다.
- 액면금액: ₩1,000,000
- 표시이자율: 연 6%
- 이자지급일: 매년 12월 31일
- 만기일: 20×4년 12월 31일
- 사채 발행 시 시장이자율: 연 4%
- 사채 취득 관련 거래원가는 없음

(2) 시장이자율로 할인된 미래현금흐름의 현재가치는 공정가치와 동일하다.

(3) 현재가치 계산 시 아래의 현가계수를 이용하고, 답안 작성 시 원 이하는 반올림한다.

기간	단일금액 ₩1의 현가계수	정상연금 ₩1의 현가계수
	4%	4%
1	0.9615	0.9615
2	0.9246	1.8861
3	0.8890	2.7751
4	0.8548	3.6299

(4) 금융자산 재분류 시 재분류조건을 충족한다고 가정한다.

(5) A사채의 일자별 공정가치는 다음과 같다.

일자	공정가치
20×1년 12월 31일	₩1,060,000
20×2년 7월 1일	₩950,000
20×2년 12월 31일	₩1,000,000
20×3년 1월 1일	₩1,000,000
20×3년 12월 31일	₩980,000

㈜대한은 20×1년 1월 1일 A사채를 당기손익-공정가치 측정 금융자산으로 분류하였으나 20×2년 7월 1일에 사업모형을 변경하여 기타포괄손익-공정가치 측정 금융자산으로 재분류하였다. A사채와 관련한 회계처리가 ㈜대한의 20×2년도와 20×3년도 포괄손익계산서의 당기순이익과 기타포괄이익에 미치는 영향을 각각 계산하시오(단, 당기순이익과 기타포괄이익이 감소하는 경우에는 (-)를 숫자 앞에 표시하시오).

항목	20×2년	20×3년
당기순이익에 미치는 영향	①	②
기타포괄이익에 미치는 영향	③	④

풀이

회계기간 중 금융자산을 재분류하는 경우 다음 회계기간 개시일에 재분류 회계처리한다.
=> 문제의 20×1년 분류변경을 하더라도 회계처리는 20×2년 1월 1일에 한다는 것에 유의한다.

물음 1 재분류일 회계처리

| 차) AC금융자산 | 재분류일 FV 90,000 | 대) FVPL금융자산 | 재분류일 FV 90,000 |
| 차) 손상차손 | 재분류일 기대손실누계액 3,000 | 대) 손실충당금 | 3,000 |

물음 2 재분류일 회계처리

| 차) FVOCI금융자산 | 재분류일 FV 90,000 | 대) FVPL금융자산 | 재분류일 FV 90,000 |
| 차) 손상차손 | 재분류일 기대손실누계액 3,000 | 대) 금융자산평가이익 | 3,000 |

물음 3 재분류일 회계처리

| 차) FVPL금융자산 | 재분류일 FV 90,000 | 대) AC금융자산 | 재분류일 총장부금액 91,206 |
| 손실충당금 | 재분류일 기대손실누계액 3,000 | 재분류이익 | 1,794 |

물음 4 재분류일 회계처리

차) FVOCI금융자산	재분류일 FV 90,000	대) AC금융자산	재분류일 총장부금액 91,206
금융자산평가손실	재분류일 FV - 총장부금액 1,206		
차) 손실충당금	재분류일 기대손실누계액 3,000	대) 금융자산평가손실	1,206
		금융자산평가이익	1,794

물음 5 재분류일 회계처리

| 차) FVPL금융자산 | 재분류일 FV 90,000 | 대) FVOCI금융자산 | 재분류일 FV 90,000 |
| 차) 금융자산평가이익 | 재분류일 B/S상 OCI 1,794 | 대) 재분류이익 | 1,794 |

물음 6 재분류일 회계처리

차) AC금융자산	재분류일 총장부금액 91,206	대) FVOCI금융자산	재분류일 FV 90,000
		금융자산평가손실	재분류일 FV - 총장부금액 1,206
차) 금융자산평가손실	1,206	대) 손실충당금	3,000
금융자산평가이익	재분류일 기대손실누계액 1,794		

물음 7

항목	20×2년	20×3년
당기순이익에 미치는 영향	① 0	② 60,000
기타포괄이익에 미치는 영향	③ 0	④ (-)20,000

근거

① 이자수익 60,000 - 평가손실 60,000 = 0

② 이자수익: 1,000,000 × 6% = 60,000

③ 해당사항 없음

④ 평가손실: 980,000 - 1,000,000 = (-)20,000
  ☑ 취득 시 거래재분류시점에 신용위험이나 신용손상이 없으므로 손익에 미치는 영향은 없다.
    cf 재분류일: ×3년 1월 1일

다음의 각 물음은 독립적이다.

㈜대한은 20×1년 1월 1일에 ㈜민국이 동 일자로 발행한 A사채를 발행가액(공정가치)에 취득하였다. 취득 시 동 사채의 신용은 손상되어 있지 않았다. 아래의 <공통 자료>를 이용하여 물음 1 부터 물음 3 까지 답하시오(단, 답안 작성 시 원 미만은 반올림한다).

[공인회계사 2차 2024년]

<공통 자료>

(1) ㈜민국이 발행한 A사채의 조건은 다음과 같다.

- 액면금액: ₩2,000,000
- 이자지급일: 매년 12월 31일
- 만기일: 20×4년 12월 31일 일시 상환
- 표시이자율: 연 6%
- 사채발행일 유효이자율: 연 10%

(2) 현행 시장이자율로 할인된 미래현금흐름의 현재가치는 공정가치와 동일하다.

(3) 현재가치 계산 시 아래의 현가계수를 이용한다.

기간	단일금액 ₩1의 현가계수		정상연금 ₩1의 현가계수	
	8%	10%	8%	10%
1	0.9259	0.9091	0.9259	0.9091
2	0.8573	0.8265	1.7832	1.7356
3	0.7938	0.7513	2.5770	2.4869
4	0.7350	0.6830	3.3120	3.1699

물음 1 ㈜대한은 취득한 A사채를 상각후원가 측정 금융자산으로 분류하였다. 다음의 <요구사항>에 각각 답하시오.

<요구사항 1>

㈜대한은 20×1년 이자를 정상적으로 수취하였으나, 20×1년 말에 A사채의 신용이 후속적으로 심각하게 손상되었다고 판단하였다. ㈜대한은 A사채의 채무불이행 발생확률을 고려하여 20×2년부터 20×4년까지 매년 말에 수취할 이자의 현금흐름을 ₩20,000으로, 만기에 수취할 원금의 현금흐름을 ₩1,200,000으로 추정하였다. ㈜대한이 A사채에 대하여 ① 20×1년 말에 수행해야 할 회계처리를 제시하시오.

20×1년 말 회계처리	①

<요구사항 2>

<요구사항 1>과 관련하여 ㈜대한은 20×2년 ₩20,000의 이자를 수취하였다. ㈜대한은 20×2년 말에 A사채의 채무불이행 발생확률을 고려하여 20×3년부터 20×4년까지 매년 말에 수취할 이자의 현금흐름을 ₩100,000으로, 만기에 수취할 원금의 현금흐름을 ₩1,600,000으로 추정하였다. ㈜대한이 A사채에 대하여 수행한 20×2년 말의 회계처리가 ㈜대한의 20×2년도 포괄손익계산서상 ① 당기순이익에 미치는 영향을 계산하시오(단, 당기순이익이 감소하는 경우에는 금액 앞에 (-)를 표시하시오).

당기순이익에 미치는 영향	①

물음 2 ㈜대한은 A사채를 20×1년 말 사업모형의 변경으로 상각후원가 측정 금융자산에서 기타포괄손익-공정가치 측정 금융자산으로 재분류하였다. 재분류일 현재 현행 시장이자율은 연 8%이며, 재분류일에 추정한 현금흐름은 20×1년 초에 추정한 현금흐름(<공통 자료> (1) 참조)과 동일하다. 한편, 20×2년 말과 재분류일의 시장이자율은 동일하다. A사채의 회계처리가 ㈜대한의 20×2년도 포괄손익계산서상 ① 당기순이익에 미치는 영향과 ② 기타포괄이익에 미치는 영향을 각각 계산하시오(단, 당기순이익이나 기타포괄이익이 감소하는 경우에는 금액 앞에 (-)를 표시하시오).

당기순이익에 미치는 영향	①
기타포괄이익에 미치는 영향	②

물음 3 <공통 자료>와 다음의 <추가 자료 1>을 이용하여 물음에 답하시오.

<추가 자료 1>

(1) 금융자산 재분류 시 재분류조건을 충족한다고 가정한다.

(2) A사채의 일자별 공정가치는 다음과 같다.

일자	공정가치
20×1년 12월 31일	₩2,100,000
20×2년 10월 1일	1,900,000
20×2년 12월 31일	2,000,000
20×3년 1월 1일	2,000,000
20×3년 12월 31일	1,960,000

㈜대한은 20×1년 1월 1일 A사채를 당기손익-공정가치 측정 금융자산으로 분류하였으나 20×2년 10월 1일에 사업모형을 변경하여 기타포괄손익-공정가치 측정 금융자산으로 재분류하였다. A사채와 관련한 회계처리가 ㈜대한의 20×2년도와 20×3년도 포괄손익계산서상 당기순이익과 기타포괄이익에 미치는 영향을 각각 계산하시오(단, 당기순이익과 기타포괄이익이 감소하는 경우에는 금액 앞에 (-)를 표시하시오).

항목	20×2년	20×3년
당기순이익에 미치는 영향	①	②
기타포괄이익에 미치는 영향	③	④

기업회계기준서 제1109호 '금융상품' 중 기대신용손실(ECL, expected credit loss)의 ① 측정방법 및 ② 신용위험의 정도별 측정기간에 대해서 서술하시오.

풀이

물음 1 <요구사항 1>

회계처리

	차) 현금	120,000	대) 이자수익	174,639
20×1년 말	AC금융자산	54,639		
	차) 손상차손	849,729	대) 손실충당금	849,729

근거

(1) 20×1년 초 AC금융자산 장부금액: 120,000 × 3.1699 + 2,000,000 × 0.6830 = 1,746,388

(2) 20×1년 이자수익: 1,746,388 × 10% = 174,639

(3) 20×1년 말 손상 전 상각후원가(= 총장부금액): 1,746,388 × 1.1 - 120,000 = 1,801,027

(4) 20×1년 말 손상 후 상각후원가: 20,000 × 2.4869 + 1,200,000 × 0.7513 = 951,298

(5) 20×1년 손상차손: 1,801,027 - 951,298 = 849,729

<요구사항 2>

당기순이익에 미치는 영향	① 564,662

근거

(1) 20×2년 말 환입 후 상각후원가: 100,000 × 1.7356 + 1,600,000 × 0.8265 = 1,495,960

(2) 20×2년 당기순이익에 미치는 영향(간편법): (1,495,960 + 20,000) - 951,298 = 564,662

물음 2

당기순이익에 미치는 영향	① 180,103
기타포괄이익에 미치는 영향	② 67,454

근거

(1) 20×2년 초 상각후원가: 1,746,388 × 1.1 - 120,000 = 1,801,027

(2) 20×2년 말 상각후원가: 1,801,027 × 1.1 - 120,000 = 1,861,130

(3) 20×2년 말 공정가치: 120,000 × 1.7832 + 2,000,000 × 0.8573 = 1,928,584

(4) 20×2년 당기순이익에 미치는 영향(이자수익): 1,801,027 × 10% = 180,103

(5) 20×2년 기타포괄손익에 미치는 영향: 1,928,584 - 1,861,130 = 67,454

물음 3

항목	20×2년	20×3년
당기순이익에 미치는 영향	① 20,000	② 120,000
기타포괄이익에 미치는 영향	③ 없음	④ (-)40,000

근거

1. 20 × 2년

  (1) 당기순이익에 미치는 영향: 20,000

    1) 이자수익: 120,000

    2) 평가이익: 2,000,000 - 2,100,000 = (-)100,000

  (2) 기타포괄손익에 미치는 영향: 없음

2. 20 × 3년

  (1) 당기순이익에 미치는 영향: 120,000

    1) 이자수익: 120,000

      ☑ 재분류시점의 공정가치가 채권의 액면금액으로 재분류시점의 유효이자율은 6%이다.

  (2) 기타포괄손익에 미치는 영향: 1,960,000 - 2,000,000 = (-)40,000

물음 4

① 측정방법

  신용손실은 계약에 따라 지급받기로 한 모든 계약상 현금흐름과 수취할 것으로 예상하는 모든 계약상 현금흐름의 차이를 최초 유효이자율로 할인한 금액으로 계산한다. 금융자산의 기대신용손실은 신용손실금액에 해당 금융자산의 개별 채무불이행 발생 위험을 이용해 가중평균하여 계산한다.

② 신용위험의 정도별 측정기간

  신용이 손상되지 않았지만, 신용위험이 존재하고, 신용위험이 유의적으로 증가하지 않았으면, 12개월 기대신용손실에 해당하는 금액으로 손실충당금을 측정하고, 신용위험이 유의적으로 증가했으면, 전체기간 기대신용손실에 해당하는 금액으로 손실충당금을 측정한다.

다음의 각 물음은 독립적이다.

㈜대한은 20×1년 1월 1일 ㈜민국이 동 일자에 발행한 사채를 발행금액(공정가치)으로 취득하였다. 취득 시 동 사채의 신용이 손상되어 있지 않았다. 이와 관련된 <자료>를 이용하여 각 물음에 답하시오. [공인회계사 2차 2021년]

<자료>

(1) ㈜대한이 취득한 사채의 조건은 다음과 같다.

- 액면금액: ₩2,000,000
- 만기상환일: 20×3년 12월 31일 일시상환
- 표시이자율: 연 6%
- 이자지급일: 매년 12월 31일
- 사채 발행일 유효이자율: 연 8%

(2) ㈜대한은 20×1년 말에는 동 금융자산의 신용위험이 유의하게 증가하지 않았다고 판단하였으나, 20×2년 말에는 신용위험이 유의적으로 증가하였다고 판단하였다. 각 연도 말 현재 12개월 기대신용손실과 전체기간 기대신용손실은 다음과 같다.

구분	20×1년 말	20×2년 말
12개월 기대신용손실	₩20,000	₩35,000
전체기간 기대신용손실	₩50,000	₩70,000

(3) ㈜대한은 20×1년 말과 20×2년 말에 동 금융자산의 표시이자를 모두 수령하였다.

(4) 동 금융자산의 각 연도 말 공정가치는 다음과 같다.

20×1년 말	20×2년 말
₩1,900,000	₩1,800,000

(5) 현재가치 계산 시 아래의 현가계수를 이용하고, 답안 작성 시 원 이하는 반올림한다.

기간	단일금액 ₩1의 현가계수		정상연금 ₩1의 현가계수	
	6%	8%	6%	8%
1	0.9434	0.9259	0.9434	0.9259
2	0.8900	0.8573	1.8334	1.7833
3	0.8396	0.7938	2.6730	2.5771

물음 1 ㈜대한이 동 금융자산을 당기손익-공정가치 측정 금융자산으로 분류한 경우, 금융자산의 회계처리가 ㈜대한의 20×1년도 포괄손익계산서상 당기순이익에 미치는 영향을 계산하시오(단, 당기순이익이 감소하는 경우에는 금액 앞에 (-)를 표시하시오).

당기순이익에 미치는 영향	①

물음 2 ㈜대한이 동 금융자산을 기타포괄손익-공정가치 측정 금융자산으로 분류한 경우, 금융자산의 회계처리가 ㈜대한의 20×1년도 포괄손익계산서상 ① 당기순이익에 미치는 영향과 ② 기타포괄이익에 미치는 영향을 각각 계산하시오(단, 당기순이익이나 기타포괄이익이 감소하는 경우에는 금액 앞에 (-)를 표시하시오).

당기순이익에 미치는 영향	①
기타포괄이익에 미치는 영향	②

물음 3 ㈜대한은 동 금융자산을 20×1년 중 사업모형의 변경으로 기타포괄손익-공정가치 측정 금융자산에서 상각후원가 측정 금융자산으로 재분류하였다. 금융자산의 회계처리가 ㈜대한의 20×2년도 포괄손익계산서상 ① 당기순이익에 미치는 영향과 ② 기타포괄이익에 미치는 영향, 20×2년 말 ③ 금융자산의 상각후원가를 계산하시오(단, 당기순이익이나 기타포괄이익이 감소하는 경우에는 금액 앞에 (-)를 표시하시오).

당기순이익에 미치는 영향	①
기타포괄이익에 미치는 영향	②
금융자산의 상각후원가	③

┤ 풀이 ├

물음 1

당기순이익에 미치는 영향	① 123,148

(1) 20×1년 초 측정액: 120,000 × 2.5771 + 2,000,000 × 0.7938 = 1,896,852

(2) 20×1년 이자수익: 120,000

(3) 20×1년 FVPL금융자산평가이익: 1,900,000 - 1,896,852 = 3,148

(4) 20×1년 당기순이익 증가: 120,000 + 3,148 = 123,148

물음 2

당기순이익에 미치는 영향	① 131,748
기타포괄이익에 미치는 영향	② (-)8,600

(1) 20×1년 이자수익: 1,896,852 × 8% = 151,748

(2) 20×1년 당기순이익 영향: 151,748(이자수익) - 20,000(손상차손) = 131,748

(3) 20×1년 말 총장부금액: 1,896,852 × 1.08 - 120,000 = 1,928,600

(4) 20×1년 FVOCI금융자산평가손실(기타포괄손익): 1,900,000 - (1,928,600 - 20,000) = (-)8,600

물음 3

당기순이익에 미치는 영향	① 104,288
기타포괄이익에 미치는 영향	② 8,600
금융자산의 상각후원가	③ 1,892,888

B/S		재분류 전
FVOCI금융자산　　재분류일 FV 1,900,000		
	OCI(FV 평가)　　재분류일 FV - 총장부금액 (-)28,600	
	OCI(손상)　　기대손실누계액 20,000	

B/S		재분류 후
AC금융자산　　1,928,600		
(손실충당금)　　(기대손실누계액) (20,000)		
상각후원가 1,908,600		

재분류 회계처리

20×2년 초	차) AC금융자산	1,928,600	대) FVOCI금융자산	1,900,000
			FVOCI금융자산평가손실	8,600
			손실충당금	20,000

(1) 20×2년 이자수익: 1,928,600 × 8% = 154,288

(2) 20×2년 손상차손: 70,000(20×2년 말 기대신용손실) - 20,000(20×1년 말 기대신용손실) = 50,000

(3) 20×2년 당기순이익: 154,288 - 50,000 = 104,288

(4) 20×2년 기타포괄이익: 8,600

(5) 20×2년 말 총장부금액: 1,928,600 × 1.08 - 120,000 = 1,962,888

(6) 20×2년 말 상각후원가: 1,962,888 - 70,000 = 1,892,888

참고　회계처리

20×2년 말	차) 현금	120,000	대) 이자수익	154,288
	AC금융자산	34,288		
	차) 손상차손	50,000	대) 손실충당금	50,000

문제 11 채무상품의 평가, 손상, 재분류 - Level 4

다음의 각 물음은 독립적이다.

㈜대한은 20×1년 초에 발행된 ㈜민국의 사채를 20×1년 5월 1일에 현금으로 취득하였다. 취득 시 동 사채의 신용이 손상되어 있지 않았으며, 사채의 발행일과 취득일의 시장이자율은 동일하였다. 아래의 <자료>를 이용하여 각 물음에 답하시오.

[공인회계사 2차 2022년]

<자료>

(1) ㈜민국이 발행한 사채의 조건은 다음과 같다.

- 액면금액: ₩1,000,000
- 이자지급일: 매년 12월 31일
- 만기일: 20×5년 12월 31일 일시상환
- 표시이자율: 연 6%
- 사채 발행일 시장이자율: 연 9%

(2) ㈜대한은 20×1년도 이자는 정상적으로 수취하였으나, 20×1년 말에 동 사채의 신용이 후속적으로 손상되었다고 판단하였다. ㈜대한은 채무불이행 발생확률을 고려하여 20×2년부터 20×5년까지 매년 말에 수취할 이자의 현금흐름을 ₩20,000으로, 만기에 수취할 원금의 현금흐름을 ₩700,000으로 추정하였다.

(3) ㈜대한은 20×2년 말에 이자 ₩20,000을 수취하였으며, 20×2년 말에 동 사채의 채무불이행 발생확률을 고려하여 20×3년부터 20×5년까지 매년 말에 수취할 이자의 현금흐름을 ₩40,000으로, 만기에 수취할 원금의 현금흐름을 ₩800,000으로 추정하였다.

(4) 동 사채와 관련하여 이자계산 시 월할 계산한다.

(5) 현재가치 계산 시 아래의 현가계수를 이용하고, 답안 작성 시 원 이하는 반올림한다.

기간	단일금액 ₩1의 현가계수		정상연금 ₩1의 현가계수	
	7%	9%	7%	9%
1	0.9346	0.9174	0.9346	0.9174
2	0.8734	0.8417	1.8080	1.7591
3	0.8163	0.7722	2.6243	2.5313
4	0.7629	0.7084	3.3872	3.2397
5	0.7130	0.6499	4.1002	3.8896

물음 1 ㈜대한이 사채 취득 시 상각후원가 측정 금융자산으로 분류한 경우, 다음의 <요구사항>에 답하시오.

<요구사항 1>

㈜대한의 회계처리가 20×1년도 현금에 미치는 영향과 20×1년도와 20×2년도 포괄손익계산서상 당기순이익에 미치는 영향을 계산하시오(단, 현금과 당기순이익이 감소하는 경우 금액 앞에 (-)를 표시하시오).

구분	20×1년	20×2년
현금에 미치는 영향	①	
당기순이익에 미치는 영향	②	③

<요구사항 2>

㈜대한이 20×2년 중에 사업모형을 변경하여 상각후원가 측정 금융자산을 당기손익-공정가치 측정 금융자산으로 재분류하였다. 재분류일 현재 현행 시장이자율은 연 7%이며, 재분류일에 추정한 현금흐름은 20×2년 말에 추정한 현금흐름(<자료> (3) 참조)과 동일하다. 재분류일의 회계처리가 20×3년도 당기순이익에 미치는 영향을 계산하시오(단, 당기순이익이 감소하는 경우 금액 앞에 (-)를 표시하시오).

당기순이익에 미치는 영향	①

물음 2 ㈜대한이 사채 취득 시 기타포괄손익-공정가치 측정 금융자산으로 분류하였다. 다음의 <요구사항>에 답하시오(단, 사채의 공정가치는 다음과 같다고 가정한다).

구분	20×1년 말	20×2년 말
공정가치	₩500,000	₩700,000

<요구사항 1>

㈜대한의 회계처리가 20×1년도와 20×2년도 포괄손익계산서상 기타포괄이익에 미치는 영향을 각각 계산하시오(단, 기타포괄이익이 감소하는 경우 금액 앞에 (-)를 표시하시오).

구분	20×1년도	20×2년도
기타포괄이익에 미치는 영향	①	②

<요구사항 2>

㈜대한이 20×2년 말에 사업모형을 변경하여 기타포괄손익-공정가치 측정 금융자산을 상각후원가 측정 금융자산으로 재분류하였다. 재분류일의 회계처리가 20×3년도 기타포괄이익에 미치는 영향을 계산하시오(단, 재분류일의 공정가치는 20×2년 말과 동일하며, 기타포괄이익이 감소하는 경우 금액 앞에 (-)를 표시하시오).

기타포괄이익에 미치는 영향	①

─┤ 풀이 ├─

물음 1 참고 현금흐름의 변동

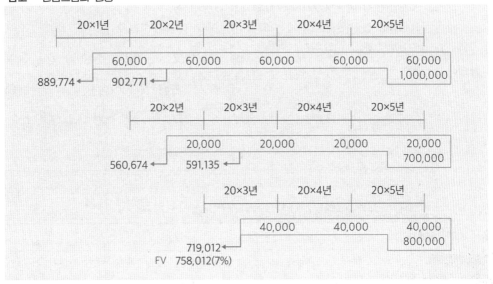

<요구사항 1>

구분	20×1년	20×2년
현금에 미치는 영향	① (-)849,774	
당기순이익에 미치는 영향	② (-)289,100	③ 178,338

(1) 20×1년

1) 현금에 미치는 영향: (-)909,774 + 60,000 = (-)849,774

2) 당기순이익에 미치는 영향: 52,997 - 342,097 = (-)289,100

회계처리

20×1년 5월 1일	차) AC금융자산(① + ② - ③)	889,774	대) 현금(① + ②)	909,774
	미수이자(③)	20,000		
20×1년 말	차) 현금	60,000	대) 이자수익[1]	52,997
	AC금융자산(대차차액)	12,997	미수이자	20,000
	차) 손상차손[2] - [3])	342,097	대) 손실충당금	342,097
	1) 883,276 × 9% × 8/12 = 52,997			
	2) 손상 전 상각후원가: 883,276 × 1.09 - 60,000 = 902,771			
	3) 손상 후 상각후원가: 20,000 × 3.2397 + 700,000 × 0.7084 = 560,674			

① 20×1년 초 PV(CF) = 60,000 × 3.8896 + 1,000,000 × 0.6499 = 883,276

② 20×1년 초부터 5월 1일까지 유효이자: 883,276 × 9% × 4/12 = 26,498

③ 20×1년 초부터 5월 1일까지 액면이자: 60,000 × 4/12 = 20,000

B/S		×1년 말
AC금융자산	902,771	
(손실충당금)	(기대손실누계액) (342,097)	
	상각후원가 560,674	

(2) 20×2년 당기순이익에 미치는 영향: 50,461 + 127,877 = 178,338

    1) 이자수익: 560,674 × 9% = 50,461

    2) 환입 전 상각후원가: 560,674 × 1.09 - 20,000 = 591,135

    3) 환입 후 상각후원가: 40,000 × 2.5313 + 800,000 × 0.7722 = 719,012

    4) 환입액: 3) - 2) = 127,877

회계처리

	차) 현금	20,000	대) 이자수익[4]	50,461
	AC금융자산(대차차액)	30,461		
20×2년 말	차) 손실충당금	127,877	대) 손상차손환입[5), 6)]	127,877
	4) 560,674 × 9% = 50,461			
	5) 환입 전 상각후원가: 560,674 × 1.09 - 20,000 = 591,135			
	6) 환입 후 상각후원가: 40,000 × 2.5313 + 800,000 × 0.7722 = 719,012			

<요구사항 2>

당기순이익에 미치는 영향	① 39,000

회계처리

	차) FVPL금융자산[7]	758,012	대) AC금융자산(상각후원가)	719,012
20×3년 초			재분류이익	39,000
	7) 40,000 × 2.6243 + 800,000 × 0.8163 = 758,012(7%)			

물음 2 <요구사항 1>

구분	20×1년도	20×2년도
기타포괄이익에 미치는 영향	① (-)60,674	② 41,662

(1) 20×1년 말 재무상태표상 평가손실(OCI): 500,000 - 560,674 = (-)60,674

(2) 20×2년 말 재무상태표상 평가손실(OCI): 700,000 - 719,012 = (-)19,012

(3) 20×1년 포괄손익계산서상 기타포괄손익: (-)60,674

(4) 20×2년 포괄손익계산서상 기타포괄손익: (-)19,012 - (-)60,674 = 41,662

	B/S	×1년 말
FVOCI금융자산	FV 500,000	
	OCI(평가손실)	(60,674)

	B/S	×2년 말
FVOCI금융자산	FV 700,000	
	OCI(평가손실)	(19,012)

<요구사항 2>

기타포괄이익에 미치는 영향	① 19,012

회계처리

| 20×3년 초 | 차) AC금융자산(상각후원가) | 719,012 | 대) FVOCI금융자산 | 700,000 |
| | | | FVOCI금융자산평가손실 | 19,012 |

	B/S		재분류 전
FVOCI금융자산	FV 700,000		
		OCI(평가손실)	(19,012)

	B/S		재분류 후
AC금융자산	×××		
(손실충당금)	(기대손실누계액) (×××)		
	상각후원가 719,012		

IV. 금융자산의 재분류 **405**

해커스 IFRS 정윤돈 재무회계연습

제7장 금융자산

문제 12 금융자산 양도 시 관리용역제공조건 - Level 5

A사는 20×1년 1월 1일 현재 대여금(장부금액 ₩2,000,000, 공정가치 ₩2,200,000)을 양도하기로 하였다(단, 대여금을 양도하더라도 원금과 이자의 회수용역을 A사가 계속 이행하는 조건이며, 이러한 용역제공의무의 공정가치는 ₩100,000이다). 다음의 각 물음은 상호 독립적이다. `유예`

물음 1 A사가 대여금의 공정가치를 받고 대여금 전체를 금융기관에 매도하였을 때 매도일에 해야 할 회계처리를 보이시오.

물음 2 A사가 용역제공의 대가로 받은 대여금의 이자 중 일부를 계속 수령할 권리를 보유하는 조건으로 대여금 전체를 금융기관에 매도하였다. A사가 보유하는 이자수령권리의 공정가치는 ₩60,000이며, 이를 제외한 ₩2,140,000을 금융기관으로부터 매도대금으로 받았다. 매도일에 해야 할 회계처리를 보이시오.

물음 3 A사가 용역제공의 대가로 받은 대여금 이자 중 일부를 계속 수령할 권리를 보유하는 조건으로 대여금 전체를 금융기관에 매도하였다. A사가 보유하는 이자수령권리의 공정가치는 ₩160,000이며, 이를 제외한 ₩2,040,000을 금융기관으로부터 매도대금으로 받았다. 매도일에 해야 할 회계처리를 보이시오.

물음 1 회계처리

매도일	차)	현금	2,200,000	대)	대여금	2,000,000
					관리용역부채	100,000
					금융자산처분이익	100,000

물음 2 회계처리

매도일	차)	현금	2,140,000	대)	대여금	2,000,000
		관리용역자산	60,000		관리용역부채	100,000
					금융자산처분이익	100,000

물음 3 회계처리

매도일	차)	현금	2,040,000	대)	대여금	2,000,000
		관리용역자산[1]	145,455		관리용역부채	100,000
					금융자산처분이익	85,455

1) 2,000,000 × 160,000/(2,040,000 + 160,000) = 145,455

☑ 관리용역수수료(160,000)가 적절한 대가용역(100,000)을 초과하므로 금융자산과 용역제공관리의 상대적 공정가치에 비례하여 배분한다.

물음 1 A사는 20×1년 1월 1일에 B사에게 현금 ₩1,000,000을 1년간 대여하고 AC금융자산으로 분류하였다. AC 금융자산의 이자율은 연 5%이며, 20×1년 1월 1일 현재 유효이자율도 연 5%이다. AC금융자산의 만기일인 20×1년 12월 31일에 A사와 B사는 조건을 재협상하여 만기를 20×4년 12월 31일로 3년 연장하고, 그 기간 동안 이자율은 연 3%로 매년 12월 31일에 지급하는 것으로 변경하였다. 20×1년 12월 31일 현행이자율은 연 6%이다. 현가계수는 다음과 같다.

> 기간 3, 5%, 연금현가계수: 2.72325
> 기간 3, 5%, 현가계수: 0.86384
> 기간 3, 6%, 연금현가계수: 2.67301
> 기간 3, 6%, 현가계수: 0.83962

물음 1-1 계약상 현금흐름의 변경이 금융자산의 제거조건을 충족하지 않았고, 조건변경 협상 과정에서 발생한 원가와 수수료가 ₩10,000이다. 이 경우 20×1년 12월 31일 A사가 수행할 회계처리를 보이시오.

물음 1-2 계약상 현금흐름의 변경이 금융자산의 제거조건을 충족하였고, 조건변경 협상 과정에서 발생한 원가와 수수료가 ₩10,000이다. 이 경우 20×1년 12월 31일 A사가 수행할 회계처리를 보이시오.

물음 2 ~ **물음 3** 은 각각 독립적인 상황이다. 물음에 답하시오. (단, 현재가치 계산이 필요할 경우 다음의 현가계수를 이용하고, 금액은 소수점 첫째 자리에서 반올림하여 계산한다)　　　　　　　　[세무사 2차 2023년]

기간	단일금액 1원의 현가계수			정상연금 1원의 현가계수		
	8%	10%	12%	8%	10%	12%
1	0.9259	0.9091	0.8929	0.9259	0.9091	0.8929
2	0.8573	0.8264	0.7972	1.7833	1.7355	1.6901
3	0.7938	0.7513	0.7118	2.5771	2.4868	2.4018
4	0.7350	0.6830	0.6355	3.3121	3.1699	3.0373
5	0.6806	0.6209	0.5674	3.9927	3.7908	3.6048

물음 2 ㈜세무는 20×1년 1월 1일에 ㈜한국이 발행한 A사채(액면금액 ₩1,000,000, 표시이자율 연 6%, 만기 3년, 매년 말 이자지급)를 취득하고 '상각후원가 측정 금융자산'으로 분류하였으며, ㈜한국은 A사채를 '상각후원 가 측정 금융부채'로 분류하였다. 발행시점의 유효이자율은 연 10%이다. 20×2년 12월 31일에 ㈜세무와 ㈜ 한국은 A사채의 만기를 20×5년 12월 31일로 연장하고, 표시이자율을 연 4%로 낮추어 매년 말에 이자를 지급하는 것으로 계약변경(조건변경)에 합의하였다. 이 과정에서 ㈜한국은 ㈜세무에게 수수료 ₩12,000을 지급하였다. 계약상 현금흐름 변경일(20×2년 12월 31일)의 현행이자율은 연 8%이다. (단, ㈜세무는 계약변경 합의 전에 20×2년도 이자를 수령하였다고 가정하며, A사채와 관련된 신용위험은 고려하지 않는다)

물음 2-1 20×2년 12월 31일 계약변경 합의 전 ㈜세무의 금융자산(A사채) 장부금액을 계산하시오.

물음 2-2 20×2년 12월 31일 A사채와 관련된 계약변경이 '금융자산의 제거조건을 충족하지 않는 경우', ㈜세무가 계약변경시점에 인식할 계약변경이익을 계산하시오. (단 20×2년 12월 31일 계약변경 합의 전 금융자산(A사채)의 장부금액은 ₩960,000이라고 가정하고, 계약변경손실의 경우 금액 앞에 '(-)'를 표시하며, 계약변경손익이 없는 경우에는 '없음'으로 표시하시오.)

물음 2-3 20×2년 12월 31일 A사채와 관련하여 ㈜한국이 계약변경시점에 인식할 계약변경이익을 계산하시오. (단, 20×2년 12월 31일 계약변경 합의 전 ㈜한국의 금융부채(A사채) 장부금액은 ₩960,000이라고 가정하고, 계약변경손실의 경우 금액 앞에 '(-)'를 표시하며, 계약변경손익이 없는 경우에는 '없음'으로 표시하시오.)

물음 3 ㈜세무는 20×1년 1월 1일에 ㈜나라가 발행한 B사채(액면금액 ₩1,000,000, 표시이자율 연 8%, 만기 3년, 매년 말 이자지급)를 ₩950,244에 취득하여 '기타포괄손익-공정가치 측정 금융자산'으로 분류하였다. B사채 발행시점의 유효이자율은 연 10%이다. ㈜세무는 20×1년 9월 1일에 사업모형을 변경하여 B사채를 '상각후 원가 측정 금융자산'으로 재분류하였다. ㈜세무는 20×1년 말 현재 B사채의 신용위험이 유의하게 증가하지 않았다고 판단하였으며, 12개월 기대신용손실을 ₩30,000으로 추정하였다. ㈜세무는 20×2년 말에도 B사 채의 신용위험이 유의하게 증가하지 않았다고 판단하였으며, 12개월 기대신용손실을 ₩10,000으로 추정하였다. B사채와 관련된 공정가치는 다음과 같다.

일자	20×1. 9. 1.	20×1. 12. 31.	20×2. 1. 1.	20×2. 12. 31.
공정가치	₩950,000	₩970,000	₩970,000	₩985,000

물음 3-1 금융자산을 재분류하는 경우, 재분류일은 언제인지 구체적인 연, 월, 일을 예시와 같이 기술하시오. (예 20×3년 8월 12일)

물음 3-2 ㈜세무의 금융자산(B사채) 회계처리가 20×1년도 당기순이익에 미치는 영향을 계산하시오. (단, 당기순이익이 감소하는 경우 금액 앞에 '(-)'를 표시하시오.)

물음 3-3 ㈜세무의 금융자산(B사채) 회계처리가 20×2년도 당기순이익에 미치는 영향을 계산하시오. (단, 당기순이익이 감소하는 경우 금액 앞에 '(-)'를 표시하시오.)

물음 1 **물음 1-1**

	차) 변경손실[1)	54,462	대) AC금융자산	54,462
20×1년 말	차) AC금융자산[2)	10,000	대) 현금	10,000

1) 변경된 현금흐름의 현재가치: 30,000 × 2.72325 + 1,000,000 × 0.86384 = 945,538
   따라서 20×1년 12월 31일에 인식할 변경손실은 1,000,000과 945,538의 차이 54,462이다.
2) 조건변경 협상 과정에서 발생한 원가와 수수료는 변경된 금융자산의 장부금액에 반영한다.

물음 1-2

	차) AC금융자산[1)	919,810	대) AC금융자산	1,000,000
20×1년 말	변경손실[2)	90,190	현금	10,000

1) 변경된 현금흐름의 현재가치: 30,000 × 2.67301 + 1,000,000 × 0.83962 = 919,810
   따라서 20×1년 12월 31일에 인식할 변경손실은 1,000,000과 919,810의 차이 80,190이다.
2) 조건변경 협상 과정에서 발생한 원가와 수수료는 기준서에 명시적인 회계처리가 없는데, 금융자산 제
   거에 따른 손익의 일부로 회계처리하는 것이 타당하다.

물음 2 **물음 2-1** 20×2년 12월 31일 계약변경 합의 전 ㈜세무의 금융자산(A사채) 장부금액: 963,646

1,060,000 × 0.9091 = 963,646

물음 2-2 ㈜세무가 계약변경시점에 인식할 계약변경손실: (-)109,228

(1) 계약변경 후 현금흐름의 현재가치(10%) : 40,000 × 2.4868 + 1,000,000 × 0.7513 = 850,772

(2) 계약변경시점의 회계처리

차) 계약변경손실[1)	109,228	대) AC금융자산	109,228
차) 현금	12,000	대) AC금융자산	12,000

1) 960,000 - 850,772 = 109,228

물음 2-3 ㈜한국이 계약변경시점에 인식할 계약변경이익: 51,116

(1) 실질적조건의 변경 여부 판단: 실질적조건의 변경에 해당

☑ 960,000 - 850,772 - 12,000 > 960,000 × 10%

(2) 변경된 현금흐름의 현재가치(8%): 40,000 × 2.5771 + 1,000,000 × 0.7938 = 896,884

(3) 조건변경시점의 회계처리

차) 사채(구)	960,000	대) 사채(신)	896,884
		조건변경이익	63,116
차) 조건변경이익	12,000	대) 현금	12,000

물음 3 **물음 3-1** 재분류일: 20×2년 1월 1일

물음 3-2 20×1년도 당기순이익에 미치는 영향: 65,024

(1) 이자수익 : 950,244 × 10% = 95,024

(2) 손상차손 : (-)30,000

물음 3-3 20×2년도 당기순이익에 미치는 영향: 116,527

(1) 이자수익: 950,244 × 1.1 - 80,000 × 10% = 96,527

(2) 손상차손환입: (10,000) - (30,000) = 20,000

☑ AC금융자산과 FVOCI금융자산은 당기손익에 미치는 영향이 동일하므로 AC금융자산으로 풀이하면 답이 동일
하다.

문제 14 금융자산의 제거 - Level 5

다음의 각 물음은 독립적이다. 유예   [공인회계사 2차 2023년]

물음 1 ㈜대한은 20×1년 10월 1일에 상품을 판매하고 동 일자에 발행된 어음(액면 ₩300,000, 만기 6개월, 연 이자율 5%)을 수령하였다. ㈜대한은 받을어음을 현재가치로 측정하지 않는다. 아래 각 <요구사항>에 답하되, <요구사항>은 독립적이다.

<요구사항 1>
㈜대한은 20×1년 12월 1일에 받을어음을 전액 연 6%로 할인(받을어음 관련 위험과 보상을 대부분 보유)하였다. 동 어음의 보유 및 할인이 20×1년도 당기순이익에 미치는 영향을 계산하시오. 단, 당기순이익이 감소하는 경우 금액 앞에 (-)를 표시하시오.

20×1년 당기순이익에 미치는 영향	①

<요구사항 2>
㈜대한은 20×2년 2월 1일에 받을어음을 전액 연 6%로 할인(받을어음 관련 위험과 보상을 대부분 이전)하였다. 동 어음의 보유 및 할인이 20×2년도 당기순이익에 미치는 영향을 계산하시오. 단, 당기순이익이 감소하는 경우 금액 앞에 (-)를 표시하시오.

20×2년 당기순이익에 미치는 영향	①

물음 2 다음의 <자료 1>을 이용하여, ㈜대한의 대여금 이자 양도 시 회계처리가 당기순이익에 미치는 영향을 계산하시오. 단, 당기순이익이 감소하는 경우에는 금액 앞에 (-)를 표시하시오.

<자료 1>

(1) ㈜대한은 20×1년 10월 1일 현재 장부금액 ₩500,000의 대여금(만기일인 20×4년 9월 30일에 원금 일시 상환 및 매년 9월 30일에 연 이자율 6% 이자 수령)을 보유하고 있다.

(2) ㈜대한은 20×1년 10월 1일 보유하고 있는 동 대여금에서 발생하는 만기까지 수령할 이자를 이자수령액의 공정가치로 양도하였다. 동 양도는 금융자산 제거요건을 충족한다.

(3) 20×1년 10월 1일의 유효이자율은 8%이다. 기간 3, 8%에 대한 단일금액 ₩1과 정상연금 ₩1의 현가계수는 각각 0.7938과 2.5770이다.

당기순이익에 미치는 영향	①

물음 3 다음의 <자료 2>를 이용하여, ㈜대한의 미수금 양도 시의 회계처리가 자산총액에 미치는 영향을 계산하시오. 단, 자산총액이 감소하는 경우에는 금액 앞에 (-)를 표시하시오.

<자료 2>

(1) ㈜대한은 20×1년 1월 1일 미수금 ₩5,000,000(20×1년 4월 1일 회수예정)을 ㈜민국에 양도하고 ₩4,800,000을 수령하였다.

(2) ㈜대한은 미수금과 관련된 신용위험을 ㈜민국에 이전하였으나, 미수금의 회수가 지연되는 경우 최대 5개월 동안의 지연이자(연 6%)를 즉시 지급하기로 약정하였다. ㈜민국은 ㈜대한으로부터 양도받은 미수금을 제3자에게 매도할 수 있는 능력이 없다.

(3) 미수금 양도일 현재 회수지연 위험에 대한 보증의 공정가치는 ₩50,000이다.

자산총액에 미치는 영향	①

물음 4 다음의 <자료 3>을 이용하여, ㈜대한이 취득한 금융상품 A와 금융상품 B를 적절한 금융자산으로 분류하고, 그 이유를 간략히 서술하시오.

<자료 3>

(1) ㈜대한은 원금이 보장되는 금융상품 A와 금융상품 B를 취득하였다. ㈜대한의 금융상품 A와 금융상품 B에 대한 사업모형은 현금흐름 수취목적이다.

(2) 금융상품 A는 원리금지급이 발행된 통화의 인플레이션지수와 연계되어 있고, 이러한 인플레이션 연계가 레버리지되어 있지 않다.

(3) 금융상품 B는 이자 지급이 채무자의 영업이익 달성과 연계되어 있다.

구분	금융자산의 분류	이유
금융상품 A	①	②
금융상품 B	③	④

—| 풀이 |—

물음 1 <요구사항 1>

20×1년 당기순이익에 미치는 영향	① 2,212

(1) 만기수령액 : 300,000 + 300,000 × 5% × 6/12 = 307,500

(2) 할인액 : 307,500 × 6% × 4/12 = 6,150

(3) 현금수령액 : (1) – (2) = 301,350

(4) 이자수익 : 300,000 × 5% × 3/12 = 3,750

(5) 이자비용 : (307,500 – 301,350) × 1/4 = 1,538

회계처리 - 제거요건을 충족하지 않아 차입거래로 분류

20×1년 12월 1일	차) 현금	301,350	대) 단기차입금	301,350
20×1년 말	차) 미수이자	3,750	대) 이자수익	3,750
	차) 이자비용	1,538	대) 차입금	1,538

(6) 당기순이익에 미치는 영향: 3,750 – 1,538 = 2,212

<요구사항 2>

20×2년 당기순이익에 미치는 영향	① 675

(1) 만기수령액 : 300,000 + 300,000 × 5% × 6/12 = 307,500

(2) 할인액 : 307,500 × 6% × 2/12 = 3,075

(3) 현금수령액 : (1) – (2) = 304,425

(4) 매출채권과 미수이자 장부금액 : 300,000 + 300,000 × 5% × 4/12 = 305,000

(5) 매출채권처분손실 : (3) – (4) = (-)575

회계처리 - 제거요건을 충족하여 매각거래로 분류

20×2년 2월 1일	차) 미수이자[1]	1,250	대) 이자수익	1,250
	차) 현금	304,425	대) 매출채권	300,000
	매출채권처분손실	575	미수이자	5,000
	1) 300,000 × 5% × 1/12 = 1,250			

(6) 당기순이익에 미치는 영향: 1,250 – 575 = 675

당기순이익에 미치는 영향	① (-)4,205

(1) 20×1년 10월 1일 금융자산 전체 공정가치: 30,000 × 2.5770 + 500,000 × 0.7938 = 474,210

(2) 20×1년 10월 1일 이자부분 공정가치: 30,000 × 2.5770 = 77,310

회계처리

처분시점	차) 현금 　금융자산처분손실	77,310 4,205	대) 금융자산[1]		81,515
	1) 500,000 × 77,310/474,210 = 81,515				

자산총액에 미치는 영향	① (-)75,000

회계처리(위험과 보상을 보유 or 이전 ×, 통제권 ○)

20×1년 1월 1일	차) 현금 　금융자산처분손실 차) 지속적관여자산[1] 차) 현금	4,750,000 250,000 125,000 50,000	대) 미수금 대) 금융보증부채 대) 이연수익부채		5,000,000 125,000 50,000
	1) Min[5,000,000 × 6% × 5/12(지급보증제공액) = 125,000, 5,000,000] = 125,000				

=> 자산총액에 미치는 영향: 4,750,000 − 5,000,000 + 125,000 + 50,000 = (-)75,000

구분	금융자산의 분류	이유
금융상품 A	① 상각후원가측정금융자산	② 사업모형은 현금흐름 수취목적이고 계약조건에 따라 특정일에 원리금지급만으로 구성되어 있는 현금흐름이 발생한다.
금융상품 B	③ 당기손익-공정가치측정금융자산	④ 계약조건에 따라 특정일에 원리금지급 이외로 구성되어 있는 현금흐름이 발생한다.

☑ 원리금지급이 금융상품이 발행된 통화의 인플레이션지수와 연계되어 있으며, 이러한 인플레이션 연계는 레버리지되어 있지 않고, 원금은 보장되는 경우에는 계약상 현금흐름이 원리금지급만으로 구성되어 있는 것이다.

☑ 이자의 지급이 채무자의 성과나 주가지수와 같이 또 다른 변수와 연계되어 있다면 이러한 계약상 현금흐름은 원리금지급이 아니다.

cpa.Hackers.com

제 **8** 장

금융부채

해커스 IFRS 정윤돈 재무회계연습

회계사 · 세무사 · 경영지도사 단번에 합격!
해커스 경영아카데미 cpa.Hackers.com

문제 1   AC금융부채(사채 발행비, 기중발행, 기중상환, 자기사채, 외화사채, FVPL금융부채) - Level 3

다음에 제시되는 물음은 각각 독립된 상황이다.

A사는 20×1년 초에 다음과 같은 조건의 사채를 B사에 발행하였으며 사채 발행일에 A사의 사채에 적용될 시장이자율은 연 10%이다. A사의 보고기간은 매년 1월 1일부터 12월 31일까지이다. 동 사채의 액면금액은 ₩100,000이고 액면이자율은 연 8%, 이자지급일은 매년 12월 31일에 연 1회 지급하고 만기는 20×3년 말이다.

물음 1 사채 발행 시 사채 발행비로 ₩4,633을 지출하였으며, 20×1년 12월 31일 A사의 재무상태표에 위 사채의 장부금액이 ₩93,240으로 계상되었을 경우 A사가 계상할 20×1년의 이자비용은 얼마인가? (단, 이자율 10%, 3기간 ₩1의 현가계수와 연금현가계수는 각각 0.75131, 2.48685이다)

물음 2 위 물음과 독립적으로 사채의 사채 발행비가 없다고 가정하고 A사가 동 사채를 사채액면의 발행일인 20×1년 초가 아닌 20×1년 4월 1일에 실제 발행하였을 경우, 발행 시 현금수령액과 발행일의 사채 장부금액, 20×1년 말 재무상태표상 사채할인발행차금잔액은 얼마인가? (단, 실제 발행일인 4월 1일의 시장이자율은 15%이며, 이자율 15%, 3기간 ₩1의 현가계수와 연금현가계수는 각각 0.65752, 2.28323이다)

물음 3 위 물음과 독립적으로 사채의 사채 발행비가 없다고 가정하고 A사가 동 사채를 사채액면의 발행일인 20×1년 초가 아닌 20×1년 4월 1일에 실제 발행하였을 경우, 20×1년의 이자비용과 20×1년 사채할인발행차금상각액, A사가 동 사채와 관련하여 인식할 이자비용 총액은 얼마인가? (단, 실제 발행일인 4월 1일의 시장이자율은 15%이며, 이자율 15%, 3기간 ₩1의 현가계수와 연금현가계수는 각각 0.65752, 2.28323이다)

물음 4 위 물음과 독립적으로 A사는 동 사채액면금액 ₩40,000을 20×3년 7월 1일에 ₩45,000에 상환하였다. 동 거래가 A사의 20×3년 당기손익에 미치는 영향은 얼마인가?

물음 5 A사는 20×2년 10월 1일에 발행한 사채의 액면금액 ₩50,000을 미지급이자를 포함하여 ₩50,816에 취득하여 자기사채의 취득으로 인식하였다. 20×3년 4월 1일 A사는 자기사채 중 액면금액 ₩30,000에 해당하는 사채를 미지급이자를 포함하여 재발행하였으며 이때의 시장이자율은 15%이다. 20×3년에 A사가 인식할 이자비용은 얼마인가?

물음 6 위 물음과 별도로 A사는 20×1년 5월 1일에 액면가 ₩2,000,000의 사채를 발행하였다. 사채의 발행조건은 다음과 같으며, 이 회사의 회계기간은 1월 1일부터 12월 31일까지이고, 이자는 월할로 계산한다. 사채의 표시이자율은 연 6%이며, 이자지급방법은 연 2회로 매년 4월 30일과 10월 31일에 현금으로 지급한다. 사채의 만기일은 20×5년 4월 30일이며 만기에 일시상환한다. 사채 발행일 현재 A회사에서 발행하는 사채와 유사한 위험의 사채에 대한 시장이자율은 연 10%이다. 20×1년 동 사채가 A사의 당기손익에 미치는 영향은 얼마인가? (단, 이자율 5%, 8기간 ₩1의 현가계수와 연금현가계수는 각각 0.677, 6.463이다)

물음 7 위 물음과 독립적으로 A사(결산일 12월 31일)는 20×5년 1월 1일에 달러표시 사채(액면금액 $10,000)를 $9,000에 할인발행하였다. 동 사채는 매년 12월 31일 액면금액의 연 3%의 이자를 지급하며, 사채 발행일 현재 유효이자율은 6%이다. 20×5년 초 환율은 ₩1,100/$이며, 20×5년 말 현재 환율은 ₩1,020/$, 20×5년 평균환율은 ₩1,050/$이다. A사가 20×5년에 인식할 사채에 대한 이자비용 및 환율변동손익은 각각 얼마인가?

물음 8 12월 말 결산법인인 A사는 명목상 발행일인 20×1년 1월 1일 액면금액 ₩100,000의 사채를 20×1년 7월 1일에 발행하였다. 사채의 만기는 3년, 표시이자율은 4%로 매년 말에 지급한다. 명목상 발행일인 20×1년 1월 1일의 시장이자율은 12%, 실제 발행일인 20×1년 7월 1일의 시장이자율은 10%이다. 만일 A사가 회사채를 발행하면서 거래원가로 ₩1,500을 지급하였다면, (1) 당기손익인식금융부채로 분류한 경우와 (2) 상각후원가측정금융부채로 분류한 경우 발행시점에 부채(액면이자 제외)로 인식할 금액은 각각 얼마인지 계산하시오.

물음 1 20×1년 이자비용: (-)10,847

(1) 사채 발행금액: 100,000 × 0.75131 + 8,000 × 2.48685 - 4,633 = 90,393

(2) 유효이자율(R): 90,393 × (1 + R) - 8,000 = 93,240, R = 12%

(3) 이자비용: 90,393 × 12% = (-)10,847

물음 2 (1) 20×1년 4월 1일 사채 발행 시 현금수령액: ① + ② = 87,169

(2) 20×1년 4월 1일 사채 발행 시 장부금액: ① + ② - ③ = 85,169

(3) 20×1년 말 B/S상 사채할인발행차금: 100,000 - (84,018 × 1.15 - 8,000) = 11,379

   ① 20×1년 초 사채의 현재가치: 100,000 × 0.65752 + 8,000 × 2.28323 = 84,018

   ② 20×1년 초 ~ 4/1 유효이자: 84,018 × 15% × 3/12 = 3,151

   ③ 20×1년 초 ~ 4/1 미지급이자비용: 8,000 × 3/12 = 2,000

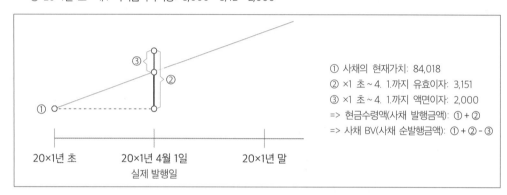

① 사채의 현재가치: 84,018
② ×1 초 ~ 4. 1.까지 유효이자: 3,151
③ ×1 초 ~ 4. 1.까지 액면이자: 2,000
=> 현금수령액(사채 발행금액): ① + ②
=> 사채 BV(사채 순발행금액): ① + ② - ③

20×1년 초   20×1년 4월 1일   20×1년 말
             실제 발행일

회계처리

| 20×1년 4월 1일 | 차) 현금 | 87,169 | 대) 사채 | 85,169 |
| | | | 미지급이자 | 2,000 |

	B/S	×1. 4. 1.		B/S	×1. 12. 31.
	사채	100,000		사채	100,000
	사할차	(14,831)		사할차	(11,379)
		85,169			88,621
	미지급이자	2,000			

물음 3 (1) 20×1년의 이자비용: 84,018 × 15% × 9/12 = (-)9,452

(2) 20×1년 사채할인발행차금상각액: 88,621[1] - 85,169 = 3,452

   1) 20×1년 말 사채 BV: 84,018 × 1.15 - 8,000 = 88,621

(3) 총이자비용: (100,000 + 8,000 × 3년) - 87,169 = (-)36,831

물음 4 20×3년 당기손익에 미치는 영향: (3,764) + (7,855) = (-)11,619

(1) 상환손실: -45,000 + (① + ②) × 40% = (-)3,764

　① 20×3년 초 사채 BV: 108,000/1.1 = 98,182

　② 20×3년 초 ~ 7/1 유효이자: 98,182 × 10% × 6/12 = 4,909

(2) 이자비용: 98,182 × 10% × 6/12 × 40% + 98,182 × 10% × 60% = (-)7,855

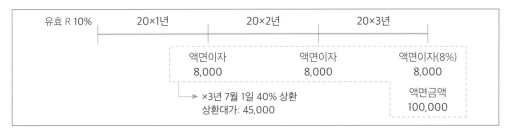

회계처리

20×1년 4월 1일	차) 현금	87,169	대) 사채	85,169
			미지급이자	2,000
20×3년 7월 1일	차) 사채	41,236	대) 현금	45,000
	사채상환손실	3,764		

별해 회계처리

20×3년 7월 1일	차) 이자비용	1,964	대) 미지급이자	1,600
			사채	364
	차) 미지급이자	1,600	대) 현금	45,000
	사채	39,636		
	상환손실	3,764		
20×3년 12월 31일	차) 이자비용	5,891	대) 현금	4,800
			사채	1,091

물음 5 20×3년의 이자비용: 108,000/1.1 × 10% × 50% + 108,000/1.15 × 15% × 9/12 × 30% = (-)8,079

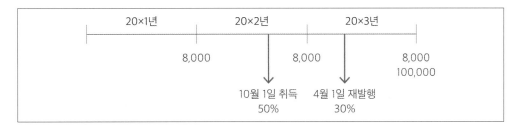

20×1년 당기손익에 미치는 영향: (87,089) + (29,481) = (-)116,570

(1) 20×1년 5월 1일 사채의 현재가치(표시이자율 3%, 시장이자율 5%, 8기간 모형): 1,741,780[1]

    1) 2,000,000 × 0.677 + 60,000 × 6.463 = 1,741,780

(2) 20×1년 5월 ~ 10월 말 이자비용: 1,741,780 × 5% = (-)87,089

(3) 20×1년 11월 · 12월 말 이자비용: (1,741,780 × 1.05 − 60,000) × 5% × 2/6 = ( )29,481

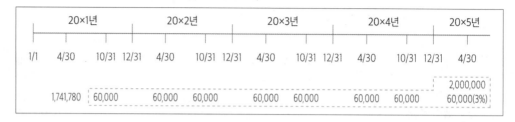

(1) 이자비용: 9,000 × 6% × 1,050 = (-)567,000

(2) 환율변동손익: 736,200

회계처리

20×5년	차)	이자비용[1]	567,000	대)	현금[2]	306,000
		환율변동손실	3,000		사채[3]	264,000
	차)	사채[4]	739,200	대)	환율변동이익	739,200

1) $9,000 × 6% × ₩1,050/$ = 567,000
2) $10,000 × 3% × ₩1,020/$ = 306,000
3) ($9,000 × 6% − 300) × ₩1,100/$ = 264,000
4) ($9,000 × 1.06 − 300) × (₩1,020/$ − ₩1,100/$) = 739,200

(1) 당기손익인식금융부채의 사채 발행금액(부채 인식액): ① + ② − ③ = 87,331

    ① 20×1년 1월 1일의 현재가치: $4,000/1.1 + 4,000/1.1^2 + 104,000/1.1^3 = 85,077$

    ② 1/1 ~ 7/1 유효이자: 85,077 × 10% × 6/12 = 4,254

    ③ 1/1 ~ 7/1 액면이자: 4,000 × 6/12 = 2,000

    • 회계처리

차)	현금	89,331	대)	미지급이자	2,000
				FVPL금융부채	87,331
차)	사채 발행비용	1,500	대)	현금	1,500

(2) 상각후원가측정금융부채의 사채 발행금액(부채 인식액): 87,331 − 1,500 = 85,831

    • 회계처리

차)	현금	89,331	대)	미지급이자	2,000
				AC금융부채	87,331
차)	AC금융부채	1,500	대)	현금	1,500

㈜한국이 발행한 사채와 관련된 다음의 물음은 서로 독립적인 상황이다. 아래의 공통 자료를 이용하여 물음에 답하시오.

[세무사 2차 2016년]

---

(1) 기간별 현재가치(현가)계수는 다음과 같다.

<단일금액 ₩1의 현가>

기간	6%	7%	8%	9%	10%
1	0.9434	0.9346	0.9259	0.9174	0.9091
2	0.8900	0.8734	0.8573	0.8417	0.8264
3	0.8396	0.8163	0.7938	0.7722	0.7513
합계	2.6730	2.6243	2.5770	2.5313	2.4868

(2) 경과기간 혹은 잔여기간은 월 단위로 계산한다.

(3) 계산금액은 특별한 언급이 없는 한, 소수점 첫째 자리에서 반올림한다.

물음 1 ㈜한국은 20×1년 4월 1일 표시이자율이 연 6%인 액면금액 ₩500,000의 사채를 발행하였다. 권면상 사채 발행일이 20×1년 1월 1일로 기록된 동 사채의 실제 발행일은 20×1년 4월 1일이다. 20×1년 1월 1일 사채에 적용되는 시장이자율은 연 8%이며, 20×1년 4월 1일 사채에 적용되는 시장이자율은 연 7%이다. 사채는 상각후원가로 측정되고, 만기는 3년이며 만기일은 20×3년 12월 31일이다. 이자지급일은 매년 말 12월 31일이며, 사채 발행비는 발생하지 않았다. 다음 물음에 답하시오.

> **물음 1-1** ㈜한국이 발행한 사채와 관련하여 실제 발행일의 사채 발행금액을 계산하시오.

> **물음 1-2** ㈜한국이 발행한 사채와 관련하여 20×1년도에 인식할 이자비용을 계산하시오

> **물음 1-3** ㈜한국이 사채의 실제 발행일로부터 잔여상환기간에 걸쳐 인식할 총이자비용을 계산하시오.

물음 2 ㈜한국은 권면상 발행일인 20×1년 1월 1일 사채를 실제로 발행하였으며, 사채 발행비 ₩6,870이 발생하였다. 실제 발행일인 20×1년 1월 1일 사채에 적용되는 시장이자율은 연 8%이다. 사채의 액면금액은 ₩500,000이고, 표시이자율은 연 6%이며, 이자지급일은 매년 말 12월 31일이다. 사채는 상각후원가로 측정되며, 만기는 3년이고 만기일은 20×3년 12월 31일이다. 사채발행차금상각은 유효이자율법을 사용하며, 이자율계산 시 소수점 셋째 자리에서 반올림한다. 다음 물음에 답하시오. (예) 4.226% → 4.23%)

> **물음 2-1** 20×1년 12월 31일 사채의 장부금액이 ₩477,340인 경우, 사채 발행일에 적용된 유효이자율을 계산하시오.

> **물음 2-2** 20×2년 4월 1일에 동 사채가 ₩485,500에 상환된 경우, 사채상환손익을 계산하시오(단, 상환일에 발생한 거래원가는 없다고 가정한다).

물음 3 ㈜한국은 다음과 같은 조건의 사채를 발행하였다. 사채의 액면금액은 ₩300,000이고, 매년 12월 31일 3회에 걸쳐 액면금액을 균등하게 분할하여 연속상환한다. 사채의 권면상 발행일은 20×1년 1월 1일이며, 표시이자율은 연 5%이다. 사채의 실제 발행일은 20×1년 4월 1일이며, 사채 발행비는 발생하지 않았다. 20×1년 1월 1일 사채에 적용되는 시장이자율은 연 10%이며, 20×1년 4월 1일 사채에 적용되는 시장이자율은 연 9%이다. 사채는 상각후원가로 측정되며, 이자지급일은 매년 12월 31일이다. ㈜한국이 동 사채와 관련하여 인식해야 하는 20×1년 12월 31일 사채의 장부금액을 계산하시오.

물음 4 B사는 다음과 같은 조건의 사채를 20×1년 4월 1일에 경과이자를 포함하여 ㈜사과에 발행하였다. B사와 ㈜사과의 결산일은 모두 12월 31일이다.

> (1) 사채 권면상 발행일: 20×1년 1월 1일
>
> (2) 액면금액: ₩10,000,000
>
> (3) 표시이자율: 연 10%
>
> (4) 이자지급시기: 매년 12월 31일
>
> (5) 원금의 상환: 20×1년부터 20×5년까지 매년 12월 31일에 ₩2,000,000씩 연속상환
>
> (6) 20×1년 1월 1일의 시장이자율: 연 3%
>
> (7) 20×1년 4월 1일의 시장이자율: 연 5%
>
> (8) 사채 발행과 관련하여 발생한 비용은 없음

시장이자율이 3%와 5%일 때 ₩1의 현가계수와 정상연금 ₩1의 현가계수는 아래의 표와 같다.

기간	단일금액 ₩1의 현가계수		정상연금 ₩1의 현가계수	
	3%	5%	3%	5%
1	0.97087	0.95238	0.97087	0.95238
2	0.94260	0.90703	1.91347	1.85941
3	0.91514	0.86384	2.82861	2.72325
4	0.88849	0.82270	3.71710	3.54595
5	0.86261	0.78353	4.57971	4.32948

단, 각 물음은 독립적이며, 소수점 이하 금액은 반올림한다.

물음 4-1 B사가 동 사채와 관련하여 인식해야 하는 ① 20×1년 12월 31일 현재 사채의 사채할증발행차금 및 동 사채의 ② 20×1년 사채할증발행차금의 상각액을 구하시오.

물음 4-2 B사가 위 사채를 20×4년 1월 1일에 시가(미래현금흐름의 현재가치)로 조기상환하는 경우 인식해야 하는 사채상환이익(손실)을 계산하시오(단, 20×4년 1월 1일의 시장이자율은 연 4%이다).

물음 5 위 물음들과 독립적으로, ㈜대한은 20×1년 1월 1일에 ㈜민국에게 연속상환사채를 발행하였다. 아래의 <자료>를 이용하여 <요구사항>에 답하시오.

[공인회계사 2차 2022년]

<자료>

- 사채의 발행조건은 다음과 같다.
- 사채의 액면금액: ₩1,000,000
- 만기상환일: 20×4년 12월 31일
- 표시이자율: 연 8%
- 이자지급일: 매년 12월 31일(연 1회)
- 원금의 상환방법: 20×1년부터 20×4년까지 매년 말 ₩250,000씩 상환
- 사채 발행일 현재 동 사채에 적용되는 유효이자율: 연 5%
- 동 사채와 관련하여 이자계산 시 월할 계산한다. 현재가치 계산 시 아래의 현가계수를 이용한다.

기간	단일금액 ₩1의 현가계수		
	4%	5%	6%
1	0.9615	0.9524	0.9259
2	0.9246	0.9070	0.8573
3	0.8890	0.8638	0.7938
4	0.8548	0.8227	0.7530

<요구사항 1>

㈜대한의 사채와 관련하여 20×2년도에 인식될 이자비용을 계산하시오.

20×2년 이자비용	①

<요구사항 2>

㈜대한이 20×3년 1월 1일에 위 사채를 재매입하여 자기사채로 처리하는 경우 ㈜대한의 20×3년도 포괄손익계산서상 당기순이익에 미치는 영향을 계산하시오(단, 자기사채의 매입시점에 동 사채에 적용되는 시장이자율은 연 4%이며, 당기순이익이 감소하는 경우 금액 앞에 (-)를 표시하시오).

당기순이익에 미치는 영향	①

---| 풀이 |--------

물음 1 **물음 1-1** 실제 발행일의 사채 발행금액: (1) + (2) = 495,399

(1) 20×1년 초 PV(CF): 500,000 × 0.8163 + 30,000 × 2.6243 = 486,879

(2) 20×1년 초 ~ 4월 1일 유효이자: 486,879 × 7% × 3/12 = 8,520

(3) 20×1년 초 ~ 4월 1일 액면이자: 30,000 × 3/12 = 7,500

물음 1-2 20×1년도 이자비용: 486,879 × 7% × 9/12 = (-)25,561

물음 1-3 총이자비용: (500,000 + 30,000 × 3년) - 495,399 = (-)94,601

물음 2 **물음 2-1** 유효이자율: 8.56%

(1) 20×1년 초 사채의 발행금액: 500,000 × 0.7938 + 30,000 × 2.5770 - 6,870 = 467,340

(2) 유효이자율(R): 467,340 × (1 + R) - 30,000 = 477,340, R = 8.56%

물음 2-2 사채상환이익: -485,500 + ((1) + (2)) = 2,055

(1) 20×2년 초 사채의 장부금액: 477,340

(2) 20×2년 초 ~ 4월 1일 유효이자: 477,340 × 8.56% × 3/12 = 10,215

물음 3 20×1년 말 사채의 장부금액: (100,000 + 10,000)/1.09 + (100,000 + 5,000)/1.09^2 = 189,293

물음 4 **물음 4-1** (1) 20×1년 4월 1일의 사채순발행금액: 1) + 2) - 3) = 11,232,817

(2) 20×1년 4월 1일의 사채할증발행차금: 11,232,817 - 10,000,000 = 1,232,817

1) 20×1년 초의 현재가치: 11,341,054

구분	20×1. 12. 31.	20×2. 12. 31.	20×3. 12. 31.	20×4. 12. 31.	20×5. 12. 31.	계
원금	2,000,000	2,000,000	2,000,000	2,000,000	2,000,000	10,000,000
이자	1,000,000	800,000	600,000	400,000	200,000	3,000,000
합계	3,000,000	2,800,000	2,600,000	2,400,000	2,200,000	13,000,000
현가계수	0.95238	0.90703	0.86384	0.82270	0.78353	
현재가치	2,857,140	2,539,684	2,245,984	1,974,480	1,723,766	11,341,054

2) 20×1년 초 ~ 4/1 유효이자: 11,341,054 × 5% × 3/12 = 141,763

3) 20×1년 초 ~ 4/1 액면이자: 1,000,000 × 3/12 = 250,000

(3) 20×1년 말 사채의 장부금액: 11,341,054 + 11,341,054 × 5% - 3,000,000 = 8,908,107

(4) 20×1년 12월 31일 현재 사채할증발행차금: 8,908,107 - 8,000,000 = 908,107

	B/S		×1. 4. 1.		B/S		×1. 12. 31.
현금	11,482,817	사채	10,000,000			사채	8,000,000
		사할증	1,232,817			사할증	908,107
			11,232,817				8,908,107
		미지급이자	250,000				

(5) 20×1년 사채할증발행차금상각액: 1,232,817 - 908,107 = 324,710

회계처리

20×1년 4월 1일	차) 현금	11,482,817	대) 미지급이자		250,000
			사채		11,232,817
20×1년 12월 31일	차) 이자비용	425,289	대) 현금		3,000,000
	미지급이자	250,000			
	사채	2,324,711			

물음 4-2 사채의 상환손실: (-)60,538

(1) 20×4년 1월 1일 사채의 장부금액: 2,400,000 × 0.95238 + 2,200,000 × 0.90703 = 4,281,178

(2) 20×4년 1월 1일 상환금액: 2,400,000 ÷ 1.04 + 2,200,000 ÷ 1.042 = 4,341,716

(3) 사채상환손실: 4,281,178 - 4,341,716 = (-)60,538

물음 5 <요구사항 1>

20×2년 이자비용	① 39,575	

(1) 20×2년 기초사채의 장부금액: 310,000 × 0.9524 + 290,000 × 0.9070 + 270,000 × 0.8638 = 791,500

(2) 20×2년 이자비용: 791,500 × 5% = 39,575

<요구사항 2>

당기순이익에 미치는 영향	① (-)7,402

(1) 20×3년 초 사채의 장부금액: 791,500 × 1.05 - 310,000 = 521,075

(2) 20×3년 초 사채의 공정가치(재매입대가 - 재매입 시 시장이자율 사용)

290,000 × 0.9615 + 270,000 × 0.9246 = 528,477

회계처리

재매입 시	차) 사채(순액)	521,075	대) 현금		528,477
	재매입손실	7,402			

☑ 자기사채의 취득은 사채의 상환으로 회계처리한다.

각 물음은 서로 독립적이다.

물음 1 A사는 20×1년 1월 1일에 사채를 발행하여 매년 말 액면이자를 지급하고 유효이자율법에 의하여 상각한다. 20×2년 말 이자와 관련된 회계처리는 다음과 같다.

차) 이자비용	6,000	대) 사채할인발행차금	3,000
		현금	3,000

위 거래가 반영된 20×2년 말 사채의 장부금액이 ₩43,000으로 표시되었다면, 사채의 유효이자율은? (단, 사채의 만기는 20×3년 12월 31일이다)

물음 2 A사는 20×1년 1월 1일에 액면금액이 ₩40,000, 3년 만기 사채를 ₩36,962에 할인발행하였다. 사채 발행 시 유효이자율은 연 9%이고, 이자는 매년 말 후급한다. 20×2년 1월 1일 현재 사채의 장부금액이 ₩37,889 이라고 하면 사채의 표시이자율은? (단, 화폐금액은 소수점 첫째 자리에서 반올림한다)

물음 3 ㈜도도는 20×1년 1월 1일에 사채(액면금액 ₩1,000,000, 표시이자율 연 10%, 매년 말 이자지급, 만기 3년)를 ₩885,840에 발행하였다. ㈜도도는 동 사채를 20×3년 1월 1일에 전액 상환하였으며 발행시점부터 상환 직전까지 인식한 총이자비용은 ₩270,680이었다. 사채 상환 시 사채상환이익이 ₩1,520인 경우 ㈜도도가 지급한 현금은? (단, 계산 시 화폐금액은 소수점 첫째 자리에서 반올림한다)

물음 4 A회사가 액면가 ₩300,000인 사채(표시이자율 10%, 이자지급일 매년 12월 31일, 만기 3년, 사채권면의 발행일 20×1년 1월 1일)를 20×1년 5월 1일에 발행하였으며, 상각후원가 측정 금융부채로 분류하였다. 사채의 발행일 5월 1일에 사채에 적용된 시장이자율은 12%이었다. A회사는 20×2년 6월 30일에 동 사채의 전부를 상환하였다. 동 사채로 인하여 20×2년 A회사 당기손익은 ₩16,140만큼 감소하였다. 이 경우 A회사가 동 사채의 상환으로 지급한 금액은 얼마인가? (단, 20×1년 말에 사채에 적용된 시장이자율은 10%이며, 관련 현가계수는 다음과 같다)

구분	10%	12%
3기간 단일금액 ₩1의 현재가치계수	0.75131	0.71178
3기간 연금 ₩1의 현재가치계수	2.48685	2.40183

물음 1 (1) 20×2년 초 사채 장부금액: 43,000 - 3,000(20×2년 상각액) = 40,000

(2) 유효이자율(R): 40,000 × R = 6,000, R = 15%

물음 2 (1) 20×2년 초 사채 장부금액 37,889 = 36,962 × (1 + 9%) - 액면이자, 액면이자: 2,400

(2) 표시이자율(R): 40,000 × R = 2,400, R = 6%

물음 3 (1) 총이자비용 = 총현금수령액(사채 상환 시 장부금액 + 액면이자합계) - 총현금지급액(발행금액)

270,680 = (사채 상환 시 장부금액 + 100,000 × 2년) - 885,840, 사채 상환 시 장부금액: 956,520

(2) 사채상환손익 = -상환대가 + 사채 장부금액

1,520 = -상환대가 + 956,520, 상환대가: 955,000

(3) 사채 상환 시 회계처리

| 차) 사채 | 956,520 | 대) 현금(역산) | 955,000 |
| | | 사채상환이익 | 1,520 |

=> 현금지급액: 955,000

물음 4 (1) 20×2년 초 사채 장부금액: (300,000 × 0.71178 + 30,000 × 2.40183) × 1.12 - 30,000 = 289,860

(2) 사채(100%) 상환 시 당기손익에 미친 영향: 상환손익 + 이자비용 = -상환액 + 기초사채장부금액

(-)16,140 = -상환액 + 289,860, 상환액: 306,000

㈜포도는 20×1년 4월 1일 다음과 같은 조건으로 ㈜사과가 20×1년 4월 1일에 발행한 회사채를 취득하였다.

(1) 발행일: 20×1년 1월 1일

(2) 액면금액: ₩1,000,000

(3) 연 5%, 매년 말 지급

(4) 만기: 20×3년 12월 31일

(5) 20×1년 1월 1일 동 회사채의 시장이자율: 연 12%

(6) 20×1년 4월 1일 동 회사채의 시장이자율: 연 10%

(7) 현가계수

기간	₩1의 현가계수		₩1의 정상연금 현가계수	
	10%	12%	10%	12%
3	0.75131	0.71178	2.48685	2.40183

물음 1 ㈜사과가 동 사채 발행으로 계상할 아래의 금액들을 구하시오.

20×1년 4월 1일 사채의 발행금액	①
20×1년 4월 1일 사채할인발행차금의 장부금액	②
㈜사과가 동 사채를 발행한 이후 만기까지 인식할 총이자비용	③
20×1년 포괄손익계산서에 계상할 동 사채에서 발생한 이자비용	④
20×1년의 사채할인발행차금상각액	⑤

물음 2 ㈜사과는 20×2년 4월 1일에 동 사채의 액면금액 ₩400,000에 해당하는 부분을 ₩450,000에 상환하였다. 동 사채로 인하여 20×2년 포괄손익계산서에 계상될 아래의 금액들을 구하시오(단, 사채의 상환손익이 손실인 경우 '-'로 표시한다).

사채의 상환손익	①
20×2년 동 사채로 인한 이자비용	②

물음 3 위의 **물음 2**와 별도로 ㈜사과는 20×2년 4월 1일에 동 사채 전부를 경과이자 포함하여 ₩1,100,000에 상환하였다. 20×1년 말 동 금융자산의 공정가치는 ₩946,503이다. 이와 관련하여 ㈜포도가 동 회사채를 FVOCI금융자산으로 분류했을 때 포괄손익계산서에 계상할 아래의 금액을 구하시오(단, 금융자산처분손익이 손실인 경우 '-'로 표시한다).

금융자산처분손익	①
20×2년 포괄손익계산서에 계상될 동 금융자산 관련 기타포괄손익	②

물음 4 위의 물음과 독립적으로 ㈜포도는 동 사채를 최초 취득 시 FVOCI금융자산으로 분류하였다. 20×1년 중 사업모형이 변경되어 20×2년 1월 1일에 동 채권을 AC금융자산으로 분류변경하였다. 분류변경일 당시 동 채권의 공정가치는 ₩946,503(20×1년 말의 공정가치와 동일)으로, 동 사채의 시장이자율은 연 8%이다. 아래의 물음에 답하시오(단, 당기순이익에 미친 영향이 감소면 '-'로 표기한다).

20×2년 1월 1일에 ㈜포도가 수행하여야 할 회계처리	①
동 금융자산이 ㈜포도의 20×2년의 당기순이익에 미친 영향	②

물음 5 위의 물음과 독립적으로 ㈜포도는 동 사채를 최초 취득 시 FVOCI금융자산으로 분류하였다. 20×1년 중 사업모형이 변경되어 20×2년 1월 1일에 동 채권을 FVPL금융자산으로 분류변경하였다. 분류변경일 당시 동 채권의 공정가치는 ₩946,503(20×1년 말의 공정가치와 동일)로, 동 사채의 시장이자율은 연 8%이다. 20×2년 말 동 채권의 공정가치는 ₩960,503이다. 아래의 물음에 답하시오(단, 당기순이익에 미친 영향이 감소면 '-'로 표기한다).

20×2년 1월 1일에 ㈜포도가 수행하여야 할 회계처리	①
동 금융자산이 ㈜포도의 20×2년의 당기순이익에 미친 영향	②

해커스 IFRS 정윤돈 재무회계연습

제8장

금융부채

물음 1

20×1년 4월 1일 사채의 발행금액	① 897,544
20×1년 4월 1일 사채할인발행차금의 장부금액	② 114,956
㈜사과가 동 사채를 발행한 이후 만기까지 인식할 총이자비용	③ 252,456
20×1년 포괄손익계산서에 계상할 농 사채에서 발생한 이자비용	④ 65,674
20×1년의 사채할인발행차금상각액	⑤ 28,174

(1) 20×1년 초 사채 현금흐름의 현재가치: 1,000,000 × 0.75131 + 50,000 × 2.48685 = 875,653

(2) 20×1년 초부터 4월 1일까지 유효이자: 875,653 × 10% × 3/12 = 21,891

(3) 20×1년 초부터 4월 1일까지 액면이자: 50,000 × 3/12 = 12,500

(4) 20×1년 4월 1일 사채의 발행금액(= 현금수령액): 875,653 + 21,891 = 897,544

(5) 20×1년 4월 1일 사채의 순발행금액: 897,544 - 12,500 = 885,044

(6) 20×1년 4월 1일 사채할인발행차금의 장부금액: 1,000,000 - 885,044 = 114,956

(7) 만기까지 인식할 총이자비용: (1,000,000 + 50,000 × 3년) - 897,544 = 252,456

(8) 20×1년 이자비용: 875,653 × 10% × 9/12 = 65,674

(9) 20×1년 말 사채할인발행차금상각액: (875,653 × 1.1 - 50,000) - 885,044 = 28,174

회계처리

20×1년 4월 1일	차)	현금	897,544	대) 사채	1,000,000
		사채할인발행차금	114,956	미지급이자	12,500
20×1년 12월 31일	차)	이자비용	65,674	대) 현금	50,000
		미지급이자	12,500	사채할인발행차금	28,174

물음 2

사채의 상환손익	① (-)75,581
20×2년 동 사채로 인한 이자비용	② 63,925

(1) 20×2년 4월 1일까지의 유효이자: 913,218 × 10% × 3/12 = 22,830

(2) 사채상환: (913,218 + 22,830) × 40% - 450,000 = (-)75,581

(3) 20×2년 이자비용: 913,218 × 10% × 40% × 3/12 + 913,218 × 10% × 60% × 12/12 = 63,925

회계처리

20×2년 4월 1일	차)	이자비용	9,132	대) 미지급이자	5,000
				사채할인발행차금	4,132
	차)	미지급이자	5,000	대) 사채할인발행차금(역산)	30,581
		사채	400,000	현금	450,000
		사채상환손실	75,581		
20×2년 12월 31일	차)	이자비용	54,793	대) 현금	30,000
				사채할인발행차금	24,793

물음 3	금융자산처분손익	① 163,952
	20×2년 포괄손익계산서에 계상될 동 금융자산 관련 기타포괄손익	② (-)33,285

(1) 20×1년 말 FVOCI금융자산평가이익: 946,503 - 913,218 = 33,285

(2) 20×2년 4월 1일까지의 유효이자: 913,218 × 10% × 3/12 = 22,830

(3) 금융자산처분이익: 1,100,000 - (913,218 + 22,830) = 163,952 이익

　　☑ AC금융자산과 FVOCI금융자산은 당기손익에 미치는 영향이 동일하므로 총장부금액을 기준으로 상환손익을 간단히 구할 수 있다.

(4) 20×2년 포괄손익계산서에 계상될 기타포괄손익: (-)33,285

　　☑ 채무상품은 재분류조정이 가능하므로 전기에 인식하였던 기타포괄손익이 모두 제거된다.

회계처리

20×1년 4월 1일	차)	FVOCI금융자산 미수이자	885,044 12,500	대)	현금	897,544
20×1년 12월 31일	차) 차)	현금 FVOCI금융자산 FVOCI금융자산	50,000 28,174 33,285	대) 대)	이자수익 미수이자 평가이익	65,674 12,500 33,285
20×2년 4월 1일	차) 차) 차)	미수이자 FVOCI금융자산 FVOCI금융자산 현금 평가이익	12,500 10,330 130,667 1,100,000 163,952	대) 대) 대) 대)	이자수익 평가이익[1] 미수이자 FVOCI금융자산 처분이익	22,830 130,667 12,500 1,087,500 163,952

1) [(1,100,000 - 12,500) - (946,503 + 10,330)] = 130,667

물음 4		①
20×2년 1월 1일에 ㈜포도가 수행하여야 할 회계처리		차) AC금융자산　913,218　　대) FVOCI금융자산　946,503 　　평가이익(OCI)　33,285
동 금융자산이 ㈜포도의 20×2년의 당기순이익에 미친 영향		② 91,322

회계처리

20×2년 1월 1일	차)	AC금융자산 평가이익(OCI)	913,218 33,285	대)	FVOCI금융자산	946,503
20×2년 12월 31일	차)	현금 AC금융자산	50,000 41,322	대)	이자수익[1]	91,322

1) 913,218 × 10% = 91,322

물음 5		①
20×2년 1월 1일에 ㈜포도가 수행하여야 할 회계처리		차) FVPL금융자산　946,503　　대) FVOCI금융자산　946,503 차) 평가이익(OCI)　33,285　　대) 재분류이익(N/I)　33,285
동 금융자산이 ㈜포도의 20×2년의 당기순이익에 미친 영향		② 97,285

20×2년 당기순이익에 미치는 영향: 33,285 + 50,000 + 14,000 = 97,285

회계처리

20×2년 1월 1일	차) 차)	FVPL금융자산 평가이익(OCI)	946,503 33,285	대) 대)	FVOCI금융자산 재분류이익(N/I)	946,503 33,285
20×2년 12월 31일	차) 차)	현금 FVPL금융자산[1]	50,000 14,000	대) 대)	이자수익 평가이익(N/I)	50,000 14,000

1) 960,503 - 946,503 = 14,000

문제 5 FVPL금융부채 - Level 5

A사는 20×1년 1월 1일 액면금액이 ₩100,000이고, 표시이자율은 6%이며, 이자지급일이 매년 12월 31일이고, 만기가 20×3년 12월 31일인 사채를 발행하였다. 사채 발행시점 시장이자율은 10%이며, ₩90,051에 발행하였다. 사채 발행 시 거래원가는 ₩4,460이 발생하여 발행 당시 유효이자율은 12%이다.

기간	10%		12%		13%		15%	
	현가계수	연금현가계수	현가계수	연금현가계수	현가계수	연금현가계수	현가계수	연금현가계수
1기간	0.9091	0.9091	0.8929	0.8929	0.8850	0.8850	0.8696	0.8696
2기간	0.8265	1.7356	0.7972	1.6901	0.7831	1.6681	0.7561	1.6257
3기간	0.7513	2.4869	0.7118	2.4019	0.6931	2.3612	0.6575	2.2832

A사는 사채를 당기손익-공정가치 측정 금융부채로 지정하였다. 20×1년 말 사채에 적용되는 20×1년 말 현재기준 금리는 연 7%이므로 발행시점의 신용위험이 유지되는 경우 시장이자율은 연 12%(기준금리 7% + 신용가산이자율 5%)이다. 20×1년 말 현재 A사가 발행한 동 회사채의 시장이자율은 15%(기준금리 7% + 신용가산이자율 8%)이다(단, 15%와 12% 적용 시 공정가치의 차이로 신용가산이자율의 변동에 따른 공정가치 차이를 구한다). 유예

물음 1 A사가 발행한 사채의 신용위험 변동효과의 회계처리가 당기손익의 회계불일치를 일으키거나 확대하지 않는다고 할 때, 20×1년 포괄손익계산서상 당기순이익과 기타포괄손익에 미치는 영향을 계산하시오.

물음 2 A사가 발행한 사채의 신용위험 변동효과의 회계처리가 당기손익의 회계불일치를 일으키거나 확대한다고 할 때, 20×1년 포괄손익계산서상 당기순이익과 기타포괄손익에 미치는 영향을 계산하시오.

물음 1 (1) 당기순이익에 미친 영향: (4,460) + (6,000) + 190 = (-)10,270

(2) 기타포괄손익에 미친 영향: 4,497

1) 20×1년 말 사채의 공정가치(15%): 6,000 × 1.6257 + 100,000 × 0.7561 = 85,364

2) 20×1년 말 기준금리 변동만 반영한 사채의 공정가치(12%): 89,861[1]

   1) 6,000 × 1.6901 + 100,000 × 0.7972 = 89,861

3) 수수료비용: (-)4,460

4) 액면이자비용: (-)6,000

5) FVPL금융부채 공정가치 변동액: 90,051 - 85,364 = 4,687

6) FVPL금융부채평가이익(기타포괄손익): 89,861 - 85,364 = 4,497

7) FVPL금융부채평가이익(당기손익): 4,687 - 4,497 = 190

회계처리

20×1년 초	차) 현금	90,051	대) FVPL금융부채		90,051
	차) 수수료비용	4,460	대) 현금		4,460
20×1년 말	차) 이자비용	6,000	대) 현금		6,000
	차) FVPL금융부채	4,687	대) 금융부채평가이익(OCI)		4,497
			금융부채평가이익(N/I)		190

물음 2 (1) 당기순이익에 미친 영향: (4,460) + (6,000) + 4,687 = (-)5,773

(2) 기타포괄손익에 미친 영향: 0

1) 20×1년 말 사채의 공정가치(15%): 6,000 × 1.6257 + 100,000 × 0.7561 = 85,364

2) 수수료비용: (-)4,460

3) 액면이자비용: (-)6,000

4) FVPL금융부채 공정가치평가이익(N/I): 90,051 - 85,364 = 4,687

☑ 기타포괄손익의 인식이 회계불일치를 일으키거나 확대하는 경우 당기손익으로 처리한다.

문제 6 금융부채의 조건변경 - Level 3

A사는 20×1년 1월 1일 현재 만기일이 20×1년 12월 31일인 사채(액면금액 ₩100,000, 유효이자율은 연 10%, 표시이자 매년 말 지급)를 ₩98,182에 발행하였다. A사는 동 사채의 만기일을 20×3년 12월 31일로 연장하고, 표시이자율은 연 5%로 조건을 변경하였다. 조건변경일 현재의 시장이자율은 연 12%이다. 현가계수는 다음과 같다(단, 사채의 회계처리는 순액법으로 한다).

기간	10%		12%	
	현가	연금현가계수	현가	연금현가계수
1	0.9091	0.9091	0.8928	0.8928
2	0.8264	1.7355	0.7972	1.6900
3	0.7513	2.4868	0.7118	2.4018

물음 1 금융부채의 조건변경이 실질적 조건변경에 해당하는지 여부를 판단하시오.

물음 2 금융부채의 조건변경이 실질적 조건변경에 해당한다고 할 때 조건변경일(20×1년 1월 1일)과 20×1년 12월 31일 회계처리를 보이시오.

물음 3 금융부채의 조건변경이 실질적 변경에 해당하며, A사는 조건변경과 관련된 수수료 ₩2,226을 지출했다고 할 때, 20×1년 1월 1일과 20×1년 12월 31일 회계처리를 보이시오.

물음 4 만약, 동 거래가 실질적 조건변경에 해당하지 않는다고 할 경우, 20×1년 1월 1일과 20×1년 12월 31일 회계처리를 보이시오.

물음 5 만약, 동 거래가 실질적 조건변경에 해당하지 않고 조건변경과 관련된 수수료 ₩2,226을 지출했다고 할 때, 20×1년 1월 1일과 20×1년 12월 31일 회계처리를 보이시오(단, 조건변경일에 수수료를 적용한 새로운 유효이자율은 11%이며, 동 수수료는 A사가 대여자에게 지급한 금액이다).

물음 1 최초 금융부채의 현재가치의 10%가 현재가치 차이보다 작으므로 실질적인 조건변경에 해당한다.

(1) 새로운 미래현금흐름의 현재가치(10%): 5,000 × 2.4868 + 100,000 × 0.7513 = 87,564

(2) 최초 금융부채의 현재가치(10%): 98,182 × 10% = 9,818

(3) 현재가치 차이: 98,182 - 87,564 = 10,618

물음 2 회계처리

20×1년 1월 1일	차) 사채(구)	98,182	대) 사채(신)		83,189
			부채상환이익		14,993
20×1년 12월 31일	차) 이자비용	9,983	대) 현금		5,000
			사채		4,983

(1) 변경된 미래현금흐름의 현재가치(12%)[1]: 5,000 × 2.4018 + 100,000 × 0.7118 = 83,189

　　1) 실질적 조건변경 시 변경된 시점의 유효이자율을 사용한다.

(2) 부채상환이익: 98,182 - 83,189 = 14,993

(3) 이자비용: 83,189 × 12% = 9,983

물음 3 회계처리

20×1년 1월 1일	차) 사채(구)	98,182	대) 사채(신)		83,189
			부채상환이익		14,993
	차) 부채상환이익[1]	2,226	대) 현금		2,226
	1) 실질적 조건변경 시 수수료는 관련 부채에 대한 손익의 일부로 인식한다.				
20×1년 12월 31일	차) 이자비용	9,983	대) 현금		5,000
			사채		4,983

물음 4 회계처리

20×1년 1월 1일	차) 사채	10,618	대) 조건변경이익[1]		10,618
	1) 98,182 - 87,564 = 10,618				
	☑ 최초 유효이자율로 변경된 현금흐름의 현재가치(10%)를 계산한다.				
	5,000 × 2.4868 + 100,000 × 0.7513 = 87,564				
20×1년 12월 31일	차) 이자비용[2]	8,756	대) 현금		5,000
			사채		3,756
	2) 87,564 × 10% = 8,756				

물음 5 회계처리

20×1년 1월 1일	차) 사채	10,618	대) 조건변경이익		10,618
	차) 사채	2,226	대) 현금[1]		2,226
	1) 실질적 조건변경에 해당하지 않는 경우 수수료는 부채의 장부금액에서 조정(차감)하며 유효이자율은 재계산한다.				
20×1년 12월 31일	차) 이자비용[2]	9,387	대) 현금		5,000
			사채		4,387
	2) (87,564 - 2,226) × 11% = 9,387				

채무자인 A회사는 채권자인 B은행에 대해 아래의 차입채무를 가지고 있으며, A회사는 차입금으로, B은행은 대출채권으로 각각 회계처리하였다. 차입 이후 회사의 자금사정이 악화되어 20×2년 1월 1일에 채권·채무조정에 합의하였다(단, 채권·채무조정일 이전에 이미 발생한 이자비용 및 이자수익은 정상적으로 결제된 것으로 가정한다). 제시되는 모든 상황은 각각 독립적이다.

(1) 차입일자는 20×1년 1월 1일이며, 만기는 3년이고, 대출금액은 ₩10,000,000이다. 이자율은 연 10%로 매년 말에 후급조건으로 결제한다.

(2) 차입시점에 A회사에 적용되는 시장이자율은 10%이었고, B은행은 채권·채무조정시점 현재 동 대출채권에 대해 ₩2,000,000의 손실충당금을 설정하고 있다고 가정한다.

기간	5%		10%		20%	
	현가	연금현가	현가	연금현가	현가	연금현가
3	0.86384	2.72325	0.75131	2.48685	0.57870	2.10648
10	0.61391	7.72173	0.38554	6.14457	0.16151	4.19247

(3) 사채의 회계처리는 총액법으로, 금융자산의 회계처리는 순액법으로 한다.

물음 1 20×2년 1월 1일 법원은 만기를 향후 10년으로 연장하고, 이자는 매 연도 말 후급조건으로 연 5%로 감소시키는 채권·채무조정을 인가하였다. 또한, A회사는 채무조정수수료로 ₩100,000을 B은행에 지급하였다(단, 신용상태가 악화된 A회사에 20×2년 1월 1일 현재 적용되는 시장이자율은 연 20%이다). 동 거래가 20×2년 A회사의 당기손익에 미치는 영향을 구하시오.

물음 2 20×2년 1월 1일 법원은 만기를 향후 10년으로 연장하고, 이자는 매 연도 말 후급조건으로 연 9%로 감소시키는 채권·채무조정을 인가하였다. 또한, A회사는 채무조정수수료로 ₩100,000을 B은행에 지급하였다(단, 신용상태가 악화된 A회사에 20×2년 1월 1일 현재 적용되는 시장이자율은 연 20%이다). 동 거래가 20×2년 초 A회사의 당기손익에 미치는 영향을 구하시오.

물음 3 위의 **물음 1** 에서 채권자인 B은행이 채권·채무의 재조정시점에 인식할 당기손익에 미치는 영향을 계산하고, 관련된 회계처리를 제시하시오(단, 채권자의 경우 해당 재조정이 금융자산의 제거요건인 현금흐름에 대한 권리의 소멸을 만족하지는 않는 것으로 가정한다. 또한, 계약상 현금흐름의 변경시점에 변경과 관련된 수수료 ₩50,000을 B은행이 지출하였다).

물음 4 위의 **물음 1** 에서 채권자인 B은행이 채권·채무의 재조정시점에 인식할 당기손익에 미치는 영향을 계산하고 관련된 회계처리를 제시하시오(단, 채권자의 경우 해당 재조정이 금융자산의 제거요건인 현금흐름에 대한 권리의 소멸을 만족하는 것으로 가정한다. 또한, 계약상 현금흐름의 변경시점에 변경과 관련된 수수료 ₩50,000을 B은행이 지출하였다).

---| 풀이 |---

물음 1 당기손익에 미치는 영향: 5,446,398

(1) 실질적 조건의 변경 판단

1) 새로운 미래현금흐름의 현재가치(10%): 10,000,000 × 0.38554 + 500,000 × 6.14457 = 6,927,685

2) 최초 금융부채의 현재가치(10%): 10,000,000 × 10% = 1,000,000

3) 현재가치 차이: 10,000,000 - 6,927,685 - 100,000 = 2,972,315 ≥ 1,000,000

=> 실질적 조건의 변경에 해당 ○

(2) 변경된 금융부채의 공정가치(20%): 10,000,000 × 0.16151 + 500,000 × 4.19247 = 3,711,335

(3) 부채상환이익: 10,000,000 - 3,711,335 - 100,000 = 6,188,665

(4) 이자비용: 3,711,335 × 20% = (-)742,267

(5) 당기손익에 미치는 영향: (3) + (4) = 5,446,398

회계처리

20×2년 1월 1일	차)	금융부채(구)	10,000,000	대)	금융부채(신)	10,000,000
	차)	사채할인발행차금(신)	6,288,665	대)	부채상환이익	6,288,665
	차)	부채상환이익	100,000	대)	현금	100,000
20×2년 12월 31일	차)	이자비용	742,267	대)	현금	500,000
					사채할인발행차금(신)	242,267

물음 2 20×2년 초 당기손익에 미치는 영향: 614,487

(1) 실질적 조건의 변경 판단

1) 새로운 미래현금흐름의 현재가치(10%): 10,000,000 × 0.38554 + 900,000 × 6.14457 = 9,385,513

2) 최초 금융부채의 현재가치(10%): 10,000,000 × 10% = 1,000,000

3) 현재가치 차이: 10,000,000 - 9,385,513 - 100,000 = 514,487 ≤ 1,000,000

=> 실질적 조건의 변경에 해당 ×

(2) 조건변경이익: 10,000,000 - 9,385,513 = 614,487

회계처리

20×2년 1월 1일	차)	사채할인발행차금	614,487	대)	조건변경이익	614,487
	차)	사채할인발행차금	100,000	대)	현금	100,000

참고

만약 실질적 조건변경에 해당하지 않는다면 기존 금융부채를 제거하지 않는다. 따라서 변경된 미래현금흐름을 최초 유효이자율로 할인한 현재가치를 새로운 상각후원가로 재계산하고 이러한 조정금액은 당기손익으로 인식한다.

물음 3 당기손익에 미치는 영향: (-)1,072,315

차)	손실충당금	2,000,000	대)	대출채권	3,072,315
	변경손실	1,072,315			
차)	대출채권	50,000	대)	현금	50,000

(1) 조정 후 금융자산의 회수가능액(10%): 10,000,000 × 0.38554 + 500,000 × 6.14457 = 6,927,685

(2) 변경손실: 6,927,685 - (10,000,000 - 2,000,000) = (-)1,072,315

물음 4 당기손익에 미치는 영향: (-)4,338,665

차)	손실충당금	2,000,000	대)	대출채권(구)	10,000,000
	대출채권(신)	3,711,335			
	금융자산처분손실	4,288,665			
차)	금융자산처분손실	50,000	대)	현금	50,000

(1) 조정 후 새로운 금융자산의 공정가치(20%): 10,000,000 × 0.16151 + 500,000 × 4.19247 = 3,711,335

(2) 처분손실: 3,711,335 - (10,000,000 - 2,000,000) - 50,000 = (-)4,338,665

㈜대한은 B사채를 20×1년 1월 1일에 발행하려고 하였으나, 시장상황이 여의치 않아 3개월 지연되어 20×1년 4월 1일에 ㈜민국에게 발행(판매)을 완료하였다. 다음의 <자료>를 이용하여 물음에 답하시오.   [공인회계사 2차 2019년]

<자료>

(1) B사채의 발행조건은 다음과 같다.

- 액면금액: ₩1,000,000
- 만기일: 20×4년 12월 31일
- 표시이자율: 연 5%
- 이자지급일: 매년 12월 31일

(2) 각 일자의 동종 사채에 대한 시장이자율은 다음과 같다. 한편, 미래현금흐름의 현재가치는 공정가치와 동일한 것으로 본다.

일자	시장이자율
20×1년 1월 1일	5%
20×1년 4월 1일	6%
20×2년 1월 1일	4%
20×4년 12월 31일	5%

(3) 사채 발행 및 취득과 직접적으로 관련되는 비용은 없다.

(4) 현재가치 계산 시 아래의 현가계수를 이용하고, 답안 작성 시 원 이하는 반올림한다.

기간	단일금액 ₩1의 현가계수			정상연금 ₩1의 현가계수		
	4%	5%	6%	4%	5%	6%
1	0.9615	0.9524	0.9434	0.9615	0.9524	0.9434
2	0.9246	0.9070	0.8900	1.8861	1.8594	1.8334
3	0.8890	0.8638	0.8396	2.7751	2.7232	2.6730
4	0.8548	0.8227	0.7921	3.6299	3.5459	3.4651

물음 1 ㈜대한의 ① 20×1년 4월 1일 발행일의 현금수령액과 ② 20×1년도 포괄손익계산서에 인식할 이자비용을 계산하시오.

현금수령액	①
이자비용	②

물음 2 ㈜민국은 B사채를 취득하고 상각후원가 측정 금융자산으로 분류하였다. ㈜민국이 20×2년 1월 1일 B사채를 동 일자의 공정가치로 ㈜독도에게 매각(금융자산 제거요건은 충족)하였다고 할 때 처분손익을 계산하시오(단, 손실의 경우에는 (-)를 숫자 앞에 표시하시오).

처분손익	①

물음 3 ㈜대한은 20×4년 12월 31일에 표시이자를 지급한 직후 B사채를 상환하는 대신 ㈜독도와 만기를 3년 연장하고, 연 2%의 이자를 매년 말 지급하기로 합의하였다. 이 경우 ㈜대한이 ① 조건변경에 따라 인식할 금융부채조정손익과 ② 20×5년도 포괄손익계산서에 인식할 이자비용을 계산하시오(단, 손실의 경우에는 (-)를 숫자 앞에 표시하시오).

금융부채조정손익	①
이자비용	②

---| 풀이 |---

물음 1

현금수령액	① 979,835
이자비용	② 43,441

근거

① 965,355(= 50,000 × 3.4651 + 1,000,000 × 0.7921) + 965,355 × 6% × 3/12 = 979,835

② 965,355 × 6% × 9/12 = 43,441

물음 2

처분손익	① 54,479

근거

① 1,027,755(= 50,000 × 2.7751 + 1,000,000 × 0.8890) - 973,276(= 965,355 × 1.06 - 50,000) = 54,479

물음 3

금융부채조정손익	① 81,736
이자비용	② 45,913

근거

1. 실질적 조건의 변경 판단: 실질적 조건의 변경에 해당

   1,000,000 - 893,060(= 20,000 × 2.6730 + 1,000,000 × 0.8396) > 1,000,000 × 10%

2. 조건변경 후 금융자산의 공정가치: 20,000 × 2.7232 + 1,000,000 × 0.8638 = 918,264

   ① 금융부채조정손익: 1,000,000 - 918,264 = 81,736

   ② 이자비용: 918,264 × 5% = 45,913

다음의 각 물음은 독립적이다.   유예

다음은 20×1년 1월 1일 ㈜대한이 발행한 사채에 대한 <자료>이다.   [공인회계사 2차 2022년]

<자료>

(1) ㈜대한이 발행한 사채의 조건은 다음과 같다.

- 액면금액: ₩1,000,000
- 만기상환일: 20×3년 12월 31일 일시상환
- 표시이자율: 연 5%
- 이자지급일: 매년 12월 31일
- 사채 발행일 유효이자율: 연 ?%

(2) ㈜대한은 동 사채를 발행하고 상각후원가로 측정하는 금융부채로 분류하였다.

물음 1 상기 사채의 20×1년 1월 1일 최초 발행금액은 ₩947,515이라고 가정한다. ㈜대한은 동 사채와 관련하여 사채 발행기간(3년) 동안 인식해야 할 총 이자비용을 3년으로 나누어 매년 균등한 금액으로 인식하였다. ㈜대한의 이러한 회계처리는 중요한 오류로 간주된다. ㈜대한의 사채 이자비용에 대한 상기 오류를 20×2년 장부 마감 전에 발견하여 올바르게 수정하면, 20×2년 전기이월이익잉여금이 ₩1,169 증가한다. 이 경우, ① 20×1년 1월 1일 ㈜대한이 발행한 사채에 적용된 유효이자율을 구하고, ② 이러한 오류수정이 20×2년도 당기순이익에 미치는 영향을 계산하시오(단, 당기순이익이 감소하는 경우 금액 앞에 (-)를 표시하시오).

사채 최초 발행 시 적용된 유효이자율(%)	①
20×2년도 당기순이익에 미치는 영향	②

물음 2 20×2년 12월 31일 현재 ㈜대한의 상기 사채의 장부금액은 ₩954,555이라고 가정한다. 20×3년 1월 1일에 ㈜대한은 사채의 채권자와 다음과 같은 조건변경을 합의하였다.

<조건변경 관련 정보>

(1) ㈜대한이 발행한 사채의 조건변경 전후 정보는 다음과 같다.

항목	변경 전	변경 후
만기	20×3. 12. 31.	20×5. 12. 31.
표시이자율	연 5%	연 1%
액면금액	₩1,000,000	₩900,000

(2) 동 사채의 조건변경 과정에서 ㈜대한은 채권자에게 채무조정수수료 ₩18,478을 지급하였다.

(3) 20×3년 1월 1일 상기 사채의 변경된 미래현금흐름을 시장이자율로 할인한 현재가치는 다음과 같다. 동 사채의 미래현금흐름의 현재가치는 공정가치와 동일한 것으로 본다.

시장이자율	20×3년 1월 1일
연 10%	₩698,551
연 11%	₩680,073
연 12%	₩662,237

(4) 20×3년 1월 1일 현재 ㈜대한의 동 사채에 대한 시장이자율은 연 12%이다.

(5) ㈜대한은 상기 계약조건의 변경이 실질적 조건변경에 해당하지 않는 것으로 판단하여 회계처리하였다.

㈜대한은 20×3년 장부 마감 전에 상기 계약조건의 변경이 실질적 조건변경에 해당됨을 알게 되었으며, 기존의 회계처리는 중요한 오류로 간주되었다. 이를 올바르게 수정하였을 때, 아래 양식을 이용하여 수정 표를 완성하시오(단, 감소하는 경우 금액 앞에 (-)를 표시하시오).

항목	수정 전 금액	수정금액	수정 후 금액
사채 장부금액	?	①	?
이자비용	?	②	?
금융부채조정이익	?	③	?

<답안 작성 예시>

사채 장부금액, 이자비용, 금융부채조정이익의 수정 전 금액이 각각 ₩10,000, ₩200, ₩100이고 수정 후 금액이 각각 ₩8,000, ₩350, ₩60인 경우, 아래와 같이 작성한다.

항목	수정 전 금액	수정금액	수정 후 금액
사채 장부금액	?	① (-)2,000	?
이자비용	?	② 150	?
금융부채조정이익	?	③ (-)40	?

─┤ 풀이 ├─

물음 1

사채 최초 발행 시 적용된 유효이자율(%)	① 7%
20×2년도 당기순이익에 미치는 영향	② 26

(1) 회사가 인식한 연도별 이자비용(정액법)

　　20×1년, 20×2년의 이자비용: [(1,000,000 + 50,000 × 3년) - 947,515] ÷ 3년 = 67,495

(2) 올바른 회계처리를 하는 경우 연도별 이자비용(유효이자율법)

　　1) 20×1년의 이자비용: (67,495 - 1,169) = 66,326

　　　☑ 오류수정으로 20×2년 전기이월이익잉여금이 증가하는데, 해당 금액은 20×1년도의 이자비용 차이이다.

　　　☑ 유효이자율: 66,326 ÷ 947,515 = 7%

　　2) 20×2년의 이자비용: [(947,515) × 1.07 - 50,000] × 7% = 67,469

(3) 오류수정이 20×2년도 당기순이익에 미치는 영향: (-)67,469 - (-)67,495 = 26(이자비용 감소)

(4) 20×2년 오류수정분개

20×2년	차) 사채할인발행차금	1,195	대) 미처분이익잉여금	1,169
			이자비용	26

물음 2

항목	수정 전 금액	수정금액	수정 후 금액
사채 장부금액	745,881	① (-)13,176	732,705
이자비용	74,808	② 4,660	79,468
금융부채조정이익	256,004	③ 17,836	273,840

(1) 사채의 발행 시 유효이자율: 1,050,000 ÷ 954,555 - 1 = 10%

(2) 회사의 회계처리(실질적 조건의 변경에 해당 ×)

20×3년 1월 1일 (순액 회계처리)	차) 사채[1]	256,004	대) 금융부채조정이익	256,004
	차) 사채	18,478	대) 현금	18,478
	1) 954,555 - 698,551(실질적 조건의 변경에 해당하지 않으면 당초의 유효이자율 10%를 사용) = 256,004			
20×3년 말	차) 이자비용[2]	74,808	대) 현금	9,000
			사채	65,808
	2) (698,551 - 18,478) × 11% = 74,808, 채권자에게 지급한 수수료를 사채에서 차감하면 조건변경시점 사채의 장부금액은 680,073이 되어 유효이자율이 11%로 변경된다.			

　　1) 20×3년 말 사채의 장부금액: 680,073 + 65,808 = 745,881

　　2) 20×3년 이자비용: 74,808

　　3) 금융부채조정이익: 256,004

　　참고　실질적 조건의 변경에 해당하지 않을 때 현금흐름의 변동

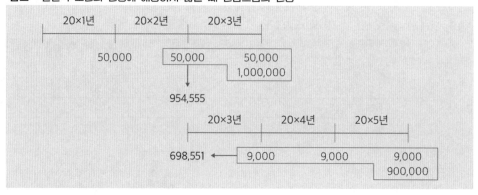

(3) 올바른 회계처리(실질적 조건의 변경에 해당)

20×3년 1월 1일 (순액 회계처리)	차) 사채(구)	954,555	대) 사채(신)[3]	662,237
			금융부채조정이익	292,318
	차) 금융부채조정이익	18,478	대) 현금	18,478
	3) 실질적 조건의 변경에 해당하는 경우, 기존부채는 상환하고 새로운 부채를 발행하는 것으로 보아 변경일의 시장이 자율을 사용한다.			
20×3년 말	차) 이자비용[4]	79,468	대) 현금	9,000
			사채	70,468
	4) 662,237 × 12% = 79,468			

1) 20×3년 말 사채의 장부금액: 662,237 + 70,468 = 732,705

2) 20×3년 이자비용: 79,468

3) 금융부채조정이익: 292,318 - 18,478 = 273,840

참고 실질적 조건의 변경에 해당할 때 현금흐름의 변동

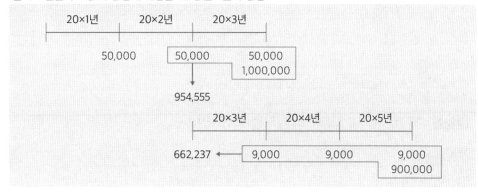

물음 1 20×1년 초에 ㈜포도는 ㈜사과로부터 ₩6,000의 보증료를 수취하고 금융보증계약을 체결하였다. 동 계약에 따르면 ㈜포도는 ㈜사과가 소유한 채무상품의 지급불이행으로 인하여 손실을 입을 경우 이를 보상한다. 금융보증기간은 20×1년 초부터 20×3년 말까지 3년간이며, ㈜포도는 보증기간 3년에 걸쳐 정액법으로 수취한 보증료를 수익으로 인식한다. 다음은 연도별로 추정한 A채무상품에 대한 손실충당금 잔액이다.

20×1년 말	20×2년 말	20×3년 말
₩1,000	₩2,600	₩2,800

각 연도별로 ㈜포도의 재무제표에 계상될 다음의 금액을 구하시오.

구분	금융보증부채 기말 장부금액	금융보증 관련 손익(단, 손실은(-)표시)
×1년		
×2년		
×3년		

물음 2 다음의 <자료>를 이용하여 <요구사항>에 답하시오(단, 각 <요구사항>은 독립적이다).

[공인회계사 2차 2021년]

<자료>

(1) ㈜대한은 20×1년 1월 1일에 ㈜민국으로부터 현금 ₩500,000을 1년간 차입(연 이자율 8%, 이자는 만기상환 시 지급)하였다. 차입금의 이자율은 시장이자율과 동일하다. ㈜대한은 20×1년 12월 31일에 동 차입금의 만기를 20×4년 12월 31일로 연장하고, 연 이자율을 4%(매년 말 후급)로 하향조정하는 것에 대해 ㈜민국과 합의하였다. 20×1년 말 현재 시장이자율은 연 10%이며, 미지급이자는 없다.

(2) ㈜대한은 20×2년 1월 1일 추가 운영자금을 나라은행으로부터 차입(차입금 A)하고자 하였는데, 나라은행은 ㈜대한의 지급불능 위험을 회피하기 위하여 제3자 보증을 요구하였다. 이에 20×2년 1월 1일 ㈜만세가 ㈜대한으로부터 지급보증의 공정가치인 ₩6,000을 보증료로 수취하고 나라은행에 보증을 제공하기로 하였다. 동 금융보증계약에 따라 ㈜만세는 ㈜대한이 보유한 차입금 A의 지급불이행으로 나라은행이 손실을 입을 경우 이를 보상한다. 금융보증기간은 20×2년 1월 1일부터 20×5년 12월 31일까지이며, ㈜만세는 수취한 보증료를 보증기간 4년 동안 매년 균등하게 수익으로 인식한다. ㈜만세가 연도별로 추정한 ㈜대한의 차입금 A에 대한 손실충당금잔액은 다음과 같으며, 이는 나라은행이 추정한 금액과 동일하다.

20×2년 말	20×3년 말	20×4년 말	20×5년 말
₩1,000	₩3,500	₩3,700	₩3,700

(3) 현재가치 계산 시 아래의 현가계수를 이용하고, 답안 작성 시 원 이하는 반올림한다.

기간	단일금액 ₩1의 현가계수		정상연금 ₩1의 현가계수	
	8%	10%	8%	10%
1	0.9259	0.9091	0.9259	0.9091
2	0.8573	0.8265	1.7833	1.7355
3	0.7938	0.7513	2.5771	2.4869

<요구사항 1>

㈜대한은 20×1년 12월 31일에 금융부채의 조건변경 과정에서 ㈜민국에게 수수료 ₩7,000을 지급하였다. 이 경우 20×1년 말 ㈜대한이 조건변경에 따라 인식할 ① 금융부채조정손익과 20×1년 말 재무상태표에 인식할 ㈜민국에 대한 ② 동 차입금의 장부금액을 각각 계산하시오(단, 금융부채조정손실이 발생할 경우에는 금액 앞에 (-)를 표시하시오).

금융부채조정손익	①
차입금의 장부금액	②

<요구사항 2>

㈜만세가 ㈜대한을 위해 20×2년 1월 1일 나라은행과 체결한 금융보증계약이 ㈜만세의 20×3년도와 20×4년도의 포괄손익계산서상 당기순이익에 미치는 영향을 각각 계산하시오(단, 당기순이익이 감소하는 경우에는 금액 앞에 (-)를 표시하시오).

20×3년 당기순이익에 미치는 영향	①
20×4년 당기순이익에 미치는 영향	②

물음 3 보고기간 말 이전에 장기차입약정(例 차입기간 내 유동비율 100% 유지)을 위반했을 때 채권자가 즉시 상환을 요구할 수 있는 채무에 대해 '보고기간 후' 재무제표 발행승인일 전에 채권자가 약정위반을 이유로 상환을 요구하지 않기로 합의하였다. 이 경우 동 채무를 유동부채와 비유동부채 중 어떤 항목으로 분류해야 하는지 설명하고 그 이유를 간략히 기술하시오.

→| 풀이 |

물음 1

구분	금융보증부채 기말 장부금액	금융보증 관련 손익(단, 손실은(-)표시)
×1년	4,000	2,000
×2년	2,600	1,400
×3년	2,800	(-)200

20×1년 초	차) 현금	6,000	대) 금융보증부채	6,000
20×1년 말	차) 금융보증부채[1]	2,000	대) 금융보증수익	2,000
	1) 6,000 ÷ 3년 = 2,000			
20×2년 말	차) 금융보증부채	2,000	대) 금융보증수익	2,000
	차) 금융보증수익	600	대) 금융보증부채[2]	600
	2) Max[6,000 - 4,000, 2,600] - 2,000 = 600			
20×3년 말	차) 금융보증부채	2,000	대) 금융보증수익	2,000
	차) 금융보증수익	2,000	대) 금융보증부채[3]	2,200
	금융보증비용	200		
	3) Max[600, 2,800] - 600 = 2,200			

물음 2 <요구사항 1>

금융부채조정손익	① 51,558
차입금의 장부금액	② 441,442

(1) 실질적 조건의 변경 여부: ×

☑ 500,000 - (500,000 × 0.7938 + 20,000 × 2.5771) - 7,000 = 44,558 < 500,000 × 10% = 50,000

(2) 조건변경의 회계처리(순액)

20×1년 말	차) 사채[1]	51,558	대) 조건변경이익	51,558
	차) 사채	7,000	대) 현금	7,000
	1) 500,000 - (500,000 × 0.7938 + 20,000 × 2.5771) = 51,558			

<요구사항 2>

20×3년 당기순이익에 미치는 영향	① 1,000
20×4년 당기순이익에 미치는 영향	② (-)200

(1) 각 보고기간 말의 누적보증손실

1) 20×2년 말: Max[6,000 - 6,000 × 1/4 = 4,500, 1,000] - 4,500 = 0

2) 20×3년 말: Max[6,000 - 6,000 × 2/4 = 3,000, 3,500] - 3,000 = 500

3) 20×4년 말: Max[6,000 - 6,000 × 3/4 = 1,500, 3,700] - 1,500 = 2,200

⇒ 금융보증의 대가로 수령한 금액은 보증기간에 걸쳐 수익으로 인식하며, 보고기간 말에
Max[최초인식금액 – 수익인식누계액, 손실충당금(기대신용손실)]로 측정한다.

(2) 각 회계연도의 보증손실

1) 20×3년 말: 500 - 0 = 500

2) 20×4년 말: 2,200 - 500 = 1,700

(3) 회계처리

20×2년 1월 1일	차)	현금	6,000	대)	금융보증부채	6,000
20×2년 12월 31일	차)	금융보증부채	1,500	대)	금융보증수익	1,500
20×3년 12월 31일	차)	금융보증부채	1,500	대)	금융보증수익	1,500
	차)	금융보증손실	500	대)	금융보증부채	500
20×4년 12월 31일	차)	금융보증부채	1,500	대)	금융보증수익	1,500
	차)	금융보증손실	1,700	대)	금융보증부채	1,700

물음 3 유동부채로 분류한다. 기업이 보고기간 말 현재 그 시점으로부터 적어도 12개월 이상 결제를 연기할 수 있는 무조건적인 권리를 가지고 있지 않기 때문이다.

해커스 IFRS 정윤돈 재무회계연습

제8장 금융부채

III. 금융부채의 조건변경 **451**

다음의 각 물음은 독립적이다.

다음의 <자료 1>을 이용하여 [물음 1]부터 [물음 3]까지 답하시오. [공인회계사 2차 2024년]

<자료 1>

㈜대한은 다음 조건의 사채를 20×1년 4월 1일 ㈜민국에게 발행(판매)하였다.

(1) 사채의 액면금액은 ₩2,000,000이며, 사채 권면상의 발행일은 20×1년 1월 1일, 표시이자율은 연 5%, 이자지급기기는 매년 12월 31일이다.

(2) 사채의 액면금액은 분할상환하며, 분할상환 내역은 다음과 같다.

20×1년 말	20×2년 말	20×3년 말
₩600,000	₩600,000	₩800,000

(3) 사채 발행 시 거래원가는 발생하지 않았으며, 사채발행일의 시장(유효)이자율은 연 9%이다. ㈜대한은 동 사채를 상각후원가로 측정하는 금융부채로 분류하였다.

(4) 사채의 잔여 계약상 현금흐름을 현행 시장이자율로 할인한 현재가치는 공정가치와 동일하다.

(5) 현재가치 계산 시 아래의 현가계수를 이용하고, 답안 작성 시 원 미만은 반올림한다.

기간	단일금액 ₩1의 현가계수		정상연금 ₩1의 현가계수	
	7%	9%	7%	9%
1	0.9346	0.9174	0.9346	0.9174
2	0.8734	0.8417	1.8080	1.7591
3	0.8163	0.7722	2.6243	2.5313

물음 1 ㈜대한이 발행한 ① 사채의 발행금액과 동 사채와 관련하여 ㈜대한이 20×1년도에 인식해야 하는 ② 이자비용을 각각 계산하시오.

사채발행금액	①
이자비용	②

물음 2 ㈜대한은 20×2년 7월 1일에 위 사채 전부를 공정가치로 재취득(매입)하여 자기사채로 처리한 후 즉시 소각하였다. 재취득(매입) 시점의 현행 시장이자율은 연 7%이다. ㈜대한이 자기사채를 취득하기 위해 지급해야 하는 ① 총금액과 동 사채와 관련한 회계처리가 ㈜대한의 20×2년도 포괄손익계산서상 ② 당기순이익에 미치는 영향을 각각 계산하시오(단, 당기순이익이 감소하는 경우에는 금액 앞에 (-)를 표시하시오).

자기사채 취득 시 지급해야 할 총금액	①
당기순이익에 미치는 영향	②

물음 3 **물음 2**와 관계없이 ㈜대한이 20×3년 1월 1일에 자사의 주식(액면총액 ₩500,000)을 발행하여 위 사채 전부를 중도상환(출자전환)하였다고 가정한다. 아래 각 요구사항에 답하시오(단, <요구사항>은 독립적이다).

<요구사항 1>

사채의 중도상환 시 발행한 주식의 공정가치는 ₩700,000이고, 20×3년 1월 1일 현행 시장이자율은 연 7%일 경우, ㈜대한이 사채의 중도상환으로 인해 인식할 ① 주식발행초과금의 증가액과 ② 사채상환손익을 각각 계산하시오(단, 사채상환손실이 발생하는 경우에는 금액 앞에 (-)를 표시하시오).

주식발행초과금 증가액	①
사채상환손익	②

<요구사항 2>

사채의 중도상환 시 발행한 주식의 공정가치를 신뢰성 있게 측정할 수 없는 경우, ㈜대한이 사채의 중도상환으로 인해 인식할 ① 주식발행초과금의 증가액과 ② 사채상환손익을 각각 계산하시오(단, 20×3년 1월 1일 현행 시장이자율은 연 7%이며, 사채상환손실이 발생하는 경우에는 금액 앞에 (-)를 표시하시오).

주식발행초과금 증가액	①
사채상환손익	②

물음 4 다음의 <자료 2>를 이용하여 물음에 답하시오.

<자료 2>

(1) ㈜대한은 20×1년 11월 1일에 상장회사인 A사 주식의 주가하락을 예상하고, 단기간의 매매차익을 얻기 위하여 ㈜민국이 보유한 A사 주식 200주를 공정가치(1주당 ₩1,000)로 차입하여 시장에 미리 매도(공매도)하였다.

(2) ㈜대한은 20×1년 11월 1일 공매도를 위한 거래원가로 ₩15,000을 현금지급하였다.

(3) 20×1년 12월 31일 A사 주식의 1주당 공정가치는 ₩1,200이다.

(4) 20×2년 1월 31일 A사 주식의 1주당 공정가치는 ₩1,500이며, ㈜대한은 A사 주식을 매입하여 ㈜민국에게 상환하였다.

위 거래와 관련하여 ㈜대한의 20×1년 말 재무상태표에 표시될 ① 금융부채의 금액과 20×1년도 포괄손익계산서상 ② 당기순이익에 미치는 영향을 각각 계산하시오(단, 당기순이익이 감소하는 경우에는 금액 앞에 (-)를 표시하시오).

금융부채	①
당기순이익에 미치는 영향	②

물음 1

사채발행금액	① 1,896,499
이자비용	② 125,197

근거

(1) 20×1년 초 사채의 현재가치: 1,854,767[1]

   1) (600,000 + 100,000) × 0.9174 + (600,000 + 70,000) × 0.8417 + (800,000 + 40,000) × 0.7722 = 1,854,767

(2) 20×1년 초부터 4월 1일까지 유효이자: 1,854,767 × 9% × 3/12 = 41,732

(3) 20×1년 초부터 4월 1일까지 액면이자: 100,000 × 3/12 = 25,000

(4) 20×1년 4월 1일 현금수령액(발행금액): (1) + (2) = 1,896,499

(5) 20×1년 4월 1일 사채 발행 시 장부금액(순발행금액): (1) + (2) - (3) = 1,871,499

(6) 이자비용: 1,854,767 × 9% × 9/12 = 125,197

물음 2

자기사채 취득 시 지급해야 할 총금액	① 1,407,432
당기순이익에 미치는 영향	② (-)85,736

근거

(1) 20×2년 초 사채의 장부금액(9%): 1,854,767 × 1.09 - 700,000 = 1,321,696

(2) 20×2년 초 사채의 공정가치(7%): 670,000 × 0.9346 + 840,000 × 0.8734 = 1,359,838

(3) 20×2년 7월 1일 현금지급액: 1,359,838 + 1,359,838 × 7% × 6/12 = 1,407,432

(4) 20×2년 당기순이익에 미치는 영향: (-)1,407,432 + 1,321,696 = (-)85,736

물음 3 <요구사항 1>

주식발행초과금 증가액	① 200,000
사채상환손익	② 70,649

근거

(1) 20×3년 초 사채의 장부금액(9%): 1,321,696 × 1.09 - 670,000 = 770,649

(2) 출자전환 회계처리(순액법)

차) 사채	770,649	대) 자본금	500,000
		주식발행초과금	200,000
		사채상환이익	70,649

<요구사항 2>

주식발행초과금 증가액	① 285,064
사채상환손익	② (-)14,415

근거

(1) 20×3초 사채의 공정가치(7%): 840,000 × 0.9346 = 785,064

(2) 출자전환 회계처리(순액법)

차) 사채	770,649	대) 자본금	500,000
사채상환손실	14,415	주식발행초과금	285,064

물음 4

금융부채	① 240,000
당기순이익에 미치는 영향	② (-)55,000

회계처리

20×1년 11월 1일	차) 현금	200,000	대) FVPL금융부채	200,000
	차) 수수료비용	15,000	대) 현금	15,000
20×1년 12월 31일	차) 평가손실(N/I)	40,000	대) FVPL금융부채	40,000

제 **9** 장

복합금융상품

해커스 IFRS 정윤돈 재무회계연습

문제 1 전환사채(액면발행 종합) - Level 1

㈜한영은 20×1년 초 전환사채를 발행하였다. ㈜한영의 결산일은 매년 12월 31일이며, 관련 자료는 다음과 같다.

> (1) 전환사채는 액면 ₩100,000, 표시이자율 10%, 만기 3년, 이자는 매년 말 1회 지급조건이다.
>
> (2) 전환사채의 발행금액은 ₩100,000이고, 전환조건은 사채액면 ₩10,000당 보통주 1주(액면 ₩5,000)이며, 보장수익률은 12%이고 상환할증률은 6.749%이다. 사채 발행 당시의 시장이자율은 연 13%이다(단, 13%, 3년의 연금현가요소는 2.36115이고 13%, 3년 현가요소는 0.69305이다).

물음 1 ㈜한영이 전환사채의 발행시점에 해야 할 회계처리를 보이시오.

물음 2 동 거래가 20×1년 ㈜한영의 당기손익에 미친 영향을 구하고, 20×1년의 회계처리를 보이시오.

물음 3 동 전환사채가 만기일까지 전환되지 않았을 경우, ㈜한영이 만기 시 해야 할 회계처리를 보이시오(단, 이자비용 관련 회계처리는 제외한다).

물음 4 동 전환사채가 20×1년 말 100% 전환되었을 때, 전환으로 인한 자본 증가액과 주식발행초과금을 구하시오.

물음 5 동 전환사채가 20×1년 말 40% 전환되었을 때, 아래의 물음에 답하시오.

물음 5-1 전환시점의 자본총계에 미친 영향은 얼마인가?

물음 5-2 전환시점의 주식발행초과금 증가액은 얼마인가?

물음 5-3 40% 전환 이후 만기 시 ㈜한영이 상환할 금액은 얼마인가? (단, 액면이자는 제외한다)

물음 5-4 40% 전환 이후 20×2년에 ㈜한영이 인식할 이자비용을 구하고, 20×2년의 회계처리를 보이시오(단, 총액법으로 회계처리한다).

물음 6 전환사채의 전환으로 인하여 교부하는 주식의 발행금액을 결정하는 방법에는 전환사채장부금액법과 공정가치법이 있다. 이들 중 한국채택국제회계기준에서는 어느 방법을 따르고 있는지에 대해 설명하시오.

물음 1 (1) 현금흐름 분석

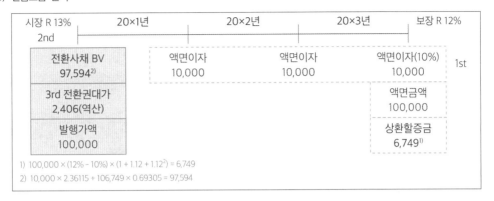

1) $100,000 \times (12\% - 10\%) \times (1 + 1.12 + 1.12^2) = 6,749$
2) $10,000 \times 2.36115 + 106,749 \times 0.69305 = 97,594$

(2) 순액법 회계처리

차) 현금	100,000	대) 전환사채 ①	97,594
	1st 발행금액	2nd PV(액면금액 + 액면이자 + 상환할증금)	
		전환권대가 ②	2,406
			대차차액

재무상태표

	전환사채	① 97,594
	전환권대가(자본조정)	② 2,406

(3) 총액법 회계처리

차) 현금	100,000	대) 전환사채	100,000
	1st 발행금액		2nd 액면금액
차) 전환권조정	9,155	대) 상환할증금	6,749
2nd(액면금액 + 상환할증금 - ①)			2nd 만기상환액
① 전환사채 BV 97,594		전환권대가 ②	2,406
			대차차액

재무상태표

	전환사채	액면금액 100,000
	상환할증금	+ 만기상환액 6,749
	(-)전환권조정	- 역산 (-)9,155
	전환사채 BV	① 97,594
	전환권대가(자본조정)	② 2,406

물음 2 (1) 20×1년 당기손익에 미친 영향: (-)12,687

⇒ 이자비용: 기초전환사채 BV[1] × 취득 시장 R = 97,594 × 13% = (-)12,687

　　1) PV(액면금액 + 액면이자 + 상환할증금)

(2) 순액법 회계처리

차) 이자비용	12,687	대) 현금	10,000
1st 기초BV × 기초 R		2nd 액면이자	
		전환사채	2,687
		대차차액	

재무상태표

		전환사채	① 100,281
		전환권대가(자본조정)	② 2,406

(3) 총액법 회계처리

차) 이자비용	12,687	대) 현금	10,000
1st 기초BV × 기초 R		2nd 액면이자	
		전환권조정	2,687
		대차차액	

재무상태표

		전환사채	액면금액 100,000
		상환할증금	+ 만기상환액 6,749
		(-)전환권조정	- 역산 (-)6,468
		전환사채 BV	① 100,281
		전환권대가(자본조정)	② 2,406

⇒ 기말전환사채 BV: PV(잔여 CF) by 취득 R = 기초BV × (1 + R) - 액면이자 = 97,594 × 1.13 - 10,000 = 100,281

물음 3 (1) 순액법 회계처리

차) 전환사채	106,749	대) 현금	106,749
액면금액 + 상환할증금 만기지급액			
차) 전환권대가	2,406	대) 전환권대가소멸이익	2,406
발행 시 전환권대가		자본항목	

(2) 총액법 회계처리

차) 전환사채	100,000	대) 현금	106,749
액면금액			
상환할증금	6,749		
상환할증금 만기지급액			
차) 전환권대가	2,406	대) 전환권대가소멸이익	2,406
발행 시 전환권대가		자본항목	

물음 4 •자본 증가액: 100,281(전환사채 BV × 전환비율)

•주식발행초과금: 52,687(회계처리 이용)

(1) 순액법 회계처리

차) 전환사채	100,281	대) 자본금	10주 × 5,000 = 50,000
	전환일의 BV × 전환비율		행사주식수[1] × 액면금액
전환권대가	2,406	주식발행초과금	52,687
	발행 시 BV × 전환비율		대차차액

1) 행사주식수: 전환권이 행사된 전환사채의 금액 ÷ 전환가격 = 100,000 ÷ 10,000 = 10주

(2) 총액법 회계처리

차) 전환사채	100,000	대) 전환권조정	6,468
	전환액면 × 전환비율		BV × 전환비율
상환할증금	6,749	자본금	50,000
	만기지급액 × 전환비율		행사주식수 × 액면금액
전환권대가	2,406	주식발행초과금	52,687
	발행 시 BV × 전환비율		대차차액

물음 5 40% 전환 시 현금흐름

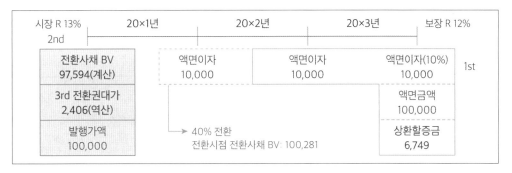

물음 5-1 전환시점의 자본총계에 미친 영향: 전환시점의 BV × 40% = 100,281 × 40% = 40,112

물음 5-2 전환시점의 주식발행초과금 증가액: 52,687 × 40% = 21,075

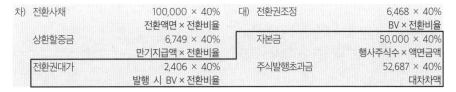

차) 전환사채	100,000 × 40%	대) 전환권조정	6,468 × 40%
	전환액면 × 전환비율		BV × 전환비율
상환할증금	6,749 × 40%	자본금	50,000 × 40%
	만기지급액 × 전환비율		행사주식수 × 액면금액
전환권대가	2,406 × 40%	주식발행초과금	52,687 × 40%
	발행 시 BV × 전환비율		대차차액

물음 5-3 만기 시 ㈜한영이 상환할 금액: 64,049

(액면금액 + 상환할증금 만기지급액) × (1 − 전환비율) = (100,000 + 6,749) × (1 − 40%) = 64,049

물음 5-4 20×2년에 ㈜한영이 인식할 이자비용: (-)7,822

기초전환사채 $BV^{1)}$ × 취득 R × (1 - 전환비율) = $(10,000/1.13 + 116,749/1.13^2)$ × 13% × (1 - 40%)

= 100,281 × 13% × (1 - 40%) = (-)7,822

1) PV(액면금액 + 액면이자 + 상환할증금)

차) 이자비용	7,822	대) 현금	6,000
1st 기초BV × 기초 R			2nd 액면이자
		전환권조정	1,822
			대차차액

재무상태표

전환사채	액면금액	60,000
상환할증금	+ 만기상환액	4,049
(-)전환권조정	- 역산	(-)2,058
전환사채 BV		① 61,991
전환권대가(자본조정)$^{2)}$		② 1,444

2) 2,406 × (1 - 40%) = 1,444

물음 6 한국채택국제회계기준은 전환에 따라 손익을 인식하지 않는다고 규정하고 있기 때문에 전환사채장부금액법을 따르고 있다.

참고

전환사채장부금액법의 이론적 근거는 전환사채의 발행과 전환을 동일 사건의 연속된 두 요소로 보고, 전환을 단지 전환사채의 발행 시 약정하였던 조건이 이행된 것으로 보기 때문에 전환손익을 계상하지 않아야 한다는 것이다(실체이론). 공정가치법은 전환사채의 발행과 전환을 독립된 사건으로 보아 전환할 당시의 경제적 여건 변화를 반영할 수 있는 공정가치로 발행주식을 기록하고 전환손익을 인식하여야 한다는 주장이다(자본주 이론).

㈜한영은 20×1년 초 전환사채를 발행하였다. ㈜한영의 결산일은 매년 12월 31일이며, 관련 자료는 다음과 같다.

(1) 전환사채는 액면 ₩100,000, 표시이자율 8%, 만기 3년, 이자는 매년 말 1회 지급조건이다.

(2) 전환사채의 발행금액은 ₩95,105이고, 전환조건은 사채액면 ₩10,000당 보통주 1주(액면 ₩5,000)이며, 보장수익률은 10%이고 상환할증률은 6.62%이다. 사채 발행 당시의 시장이자율은 연 13%이다(단, 13%, 3년의 연금현가요소는 2.36115이고 13%, 3년 현가요소는 0.69305이다).

물음 1　㈜한영이 전환사채의 발행시점에 해야 할 회계처리를 보이시오.

물음 2　동 거래가 20×1년 ㈜한영의 당기손익에 미친 영향을 구하고, 20×1년의 회계처리를 보이시오.

---| **풀이** |--

물음 1 (1) 현금흐름 분석

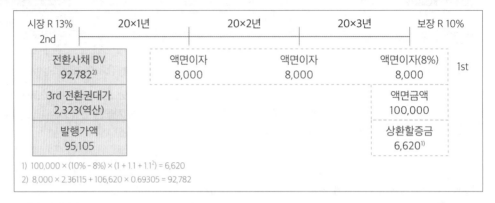

1) 100,000 × (10% − 8%) × (1 + 1.1 + 1.1²) = 6,620
2) 8,000 × 2.36115 + 106,620 × 0.69305 = 92,782

(2) 순액법 회계처리

차) 현금	95,105	대) 전환사채 ①	92,782
	1st 발행금액		2nd PV(액면금액 + 액면이자 + 상환할증금)
		전환권대가 ②	2,323
			대차차액

재무상태표

전환사채		① 92,782
전환권대가(자본조정)		② 2,323

(3) 총액법 회계처리

차) 현금	95,105	대) 전환사채	100,000
	1st 발행금액		2nd 액면금액
사채할인발행차금	4,895	상환할증금	6,620
	액면금액 − 발행금액		2nd 만기상환액
전환권조정	8,943	전환권대가 ②	2,323
	2nd 대차차액		대차차액
① 92,782			

재무상태표

전환사채	액면금액 100,000
상환할증금	+ 만기상환액 6,620
(−)사채할인발행차금	(액면가 − 발행가) (−)4,895
(−)전환권조정	− 역산 (−)8,943
전환사채 BV	① 92,782
전환권대가(자본조정)	② 2,323

☑ 전환사채 할인발행의 경우 개별적인 사채할인발행차금과 전환권조정의 상각액을 묻지 않고, 이자비용과 사채장부금액, 전환권대가 및 전환 시 효과를 묻는다면 액면발행과 풀이가 다르지 않다.

(1) 20×1년 당기손익에 미친 영향: (-)12,062

⇒ 이자비용: 기초전환사채 BV[1] × 취득 시장 R = 92,782 × 13% = (-)12,062

　　1) PV(액면금액 + 액면이자 + 상환할증금)

(2) 순액법 회계처리

차) 이자비용		12,062	대) 현금		8,000
	1st 기초BV × 기초 R			2nd 액면이자	
			전환사채		4,062
			대차차액		

(3) 총액법 회계처리

차) 이자비용		12,062	대) 현금		8,000
	1st 기초BV × 기초 R			2nd 액면이자	
			전환권조정 A		2,625
			사채할인발행차금 B		1,437

1) A: 대차차액(상각액) × 전환권조정/(전환권조정 + 사채할인발행차금)

= (12,062 - 8,000) × 8,943/(8,943 + 4,895) = 2,625

2) B: 대차차액(상각액) × 사채할인발행차금/(전환권조정 + 사채할인발행차금)

= (12,062 - 8,000) × 4,895/(8,943 + 4,895) = 1,437

⇒ 기말전환사채 BV: PV(잔여 CF) by 취득 R = 기초BV × (1 + R) - 액면이자 = 92,782 × 1.13 - 8,000 = 96,843

㈜대한은 발행일이 20×1년 1월 1일인 전환사채를 다음과 같은 조건으로 발행하였다. 다음의 <자료>를 이용하여 각 물음에 답하며, 각 물음은 독립적이다. [공인회계사 2차 2019년]

<자료>

(1) 전환사채의 발행조건은 다음과 같다.

- 액면금액: ₩3,000,000
- 표시이자율: 연 4%
- 이자지급일: 매년 12월 31일
- 만기일: 20×3년 12월 31일
- 전환사채의 시장이자율: 연 7%
- 발행일 현재 동일한 조건의 전환권이 없는 일반사채의 시장이자율: 연 8%
- 보장수익률: 연 5%
- 전환가격: 전환사채 ₩6,000당 보통주 1주(1주당 액면금액: ₩5,000)
- 전환청구기간: 사채 발행일 2주 이후부터 만기일 1일 전까지

(2) 현재가치 계산 시 아래의 현가계수를 이용하고, 답안 작성 시 원 이하는 반올림한다.

기간	₩1의 현가계수			₩1의 연금현가계수		
	5%	7%	8%	5%	7%	8%
1	0.9524	0.9346	0.9259	0.9524	0.9346	0.9259
2	0.9070	0.8734	0.8574	1.8594	1.8080	1.7833
3	0.8638	0.8163	0.7938	2.7232	2.6243	2.5771

물음 1 ㈜대한의 전환사채에 대한 전환권가치를 계산하시오.

물음 2 ㈜대한의 전환사채에 대한 회계처리가 ① 20×1년 당기순이익에 미치는 영향을 계산하시오. ② 20×2년 1월 1일 전환사채의 40%가 보통주로 전환되었다고 가정할 경우, 전환 직후 전환사채의 장부금액을 계산하시오(단, 당기순이익이 감소하는 경우에는 (-)를 숫자 앞에 표시하시오).

20×1년 당기순이익에 미치는 영향	①
전환 직후 전환사채의 장부금액	②

---| 풀이 |--

물음 1 전환권가치: 75,292

  (1) 상환할증금: 3,000,000 × (5% − 4%) × (1.05² + 1.05 + 1) = 94,575

  (2) 전환사채의 총공정가치(7%): 120,000 × 2.6243 + 3,094,575 × 0.8163 = 2,841,018

  (3) 일반사채의 공정가치(8%): 120,000 × 2.5771 + 3,094,575 × 0.7938 = 2,765,726

  (4) 전환권가치: (2) − (3) = 75,292

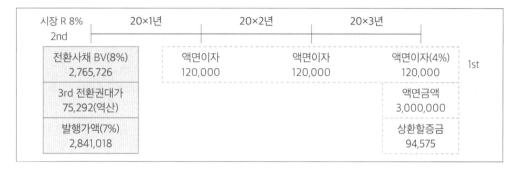

물음 2

20×1년도 당기순이익에 미치는 영향	① (−)221,258
전환 직후 전환사채의 장부금액	② 1,720,190

근거

① 이자비용: 2,765,726 × 8% = 221,258

② 전환 직후 전환사채의 장부금액: (2,765,726 × 1.08 − 120,000) × 60% = 1,720,190

문제 4 신주인수권부사채(액면발행) – Level 1

㈜한영은 20×1년 초에 신주인수권사채를 발행하였다. ㈜한영의 결산일은 매년 12월 31일이며, 관련 자료는 다음과 같다.

(1) 신주인수권사채는 액면 ₩100,000, 표시이자율 10%, 만기 3년, 이자는 매년 말 1회 지급조건이다.

(2) 신주인수권부사채의 발행금액은 ₩100,000이고, 행사조건은 사채액면 ₩10,000당 보통주 1주(액면 ₩5,000)를 ₩7,000에 매입할 수 있다. 보장수익률은 12%이고 상환할증률은 6.749%이다. 사채 발행 당시 시장이자율은 연 13%이다(단, 13%, 3년의 연금현가요소는 2.36115이고 13%, 3년 현가요소는 0.69305이다).

[물음 1] ㈜한영이 신주인수권부사채의 발행시점에 해야 할 회계처리를 보이시오.

[물음 2] 동 거래가 20×1년의 ㈜한영의 당기손익에 미친 영향을 구하고 20×1년의 회계처리를 보이시오.

[물음 3] 동 신주인수권부사채가 만기일까지 전환되지 않았을 경우, ㈜한영이 만기 시 해야 할 회계처리를 보이시오 (단, 이자비용 관련 회계처리는 제외한다).

[물음 4] 신주인수권이 20×1년 말 100% 행사되었을 때, 행사로 인한 자본 증가액과 주식발행초과금을 구하시오.

[물음 5] 신주인수권이 20×1년 말 40% 행사되었을 때, 아래의 물음에 답하시오.

  [물음 5-1] 행사시점의 자본총계에 미친 영향은 얼마인가?

  [물음 5-2] 행사시점의 주식발행초과금 증가액은 얼마인가?

  [물음 5-3] 40% 행사 이후 만기 시 ㈜한영이 상환할 금액은 얼마인가? (단, 액면이자는 제외한다)

  [물음 5-4] 40% 행사 이후 20×2년에 ㈜한영이 인식할 이자비용을 구하고, 20×2년의 회계처리와 F/S효과를 보이시오(단, 총액법으로 회계처리한다).

물음 1 (1) 현금흐름 분석

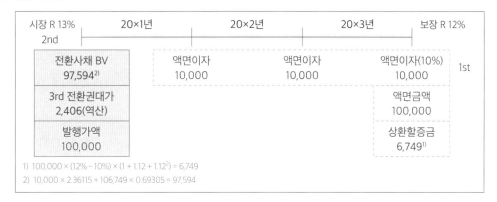

| | | 시장 R 13% | 20×1년 | 20×2년 | 20×3년 | 보장 R 12% |

1) $100,000 \times (12\% - 10\%) \times (1 + 1.12 + 1.12^2) = 6,749$
2) $10,000 \times 2.36115 + 106,749 \times 0.69305 = 97,594$

(2) 순액법 회계처리

차) 현금	100,000	대) 신주인수권부사채 ①	97,594
	1st 발행금액	2nd PV(액면금액 + 액면이자 + 상환할증금)	
		신주인수권대가 ②	2,406
			대차차액

재무상태표

신주인수권부사채	① 97,594
신주인수권대가	② 2,406

(3) 총액법 회계처리

차) 현금	100,000	대) 신주인수권부사채	100,000
	1st 발행금액		2nd 액면금액
차) 신주인수권조정	9,155	대) 상환할증금	6,749
2nd (액면금액 + 상환할증금 - ①)			2nd 만기상환액
① 신주인수권부사채 BV 97,594		신주인수권대가 ②	2,406
			대차차액

재무상태표

신주인수권부사채	액면금액 100,000
상환할증금	+ 만기상환액 6,749
(-)신주인수권조정	- 역산 (-)9,155
신주인수권부사채 BV	① 97,594
신주인수권대가	② 2,406

물음 2 (1) 20×1년 당기손익에 미친 영향: (-)12,687

⇒ 이자비용: 기초신주인수권부사채 BV[1) × 취득 시장 R = 97,594 × 13% = (-)12,687

1) PV(액면금액 + 액면이자 + 상환할증금)

(2) 순액법 회계처리

차) 이자비용	12,687	대) 현금	10,000
	1st 기초BV × 기초 R		2nd 액면이자
		신주인수권부사채	2,687
			대차차액

재무상태표

신주인수권부사채		① 100,281
신주인수권대가		② 2,406

(3) 총액법 회계처리

차) 이자비용	12,687	대) 현금	10,000
	1st 기초BV × 기초 R		2nd 액면이자
		신주인수권조정	2,687
			대차차액

재무상태표

신주인수권부사채		액면금액 100,000
상환할증금		+ 만기상환액 6,749
(-)신주인수권조정		- 역산 (-)6,468
신주인수권부사채 BV		① 100,281
신주인수권대가		② 2,406

⇒ 기말신주인수권부사채 BV: PV(잔여 CF) by 취득 R = 기초BV × (1 + R) - 액면이자
= 97,594 × 1.13 - 10,000 = 100,281

물음 3 (1) 순액법 회계처리

차) 신주인수권부사채	106,749	대) 현금	106,749
	액면금액 + 상환할증금 만기지급액		
차) 신주인수권대가	2,406	대) 신주인수권대가소멸이익	2,406
	발행 시 신주인수권대가		자본항목

(2) 총액법 회계처리

차) 신주인수권부사채	100,000	대) 현금	106,749
	액면금액		
상환할증금	6,749		
	상환할증금 만기지급액		
차) 신주인수권대가	2,406	대) 신주인수권대가소멸이익	2,406
	발행 시 신주인수권대가		자본항목

물음 4 (1) 자본 증가액: 행사가격 + PV(상환할증금) = 70,000 + 5,285 = 75,285

(2) 주식발행초과금: 27,691(회계처리 이용)

1) 순액법 회계처리

차) 현금	70,000 행사주식수[1] × 행사가격	대) 자본금	50,000 행사주식수 × 액면금액
신주인수권부사채[2]	5,285 PV(상환할증금) × 행사비율	주식발행초과금	27,691 대차차액
신주인수권대가	2,406 발행 시 BV × 행사비율		

1) 100,000 ÷ 10,000 = 10주
2) 6,749/1.13² = 5,285

2) 총액법 회계처리

차) 현금	70,000 행사주식수 × 행사가격	대) 신주인수권조정(상환할증금 부분)[3]	1,464 BV × 행사비율
상환할증금	6,749 만기지급액 × 행사비율	자본금	50,000 행사주식수 × 액면금액
신주인수권대가	2,406 발행 시 BV × 행사비율	주식발행초과금	27,691 대차차액

3) 6,749 - (6,749/1.13²) = 1,464

물음 5 40% 행사 시 현금흐름

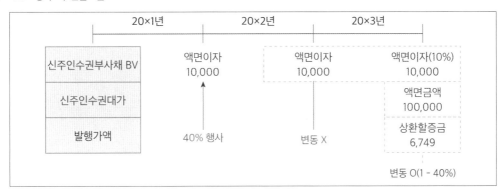

물음 5-1 행사시점의 자본총계에 미친 영향: (70,000 + 6,749/1.13²) × 40% = 30,114

물음 5-2 행사시점의 주식발행초과금 증가액: 27,691[1] × 40% = 11,076

1) **물음 4** 의 100% 행사 시 주식발행초과금의 증가액

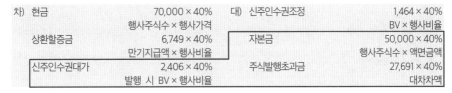

차) 현금	70,000 × 40% 행사주식수 × 행사가격	대) 신주인수권조정	1,464 × 40% BV × 행사비율
상환할증금	6,749 × 40% 만기지급액 × 행사비율	자본금	50,000 × 40% 행사주식수 × 액면금액
신주인수권대가	2,406 × 40% 발행 시 BV × 행사비율	주식발행초과금	27,691 × 40% 대차차액

물음 5-3 만기 시 ㈜한영이 상환할 금액: 104,049

액면금액 + 상환할증금 만기지급액 × (1 - 전환비율) = 100,000 + 6,749 × (1 - 40%) = 104,049

물음 5-4 20×2년에 ㈜한영이 인식할 이자비용: (-)12,762

(1) 이자비용

기초PV × 취득 R = {액면금액 + 액면이자 + 상환할증금 × (1 - 전환비율)} × 취득 R

= [10,000/1.13 + {110,000 + 6,749 × (1 - 40%)}/1.13^2] × 13% = (-)12,762

(2) 총액법 회계처리

차) 이자비용	12,762	대) 현금	10,000
1st 기초BV × 기초 R		2nd 액면이자	
		신주인수권조정	2,762
		대차차액	

재무상태표

신주인수권부사채	액면금액	100,000
상환할증금	+ 만기상환액	4,049
(-)신주인수권조정	- 역산	(-)3,120
신주인수권사채 BV	①	100,929
신주인수권대가[1]	②	1,444

1) 발행시점 인식액 × 미행사비율 = 2,406 × (1 - 40%) = 1,444

⇒ 기말신주인수권사채 BV: PV(잔여 CF) by 취득 R

[10,000 + 100,000 + 6,749 × (1 - 40%)]/1.13 = 100,929

문제 5 전환사채와 신주인수권부사채의 비교 - Level 2

㈜한영은 20×1년 초에 전환사채를 발행하였다. ㈜한영의 결산일은 매년 12월 31일이며, 관련 자료는 다음과 같다.

(1) 전환사채는 액면 ₩1,000,000, 표시이자율 10%, 만기 3년, 이자는 매년 말 1회 지급조건이다.

(2) 전환사채의 발행금액은 ₩1,000,000이고, 전환조건은 사채액면 ₩10,000당 보통주 1주(액면 ₩5,000)이며, 보장수익률은 12%이고 상환할증률은 6.7488%이다. 사채 발행 당시의 시장이자율은 연 13%이다(단, 13%, 3년 연금현가요소는 2.36115이고, 13%, 3년 현가요소는 0.69305이다).

(3) 회사는 전환권대가 전환 시 주식발행초과금으로 대체하고 있다.

물음 1 20×3년 초에 동 복합금융상품의 60%만 권리가 행사되었을 때, 20×3년 초에 주식발행초과금의 증가액을 ㈜한영이 동 복합금융상품을 전환사채로 발행하였을 경우와 신주인수권부사채로 발행하였을 경우로 나누어 각각 구하시오(단, 신주인수권부사채로 발행하였을 경우, 신주인수권 행사 시 사채의 액면금액 ₩10,000 당 주식 1주를 인수할 수 있으며 행사금액은 주당 ₩8,000, 각 신주인수권은 액면금액이 ₩5,000인 보통주 1주를 매입할 수 있다).

물음 2 위 물음과 독립적으로 20×3년 초에 동 복합금융상품의 40%만 권리가 행사되었을 때 20×3년 ㈜한영의 포괄손익계산서에 계상될 이자비용을 ㈜한영이 동 복합금융상품을 전환사채로 발행하였을 경우와 신주인수권부사채로 발행하였을 경우로 나누어 각각 구하시오(단, 신주인수권부사채로 발행하였을 경우, 신주인수권 행사 시 사채의 액면금액 ₩10,000당 주식 1주를 인수할 수 있으며 행사금액은 주당 ₩8,000, 각 신주인수권은 액면금액이 ₩5,000인 보통주 1주를 매입할 수 있다).

물음 1 60% 전환 or 행사 시 현금흐름

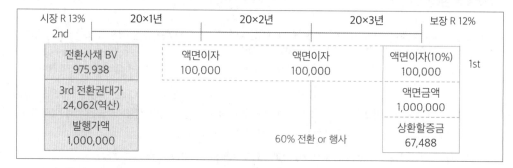

(1) 전환사채 - 100% 전환 가정 시 회계처리(순액법)

차) 전환사채[1]	1,033,175 전환일 BV	대) 자본금[2]	500,000 행사주식수 × 액면금액
전환권대가	24,062 발행 시 BV	주식발행초과금	557,237 대차차액

1) 1,167,488/1.13 = 1,033,175
2) 1,000,000/10,000 × 5,000 = 500,000

⇒ 60% 전환 시 주식발행초과금 증가액: 557,237 × 60% = 334,342

(2) 신주인수권부사채 - 100% 행사 가정 시 회계처리(순액법)

차) 현금[3]	800,000 행사주식수 × 행사가격	대) 자본금	500,000 행사주식수 × 액면금액
신주인수권부사채[4]	59,724 PV(상환할증금)	주식발행초과금	383,786 대차차액
신주인수권대가	24,062 발행 시 BV		

3) 1,000,000/10,000 × 8,000 = 800,000
4) 67,488/1.13 = 59,724

⇒ 60% 행사 시 주식발행초과금 증가액: 383,786 × 60% = 230,272

물음 2 40% 전환 or 행사 시 현금흐름

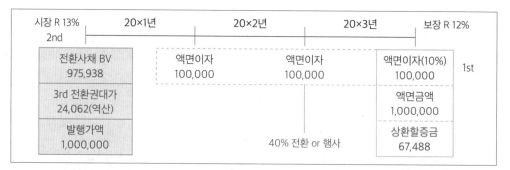

구분	전환사채	신주인수권부사채
만기 지급액	(액면금액 + 상환할증금) × 60% (-)1,067,488 × 60% = (-)640,493	액면금액 + 상환할증금 × 60% 1,000,000 + 67,488 × 60% = 1,040,493
사채 BV	PV(액면금액, 액면이자, 상환할증금) × 60% (-)1,167,488/1.13 × 60% = (-)619,905	PV(액면금액, 액면이자, 상환할증금 × 60%) (1,100,000 + 67,488 × 60%)/1.13 = 1,009,286
이자비용	PV(액면금액, 액면이자, 상환할증금) × 60% × R (-)1,167,488/1.13 × 60% × 13% = 80,588	PV(액면금액, 액면이자, 상환할증금 × 60%) × R (1,100,000 + 67,488 × 60%)/1.13 × 13% = 131,207

문제 6 신주인수권부사채(상환할증금 추정) - Level 3

아래의 <공통 자료>는 ㈜대한이 20×1년 1월 1일 발행한 복합금융상품에 대한 내용이다. 이를 이용하여 다음의 독립된 세 가지 물음에 답하시오. 답안 작성 시 금액은 소수점 아래 첫째 자리에서 반올림한다.

[공인회계사 2차 2016년]

<공통 자료>

(1) 액면금액은 ₩1,000,000이며, 만기일은 20×3년 12월 31일이다.

(2) 표시이자율은 연 5%이며, 이자는 매년 말 후급이다.

(3) ㈜대한은 납입자본에 자본금과 주식발행초과금을 표시한다.

(4) ㈜대한은 전환권(혹은 신주인수권)이 행사될 때 전환권대가(혹은 신주인수권대가)를 주식의 발행금액으로 대체한다.

(5) 발행 당시 회사의 일반사채에 적용되는 시장이자율은 연 9%이며, 동 이자율에 대한 현가계수는 다음과 같다.

기간	1	2	3
단일금액 ₩1의 현가계수	0.9174	0.8417	0.7722
정상연금 ₩1의 현가계수	0.9174	1.7591	2.5313

물음 1 상기 복합금융상품이 전환사채이며 액면발행되었다고 가정하자. ㈜대한은 전환사채의 만기일에 액면금액의 일정 비율을 상환할증금으로 지급한다. 20×2년 1월 1일 40%의 전환권이 행사되어 주식이 발행되었으며, 20×2년 12월 31일에 인식한 이자비용은 ₩52,474이다. ① 전환사채 발행시점에서의 전환권대가와 ② 20×1년 12월 31일 전환사채의 장부금액을 계산하시오.

20×1년 초 전환권대가	①
20×1년 말 전환사채 장부금액	②

물음 2 상기 복합금융상품이 전환사채이며 발행금액은 ₩980,000이라 가정하자. 전환으로 발행되는 주식 1주에 요구되는 사채액면금액은 ₩20,000이며, 주식의 액면금액은 주당 ₩10,000이다. 20×2년 1월 1일 60%의 전환권이 행사되어 주식이 발행되었다고 할 때, ① 전환권 행사로 증가하는 주식발행초과금 증가분과 ② 전환권이 행사된 직후 전환사채의 장부금액을 계산하시오.

주식발행초과금 증가분	①
전환권 행사 직후 전환사채의 장부금액	②

물음 3 상기 복합금융상품이 비분리형 신주인수권부사채이며 발행금액은 ₩980,000이라 가정하자. 행사비율은 사채권면액의 100%이며, 행사가격은 보통주 1주당 ₩20,000이다. 주식의 액면금액은 주당 ₩10,000이다. 20×2년 1월 1일 60%의 신주인수권이 행사되어 주식이 발행되었다고 할 때 ① 신주인수권 행사로 증가하는 주식발행초과금 증가분과 ② 신주인수권이 행사된 직후 신주인수권부사채의 장부금액을 계산하시오.

주식발행초과금 증가분	①
신주인수권 행사 직후 신주인수권부사채의 장부금액	②

→| 풀이 |

물음 1

20×1년 초 전환권대가	① 62,625
20×1년 말 전환사채 장부금액	② 971,739

(1) 20×2년 초 전환권 행사 후 전환사채 장부금액: 52,474 ÷ 9% = 583,044

(2) 상환할증금(60%)

30,000 × 1.7591 + 600,000 × 0.8417 + 상환할증금(60%) × 0.8417 = 583,044, 상환할증금(60%) = 30,000

(3) 발행시점 상환할증금: 30,000 ÷ 60% = 50,000

(4) 20×1년 초 전환사채의 공정가치: 50,000 × 2.5313 + 1,050,000 × 0.7722 = 937,375

(5) 20×1년 초 전환권대가: 1,000,000 - 937,375 = 62,625

(6) 20×1년 말 전환사채의 장부금액: 937,375 × 1.09 - 50,000 = 971,739

물음 2

주식발행초과금 증가분	① 306,533
전환권 행사 직후 전환사채의 장부금액	② 371,862

(1) 20×1년 초 전환사채의 공정가치: 50,000 × 2.5313 + 1,000,000 × 0.7722 = 898,765

(2) 20×1년 초 전환권대가: 980,000 - 898,765 = 81,235

(3) 20×1년 말 전환사채의 장부금액: 898,765 × 1.09 - 50,000 = 929,654

(4) 20×2년 초 100% 행사 가정 시 회계처리(순액법)

차) 전환사채	929,654	대) 자본금[1]	500,000
전환권대가	81,235	주식발행초과금	510,889

1) 1,000,000 ÷ 20,000 × 10,000 = 500,000

(5) 20×2년 초 60% 행사 시 주식발행초과금 증가분: 510,889 × 60% = 306,533

(6) 20×2년 초 전환사채 장부금액: 929,654 × (1 - 60%) = 371,862

물음 3

주식발행초과금 증가분	① 348,741
신주인수권 행사 직후 신주인수권부사채의 장부금액	② 929,654

(1) 20×1년 초 신주인수권부사채의 공정가치: 50,000 × 2.5313 + 1,000,000 × 0.7722 = 898,765

(2) 20×1년 초 신주인수권대가: 980,000 - 898,765 = 81,235

(3) 20×2년 초 100% 행사 가정 시 회계처리(순액법)

차) 현금	1,000,000	대) 자본금	500,000
신주인수권대가	81,235	주식발행초과금	581,235

(4) 20×2년 초 60% 행사 시 주식발행초과금 증가분: 581,235 × 60% = 348,741

(5) 20×2년 초 신주인수권부사채 장부금액: 898,765 × 1.09 - 50,000 = 929,654

해커스 IFRS 정윤돈 재무회계연습

제9장 복합금융상품

Ⅱ. 신주인수권부사채 **477**

문제 7 전환사채의 특수상황(거래원가, 조건변경, 재매입) - Level 3

A회사는 20×1년 초 액면금액 ₩1,000,000의 3년 만기 전환사채를 액면발행하였다. 아래에 제시되는 자료는 공통자료이며, 각 물음은 독립적이다.

(1) 전환권이 행사되면 사채액면 ₩20,000당 액면 ₩5,000의 보통주 1주를 교부하고, 권리가 행사되지 않은 부분에 대하여는 액면금액의 115%를 만기금액으로 지급한다.

(2) 표시이자율은 연 4%로 매년 말 후급조건이며, 사채 발행일 현재 동종 일반사채의 시장이자율은 10%이다(단, 3기간 10% 현가계수와 연금현가계수는 각각 0.75131과 2.48685이다).

물음 1 전환사채 발행 시 사채 발행원가로 ₩100,000이 소요되는 경우, 사채 발행일의 사채순발행금액을 부채요소와 자본요소로 배분하시오.

물음 2 위 **물음 1**과 독립적으로 20×2년 초 A회사가 전환을 유도하기 위하여 20×2년 말까지 전환된 전환사채에 대하여만 기존 전환비율의 10%에 해당하는 주식을 더 교부해주기로 조건을 변경하였고, 이로 인해 해당 기간 동안 전환사채가 80%로 전환되었다. 이때의 전환이 A사의 20×2년 당기손익에 미치는 영향은 얼마인가? (단, 조건변경일의 A사 보통주 1주당 공정가치는 ₩8,000이다)

물음 3 위 **물음 1**, **물음 2**와 독립적으로 발행 시 사채 발행원가가 발생하지 않고 20×2년 말까지 전환권이 행사되지 않은 것으로 가정한다. A회사가 20×3년 초 모든 전환사채를 현금 ₩1,150,000으로 조기상환한 경우, 전환사채의 조기상환이 A사의 20×3년 당기손익에 미치는 영향을 구하고 이를 회계처리하시오(단, 상환시점의 시장이자율은 8%이다).

물음 4 위의 **물음 3**에서 재매입시점에 ₩20,000의 수수료가 발생하였을 경우, A사의 20×3년 당기손익에 미치는 영향을 구하시오.

물음 1 (1) 부채요소: 963,481 - 96,348 = 867,133

(2) 자본요소: 36,519 - 3,652 = 32,867

(3) 전환사채 발행시점 회계처리

차)	현금	1,000,000	대)	전환사채	1,000,000
차)	전환권조정	186,519	대)	상환할증금	150,000
				전환권대가[1]	36,519
차)	전환권조정[2]	96,348	대)	현금	100,000
	전환권대가	3,652			

1) 1,000,000 - (1,000,000 × 1.15 × 0.75131 + 40,000 × 2.48685) = 36,519
2) 100,000 × 963,481/1,000,000 = 96,348

물음 2 조건변경으로 인한 전환사채의 전환 시 A사의 20×2년 당기손익에 미치는 영향: (55 - 50)주 × 8,000 = 40,000

(1) 변경된 조건하에서 전환으로 인하여 보유자가 수취하는 주식수: 1,000,000 ÷ 20,000 × (1 + 10%) = 55주

(2) 원래의 조건하에서 전환으로 인하여 보유자가 수취하였을 주식수: 1,000,000 ÷ 20,000 = 50주

(3) 80% 전환 시 회계처리

차)	조건변경손실[1]	40,000	대)	자본	40,000
차)	자본[2]	32,000	대)	자본금[3]	20,000
				주식발행초과금[4]	12,000
차)	전환사채[5]	800,000	대)	전환권조정[6]	104,136
	상환할증금[7]	120,000		자본금[8]	200,000
	전환권대가[9]	29,215		주식발행초과금[10]	645,079

1) 1,000,000 ÷ 20,000 × 10% × 8,000 = 40,000
2) 40,000 × 80% = 32,000
3) 25,000 × 80% = 20,000
4) 15,000 × 80% = 12,000
5) 1,000,000 × 80% = 800,000
6) {(1,000,000 + 150,000) - (963,481 × 1.1 - 40,000)} × 80% = 104,136
7) 150,000 × 80% = 120,000
8) {1,000,000 ÷ 20,000 × 5,000} × 80% = 200,000
9) 36,519 × 80% = 29,215
10) 806,349 × 80% = 645,079

물음 3 A사의 20×3년 당기손익에 미치는 영향: (-)20,034

(1) 사채상환손실: -1,190,000/1.08 + 1,190,000/1.1 = (-)20,034

(2) 20×3년 초 회계처리

차)	전환사채	1,000,000	대)	전환권조정[1]	68,182
	상환할증금	150,000		현금[2]	1,101,852
	전환사채상환손실	20,034			
차)	전환권대가	36,519	대)	현금[3]	48,148
	전환권대가재매입손실(자본)	11,629			

1) 1,150,000 - 1,190,000/1.1 = 68,182
2) (40,000 + 1,000,000 + 150,000)/1.08 = 1,101,852
3) 1,150,000 - 1,101,852 = 48,148

물음 4 A사의 20×3년 당기손익에 미치는 영향: (20,034) + (19,163) = (-)39,197

차)	전환사채	1,000,000	대)	전환권조정	68,182
	상환할증금	150,000		현금	1,101,852
	전환사채상환손실	20,034			
차)	전환권대가	36,519	대)	현금	48,148
	전환권대가 재매입손실(사몬)	11,629			
차)	전환사채상환손실[1]	19,163	대)	현금	20,000
	전환권대가 재매입손실(자본)[2]	837			

1) 20,000 × 1,101,852/1,150,000 = 19,163
2) 20,000 × 48,148/1,150,000 = 837

☑ 수수료지급액 상환 시 공정가치에 따라 부채요소와 자본요소의 상환손익에 배분한다.

A사는 20×1년 1월 1일 액면금액 ₩200,000의 비분리형 신주인수권부사채를 액면발행하였다. 신주인수권부사채의 만기일은 20×3년 12월 31일이며, 표시이자율은 2%로 매년 12월 31일에 지급한다.

(1) 신주인수권부사채에는 행사가격이 개당 ₩5,000인 신주인수권 20개(액면금액 ₩10,000당 1개)가 첨부되어 있으며, 신주인수권 1개당 액면금액 ₩1,000의 보통주식 1주를 발행교부한다. 20×1년 1월 1일 신주인수권의 개당 공정가치는 ₩1,000이다.

(2) 신주인수권부사채를 발행하면서 거래원가 ₩5,440이 발생하였다.

(3) 신주인수권을 행사하지 않는 경우에는 사채의 만기일에 보장수익률 4%에 해당하는 상환할증금을 가산하여 지급한다.

(4) 신주인수권부사채의 신주인수권을 행사하는 경우 신주인수권대가는 주식발행초과금으로 대체하며, 신주인수권조정계정은 사용하지 아니한다.

(5) 사채의 발행일 현재 신주인수권이 없는 일반사채의 유효이자율은 6%이며, 현재가치계수는 다음과 같다.

| 기간 | 단일금액 ₩1의 현가계수 | | | 정상연금 ₩1의 현가계수 | | |
	5%	6%	7%	5%	6%	7%
1	0.9524	0.9434	0.9346	0.9524	0.9434	0.9346
2	0.9070	0.8900	0.8734	1.8594	1.8334	1.8080
3	0.8638	0.8396	0.8163	2.7233	2.6730	2.6243

아래의 물음은 모두 연결되어 있다.

물음 1 A사 신주인수권부사채의 ① 발행일과 ② 20×1년 12월 31일에 해야 할 회계처리(총액)를 보이시오(단, 사채발행비 고려 시 유효이자율은 7%로 가정한다).

물음 2 20×2년 1월 1일 신주인수권부사채의 소유자가 신주인수권 6개(30%)의 권리를 행사하였다. ① 발행시점의 주식발행금액과 ② 자본 증가액, ③ 20×2년도에 인식할 이자비용을 각각 구하시오.

물음 3 20×3년 1월 1일 A사는 신주인수권부사채의 전체 액면금액 중 30%에 해당하는 신주인수권부사채를 시장에서 매입하였다. 매입한 신주인수권부사채는 신주인수권의 권리가 행사되지 않은 것이며, 매입일 현재 신주인수권이 없는 일반사채의 시장이자율은 5%이다. ① 신주인수권부사채의 재매입이 A사의 20×3년도 당기손익에 미친 영향과 ② 20×3년도에 인식할 이자비용, ③ 신주인수권부사채의 만기 상환액(이자지급액 제외)을 각각 구하시오.

물음 1 ① 발행일 회계처리

차) 현금	200,000	대) 신주인수권부사채	200,000
차) 신주인수권조정	23,391	대) 사채상환할증금	12,486
		신주인수권대가	10,905
차) 신주인수권조정	5,143	대) 현금	5,440
신주인수권대가	297		

- 상환할증금: $200,000 \times (4\% - 2\%) \times (1 + 1.04 + 1.04^2) = 12,486$

- 발행일 부채요소

  - 부채요소: $(200,000 + 12,486) \times 0.8396 + 4,000 \times 2.6730 = 189,095$

  - 거래원가 배분: $5,440 \times 189,095/200,000 = (-)5,143$

  - 거래원가 배분 후 부채요소: 183,952

- 발행일 자본요소

  - 자본요소: $200,000 - 189,095 = 10,905$

  - 거래원가 배분: $5,440 - 5,143 = 297$

  - 거래원가 배분 후 자본요소: 10,608

② 20×1년 12월 31일 회계처리

차) 이자비용[1]	12,877	대) 현금	4,000
		신주인수권조정	8,877

1) $183,952 \times 7\% = 12,877$

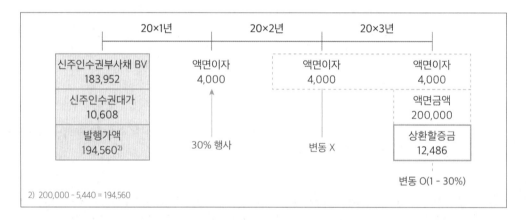

2) $200,000 - 5,440 = 194,560$

물음 2 ① 발행시점의 주식발행금액: $3,182 + 30,000 + 3,272 = 36,454$

- 신주인수권대가: $10,608 \times 30\% = 3,182$

- 행사가격: $6개 \times 5,000 = 30,000$

- 상환할증금의 현재가치: $12,486 \div 1.07^2 \times 30\% = 3,272$

② 자본 증가액: $30,000 + 3,272 = 33,272$

③ 20×2년도에 인식할 이자비용: $[(200,000 + 12,486 \times 0.7 + 4,000)/1.07^2 + 4,000/1.07] \times 7\% = (-)13,269$

④ 30% 행사 시 회계처리

차) 현금	30,000	대) 자본금	6,000
신주인수권부사채	3,272	주식발행초과금	30,454
신주인수권대가	3,182		

물음 3 ① 재매입이 A사의 20×3년도 당기손익에 미친 영향: (61,854) + 60,698 = (-)1,156

- 재매입대가: (200,000 + 4,000 + 12,486) × 0.9524 × 30% = (-)61,854
- 사채의 장부금액: (200,000 + 4,000 + 12,486) × 0.9346 × 30% = 60,698

② 20×3년도에 인식할 이자비용: (-)9,669

(200,000 × 70% + 4,000 × 70% + 12,486 × 40%)/1.07 × 7% = (-)9,669

③ 신주인수권부사채의 만기 상환액(이자지급액 제외): 200,000 × 70% + 12,486 × 40% = 144,994

④ 20×3년 1월 1일 회계처리

차)	신주인수권부사채	60,698	대)	현금	61,854
	상환손실	1,156			

다음의 각 물음은 독립적이다.

㈜대한은 20×1년 1월 1일 복합금융상품을 발행하였다. 이와 관련된 다음의 <공통 자료>를 이용하여 각 물음에 답하시오.

<공통 자료>

(1) 발행조건은 다음과 같다.

- 액면금액: ₩1,000,000

- 만기상환일: 20×4년 12월 31일

- 표시이자율: 연 2%

- 이자지급일: 매년 12월 31일(연 1회)

- 보장수익률: 연 4%

- 사채 발행일 현재 동일 조건의 신주인수권(전환권)이 없는 일반사채 시장수익률: 연 5%

- 행사(전환)가격: 사채액면 ₩10,000당 1주의 보통주

- 보통주 액면금액: 1주당 ₩5,000

(2) ㈜대한은 주식발행금액 중 주식의 액면금액은 '자본금'으로, 액면금액을 초과하는 부분은 '주식발행초과금'으로 표시한다.

(3) ㈜대한은 신주인수권(전환권)이 행사될 때 신주인수권대가(전환권대가)를 주식의 발행금액으로 대체한다.

(4) 현재가치 계산 시 아래의 현가계수를 이용하고, 답안 작성 시 원 이하는 반올림한다.

기간	단일금액 ₩1의 현가계수					
	1%	2%	3%	4%	5%	6%
1	0.9901	0.9804	0.9709	0.9615	0.9524	0.9434
2	0.9803	0.9612	0.9426	0.9246	0.9070	0.8900
3	0.9706	0.9423	0.9151	0.8890	0.8638	0.8396
4	0.9610	0.9238	0.8885	0.8548	0.8227	0.7921

기간	정상연금 ₩1의 현가계수					
	1%	2%	3%	4%	5%	6%
1	0.9901	0.9804	0.9709	0.9615	0.9524	0.9434
2	1.9704	1.9416	1.9135	1.8861	1.8594	1.8334
3	2.9410	2.8839	2.8286	2.7751	2.7232	2.6730
4	3.9020	3.8077	3.7171	3.6299	3.5459	3.4651

물음 1 상기 복합금융상품이 비분리형 신주인수권부사채이며 액면발행되었다고 가정할 때 <요구사항>에 답하시오.

<요구사항 1>

㈜대한의 20×1년도 포괄손익계산서에 인식될 이자비용을 계산하시오.

20×1년 이자비용	①

<요구사항 2>

20×2년 7월 1일 50%의 신주인수권이 행사되어 보통주가 발행되었고, 행사비율은 사채액면금액의 100%이다. 다음 양식에 제시된 항목을 계산하시오.

신주인수권 행사 시 주식발행초과금 증가분	①
신주인수권 행사 직후 신주인수권부사채의 장부금액	②
20×2년 이자비용	③

물음 2 상기 복합금융상품이 전환사채이며 액면발행되었다고 가정하자. 20×2년 7월 1일 50%의 전환권이 행사되어 보통주가 발행되었을 때, 다음 양식에 제시된 항목을 계산하시오(단, 기중전환 시 전환간주일은 고려하지 않으며, 전환된 부분의 전환일까지의 표시이자를 지급하는 것으로 가정한다).

전환권 행사 시 주식발행초과금 증가분	①
전환권 행사 직후 전환사채의 장부금액	②
20×2년 이자비용	③

물음 3 상기 복합금융상품이 전환사채이며 액면발행되었다고 가정하자. ㈜대한이 20×2년 1월 1일에 전환사채 전부를 동 일자의 공정가치인 ₩1,000,000에 조기상환하였고, 조기상환일 현재 일반사채의 시장수익률은 연 6%이다. 20×2년 당기순이익에 반영될 사채상환손익을 계산하시오(단, 손실일 경우에는 (-)를 숫자 앞에 표시하시오).

사채상환손익	①

물음 4 상기 복합금융상품이 전환사채이며 액면발행되었다고 가정하자. ㈜대한은 20×2년 1월 1일에 전환사채의 조기전환을 유도하기 위하여 전환으로 발행되는 보통주 1주에 요구되는 사채액면금액을 ₩8,000으로 변경하였다. 전환조건변경일 현재 ㈜대한의 보통주 1주당 공정가치가 ₩4,000일 때, 해당 조건변경이 20×2년 당기순이익에 미치는 영향을 계산하시오(단, 당기순이익이 감소하는 경우에는 (-)를 숫자 앞에 표시하시오).

당기순이익에 미치는 영향	①

─┤ 풀이 ├───

물음 1 <요구사항 1>

20×1년 이자비용	① 48,174

(1) 상환할증금: 1,000,000 × (4% - 2%) × (1.04³ + 1.04² + 1.04 + 1) = 84,929

(2) 일반사채의 공정가치: 1,000,000 × 0.8227 + 20,000 × 3.5459 = 893,618

(3) 상환할증금의 공정가치: 84,929 × 0.8227 = 69,871

(4) 신주인수권부사채의 공정가치: (2) + (3) = 963,489

(5) 신주인수권대가의 공정가치: 1,000,000 - 963,489 = 36,511

(6) 20×1년 이자비용: 963,489 × 5% = 48,174

<요구사항 2>

신주인수권 행사 시 주식발행초과금 증가분	① 305,855
신주인수권 행사 직후 신주인수권부사채의 장부금액	② 968,856
20×2년 이자비용	③ 48,666

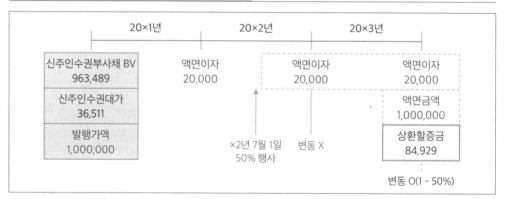

(1) 주식발행초과금 증가분: (1,000,000 + 75,199[1] + 36,511 - 500,000) × 50% = 305,855

   1) 84,929 × 0.8227 × 1.05 + 84,929 × 0.8227 × 1.05 × 5% × 6/12 = 75,199

(2) 신주인수권 행사 직후 신주인수권부사채의 장부금액: 968,856

   1) 일반사채의 장부금액: (893,618 × 1.05 - 20,000) + 918,299 × 5% × 6/12 - 20,000 × 6/12 = 931,256

   2) 상환할증금의 장부금액: 75,199 × 50% = 37,600

(3) 20×2년 이자비용: 48,666

   1) 일반사채의 이자비용: 918,299 × 5% = 45,915

   2) 상환할증금의 이자비용: 73,365 × 5% × 50% × 6/12 + 73,365 × 5% × 50% = 2,751

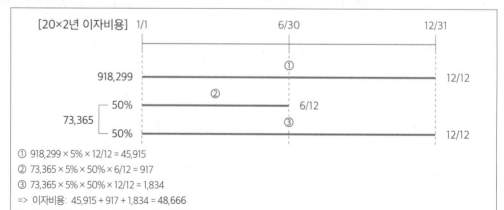

① 918,299 × 5% × 12/12 = 45,915
② 73,365 × 5% × 50% × 6/12 = 917
③ 73,365 × 5% × 50% × 12/12 = 1,834
=> 이자비용: 45,915 + 917 + 1,834 = 48,666

(4) 50% 행사 시 회계처리

20×2년 7월 1일	차)	이자비용	1,834	대)	신주인수권부사채	1,834
	차)	현금	500,000	대)	자본금	250,000
		신주인수권부사채	37,598	대)	주식발행초과금	305,853
		신주인수권대가	18,255			

물음 2

전환권 행사 시 주식발행초과금 증가분	① 271,483
전환권 행사 직후 전환사채의 장부금액	② 503,228
20×2년 이자비용	③ 37,188

(1) 주식발행초과금 증가분: $(1,006,455^{1)} + 36,511 - 500,000) \times 50\% = 271,483$

   1) $(963,489 \times 1.05 - 20,000) + 991,663 \times 5\% \times 6/12 - 20,000 \times 6/12 = 1,006,455$

(2) 전환권 행사 직후 전환사채의 장부금액: $1,006,455 \times 50\% = 503,228$

(3) 20×2년 이자비용: $991,663 \times 5\% \times 50\% \times 6/12 + 991,663 \times 5\% \times 50\% = 37,188$

(4) 50% 행사 시 회계처리

20×2년 7월 1일	차)	이자비용	24,792	대)	미지급이자	10,000
					전환사채	14,792
	차)	전환사채	503,228	대)	자본금	250,000
		전환권대가	18,255	대)	주식발행초과금	271,483

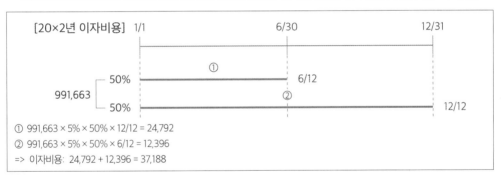

물음 3

사채상환손익	① 27,297

사채상환손익: $991,663 - (20,000 \times 2.6730 + 1,084,929 \times 0.8396) = 27,297$

물음 4

당기순이익에 미치는 영향	① (-)100,000

(1) 원래의 계약조건에서 발행할 주식수: $1,000,000 \div 10,000 = 100$주

(2) 변경된 계약조건에서 발행할 주식수: $1,000,000 \div 8,000 = 125$주

(3) 조건변경손실: $(125 - 100)주 \times 4,000 = 100,000$

㈜포도는 20×1년 1월 1일에 전환사채를 발행하였다. 전환사채와 관련된 내용은 아래와 같다.

(1) 만기일: 20×3년 12월 31일

(2) 액면금액: ₩100,000

(3) 액면이자율은 2%로 매년 말 지급하며, 만기까지 전환되지 않는 경우에 상환할증금을 지급하는 조건으로 보장수익률은 4%이다.

(4) 전환사채의 액면금액 ₩200당 보통주 1주(액면금액 ₩100)로 전환 가능하다.

(5) 전환사채 발행일 현재 일반사채의 유효이자율은 7%이다.

(6) ㈜포도의 보통주의 공정가치는 다음과 같다.

구분	20×1년 초	20×2년 초	20×3년 초
공정가치	₩200	₩150	₩120

(7) 현재가치 계수는 다음과 같다.

기간	단일금액 ₩1의 현가계수				정상연금 ₩1의 현가계수			
	4%	6%	7%	8%	4%	6%	7%	8%
1	0.9615	0.9434	0.9346	0.9259	0.9615	0.9434	0.9346	0.9259
2	0.9246	0.8900	0.8734	0.8573	1.8861	1.8334	1.8080	1.7832
3	0.8890	0.8396	0.8163	0.7938	2.7751	2.6730	2.6243	2.5770

물음 1 20×1년 초에 현재 전환사채에 대한 시장이자율이 6%일 경우, ㈜포도가 20×1년 재무제표에 표시할 아래의 금액들을 구하시오.

구분	금액
20×1년 말 재무상태표상의 전환권대가	①
20×1년 말 전환사채의 장부금액	②

물음 2 20×1년 초에 전환사채는 액면발행되었다. 20×2년 초에 동 전환사채의 60%가 전환되었다. ㈜포도가 동 전환사채로 인하여 20×2년 재무제표에 표시할 아래의 금액들을 구하시오.

구분	금액
전환으로 인한 주식발행초과금 증가액	①
20×2년도에 인식할 이자비용	②

물음 3 위 물음과 독립적으로 동 복합금융상품은 신주인수권부사채이고, 20×1년 초에 액면발행되었다. 20×2년 초에 60%의 신주인수권이 행사되었다. ㈜포도가 동 신주인수권부사채로 인하여 20×2년 재무제표에 표시할 아래의 금액들을 구하시오(1주당 행사가격은 ₩200).

구분	금액
행사로 인한 주식발행초과금 증가액	①
20×2년도에 인식할 이자비용	②

물음 4 위 물음과 독립적으로 동 복합금융상품은 신주인수권부사채이고, 20×1년 초에 액면발행되었다. 동 신주인수권부사채는 20×2년 초에 60%의 신주인수권이 행사되었다. 20×3년 초에 액면금액기준으로 20%가 재매입되었다(단, 재매입 시 상환할증금도 만기지급액 총액 중 20%가 재매입되었다). 20×3년 초에 시장이자율은 8%이다. ㈜포도가 동 신주인수권부사채로 인하여 20×3년 재무제표에 표시할 아래의 금액을 구하시오(단, 감소는 (-)표시한다).

구분	금액
신주인수권부사채로 인하여 20×3년 당기순이익에 미친 영향	①

물음 5 위 물음과 독립적으로 20×1년 초에 전환사채는 액면발행되었다. ㈜포도는 20×2년 1월 1일에 전환사채의 전환을 유도하기 위하여 발행 시의 조건을 변경하였다. 조건변경의 내용에 따라 동 거래가 조건변경시점에 ㈜포도의 20×2년도 당기순이익에 미친 영향을 구하시오(단, 동 조건변경 직후 전환사채는 80%가 전환되었다).

구분	금액
전환가격을 ₩100으로 낮추는 경우	①
전환으로 발행되는 보통주 1주당 ₩30을 지급하는 경우	②

물음 6 위 물음과 독립적으로 20×1년 초에 동 복합금융상품은 액면발행되었다. ㈜포도의 동 복합금융상품은 20×2년 7월 1일에 액면금액의 50%가 전환(행사)되었다. 동 복합금융상품이 전환사채와 신주인수권부사채일 때 아래의 금액들을 구하시오(단, 전환 시 액면이자는 현금으로 지급한다고 가정한다).

구분	전환사채	신주인수권부사채
전환(행사) 시 주식발행초과금 증가액	①	③
20×2년 동 복합금융상품에서 발생하는 이자비용	②	④

물음 1

구분	금액
20×1년 말 재무상태표상의 전환권대가	① 2,573
20×1년 말 전환사채의 장부금액	② 96,413

(1) 상환할증금의 만기지급액: $100,000 \times (4\% - 2\%) \times (1 + 1.04 + 1.04^2) = 6,243$

(2) 20×1년 초 전환사채의 발행금액: $(100,000 + 6,243) \times 0.8396 + 2,000 \times 2.6730 = 94,548$

(3) 20×1년 초 전환사채의 공정가치: $(100,000 + 6,243) \times 0.8163 + 2,000 \times 2.6243 = 91,975$

(4) 전환권대가: (2) – (3) = 2,573

(5) 20×1년 말 전환사채의 장부금액: $91,975 \times 1.07 - 2,000 = 96,413$

물음 2

구분	금액
행사로 인한 주식발행초과금 증가액	① 32,663
20×2년도에 인식할 이자비용	② 2,700

(1) 전환권대가: $100,000 - 91,975 = 8,025$

(2) 전환시점의 회계처리(순액법 – 100% 가정)

차) 전환사채	96,413	대) 자본금[1]	50,000
전환권대가	8,025	주식발행초과금(역산)	54,438

1) $100,000/200 \times 100 = 50,000$

(3) 주식발행초과금 증가액: $54,438 \times 60\% = 32,663$

(4) 20×2년도 이자비용: $96,413 \times 7\% \times (1 - 60\%) = 2,700$

물음 3

구분	금액
행사로 인한 주식발행초과금 증가액	① 38,087
20×2년도에 인식할 이자비용	② 6,520

(1) 전환시점의 회계처리(순액법 – 100% 가정)

차) 현금[1]	100,000	대) 자본금[3]	50,000
신주인수권부사채[2]	5,453	주식발행초과금(역산)	63,478
신주인수권대가	8,025		

1) $100,000/200 \times 200 = 100,000$
2) $6,243 \times 0.8734 = 5,453$
3) $100,000/200 \times 100 = 50,000$

(2) 주식발행초과금 증가액: $63,478 \times 60\% = 38,087$

(3) 20×2년도 이자비용: $[(100,000 + 6,243 \times 40\%) \times 0.8734 + 2,000 \times 1.8080] \times 7\% = 6,520$

물음 4

구분	금액
신주인수권부사채로 인하여 20×3년 당기순이익에 미친 영향	① (-)5,233

(1) 재매입 시 사채상환이익: 187

$[(100,000 + 6,243 + 2,000)/1.07 - (100,000 + 6,243 + 2,000)/1.08] \times 20\% = 187$

(2) 20×3년 말 이자비용: (-)5,420

$(100,000 + 2,000)/1.07 \times 7\% \times 80\% + 6,243/1.07 \times 7\% \times 20\% = (-)5,420$

(3) 20×3년 당기순이익에 미친 영향: $187 - 5,420 = (-)5,233$

물음 5	구분	금액
	전환가격을 ₩100으로 낮추는 경우	① 75,000
	전환으로 발행되는 보통주 1주당 ₩30을 지급하는 경우	② 15,000

근거

① 전환가격을 ₩100으로 낮추는 경우

  ㉠ 조건변경 전 발행주식수: 100,000/200 = 500주

  ㉡ 조건변경 후 발행주식수: 100,000/100 = 1,000주

  ㉢ 조건변경손실: (1,000 - 500)주 × 150 = 75,000

② 전환으로 발행되는 보통주 1주당 ₩30을 지급하는 경우 조건변경손실: 500주 × 30 = 15,000

  ☑ 변경시점에 조건변경손실을 인식하므로 실제 전환비율은 고려사항이 아니다.

물음 6	구분	전환사채	신주인수권부사채
	전환(행사) 시 주식발행초과금 증가액	① 28,406	③ 31,835
	20×2년 동 복합금융상품에서 발생하는 이자비용	② 5,062	④ 6,653

(1) 20×2년 초 복합금융상품의 장부금액: 96,413

   1) 20×2년 초 액면금액과 액면이자의 현재가치: 100,000 × 0.8734 + 2,000 × 1.8080 = 90,960(단수차이 조정)

   2) 20×2년 초 상환할증금의 현재가치: 6,243 × 0.8734 = 5,453

(2) 전환사채 20×2년 7월 1일 전환 시 회계처리(순액법 – 100% 가정)

차)	이자비용[1]	3,374	대)	미지급이자[2]	1,000
				전환사채	2,374
차)	전환사채[3]	98,787	대)	자본금	50,000
	전환권대가	8,025		주식발행초과금(대차차액)	56,812
차)	미지급이자[2]	1,000	대)	현금	1,000

1) 96,413 × 7% × 6/12 = 3,374
2) 2,000 × 6/12 = 1,000
3) 96,413 + 2,374 = 98,787

(3) 전환사채 20×2년 7월 1일 50% 전환 시 주식발행초과금 증가액: 56,812 × 50% = 28,406

(4) 20×2년 전환사채 이자비용: 96,413 × 7% × 50% × 6/12 + 96,413 × 7% × 50% × 12/12 = 5,062

(5) 신주인수권부사채 20×2년 7월 1일 신주인수권 행사 시 회계처리(순액법 – 100% 가정)

차)	이자비용[1]	191	대)	신주인수권부사채	191
차)	현금	100,000	대)	자본금	50,000
	신주인수권부사채[2]	5,644		주식발행초과금(역산)	63,669
	신주인수권대가	8,025			

1) 5,453 × 7% × 6/12 = 191
2) 5,453 + 191 = 5,644

(6) 신주인수권 20×2년 7월 1일 50% 행사 시 주식발행초과금 증가액: 63,669 × 50% = 31,835

(7) 20×2년 신주인수권부사채 이자비용: 6,653

   1) 액면금액과 액면이자의 이자비용: 90,960 × 7% = 6,367

   2) 상환할증금의 이자비용: 5,453 × 7% × 50% × 6/12 + 5,453 × 7% × 50% × 12/12 = 286

다음의 <자료>를 이용하여 물음 1 부터 물음 4 까지 답하시오(단, 답안 작성 시 원 이하는 반올림한다).

[공인회계사 2차 2022년]

<자료>

- ㈜대한은 20×1년 1월 1일 복합금융상품을 발행하였으며, 발행조건은 다음과 같다.
  - 액면금액: ₩1,000,000
  - 만기상환일: 20×3년 12월 31일
  - 표시이자율: 연 4%
  - 이자지급일: 매년 12월 31일(연 1회)
  - 보장수익률: 연 5%
  - 사채 발행일 현재 동일 조건의 신주인수권(전환권)이 없는 일반사채 시장수익률: 연 6%
  - 신주인수권 행사(전환)가격: 사채액면 ₩10,000당 1주의 보통주
  - 보통주 액면금액: 1주당 ₩5,000

- ㈜대한은 주식발행금액 중 주식의 액면금액은 '자본금'으로, 액면금액을 초과하는 부분은 '주식발행초과금'으로 표시한다.

- ㈜대한은 신주인수권(전환권)이 행사될 때 신주인수권대가(전환권대가)를 주식의 발행금액으로 대체한다.

- 동 복합금융상품과 관련하여 이자계산 시 월할 계산한다. 현재가치 계산 시 아래의 현가계수를 이용한다.

기간	단일금액 ₩1의 현가계수			정상연금 ₩1의 현가계수		
	4%	5%	6%	4%	5%	6%
1	0.9615	0.9524	0.9434	0.9615	0.9524	0.9434
2	0.9246	0.9070	0.8900	1.8861	1.8594	1.8334
3	0.8890	0.8638	0.8396	2.7751	2.7232	2.6730

물음 1 상기 복합금융상품이 전환사채이며 액면발행되었다고 가정한다. 20×2년 1월 1일 전환사채액면금액의 40%가 전환청구되었으며, 이에 따라 ㈜대한은 자사의 보통주를 발행하였다. 전환권을 청구하기 직전 재무상태표상 자산총계는 ₩15,000,000이며, 부채총계는 ₩5,000,000이다. 전환 직후 ㈜대한의 부채비율을 계산하시오(단, 부채비율(%)은 [(부채총계/자본총계) × 100]을 사용하며, 계산 결과는 소수점 둘째 자리에서 반올림한다(예 55.67%는 55.7%로 계산)).

전환 직후 부채비율(%)	①

물음 2 상기 복합금융상품이 전환사채이며 발행금액은 ₩985,000이라고 가정한다. 20×2년 1월 1일 60%의 전환권이 행사되어 보통주가 발행되었다고 할 때 다음 양식에 제시된 항목을 계산하시오.

전환권 행사 시 주식발행초과금 증가분	①
전환권 행사 직후 전환사채의 장부금액	②

물음 3 상기 복합금융상품이 비분리형 신주인수권부사채이며 액면발행되었다고 가정할 때 다음의 <요구사항>에 답하시오.

<요구사항 1>
20×2년 4월 1일 80%의 신주인수권이 행사되어 보통주가 발행되었고, 행사금액은 사채액면금액의 100%이다. 다음 양식에 제시된 항목을 계산하시오.

신주인수권 행사 시 주식발행초과금 증가분	①
신주인수권 행사 직후 신주인수권부사채의 장부금액	②

<요구사항 2>
㈜대한의 20×2년도 포괄손익계산서에 인식될 이자비용을 계산하시오.

20×2년도 이자비용	①

물음 4 상기 복합금융상품은 전환사채이며 액면발행되었다고 가정한다. ㈜대한은 전환사채의 조기전환을 유도하고자 20×3년 7월 1일에 사채액면금액 ₩10,000당 보통주 1.2주로 전환하는 것으로 조건을 변경하였다. 조건변경일 현재 ㈜대한의 보통주 1주당 공정가치는 ₩7,000이다. ㈜대한의 전환사채 관련 전환조건변경 거래가 20×3년도 포괄손익계산서상 당기순이익에 미치는 영향을 계산하시오(단, 당기순이익이 감소하는 경우 금액 앞에 (-)를 표시하시오).

당기순이익에 미치는 영향	①

물음 1

전환 직후 부채비율(%)	① 44.3%

(1) 상환할증금: 10,000 × 1.05² + 10,000 × 1.05 + 10,000 = 31,525

(2) 부채유소의 공정가치: 40,000 × 2.6730 + 1,031,525 × 0.8396 = 972,988

(3) 자본요소의 공정가치: 1,000,000 - 972,988 = 27,012

(4) 20×2년 초 전환사채의 장부금액: 972,988 × 1.06 - 40,000 = 991,367

(5) 부채비율: (5,000,000 - 991,367 × 40%) ÷ (15,000,000 - 5,000,000 + 991,367 × 40%) = 44.3%

물음 2

전환권 행사 시 주식발행초과금 증가분	① 302,027
전환권 행사 직후 전환사채의 장부금액	② 396,547

(1) 발행 시점의 전환권 대가: 985,000 - 972,988 = 12,012

(2) 전환시점의 회계처리 - 100% 가정

20×2년 1월 1일	차) 전환사채(순액)	991,367	대) 자본금[1]	500,000
	전환권대가	12,012	주식발행초과금(역산)	503,379
	1) 1,000,000/10,000 × 5,000 = 500,000			

(3) 60% 전환 시 주식발행초과금 증가분: 503,379 × 60% = 302,027

(4) 60% 전환 시 전환 직후 전환사채의 장부금액: 991,367 × (1 - 60%) = 396,547

물음 3 <요구사항 1>

신주인수권 행사 시 주식발행초과금 증가분	① 444,391
신주인수권 행사 직후 신주인수권부사채의 장부금액	② 973,456

(1) 20×1년 초 상환할증금 장부금액: 31,525 × 0.8396 = 26,468

(2) 20×1년 초 상환할증금 제외 부채요소 장부금액: 972,988 - 26,468 = 946,520

(3) 자본요소 공정가치: 1,000,000 - 972,988 = 27,012

(4) 20×1년 말 상환할증금 장부금액: 26,468 × 1.06 = 28,056

(5) 20×2년 4월 1일 권리행사 직전 상환할증금의 장부금액: 28,056 × (1 + 0.06 × 3/12) = 28,477

(6) 신주인수권 행사 시 주식발행초과금 증가액: (1,000,000 + 28,477 + 27,012 - 500,000) × 80% = 444,391

(7) 전환 직후 신주인수권부사채의 장부금액: 963,311[1] × (1 + 0.06 × 3/12) - 40,000 × 3/12 + 28,477 × 20%
= 973,456

　　　1) 946,520 × 1.06 - 40,000 = 963,311

<요구사항 2>

20×2년 이자비용	① 58,472

근거

20×2년 이자비용: 963,311 × 6% + 28,056 × 6% × 80% × 3/12 + 28,056 × 6% × 20% × 12/12 = 58,472

물음 4

당기순이익에 미치는 영향	① (-)140,000

근거

조건변경손실: [(1,000,000/10,000) × 1.2 - (1,000,000/10,000) × 1] × 7,000 = 140,000

문제 12 복합금융상품의 오류수정 - Level 3

㈜대한이 20×2년 장부를 마감하기 전 재무제표에 대한 회계감사과정에서 공인회계사에게 적발된 중요한 오류는 <자료>와 같다. 이를 이용하여 물음에 답하시오.

<자료>

(1) ㈜대한은 20×2년 1월 1일에 다음과 같은 조건의 전환사채를 액면발행하였다.

- 액면금액: ₩1,000,000
- 만기상환일: 20×4년 12월 31일
- 표시이자율: 연 4%
- 이자지급일: 매년 12월 31일
- 사채발행일 현재 동일 조건의 전환권이 없는 일반사채 시장수익률: 연 10%
- 만기상환: 20×4년 12월 31일에 전환권을 행사하지 않은 사채 액면금액의 110% 일시상환
- 전환조건: 사채 액면금액 ₩10,000당 보통주 1주(액면금액 ₩5,000)로 전환
- 사채발행과 직접적으로 관련된 비용은 없음

(2) ㈜대한은 전환사채 발행 시 수령한 현금만큼 전환사채를 인식하고 전환권대가 및 사채상환할증금을 별도로 인식하지 않았으며, 지급한 이자만 이자비용으로 인식하였다.

(3) 현재가치 계산 시 아래의 현가계수를 이용한다.

기간	단일금액 ₩1의 현가계수		정상연금 ₩1의 현가계수	
	8%	10%	8%	10%
1	0.9259	0.9091	0.9259	0.9091
2	0.8573	0.8265	1.7832	1.7356
3	0.7938	0.7513	2.5770	2.4869
4	0.7350	0.6830	3.3120	3.1699

상기 거래에 대한 회계처리의 오류는 20×2년 장부 마감 전에 수정되었다. 해당 오류수정이 ㈜대한의 20×2년도 포괄손익계산서상 당기순이익에 미치는 영향을 계산하시오(단, 감소하는 경우에는 금액 앞에 (-)를 표시하시오).

당기순이익에 미치는 영향	①

당기순이익에 미치는 영향	① (-)52,591

근거

(1) 회사의 20×2년 이자비용: 40,000

(2) 올바른 회계처리 시 20×2년 이자비용: (40,000 × 2.4869 + 1,100,000 × 0.7513) × 10% = 92,591

(3) 당기순이익에 미치는 영향: (-)92,591 - (40,000) = (-)52,591

cpa.Hackers.com

제 **10** 장

리스

해커스 IFRS 정윤돈 재무회계연습

회계사·세무사·경영지도사 단번에 합격!
해커스 경영아카데미 cpa.Hackers.com

I ┃ 리스제공자

문제 1 리스제공자(고정리스료의 추정과
기초자산의 소유권을 이전하는 경우) - Level 1

㈜한영은 회사에 필요한 기계장치를 리스하기로 결정하고, 이를 ㈜현주리스와 합의하였다. ㈜현주리스는 20×0년 12월 31일 이 기계장치를 현금으로 취득하고, 다음과 같은 조건으로 ㈜한영과 금융리스계약을 체결하였다.

(1) 리스기간은 20×1년 1월 1일부터 20×3년 12월 31일까지이며, 기초자산의 취득원가는 ₩6,000,000이고, 경제적 내용연수는 5년이며, 예상잔존가치는 없다.

(2) 리스기간 개시일에 기초자산의 공정가치는 ₩6,000,000이며, 리스개설직접원가는 20×1년 1월 1일에 ㈜현주리스에서 ₩50,000이 발생하였다. 리스개설직접원가는 현금으로 지급되었다.

(3) 고정리스료는 매년 12월 31일 지급하기로 하고, 리스기간 종료 후 ㈜현주리스는 기초자산의 소유권을 ₩500,000에 ㈜한영에 이전하기로 하였다.

(4) 계약체결 당시 ㈜현주리스의 내재이자율은 연 10%이다(3년, 10% 현가계수: 0.75131, 연금현가계수: 2.48685).

물음 1 ㈜현주리스의 리스기간 개시일의 회계처리를 보이고, 리스기간 개시일에 계상할 리스채권의 금액을 구하시오.

물음 2 동 거래에서 ㈜현주리스가 매년 수취할 고정리스료는 얼마인지 구하시오.

물음 3 ㈜현주리스가 20×1년 말에 해야 할 회계처리를 하고, 20×1년 말 리스채권과 20×1년 이자수익을 구하시오.

물음 4 ㈜현주리스가 20×3년 말에 해야 할 회계처리를 보이시오.

물음 1 리스개시일의 리스채권: 6,050,000

(1) 회계처리

차) 리스채권	6,050,000	대) 선급리스자산	6,000,000
		현금(제공자)	50,000

(2) 리스현금흐름분석

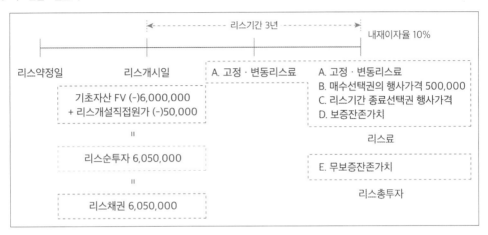

물음 2 매년 수취할 고정리스료(A): 2,281,740

리스채권 = PV(리스료 + 무보증잔존가치) by 내재 R = 기초자산 FV + 리스개설직접원가

고정리스료(A) × 2.48685 + 매수선택권의 행사가격 500,000 × 0.75131 = 6,000,000 + 50,000 = 6,050,000,
고정리스료(A): 2,281,740

물음 3 (1) 20×1년 말 회계처리

차) 현금	2,281,740	대) 이자수익(N/I)	6,050,000 × 10% = 605,000
		리스채권	1,676,740

(2) 20×1년 F/S효과

		B/S	×1년 말
리스채권	6,050,000 × 1.1 − 2,281,740 = 4,373,260		
		I/S	×1년

N/I영향: 이자수익 = 6,050,000 × 10% = 605,000
OCI변동: -

물음 4 20×3년 말 회계처리

차) 현금	2,281,740	대) 이자수익(N/I)[1]	252,885
		리스채권	2,028,855
차) 현금	500,000	대) 리스채권	500,000

1) (2,281,740 + 500,000)/1.1 × 10% = 252,885

리스제공자(리스채권의 손상과 기초자산을 회수하는 경우) - Level 3

A리스의 기계장치 1대를 아래와 같은 조건으로 B사에게 금융리스하였다.

---

(1) 리스기간: 20×1년 1월 1일부터 20×3년 12월 31일까지

(2) 고정리스료: 리스이용자는 리스기간 동안 매년 12월 31일에 ₩100,000씩 지급

(3) 잔존가치 보증: 리스 종료 시 기계장치를 리스제공자에게 반환하되, 예상잔존가치 ₩30,000 중 ₩20,000을 리스이용자가 보증

(4) A리스의 리스개설직접원가: ₩10,000

(5) 내재이자율: 연 5%

(6) 3기간 이자율 5%의 현가계수: 0.86384, 3기간 이자율 5%의 연금현가계수: 2.72325

(7) 2기간 이자율 5%의 현가계수: 0.90703, 2기간 이자율 5%의 연금현가계수: 1.85941

물음 1 동 리스거래가 20×1년 A리스의 당기손익에 미친 영향은 얼마인가?

물음 2 **물음 1**과 독립적으로 20×1년 말에 리스기간 종료시점의 잔존가치 추정을 ₩30,000에서 ₩15,000으로 변경한 경우에 동 리스거래가 20×1년 A리스의 당기손익에 미친 영향은 얼마인가?

물음 3 **물음 2**와 독립적으로 리스기간 동안 종료시점의 잔존가치 추정액의 변경은 없었으나 리스기간 종료시점에 기초자산의 실제잔존가치가 ₩15,000이었다면 동 리스거래가 20×3년 A리스의 당기손익에 미친 영향은 얼마인가? (단, B사는 실제잔존가치와 보증잔존가치의 차이금액을 리스 종료시점에 A리스에 현금으로 지급하였다)

물음 4 **물음 2**, **물음 3**과 독립적으로 리스기간 동안 종료시점의 잔존가치 추정액의 변경은 없었으나 리스기간 종료시점에 기초자산의 실제잔존가치가 ₩40,000이었다면 A리스가 기초자산 회수 시 해야 할 회계처리를 보이시오.

→┤ 풀이 ├

물음 1 20×1년 말 당기손익에 미친 영향: 14,912

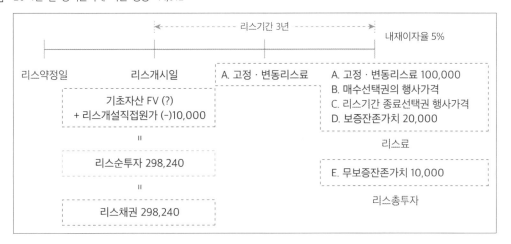

(1) 리스개시일의 리스채권: 100,000 × 2.72325 + (20,000 + 10,000) × 0.86384 = 298,240

(2) 20×1년 리스채권의 이자수익: 298,240 × 5% = 14,912

회계처리

20×1년 1월 1일 - 리스개시일	차) 리스채권	298,240	대) 선급리스자산 현금	288,240 10,000
20×1년 12월 31일	차) 현금	100,000	대) 이자수익 리스채권	14,912 85,088

물음 2 20×1년 말 당기손익에 미친 영향: (1) + (2) = 5,842

(1) 20×1년 말 리스채권 손상차손: {Max[15,000, 20,000] - (30,000)} × 0.90703 = (-)9,070[1]

    1) 추정무보증잔존가치의 현재가치를 손상차손으로 인식한다.

(2) 20×1년 리스채권의 이자수익: 298,240 × 5% = 14,912

회계처리

20×1년 1월 1일 - 리스개시일	차) 리스채권	298,240	대) 선급리스자산 현금	288,240 10,000
20×1년 12월 31일	차) 현금	100,000	대) 이자수익 리스채권	14,912 85,088
	차) 리스채권손상차손	9,070	대) 리스채권	9,070

Ⅰ. 리스제공자 **503**

물음 3 20×3년 말 당기손익에 미친 영향: (1) + (2) + (3) = (-)3,810

① 리스채권 장부금액(보증 + 무보증잔존가치) 20,000 + 10,000 = 30,000	리스제공자 1) 잔존가치보증손실: ① - ③ 　30,000 - 15,000 = 15,000
② 기초자산 보증잔존가치 20,000	2) 보증이익: ② - ③ 　20,000 - 15,000 = 5,000
③ 기초자산 FV 15,000	

(1) 20×3년 리스채권의 이자수익: (100,000 + 30,000)/1.05 × 5% = 6,190

(2) 20×3년 잔존가치보증손실: 15,000 - 30,000 = (-)15,000

(3) 20×3년 리스보증이익: 20,000 - 15,000 = 5,000

회계처리

	차)	현금	100,000	대)	이자수익	6,190
					리스채권	93,810
20×3년 12월 31일	차)	기초자산	15,000	대)	리스채권	30,000
		손상차손	15,000			
	차)	현금	5,000	대)	리스보증이익	5,000

물음 4

차)	기초자산[1]	30,000	대)	리스채권	30,000

[1] Min[기초자산의 실제잔존가치 40,000, 리스채권의 장부금액 30,000] = 30,000

각 물음은 서로 독립적이다.

물음 1 공기청정기 제조 · 판매가 주업인 ㈜청정은 20×1년 1월 1일 직접 제조한 추정내용연수가 5년인 에어컨을 ㈜하늘에게 판매하였는데 이 거래의 실질은 금융리스이다.

> (1) 공기청정기: 제조원가는 ₩9,000,000, 20×1년 1월 1일의 공정가치는 ₩12,500,000
>
> (2) 리스기간: 20×1년 1월 1일부터 20×4년 12월 31일까지
>
> (3) ㈜하늘은 리스기간 종료 시 공기청정기를 반환하기로 하였다.
>
> (4) ㈜하늘은 매년 말 고정리스료로 ₩3,500,000을 지급하며, 20×4년 12월 31일의 공기청정기 예상잔존가치 ₩1,000,000 중 ₩200,000은 ㈜하늘이 보증하기로 하고, ₩400,000은 ㈜청정과 특수관계가 없고 재무적 이행능력이 있는 제3자가 보증하기로 하였다.
>
> (5) ㈜청정은 20×1년 1월 1일 ㈜하늘과의 리스계약을 체결하는 과정에서 리스를 체결하지 않았더라면 부담하지 않았을 리스체결 증분원가 ₩350,000이 발생하였다.
>
> (6) ㈜청정이 ㈜하늘에 제시한 할인율: 연 5%(시장이자율보다 인위적으로 낮은 이자율임)
>
> (7) 20×1년 1월 1일 현재 시장이자율: 연 8%
>
> | 기간 | 4기간 ₩1의 현가계수 | 4기간 ₩1의 연금현가계수 |
> |---|---|---|
> | 5% | 0.8227 | 3.5460 |
> | 8% | 0.7350 | 3.3121 |

물음 1-1 ㈜청정이 인식할 매출액과 매출원가, 영업이익을 구하시오.

물음 1-2 ㈜청정이 20×1년 1월 1일에 해야 할 회계처리를 보이시오.

물음 1-3 20×4년 말에 ㈜청정이 ㈜하늘로부터 공기청정기를 반환받을 때 해야 할 회계처리를 보이시오 (단, 반환일 현재 공기청정기의 실제잔존가치는 ₩400,000이다).

물음 2 ㈜포도는 자동차를 제작하여 판매하고 있다. 다음은 20×1년에 발생한 거래이다.

<자료>

(1) ㈜포도는 ₩600,000에 수입한 자동차를 20×1년 초 ㈜사과에게 금융리스 거래형식으로 판매하였다.

(2) 리스실행일 현재 동 자동차의 공정가치는 ₩783,620이고, 리스기간은 20×1년 초부터 20×3년 말까지이다.

(3) 고정리스료는 20×1년 말부터 매년 말 ₩300,000씩 3년간 수령한다.

(4) 리스기간 종료시점의 추정잔존가치는 ₩50,000이며, ㈜사과는 이 중 ₩35,000을 보증하였고, ㈜사과가 이 중 리스기간 종료일에 지급할 것으로 예상하는 금액은 ₩10,000이다.

(5) 리스실행일 현재 시장이자율은 12%이고, 내재이자율과도 동일하다. 12%의 3년 현가계수는 0.71178이고 12%의 3년 연금현가계수는 2.40183이다.

(6) ㈜사과는 동 사용권자산에 대해서 정액법을 적용하고, 잔존가치는 없는 것으로 한다.

(7) ㈜포도는 리스개시일에 무보증 잔존가치의 현재가치를 리스채권에 포함시킨다.

(8) ㈜포도는 20×1년 초에 동 거래의 체결로 인하여 영업사원 수수료로 ₩20,000을 지출하였다.

물음 2-1 ㈜포도가 동 리스거래로 인하여 재무제표에 인식해야 할 아래의 금액들을 구하시오(단, 원 단위 미만의 금액은 소수점 아래 첫째 자리에서 반올림하여 계산한다).

20×1년 ㈜포도가 인식할 매출액	①
20×1년 ㈜포도가 인식할 매출원가	②
20×1년 ㈜포도가 인식할 이자수익	③
20×1년 말 ㈜포도의 재무상태표에 계상될 리스채권	④

물음 2-2 ㈜포도가 20×3년 말 리스기간 종료시점에 해당 자동차의 공정가치에 따라 회수시점에 해야 할 회계처리를 보이시오.

20×3년 말 회수시점 자동차의 공정가치가 ₩20,000인 경우 회계처리	①
20×3년 말 회수시점 자동차의 공정가치가 ₩60,000인 경우 회계처리	②

물음 2-3 ㈜사과가 동 리스거래로 인하여 재무제표에 인식해야 할 아래의 금액들을 구하시오(단, 원 단위 미만의 금액은 소수점 아래 첫째 자리에서 반올림하여 계산한다).

20×1년 ㈜사과가 인식할 감가상각비	①
20×1년 ㈜사과가 인식할 이자비용	②

물음 3 ㈜하늘은 기계장치를 제조 및 판매하는 기업이다. 20×1년 1월 1일 ㈜하늘은 ㈜포도에게 원가(장부금액) ₩100,000의 재고자산(기초자산)을 아래와 같은 조건으로 판매하였는데, 이 거래는 금융리스에 해당한다.

(1) 리스개시일은 20×1년 1월 1일이며, 리스개시일 현재 재고자산(기초자산)의 공정가치는 ₩130,000 이다.

(2) ㈜하늘은 20×1년부터 20×3년까지 매년 12월 31일에 ㈜포도로부터 ₩50,000의 고정리스료를 받는다.

(3) ㈜하늘은 동 금융리스 계약의 체결과 관련하여 리스개시일에 ₩1,000의 리스개설직접원가를 지출하였다.

(4) ㈜포도는 리스기간 종료일인 20×3년 12월 31일에 리스자산을 해당 시점의 공정가치보다 충분히 낮은 금액인 ₩8,000에 매수할 수 있는 선택권을 가지고 있으며, 20×1년 1월 1일 현재 ㈜포도가 이를 행사할 것이 상당히 확실하지는 않다고 판단된다.

(5) 20×1년 1월 1일에 ㈜하늘의 내재이자율은 연 7%이며, 시장이자율은 연 12%이다. ㈜포도의 증분차입이자율은 연 8%이며, ㈜포도는 내재이자율을 알지 못한다.

(6) ㈜하늘과 ㈜포도 모두 감가상각대상 유형자산을 정액법으로 상각한다. 동 기계장치의 내용연수는 8년, 내용연수가 종료되는 시점의 잔존가치는 ₩10,000이다.

(7) 적용할 현가계수는 아래의 표와 같다.

구분	단일금액 ₩1의 현재가치		정상연금 ₩1의 현재가치	
	8%	12%	8%	12%
1년	0.9259	0.8929	0.9259	0.8929
2년	0.8573	0.7972	1.7832	1.6901
3년	0.7938	0.7118	2.5770	2.4019

물음 3-1 동 거래가 ㈜하늘의 20×1년도 포괄손익계산서에 미치는 영향을 아래의 양식에 따라 기재하시오.

계정과목	금액
①	⑤
②	⑥
③	⑦
④	⑧

물음 3-2 동 거래가 ㈜포도의 20×1년도 포괄손익계산서에 미치는 영향을 아래의 양식에 따라 기재하시오.

계정과목	금액
①	③
②	④

물음 1 참고 현금흐름

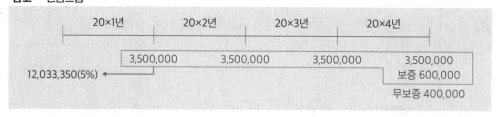

물음 1-1 (1) 매출액: Min[기초자산 FV, PV(리스료) by 시장 R]

: Min[12,500,000, (3,500,000 × 3.3121 + 600,000 × 0.7350)] = 12,033,350

(2) 매출원가: 기초자산 BV - PV(무보증잔존가치) by 시장 R

: 9,000,000 - (1,000,000 - 600,000) × 0.7350 = 8,706,000

(3) 영업이익: 매출 12,033,350 - 매출원가 8,706,000 - 판매관리비 350,000 = 2,977,350

☑ 회사 제시 이자율이 시장이자율보다 인위적으로 낮기 때문에 시장이자율 8%를 적용하여 현재가치를 계산한다.

☑ 잔존가치보증은 리스이용자(리스이용자의 특수관계자 포함), 리스제공자와 특수관계에 있지 않고 보증의무를 이행할 재무적 능력이 있는 제3자가 리스제공자에게 제공할 수 있다.

예 제3자가 보증한 잔존가치는 리스자산을 제조·판매한 회사가 보증한 경우 또는 리스제공자가 보험에 가입하여 보증보험에서 보증한 경우

물음 1-2 회계처리

20×1년 1월 1일	차) 리스채권	12,033,350	대) 매출(N/I)	12,033,350
	차) 매출원가(N/I)	8,706,000	대) 재고자산	9,000,000
	리스채권	294,000		
	차) 판매관리비	350,000	대) 현금	350,000

☑ 제조자 또는 판매자인 리스제공자는 금융리스 체결과 관련하여 부담하는 원가를 리스개시일에 비용으로 인식한다.

물음 1-3 회계처리

20×4년 말	차) 기초자산	400,000	대) 리스채권	1,000,000
	잔존가치보증손실	600,000		
	차) 현금	200,000	대) 리스보증이익	200,000

물음 2 **물음 2-1**

20×1년 ㈜포도가 인식할 매출액	① 745,461
20×1년 ㈜포도가 인식할 매출원가	② 589,323
20×1년 ㈜포도가 인식할 이자수익	③ 90,737
20×1년 말 ㈜포도의 재무상태표에 계상될 리스채권	④ 546,875

회계처리

20×1년 초	차) 리스채권	745,461	대) 매출[1]	745,461
	차) 매출원가[2]	589,323	대) 재고자산	600,000
	리스채권	10,677		
	차) 판매관리비	20,000	대) 현금	20,000
	1) Min[783,620, 745,461(= 300,000 × 2.40183 + 35,000 × 0.71178)] = 745,461			
	2) 600,000 - 15,000 × 0.71178 = 589,323			
20×1년 말	차) 현금	300,000	대) 이자수익[3]	90,737
			리스채권	209,263
	3) (745,461 + 10,677) × 12% = 90,737			

물음 2-2 ① 20×3년 말 회수시점 자동차의 공정가치가 ₩20,000인 경우

회계처리

20×3년 말	차) 기초자산	20,000	대) 리스채권		50,000
	리스채권 손상차손	30,000			
	차) 현금	15,000	대) 보증이익		15,000

② 20×3년 말 회수시점 자동차의 공정가치가 ₩60,000인 경우

회계처리

20×3년 말	차) 기초자산[1]	50,000	대) 리스채권	50,000

1) Min[60,000, 50,000(한도)] = 50,000

물음 2-3

20×1년 ㈜사과가 인식할 감가상각비	① 242,556
20×1년 ㈜사과가 인식할 이자비용	② 87,320

회계처리

20×1년 초	차) 사용권자산	727,667	대) 리스부채[1]	727,667

1) 300,000 × 2.40183 + 10,000 × 0.71178 = 727,667

20×1년 말	차) 이자비용[2]	87,320	대) 현금	300,000
	리스부채	212,680		
	차) 감가상각비[3]	242,556	대) 감가상각누계액	242,556

2) 727,667 × 12% = 87,320
3) (727,667 - 0) ÷ 3년 = 242,556

물음 3 **물음 3-1**

계정과목	금액
① 매출	⑤ 120,095
② 매출원가	⑥ 100,000
③ 수수료비용	⑦ 1,000
④ 이자수익	⑧ 14,411

회계처리

20×1년 1월 1일	차) 리스채권	120,095	대) 매출[1]	120,095
	차) 매출원가	100,000	대) 재고자산	100,000
	차) 수수료비용	1,000	대) 현금	1,000

1) Min[130,000, 50,000 × 2.4019] = 120,095 (매수선택권의 행사가능성이 상당히 확실하지 않으므로 리스료에 포함시키지 않는다)

20×1년 말	차) 현금	50,000	대) 이자수익[2]	14,411
			리스채권	35,589

2) 120,095 × 12% = 14,411

=> 당기순이익에 미치는 영향: 120,095 - 100,000 - 1,000 + 14,411 = 33,506

물음 3-2	계정과목	금액
	① 이자비용	③ 10,308
	② 감가상각비	④ 42,950

회계처리

리스개시일	차) 사용권자산	128,850	대) 리스부채[1]	128,850
	1) 50,000 × 2.5770 = 128,850			
20×1년 말	차) 이자비용[2]	10,308	대) 현금	50,000
	리스부채	39,692		
	차) 감가상각비[3]	42,950	대) 감가상각누계액	42,950
	2) 128,850 × 8% = 10,308			
	3) (128,850 − 0) ÷ 3년 = 42,950			

=> 당기순이익에 미치는 영향: (10,308) + (42,950) = (−)53,258

참고 판매형리스(리스제공자 회계처리)

개시일	차) 리스채권	PV(리스료)	대) 매출(N/I)	Min[기초자산FV, PV(리스료)]
	차) 매출원가(N/I)	BV − PV(무보증잔존가치)	대) 재고자산	BV
	리스채권	PV(무보증잔존가치)		
	차) 판매관리비(N/I)	××	대) 현금	리스개설직접원가
기말	차) 현금	리스료	대) 이자수익	기초리스채권 × 시장 R
			리스채권	××

참고 리스제공자와 리스이용자의 현금흐름

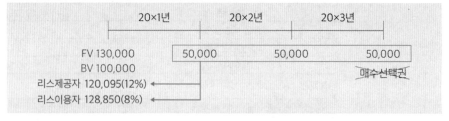

㈜한국리스는 ㈜경기와 통신설비에 대해서 운용리스계약을 체결하였다. 관련 자료는 다음과 같다.

(1) ㈜한국리스는 20×1년 1월 1일 취득원가가 ₩3,000,000인 통신설비를 취득 즉시 ㈜경기에게 인도하고 리스개설직접원가로 ₩90,000을 지출하였다. 그리고 ㈜경기가 부담해야 할 리스개설직접원가는 ₩60,000이지만 이 중 ㈜한국리스가 계약에 따른 인센티브로 ₩30,000을 부담하였다.

(2) 리스기간은 3년이고, 고정리스료는 20×1년에는 면제, 20×2년 말과 20×3년 말에 ₩1,200,000을 수취하기로 하였다.

(3) 통신설비의 내용연수는 5년이고, 잔존가치가 없으며, 정액법으로 감가상각한다.

상기 운용리스거래가 20×1년도 ㈜한국리스의 당기손익에 미치는 영향은 각각 얼마인가? (단, 양사의 결산일은 매년 12월 31일이며, 법인세효과는 무시하고 리스료수익에 대한 다른 체계적 기준은 없다)

풀이

당기손익에 미치는 영향: (1) + (2) + (3) + (4) = 160,000
(1) 운용리스료수익: (1,200,000 + 1,200,000) ÷ 3년 = 800,000
(2) 운용리스자산 감가상각비: 3,000,000 ÷ 5년 = (-)600,000
(3) 리스개설직접원가 감가상각비: 90,000 ÷ 3년 = (-)30,000
(4) 리스제공자가 제공한 인센티브 수익 차감액: 30,000 ÷ 3년 = (-)10,000

회계처리 - 리스제공자

자산구입	차)	선급리스자산	3,000,000	대)	현금	3,000,000
리스개시일	차)	운용리스자산	3,090,000	대)	선급리스자산 현금	3,000,000 90,000
	차)	선급비용	30,000	대)	현금	30,000
20×1년 말	차)	미수리스료	800,000	대)	리스료수익(N/I) 선급비용	790,000 10,000
	차)	감가상각비(N/I)	630,000	대)	감가상각누계액	630,000

A사(리스제공자)는 리스이용자에게 다음과 같은 조건으로 기계장치를 리스하였으며, 금융리스로 분류된다.

> (1) 리스기간: 20×1년 1월 1일부터 5년간
>
> (2) 리스료: 매년 12월 31일에 ₩100,000씩 5회 지급
>
> (3) 내재이자율: 연 5%
>
> (4) 기계장치의 공정가치는 리스순투자와 동일하다.

한편 A사는 20×2년 초에 다음과 같이 기계장치를 추가하는 리스변경에 리스이용자와 합의하였다.

> (1) 추가 기초자산의 리스기간: 20×2년 1월 1일부터 4년간
>
> (2) 추가 기초자산에 대한 리스료: 매년 12월 31일에 ₩40,000씩 4회 지급
>
> (3) 리스변경일의 내재이자율: 연 6%

물음 1 A사가 인식할 20×1년 말 리스채권의 장부금액과 20×1년 이자수익을 구하시오(기간 5, 5%, 연금현가계수는 4.32948이다).

물음 2 기계장치 추가로 리스의 범위가 넓어졌으며, 연간 ₩40,000의 추가 리스료는 개별가격에 적절히 조정하는 금액만큼 증액되었다. 이 경우, 20×2년 이자수익을 구하시오(기간 4, 6%, 연금현가계수는 3.46511이다).

물음 3 **물음 2** 에서 연간 ₩40,000의 추가 리스료는 개별가격에 적절히 조정하는 금액만큼 증액된 것이 아니며, 리스변경이 리스약정일에 유효하였다면 그 리스를 운용리스로 변경한 것일 때, 20×2년 초의 회계처리를 보이시오.

물음 4 **물음 3** 에서 리스변경이 리스약정일에 유효하였더라도 그 리스를 운용리스로 변경하지 않은 것일 때, 20×2년 초의 회계처리를 보이시오.

— 풀이 ———————————————————————————

물음 1 ① 20×1년 말 리스채권: 432,948 - 78,353 = 354,595
② 20×1년 이자수익: 21,647

근거

20×1년 초	차) 리스채권	432,948	대) 선급리스자산[1]	432,948
	1) 100,000 × 4.32948 = 432,948			
20×1년 말	차) 현금	100,000	대) 이자수익[2]	21,647
			리스채권	78,353
	2) 432,948 × 5% = 21,647			

물음 2 20×2년 이자수익: 26,046

근거

(1) 리스변경은 별도 리스로 회계처리하는 두 가지 조건을 모두 충족한다.
(2) 회계처리

20×2년 초	차) 리스채권	138,604	대) 선급리스자산[1]	138,604
	1) 40,000 × 3.46511 = 138,604			
20×2년 말	차) 현금	140,000	대) 이자수익[2]	26,406
			리스채권	113,954
	2) 20×2년 이자수익: 26,046(① + ②)			
	① 기존 금융리스의 20×2년도 이자수익: (432,948 × 1.05 - 100,000) × 5% = 17,730			
	② 별도 금융리스의 20×2년도 이자수익: 138,604 × 6% = 8,316			

물음 3 회계처리

20×2년 초	차) 운용리스자산	493,199	대) 리스채권	354,595
			선급리스자산	138,604

☑ 별도 리스로 회계처리하지 않고, 리스변경 유효일부터 새로운 운용리스로 회계처리한다. 즉, 기초자산의 장부금액(운용리스자산)을 리스변경 유효일 직전 리스순투자로 측정한다.

물음 4 회계처리

20×2년 초	차) 리스채권	496,433	대) 리스채권	354,595
			선급리스자산	138,604
			리스변경이익(N/I)	3,234

☑ 리스변경이 리스약정일에 유효하였다면 그 리스를 운용리스로 변경하는 경우가 아니라면 이는 계속 금융리스의 분류를 유지하되, 기준서 제1109호를 적용한다. 즉, 기준서 제1109호 문단 5.4.3(계약상 현금흐름 변경)을 적용하여, 해답 3의 분개 중 차변에 기존 리스료와 추가 리스료의 4년간 현금흐름을 최초 유효이자율로 할인한 현재가치로 리스채권을 인식하고, 변경 전 리스채권과 추가 리스의 선급리스자산의 합계와의 차이를 당기손익으로 인식한다.

A사(리스제공자)는 20×1년 초에 기계장치(내용연수는 6년, 잔존가치 없이 정액법 상각)를 ₩600,000에 취득한 후 이를 리스이용자에게 다음과 같은 조건으로 리스하였다. 이 리스계약은 운용리스로 분류된다.

- 리스기간: 20×1년 1월 1일부터 20×3년 12월 31일까지
- 리스료: 매년 12월 31일에 ₩200,000씩 3회 지급

각 물음은 독립적이다.

[물음 1] 20×3년 초에 A사와 리스이용자는 다음과 같이 리스변경에 합의하였다.

- 리스기간: 당초 계약에서 2년 연장
- 리스료: 20×3년부터 20×5년까지 매년 12월 31일에 ₩120,000씩 3회 지급
- 리스기간 종료 시 기계장치 반환

A사는 상기의 리스변경을 반영한 결과 리스변경 유효일에 운용리스로 분류된다고 판단하였다. 동 리스거래가 A사의 20×2년과 20×3년의 당기순이익에 미친 영향을 구하시오.

[물음 2] 20×3년 초에 A사와 리스이용자는 다음과 같이 리스변경에 합의하였다.

- 리스기간: 당초 계약에서 2년 연장
- 리스료: 20×3년부터 20×5년까지 매년 12월 31일에 ₩140,000씩 3회 지급
- 리스기간 종료 시 리스이용자가 ₩30,000에 매수선택권을 행사하면 기계장치의 소유권 이전 리스이용자의 매수선택권 행사가능성은 상당히 확실함

A사는 상기의 리스변경을 반영한 결과 리스변경 유효일에 금융리스로 분류된다고 판단하였다. 리스변경 유효일 현재 내재이자율은 연 6%이다. 동 리스거래가 A사의 20×3년의 당기순이익에 미친 영향을 구하시오(단, 기간 3, 6%, 연금현가계수: 2.67301, 기간 3, 6%, 현가계수: 0.83962).

물음 1 ① 20×2년의 당기순이익에 미친 영향: 200,000 - 100,000 = 100,000

② 20×3년의 당기순이익에 미친 영향: 120,000 - 100,000 = 20,000

회계처리

20×1년 초	차) 운용리스자산	600,000	대) 현금	600,000
20×1년 말	차) 현금 차) 감가상각비	200,000 100,000	대) 리스료수익 대) 감가상각누계액[1]	200,000 100,000
	1) 600,000/6년 = 100,000			
20×2년 말	차) 현금 차) 감가상각비	200,000 100,000	대) 리스료수익 대) 감가상각누계액	200,000 100,000
20×3년 초		회계처리 없음		
20×3년 말	차) 현금 차) 감가상각비	120,000 100,000	대) 리스료수익 대) 감가상각누계액	120,000 100,000

물음 2 20×3년의 당기순이익에 미친 영향: 23,965 - 590 = 23,375

회계처리

	차) 리스채권[1] 감가상각누계액 리스변경손실	399,410 200,000 590	대) 운용리스자산	600,000
20×3년 초	1) 리스채권: 140,000 × 2.67301 + 30,000 × 0.83962 = 399,410			
	☑ 리스변경 유효일 현재 운용리스자산 장부금액과 리스채권의 최초 측정금액의 차이는 당기손익으로 인식한다.			
20×3년 말	차) 현금	140,000	대) 이자수익 리스채권	23,965 116,035

문제 7   리스요소와 비리스요소의 분리 또는 통합 - Level 4

A사는 특수 건설장비를 운전할 수 있는 기술자를 포함하여 특수 건설장비를 3년 동안 리스하였다. 계약에 따르면 리스제공자가 특수 건설장비의 유지보수를 담당하며, 보험(관리업무에 해당)도 가입한다. 연간리스료는 ₩60,000 (매년 말 지급)인데, 여기에는 유지보수에 대한 대가 ₩5,000과 보험료 ₩600이 포함되어 있다. A사는 유사한 특수 건설장비의 유지보수용역과 보험을 제3자로부터 각각 ₩4,000과 ₩600에 제공받을 수 있다. 또한 운전기술자를 제외한 특수 건설장비의 리스계약을 제3자와 연간리스료 ₩52,000에 체결할 수 있으며, 특수 건설장비 운전기술자를 고용하는 데 소요되는 비용을 연 ₩8,000으로 추정하였다.

물음 1   리스요소와 비리스요소를 분리하여 식별할 경우, 연간리스료 ₩60,000을 리스요소와 비리스요소에 배분하시오.

물음 2   리스제공자의 내재이자율이 5%라고 가정하고, A사가 리스개시일에 인식할 리스부채를 구하시오(단, 기간 3, 5%, 연금현가계수는 2.72325이다).

물음 3   물음 2에서 A사가 리스요소와 비리스요소를 분리하지 않는 실무적 간편법을 적용한다고 가정하고 A사가 리스개시일에 인식할 리스부채를 구하시오.

물음 1 ① 리스요소 배분액: 48,750

② 비리스요소 배분액: 11,250

근거

(1) 특수 건설장비 리스가 리스요소이며, 유지보수 및 운전기술자의 용역 제공은 비리스요소이다. 보험은 재화나 용역을 이전하지 않는 관리업무이므로 별도의 구성요소가 아니다.

(2) 리스요소와 비리스요소 배분

	관측 가능한 개별가격	리스료 60,000의 배분	
<리스요소>			
건설장비 리스	52,000	60,000 × 52,000/64,000 =	48,750
<비리스요소>			
유지보수용역	4,000	60,000 × 12,000[1)]/64,000 =	11,250
운전기술자 고용	8,000		
	64,000		60,000

1) 두 개의 비리스요소를 통합하지 않고 별개로 하여 리스료를 배분하더라도 리스요소에 배분되는 금액에는 영향이 없다.

물음 2 A사가 리스개시일에 인식할 리스부채: 48,750 × 2.72325(기간 3, 5%, 연금현가계수) = 132,758

☑ 비리스요소에 배분액은 기준서에 명시적인 규정은 없다. 비리스요소에 배분된 금액은 유지보수용역과 운전기술자 고용과 관련되므로 매월 균등하게 배분된 금액을 비용으로 인식하는 것이 적절하다고 판단된다. 또한, 보험과 같은 관리업무로 인하여 리스의 별도 구성요소가 생기지는 않으므로 보험료가 포함된 연간리스료 60,000을 리스요소와 비리스요소에 배분하였다. 따라서 보험료를 별도로 비용으로 인식하는 회계처리는 필요하지 않으며, 보험료 해당액은 리스요소와 비리스요소의 비용 인식금액에 반영된다.

물음 3 A사가 리스개시일에 인식할 리스부채: 60,000 × 2.72325(기간 3, 5%, 연금현가계수) = 163,395

해커스 IFRS 정윤돈 재무회계연습

제10장

리스

각 물음은 서로 독립적이다.

물음 1 ㈜대한은 다음과 같은 조건으로 회사에 필요한 기계장치의 리스계약을 체결하였다.

> (1) 리스기간은 20×1년 1월 1일부터 20×3년 12월 31일까지, 고정리스료 ₩1,000,000은 매년 12월 31일 지급하기로 하였다.
>
> (2) 계약체결 당시 증분차입이자율은 연 12%이며, 내재이자율은 알지 못한다(단, 3년, 10% 현가계수: 0.75131, 연금현가계수: 2.48685, 3년, 12% 현가계수: 0.71178, 연금현가계수: 2.40183, 2년, 12% 현가계수: 0.79719, 연금현가계수: 1.69005).

물음 1-1 ㈜대한의 리스개시일에 계상할 리스부채금액은 얼마인가?

물음 1-2 ㈜대한은 리스기간 종료 전에 현재의 리스를 해지할 권리가 상당히 확실하다. 20×2년 12월 31일 해지를 통보하고 위약금 ₩700,000을 지급한다면 리스개시일에 계상할 리스부채금액은 얼마인가?

물음 1-3 ㈜대한은 리스기간 종료 후 기계장치를 ₩500,000에 매수선택권을 행사할 가능성이 상당히 확실한 경우 리스개시일에 계상할 리스부채금액은 얼마인가?

물음 2 A사는 20×1년 초에 다음과 같은 조건으로 리스계약을 체결하고 기계장치를 리스하였다.

> (1) 리스기간: 20×1년 1월 1일부터 20×5년 12월 31일까지
>
> (2) 리스료: 연간 고정리스료는 ₩200,000으로 매년 1월 1일에 지급한다.
>
> (3) 내재이자율은 연 6%이다.
>   - 5년, 6% 현가계수: 0.74726, 5년, 6% 연금현가계수: 4.21236
>   - 4년, 6% 현가계수: 0.79209, 4년, 6% 연금현가계수: 3.46511
>   - 3년, 6% 현가계수: 0.83962, 3년, 6% 연금현가계수: 2.67301

또한 동 리스계약과 관련하여 A사는 리스기간 종료 시 리스자산을 반환하되, 반환 시 실제잔존가치 중 ₩150,000을 보증하였다(단, 리스개시일 현재 잔존가치 보증으로 인하여 리스기간 종료 시 지급할 것으로 예상되는 금액은 없다고 추정하였다). 리스개시일에 A사가 재무상태표에 인식할 리스부채는 얼마인가?

물음 1 **물음 1-1** 리스개시일에 계상할 리스부채: 1,000,000 × 2.40183 = 2,401,830

⇒ 고정리스료 1회분을 1월 1일 선급했을 경우의 사용권자산: 2,690,050[1]

1) 1,000,000 + 1,000,000 × 1.69005 = 2,690,050

회계처리

리스개시일	차) 사용권자산	2,690,050	대) 리스부채		1,690,050
			현금		1,000,000

물음 1-2 리스개시일에 계상할 리스부채: 1,000,000 × 1.69005 + 700,000 × 0.79719 = 2,248,083

물음 1-3 리스개시일에 계상할 리스부채: 1,000,000 × 2.40183 + 500,000 × 0.71178 = 2,757,720

물음 2 리스부채: 200,000 × 3.46511 = 693,022

☑ 리스개시일 현재 잔존가치 보증으로 인하여 리스기간 종료 시 지급할 것으로 예상되는 금액은 없다고 추정하였으므로 리스료에 보증잔존가치를 포함시키지 않는다.

A사는 20×1년 초에 다음과 같은 조건으로 리스계약을 체결하고 B사로부터 토지를 리스하였다.

(1) 리스기간: 20×1년 초부터 20×5년 12월 31일까지

(2) 리스료: 연간 고정리스료 ₩200,000을 매년 초에 지급

(3) 할인율: 내재이자율은 연 6%이다.

(4) 리스기간 종료 후 A사는 토지를 원상복구시켜야 할 의무를 부담한다.

(5) A사는 리스개시일 전에 리스제공자로부터 ₩80,000의 리스인센티브를 수령하여 선수수익으로 인식하였다.

(6) 리스개시일에 A사가 부담한 리스개설직접원가 ₩20,000을 현금으로 지급하였다.

(7) 리스기간 종료 후 토지의 원상회복에 소요될 것으로 예상되는 원가는 ₩100,000이며, 이에 적용할 할인율은 6%이다.

- 5년, 6% 현가계수: 0.74726, 5년, 6% 연금현가계수: 4.21236

- 4년, 6% 현가계수: 0.79209, 4년, 6% 연금현가계수: 3.46511

리스개시일에 A사가 인식할 사용권자산의 최초 측정금액은 얼마인가?

─┤ 풀이 ├─

사용권자산의 최초 측정금액: 907,748

회계처리

리스개시일	차)	사용권자산 선수수익	대차차액 907,748 받은 리스 인센티브 80,000	대)	리스부채[1] 선급리스료 현금 현금 복구충당부채[2]	PV(지급되지 않은 리스료) 693,022 개시일 전 미리 지급한 리스료 0 리스개설직접원가 20,000 개시일에 지급한 리스료 200,000 PV(예상복구비용) 74,726
	1) 200,000 × 3.46511 = 693,022					
	2) 100,000 × 0.74726 = 74,726					

리스제공자와 리스이용자 회계처리 비교 - Level 2

㈜대한은 20×0년 12월 31일 항공기를 ₩5,198,927에 취득하였다. 리스제공자인 ㈜대한은 항공서비스를 제공하는 ㈜세무와 20×1년 1월 1일 금융리스계약을 체결하였다. 구체적인 계약내용이 다음 <자료>와 같을 때, 각 물음에 답하시오.

[세무사 2차 2019년]

<자료>

(1) 리스개시일은 20×1년 1월 1일이고, 만료일은 20×4년 12월 31일이다. 이 기간 동안 리스계약의 해지가 불가능하다.

(2) 기초자산(항공기)의 공정가치는 ₩5,198,927이며, 경제적 내용연수는 6년이고 내용연수 종료 후 추정잔존가치는 없다. 해당 기초자산은 정액법으로 감가상각한다.

(3) 리스기간 종료시점의 해당 기초자산 잔존가치는 ₩500,000으로 추정되며, ㈜세무의 보증잔존가치는 ₩200,000이다. 추정잔존가치 중 ㈜세무가 보증한 잔존가치 지급예상액은 ₩200,000이다.

(4) 리스료는 리스기간 동안 매년 말 고정된 금액을 수수한다.

(5) 리스기간 종료시점에 소유권이전약정이나 염가매수선택권은 없으며, 리스기간 종료 시 기초자산을 ㈜대한에 반환하여야 한다.

(6) ㈜대한이 리스계약과 관련하여 지출한 리스개설직접원가는 ₩300,000이며, ㈜세무가 리스계약과 관련하여 지출한 리스개설직접원가는 ₩200,000이다. 이들 리스개설직접원가는 모두 현금으로 지급하였다.

(7) ㈜대한의 내재이자율은 연 10%이며, ㈜세무의 증분차입이자율은 12%이다. ㈜세무는 ㈜대한의 내재이자율을 알고 있다.

(8) ㈜세무는 사용권자산에 대한 감가상각방법으로 정액법을 채택하고 있으며, 감가상각비는 지급할 것으로 예상되는 보증잔존가치를 차감하는 방법으로 회계처리한다.

구분	단일금액 ₩1의 현가계수		정상연금 ₩1의 현가계수	
	10%	12%	10%	12%
1기간	0.9091	0.8929	0.9091	0.8929
2기간	0.8264	0.7972	1.7355	1.6901
3기간	0.7513	0.7118	2.4868	2.4018
4기간	0.6830	0.6355	3.1699	3.0373

(9) 현재가치 계산 시 아래의 현가계수를 이용하며, 금액을 소수점 첫째 자리에서 반올림하여 계산한다.

예 ₩5,555.5 → ₩5,556

물음 1 ㈜대한이 매년 받게 될 고정리스료를 계산하고, ㈜대한이 리스개시일에 수행해야 할 회계처리를 하시오.

①	고정리스료
②	차)	대)

물음 2 ㈜대한이 동 리스거래로 인해 인식하게 될 리스총투자, 미실현금융수익을 계산하시오.

리스총투자	미실현금융수익
①	②

물음 3 ㈜세무가 리스개시일에 계상해야 할 사용권자산과 리스부채를 계산하고, ㈜세무가 리스개시일에 수행해야 할 회계처리를 제시하시오.

①	사용권자산	리스부채
②	차)	대)

물음 4 동 리스거래와 관련된 회계처리가 ㈜대한의 20×1년도 당기순이익과 ㈜세무의 20×1년도 당기순이익에 미치는 영향을 각각 계산하시오(단, 당기순이익이 감소하는 경우에는 금액 앞에 (-)를 표시하시오).

㈜대한의 20×1년 당기순이익	㈜세무의 20×1년 당기순이익
①	②

물음 5 ㈜대한의 20×2년도 이자수익과 ㈜세무의 20×2년 말 미상환부채를 계산하시오.

㈜대한의 20×2년 이자수익	㈜세무의 20×2년 말 미상환부채
①	②

물음 6 20×1년 12월 31일 해당 기초자산의 잔존가치 추정치가 ₩300,000으로 하락했을 경우 ㈜대한이 20×1년 말 리스채권손상차손으로 인식할 금액을 계산하시오.

물음 1

①	고정리스료: 1,627,000[1]
	1) 고정리스료(A): A × 3.1699 + 500,000 × 0.6830 = 5,498,927, A = 1,627,000
②	차) 리스채권 5,498,927 대) 선급리스자산 5,198,927 현금 300,000

물음 2

리스총투자	미실현금융수익
① 7,008,000	② 1,509,073

근거

① 리스총투자: 1,627,000 × 4년 + 200,000 + 300,000 = 7,008,000

② 미실현수익: 7,008,000 - 5,498,927 = 1,509,073

물음 3

	사용권자산	리스부채
①	5,494,027	5,294,027
②	차) 사용권자산 5,494,027 대) 리스부채[1] 5,294,027 현금 200,000 1) 리스부채: 1,627,000 × 3.1699 + 200,000 × 0.6830 = 5,294,027

물음 4

㈜대한의 20×1년 당기순이익	㈜세무의 20×1년 당기순이익
① 549,893	② (-)1,852,910

근거

① ㈜대한의 20×1년 당기순이익: 549,893

    리스채권의 이자수익: 5,498,927 × 10% = 549,893

② ㈜세무의 20×1년 당기순이익: (-)1,852,910

    ㉠ 리스부채의 이자비용: 5,294,027 × 10% = 529,403

    ㉡ 사용권자산의 감가상각비: (5,494,027 - 200,000) ÷ Min[4년, 6년] = 1,323,507[1]

       1) 문제의 제시조건에 따른다.

물음 5

㈜대한의 20×2년 이자수익	㈜세무의 20×2년 말 미상환부채
① 442,182	② 2,989,073

근거

① 20×2년 리스채권의 이자수익: (5,498,927 × 1.1 - 1,627,000) × 10% = 442,182

② 20×2년 말 리스부채: (5,294,027 × 1.1 - 1,627,000) × 1.1 - 1,627,000 = 2,989,073

물음 6   ㈜대한의 20×1년 말 리스채권손상차손: 200,000 × 0.7513 = 150,260

해커스 IFRS 정윤돈 재무회계연습

제10장   리스

각 물음은 서로 독립적이다.

물음 1 A사는 20×1년 초 아래와 같은 조건으로 기계장치 리스계약을 체결하였다.

> (1) 리스기간: 20×1년 1월 1일부터 20×3년 12월 31일까지
>
> (2) 리스료: 연간 고정리스료 ₩200,000을 매년 12월 31일 지급
>
> (3) 할인율: 내재이자율 연 5%
>   (3년, 5% 현가계수: 0.86384, 3년, 5% 연금현가계수: 2.72325)
>   (2년, 5% 현가계수: 0.90703, 2년, 5% 연금현가계수: 1.85941)
>
> (4) 기계장치의 내용연수는 5년(잔존가치 ₩0)이고, 정액법을 사용한다.
>
> (5) 리스기간 종료 시 기계장치를 리스제공자에게 반환하며, 반환 시 실제잔존가치가 ₩150,000에 미달할 경우 그 미달한 금액을 보증하기로 하였다.

물음 1-1 동 리스계약이 20×1년 A사의 당기손익에 미치는 영향은 얼마인가? (단, 리스개시일 현재 잔존가치 보증으로 인하여 리스기간 종료 시 지급할 것으로 예상되는 금액은 없다고 추정하였다)

물음 1-2 20×2년 초에 A사는 잔존가치 보증에 따라 리스기간 종료 시 ₩50,000의 현금을 지급할 것으로 예상하였다. 이 경우 동 리스계약이 A사의 20×2년 당기손익에 미치는 영향을 구하시오(단, 20×2년 초에 동 리스계약에 대한 내재이자율은 7%이다).

물음 2 B사는 회사에 필요한 기계장치를 다음과 같은 조건으로 리스계약을 체결하였다.

> (1) 리스기간은 20×1년 1월 1일부터 20×3년 12월 31일까지이며, 고정리스료 ₩2,000,000은 매년 12월 31일 지급하기로 하였다.
>
> (2) 계약체결 당시 증분차입이자율은 연 12%이며, 내재이자율은 알지 못한다(3년, 12% 현가계수: 0.71178, 연금현가계수: 2.40183, 2년, 12% 현가계수: 0.79719, 2년, 12% 연금현가계수: 1.69005, 1년, 12% 현가계수: 0.89286, 1년, 12% 연금현가계수: 0.89286).
>
> (3) 기계장치의 잔존가치는 없으며 정액법으로 상각한다.
>
> (4) 리스기간 종료 후 2년간의 연장선택권 행사가 가능하고 이 기간의 매년 말 고정리스료는 ₩1,200,000이다. 그러나 리스기간의 연장선택권을 행사할 것이 상당히 확실하지 않다고 보았다.

물음 2-1 동 거래가 B사의 20×1년 당기손익에 미치는 영향을 구하시오.

물음 2-2 B사는 리스기간인 20×3년 초에 연장선택권을 행사할 것이 상당히 확실한 것으로 바뀌었다. 이 경우, 동 거래가 B사의 20×3년 당기손익에 미치는 영향을 구하시오(단, 20×3년 초 현재 내재이자율은 쉽게 산정할 수 없으며, B사의 증분차입이자율은 10%이고 3년, 10% 현가계수: 0.75131, 2년, 10% 현가계수: 0.82645).

물음 3 C사는 회사에 필요한 기계장치를 다음과 같은 조건으로 리스계약을 체결하였다.

> (1) 리스기간은 20×1년 1월 1일부터 20×5년 12월 31일까지이고, 고정리스료 ₩2,000,000은 매년 12월 31일 지급하기로 하였다.
>
> (2) 최초 2년간은 리스료 변동이 없으나, 그 이후 20×3년과 20×4년의 리스료는 매년 초 소비자물가지수를 반영하여 재산정하기로 하였다. 리스개시일의 소비자물가지수는 150이었으며, 그 후 리스 3차 연도 초에 180으로 물가지수의 변동이 있었다.
>
> (3) 계약체결 당시 증분차입이자율은 연 10%이며, 내재이자율은 알지 못한다(5년, 10% 연금현가계수: 3.79079, 3년, 10% 현가계수: 0.75131, 연금현가계수: 2.48685, 3년, 12% 현가계수: 0.71178, 연금현가계수: 2.40183, 2년, 12% 현가계수: 0.79719, 연금현가계수: 1.69005).
>
> (4) 20×3년 초 증분차입이자율은 연 12%이다.
>
> (5) 기계장치의 잔존가치는 없으며 정액법으로 상각한다.

물음 3-1 20×3년 초 C사가 해야 할 회계처리를 보이시오.

물음 3-2 위 물음과 독립적으로 C사가 리스한 기계장치에서 발행한 매출의 1%를 해당 연도에 변동리스료로 추가 지급한다고 가정한다. 20×1년도 매출이 ₩2,000,000이라면 리스이용자가 인식할 추가 지급액을 회계처리하시오.

물음 1 **물음 1-1** 20×1년 당기손익에 미치는 영향: (-)208,783

(1) 리스부채: 200,000 × 2.72325 = 544,650

☑ 리스개시일 현재 잔존가치 보증으로 인하여 리스기간 종료 시 지급할 것으로 예상되는 금액은 없다고 추정하였으므로 리스료에 포함되지 않는다.

(2) 20×1년 당기손익에 미치는 영향: 1) + 2) = (-)208,783

　1) 이자비용: 544,650 × 5% = (-)27,233

　2) 감가상각비: (544,650 - 0) ÷ 3년 = (-)181,550

　　☑ 보증잔존가치를 리스기간 종료 시 지급할 것으로 예상하지 않으므로 감가상각 시에도 보증잔존가치를 고려하지 않는다.

물음 1-2 20×2년 당기손익에 미치는 영향: (-)225,088

(1) 20×2년 초 리스부채 변경 전 장부금액: 544,650 × 1.05 - 200,000 = 371,883

(2) 20×2년 초 리스부채 재측정 금액: 200,000 × 1.85941 + 50,000 × 0.90703 = 417,234

(3) 20×2년 초 회계처리

20×2년 초	차) 사용권자산	45,351	대) 리스부채[1]	45,351
	1) 417,234 - 371,883 = 45,351			

(4) 20×2년 당기손익에 미치는 영향: 1) + 2) = (-)225,088

　1) 감가상각비: (544,650 - 181,550 + 45,351 - 0) ÷ 2년 = (-)204,226

　2) 이자비용: 417,234 × 5% = (-)20,862

물음 2 **물음 2-1** 20×1년 당기손익에 미치는 영향: (-)2,177,659

(1) 리스개시일의 리스부채: 고정리스료 2,000,000 × 2.40183 = 4,803,660

(2) 20×1년 이자비용: 4,803,660 × 12% = (-)576,439

(3) 20×1년 감가상각비: (4,803,660 - 0)/3년 = (-)1,601,220

(4) 20×1년 회계처리

20×1년 초	차) 사용권자산	4,803,660	대) 리스부채	4,803,660
20×1년 말	차) 이자비용 　　리스부채	576,439 1,423,561	대) 현금	2,000,000
	차) 감가상각비	1,601,220	대) 감가상각누계액	1,601,220

물음 2-2 (1) 20×3년 초의 재무상태표

    1) 20×3년 초 리스부채 재평가 전: 2,000,000/1.12 = 1,785,714

    2) 20×3년 초 리스부채 재평가 후: 3,711,494[1]

        1) 2,000,000/1.1 + 1,200,000 × 0.82645 + 1,200,000 × 0.75131 = 3,711,494

    3) 20×3년 초 리스부채 조정액: 3,711,494 - 1,785,714 = 1,925,780

(2) 20×3년 당기손익에 미치는 영향: (-)1,546,816

    1) 이자비용: 3,711,494 × 10% = (-)371,149

    2) 감가상각비: (3,527,000[2] - 0) ÷ 3년 = (-)1,175,667

        2) 20×3년 초 리스부채 재평가 후 사용권자산 장부금액: 4,803,660 × 1/3 + 1,925,780 = 3,527,000

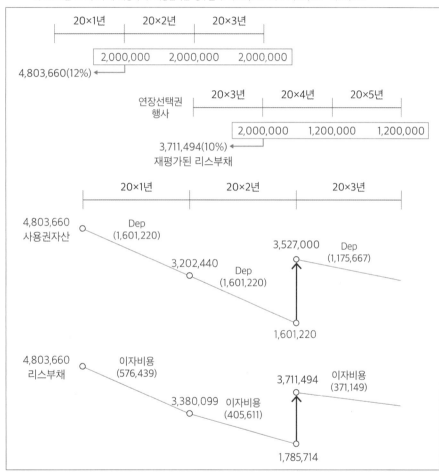

회계처리

20×3년 말	차) 사용권자산	1,925,780	대) 리스부채	1,925,780

물음 3 **물음 3-1** 회계처리

20×3년 초	차) 사용권자산	994,728	대) 리스부채	994,728

(1) 리스부채 최초 측정금액: 2,000,000 × 3.79079 = 7,581,580

(2) 20×3년 초 리스부채: (7,581,580 × 1.1 - 2,000,000) × 1.1 - 2,000,000 = 4,973,712

(3) 20×3년 초 소비자물가지수 변동을 반영한 리스료: 2,000,000 × 180/150 = 2,400,000

(4) 20×3년 초 리스부채 재측정액: 2,400,000 × 2.48685 = 5,968,440

    ☑ 변동이자율의 변동에 따라 리스료가 변동된 것이 아니므로 변경되지 않은 당초의 할인율 10%를 이용하여 리스부채를 재평가한다.

(5) 리스부채 차액: 5,968,440 - 4,973,712 = 994,728

물음 3-2

차) 지급수수료	20,000	대) 현금	20,000

매출에 연동되는 추가지급액 회계처리: 리스이용자가 매출에 연동하여 추가 지급하는 리스료는 이율이나 지수의 변동으로 인하여 리스료가 변동되는 것이 아니기 때문에 리스부채를 재측정하지 않고 당기손익에 반영한다. 리스이용자는 리스와 관련하여 20,000(= 2,000,000 × 1%)의 추가 비용을 1차 연도에 비용으로 회계처리한다.

다음의 각 물음은 독립적이다.　유예　　　　　　　　　　　　　　　　　[공인회계사 2차 2023년]

<공통 자료>

답안 작성 시 원 이하는 반올림한다.

기간	단일금액 ₩1의 현가계수		정상연금 ₩1의 현가계수	
	7%	10%	7%	10%
1	0.9346	0.9091	0.9346	0.9091
2	0.8734	0.8265	1.8080	1.7356
3	0.8163	0.7513	2.6243	2.4869
4	0.7629	0.6830	3.3872	3.1699

물음 1　다음의 <자료 1>을 이용하여 답하시오.

<자료 1>

(1) 20×1년 1월 1일에 ㈜대한은 보유하던 건물을 ㈜민국에게 ₩8,000,000에 매각하고, 동시에 동 건물을 리스하여 사용하는 계약을 체결하였다. 매각 직전 동 건물의 장부금액은 ₩6,000,000이며, 판매일에 동 건물의 공정가치는 ₩8,000,000이다.

(2) 동 건물의 이전은 한국채택국제회계기준서 제1115호의 수익인식기준을 충족하는 판매이다.

(3) 20×1년 1월 1일 동 건물의 잔존내용연수는 5년이고 잔존가치는 없다. ㈜대한은 감가상각 방법으로 정액법을 사용한다.

(4) 리스개시일은 20×1년 1월 1일이며, 고정리스료는 리스기간 동안 매년 말 ₩1,000,000을 지급한다.

(5) 리스기간은 리스개시일로부터 3년이며, 리스기간 종료시점의 해당 기초자산 잔존가치는 ₩0으로 추정된다. 리스 종료일에 소유권 이전, 염가매수선택권, 리스기간 변경선택권은 없다.

(6) 리스계약과 관련하여 지출한 리스개설직접원가는 없다.

(7) 리스의 내재이자율은 연 10%이다.

리스이용자인 ㈜대한은 20×1년도의 회계기록을 검토하던 중에 회계처리 오류(동 건물의 매각금액을 ₩7,000,000으로 인식)를 발견하였다. 이는 중요한 오류이며, 동 오류는 20×1년 장부 마감 전에 수정되었다. 이러한 오류수정이 ㈜대한의 20×1년도 당기순이익에 미치는 영향과 오류수정 후 20×1년 말 재무상태표에 표시되는 사용권자산을 각각 계산하시오. 단, 당기순이익이 감소하는 경우 금액 앞에 (-)를 표시하시오.

당기순이익에 미치는 영향	①
사용권자산	②

물음 2 다음의 <자료 2>를 이용하여 답하시오.

<자료 2>

(1) 리스이용자인 ㈜대한은 리스제공자 ㈜민국과 20×1년 1월 1일에 리스계약을 체결하였다.

(2) 20×1년 1월 1일 기초자산인 동 건물의 내용연수는 6년이고 잔존가치는 없다. ㈜대한은 감가상각 방법으로 정액법을 사용한다.

(3) 리스개시일은 20×1년 1월 1일이며, 고정리스료는 리스기간 동안 매년 말 ₩1,000,000을 지급한다.

(4) 리스기간은 리스개시일로부터 4년이며, 리스기간 종료시점의 해당 기초자산 잔존가치는 ₩0으로 추정된다. 또한 리스기간 종료 후 1년간 리스기간을 연장할 수 있는 연장선택권이 부여되어 있으며, 20×4년 말 이후 연장기간 동안의 고정리스료는 ₩800,000으로 연말에 지급한다. ㈜대한은 리스개시일에 동 연장선택권을 행사하지 않을 것이 상당히 확실하다고 판단하였다.

(5) 20×1년 1월 1일에 동 리스의 내재이자율은 연 10%이다.

(6) 한편, ㈜대한은 20×2년 말에 동 연장선택권을 행사할 것이 상당히 확실하다고 판단을 변경하였다. 리스기간 연장 후 종료시점의 해당 기초자산의 잔존가치는 ₩0으로 추정되며, 소유권은 이전되지 않는다. 20×2년 말 현재 동 리스의 내재이자율은 연 7%이다.

㈜대한은 20×3년도의 회계기록을 검토하던 중에 회계처리 오류(20×2년 말 이후에도 동 연장선택권을 행사하지 않을 것이 상당히 확실하다고 계속 판단)를 발견하였다. 이는 중요한 오류이며, 동 오류는 20×3년 장부 마감 전에 수정되었다. 이러한 오류수정이 ㈜대한의 20×3년도 당기순이익에 미치는 영향과 오류수정 후 20×3년 말 재무상태표에 표시되는 사용권자산을 각각 계산하시오. 단, 당기순이익이 감소하는 경우 금액 앞에 (-)를 표시하시오.

당기순이익에 미치는 영향	①
사용권자산	②

물음 3 리스가 토지 요소와 건물 요소를 포함하고 있으며, 그 리스에서 토지 요소와 건물 요소의 금액은 모두 중요하다. 리스제공자가 토지 및 건물의 리스를 분류하고 회계처리하는 경우, 리스약정일에 리스제공자가 리스의 토지 요소 및 건물 요소에 리스료를 배분하는 방법에 대해 간략히 서술하시오. 단, 토지 요소 및 건물 요소에 리스료를 신뢰성 있게 배분할 수 있다.

물음 1

당기순이익에 미치는 영향	① 500,000
사용권자산	② 1,243,450

(1) 회사의 회계처리

20×1년 초	차) 현금	7,000,000	대) 건물		6,000,000
	사용권자산[2]	2,615,175	리스부채[1]		2,486,900
			처분이익		1,128,275

1) 1,000,000 × 2.4869 = 2,486,900
2) 6,000,000 × [2,486,900 + (8,000,000 - 7,000,000)]/8,000,000 = 2,615,175

20×1년 말	차) 감가상각비[3]	871,725	대) 감가상각누계액		871,725
	차) 이자비용	248,690	대) 현금		1,000,000
	리스부채	751,310			

3) (2,615,175 - 0)/3년 = 871,725

⇒ 당기순이익에 미친 영향: 1,128,275 - 871,725 - 248,690 = 7,860

(2) 올바른 회계처리

20×1년 초	차) 현금	8,000,000	대) 건물		6,000,000
	사용권자산[5]	1,865,175	리스부채[4]		2,486,900
			처분이익		1,378,275

4) 1,000,000 × 2.4869 = 2,486,900
5) 6,000,000 × 2,486,900/8,000,000 = 1,865,175

20×1년 말	차) 감가상각비[6]	621,725	대) 감가상각누계액		621,725
	차) 이자비용	248,690	대) 현금		1,000,000
	리스부채	751,310			

6) (1,865,175 - 0)/3년 = 621,725

⇒ 당기순이익에 미친 영향: 1,378,275 - 621,725 - 248,690 = 507,860

(3) 오류수정이 당기순이익에 미치는 영향: 507,860 - 7,860 = 500,000 증가

(4) 20×1년 말 사용권자산: 1,865,175 - 621,725 = 1,243,450

물음 2	당기순이익에 미치는 영향	① 23,632
	사용권자산	② 1,540,260

(1) 회사의 회계처리(연장선택권 행사 X)

    1) 20×1년 초 사용권자산: 1,000,000 × 3.1699 = 3,169,900

    2) 20×2년 말 조정 전 사용권자산: 3,169,900 × 2/4년 = 1,584,950

    3) 20×2년 말 조정 전 리스부채(10%): 1,000,000 × 1.7356 = 1,735,600

    4) 20×3년 당기손익에 미치는 영향: (792,475) - 173,560 = (-)966,035

        ㉠ 감가상각비: 3,169,900/4년 = 792,475

        ㉡ 이자비용: 1,735,600 × 10% = 173,560

(2) 올바른 회계처리(연장선택권 행사 O)

    1) 20×2년 말 조정 후 리스부채(7%): 1,000,000 × 1.8080 + 800,000 × 0.8163 = 2,461,040

    2) 20×2년 말 사용권자산: 1,584,950 + (2,461,040 - 1,735,600) = 2,310,390

    3) 20×3년 당기손익에 미치는 영향: (770,130) - 172,273 = (-)942,403

        ㉠ 감가상각비: 2,310,390/3년 = 770,130

        ㉡ 이자비용: 2,461,040 × 7% = 172,273

(3) 오류수정이 당기순이익에 미치는 영향: (-)942,403 - (-)966,035 = 23,632

(4) 사용권자산: 2,310,390 - 770,130 = 1,540,260

물음 3 임차권의 상대적 공정가치에 비례하여 토지 및 건물 요소에 리스료를 배분한다.

Ⅲ | 리스의 기타사항

문제 13   판매후리스 종합 - Level 4

각 물음은 서로 독립적이다.

물음 1   A사(판매자 - 리스이용자)는 20×1년 1월 1일 장부금액 ₩1,000,000인 건물을 B리스(구매자 - 리스제공자)
에 ₩1,800,000에 판매하고 18년간 매년 말 ₩120,000씩 리스료를 지급하는 건물 사용권 계약을 체결하
였다. 거래의 조건에 따르면, 건물 이전은 판매에 해당한다.

> (1) 판매일 현재 건물의 공정가치는 ₩1,800,000이다. 리스의 내재이자율은 연 4.5%로 A사는 쉽게 산
> 정할 수 있으며, 연간 리스료 ₩120,000과 연간 리스료의 내재이자율로 할인한 현재가치는
> ₩1,459,200이다.
>
> (2) A사는 리스기간 종료시점에 기초자산을 반환하기로 하였고 반환시점에 A사가 보증하기로 한 금액
> 은 없다.
>
> (3) B리스는 건물리스를 운용리스로 분류하며, 내용연수는 20년, 내용연수 종료시점에 잔존가치는 없
> 다. B리스와 A사는 건물과 사용권자산을 정액법으로 감가상각한다.

물음 1-1   A사가 동 거래로 인식할 20×1년 초 사용권자산과 동 거래가 20×1년 A사의 당기손익에 미친
영향을 구하시오.

물음 1-2   B리스가 20×1년에 해야 할 회계처리를 보이시오.

물음 2 A사(판매자 - 리스이용자)는 20×1년 1월 1일 장부금액 ₩1,000,000인 건물을 B리스(구매자 - 리스제공자)에 ₩2,000,000에 판매하고 18년간 매년 말 ₩120,000씩 리스료를 지급하는 건물 사용권 계약을 체결하였다. 거래의 조건에 따르면, 건물 이전은 판매에 해당한다.

> (1) 판매일 현재 건물의 공정가치는 ₩1,800,000이므로 초과 판매가격은 ₩200,000이다. 리스의 내재이자율은 연 4.5%로 A사는 쉽게 산정할 수 있으며, 연간 리스료 ₩120,000과 연간 리스료의 내재이자율로 할인한 현재가치 ₩1,459,200은 다음과 같이 구분된다.
>
> | 구분 | 연간 리스료 | 현재가치금액 |
> |---|---|---|
> | 리스계약 | ₩103,553[1] | ₩1,259,200 |
> | 추가 금융 | ₩16,447[2] | ₩200,000 |
> | 합계 | ₩120,000 | ₩1,459,200 |
>
> 1) 120,000 × 1,259,200/1,459,200 = 103,553
> 2) 120,000 × 200,000/1,459,200 = 16,447
>
> (2) A사는 리스기간 종료시점에 기초자산을 반환하기로 하였고 반환시점에 A사가 보증하기로 한 금액은 없다.
>
> (3) B리스는 건물리스를 **운용리스로 분류**하며, 내용연수는 20년, 내용연수 종료시점에 잔존가치는 없다. B리스와 A사는 건물과 사용권자산을 정액법으로 감가상각한다.

물음 2-1 A사가 동 거래로 인식할 20×1년 초의 사용권자산과 동 거래가 20×1년 A사의 당기손익에 미친 영향을 구하시오.

물음 2-2 B리스가 20×1년에 해야 할 회계처리를 보이시오.

물음 3 A사(판매자 - 리스이용자)는 20×1년 1월 1일 장부금액 ₩1,000,000인 건물을 B리스(구매자 - 리스제공자)에 ₩1,700,000에 판매하고 18년간 매년 말 ₩120,000씩 리스료를 지급하는 건물 사용권 계약을 체결하였다. 거래의 조건에 따르면, 건물 이전은 판매에 해당한다.

> (1) 판매일 현재 건물의 공정가치는 ₩1,800,000이다. 리스의 내재이자율은 연 4.5%로 A사는 쉽게 산정할 수 있으며, 연간 리스료 ₩120,000과 연간 리스료의 내재이자율로 할인한 현재가치는 ₩1,459,200이다.
>
> (2) A사는 리스기간 종료시점에 기초자산을 반환하기로 하였고 반환시점에 A사가 보증하기로 한 금액은 없다.
>
> (3) B리스는 건물리스를 **운용리스로 분류**하며, 내용연수는 20년, 내용연수 종료시점에 잔존가치는 없다. B리스와 A사는 건물과 사용권자산을 정액법으로 감가상각한다.

물음 3-1 A사가 동 거래로 인식할 20×1년 초의 사용권자산과 동 거래가 20×1년 A사의 당기손익에 미친 영향을 구하시오.

물음 3-2 B리스가 20×1년에 해야 할 회계처리를 보이시오.

물음 1 **물음 1-1** (1) 20×1년 초 사용권자산: 810,667

(2) 20×1년 당기손익에 미친 영향: 1) + 2) + 3) = 40,766

1) 기초자산처분이익: 151,467

2) 이자비용: (-)65,664

3) 감가상각비: (-)45,037

회계처리

20×1년 초	차) 현금 ① 사용권자산 ③ BV×리스부채/FV 810,667	판매가 1,800,000	대) 기초자산 ② 리스부채 ③ 기초자산처분이익(N/I) ④	BV 1,000,000 PV(리스료) 1,459,200 대차차액 151,467

4) 사용권자산

  ㉠ 리스부채 측정금액: 1,459,200

  ㉡ 사용권자산 인식금액: 1,000,000 × 1,459,200/1,800,000 = 810,667

5) 이전할 권리의 차손익

  ㉠ 건물 처분이익: 1,800,000 - 1,000,000 = 800,000

  ㉡ 건물 공정가치 중 처분한 금액: 1,800,000 - 1,459,200 = 340,800

  ㉢ 이전한 권리의 차손익: 800,000 × 340,800/1,800,000 = 151,467

회계처리

20×1년 말	차) 이자비용[1] 리스부채 차) 감가상각비[2]	65,664 54,336 45,037	대) 현금 대) 감가상각누계액	120,000 45,037
	1) 1,459,200 × 4.5% = 65,664			
	2) (810,667 - 0) ÷ Min[18년, 20년] = 45,037			

물음 1-2 ### 회계처리

20×1년 1월 1일	차) 건물	1,800,000	대) 현금	1,800,000
20×1년 12월 31일	차) 현금 차) 감가상각비[1]	120,000 90,000	대) 운용리스수익 대) 감가상각누계액	120,000 90,000
	1) 1,800,000 ÷ 20년 = 90,000			

물음 2 **물음 2-1** (1) 20×1년 초 사용권자산: 699,555

(2) 20×1년 당기손익에 미친 영향: 1) + 2) + 3) = 135,827

　　1) 기초자산처분이익: 240,355

　　2) 이자비용: (9,000) + (56,664) = (-)65,664

　　3) 감가상각비: (-)38,864

회계처리

20×1년 초	차) 현금 ① 사용권자산 ⑤ BV×리스부채/FV	판매가 2,000,000 699,555	대) 기초자산 ② 금융부채 ③ 리스부채 ④	(판매가 - FV) PV(리스료) - (판매가 - FV) 기초자산처분이익(N/I) ⑥ 대차차액	BV 1,000,000 200,000 1,259,200 240,355

☑ 공정가치를 초과하여 판매한 부분은 추가적인 금융거래로 취급한다. 즉, 판매자는 해당 부분을 금융부채로 인식하며, 구매자는 금융자산으로 인식한다.

　　4) 사용권자산

　　　㉠ 추가금융: 판매금액 2,000,000 - 공정가치 1,800,000 = 200,000

　　　㉡ 리스부채 측정금액: 1,459,200 - 200,000(추가금융) = 1,259,200

　　　㉢ 사용권자산 인식금액: 1,000,000 × 1,259,200/1,800,000 = 699,555

　　5) 이전할 권리의 차손익

　　　㉠ 건물 처분이익: 1,800,000 - 1,000,000 = 800,000

　　　㉡ 건물 공정가치 중 처분한 금액: 1,800,000 - 1,259,200 = 540,800

　　　㉢ 이전한 권리의 차손익: 800,000 × 540,800/1,800,000 = 240,355

　　　　　☑ 리스부채와 금융부채를 모두 금융부채로 회계처리할 수도 있다.

회계처리

20×1년 말	차) 이자비용[1] 금융부채 차) 이자비용[2] 리스부채 차) 감가상각비[3]	9,000 7,447 56,664 46,889 38,864	대) 현금 대) 현금 대) 감가상각누계액		16,447 103,553 38,864

1) 200,000 × 4.5% = 9,000
2) 1,259,200 × 4.5% = 56,664
3) (699,555 - 0) ÷ Min[18년, 20년] = 38,864

물음 2-2 회계처리

20×1년 1월 1일	차) 건물 금융자산	1,800,000 200,000	대) 현금		2,000,000
20×1년 12월 31일	차) 현금 차) 현금 차) 감가상각비[2]	103,553 16,447 90,000	대) 운용리스수익 대) 이자수익[1] 금융자산 대) 감가상각누계액		103,553 9,000 7,447 90,000

1) 200,000 × 4.5% = 9,000
2) 1,800,000 ÷ 20년 = 90,000

물음 3 **물음 3-1** (1) 20×1년 초 사용권자산: 866,222

(2) 20×1년 당기손익에 미친 영향: 1) + 2) + 3) = (-)6,765

1) 기초자산처분이익: 107,022

2) 이자비용: (-)65,664

3) 감가상각비: (-)48,123

회계처리

20×1년 초	차) 현금 ①	판매가 1,700,000	대) 기초자산 ②	BV 1,000,000
	사용권자산 ④	866,222	리스부채 ③	PV(리스료) 1,459,200
	BV × (리스부채 + 선급리스료)/FV		기초자산처분이익(N/I) ⑤	대차차액 107,022

☑ 공정가치에 미달하여 판매한 부분은 리스료의 선급으로 취급한다.

4) 사용권자산

㉠ 선급리스료: 공정가치 1,800,000 - 판매금액 1,700,000 = 100,000

㉡ 리스부채 측정금액: 1,459,200

㉢ 사용권자산 인식금액: 1,000,000 × (1,459,200 + 100,000)/1,800,000 = 866,222

5) 이전할 권리의 차손익

㉠ 건물 처분이익: 1,800,000 - 1,000,000 = 800,000

㉡ 건물 공정가치 중 처분한 금액: 1,800,000 - (1,459,200 + 100,000) = 240,800

㉢ 이전한 권리의 차손익: 800,000 × 240,800/1,800,000 = 107,022

회계처리

20×1년 말	차) 이자비용[1)](https://)	65,664	대) 현금	120,000
	리스부채	54,336		
	차) 감가상각비[2)]	48,123	대) 감가상각누계액	48,123

1) 1,459,200 × 4.5% = 65,664
2) (866,222 - 0) ÷ Min[18년, 20년] = 48,123

물음 3-2 회계처리

20×1년 1월 1일	차) 건물	1,800,000	대) 현금	1,700,000
			선수리스료수익	100,000
20×1년 12월 31일	차) 현금	120,000	대) 운용리스수익	125,555
	선수리스료수익[1)]	5,555		
	차) 감가상각비[2)]	90,000	대) 감가상각누계액	90,000

1) 100,000 ÷ 18년 = 5,555
운용리스제공자는 정액기준이나 다른 체계적인 기준으로 운용리스의 리스료를 수익으로 인식한다. 다른 체계적인 기준이 기초자산의 사용으로 생기는 효익의 감소형태를 더 잘 나타낸다면 리스제공자는 그 기준을 적용한다.
2) 1,800,000 ÷ 20년 = 90,000

문제 14 판매후리스 - Level 3

㈜민국은 20×1년 1월 1일 보유하던 건물을 ㈜대한에게 매각하고, 같은 날 동 건물을 리스하여 사용하는 계약을 체결하였다. 다음의 <자료>를 이용하여 물음 1 ~ 물음 6 에 답하시오.

<자료>

(1) ㈜민국이 보유하던 건물의 20×1년 1월 1일 매각 전 장부금액은 ₩3,000,000이며, 공정가치는 ₩5,000,000이다.

(2) 20×1년 1월 1일 동 건물의 잔존내용연수는 8년이고 잔존가치는 없다. ㈜민국과 ㈜대한은 감가상각방법으로 정액법을 사용한다.

(3) 리스개시일은 20×1년 1월 1일이며, 리스료는 리스기간 동안 매년 말 ₩853,617을 수수한다.

(4) 리스기간은 리스개시일로부터 5년이며, 리스 종료일에 소유권이 이전되거나 염가로 매수할 수 있는 매수선택권 및 리스기간 변경 선택권은 없다.

(5) ㈜대한은 해당 리스를 운용리스로 분류한다. 리스계약과 관련하여 지출한 리스개설직접원가는 없다.

(6) 리스의 내재이자율은 연 7%로, ㈜민국이 쉽게 산정할 수 있다.

(7) 현재가치 계산 시 아래의 현가계수를 이용하고, 답안 작성 시 원 이하는 반올림한다.

기간	7%	
	단일금액 ₩1의 현가계수	정상연금 ₩1의 현가계수
1	0.9346	0.9346
2	0.8734	1.8080
3	0.8163	2.6243
4	0.7629	3.3872
5	0.7130	4.1002

물음 1 ㈜민국이 보유하고 있던 건물을 공정가치인 ₩5,000,000에 매각하였다면, 리스이용자인 ㈜민국이 동 건물을 처분하였을 때 인식할 사용권자산과 유형자산처분이익을 구하시오(단, 동 자산 이전은 판매의 요건을 충족하였다).

구분	금액
사용권자산	①
유형자산처분이익	②

물음 2 ㈜민국이 보유하고 있던 건물을 **공정가치인 ₩5,000,000에 매각**하였다면, 동 거래가 리스이용자인 ㈜민국의 20×1년 말 포괄손익계산서상 기재될 아래의 항목들을 구하시오(단, 동 자산 이전은 판매의 여건을 충족하였다).

구분	금액
사용권자산 상각비	①
이자비용	②

물음 3 ㈜민국이 보유하고 있던 건물을 ₩4,500,000에 매각하였다면, 리스이용자인 ㈜민국이 동 건물을 처분하였을 때 인식할 사용권자산과 유형자산처분이익을 구하시오(단, 동 자산 이전은 판매의 요건을 충족하였다).

구분	금액
사용권자산	①
유형자산처분이익	②

물음 4 ㈜민국이 보유하고 있던 건물을 **공정가치인 ₩5,000,000에 매각**하였다면, 동 리스거래가 리스제공자인 ㈜대한의 20×1년도 포괄손익계산서상 당기순이익에 미치는 영향을 구하시오(단, 동 자산 이전은 판매의 요건을 충족하였다).

물음 5 ㈜민국이 보유하고 있던 건물을 ₩4,500,000에 **매각**하였다면, 동 리스거래가 리스제공자인 ㈜대한의 20×1년도 포괄손익계산서상 당기순이익에 미치는 영향을 구하시오(단, 동 자산 이전은 판매의 요건을 충족하였다).

물음 6 ㈜민국이 보유하고 있던 건물을 공정가치인 ₩5,000,000에 매각하였다. 동 자산 이전이 판매의 요건을 충족하지 않는 경우, ㈜대한과 ㈜민국이 20×1년 초에 해야 할 회계처리를 보이시오.

구분	회계처리
㈜민국	①
㈜대한	②

※ 아래의 문제는 위의 문제와 독립적이다.

다음은 ㈜자두와 ㈜금융의 거래내용이다.

<자료>

(1) ㈜자두는 20×1년 초 공정가치가 ₩1,000,000인 토지(장부금액 ₩800,000)를 ㈜금융에게 판매하고 현금 ₩1,000,000을 수령하였다.

(2) ㈜자두는 자산 매각 거래 후 즉시 ㈜금융과 리스계약을 체결하였다. ㈜자두가 ㈜금융에게 지급할 리스료의 현재가치는 ₩900,000이다.

물음 7 상기의 자산 이전이 자산의 판매에 해당하는 경우, ㈜자두가 재무제표에 인식해야 할 아래의 금액들을 구하시오.

20×1년 초 재무상태표에 인식할 사용권자산	①
20×1년 초 재무상태표에 인식할 리스부채	②
20×1년 포괄손익계산서에 인식할 토지처분이익	③

물음 8 상기의 자산 이전이 자산의 판매에 해당하지 않는다. 그러나 ㈜자두가 20×1년 초에 자산 이전거래를 다음과 같이 회계처리하였다.

차) 현금	1,000,000	대) 토지	800,000
		처분이익	200,000

이 경우, 제시한 거래를 재무제표에 적절하게 반영하기 위해서 ㈜자두가 해야 할 오류수정 분개를 제시하시오.

물음 1

구분	금액
사용권자산	① 2,100,000
유형자산처분이익	② 600,000

(1) 리스료 현재가치: 853,617 × 4.1002 = 3,500,000

(2) 사용권자산: 3,000,000(이전 자산 장부금액) × 3,500,000/5,000,000 = 2,100,000

회계처리

20×1년 초	차)	현금 사용권자산	5,000,000 2,100,000	대)	건물(장부금액) 리스부채 유형자산처분이익(대차차액)	3,000,000 3,500,000 600,000

물음 2

구분	금액
사용권자산 상각비	① 420,000
이자비용	② 245,000

근거

① 20×1년 사용권자산 감가상각비: 2,100,000 ÷ 5년 = 420,000

② 20×1년 리스부채 이자비용: 3,500,000 × 7% = 245,000

물음 3

구분	금액
사용권자산	① 2,400,000
유형자산처분이익	② 400,000

(1) 리스료 현재가치: 853,617 × 4.1002 = 3,500,000

(2) 사용권자산: 3,000,000(이전 자산 장부금액) × (3,500,000 + 500,000[1])/5,000,000 = 2,400,000

   1) 5,000,000 - 4,500,000 = 500,000

회계처리

20×1년 초	차)	현금 사용권자산	4,500,000 2,400,000	대)	건물(장부금액) 리스부채 유형자산처분이익(대차차액)	3,000,000 3,500,000 400,000

물음 4 20×1년 당기순이익에 미치는 영향: 228,617 증가

(1) 운용리스자산 감가상각비: 5,000,000 ÷ 8년 = 625,000

(2) 운용리스수익: 853,617

(3) 20×1년 당기순이익 증가: 853,617 - 625,000 = 228,617

회계처리

20×1년 초	차)	건물	5,000,000	대)	현금	5,000,000
20×1년 말	차) 차)	감가상각비 현금	625,000 853,617	대) 대)	감가상각누계액 리스료수익	625,000 853,617

당기순이익에 미치는 영향: 328,617 증가

(1) 운용리스자산 감가상각비: 5,000,000 ÷ 8년 = 625,000

(2) 운용리스수익: 853,617 + 500,000 ÷ 5년 = 953,617

(3) 20×1년 당기순이익 증가: 953,617 - 625,000 = 328,617

회계처리

20×1년 초	차) 건물	5,000,000	대) 현금	4,500,000
			선수리스료수익	500,000
20×1년 말	차) 감가상각비	625,000	대) 감가상각누계액	625,000
	차) 현금	853,617	대) 리스료수익	953,617
	선수리스료수익	100,000		

회계처리

㈜민국	차) 현금	5,000,000	대) 금융부채	5,000,000
㈜대한	차) 금융자산	5,000,000	대) 현금	5,000,000

참고 자산 이전이 판매에 해당하지 않는 경우

1. 판매자(= 리스이용자)

이전한 자산을 계속 인식하고, 이전금액과 같은 금융부채를 인식한다.

차) 현금	xx	대) 금융부채	xx

2. 구매자(= 리스제공자)

이전된 자산을 인식하지 않고, 이전금액과 같은 금액으로 금융자산으로 인식한다.

차) 금융부채	xx	대) 현금	xx

20×1년 초 재무상태표에 인식할 사용권자산	① 720,000
20×1년 초 재무상태표에 인식할 리스부채	② 900,000
20×1년 포괄손익계산서에 인식할 토지처분이익	③ 20,000

회계처리

20×1년 초	차) 현금	1,000,000	대) 토지	800,000
	사용권자산1)	720,000	리스부채	900,000
			토지처분이익	20,000
	1) 800,000 × 900,000/1,000,000 = 720,000			

차) 토지	800,000	대) 금융부채	1,000,000
처분이익	200,000		

문제 15 판매후리스(리스료가 변동되는 경우) - Level 5

A사는 20×1년 1월 1일에 소유하고 있는 건물(장부금액 ₩1,000,000)을 B사에 ₩1,600,000(공정가치와 동일)에 매각하고 동 일자로 건물을 3년 동안 리스하였다. 리스료는 20×1년부터 매년 12월 31일에 지급하는데, 고정리스료와 매출액의 3% 해당액의 합계로 구성된다. 동 거래의 내재이자율은 연 5%이며 이전되는 건물 중 계속 보유하는 사용권에 관련되는 비율을 30%로 산정하였다. 사용권자산은 잔존가치 없이 정액법으로 상각한다(단, 건물의 이전은 기준서 제1115호의 통제 이전의 조건을 충족한다).

물음 1 리스개시일에 A사가 인식할 아래의 금액들을 구하시오.

20×1년 초 사용권자산의 장부금액	①
20×1년 초 금융부채의 장부금액	②
처분이익	③

물음 2 A사는 리스부채의 후속 측정을 위하여 리스개시일에 다음과 같이 연도별 예상 리스료를 추정하였다(단, 20×1년 12월 31일과 20×2년 12월 31일에 실제 지급한 리스료는 각각 ₩175,200과 ₩181,500이다).

20×1년	20×2년	20×3년
₩181,410	₩171,430	₩175,654

동 거래가 A사의 20×1년과 20×2년 당기순이익에 미친 영향을 구하시오(단, 리스개시일에 발생한 손익은 제외하고, 손실은 '(-)'로 표기한다).

20×1년 당기순이익에 미친 영향	①
20×2년 당기순이익에 미친 영향	②

→ 풀이 ├

물음 1

20×1년 초 사용권자산의 장부금액	① 300,000
20×1년 초 금융부채의 장부금액	② 480,000
처분이익	③ 420,000

근거

20×1년 초	차) 현금 사용권자산[1]	1,600,000 300,000	대) 건물 리스부채(대차차액) 처분이익[2]		1,000,000 480,000 420,000

1) 사용권자산: 1,000,000 × 30% = 300,000
2) (1,600,000 - 1,000,000) × (1 - 30%) = 420,000

물음 2

20×1년 당기순이익에 미친 영향	① (-)117,790
20×2년 당기순이익에 미친 영향	② (-)126,200

근거

(1) 매년 예상 리스료의 현금흐름을 5% 이자율로 할인한 현재가치가 480,000이다. 즉, 회사는 3년의 현금흐름의 현재가치를 480,000으로 고정시킨 후 연도별 예상 리스료(매년 변동)를 5% 이자율로 할인한 현재가치가 480,000이 되도록 역산 예상 리스료가 자료에 제시된 연도별 리스료이다.

(2) 회계처리

20×1년 말	차) 이자비용[1] 리스부채 차) 현금 차) 사용권자산상각비[3]	24,000 157,410 6,210 100,000	대) 현금 대) 당기손익[2] 대) 사용권자산		181,410 6,210 100,000

1) 480,000 × 5% = 24,000
2) 예상 리스료와 실제 리스료 지급액의 차이를 당기손익으로 인식
3) 300,000/3년 = 100,000

(3) 20×1년 당기순이익에 미친 영향: (-)24,000 + 6,210 - 100,000 = (-)117,790

(4) 회계처리

20×2년 말	차) 이자비용[1] 리스부채 차) 당기손익[2] 차) 사용권자산상각비	16,130 155,300 10,070 100,000	대) 현금 대) 현금 대) 사용권자산		171,430 10,070 100,000

1) (480,000 × 1.05 - 181,410) × 5% = 16,130
2) 예상 리스료와 실제 리스료 지급액의 차이를 당기손익으로 인식

(5) 20×2년 당기순이익에 미친 영향: (-)16,130 - 10,070 - 100,000 = (-)126,200

참고 리스지급액에 리스료의 정의를 충족하지 못하는 금액이 포함된 경우

판매후리스 거래로 자산을 판매하고 당해 자산을 리스하면서 향후 지급할 리스료에 기준서 제1116호의 리스료의 정의를 충족하지 못하는 금액이 포함되어 있을 수 있다. 예를 들어 연간리스료가 고정리스료와 해당 연도 매출액의 3%에 해당하는 변동리스료의 합계로 구성될 수 있는데, 이러한 경우 기준서 제1116호의 변동리스료에 해당되지 않는다.

판매후리스 거래 시 '연간 매출액의 A% 리스료 지급'과 같은 방식으로 리스료가 변동되는 경우 리스 개시일 현재 지급할 리스료가 얼마인지 알 수 없기 때문에 기존의 방식으로 리스개시일에 리스부채를 측정할 수 없다. 따라서 기준서에서는 판매자가 구매자에게 이전하는 자산의 장부금액 중 계속 보유하는 사용권에 관련되는 '비율'만큼 사용권자산을 최초 측정하고, 이전하는 자산의 공정가치와 장부금액의 차이에 (1 - '비율')을 곱한 금액만큼 차익을 인식한 후 간접적으로 리스부채를 결정하는 것으로 설명하고 있다. 다만, 기준서는 '비율'을 산정하는 특정한 방법을 규정하지는 않는다고 언급하고 있다.

다음의 <자료>를 이용하여 <요구사항>에 답하시오.

[공인회계사 2차 2020년]

<자료>

현재가치 계산 시 아래의 현가계수를 이용하고, 답안 작성 시 원 이하는 반올림한다.

기간	정상연금 ₩1의 현가계수	
	8%	10%
1	0.9259	0.9091
2	1.7833	1.7355
3	2.5771	2.4869
4	3.3121	3.1699
5	3.9927	3.7908
6	4.6229	4.3553

(1) 리스제공자인 ㈜민국리스는 리스이용자인 ㈜대한과 20×1년 1월 1일에 리스계약을 체결하였다. 리스개시일은 20×1년 1월 1일이다.

(2) 기초자산인 사무실 공간 10,000m²의 리스기간은 리스개시일로부터 6년이다.

(3) 리스기간 종료시점까지 소유권이 이전되거나 염가로 매수할 수 있는 매수선택권은 없으며, 리스기간 종료시점의 해당 기초자산 잔존가치는 ₩0으로 추정된다.

(4) 기초자산의 내용연수는 7년이며, 내용연수 종료시점의 추정잔존가치는 ₩0으로 정액법으로 감가상각한다.

(5) ㈜대한은 리스기간 동안 매년 말 ₩2,000,000의 고정리스료를 지급한다.

(6) ㈜대한은 리스종료일에 기초자산을 리스제공자인 ㈜민국리스에게 반환하여야 한다.

(7) ㈜대한이 리스계약과 관련하여 지출한 리스개설직접원가는 없다.

(8) 20×1년 1월 1일에 동 리스의 내재이자율은 연 8%이고, 리스제공자와 리스이용자가 이를 쉽게 산정할 수 있다.

(9) 사용권자산은 정액법으로 감가상각한다.

<요구사항>

20×3년 1월 1일 ㈜민국리스와 ㈜대한은 기존 리스를 수정하여 다음의 <추가 자료>와 같은 리스변경에 합의하였다.

<추가 자료>

20×3년 1월 1일 ㈜민국리스와 ㈜대한은 리스기간 종료시점까지 남은 4년 동안 사무실 공간 10,000m²에서 3,000m²를 추가하기로 합의하였다. ㈜대한은 사무실 공간 3,000m²의 추가 사용 권리로 인해 20×3년 1월 1일부터 20×6년 12월 31일까지 매년 말 ₩400,000의 고정리스료를 추가로 지급하는데, 증액된 리스대가는 계약 상황을 반영하여 조정한 추가 사용권자산의 개별 가격에 상응하는 금액이다. 20×3년 1월 1일에 동 리스의 내재이자율을 쉽게 산정할 수 없으나 리스이용자의 증분차입이자율은 연 10%이다(단, 모든 리스는 소액 기초자산 리스에 해당하지 않는다).

리스와 관련한 모든 회계처리가 ㈜대한의 20×3년도 포괄손익계산서의 당기순이익에 미치는 영향과 20×3년 말 재무상태표에 표시되는 사용권자산 및 리스부채의 금액을 각각 계산하시오(단, 당기순이익이 감소하는 경우에는 (-)를 숫자 앞에 표시하시오).

당기순이익에 미치는 영향	①
사용권자산	②
리스부채	③

당기순이익에 미치는 영향	① (-)2,514,697
사용권자산	② 5,573,870
리스부채	③ 6,149,001

(1) 20×1년 초 리스부채, 사용권자산: 2,000,000 × 4.6229 = 9,245,800

(2) 20×3년 초 리스부채: (9,245,800 × 1.08 - 2,000,000) × 1.08 - 2,000,000 = 6,624,301

(3) 20×3년 초 사용권자산: 9,245,800 × 4/6 = 6,163,867

(4) 별도계약으로 간주하는 범위를 확장하는 리스계약변경으로 인해 추가되는 리스부채와 사용권자산: 400,000 × 3.1699 = 1,267,960

(5) 당기순이익에 미치는 영향: (-)2,514,697

    1) 기존계약의 이자비용: 6,624,301 × 8% = 529,944

    2) 기존계약의 사용권자산상각비: 9,245,800/6년 = 1,540,967

    3) 추가된 계약의 이자비용: 1,267,960 × 10% = 126,796

    4) 추가된 계약의 사용권자산상각비: 1,267,960/4년 = 316,990

(6) 20×3년 말 사용권자산: (6,163,867 + 1,267,960) - (1,540,967 + 316,990) = 5,573,870

(7) 20×3년 말 리스부채: 6,624,301 × 1.08 - 2,000,000 + 1,267,960 × 1.1 - 400,000 = 6,149,001

참고   현금흐름의 변동

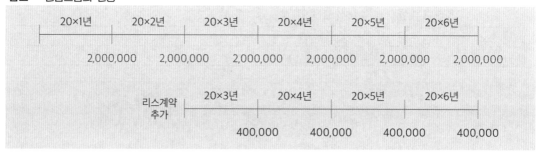

㈜세무는 20×1년 1월 1일에 ㈜민국리스로부터 기초자산 B(사무실)를 리스하는 계약을 체결하였다. 기초자산 B의 리스개시일은 20×1년 1월 1일이며 리스기간은 6년이고, 리스료는 매년 말에 지급한다. 기초자산 B는 리스기간 종료 시 리스제공자에게 반환하며, 모든 리스는 소액 기초자산 리스에 해당하지 않는다. 리스개시일 현재 기초자산 B의 내용연수는 10년(잔존가치 ₩0)이다. 리스의 내재이자율은 알 수 없으며, 20×1년 1월 1일 ㈜세무의 증분차입이자율은 연 5%이다. ㈜세무는 모든 사용권자산에 대해 원가모형을 적용하여 회계처리하고 있으며, 사용권자산은 잔존가치 없이 정액법을 이용하여 상각한다. 한편, 현재가치 계산이 필요한 경우 다음의 현가계수를 이용하고 금액은 소수점 첫째 자리에서 반올림한다.

기간	단일금액 ₩1의 현가계수		정상연금 ₩1의 현가계수	
	5%	10%	5%	10%
1	0.9524	0.9091	0.9524	0.9091
2	0.9070	0.8264	1.8594	1.7355
3	0.8638	0.7513	2.7232	2.4868
4	0.8227	0.6830	3.5460	3.1699
5	0.7835	0.6209	4.3295	3.7908
6	0.7462	0.5645	5.0757	4.3553

기초자산 B는 1,000m²의 사무실 공간이며, 이에 대한 리스료로 ㈜세무는 연간 ₩200,000을 지급한다. 20×3년 1월 1일에 ㈜세무는 리스기간 중 남은 4년 동안 사무실의 공간을 1,000m²에서 500m²로 줄이기로 ㈜민국리스와 합의하였으며, 남은 4년 동안 리스료로 매년 말에 ₩120,000씩 지급하기로 하였다. 리스계약변경시점인 20×3년 1월 1일 ㈜세무의 증분차입이자율은 연 10%이다. 기초자산 B의 리스와 관련하여 20×3년 1월 1일 ㈜세무가 인식할 리스부채와 리스변경손익, 그리고 20×3년에 당기손익으로 인식할 리스부채의 이자비용과 사용권자산에 대한 감가상각비를 각각 계산하시오(단, 기초자산 B의 리스와 관련하여 발생한 비용 중 자본화된 금액은 없다. 또, 리스변경손실이 발생한 경우에는 금액 앞에 '(-)'를 표시하며 계산된 금액이 없는 경우에는 '없음'으로 표시하시오). [세무사 2차 2020년]

구분	리스부채	리스변경손익
20×3년 1월 1일	①	②

구분	이자비용	감가상각비
20×3년 당기손익	③	④

구분	리스부채	리스변경손익
20×3년 1월 1일	① 380,388	② 16,216

구분	이자비용	감가상각비
20×3년 당기손익	③ 38,039	④ 91,043

(1) 20×1년 초 리스부채: 200,000 × 5.0757(5%) = 1,015,140

(2) 20×2년 말 사용권자산 장부금액: 1,015,140 × 4/6년 = 676,760

(3) 20×2년 말 리스부채 장부금액: (1,015,140 × 1.05 - 200,000) × 1.05 - 200,000 = 709,192

(4) 20×3년 초 변경 후 리스부채: 120,000 × 3.1699(10%) = 380,388

(5) 20×3년 초 회계처리

차)	리스부채	709,192 × 1/2 = 354,596	대)	사용권자산(순액)	676,760 × 1/2 = 338,380
				리스변경이익	16,216
차)	사용권자산[1]	25,792	대)	리스부채	25,792

1) 120,000 × 3.1699(10%) - 709,192 × 1/2 = 25,792

(6) 20×3년 이자비용: 380,388 × 10% = 38,039

(7) 20×3년 감가상각비: (676,760 × 1/2 + 25,792 - 0) ÷ 4년 = 91,043

참고 현금흐름의 변동

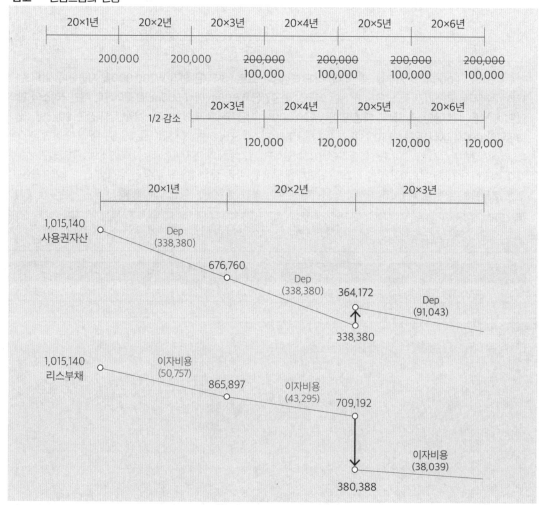

문제 18 리스의 범위를 좁히는 변경 (2) - Level 4

다음의 각 물음은 독립적이다. [공인회계사 2차 2024년]

다음의 <공통 자료>를 이용하여 각 물음에 답하시오(단, 모든 리스는 소액자산 리스에 해당하지 않는다).

<공통 자료>

(1) 리스제공자인 ㈜민국리스는 리스이용자인 ㈜대한과 리스개시일인 20×1년 1월 1일에 기초자산인 사무실 공간 300㎡를 6년간 리스하는 계약을 체결하였다. 기초자산의 내용연수는 7년, 내용연수 종료시점의 추정잔존가치는 없으며, 정액법으로 감가상각한다.

(2) 연간 고정리스료는 매년 말에 ₩1,000,000을 지급하며, 리스기간 종료시점 이전에 ㈜대한에게 기초자산의 소유권이 이전되거나 사용권자산의 원가에 ㈜대한이 매수선택권을 행사하는 경우는 없다.

(3) 리스기간 종료시점에 해당 기초자산의 잔존가치는 ₩0으로 추정되며, 사용권자산은 정액법으로 감가상각한다. 또한 ㈜대한과 ㈜민국리스가 리스계약과 관련하여 지출한 리스개설직접원가는 없다.

(4) 20×1년 1월 1일에 동 리스의 내재이자율은 쉽게 산정할 수 없으며, 리스개시일에 리스이용자의 증분차입이자율은 연 7%이다.

(5) 현재가치 계산 시 아래의 현가계수를 이용하고, 답안 작성 시 원 미만은 반올림한다.

기간	정상연금 ₩1의 현가계수	
	7%	8%
3	2.6243	2.5770
4	3.3872	3.3120
5	4.1002	3.9927
6	4.7665	4.6229

물음 1 상기 <공통 자료>와 다음 <자료 1>을 이용하여 답하시오.

<자료 1>

- 20×3년 1월 1일에 ㈜대한과 ㈜민국리스는 기존 리스를 수정하여 20×3년 1월 1일부터 같은 건물에 100㎡의 공간을 추가하고, 리스기간을 6년에서 5년으로 줄이기로 합의하였다. 이에 따라 ㈜대한은 총 400㎡에 대한 연간 고정리스료를 20×3년부터 20×5년까지 매년 말에 ₩1,400,000씩 지급해야 한다.

- 한편, 100㎡ 공간의 범위 확장에 대한 대가는 계약 상황을 반영하여 조정한 넓어진 범위의 개별 가격에 상응하지 않는다. 20×3년 1월 1일에 리스의 내재이자율은 쉽게 산정할 수 없으며, 리스이용자의 증분차입이자율은 연 8%이다.

- 해당 기초자산은 정액법으로 감가상각하며, 리스기간 종료시점의 잔존가치는 ₩0이다.

위 거래와 관련한 모든 회계처리가 ㈜대한의 20×3년도 포괄손익계산서의 당기순이익 감소에 미치는 영향과 20×3년 말 재무상태표에 표시되는 리스부채 및 사용권자산의 금액을 각각 계산하시오.

당기순이익 감소에 미치는 영향	①
리스부채	②
사용권자산	③

물음 2 상기 <공통 자료>와 다음 <자료 2>를 이용하여 답하시오.

<자료 2>

- 20×3년 1월 1일에 ㈜대한과 ㈜민국리스는 기존 리스를 수정하여 기초자산 사용권의 추가 없이 계약상 리스기간을 20×7년까지 추가로 1년 연장하기로 합의하였다.

- 연간 고정리스료는 변동되지 않으며, 20×3년 1월 1일에 리스의 내재이자율은 쉽게 산정할 수 없고, 리스이용자의 증분차입이자율은 연 8%이다.

- 해당 기초자산은 정액법으로 감가상각하며, 리스기간 종료시점의 잔존가치는 ₩0이다.

㈜대한의 20×3년 말 재무상태표에 표시되는 리스부채 및 사용권자산의 금액을 각각 계산하시오.

리스부채	①
사용권자산	②

─┤ 풀이 ├───

물음 1

당기순이익 감소에 미치는 영향	① 1,442,424
리스부채	② 2,496,424
사용권자산	③ 2,244,500

근거

1. 20×1년 초 리스부채: 1,000,000 × 4.7665 = 4,766,500

2. 20×2년 말 리스부채: (4,766,500 × 1.07 − 1,000,000) × 1.07 − 1,000,000 = 3,387,166

3. 20×2년 말 사용권자산: 4,766,500 − 4,766,500 × 2/6 = 3,177,667

4. 20×3년 초 회계처리

차)	리스부채[1]	762,866	대)	사용권자산[2]	794,416
	리스변경손실	31,550			
차)	사용권자산[3]	983,500	대)	리스부채	983,500

1) 3,387,166 − 2,624,300(= 1,000,000 × 2.6243) = 762,866
2) 3,177,667 − 2,383,250(= 3,177,667 × 3/4) = 794,416
3) 3,607,800(= 1,400,000 × 2.5770) − 2,624,300 = 983,500

5. 당기순이익에 미치는 영향: (1) + (2) + (3) = (−)1,442,424

   (1) 이자비용: 3,607,800 × 8% = (−)288,624

   (2) 감가상각비: 3,366,750(= 2,383,250 + 983,500) ÷ 3년 = (−)1,122,250

   (3) 리스변경손실: (−)31,550

6. 20×3년 말 리스부채: 3,607,800 × 1.08 − 1,400,000 = 2,496,424

7. 20×3년 말 사용권자산: 3,366,750 − 1,122,250 = 2,244,500

물음 2

리스부채	① 3,312,116
사용권자산	② 3,026,561

근거

1. 20×3년 초 회계처리

차)	사용권자산	605,534	대)	리스부채[1]	605,534

1) 3,992,700(= 1,000,000 × 3.9927) − 3,387,166 = 605,534

2. 20×3년 말 리스부채: 3,992,700 × 1.08 − 1,000,000 = 3,312,116

3. 20×3년 말 사용권자산: 3,783,201(= 3,177,667 + 605,534) × 4/5 = 3,026,561

(1) 리스이용자는 사무실 공간 5,000제곱미터를 10년간 리스하는 계약을 체결한다. 6차 연도 초 리스이용자와 리스제공자는 기존 리스를 수정하여 남은 5년간의 리스료를 연 ₩100,000에서 연 ₩95,000으로 줄이기로 합의한다. 리스의 내재이자율은 쉽게 산정할 수 없다. 리스개시일에 리스이용자의 증분차입이자율은 연 6%이다. 6차 연도 초에 리스이용자의 증분차입이자율은 연 7%이다. 연간 리스료는 매년 말에 지급해야 한다.

(2) 변경 직전 리스부채의 장부금액은 ₩421,236이며, 변경 유효일(6차 연도 초)에 리스이용자가 남은 리스기간 5년, 연간 리스료 ₩95,000과 리스이용자의 증분차입이자율 연 7%에 기초하여 리스부채를 다시 측정한 금액은 ₩389,519이다.

리스변경일의 리스부채 변동액은 얼마인가?

풀이

리스부채 변동액: 31,717(= 변경 후 389,519 - 변경 전 421,236)
리스이용자는 변경 직전 리스부채의 장부금액과 변경된 부채의 장부금액의 차액 31,717을 사용권자산을 조정하여 인식한다.

회계처리

리스변경일	차) 리스부채	31,717	대) 사용권자산	31,717

(1) 리스이용자는 사무실 공간 5,000제곱미터를 10년간 리스하는 계약을 체결한다. 연간 리스료는 매년 말에 ₩100,000씩 지급해야 한다. 리스의 내재이자율은 쉽게 산정할 수 없다. 리스개시일에 리스이용자의 증분차입이자율은 연 6%이다. 7차 연도 초에 리스이용자와 리스제공자는 기존 리스를 수정하여 계약상 리스기간을 4년 연장하기로 합의한다. 연간 리스료는 변동되지 않는다(7차 연도부터 14차 연도까지 매년 말에 ₩100,000씩 지급). 7차 연도 초에 리스이용자의 증분차입이자율은 연 7%이다.

(2) 변경 유효일(7차 연도 초)에 리스이용자는 나머지 리스기간 8년, 연간 리스료 ₩100,000과 리스이용자의 증분차입이자율 연 7%에 기초하여 리스부채를 다시 측정한다. 리스부채는 변경 직전에 ₩346,511이었으나, 변경 후 리스부채의 장부금액은 ₩597,130이다.

리스변경일의 리스부채 변동액은 얼마인가?

┤ 풀이 ├────────────────────────────────

리스부채 변동액: 250,619(= 변경 후 597,130 - 변경 전 346,511)
리스이용자는 변경된 리스부채의 장부금액과 변경 직전의 리스부채 장부금액의 차액(250,619)을 사용권자산을 조정하여 인식한다.

회계처리

리스변경일	차) 사용권자산	250,619	대) 리스부채	250,619

(1) 리스이용자는 사무실 공간 2,000제곱미터를 10년간 리스하는 계약을 체결한다. 연간 리스료는 매년 말에 ₩100,000씩 지급해야 한다. 리스의 내재이자율은 쉽게 산정할 수 없다. 리스개시일에 리스이용자의 증분차입이자율은 연 6%이다.

(2) 6차 연도 초에 리스이용자와 리스제공자는 기존 리스를 수정하여 6차 연도 초부터 같은 건물에 1,500제곱미터의 공간을 추가하고 리스기간을 10년에서 8년으로 줄이기로 합의한다. 3,500제곱미터에 대한 연간 고정지급액은 매년 말(6차 연도부터 8차 연도까지)에 ₩150,000씩 지급해야 한다. 6차 연도 초에 리스이용자의 증분차입이자율은 연 7%이다. 1,500제곱미터 공간의 범위 확장에 대한 대가는 계약 상황을 반영하여 조정한 넓어진 범위의 개별 가격에 상응하지 않는다.

(3) 3년, 6% 연금현가계수는 2.67301, 5년, 6% 연금현가계수는 4.21236, 10년 6% 연금현가계수는 7.36009, 3년 7% 연금현가계수는 2.62432이다.

물음 1 리스기간 단축으로 인한 리스부채의 장부금액 변동액은 얼마인가?

물음 2 할인율 수정으로 인한 리스부채의 장부금액 변동액은 얼마인가?

물음 3 리스 공간 확장으로 인한 리스부채의 장부금액 변동액은 얼마인가?

물음 4 20×6년 초 리스변경일의 사용권자산과 리스부채의 장부금액은 얼마인가?

물음 5 동 거래가 20×6년 당기손익에 미치는 영향은 얼마인가?

물음 1 리스부채: 고정리스료 100,000 × 7.36009 = 736,009

연도	리스부채(6%)				사용권자산		
	기초잔액	이자비용	리스료	기말잔액	기초잔액	감가상각비	기말잔액
1	736,009	44,160	(-)100,000	680,169	736,009	(-)73,601	662,408
2	680,169	40,810	(-)100,000	620,979	662,408	(-)73,601	588,807
3	620,979	37,259	(-)100,000	558,238	588,807	(-)73,601	515,206
4	558,238	33,494	(-)100,000	491,732	515,206	(-)73,601	441,605
5	491,732	29,504	(-)100,000	421,236	441,605	(-)73,601	368,004
6	421,236		(-)100,000		368,004		

(1) 리스기간 변경 전 리스부채의 장부금액 421,236(상각표 참조) 또는 100,000 × 4.21236 = 421,236에 기초하여 리스기간이 5년에서 3년으로 변경된 부분의 리스부채 장부금액: 267,301(= 100,000 × 2.67301)

(2) 리스기간 변경 전후 리스부채 장부금액 변동액: 153,935(= 421,236 - 267,301)

(3) 리스기간 변경 전 사용권자산의 장부금액 368,004(상각표 참조)에 기초하여 리스기간이 5년에서 3년으로 변경된 부분의 사용권자산 장부금액: 220,802(= 368,004 ÷ 5 × 3년)

(4) 리스기간 변경 전후의 사용권자산 장부금액 변동액: 147,202(= 368,004 - 220,802)

(5) 회계처리

차) 리스부채	153,935	대) 사용권자산	147,202
		리스변경이익	6,733

물음 2 변경 유효일(6차 연도 초)에 리스이용자는 사용권자산을 조정하여 수정 할인율 연 7%를 반영한 나머지 리스부채의 재측정 효과 4,869(= 267,301 - 262,432)을 인식한다.

(1) 할인율 수정 전 리스부채의 장부금액: 100,000 × 2.67301 = 267,301

(2) 할인율 수정 후 리스부채의 장부금액: 100,000 × 2.62432 = 262,432

(3) 회계처리

차) 리스부채	4,869	대) 사용권자산	4,869

물음 3 리스부채의 장부금액: 131,216(= 50,000 × 2.62432)

추가 1,500제곱미터 공간의 리스개시일(6차 연도 초)에 리스이용자는 범위 확장에 관련되는 리스부채의 증액 131,216(= 50,000씩 3회의 연간 리스료를 수정 이자율인 연 7%로 할인한 현재가치)을 사용권자산을 조정하여 인식한다.

• 회계처리

차) 사용권자산	131,216	대) 리스부채	131,216

물음 4 사용권자산의 장부금액: 368,004(상각표 참조) - 147,202 - 4,869 + 131,216 = 347,149

리스기간 변경 전 리스부채의 장부금액 421,236(상각표 참조)에 기초하여 기간 단축에 따른 리스부채, 할인율 수정 그리고 리스 공간의 확장으로 변동된 리스부채를 가감한다.

물음 5 20×6년 당기손익에 미치는 영향: (1) + (2) = (-)143,271

(1) 이자비용: 393,648 × 7% = (-)27,555

차) 이자비용	27,555	대) 현금	150,000
리스부채	122,445		

(2) 감가상각비: 347,149 ÷ 3년 = (-)115,716

차) 사용권자산상각	115,716	대) 감가상각누계액	115,716

(3) 변경된 리스와 관련하여 변경된 사용권자산과 변경된 리스부채

421,236 - 153,935 - 4,869 + 131,216 = 393,648 또는 리스부채 재평가 150,000 × 2.62432 = 393,648

(단위: 원)

연도	리스부채(7%)				사용권자산		
	기초잔액	이자비용	리스료	기말잔액	기초잔액	감가상각비	기말잔액
6	393,648	27,555	(-)150,000	271,203	347,148	(-)115,716	231,432
7	271,203	18,984	(-)150,000	140,187	231,432	(-)115,716	115,716
8	140,187	9,813	(-)150,000		115,716	(-)115,716	

문제 22 리스변경 종합 - Level 4

각 물음은 서로 독립적이다.

물음 1 A사는 20×1년 1월 1일 사무실 공간 2,000m²를 5년 동안 리스하는 계약을 체결하였다. 리스료는 매년 12월 31일에 ₩100,000씩 지급하며, 내재이자율은 쉽게 산정할 수 없으나, 리스이용자의 증분차입이자율은 6%로 산정하였다(단, 5기간, 6%의 연금현가계수는 4.21236, 5기간, 5%의 연금현가계수는 4.32948, 3기간, 6%의 연금현가계수는 2.67301, 3기간, 5%의 연금현가계수는 2.72325).

물음 1-1 20×3년 초 A사는 리스기간 중 남은 3년 동안 사무실의 공간 1,000m²를 추가하도록 기존 리스계약을 수정하였다. 추가 공간에 대한 리스료는 매년 12월 31일 ₩45,000을 지급하는데, 이 금액은 추가 사용권자산의 개별 가격에 상응하는 금액이다. 20×3년 초 현재 내재이자율은 쉽게 산정할 수 없으나, 리스이용자의 증분차입이자율은 5%로 산정하였다. 동 거래로 인하여 A사가 20×3년에 인식할 리스부채의 이자비용과 사용권자산의 상각비를 구하시오.

물음 1-2 위의 **물음 1-1**과 관련하여 추가 공간에 대한 리스대가 ₩45,000이 개별 가격에 상응하는 금액만큼 적절히 조정된 것이 아닐 경우, 동 거래로 인하여 A사가 20×3년에 인식할 리스부채의 이자비용과 사용권자산의 상각비를 구하시오.

물음 1-3 위의 물음과 독립적으로 20×3년 초 A사는 리스제공자와 협의하여 기존 리스의 계약상 리스기간을 2년 연장하고, 연장기간의 리스료는 변동되지 않는 것으로 하였다. 그 결과 연장된 리스기간에 대해 리스대가가 적절히 조정되지는 않았다. 20×3년 초 현재 내재이자율은 쉽게 산정할 수 없으나, 리스이용자의 증분차입이자율은 5%로 산정하였다. 동 거래로 인하여 A사가 20×3년에 인식할 리스부채의 이자비용과 사용권자산의 상각비를 구하시오.

물음 1-4 위의 **물음 1-3**과 관련하여 연장된 리스기간 동안 리스료가 연간 ₩120,000일 경우 20×3년 초에 A사가 해야 할 회계처리를 보이시오.

물음 2 B사는 20×1년 1월 1일 사무실 공간 2,000m²를 5년 동안 리스하는 계약을 체결하였다. 리스료는 매년 12월 31일에 ₩100,000씩 지급하며, 내재이자율은 쉽게 산정할 수 없으나, 리스이용자의 증분차입이자율은 5%로 산정하였다. 20×3년 초 B사는 리스기간 중 남은 3년 동안 사무실의 공간을 2,000m²에서 1,000m²로 줄이기로 리스제공자와 합의하였다. 남은 3년 동안 리스료는 매년 12월 31일에 ₩60,000씩 지급한다. 20×3년 초 현재 내재이자율을 쉽게 산정할 수 없으나, 리스이용자의 증분차입이자율은 6%이다. 동 거래가 B사의 20×3년 당기손익에 미친 영향을 구하시오(단, 5기간, 6%의 연금현가계수는 4.21236, 5기간, 5%의 연금현가계수는 4.32948, 3기간, 6%의 연금현가계수는 2.67301, 3기간, 5%의 연금현가계수는 2.72325).

물음 1 **물음 1-1** (1) 20×1년 초 리스개시일의 리스부채: 100,000 × 4.21236 = 421,236

(2) 20×3년 초 변경 전의 리스부채: (421,236 × 1.06 - 100,000) × 1.06 - 100,000 = 267,301

(3) 20×3년 초 별도 리스의 리스부채: 45,000 × 2.72325 = 122,546

    ☑ 리스 변경은 추가 사용권자산의 개별 가격에 상응하는 금액으로 리스대가가 증액되기 때문에 기존의 리스와 구분되는 별도의 리스로 회계처리한다.

(4) 20×3년 이자비용: 267,301 × 6% + 122,546 × 5% = 22,165

(5) 20×3년 사용권자산의 상각비: 421,236/5년 + 122,546/3년 = 125,096

물음 1-2 (1) 20×1년 초 리스개시일의 리스부채: 100,000 × 4.21236 = 421,236

(2) 20×3년 초 변경 전의 리스부채: (421,236 × 1.06 - 100,000) × 1.06 - 100,000 = 267,301

(3) 20×3년 초 변경 후의 리스부채: 145,000 × 2.72325 = 394,871

    ☑ 리스 변경은 추가 사용권자산의 개별 가격에 상응하는 금액으로 리스대가가 증액되지 않았기 때문에 수정 리스료를 수정 할인율로 할인하여 리스부채를 재측정하고 사용권자산에서 조정한다.

(4) 20×3년 이자비용: 394,871 × 5% = 19,744

(5) 20×3년 사용권자산의 상각비: [421,236 × 3/5년 + (394,871 - 267,301)] ÷ 3년 = 126,771

물음 1-3 (1) 20×3년 초 변경 전의 리스부채: (421,236 × 1.06 - 100,000) × 1.06 - 100,000 = 267,301

(2) 20×3년 초 변경 후의 리스부채: 100,000 × 4.32948 = 432,948

    ☑ 리스기간만 연장되고 기초자산 사용권은 추가되지 않았으므로 별도 리스로 회계처리하지 않고 리스료를 수정 할인율로 할인하여 리스부채를 재측정한다.

(3) 20×3년 이자비용: 432,948 × 5% = 21,647

(4) 20×3년 사용권자산의 상각비: [421,236 × 3/5년 + (432,948 - 267,301)] ÷ 5년 = 83,678

물음 1-4 회계처리

20×3년 초	차) 사용권자산	252,237	대) 리스부채	252,237

(1) 20×3년 초 변경 전의 리스부채: (421,236 × 1.06 - 100,000) × 1.06 - 100,000 = 267,301

(2) 20×3년 초 변경 후의 리스부채: 120,000 × 4.32948 = 519,538

(3) 20×3년 초 재측정한 리스부채: 519,538 - 267,301 = 252,237

    ☑ 리스기간이 연장되고 리스료도 증액되었으나, 기초자산 사용권이 추가된 것은 아니므로 리스 변경에 해당되기는 하지만 별도 리스로 보지 않는다. 따라서 수정 리스료를 수정 할인율로 할인하여 리스부채를 재측정한다.

물음 2 20×3년 당기손익에 미친 영향: 6,278 - 9,623 - 51,368 = 54,713 감소

(1) 20×1년 초 리스부채: 100,000 × 4.32948 = 432,948

(2) 20×3년 초 리스부채의 장부금액: (432,948 × 1.05 - 100,000) × 1.05 - 100,000 = 272,325

(3) 20×3년 초 사용권자산의 장부금액: 432,948 × 3/5년 = 259,769

(4) 20×3년 초 재측정한 리스부채: 60,000 × 2.67301 = 160,381

(5) 20×3년 초 회계처리

차)	리스부채	136,163	대)	사용권자산[1]	129,885
				리스변경이익	6,278
차)	사용권자산[2]	24,219	대)	리스부채	24,219

1) 사무실공간이 2,000m²에서 1,000m²로 감소되므로 사용권자산과 리스부채의 장부금액을 50%만큼 감소시키고, 차액은 당기손익으로 인식한다.
2) 160,381 - (272,325 - 136,163) = 24,219

(6) 20×3년 리스부채의 이자비용: 160,381 × 6% = 9,623

(7) 20×3년 사용권자산 상각비: (259,769 - 129,885 + 24,219) ÷ 3년 = 51,368

20×1년 1월 1일 C리스는 D부동산으로부터 빌딩을 임차하였다. 리스기간 개시일은 20×1년 1월 1일이며, 리스기간 개시일에 C리스는 ₩10,465의 리스개설직접원가를 지출하였다. 리스료는 매년 12월 31일에 ₩50,000씩 지급하며, 리스기간 종료시점의 잔존가치는 없다. 리스기간은 5년이며, 리스기간이 종료된 후 빌딩은 D부동산에게 반환된다. 리스기간 개시일의 리스자산의 공정가치는 ₩190,000이다. 리스계약과 관련한 내재이자율은 10%이다.

20×2년 1월 1일 C리스는 D부동산으로부터 임차한 빌딩을 ㈜해피에 재임대하였다. 리스기간 개시일은 20×2년 1월 1일이며, 리스료는 매년 12월 31일에 ₩60,000씩 지급한다. 리스기간 종료시점의 잔존가치는 없다. 리스기간은 4년이며, 리스기간이 종료된 후 빌딩은 C리스에 반환된다. 리스기간 개시일에 리스자산의 공정가치는 ₩190,000이다. C리스는 전대리스의 내재이자율을 쉽게 산정할 수 없다. C리스가 보유하고 있는 사용권자산의 공정가치는 20×2년 1월 1일에 ₩190,000이고, 20×2년 12월 31일에 ₩210,000이며, 5기간, 10%의 연금현가계수는 3.7907이다. [유예]

[물음 1] C리스가 ㈜해피와의 리스계약을 금융리스로 분류하였다면, 동 거래가 C리스의 20×2년 당기손익에 미친 영향을 구하시오.

[물음 2] C리스가 ㈜해피와의 리스계약을 운용리스로 분류하고 사용권자산에 대한 권리를 투자부동산으로 분류하였다면, 해당 리스계약이 C리스의 20×2년 당기손익에 미친 영향을 구하시오(단, C리스는 투자부동산에 대해 원가모형을 적용하고 있다).

물음 1 20×2년 당기손익에 미친 영향: 30,000 - 15,849 + 19,000 = 33,151

회계처리

20×1년 1월 1일	차)	사용권자산	200,000	대)	리스부채[1]	189,535
					현금	10,465
	1) 50,000 × 3.7907 = 189,535					
20×1년 12월 31일	차)	이자비용	18,955	대)	현금	50,000
		리스부채	31,045			
	차)	감가상각비[2]	40,000	대)	감가상각누계액	40,000
	2) 200,000/5년 = 40,000					
20×2년 1월 1일	차)	리스채권[3]	190,000	대)	사용권자산	200,000
		감가상각누계액	40,000		처분이익	30,000
	3) 전대리스 순투자(= 사용권자산의 공정가치)					
20×2년 12월 31일	차)	이자비용	15,849	대)	현금	50,000
		리스부채	34,151			
	차)	현금	60,000	대)	이자수익[4]	19,000
					리스채권	41,000
	4) 190,000 × 10% = 19,000					

☑ 전대리스의 내재이자율을 쉽게 산정할 수 없다면, 중간리스제공자는 전대리스의 순투자를 측정하기 위하여 상위리스에 사용된 할인율을 사용할 수 있다.

물음 2 20×2년 당기손익에 미친 영향: (15,849) - 40,000 + 60,000 = 4,151

회계처리

20×1년 1월 1일	차)	투자부동산	160,000	대)	사용권자산	200,000
		감가상각누계액	40,000			
20×2년 12월 31일	차)	이자비용	15,849	대)	현금	50,000
		리스부채	34,151			
	차)	감가상각비	40,000	대)	감가상각누계액	40,000
	차)	현금	60,000	대)	리스료수익	60,000

A사는 20×1년 1월 1일에 B사로부터 건물을 5년 동안 리스하기로 계약하고, 즉시 리스하기 시작하였다. A사는 연간 고정리스료 이외에 보증금으로 현금 ₩1,000을 B사에게 지급하였는데, 보증금은 리스기간 종료 시 반환받는다. 20×1년 1월 1일 현재 건물의 장부금액은 ₩6,400, 연간 고정리스료의 현재가치는 ₩6,000이며, 보증금의 현재가치는 ₩800이다.

물음 1 A사의 리스개시일 회계처리를 보이시오.

물음 2 B사가 동 거래를 금융리스로 분류하는 경우, B사의 리스개시일 회계처리를 보이시오.

물음 3 B사가 동 거래를 운용리스로 분류하는 경우, B사의 리스개시일 회계처리를 보이시오.

물음 1

리스개시일

차) 사용권자산	6,000	대) 리스부채	6,000
차) 임차보증금	800	대) 현금	1,000
사용권자산	200		

☑ 리스이용자의 회계처리: 보증금의 공정가치(현재가치와 동일) 800을 금융자산(임차보증금)으로 인식한
다. 지급한 현금 1,000과 임차보증금의 공정가치 800의 차이 200은 리스개시일이나 그 전에 지급한
리스료의 성격이므로 사용권자산의 최초 측정에 포함한다. 그러므로 리스개시일에 인식할 사용권자산은
200만큼 증가하며, 이후 리스기간 동안 사용권자산을 상각하면서 소멸된다.

물음 2

리스개시일

차) 리스채권	6,000	대) 건물	6,400
현금	1,000	임대보증금	800
리스계약손실	200		

☑ 리스제공자의 회계처리(금융리스로 분류되는 경우): 금융부채로 인식하는 보증금의 공정가치와 수취한
현금의 차이 200은 리스이용자로부터 선수취한 리스료의 성격이므로 리스순투자의 일부에 해당한다.
따라서 리스채권 최초 측정에 200을 포함하고, 보증금 수취시점에 리스채권의 일부를 회수한 것으로
회계처리한다. 건물이 신규 취득자산이라면 건물의 공정가치가 리스채권의 최초 인식금액과 동일하지만,
건물이 사용하던 자산이라면 건물의 공정가치와 장부금액이 다를 것이므로 최초인식하는 리스채권과 제
거하는 건물의 장부금액 간에 차이가 발생할 수 있는데, 이를 리스계약손실로 인식한다.

물음 3

리스개시일

차) 현금	1,000	대) 임대보증금	800
		선수리스료수익	200

☑ 리스제공자의 회계처리(운용리스로 분류되는 경우): 금융부채로 인식하는 보증금의 공정가치와 수취한
현금의 차이 200은 리스이용자로부터 선수취한 리스료의 성격이므로 선수수익(선수임대료)으로 회계처
리하고, 리스기간에 걸쳐 정액기준 또는 다른 체계적인 기준에 따라 수익으로 인식한다.

제 **11** 장

종업원급여와
주식기준보상거래

해커스 IFRS 정윤돈 재무회계연습

문제 1 단기 종업원급여, 해고급여 - Level 3

각 물음은 서로 독립적이다. 유예

물음 1 A사는 100명의 종업원에게 1년에 5일의 근무일수에 해당하는 유급휴가를 제공하고 있으며, 미사용유급휴가는 다음 1년 동안 이월하여 사용할 수 있다. 유급휴가는 당해 연도에 부여된 권리가 먼저 사용된 다음 직전 연도에서 이월된 권리가 사용되는 것으로 본다. 즉, 후입선출 원리를 적용한다. 20×1년 12월 30일 현재 미사용유급휴가는 종업원당 평균 2일이고, 과거의 경험에 비추어 볼 때 20×2년도 중에 종업원 92명이 사용할 유급휴가일수는 5일 이하, 나머지 8명이 사용할 유급휴가일수는 평균 6.5일이 될 것으로 예상된다. 동 거래가 20×1년 말 A사의 당기손익에 미치는 영향은 얼마인가? (단, 1일 종업원 한 명에게 지급하는 급여는 ₩1,000이다)

물음 2 B사는 20×1년 12월 1일 10개월 이내에 한 공장을 폐쇄하고, 폐쇄시점에 그 공장에 남아 있는 모든 종업원을 해고하는 계획을 발표하였다. 해고계획에 따르면 10개월이 되는 날인 공장폐쇄시점까지 남아서 근무용역을 제공하는 각 종업원은 해고일에 ₩30,000을 지급받고, 공장폐쇄 전에 퇴사하는 종업원은 ₩10,000을 지급받는다. 폐쇄 예정 공장에는 120명의 종업원이 있다. 해고계획의 발표시점에 전체 종업원 중 20명이 공장폐쇄 전에 퇴사할 것으로 예상된다. 따라서 해고계획에 따라 예상되는 총현금유출액은 ₩3,200,000 (= 20명 × ₩10,000 + 100명 × ₩30,000)이다. 동 거래로 인하여 B사가 20×1년에 비용으로 인식할 금액은 얼마인가?

물음 1 20×1년 말 당기손익에 미치는 영향: (-)12,000

(1) 92명: 유급휴가는 20×2년에 부여된 유급휴가를 사용하므로 20×1년에 부여된 유급휴가는 사용하지 않고 소멸된다.

(2) 8명: (6.5일 - 5일) × 8명 × 1,000 = 12,000

☑ 기중에 사용된 유급휴가는 급여에 포함되기 때문에 추가로 인식해서는 안 된다.

회계처리

20×1년 말	차) 단기종업원급여	12,000	대) 미지급급여	12,000

물음 2 20×1년 인식할 비용: (1,200,000) + (200,000) = (-)1,400,000

(1) 20×1년 12월 1일에 인식할 해고급여: 120명 × 10,000 = (-)1,200,000

(2) 20×1년 인식할 단기종업원급여: 100명 × (30,000 - 10,000) × 1/10개월 = (-)200,000

1) 해고급여

해고급여는 기업이 해고급여 제안을 더 이상 철회할 수 없을 때(해고계획이 발표된 시점)와 기업이 충당부채의 적용범위에 포함되고 해고급여의 지급을 수반하는 구조조정에 대한 원가를 인식할 때 중 이른 날에 인식하므로 해고계획을 발표하는 20×1년 12월 1일에 해고급여를 전액 인식한다. 종업원이 공장의 폐쇄시점까지 남아서 근무용역을 제공하거나 공장폐쇄 전에 퇴사하느냐에 상관없이 해고로 인해 기업이 지급할 금액은 10,000이기 때문에 해고급여는 10,000이다.

⇒ 20×1년 12월 1일에 인식할 해고급여: 120명 × 10,000 = (-)1,200,000

회계처리

20×1년	차) 해고급여	1,200,000	대) 해고급여부채	1,200,000

2) 단기종업원급여

10개월 동안 근무용역을 제공하는 경우 종업원이 수취할 증분급여는 단기종업원급여로 회계처리한다. 따라서 200,000(= (30,000 - 10,000) × 100명/10개월)을 10개월의 근무용역제공기간 각 1개월마다 비용으로 인식한다.

⇒ 20×1년 인식할 단기종업원급여: 100명 × (30,000 - 10,000) × 1/10개월 = (-)200,000

회계처리

20×1년	차) 단기종업원급여	200,000	대) 미지급급여	200,000

문제 2 예측단위적립방식 - Level 3

㈜대한은 종업원이 퇴직한 시점에 일시불급여를 지급하며, 종업원은 4차 연도 말에 퇴직할 것으로 예상한다. 일시불급여는 종업원의 퇴직 전 최종 임금의 2%에 근무연수를 곱하여 산정한다. 종업원의 연간 임금은 1차 연도에 ₩10,000,000이며 앞으로 매년 8%(복리)씩 상승하고, 연간 할인율은 12%이다. 보험수리적가정에 변화는 없으며, 종업원이 예상보다 일찍 또는 늦게 퇴직할 가능성을 반영하기 위해 필요한 추가 조정은 없다고 가정한다. ㈜대한의 ① 1차 연도 당기근무원가와 ② 2차 연도 말 확정급여채무를 각각 제시하시오. 계산과정에서 금액은 소수점 아래 첫째 자리에서 반올림한다.

풀이

① 1차 연도 당기근무원가: 179,328
② 2차 연도 말 확정급여채무: 401,695
  • 20×4년 말 퇴직금지급액: $10,000,000 \times 1.08^3 \times 2\% \times 4 = 1,007,770$
  • 20×1년 당기근무원가: $1,007,770 \div 4년 \div 1.12^3 = 179,328$
  • 20×2년 말 확정급여채무: $179,328 \times 1.12 \times 2년 = 401,695$

문제 3	확정급여채무(기중지급, 정산) - Level 4

다음의 <자료>를 이용하여 물음에 답하시오.   [공인회계사 2차 2024년]

<자료>

㈜대한은 퇴직급여제도로 확정급여제도를 도입·운영하고 있으며 20×1년 말 순확정급여부채는 ₩20,000(확정급여채무 ₩120,000, 사외적립자산 ₩100,000)이다. 20×2년 퇴직급여와 관련한 정보는 다음과 같다.

(1) 20×2년 초 확정급여채무의 현재가치 계산 시 적용할 할인율을 연 10%로 결정하였다.

(2) 20×2년 7월 1일에 보험계약의 체결을 통해 일부 종업원에 대한 유의적인 확정급여채무와 사외적립자산을 보험회사에 일시에 이전하였다. 이전된 확정급여채무의 현재가치와 사외적립자산은 각각 ₩20,000과 ₩15,000이다. 또한 ㈜대한은 이러한 제도의 일부 정산과 관련하여 보험회사에 현금 ₩7,000을 추가로 지급하였다. 정산시점에 할인율과 보험수리적 가정 및 사외적립자산의 공정가치 변동은 없다.

(3) 20×2년 10월 1일 확정급여제도의 일부를 개정(지급될 급여 증가)하여 20×2년 10월 1일 현재 할인율을 연 8%로 다시 결정하였고, 할인율 이외의 보험수리적 가정도 일부 변경하였다.

(4) 20×2년 10월 1일 현재 보험수리적 가정의 변동을 반영한 제도 개정 전 확정급여채무는 ₩120,000이고, 여기에 제도 개정을 반영한 확정급여채무는 ₩130,000이다. 한편, 20×2년 10월 1일 현재 사외적립자산의 공정가치는 ₩97,000이다.

(5) 20×2년 10월 1일 제도 개정 이전 기간에 인식한 당기근무원가는 ₩7,500이며, 이후 기간에 인식한 당기근무원가는 ₩3,000이다.

(6) 20×2년 말 현재 사외적립자산의 공정가치는 ₩145,000이며, 보험수리적 가정의 변동을 반영한 확정급여채무는 ₩140,000이다.

(7) 자산인식상한은 ₩3,000이다.

㈜대한이 20×2년도에 확정급여제도와 관련하여 인식할 ① 순이자비용을 계산하고, 동 제도와 관련한 회계처리가 20×2년도 포괄손익계산서상 ② 당기순이익과 ③ 기타포괄이익에 미치는 영향을 각각 계산하시오(단, 당기순이익이나 기타포괄이익이 감소하는 경우에는 금액 앞에 (-)를 표시하시오).

순이자비용	①
당기순이익에 미치는 영향	②
기타포괄이익에 미치는 영향	③

순이자비용	① 2,035
당기순이익에 미치는 영향	② (−)24,535
기타포괄이익에 미치는 영향	③ 40,535

근거

[제도 개정 전]

확정급여채무					
지급액		기초	120,000		
정산	20,000	근무원가(당기 + 과거) A	7,500		
		이자비용(기초 × 기초 R)[1)] B	8,500		
개정 전 잔액 Ⅰ	120,000	재측정요소(보험수리적손익) ①	4,000		
사외적립자산					
기초	100,000	지급액		2) I/S 계정	
기여금	0	정산	15,000	(1) 퇴직급여(N/I)	
이자수익[2)] C	7,125			⇒ A + B − C + D + 정산손실: 10,875	
재측정요소 ②	4,875	개정 전 잔액 Ⅱ	97,000	(2) 재측정요소 변동(OCI)	
자산인식상한효과				⇒ ② − ① − ③: 875	
		기초	0		
		이자비용 D	0		
기말 Ⅲ		재측정요소 ③			

1) 120,000 × 10% × 9/12 − 20,000 × 10% × 3/12 = 8,500
2) 100,000 × 10% × 9/12 − 15,000 × 10% × 3/12 = 7,125

차)	확정급여채무	20,000	대)	사외적립자산	15,000
	퇴직급여	2,000		현금	7,000

[제도 개정 후]

확정급여채무		
지급액	기초	120,000
정산	근무원가(당기 + 과거) A	10,000 + 3,000
	이자비용(기초 × 기초 R)[1] B	2,600
잔액 I 140,000	재측정요소(보험수리적손익) ①	4,400

사외적립자산			
기초	97,000	지급액	2) I/S 계정
기여금		정산	(1) 퇴직급여(N/I)
이자수익[2] C	1,940		⇒ A + B - C + D : 13,660
재측정요소 ②	46,060	잔액 II 145,000	(2) 재측정요소 변동(OCI)
			⇒ ② - ① - ③ : 39,660

자산인식상한효과		
	기초	0
	이자비용 D	0
기말[3] III 2,000	재측정요소 ③	2,000

1) 130,000 × 8% × 3/12 = 2,600
2) 97,000 × 8% × 3/12 = 1,940
3) 145,000 - 140,000 - 3,000 = 2,000

① 순이자비용: 8,500 - 7,125 + 2,600 - 1,940 = 2,035
② 당기순이익에 미치는 영향: (-)10,875 - 13,660 = (-)24,535
③ 기타포괄손익에 미치는 영향: 875 + 39,660 = 40,535

㈜세무의 확정급여제도와 관련된 <자료>는 다음과 같다(단, 20×1년 초 우량회사채의 시장수익률은 연 10%이며, 확정급여채무의 할인율로 사용하고 변동은 없다).

[세무사 2차 2021년]

- 20×1년 초 확정급여채무의 현재가치는 ₩100,000이다.

- 20×1년 초 사외적립자산의 공정가치는 ₩80,000이다.

- 20×1년도 당기근무원가는 ₩120,000이다.

- 20×1년 말 퇴직종업원에게 ₩10,000의 현금을 사외적립자산에서 지급하였다.

- 20×1년 말 사외적립자산에 ₩70,000을 현금으로 출연하였다.

다음은 각각 독립적인 상황이다.

물음 1 ㈜세무의 확정급여제도와 관련하여 20×1년 말 현재 사외적립자산의 공정가치는 ₩150,000이고, 보험수리적가정의 변동을 반영한 20×1년 말 확정급여채무는 ₩230,000일 때, ① 20×1년도 포괄손익계산서에 표시될 퇴직급여금액과 ② 20×1년 말 현재 재무상태표에 표시될 재측정요소(기타포괄손익)를 계산하시오(단, 기타포괄손익에 포함되는 재측정요소의 경우 재무상태표에 통합하여 표시하며, 기타포괄손실인 경우에는 괄호 안에 금액을 표시하시오).

20×1년도 포괄손익계산서에 표시할 퇴직급여금액	①
20×1년 말 현재 재무상태표에 표시될 재측정요소(기타포괄손익)	②

물음 2 ㈜세무의 확정급여제도와 관련하여 20×1년 말 현재 사외적립자산의 공정가치는 장부금액과 동일하고 보험수리적가정의 변동은 없을 때, ① 20×1년 말 현재 재무상태표에 표시될 순확정급여부채(자산)의 장부금액을 계산하시오(단, 순확정급여자산인 경우에는 괄호 안에 금액을 표시하시오).

20×1년 말 현재 재무상태표에 표시될 순확정급여부채(자산)	①

물음 1

20×1년도 포괄손익계산서에 표시될 퇴직급여금액	① 122,000
20×1년 말 현재 재무상태표에 표시될 재측정요소(기타포괄손익)	② (-)8,000

확정급여채무

지급액	10,000	기초	100,000
		근무원가(당기 + 과거) A	120,000
		이자비용(기초 × 기초 R) B	10,000
기말 I	230,000	재측정요소(보험수리적손익) ①	10,000

사외적립자산

기초	80,000	지급액	10,000
기여금	70,000		
이자수익 C	8,000		
재측정요소 ②	2,000	기말 II	150,000

1) B/S 계정
　(1) 순확정급여채무
　　⇒ I - II: 80,000

2) I/S 계정
　(1) 퇴직급여(N/I)
　　⇒ A + B - C: 122,000
　(2) 재측정요소 변동(OCI)
　　⇒ ② - ①: (-)8,000

물음 2

20×1년 말 현재 재무상태표에 표시될 순확정급여부채(자산)	① 72,000

확정급여채무

지급액	10,000	기초	100,000
		근무원가(당기 + 과거) A	120,000
		이자비용(기초 × 기초 R) B	10,000
기말 I	220,000	재측정요소(보험수리적손익) ①	-

사외적립자산

기초	80,000	지급액	10,000
기여금	70,000		
이자수익 C	8,000		
재측정요소 ②	-	기말 II	148,000

1) B/S 계정
　(1) 순확정급여채무
　　⇒ I - II: 72,000

다음에 제시되는 물음은 각각 독립된 상황이다.

물음 1 12월 말 결산법인인 A사는 확정급여제도를 시행하고 있으며 20×1년 1월 1일 현재 재무상태표에 순확정급여부채 ₩20,000(확정급여채무 ₩500,000, 사외적립자산 ₩480,000)을 보고하였다. A사의 20×1년도 당기근무원가는 ₩25,000, 우량회사채의 수익률은 연 6%이며, 사외적립자산의 실제수익률은 연 4%이다. A사는 20×1년 7월 1일 퇴직한 종업원에게 ₩30,000의 퇴직금을 사외적립자산에서 지급하였다. 20×1년 12월 31일 사외적립자산으로 추가 적립한 금액은 ₩26,000이며, 20×1년 말 현재 확정급여채무의 현재가치는 ₩530,000이다.

물음 1-1 동 거래가 A사의 20×1년도 당기순이익에 미친 영향은 얼마인가?

물음 1-2 동 거래가 A사의 20×1년도 기타포괄손익에 미친 영향은 얼마인가?

물음 1-3 A사의 20×1년 중 사외적립자산에서 획득한 실제수익은 얼마인가?

물음 2 20×1년 1월 1일 설립된 ㈜대한은 퇴직급여제도로 확정급여제도를 채택하고 있으며, 관련된 자료는 <자료>와 같다. 순확정급여부채(자산) 계산 시 적용한 할인율은 연 8%로 변동이 없으며, 모든 거래는 기말에 발생하고, 퇴직금은 사외적립자산에서 지급한다. 단, 과거근무원가는 고려하지 않는다.

<자료>

(1) 20×1년

  • 20×1년 말 사외적립자산의 공정가치는 ₩1,350,000이다.

  • 보험수리적가정의 변동을 고려한 20×1년 말 확정급여채무는 ₩1,200,000이다.

(2) 20×2년

  • 20×2년 당기근무원가는 ₩200,000이다.

  • 20×2년 말에 일부 종업원의 퇴직으로 ₩180,000을 사외적립자산에서 현금으로 지급하였다.

  • 20×2년 말에 ₩250,000을 현금으로 사외적립자산에 출연하였다.

  • 20×2년 말 사외적립자산의 공정가치는 ₩1,828,000이다.

  • 보험수리적가정의 변동을 고려한 20×2년 말 확정급여채무는 ₩1,550,000이다.

  • 자산인식상한은 ₩50,000이다.

<요구사항 1>

확정급여제도 적용이 ㈜대한의 20×2년도 포괄손익계산서상 당기순이익 및 기타포괄이익에 미치는 영향을 각각 계산하시오. 단, 당기순이익 및 기타포괄이익이 감소하는 경우 금액 앞에 (-)를 표시하시오.

당기순이익에 미치는 영향	①
기타포괄이익에 미치는 영향	②

<요구사항 2>

한국채택국제회계기준서 제1019호 「종업원급여」 중 해고급여는 종업원을 해고하는 기업의 결정이나 해고대가로 기업이 제안하는 급여를 받아들인 종업원의 결정으로 생긴다. ① 해고급여의 인식시기와, ② '기업의 제안이 아닌 종업원의 요청으로 인한 해고나 의무 퇴직규정으로 인하여 발생하는 종업원급여' 일 때 어떤 계정으로 회계처리를 해야 하는지에 대해 서술하시오.

---| 풀이 |---

물음 1 **물음 1-1** 20×1년도 당기순이익에 미친 영향: 퇴직급여 (-)26,200

확정급여채무					
지급액	30,000	기초	500,000	1) B/S 계정	
		근무원가(당기 + 과거) A	25,000	(1) 순확정급여채무	
		이자비용(기초 × 기초 R)¹⁾ B	29,100	⇒ I - II: 35,400	
기말 I	530,000	재측정요소(보험수리적손익) ①	5,900		
사외적립자산				2) I/S 계정	
				(1) 퇴직급여(N/I)	
기초	480,000	지급액	30,000	⇒ A + B - C: 26,200	
기여금	26,000			(2) 재측정요소 변동(OCI)	
이자수익²⁾ C	27,900			⇒ ② - ①: (-)15,200	
재측정요소 ②	(-)9,300	기말 II	494,600		

1) $500,000 \times 6\% - 30,000 \times 6\% \times 6/12 = 29,100$
2) $480,000 \times 6\% - 30,000 \times 6\% \times 6/12 = 27,900$
☑ 실제이자수익: C $27,900 + ② = 480,000 \times 4\% - 30,000 \times 4\% \times 6/12$, ② = (-)9,300

물음 1-2 20×1년도 기타포괄손익에 미친 영향: 재측정요소 변동 (-)15,200

물음 1-3 20×1년 중 사외적립자산에서 획득한 실제수익: 이자수익 27,900 + 재측정요소 (-)9,300 = 18,600

물음 2 <요구사항 1>

당기순이익에 미치는 영향	① (-)188,000
기타포괄이익에 미치는 영향	② (-)162,000

근거

확정급여채무

지급액	180,000	기초	1,200,000
		근무원가(당기 + 과거) A	200,000
		이자비용(기초 × 기초 R)[1] B	96,000
기말 I	1,550,000	재측정요소(보험수리적손익) ①	234,000

1) B/S 계정
　(1) 순확정급여자산
　　⇒ II - I - III = 50,000

사외적립자산

기초	1,350,000	지급액	180,000
기여금	250,000		
이자수익[2] C	108,000		
재측정요소 ②	300,000	기말 II	1,828,000

2) I/S 계정
　(1) 퇴직급여(N/I)
　　⇒ A + B - C + D: 188,000

　(2) 재측정요소변동(OCI)
　　⇒ ② - ① - ③: (-)162,000

자산인식상한효과

		기초	0
		이자비용 D	0
기말 III	228,000	재측정요소 ③	228,000

1) 1,200,000 × 8% = 96,000
2) 1,350,000 × 8% = 108,000
☑ 기말 자산인식상한효과: 1,828,000 - 1,550,000 - 50,000 = 228,000

☑ 기초에 자산인식상한에 대한 언급이 없으므로 자산인식상한효과는 없는 것으로 본다.

<요구사항 2>

① 해고급여의 인식시기: 기업이 해고급여의 제안을 더는 철회할 수 없거나, 기업이 해고급여의 지급을 포함하는 구조조정원가를 인식할 때

② '기업의 제안이 아닌 종업원의 요청으로 인한 해고나 의무 퇴직규정으로 인하여 발생하는 종업원급여'일 때: 퇴직급여 계정으로 회계처리한다.

참고　한국채택국제회계기준서 제 1019호 문단 160

기업의 제안이 아닌 종업원의 요청에 따른 해고나 의무 퇴직규정에 따라 생기는 종업원급여는 퇴직급여이기 때문에 해고급여에 포함하지 아니한다. 한편 기업의 요청으로 해고하는 경우에는 종업원의 요청으로 해고할 때 지급하는 급여(실질적으로 퇴직급여) 보다 더 많은 급여를 제공할 수 있다. 종업원의 요청에 따라 해고할 때 지급하는 급여와 기업의 요청으로 해고할 때 더 많이 지급하는 급여와의 차이가 해고급여이다.

문제 6 · 확정급여채무(기중지급·기여, 제도의 정산, 자산인식상한효과) – Level 4

다음의 각 물음은 독립적이다.

20×1년 1월 1일에 설립된 ㈜대한은 20×1년 말에 확정급여제도를 도입하였으며, 이와 관련된 <자료>는 다음과 같다 (단, 20×1년도 확정급여채무 계산 시 적용한 할인율은 연 10%이며, 20×1년 이후 할인율의 변동은 없다).

[공인회계사 2차 2021년]

<자료>

<20×1년>

(1) 20×1년 말 확정급여채무 장부금액은 ₩80,000이다.

(2) 20×1년 말에 사외적립자산에 ₩79,000을 현금으로 출연하였다.

<20×2년>

(1) 20×2년 6월 30일에 퇴직종업원에게 ₩1,000의 현금이 사외적립자산에서 지급되었다.

(2) 20×2년 11월 1일에 사외적립자산에 ₩81,000을 현금으로 출연하였다.

(3) 당기근무원가는 ₩75,000이다.

(4) 20×2년 말 현재 사외적립자산의 공정가치는 ₩171,700이며, 보험수리적가정의 변동을 반영한 확정급여채무는 ₩165,000이다.

(5) 자산인식상한은 ₩5,000이다.

<20×3년>

(1) 20×3년 말에 퇴직종업원에게 ₩2,000의 현금이 사외적립자산에서 지급되었다.

(2) 20×3년 말에 사외적립자산에 ₩80,000을 현금으로 출연하였다.

(3) 당기근무원가는 ₩110,000이다.

(4) 20×3년 말에 제도 정산이 이루어졌으며, 정산일에 결정되는 확정급여채무의 현재가치는 ₩80,000, 정산 가격은 ₩85,000(이전되는 사외적립자산 ₩60,000, 정산 관련 기업 직접 지급액 ₩25,000)이다.

(5) 20×3년 말 제도 정산 직후 사외적립자산의 공정가치는 ₩220,000이며, 보험수리적가정의 변동을 반영한 확정급여채무는 ₩215,000이다.

(6) 자산인식상한은 ₩3,500이다.

물음 1 ㈜대한의 확정급여제도와 관련하여 20×2년 말 현재 재무상태표에 표시될 ① 순확정급여부채(자산)와 20×2년도 포괄손익계산서상 ② 기타포괄이익에 미치는 영향 및 ③ 당기순이익에 미치는 영향을 각각 계산하시오(단, 순확정급여자산인 경우에는 괄호 안에 금액을 표시하고, 기타포괄이익이나 당기순이익이 감소하는 경우에는 금액 앞에 (-)를 표시하시오).

순확정급여부채(자산)	①
기타포괄이익에 미치는 영향	②
당기순이익에 미치는 영향	③

물음 2 ㈜대한의 확정급여제도와 관련하여 20×3년 말 현재 재무상태표에 표시될 ① 순확정급여부채(자산)와 20×3년도 포괄손익계산서상 ② 기타포괄손익누계액에 미치는 영향 및 ③ 당기순이익에 미치는 영향을 계산하시오(단, 기타포괄손익에 포함되는 재측정요소의 경우 재무상태표에 통합하여 표시하며, 순확정급여자산인 경우에는 괄호 안에 금액을 표시하고, 기타포괄손익누계액이 차변 잔액일 경우와 당기순이익이 감소하는 경우에는 금액 앞에 (-)를 표시하시오). 유예

순확정급여부채(자산)	①
기타포괄손익누계액	②
당기순이익에 미치는 영향	③

물음 1

순확정급여부채(자산)	① (-)5,000
기타포괄이익에 미치는 영향	② (-)1,250
당기순이익에 미치는 영향	③ (-)73,750

확정급여채무

지급액	1,000	기초	80,000
		근무원가(당기 + 과거) A	75,000
		이자비용(기초 × 기초 R)[1] B	7,950
기말 I	165,000	재측정요소(보험수리적손익) ①	3,050

사외적립자산

기초	79,000	지급액	1,000
기여금	81,000		
이자수익[2] C	9,200		
재측정요소 ②	3,500	기말 II	171,700

자산인식상한효과

		기초	
		이자비용 D	-
기말[3] III	1,700	재측정요소 ③	1,700

1) 80,000 × 10% - 1,000 × 10% × 6/12 = 7,950
2) 79,000 × 10% + 81,000 × 10% × 2/12 - 1,000 × 10% × 6/12 = 9,200
3) 171,700 - (165,000 + 5,000) = 1,700

1) B/S 계정
　(1) 순확정급여자산
　　⇒ II - I - III: 5,000

2) I/S 계정
　(1) 퇴직급여(N/I)
　　⇒ A + B - C + D: 73,750
　(2) 재측정요소 변동(OCI)
　　⇒ ② - ① - ③: (-)1,250

물음 2

순확정급여부채(자산)	① (-)3,500
기타포괄손익누계액	② 6,750
당기순이익에 미치는 영향	③ (-)114,500

확정급여채무				
지급액	2,000	기초	165,000	1) B/S 계정
정산	80,000	근무원가(당기 + 과거) A	110,000	(1) 순확정급여자산
		이자비용(기초 × 기초 R)[1] B	16,500	⇒ II - I - III: 3,500
기말 I	215,000	재측정요소(보험수리적손익) ①	5,500	(2) 기타포괄손익누계액
				⇒ (-)1,250 + 8,000: 6,750

사외적립자산				
기초	171,700	지급액	2,000	2) I/S 계정
기여금	80,000	정산	60,000	(1) 퇴직급여(N/I)
이자수익[2] C	17,170			⇒ A+B-C+D+정산손실 114,500
재측정요소 ②	13,130	기말 II	220,000	(2) 재측정요소 변동(OCI)

자산인식상한효과

		기초	1,700	⇒ ② - ① - ③: 8,000
		이자비용 D	170	
기말[3] III	1,500	재측정요소 ③	(-)370	

1) 165,000 × 10% = 16,500
2) 171,700 × 10% = 17,170
3) 220,000 - (215,000 + 3,500) = 1,500

회계처리

정산 시	차) 확정급여채무	80,000	대) 사외적립자산	60,000
	퇴직급여	5,000	현금	25,000

문제 7 | 주식결제형 주식기준보상거래(비시장성과조건, 시장성과조건, 용역제공조건) - Level 2

12월 말 결산인 ㈜도도는 20×1년 초에 임직원에게 다음과 같이 다양한 형태의 주식기준보상거래를 실시하고 있다. ㈜도도의 주식 1주당 액면금액은 ₩100이다. 주식기준보상거래와 관련된 자료는 다음과 같으며 각각의 물음은 서로 독립적이다.

물음 1 | ㈜도도는 20×1년 초에 A사업부 종업원 500명에게 각각 주식 100주를 부여하고 가득기간 동안 계속 근무할 것을 요구하는 조건을 부과하였다.

(1) 부여한 주식은 A사업부의 이익이 10% 이상 성장해야 가득되는데, 20×1년의 이익이 18% 이상 성장하면 20×1년 말에, 2년간 이익이 연평균 13% 이상 성장하면 20×2년 말에, 그리고 3년간 이익이 연평균 10% 이상 성장하면 20×3년 말에 가득된다.

(2) 20×1년 초 현재 부여한 주식의 단위당 공정가치는 ₩300이며 부여일로부터 3년간 배당금은 지급되지 않을 것으로 예상된다.

(3) 각 연도별 연평균 이익성장률과 퇴사 인원 수는 다음과 같다.

구분	연평균 이익성장률		누적 퇴사 인원 수	
	직전 연도 예측치	실제(당해 연도)	직전 연도 예측치	실제
20×1년	-	14%(14%)	-	30명
20×2년	14%	12%(10%)	60명	58명
20×3년	10%	11%(9%)	83명	81명

㈜도도가 가득기간 중 20×1년과 20×2년에 인식할 주식보상비용을 구하시오.

물음 2 ㈜도도는 20×1년 초 최고경영자에게 20×3년 말까지 근무할 것을 조건으로 주식선택권 10,000개를 부여하였다.

> (1) 주식선택권의 행사가격은 ₩300이며, 3년 동안 ㈜도도의 이익이 연평균 10% 이상 증가하면 행사가격은 ₩200으로 인하된다.
>
> (2) 주식선택권 부여일 현재 주식선택권의 공정가치는 행사가격이 ₩200인 경우 ₩120으로 추정되었으며, 행사가격이 ₩300인 경우에는 ₩20으로 추정되었다.
>
> (3) 각 연도별 연평균 이익성장률에 대한 예측치와 실적은 다음과 같다.
>
> | 구분 | 연평균 이익성장률 | |
> |---|---|---|
> | | 직전 연도 예측치 | 실제(당해 연도) |
> | 20×1년 | - | 13%(13%) |
> | 20×2년 | 13% | 12%(11%) |
> | 20×3년 | 11% | 9%(3%) |

㈜도도가 가득기간 중 20×3년에 인식할 주식보상비용(환입)을 구하시오.

물음 3 A사가 임원에게 부여한 주식선택권의 자료는 다음과 같다

> (1) A사는 20×1년 1월 1일에 임원 20명에게 각각 주식선택권 100개를 부여하고, 3년의 용역조건을 부과하였다. 그러나 20×3년 말에 회사의 주가가 ₩700 이상으로 상승하지 않는다면(부여일 현재 주가 ₩500), 임원은 부여받은 주식선택권을 행사할 수 없다. 20×3년 말에 회사의 주가가 ₩700 이상이면 임원은 주식선택권을 다음 5년 동안(즉, 20×8년 말까지) 언제든지 행사할 수 있다.
>
> (2) 회사는 주식선택권의 공정가치를 측정할 때 이항모형을 적용하였으며, 모형 내에서 20×3년 말에 회사의 주가가 ₩700 이상이 될 가능성(즉, 주식선택권이 행사 가능하게 될 가능성)과 ₩700 미만이 될 가능성(즉, 주식선택권이 상실될 가능성)을 모두 고려하였다. 회사는 부여일 현재 주식선택권의 공정가치를 단위당 ₩240으로 추정하였다.
>
> (3) 20×1년 말 현재 20명의 임원은 가득기간 동안 퇴사하지 않을 것으로 예상하였다.
>
> (4) 20×2년 중에 2명의 임원이 퇴사하였으며, 20×2년 말 현재 1명의 임원이 20×3년 중에 퇴사할 것으로 예상하였다.

물음 3-1 20×3년 말 현재 A사의 주가는 ₩750이며, 최종 15명의 임원이 주식선택권을 가득하였다. A사가 인식해야 할 20×3년의 주식보상비용을 구하시오.

물음 3-2 **물음 3-1**에서 20×3년 말 현재 A사의 주가가 ₩600일 경우 20×3년 말에 A사가 인식할 당기주식보상비용 또는 주식보상비용환입을 구하시오(단, 환입은 (-) 표기하시오).

물음 4 위 물음과 독립적으로 ㈜합격은 20×1년 초 종업원 500명에게 회사의 보통주를 주당 ₩600에 살 수 있는 주식선택권을 각각 100개씩 부여하였다. 주식선택권 1개당 보통주 1주를 교부하며, 보통주 1주의 액면금액은 ₩500이다.

> (1) 주식선택권은 근무기간이 5년을 경과하면 가득되는데, 주식선택권을 부여받은 종업원 500명은 근무기간이 2년 경과하여 잔여가득기간이 3년이다. 주식선택권의 행사기간은 20×4년 초부터 20×5년 말까지 2년간이다.
>
> (2) 20×1년 초 부여일의 주식선택권 단위당 공정가치는 ₩150이다.

물음 4-1 20×4년 말 가득된 주식선택권 50,000개가 행사되어 신주를 발행하여 교부하였다. 동 거래로 인한 ㈜합격의 자본 증가액을 구하시오.

물음 4-2 20×4년 말 가득된 주식선택권 50,000개가 행사되어 신주를 발행하여 교부하였다. 동 거래로 인한 ㈜합격의 주식발행초과금 증가액을 구하시오.

물음 4-3 동 거래를 회계처리하시오.

물음 4-4 ㈜합격이 가득된 주식선택권 50,000개가 행사될 때 보유하고 있던 자기주식(취득원가 ₩30,000,000)을 교부했을 경우, 동 거래를 회계처리하시오.

─┤ **풀이** ├─

물음 1 (1) 20×1년 주식보상비용: 6,600,000

(2) 20×2년 주식보상비용: 1,740,000

(3) 가득조건 판단

구분	P	Q		
	공정가치	인원	부여수량	가득기간
비시장성과조건	행사가격변동으로 변동 가능	변동	변동 가능	변동 가능

(4) Tool

구분	P	Q			누적(B/S) 보상원가	당기(I/S) 당기원가
	공정가치	인원	부여수량	가득기간		
20×1년	① 300	×② (500 - 60)	×③ 100	×④ 1/2	= A 6,600,000	A 6,600,000
20×2년	① 300	×② (500 - 83)	×③ 100	×④ 2/3	= B 8,340,000	B - A 1,740,000

물음 2 20×3년 주식보상비용환입: 600,000

(1) 가득조건 판단

구분	P	Q		
	공정가치	인원	부여수량	가득기간
비시장성과조건	행사가격변동으로 변동 가능	변동	변동 가능	변동 가능

(2) Tool

구분	P	Q			누적(B/S) 보상원가	당기(I/S) 당기원가
	공정가치	인원	부여수량	가득기간		
20×2년	① 120	×② 1	×③ 10,000	×④ 2/3	= A 800,000	= A 800,000
20×3년	① 20	×② 1	×③ 10,000	×④ 3/3	= B 200,000	= B - A (-)600,000

물음 3 **물음 3-1** 20×3년의 주식보상비용: 88,000

근거

(15명 × 100개 × 240) - (17명 × 100개 × 240 × 2/3) = 88,000

물음 3-2 20×3년의 주식보상비용: 88,000

근거

20×3년 말에 주가가 700에 미달되더라도 과년도에 인식한 보상비용과 주식선택권은 환입하지 않는다. 보상비용은 시장조건의 달성 여부와 무관하게 인식한다. 따라서 20×3년 말에 인식하는 주식보상비용은 물음 3-1과 동일하다.

물음 4 **물음 4-1, 2, 3** (1) 1st: 주식선택권 1개 행사 시 회계처리

차) 현금	행사가격 600	대) 자본금	액면가 500
주식선택권	FV 150	주식발행초과금	행사가격 + FV - 액면가 250

(2) 2nd: 가득수량 고려

1) 행사시점의 자본 증가액: 주식선택권 1개 행사 시 행사가격 × 행사수량

: @600 × 50,000개 = 30,000,000

2) 행사시점의 주식발행초과금 증가액: 주식선택권 1개 행사 시 주식발행초과금 × 행사수량

: @250 × 50,000개 = 12,500,000

(3) 50,000개 행사 시 회계처리

차) 현금	행사가격	대) 자본금	액면가
	600 × 50,000 = 30,000,000		500 × 50,000 = 25,000,000
주식선택권	FV	주식발행초과금	행사가격 + FV - 액면가
	150 × 50,000 = 7,500,000		250 × 50,000 = 12,500,000

물음 4-4

차) 현금	행사가격	대) 자기주식	BV
	600 × 50,000 = 30,000,000		30,000,000
차) 주식선택권	FV	대) 자기주식처분이익	행사가격 + FV - BV
	150 × 50,000 = 7,500,000		7,500,000

주식결제형 주식기준보상거래(행사수량 추정, 내재가치 측정) - Level 2

각 물음은 서로 독립적이다.

물음 1 다음을 읽고 답하시오. [세무사 2차 2024년]

> ㈜세무는 20×1년 초 종업원 100명에게 앞으로 4년간 근무할 것을 조건으로 주식선택권을 1인당 100개 씩 부여하였다. 주식선택권의 만기는 8년이고, 행사가격은 단위당 ₩1,000이며, 부여일 현재 ㈜세무의 주가도 1주당 ₩1,000이다. 부여일 현재 ㈜세무는 주식선택권의 공정가치를 신뢰성 있게 측정할 수 없 다고 판단하였다. 각 회계연도의 실제 퇴사한 종업원 수와 각 회계연도 말 추정 추가퇴사 종업원 수에 대한 자료는 다음과 같다.
>
> | 연도 | 실제 퇴사인원 | 20×4년 말까지 추가퇴사 예상인원 |
> |---|---|---|
> | 20×1년 | 0명 | 15명 |
> | 20×2년 | 6명 | 10명 |
> | 20×3년 | 7명 | 5명 |
> | 20×4년 | 7명 | |
>
> 20×4년 말 계속하여 근무한 종업원 80명은 주식선택권을 모두 가득하였으며, 20×4년 말 행사된 주식 선택권은 2,000개이고, 20×5년 말 행사된 주식선택권은 3,000개이다. 각 회계연도 말 1주당 주가는 다 음과 같으며, 1주당 액면금액은 ₩500이다.
>
> | 일자 | 20×1년 말 | 20×2년 말 | 20×3년 말 | 20×4년 말 | 20×5년 말 |
> |---|---|---|---|---|---|
> | 1주당 주가 | ₩1,100 | ₩1,150 | ₩1,180 | ₩1,200 | ₩1,230 |

(1) ㈜세무가 주식기준보상과 관련하여 ① 20×3년도에 인식할 비용과 ② 20×3년 말 주식선택권 잔액으로 표시할 금액을 각각 계산하시오.

20×3년도에 인식할 비용	①
20×3년 말 주식선택권 잔액	②

(2) ㈜세무가 주식기준보상과 관련하여 ① 20×5년도에 인식할 비용과 ② 20×5년 주식선택권 행사 시 인 식할 주식발행초과금을 각각 계산하시오.

20×5년도에 인식할 비용	①
20×5년 주식선택권 행사 시 인식할 주식발행초과금	②

물음 2 ㈜합격은 20×1년 초 종업원 50명에게 각각 회사주식(액면금액: ₩500)을 매입할 수 있는 주식선택권(행사가격: ₩600, 권리행사만료일: 20×5년 말) 1,000개를 부여하고, 3년의 용역제공조건을 부과하였다. 관련 자료는 다음과 같다.

---

(1) 부여일 현재 회사는 주식선택권의 공정가치를 신뢰성 있게 측정할 수 없다고 판단하였으며, 부여일 현재 회사의 주가는 ₩600이다.

(2) 20×1년 말 현재 이미 3명이 퇴사하였고, 회사는 20×2년과 20×3년에 추가로 7명이 퇴사할 것으로 추정하였다. 따라서 부여한 주식선택권의 80%(40명분)가 가득될 것으로 추정된다.

(3) 20×2년 실제로 2명이 퇴사하였고, 회사는 미래에 가득될 것으로 기대되는 주식선택권의 비율을 86%로 추정하였다. 그리고 20×3년에 실제로 2명이 퇴사하였고, 20×3년 말까지 총 43,000개의 주식선택권이 가득되었다.

(4) 20×1년부터 20×5년까지 회사의 주가와 행사된 주식선택권의 수량은 다음과 같다. 행사된 주식선택권은 모두 회계연도 말에 행사되었다.

구분	회계연도 말 주가	행사된 주식선택권 수량
20×1년	₩630	
20×2년	₩650	
20×3년	₩750	
20×4년	₩880	20,000개
20×5년	₩1,000	23,000개

㈜합격의 20×4년의 회계처리를 보이시오.

물음 3 주식결제형 주식기준보상거래와 관련된 다음의 <자료>를 이용하여 <요구사항>에 답하시오(단, 각 <요구사항>은 독립적이다).

[공인회계사 2차 2021년]

<자료>

(1) ㈜대한은 20×1년 1월 1일에 임원 50명에게 각각 주식선택권 10개를 부여하고, 20×3년 12월 31일까지 근무하면 가득하는 조건을 부과하였다.

(2) 각 임원이 부여받은 주식선택권은 20×3년 말 ㈜대한의 주가가 ₩1,000 이상으로 상승하면 20×6년 말까지 언제든지 행사할 수 있으나, 20×3년 말 ㈜대한의 주가가 ₩1,000 미만이 될 경우 부여받은 주식선택권을 행사할 수 없다.

(3) ㈜대한은 주식선택권의 공정가치를 측정할 때 이항모형을 적용하였으며, 모형 내에서 20×3년 말에 ㈜대한의 주가가 ₩1,000 이상이 될 가능성과 ₩1,000 미만이 될 가능성을 모두 고려하여 부여일 현재 주식선택권의 공정가치를 단위당 ₩300으로 추정하였다.

(4) 임원의 연도별 실제 퇴사인원과 연도 말 퇴사 추정인원은 다음과 같다.

   • 20×1년도: 실제 퇴사인원 3명, 20×3년 말까지 추가 퇴사 추정인원 2명

   • 20×2년도: 실제 퇴사인원 2명, 20×3년 말까지 추가 퇴사 추정인원 25명

   • 20×3년도: 실제 퇴사인원 5명

(5) 20×1년 초, 20×1년 말 및 20×2년 말 ㈜대한의 주가는 다음과 같다.

20×1. 1. 1.	20×1. 12. 31.	20×2. 12. 31.
₩700	₩1,050	₩950

<요구사항 1>

㈜대한의 20×3년 말 현재 주가가 ₩1,100일 때, 20×1년부터 20×3년까지 인식해야 할 연도별 당기 보상비용(또는 보상비용환입) 금액을 각각 계산하시오(단, 보상비용환입의 경우에는 괄호 안에 금액(예 (-)1,000)을 표시하시오).

20×1년 당기보상비용(환입)	①
20×2년 당기보상비용(환입)	②
20×3년 당기보상비용(환입)	③

<요구사항 2>

㈜대한은 <자료>의 (2) 사항인 주식선택권 행사 가능 여부 판단기준을 주가 ₩1,000에서 ₩950으로 20×1년 말에 변경하였다. 이러한 조건변경으로 인하여 주식선택권의 단위당 공정가치는 ₩10 증가하였다. ㈜대한의 20×3년 말 현재 주가가 ₩900일 때, 20×1년부터 20×3년까지 인식해야 할 연도별 당기보상비용(또는 보상비용환입) 금액을 각각 계산하시오(단, 보상비용환입의 경우에는 괄호 안에 금액(예 (-)1,000)을 표시하시오).

20×1년 당기보상비용(환입)	①
20×2년 당기보상비용(환입)	②
20×3년 당기보상비용(환입)	③

풀이

물음 1 (1)

20×3년도에 인식할 비용	① 477,000
20×3년 말 주식선택권 잔액	② 1,107,000

근거

구분	내재가치	인원	부여	가득기간	주식선택권	주식보상비용
×2년	150	100 - 16	100	2/4	630,000	
×3년	180	100 - 18	100	3/4	1,107,000	477,000
×4년	200	100 - 20	100	4/4	1,600,000	493,000

(2)

20×5년도에 인식할 비용	① 180,000
20×5년 주식선택권 행사 시 인식할 주식발행초과금	② 2,190,000

근거

×5년 말	차) 주식보상비용[1]	180,000	대) 주식선택권	180,000
	차) 주식선택권[2]	690,000	대) 자본금[4]	1,500,000
	현금[3]	3,000,000	주식발행초과금(역산)	2,190,000

1) @(230 - 200) × (8,000 - 2,000)개 = 180,000
2) @230 × 3,000개 = 690,000
3) @1,000 × 3,000개 = 3,000,000
4) @500 × 3,000개 = 1,500,000

물음 2 (1) 가득기간 동안 매 기말 주식보상비용

구분	내재가치[1]	인원	부여수량	가득기간	누적보상비용	기간비용
20×1년	① (630 - 600)	× ② 50 × 80%	× ③ 1,000개	× ④ 1/3	= A 400,000	= A 400,000
20×2년	① (650 - 600)	× ② 50 × 86%	× ③ 1,000개	× ④ 2/3	= B 1,433,333	= B - A 1,033,333
20×3년	① (750 - 600)	× ② 43	× ③ 1,000개	× ④ 3/3	= C 6,450,000	= C - B 5,016,667

1) 주식선택권의 공정가치를 신뢰성 있게 측정할 수 없는 경우 내재가치(주식의 공정가치 - 행사가격)로 평가한다.

(2) 20×4년 회계처리

1) 재측정: 43,000개 × (880 - 750) = 5,590,000

차) 주식보상비용	5,590,000	대) 주식선택권	5,590,000

2) 행사

차) 현금[1]	12,000,000	대) 자본금[2]	10,000,000
주식선택권[3]	5,600,000	주식발행초과금	7,600,000

1) 20,000개 × 600 = 12,000,000
2) 20,000개 × 500 = 10,000,000
3) 20,000개 × (880 - 600) = 5,600,000

물음 3 <요구사항 1>

20×1년 당기보상비용(환입)	① 45,000
20×2년 당기보상비용(환입)	② (-)5,000
20×3년 당기보상비용(환입)	③ 80,000

[주식보상비용 계산]

구분	공정가치	인원	부여수량	가득기간	누적보상비용	기간비용
20×1년	① 300	×② (50 - 5)	×③ 10	×④ 1/3	= A 45,000	= A 45,000
20×2년	① 300	×② (50 - 30)	×③ 10	×④ 2/3	= B 40,000	= B - A (-)5,000
20×3년	① 300	×② (50 - 10)	×③ 10	×④ 3/3	= C 120,000	= C - B 80,000

<요구사항 2>

20×1년 당기보상비용(환입)	① 45,000
20×2년 당기보상비용(환입)	② (-)4,000
20×3년 당기보상비용(환입)	③ 83,000

[증분공정가치 계산]

구분	공정가치	인원	부여수량	가득기간	누적보상비용	기간비용
20×2년	① 10	×② (50 - 30)	×③ 10	×④ 1/2	= A 1,000	= A 1,000
20×3년	① 10	×② (50 - 10)	×③ 10	×④ 2/2	= B 4,000	= B - A 3,000

문제 9 중도청산 - Level 4

다음을 읽고 답하시오.

[세무사 2차 2024년]

다음은 ㈜세무의 주식기준보상 관련 자료이다.

- ㈜세무는 20×1년 초 종업원 90명에게 주식선택권을 1인당 100개씩 부여하였다.

- 동 주식선택권은 종업원이 향후 3년간 용역을 제공할 경우 가득된다. ㈜세무는 종업원 90명이 20×3년 말까지 용역을 제공할 것으로 예상하였으며, 실제도 이와 같았다.

- 20×2년 7월 1일 ㈜세무는 종업원과 합의하에 현금을 지급하여 주식선택권을 모두 중도청산하였으며, 주식선택권의 단위당 공정가치는 다음과 같다.

일자	20×1년 초	20×1년 말	20×2년 7월 1일
주식선택권의 단위당 공정가치	₩100	₩110	₩120

㈜세무가 중도청산 시 지급한 현금이 ① 주식선택권 단위당 ₩110일 경우와 ② 주식선택권 단위당 ₩150일 경우 주식기준보상과 관련하여 20×2년도에 인식할 비용을 각각 계산하시오.

중도청산 시 지급한 현금	주식기준보상과 관련하여 20×2년도에 인식할 비용
주식선택권 단위당 ₩110일 경우	①
주식선택권 단위당 ₩150일 경우	②

중도청산 시 지급한 현금	주식기준보상과 관련하여 20×2년도에 인식할 비용
주식선택권 단위당 ₩110일 경우	① 600,000
주식선택권 단위당 ₩150일 경우	② 870,000

근거

① 주식선택권 단위당 ₩110일 경우

1st 잔여보상원가	차) 주식보상비용[1]	600,000	대) 주식선택권	600,000
	1) @100 × 90명 × 100개 × 3/3 - @100 × 90명 × 100개 × 1/3 = 600,000			
20×2년 말	차) 주식선택권[2]	900,000	대) 현금[3]	990,000
	주식선택권청산손실(자본)[4]	90,000		
	2) @100 × 90명 × 100개 = 900,000			
	3) @110 × 90명 × 100개 = 990,000			
	4) 가득된 지분상품을 재매입하는 경우에는 종업원에게 지급한 금액을 자본에서 차감한다. 다만 지급액이 재매입일 현재 지분 상품의 공정가치를 초과하는 경우에는 그 초과액을 비용으로 인식한다.			

② 주식선택권 단위당 ₩150일 경우

1st 잔여보상원가	차) 주식보상비용[1]	600,000	대) 주식선택권	600,000
	1) @100 × 90명 × 100개 × 3/3 - @100 × 90명 × 100개 × 1/3 = 600,000			
20×2년 말	차) 주식선택권[2]	900,000	대) 현금[3]	1,080,000
	주식선택권청산손실(자본)	180,000		
	차) 주식보상비용	270,000	대) 현금[4]	270,000
	2) @100 × 90명 × 100개 = 900,000			
	3) @120 × 90명 × 100개 = 1,080,000			
	4) @(150 - 120) × 90명 × 100개 = 270,000			

문제 10 주식선택권(행사가격의 변동, 수량의 변동) - Level 4

다음의 각 물음은 독립적이다.

물음 1 다음은 A사의 주식기준보상거래와 관련된 공통 자료이다. 아래의 물음은 서로 독립적이다.

<공통 자료>

(1) A사는 20×1년 초에 종업원 50명에게 각각 10개의 주식선택권을 부여하였다. 종업원은 주식선택권의 가득을 위하여 3년 동안 근무해야 하며, 동 주식선택권의 단위당 행사가격은 ₩500이다.

(2) 20×1년 초 현재 A사가 부여한 주식선택권의 단위당 공정가치는 ₩180이며, 각 연도 말 퇴직 종업원 인원은 다음과 같다.

구분	실제 퇴직 인원	추가 퇴직 예상인원
20×1년 말	1명	2명
20×2년 말	2명	3명
20×3년 말	2명	-

물음 1-1 주식선택권 부여일 이후 주가가 지속적으로 상승하여 A사의 20×2년 초 주식선택권의 단위당 공정가치는 ₩300이 되었다. 이에 A사는 20×2년 초에 종업원에게 부여하였던 주식선택권의 수량을 10개에서 8개로 변경하였다. A사가 인식할 아래의 금액들을 구하시오. (단, 환입의 경우 '(-)'를 표시하시오)

20×2년 주식보상비용	①
20×3년 주식보상비용	②

물음 1-2 주식선택권 부여일 이후 주가가 지속적으로 하락하여 A사의 20×2년 초 주식선택권의 단위당 공정가치는 ₩100이 되었다. 이에 A사는 20×2년 초에 종업원에게 부여하였던 주식선택권의 수량을 10개에서 12개로 변경하였다. A사가 인식할 아래의 금액들을 구하시오. (단, 환입의 경우 '(-)'를 표시하시오)

20×2년 주식보상비용	①
20×3년 주식보상비용	②

물음 1-3 주식선택권 부여일 이후 주가가 지속적으로 하락하여 A사의 20×2년 초 주식선택권의 단위당 공정가치는 ₩100이 되었다. 이에 따라 20×2년 초에 A사는 주식선택권의 행사가격을 당초 ₩500에서 ₩300으로 조정하였으며, 행사가격 조정 후 주식선택권의 공정가치는 ₩180으로 측정되었다. A사가 인식할 아래의 금액들을 구하시오. (단, 환입의 경우 '(-)'를 표시하시오)

20×2년 주식보상비용	①
20×3년 주식보상비용	②

물음 1-4 주식선택권 부여일 이후 주가가 지속적으로 하락하여 A사의 20×2년 초 주식선택권의 단위당 공정가치는 ₩300이 되었다. 이에 따라 20×2년 초에 A사는 주식선택권의 행사가격을 당초 ₩500에서 ₩700으로 조정하였으며, 행사가격 조정 후 주식선택권의 공정가치는 ₩220으로 측정되었다. A사가 인식할 아래의 금액들을 구하시오. (단, 환입의 경우 '(-)'를 표시하시오)

20×2년 주식보상비용	①
20×3년 주식보상비용	②

물음 2 B사는 20×1년 초에 최고경영자에게 3년간 근무하는 조건으로 주식선택권 120개를 부여하였다. 관련 공통자료는 다음과 같다. 각 물음은 독립적이다.

<공통 자료>

(1) 20×1년 초 현재 B사의 주가는 ₩4,000이며, 최고경영자에게 부여한 주식선택권은 20×3년 말에 B사의 주가가 ₩7,000 이상으로 형성되는 경우에만 행사 가능하다.

(2) 부여일 현재 B사는 부여한 주식선택권의 단위당 공정가치를 ₩2,000으로 측정하였다. 이 측정치는 이항모형으로 측정되었으며, 20×3년 말에 기업의 주가가 ₩7,000 이상이 될 가능성을 고려한 것이다.

(3) 최고경영자는 20×3년 말까지 근무할 것으로 예상된다.

(4) B사의 주가는 20×1년 말 ₩7,200, 20×2년 말 ₩7,500이다.

물음 2-1 20×3년 말 주가는 ₩5,000이다. A사가 인식할 아래의 금액들을 구하시오. (단, 환입의 경우 '(-)'를 표시하시오)

20×3년 주식보상비용	①

물음 2-2 20×3년 초에 최고경영자는 퇴사하였다. A사가 인식할 아래의 금액들을 구하시오. (단, 환입의 경우 '(-)'를 표시하시오)

20×3년 주식보상비용	①

물음 3 A사는 20×1년 초에 종업원 100명에게 각각 100개의 주식선택권을 부여하고, 3년의 용역조건을 부과하였다. 부여일 현재 주식선택권의 단위당 공정가치는 ₩60이다. A사는 20×1년 말에 98명, 20×2년 말에 95명의 종업원이 주식선택권을 가득할 것으로 판단하였으며, 20×3년 말에 최종적으로 93명의 종업원이 주식선택권을 가득하였다. 주식선택권은 20×4년 초부터 행사할 수 있다. A사는 20×1년 말에 주식선택권의 행사가격을 낮추는 조건변경을 하였다. 이러한 조건변경으로 인하여 주식선택권의 단위당 공정가치는 ₩10 증가하였다. 또한 A사는 종업원 1명당 주식선택권 10개를 추가로 부여하였다. 이 경우 A사가 20×2년과 20×3년에 인식할 주식보상비용을 구하시오(단, 조건변경일 현재 주식선택권의 단위당 공정가치는 ₩64이다).

물음 4 A사는 20×1년 초에 판매부서 종업원에게 4년간 근무할 것과 4년 동안 판매부서의 특정 제품의 판매수량이 5,000개 이상이 될 것을 조건으로 각각 주식선택권 100개를 부여하였다. 부여일 현재 주식선택권의 단위당 공정가치는 ₩150이다. A사는 20×2년 초에 판매목표를 5,000개에서 10,000개로 증가시켰다. 20×4년 말까지 판매부서 종업원이 판매한 특정 제품의 수량은 5,500개이며, 주식선택권은 최종 상실되었다. 매년 말에 추정한 4년간 근무할 종업원은 12명이다.

물음 4-1 A사가 20×2년 초에 판매목표를 변경하지 않고, 대신 가득에 필요한 근무용역기간을 4년에서 6년으로 증가시키는 조건변경을 하였을 때 A사가 인식할 20×2년 주식보상비용을 구하시오.

물음 4-2 **물음 4-1**과 독립적으로 20×2년 초에 판매목표를 변경하지 않고, 대신 가득에 필요한 근무용역기간을 4년에서 3년으로 단축시키는 조건변경을 하였을 때 A사가 인식할 20×2년 주식보상비용을 구하시오.

물음 1 **물음 1-1**

20×2년 주식보상비용	① 31,680
20×3년 주식보상비용	② 22,560

근거　보상원가 측정

구분	공정가치	× 인원	× 부여수량	× 가득기간	= 주식선택권	주식보상비용
20×1년	180	50 - 3	10	1/3	28,200	28,200
20×2년	180	50 - 6	8	2/3	42,240	
	180	50 - 1	2	3/3	17,640	① 31,680
20×3년	180	50 - 5	8	3/3	64,800	
	전기 청산 기인식분				17,640	② 22,560

참고

종업원에게 불리한 조건변경은 변경효과를 인식하지 않는다. 그러나 조건이 변경되어 부여한 지분상품의 수량이 줄어든다면, 부여한 지분상품의 일부가 취소된 것으로 보아 중도청산과 동일하게 회계처리한다. 단, 수량 취소분에 대한 회계처리대상은 기대가득인원이 아닌 조건변경시점 현재 실제인원이 기준이 된다.

물음 1-2

20×2년 주식보상비용	① 29,000
20×3년 주식보상비용	② 32,800

근거

1. 부여일의 보상원가 측정

구분	공정가치	× 인원	× 부여수량	× 가득기간	= 주식선택권	주식보상비용
20×1년	180	50 - 3	10	1/3	28,200	28,200
20×2년	180	50 - 6	10	2/3	52,800	24,600
20×3년	180	50 - 5	10	3/3	81,000	28,200

2. 증분보상원가 측정

구분	공정가치	× 인원	× 부여수량	× 가득기간	= 주식선택권	주식보상비용
20×2년	100	50 - 6	2	1/2	4,400	4,400
20×3년	100	50 - 5	2	2/2	9,000	4,600

3. 20×2년 주식보상비용

24,600 + 4,400 = 29,000

4. 20×3년 주식보상비용

28,200 + 4,600 = 32,800

참고

조건이 변경되어 부여한 지분상품의 수량이 증가하는 경우에는 부여한 지분상품의 대가로 제공받은 근무용역으로써 인식할 금액을 측정할 때 그 측정치에 추가로 부여한 지분상품의 조건변경일 현재 공정가치를 포함한다. 예를 들면, 가득기간에 조건이 변경되면, 부여일에 측정한 당초 지분상품의 공정가치는 당초 가득기간의 잔여기간에 걸쳐 인식하며, 이에 추가하여 조건변경일에 부여한 추가 지분상품의 공정가치를 조건변경일부터 추가 지분상품이 가득되는 날까지 제공받는 근무용역에 대해 인식할 금액의 측정치에 포함한다. [한국채택국제회계기준서 제1102호 적용지침 B43 (2)]

물음 1-3	20×2년 주식보상비용	① 42,200
	20×3년 주식보상비용	② 46,600

근거

1. 부여일의 보상원가 측정

구분	공정가치	× 인원	× 부여수량	× 가득기간	= 주식선택권	주식보상비용
20×1년	180	50 - 3	10	1/3	28,200	28,200
20×2년	180	50 - 6	10	2/3	52,800	24,600
20×3년	180	50 - 5	10	3/3	81,000	28,200

2. 증분보상원가 측정

구분	증분공정가치	× 인원	× 부여수량	× 가득기간	= 주식선택권	주식보상비용
20×2년	80[1]	50 - 6	10	1/2	17,600	17,600
20×3년	80	50 - 5	10	2/2	36,000	18,400

1) 증분공정가치: 180 - 100 = 80

3. 20×2년 주식보상비용

24,600 + 17,600 = 42,200

4. 20×3년 주식보상비용

28,200 + 18,400 = 46,600

물음 1-4	20×2년 주식보상비용	① 24,600
	20×3년 주식보상비용	② 28,200

근거 부여일의 보상원가 측정

구분	공정가치	× 인원	× 부여수량	× 가득기간	= 주식선택권	주식보상비용
20×1년	180	50 - 3	10	1/3	28,200	28,200
20×2년	180	50 - 6	10	2/3	52,800	① 24,600
20×3년	180	50 - 5	10	3/3	81,000	② 28,200

물음 2	물음 2-1	20×3년 주식보상비용	① 80,000

근거 증분보상원가 측정

구분	공정가치	× 인원	× 부여수량	× 가득기간	= 주식선택권	주식보상비용
20×2년	2,000	1	120	2/3	160,000	160,000
20×3년	2,000	1	120	3/3	240,000	① 80,000

참고

시장성과조건의 경우, 주가목표가 달성되지 못할 가능성은 이미 부여일에 주식선택권의 공정가치를 측정할 때 고려되었으므로 주가목표 달성 여부는 중요하지 않다. 그러므로 시장성과조건이 달성 여부와 관계없이 다른 모든 가득조건을 충족하는 거래상대방에게 제공받는 용역을 인식하여야 한다.

물음 2-2	20×3년 주식보상환입	① (-)160,000

근거
시장성과조건과 달리 용역제공조건의 경우 가득기간 이전에 상대방이 퇴사한다면, 이전에 이미 인식한 금액은 당해 연도에 환입된다.

물음 3 (1) 부여일의 보상원가 측정

구분	공정가치	× 인원	× 부여수량	× 가득기간	= 주식선택권	주식보상비용
20×1년	60	98	100	1/3	196,000	196,000
20×2년	60	95	100	2/3	380,000	184,000
20×3년	60	93	100	3/3	558,000	178,000

(2) 증분보상원가 측정

구분	공정가치	× 인원	× 부여수량	× 가득기간	= 주식선택권	주식보상비용
20×2년	10	95	100	1/2	47,500	47,500
	64	95	10	1/2	30,400	30,400
20×3년	10	93	100	2/2	93,000	45,500
	64	93	10	2/2	59,520	29,120

(3) 20×2년 주식보상비용: 184,000 + 47,500 + 30,400 = 261,900

(4) 20×3년 주식보상비용: 178,000 + 45,500 + 29,120 = 252,620

☑ 가득기간 중 조건변경이 종업원에게 유리하게 이루어졌으므로, 당초 부여일의 공정가치는 잔여기간에 걸쳐 인식하고(즉, 원래 인식하던 대로 인식하고), 증분공정가치는 조건변경일부터 지분상품이 가득되는 날까지 인식한다.

☑ 추가로 부여한 종업원 1인당 10개의 주식선택권에 대한 추가보상비용을 인식한다.

물음 4 **물음 4-1** A사가 인식할 20×2년 주식보상비용: 12명 × 100개 × 150 × 2/4년 - 12명 × 100개 × 150 × 1/4년 = 45,000

    ☑ 가득에 필요한 근무용역기간을 증가시키는 조건변경으로 인해 주식선택권이 가득될 가능성이 당초보다 낮아지고, 이는 종업원에게 불리하기 때문에 A사는 제공받는 근무용역을 인식할 때 변경된 용역제공기간을 고려하지 않는다.

물음 4-2 A사가 인식할 20×2년 주식보상비용: 12명 × 100개 × 150 × 2/3년 - 12명 × 100개 × 150 × 1/4년 = 75,000

    ☑ 가득에 필요한 근무용역기간을 단축시키는 조건변경은 종업원에게 유리하기 때문에 변경된 가득조건을 반영하여 연도별 보상비용을 인식한다.

V | 현금결제형 주식기준보상거래

문제 11 현금결제형 주식기준보상거래 (1) - Level 3

12월 말 결산법인인 B사는 20×1년 1월 1일 종업원 100명에게 각각 권리행사일의 주가가 행사가격을 초과하는 경우, 그 차액을 현금으로 지급하는 주가차액보상권 100개와 3년의 용역제공조건을 부여하였다. 개당 행사가격은 ₩500이며, 20×4년 말 30명의 종업원이 권리를 행사하였다.

<주가차액보상권의 개당 공정가치>

구분	20×1년 말	20×2년 말	20×3년 말	20×4년 말
주가	₩550	₩620	₩630	₩700
공정가치	₩90	₩120	₩160	₩250

<각 회계연도 말의 가득 예정 인원>

20×1년 말	20×2년 말	20×3년 말
90명	80명	85명

물음 1 동 거래가 B사의 20×4년도 당기순이익에 미친 영향은 얼마인가?

물음 2 20×5년도에 권리를 행사한 종업원은 없으며, 주식보상비용으로 인식한 금액이 ₩165,000이라면 20×5년 말 주가차액보상권의 개당 공정가치는 얼마인가?

물음 3 위 물음과 독립적으로 B사는 권리행사일의 주가가 행사가격을 초과하는 경우 그 차액을 주식으로 지급하는 조건으로 주식선택권을 부여하였다. 그러나 부여일 현재 주식선택권의 공정가치를 신뢰성 있게 측정할 수 없고, 각 기말시점 현재의 주가만 측정할 수 있다. 이 경우 동 거래가 20×3년의 당기손익에 미치는 영향은 얼마인가? (단, 주식선택권의 공정가치를 제외하고는 문제의 자료 모두 그대로 사용할 수 있다)

물음 4 위 물음과 독립적으로 C사는 20×1년 초 전문경영인 10명에게 3년간 근무할 것을 조건으로 공정가치가 주당 ₩66인 주식 1,000주를 부여하였다. 20×2년 말 기업의 주가는 ₩50으로 하락하였다. 동 일자(20×2년 말)로 기업은 당초 부여한 조건에 현금결제선택권을 추가하여, 이 임원들은 가득일에 선택적으로 주식 10,000주를 수취하거나 10,000주에 상당하는 현금을 수취할 수 있게 되었다(단, 가득일의 주가는 ₩44이다). 20×1년 초부터 20×3년 말까지 각 일자별 회계처리를 보이시오.

물음 5 주가차액보상권 회계처리에서 행사된 주가차액보상권은 내재가치를 사용하고, 행사되지 않은 주가차액보상권은 공정가치를 사용하는 이유를 서술하시오.

물음 1 B사의 20×4년도 당기순이익에 미친 영향: 615,000 감소

    (1) 평가: (@250 - @160) × 85명 × 100개 = 765,000 주식보상비용

    (2) 행사: (@200[1] - @250) × 30명 × 100개 = (-)150,000 주식보상비용환입

        1) 20×4년 밀 주가 700 - 행사가격 500 = 200

물음 2 (1) 20×4년 말 미지급비용: @250 × (85 - 30)명 × 100개 = 1,375,000

    (2) 20×5년 말 미지급비용: 1,375,000 + 165,000 = 1,540,000

    (3) 20×5년 말 주가차액보상권의 개당 공정가치(@A) = 280

        @A × (85 - 30)명 × 100개 = 1,540,000, @A = 280

물음 3 20×3년 당기손익에 미치는 영향: 465,000 감소

구분	내재가치	인원	부여수량	가득기간	누적보상비용	기간비용
20×2년	620 - 500	80	100	2/3	640,000	-
20×3년	630 - 500	85	100	3/3	1,105,000	465,000

물음 4 회계처리

20×1년 초	- 회계처리 없음 -				
20×1년 말	차) 주식보상비용[1]	220,000	대) 미가득주식	220,000
	1) @66 × 10,000주 × 1/3 = 220,000			

20×2년 말	차) 주식보상비용[2]	220,000	대) 미가득주식	220,000
	차) 미가득주식[3]	333,333	대) 미지급비용	333,333

    2) @66 × 10,000주 × 2/3 - 220,000 = 220,000

    3) 현금결제방식의 공정가치: @50 × 10,000주 = 500,000

       주식결제방식의 공정가치: @66 × 10,000주 = 660,000

       조건변경일 자본요소의 공정가치: 660,000 - 500,000 = 160,000

       조건변경일의 자본요소금액: 160,000 × 2/3 = 106,667

       조건변경일의 부채요소금액: 500,000 × 2/3 = 333,333

20×3년 말	차) 주식보상비용[4]	53,333	대) 미가득주식	53,333
	차) 주식보상비용[5]	106,667	대) 미지급비용	106,667

    4) 160,000 - 106,667 = 53,333

    5) @44 × 10,000주 × 3/3 - 333,333 = 106,667

참고

조건이 변경되어 현금결제선택권이 추가되면 조건변경일에 현금으로 결제될 부채를 인식한다. 따라서 조건변경일에 복합금융상품으로 변경된 것처럼 회계처리하면 된다. 현금결제선택권은 각 보고일과 결제일에 공정가치를 재측정하고 그 공정가치 변동을 그 기간의 당기손익으로 인식한다.

물음 5 행사된 주가차액보상권은 행사된 시점의 내재가치를 알 수 있다. 그러나 행사되지 않은 주가차액보상권은 앞으로 행사기간이 남아 있기 때문에 기말 현재 주가에 근거한 내재가치보다 더 높은 금액으로 공정가치가 형성될 것이다. 행사되지 않은 주가차액보상권은 내재가치보다 공정가치로 평가하는 것이 주가차액보상권에 대한 기말 현재 부채의 공정가치를 정확하게 평가할 수 있다.

문제 12 현금결제형 주식기준보상거래 (2) - Level 3

㈜세무는 20×1년 1월 1일 종업원 100명에게 앞으로 3년간 근무할 것을 조건으로 각각 현금결제형 주가차액보상권을 10개씩 부여하였다. 다음은 각 회계연도의 실제 퇴사 종업원 수와 각 회계연도 말 추정 퇴사 종업원 수에 대한 자료이다.

구분	실제 퇴사 종업원 수	회계연도 말 추정 퇴사 종업원 수
20×1년	3명	20×2년과 20×3년에 7명이 퇴사할 것으로 추정
20×2년	4명	20×3년에 3명이 퇴사할 것으로 추정
20×3년	3명	-

20×3년 말 계속 근무자 90명은 부여받았던 주가차액보상권을 모두 가득하였으며, 각 회계연도 말 주가차액보상권을 행사한 종업원 수에 대한 자료는 다음과 같다.

구분	주가차액보상권 행사 종업원 수
20×3년	30명
20×4년	30명
20×5년	30명

㈜세무가 매 회계연도 말에 추정한 주가차액보상권의 공정가치와 주가차액보상권의 내재가치(현금지급액)에 대한 자료는 다음과 같다.

연도	공정가치	내재가치(현금지급액)
20×1년	₩144	
20×2년	₩155	
20×3년	₩182	₩150
20×4년	₩214	₩200
20×5년	₩250	₩250

물음 1 ① 20×1년도에 인식할 비용과 ② 20×2년 말 부채 장부금액을 계산하시오.

20×1년도에 인식할 비용	①
20×2년 말 부채 장부금액	②

물음 2 ① 20×3년도에 인식할 비용과 ② 20×3년 말 부채 장부금액을 계산하시오.

20×3년도에 인식할 비용	①
20×3년 말 부채 장부금액	②

물음 3 ① 20×4년도에 인식할 비용과 ② 20×4년 말 부채 장부금액을 계산하시오.

20×4년도에 인식할 비용	①
20×4년 말 부채 장부금액	②

물음 4 ㈜하늘은 종업원 500명에게 앞으로 3년간 근무하고 기업의 매출액이 3차 연도 말까지 목표액을 달성할 것을 조건으로 주가차액보상권을 100개씩 부여하였다. 1차 연도 말에 기업은 3차 연도 말까지 목표 매출액을 달성하지 못할 것으로 예상하였다. 그러나 2차 연도에 기업의 매출액은 유의적으로 증가하였고 이후에도 계속 증가할 것으로 예상되어 2차 연도 말에 기업은 3차 연도 말까지 목표 매출액을 달성할 것으로 예상하였다. 3차 연도 말에 목표 매출액을 달성하여 150명의 종업원이 주가차액보상권을 행사하였고, 4차 연도 말에 추가로 150명이, 나머지 200명은 5차 연도 말에 각각 주가차액보상권을 행사하였다. 매 회계연도 말에 추정한 주가차액보상권의 공정가치와 행사일의 주가차액보상권 내재가치(현금지급액과 일치)는 다음과 같다.

〈주가차액보상권의 공정가치와 내재가치〉

회계연도	공정가치	내재가치
20×1	₩144	-
20×2	155	-
20×3	182	₩150
20×4	214	200
20×5	250	250

용역제공조건을 충족할 것으로 예상되는 종업원 수는 3년 동안 500명으로 변동 없다.

㈜하늘이 주식보상비용으로 인식할 아래의 금액들을 구하시오.

구분	주식보상비용
20×2	
20×3	

물음 1

20×1년도에 인식할 비용	① 43,200
20×2년 말 부채 장부금액	② 93,000

구분	P	Q			누적(B/S)	당기(I/S)
	공정가치	인원	부여수량	가득기간	보상원가	당기원가
20×1년	① 144	×② (100 -10)	×③ 10	×④ 1/3	= A 43,200	= A 43,200
20×2년	① 155	×② (100 -10)	×③ 10	×④ 2/3	= B 93,000	= B - A = 49,800
20×3년	① 182	×② (100 -10)	×③ 10	×④ 3/3	= C 163,800	= C - B = 70,800

물음 2

20×3년도에 인식할 비용	① 61,200
20×3년 말 부채 장부금액	② 109,200

① 20×3년도에 인식할 비용: ㉠ + ㉡ = 61,200

  ㉠ 가득 관련 주식보상비용: 70,800

  ㉡ 행사 관련 주식보상비용: @(150 - 182) × 30명 × 10개 = (-)9,600

② 20×3년 말 부채: @182 × (90 - 30)명 × 10개 = 109,200

물음 3

20×4년도에 인식할 비용	① 15,000
20×4년 말 부채 장부금액	② 64,200

① 20×4년도에 인식할 비용: ㉠ + ㉡ = 15,000

  ㉠ 평가 관련 주식보상비용: @(214 - 182) × 60명 × 10개 = 19,200

  ㉡ 행사 관련 주식보상비용: @(200 - 214) × 30명 × 10개 = (-)4,200

② 20×4년 말 부채: @214 × 30명 × 10개 = 64,200

물음 4

구분	주식보상비용
20×2	5,166,667
20×3	3,453,333

근거

(1) 20×1년 주식보상비용: 주가차액보상권이 가득되지 않을 것으로 예상되므로 비용 인식은 없다.

(2) 20×2년 주식보상비용: 500명 × 100개 × 155 × 2/3 - 0 = 5,166,667

(3) 20×3년 주식보상비용: 3,933,333 - 480,000 = 3,453,333

  1) 가득기간 가득분: 500명 × 100개 × 182 × 3/3 - 5,166,667 = 3,933,333

  2) 행사분: 150명 × 100개 × (150 - 182) = (-)480,000

☑ 기업은 현금결제형 주가차액보상권이 모두 결제될 때까지 매 회계연도 말에 주가차액보상권의 공정가치를 옵션가격결정모형에 따라 추정하며, 이때 목표 매출액에 관한 성과조건과 용역제공조건은 고려하지 않는다.

문제 13	거래상대방이 결제방식을 선택할 수 있는 주식기준보상거래 – Level 4

다음을 읽고 답하시오.

[세무사 2차 2024년]

> ㈜세무는 20×1년 초 종업원이 결제방식을 선택할 수 있는 주식기준보상을 종업원 A에게 부여하였다. 종업원 A는 결제방식으로 가상주식 90주(주식 90주에 상당하는 현금지급에 대한 권리) 또는 주식 120주를 선택할 수 있고, 각 권리는 종업원 A에게 향후 3년간 근무할 것을 조건으로 한다. ㈜세무는 종업원 A가 20×3년 말까지 근무할 것으로 예상하였으며, 실제도 이와 같았다. 종업원 A가 주식 120주를 제공받는 결제방식을 선택하는 경우에는 주식을 가득일 이후 3년간 보유하여야 하는 제한이 있다. ㈜세무는 부여일 이후 3년 동안 배당을 지급하지 않을 것으로 예상하며, 가득 이후 양도제한의 효과를 고려할 때 주식 120주를 제공받는 결제방식의 부여일 공정가치가 주당 ₩950이라고 추정하였다. ㈜세무의 1주당 주가는 다음과 같으며, 1주당 액면금액은 ₩500이다.
>
> | 일자 | 20×1년 초 | 20×1년 말 | 20×2년 말 | 20×3년 말 |
> |---|---|---|---|---|
> | 1주당 주가 | ₩1,000 | ₩1,020 | ₩1,050 | ₩1,100 |

종업원 A는 가득요건을 충족한 20×3년도 말에 120주를 제공받는 결제방식을 선택하였으며, 선택 즉시 신주를 수령하였다. ㈜세무가 주식기준보상과 관련하여 ① 20×3년도에 인식할 비용과 ② 20×3년도 주식발행 시 인식할 주식발행초과금을 각각 계산하시오.

20×3년도에 인식할 비용	①
20×3년도 주식발행 시 인식할 주식발행초과금	②

20×3년 인식할 비용	① 44,000
20×3년 말 주식발행 시 인식할 주식발행초과금	② 63,000

근거

(1) 부여일 복합금융상품의 공정가치: Max[90주 × @1,000 = 90,000, 120주 × @950 = 114,000] = 114,000

(2) 부여일 자본요소의 공정가치: 114,000 - 90,000 = 24,000

(3) 회계처리

20×1년 말	차) 주식보상비용[1]	30,600	대) 미지급비용	30,600
	차) 주식보상비용[2]	8,000	대) 주식선택권	8,000
20×2년 말	차) 주식보상비용[3]	32,400	대) 미지급비용	32,400
	차) 주식보상비용[2]	8,000	대) 주식선택권	8,000
20×3년 말	차) 주식보상비용[4]	36,000	대) 미지급비용	36,000
	차) 주식보상비용[2]	8,000	대) 주식선택권	8,000
	차) 미지급비용	99,000	대) 자본금[5]	60,000
	주식선택권	24,000	주식발행초과금	63,000

1) 90주 × @1,020 × 1/3 = 30,600
2) 24,000 × 1/3 = 8,000
3) 90주 × @1,050 × 2/3 - 30,600 = 32,400
4) 90주 × @1,100 × 3/3 - 90주 × @1,050 × 2/3 = 36,000
5) 120주 × @500 = 60,000

① 20×3년 인식할 비용: 36,000 + 8,000 = 44,000

② 20×3년 말 주식발행 시 인식할 주식발행초과금: 63,000

A사는 20×1년 최고경영자에게 3년간 근무할 것을 조건으로 공정가치가 주당 ₩45인 주식 1,000주를 부여하였다. 20×2년 말 기업의 주가는 ₩30으로 하락하였다. A사는 20×2년 말 당초 부여한 주식에 현금결제선택권을 추가하여 최고경영자는 가득일에 선택적으로 주식 1,000주를 수취하거나 1,000주에 상당하는 현금을 수취할 수 있게 되었다. 가득일의 주가는 ₩20이다. 동 거래와 관련하여 A사가 재무제표에 인식할 아래의 금액들을 구하시오. 유예

구분	해당 연도 주식보상비용	해당 연도 말 주식선택권	해당 연도 말 장기미지급비용
20×1년			
20×2년			
20×3년			

구분	해당 연도 주식보상비용	해당 연도 말 주식선택권	해당 연도 말 장기미지급비용
20×1년	15,000	15,000	–
20×2년	15,000	10,000	20,000
20×3년	5,000	15,000	20,000

(1) 부채를 결제일의 공정가치로 조정 전 배분

구분	공정가치	× 인원	× 부여	× 가득기간	= 배분 전 누적주식선택권	- 장기 미지급비용	= 배분 후 누적주식선택권
20×1년	45	1	1,000주	1/3	① 15,000	–	15,000
20×2년	45	1	1,000주	2/3	② 30,000	20,000[1]	10,000
20×3년	45	1	1,000주	3/3	③ 45,000	30,000[2]	15,000

1) 30 × 1,000주 × 2/3 = 20,000
2) 30 × 1,000주 × 3/3 = 30,000

1) 20×1년 주식보상비용: 15,000

2) 20×2년 주식보상비용: ② - ① = 15,000

3) 20×3년 부채를 결제일의 공정가치로 조정 전 주식보상비용: ③ - ② = 15,000

(2) 20×3년 부채를 결제일의 공정가치로 조정: (20 - 30) × 1,000주 = (-)10,000

1) 20×3년 부채를 결제일의 공정가치로 조정 후 주식보상비용: 15,000 - 10,000 = 5,000

2) 20×3년 부채를 결제일의 공정가치로 조정 후 장기미지급비용: 30,000 - 10,000 = 20,000

회계처리

20×1년 말	차) 주식보상비용	15,000	대) 주식선택권	15,000
20×2년 말	차) 주식보상비용	15,000	대) 주식선택권	15,000
	차) 주식선택권	20,000	대) 장기미지급비용	20,000
20×3년 말	차) 주식보상비용	15,000	대) 주식선택권	5,000
			장기미지급비용[3]	10,000
	차) 장기미지급비용	10,000	대) 주식보상비용	10,000

3) 30 × 1,000주 × 3/3 - 30 × 1,000주 × 2/3 = 10,000

다음의 각 물음은 독립적이다. 유예

[공인회계사 2차 2022년]

물음 1 부여한 주식에 현금결제선택권이 후속적으로 추가된 경우와 관련된 다음의 <자료 1>을 이용하여 <요구사항>에 답하시오.

<자료 1>

(1) ㈜대한은 20×1년 초에 영업부서 직원이 20×4년 말까지 근무하면 가득하는 조건으로 영업부서 직원 10명에게 공정가치가 주당 ₩600인 주식을 각각 200주씩 부여하였다.

(2) ㈜대한은 20×3년 말에 주식의 공정가치가 주당 ₩540으로 하락함에 따라 동 일자로 당초 부여한 주식에 현금결제선택권을 추가하였다. 이에 따라 영업부서 직원은 가득일에 선택적으로 주식 200주를 수취하거나 200주에 상당하는 현금을 수취할 수 있게 되었다.

(3) ㈜대한은 20×3년 말에 현금결제선택권이 추가됨에 따라 현금으로 결제할 의무를 부담하게 되었다. 따라서 ㈜대한은 20×3년 말 현재 주식의 공정가치와 당초 특정된 근무용역을 제공받은 정도에 기초하여 20×3년 말에 현금으로 결제될 부채를 인식하였다. 또한 ㈜대한은 20×4년 말에 부채의 공정가치를 재측정하고 그 공정가치 변동을 그 기간의 당기손익으로 인식하였다.

(4) ㈜대한은 모든 가득기간에 걸쳐 퇴사할 영업부서 직원은 없을 것으로 계속 추정하였으며, 실제로도 가득기간까지 퇴사한 영업부서 직원은 없었다.

(5) 20×4년 말 현재 ㈜대한 주식의 공정가치는 주당 ₩500이다.

<요구사항 1>
㈜대한이 20×2년 ~ 20×4년도 포괄손익계산서에 인식할 연도별 당기보상비용을 각각 계산하시오.

20×2년도 당기보상비용	①
20×3년도 당기보상비용	②
20×4년도 당기보상비용	③

<요구사항 2>
㈜대한이 20×3년과 20×4년 말 재무상태표에 표시할 현금결제선택권과 관련된 부채의 금액을 각각 계산하시오.

20×3년 말 부채	①
20×4년 말 부채	②

물음 2 부여한 주식선택권의 중도청산과 관련된 다음의 <자료 2>를 이용하여 <요구사항>에 답하시오. 각 <요구사항>은 독립적이다.

<자료 2>

(1) ㈜민국은 20×1년 초에 마케팅부서 직원 10명에게 주식선택권을 각각 20개씩 부여하고, 20×4년 말까지 근무하면 가득하는 조건을 부과하였다. 부여일 현재 주식선택권의 공정가치는 단위당 ₩900이다.

(2) ㈜민국은 20×3년 초에 마케팅부서 직원 10명에게 부여한 주식선택권 전부를 중도청산하였는데, 주식선택권에 대해 개당 ₩1,200씩 현금으로 지급하였다.

(3) ㈜민국은 모든 가득기간에 걸쳐 퇴사할 마케팅 부서 직원은 없을 것으로 계속 추정하였으며, 실제로도 중도청산일까지 퇴사한 마케팅부서 직원은 없었다.

<요구사항 1>

중도청산일에 주식선택권의 공정가치가 단위당 ₩1,200인 경우, 중도청산이 ㈜민국의 20×3년도 포괄손익계산서상 당기순이익에 미치는 영향을 계산하시오(단, 당기순이익이 감소하는 경우 금액 앞에 (-)를 표시하시오).

20×3년도 당기순이익에 미치는 영향	①

<요구사항 2>

중도청산일에 주식선택권의 공정가치가 단위당 ₩1,000인 경우, 중도청산이 ㈜민국의 20×3년도 포괄손익계산서상 당기순이익에 미치는 영향을 계산하시오(단, 당기순이익이 감소하는 경우 금액 앞에 (-)를 표시하시오).

20×3년도 당기순이익에 미치는 영향	①

<요구사항 3>

중도청산이 이루어지기 직전인 20×3년 초에 마케팅부서 직원 10명이 모두 퇴사하였다고 가정한다. 동 사건이 ㈜민국의 20×3년도 포괄손익계산서상 당기순이익에 미치는 영향을 계산하시오(단, 당기순이익이 감소하는 경우 금액 앞에 (-)를 표시하시오).

20×3년도 당기순이익에 미치는 영향	①

---| **풀이** |--

물음 1 <요구사항 1>

20×2년도 당기보상비용	① 300,000
20×3년도 당기보상비용	② 300,000
20×4년도 당기보상비용	③ 220,000

(1) 자본요소와 부채요소의 배분

구분	P 공정가치	Q			배분 전 누적미가득주식	- 장기 미지급비용	배분 후 누적미가득주식
		인원	부여수량	가득기간			
20×1년	600	10명	200	1/4	300,000	-	300,000
20×2년	600	10명	200	2/4	600,000	-	600,000
20×3년	600	10명	200	3/4	900,000	810,000[1]	90,000
20×4년	600	10명	200	4/4	1,200,000	1,080,000[2]	120,000

1) 540 × 10명 × 200주 × 3/4 = 810,000
2) 540 × 10명 × 200주 × 4/4 = 1,080,000

(2) 연도별 주식보상비용

1) 20×1년: 300,000

2) 20×2년: 600,000 - 300,000 = 300,000

3) 20×3년: 900,000 - 600,000 = 300,000

4) 20×4년: 300,000 - 80,000 = 220,000
   - 부채를 결제일의 공정가치로 조정 전 주식보상비용: 1,200,000 - 900,000 = 300,000
   - 부채를 결제일의 공정가치로 조정 후 주식보상비용: (-)80,000
     500 × 10명 × 200주 × 4/4 - 540 × 10명 × 200주 × 4/4 = (-)80,000

회계처리

20×1년 12월 31일	차) 주식보상비용	300,000	대) 미가득주식	300,000
20×2년 12월 31일	차) 주식보상비용	300,000	대) 미가득주식	300,000
20×3년 12월 31일	차) 주식보상비용 차) 미가득주식	300,000 810,000	대) 미가득주식 대) 미지급비용	300,000 810,000
20×4년 12월 31일	차) 주식보상비용 차) 미지급비용	300,000 80,000	대) 미가득주식 미지급비용 대) 주식보상비용	30,000 270,000 80,000

<요구사항 2>

20×3년 말 부채	① 810,000
20×4년 말 부채	② 1,000,000

(1) 20×1년 말 미지급비용: 540 × 10명 × 200주 × 3/4 = 810,000

(2) 20×2년 말 미지급비용: 500 × 10명 × 200주 × 4/4 = 1,000,000

물음 2 <요구사항 1>

20×3년도 당기순이익에 미치는 영향	① (-)90,000

(1) 잔여분 즉시 인식

900 × 10명 × 20개 - 900 × 10명 × 20개 × 2/4 = 90,000

차) 주식보상비용	90,000	대) 주식선택권	90,000

(2) 중도청산

차) 주식선택권[2]	180,000	대) 현금[1]	240,000
주식선택권중도청산손실(자본)	60,000		

1) 1,200 × 10명 × 20개 = 240,000
2) 900 × 10명 × 20개 = 180,000

<요구사항 2>

20×3년도 당기순이익에 미치는 영향	① (-)130,000

(1) 잔여분 즉시 인식

900 × 10명 × 20개 - 900 × 10명 × 20개 × 2/4 = 90,000

차) 주식보상비용	90,000	대) 주식선택권	90,000

(2) 중도청산

차) 주식선택권[2]	180,000	대) 현금[1]	200,000
주식선택권중도청산손실(자본)	20,000		
차) 주식보상비용	40,000	대) 현금[3]	40,000

1) 1,000 × 10명 × 20개 = 200,000
2) 900 × 10명 × 20개 = 180,000
3) (1,200 - 1,000) × 10명 × 20개 = 40,000

<요구사항 3>

20×3년도 당기순이익에 미치는 영향	① 90,000

20×3년 초 주식보상비용환입액: 900 × 10명 × 20개 × 2/4 = 90,000

=> 주식선택권이 가득되지 않았고 시장성과조건이 아니므로 기존에 인식한 주식보상비용은 전액 환입한다.

다음을 읽고 답하시오.

[세무사 2차 2024년]

> ㈜세무는 20×1년 초 종업원 100명에게 향후 4년간 근무할 것을 조건으로 주가차액보상권을 1인당 40개씩 부여
> 하였다. 주가차액보상권의 단위당 공정가치는 20×1년 말 ₩1,000, 20×2년 말 ₩1,100이다. ㈜세무는 20×2년 말
> 기존 주가차액보상권을 모두 취소하고, 당일 현재 재직 중인 종업원 100명에게 향후 2년을 계속 근무하는 조건
> (즉, 당초 가득기간에는 변동 없음)으로 주식선택권을 1인당 40개씩 부여하였다. 주식선택권의 단위당 공정가치
> 는 20×2년 말 현재 ₩1,150이다. 20×1년 초부터 20×4년 말까지 퇴사자는 없을 것으로 예상되었으며 실제도 이
> 와 같았다.

㈜세무가 주식기준보상과 관련하여 ① 20×2년에 인식할 비용과 ② 20×2년 말 주식선택권 잔액으로 표시할 금액을
각각 계산하시오.

20×2년도에 인식할 비용	①
20×2년 말 주식선택권 잔액	②

---| 풀이 |--

20×2년도에 인식할 비용	① 1,300,000
20×2년 말 주식선택권 잔액	② 2,300,000

근거

1.

구분	공정가치	인원	부여	가득기간	주가차액보상권 or 주식선택권	주식보상비용
×1년	1,000	100	40	1/4	주가차액보상권 1,000,000	1,000,000
×2년(변경 전)	1,100	100	40	2/4	주가차액보상권 2,200,000	1,200,000
×2(변경 후)	1,150	100	40	2/4	주식선택권 2,300,000	

2.

×1년 말	차) 주식보상비용	1,000,000	대) 미지급비용	1,000,000
×2년 말	차) 주식보상비용	1,200,000	대) 미지급비용	1,200,000
	차) 미지급비용	2,200,000	대) 주식선택권	2,300,000
	조건변경손실	100,000		

참고 계약변경 정리

현금결제형 주식기준보상거래의 조건이 변경되어 주식결제형으로 변경되는 경우 조건변경일부터 주식결제형 주식기준보상거래로
아래와 같이 회계처리한다.

차) 미지급비용	×××	대) 주식선택권	×××
조건변경손실	×××		

조건변경일 이전까지 현금결제형 주식기준보상거래를 적용하여 인식한 부채를 제거하고, 조건변경일에 부여된 지분상품의 공정가
치에 기초하여 주식결제형 주식기준보상거래를 측정하여 재화나 용역을 기존에 제공받은 정도까지 자본으로 인식한다. 그리고 부
채와 인식하는 자본의 차이를 당기손익으로 인식한다. 조건변경의 결과로 가득기간이 연장되거나 단축된다면 변경된 가득기간을
반영한다.

제 **12** 장

법인세회계

해커스 IFRS 정윤돈 재무회계연습

회계사·세무사·경영지도사 단번에 합격!
해커스 경영아카데미 cpa.Hackers.com

문제 1 법인세의 기간 간 배분(평균유효세율, 이월결손금 공제, 이월세액공제) - Level 3

각 물음은 서로 독립적이다.

물음 1 다음은 ㈜갑의 법인세 관련 자료이다.

(1) 20×1년 법인세부담액은 ₩1,000이며, 20×1년 중 원천징수, 중간예납으로 ₩400의 법인세를 선납하고 다음과 같이 회계처리하였다.

차) 당기법인세자산 400 대) 현금 400

(2) 세무조정에 따른 유보 처분액(일시적차이)의 증감내용을 나타내는 20×1년도 자본금과 적립금조정명세서(을)는 다음과 같다.

구분	기초잔액	당기 중 증감		기말잔액
		감소	증가	
매출채권 손실충당금	₩460	₩50	₩70	₩480
미수이자	₩(-)100	₩(-)80	₩(-)50	₩(-)70
감가상각누계액	₩300	₩40	₩80	₩340
제품보증충당부채	₩340	₩230	₩40	₩150
연구및인력개발준비금	₩(-)600	–	–	₩(-)600
계	₩400	₩240	₩140	₩300

(3) 20×0년 말과 20×1년 말 차감할 일시적차이가 사용될 수 있는 과세소득의 발생가능성이 높으며, 20×0년 말과 20×1년 말 미사용세무상결손금과 세액공제는 없다.

(4) 20×0년 말과 20×1년 말 일시적차이가 소멸될 것으로 예상되는 기간에 과세소득에 적용될 것으로 예상되는 평균세율은 20%이다.

(5) ㈜갑은 20×2년 3월 30일 20×1년분 법인세로 차감납부할세액 ₩600을 관련 세법규정에 따라 신고·납부하였으며, 법인세에 부가되는 세액은 없는 것으로 가정한다.

(6) 이연법인세자산·부채는 상계요건을 충족한다.

㈜갑이 20×1년도 포괄손익계산서에 계상할 법인세비용을 구하고, 법인세 관련 ㈜갑이 해야 할 회계처리를 하시오.

물음 2 12월 31일 결산법인인 ㈜현주의 20×4년도 법인세와 관련한 세무조정사항은 다음과 같다.

법인세비용차감전순이익	₩2,000,000
접대비 한도초과액	₩100,000
감가상각비 한도초과액	₩50,000
FVPL금융자산평가이익	₩20,000

한국채택국제회계기준상 감가상각비가 세법상 감가상각비 한도를 초과한 ₩50,000 중 ₩30,000은 20×5년에 소멸하고, ₩20,000은 20×6년에 소멸할 것이 예상된다. 또한 당기손익인식금융자산은 20×5년 중에 처분될 예정이다. ㈜현주의 연도별 과세소득에 적용될 법인세율은 20×4년 25%, 20×5년 28%이고, 20×6년도부터는 30%가 적용된다. 20×3년 12월 31일 현재 이연법인세자산(부채)잔액은 없었다.

물음 2-1 ㈜현주의 20×4년도 법인세비용과 당기법인세부채를 구하시오(단, 이연법인세자산의 실현가능성은 높고 이연법인세자산·부채는 상계요건을 충족하였다).

물음 2-2 ㈜현주의 20×4년도 평균유효세율을 구하시오.

물음 3 보고기간 말이 12월 31일인 ㈜국세의 20×1년 회계연도 법인세비용차감전순손실은 ₩4,000,000이다. 그리고 20×1년 회계연도에 유형자산의 감가상각과 관련하여 미래 과세소득에서 가산할 일시적차이인 손금산입항목이 ₩4,000,000만큼 발생하여 세무당국에 ₩8,000,000의 결손금을 보고하였다. 20×0년 회계연도까지 발생한 일시적차이는 없었으며, 20×1년 회계연도에 발생한 손금산입항목은 20×2년 회계연도와 20×3년 회계연도에 각각 ₩2,000,000씩 소멸할 것으로 예상된다. 20×1년 회계연도의 법인세율은 24%이며 20×2년 회계연도부터는 20%로 인하하기로 입법화되었다. ㈜국세의 경우 이월결손금을 통한 법인세혜택의 실현가능성이 확실하여, 20×2년 회계연도에 ₩5,000,000, 20×3년 회계연도에 ₩3,000,000이 실현될 것이다. ㈜국세는 한국채택국제회계기준서에 의해 회계처리하였다(단, 이연법인세자산과 이연법인세부채는 상계하여 표시한다).

물음 3-1 ㈜국세가 20×1년도 법인세와 관련하여 해야 할 회계처리를 보이시오.

물음 3-2 ㈜국세의 20×1년도 포괄손익계산서상 표시될 당기손익을 구하시오.

물음 4 12월 말 결산법인인 ㈜한영은 20×1년도 회계이익으로 ₩20,000을 보고하였으며 과세소득과의 차이는 없다. 법인세율은 30%로 변동이 없다. ㈜한영의 20×1년도 발생한 세액공제가 ₩3,000이며, 이 중 ₩1,000은 최저한세 등의 적용으로 인하여 차기 이후에 공제받아야 한다. 이월세액공제의 실현가능성은 높다. ㈜한영이 20×1년도에 법인세와 관련하여 해야 할 회계처리를 보이시오.

물음 5 일시적차이 금액에 변동이 없는 경우에도 이연법인세자산과 부채의 장부금액은 변경될 수 있다. 그러한 경우는 어떠한 경우가 있는지 3가지를 쓰시오.

물음 6 이연법인세자산은 차감할 일시적차이 등과 관련하여 미래 회계기간에 회수될 수 있는 법인세금액을 말한다. 미래 과세소득의 발생가능성이 높은 경우, 차감할 일시적차이 이외에 재무상태표상 이연법인세자산을 인식할 수 있는 항목을 모두 기술하시오.

물음 7 재무상태표상 이연법인세자산과 이연법인세부채를 상계하여 표시할 수 있는 조건을 기술하시오.

물음 8 차감할 일시적차이나 결손금에 대해 인식하는 이연법인세자산이 자산의 정의에 부합하는지 여부를 기술하시오.

물음 9 이연법인세회계는 일시적차이에 대한 법인세효과를 자산과 부채로 각각 인식하는 회계처리이다. 일시적차이 중 가산할 일시적차이는 항상 법인세효과를 인식하지만, 차감할 일시적차이는 법인세효과가 실현 가능한 경우에만 인식한다. 차감할 일시적차이의 법인세효과가 실현 가능한지 여부를 판단할 때 고려할 사항을 기술하시오.

물음 1 (1) 20×1년도 법인세비용: 1,020

(2) 20×1년도 법인세 관련 회계처리

차) 이연법인세자산(기말)[1]	4th ② 60	대) 당기법인세자산	1st 400	
법인세비용	대차차액 1,020	당기법인세부채	2nd 600	①
		이연법인세자산(기초)[2]	3rd 80	

1) 300(기말유보잔액) × 20%(소멸 예상되는 기간의 평균세율) = 60
2) 400(기초유보잔액) × 20%(소멸 예상되는 기간의 평균세율) = 80

물음 2 **물음 2-1** (1) 20×4년도 법인세비용: 523,700

(2) 20×4년 당기법인세부채: 532,500

1) 이연법인세자산·부채 정리

구분	당기(25%)	20×5년(28%)	20×6년(30%)
법인세비용차감전순이익	2,000,000	–	–
접대비 한도초과액	100,000	–	–
감가상각비 한도초과액	50,000	(-)30,000	(-)20,000
FVPL금융자산평가이익	(-)20,000	20,000	
합계	2,130,000	(-)10,000	(-)20,000
× 세율	× 25%	× 28%	× 30%
	① 532,500	② (-)2,800	② (-)6,000

2) 기간 간 배분 회계처리

차) 이연법인세자산(기말)	4th ② 8,800	대) 당기법인세자산	1st 0	
법인세비용	대차차액 523,700	당기법인세부채	2nd 532,500	①
		이연법인세자산(기초)	3rd 0	

물음 2-2 20×2년 평균유효세율: 523,700(법인세비용) ÷ 2,000,000(법인세비용차감전순이익) = 26.185%

☑ 한국채택국제회계기준서 제1012호 '법인세'에 따르면 평균유효세율은 별도로 공시한다.

물음 3 **물음 3-1** (1) 20×1년 회계처리

차) 이연법인세자산(기말)	4th ② 800,000	대) 당기법인세자산	1st 0	
		당기법인세부채	2nd 0	①
		이연법인세자산(기초)	3rd 0	
		법인세수익 대차차액 800,000		

(2) 이연법인세자산·부채 정리

구분	당기(24%)	20×2년(20%)	20×3년(20%)
법인세비용차감전순손실	(-)4,000,000		
감가상각비	(-)4,000,000	2,000,000	2,000,000
이월결손금 공제		(-)5,000,000	(-)3,000,000
합계	(-)8,000,000	(-)3,000,000	(-)1,000,000
× 세율	× 24%	× 20%	× 20%
	① 0	② (-)600,000	② (-)200,000

물음 3-2

부분포괄손익계산서

⋮	
법인세비용차감전순손실	(-)4,000,000
법인세수익	800,000
당기순손실	(-)3,200,000

물음 4

차) 이연법인세자산[2]	1,000	대) 당기법인세부채[1]	4,000
법인세비용	3,000		

1) 20,000 × 30% − (3,000 − 1,000) = 4,000
2) 1,000(이월세액공제)

물음 5 (1) 세율이나 세법이 변경되는 경우

(2) 이연법인세자산의 회수가능성을 재검토하는 경우

(3) 예상되는 자산의 회수 방식이 변경되는 경우

물음 6 (1) 세무상 결손금

(2) 이월세액공제

물음 7 (1) 기업이 당기법인세자산과 당기법인세부채를 상계할 수 있는 법적으로 집행 가능한 권리를 가지고 있다.

(2) 이연법인세자산과 이연법인세부채는 다음의 각 경우에 동일한 과세당국에 의해서 부과되는 법인세와 관련되어 있다.

　1) 과세대상기업이 동일한 경우

　2) 과세대상기업이 다르지만 당기법인세부채와 자산을 순액으로 결제할 의도가 있거나, 유의적인 금액의 이연법인세부채가 결제되거나 이연법인세자산이 회수될 미래의 각 회계기간마다 자산을 실현하는 동시에 부채를 결제할 의도가 있는 경우

물음 8 차감할 일시적차이는 당해 일시적차이가 소멸되는 회계기간의 과세소득과 법인세를 감소시킴으로써 간접적으로 미래의 현금흐름 창출이라는 효익을 가져온다. 또한 기업은 이러한 미래효익에 대해 배타적인 권리를 가짐으로써 기업이 당해 효익을 통제할 수 있으므로, 이연법인세자산은 자산성이 인정된다.

물음 9 (1) 충분히 가산할 일시적차이

차감할 일시적차이의 소멸이 예상되는 회계기간에 소멸이 예상되는 충분히 가산할 일시적차이가 있는 경우

(2) 충분한 과세소득

차감할 일시적차이가 소멸될 회계기간에 동일 과세당국과 동일 과세대상기업에 관련된 충분한 과세소득이 발생할 가능성이 높은 경우

(3) 세무정책에 의한 과세소득의 창출

세무정책으로 적절한 기간에 과세소득을 창출할 수 있는 경우

(4) 결손금이 다시는 발생할 가능성이 없는 원인에서 발생

미사용 세무상결손금이 다시 발생할 가능성이 없는 식별 가능한 원인으로부터 발생한 경우

Ⅱ | 법인세의 기간 내 배분

문제 2	법인세의 기간 내 배분(자기주식처분이익, FVOCI금융자산평가이익 (지분상품 · 채무상품), 재평가잉여금, 전환사채) - Level 3

각 물음은 서로 독립적이다.

물음 1 20×1년 A사의 법인세비용차감전순이익은 ₩100,000이다. 20×1년의 당기세율은 10%이고 A사는 당기에 자기주식처분이익 ₩10,000이 발생하였다. A사가 이와 관련하여 수행할 법인세 회계처리를 보이시오.

※ **물음 2** 와 **물음 3** 의 법인세차감전순이익은 '0'으로 가정한다.

물음 2 A사는 20×1년 초 FVOCI금융자산(채무상품)을 ₩10,000에 취득하였다. 20×1년 말 FVOCI금융자산(채무상품)의 공정가치는 ₩15,000이다. A사는 동 금융자산을 20×2년 7월 1일 ₩18,000에 처분하였다. A사가 동 거래와 관련하여 20×1년 말과 20×2년 7월 1일, 20×2년 12월 31일에 수행하여야 할 회계처리를 보이시오(단, 법인세율은 30%로 변동이 없고 유효이자율법에 의한 상각은 고려하지 않는다).

물음 3 A사는 20×1년 초 토지를 ₩10,000에 취득하여 재평가모형을 적용한다. 20×1년 말 토지의 공정가치는 ₩15,000이다. A사는 동 토지를 20×2년 7월 1일 ₩18,000에 처분하였다. A사가 동 거래와 관련하여 20×1년 말과 20×2년 7월 1일, 20×2년 12월 31일에 수행하여야 할 회계처리를 보이시오(단, 법인세율은 30%로 변동이 없고 처분 시 재평가잉여금은 이익잉여금으로 대체한다).

물음 4 A사의 20×1년 법인세비용차감전순이익은 ₩100,000이다. 당기세율은 10%, 차기 이후 세율은 12%로 예상된다. A사는 당기 초 전환사채를 액면발행하였다(액면금액 ₩10,000, 액면이자율 5%, 발행 시 전환권대가 ₩4,000). 동 전환사채의 발행 시 유효이자율은 10%이다. 동 전환사채와 관련한 법인세 회계처리를 보이시오.

풀이

물음 1 (1) 법인세조정

<익금산입> 자기주식처분이익 10,000(기타)

(2) 기간 간 배분

구분	당기(10%)	차기
법인세비용차감전순이익	100,000	-
자기주식처분이익	10,000	-
계	110,000	-
	×10%	
	① 11,000	

(3) 회계처리

1st 기간 간 배분	차) 법인세비용	11,000	대) 당기법인세부채 ①	11,000
2nd 기간 내 배분	차) 자기주식처분이익	1,000	대) 법인세비용	1,000

(4) F/S효과

B/S		I/S	
당기법인세부채	11,000	N/I영향: 법인세비용	10,000
자기주식처분이익	9,000	OCI영향: -	

물음 2 (1) 법인세조정

1) 20×1년 말

<익금불산입> FVOCI금융자산 5,000(△유보)

<익금산입> FVOCI평가이익 5,000(기타)

2) 20×2년 7월 1일

<익금산입> FVOCI금융자산 5,000(유보)

<손금산입> FVOCI평가이익 5,000(기타)

(2) 20×1년 말

1) 기간 간 배분

구분	당기(30%)	차기 이후(30%)
법인세비용차감전순이익	-	-
FVOCI금융자산평가이익	5,000	-
FVOCI금융자산	(-)5,000	5,000
계	-	5,000
	× 30%	× 30%
	① -	② 1,500

2) 20×1년 말 회계처리

공정가치 평가	차) FVOCI금융자산	5,000	대) FVOCI금융자산평가이익	5,000
1st 기간 간 배분	차) 법인세비용	1,500	대) 당기법인세부채 ① 이연법인세부채 ②	0 1,500
2nd 기간 내 배분	차) FVOCI금융자산평가이익	1,500	대) 법인세비용	1,500

(3) 20×2년 7월 1일과 기말

1) 20×2년 7월 1일 회계처리

처분	차) 현금	18,000	대) FVOCI금융자산 FVOCI금융자산처분이익	15,000 3,000
	차) FVOCI금융자산평가이익	5,000	대) FVOCI금융자산처분이익	5,000

2) 기간 간 배분

구분	당기(30%)	차기 이후(30%)
법인세비용차감전순이익	8,000	-
FVOCI금융자산평가이익	(-)5,000	-
FVOCI금융자산	5,000	-
계	8,000	-
	× 30%	× 30%
	① 2,400	② -

3) 20×2년 12월 31일 회계처리

1st 기간 간 배분	차) 이연법인세부채(기초) 법인세비용	1,500 900	대) 당기법인세부채 ① 이연법인세부채(기말) ②	2,400 0
2nd 기간 내 배분	차) 법인세비용	1,500	대) FVOCI금융자산평가이익	1,500

물음 3 (1) 법인세조정

    1) 20×1년 말

        <익금불산입> 토지 5,000(△유보)

        <익금산입> 재평가잉여금 5,000(기타)

    2) 20×2년 7월 1일

        <익금산입> 토지 5,000(유보)

        <손금산입> 재평가잉여금 5,000(기타)

        <익금산입> 이익잉여금 5,000(기타)

(2) 20×1년 말

    1) 기간 간 배분

구분	당기(30%)	차기 이후(30%)
법인세비용차감전순이익	-	-
재평가잉여금	5,000	-
토지	(-)5,000	5,000
계	-	5,000
	× 30%	× 30%
	① -	② 1,500

    2) 20×1년 말 회계처리

공정가치 평가	차) 토지	5,000	대) 재평가잉여금	5,000
1st 기간 간 배분	차) 법인세비용	1,500	대) 당기법인세부채 ①	0
			이연법인세부채 ②	1,500
2nd 기간 내 배분	차) 재평가잉여금	1,500	대) 법인세비용	1,500

(3) 20×2년 7월 1일과 기말

    1) 20×2년 7월 1일

처분	차) 현금	18,000	대) 토지	15,000
			토지처분이익	3,000
	차) 재평가잉여금	5,000	대) 이익잉여금	5,000

    2) 기간 간 배분

구분	당기(30%)	차기 이후(30%)
법인세비용차감전순이익	3,000	-
재평가잉여금	5,000	-
토지	(-)5,000	-
이익잉여금	5,000	-
계	8,000	-
	× 30%	× 30%
	① 2,400	② -

    3) 20×2년 12월 31일 회계처리

1st 기간 간 배분	차) 이연법인세부채(기초)	1,500	대) 당기법인세부채 ①	2,400
	법인세비용	900	이연법인세부채(기말) ②	0
2nd 기간 내 배분	차) 법인세비용	1,500	대) 재평가잉여금	1,500
	차) 이익잉여금	1,500	대) 법인세비용	1,500

물음 4 (1) 법인세조정

    1) 발행 시

        <익금산입> 전환권대가 4,000(기타)

        <손금산입> 전환권조정 4,000(△유보)

    2) 기말

        <익금산입> 전환권조정 100(유보)

(2) 기간 간 배분

구분	당기(10%)	차기 이후(12%)
법인세비용차감전순이익	100,000	–
전환권대가	4,000	–
전환권조정	(-)4,000	4,000
전환권조정상각	100	(-)100
계	100,100	3,900
	×10%	×12%
	① 10,010	② 468

(3) 회계처리

1st 기간 간 배분	차)	법인세비용	10,478	대)	당기법인세부채 ①	10,010
					이연법인세부채 ②	468
2nd 기간 내 배분	차)	전환권대가	480	대)	법인세비용	480
20×1년 초	차)	현금	10,000	대)	전환사채	6,000
					전환권대가	4,000
20×1년 말	차)	이자비용	600	대)	현금	500
					전환사채	100

(4) F/S효과

	B/S		I/S	
	당기법인세부채	10,010	N/I영향: 법인세비용	9,998
	이연법인세부채	468	OCI영향: –	
	전환권대가	3,520		

법인세의 기간 내 배분(FVOCI금융자산, 오류수정, 전환사채) - Level 3

다음에 제시되는 물음은 각각 독립된 상황이며, 이연법인세자산(부채)은 상계요건을 충족하는 것으로 가정한다.

물음 1 A사의 당기 법인세비용차감전순이익은 ₩100,000이며, 법인세율은 30%로 일정하다. A사의 자본금과 적립금조정명세서(을)표는 아래와 같다. FVOCI금융자산평가이익 감소분은 처분에 의한 것이다.

과목	기초잔액	당기 중 증감		기말잔액
		감소	증가	
FVOCI금융자산평가이익(채무상품)	△₩10,000	△₩5,000	-	△₩5,000
감가상각누계액	₩20,000	₩2,000	-	₩18,000
합계	₩10,000	△₩3,000	-	₩13,000

A사의 당기법인세비용을 구하시오.

물음 2 **물음 1**의 FVOCI금융자산이 채무상품이 아닌 지분상품일 경우, A사의 당기법인세비용을 구하시오(단, 처분 시 FVOCI금융자산의 평가이익은 이익잉여금으로 대체한다).

물음 3 A사의 당기 법인세비용차감전순이익은 ₩100,000이며, 법인세율은 30%로 일정하다. A사의 자본금과 적립금조정명세서(을)표는 아래와 같다.

과목	기초잔액	당기 중 증감		기말잔액
		감소	증가	
재평가잉여금	△₩10,000	△₩5,000	-	△₩5,000
감가상각누계액	₩20,000	₩2,000	-	₩18,000
합계	₩10,000	△₩3,000	-	₩13,000

A사의 당기법인세비용을 구하시오(단, 처분 시 재평가잉여금은 이익잉여금으로 대체하지 않는다).

물음 4 A사의 당기 법인세비용차감전순이익은 ₩100,000이며, 법인세율은 30%로 일정하다. 전기 말 시점에서의 일시적차이는 없다. A사 회계담당자는 과거 보고기간에 감가상각비를 ₩50,000만큼 과대계상한 오류를 발견하여 감가상각누계액을 ₩50,000 감소시키고 동액만큼 이익잉여금을 수정하였다. 이외 별도의 세무조정사항은 존재하지 않는다. A사의 당기법인세비용을 구하시오.

물음 5 A사의 당기 법인세비용차감전순이익은 ₩100,000이며, 법인세율은 30%로 일정하다. 전기 말 시점에서의 일시적차이는 없다. A사는 당기에 전환사채를 발행함에 따라 전환권대가 ₩50,000이 발생하였으며, 당기 전환권조정상각액으로 ₩10,000이 발생하였다. 이외 별도의 세무조정사항은 존재하지 않는다. A사의 당기 법인세비용을 구하시오.

물음 6 A사는 20×1년에 토지를 ₩1,000에 취득하고 재평가모형을 적용하기로 하였다. 20×1년 말 토지의 공정가치는 ₩700이며, A사는 동 토지를 20×2년 초에 ₩700에 모두 처분하였다. 당기 및 차기 이후 세율은 모두 20%이다(단, 차감할 일시적차이의 미래 실현가능성은 높다고 가정한다). A사가 수행할 20×1년 말과 20×2년 초의 회계처리를 보이시오.

풀이

물음 1 법인세비용: 28,500 + 1,500 = 30,000

(1) 당기과세소득: 100,000 + 5,000(유보추인) - 5,000(기타) - 2,000 = 98,000

(2) 당기법인세부채: 98,000 × 30% = 29,400

(3) 기초이연법인세자산: 10,000 × 30% = 3,000

(4) 기말이연법인세자산: 13,000 × 30% = 3,900

(5) 기말법인세 회계처리

차)	기말이연법인세자산	3,900	대)	당기법인세부채	29,400
	법인세비용	28,500		기초이연법인세자산	3,000
차)	법인세비용	1,500	대)	FVOCI금융자산평가이익	1,500

물음 2 법인세비용: 30,000 + 1,500 - 1,500 = 30,000

(1) 과세소득: 100,000 + 5,000(유보추인) - 5,000(기타) + 5,000(기타) - 2,000 = 103,000

(2) 당기법인세부채: 103,000 × 30% = 30,900

(3) 기초이연법인세자산: 10,000 × 30% = 3,000

(4) 기말이연법인세자산: 13,000 × 30% = 3,900

(5) 기말법인세 회계처리

차)	기말이연법인세자산	3,900	대)	당기법인세부채	30,900
	법인세비용	30,000		기초이연법인세자산	3,000
차)	법인세비용	1,500	대)	FVOCI금융자산평가이익	1,500
차)	미처분이익잉여금	1,500	대)	법인세비용	1,500

물음 3 법인세비용: 30,000

(1) 과세소득: 100,000 + 5,000(유보추인) - 2,000 = 103,000

(2) 당기법인세부채: 103,000 × 30% = 30,900

(3) 기초이연법인세자산: 10,000 × 30% = 3,000

(4) 기말이연법인세자산: 13,000 × 30% = 3,900

(5) 기말법인세 회계처리

차) 기말이연법인세자산	3,900	대) 당기법인세부채	30,900
법인세비용	30,000	기초이연법인세자산	3,000

물음 4 법인세비용: 45,000 - 15,000 = 30,000

(1) 과세소득: 100,000 - 50,000(△유보) + 50,000(기타) = 100,000

(2) 당기법인세부채: 100,000 × 30% = 30,000

(3) 기초이연법인세자산: 0

(4) 기말이연법인세부채: 50,000 × 30% = 15,000

(5) 기말법인세 회계처리

차) 법인세비용	45,000	대) 당기법인세부채	30,000
		이연법인세부채	15,000
차) 미처분이익잉여금	15,000	대) 법인세비용	15,000

물음 5 법인세비용: 45,000 - 15,000 = 30,000

(1) 과세소득: 100,000 - 50,000(△유보) + 50,000(기타) + 10,000(유보) = 110,000

(2) 당기법인세부채: 110,000 × 30% = 33,000

(3) 기초이연법인세자산: 0

(4) 기말이연법인세부채: (50,000 - 10,000) × 30% = 12,000

(5) 기말법인세 회계처리

차) 법인세비용	45,000	대) 당기법인세부채	33,000
		이연법인세부채	12,000
차) 전환권대가	15,000	대) 법인세비용	15,000

물음 6

20×1년 말	차) 재평가손실	300	대) 토지	300
	차) 이연법인세자산	60	대) 법인세비용	60
	☑ 재평가손실(당기손익)과 관련하여 발생한 일시적차이에 대해서 이연법인세를 인식하는 것이므로 상대계정을 당기손익인 법인세비용으로 회계처리한다.			
20×2년 초	차) 현금	700	대) 토지	700
	차) 당기법인세자산	60	대) 이연법인세자산	60

문제 4 법인세의 기간 내 배분 - Level 4

다음의 각 물음은 독립적이다.

[공인회계사 2차 2023년]

㈜대한의 당기(20×1년) 법인세 관련 <공통 자료>를 이용하여 각 물음에 답하시오. 단, 답안 작성 시 원 이하는 반올림한다.

<공통 자료>

(1) 당기(20×1년)의 법인세부담액(당기법인세)은 ₩50,000이다.

(2) 다음은 당기 중 일시적차이 변동내역의 일부이다. 단, ( )는 가산할 일시적차이이다.

(단위: ₩)

구분	기초	감소	증가	기말
FVPL금융자산	(3,500)	(3,000)	(2,500)	(3,000)
매출채권 손실충당금	12,000	2,500	1,500	11,000

(3) 당기의 평균 법인세율과 전기 말 및 당기 말의 일시적차이가 소멸될 것으로 예상되는 기간의 과세소득에 적용될 것으로 예상되는 평균 법인세율은 22%이다.

(4) 전기 말과 당기 말 현재 차감할 일시적차이가 사용될 수 있는 미래 과세소득의 발생가능성은 높다.

(5) 회계처리 수행 시 이연법인세자산과 이연법인세부채는 상계하며, 포괄손익계산서에서 기타포괄손익은 관련 법인세효과를 가감한 순액으로 표시한다.

물음 1 <공통 자료>와 <추가 자료 1>을 활용하여 각 <요구사항>에 답하시오. 단, <요구사항>은 독립적이다.

<추가 자료 1>

• 당기 중 <공통 자료>에서 제시된 일시적차이의 변동 외에 추가 변동내역은 다음과 같다. 단, ( )는 가산할 일시적차이이다.

(단위: ₩)

구분	기초	감소	증가	기말
FVOCI금융자산(채무상품)	(4,500)	(2,000)	(500)	(3,000)

• FVOCI금융자산과 관련된 일시적차이 감소액 ₩2,000은 당기 중 FVOCI금융자산 일부 처분에 따른 감소분이며, 일시적차이 증가액 ₩500은 당기 중 발생한 FVOCI금융자산평가이익이다.

<요구사항 1>

㈜대한의 당기 중 일시적차이의 변동내역을 모두 반영하여 20×1년 말 회계처리를 수행하고, 20×1년도 포괄손익계산서의 당기순이익에 미치는 영향을 계산하시오. 단, 당기순이익이 감소하는 경우 금액 앞에 (-)를 표시하시오.

20×1년 말 회계처리	①
20×1년도 당기순이익에 미치는 영향	②

<요구사항 2>

당기 중 ₩4,000에 취득하였던 자기주식을 당기에 ₩6,000에 처분한 경우, ㈜대한의 당기 중 일시적차이의 변동내역을 모두 반영한 20×1년도 포괄손익계산서에 인식할 법인세비용을 계산하시오.

20×1년도 법인세비용	①

물음 2 <공통 자료>와 <추가 자료 2>를 활용하여 물음에 답하시오.

<추가 자료 2>

• ㈜대한은 20×1년 1월 1일 액면금액이 ₩100,000인 전환사채(20×4년 12월 31일 만기, 액면상환조건)를 액면발행하였다. 전환권이 없는 동일 조건의 일반사채 시장이자율은 연 9%이다. 동 전환사채의 표시이자율은 연 7%이며, 이자는 매년 말 현금지급한다. 전환청구기간은 사채 발행일 이후 2개월 경과일로부터 상환기일 30일 전까지이며, 전환조건은 사채액면금액 ₩2,000당 주식 1주이다.

• 사채와 관련하여 이자계산 시 월할 계산한다.

기간	단일금액 ₩1의 현가계수		정상연금 ₩1의 현가계수	
	7%	9%	7%	9%
1	0.9346	0.9174	0.9346	0.9174
2	0.8734	0.8417	1.8080	1.7591
3	0.8163	0.7722	2.6243	2.5313
4	0.7629	0.7084	3.3872	3.2397

㈜대한의 20×1년 말 재무상태표에 인식할 이연법인세자산(부채)과 20×1년도 포괄손익계산서에 인식할 법인세비용을 각각 계산하시오.

20×1년 말 이연법인세자산(부채)	①
20×1년도 법인세비용	②

─┤ **풀이** ├─

물음 1 <요구사항 1>

	①			
20×1년 말 회계처리	차) 이연법인세자산(기말) 법인세비용 차) 법인세비용	1,100 49,780 330	대) 당기법인세부채 이연법인세자산(기초) 대) FVOCI금융자산평가이익(OCI)	50,000 880 330
20×1년도 당기순이익에 미치는 영향	② (-)50,110			

근거

1. 기초이연법인세자산

   [(-)3,500 + 12,000 - 4,500] × 22% = 880

2. 기말이연법인세자산

   [(-)3,000 + 11,000 - 3,000] × 22% = 1,100

3. 법인세 관련 회계처리

차) 이연법인세자산(기말)	1,100	대) 당기법인세부채	50,000
법인세비용	49,780	이연법인세자산(기초)	880
차) 법인세비용[1]	330	대) FVOCI금융자산평가이익(OCI)	330

   1) FVOCI금융자산 관련 기간 내 배분: 660 - 990 = (-)330
   ① FVOCI금융자산 관련 기초이연법인세부채: 4,500 × 22% = 990
   ② FVOCI금융자산 관련 기말이연법인세부채: 3,000 × 22% = 660

   ⇒ 당기순이익에 미친 영향: 49,780 - 330 = (-)50,110

<요구사항 2>

20×1년도 법인세비용	① 49,670

근거

1. 기초이연법인세자산

   [(-)3,500 + 12,000 - 4,500] × 22% = 880

2. 기말이연법인세자산

   [(-)3,000 + 11,000 - 3,000] × 22% = 1,100

3. 법인세 관련 회계처리

차) 이연법인세자산(기말)	1,100	대) 당기법인세부채	50,000
법인세비용	49,780	이연법인세자산(기초)	880
차) 법인세비용	330	대) FVOCI금융자산평가이익(OCI)	330
차) 자기주식처분이익[2]	440	대) 법인세비용	440

   2) (6,000 - 4,000) × 22% = 440

   ⇒ 법인세비용: 50,110 - 440 = 49,670

20×1년 말 이연법인세자산(부채)	① 646
20×1년도 법인세비용	② 49,798

근거

1. 전환사채의 회계처리(순액법)

20×1년 초	차) 현금	100,000	대) 전환사채[1]	93,518
			전환권대가	6,482
	1) 100,000 × 0.7084 + 7,000 × 3.2397 = 93,518			
20×1년 말	차) 이자비용[2]	8,417	대) 현금	7,000
			전환사채	1,417
	2) 93,518 × 9% = 8,417			

2. 기초이연법인세자산

[(-)3,500 + 12,000] × 22% = 1,870

3. 기말이연법인세자산

[(-)3,000 + 11,000 - 6,482 + 1,417] × 22% = 646

4. 법인세 관련 회계처리

차) 이연법인세자산(기말)	646	대) 당기법인세부채	50,000
법인세비용	51,224	이연법인세자산(기초)	1,870
차) 전환권대가[3]	1,426	대) 법인세비용	1,426

3) 6,482 × 22% = 1,426

⇒ 법인세비용: 51,224 - 1,426 = 49,798

㈜대한의 법인세와 관련된 각 물음에 답하시오. 제시된 물음은 독립적이다. [공인회계사 2차 2017년]

<공통 자료>

- 20×1년의 법인세부담액은 ₩38,000이며, 선급법인세자산으로 ₩11,000을 인식하였다.

- 20×1년 중 일시적차이의 변동 내역은 다음과 같다.

구분	기초잔액	감소	증가	기말잔액
매출채권 대손충당금	₩45,000	₩12,000	₩26,000	₩59,000
기계장치 감가상각누계액	120,000	32,000	56,000	144,000
연구및인력개발준비금	(-)60,000	(-)20,000	-	(-)40,000

(-)는 가산할 일시적차이를 의미한다.

- 20×1년까지 법인세율은 30%이며, 미래에도 동일한 세율이 유지된다.

- 20×0년 말과 20×1년 말 미사용 세무상결손금과 세액공제, 소득공제 등은 없으며, 차감할 일시적차이가 사용될 수 있는 과세소득의 발생가능성은 높다.

- ㈜대한은 법인세 관련 자산과 부채를 상계하여 표시하는 것으로 가정한다.

- ㈜대한은 20×2년 3월 30일에 20×1년분 법인세를 관련 세법규정에 따라 신고, 납부하였으며, 법인세에 부가되는 세액은 없는 것으로 가정한다.

물음 1 <공통 자료>에 추가하여, ㈜대한은 20×0년 초에 건물 1동을 ₩1,000,000에 취득하고 정액법을 이용하여 감가상각하고 있다(내용연수 10년, 잔존가치 없음). ㈜대한은 동 건물에 대하여 재평가모형을 선택하였으며, 재평가이익으로 인하여 이연법인세부채에 영향을 미치는 부분은 법인세비용에 반영하지 않고 관련 법인세효과를 재평가잉여금에서 직접 차감한다. 또한, 기타포괄손익누계액에 계상된 재평가잉여금은 당해 자산을 사용하면서 일부를 이익잉여금으로 대체한다. 동 건물은 ㈜대한이 소유하고 있는 유일한 건물이며, 연도별 공정가치는 다음과 같다.

구분	20×0. 1. 1.	20×0. 12. 31.	20×1. 12. 31.
건물의 공정가치	₩1,000,000	₩1,080,000	₩960,000

㈜대한의 20×0년 및 20×1년의 포괄손익계산서와 재무상태표에 계상될 다음 각 계정과목의 금액을 계산하시오. 해당 금액이 없는 경우에는 '0'으로 표시하시오. [유예]

회계연도	재무제표	계정과목	금액
20×0년	포괄손익계산서	기타포괄이익(손실)	①
20×1년	재무상태표	미지급법인세	②
20×1년	재무상태표	이연법인세자산(부채)	③
20×1년	재무상태표	기타포괄이익(손실)누계액	④
20×1년	포괄손익계산서	법인세비용(수익)	⑤

물음 2 <공통 자료>에 추가하여, ㈜대한은 20×1년 1월 1일 액면금액이 ₩500,000인 전환사채(20×3년 12월 31일 만기, 액면상환조건)를 액면발행하였다. 전환권이 없는 동일 조건의 일반사채 유효이자율은 12%이다. 동 전환사채의 액면이자율은 10%이며, 이자지급방법은 매년 말 현금지급조건이다. 전환청구기간은 사채 발행일 이후 1개월 경과일로부터 상환기일 30일 전까지이며, 전환조건은 사채 발행금액 ₩10,000당 주식 1주로 전환하는 조건이다. 관련 현재가치계수는 다음과 같다.

구분	10%	12%
3기간 단일금액 1원	0.7513	0.7118
3기간 정상연금 1원	2.4869	2.4018

전환사채 거래 이외에 20×2년 중 일시적차이의 변동은 없는 것으로 가정한다.

이 경우 ㈜대한의 20×1년 및 20×2년의 포괄손익계산서와 재무상태표에 계상될 다음 각 계정과목의 금액을 계산하시오(단, 발행 이후 20×2년 말까지 전환권은 행사되지 않았다고 가정한다. 모든 계산은 소수점 첫째 자리에서 반올림하며, 해당 금액이 없는 경우에는 '0'으로 표시하시오).

회계연도	재무제표	계정과목	금액
20×1년	포괄손익계산서	법인세비용(수익)	①
20×1년	재무상태표	이연법인세자산(부채)	②
20×1년	재무상태표	전환권대가	③
20×2년	재무상태표	이연법인세자산(부채)	④

물음 3 이연법인세자산 및 부채에 대해 현재가치 평가를 배제하는 이유를 간략하게 설명하시오.

풀이

물음 1

회계연도	재무제표	계정과목	금액
20×0년	포괄손익계산서	기타포괄이익(손실)	① 126,000
20×1년	재무상태표	미지급법인세	② 27,000
20×1년	재무상태표	이연법인세자산(부채)	③ 900
20×1년	재무상태표	기타포괄이익(손실)누계액	④ 112,000
20×1년	포괄손익계산서	법인세비용(수익)	⑤ 14,600

(1) 법인세조정

　　1) 20×0년

　　　　<익금산입> 재평가잉여금 180,000(기타)

　　　　<손금산입> 건물 180,000(△유보)

　　2) 20×1년

　　　　<손금산입> 재평가잉여금 20,000(기타)

　　　　<익금산입> 이익잉여금 20,000(기타)

　　　　<손금불산입> 건물 20,000(유보)

(2) 회계처리(누계액제거법)

20×0년 12월 31일	차) 감가상각비	100,000	대) 감가상각누계액	100,000
	차) 감가상각누계액	100,000	대) 재평가잉여금[1]	180,000
	건물	80,000		
	1) 1,080,000 - (1,000,000 - 100,000) = 180,000			
20×1년 12월 31일	차) 감가상각비[2]	120,000	대) 감가상각누계액	120,000
	차) 재평가잉여금[3]	20,000	대) 이익잉여금	20,000
	2) 1,080,000/9년 = 120,000			
	3) 120,000 - 100,000 = 180,000/9년 = 20,000			

(3) 20×0년 기타포괄이익: 180,000 × (1 - 30%) = 126,000

(4) 20×1년 초 이연법인세부채: (45,000 + 120,000 - 60,000 - 180,000) × 30% = (-)22,500

(5) 20×1년 말 이연법인세자산: (59,000 + 144,000 - 40,000 - 160,000[4]) × 30% = 900

　　4) 기말에 건물의 공정가치는 960,000이고 세법상 재평가를 하지 않았을 경우 장부금액은 800,000(= 1,000,000 × 8/10)이므로 기말 유보잔액은 160,000이다.

(6) 20×1년 말 법인세 회계처리

차) 이연법인세부채(기초)	22,500	대) 당기법인세자산	11,000
이연법인세자산(기말)	900	당기법인세부채	27,000
법인세비용	14,600		
차) 이익잉여금	6,000	대) 법인세비용	6,000
차) 법인세비용	6,000	대) 재평가잉여금	6,000

(7) 20×1년 말 기타포괄이익누계액: 126,000 - 20,000 + 6,000 = 112,000

물음 2

회계연도	재무제표	계정과목	금액
20×1년	포괄손익계산서	법인세비용(수익)	① 18,464
20×1년	재무상태표	이연법인세자산(부채)	② 43,833
20×1년	재무상태표	전환권대가	③ 16,807
20×2년	재무상태표	이연법인세자산(부채)	④ 46,225

(1) 법인세조정

  1) 20×1년 초

   <손금산입> 전환권조정상각액 24,010(△유보)

   <익금산입> 전환권대가 24,010(기타)

  2) 20×1년 말

   <손금불산입> 전환권조정상각액 7,119(유보)

  3) 20×2년 말

   <손금불산입> 전환권조정상각액 7,973(유보)

(2) 전환사채의 회계처리(순액)

20×1년 초	차) 현금	500,000	대) 전환사채[1] 전환권대가	475,990 24,010
	1) 500,000 × 0.7118 + 50,000 × 2.4018 = 475,990			
20×1년 말	차) 이자비용	57,119	대) 현금 전환사채	50,000 7,119
20×2년 말	차) 이자비용	57,973	대) 현금 전환사채	50,000 7,973

(3) 기초이연법인세자산: (45,000 + 120,000 - 60,000) × 30% = 31,500

(4) 기말이연법인세자산: (59,000 + 144,000 - 40,000 - 24,010 + 7,119) × 30% = 43,833

(5) 회계처리

차) 이연법인세자산(기말) 법인세비용	43,833 25,667	대) 당기법인세자산 당기법인세부채 이연법인세자산(기초)	11,000 27,000 31,500
차) 전환권대가[2]	7,203	대) 법인세비용	7,203

  2) 24,010 × 30% = 7,203

(6) 20×2년 말 이연법인세자산: (59,000 + 144,000 - 40,000 - 24,010 + 7,119 + 7,973) × 30% = 46,225

물음 3 일시적차이의 소멸시점은 실무적으로 추정할 수 없거나 추정이 매우 어려우므로 현재가치를 평가하지 않는다.

문제 6 법인세회계(종합) (1) - Level 2

[물음 1]과 [물음 2]는 독립적인 상황이다. 물음에 답하시오.   [세무사 2차 2016년]

[물음 1] 다음은 20×1년 1월 1일에 설립되어 영업을 시작한 ㈜세무의 20×1년도 법인세와 관련된 자료이다. 물음에 답하시오.

---

(1) ㈜세무의 법인세비용 세무조정을 제외한 20×1년도 세무조정사항은 다음과 같다.

<소득금액조정합계표>

익금산입 및 손금불산입			손금산입 및 익금불산입		
과목	금액	소득처분	과목	금액	소득처분
감가상각부인액	₩20,000	유보	미수수익	₩10,000	유보
제품보증충당부채	₩5,000	유보	FVOCI금융자산[1]	₩5,000	유보
접대비 한도초과액	₩10,000	기타사외유출			
FVOCI금융자산 평가이익	₩5,000	기타			
합계	₩40,000		합계	₩15,000	

1) 채무상품

(2) 20×1년도 과세소득에 적용되는 법인세율은 20%이며, 차기 이후 관련 세율 변동은 없는 것으로 가정한다.

(3) 20×1년도 법인세비용차감전순이익(회계이익)은 ₩120,000이다.

(4) 세액공제 ₩8,000을 20×1년도 산출세액에서 공제하여 차기 이후로 이월되는 세액공제는 없으며, 최저한세와 농어촌특별세 및 법인지방소득세는 고려하지 않는다.

(5) 20×1년도 법인세부담액(당기법인세)은 ₩21,000이며, 20×1년 중 원천징수를 통하여 ₩10,000의 법인세를 납부하고 아래와 같이 회계처리하였다.

차) 당기법인세자산   10,000   대) 현금   10,000

(6) 당기법인세자산과 당기법인세부채는 상계조건을 모두 충족하며, 이연법인세자산과 이연법인세부채는 인식조건 및 상계조건을 모두 충족한다.

(7) 포괄손익계산서상 기타포괄손익항목은 관련 법인세효과를 차감한 순액으로 표시하며, 법인세효과를 반영하기 전 기타포괄이익은 ₩5,000이다.

물음 1-1 ㈜세무의 20×1년도 포괄손익계산서와 20×1년 말 재무상태표에 계상될 다음 각 계정과목의 금액을 계산하시오.

재무제표	계정과목	금액
포괄손익계산서	법인세비용	①
	기타포괄이익	②
재무상태표	이연법인세자산	③
	이연법인세부채	④
	당기법인세부채(미지급법인세)	⑤

물음 1-2 ㈜세무의 20×1년도 평균유효세율(%)을 계산하시오.

물음 1-3 ㈜세무의 회계이익에 적용세율(20%)을 곱하여 산출한 금액과 **물음 1-1**에서 계산된 법인세비용 간에 차이가 발생한다. 해당 차이를 발생시키는 각 원인을 모두 수치화하여 기술하시오.

물음 2 다음은 이연법인세자산과 이연법인세부채의 인식과 표시에 관한 내용이다. 물음에 답하시오.

물음 2-1 이연법인세자산은 차감할 일시적차이 등과 관련하여 미래 회계기간에 회수될 수 있는 법인세 금액을 말한다. 미래 과세소득의 발생가능성이 높은 경우, 차감할 일시적차이 이외에 재무상태표상 이연법인세자산을 인식할 수 있는 항목을 모두 기술하시오.

물음 2-2 재무상태표상 이연법인세자산과 이연법인세부채를 상계하여 표시할 수 있는 조건을 기술하시오.

─┤ 풀이 ├─

물음 1 **물음 1-1**

재무제표	계정과목	금액
포괄손익계산서	법인세비용	① 18,000
	기타포괄이익	② 4,000
재무상태표	이연법인세자산	③ 2,000
	이연법인세부채	④ 0
	당기법인세부채(미지급법인세)	⑤ 11,000

(1) 이연법인세자산·부채 정리

   1) 이연법인세자산(기말): (20,000 + 5,000) × 20% = (-)5,000

   2) 이연법인세부채(기말): (10,000 + 5,000) × 20% = 3,000

  ⇒ 이연법인세자산과 이연법인세부채는 인식조건 및 상계조건을 모두 충족하므로 기말이연법인세자산 2,000으로 표시한다.

유보항목 정리	당기	차기 이후
감가상각부인액	20,000	(20,000)
제품보증충당부채	5,000	(5,000)
미수수익	(10,000)	10,000
FVOCI금융자산	(5,000)	5,000
계		(10,000)
		× 20%
		이연법인세자산 2,000

(2) 법인세 회계처리

차) 이연법인세자산	2,000	대) 당기법인세자산	10,000
법인세비용	19,000	당기법인세부채	11,000
차) FVOCI금융자산평가이익[1]	1,000	대) 법인세비용	1,000

1) 5,000 × 20% = 1,000

물음 1-2 20×1년 평균유효세율: 18,000(법인세비용) ÷ 120,000(법인세비용차감전순이익) = 15%

물음 1-3

회계이익	120,000 × 20% = 24,000
+ ① 영구적차이(접대비 한도초과액)	10,000 × 20% = 2,000
- ② 세액공제	(-)8,000
법인세비용	18,000

물음 2 **물음 2-1** (1) 세무상 결손금

(2) 이월세액공제

물음 2-2 (1) 기업이 당기법인세자산과 당기법인세부채를 상계할 수 있는 법적으로 집행 가능한 권리를 가지고 있다.

(2) 이연법인세자산과 이연법인세부채가 다음의 각 경우에 동일한 과세당국에 의해서 부과되는 법인세와 관련되어 있다.

   1) 과세대상기업이 동일한 경우

   2) 과세대상기업이 다르지만 당기법인세부채와 자산을 순액으로 결제할 의도가 있거나, 유의적인 금액의 이연법인세부채가 결제되거나 이연법인세자산이 회수될 미래의 각 회계기간마다 자산을 실현하는 동시에 부채를 결제할 의도가 있는 경우

다음은 12월 말 결산법인 ㈜국세의 당기(20×1년) 법인세 관련 자료이다.

(1) 전기와 당기의 과세소득에 대하여 적용되는 평균세율(법인세에 부가되는 세액 포함)은 30%이며, 20×1년 말 세법이 개정되어 20×2년부터 적용되는 평균세율은 20%로 인하되었다.

(2) '법인세 과세표준 및 세액조정계산서'에 기재된 내용의 일부는 다음과 같다.

구분	금액
산출세액	₩28,300
총부담세액	₩25,400
기납부세액	₩13,500
차감납부할세액	₩11,900

(3) 세무조정 시 유보잔액을 관리하는 '자본금과 적립금조정명세서(을)'은 다음과 같다.

과목	기초잔액	당기 중 증감 감소	당기 중 증감 증가	기말잔액
매출채권 손실충당금	₩5,000	₩1,000	₩3,000	₩7,000
당기손익인식금융자산	△₩4,000	△₩4,000	△₩1,000	△₩1,000
FVOCI금융자산(채무상품)[1]	△₩8,000	△₩5,000	₩0	△₩3,000
건물 감가상각누계액	₩9,000	₩3,000	₩2,000	₩8,000
토지[2]	₩0	₩0	△₩24,000	△₩24,000
계	₩2,000	△₩5,000	△₩20,000	△₩13,000

1) 감소는 자산처분으로 인한 감소이다.
2) 토지는 재평가에 따른 재평가잉여금이다.

(4) 전기 말과 당기 말 현재 이월공제가 가능한 세무상 결손금·세액공제·소득공제 등은 없으며, 차감할 일시적차이가 사용될 수 있는 과세소득의 발생가능성은 높다.

(5) ㈜국세는 당기법인세자산과 당기법인세부채를 상계할 수 있는 법적으로 집행 가능한 권리를 가지고 있지 않다.

(6) 법인세효과 반영 전 기타포괄이익은 ₩29,000이다.

(7) ㈜국세는 이연법인세자산·부채의 상계요건을 충족하였다.

(8) ㈜국세는 당기 세무조정 항목은 일시적차이 이외에 영구적차이는 없다.

물음 1 ㈜국세가 당기 말 재무상태표에 계상할 당기법인세부채와 당기법인세자산, 이연법인세자산(부채)을 구하시오.

물음 2 ㈜국세가 당기 포괄손익계산서에 계상할 법인세비용과 기타포괄손익을 구하시오.

물음 1 (1) 당기 말 당기법인세부채: 25,400 - 13,500 = 11,900

(2) 당기 말 당기법인세자산: 0

기말법인세 회계처리 시 법인세비용으로 대체된다.

(3) 당기 말 이연법인세부채: 13,000 × 20% = 2,600

물음 2 (1) 법인세비용: 28,600 + 1,800 - 4,800 = 25,600

(2) 기타포괄손익: 29,000 + 1,800 - 4,800 = 26,000

1) 1st 기간 간 배분 회계처리

차) 법인세비용	대차차액 28,600	대) 당기법인세자산	1st 13,500	①
		당기법인세부채	2nd 11,900	
		이연법인세자산(기초)	3rd 600	
		이연법인세부채(기말)	4th ② 2,600	

2) 2nd 기간 내 배분 회계처리

차) 법인세비용[1]	1,800	대) FVOCI금융자산평가이익	1,800
차) 재평가잉여금	4,800	대) 법인세비용[2]	4,800

1) 기말법인세효과 3,000 × 20% - 기초법인세효과 8,000 × 30% = (-)1,800
2) 기말법인세효과 24,000 × 20% - 기초법인세효과 0 = 4,800

㈜세무의 법인세에 대한 세무조정 관련 자료는 다음과 같다. 다음 자료를 이용하여 각 물음에 답하시오.

[세무사 2차 2023년]

(1) ㈜세무의 20×1년도 법인세비용차감전순이익은 ₩500,000이며, 20×1년도에 발생한 세무조정사항은 다음과 같다.

구분	금액	비고
재고자산평가손실	₩20,000	재고자산평가손실에서 발생한 일시적차이는 20×2년도에 모두 소멸된다.
제품보증충당부채	15,000	제품보증충당부채는 20×2년부터 매년 1/3씩 소멸된다.
정기예금 미수이자	20,000	정기예금의 이자는 만기에 수취하고, 정기예금의 만기는 20×2년 3월 말이다.
국세과오납 환급금이자	5,000	
벌금 및 과태료	10,000	

(2) ㈜세무의 20×2년도 법인세비용차감전순이익은 ₩700,000이며, 20×2년도에 추가로 발생한 세무조정사항은 다음과 같다.

구분	금액	비고
당기손익-공정가치 측정 금융자산평가이익 (지분상품)	₩12,000	당기손익-공정가치 측정 금융자산은 20×3년도 중에 처분될 예정이다.
감가상각비 한도초과액	40,000	감가상각비 한도초과는 20×3년부터 매년 1/4씩 소멸된다.
자기주식처분이익	8,000	20×2년도에 취득한 자기주식 처분 시 자기주식처분이익(자본잉여금)으로 처리하였다.
접대비 한도초과액	30,000	

(3) 20×1년도와 20×2년도에 당기법인세 계산 시 적용될 세율은 20%이며 20×1년 말 세법개정으로 미래 적용세율이 다음과 같이 변동하였고, 이후 적용세율의 변동은 없다.

연도	20×3년도	20×4년도 이후
적용세율	25%	30%

(4) 20×1년 초 전기에서 이월된 일시적차이는 없고, 20×1년 말과 20×2년 말 각 연도의 미사용 세무상결손금과 세액공제는 없다.

(5) 일시적차이가 사용될 수 있는 미래 과세소득의 발생가능성이 높으며, 이연법인세자산과 이연법인세부채는 상계하지 않는다.

물음 1 ㈜세무가 20×1년 말에 인식할 ① 이연법인세자산 ② 이연법인세부채를 계산하시오.

이연법인세자산	①
이연법인세부채	②

물음 2 ㈜세무의 법인세 관련 회계처리가 ① 20×2년도 법인세비용에 미치는 영향 ② 20×2년 말 이연법인세자산에 미치는 영향 ③ 20×2년 말 이연법인세부채에 미치는 영향을 계산하시오. (단, 법인세비용, 이연법인세자산, 이연법인세부채가 감소하는 경우 금액 앞에 '(-)'를 표시하시오)

20×2년도 법인세비용에 미치는 영향	①
20×2년 말 이연법인세자산에 미치는 영향	②
20×2년 말 이연법인세부채에 미치는 영향	③

물음 1

이연법인세자산	① 7,750
이연법인세부채	② 4,000

근거

[20×1년 법인세 계산]

구분	20×1년(20%)	20×2년(20%)	20×3년(25%)	20×4년(30%)
법인세비용차감전순이익	500,000			
재고자산평가손실	20,000	(-)20,000		
충당부채	15,000	(-)5,000	(-)5,000	(-)5,000
미수이자	(-)20,000	20,000		
환급금이자	(-)5,000			
벌과금	10,000			
합계	520,000			

① 20×1년 말 이연법인세자산: (20,000 + 5,000) × 20% + 5,000 × 25% + 5,000 × 30% = 7,750

② 20×1년 말 이연법인세부채: 20,000 × 20% = 4,000

물음 2

20×2년도 법인세비용에 미치는 영향	① 143,100
20×2년 말 이연법인세자산에 미치는 영향	② 6,500
20×2년 말 이연법인세부채에 미치는 영향	③ (-)1,000

(1) 20×2년 법인세 계산

구분	20×2년(20%)	20×3년(25%)	20×4년 이후(30%)
법인세비용차감전순이익	700,000		
FVPL금융자산평가이익	(-)12,000	12,000	
감가상각비	40,000	(-)10,000	(-)30,000
자기주식처분이익	8,000		
접대비	30,000		
재고자산평가손실	(-)20,000		
충당부채	(-)5,000	(-)5,000	(-)5,000
미수이자	20,000		
합계	761,000		

(2) 20×2년 말 이연법인세자산: (10,000 + 5,000) × 25% + (30,000 + 5,000) × 30% = 14,250

(3) 20×2년 말 이연법인세부채: 12,000 × 25% = 3,000

(4) 20×2년 말 법인세 회계처리

차) 이연법인세자산[1)	6,500	대) 당기법인세부채[2)	152,200
이연법인세부채[3)	1,000		
법인세비용(대차차액)	144,700		
차) 자기주식처분이익[4)	1,600	대) 법인세비용	1,600

1) 14,250 - 7,750 = 6,500
2) 761,000 × 20% = 152,200
3) 3,000 - 4,000 = (-)1,000
4) 8,000 × 20% = 1,600

<table>
<tr><td>문제 9</td><td>법인세회계(종합) (4) – Level 4</td></tr>
</table>

물음 1 C사의 20×1년 법인세비용차감전순손실은 ₩400,000이다. 당해 회계연도의 법인세 평균세율은 30%이며, 법인세율의 변동은 없다.

> (1) 20×1년 초 현재 가산할 일시적차이(기술개발준비금)는 ₩100,000 존재하고, 관련 이연법인세부채 ₩30,000이 재무상태표에 계상되어 있다. 당해 일시적차이는 20×3년에 전액 소멸될 것이다.
>
> (2) C사는 취득원가 ₩600,000, 내용연수 3년, 잔존가치가 ₩0인 기계장치를 당해 사업연도 초에 취득하여 기업회계상 연수합계법으로 상각하지만, 세무상으로는 정액법으로 상각하고자 한다.
>
> (3) C사의 20×2년 이후 앞으로 10년간 연간 예상과세소득은 ₩100,000이다.
>
> (4) 회사는 법인세의 상계권리와 순액결제의도가 있으며, 이연법인세자산과 이연법인세부채는 동일한 과세당국과 관련되어 있다.

20×1년 C사의 당기순이익 또는 당기순손실을 구하시오.

물음 2 D사의 20×1년도 과세소득은 ₩500,000이며, 당해 연도의 법인세 관련 자료는 다음과 같다.

> (1) 조세특례제한법상 총세액공제액은 ₩250,000이었으나 최저한세가 적용되어 ₩90,000만 공제받고 나머지 ₩160,000을 공제받지 못하였다. 공제받지 못한 부분은 20×2년부터 5년간 이월하여 공제받을 수 있다.
>
> (2) 20×2년부터 5년간의 과세소득은 매년 ₩100,000이 될 것으로 예상된다.

D사가 20×1년 처음 영업을 개시했다고 가정하고, 20×1년 D사의 법인세 관련하여 필요한 회계처리를 하시오(단, 법인세율은 30%이다).

— | 풀이 |

물음 1 20×1년 당기순손실: (400,000) + 120,000 = (-)280,000

차)	이연법인세자산(기말)	90,000	대)	법인세수익	120,000
	이연법인세부채(기초)	30,000			

(1) 감가상각누계액 차감할 일시적차이

감가상각누계액	20×1년	20×2년	20×3년
회사(연수합계법)	300,000	500,000	600,000
세법(정액법)	(-)200,000	(-)400,000	(-)600,000
차감할 일시적차이	100,000	100,000	-

(2) 당기법인세부담액과 이연법인세자산(부채)

구분	20×1년(30%)	20×2년(30%)	20×3년 이후(30%)
법인세비용차감전순손실	(-)400,000		
기술개발준비금			100,000
감가상각누계액	100,000		(-)100,000
이월결손금		(-)100,000	(-)200,000[1]
합계	(-)300,000	(-)100,000	(-)200,000
세율	30%	30%	30%
	-	(-)30,000	(-)60,000

1) 회계상 손실 400,000 중 100,000은 당기 감가상각누계액으로 인한 일시적차이로 상계되고, 나머지 세무상 결손금 300,000에 대한 법인세 혜택은 차기에(20×2년과 20×3년 이후 각각 100,000과 200,000) 실현된다.

(3) 이연법인세자산의 실현가능성 검토

차감할 일시적차이가 미사용 세무상결손금 공제를 받을 수 있는 기간 동안에 소멸될 것으로 예상되는 가산할 일시적 차이(100,000)와 발생이 예상되는 과세소득(= 100,000 × 10년) 합계보다 작으므로 차감할 일시적차이가 실현될 가 능성이 높다고 본다.

물음 2 회계처리

	차) 이연법인세자산[2]	150,000	대) 당기법인세부채[1]	60,000	
			법인세수익	90,000	
20×1년	1) 법인세부담액: 20×1년 산출세액 500,000 × 30% - 세액공제 90,000 = 60,000				
	2) 이연법인세자산 인식금액: Min[①, ②] = 150,000				
	① 공제받지 못한 금액: 250,000 - 90,000 = 160,000				
	② 실현가능액: 5년(공제기간)간의 과세소득 500,000 × 30% = 150,000				

법인세회계(종합) (5) - Level 3

다음은 12월 말 결산법인인 A사의 당기(20×1년 1월 1일 ~ 12월 31일) 법인세 관련 자료이다.

(1) 전기와 당기의 과세소득에 대하여 적용되는 평균세율은 30%이며, 20×1년 말의 세법 개정으로 차기 이후부터는 평균세율이 20%로 인하될 예정이다.

(2) 20×1년 A사의 법인세비용차감전순이익은 ₩100,000이다. 또한, '법인세 과세표준 및 세액조정계산서'에 기재된 내용의 일부는 다음과 같다.

- 산출세액(= 총부담세액): ₩?
- 기납부세액: ₩13,500
- 차감납부할세액: ₩?

(3) 세무조정 시 유보잔액(일시적차이)을 관리하는 '자본금과 적립금조정명세서(을)'는 다음과 같다.

과목	기초잔액	당기 중 증감		기말잔액
		감소	증가	
FVPL금융자산	△₩4,000	△₩4,000	△₩1,000	△₩1,000
재고자산평가충당금	₩6,000	₩6,000	₩4,000	₩4,000
조세특례제한법상 준비금	△₩12,000	₩0	₩0	△₩12,000
유형자산 감가상각누계액	₩9,000	₩3,000	₩2,000	₩8,000
토지[1]	₩0	₩0	△₩24,000	△₩24,000
합계	△₩1,000	₩5,000	△₩19,000	△₩25,000

[1] 토지재평가에 따른 이익잉여금

(4) A사는 20×0년도에 ₩120,000에 취득했던 자기주식 중 1/3을 20×1년도에 ₩30,000에 재매각하였으며, 나머지 자기주식은 당기 말 현재 보유 중이다.

(5) 조세특례제한법상 준비금은 세법규정에 따라 20×2년부터 매년 ₩6,000씩 환입될 예정이다.

(6) A사는 당기법인세자산과 당기법인세부채를 상계할 수 있는 법적으로 집행 가능한 권리를 가지고 있지 않다. 이연법인세자산과 부채는 상계하지 않는다.

(7) 전기 말과 당기 말 현재 이월공제가 가능한 세무상 결손금, 세액공제, 소득공제 등은 없으며, 차감할 일시적차이가 사용될 수 있는 과세소득의 발생가능성은 높다.

물음 1 차감할 일시적차이가 소멸될 가능성이 높을 때, A사의 전기(20×0년 말) 재무상태표에 계상되었을 다음 각 계정과목의 금액을 구하시오.

20×0년 말 이연법인세자산	①
20×0년 말 이연법인세부채	②

물음 2 차감할 일시적차이가 소멸될 가능성이 높을 때, A사의 당기(20×1년) 포괄손익계산서와 당기 말 재무상태표에 계상될 다음 각 계정과목의 금액을 구하시오.

구분	계정과목	금액
포괄손익계산서	법인세비용	①
	기타포괄손익	②
재무상태표	당기법인세자산	③
	이연법인세자산	④
	당기법인세부채	⑤
	이연법인세부채	⑥
	자기주식처분손실	⑦

—| **풀이** |—

물음 1

20×0년 말 이연법인세자산	① 4,500
20×0년 말 이연법인세부채	② 4,800

근거

① 20×0년 말 이연법인세자산: (6,000 + 9,000) × 30% = 4,500

② 20×0년 말 이연법인세부채: (4,000 + 12,000) × 30% = 4,800

물음 2

재무제표	계정과목	금액
포괄손익계산서	법인세비용	① 29,900
	기타포괄손익	② 19,200
재무상태표	당기법인세자산	③ 0
	이연법인세자산	④ 2,400
	당기법인세부채	⑤ 13,500
	이연법인세부채	⑥ 7,400
	자기주식처분손실	⑦ 7,000

(1) 기말이연법인세자산: (4,000 + 8,000) × 20% = 2,400

(2) 기말이연법인세부채: (1,000 + 12,000 + 24,000) × 20% = 7,400

(3) 법인세부담액

(100,000 + 4,000 - 1,000 - 6,000 + 4,000 - 3,000 + 2,000 + 24,000 - 24,000 - 10,000[1]) × 30% = 27,000

1) 자기주식처분손실: 30,000 - 120,000/3 = (-)10,000

(4) 법인세 회계처리

차)	이연법인세부채(기초)	4,800	대)	당기법인세자산	13,500
	이연법인세자산(기말)	2,400		당기법인세부채	13,500
	법인세비용	31,700		이연법인세자산(기초)	4,500
				이연법인세부채(기말)	7,400
차)	재평가잉여금[2]	4,800	대)	법인세비용	4,800
차)	법인세비용	3,000	대)	자기주식처분손실[3]	3,000

2) 24,000 × 20% = 4,800

3) 10,000 × 30% = 3,000

(5) 손익계산서상 기타포괄손익: 24,000 × (1 - 20%) = 19,200

다음은 20×1년 초에 설립된 A사의 20×1년도 법인세 세무조정과 관련된 자료이다.

<20×1년 기본자료>

법인세비용차감전순이익	₩2,000,000
세무조정사항	
자기주식처분이익	**₩20,000**
감가상각비 한도초과액	₩80,000
퇴직급여 한도초과액	₩70,000
벌금	₩50,000
비과세 이자수익	(-)₩40,000
재고자산평가충당금 한도초과액	₩50,000
FVPL금융자산평가손실	₩10,000
예금미수이자	(-)₩20,000

(1) 당기에 발생한 모든 일시적차이의 소멸시기는 다음과 같다.

일시적차이	20×1년 말 잔액	20×2년 소멸	20×3년 소멸
감가상각비 한도초과액	₩80,000	(-)₩40,000	(-)₩40,000
퇴직급여 한도초과액	₩70,000	(-)₩20,000	(-)₩50,000
재고자산평가충당금	₩50,000	(-)₩50,000	
FVPL금융자산평가손실	₩10,000	(-)₩10,000	
예금미수이자	(-)₩20,000	₩20,000	

(2) 당기 중 원천징수나 중간예납 등을 통하여 ₩200,000의 법인세를 미리 납부하였고, 회사는 이를 다음과 같이 회계처리하였다.

차) 당기법인세자산   200,000   대) 현금   200,000

(3) 20×1년도 세율은 25%이나, 20×1년 말에 다음과 같이 세법이 개정되었다.

· 20×2년: 20%

· 20×3년 이후: 15%

(4) 이연법인세자산과 부채의 상계요건은 충족한다.

물음 1 A사가 20×1년 말에 인식해야 할 당기법인세부채, 당기법인세자산, 법인세비용, 이연법인세자산, 이연법인세부채를 구하시오(단, 차감할 일시적차이가 사용될 수 있는 과세소득의 발생가능성은 높다).

물음 2 20×2년에는 전기 말 현재 일시적차이의 소멸에 대한 세무조정 및 매출채권의 손실충당금 한도초과에 대한 익금산입 ₩80,000의 세무조정이 발생하였으며, 접대비 한도초과 ₩40,000이 발생하였다. 20×2년의 법인세비용차감전순이익이 ₩2,000,000일 때, A사의 20×2년 말 당기순이익은 얼마인가? (단, 20×2년 말 세법의 개정으로 20×3년부터 세율이 다시 25%로 인상될 예정이다)

물음 3 다음의 <자료>를 이용하여 <요구사항>에 답하시오. [공인회계사 2차 2020년]

(1) ㈜하늘은 20×1년 초에 설립된 이후 계속적으로 가중평균법을 적용하여 재고자산을 평가하여 왔다.

(2) 재고자산평가방법을 가중평균법으로 계속 적용할 경우, ㈜하늘의 20×3년도 포괄손익계산서상 당기순이익과 20×3년 말 재무상태표상 이익잉여금은 각각 ₩2,000,000과 ₩2,500,000이다.

(3) ㈜하늘은 20×3년도에 재무상태 및 재무성과에 관한 정보를 신뢰성 있고 더 목적적합하게 제공하기 위하여 재고자산평가방법을 선입선출법으로 변경하였다. 재고자산의 평가방법에 따른 기말 평가금액은 다음과 같다.

평가방법	20×1년 말	20×2년 말	20×3년 말
가중평균법	₩705,000	₩840,000	₩930,000
선입선출법	₩720,000	₩830,000	₩970,000

<요구사항 1>
법인세효과를 고려하는 경우와 법인세효과를 고려하지 않는 경우 각각에 대해서 ㈜하늘이 20×3년 초에 소급법을 적용하기 위한 회계처리를 제시하시오(단, 법인세율은 30%로 가정한다).

법인세효과를 고려하는 경우	①
법인세효과를 고려하지 않는 경우	②

<요구사항 2>
동 회계정책의 변경을 반영하여 재무제표가 재작성될 경우, ㈜하늘의 20×3년도 포괄손익계산서상 당기순이익과 20×3년 말 재무상태표상 이익잉여금을 계산하시오(단, 법인세효과는 고려하지 않는다).

당기순이익	①
이익잉여금	②

─┤ 풀이 ├───

물음 1 (1) 당기법인세부채: 355,000

(2) 당기법인세자산: 0

(3) 법인세비용: 516,500

(4) 이연법인세자산: 33,500

(5) 이연법인세부채: 0

   1) 법인세납부세액: 555,000

    (2,000,000 + 20,000 + 80,000 + 70,000 + 50,000 − 40,000 + 50,000 + 10,000 − 20,000) × 25% = 555,000

   2) 기말이연법인세자산: 33,500

    (40,000 + 20,000 + 50,000 + 10,000 − 20,000) × 20% + (40,000 + 50,000) × 15% = 33,500

   3) 법인세 회계처리

차)	이연법인세자산	33,500	대)	당기법인세자산	200,000
	법인세비용	521,500		당기법인세부채	355,000
차)	자기주식처분이익[1]	5,000	대)	법인세비용	5,000

1) 20,000 × 25% = 5,000

물음 2 20×2년 당기순이익: 2,000,000 − 395,000 = 1,605,000

(1) 법인세납부세액: 404,000

  (2,000,000 − 40,000 − 20,000 − 50,000 − 10,000 + 20,000 + 80,000 + 40,000) × 20% = 404,000

(2) 기말이연법인세자산: 42,500

  (40,000 + 50,000 + 80,000) × 25% = 42,500

(3) 법인세 회계처리

차)	이연법인세자산(기말)	42,500	대)	당기법인세부채	404,000
	법인세비용	395,000		이연법인세자산(기초)	33,500

물음 3 <요구사항 1>

① 법인세효과를 고려하는 경우

차)	미처분이익잉여금	10,000	대)	재고자산[1]	10,000
차)	이연법인세자산	3,000	대)	법인세비용	3,000
차)	법인세비용	3,000	대)	미처분이익잉여금	3,000

1) 20×2년 말 재고자산 수정: 830,000 − 840,000 = (−)10,000

<손금산입> 이익잉여금 10,000(기타)

<손금불산입> 재고자산 10,000(유보)

② 법인세효과를 고려하지 않는 경우

차)	미처분이익잉여금	10,000	대)	재고자산	10,000

<요구사항 2>

당기순이익	① 2,050,000
이익잉여금	② 2,540,000

근거

① 수정 후 당기순이익: 2,000,000 + 50,000 = 2,050,000

② 수정 후 이익잉여금: 2,500,000 − 10,000 + 50,000 = 2,540,000

문제 12   법인세회계(종합) (6) - Level 4

20×1년 초에 설립된 ㈜대한의 다음 <자료>를 이용하여 각 물음에 답하시오.   [공인회계사 2차 2022년]

<자료>

(1) 20×1년 법인세 계산 관련 자료

- ㈜대한의 20×1년도 법인세비용차감전순이익은 ₩100,000이다.

- 당기에 납부한 세법상 손금으로 인정되지 않는 벌금 ₩10,000을 당기비용으로 인식하였다.

- 당기 말에 판매보증충당부채 ₩30,000을 인식하였다. 동 판매보증충당부채는 20×2년부터 20×4년까지 매년 ₩10,000씩 소멸되었다.

- 당기 말에 당기손익-공정가치 측정 금융자산의 평가이익 ₩15,000을 당기이익으로 인식하였다. 동 당기손익-공정가치 측정 금융자산은 20×2년에 모두 처분되었다.

- 20×1년에 적용할 세율은 10%이나, 20×1년 중 개정된 세법에 따라 20×2년에 적용할 세율은 20%이고, 20×3년부터 적용할 세율은 30%이다.

(2) 20×2년 법인세 계산 관련 자료

- ㈜대한의 20×2년도 법인세비용차감전순이익은 ₩200,000이다.

- 당기에 발생한 접대비 한도초과액은 ₩20,000이며, 당기비용으로 인식하였다.

- 당기에 발생한 감가상각비 한도초과액은 ₩60,000이며, 동 감가상각비 한도초과액은 20×3년부터 20×5년까지 매년 ₩20,000씩 소멸되었다.

- 당기 중 ₩50,000에 매입한 재고자산의 당기 말 순실현가능가치가 ₩20,000으로 하락함에 따라 세법상 인정되지 않는 저가법을 적용하여 평가손실을 당기비용으로 처음 인식하였다. 동 재고자산은 20×3년에 모두 외부로 판매되었다.

- 당기 중 ₩90,000에 취득한 토지의 당기 말 공정가치가 ₩100,000으로 상승함에 따라 세법상 인정되지 않는 재평가모형을 적용하여 재평가잉여금을 자본항목으로 처음 인식하였다. 동 토지는 20×3년에 모두 외부로 처분되었다.

- 당기 중 ₩20,000에 취득한 자기주식을 당기 말에 현금 ₩40,000에 모두 처분하고 자기주식처분이익을 자본항목으로 처음 인식하였다.

- 20×2년에 적용할 세율은 20%이나, 20×2년 중 개정된 세법에 따라 20×3년에 적용할 세율은 25%이고, 20×4년부터 적용할 세율은 20%이다.

(3) 이연법인세자산과 이연법인세부채는 상계하지 않으며, 이연법인세자산의 실현가능성은 매년 높다고 가정한다.

물음 1 ㈜대한이 20×1년도 포괄손익계산서에 당기손익으로 인식할 법인세비용과 20×1년 말 재무상태표에 표시할 이연법인세자산과 이연법인세부채의 금액을 각각 계산하시오.

당기손익으로 인식할 법인세비용	①
이연법인세자산	②
이연법인세부채	③

물음 2 ㈜대한이 20×2년도 포괄손익계산서에 당기손익으로 인식할 법인세비용과 20×2년 말 재무상태표에 표시할 이연법인세자산과 이연법인세부채의 금액을 각각 계산하시오.

당기손익으로 인식할 법인세비용	①
이연법인세자산	②
이연법인세부채	③

→| 풀이 |

물음 1

당기손익으로 인식할 법인세비용	① 7,500
이연법인세자산	② 8,000
이연법인세부채	③ 3,000

구분	20×1년(10%)	20×2년(20%)	20×3년(30%)	20×4년(30%)
법인세비용차감전순이익	100,000			
벌금	10,000			
판매보증충당부채	30,000	(-)10,000	(-)10,000	(-)10,000
FVPL금융자산평가이익	(-)15,000	15,000		
합계	125,000			

(1) 당기법인세부채: 125,000 × 10% = 12,500

(2) 기말이연법인세자산: 10,000 × 20% + 10,000 × 30% + 10,000 × 30% = 8,000

(3) 기말이연법인세부채: 15,000 × 20% = 3,000

(4) 회계처리

차) 이연법인세자산	8,000	대) 당기법인세부채	12,500
법인세비용	7,500	이연법인세부채	3,000

물음 2

당기손익으로 인식할 법인세비용	① 43,000
이연법인세자산	② 25,000
이연법인세부채	③ 2,500

구분	20×2년(20%)	20×2년(25%)	20×4년 이후(20%)
법인세비용차감전순이익	200,000		
판매보증충당부채	(-)10,000	(-)10,000	(-)10,000
FVPL금융자산평가이익	15,000		
접대비 한도초과	20,000		
감가상각비 한도초과	60,000	(-)20,000	(-)40,000
재고자산평가손실	30,000	(-)30,000	
토지	(-)10,000	10,000	
재평가잉여금	10,000		
자기주식처분이익	20,000		
합계	335,000		

(1) 당기법인세부채: 335,000 × 20% = 67,000

(2) 기말이연법인세자산: 60,000 × 25% + 50,000 × 20% = 25,000

(3) 기말이연법인세부채: 10,000 × 25% = 2,500

(4) 회계처리

차) 이연법인세자산(기말)	25,000	대) 당기법인세부채	67,000
이연법인세부채(기초)	3,000	이연법인세부채(기말)	2,500
법인세비용	49,500	이연법인세자산(기초)	8,000
차) 재평가잉여금[1]	2,500	대) 법인세비용	2,500
차) 자기주식처분이익[2]	4,000	대) 법인세비용	4,000

1) 10,000 × 25% = 2,500
2) 20,000 × 20% = 4,000

20×1년 초에 설립된 ㈜대한의 다음 <자료>를 이용하여 각 물음에 답하시오. 유예

(1) 20×1년 법인세 계산 관련 자료

- ㈜대한의 20×1년도 법인세비용차감전순이익은 ₩200,000이다.

- 당기에 발생한 비과세 이자수익 ₩10,000을 당기수익으로 인식하였다.

- 당기에 발생한 감가상각비 한도초과액은 ₩30,000이며, 동 감가상각비 한도초과액은 20×2년부터 20×4년까지 매년 ₩10,000씩 소멸되었다.

- 당기 말에 당기손익-공정가치 측정 금융자산의 평가이익 ₩15,000을 당기이익으로 인식하였다. 동 당기손익-공정가치 측정 금융자산은 20×2년에 모두 처분되었다.

- 당기에 기타포괄손익-공정가치 측정 금융자산(지분상품)을 ₩100,000에 취득하였다. 당기 말 공정가치가 ₩150,000으로 상승함에 따라 세법상 인정되지 않는 평가이익을 기타포괄손익으로 인식하였고, 동 기타포괄손익-공정가치 측정 금융자산은 20×3년에 모두 처분이 예정되어 있다.

- 20×1년에 적용할 세율은 10%이나, 20×1년 중 개정된 세법에 따라 20×2년에 적용할 세율은 20%이고, 20×3년부터 적용할 세율은 30%이다.

(2) 20×2년 법인세 계산 관련 자료

- ㈜대한의 20×2년도 법인세비용차감전순이익은 ₩200,000이다.

- 당기에 발생한 접대비 한도초과액은 ₩20,000이며, 당기비용으로 인식하였다.

- 당기 말에 판매보증충당부채 ₩60,000을 인식하였다. 동 판매보증충당부채는 20×3년부터 20×5년까지 매년 ₩20,000씩 소멸되었다.

- 당기 중 ₩50,000에 매입한 재고자산의 당기 말 순실현가능가치가 ₩20,000으로 하락함에 따라 세법상 인정되지 않는 저가법을 적용하여 평가손실을 당기비용으로 처음 인식하였다. 동 재고자산은 20×3년에 모두 외부로 판매되었다.

- 당기 중 ₩90,000에 취득한 토지의 당기 말 공정가치가 ₩100,000으로 상승함에 따라 세법상 인정되지 않는 재평가모형을 적용하여 재평가잉여금을 자본항목으로 처음 인식하였다. 동 토지는 20×3년에 모두 외부로 처분되었다.

- 당기 중 ₩20,000에 취득한 자기주식을 당기 말에 현금 ₩40,000에 모두 처분하고 자기주식처분이익을 자본항목으로 처음 인식하였다.

- 전기 취득한 당기손익-공정가치 측정 금융자산은 20×2년에 모두 처분되었다.

- 전기 취득한 기타포괄손익-공정가치 측정 금융자산(지분상품)은 당기 말 공정가치가 ₩200,000으로 상승함에 따라 세법상 인정되지 않는 평가이익을 기타포괄손익으로 인식하였고, 동 기타포괄손익-공정가치 측정 금융자산은 20×3년에 모두 처분이 예정되어 있다.

- 20×2년에 적용할 세율은 20%이나, 20×2년 중 개정된 세법에 따라 20×3년에 적용할 세율은 25%이고, 20×4년부터 적용할 세율은 20%이다.

(3) 20×3년 법인세 계산 관련 자료

- ㈜대한의 20×3년도 법인세비용차감전순이익은 ₩200,000이다.

- 전기에 매입한 재고자산은 20×3년에 모두 외부로 판매되었다.

- 전기에 취득한 토지는 20×3년에 ₩100,000에 모두 외부로 처분되었다. ㈜대한은 동 토지의 처분 시 재평가잉여금을 이익잉여금으로 대체하지 않았다.

- 전기 취득한 기타포괄손익-공정가치 측정 금융자산(지분상품)은 20×3년에 ₩200,000에 모두 외부로 처분되었다. ㈜대한은 동 금융자산의 처분 시 금융자산평가이익을 이익잉여금으로 대체하였다.

- 20×3년에 적용할 세율은 25%이고, 20×4년부터 적용할 세율은 20%이다.

(4) 이연법인세자산과 이연법인세부채는 상계하지 않으며, 이연법인세자산의 실현가능성은 매년 높다고 가정한다.

물음 1 ㈜대한이 20×1년도 포괄손익계산서에 당기손익으로 인식할 법인세비용과 20×1년 말 재무상태표에 표시할 이연법인세자산과 이연법인세부채, 기타포괄손익-공정가치 측정 금융자산평가이익의 금액을 각각 계산하시오.

당기손익으로 인식할 법인세비용	①
이연법인세자산	②
이연법인세부채	③
기타포괄손익-공정가치 측정 금융자산평가이익	④

물음 2 ㈜대한이 20×2년도 포괄손익계산서에 당기손익으로 인식할 법인세비용과 20×2년 말 재무상태표에 표시할 이연법인세자산과 이연법인세부채, 자기주식처분이익, 재평가잉여금, 기타포괄손익-공정가치 측정 금융자산평가이익의 금액을 각각 계산하시오.

당기손익으로 인식할 법인세비용	①
이연법인세자산	②
이연법인세부채	③
자기주식처분이익	④
재평가잉여금	⑤
기타포괄손익-공정가치 측정 금융자산평가이익	⑥

물음 3 ㈜대한이 20×3년도 포괄손익계산서에 당기손익으로 인식할 법인세비용을 구하시오.

당기손익으로 인식할 법인세비용	①

물음 4 위의 **물음 3**과 다르게 기타포괄손익-공정가치 측정 금융자산이 지분상품이 아닌 채무상품인 경우, ㈜대한이 20×3년도 포괄손익계산서에 당기손익으로 인식할 법인세비용을 구하시오(단, 20×3년의 법인세비용차감전순이익에는 지분상품이 아닌 채무상품인 경우의 손익도 반영되어 있다고 가정한다).

당기손익으로 인식할 법인세비용	①

물음 5 이연법인세자산과 이연법인세부채는 현재가치로 측정하지 않는다. 그 이유를 서술하시오.

물음 1

당기손익으로 인식할 법인세비용	① 15,500
이연법인세자산	② 8,000
이연법인세부채	③ 18,000
기타포괄손익-공정가치 측정 금융자산평가이익	④ 35,000

구분	20×1년(10%)	20×2년(20%)	20×3년(30%)	20×4년(30%)
법인세비용차감전순이익	200,000			
비과세 이자수익	(-)10,000			
감가상각비 한도초과	30,000	(-)10,000	(-)10,000	(-)10,000
FVPL금융자산평가이익	(-)15,000	15,000		
FVOCI금융자산	(-)50,000		50,000	
FVOCI금융자산평가이익	50,000			
합계	205,000			

(1) 당기법인세부채: 205,000 × 10% = 20,500

(2) 기말이연법인세자산: 10,000 × 20% + 10,000 × 30% + 10,000 × 30% = 8,000

(3) 기말이연법인세부채: 15,000 × 20% + 50,000 × 30% = 18,000

(4) 회계처리

차) 이연법인세자산	8,000	대) 당기법인세부채	20,500
법인세비용	30,500	이연법인세부채	18,000
차) FVOCI금융자산평가이익[1]	15,000	대) 법인세비용	15,000

1) 50,000 × 30% = 15,000

(5) 재무상태표상 기타포괄손익-공정가치 측정 금융자산평가이익: 50,000 - 15,000 = 35,000

당기손익으로 인식할 법인세비용	① 43,000
이연법인세자산	② 25,000
이연법인세부채	③ 27,500
자기주식처분이익	④ 16,000
재평가잉여금	⑤ 7,500
기타포괄손익-공정가치 측정 금융자산평가이익	⑥ 75,000

구분	20×2년(20%)	20×3년(25%)	20×4년 이후(20%)
법인세비용차감전순이익	200,000		
감가상각비 한도초과	(-)10,000	(-)10,000	(-)10,000
FVPL금융자산평가이익	15,000		
접대비 한도초과	20,000		
판매보증충당부채	60,000	(-)20,000	(-)40,000
재고자산평가손실	30,000	(-)30,000	
토지	(-)10,000	10,000	
재평가잉여금	10,000		
자기주식처분이익	20,000		
FVOCI금융자산	(-)50,000	100,000	
FVOCI금융자산평가이익	50,000		
합계	335,000		

(1) 당기법인세부채: 335,000 × 20% = 67,000

(2) 기말이연법인세자산: 60,000 × 25% + 50,000 × 20% = 25,000

(3) 기말이연법인세부채: (10,000 + 100,000) × 25% = 27,500

(4) 회계처리

차) 이연법인세자산(기말)	25,000	대) 당기법인세부채	67,000
이연법인세부채(기초)	18,000	이연법인세부채(기말)	27,500
법인세비용	59,500	이연법인세자산(기초)	8,000
차) 재평가잉여금[1]	2,500	대) 법인세비용	2,500
차) 자기주식처분이익[2]	4,000	대) 법인세비용	4,000
차) FVOCI금융자산평가이익[3]	10,000	대) 법인세비용	10,000

1) 10,000 × 25% = 2,500
2) 20,000 × 20% = 4,000
3) 100,000 × 25% - 50,000 × 30% = 10,000

(5) 자기주식처분이익: 20,000 - 4,000 = 16,000

(6) 재평가잉여금: 10,000 - 2,500 = 7,500

(7) 기타포괄손익-공정가치 측정 금융자산평가이익: 100,000 - 15,000 - 10,000 = 75,000

물음 3

당기손익으로 인식할 법인세비용	① 50,000

구분	20×3년(25%)	20×4년 이후(20%)
법인세비용차감전순이익	200,000	
감가상각비 한도초과	(-)10,000	(-)10,000
판매보증충당부채	(-)20,000	(-)40,000
재고자산평가손실	(-)30,000	
토지	10,000	
FVOCI금융자산	100,000	
FVOCI금융자산평가이익	(-)100,000	
이익잉여금	100,000	
합계	250,000	

(1) 당기법인세부채: 250,000 × 25% = 62,500

(2) 기말이연법인세자산: (10,000 + 40,000) × 20% = 10,000

(3) 기말이연법인세부채: 0

(4) 회계처리

차)	이연법인세자산(기말)	10,000	대)	당기법인세부채	62,500
	이연법인세부채(기초)	27,500		이연법인세부채(기말)	0
	법인세비용	50,000		이연법인세자산(기초)	25,000
차)	법인세비용[1]	25,000	대)	FVOCI금융자산평가이익	25,000
차)	이익잉여금	25,000	대)	법인세비용[2]	25,000

1) 0 × 20% - 100,000 × 25% = 25,000
2) 100,000 × 25% = 25,000

물음 4

당기손익으로 인식할 법인세비용	① 50,000

구분	20×3년(25%)	20×4년 이후(20%)
법인세비용차감전순이익	200,000	
감가상각비 한도초과	(-)10,000	(-)10,000
판매보증충당부채	(-)20,000	(-)40,000
재고자산평가손실	(-)30,000	
토지	10,000	
FVOCI금융자산	100,000	
FVOCI금융자산평가이익	(-)100,000	
합계	150,000	

(1) 당기법인세부채: 150,000 × 25% = 37,500

(2) 기말이연법인세자산: (10,000 + 40,000) × 20% = 10,000

(3) 기말이연법인세부채: 0

(4) 회계처리

차)	이연법인세자산(기말)	10,000	대)	당기법인세부채	37,500
	이연법인세부채(기초)	27,500		이연법인세부채(기말)	0
	법인세비용	25,000		이연법인세자산(기초)	25,000
차)	법인세비용[1]	25,000	대)	FVOCI금융자산평가이익	25,000

1) 0 × 20% - 100,000 × 25% = 25,000

물음 5 일시적차이의 소멸시점과 금액을 합리적으로 추정할 수 없어 현금흐름에 대한 불확실성으로 인해 현재가치 평가를 하지 않는다.

제 **13** 장

주당이익

문제 1   보통주당기순이익 - Level 3

각 물음은 서로 독립적이다.

물음 1 다음은 A사의 20×1년 기본주당이익계산에 필요한 자료이다. A사의 회계기간은 1월 1일부터 12월 31일까지이며, 20×1년 당기순이익과 기초유통보통주식수는 각각 ₩1,000,000과 5,000주(액면 ₩500)이다.

> (1) 누적적 상환우선주(액면 ₩500, 1,000주): 20×1년의 배당률은 5%이며, 부채로 분류되었다.
>
> (2) 비누적적 비상환우선주(액면 ₩500, 2,000주): 20×1년의 배당률은 10%이며, 20×1년 초 발행주식수는 1,000주였으나 20×1년 10월 1일 1,000주를 추가로 발행하였다(배당결의 있음).
>
> (3) 누적적 비상환우선주(액면 ₩500, 2,000주): 배당률은 8%이며, 전기 이전 기간에 누적된 배당금은 없으나 20×1년의 배당금은 지급하지 않기로 하였다. 그리고 당기에 총발행주식 3,000주 중 1,000주를 매입하였으며 우선주의 장부금액을 초과하여 지불한 매입대가는 ₩10,000이었다.
>
> (4) 누적적 할증배당우선주(액면 ₩500, 1,000주): 20×0년 할인발행한 것으로 20×3년부터 배당(배당률 10%)하며, 20×1년에 유효이자율법으로 상각한 우선주할인발행차금은 ₩18,000이다.
>
> (5) 누적적 전환우선주(액면 ₩500, 2,000주): 배당률은 4%이며 전기 이전 기간에 누적된 배당금 ₩70,000을 당기에 지급하였다. 그리고 당기에 총발행주식 5,000주 중 3,000주가 보통주로 전환되었으며, 전환 시 1주당 공정가치가 ₩300인 100주의 보통주를 추가로 지급하였다.

A사의 20×1년 기본주당이익을 산정하기 위한 보통주당기순이익을 구하시오.

물음 2 20×1년 초 액면금액이 ₩10,000이고, 20×4년부터 누적적으로 매년 7%의 배당을 지급하는 우선주를 발행하였다. 발행일에 동일 종류의 우선주에 대한 시장배당수익률이 7%라고 가정할 경우 이 우선주에 대하여 20×1년부터 매년 ₩700의 배당금을 지급한다면, 20×1년 초 우선주 발행금액은 ₩10,000이 될 것이다. 그러나 이 우선주는 20×4년부터 배당금을 지급하기 때문에 20×1년부터 20×3년까지 지급되지 않은 배당금의 현재가치인 ₩1,837(= $700 \div 1.07 + 700 \div 1.07^2 + 700 \div 1.07^3$)만큼 할인된 ₩8,163으로 발행될 것이다. 발행 시와 20×1년 말 회계처리를 보이시오.

물음 1

당기순이익		1,000,000
(1) 누적적 상환우선주[1]		0
(2) 비누적적 비상환우선주		
• 구주배당금	500 × 1,000주 × 10% = 50,000	
• 신주배당금	500 × 1,000주 × 10% = 50,000	(-)100,000
(3) 누적적 비상환우선주[2]		
• 배당금	500 × 2,000주 × 8% = 80,000	
• 상환 시 초과지급액	10,000	(-)90,000
(4) 누적적 할증배당우선주		
• 우선주할인발행차금상각	18,000	(-)18,000
(5) 누적적 전환우선주		
• 배당금	500 × 2,000주 × 4% = 40,000	
• 전환 시 추가 지급액	300 × 100주 = 30,000	(-)70,000
보통주당기순이익		722,000

1) 부채로 분류되었으므로 우선주배당금이 비용으로 처리되어 당기순이익에서 이미 차감되었다.
2) 보통주당기순이익 산정 시 배당결의 여부와 관계없이 당해 회계기간과 관련한 누적적 우선주에 대한 세후 배당금만을 차감한다.

물음 2 **회계처리**

발행 시	차)	현금	8,163	대)	우선주자본금	10,000
		우선주할인발행차금	1,837			
20×1년 말	차)	이익잉여금[1]	571	대)	우선주할인발행차금	571
	1) 8,163 × 7% = 571					

㈜세무의 20×1년 1월 1일 현재 자본금은 보통주자본금 ₩5,000,000과 우선주자본금(비참가적, 누적적 10%) ₩500,000으로 구성되어 있다. 유상신주의 배당기산일은 납입한 때이며, 무상신주의 배당기산일은 원구주에 따른다. 보통주와 우선주의 주당 액면금액은 각각 ₩500으로 동일하다. 또한 ㈜세무의 20×1년 1월 1일 현재 보통주의 유통주식수는 9,000주이며, 법인세율은 20%이다. ㈜세무는 자기주식에 대해서 증자 및 배당을 실시하지 않는다. ㈜세무는 20×1년도와 20×2년도에 대한 배당은 보통주 및 우선주에 각각 10% 실시하였다.

(1) 20×1년 4월 1일: 보통주에 대해 25%의 유상증자를 실시하여 2,250주를 발행하였다. 주당 발행금액은 ₩1,000이었으며, 유상증자 직전일의 주당 공정가치는 ₩2,250이었다.

(2) 20×1년 7월 1일: 유통 중인 우선주 500주를 ₩350,000에 공개 매수하였다. 20×년 초 우선주의 장부금액은 액면금액과 동일하였다.

(3) 20×1년 10월 1일: 자기주식 중 보통주 200주는 주당 ₩1,800에 처분하였다.

(4) 20×1년 12월 31일: 당기순이익(계속영업이익)으로 ₩3,000,000을 보고하였다.

(5) 20×2년 2월 1일: 보통주에 대해 20% 무상증자를 실시하였다.

(6) 20×2년 12월 31일: 당기순이익(계속영업이익)으로 ₩2,800,000을 보고하였다

다음의 각 물음은 독립적이며, 유상증자 관련 조정비율계산에서는 소수점 이하 넷째 자리에서 반올림하고, 이를 제외한 나머지 계산에서는 소수점 이하 첫째 자리에서 반올림하시오. 또한 주식수의 가중평균은 월수로 계산하여 구하시오.

[세무사 2차 2010년]

물음 1 ㈜세무의 20×1년도 기본주당이익을 계산하기 위한 가중평균유통보통주식수를 계산하시오.

물음 2 ㈜세무의 20×1년도 기본주당이익을 계산하기 위해 보통주에 귀속되는 당기순손익을 계산하시오.

물음 3 ㈜세무의 20×1년도 기본주당순이익을 계산하시오.

물음 4 ㈜세무의 20×2년도 재무제표와 함께 비교 표시되는 20×1년도 재무제표에 표시될 20×1년도 기본주당이익을 계산하시오.

---| 풀이 |--

[물음 1] 가중평균유통보통주식수: 11,019주

(1) 공정가치 미만 유상증자

　　1) 공정가치 유상증자 주식수: 2,250주 × 1,000/2,250 = 1,000주

　　2) 무상증자 주식수: 2,250주 - 1,000주 = 1,250주

　　3) 무상증자비율: 1,250주 ÷ (9,000 + 1,000)주 = 12.5%

(2) 가중평균유통보통주식수: (9,000 × 1.125 × 12 + 1,000 × 1.125 × 9 + 200 × 3) ÷ 12 = 11,019주

[물음 2] 보통주당기순이익: 2,875,000

(1) 우선주 배당금: (1,000[1] - 500)주 × @500 × 10% = 25,000

　　1) 우선주자본금 500,000 ÷ 우선주 액면금액 @500 = 1,000주

(2) 우선주재매입손실: 350,000 - 500주 × @500 = 100,000

(3) 보통주당기순이익: 3,000,000 - 25,000 - 100,000 = 2,875,000

[물음 3] 기본주당순이익: 2,875,000 ÷ 11,019주 = @261

[물음 4] 비교 표시되는 20×1년 기본주당이익: 2,875,000 ÷ {11,019 × (1 + 20%)} = @217

문제 3 기본주당이익과 희석주당이익의 희석효과 판단기준 - Level 3

다음은 A사의 20×1년 주당이익계산에 필요한 자료이다. A사의 보고기간은 1월 1일부터 12월 31일까지이다.

(1) 자본금 변동사항(액면금액 ₩5,000)

구분	보통주자본금		전환우선주자본금	
기초	100,000주	₩500,000,000	20,000주	₩100,000,000
4/1 전환우선주 전환	10,000주	₩50,000,000	(-)10,000주	₩(-)50,000,000
7/1 전환사채 전환	5,000주	₩25,000,000		
10/1 신주인수권 행사	7,500주	₩37,500,000		
기말	122,500주	₩612,500,000	10,000주	₩50,000,000

(2) 당기이익 및 이익 처분내용

- 포괄손익계산서상 당기순이익과 계속영업이익은 각각 ₩60,000,000과 ₩50,000,000이며, 당기세율은 20%이다.

- 전환우선주(누적적·비참가적)의 당기이익에 대한 배당(현금배당)은 연 15%이며, 기말 현재 유통 중인 전환우선주에 대하여 지급한다.

(3) 전환사채 및 신주인수권부사채에 관한 사항

- 전환사채(전기발행) 중 당기에 보통주로 전환된 부분은 전체의 50%에 해당하며, 당기 포괄손익계산서에 계상된 전환사채에 대한 이자비용은 ₩2,375,000이다.

- 신주인수권부사채(당기 7월 1일 발행) 중 당기에 신주인수권(행사가격 ₩20,000)이 행사된 부분은 전체의 75%에 해당하며, 당기 포괄손익계산서의 이자비용에 신주인수권부사채상각액 중 상환할증금에 해당하는 금액 ₩200,000이 포함되어 있다. 당기 보통주 평균시장가격은 ₩30,000이다.

- 주식선택권에 관한 사항: 당기 초에 종업원에게 주식선택권 1,000개(1개당 자사보통주 1주를 ₩25,000에 구입할 수 있으며, 3년간 의무근무조건)를 부여하였고, 3년 후부터 2년간 행사 가능하다. 당기에 주식선택권으로 인한 비용으로 계상된 금액은 ₩150,000이며, 종업원이 주식선택권 1개당 제공해야 할 용역의 가치는 개당 ₩1,000(잔여가득기간에 인식할 주식보상비용 ₩1,000,000 ÷ 주식선택권 예상행사개수 1,000개)이다.

물음 1 A사의 20×1년 기본주당이익을 계산하시오(단, 원 미만은 반올림할 것).

물음 2 A사의 20×1년 희석주당이익을 계산하시오(단, 원 미만은 반올림할 것).

물음 3 위 물음과 독립적으로 A사의 계속영업이익은 ₩480,000, 당기순이익이 ₩360,000이고, 보통주 2,000주와 잠재적보통주 500주가 발행되었다. 잠재적보통주 500주가 보통주로 전환되는 경우 보통주에 귀속되는 계속영업이익과 당기순이익이 동일하게 ₩100,000이 증가하고 잠재적주식수가 500주 증가한다면 아래의 금액들을 구하시오.

기본주당계속영업이익	①	기본주당순이익	②
희석주당계속영업이익	③	희석주당순이익	④

물음 1 (1) 우선주배당금: 10,000주 × @5,000 × 15% × 12/12 = 7,500,000

(2) 보통주당기순이익: 60,000,000 - 7,500,000 = 52,500,000

(3) 가중평균유통보통주식수: (100,000 × 12 + 10,000 × 9 + 5,000 × 6 + 7,500 × 3)/12 = 111,875주

(4) 20×1년 기본주당이익: 52,500,000 ÷ 111,875주 = @469/주

물음 2 (1) 희석효과

1) 전환우선주: 7,500,000 ÷ (10,000 × 3/12 + 10,000 × 12/12) = 7,500,000/12,500주 = 600

2) 전환사채: 2,375,000 × (1 - 0.2) ÷ (5,000 × 6/12 + 5,000 × 12/12) = 1,900,000/7,500주 = 253

3) 신주인수권부사채: 200,000 × (1 - 0.2) ÷ (2,500[1] × 3/12 + 833[2] × 6/12) = 160,000/1,042주 = 154

   1) 7,500 - 7,500 × 20,000/30,000 = 2,500
   2) 2,500 - 2,500 × 20,000/30,000 = 833

4) 주식선택권: 150,000 × (1 - 0.2) ÷ 133[3] × 12/12 = 120,000/133주 = 902

   3) 1,000 - 1,000 × (25,000 + 1,000)/30,000 = 133

   ☑ 전환우선주와 주식선택권은 반희석효과를 가지고 있으므로 희석주당이익 계산 시 고려하지 않는다.

(2) 희석효과 분석

구분	계속영업이익[4]	보통주식수	주당이익	희석효과
기본주당이익	42,500,000	111,875주	380	
신주인수권부사채	160,000	1,042주		
계	42,660,000	112,917주	378	O
전환사채	1,900,000	7,500주		
계	44,560,000	120,417주	370	O

4) 희석효과 여부 판단은 계속영업이익을 기준으로 한다.

(3) 희석주당이익: 453

(52,500,000 + 160,000 + 1,900,000) ÷ (111,875 + 1,042 + 7,500)주 = 453

물음 3

기본주당계속영업이익	① 240/주	기본주당순이익	② 180/주
희석주당계속영업이익	③ 232/주	희석주당순이익	④ 184/주

근거

① 기본주당계속영업이익: 480,000 ÷ 2,000주 = 240/주

② 기본주당순이익: 360,000 ÷ 2,000주 = 180/주

③ 희석주당계속영업이익: (480,000 + 100,000) ÷ (2,000 + 500)주 = 232/주

④ 희석주당순이익: (360,000 + 100,000) ÷ (2,000 + 500)주 = 184/주

=> 잠재적보통주를 반영하는 경우 주당계속영업이익은 감소하고 주당순이익은 오히려 증가한다. 이 경우에는 주당계속영업이익에 의하여 희석효과를 판단한다.

문제 4	기본주당이익과 희석주당이익(신주인수권부사채의 계산) - Level 4

물음 1 A사의 20×3년 포괄손익계산서상 당기순이익과 기본주당순이익은 각각 ₩1,645,000과 ₩450이다. 다음은 A사가 발행한 잠재적보통주 및 이익 처분에 관한 자료이다.

(1) 20×3년 4월 1일 전환우선주(전기 발행, 발행주식수 500주, 액면금액 ₩5,000)의 20%가 보통주 100주로 전환되었다.

(2) 20×3년 7월 1일 20×3년 4월 1일에 발행된 전환사채의 40%가 보통주 200주로 전환되었다. 전환사채에 대한 20×3년도 세전 이자비용은 ₩180,000이다.

(3) A사는 20×3년 1월 1일 다음과 같은 조건의 비분리형 신주인수권부사채를 ₩2,900,000에 할인발행하였다.

- 액면금액: ₩3,000,000
- 표시이자: 연 4%의 이자율을 적용하여 매년 12월 31일 지급
- 일반사채 시장수익률: 연 7%
- 만기상환: 20×5년 12월 31일에 액면금액의 103.1525%를 일시상환한다(보장수익률 연 5%).
- 신주인수권 행사금액: ₩6,000(사채액면 ₩6,000당 보통주 1주를 인수할 수 있음)
- 신주인수권 행사 시 발행주식의 액면금액: ₩5,000

20×3년 12월 31일에 신주인수권부사채 중 액면금액 ₩1,800,000에 해당하는 신주인수권이 행사되었으며, 나머지 ₩1,200,000은 만기까지 행사되지 않았다. ₩1을 7%로 할인한 3년 현가요소는 0.81630이고 연금현가요소는 2.62432이다.

(4) 20×3년 초에 종업원에게 주식선택권 100개(1개당 자사보통주 1주를 ₩5,000에 구입할 수 있으며, 3년간 의무근무조건)를 부여하였고, 3년 후부터 2년간 행사 가능하다. 당기 포괄손익계산서에 계상된 세전 주식보상비용은 ₩15,000이며, 종업원이 주식선택권 1개당 제공해야 할 용역의 가치는 개당 ₩1,000이다.

(5) 우선주의 당기이익에 대한 배당은 연 8%로 기말 현재 유통 중인 우선주에 지급되며, 당기 보통주 평균시장가격은 ₩10,000이다.

A사의 20×3년 희석주당순이익을 계산하기 위한 각 잠재적보통주의 희석효과를 구하시오(단, 법인세율은 30%이며, 당기에 중단영업손익은 없었다).

물음 2 잠재적보통주가 존재할 때, 기본주당이익과 별도로 희석주당이익을 공시하도록 규정하고 있다. 그 이유는 무엇인가?

물음 1 20×3년 희석주당순이익: @418

(1) 가중평균유통보통주식수: 3,300주

   (1,645,000 - 400주 × 5,000 × 8%)/가중평균유통보통주식수 = @450, 가중평균유통보통주식수: 3,300주

(2) 잠재적보통주의 희석효과

   1) 전환우선주: 400주 × 5,000 × 8% ÷ (100주 × 3/12 + 400주 × 12/12) = 160,000/425주 = 376

   2) 전환사채: 180,000 × (1 - 0.3) ÷ (200주 × 3/12 + 300주 × 9/12) = 126,000/275주 = 458

   3) 신주인수권부사채: 5,404[1] × (1 - 0.3) ÷ (120주[2] × 12/12 + 80주[3] × 12/12) = 3,783/200주 = 19

      1) 3,000,000 × (103.1525% - 1) × 0.81630 × 7% = 5,404(상환할증금 관련 이자비용)

      2) 300주 - 300주 × 6,000/10,000 = 120

      3) 200주 - 200주 × 6,000/10,000 = 80

   4) 주식선택권: 15,000 × (1 - 0.3) ÷ [100주 - 100주 × (5,000 + 1,000)/10,000] × 12/12 = 10,500/40주 = 262.5

(3) 희석효과 분석

구분	보통주 귀속당기순이익	보통주식수	주당이익	희석효과
기본주당이익	1,485,000	3,300주	@450	
신주인수권부사채	3,783	200주		
계	1,488,783	3,500주	@425	O
주식선택권	10,500	40주		
계	1,499,283	3,540주	@424	O
전환우선주	160,000	425주		
계	1,659,283	3,965주	@418	O
전환사채	126,000	275주		
계	1,785,283	4,240주	@421	X

물음 2 잠재적보통주가 존재하며 잠재적보통주가 보통주로 전환되었다고 가정했을 때 그 연도에 정보이용자에게 주당이익이 얼마까지 감소할 수 있는가에 대한 정보를 제공할 필요가 있다. 즉, 잠재적보통주의 권리가 행사되어 보통주가 발행되면 주당이익이 낮아지기 때문에, 투자자에게 보수적인 주당이익에 대한 정보를 제공하기 위하여 희석주당이익을 공시한다.

문제 5 | 기본주당이익과 희석주당이익(누적적 우선주의 배당) - Level 4

다음은 12월 31일이 보고기간 말인 A회사에서 20×1년에 발생한 사건이다. A회사 보통주식의 액면금액은 ₩1,000이며, 우선주식의 액면금액은 ₩500이다.

(1) 20×1년 초 보통주식수는 100,000주이며, 우선주식수는 10,000주이다. 우선주는 누적적, 비참가적 우선주이며, 배당률은 7%이다. 또한 전환우선주에 해당하며, 우선주 2주당 보통주 1주로 전환 가능하다. 20×1년 10월 1일에 전환우선주 40%가 보통주로 전환되었다.

(2) 20×1년 4월 1일 A회사는 액면금액 ₩5,000,000의 전환사채를 액면발행하였다. 전환사채는 액면금액 ₩5,000당 보통주 1주로 전환 가능하다. 20×1년 7월 1일 전환권 행사로 전환사채의 60%가 보통주로 전환되었으며, 당기포괄손익계산서에 인식된 전환사채 관련 이자비용은 ₩300,000이다.

(3) 20×0년 4월 1일 A회사는 상환할증금을 지급하는 조건으로 행사가격이 ₩450인 신주인수권부사채를 발행하였다. 20×1년 4월 1일에 신주인수권의 50%가 행사되어 보통주 2,000주를 교부하였다. 20×1년도 A회사의 보통주 주당 평균시장가격은 ₩600이다. A회사가 신주인수권부사채에 대해 20×1년에 인식한 이자비용은 모두 ₩2,000,000이며, 이 중 사채상환할증금과 관련된 이자비용은 ₩100,000이다.

(4) A회사의 당기순이익은 ₩50,000,000이고 법인세율은 25%로 가정한다. A회사는 기말에 미전환된 우선주에 대해서만 배당금을 지급(상법의 관련 규정은 무시한다)하고 있지만, 당기에는 20×2년에 대규모 설비투자를 계획하고 있어 20×1년 결산주주총회에서 배당을 지급하지 않기로 결의할 계획이며, 이는 우선주주도 동의할 것으로 기대하고 있다. 각 물음 계산 시 소수점 아래 첫째 자리에서 반올림하고, 가중평균유통보통주식수의 계산과정에서 가중치는 월 단위로 계산한다.

물음 1 A회사의 20×1년도 기본주당이익을 계산하시오.

물음 2 다음은 A회사의 20×1년도 희석주당이익을 계산하기 위하여 희석효과를 분석한 표이다. 아래의 금액을 구하시오.

구분	분자요소	분모요소	주당효과
전환우선주	①	②	××
전환사채	③	④	⑤
신주인수권부사채	⑥	⑦	××

물음 3 A회사의 20×1년도 희석주당이익은 얼마인지 계산하시오.

---| 풀이 |---

물음 1 (1) 보통주당기순이익: 50,000,000 - (10,000주 × 60% × 500 × 7%)[1] = 49,790,000

       1) 누적적 우선주로 배당결의 여부와 관계없이 당기순이익에서 배당금을 차감한다.

    (2) 가중평균유통보통주식수: (100,000 × 12 + 2,000 × 9 + 600 × 6 + 2,000 × 3)/12 = 102,300

    (3) 기본주당이익: 49,790,000 ÷ 102,300 = 487

구분	분자요소	분모요소	주당효과
전환우선주	① 210,000	② 4,500	×××
전환사채	③ 225,000	④ 450	⑤ 500
신주인수권부사채	⑥ 75,000	⑦ 625	×××

근거

① 10,000주 × 60% × 500 × 7% = 210,000

② (2,000 × 9 + 3,000 × 12)/12 = 4,500

③ 300,000 × (1 - 25%) = 225,000

④ (600 × 3 + 400 × 9)/12 = 450

⑤ 225,000/450 = 500

⑥ 100,000 × (1 - 25%) = 75,000

⑦ {(2,000 - 2,000 × 450/600) × 3 + (2,000 - 2,000 × 450/600) × 12}/12 = 625

물음 3 20×1년도 희석주당이익: 466.1

구분	보통주순이익	주식수	주당이익	희석화 여부
기본주당이익	49,790,000	102,300주		
전환우선주	210,000	4,500주		
계	50,000,000	106,800주	@468.2	O
신주인수권부사채	75,000	625주		
계	50,075,000	107,425주	@466.1	O
전환사채	225,000	450주		
계	50,300,000	107,875주	@466.3	X

676 회계사 · 세무사 · 경영지도사 단번에 합격! **해커스 경영아카데미** cpa.Hackers.com

㈜대한의 다음 <자료>를 이용하여 물음에 답하시오. [공인회계사 2차 2021년]

<자료>

(1) 20×1년 1월 1일 ㈜대한의 유통주식수는 다음과 같다.

  • 유통보통주식수: 5,000주(액면가 ₩1,000)

  • 유통우선주식수: 1,000주(액면가 ₩1,000)

(2) 20×1년 4월 1일 보통주에 대해 10%의 주식배당을 실시하였다.

(3) 우선주는 누적적, 비참가적 전환우선주로 배당률은 연 7%이다. ㈜대한은 기말에 미전환된 우선주에 대해서만 우선주배당금을 지급한다. 우선주 전환 시 1주당 보통주 1.2주로 전환 가능하며, 20×1년 5월 1일 우선주 300주가 보통주로 전환되었다.

(4) 20×1년 7월 1일 자기주식 500주를 취득하고 이 중 100주를 소각하였다.

(5) 20×1년 초 대표이사에게 3년 근무조건으로 주식선택권 3,000개를 부여하였다. 주식선택권 1개로 보통주 1주의 취득(행사가격 ₩340)이 가능하며, 20×1년 초 기준으로 잔여가득기간에 인식할 총보상원가는 1개당 ₩140이다. 당기 중 주식보상비용으로 인식한 금액은 ₩140,000이다.

(6) ㈜대한의 20×1년도 당기순이익은 ₩500,000이며, 법인세율은 20%이다. 20×1년 보통주 1주당 평균주가는 ₩900이다.

(7) ㈜대한은 가중평균유통보통주식수 산정 시 월할 계산한다.

물음 1 ㈜대한의 20×1년도 기본주당이익을 계산하기 위한 ① 보통주 귀속당기순이익과 ② 가중평균유통보통주식수를 계산하시오.

보통주 귀속당기순이익	①
가중평균유통보통주식수	②

물음 2 다음은 ㈜대한의 20×1년도 희석주당이익을 계산하기 위하여 전환우선주 및 주식선택권의 희석효과를 분석하는 표이다. 당기순이익 조정금액(분자요소)과 조정주식수(분모요소)를 각각 계산하시오.

구분	당기순이익 조정금액	조정주식수
전환우선주	①	②
주식선택권	③	④

물음 3 ㈜대한의 희석주당이익은 얼마인지 계산하시오(단, 희석주당이익 계산 시 소수점 아래 둘째 자리에서 반올림하여 계산하시오).

희석주당이익	①

물음 1		
보통주 귀속당기순이익		① 451,000
가중평균유통보통주식수		② 5,490주

(1) 우선주배당금: 700주(기말 미전환분) × 1,000 × 7% = 49,000

(2) 보통주순이익: 500,000 - 49,000 = 451,000

(3) 가중평균유통보통주식수: (5,000 × 1.1 × 12 + 300 × 1.2 × 8 - 500 × 6)/12 = 5,490주

물음 2

구분	당기순이익 조정금액	조정주식수
전환우선주	① 49,000	② 960주
주식선택권	③ 112,000	④ 1,400주

근거

① 전환우선주 순이익 조정금액(우선주배당금): 49,000

② 전환우선주 잠재적보통주식수: (300 × 1.2 × 4 + 700 × 1.2 × 12)/12 = 960주

③ 주식선택권 순이익 조정금액: 140,000 × (1 - 20%) = 112,000

④ 주식선택권 잠재적보통주식수: [3,000 - 3,000 × (340 + 140)/900] × 12/12 = 1,400주

물음 3

희석주당이익		
		① 77.5

(1) 기본주당이익: 451,000 ÷ 5,490주 = 82.1

(2) 전환우선주 희석효과: 49,000 ÷ 960주 = 51

(3) 주식선택권 희석효과: 112,000 ÷ 1,400주 = 80

(4) 희석화 검토

구분	당기순이익	주식수	주당이익	희석효과
기본주당이익	451,000	5,490주	@82.1	
전환우선주	49,000	960주		
	500,000	6,450주	@77.5	O
주식선택권	112,000	1,400주		
	612,000	7,850주	@78.0	X

문제 7   주당이익 기타주제(참가적 우선주) - Level 4

㈜한영의 20×1년 당기순이익은 ₩1,000,000이며, 유통보통주식수는 10,000주, 참가적 우선주는 6,000주이다. 보통주와 우선주의 참가비율은 자본금비율이 아니며, 다음과 같다.

> (1) 1차적 비누적적 우선주에 대해 주당 ₩55의 배당이 지급된 후, 보통주에 대하여 주당 ₩21의 배당금이 지급된다.
>
> (2) 2차적으로 잔여배당에 대하여는 우선주는 보통주와 주당 1 : 4의 비율로 추가적 배당에 참가한다. 즉, 우선주와 보통주에 대하여 각각 주당 ₩55와 ₩21의 배당금을 지급한 후, 우선주는 보통주에 대하여 추가적으로 지급되는 배당금액의 1/4 비율로 참가한다.

당기순이익을 참가적 우선주 귀속이익과 보통주 귀속이익으로 구분하고 각각의 기본주당순이익을 계산하시오.

`유예`

---| 풀이 |--

(1) 배당금 차감 후 당기순이익

구분	우선주	보통주
배당금지급액	6,000주 × @55 = 330,000	10,000주 × @21 = 210,000
+ 배당금 차감 후 이익의 배분	60,000[2]	400,000[1]
= 당기순이익	390,000	610,000

1) (1,000,000 - 210,000 - 330,000) × (10,000주 × 4) ÷ (10,000주 × 4 + 6,000주 × 1) = 400,000
2) (1,000,000 - 210,000 - 330,000) × (6,000주 × 1) ÷ (10,000주 × 4 + 6,000주 × 1) = 60,000

(2) 기본주당순이익

구분	우선주	보통주
당기순이익	390,000	610,000
÷ 유통보통주식수	6,000주	10,000주
= 주당순이익	65/주	61/주

물음 1 12월 말 결산법인인 ㈜한영의 20×1년 초 유통보통주식수는 1,000주이며, 아래의 독립적인 물음 이외에 보통주식수에 영향을 미치는 사항은 없다. 유예

물음 1-1 ㈜한영의 조건부발행보통주는 20×1년과 20×2년의 당기순이익 평균이 ₩200,000을 초과하고 20×1년과 20×2년의 평균주가가 모두 ₩2,000을 초과할 경우 보통주 100주를 발행하는 조건이 부여되어 있다. 20×1년도 당기순이익은 ₩220,000이다. 이 경우 20×1년도 기본주당이익과 희석주당이익을 계산할 때 사용될 유통보통주식수를 각각 계산하시오.

물음 1-2 ㈜한영의 조건부발행보통주는 20×2년 말 회사 보통주의 시장가격이 주당 ₩2,000을 초과하면 초과액 ₩1당 보통주 10주를 발행하는 조건이 부여되었다. 20×1년 말 ㈜한영의 시장가격은 주당 ₩2,400이다. 이 경우 20×1년도 기본주당이익과 희석주당이익을 계산할 때 사용될 유통보통주식수를 각각 계산하시오.

물음 2 12월 말 결산법인인 ㈜삼정의 20×1년 초 유통보통주식수는 1,000주이며, 아래의 사항 이외에 잠재적보통주는 없다. ㈜삼정은 20×1년 초에 다음의 조건에 따라 보통주를 추가로 발행하기로 합의하였다.

(1) 20×1년 중에 새로 개점되는 지점 1개당 보통주 10주 발행

(2) 20×1년과 20×2년 모두 당기순이익이 ₩100,000을 초과하는 경우 초과액 ₩10당 보통주 1주 발행

㈜삼정은 7월 1일 2개의 지점을 개점하였고, 당기순이익은 ₩150,000이며 차기에도 당기순이익 ₩150,000은 달성할 것으로 예상한다. 20×1년 기본주당이익과 희석주당이익을 각각 계산하시오(단, 소수점 첫째 자리에서 반올림한다). 유예

물음 3 12월 말 결산법인인 ㈜안진의 20×1년 초 유통보통주식수는 3,000,000주이다. 20×0년에 자산 매입거래의 대가로 전환우선주 4,000,000주가 발행되었는데, 전환우선주 1주에 대한 배당금은 ₩1으로 기말 현재 유통되고 있는 전환우선주에 대해서 지급하며, 우선주 1주는 보통주 1주로 전환할 수 있다. 20×1년 7월 1일에 2,000,000주의 전환우선주가 보통주로 전환되었다. 조건부발행보통주와 당기순이익에 대한 자료는 다음과 같다. [공인회계사 2차 2011년]

(1) ㈜안진은 새로 개점하는 영업점 1개당 보통주 120,000주를 발행하며, 당기순이익이 ₩20,000,000을 초과하는 경우 매 초과액 ₩10,000에 대하여 보통주 100주를 추가로 발행하기로 하였다. 20×1년 7월 1일에 10개, 20×2년 7월 1일에 10개의 영업점을 각각 개점하였다.

(2) ㈜안진의 20×1년도 당기순이익은 ₩11,200,000이고, 20×2년도 당기순이익은 ₩88,000,000이다.

㈜안진은 20×1년도와 20×2년도 당기순이익에 대해 배당을 결의하였으며, 우선주는 비참가적이라고 가정하고, ①부터 ④까지 계산하시오(단, 가중평균은 월할 계산하며, 주당이익은 소수점 이하 셋째 자리에서 반올림한다). 유예

구분	20×1년	20×2년
기본주당이익	①	③
희석주당이익	②	④

물음 4 회계기간 1월 1일부터 12월 31일까지인 A사의 20×1년 초 유통보통주식수는 10,000주이며, 잠재적보통주식은 없다. A사는 최근 다음의 조건에 따라 보통주를 추가 발행하기로 합의하였다.

> (1) 지점 조건: 20×1년 중에 새로 개점하는 지점 1개당 보통주 600주 발행, 20×1년 6월 1일과 8월 1일에 1개씩 지점 개점
>
> (2) 당기순이익 조건: 20×1년과 20×2년 연차재무제표의 당기순이익 평균이 ₩1,000,000을 초과하는 경우 매 초과액 ₩1,000마다 보통주 2주 발행

A사의 20×1년도의 3개월로 구분한 중간보고기간의 누적당기순이익은 다음과 같다. 3분기에는 중단영업손실 ₩500,000이 발생하였다.

1분기	2분기	3분기	4분기
₩600,000	1,300,000	900,000	1,400,000

20×1년도의 분기 및 연차보고기간의 기본주당이익과 희석주당이익을 각각 구하시오.

물음 1 **물음 1-1** (1) 20×1년 기본주당이익의 유통보통주식수: 1,000주

(2) 20×1년 희석주당이익의 유통보통주식수: 1,000주 + 100주 = 1,100주

☑ 20×1년도에 두 가지 조건이 모두 충족되지 않았으므로 조건부발행보통주식수를 포함하지 않는다. 그러나 두 가지 소건 중 하나라도 만족한 경우라면 희석주당이익의 유통보통주식수에 가산한다.

> **☆ Self Study**
>
> 미래의 이익과 보통주의 미래 시장가격 모두에 의해 결정되는 조건부발행보통주식수
> 1) 기본주당이익의 유통보통주식수에는 두 가지 조건이 모두 충족되지 않으면 조건부발행보통주식수를 포함하지 않는다.
> 2) 희석주당이익의 유통보통주식수에는 두 가지 조건이 모두 충족되지 않으면 조건부발행보통주식수에 포함하지 않으나, 두 가지 조건 중 하나라도 만족한 경우라면 조건부발행보통주식수에 포함한다.

물음 1-2 (1) 20×1년 기본주당이익의 유통보통주식수: 1,000주

(2) 20×1년 희석주당이익의 유통보통주식수: 1,000주 + (2,400 - 2,000) × 10주 = 5,000주

☑ 20×2년도 주식의 시장가격이 변동될 수 있으므로 20×1년도 기본주당이익의 유통보통주식수에 조건부발행보통주식수를 포함하지 않지만, 20×1년 말 주식의 시장가격이 20×2년 말에도 동일하다고 가정하고 희석주당이익의 유통주식수에 가산한다.

> **☆ Self Study**
>
> 보통주의 미래 시장가격에 의해 결정되는 조건부발행보통주식수
> 1) 기본주당이익의 유통보통주식수에는 시장가격이 미래기간에 변동할 수 있기 때문에 모든 필요조건이 충족된 것은 아니므로 조건부발행보통주식수를 조건기간 말까지 포함시키지 않는다.
> 2) 희석주당이익의 유통보통주식수에는 보고기간 말의 시장가격이 조건기간 말의 시장가격과 같고 발행될 보통주식수가 희석효과를 가진다면 조건부발행보통주식수를 포함시킨다.

☑ 조건이 보고기간 말 후의 일정기간의 평균시장가격에 기초하고 있는 때에는 이미 경과된 기간의 평균시장가격을 사용한다.

물음 2 (1) 20×1년 기본주당이익의 유통보통주식수: (1,000주 × 12 + 10주 × 2개 × 6)/12 = 1,010주

(2) 20×1년 기본주당이익: 150,000 ÷ 1,010주 = @149

(3) 20×1년 희석주당이익의 잠재적보통주식수: [10주 × 2개 × 6 + (150,000 - 100,000)/10 × 12]/12 = 5,010주

(4) 20×1년 희석주당이익: 150,000 ÷ (1,010 + 5,010)주 = @25

구분	20×1년	20×2년
기본주당이익	① 2	③ 12.65
희석주당이익	② 1.37	④ 8.73

(1) 20×1년 기본주당이익

    1) 20×1년 가중평균 유통보통주식수: 4,600,000[1)]

      1) (3,000,000 × 12 + 2,000,000 × 6 + 120,000 × 10 × 6)/12 = 4,600,000

    2) 20×1년 전환우선주배당금: (4,000,000 - 2,000,000)주 × 1 = 2,000,000

    3) 20×1년 기본주당순이익: (11,200,000 - 2,000,000) ÷ 4,600,000주 = 2

(2) 20×1년 희석주당이익

    1) 전환우선주의 잠재적보통주: 2,000,000 × 12/12 + 2,000,000 × 6/12 = 3,000,000주

    2) 조건부발행보통주의 잠재적보통주: 120,000 × 10 × 6/12 = 600,000주

    3) 희석효과

구분	보통주귀속당기순이익	보통주식수	주당이익	희석효과
기본주당이익	9,200,000	4,600,000주	@2	
조건부발행보통주	0	600,000주		
계	9,200,000	5,200,000주	@1.77	O
전환우선주	2,000,000	3,000,000주		
계	11,200,000	8,200,000주	@1.37	O

(3) 20×2년 기본주당이익

    1) 20×2년 가중평균 유통보통주식수: 6,800,000[2)]

      2) (6,200,000 × 12 + 120,000 × 10 × 6)/12 = 6,800,000

    2) 20×2년 전환우선주배당금: 2,000,000주 × 1 = 2,000,000

    3) 20×2년 기본주당순이익: (88,000,000 - 2,000,000) ÷ 6,800,000주 = 12.65

(4) 20×2년 희석주당이익

    1) 전환우선주의 잠재적보통주: 2,000,000 × 12/12 = 2,000,000주

    2) 조건부발행보통주의 잠재적보통주: 120,000 × 10 × 6/12 + 680,000[3)] × 12/12 = 1,280,000주

      3) (88,000,000 - 20,000,000)/10,000 × 100주 = 680,000

    3) 희석효과

구분	보통주귀속당기순이익	보통주식수	주당이익	희석효과
기본주당이익	86,000,000	6,800,000주	@12.65	
조건부발행보통주	0	1,280,000주		
계	86,000,000	8,080,000주	@10.64	O
전환우선주	2,000,000	2,000,000주		
계	88,000,000	10,080,000주	@8.73	O

물음 4 (1) 기본주당이익

구분	1분기	2분기	3분기	4분기	연차보고기간
분기별 당기순이익	600,000	700,000	(-)400,000	500,000	1,400,000
유통보통주식수	10,000	10,000	10,000	10,000	10,000
시섬조건	0	200[2]	1,000[3]	1,200	600[4]
이익조건[1]	0	0	0	0	0
총주식수	10,000	10,200	11,000	11,200	10,600
기본주당이익	60	68.6	(-)36.4	44.6	132.1

1) 조건기간이 종료될 때까지 조건의 충족 여부가 불확실하므로 이익조건은 기본주당이익 계산에 고려하지 않는다.
2) 600주 × 1/3(4. 1.부터 6. 30.까지의 기간 중 1개월 가중치) = 200주
3) 600주 + 600주 × 2/3(7. 1.부터 9. 30.까지의 기간 중 2개월 가중치) = 1,000주
4) 600주 × 7/12 + 600 × 5/12 = 600주

(2) 희석주당이익

구분	1분기	2분기	3분기	4분기	연차보고기간
분자	600,000	700,000	(-)400,000	500,000	1,400,000
유통보통주식수	10,000	10,000	10,000	10,000	10,000
지점조건	0	600[2]	1,200[4]	1,200	1,200
이익조건	0[1]	600[3]	0[5]	800[6]	800
총주식수	10,000	11,200	11,200	12,000	12,000
기본주당이익	60	62.5	(-)35.7	41.7	116.7

1) 20×1년 3월 31일 현재 누적중간기간 이익이 1,000,000을 초과하지 않으므로 조건부보통주식을 포함하지 않는다.
2) 4월 1일부터 600주가 발행된 것으로 가정한다.
3) (1,300,000 - 1,000,000)/1,000 × 2주 = 600주
4) 7월 1일부터 600주가 추가 발행된 것으로 가정한다.
5) 누적중간기간의 이익이 1,000,000 미만이므로 조건부보통주식을 포함하지 않는다.
6) (1,400,000 - 1,000,000)/1,000 × 2주 = 800주

☑ 3분기의 희석주당손실은 (-)35.7로서 기본주당손실 (-)36.4보다 크지만, 중단영업손실을 제외한 계속영업이익을 기준으로 하면 희석효과가 있다.

문제 9	복합금융상품, 주식기준보상거래, 자본 및 주당이익 - Level 4

㈜세무의 20×0년 말 재무상태표에서 확인한 자본계정은 다음과 같다. 물음에 답하시오. [세무사 2차 2018년]

<자본>

I. 자본금	
1. 보통주자본금	₩50,000,000(총 10,000주)
2. 우선주자본금	₩50,000,000(총 10,000주)
II. 자본잉여금	
1. 주식발행초과금	₩70,000,000
2. 감자차익	₩6,000,000
3. 자기주식처분이익	₩2,000,000
III. 이익잉여금	
1. 이익준비금	₩10,000,000
2. 이월이익잉여금	₩12,000,000
자본총계	₩200,000,000

(1) 보통주와 우선주의 1주당 액면금액은 동일하며, 20×1년에 배당결의와 배당금지급은 없었다.

(2) 우선주는 20×0년 1월 1일 발행된 전환우선주로, 전환우선주 1주를 보통주 1주로 전환할 수 있고, 누적적·비참가적 우선주이며 액면금액을 기준으로 연 배당률은 6%이다. 해당 우선주는 최초 발행 이후 추가로 발행되거나 전환되지 않았다.

물음 1 ㈜세무는 20×1년 1월 1일 다음 조건의 신주인수권부사채를 액면금액(₩1,000,000)으로 발행하였다. 신주인수권부사채의 만기는 3년(만기일: 20×3년 12월 31일)이고 표시이자율은 연 5%이며, 이자는 매 연도 말 지급한다.

- 행사비율: 사채권면액의 100%

- 행사금액: 사채액면금액 ₩1,000당 현금 ₩10,000을 납입하고 보통주 1주(액면액: ₩5,000)를 인수할 수 있다.

- 행사기간: 발행일 이후 1개월이 경과한 날로부터 상환기일 30일 전까지 행사 가능하다.

- 원금상환방법: 만기에 액면금액의 100%를 상환하며, 신주인수권이 행사되지 않더라도 상환할증금은 지급하지 않는다.

(단, 신주인수권부사채 발행시점(20×1년 1월 1일)에 신주인수권은 없으나 다른 조건이 모두 동일한 일반사채의 시장이자율은 연 10%이다. 현재가치 계산 시 아래의 현가계수를 이용하며, 금액은 소수점 첫째 자리에서 반올림하여 계산한다. 예 5,555.55 → 5,556)

연간이자율 및 기간	단일금액 ₩1의 현가계수	정상연금 ₩1의 현가계수
5%, 3기간	0.86384	2.72325
10%, 3기간	0.75131	2.48685

물음 1-1 20×1년 1월 1일 신주인수권부사채를 발행한 시점에 동 신주인수권부사채와 관련하여 ㈜세무의 자산과 부채 및 자본이 얼마큼 변동했는지 금액을 각각 계산하시오(단, 각 항목이 감소했으면 금액 앞에 (-)표시를 하고 변동이 없으면 '0'으로 표시하시오).

구분	20×1년 1월 1일 변동한 금액
자산	①
부채	②
자본	③

물음 1-2 ㈜세무가 신주인수권부사채와 관련하여 20×1년 포괄손익계산서에 인식할 이자비용을 계산하시오.

물음 2 ㈜세무의 20×1년 자본변동과 관련한 사항은 다음과 같다.

- 1월 1일: ㈜세무는 **물음 1** 의 조건대로 신주인수권부사채를 발행하였다.

- 1월 1일: ㈜세무는 최고경영자인 나세무 씨에게 주식선택권 10,000개(개당 행사가격 ₩14,000)를 부여하고 3년간 용역제공조건을 부여하였다. 용역제공조건기간이 종료된 후 나세무 씨는 주식선택권 1개당 보통주 1주로 행사 가능하며, 주식선택권의 단위당 공정가치는 ₩1,800이다. ㈜세무는 나세무 씨가 해당 주식선택권을 가득할 것으로 기대한다.

- 7월 1일: ㈜세무는 보통주 5,000주 유상증자를 실시하였다. 납입금액은 주당 ₩11,000이고 유상증자 직전 보통주의 주당 공정가치는 ₩22,000이다.

- 9월 1일: ㈜세무는 자기주식(보통주)을 주당 ₩8,000에 3,000주 취득하였다.

- 10월 1일: ㈜세무는 자기주식(보통주)을 주당 ₩6,000에 1,200주 처분하였다.

- 11월 1일: ㈜세무는 자기주식(보통주)을 주당 ₩15,000에 900주 처분하였다.

- 12월 31일: ㈜세무는 작년(20×0년 4월 1일 취득)에 구입한 토지(취득금액: ₩10,000,000)를 취득시점에 유형자산으로 분류했으며, 변경사항은 없다. 토지의 측정방법은 취득시점부터 재평가모형을 적용하고 있다. 20×0년 12월 31일 동 토지의 공정가치는 ₩8,000,000이며, 20×1년 12월 31일의 공정가치는 ₩15,000,000이다.

- 12월 31일: ㈜세무가 20×1년도에 보고한 당기순이익은 ₩54,800,000이다.

  * 해당 당기순이익은 20×1년 발생한 ㈜세무의 모든 당기손익을 반영한 금액이다.

물음 2-1 ㈜세무는 자기주식 회계처리에 대해 원가법을 적용하고 있으며, 자기주식처분이익과 자기주식 처분손실은 우선적으로 서로 상계처리한다. 20×1년 10월 1일 ㈜세무가 자기주식 처분과 관련하여 수행해야 할 회계처리를 제시하시오.

차) ①	대) ②

물음 2-2 ㈜세무가 20×1년 1월 1일 발행한 주식선택권과 관련하여 20×1년 말에 수행해야 할 회계처리를 제시하시오.

차) ①	대) ②

물음 2-3 ㈜세무는 신주인수권부사채 발행과 관련하여 발생한 자본요소를 자본잉여금으로 분류하며, 자기주식과 주식선택권은 자본조정으로 분류한다. ㈜세무가 20×1년 말 재무상태표에 보고할 다음의 각 항목을 계산하시오(단, 각 항목이 음의 값을 갖는 경우 금액 앞에 (-)표시를 하고 보고할 금액이 없으면 '0'으로 표시하시오).

구분	20×1년 말 자본구성항목의 금액
자본잉여금	①
기타포괄손익누계액	②
자본조정	③

물음 3 ㈜세무의 20×1년 보통주 시가평균은 ₩16,000이다. 당해 중단사업손익은 없으며, 법인세율은 단일세율로 20%이다(단, 해당 세율을 이용한 법인세효과는 **물음 3**의 희석효과 및 희석주당이익 계산에만 고려하고, 주당이익은 원 단위로 소수점 첫째 자리에서 반올림하여 계산한다. 예 ₩555.555... → ₩556).

물음 3-1 다음 절차에 따라 ㈜세무의 20×1년도 기본주당이익을 계산하시오(단, 가중평균유통보통주식수는 월할 계산한다).

20×1년의 가중평균유통보통주식수	①
20×1년의 기본주당이익	②

물음 3-2 20×1년 말 ㈜세무가 보유한 잠재적보통주식은 전환우선주와 신주인수권부사채 및 주식선택권이 있다. 셋 중 어떤 항목이 가장 희석효과가 높은지와 그 이유를 기재하시오.

물음 3-3 ㈜세무의 20×1년 희석주당이익을 계산하시오(단, **물음 3-1**과 상관없이 20×1년의 가중평균유통보통주식수는 10,000주이고 기본주당이익은 주당 ₩5,000으로 가정한다. 또한, 잠재적보통주식수의 가중평균은 월할 계산한다).

물음 3-4 20×1년 초 발행한 ㈜세무의 신주인수권부사채가 모든 조건(액면금액, 이자지급조건, 이자율, 만기 등)이 동일한 전환사채라고 가정하자. 전환사채는 전환권 행사 시 사채액면금액 ₩1,000당 보통주 1주(액면금액: ₩5,000)로 전환 가능하다. 이 경우 ㈜세무의 20×1년 희석주당이익을 계산하시오(단, **물음 3-1**과 상관없이 20×1년의 가중평균유통보통주식수는 10,000주이고 기본주당이익은 주당 ₩5,000으로 가정한다. 또한, 잠재적보통주식수의 가중평균은 월할 계산한다).

물음 4 ㈜세무가 20×1년 1월 1일 발행한 신주인수권부사채의 액면금액 중 ₩500,000에 해당하는 신주인수권이 20×2년 1월 1일에 행사되었다.

물음 4-1 20×2년 1월 1일 신주인수권이 행사된 시점에 동 신주인수권 행사와 관련하여 ㈜세무의 자산과 부채 및 자본이 얼마큼 변동했는지 금액을 각각 계산하시오(단, 각 항목이 감소했으면 금액 앞에 (-)표시를 하고 변동이 없으면 '0'으로 표시하시오).

구분	20×1년 1월 1일 변동한 금액
자산	①
부채	②
자본	③

물음 4-2 ㈜세무가 신주인수권부사채와 관련하여 20×2년 포괄손익계산서에 인식할 이자비용을 계산하시오.

┤ 풀이 ├

물음 1 **물음 1-1**

구분	20×1년 1월 1일 변동한 금액
자산	① 1,000,000
부채	② 875,653
자본	③ 124,347

근거

② 부채요소의 공정가치: 50,000 × 2.48685 + 1,000,000 × 0.75131 = 875,653

③ 자본요소의 공정가치: 1,000,000 - 875,653 = 124,347

물음 1-2 20×1년 이자비용: 875,653 × 10% = 87,565

물음 2 **물음 2-1** 회계처리

20×1년 10월 1일	차) 현금[1]	7,200,000	대) 자기주식[2]	9,600,000
	자기주식처분이익	2,000,000		
	자기주식처분손실	400,000		

1) 1,200주 × @6,000 = 7,200,000
2) 1,200주 × @8,000 = 9,600,000

물음 2-2 회계처리

20×1년 말	차) 자기주식보상비용[1]	6,000,000	대) 주식선택권	6,000,000

1) 1,800 × 10,000개 × 1/3 = 6,000,000

물음 2-3

구분	20×1년 말 자본구성항목의 금액
자본잉여금	① 112,024,347
기타포괄손익누계액	② 5,000,000
자본조정	③ (-)1,200,000

회계처리

20×1년 7월 1일	차) 현금[1]	55,000,000	대) 자본금(보통주)[2]	25,000,000
			주식발행초과금	30,000,000

1) 5,000주 × 11,000 = 55,000,000
2) 5,000주 × 5,000 = 25,000,000

20×1년 11월 1일	차) 현금[3]	13,500,000	대) 자기주식[4]	7,200,000
			자기주식처분손실	400,000
			자기주식처분이익	5,900,000

3) 900주 × 15,000 = 13,500,000
4) 900주 × 8,000 = 7,200,000

20×1년 12월 31일	차) 토지	7,000,000	대) 재평가이익	2,000,000
			재평가잉여금	5,000,000

(1) 자본잉여금: 주식발행초과금 100,000,000 + 감자차익 6,000,000 + 자기주식처분이익 5,900,000
　　　+ 신주인수권대가 124,347 = 112,024,347

(2) 기타포괄손익누계액: 재평가잉여금 5,000,000

(3) 자본조정: 자기주식 (-)7,200,000 + 주식선택권 6,000,000 = (-)1,200,000

물음 3 **물음 3-1**

20×1년의 가중평균유통보통주식수	① 12,950주
20×1년의 기본주당이익	② 4,000

(1) 가중평균유통보통주식수

(10,000주 × 1.2 × 12 + 2,500주 × 1.2 × 6 − 3,000주 × 4 + 1,200주 × 3 + 900주 × 2)/12 = 12,950주

　☑ 7월 1일 공정가치로 유상증자한 주식수: 5,000주 × @11,000 ÷ @22,000 = 2,500주
　☑ 7월 1일 무상증자 비율: (5,000 − 2,500)주 ÷ (10,000 + 2,500)주 = 20%

(2) 전환우선주배당금: 50,000,000 × 6% = 3,000,000

(3) 기본주당이익: (54,800,000 − 3,000,000) ÷ 12,950주 = @4,000

물음 3-2 신주인수권부사채이다. 신주인수권부사채는 액면상환조건이므로 권리가 행사되어 보통주가 발행되었다고 해도 순이익이 변동하지 않는다. 따라서 희석주당이익을 계산할 때 보통주이익에 가산할 금액이 없기 때문에 희석효과가 가장 크다.

물음 3-3 20×1년 희석주당이익: 2,601

(1) 전환우선주 잠재적보통주식수: 10,000 × 12/12 = 10,000주

(2) 주식선택권 잠재적보통주식수: [10,000 - (10,000 × 15,800[1])/16,000)] × 12/12 = 125주

    1) 행사가격 14,000 + 주식선택권 공정가치 1,800 = 15,800

(3) 신주인수권 잠재적보통주식수: [1,000 - (1,000 × 10,000/16,000)] × 12/12 = 375주

(4) 잠재적보통주의 희석효과 분석

구분	분자요소	분모요소	주당효과	희석순위
신주인수권부사채	-	375	0	1
전환우선주	3,000,000	10,000	300	2
주식선택권[2]	4,800,000	125	38,400	X

    2) 기본주당이익보다 희석효과가 크므로 무조건 반희석화한다.

(5) 희석주당이익

구분	보통주귀속당기순이익	보통주식수	주당이익	희석효과
기본주당이익	50,000,000	10,000주	@5,000	
신주인수권부사채	0	375주		
계	50,000,000	10,375주	@4,819	O
전환우선주	3,000,000	10,000주		
계	53,000,000	20,375주	@2,601	O

물음 3-4 (1) 전환사채 잠재적보통주식수: 1,000 × 12/12 = 1,000주

(2) 전환사채 세후 이자비용: 87,565 × (1 - 20%) = 70,052

(3) 전환사채 주당이익: 70,052 ÷ 1,000주 = 70

(4) 20×1년 희석주당이익: (50,000,000 + 70,052 + 3,000,000) ÷ 21,000주 = 2,527

물음 4 **물음 4-1**

구분	20×1년 1월 1일 변동한 금액
자산	① 5,000,000
부채	② 0
자본	③ 5,000,000

회계처리

20×2년 1월 1일	차)	현금	5,000,000	대)	자본금(보통주)	2,500,000
					주식발행초과금	2,500,000
	차)	신주인수권대가[1]	62,174	대)	주식발행초과금	62,174

    1) 124,347 × 50% = 62,174

물음 4-2 (1) 20×1년 말 신주인수권부사채 장부금액: 875,653 × 1.1 - 50,000 = 913,218

(2) 20×2년 이자비용: 913,218 × 10% = 91,322

문제 10 복합금융상품, 주식선택권 – Level 4

각 물음은 독립적이다.

㈜포도는 다음과 같은 조건의 잠재적보통주들이 존재한다. ㈜포도의 보통주 1주당 액면금액은 ₩500이다.

물음 1 ㈜포도는 당기 7월 1일에 종업원 50명에게 주식선택권을 아래와 같은 조건으로 부여하였다.

> (1) 의무 근로기간: 부여일로부터 3년
>
> (2) 가득되지 않은 주식선택권 행사가격: ₩2,000
>
> (3) 가득되지 않은 주식선택권의 종업원 1인당 평균부여 수량: 50개
>
> (4) 주식선택권 단위당 공정가치: ₩300
>
> (5) ㈜하늘의 당기 보통주의 주당 평균시장가격: ₩2,500
>
> (6) 퇴사가 예상되는 인원은 없다.

㈜하늘이 20×1년도 희석주당이익 계산 시 반영할 아래의 금액들을 구하시오(단, 법인세율은 30%이고 모든 계산은 소수점 이하에서 반올림한다).

보통주에 귀속되는 당기순이익에 가산되는 금액	①
잠재적 가중평균유통보통주식수	②

물음 2 ㈜포도는 20×1년 초에 다음과 같은 조건으로 3년 만기 전환사채를 액면발행하였다.

> (1) 액면금액: ₩500,000
>
> (2) 표시이자율: 연 10% 매년 말 지급
>
> (3) 일반사채의 시장이자율: 연 15%
>
> (4) 전환가격: ₩2,500당 보통주 1주
>
> (5) 상환할증률: 10%
>
> (6) ₩1의 15% 3년 현재가치계수 0.65752, 연금현가계수 2.28323

㈜포도는 동 전환사채를 20×1년 7월 1일에 50% 전환하였다. 아래의 금액들을 구하시오(모든 계산은 소수점 이하에서 반올림한다).

전환 시 주식발행초과금 증가액	①
동 전환사채로 인한 20×1년 ㈜하늘이 인식할 이자비용	②

물음 3 ㈜포도는 동 전환사채를 20×1년 7월 1일에 50% 전환하였을 때, 20×1년 ㈜포도의 희석주당이익 계산 시 반영할 아래의 금액들을 구하시오(단, 법인세율은 30%이고 모든 계산은 소수점 이하에서 반올림한다).

보통주에 귀속되는 당기순이익에 가산되는 금액	①
잠재적 가중평균유통보통주식수	②

물음 4 ㈜포도는 20×1년 초에 다음과 같은 조건으로 3년 만기 신주인수권부사채를 액면발행하였다.

> (1) 액면금액: ₩500,000
>
> (2) 표시이자율: 연 10% 매년 말 지급
>
> (3) 일반사채의 시장이자율: 연 15%
>
> (4) 행사가격: 사채액면금액 ₩2,000당 보통주 1주
>
> (5) 상환할증률: 10%
>
> (6) ₩1의 15% 3년 현재가치계수 0.65752, 연금현가계수 2.28323
>
> (7) ㈜포도의 당기 보통주의 주당 평균시장가격: ₩2,500

㈜포도는 동 신주인수권부사채의 신주인수권을 20×1년 7월 1일에 50% 행사하였다. 아래의 금액들을 구하시오(모든 계산은 소수점 이하에서 반올림한다).

행사 시 주식발행초과금 증가액	①
동 신주인수권부사채로 인한 20×1년 ㈜하늘이 인식할 이자비용	②

물음 5 ㈜하늘은 동 신주인수권부사채의 신주인수권을 20×1년 7월 1일에 50% 행사하였을 때, 20×1년 ㈜포도의 희석주당이익 계산 시 반영할 아래의 금액들을 구하시오(단, 법인세율은 30%이고 모든 계산은 소수점 이하에서 반올림한다).

보통주에 귀속되는 당기순이익에 가산되는 금액	①
잠재적 가중평균유통보통주식수	②

물음 1	보통주에 귀속되는 당기순이익에 가산되는 금액	① 87,500
	잠재적 가중평균유통보통주식수	② 100주

(1) 보통주에 귀속되는 당기순이익에 가산되는 금액: 125,000 × (1 − 30%) = 87,500

    당기 주식보상비용: @300 × 50명 × 50개 × 1/3 × 6/12 = 125,000

(2) 잠재적 가중평균유통보통주식수: 100주

    1) 조정행사가격: 2,000 + 300 = 2,300

    2) 잠재적 가중평균유통보통주식수: (2,500 − 2,500 × 2,300/2,500) × 6/12 = 100주

물음 2	전환 시 주식발행초과금 증가액	① 205,343
	동 전환사채로 인한 20×1년 ㈜하늘이 인식할 이자비용	② 53,527

(1) 전환사채의 20×1년 초 공정가치: 50,000 × 2.28323 + 550,000 × 0.65752 = 475,798

(2) 전환권대가의 20×1년 초 공정가치: 500,000 − 475,798 = 24,202

(3) 20×1년 7월 1일 전환 시 회계처리(순액법 − 100%가정)

차) 이자비용[1]	35,685	대) 미지급이자	25,000
		전환사채	10,685
차) 전환사채[2]	486,483	대) 자본금[3]	100,000
전환권대가	24,202	주식발행초과금(역산)	410,685
차) 미지급이자	25,000	대) 현금	25,000

  1) 475,798 × 15% × 6/12 = 35,685
  2) 475,798 + 10,685 = 486,483
  3) 500,000/2,500 × 500 = 100,000

(4) 20×1년 7월 1일 50% 전환 시 주식발행초과금 증가액: 410,685 × 50% = 205,343

(5) 20×1년 전환사채 관련 이자비용: 475,798 × 15% × 50% × 6/12 + 475,798 × 15% × 50% = 53,527

물음 3	보통주에 귀속되는 당기순이익에 가산되는 금액	① 37,469
	잠재적 가중평균유통보통주식수	② 150주

근거

  ① 보통주에 귀속되는 당기순이익에 가산되는 금액: 53,527 × (1 − 30%) = 37,469

  ② 잠재적 가중평균유통보통주식수: 500,000/2,500 × 50% × 6/12 + 500,000/2,500 × 50% = 150주

행사 시 주식발행초과금 증가액	① 217,272
동 신주인수권부사채로 인한 20×1년 ㈜하늘이 인식할 이자비용	② 70,137

(1) 신주인수권사채의 20×1년 초 공정가치: 50,000 × 2.28323 + 550,000 × 0.65752 = 475,798

(2) 신주인수권대가의 20×1년 초 공정가치: 500,000 - 475,798 = 24,202

(3) 20×1년 7월 1일 전환 시 회계처리(순액법 - 100%가정)

차) 이자비용[1]	2,466	대) 신주인수권부사채	2,466
차) 현금	500,000	대) 자본금[3]	125,000
신주인수권부사채[2]	35,342	주식발행초과금(역산)	434,544
신주인수권대가	24,202		

1) 50,000 × 0.65752 × 15% × 6/12 = 2,466
2) 32,876 + 2,466 = 35,342
3) 500,000/2,000 × 500 = 125,000

(4) 20×1년 7월 1일 50% 행사 시 주식발행초과금 증가액: 434,544 × 50% = 217,272

(5) 20×1년 신주인수권부사채 관련 이자비용: 66,438 + 3,699 = 70,137

1) 사채의 액면금액과 액면이자 관련 이자비용: (50,000 × 2.28323 + 500,000 × 0.65752) × 15% = 66,438

2) 상환할증금 관련 이자비용: 32,876 × 15% × 50% × 6/12 + 32,876 × 15% × 50% = 3,699

보통주에 귀속되는 당기순이익에 가산되는 금액	① 2,589
잠재적 가중평균유통보통주식수	② 38주

근거

① 보통주에 귀속되는 당기순이익에 가산되는 금액: 3,699 × (1 - 30%) = 2,589

② 잠재적 가중평균유통보통주식수: (250 - 250 × 2,000/2,500) × 50% × 6/12 + (250 - 250 × 2,000/2,500) × 50% = 38주

문제 11 **주당이익 종합 - Level 4**

다음의 각 물음은 독립적이다.

㈜대한의 다음 <공통 자료>를 이용하여 각 물음에 답하시오. [공인회계사 2차 2023년]

<공통 자료>

(1) 20×2년 1월 1일 유통주식수는 다음과 같다.

(단위: ₩)

구분	주식수	1주당 액면금액
보통주	18,000주	1,000
우선주 A(비누적적, 비참가적)	2,000주	1,000
우선주 B(누적적, 비참가적)	1,000주	1,000

(2) 20×2년 3월 1일 보통주에 대해 주주우선배정 신주발행을 실시하여 2,400주가 증가하였다. 유상증자 시 1주당 발행금액은 ₩2,000이고, 유상증자 직전 보통주 1주당 공정가치는 ₩2,400이다. 20×2년 보통주 1주당 평균 시가는 ₩4,000이다.

(3) 20×2년 9월 1일에 자기주식 1,000주를 1주당 ₩2,500에 취득하였으며, 이 중 600주를 20×2년 11월 1일에 1주당 ₩2,800에 재발행하였다.

(4) 20×2년 12월 1일 공개매수 방식으로 우선주 A 전부를 재매입하였으며, 우선주 A 주주에게 공정가치인 1주당 ₩2,000을 지급하였다. 재매입일의 우선주 A의 1주당 장부금액은 ₩1,600이다.

(5) 우선주 B에 대해 전기에 지급하지 못한 배당금과 당기 배당금을 모두 지급하기로 당기 중에 결의하였다. 우선주 B의 배당률은 매년 연 10%이다.

(6) ㈜대한의 20×2년도 당기순이익은 ₩5,000,000이며, 법인세율은 10%로 매년 동일하다.

(7) 가중평균 유통보통주식수 및 이자 계산 시에는 월할 계산하며, 계산과정에서 발생하는 소수점은 소수점 아래 첫째 자리에서 반올림한다.

기간	단일금액 ₩1의 현가계수		정상연금 ₩1의 현가계수	
	5%	6%	5%	6%
1	0.9524	0.9434	0.9524	0.9434
2	0.9070	0.8900	1.8594	1.8334
3	0.8638	0.8396	2.7232	2.6730

㈜대한의 20×2년도 기본주당이익을 계산하기 위한 보통주 귀속 당기순이익과 가중평균 유통보통주식수를 각각 계산하시오.

보통주 귀속 당기순이익	①
가중평균 유통보통주식수	②

물음 2 상기 <공통 자료>와 다음 <추가 자료 1>을 이용하여 각 <요구사항>에 답하시오. 단, <요구사항>은 독립적이다.

<추가 자료 1>

㈜대한은 20×1년 1월 1일 복합금융상품(상환할증금 지급조건의 비분리형 신주인수권부사채)을 액면발행하였으며, 발행조건은 다음과 같다.

- 액면금액: ₩10,000,000

- 만기상환일: 20×3년 12월 31일

- 표시이자율: 연 3%

- 이자지급일: 매년 12월 31일(연 1회)

- 보장수익률: 연 5%

- 사채 발행일 현재 동일 조건의 신주인수권이 없는 일반사채 시장수익률: 연 6%

- 신주인수권 행사가격: 사채액면 ₩2,000당 1주의 보통주

- 보통주 액면금액: 1주당 ₩1,000

- 20×2년 보통주 평균 시가: 1주당 ₩4,000

<요구사항 1>
다음은 ㈜대한의 20×2년도 희석주당이익을 계산하기 위하여 신주인수권의 희석효과를 분석하는 표이다. 20×2년 1월 1일에 상기 복합금융상품 중 30%의 신주인수권이 행사되어 보통주가 발행되었다고 할 때, 당기순이익 조정금액(분자요소)과 조정주식수(분모요소)를 각각 계산하시오.

구분	당기순이익 조정금액	조정주식수
신주인수권	①	②

<요구사항 2>
20×2년 3월 1일에 상기 복합금융상품 중 30%의 신주인수권이 행사되어 보통주가 발행되었다고 가정하는 경우, ㈜대한의 20×2년도 희석주당이익을 계산하기 위한 조정주식수(분모요소)를 계산하시오.

구분	조정주식수
신주인수권	①

물음 3 상기 <공통 자료>와 다음 <추가 자료 2>를 이용하여 각 <요구사항>에 답하시오. 단, <요구사항>은 독립적이다.

<추가 자료 2>

㈜대한은 20×1년 1월 1일 결제 선택권(주식결제 또는 현금결제)이 존재하는 복합금융상품(상환할증금 미지급조건의 전환사채)을 액면발행하였으며, 발행조건은 다음과 같다.

- 액면금액: ₩10,000,000
- 만기상환일: 20×3년 12월 31일
- 표시이자율: 연 3%
- 이자지급일: 매년 12월 31일(연 1회)
- 사채 발행일 현재 동일 조건의 전환권이 없는 일반사채 시장수익률: 연 6%
- 보통주 액면금액: 1주당 ₩1,000
- 결제 선택권: 발행자인 ㈜대한의 선택에 의하여 사채액면 ₩2,000당 1주의 보통주로 전환하거나 액면금액의 110%에 해당하는 현금으로 결제 가능

<요구사항 1>

다음은 ㈜대한의 20×2년도 희석주당이익을 계산하기 위하여 전환권의 희석효과를 분석하는 표이다. 20×2년 1월 1일에 상기 복합금융상품 중 30%의 전환권이 행사되어 결제되었다고 할 때, 당기순이익 조정금액(분자요소)과 조정주식수(분모요소)를 각각 계산하시오. 단, 전환간주일은 고려하지 않는다.

구분	당기순이익 조정금액	조정주식수
전환권	①	②

<요구사항 2>

상기 복합금융상품의 결제 선택권(주식결제 또는 현금결제)을 발행자인 ㈜대한이 아닌 보유자가 가지고 있다고 가정하는 경우, 희석주당이익의 계산 방법을 간략히 서술하시오.

물음 1

보통주 귀속 당기순이익	① 4,100,000
가중평균 유통보통주식수	② 19,827

근거

1. **우선주 귀속 이익**

    800,000 + 100,000 = 900,000

    (1) 우선주 A의 장부금액 초과 재매입액: (2,000 - 1,600) × 2,000주 = 800,000

    (2) 우선주 B 배당: 1,000주 × @1,000 × 10% = 100,000

    ☑ 누적적 우선주이므로 당기분에 해당하는 배당만 고려한다.

2. **보통주 귀속 당기순이익**

    5,000,000 - 900,000 = 4,100,000

3. **가중평균 유통보통주식수**

    (1) 3월 1일 공정가치 미만 유상증자

    1) 공정가치 유상증자 주식수: 2,400주 × 2,000/2,400 = 2,000주

    2) 무상증자 비율: (2,400 - 2,000)/(18,000 + 2,000) = 2%

    (2) 가중평균 유통보통주식수: (18,000 × 1.02 × 12 + 2,000 × 1.02 × 10 - 1,000 × 4 + 600 × 2)/12 = 19,827

물음 2 <요구사항 1>

구분	당기순이익 조정금액	조정주식수
신주인수권	① 21,211	② 1,750주

근거

① 당기순이익 조정금액: 23,568 × (1 - 10%) = 21,211

상환할증금 관련 20×2년 이자비용

- 행사분: 0
- 미행사분: $630,500^{1)} × 0.8900 × 6\% × 70\% = 23,568$
  1) 10,000,000 × (5% - 3%) × (1.05² + 1.05 + 1) = 630,500

② 조정주식수: $(5,000^{2)} - 5,000 × 2,000/4,000) × 70\% × 12/12 = 1,750주$
  2) 10,000,000 ÷ 2,000 = 5,000

<요구사항 2>

구분	조정주식수
신주인수권	① 1,875주

근거

조정주식수: 125주 + 1,750 = 1,875주

1. 행사분: (5,000 - 5,000 × 2,000/4,000) × 30% × 2/12 = 125주
2. 미행사분: (5,000 - 5,000 × 2,000/4,000) × 70% × 12/12 = 1,750주

물음 3 <요구사항 1>

구분	당기순이익 조정금액	조정주식수
전환권	① 390,853	② 3,500주

근거

① 당기순이익 조정금액: $434,281 \times (1 - 10\%) = 390,853$

  미전환분 이자비용: $[(10,000,000 \times 110\% + 300,000) \times 0.8900 + 300,000 \times 0.9434] \times 6\% \times (1 - 30\%)$
  $= 434,281$

② 조정주식수: $(10,000,000/2,000) \times (1 - 30\%) \times 12/12 = 3,500$주

  ☑ 기업의 선택에 따라 보통주나 현금으로 결제할 수 있는 계약을 한 경우에 기업은 그 계약이 보통주로 결제될 것으로 가정하여 잠재적보통주를 계산한다.

<요구사항 2>

보유자의 선택에 따라 보통주나 현금으로 결제하게 되는 계약의 경우에는 주식결제와 현금결제 중 희석효과가 더 큰 방법으로 결제된다고 가정하여 희석주당이익을 계산한다.

A사(결산일 12월 31일)의 20×1년 기초유통보통주식수는 10,000주이다. 20×1년 초에 A사는 전환사채를 발행하였으며, 전환사채 이외의 잠재적보통주는 없다. 다음은 전환사채와 관련된 자료이다(단, 20×1년 중에 전환사채의 전환이나 결제는 없었다).

- 액면금액: ₩1,000,000
- 조건: 액면금액 ₩1,000당 보통주 1주로 전환하거나 액면금액의 105%에 해당하는 현금으로 결제가능
- 당기 전환사채 이자비용: ₩100,000
- 법인세율: 30%

A사의 선택에 의해 전환사채의 원금을 보통주로 결제할 수도 있고 현금으로 결제할 수도 있을 때 20×1년도 기본주당이익과 희석주당이익을 각각 구하시오(단, A사의 20×1년도 당기순이익은 ₩700,000이다).

---| 풀이 |--

(1) 기본주당이익: 700,000/10,000주 = 70

(2) 희석주당이익: [700,000 + 100,000 × (1 - 30%)] ÷ (10,000주 + 1,000) = 70

> ☑ 희석주당이익은 보통주 결제로 가정하고 계산한다. 보유자가 결제 선택권을 가지고 있다면 주식결제와 현금결제 중 희석효과가 더 큰 방법으로 결제된다고 가정해야 한다. 그런데 현금결제를 가정하면 희석주당이익 계산식의 분모에 영향이 없으므로 주식결제에 비하여 희석효과가 낮아 보유자가 결제 선택권을 가지고 있더라도 희석주당이익은 70이다.

참고   결제방법의 선택권자에 따른 희석주당이익 계산방법

결제방법 선택권자	희석주당이익 계산방법
발행자인 경우	그 계약이 보통주로 결제될 것으로 가정하고 희석성 잠재적보통주식수에 포함함. 만일 이러한 계약이 자산이나 부채로 표시되거나, 자본요소와 부채요소를 모두 가지는 경우 그 계약 전체가 지분상품으로 분류되어 왔다면 그 기간 동안 발생하였을 손익의 변동액을 조정하여 희석주당이익을 계산함
보유자인 경우	주식결제와 현금결제 중 희석효과가 더 큰 방법으로 결제된다고 가정하여 희석주당이익을 계산함

제 **14** 장

회계변경과 오류수정

해커스 IFRS 정윤돈 재무회계연습

문제 1 추정치의 변경 - Level 3

각 물음은 서로 독립적이다.

물음 1 자동차 부품을 제조·납품하는 A사가 20×1년 초 부품의 자동제조설비를 ₩30,000,000에 취득하였고 원가모형을 적용한다. 동 설비자산의 내용연수는 8년, 잔존가치는 ₩1,000,000으로 추정하였으며 이중체감법으로 감가상각한다. A사는 20×3년 초 설비자산에 대해서 ₩5,000,000의 수선비를 지출하였는데 이로 인하여 내용연수가 4년 더 연장될 것으로 추정하였다. 또한 회사는 20×3년부터 감가상각방법을 정액법으로 변경하기로 하였는데, 이는 기업환경의 변화로 인해 정액법이 동 설비자산의 미래경제적효익 기대소비형태를 보다 잘 반영한다고 판단되었기 때문이다. 그런데 20×4년 중 A사가 납품하고 있는 자동차 회사에서 자동차 모델을 갑자기 변경하여 더는 당해 설비자산으로 부품을 제조하기 곤란하게 되었다. 20×4년 말 현재 동 설비자산의 순공정가치는 ₩6,000,000, 사용가치는 ₩7,000,000으로 판단하였다.

물음 1-1 20×3년도 설비자산의 감가상각비 인식 회계처리를 하시오(단, 법인세에 대한 영향은 고려하지 않는다).

물음 1-2 20×4년도 설비자산의 감가상각비 인식 회계처리와 손상차손 인식 회계처리를 하시오.

물음 2 12월 말 결산법인인 A사는 20×2년도 회계변경 및 오류수정과 관련하여 아래와 같은 사항들을 발견하였다. 20×2년 재무제표 작성 시 각각에 대하여 분개(또는 수정분개)를 하시오. 분개(또는 수정분개)가 필요 없는 경우에는 '필요 없음'이라고 기재하고 특별한 언급이 없는 한 법인세효과는 무시하고 모든 오류는 중요한 오류로 가정한다. 다음의 각 상황을 독립된 상황이라고 가정하시오.

물음 2-1 A사는 20×1년 초 ₩3,400,000에 구입한 기계장치를 내용연수 10년, 잔존가치 ₩100,000으로 추정하여 연수합계법으로 감가상각해왔다. 그러나 20×2년 초 경제적 내용연수를 10년에서 6년으로 변경하였으며, 감가상각방법도 정액법으로 변경하였다. A사는 이러한 변경내용을 반영하지 않고 20×2년도 감가상각비를 인식하였다.

물음 2-2 A사는 20×2년 중 신제품을 출시하고 1년간 무상수리를 보증하였다. 무상수리비용은 매출액의 10%로 예상되었으나 20×2년 말에는 금액적으로 중요하지 않아 충당부채를 인식하지 않았다. A사는 20×3년 중 신제품의 판매가 호조를 보여 제품보증비용이 중요하다고 판단하였다. 20×3년 말 현재 A사는 제품보증충당부채를 인식하지 않고 있다고 할 경우 (1) A사가 수행할 수정분개를 하고 (2) 제품보증이 20×3년도의 당기손익에 미친 영향을 계산하시오.

구분	20×2년	20×3년
매출액	₩100,000	₩500,000
제품보증비용 발생액		
20×2년	₩2,000	₩7,000
20×3년		₩22,000

─| 풀이 |─────────────────────────────────────

물음 1

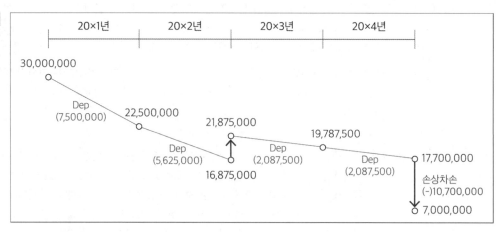

물음 1-1 회계처리

20×3년	차) 감가상각비	2,087,500	대) 감가상각누계액	2,087,500

(1) 20×1년 감가상각비: 30,000,000 × 2/8 = 7,500,000

(2) 20×2년 감가상각비: (30,000,000 - 7,500,000) × 2/8 = 5,625,000

(3) 20×3년 감가상각비: 2,087,500

　　(30,000,000 - 7,500,000 - 5,625,000 + 5,000,000 - 1,000,000)/(8 - 2 + 4) = 2,087,500

물음 1-2 회계처리

20×4년	차) 감가상각비	2,087,500	대) 감가상각누계액	2,087,500
	차) 유형자산손상차손[1]	10,700,000	대) 손상차손누계액	10,700,000

1) (21,875,000 - 2,087,500 - 2,087,500) - Max[6,000,000, 7,000,000] = 10,700,000

물음 2 **물음 2-1** 회계처리

20×2년	- 회계처리 없음 -

(1) 20×2년 초 장부금액: 3,400,000 - [(3,400,000 - 100,000) × 10/55] = 2,800,000

(2) 변경 시 감가상각비: (2,800,000 - 100,000)/5[1] = 540,000

　　1) 잔여내용연수: 6년 - 1년 = 5년

(3) 변경 전 감가상각비: (3,400,000 - 100,000) × 9/55 = 540,000

　　=> A사가 인식한 감가상각비가 변경 이후 감가상각비와 동일하므로 수정분개가 필요 없다.

물음 2-2 (1) A사가 수행할 수정분개

차) 제품보증비용	28,000	대) 제품보증충당부채[1]	28,000

1) 500,000 × 10% - 22,000 = 28,000

　☑ 중요하지 않아 충당부채를 인식하지 않은 것은 회계오류가 아니다.

(2) 20×3년 당기손익에 미친 영향: 보증비용 발생(29,000) + 충당부채 인식(28,000) = (-)57,000

문제 2 정책의 변경 - Level 3

각 물음은 서로 독립적이다.

물음 1 12월 말 결산법인인 A사는 20×2년도 회계변경 및 오류수정과 관련하여 아래와 같은 사항들을 발견하였다. 20×2년 재무제표 작성 시 각각에 대하여 분개(또는 수정분개)를 하시오. 분개(또는 수정분개)가 필요 없는 경우에는 '필요 없음'이라고 기재하고 특별한 언급이 없는 한 법인세효과는 무시하고 모든 오류는 중요한 오류로 가정한다. 다음의 각 상황을 독립된 상황이라고 가정하시오.

물음 1-1 A사는 20×2년 중 자가사용 중인 건물을 재평가모형에서 원가모형으로 측정기준을 변경하기로 하였다. 20×2년 초 건물의 장부금액은 ₩5,000(취득금액 ₩5,000, 감가상각누계액 ₩0)이며, 잔존내용연수는 10년, 잔존가치는 없고, 정액법으로 감가상각한다. 건물의 최초 취득금액은 ₩14,000이며, 20×2년 1월 1일 현재 취득일로부터 4년이 경과하였다. 재평가모형의 회계처리는 감가상각누계액을 우선 상계하고, 재평가잉여금 중 실현된 부분은 이익잉여금으로 대체하는 방법을 사용하였다. A사는 20×2년 중 건물과 관련하여 감가상각비를 인식하지 않았다.

물음 1-2 A사는 재고자산 원가흐름의 가정을 선입선출법에서 이동평균법으로 변경하였다. 각 방법에 따른 매출원가는 다음과 같으며, 주어진 내용을 제외한 회계연도의 매출원가는 두 방법이 일치하였다.

구분	선입선출법	이동평균법
20×1년 매출원가	₩34,000	₩38,000
20×2년 매출원가	₩45,000	₩47,000
20×3년 매출원가	₩63,000	₩74,000

A사는 20×3년도 재무제표에 매출원가와 재고자산을 선입선출법으로 보고하였다. 20×3년 말 재고자산이 ₩26,000인 경우 (1) A사가 수행하여야 할 수정분개를 보이고 (2) 20×3년 말 재무상태표에 보고할 재고자산금액을 계산하시오.

물음 2 B사는 20×6년부터 구입 및 판매를 시작한 D제품에 대하여 재고자산의 원가흐름가정으로 선입선출법을 사용하여 왔으나 20×8년에 총평균법으로 변경하였다. 이 변경은 정당한 변경이다. 이와 관련된 자료는 다음과 같다.

구분	20×6년	20×7년	20×8년
매출원가(선입선출법)	₩1,200,000	₩1,800,000	₩1,900,000
기말재고(선입선출법)	₩400,000	₩800,000	₩750,000
기말재고(총평균법)	₩300,000	₩650,000	₩500,000

물음 2-1 B사는 20×8년에도 계속 선입선출법을 사용하여 회계처리하였다. 20×8년 재무제표 작성 시 각 상황별로 필요한 분개(또는 수정분개)를 하시오. 분개(또는 수정분개)가 필요 없는 경우에는 '필요 없음'이라고 기재하시오. 특별한 언급이 없는 한 법인세효과는 무시하고, 모든 오류는 재무제표의 신뢰성을 심각하게 손상시킬 수 있는 중요한 오류로 가정하시오.

물음 2-2 한국채택국제회계기준에 따라 회계정책을 변경할 수 있는 2가지 경우를 나타내시오.

물음 3 A사(결산일 12월 31일)는 20×1년 초에 건물을 ₩200,000에 취득하였다. 건물의 내용연수는 10년이고 잔존가치 없이 정액법으로 상각하며 원가모형을 적용한다. 한편 건물의 20×1년 말과 20×2년 말의 공정가치는 각각 ₩190,000과 ₩164,000이다. 아래의 각 물음은 상호 독립적이며, 법인세에 대한 영향은 고려하지 않는다. 또한 회계변경은 모두 정당한 변경으로 간주한다.

물음 3-1 A사는 건물을 취득시점부터 유형자산으로 분류하였다. 20×2년부터 건물에 대해서 재평가모형을 적용하려고 한다. 20×2년 말에 작성하는 다음과 같은 두 연도 비교재무제표의 양식의 공란에 들어갈 금액을 계산하라(단, 0은 '없음'으로 표시하고 비용은 '(-)'표기한다).

과목	20×2년	20×1년
유형자산(순액)	①	④
재평가잉여금	②	⑤
감가상각비	③	⑥

물음 3-2 A사는 건물을 취득시점부터 투자부동산으로 분류하였다. 20×2년부터 건물에 대해서 공정가치모형을 적용하려고 한다. 20×2년 말에 작성하는 다음과 같은 두 연도 비교재무제표의 양식에 들어갈 금액을 계산하라(단, 0은 '없음'으로 표시하고 비용은 '(-)'표기한다).

과목	20×2년	20×1년
투자부동산(순액)	①	④
감가상각비	②	⑤
투자부동산평가손익	③	⑥

물음 3-3 A사는 건물을 취득시점부터 유형자산으로 분류하였다. 20×2년 초부터 건물을 유형자산에서 투자부동산으로 분류변경하고 공정가치모형을 적용하였다. 20×2년 말에 작성하는 다음과 같은 두 연도 비교재무제표의 양식에 들어갈 금액을 계산하라(단, 0은 '없음'으로 표시하고 비용은 '(-)'표기한다).

과목	20×2년	20×1년
유형자산(순액)	①	⑥
투자부동산(순액)	②	⑦
재평가잉여금	③	⑧
감가상각비	④	⑨
투자부동산평가손익	⑤	⑩

물음 4 ㈜세무는 20×1년 초에 건물을 ₩500,000에 취득하고 유형자산으로 분류하였다. ㈜세무는 동 건물에 대하여 내용연수는 10년, 잔존가치는 ₩0으로 추정하였으며, 정액법으로 감가상각하고 원가모형을 적용하여 회계처리하고 있다. 20×1년 말과 20×2년 말의 공정가치는 각각 ₩540,000과 ₩480,000이다. 다음 각 독립적 상황에 대하여 물음에 답하시오(단, ㈜세무의 유형자산은 동 건물이 유일하며, 각 상황별 회계변경은 정당하고 법인세효과는 무시한다). [세무사 2차 2022년]

물음 4-1 ㈜세무는 20×2년부터 동 건물에 대하여 한국채택국제회계기준서 제1016호 '유형자산'에 따라 자산을 재평가하는 회계정책을 최초로 적용하기로 하였다. 이 경우에 20×2년 말에 작성하는 비교재무제표에 표시되는 다음 ①과 ②의 금액은 얼마인가? (단, 재평가자산의 총장부금액과 감가상각누계액은 장부금액의 변동에 비례하여 수정한다)

과목	20×2년	20×1년
유형자산	?	①
감가상각누계액	②	?

물음 4-2 ㈜세무는 20×2년 초에 동 건물의 미래경제적효익의 기대소비형태를 반영하여 감가상각방법을 연수합계법으로 변경하고, 잔존내용연수를 8년으로 새롭게 추정하였다. 20×2년 말 작성하는 비교재무제표에 표시될 다음 ①과 ②의 금액은 얼마인가?

과목	20×2년	20×1년
유형자산(순액)	①	?
감가상각비	?	②

---| 풀이 |--

물음 1 **물음 1-1**

| 차) 건물 | 9,000 | 대) 감가상각누계액 | 5,000 |
| 감가상각비 | 1,000 | 이월이익잉여금 | 5,000 |

[계정별 장부금액 분석]

계정과목	재평가모형	원가모형
건물	5,000	14,000
감가상각누계액		14,000 × 5/14 = 5,000
감가상각비		14,000 × 1/14 = 1,000

물음 1-2

(1) A사가 수행하여야 할 수정분개

| 차) 매출원가[1] | 11,000 | 대) 재고자산 | 17,000 |
| 이월이익잉여금[2] | 6,000 | | |

1) 74,000 - 63,000 = 11,000
2) (38,000 + 47,000) - (34,000 + 45,000) = 6,000

(2) 20×3년 말 재고자산: 26,000 - 17,000 = 9,000

물음 2 **물음 2-1**

| 차) 매출원가 | 100,000 | 대) 재고자산 | 250,000 |
| 이익잉여금 | 150,000 | | |

구분	20×6년	20×7년	20×8년
20×6년 재고 감소	(-)100,000	100,000	
20×7년 재고 감소		(-)150,000	150,000
20×8년 재고 감소			(-)250,000
계	(-)100,000	(-)50,000	(-)100,000

물음 2-2 기업은 다음 중 하나의 경우에 회계정책을 변경할 수 있다.

(1) 한국채택국제회계기준에서 회계정책의 변경을 요구하는 경우

(2) 회계정책의 변경을 반영한 재무제표가 거래, 기타 사건, 또는 상황이 재무상태, 재무성과 또는 현금흐름에 미치는 영향에 대하여 신뢰성 있고 더 목적적합한 정보를 제공하는 경우

물음 3 **물음 3-1**

과목	20×2년	20×1년
유형자산(순액)	① 164,000	④ 180,000
재평가잉여금	② 4,000	⑤ 없음
감가상각비	③ (-)20,000	⑥ (-)20,000

근거

① 20×2년 말 공정가치 164,000을 장부금액으로 인식

② 164,000 - (200,000 - 20,000 × 2) = 4,000

③ 20×2년 감가상각비: 180,000 × 1/9 = 20,000

④ 200,000 - 200,000 × 1/10(감가상각누계액) = 180,000

⑤ 20×1년에는 원가모형을 적용하므로 재평가잉여금은 없음

⑥ 20×1년 감가상각비: 200,000 × 1/10 = 20,000

☑ 유형자산에 대해서 재평가모형을 최초 적용하는 경우에는 전진적용한다. 따라서 20×2년부터 재평가모형을 적용한다.

물음 3-2

과목	20×2년	20×1년
투자부동산(순액)	① 164,000	④ 190,000
감가상각비	② 없음	⑤ 없음
투자부동산평가손익	③ (-)26,000	⑥ (-)10,000

근거

> ① 20×2년 말 공정가치 164,000을 장부금액으로 인식
>
> ② 투자부동산에 대해서 공정가치모형을 적용할 경우 감가상각비는 인식하지 않음
>
> ③ 164,000 - 190,000 = (-)26,000(평가손실)
>
> ④ 20×1년 말 공정가치 190,000을 장부금액으로 인식
>
> ⑤ 투자부동산에 대해서 공정가치모형을 적용할 경우 감가상각비는 인식하지 않음
>
> ⑥ 190,000 - 200,000 = (-)10,000(평가손실)
>
> ☑ 투자부동산에 대해서 원가모형을 공정가치모형으로 변경하는 것은 소급적용한다. 따라서 20×1년도 재무제표부터 공정가치모형을 적용한 것으로 간주하여 재작성한다.

물음 3-3

과목	20×2년	20×1년
유형자산(순액)	① 없음	⑥ 180,000
투자부동산(순액)	② 164,000	⑦ 없음
재평가잉여금	③ 10,000	⑧ 없음
감가상각비	④ 없음	⑨ 20,000
투자부동산평가손익	⑤ (-)26,000	⑩ 없음

근거

> ① 20×2년부터 유형자산을 투자부동산으로 대체하였으므로 유형자산은 없음
>
> ② 20×2년 말 공정가치 164,000을 장부금액으로 인식
>
> ③ 20×2년 초 계정대체 시 장부금액(180,000)과 공정가치(190,000)의 차이를 재평가잉여금으로 인식
>
> ④ 투자부동산에 대해서 공정가치모형을 적용할 경우 감가상각비는 인식하지 않음
>
> ⑤ 164,000 - 190,000 = (-)26,000
>
> ⑥ 200,000 - 200,000 × 1/10 = 180,000
>
> ⑦ 소급적용하지 않으므로 20×1년의 투자부동산은 없음
>
> ⑧ 20×1년에는 유형자산이 원가모형이므로 재평가잉여금은 없음
>
> ⑨ 200,000 × 1/10 = 20,000
>
> ⑩ 소급적용하지 않으므로 20×1년의 투자부동산평가손익은 없음
>
> ☑ 유형자산을 투자부동산으로 용도변경하는 것은 소급적용 대상이 아니므로 20×2년 초부터 투자부동산에 대해서 공정가치모형을 전진적용한다.

과목	20×2년	20×1년
유형자산	600,000	① 500,000
감가상각누계액	② 120,000	50,000

(1) 유형자산은 기존 원가모형에서 최초로 재평가모형을 적용하는 경우, 회계정책의 변경을 적용하지 않고, 재평가모형의 최초 적용연도의 유형자산 장부금액을 공정가치로 수정한다(= 비교 표시되는 과거기간의 재무제표를 소급하여 재작성하지 않는다). 그러므로 20×1년의 취득원가는 수정되지 않는다.

(2) 20×2년 말 감가상각누계액: (480,000 - 0) ÷ 8년 × 2년 = 120,000

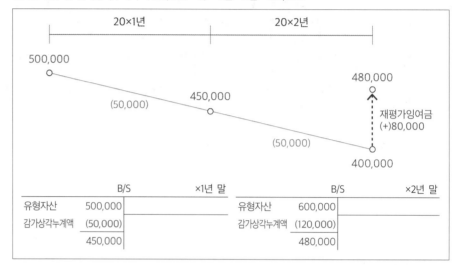

과목	20×2년	20×1년
유형자산(순액)	① 350,000	450,000
감가상각누계액	100,000	② 50,000

근거

1. 20×1년 감가상각비: (500,000 - 0)/10년 = 50,000
2. 20×2년 감가상각비: (500,000 - 50,000 - 0) × 8/36 = 100,000
3. 20×2년 말 유형자산의 장부금액: 450,000 - 100,000 = 350,000

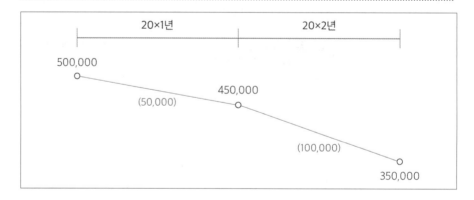

문제 3 오류수정(오류수정분개) - Level 3

각 물음은 서로 독립적이다.

> **물음 1** 12월 말 결산법인인 A사는 20×2년도 회계변경 및 오류수정과 관련하여 아래와 같은 사항들을 발견하였다.
> 20×2년 재무제표 작성 시 각각에 대하여 분개(또는 수정분개)를 하시오. 분개(또는 수정분개)가 필요 없는
> 경우에는 '필요 없음'이라고 기재하고 특별한 언급이 없는 한 법인세효과는 무시하고 모든 오류는 중요한
> 오류로 가정한다. 다음의 각 상황을 독립된 상황이라고 가정하시오.
>
> > **물음 1-1** 20×2년에 확정급여부채 한도초과액이 ₩200,000 발생하였으며, 당해 한도초과액이 20×3년과
> > 그 다음 해인 20×4년에 각각 ₩100,000씩 손금으로 추인될 것이다. 현행 법인세율은 30%이
> > 나, 20×2년 중에 개정된 세법에 의하면 20×4년부터 적용되는 법인세율은 20%이다. A사는 현
> > 행 법인세율을 적용하여 회계처리하였다.
> >
> > **물음 1-2** A사는 타사 창고에 보관 중인 회사 소유의 상품을 기말재고에서 포함하지 못하였다. 각 회계연
> > 도 말 현재 타사 창고에 보관 중인 회사 소유의 상품이 다음과 같다고 할 경우 A사가 20×3년
> > 에 수행할 수정분개를 보이시오.

20×1년 말	20×2년 말	20×3년 말
₩10,000	₩40,000	₩30,000

> **물음 2** 다음은 12월 말 결산법인인 A사의 20×3년도 관련 자료들로 각 물음은 모두 독립적이다. 회계오류의 경우
> 모두 중요한 오류에 해당하며, 수정분개를 요구하는 경우 수정분개가 없다면 '분개 없음'이라고 표시한다.
>
> > **물음 2-1** A사는 20×2년 1월 1일 발생한 사업결합으로 최초 인식한 무형자산 ₩30,000의 내용연수를 비
> > 한정으로 추정하였다. A사는 20×2년 말과 20×3년 말 현재 무형자산의 회수가능액을 각각
> > ₩20,000과 ₩26,000으로 추정하였으나 손상징후가 발생하지는 않았다. A사의 20×3년 말 현
> > 재 무형자산의 장부금액이 ₩30,000이라고 할 경우 A사의 회계담당자가 수행할 수정분개를
> > 보이시오.
> >
> > **물음 2-2** A사는 자체 생산한 제품을 리스방식으로 판매하고 있는 회사로 리스기간 개시일이 20×3년 1월
> > 1일인 리스계약을 체결하였다. 리스계약의 리스기간은 4년, 리스자산의 경제적 내용연수는 5년,
> > 리스기간 종료 시 리스자산은 리스제공자에게 반환된다. A사는 리스계약을 체결하면서 리스계
> > 약의 협상 및 계약과 관련하여 발생한 보증보험료, 중개수수료 및 법률자문비 ₩1,000을 현금
> > 으로 지급하고 전액을 리스채권으로 인식하였다. 리스계약의 내재이자율은 10%로 시장이자율
> > 과 동일하였으며, 20×3년도의 리스료수취와 이자수익은 이미 인식하였다. 리스료는 매년 말 수
> > 령한다고 할 경우 A사의 회계담당자가 수행할 수정분개를 보이시오.

물음 1 **물음 1-1**

| 차) 법인세비용 | 10,000 | 대) 이연법인세자산 | 10,000 |

이연법인세자산 수정: 50,000 - 60,000 = 10,000

(1) 올바른 이연법인세자산: 100,000 × 30% + 100,000 × 20% = 50,000

(2) 회사가 인식한 이연법인세자산: 200,000 × 30% = 60,000

물음 1-2

| 차) 재고자산[1] | 30,000 | 대) 이익잉여금 | 40,000 |
| 매출원가[2] | 10,000 | | |

1) 당기 과소계상액
2) 전기 오류수정 (40,000) + 당기 오류수정 30,000 = (-)10,000

구분	20×1년	20×2년	20×3년
20×1년 재고	10,000	(10,000)	-
20×2년 재고	-	40,000	(40,000)
20×3년 재고	-	-	30,000
매출원가	(10,000)	(30,000)	10,000
당기순이익	10,000	30,000	(10,000)

물음 2 **물음 2-1**

| 차) 이월이익잉여금 | 10,000 | 대) 무형자산손상차손환입[1] | 6,000 |
| | | 무형자산손상차손누계액[2] | 4,000 |

1) 26,000 - 20,000 = 6,000
2) 30,000 - 26,000 = 4,000

☑ 내용연수가 비한정인 무형자산은 손상차손징후에 관계없이 매년 손상검사를 하여야 한다.

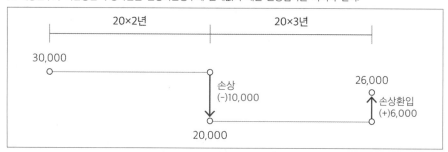

(1) 회사의 B/S, I/S

	B/S	×3년		I/S	×3년
무형자산	30,000	-		-	-
		-			

(2) 올바른 B/S, I/S

	B/S	×3년		I/S	×3년
무형자산	30,000			손상차손환입	6,000
손상차손누계액	(4,000)				
	26,000				

물음 2-2   차) 지급수수료   1,000   대) 리스채권   1,100
                 이자수익   100

☑ 판매자나 제조자가 리스제공자인 경우 리스개설직접원가는 전액 리스기간 개시일에 비용으로 처리한다. 따라서 리스채권에 포함되어 있는 리스개설직접원가는 지급수수료로 처리하고 리스채권에서 감액한다. 또한 리스개설직접원가가 리스채권에 포함되어 있어 이자수익이 증가하였으므로 이를 취소하고 동 금액을 리스채권 회수액으로 처리한다.

(1) 회사의 B/S, I/S

B/S				I/S	
리스채권	×× + 1,100	–		이자수익	×× + 100
		–			

(2) 올바른 B/S, I/S

B/S				I/S	
리스채권	××	–	판관비	1,000	이자수익	××
		–			

A사는 B사를 인수하기 위하여 동 회사로부터 다음과 같은 연도 말 재무상태표와 지난 3년 동안의 이익(납세 후)에 관한 긴단한 정보를 김도하였다. 세부자료 김도 결과 지난 3년 동안 계속 어러 가지 회계처리상 오류를 범한 것을 확인하였다.

(1) 제1차 연도(20×1년), 제2차 연도(20×2년), 제3차 연도(20×3년)의 납세 후 이익은 각각 ₩16,000과 ₩9,200, ₩6,300이었다.

(2) B사 재무상태표

재무상태표

B사	20×3년 12월 31일		(단위: 원)
현금	23,300	부채	29,100
매출채권(순액)	37,000	미지급법인세	2,700
재고자산	35,000	자본금	100,000
유형자산(순액)	128,000	이익잉여금	91,500
	223,300		223,300

(3) 회계처리상 오류

1) 재고자산오류

20×1년	₩9,700 과대	20×2년	₩7,500 과대	20×3년	₩5,900 과소

2) 유동자산으로 처리해야 할 선급비용을 당기비용으로 처리

20×1년	₩1,950	20×2년	₩2,100	20×3년	₩2,300

3) 판매수수료 미지급분 기록 누락

20×1년	₩2,400	20×2년	₩2,200	20×3년	₩1,900

4) B사는 매출채권의 4%를 손실충당금으로 설정하고 있었다. 20×2년 회사 경영진은 과거의 손실충당금이 너무 과대하게 책정되었다고 판단하여 당년도(20×2년)부터 매출채권의 3%를 손실충당금으로 책정하기로 하였다. 그러나 회계담당자는 기존의 방법에 따라 재무제표에 반영하였다. 20×2년, 20×3년의 손상차손을 계산하면 다음과 같다.

구분	20×2년	20×3년
4%	₩1,200	₩1,500
3%	₩800	₩1,300

5) 20×1년 1월 1일에 ₩23,000을 지급하고 트럭 1대를 구입한 적이 있으며 구입한 해에 모두 비용처리하였다. 내용연수는 5년, 잔존가치는 ₩3,000으로 추정되며 정액법으로 감가상각해야 한다.

6) 20×2년 1월 1일에 ₩11,060으로 발행한 전환사채(액면총액 ₩10,000, 전환권의 가치는 없으며, 상환할증금은 ₩1,060으로 기록됨)의 50%가 20×3년에 전환되었다. 전환사채의 전환조건에 따르면 전환사채는 기말에 전환된 것으로 간주하고, 배당금은 지급하지 않는다. 회사는 전환에 대한 회계처리는 하지 않았으나 이자비용은 1년치를 계상하였다. 전환사채의 전환으로 발행된 주식의 액면금액은 ₩2,000이다.

7) 법인세율은 30%이며, 20×3년 세금은 아직 납부하지 않았다.

20×0년 12월 31일의 이익잉여금이 ₩60,000이었고, 위의 오류들은 중요한 오류이기 때문에 오류수정을 소급법으로 회계처리한다고 가정한다(단, 일시적차이는 고려하지 않는다).

물음 1 위의 오류를 반영한 후에 20×1년과 20×2년, 20×3년의 정확한 당기순이익은 각각 얼마인가?

물음 2 20×3년도 장부가 마감되지 않았다고 가정할 때, 20×3년도 재무제표를 수정분개하라.

물음 3 위의 오류를 반영한 후, 아래의 20×3년 말 재무상태표를 완성하시오.

	재무상태표		
B사	20×3년 12월 31일		(단위: 원)
현금	23,300	부채	⑤
매출채권(순액)	①	미지급법인세	⑥
재고자산	②	미지급비용	⑦
유형자산(순액)	③	자본금	⑧
선급비용	④	주식발행초과금	⑨
		이익잉여금	⑩
	243,100		243,100

물음 1

구분	20×1년	20×2년	20×3년
수정 전 당기순이익	16,000	9,200	6,300
1) 재고자산 - 20×1년 과대	(-)9,700	9,700	
1) 재고자산 - 20×2년 과대		(-)7,500	7,500
1) 재고자산 - 20×3년 과소			5,900
2) 선급비용누락 - 20×1년	1,950	(-)1,950	
2) 선급비용누락 - 20×2년		2,100	(-)2,100
2) 선급비용누락 - 20×3년			2,300
3) 미지급비용누락 - 20×1년	(-)2,400	2,400	
3) 미지급비용누락 - 20×2년		(-)2,200	2,200
3) 미지급비용누락 - 20×3년			(-)1,900
4) 손상 - 20×2년 과대		400	
4) 손상 - 20×3년 과대			200
5) 차량운반구 - 20×1년	19,000[1]		
5) 차량운반구 - 20×2년		(-)4,000	
5) 차량운반구 - 20×3년			(-)4,000
6) 전환사채 전환(손익 영향 없음)			
수정사항 합계	8,850	(-)1,050	10,100
법인세효과	(-)2,655[2]	315	(-)3,030
수정 후 당기순이익	22,195	8,465	13,370

1) 취득원가 23,000 - 20×1년 감가상각(23,000 - 3,000) × 1/5 = 19,000
2) (-9,700 + 1,950 - 2,400 + 19,000) × 30% = 2,655

물음 2 회계처리

20×3년	차)	재고자산 전기오류수정손실	5,900 7,500	대)	매출원가	13,400
	차)	선급비용	2,300	대)	전기오류수정이익 비용	2,100 200
	차)	전기오류수정손실	2,200	대)	미지급판매수수료 판매수수료	1,900 300
	차)	손실충당금	600	대)	전기오류수정이익 손상차손	400 200
	차)	차량운반구 감가상각비	23,000 4,000	대)	감가상각누계액 전기오류수정이익	12,000 15,000
	차)	전환사채 사채상환할증금	5,000 530	대)	자본금 주식발행초과금	2,000 3,530
	차)	전기오류수정이익 법인세비용	2,340 3,030	대)	당기법인세부채[1]	5,370

1) (2,655) + 315 - 3,030 = (-)5,370

<table>
<tr><td colspan="4" align="center">재무상태표</td></tr>
<tr><td>B사</td><td align="center" colspan="2">20×3년 12월 31일</td><td align="right">(단위: 원)</td></tr>
<tr><td>현금</td><td align="right">23,300</td><td>부채</td><td align="right">⑤ 23,570</td></tr>
<tr><td>매출채권(순액)</td><td align="right">① 37,600</td><td>미지급법인세</td><td align="right">⑥ 8,070</td></tr>
<tr><td>재고자산</td><td align="right">② 40,900</td><td>미지급비용</td><td align="right">⑦ 1,900</td></tr>
<tr><td>유형자산(순액)</td><td align="right">③ 139,000</td><td>자본금</td><td align="right">⑧ 102,000</td></tr>
<tr><td>선급비용</td><td align="right">④ 2,300</td><td>주식발행초과금</td><td align="right">⑨ 3,530</td></tr>
<tr><td></td><td></td><td>이익잉여금</td><td align="right">⑩ 104,030</td></tr>
<tr><td></td><td align="right">243,100</td><td></td><td align="right">243,100</td></tr>
</table>

근거

① 37,000 + 손실충당금 감소 600 = 37,600

② 35,000 + 5,900 = 40,900

③ 유형자산(순액) 128,000 + 트럭 장부금액 11,000 = 139,000

④ 선급비용 2,300

⑤ 29,100 - 전환사채의 전환(5,000 + 530) = 23,570

⑥ 2,700 + 5,370 = 8,070

⑦ 1,900

⑧ 100,000 + 전환사채 전환 2,000 = 102,000

⑨ 5,530 - 2,000 = 3,530

⑩ 20×1년 초 이익잉여금 60,000 + 20×1년 수정 후 N/I 22,195 + 20×2년 수정 후 N/I 8,465

    + 20×3년 수정 후 N/I 13,370 = 104,030

물음 1   아래 오류들의 수정분개를 하시오(단, 모든 오류는 중요하며 20×2년도 장부는 마감되지 않았고 법인세에 대한 영향은 고려하지 않는다).

오류 1   A사는 20×1년 초 리스계약을 통해서 기계장치 1대를 리스하였는데 리스료를 매년 말 ₩1,000,000씩 4년간 지급하는 조건이었다. 리스자산의 공정가치는 ₩3,170,000이며 내재이자율은 10%이다. A사는 동 리스계약을 운용리스로 처리하여 왔다. 당해 리스 기계장치의 경제적 내용연수는 5년이며, 잔존가치는 없다. A사는 다른 기계장치에 대해서 정액법을 적용하여 감가상각한다(단, 리스기간 종료 후 동 기계장치는 리스회사에 반환하여야 하며, 보증, 무보증잔존가치는 없다. 또한, 동 리스계약은 단기리스이거나 소액 기초자산 리스가 아니다).

오류 2   B사는 20×2년 초 소유하고 있던 토지를 다른 회사가 보유하고 있는 토지와 교환하였다. B사 소유 토지 장부금액은 ₩3,000,000이고 공정가치는 ₩3,500,000이며, 다른 회사 소유 토지의 장부금액은 ₩2,500,000이고 공정가치는 ₩3,500,000이다. 이러한 교환거래는 상업적 실질이 결여되어 있었으나, B사는 상업적 실질이 있는 것으로 오판하여 토지의 취득원가를 양도자산의 공정가치로 인식하였다.

오류 3   C사는 20×1년 초 기계장치 취득과 관련하여 정부보조금 ₩400,000을 수령하여, 기계장치를 ₩1,000,000에 취득하였다. 정부보조금은 자산의 장부금액을 결정할 때 차감하여 표시하여야 하는데, 수령시점에 모두 수익으로 인식하였다. 기계장치는 내용연수 5년, 잔존가치 ₩100,000, 정률법(상각률 36.9%)으로 감가상각한다.

물음 2 B사는 20×1년 말에 설립되어 영양제를 제조판매하고 있다. 4년 동안 매년의 당기순이익은 다음과 같다.

20×2년	₩150,000[1]	20×3년	₩200,000
20×4년	₩230,000	20×5년	₩295,000

1) 손실률 변경(아래 추가 자료 참조)으로 인한 ₩15,000의 이익 증가 포함

B사는 다음과 같은 자료를 추가로 제시하였다.

(1) B사는 20×3년 초 과거의 경험에 비추어 손실률이 지나치게 과대하게 책정된 것을 발견하여 손실률을 2%에서 1%로 변경하였다(오류수정으로 본다). 20×2년에도 1%로 추정했다면, 손상차손은 ₩15,000이었을 것이다. 따라서 B사는 20×2년의 손상차손 ₩15,000을 차감하여 순이익을 동액만큼 증가시켰다.

(2) 20×5년에 재고자산평가방법을 가중평균법에서 선입선출법으로 변경하였음을 발견하였다. 손익계산서에 미치는 영향은 다음과 같다.

구분	20×2년	20×3년	20×4년	20×5년
가중평균법에 의한 순이익	₩150,000	₩200,000	₩230,000	₩300,000
선입선출법에 의한 순이익	₩160,000	₩205,000	₩255,000	₩295,000

(3) 20×5년 회계장부 마감 후에 추가적으로 다음과 같은 사실을 발견하였다.

- 20×4년에 기말재고를 ₩24,000 과대계상하였다.
- 20×2년에 접대비 세금감면 가능성에 대해 세무당국과 논란이 있었다. 20×2년에는 이 비용에 대한 세금감면을 받지 못했으나 20×5년에서야 감면을 받게 되었다. 회사는 법원의 판결에 의해 20×5년의 세금을 ₩7,500 감소시켰다.

회계정책의 변경은 소급법으로, 회계추정의 변경은 전진법으로 회계처리할 때 연도별(20×2년 ~ 20×5년) 정확한 당기순이익을 구하라(단, 모든 오류는 중요한 오류라고 가정한다).

—| 풀이 |—

물음 1   **오류 1**

차) 사용권자산	3,170,000	대) 리스부채[1]	1,735,700
이자비용[3]	248,700	감가상각누계액[2]	1,585,000
감가상각비[4]	792,500	지급리스료	1,000,000
이익잉여금(대차차액)	109,500		

1) (3,170,000 × 1.1 - 1,000,000) × 1.1 - 1,000,000 = 1,735,700
2) (3,170,000 - 0) × 2/4 = 1,585,000
3) (3,170,000 × 1.1 - 1,000,000) × 10% = 248,700
4) 3,170,000/4 = 792,500

참고

1. 회사의 B/S, I/S

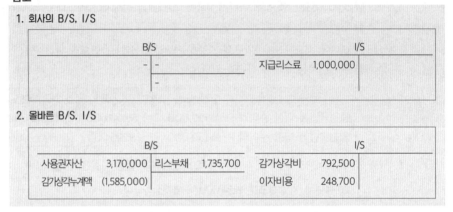

	B/S			I/S	
	-	-	지급리스료	1,000,000	
		-			

2. 올바른 B/S, I/S

	B/S			I/S	
사용권자산	3,170,000	리스부채 1,735,700	감가상각비	792,500	
감가상각누계액	(1,585,000)		이자비용	248,700	

오류 2

차) 유형자산처분이익	500,000	대) 토지	500,000

☑ 상업적 실질이 결여되어 있으므로 양도한 자산의 장부금액을 취득원가로 한다.

참고

1. 회사의 회계처리

차) 토지(신)	3,500,000	대) 토지(구)	3,000,000
		유형자산처분이익	500,000

2. 올바른 회계처리

차) 토지(신)	3,000,000	대) 토지(구)	3,000,000

오류 3	차) 이익잉여금	236,000	대) 정부보조금	132,516
			감가상각비	103,484

(1) 회사의 20×2년 말 재무제표

　　1) 기계장치: 1,000,000

　　2) 감가상각누계액: 601,839

　　　① 20×1년 감가상각비: 1,000,000 × 0.369 = 369,000

　　　② 20×2년 감가상각비: (1,000,000 - 369,000) × 0.369 = 232,839

　　3) 감가상각비: 232,839

(2) 올바른 20×2년 말 재무제표

　　1) 기계장치: 1,000,000

　　2) 감가상각누계액: 601,839

　　3) 정부보조금: 400,000 - 267,484 = 132,516

　　　정부보조금 상계액: (369,000 + 232,839) × 400,000/(1,000,000 - 100,000) = 267,484

　　4) 감가상각비: 232,839 - 232,839 × 400,000/(1,000,000 - 100,000) = 129,355

참고

1. 회사의 B/S, I/S

	B/S	×2년		I/S	×2년
기계장치	1,000,000	-	감가상각비	232,898	
감가상각누계액	(601,839)	-			

2. 올바른 B/S, I/S

	B/S	×2년		I/S	×2년
기계장치	1,000,000	-	감가상각비	129,355	
감가상각누계액	(601,839)				
정부보조금	(132,516)				

물음 2

구분	20×2년	20×3년	20×4년	20×5년
보고된 당기순이익	150,000	200,000	230,000	295,000
재고자산수정(소급법)	10,000	5,000	25,000	(-)5,000
재고오류수정(소급법)			(-)24,000	24,000
세금감면액 수정				7,500
당기순이익	160,000	205,000	231,000	321,500

각 물음은 독립적이다.

물음 1 A사는 아래와 같은 오류를 20×3년 회계기간에 발견하였다(단, 장부는 마감되지 않았다).

> (1) 20×2년 중 발생한 급여 ₩2,000,000이 20×3년 1월 말 급여지급액 ₩10,000,000에 포함되어 있다. A사는 지급액 ₩10,000,000을 지급하는 시점에 전액 비용처리하였다.
>
> (2) 20×2년 6월 1일 ₩1,000,000에 취득한 투자부동산을 취득원가로 계속 기록하여 왔다. A사는 투자부동산에 대하여 공정가치법을 적용하고 있으며, 20×2년 말과 20×3년 말의 동 투자부동산의 공정가치는 각각 ₩950,000과 ₩1,200,000이었다.
>
> (3) A사에 적용되는 법인세율은 30%이며, 회계변경과 오류수정의 회계처리와 관련하여 일시적차이는 발생하지 않는 것으로 가정한다.

물음 1-1 각 오류별 수정분개를 보이시오.

물음 1-2 회계변경과 오류수정의 효과에 대하여 소급법을 적용하는 경우에는 비교목적으로 공시하는 전기 재무제표도 수정하여 재작성해야 한다. 이에 따라 비교목적으로 공시할 A사의 20×3년 초 재무상태표의 이익잉여금 수정효과를 보이시오.

물음 1-3 회계변경을 전진법으로 처리하는 경우의 장·단점을 논하시오.

물음 2 상장기업으로 12월 말 결산법인인 A사는 20×1년도 회계변경 및 오류수정과 관련하여 아래와 같은 사항들을 발견하였다. 20×1년 재무제표 작성 시 각각에 대하여 필요한 분개(또는 수정분개)를 하시오(단, 분개(또는 수정분개)가 필요 없을 경우에는 '필요 없음'이라고 기재하시오). 아래의 상황들은 서로 독립된 상황이라고 가정하시오.

물음 2-1 A회사는 A제품에 대하여 20×1년에 위탁판매를 시작하였는데, 수탁자에게 운송하는 시점에 모두 매출로 계상하였다. 당기의 위탁매출액은 ₩1,500,000이고 매출총이익률은 10%이다. 수탁자는 당해 연도에 위탁받은 A제품의 1/3을 기말재고로 보유하고 있다.

물음 2-2 19×9년부터 구입 및 판매를 시작한 B제품에 대하여 재고자산의 원가흐름가정으로 선입선출법을 사용하여 왔으나 20×1년에 총평균법으로 변경하였다. 이 변경은 정당한 변경에 해당한다. A사는 20×1년에도 계속 선입선출법을 사용하여 회계처리하였다. 법인세효과(법인세율 30%)를 고려하시오.

구분	19×9년	20×0년	20×1년
기말재고(선입선출법)	₩400,000	₩800,000	₩750,000
기말재고(총평균법)	₩300,000	₩650,000	₩500,000

물음 2-3 A사는 20×0년 초 경제적 내용연수가 10년, 잔존가치가 없는 무형자산을 ₩100,000에 취득하였다. 취득 시 회계처리는 정확히 하였으나 무형자산의 미래경제적효익이 소멸되는 형태를 합리적으로 추정할 수 없어 무형자산상각비를 인식하지 않았다.

물음 2-4 ₩2,000,000을 투입하여 해양구조물을 완공한 후 20×0년 1월 1일부터 사용하기 시작하였다. 내용연수 경과 후에 동 해양구조물에 대하여 원상복구의무가 있음에도 불구하고 회사는 복구충당부채와 관련된 모든 회계처리를 누락하였다. 해양구조물의 내용연수는 5년이고 잔존가치는 없으며 감가상각방법은 정액법이다. 내용연수 종료 후 원상복구에 소요될 비용은 ₩400,000으로 추정되며, 적절한 할인율은 연 10%이다(단, 10%, 5년 현가계수 0.62092).

물음 1　**물음 1-1**　(1)　차) 이익잉여금　　2,000,000　　대) 급여　　2,000,000

(2)　차) 투자부동산　　200,000　　대) 투자부동산평가이익　　250,000
　　　이익잉여금　　50,000

(3)　차) 법인세비용　　60,000　　대) 당기법인세부채　　60,000
　　　차) 법인세비용　　615,000　　대) 이익잉여금　　615,000

참고　오류수정표 작성

구분	20×2년(전기)	20×3년(당기)
미지급급여	(-)2,000,000	2,000,000
투자부동산	(-)50,000	250,000
세전 오류합계	(-)2,050,000	2,250,000
법인세비용(30%)	615,000	(-)675,000
세후 오류합계	(-)1,435,000	1,575,000

물음 1-2　20×3년 초 재무상태표의 이익잉여금 수정효과: (-)1,435,000

물음 1-3　과거 재무제표를 수정하지 아니하므로 이미 공표된 재무제표에 대한 신뢰성을 유지할 수 있다는 장점이 있지만, 전기 재무제표를 수정하여 공시하지 아니하므로 회계정보의 기간 간 비교가능성이 저하될 수 있으며, 정보이용자가 회계변경의 효과를 파악하기 어려울 수 있다.

물음 2 **물음 2-1**

차) 매출	500,000	대) 매출채권	500,000
차) 재고자산	450,000	대) 매출원가	450,000

물음 2-2 (1) 오류수정 정산표

구분	19×9년	20×0년	20×1년
19×9년	(-)100,000	100,000	
20×0년		(-)150,000	150,000
20×1년			(-)250,000
계	(-)100,000	(-)50,000	(-)100,000

(2) 오류수정 회계처리

차) 매출원가	100,000	대) 재고자산	250,000
이익잉여금	150,000		
차) 이연법인세자산	75,000	대) 법인세비용	75,000
차) 법인세비용	45,000	대) 이익잉여금	45,000

☑ 재무회계에서는 회계정책의 변경이 소급법에 의한 회계처리이지만, 세법에서는 이를 전진법에 의한 회계처리로 규정하고 있으므로, 회계정책의 변경으로 인한 장부금액의 변동으로 인하여 일시적차이가 발생하게 된다. 따라서 관련된 법인세효과는 이연법인세로 인식하여야 한다.

물음 2-3

차) 이익잉여금	10,000	대) 상각누계액	20,000
무형자산상각비	10,000		

☑ 미래경제적효익의 소비형태를 합리적으로 추정할 수 없는 경우에는 정액법으로 상각한다.

물음 2-4

차) 구축물[1]	248,368	대) 복구충당부채	300,525
감가상각비[2]	49,674	감가상각누계액	99,348
이자비용[3]	27,320		
이익잉여금	74,511		

1) 400,000 × 0.62092 = 248,368
2) 248,368/5년 = 49,674
3) 248,368 × 1.1 × 10% = 27,320

(1) 회사의 B/S, I/S

	B/S	×0년		I/S	×0년
구축물	2,000,000	-	감가상각비	400,000	
감가상각누계액	(800,000)	-			

(2) 올바른 B/S, I/S

	B/S	×0년		I/S	×0년
구축물	2,248,368	-	감가상각비	449,674	
감가상각누계액	(899,348)	-	이자비용[4]	27,321	

4) 복구충당부채전입액: 273,205 × 10% = 27,321

각 물음은 독립적이다.

물음 1 ㈜포도가 20×2년 말에 발견한 오류사항은 다음과 같다. 이 오류들은 모두 중요하며, 법인세 효과는 고려하지 않는다.

<자료>

(1) ㈜포도는 20×2년 초 사무실을 임차하고 1년치 임차료 ₩300,000을 20×3년에 후급하기로 하였다. 그러나 20×2년 말 미지급임차료의 회계처리를 하지 않았다.

(2) ㈜포도는 20×1년도에 기말재고자산을 누락하여 ₩150,000 과소계상되었다. 동 재고자산은 20×2년도에 모두 판매되었다.

(3) ㈜포도는 20×2년도 기말재고자산을 ₩160,000 과소평가하였다.

(4) ㈜포도가 보유하고 있는 기계장치의 감가상각비가 20×1년 ₩30,000, 20×2년 ₩40,000씩 각각 누락되었다.

(5) 20×1년도와 20×2년도의 2년치 보험료 ₩320,000을 20×1년 말에 모두 지급하면서 당기비용으로 처리하였다. 해당 오류는 20×2년 말에 발견하였다.

한편, 오류수정 전의 20×2년 당기순이익은 ₩1,050,000이었으며, 기말이익잉여금은 ₩1,400,000이었다. 20×2년 장부가 마감되기 전에 상기한 오류를 발견하였다. 오류수정을 반영한 후의 아래의 금액들을 구하시오.

오류수정을 반영한 후 20×2년 당기순이익	①
오류수정을 반영한 후 20×2년 기말이익잉여금	②

물음 2 ㈜세무는 20×3년 장부 마감 전에 다음과 같은 오류를 발견하였다. 각각의 오류는 중요하며 법인세에 대한 영향을 고려하지 않는다. 각각의 오류를 수정하였을 때 20×3년 기초이익잉여금과 당기순이익의 변동금액 (① ~ ⑥)은 얼마인가? (단, 감소의 경우에는 금액 앞에 (-)로 표시하고, 영향이 없는 경우에는 '0'으로 표시하시오) [세무사 2차 2022년]

> 오류 1: 20×1년 착공하여 20×3년 초에 완성한 건물(내용연수 20년, 잔존가치 ₩0, 정액법 상각)과 관련하여 자본화할 차입원가 ₩120,000을 발생기간의 이자비용(20×1년분 ₩80,000, 20×2년분 ₩40,000)으로 처리하였으며, 취득시점에서 납부한 취득세와 등록세 ₩50,000을 일반관리비로 처리하였다.
>
> 오류 2: 20×1년 말, 20×2년 말, 20×3년 말 재고자산을 각각 ₩4,000 과소, ₩5,000 과대, ₩6,000 과소계상하였다.
>
> 오류 3: 20×2년 7월 1일 신규 가입한 화재보험료 ₩36,000(월 ₩3,000)과 20×3년 7월 1일 갱신 보험료 ₩48,000(월 ₩4,000)을 매년 선납하면서 전액 보험료 비용으로 처리하였다.

구분	20×3년	
	기초이익잉여금	당기순이익
오류 1	①	②
오류 2	③	④
오류 3	⑤	⑥

---| **풀이** |--

물음 1

오류수정을 반영한 후 20×2년 당기순이익	① 560,000
오류수정을 반영한 후 20×2년 기말이익잉여금	② 1,190,000

당기순이익에 미치는 영향	20×1년	20×2년
20×2년 말 미지급임차료 과소계상		(-)300,000
20×1년 말 재고자산 과소계상	150,000	(-)150,000
20×2년 말 재고자산 과소계상		160,000
감가상각비	(-)30,000	(-)40,000
20×1년 말 선급비용 과소계상	160,000	(-)160,000
합계	280,000	(-)490,000

근거

① 오류수정을 반영한 후 20×2년 당기순이익: 1,050,000 - 490,000 = 560,000

② 오류수정을 반영한 후 20×2년 기말이익잉여금: 1,400,000 + 280,000 - 490,000 = 1,190,000

물음 2

구분	20×3년	
	기초이익잉여금	당기순이익
오류 1	① 120,000	② 41,500
오류 2	③ (-)5,000	④ 11,000
오류 3	⑤ 18,000	⑥ 6,000

(1) 오류 1 - 오류수정분개

차) 건물	170,000	대) 감가상각누계액	8,500
감가상각비[1]	8,500	일반관리비	50,000
		이익잉여금	120,000

1) (120,000 + 50,000) ÷ 20년 = 8,500

(2) 오류 2

1) 오류수정 정산표

구분	20×1년	20×2년	20×3년
20×1년 재고 과소계상	4,000	(-)4,000	
20×2년 재고 과대계상		(-)5,000	5,000
20×3년 재고 과소계상			6,000
당기순이익에 미친 영향	4,000	(-)9,000	11,000

2) 오류수정분개

차) 재고자산	6,000	대) 매출원가	11,000
이익잉여금	5,000		

(3) 오류 3

1) 오류수정 정산표

구분	20×2년	20×3년
20×2년 선급비용 과소계상	18,000	(-)18,000
20×3년 선급비용 과소계상		24,000
당기순이익에 미친 영향	18,000	6,000

2) 오류수정분개

차) 선급비용	24,000	대) 보험료	6,000
		이익잉여금	18,000

오류수정(종합) (5) - Level 5

물음 1 12월 결산법인인 ㈜하늘의 20×1년도 관련 자료는 다음과 같다. 아래의 물음에 답하시오(단, 모든 오류는 중요한 오류에 해당하고 모든 회계 변경은 정당한 변경이다). 유예

<자료 1>

㈜하늘은 20×1년 초에 다음과 같은 조건의 신주인수권부사채를 액면금액으로 발행하였다.

(1) 액면금액: ₩2,000,000

(2) 표시이자율: 연 4% 매년 말 지급

(3) 만기상환: 20×3년 12월 31일(신주인수권이 행사되지 않으면 액면금액의 110% 상환)

(4) 행사조건: 사채액면금액 ₩20,000당 액면금액 ₩5,000의 보통주 행사

(5) 일반사채의 시장이자율: 연 10%(3년 연금현가계수: 2.48685, 3년 현가계수: 0.75131)

㈜하늘은 신주인수권부사채 발행 시 수령한 현금만큼 신주인수권부사채를 인식하고 신주인수권대가와 상환할증금을 인식하지 않았다. 또한 지급한 액면이자에 한하여 이자비용으로 인식하였다.

<자료 2>

㈜하늘은 20×0년 초 건물을 취득하였는데, 취득에 따른 대가로 20×0년 말부터 3회에 걸쳐 매년 말 ₩10,000,000씩 지불하기로 하였다. ㈜하늘은 해당 거래에서 유의적인 금융요소를 반영하였어야 하나 명목금액인 ₩30,000,000을 취득원가로 계상하였다. 현재가치 계산 시 적용할 적절한 할인율은 10%(3년 연금현가계수: 2.48685, 3년 현가계수: 0.75131)이고, 건물은 잔존가치가 없고 20년간 정액법으로 감가상각하며 회사는 이에 따라 감가상각을 수행하였다.

<자료 3>

㈜하늘은 20×0년 보유하고 있던 토지를 다른 회사가 보유하고 있는 토지와 교환하였다. 해당 토지의 장부금액은 ₩4,000,000이고 공정가치는 ₩4,600,000이다. 다른 회사가 보유하고 있는 토지는 공정가치가 ₩4,200,000이다. 이러한 교환거래는 상업적 실질이 있으나, ㈜하늘은 상업적 실질이 결여되어 있는 것으로 회계처리하였다.

<자료 4>

㈜하늘의 판매직원 급여는 매월 ₩1,000,000으로 설립 후 변동이 없다. ㈜하늘은 회사 설립 후 지금까지 근로 제공한 달의 급여를 다음 달 10일에 현금 ₩1,000,000을 지급하면서 비용으로 전액 인식하였다.

<자료 5>

㈜하늘은 20×0년 1월 1일 취득원가 ₩10,000,000에 차량운반구(내용연수 10년, 잔존가치 ₩0, 정액법 상각)를 구입하여 취득 및 감가상각 회계처리를 적절히 하였다. 그러나 동 차량운반구 취득 시 취득자금 중 상환의무가 없는 정부보조금 ₩1,000,000을 수령하였으나, 보조금수령시점에 전액 보조금수익으로 처리하였다.

해당 오류수정이나 회계변경에 대한 회계처리가 ㈜하늘의 재무제표에 미치는 아래의 영향을 구하시오(단, 해당 사항 없으면 '없음'으로 표시하고 음수의 경우 (-)로 표시한다).

구분	20×1년의 전기이월이익잉여금에 미치는 영향	20×1년의 당기순이익에 미치는 영향
<자료 1>	①	②
<자료 2>	③	④
<자료 3>	⑤	⑥
<자료 4>	⑦	⑧
<자료 5>	⑨	⑩

물음 2 ㈜포도는 20×4년 말 기말수정분개 후 장부를 마감하기 전에 재고자산의 평가방법을 가중평균법에서 선입선출법으로 변경하였다. ㈜포도는 20×1년 초부터 영업을 개시하였고, 재고자산 기록을 확인하여 각 연도 말 재고자산에 대한 자료를 작성하였고 해당 자료는 아래와 같다. [유예]

구분	가중평균법하의 기말재고	선입선출법하의 기말재고	가중평균법하의 매출원가
20×1년 말	₩17,000,000	₩20,000,000	₩10,000,000
20×2년 말	22,000,000	21,000,000	15,000,000
20×3년 말	25,000,000	29,000,000	17,000,000
20×4년 말	29,000,000	34,000,000	20,000,000

물음 2-1 다음은 ㈜포도의 20×4년 재무제표의 주석이다. 아래 빈칸에 들어갈 금액들을 구하시오

(1) 20×4년 재고자산평가방법에 대한 회계정책을 선입선출법으로 변경하였다. 전에 적용하던 회계정책은 가중평균법이었다.

(2) 회계정책의 변경은 소급하여 회계처리되었으며, 비교목적으로 제공되는 20×3년 재무제표는 재작성되었다.

(3) 회계정책의 변경이 20×3년 재무제표에 미친 영향은 다음과 같다.

1) 재무상태표

재고자산의 증가	①
이익잉여금의 감소(기초)	②

2) 포괄손익계산서

매출원가의 감소	③
당기순이익의 증가	④

물음 2-2 ㈜포도가 20×4년 말에 동 회계변경으로 수행하여야 할 회계처리를 보이시오.

| 풀이 |

물음 1

구분	20×1년의 전기이월이익잉여금에 미치는 영향	20×1년의 당기순이익에 미치는 영향
<자료 1>	① 없음	② (-)105,183
<자료 2>	③ (-)2,230,299	④ (-)1,478,960
<자료 3>	⑤ 600,000	⑥ 없음
<자료 4>	⑦ (-)1,000,000	⑧ 없음
<자료 5>	⑨ (-)900,000	⑩ 100,000

<자료 1>

(1) 회사의 20×1년 재무제표

    1) 재무상태표

        신주인수권부사채의 장부금액: 2,000,000

    2) 손익계산서

        이자비용: 80,000

(2) GAAP에 따라 작성된 20×1년 재무제표

    1) 재무상태표

      • 신주인수대가의 장부금액: 2,000,000 - (80,000 × 2.48685 + 2,200,000 × 0.75131) = 148,170

      • 신주인수권부사채의 장부금액: 1,851,830 × 1.1 - 80,000 = 1,957,013

    2) 손익계산서

        이자비용: 1,851,830 × 10% = 185,183

(3) 오류수정 회계처리

차) 이자비용	105,183	대) 신주인수권대가	148,170
신주인수권부사채	42,987		

<자료 2>

(1) 회사의 20×1년 재무제표

    1) 재무상태표

      • 건물의 취득원가: 30,000,000

      • 감가상각누계액: 30,000,000 × 2/20년 = 3,000,000

      • 미지급금: 10,000,000

    2) 손익계산서

        감가상각비: 1,500,000

(2) GAAP에 따라 작성된 20×1년 재무제표

    1) 재무상태표

      • 건물의 취득원가: 10,000,000 × 2.48685 = 24,868,500

      • 감가상각누계액: 24,868,500 × 2/20년 = 2,486,850

      • 미지급금: 10,000,000/1.1 = 9,090,909

    2) 손익계산서

      • 이자비용: (24,868,500 × 1.1 - 10,000,000) × 10% = 1,735,535

      • 감가상각비: 1,243,425

(3) 오류수정 회계처리

차) 감가상각누계액	513,150	대) 건물	5,131,500
미지급금	909,091	감가상각비	256,575
이자비용	1,735,535		
미처분이익잉여금	2,230,299		

<자료 3>

(1) 회사의 20×1년 재무제표

  • 재무상태표

    토지: 4,000,000

(2) GAAP에 따라 작성된 20×1년 재무제표

  • 재무상태표

    토지: 4,600,000

(3) 오류수정 회계처리

차) 토지	600,000	대) 미처분이익잉여금	600,000

<자료 4>

(1) 회사의 20×1년 재무제표

  1) 재무상태표

    해당사항 없음

  2) 손익계산서

    급여: 12,000,000

(2) GAAP에 따라 작성된 20×1년 재무제표

  1) 재무상태표

    미지급급여: 1,000,000

  2) 손익계산서

    급여: 12,000,000

(3) 오류수정 회계처리

차) 미처분이익잉여금	1,000,000	대) 미지급급여	1,000,000

<자료 5>

(1) 회사의 20×1년 재무제표

    1) 재무상태표

        • 차량운반구: 10,000,000

        • 감가상각누계액: 10,000,000 × 2/10 = 2,000,000

    2) 손익계산서

        감가상각비: 1,000,000

(2) GAAP에 따라 작성된 20×1년 재무제표

    1) 재무상태표

        • 차량운반구: 10,000,000

        • 감가상각누계액: 10,000,000 × 2/10 = 2,000,000

        • 정부보조금: 1,000,000 × 8/10 = 800,000

    2) 손익계산서

        감가상각비: (10,000,000 - 1,000,000)/10 = 900,000

(3) 오류수정 회계처리

차) 미처분이익잉여금	900,000	대) 정부보조금	800,000
		감가상각비	100,000

물음 2   **물음 2-1**   (1) 재무상태표

재고자산의 증가	① 4,000,000
이익잉여금의 감소	② 1,000,000

(2) 포괄손익계산서

매출원가의 감소	③ 5,000,000
당기순이익의 증가	④ 5,000,000

[오류수정 정산표]

구분	20×1년	20×2년	20×3년	20×4년
20×1년 재고 증가	3,000,000	(-)3,000,000		
20×2년 재고 감소		(-)1,000,000	1,000,000	
20×3년 재고 증가			4,000,000	(-)4,000,000
20×4년 재고 증가				5,000,000
합계	3,000,000	(-)4,000,000	5,000,000	1,000,000

물음 2-2   회계처리

20×4년 말	차) 재고자산	5,000,000	대) 매출원가	1,000,000
			미처분이익잉여금	4,000,000

다음의 각 물음은 독립적이다. 회계변경은 한국채택국제회계기준에서 제시하는 조건을 충족하며, 모든 오류는 중요한 오류이다.

물음 1

20×1년 A사의 재무제표에 대한 회계감사 과정에서 20×0년 말 재고자산 금액이 ₩10,000 과대계상되었던 것을 확인하였다. 이에 반해 20×1년 말의 재고자산은 정확하게 계상되었다. 상기 재고자산의 과대계상 오류가 수정되지 않은 A사의 20×0년과 20×1년의 요약 포괄손익계산서는 다음과 같다.

구분	20×0년	20×1년
수익	₩80,000	₩70,000
비용	(-)60,000	(-)55,000
당기순이익	20,000	15,000

재고자산 과대계상 오류를 수정하여 비교재무제표를 작성할 경우 아래의 금액들을 구하시오(단, 20×0년 초 이익잉여금은 ₩30,000이다).

20×0년 말 이익잉여금	①
20×1년 말 이익잉여금	②

물음 2 각 물음별로 서로 독립적이다.

다음은 B사의 20×3년 비교식으로 표시된 부분재무상태표와 부분포괄손익계산서이다.

재무상태표
20×3년 12월 31일

과목	20×3. 12. 31.	20×2. 12. 31.	과목	20×3. 12. 31.	20×2. 12. 31.
⋮	⋮	⋮	⋮	⋮	⋮
기계장치	₩4,000,000	₩3,200,000	이익잉여금	2,380,000	2,100,000
감가상각누계액	(-)1,500,000	(-)1,000,000	⋮	⋮	⋮

* 20×3년 이익잉여금 변동액은 당기순이익에 기인한 부분만 존재한다.

포괄손익계산서
20×3. 1. 1. ~ 20×3. 12. 31.

과목	당기(20×3. 1. 1. ~ 20×3. 12. 31.)	전기(20×2. 1. 1. ~ 20×2. 12. 31.)
⋮	⋮	⋮
감가상각비	(-)430,000	(-)380,000
⋮	⋮	⋮
당기순이익	280,000	200,000

물음 2-1 B사는 당기(20×3년) 재무제표를 마감하기 전 아래의 항목에 대한 사항을 추가 반영하고자 한다.

> B사는 20×1년 1월 1일 기계장치 A를 ₩500,000에 취득하여 이중체감법으로 감가상각해 왔다. 기계장치 A의 내용연수는 5년, 잔존가치는 ₩50,000이다. 그러나 20×3년 초에 감가 상각방법을 정액법으로 변경하고, 잔여내용연수는 4년, 잔존가치는 ₩20,000으로 재추정하 였다. 그러나 B사는 당기에 기계장치 A에 대한 감가상각비를 수행하지 않았다.

기계장치 A에 대한 회계처리를 적정하게 반영된 경우, 당기 및 비교 표시되는 전기 재무제표의 금액들을 구하시오.

구분	당기(20×3년)	전기(20×2년)
재무상태표 기계장치 장부금액	①	
포괄손익계산서 감가상각비	②	
포괄손익계산서 당기순이익		③
재무상태표 이익잉여금	④	⑤

물음 2-2 B사는 당기(20×3년) 재무제표를 마감하기 전 아래의 항목에 대한 사항을 추가 반영하고자 한다.

> B사는 당기 장부 마감 전, 20×2년 1월 1일 기계장치 B에 대하여 ₩500,000의 후속원가를 지출하고 전액 비용처리하였다는 것을 확인하였다. 이 후속원가는 유형자산의 내용연수를 연장시키는 지출이었다. 기계장치 B는 당기 말 현재 잔존내용연수 3년, 잔존가치는 없으며 정액법으로 감가상각한다.

기계장치 B에 대한 회계처리를 적정하게 반영된 경우, 당기 및 비교 표시되는 전기 재무제표의 금액들을 구하시오.

구분	당기(20×3년)	전기(20×2년)
재무상태표 기계장치 장부금액		①
포괄손익계산서 감가상각비	②	③
포괄손익계산서 당기순이익		④
재무상태표 이익잉여금	⑤	

물음 3 다음은 ㈜삼정의 20×1년도 회계감사 중 발견한 오류사항이다.

<오류사항 1> ㈜삼정은 당기 중에 재고자산에 대해 전기까지 사용하던 선입선출법에서 가중평균법으로 변경하였고 당기 말 재고자산은 가중평균법을 적용하여 회계처리하였다. 전기 말 재고자산에 대해서 ㈜삼정은 가중평균법을 적용하였더라면 ₩200,000이 더 높게 인식되었어야 하는 것을 발견하였다.

<오류사항 2> ㈜삼정은 정기예금에 대한 미수이자 ₩100,000을 인식하지 않았다. 이는 20×1년 말까지 이자수익이 입금되지 않았기 때문이다.

<오류사항 3> ㈜삼정은 전기에 취득한 토지에 대한 취득세 ₩300,000을 납부하면서 전액 비용처리하였다.

㈜삼정이 당기 및 차기 이후에 적용할 법인세율은 20%이고 기초 재무상태표상 이연법인세자산과 부채는 없다. 각 오류사항을 수정하였을 때, 반영할 아래의 금액들을 구하시오(단, 음수는 '(-)'표기하고 '0'은 없음으로 표기).

구분	20×1년 당기손익에 미친 영향	20×1년 기초 이월이익잉여금에 미친 영향
오류사항 1	①	②
오류사항 2	③	④
오류사항 3	⑤	⑥

물음 1

20×0년 말 이익잉여금	① 40,000
20×1년 말 이익잉여금	② 65,000

근거

(1) 20×0년 수정 후 당기순이익: 20,000 - 10,000 = 10,000

(2) 20×1년 수정 후 당기순이익: 15,000 + 10,000 = 25,000

(3) 20×0년 말 수정 후 이익잉여금: 30,000 + 10,000 = 40,000

(4) 20×1년 말 수정 후 이익잉여금: 40,000 + 25,000 = 65,000

물음 2 **물음 2-1**

구분	당기(20×3년)	전기(20×2년)
재무상태표 기계장치 장부금액	① 2,640,000	
포괄손익계산서 감가상각비	② 470,000	
포괄손익계산서 당기순이익		③ 200,000
재무상태표 이익잉여금	④ 2,340,000	⑤ 2,100,000

근거

(1) 20×2년 초 기계장치 A의 장부금액: 500,000 - (500,000 - 0) × 2/5 = 300,000

(2) 20×2년 감가상각비: 300,000 × 2/5 = 120,000

(3) 20×3년 초 기계장치 A의 장부금액: 300,000 - 300,000 × 2/5 = 180,000

(4) 20×3년 감가상각비: 430,000 + (180,000 - 20,000) ÷ 4년 = 470,000

(5) 20×3년 말 기계장치 장부금액: (4,000,000 - 1,500,000) + 180,000 - 40,000 = 2,640,000

(6) 20×3년 말 이익잉여금: 2,380,000 - 40,000(당기 미인식 감가상각비) = 2,340,000
  ☑ 회계추정치의 변경이므로 당기 감가상각비만 수정한다.

물음 2-2

구분	당기(20×3년)	전기(20×2년)
재무상태표 기계장치 장부금액	2,800,000	① 2,600,000
포괄손익계산서 감가상각비	② 530,000	③ 480,000
포괄손익계산서 당기순이익	180,000	④ 600,000
재무상태표 이익잉여금	⑤ 2,680,000	2,500,000

근거

(1) 정산표

구분	20×2년	20×3년
기계장치 B 과소 계상	500,000	
감가상각비 과소 계상[1]	(-)100,000	(-)100,000
당기순이익에 미치는 영향	400,000	(-)100,000

1) (500,000 - 0) ÷ (3 + 2)년 = 100,000

☑ 오류수정에 해당하므로 소급법을 적용한다. 그러므로 내용연수도 후속원가 지출일을 기준으로 5년을 적용한다.

(2) 20×2년 기계장치 감가상각비: 380,000 + 100,000 = 480,000

(3) 20×2년 말 기계장치 장부금액: (3,200,000 - 1,000,000) + 500,000 - 100,000 = 2,600,000

(4) 20×2년 당기순이익: 200,000 + 400,000 = 600,000

(5) 20×2년 말 이익잉여금: 2,100,000 + 400,000 = 2,500,000

(6) 20×3년 기계장치 감가상각비: 430,000 + 100,000 = 530,000

(7) 20×3년 말 기계장치 장부금액: (4,000,000 - 1,500,000) + 500,000 - 100,000 - 100,000 = 2,800,000

(8) 20×3년 당기순이익: 280,000 - 100,000 = 180,000

(9) 20×3년 말 이익잉여금: 2,500,000 + 180,000 = 2,680,000

물음 3

구분	20×1년 당기손익에 미친 영향	20×1년 기초 이월이익잉여금에 미친 영향
오류사항 1	① (-)160,000	② 160,000
오류사항 2	③ 80,000	④ 없음
오류사항 3	⑤ 없음	⑥ 240,000

근거

1. <오류사항 1>의 오류수정분개

차)	매출원가	200,000	대)	이익잉여금	200,000
차)	이익잉여금	40,000	대)	법인세비용	40,000

① 20×1년 당기손익에 미친 영향: (-)200,000 + 40,000 = (-)160,000

② 20×1년 기초 이월이익잉여금에 미친 영향: 200,000 - 40,000 = 160,000

2. <오류사항 2>의 오류수정분개

차)	미수이자	100,000	대)	이자수익	100,000
차)	법인세비용	20,000	대)	이연법인세부채	20,000

③ 20×1년 당기손익에 미친 영향: 100,000 - 20,000 = 80,000

④ 20×1년 기초 이월이익잉여금에 미친 영향: 0

3. <오류사항 3>의 오류수정분개

차)	토지	300,000	대)	이익잉여금	300,000
차)	법인세비용	60,000	대)	당기법인세부채	60,000
차)	이익잉여금	60,000	대)	법인세비용	60,000

⑤ 20×1년 당기손익에 미친 영향: 60,000 - 60,000 = 0

⑥ 20×1년 기초 이월이익잉여금에 미친 영향: 300,000 - 60,000 = 240,000

문제 10 회계변경 및 오류수정의 법인세효과 - Level 4

각 물음은 서로 독립적이다.

물음 1 20×1년 초에 설립된 A사는 재고자산에 대해서 20×2년 말까지 평균법을 적용하여 단가결정을 하였으나, 20×3년부터 선입선출법으로 단가결정방법을 변경하였다. 이러한 회계정책 변경은 한국채택국제회계기준에서 제시하는 조건을 충족하는 것이다.

구분	20×1년	20×2년	20×3년
평균법	₩40,000	₩45,000	₩50,000
선입선출법	43,000	50,000	46,000

물음 1-1 20×3년 초 A사가 수행할 회계처리를 보이시오(단 법인세율은 30%이다).

물음 1-2 20×3년 중 기초재고자산이 모두 판매되었을 경우, 법인세와 관련된 A사가 수행할 회계처리를 보이시오(단 법인세율은 30%이다).

물음 2 A사는 20×1년도 판매비 ₩200,000에 대한 미지급비용을 인식하지 않았다. 판매비는 모두 세법에서 인정하는 비용이다(단, 법인세율은 30%이다).

물음 2-1 해당 오류를 장부마감 전에 발견하였다고 가정하고 법인세비용을 고려하여 오류수정분개를 하라.

물음 2-2 해당 오류를 20×1년도 장부마감 후에 발견하였다면, 법인세비용을 고려하여 오류수정분개를 하라.

물음 3 A사는 20×1년도 결산일에 ₩100,000의 제품보증충당부채를 과소계상하였다. 이러한 오류를 다음의 각 시점에서 발견하였다고 가정하고 법인세비용에 미치는 영향을 고려하여 오류수정분개를 하라(단, 법인세율은 30%이고 차감할 일시적차이의 미래실현가능성은 높다고 가정하며 제품보증충당부채의 설정은 세법에서 인정하지 않는다).

물음 3-1 해당 오류를 장부마감 전에 발견하였다고 가정하고 법인세비용을 고려하여 오류수정분개를 하라.

물음 3-2 해당 오류를 20×1년도 장부마감 후에 발견하였다면, 법인세비용을 고려하여 오류수정분개를 하라.

물음 1 **물음 1-1**

20×3년 초	차) 재고자산	5,000	대) 이익잉여금	5,000
	차) 법인세비용	1,500	대) 이연법인세부채	1,500
	차) 이익잉여금	1,500	대) 법인세비용	1,500

물음 1-2

20×3년 말	차) 이연법인세부채	1,500	대) 법인세비용	1,500

☑ 20×3년 초에 회계정책 변경에 대한 회계처리를 반영한다면 기초재고자산을 5,000만큼 증가하게 된다. 그러나 세법에서는 회계정책 변경을 하더라도 소급적용을 인정하지 않기 때문에 일시적차이 5,000이 발생한다. 재고자산의 회계상 장부금액보다 세무기준액이 3,000 작으므로 (-)일시적차이가 발생하며, 이는 미래의 법인세부담액을 증가시키는 효과가 있으므로 이연법인세부채 1,500(= 5,000 × 30%)을 인식해야 할 대상이다. 즉, 이연법인세부채 1,500을 인식하고, 그만큼 회계변경 누적효과(이익잉여금)에서 차감한다. 20×3년 말 재무상태표상 재고자산 금액은 세무기준액과 동일하다. 세법에서는 소급적용만 허용하지 않을 뿐이지 선입선출법으로의 변경은 허용하기 때문에 20×3년 말 현재 재고자산에 대한 일시적차이는 존재하지 않는다. 따라서 20×3년 말에 이연법인세부채 1,500을 감소시키는 회계처리를 추가하면 된다.

물음 2 **물음 2-1**

20×1년 말	차) 판매비	200,000	대) 미지급비용	200,000
	차) 당기법인세부채	60,000	대) 법인세비용	60,000

물음 2-2

20×1년 말	차) 이익잉여금	200,000	대) 미지급비용	200,000
	차) 당기법인세부채	60,000	대) 법인세비용	60,000
	차) 법인세비용	60,000	대) 이익잉여금	60,000

물음 3 **물음 3-1**

20×1년 말	차) 제품보증비	100,000	대) 제품보증충당부채	100,000
	차) 이연법인세자산	30,000	대) 법인세비용	30,000

물음 3-2

20×1년 말	차) 이익잉여금	100,000	대) 제품보증충당부채	100,000
	차) 이연법인세자산	30,000	대) 법인세비용	30,000
	차) 법인세비용	30,000	대) 이익잉여금	30,000

1. 법인세의 영향을 고려한 회계변경의 회계처리

소급법을 적용하는 회계정책 변경의 경우 세법에서는 소급법을 인정하지 않고 전진법만 인정하므로 재무상태표상 자산, 부채의 장부금액과 세무기준액 간에 일시적차이가 발생한다. 따라서 일시적차이에 대하여 이연법인세자산 또는 이연법인세부채를 인식하고, 이를 직접 이익잉여금에 가감한다. 그러나 회계추정치 변경은 기업회계와 세법에서 모두 전진법을 적용하기 때문에 일시적차이가 발생하지 않는다.

2. 법인세의 영향을 고려한 오류수정의 회계처리

(1) 법인세부담액에 영향을 미치는 오류

오류수정금액을 장부에 기록하면 회계이익도 변동되는데 장부에 기록한 오류수정금액에 대하여 추가적인 세무조정이 필요하지 않다면(= 세법에서도 오류수정금액을 모두 인정함) 오류수정금액만큼 과세소득도 변동되어 결국 법인세부담액도 변동된다. 따라서 당기법인세부채와 법인세비용을 수정하는 추가적인 분개가 필요하다.

(2) 이연법인세에 영향을 미치는 오류

오류수정금액을 장부에 기록하면 회계이익도 변동되는데 장부에 기록한 오류수정금액에 대하여 추가적인 세무조정을 하는 과정에서(= 세법에서 오류수정금액을 인정하지 않음) 일시적차이가 발생할 수 있다. 이 경우에는 이연법인세자산, 부채와 법인세비용을 수정하는 추가적인 분개가 필요하다. 한편 일시적차이 이외의 세무조정을 할 수도 있는데, 이 경우에는 회계이익이 변동되더라도 세무조정을 통하여 과세소득은 변동되지 않으므로 법인세비용에 대한 추가적인 수정분개가 필요하지 않다. 다만 일시적차이 이외의 차이라고 하더라도 당기법인세부채에 영향을 주는 경우가 있다.

제 **15** 장

현금흐름표

해커스 IFRS 정윤돈 재무회계연습

I | 영업활동으로 인한 현금흐름 - 직접법

문제 1 영업활동현금흐름 직접법(항목별 구분) - Level 3

다음은 12월 말 결산법인인 A사와 관련된 자료들로 각 물음들은 서로 독립적이다.

물음 1 A사는 20×1년 중에 장기 미회수 매출채권을 손상처리하였으며, 손상처리한 채권이 회수된 금액은 없다. 매출과 관련하여 재무제표에서 발췌한 자료들이 다음과 같다고 할 경우 A사가 20×1년도에 손상처리한 매출채권이 얼마인지 계산하시오.

계정과목		20×0년 말	20×1년 말
재무상태표	매출채권	₩30,000	₩40,000
	손실충당금	₩2,000	₩4,000
포괄손익계산서	매출		₩230,000
	손상차손		₩?
	외환손실(매출채권 관련)		₩1,000
현금흐름표	고객으로부터 현금유입액		₩218,000

물음 2 B사의 20×1년 기초 및 기말 매출활동 관련 계정잔액과 계정변동사항은 다음과 같다. B사가 20×1년 고객으로부터 수취한 현금을 구하시오.

구분	기초	기말
매출채권	₩40,000	₩41,000
손실충당금	₩3,500	₩3,300
선수금	₩15,000	₩20,000

(1) 20×1년의 순매출액은 ₩130,000이고 상품 판매와 관련하여 선수금 ₩40,000을 수령하였다.

(2) 20×0년에 손상차손을 인식한 ₩1,400의 매출채권이 20×1년에 회수불가능하다고 판명되었고, 전기에 손상차손을 인식한 매출채권 중 ₩300이 20×1년에 회수되었다.

물음 3 C사가 종업원들에게 지급한 급여와 관련된 자료들은 다음과 같다. 포괄손익계산서의 급여계정에 주식보상비용이 포함되어 있다고 할 경우 C사가 20×0년 말 재무상태표에 보고한 미지급급여는 얼마인지 계산하시오.(단, 주식선택권 중 권리가 행사된 것은 없다).

계정과목		20×0년 말	20×1년 말
재무상태표	미지급급여	₩?	₩13,000
	주식선택권	₩14,000	₩22,000
포괄손익계산서	급여	-	₩70,000
현금흐름표	종업원에 대한 현금유출액	-	₩76,000

물음 4 D사의 20×1년 이자비용과 관련한 자료는 다음과 같다. D사의 이자지급으로 인한 현금유출액을 구하시오.

(1) 기초 및 기말재무상태표에서 추출한 자료

구분	기초	기말
선급이자	₩20,000	₩40,000
미지급이자	₩40,000	₩45,000

(2) 포괄손익계산서상의 이자비용은 ₩200,000으로 사채할인발행차금상각액 ₩30,000이 포함되어 있으며, 당기에 자본화한 차입원가는 ₩30,000이다.

물음 5 E사의 20×1년도 영업활동 중 기타활동 관련 자료는 다음과 같다.

구분	기초	기말
이연법인세자산	₩30,000	₩40,000
당기법인세부채	₩50,000	₩30,000
자기주식	₩20,000	₩10,000

(1) 법인세비용: 30,000

(2) 자기주식처분이익 법인세효과: 1,000

20×1년 E사의 법인세의 납부로 인한 현금유출액은 얼마인가?

물음 6 F사의 재무상태표상 재고자산과 매입채무의 금액은 다음과 같다.

구분	20×1년 초	20×1년 말
재고자산	₩600,000	₩750,000
매입채무	₩550,000	₩660,000

한편, 20×1년도 포괄손익계산서상 매입채무와 관련된 외환차익은 ₩80,000, 외화환산이익은 ₩200,000으로 계상되었다. F사의 20×1년도 현금흐름표상 공급자에 대한 유출(재고자산 매입)이 ₩610,000이라면 20×1년도 포괄손익계산서상 매출원가는 얼마인가? (단, 20×1년 재고자산의 감모손실과 평가손실은 각각 ₩5,000, ₩10,0000이 발생하였고 F사는 감모손실과 평가손실을 매출원가에 가산하지 않는다)

물음 1 20×1년도에 손상처리한 매출채권: 1,000

고객으로부터 수취한 현금(A + C)		218,000
1. 매출활동 관련 손익(A)		226,000
(1) 매출액	230,000	
(2) 손상차손	(-)3,000	
(3) 매출채권 처분손익	-	
(4) 환율변동손익	(-)1,000	
2. 매출활동 관련 자산·부채 증감(C)		(-)8,000
(1) 매출채권 증감	(-)10,000	
(2) 손실충당금 증감	2,000	
(3) 선수금 증감	-	

기초손실충당금 2,000 + 손상설정액 3,000 = 손상확정액 + 기말손실충당금 4,000, 손상확정액: 1,000

물음 2 20×1년 고객으로부터 수취한 현금: 132,900

고객으로부터 수취한 현금(A + C)		132,900
1. 매출활동 관련 손익(A)		129,100
(1) 매출액	130,000	
(2) 손상차손	(-)900	
(3) 매출채권 처분손익	-	
(4) 환율변동손익	-	
2. 매출활동 관련 자산·부채 증감(C)		3,800
(1) 매출채권 증감	(-)1,000	
(2) 손실충당금 증감	(-)200	
(3) 선수금 증감	5,000	

기초손실충당금 3,500 + 손상회수액 300 + 손상설정액 = 손상확정액 1,400 + 기말손실충당금 3,300,
손상설정액(손상차손): 900

물음 3 20×0년 말 재무상태표에 보고한 미지급급여: 13,000 + 14,000 = 27,000

1. 기타영업활동 관련 손익(A)		(-)62,000
(1) 종업원 급여	(-)70,000	
(2) 주식결제형 주식보상비용 급여에 포함 시 제외	8,000	
2. 기타영업활동 관련 자산·부채 증감(C)		(-)14,000
(1) 미지급급여 증감	(-)14,000	
(2) 확정급여채무 증감	-	
(3) 선급급여 증감	-	
⇒ 종업원에 대한 현금유출액		(-)76,000

물음 4 20×1년 이자지급으로 인한 현금유출액: 215,000

1. 기타영업활동 관련 손익(A)		(-)170,000
(1) 이자비용	(-)200,000	
(2) 사채할인발행차금상각액	30,000	
2. 기타영업활동 관련 자산·부채 증감(C)		(-)45,000
(1) 선급이자 증감	(-)20,000	
(2) 미지급이자 증감	5,000	
(3) 자본화한 차입원가 증감	(-)30,000	
⇒ 이자지급으로 인한 현금유출액		(-)215,000

물음 5 20×1년 법인세의 납부로 인한 현금유출액 : 61,000

법인세로 인한 현금유출액		(-)61,000
1. 기타영업활동 관련 손익(A)		(-)31,000
(1) 법인세비용	(-)30,000	
(2) 자기주식처분이익	(-)1,000	
2. 기타영업활동 관련 자산·부채 증감(C)		(-)30,000
(1) 이연법인세자산 증감	(-)10,000	
(2) 당기법인세부채 증감	(-)20,000	

참고 자기주식 계정분석

20×1년	차) 현금	15,000	대) 자기주식	10,000	
			자기주식처분이익	5,000	
	차) 자기주식처분이익	1,000	대) 법인세비용	1,000	

물음 6 20×1년 포괄손익계산서상의 매출원가: 835,000

공급자에게 지급한 현금유출액(A + C)		(-)610,000
1. 매입활동 관련 손익(A)		$-x + 265,000$
(1) 매출원가	x	
(2) 감모손실과 평가손실	(-)15,000	
(3) 채무면제이익	-	
(4) 환율변동이익	80,000 + 200,000 = 280,000	
2. 매입활동 관련 자산·부채 증감(C)		(-)40,000
(1) 상품 증감	600,000 - 750,000 = (-)150,000	
(2) 선급금 증감	-	
(3) 매입채무 증감	660,000 - 550,000 = 110,000	

⇒ **매출원가(x):** $-x + 265,000 - 40,000 = (-)610,000$, $x = (-)835,000$

A사의 20×1년 말과 20×2년 말 수정 후 시산표 내역 및 그 밖의 자료는 다음과 같다.

(1) 시산표

과목	20×2년	20×1년	과목	20×2년	20×1년
현금	₩2,450	₩1,700	매입채무	₩7,000	₩9,000
매출채권	₩14,000	₩11,100	미지급이자	₩1,800	₩1,000
재고자산	₩9,000	₩6,000	감가상각누계액	₩3,500	₩2,700
유형자산	₩9,000	₩5,000	사채	₩4,000	₩4,000
이연법인세자산	₩400	₩800	손실충당금	₩2,500	₩2,300
사채할인발행차금	₩900	₩1,200	당기법인세부채	₩800	₩700
매출원가	₩36,000	₩33,000	자본금	₩5,000	₩5,000
판매비	₩6,000	₩4,000	자본잉여금	₩3,000	₩3,000
관리비	₩4,700	₩2,900	매출액	₩58,250	₩51,000
감가상각비	₩800	₩800	이자수익	₩1,100	₩900
손상차손	₩400	₩300			
이자비용	₩1,300	₩1,400			
법인세비용	₩2,000	₩1,600			

(2) 매출채권 중 당기에 회수 불가능한 것으로 판명된 금액 ₩200이 있다.

(3) 20×2년 취득한 유형자산에 대한 자본화차입원가는 ₩100이다.

물음 1 20×2년 고객으로부터 유입된 현금을 계산하시오.

물음 2 20×2년 공급자에게 지급하는 현금을 계산하시오.

물음 3 20×2년 이자지급으로 인한 현금유출액을 계산하시오.

물음 4 20×2년 법인세납부로 인한 현금유출액을 계산하시오.

물음 5 위 문제와 독립적으로 다음은 B사의 20×1년도 재무제표의 일부이다.

구분	기초장부금액	기말장부금액	당기 발생액
매출채권(순액)	₩45,000	₩49,000	
재고자산	28,000	25,000	
매입채무	33,000	35,000	
미지급급여	4,600	6,500	
미지급판매관리비	2,400	1,800	
제품보증충당부채	5,400	4,700	
매출액			₩2,320,000
매출원가			1,644,000
급여			125,000
판매관리비			247,000

판매관리비 ₩247,000에는 매출채권손상차손 ₩1,500과 유형자산 감가상각비 ₩35,000, 그리고 제품보증충당부채전입액 ₩2,000이 포함되어 있다.

B사가 현금흐름표의 영업활동현금흐름을 직접법으로 작성할 때, 아래의 금액들을 구하시오.

고객으로부터 유입되는 현금	①
공급자에게 유출되는 현금	②
종업원에게 유출되는 현금	③
판매관리비로 유출되는 현금	④

물음 1 20×2년 고객으로부터 유입된 현금: 55,150

고객으로부터 수취한 현금(A + C)		55,150
1. 매출활동 관련 손익(A)		57,850
(1) 매출액	58,250	
(2) 손상차손	(-)400	
(3) 매출채권 처분손익	-	
(4) 환율변동손익	-	
2. 매출활동 관련 자산 · 부채 증감(C)		(-)2,700
(1) 매출채권 증감	(-)2,900	
(2) 손실충당금 증감	200	
(3) 선수금 증감	-	

물음 2 20×2년 공급자에게 지급하는 현금: 41,000

공급자에게 지급한 현금유출액(A + C)		(-)41,000
1. 매입활동 관련 손익(A)		(-)36,000
(1) 매출원가	(-)36,000	
(2) 감모손실과 평가손실	-	
(3) 채무면제이익	-	
(4) 환율변동이익	-	
2. 매입활동 관련 자산 · 부채 증감(C)		(-)5,000
(1) 재고자산 증감	(-)3,000	
(2) 선급금 증감	-	
(3) 매입채무 증감	(-)2,000	

물음 3 20×2년 이자지급으로 인한 현금유출액: 300

1. 기타영업활동 관련 손익(A)		(-)1,000
(1) 이자비용	(-)1,300	
(2) 사채할인발행차금상각액	300	
2. 기타영업활동 관련 자산 · 부채 증감(C)		700
(1) 선급이자 증감	-	
(2) 미지급이자 증감	800	
(3) 자본화한 차입원가 증감	(-)100	
⇒ 이자지급으로 인한 현금유출액		(-)300

물음 4 20×2년 법인세납부로 인한 현금유출액: 1,500

법인세로 인한 현금유출액		(-)1,500
1. 기타영업활동 관련 손익(A)		(-)2,000
(1) 법인세비용	(-)2,000	
(2) 자기주식처분이익	-	
2. 기타영업활동 관련 자산·부채 증감(C)		500
(1) 이연법인세자산 증감	400	
(2) 당기법인세부채 증감	100	

물음 5

고객으로부터 유입되는 현금	① 2,314,500
공급자에게 유출되는 현금	② (-)1,639,000
종업원에게 유출되는 현금	③ (-)123,100
판매관리비로 유출되는 현금	④ (-)211,800

① 고객으로부터 유입되는 현금

차) 손상차손	1,500	대) 매출	2,320,000
매출채권 증가	4,000		
현금(대차차액)	2,314,500		

② 공급자에게 유출되는 현금

차) 매출원가	1,644,000	대) 재고자산 감소	3,000
		매입채무 증가	2,000
		현금(대차차액)	1,639,000

③ 종업원에게 유출되는 현금

차) 급여	125,000	대) 미지급급여 증가	1,900
		현금(대차차액)	123,100

④ 판매관리비로 유출되는 현금

차) 판매관리비[1]	210,500	대) 현금(대차차액)	211,800
미지급판매관리비 감소	600		
제품보증충당부채 감소	700		

1) 247,000 - 1,500(매출채권손상차손) - 35,000(감가상각비) = 210,500

문제 3 **투자·재무활동현금흐름(유형자산, 사채, 배당금지급) - Level 4**

다음은 12월 말 결산법인인 A사와 관련된 자료들로 각 물음들은 서로 독립적이다.

물음 1 다음은 A사의 20×1년도 비교재무제표 중 기계장치와 관련된 부분들만 발췌한 것으로, A사는 기계장치를 원가모형으로 측정한다. A사가 당기에 처분한 기계장치의 처분금액은 ₩75,000으로 처분금액 중 ₩12,000은 20×2년도에 받기로 하였다. A사의 20×1년 기계장치 취득으로 유출된 현금을 계산하시오.

계정과목	20×1년	20×0년
기계장치	₩300,000	₩150,000
감가상각누계액	₩(-)52,000	₩(-)45,000
감가상각비	₩45,000	-
유형자산처분이익	₩15,000	-

물음 2 다음은 B사의 20×1년도 비교재무제표 중 건물과 관련된 부분들만 발췌한 것으로 건물은 재평가모형을 적용한다. B사는 20×1년 중 재평가잉여금 ₩10,000을 이익잉여금으로 대체하였으며, 당기 건물 취득액은 ₩300,000이다. B사가 20×1년에 건물 처분으로 수령한 현금을 계산하시오.

계정과목	20×1년	20×0년
건물	₩700,000	₩600,000
감가상각누계액	₩190,000	₩250,000
재평가잉여금	₩30,000	₩80,000
감가상각비	₩40,000	-
유형자산처분이익	₩20,000	-

물음 3 다음은 C사의 20×1년도 비교재무제표 중 사채와 관련된 부분들만 발췌한 것이다. C사가 당기에 발행한 사채의 발행금액은 ₩182,000(액면금액 ₩200,000)이며, 이자비용으로 처리된 사채할인발행차금상각액은 ₩4,000이다. C사가 20×1년에 사채 상환으로 지급한 현금을 계산하시오.

계정과목	20×1년	20×0년
사채	₩300,000	₩200,000
사채할인발행차금	₩(-)26,000	₩(-)15,000
이자비용	₩80,000	-
사채상환이익	₩2,000	-

물음 4 아래는 D사의 20×0년 말과 20×1년 말의 수정 후 시산표 일부를 발췌한 것이다.

구분	20×0년	20×1년	구분	20×0년	20×1년
⋮	⋮	⋮	⋮	⋮	⋮
매출원가	₩39,500	₩34,660	납입자본	₩5,500	₩5,500
종업원급여	₩8,000	₩9,000	이익잉여금	₩2,960	₩3,830
손상차손	₩400	₩700	주식선택권	₩1,000	₩1,500
감가상각비	₩1,200	₩1,250	매출	₩55,300	₩54,780
이자비용	₩760	₩930	유형자산처분이익	₩30	₩120
사채상환손실	₩100	₩300	이자수익	₩100	₩240
법인세비용	₩2,600	₩2,670			

20×1년 D사의 배당금지급으로 인한 현금유출액을 구하시오.

물음 1 20×1년 기계장치 취득으로 유출된 현금: 248,000

유형자산 투자활동현금흐름(A + C)		(-)185,000
1. 투자활동 관련 손익(A)		(-)30,000
(1) 감가상각비	(-)45,000	
(2) 유형자산처분이익	15,000	
(3) 유형자산손상차손 등	-	
2. 투자활동 관련 자산·부채 증감(C)		(-)155,000
(1) 기계장치 증가	(-)150,000	
(2) 감가상각누계액 증가	7,000	
(3) 미수금 증가	(-)12,000	

① 순현금유출 (-)185,000	② 유형자산 처분으로 인한 현금유입 63,000 ③ 유형자산 취득으로 인한 현금유출 (-)248,000	⇒ 역산

물음 2 20×1년 건물 처분으로 수령한 현금: 80,000

유형자산 투자활동현금흐름(A + C)		(-)220,000
1. 투자활동 관련 손익(A)		(-)20,000
(1) 감가상각비	(-)40,000	
(2) 유형자산처분이익	20,000	
(3) 유형자산손상차손 등	-	
2. 투자활동 관련 자산·부채 증감(C)		(-)200,000
(1) 건물 증가	(-)100,000	
(2) 감가상각누계액 감소	(-)60,000	
(3) 재평가잉여금 감소	(-)50,000	
(4) 이익잉여금 증가	10,000	

☑ 재평가잉여금 중 이익잉여금 대체액은 현금 증감과 관련이 없다.

① 순현금유출 (-)220,000	② 유형자산 처분으로 인한 현금유입 80,000 ③ 유형자산 취득으로 인한 현금유출 (-)300,000	⇒ 역산

물음 3 20×1년 사채 상환으로 지급한 현금: 95,000

장기차입금과 유동성장기부채 및 사채 재무활동현금흐름(A + C)		87,000
1. 재무활동 관련 손익(A)		(-)2,000
(1) 환율변동손익(차입금 관련)	-	
(2) 사채발행차금상각액	(-)4,000	
(3) 사채상환이익	2,000	
2. 재무활동 관련 자산·부채 증감(C)		89,000
(1) 사채 증감	100,000	
(2) 사채할인발행차금 증감	(-)11,000	

① 순현금유입 87,000	② 사채로 인한 현금유입 182,000 ③ 사채로 인한 현금유출 (-)95,000	⇒ 역산

물음 4 20×1년 배당금지급으로 인한 현금유출액: 2,000

    (1) 20×0년 당기순이익: (55,300 + 30 + 100) - (39,500 + 8,000 + 400 + 1,200 + 760 + 100 + 2,600) = 2,870

    (2) 20×1년 배당금지급: 기초이익잉여금(2,960 + 2,870) - 당기순이익 가산 전 이익잉여금(3,830) = 2,000

아래의 공통 자료를 이용하여 물음에 답하시오. 다음의 물음은 서로 독립적인 상황이다.

(1) ㈜한국은 20×1년 1월 1일 액면금액 ₩1,000,000, 액면이자율 연 5%(매년 말 이자지급), 5년 만기인 회사채를 발행하였다.

(2) 사채 발행 당시 시장이자율은 연 8%이었으며, 사채할인발행차금에 대하여 유효이자율법으로 상각한다.

(3) 기간별 현재가치(현가) 계수는 다음과 같다.

<단일금액 ₩1의 현가>

구분	1년	2년	3년	4년	5년
5%	0.9524	0.9070	0.8638	0.8227	0.7835
8%	0.9259	0.8573	0.7938	0.7350	0.6806

(4) ㈜한국은 이자지급을 현금흐름표상 영업활동현금흐름으로 분류하고 있으며, 현금흐름표상 영업활동현금흐름은 직접법으로 표시한다.

(5) 위에서 언급한 거래 외에 다른 거래는 없으며, 계산금액은 특별한 언급이 없는 한, 소수점 첫째 자리에서 반올림한다.

물음 1 ㈜한국의 20×1년 현금흐름표상 각 활동별 현금흐름을 계산하시오(단, 해당 금액이 없는 경우 '0'으로 기재한다).

과목	금액
Ⅰ. 영업활동현금흐름	①
Ⅱ. 투자활동현금흐름	②
Ⅲ. 재무활동현금흐름	③

물음 2 ㈜한국이 해당 사채를 만기에 액면금액으로 상환 시 20×5년 현금흐름표상 각 활동별 현금흐름을 계산하시오(단, 해당 금액이 없는 경우 '0'으로 기재한다).

과목	금액
Ⅰ. 영업활동현금흐름	①
Ⅱ. 투자활동현금흐름	②
Ⅲ. 재무활동현금흐름	③

물음 3 **물음 2** 와 관계없이 ㈜한국이 20×4년 3월 31일에 해당 사채를 ₩950,000에 현금으로 조기상환한 경우, 사채의 조기상환으로 인식할 조기상환손익을 계산하시오.

물음 1

과목	금액
I. 영업활동현금흐름	① (-)50,000
II. 투자활동현금흐름	② 0
III. 재무활동현금흐름	③ 880,230

회계처리

20×1년 1월 1일	차) 현금 사채할인발행차금	880,230 119,770	대) 사채	1,000,000
20×1년 12월 31일	차) 이자비용	70,418	대) 현금 사채할인발행차금	50,000 20,418

(1) 영업활동현금흐름: (70,418) + 20,418 = (-)50,000

(2) 재무활동현금흐름: (20,418) + 1,000,000 - (119,770 - 20,418) = 880,230

물음 2

과목	금액
I. 영업활동현금흐름	① (-)169,770
II. 투자활동현금흐름	② 0
III. 재무활동현금흐름	③ (-)880,230

회계처리

20×5년 12월 31일	차) 이자비용	77,763	대) 현금 사채할인발행차금	50,000 27,763
	차) 사채	1,000,000	대) 현금	1,000,000

(1) 영업활동현금흐름: (77,763) + 27,763 - 119,770(사채 발행 시 사채할인발행차금) = (-)169,770

(2) 재무활동현금흐름: (1,000,000) + 119,770(사채 발행 시 사채할인발행차금) = (-)880,230

물음 3 사채의 조기상환으로 인식할 조기상환손익: 15,446

회계처리

20×4년 3월 31일	차) 이자비용	18,930	대) 미지급이자 사채할인발행차금	12,500 6,430
	차) 사채 미지급이자	1,000,000 12,500	대) 현금 사채할인발행차금 사채상환이익	950,000 47,054 15,446

문제 5 │ 투자·재무활동현금흐름(종합) (1) - Level 4

A사의 당기순이익은 ₩30,000이며, 기초 및 기말재무상태표와 일부는 다음과 같다.

구분	기초	기말
건물	₩300,000	₩500,000
감가상각누계액	₩(-)130,000	₩(-)160,000
토지	₩240,000	₩300,000
유동성장기차입금	₩10,000	₩16,000
장기차입금	₩20,000	₩40,000
미지급금	₩30,000	₩16,000
사채	₩30,000	₩40,000
사채할인발행차금	₩(-)2,000	₩(-)2,800
납입자본	₩50,000	₩80,000
이익잉여금	₩60,000	₩76,000

(1) 건물과 관련하여 유형자산처분이익 ₩20,000과 감가상각비 ₩80,000을 당기손익으로 인식하였다. 당기에 처분한 건물의 취득원가는 ₩150,000이다.

(2) 토지 처분은 없었으며, 당기에 외상으로 취득한 토지는 ₩20,000이다.

(3) 기초유동성장기차입금을 상환하였으며, 당기 장기차입금 차입액은 ₩50,000이다.

(4) 당기에 액면금액 ₩10,000의 사채를 ₩10,200에 상환하였으며, 사채상환손실 ₩400을 인식하였다. 당기에 사채를 할인발행하면서 인식한 사채할인발행차금은 ₩1,600이다.

(5) 당기에 주식배당 ₩10,000을 실시하였다(단, 당기에 감자거래는 없었다).

물음 1 │ 건물 처분으로 인한 현금유입액을 구하시오.

물음 2 │ 토지 취득에 따른 현금유출액을 구하시오.

물음 3 │ 차입금 상환으로 인한 현금유출액을 구하시오.

물음 4 │ 사채 발행으로 인한 현금유입액을 구하시오.

물음 5 │ 자본거래로 인한 현금유출액을 구하시오(단, 당기에 감자거래는 없었다).

물음 6 │ 재무활동순현금흐름을 구하시오.

물음 1 건물의 처분으로 인한 현금유입액: 120,000

유형자산 투자활동현금흐름(A + C)		(-)230,000
1. 투자활동 관련 손익(A)		(-)60,000
(1) 감가상각비	(-)80,000	
(2) 유형자산처분이익	20,000	
(3) 유형자산손상차손 등	-	
2. 투자활동 관련 자산·부채 증감(C)		(-)170,000
(1) 자산 증감	(-)200,000	
(2) 부채 증감	30,000	
(3) 재평가잉여금	-	

① 순현금유출 (-)230,000	③ 유형자산 처분으로 인한 현금유입 120,000	⇒ 역산
	② 유형자산 취득으로 인한 현금유출 (-)350,000	

☑ 유형자산 T계정 분석

	기초	+ 취득		+ (처분)	= 기말
건물(총액)	300,000	350,000(역산)		(-)150,000	500,000
- 감가상각누계액	(기초) (-)130,000		+ (Dep) (-)80,000	+ 처분 50,000(역산)	= (기말) (-)160,000
= 건물(순액)	기초 170,000	+ 취득 350,000	+ (Dep) (-)80,000	+ (처분) (-)100,000	= 기말 340,000

물음 2 토지 취득에 따른 현금유출액: 40,000

유형자산 투자활동현금흐름(A + C)		(-)40,000
1. 투자활동 관련 손익(A)		
(1) 감가상각비	-	
(2) 유형자산처분이익	-	
(3) 유형자산손상차손 등	-	
2. 투자활동 관련 자산·부채 증감(C)		
(1) 자산 증감	(-)60,000	
(2) 부채 증감[1]	20,000	
(3) 재평가잉여금	-	

1) 토지 취득과 관련한 미지급금의 증가

① 순현금유출 (-)40,000	② 유형자산 처분으로 인한 현금유입 -	⇒ 역산
	③ 유형자산 취득으로 인한 현금유입 (-)40,000	

물음 3 차입금 상환으로 인한 현금유출액: 24,000

	기초	+ 차입	+ 대체	+ (상환)	= 기말
유동성장기차입금	10,000	-	16,000(역산)	(-)10,000	16,000
장기차입금	기초 20,000	+ 차입 50,000	+ (대체) (-)16,000	+ (상환) (-)14,000(역산)	= 기말 40,000

① 순현금유입 26,000	② 차입금 차입으로 인한 현금유입 50,000
	③ 차입금 상환으로 인한 현금유출 (-)24,000

물음 4 사채 발행으로 인한 현금유입액: 18,400

사채	기초 30,000	+ 발행 20,000(역산)	+ (상환) (-)10,000		= 기말 40,000
사채할인발행차금	(기초) (-)2,000	+ (발행) (-)1,600	+ 상환 200	+ 상각 600(역산)	= 기말 (-)2,800

☑ 사채상환손실(400) = -상환대가(10,200) + 사채장부금액(10,000 - 사채할인발행차금)
☑ 상환된 사채의 사채할인발행차금: 1,000

① 순현금유입 8,200	③ 사채 발행으로 인한 현금유입 18,400	⇒ 역산
	② 사채 상환으로 인한 현금유출 (-)10,200	

물음 5 자본거래로 인한 현금유출액: 4,000

납입자본	기초 50,000	+ 유상증자 20,000(역산)	+ 주식배당 등 10,000	+ (감자) -	= 기말 80,000
이익잉여금	기초 60,000	+ 당기순이익 30,000	+ (현금배당) (-)4,000(역산)	+ (주식배당 등) (-)10,000	= 기말 76,000

① 순현금유입 16,000	② 자본거래로 인한 현금유입 20,000
	③ 자본거래로 인한 현금유출 (-)4,000

물음 6 재무활동순현금흐름: 26,000[1] + 8,200[2] + 16,000[3] - 34,000[4] = 16,200

1) **물음 3**의 차입금 관련 순현금흐름
2) **물음 4**의 사채 관련 순현금흐름
3) **물음 5**의 자본거래 관련 순현금흐름
4) 미지급금으로 인한 현금유출: (-)34,000

미지급금	기초 30,000	+ 증가 20,000	+ (감소) (-)34,000(역산)	= 기말 16,000

참고

미수금과 미지급금은 유형자산과 같은 투자활동과 같이 분석한다. 분석 결과 미수금회수 현금유입은 투자활동유입에 표시하고, 미지급금 지급 현금유출은 재무활동유출로 표시한다.

다음의 각 물음은 독립적이다.

[공인회계사 2차 2023년]

물음 1 ㈜대한은 현금흐름표를 직접법으로 작성하고 있다.

<자료 1>

(1) 다음은 ㈜대한의 20×1년과 20×2년 재무제표 일부이다.

(단위: ₩)

계정	20×2년 말	20×1년 말
매출채권	12,000	11,500
손실충당금(매출채권)	(1,050)	(950)
선급이자비용	1,250	870
재고자산	28,000	26,000
평가충당금(재고자산)	(1,900)	(2,300)
매입채무	25,000	17,000
미지급이자비용	2,330	3,150
미지급법인세	9,600	7,500
이연법인세부채	1,200	1,130

(단위: ₩)

계정	20×2년도	20×1년도
매출액	98,000	95,000
매출원가	49,000	48,300
이자비용	4,800	4,670
법인세비용	8,750	6,800

(2) 20×2년 중 매출채권과 상계된 손실충당금은 ₩800이다.

(3) 20×2년 중 매입채무와 관련하여 외환차익 ₩200과 외화환산이익 ₩400이 발생하였다.

(4) 20×2년 법인세비용에는 유형자산처분이익으로 인해 추가 납부한 법인세 ₩280이 포함되어 있다.

<자료 1>을 이용하여 ㈜대한의 20×2년도 영업활동현금흐름에 포함될 다음 금액을 계산하시오.

고객으로부터 유입된 현금	①
공급자에게 지급한 현금	②
법인세로 납부한 현금	③
이자로 지급한 현금	④

물음 2 다음은 ㈜대한의 20×2년도 현금흐름표 작성을 위한 자료이다.

<자료 2>

(1) 다음은 ㈜대한의 20×1년과 20×2년 재무제표 일부이다.

(단위: ₩)

계정	20×2년 말	20×1년 말
유형자산(취득원가)	270,000	245,000
감가상각누계액	(178,000)	(167,000)
미지급금	30,000	11,500
사채	270,000	200,000
사채할인발행차금	(35,000)	(35,000)
자본금	115,000	100,000
자본잉여금	52,000	40,000
자기주식	(8,500)	(10,000)
이익잉여금	75,000	90,000

(단위: ₩)

계정	20×2년도	20×1년도
감가상각비(유형자산)	32,000	31,500
유형자산처분이익	13,000	4,500
사채할인발행차금상각	4,000	4,100
사채상환이익	1,000	800
당기순이익	38,000	16,000

(2) 20×2년 취득한 유형자산 구입금액 중 ₩15,000은 미지급금에 포함되어 있으며, ㈜대한은 해당 유형자산을 취득하면서 복구충당부채 ₩3,000에 대한 회계처리를 누락하였다.

(3) 유형자산의 처분과 사채의 발행 및 상환은 현금거래로 이루어졌으며, 현금 지급된 사채이자는 없는 것으로 가정한다.

(4) 20×1년에 액면발행한 상환주식(㈜대한이 상환권 보유) ₩30,000을 20×2년 중 이사회 결의를 통해 발행금액으로 상환을 완료하였다. 상환과 관련하여 주주총회를 개최하지 않았으며, 상법규정에 따라 회계처리하였다.

(5) 20×2년 중 장부금액 ₩5,000의 자기주식을 처분하였다.

(6) 20×2년 3월 개최된 정기주주총회에서 주식배당 ₩15,000과 현금배당이 의결되었으며, 현금배당에 따른 이익준비금은 적립되지 않았다.

<자료 2>를 이용하여 ㈜대한의 20×2년도 현금흐름표에 포함될 다음 금액을 계산하시오.

유형자산 관련 순현금유출액	①
사채 관련 순현금유입액	②
배당으로 지급된 현금	③
자본 관련 현금유출액	④

물음 1	고객으로부터 유입된 현금	① 96,700
	공급자에게 지급한 현금	② 42,800
	법인세로 납부한 현금	③ 6,300
	이자로 지급한 현금	④ 6,000

근거

① 고객으로부터 유입된 현금

차) 매출채권의 증가	500	대) 손실충당금의 증가	100
손상차손[1]	900	매출	98,000
현금	96,700		

1) 기초손실충당금 950 + 손상차손 = 손상확정 800 + 기말손실충당금 1,050, 손상차손: 900

② 공급자에게 지급한 현금

차) 재고자산의 증가	2,000	대) 매입채무의 증가	8,000
평가충당금의 감소	400	외환차익 + 외화환산이익	600
매출원가	49,000	현금	42,800

③ 법인세로 납부한 현금

차) 법인세비용	8,750	대) 미지급법인세의 증가	2,100
		이연법인세부채의 증가	70
		현금	6,580

⇒ 법인세로 납부한 현금(영업활동현금흐름에 포함): 6,580 - 280 = 6,300

④ 이자로 지급한 현금

차) 미지급이자비용의 감소	820	대) 현금	6,000
선급이자비용의 증가	380		
이자비용	4,800		

유형자산 관련 순현금유출액	① 18,000
사채 관련 순현금유입액	② 67,000
배당으로 지급된 현금	③ 8,000
자본 관련 현금유출액	④ 33,500

근거

① 유형자산 관련 순현금유출액

차) 유형자산의 증가	25,000	대) 감가상각누계액의 증가	11,000
감가상각비	32,000	유형자산처분이익	13,000
		미지급금(유형자산 관련)의 증가	15,000
		현금	18,000

☑ 복구충당부채는 관련 유형자산의 취득도 누락하였으므로 현금흐름에 영향을 미치는 부분은 없다.

② 사채 관련 순현금유입액

차) 사채할인발행차금상각액	4,000	대) 사채의 증가	70,000
현금	67,000	사채상환이익	1,000

③ 배당으로 지급된 현금

기초이익잉여금 90,000 + 당기순이익 38,000 − 상환우선주의 상환 30,000[1] − 주식배당 15,000 − 현금배당
= 기말이익잉여금 75,000, 현금배당: 8,000

1) 상환우선주의 상환은 이익잉여금의 처분으로 처리한다.

④ 자본 관련 현금유출액: 3,500 + 30,000 = 33,500

㉠ 자기주식의 처분으로 인한 현금유입액: 17,000

처분한 자기주식의 장부금액 5,000 + 자기주식처분이익 12,000(52,000 − 40,000) = 17,000

㉡ 자기주식의 취득으로 인한 현금유출액: (−)3,500

기초자기주식 10,000 + 자기주식 취득 − 자기주식 처분 5,000 = 기말자기주식 8,500, 자기주식 취득: 3,500

㉢ 상환우선주의 상환으로 인한 현금유출액: (−)30,000

III | 영업활동으로 인한 현금흐름 - 간접법

문제 7 영업활동현금흐름 간접법 표기하에 활동별 영향 - Level 3

A사는 20×1년 12월 31일로 종료되는 회계연도의 현금흐름표를 작성하고 있다. 다음 항목들이 간접법에 의한 현금흐름표상 어느 구분에 얼마의 금액으로 공시될 것인지 기입하시오. 또한 당기순이익은 영업활동으로 인한 현금흐름에 이미 가산하였으므로 이외의 사항에 대한 현금흐름표에 표시할 금액을 기재하시오(단, 음수는 괄호 안에 금액으로 표시하시오).

구분	I. 영업활동으로 인한 현금흐름	II. 투자활동으로 인한 현금흐름	III. 재무활동으로 인한 현금흐름
(1)			
⋮			

(1) 액면금액 ₩200,000의 사채를 ₩180,000에 발행하였다.

(2) 선박을 수주하고 선수금 ₩40,000을 수령하였다.

(3) 자기주식 ₩30,000을 현금취득하였다.

(4) 3년 전 ₩10,000에 구입한 토지를 ₩15,000에 매각하였다.

(5) 주당 액면금액이 ₩5,000인 보통주 25주를 주당 ₩6,200에 발행하였다.

(6) 사채(액면금액 ₩200,000, 미상각할인발행차금 ₩20,000)를 ₩187,000에 상환하였다.

(7) 기초매출채권 장부금액은 ₩600,000(매출채권 ₩640,000, 손실충당금 ₩40,000)이고, 기말매출채권 장부금액은 ₩700,000(매출채권 ₩760,000, 손실충당금 ₩60,000)이다. 당기 손상확정으로 제거된 매출채권은 ₩16,000이며, 포괄손익계산서의 손상차손은 ₩36,000이다.

(8) 단기매매목적으로 취득한 유가증권의 기초잔액은 ₩20,000이고 기말잔액은 ₩32,000이다. 당기에 FVPL금융자산평가이익 ₩4,000과 FVPL금융자산처분손실 ₩2,000이 발생하였다. 당기 중 처분된 FVPL금융자산의 장부금액은 ₩10,000이다.

(9) 기계장치와 감가상각누계액 및 건설중인자산의 장부금액 당기 변동 내역은 다음과 같다. 당기 중 건설중인자산 ₩300,000이 기계장치로 대체되었다. 또한, 당기 취득원가 ₩120,000(장부금액 ₩20,000)의 기계장치를 ₩42,000에 처분하였다. 유형자산의 취득과 처분은 현금거래로 이루어졌다.

계정과목	기초	기말	증감
기계장치	₩1,600,000	₩1,820,000	₩220,000
감가상각누계액	₩900,000	₩1,240,000	₩340,000
건설중인자산	₩400,000	₩240,000	₩(160,000)

(10) 당기의 외환이익 ₩5,000은 전기 11월 1일 차입한 외화장기차입금에서 발생한 ₩1,500과 외화매입채무에서 발생한 ₩3,500으로 구성되어 있다. 당기의 외환손실 ₩4,000은 외화장기차입금을 상환할 때 발생한 것이다. 매입채무 및 외화장기차입금의 기초와 기말잔액은 다음과 같다.

계정과목	기초	기말	증감
매입채무	₩160,000	₩170,500	₩10,500
외화장기차입금	₩137,000	₩100,000	₩(37,000)

(11) 포괄손익계산서에 당기손익으로 반영되어 있는 급여 ₩600,000에는 주식결제형 주식기준보상거래에 따라 인식한 주식결제형 주식보상비용 ₩175,000이 포함되어 있다. 관련된 재무상태표계정의 변동은 다음과 같다.

계정과목	기초	기말	증감
선급급여	₩50,000	₩65,000	₩15,000
주식선택권	₩100,000	₩275,000	₩175,000

(12) 20×1년에 취득원가 ₩100,000의 자기주식을 처분하였다. 20×1년 말 재무상태표상 자본잉여금에 자기주식처분이익으로 인식되어 있는 금액은 ₩40,000이다. 한편, A회사에 적용되는 법인세율은 20%이며 20×1년에 비용으로 인식한 법인세비용은 ₩153,000이다.

계정과목	기초	기말	증감
당기법인세부채	₩200,000	₩350,000	₩150,000
이연법인세부채	₩52,000	₩65,000	₩13,000

(13) 관계기업투자주식 ₩53,000을 당기에 현금취득하였다. 당기 지분법이익은 ₩12,000이며, 관계기업투자주식과 관련하여 수령한 현금배당금은 ₩3,000이다. 배당수익은 영업활동으로 분류한다.

계정과목	기초	기말	증감
관계기업투자주식	-	₩62,000	₩62,000

구분	I. 영업활동으로 인한 현금흐름	II. 투자활동으로 인한 현금흐름	III. 재무활동으로 인한 현금흐름
(1)			180,000
(2)	40,000		
(3)			(-)30,000
(4)	(-)5,000	15,000	
(5)			155,000
(6)	7,000		(-)187,000
(7)	(-)100,000		
(8)	(-)12,000		
(9)	418,000	(-)138,000	
(10)	13,000		(-)39,500
(11)	160,000		
(12)	153,000		150,000
(13)	(-)9,000	(-)53,000	

(7) 영업활동현금흐름: 매출채권의 증가 100,000 현금 감소

(8) 영업활동현금흐름: FVPL금융자산의 증가 12,000 현금 감소

(9) 1) 영업활동현금흐름: -처분이익 22,000 + 감가상각비 440,000 = 418,000

    ☑ 기초감가상각누계액 900,000 - 처분 100,000 + 감가상각비 = 기말감가상각누계액 1,240,000

  2) 투자활동현금흐름: 처분이익 22,000 - 감가상각비 440,000 - 기계장치 증가 220,000 + 감가상각누계액 증가 340,000

        + 건설중인자산 감소 160,000 = (-)138,000

(10) 1) 영업활동현금흐름: -외화장기차입금 외환이익 1,500 + 외화장기차입금 외환손실 4,000 + 매입채무의 증가 10,500 = 13,000

  2) 재무활동현금흐름: 외화장기차입금 외환이익 1,500 - 외화장기차입금 외환손실 4,000 - 외화장기차입금의 감소 37,000 = (-)39,500

(11) 영업활동현금흐름: 주식결제형 주식보상비용 175,000 - 선급급여의 증가 15,000 = 160,000

    ☑ 주식결제형 주식기준보상거래는 가득기간 중에는 현금유입과 유출이 없기 때문에 아무 활동도 아니다. 주식결제형이 행사되는 경우 행사가격의 현금을 수령하고 주식이 발행된다. 이때 유입된 현금은 재무활동으로 분류한다. 현금결제형이 행사되는 경우 종업원에게 현금이 지급된다. 이때 유출된 현금은 영업활동으로 분류한다.

(12) 1) 영업활동현금흐름: +당기법인세부채 증가(150,000 - 10,000) + 이연법인세부채 증가 13,000 = 153,000

  2) 재무활동현금흐름: 150,000(자기주식 처분액)

(13) 1) 영업활동현금흐름: -지분법이익 12,000 + 배당금수익 3,000 = (-)9,000

  2) 투자활동: 관계기업투자주식의 취득은 투자활동이다.

해커스 IFRS 정윤돈 재무회계연습

제15장 현금흐름표

다음은 유통업을 영위하고 있는 ㈜대한의 20×1년과 20×2년의 비교잔액시산표이다. [공인회계사 2차 2018년]

계정과목	20×1년	20×2년
현금및현금성자산	₩20,000	₩184,000
매출채권	₩185,000	₩271,000
손실충당금	₩9,200	₩15,000
재고자산	₩100,000	₩70,000
토지	₩300,000	₩238,000
건물	₩540,000	₩430,000
감가상각누계액	₩220,000	₩100,000
매입채무	₩130,000	₩55,000
미지급이자	₩35,000	₩34,000
미지급법인세	₩30,000	₩34,500
유동성장기차입금	₩60,000	₩20,000
장기차입금	₩140,000	₩120,000
사채	-	₩40,000
사채할증발행차금	-	₩4,000
이연법인세부채	₩8,000	₩11,000
자본금	₩100,000	₩100,000
이익잉여금	₩412,800	₩412,800
매출액	-	₩870,000
매출원가	-	₩505,000
급여	-	₩20,000
손상차손	-	₩9,800
감가상각비	-	₩57,000
이자수익	-	₩3,000
이자비용	-	₩5,000
유형자산처분이익	-	₩33,000
법인세비용	-	₩62,500

㈜대한의 추가적인 자료는 다음과 같다.

(1) ㈜대한은 현금흐름표에서 이자와 배당금의 수취 및 지급, 법인세의 환급 및 납부는 영업활동현금흐름으로 분류하는 정책을 채택하고 있다.

(2) 20×2년 4월 1일 ㈜대한은 장부금액이 ₩62,000인 토지를 ㈜민국이 보유하고 있던 건물(취득원가 ₩120,000, 감가상각누계액 ₩50,000)과 교환하고 추가로 현금 ₩8,000을 지급하였다. 해당 토지의 신뢰성 있는 공정가치는 ₩82,000이다. 본 교환거래는 상업적 실질이 있으며 당기 중 추가적인 토지 관련 거래는 없다.

(3) 당기 중 액면금액 ₩40,000의 사채가 할증발행되었으며 당기에 상각된 사채할증발행차금은 ₩1,000이다.

간접법을 이용하여 ㈜대한의 20×2년도 현금흐름표를 작성할 때, ① ~ ⑧에 알맞은 금액을 계산하시오(단, 현금유출은 (-)로 표시하고 현금유출입이 없는 경우에는 '0'으로 표시하시오).

현금흐름표	
영업활동현금흐름	
영업에서 창출된 현금	₩?
이자수취액	①
이자지급액	②
법인세납부액	③
영업활동순현금흐름	₩?
투자활동현금흐름	
토지의 처분	④
건물의 취득	⑤
건물의 처분	⑥
투자활동순현금흐름	₩?
재무활동현금흐름	
유동성장기차입금의 상환	⑦
사채의 발행	⑧
재무활동순현금흐름	₩?
현금및현금성자산 순증가	₩164,000
기초 현금및현금성자산	₩20,000
기말 현금및현금성자산	₩184,000

물음 2 직접법을 이용하여 ㈜대한의 20×2년도 현금흐름표를 작성할 때, ① ~ ③에 알맞은 금액을 계산하시오(단, 현금유출은 (-)로 표시하고 현금유출입이 없는 경우에는 '0'으로 표시하시오).

현금흐름표	
영업활동현금흐름	
고객으로부터의 현금유입	①
공급자 및 종업원에 대한 현금유출	②
영업으로부터 창출된 현금	₩?
이자수취액	₩?
이자지급액	₩?
법인세납부액	₩?
영업활동순현금흐름	③

물음 1 ① 3,000

② (-)7,000

③ (-)55,000

④ 0

⑤ (-)8,000

⑥ 36,000

⑦ (-)60,000

⑧ 45,000

=> 아래의 풀이는 편의상 약식회계처리법을 사용한다.

① 이자수취액

차) 현금	3,000	대) 이자수익	3,000

② 이자지급액

차) 사채할증발행차금	1,000	대) 현금	7,000
이자비용	5,000		
미지급이자	1,000		

③ 법인세납부액

차) 법인세비용	62,500	대) 당기법인세부채	4,500
		이연법인세부채	3,000
		현금	55,000

④, ⑤ 토지의 처분

차) 건물	90,000	대) 토지	62,000
		유형자산처분이익	20,000
		현금	8,000

⑥ 건물의 취득과 처분

차) 감가상각비	57,000	대) 건물	200,000
감가상각누계액	120,000	유형자산처분이익[1]	13,000
현금	36,000		

1) 33,000 - 20,000 = 13,000

⑦ 유동성장기차입금의 상환

차) 유동성장기차입금	40,000	대) 현금	60,000
장기차입금	20,000		

⑧ 사채의 발행

차) 현금	45,000	대) 이자비용	1,000
		사채	40,000
		사채할증발행차금	4,000

물음 2　① 780,000

② (-)570,000

③ 151,000

=> 아래의 풀이는 편의상 약식회계처리법을 사용한다.

① 고객으로부터의 현금유입

차) 손상차손	9,800	대) 매출	870,000
매출채권	86,000	손실충당금	5,800
현금	780,000		

② 공급자 및 종업원에 대한 현금유출

차) 매출원가	505,000	대) 재고자산	30,000
급여	20,000	현금	570,000
매입채무	75,000		

③ 영업활동순현금흐름: 780,000 - 570,000 + 3,000 - 7,000 - 55,000 = 151,000

문제 9 직접법, 간접법을 통한 현금흐름표의 작성 (2) - Level 3

다음은 유통업을 영위하고 있는 ㈜세무의 20×2년도 비교재무상태표와 포괄손익계산서이다. 이들 자료와 추가 정보를 이용하여 각 물음에 답하시오.

[세무사 2차 2019년]

<비교재무상태표>

계정과목	20×2. 12. 31.	20×1. 12. 31.	계정과목	20×2. 12. 31.	20×1. 12. 31.
현금및현금성자산	₩74,000	₩36,000	매입채무	₩70,000	₩44,000
매출채권	₩53,000	₩38,000	미지급이자	₩18,000	₩16,000
손실충당금	₩(-)3,000	₩(-)2,000	미지급법인세	₩2,000	₩4,000
재고자산	₩162,000	₩110,000	사채	₩200,000	₩0
금융자산(FVPL)	₩25,000	₩116,000	사채할인발행차금	₩(-)8,000	₩0
차량운반구	₩740,000	₩430,000	자본금	₩470,000	₩408,000
감가상각누계액	₩(-)60,000	₩(-)100,000	자본잉여금	₩100,000	₩100,000
			이익잉여금	₩139,000	₩56,000
자산총계	₩991,000	₩628,000	부채와 자본총계	₩991,000	₩628,000

<포괄손익계산서>

계정과목	금액
매출액	₩420,000
매출원가	₩(-)180,000
판매비와 관리비	₩(-)92,000
영업이익	₩148,000
유형자산처분이익	₩4,000
금융자산(FVPL)평가이익	₩5,000
금융자산(FVPL)처분손실	₩(-)2,000
이자비용	₩(-)8,000
법인세비용차감전순이익	₩147,000
법인세비용	₩(-)24,000
당기순이익	₩123,000
기타포괄손익	₩0
총포괄이익	₩123,000

<추가 정보>

(1) 금융자산(FVPL)은 단기매매목적으로 취득 또는 처분한 자산으로 당기손익-공정가치 측정 모형을 적용해오고 있다.

(2) 20×2년 중에 취득원가가 ₩100,000이고, 80% 감가상각된 차량운반구를 ₩24,000에 매각하였다.

(3) 20×2년 중에 액면금액이 ₩100,000인 사채 2좌를 1좌당 ₩95,000에 할인발행하였다.

(4) 20×2년도 자본금의 변동은 유상증자(액면발행)에 따른 것이다.

(5) 포괄손익계산서의 판매비와 관리비 ₩92,000에는 매출채권손상차손 ₩2,000이 포함되어 있으며, 나머지는 급여와 감가상각비로 구성되어 있다.

(6) 포괄손익계산서의 이자비용 ₩8,000에는 사채할인발행차금상각액 ₩2,000이 포함되어 있다.

(7) 이자 및 배당금지급을 영업활동현금흐름으로 분류하고 있다.

___

물음 1 ㈜세무가 20×2년도 현금흐름표상 영업활동현금흐름을 간접법으로 작성한다고 가정하고, 다음 ① ~ ⑤에 알맞은 금액을 계산하시오(단, 현금유출은 (-)로 표시하고 현금유출입이 없는 경우에는 '0'으로 표시하시오).

영업활동현금흐름	
법인세비용차감전순이익	₩?
가감	
감가상각비	①
매출채권의 증가(순액)	②
재고자산의 증가	₩?
금융자산(FVPL)의 감소	₩?
매입채무의 증가	₩?
유형자산처분이익	₩?
이자비용	③
영업으로부터 창출된 현금	④
이자지급	₩?
법인세의 납부	₩?
배당금지급	₩?
영업활동순현금흐름	⑤

물음 2 ㈜세무가 20×2년도 현금흐름표상 영업활동현금흐름을 직접법으로 작성한다고 가정하고, 다음 ①~⑥에 알맞은 금액을 계산하시오(단, 현금유출은 (-)로 표시하고 현금유출입이 없는 경우에는 '0'으로 표시하시오).

영업활동현금흐름	
고객으로부터의 유입된 현금	①
금융자산(FVPL)으로부터의 유입된 현금	②
공급자와 종업원에 대한 현금유출	③
영업으로부터 창출된 현금	₩?
이자지급	④
법인세의 납부	⑤
배당금지급	⑥
영업활동순현금흐름	₩?

물음 3 현금흐름표상 영업활동현금흐름은 직접법 또는 간접법으로 작성될 수 있다. 직접법과 간접법의 장·단점을 기술하시오.

물음 4 20×2년도 차량운반구 취득으로 인한 현금유출액을 계산하시오.

물음 5 20×2년도 현금흐름표상 재무활동순현금흐름을 계산하시오(단, 현금유출의 경우에는 금액 앞에 (-)표시를 하시오).

물음 1 ① 감가상각비: 40,000

② 매출채권의 증가: (-)14,000

③ 이자비용: 8,000

④ 영업으로부터 창출된 현금: 242,000

⑤ 영업활동순현금흐름: 172,000

영업활동현금흐름	
법인세비용차감전순이익	147,000
가감	
감가상각비	① 40,000
매출채권의 증가(순액)	② 36,000 - 50,000 = (-)14,000
재고자산의 증가	110,000 - 162,000 = (-)52,000
금융자산(FVPL)의 감소	116,000 - 25,000 = 91,000
매입채무의 증가	70,000 - 44,000 = 26,000
유형자산처분이익	(-)4,000
이자비용	③ 8,000
영업으로부터 창출된 현금	④ 242,000
이자지급	(-)4,000
법인세납부	(-)26,000
배당금지급	(-)40,000
영업활동순현금흐름	⑤ 172,000

(1) 차량운반구의 증감분석

	기초	+ 취득(현금유출)		+ (처분)	= 기말
취득원가	430,000	410,000(역산)		(-)100,000	740,000
	(기초)		+ (Dep)	+ 처분	= (기말)
감가상각누계액	(-)100,000		(-)40,000(역산)	80,000	(-)60,000

$$\parallel$$
처분대가 - 처분 BV = 처분손익
24,000 - 20,000 = 4,000

(2) 이자지급

차) 이자비용	8,000	대) 미지급이자	2,000
		사채할인발행차금	2,000
		현금(역산)	4,000

(3) 법인세납부

차) 법인세비용	24,000	대) 현금(역산)	26,000
미지급법인세	2,000		

(4) 배당금지급

	기초	+ 당기순이익	- 주식배당 등	- 현금배당	= 기말
이익잉여금	56,000	123,000	-	(-)40,000(역산)	139,000

물음 2 ① 고객으로부터의 유입된 현금: 404,000

차) 매출채권	14,000	대) 매출	420,000
손상차손	2,000		
현금(역산)	404,000		

② 금융자산(FVPL)으로부터의 유입된 현금: 94,000

차) 금융자산(FVPL)처분손실	2,000	대) 금융자산(FVPL)	91,000
현금(역산)	94,000	금융자산(FVPL)평가이익	5,000

③ 공급자와 종업원에 대한 현금유출: (-)256,000

차) 매출원가	180,000	대) 매입채무	26,000
재고자산	52,000	현금(역산)	256,000
종업원급여[1]	50,000		

1) 92,000(판매비와 관리비) - 2,000(손상차손) - 40,000(감가상각비) = 50,000

④ 이자지급: (-)4,000

⑤ 법인세의 납부: (-)26,000

⑥ 배당금지급: (-)40,000

물음 3 (1) 직접법

    1) 장점: 미래현금흐름을 추정하는 데 보다 유용한 정보를 제공한다.

    2) 단점: 당기순이익과 영업활동현금흐름 간의 연관관계를 설명할 수 없다.

  (2) 간접법

    1) 장점: 당기순이익과 영업활동현금흐름 간의 연관관계를 설명할 수 있다.

    2) 단점: 항목별 현금흐름에 대한 정보를 제공하지 못한다.

물음 4 차량운반구 취득으로 인한 현금유출: (-)410,000

  ☑ 물음 1 해답 참조

물음 5 재무활동순현금흐름: 62,000 + 190,000 = 252,000

  (1) 유상증자

자본금	기초 408,000	+ 유상증자 62,000(역산)	- 감자 -	- 주식배당 등 -	= 기말 470,000

  (2) 사채 발행: 95,000 × 2좌 = 190,000

직접법, 간접법을 통한 현금흐름표의 작성 (3) - Level 4

다음은 B사의 20×1년도 현금흐름표 작성을 위한 자료이다.

(1) 재무상태표

구분	20×0년 말	20×1년 말
현금	₩19,000	₩27,300
매출채권	₩13,000	₩53,000
재고자산	₩10,000	₩32,000
FVOCI금융자산	₩12,000	₩13,300
토지	₩88,000	₩100,000
설비자산	₩67,000	₩53,500
자산총계	₩209,000	₩279,100
단기차입금	₩10,000	₩14,000
미지급급여	₩800	₩2,300
미지급판매관리비	₩1,100	₩4,100
미지급이자	₩400	₩1,000
당기법인세부채	₩6,700	₩10,300
이연법인세부채	₩3,600	₩1,700
확정급여부채	₩12,800	₩15,200
자본금	₩100,000	₩120,000
자본잉여금	₩22,000	₩40,000
주식선택권	₩27,000	₩39,000
이익잉여금	₩13,600	₩8,000
기타포괄손익	₩11,000	₩23,500
부채 및 자본총계	₩209,000	₩279,100

(2) 포괄손익계산서

구분	20×1년
매출	₩375,000
매출원가	₩(-)250,000
급여	₩(-)34,000
퇴직급여	₩(-)5,600
주식보상비용	₩(-)18,000
판매관리비	₩(-)43,000
감가상각비	₩(-)13,500
이자수익	₩1,800
이자비용	₩(-)1,900
법인세비용차감전순이익	₩10,800
법인세비용	₩(-)8,400
당기순이익	₩2,400
기타포괄이익	₩12,500
총포괄이익	₩14,900

(3) 추가 자료

- FVOCI금융자산은 채무증권으로서 당기 유효이자는 ₩1,800이고 이 중 ₩800을 FVOCI금융자산의 장부금액 증가로 회계처리하였다. FVOCI금융자산의 취득 및 처분거래는 없다.

- 토지의 처분거래는 없으며, 증가거래는 모두 재평가모형을 적용한 결과이다.

- 설비자산의 취득 및 처분거래는 없다.

물음 1 간접법으로 영업활동현금흐름을 표시하는 부분 중 영업에서 창출된 현금흐름을 표시하는 다음 양식의 빈 칸에 들어갈 항목과 금액을 구하고, 영업에서 창출된 현금을 구하시오.

영업활동현금흐름	
당기순이익	₩2,400
법인세비용	₩8,400
이자수익	₩(-)1,800
이자비용	₩1,900
①	①
②	②
③	③
④	④
⑤	⑤
미지급급여 증가	₩1,500
미지급판매관리비 증가	₩3,000
영업에서 창출된 현금	⑥

물음 2 직접법으로 영업활동현금흐름을 표시하는 부분 중 아래의 금액들을 구하시오.

영업활동현금흐름	
고객으로부터 현금유입	①
공급자에 대한 현금유출	②
급여 현금유출	③
퇴직급여 현금유출	④
판매관리비 현금유출	⑤
영업에서 창출된 현금	
이자수취	⑥
이자지급	⑦
법인세납부	⑧
영업활동순현금흐름	⑨

물음 1

영업활동현금흐름	
당기순이익	2,400
법인세비용	8,400
이자수익	(-)1,800
이자비용	1,900
① 감가상각비	① 13,500
② 주식보상비용	② 18,000
③ 매출채권 증가	③ (-)40,000
④ 재고자산 증가	④ (-)22,000
⑤ 확정급여부채의 증가	⑤ 2,400
미지급급여 증가	1,500
미지급판매관리비 증가	3,000
영업에서 창출된 현금	⑥ (-)12,700

영업활동현금흐름	
고객으로부터 현금유입	① 335,000
공급자에 대한 현금유출	② (-)272,000
급여 현금유출	③ (-)32,500
퇴직급여 현금유출	④ (-)3,200
판매관리비 현금유출	⑤ (-)40,000
영업에서 창출된 현금	(-)12,700
이자수취	⑥ 1,000
이자지급	⑦ (-)1,300
법인세납부	⑧ (-)6,700
영업활동순현금흐름	⑨ (-)19,700

① 고객으로부터 현금유입

차) 매출채권 증가	40,000	대) 매출	375,000
현금	대차차액 335,000		

② 공급자에 대한 현금유출

차) 매출원가	250,000	대) 현금	대차차액 272,000
재고자산 증가	22,000		

③ 급여 현금유출

차) 급여	34,000	대) 미지급급여 증가	1,500
		현금	대차차액 32,500

④ 퇴직급여 현금유출

차) 퇴직급여	5,600	대) 확정급여부채 증가	2,400
		현금	대차차액 3,200

⑤ 판매관리비 현금유출

차) 판매관리비	43,000	대) 미지급판매관리비 증가	3,000
		현금	대차차액 40,000

⑥ 이자수취

차) FVOCI금융자산	상각액 800	대) 이자수익	1,800
현금	대차차액 1,000		

⑦ 이자지급

차) 이자비용	1,900	대) 미지급이자 증가	600
		현금	대차차액 1,300

⑧ 법인세납부

차) 법인세비용	8,400	대) 당기법인세부채 증가	3,600
이연법인세부채 감소	1,900	현금	대차차액 6,700

㈜세무는 유통업을 영위하며 20×2년 재무상태표와 포괄손익계산서는 다음과 같다. 이들 자료와 추가 정보를 이용하여 각 물음에 답하시오.

[세무사 2차 2022년]

<재무상태표>

과목	20×2. 12. 31.	20×1. 12. 31.	과목	20×2. 12. 31.	20×1. 12. 31.
현금및현금성자산	₩88,000	₩38,000	매입채무	₩60,000	₩32,000
단기대여금	30,000	10,000	단기차입금	140,000	150,000
매출채권(순액)	31,000	40,000	미지급이자	8,000	6,000
미수이자	3,000	2,000	미지급법인세	2,000	4,000
재고자산	118,000	70,000	미지급 판매비와 관리비	4,000	8,000
토지	420,000	300,000	사채	500,000	0
건물(순액)	580,000	250,000	사채할인발행차금	(-)30,000	0
			자본금	460,000	400,000
			자본잉여금	0	60,000
			이익잉여금	150,000	50,000
			토지재평가잉여금	15,000	0
			자기주식	(-)39,000	0
자산총계	₩1,270,000	₩710,000	부채와 자본총계	₩1,270,000	₩710,000

<포괄손익계산서>
(20×2. 1. 1. ~ 20×2. 12. 31.)

과목	금액
매출액	₩950,000
매출원가	(-)510,000
급여	(-)105,000
매출채권손상차손	(-)8,000
감가상각비	(-)48,000
기타판매비와 관리비	(-)85,000
유형자산처분이익	18,000
이자수익	5,000
이자비용	(-)50,000
법인세비용차감전순이익	167,000
법인세비용	(-)42,000
당기순이익	₩125,000
토지재평가차익	15,000
총포괄이익	₩140,000

< 추가 정보 >

(1) ㈜세무는 이자 및 배당금수취는 영업활동으로, 이자 및 배당금지급은 재무활동으로 분류하는 방식을 채택하고 있다.

(2) 20×2년 중에 장부금액 ₩100,000인 건물을 처분하고 유형자산처분이익 ₩18,000을 인식하였다.

(3) 20×2년 초에 액면금액이 ₩500,000인 사채를 ₩455,000에 할인발행하였다. 포괄손익계산서의 이자비용에는 사채할인발행차금상각액이 포함되어 있다.

(4) 20×2년 중에 자본잉여금 ₩60,000을 자본금으로 전입하였으며, 발행주식 일부를 ₩39,000에 현금취득하였다.

(5) 20×1년 말 단기차입금과 단기대여금은 20×2년에 모두 상환 또는 회수되었다.

물음 1 ㈜세무가 영업활동현금흐름을 직접법으로 표시하는 20×2년 현금흐름표를 작성할 경우에, 다음 ① ~ ⑩에 표시될 금액은 얼마인가? (단, 현금흐름표의 괄호 표시항목은 유출을 의미한다)

영업활동현금흐름		
고객으로부터 유입된 현금	₩①	
공급자에 대한 현금유출	(②)	
종업원 및 판매관리활동 현금유출	(③)	
영업에서 창출된 현금	₩?	
이자수취	④	
법인세납부	(⑤)	
영업활동순현금흐름		₩?
투자활동현금흐름		
토지의 취득	(⑥)	
건물의 취득	(⑦)	
단기대여금의 회수	?	
건물의 처분	⑧	
단기대여금의 대여	(?)	
투자활동순현금흐름		(?)
재무활동현금흐름		
단기차입금의 상환	(?)	
이자지급	(⑨)	
배당금지급	(⑩)	
사채 발행	?	
단기차입금의 차입	?	
자기주식 취득	(?)	
재무활동순현금흐름		?
현금및현금성자산 순증가		50,000
기초 현금및현금성자산		38,000
기말 현금및현금성자산		88,000

물음 2 영업활동현금흐름을 간접법으로 표시할 때 법인세비용차감전순이익에 가감 조정할 영업활동 관련 자산과 부채의 변동액(순액)은 얼마인가? (단, 영업활동 관련 자산과 부채의 변동액(순액)을 법인세비용차감전순이익에 차감 조정할 경우에는 금액 앞에 (-)로 표시하고, 조정금액이 없을 경우는 '0'으로 표시하시오)

물음 1

고객으로부터 유입된 현금	① 951,000
공급자에 대한 현금유출	② 530,000
종업원 및 판매관리활동 현금유출	③ 194,000
이자수취	④ 4,000
법인세납부	⑤ 44,000
토지의 취득	⑥ 105,000
건물의 취득	⑦ 478,000
건물의 처분	⑧ 118,000
이자지급	⑨ 33,000
배당금지급	⑩ 25,000

① 고객으로부터 유입된 현금

차)	손상차손	8,000	대)	매출	950,000
	현금유입액	951,000		매출채권 감소	9,000

② 공급자에 대한 현금유출

차)	매출원가	510,000	대)	매입채무 증가	28,000
	재고자산 증가	48,000		현금유출액	530,000

③ 종업원 및 판매관리활동 현금유출

차)	급여	105,000	대)	현금유출액	194,000
	기타판매비와 관리비	85,000			
	미지급판매비와 관리비 감소	4,000			

④ 이자수취

차)	미수이자 증가	1,000	대)	이자수익	5,000
	현금유입액	4,000			

⑤ 법인세 납부

차)	법인세비용	42,000	대)	현금유출액	44,000
	미지급법인세 감소	2,000			

⑥ 토지의 취득

차)	토지 증가	120,000	대)	재평가잉여금	15,000
				현금유출액	105,000

⑦, ⑧ 건물의 취득과 처분

차)	건물 증가	330,000	대)	유형자산처분이익	18,000
	감가상각비	48,000		현금유출액	478,000
	현금유입액	118,000			

⑨ 이자지급

차)	이자비용	50,000	대)	미지급이자 증가	2,000
				사채할인발행차금상각액	15,000
				현금유출액	33,000

⑩ 배당금지급

차)	집합손익	125,000	대)	이익잉여금 증가	100,000
				현금유출액	25,000

물음 2 영업활동 관련 자산과 부채의 변동액: (−)15,000

매출채권 감소 9,000 − 재고자산 증가 48,000 + 매입채무 증가 28,000 − 미지급판매비와 관리비 감소 4,000 = (−)15,000

☑ 미수이자와 미지급법인세의 증감은 영업활동현금흐름을 간접법으로 표시하는 경우, 자산과 부채의 변동액에서 표시되지 않고 이자수취와 법인세납부에 반영된다.

해커스 IFRS 정윤돈 재무회계연습

제15장 현금흐름표

다음의 <자료>를 이용하여 물음에 답하시오.

<자료>

다음은 제조업을 영위하고 있는 ㈜대한의 재무상태표 계정 중 20×2년 기초 대비 기말잔액이 증가(감소)한 계정의 일부이다(자산 및 부채 모두 증가는 (+), 감소는 (-)로 표시하였음).

계정	기말
매출채권	(+) ₩200,000
손실충당금(매출채권)	(+) ₩30,000
토지	(+) ₩50,000
건물	(+) ₩250,000
감가상각누계액(건물)	(-) ₩7,000
제품보증충당부채	(+) ₩45,000
사채	₩?
사채할인발행차금	₩?

20×2년 12월 31일로 종료되는 회계연도의 현금흐름표를 작성할 때 추가적으로 고려하여야 할 항목들은 다음과 같다.

(1) ㈜대한의 매출채권은 전액 미국에 수출하여 발생한 것이다. 매출채권과 관련하여 당기 포괄손익계산서에 계상된 외화환산손실은 ₩40,000이고 외환차손은 ₩20,000이며 손상차손은 ₩5,000이다.

(2) 당기 중 토지 ₩50,000을 주주로부터 현물로 출자받았고, 건물을 ₩300,000에 신규 취득하였다. 토지와 건물의 증감은 토지의 취득, 건물의 취득 및 처분으로 발생한 것이다. 포괄손익계산서에 계상된 당기의 감가상각비는 ₩3,000이고, 건물의 처분으로 인하여 발생한 처분이익은 ₩10,000이다.

(3) ㈜대한은 판매한 제품에 대하여 2년간 보증해주고 있으며 재무상태표에 제품보증충당부채를 표시하고 있다. 당기 말에 최선의 추정치로 측정하여 포괄손익계산서에 계상한 품질보증비용은 ₩60,000이고, 이외의 변동은 모두 보증으로 인한 수리활동으로 지출된 금액이다.

(4) 사채는 전액 당기 초에 발행되었고, 발행 시 액면금액은 ₩90,000(액면이자율 연 8%), 사채할인발행차금은 ₩6,000이다. 당기 포괄손익계산서에 계상된 사채의 이자비용은 ₩9,000이다. 동 사채액면 ₩90,000 중 ₩30,000은 당기 말에 상환되었으며, 포괄손익계산서에 계상된 사채상환이익은 ₩800이다.

㈜대한이 20×2년 12월 31일로 종료되는 회계연도의 현금흐름표를 간접법으로 작성하는 경우 상기 4가지 추가 항목과 관련하여 현금흐름표상 영업, 투자 또는 재무활동으로 인한 현금흐름에 가산 또는 차감 표시하여야 할 금액을 아래 양식에 따라 각 항목별로 표시하시오(단, ㈜대한은 이자수취 및 지급을 영업활동으로 분류하고 있으며, 당기순이익은 영업활동으로 인한 현금흐름에 가산하였다). [공인회계사 2차 2020년]

> 예 5. 당기 무형자산의 취득액은 ₩12,000이고, 무형자산상각액은 ₩4,000이다.

항목 번호	활동 구분	현금흐름 가산(+) 또는 차감(-)	금액
	영업	+	₩4,000
5	투자	-	₩12,000
	재무	없음	

12월 말 결산법인인 ㈜파도의 20×1년도 재무제표에서 발췌한 자료들이다.

- 당기순이익에 가산할 비용의 합계: ₩30,000
- 당기순이익에 차감할 수익의 합계: ₩20,000
- 영업활동 관련 자산, 부채의 변동액에 따른 가산액: ₩10,000
- 투자활동순현금유입액: ₩50,000
- 재무활동순현금유출액: ₩40,000
- 현금의 증가: ₩17,000
- 자본의 순증가액: ₩60,000

영업에서 창출된 현금은 간접법으로 작성한다. 재무활동은 유상증자와 현금배당 및 사채 상환으로 이루어져 있으며, 20×1년 중 배당금지급액이 ₩20,000이라고 할 때 사채 상환으로 인한 현금유출액을 구하시오(단, 주어진 자료 외에는 추가로 고려할 사항은 없고, 법인세효과는 고려하지 않는다).

A사는 기초에 $200의 외화예금이 있는데, 기중 거래 없이 기말에도 잔액은 $200이다. 기초와 기말의 환율이 각각 ₩1,000과 ₩1,100이라고 할 때 현금및현금성자산에 포함되어 있는 외화예금의 원화금액(기능통화)은 다음과 같다.

과목	기초	기말
현금및현금성자산	₩200,000	₩220,000

외화예금의 환율변동효과를 현금흐름표에 어떻게 표시하는지 서술하시오.

물음 1 (1) 매출채권

항목 번호	활동 구분	현금흐름 가산(+) 또는 차감(-)	금액
	영업	-	170,000
1	투자	없음	
	재무	없음	

☑ 매출채권은 영업활동으로 환율변동손익과 손상차손은 이미 당기손익에 반영되어 있으므로 별도의 조정사항이 없다. 그러므로 영업활동과 관련이 있는 매출채권과 손실충당금의 변동액만 추가적으로 고려하면 된다.

(2) 유형자산

항목 번호	활동 구분	현금흐름 가산(+) 또는 차감(-)	금액
	영업	-	7,000
2	투자	-	250,000
	재무	없음	

☑ 영업활동에서는 감가상각비와 처분이익을 고려하고 투자활동에서는 건물의 처분과 취득에 따른 현금순유출액을 고려한다. 현물출자는 현금흐름과 관련이 없다.

(3) 제품보증충당부채

항목 번호	활동 구분	현금흐름 가산(+) 또는 차감(-)	금액
	영업	+	45,000
3	투자	없음	
	재무	없음	

☑ 제품보증충당부채는 영업활동과 관련되어 있으므로 별도로 당기손익을 조정할 필요 없이 영업활동 관련 자산과 부채의 증감만을 고려하면 된다.

(4) 사채

항목 번호	활동 구분	현금흐름 가산(+) 또는 차감(-)	금액
	영업	+	1,000
4	투자	없음	
	재무	+	56,200

사채의 회계처리

사채 발행	차) 현금 사채할인발행차금	84,000 6,000	대) 사채	90,000
이자지급	차) 이자비용	9,000	대) 현금 사채할인발행차금	7,200 1,800
사채 상환	차) 사채	30,000	대) 사채할인발행차금 현금 사채상환이익	1,400 27,800 800

물음 2 사채 상환으로 인한 현금유출액: 113,000 유출

근거

1. **당기순이익의 계산**

   당기순손실(역산): (-)13,000

   가산할 비용: 30,000

   차감할 수익: (-)20,000

   영업활동 관련 자산, 부채의 변동액: 10,000

   투자활동현금흐름: 50,000

   재무활동현금흐름: (-)40,000

   현금의 증가: 17,000

2. **유상증자: 93,000**

   유상증자 - 13,000(당기순손실) - 20,000(배당금) = 60,000(자본의 증가)

3. **사채의 상환액**

   유상증자: 93,000

   배당금지급: (-)20,000

   사채상환(역산): (-)113,000

   재무활동현금흐름: (-)40,000

물음 3 당기 현금및현금성자산의 순증감 중 20,000은 영업활동, 투자활동 또는 재무활동으로부터 발생한 현금흐름으로 분류되지 않고 별도로 구분표시한다. 만약 간접법으로 영업활동 현금흐름을 표시한다면 당기순이익에 포함되어 있는 외환차이를 제거(영업활동 현금흐름이 아니므로)하는 조정을 하고 현금흐름표를 작성한다.

영업활동 현금흐름		
당기순이익	×××	
가감		
외환차이	(20,000)[1]	
···	×××	×××
투자활동 현금흐름	×××	×××
재무활동 현금흐름	×××	×××
현금및현금성자산에 대한 환율변동효과		20,000
현금및현금성자산의 순증가	—	×××
1) 당기순이익에 포함되어 있는 외환차이(이익)의 조정	—	

각 물음은 독립적이다.

물음 1 다음은 A사의 20×1년 비교식으로 작성된 부분재무상태표와 포괄손익계산서 그리고 추가 자료이다.

			재무상태표		
			20×1년 12월 31일		
과목	20×1. 12. 31.	20×0. 12. 31.	과목	20×1. 12. 31.	20×0. 12. 31.
⋮	⋮	⋮	⋮	⋮	⋮
FVPL금융자산	₩1,200,000	₩1,000,000	매입채무	₩1,050,000	₩1,000,000
매출채권(순액)	700,000	600,000	단기차입금	1,700,000	1,750,000
미수이자	20,000	15,000	미지급이자	12,000	13,000
선급금	90,000	100,000	선수금	110,000	100,000
재고자산(순액)	800,000	1,000,000	선수이자	9,000	8,000
AC금융자산	1,410,000	950,000	당기법인세부채	220,000	200,000
이연법인세자산	68,000	70,000	사채	1,000,000	1,000,000
토지	2,000,000	1,800,000	사채할인발행차금	(-)180,000	(-)200,000
⋮	⋮	⋮	⋮	⋮	⋮

포괄손익계산서
20×1. 1. 1. ~ 20×1. 12. 31.

매출		5,000,000
매출원가		(-)3,000,000
매출총이익		2,000,000
판매비와관리비		(-)1,170,000
급여	1,000,000	
퇴직급여	50,000	
손상차손	20,000	
기타판매비와 관리비	100,000	
영업이익		830,000
영업외수익		843,000
이자수익	800,000	
FVPL금융자산평가이익	10,000	
외환차익	8,000	
외화환산이익	25,000	
영업외비용		(-)563,000
이자비용	500,000	
FVPL금융자산처분손실	20,000	
사채상환손실	8,000	
재고자산감모손실	15,000	
외환차손	20,000	
법인세비용차감전순이익		1,110,000
법인세비용		(-)350,000
당기순이익		760,000

<추가 자료>

(1) 당기 중 매출채권 ₩20,000을 회수불가능하여 손상처리하였다. 당기 발생한 외환차익 ₩8,000은 매출채권을 회수하는 과정에서 발생하였다.

(2) 당기 중 액면금액 ₩500,000의 사채를 ₩435,000에 할인취득하여 AC금융자산으로 분류하였으며, 당기 중 만기 회수한 금액 및 중도매각, 추가 취득한 AC금융자산은 없다.

(3) 당기 발생한 외화환산이익은 매입채무와 관련하여 발생한 것이다.

(4) 외환차손은 모두 단기차입금의 상환과정에서 발생한 것이다.

(5) 당기 중 사채할인발행차금상각액은 ₩20,000이다. 당기 중 회사가 발행한 액면금액 ₩200,000(사채할인발행차금 ₩20,000)인 사채를 취득하여 자기사채로 보유 중에 있다.

(6) 당기 중에 A사는 보유하고 있던 자기주식을 처분하여 자기주식처분이익이 ₩50,000 발생하였다. 회사에 적용되는 법인세율은 당기까지는 20%이고 차기 이후는 30%이다.

물음 1-1 위의 자료를 이용하여 직접법으로 작성된 A사의 20×1년 현금흐름표 일부를 완성하시오(단, 현금유출은 (-)로 표시하라).

고객으로부터 유입된 현금	①
공급자와 종업원에 대한 현금유출	②
기타 영업과 관련된 현금유출	③
영업에서 창출된 현금	××
이자수취액	④
이자지급액	⑤
법인세납부액	⑥
영업활동순현금흐름	⑦

물음 1-2 A사의 20×1년 사채로 인한 현금유입액과 현금유출액을 구하시오(단, 현금유출은 (-)로 표시하라).

사채로 인한 현금유입액	①
사채로 인한 현금유출액	②

물음 2 C사는 현금흐름표를 간접법으로 작성하며, 이자의 수취와 지급은 영업활동으로 분류한다. 회사의 재무담당자는 20×1년 현금흐름표 작성을 위해 당기순이익 ₩2,000,000을 영업활동 현금흐름에 가산한 후 아래의 각 상황별 영향을 반영하고자 한다(단, 법인세 효과는 고려하지 않는다).

<상황 1>

구분	20×1. 12. 31.	20×0. 12. 31.
기계장치	₩1,900,000	₩2,000,000
감가상각누계액	(-)700,000	(-)800,000

당기 포괄손익계산서의 감가상각비는 ₩100,000, 기계장치의 처분이익은 ₩20,000이다. 한편, 당기 중 기계장치 현금 취득액은 ₩200,000이다.

<상황 2>

구분	20×1. 12. 31.	20×0. 12. 31.
사채	₩2,000,000	₩3,000,000
사채할인발행차금	(-)15,000	(-)30,000

당기 초에 사채 액면금액 ₩2,000,000(사채할인발행차금 ₩20,000)을 조기상환하고 사채상환손실 ₩50,000을 인식하였다. 또한, 당기 5월 1일에 액면금액 ₩1,000,000의 사채를 추가로 할인발행하였다. 당기 포괄손익계산서상 이자비용 중 ₩5,000은 당기 사채할인발행차금상각액이다.

C사가 20×1년 현금흐름표를 작성하는 과정에서 각 상황이 영업활동, 투자활동 및 재무활동에 미치는 영향을 각 항목별(①~④)로 표시하시오(단, 현금유출은 (-)표시하고 영향이 없으면 '영향 없음'으로 기재한다).

상황 1	영업활동	①
	투자활동	②
	재무활동	
상황 2	영업활동	③
	투자활동	
	재무활동	④

물음 1 **물음 1-1**

고객으로부터 유입된 현금	① 4,898,000
공급자와 종업원에 대한 현금유출	② (-)3,780,000
기타 영업과 관련된 현금유출	③ (-)310,000
영업에서 창출된 현금	808,000
이자수취액	④ 771,000
이자지급액	⑤ (-)481,000
법인세납부액	⑥ (-)338,000
영업활동순현금흐름	⑦ 760,000

근거

① 고객으로부터 유입된 현금

차)	손상차손	20,000	대)	선수금 증가	10,000
	매출채권 증가	100,000		매출	5,000,000
	현금(역산)	4,898,000		외환차익	8,000

② 공급자와 종업원에 대한 현금유출

차)	매출원가	3,000,000	대)	외화환산이익	25,000
	급여	1,000,000		매입채무 증가	50,000
	퇴직급여	50,000		재고자산 감소	200,000
	재고자산감모손실	15,000		선급금 감소	10,000
				현금(역산)	3,780,000

③ 기타 영업과 관련된 현금유출

차)	FVPL금융자산 증가	200,000	대)	FVPL금융자산 평가이익	10,000
	기타 판매비와 관리비	100,000		현금(역산)	310,000
	FVPL금융자산 처분손실	20,000			

④ 이자수취액

차)	미수이자 증가	5,000	대)	이자수익	800,000
	AC금융자산상각액[1]	25,000		선수이자 증가	1,000
	현금(역산)	771,000			

1) AC금융자산: 기초 950,000 + 추가 취득 435,000 + 상각액 = 기말 1,410,000, 상각액: 25,000

⑤ 이자지급액

차)	미지급이자 감소	1,000	대)	사채할인발행차금상각액	20,000
	이자비용	500,000		현금(역산)	481,000

⑥ 법인세납부액

차)	법인세비용	350,000	대)	이연법인세자산 감소	2,000
	자기주식처분이익[1]	10,000		당기법인세부채 증가	20,000
				현금(역산)	338,000

1) 자기주식처분이익 법인세효과: 50,000 × 20% = 10,000

물음 1-2		
사채로 인한 현금유입액		① 180,000
사채로 인한 현금유출액		② (-)188,000

근거

[증감분석]

사채	기초 1,000,000	+ 발행(역산) 200,000		- 상환 200,000	= 기말 1,000,000
(사채할인발행차금)	기초 (200,000)	+ 발행(역산) + (20,000)	- 상각 - (20,000)	- 상환 - (20,000)	= 기말 (180,000)

① 사채로 인한 현금유입액(발행금액): 200,000 - 20,000 = 180,000

② 사채 상환으로 인한 현금유출액

차)	사채	200,000	대)	사채할인발행차금	20,000
	사채상환손실	8,000		현금(역산)	188,000

물음 2			
상황 1	영업활동		① 80,000
	투자활동		② (-)80,000
	재무활동		영향 없음
상황 2	영업활동		③ 55,000
	투자활동		영향 없음
	재무활동		④ (-)1,040,000

근거

1. 상황 1

① 영업활동에 미치는 영향: 감가상각비 100,000 - 처분이익 20,000 = 80,000

② 투자활동으로 인한 현금유출액

차)	감가상각누계액 감소	100,000	대)	기계장치 감소	100,000
	감가상각비	100,000		처분이익	20,000
				현금(역산)	80,000

2. 상황 2

③ 영업활동에 미치는 영향: 사채상환손실 50,000 + 사채할인발행차금상각액 5,000 = 55,000

④ 재무활동으로 인한 현금유출액

차)	사채 감소	1,000,000	대)	사채할인발행차금 감소	15,000
	사채상환손실	50,000		현금(역산)	1,040,000
	사채할인발행차금상각액	5,000			

제 16 장

사업결합과 합병회계

해커스 IFRS 정윤돈 재무회계연습

회계사 · 세무사 · 경영지도사 단번에 합격!
해커스 경영아카데미 cpa.Hackers.com

문제 1   사업결합 시 인식하는 자산과 부채 - Level 3

각 물음은 독립적이다.

물음 1 ㈜하늘은 20×1년 초 ㈜사과와 합병하였다. 합병시점 ㈜사과의 자산과 부채의 공정가치와 장부금액은 아래와 같다.

구분	장부금액	공정가치	구분	장부금액	공정가치
현금	₩5,000	₩5,000	부채	₩13,000	₩14,000
재고자산	₩3,000	₩4,000	자본금	₩5,000	
사용권자산	₩2,000	₩3,000	이익잉여금	₩2,000	
유형자산	₩10,000	₩12,000			
합계	₩20,000	₩24,000	합계	₩20,000	₩14,000

재무상태표에 인식된 항목 이외에 다음과 같은 항목들이 존재한다.

(1) ㈜사과는 시장조건보다 유리한 조건의 리스계약을 체결하여 이용하고 있으며, 동 유리한 리스조건의 공정가치는 ₩1,000으로 추정된다(단, 취득일에 새로운 리스인 것으로 보아 나머지 리스료의 현재가치를 재측정한 결과, 합병시점 ㈜사과의 재무상태표에 계상한 리스부채의 장부금액과 동일하다).

(2) ㈜사과는 시장조건의 리스료를 부담하는 리스계약을 체결하여 이용하고 있으며, 동 리스조건의 공정가치는 ₩2,000으로 추정된다(단, 취득일에 새로운 리스인 것으로 보고 나머지 리스료의 현재가치를 재측정한 결과, 합병시점 ㈜사과의 재무상태표에 계상한 리스부채의 장부금액과 동일하다).

(3) ㈜사과의 유형자산에는 운용리스자산이 포함되어 있다. ㈜하늘은 동 운용리스계약이 시장조건에 비해 ₩5,000만큼 유리한 것으로 판단하였다.

(4) ㈜사과는 고객정보를 가지고 있으며, 해당 고객정보의 공정가치는 ₩1,500으로 추정된다.

(5) ㈜사과는 20×0년 프로젝트에 대한 연구비 ₩400을 당기비용으로 처리하였다. 20×1년 초 현재 해당 프로젝트가 자산의 인식기준을 충족하여 공정가치는 ₩1,000으로 추정된다.

(6) ㈜사과는 통신사업 진출을 추진 중이며 현재 교섭 중인 계약이 존재한다. 해당 항목의 공정가치는 ₩1,300으로 추정된다.

(7) ㈜사과는 현재 소송에 계류 중이며 패소할 확률이 높지 않다고 판단하여 충당부채를 인식하지 않았다. 해당 항목은 신뢰성 있게 측정할 수 있으며, 그 금액은 ₩450이다. 또한 소송에 패소하였을 경우 보험회사가 일부 금액을 보상해주기로 하였으며 해당 항목의 공정가치는 ₩300이다.

㈜사과의 식별 가능한 순자산의 공정가치는 얼마인가?

물음 2 ㈜포도는 현금 ₩2,000의 이전대가를 지급하고 ㈜앵두와 합병하였다. 합병일 현재 ㈜앵두의 식별 가능한 자산과 부채의 공정가치는 ₩3,000과 ₩1,800이다(단, ㈜앵두의 자산과 부채에는 아래의 물음과 같은 우발상황이나 불확실성이 제외되어 있으며, 아래의 물음들은 서로 독립적이다).

물음 2-1 취득일 현재 ㈜앵두가 소송의 피고로 계류 중인 사건이 존재하는데, 만약 ㈜앵두가 패소할 경우 ㈜앵두의 이전 주주가 ㈜포도에게 ₩200을 한도로 보상해주는 약정이 있다. ㈜포도는 소송에 대한 우발부채의 공정가치를 ₩180으로 결정하였으며, ㈜앵두의 이전 주주가 가진 현금 지불능력을 고려할 때 보상받을 금액의 공정가치도 ₩180으로 판단하였다. 이 경우 취득일에 ㈜포도가 사업결합에 따른 회계처리 과정에서 인식할 영업권을 구하고, 취득일의 회계처리를 보이시오.

물음 2-2 취득일 현재 개발한 제품에 대해서 산업재산권 침해를 사유로 ㈜앵두가 손해배상소송의 피고인 소송이 진행 중이다. ㈜앵두는 향후 소송이 종결되어 ㈜포도가 배상금을 지급하게 될 경우 ㈜포도에게 ₩200을 한도로 보상을 해주기로 약정하였다. ㈜포도는 취득일 현재 산업재산권 침해소송에 대한 우발부채의 공정가치를 신뢰성 있게 측정할 수 없다고 판단하고, 이를 식별가능부채에서 제외하였다. 이 경우 취득일에 ㈜포도가 사업결합에 따른 회계처리 과정에서 인식할 영업권을 구하고, 취득일의 회계처리를 보이시오.

물음 2-3 취득일 현재 ㈜앵두는 세무조사 과정에서 과세당국과 조세쟁송 중에 있다. ㈜앵두는 조세쟁송 결과 현금유출가능성이 높다고 판단하였다. 또한 추후 납부하게 될 최선의 추정치를 ₩200으로 예상하였으며, 동 쟁송 관련 부채의 공정가치는 ₩180으로 판단하였다. 만일 과세당국이 법인세추납액을 ₩200으로 확정한다면 ㈜앵두의 이전 주주는 ㈜포도에게 ₩200을 전액 지불하기로 하였는데, ㈜앵두의 이전 주주가 가진 현금지불능력은 ₩170이라고 판단된다. 이 경우 취득일에 ㈜포도가 사업결합에 따른 회계처리 과정에서 인식할 영업권을 구하고, 취득일의 회계처리를 보이시오.

물음 1

장부상 순자산 공정가치	10,000
(1) 유리한 조건의 리스계약(리스이용자)[1]	1,000
(2) 시장조건의 리스계약(리스이용자)[2]	−
(3) 피취득자가 리스제공자인 경우[3]	−
(4) 고객정보	1,500
(5) 연구개발프로젝트	1,000
(6) 잠재적 계약[4]	
(7) 우발부채	(450)
(8) 대리변제자산	300
식별 가능한 순자산 공정가치	13,350

1) 피취득자가 리스이용자인 경우, 취득한 리스가 취득일에 새로운 리스인 것으로 보아 나머지 리스료의 현재가치로 재측정하고 리스부채와 같은 금액으로 사용권자산을 측정하며, 시장조건과 비교하여 유리하거나 불리한 리스조건이 있다면 이를 반영하기 위하여 사용권자산을 조정한다.
   => 사용권자산 = 리스부채(잔여 리스료 현재가치) + 유리한 리스조건 가치 - 불리한 리스조건 가치
2) 시장조건의 운용리스계약의 경우에는 유리하거나 불리한 조건의 리스계약이 아니므로 이와 관련하여 인식할 무형자산이나 부채는 존재하지 않는다.
3) 피취득자가 운용리스제공자인 경우 조건이 유리하든 불리하든 별도의 자산이나 부채로 인식하지 않고, 운용리스로 제공하고 있는 그 자산의 공정가치에 반영한다.
4) 집합적 노동력과 잠재적 계약의 가치는 영업권과 분리하여 인식되는 식별 가능한 자산이 아니기 때문에 귀속될 만한 가치가 있다면 그 가치를 영업권에 포함한다.

물음 2　**물음 2-1**　영업권: 800

차) B사 자산[1]	3,180	대) B사 부채[2]	1,980
영업권	800	현금	2,000

1) 3,000 + 보상자산 180 = 3,180
   취득일에 존재하는 소송과 관련 부채에 대하여 보상을 받을 수 있으므로 보상자산에 해당하며, 우발부채를 공정가치로 인식하기 때문에 관련 보상자산도 공정가치로 인식한다.
2) 1,800 + 보상대상항목으로 식별 가능한 우발부채 180 = 1,980
   우발부채의 공정가치는 약정의 한도 이내이므로 우발부채와 보상자산으로 각각 인식한다. 또한, 보상금액의 회수가능성은 이미 공정가치로 반영되어 있으므로 별도로 평가충당금을 인식하지 않는다.

물음 2-2　영업권: 800

차) B사 자산	3,000	대) B사 부채	1,800
영업권	800	현금	2,000

☑ 피취득자의 우발부채(보상대상항목)를 식별가능부채로 인식하지 못하므로 보상자산도 인식하지 않는다.

물음 2-3　영업권: 830

차) B사 자산[1]	3,200	대) B사 부채[1]	2,000
영업권	830	평가충당금[2]	30
		현금	2,000

1) ㈜포도는 법인세와 관련된 부채를 공정가치 180으로 인식하지 않고, 한국채택국제회계기준서 제1012호에 따라 200으로 인식해야 한다. 관련된 보상자산도 동일한 근거로 측정해야 하므로 보상자산을 200으로 인식한다.
2) 보상자산이 공정가치로 측정되지 않았으므로 회수 불가능한 30을 평가충당금으로 인식한다.

문제 2 사업결합 시 인식하는 자산과 부채(이연법인세) - Level 3

A사는 20×1년 초에 B사의 지분 100%를 현금 ₩200,000에 취득하는 사업결합을 하였다. 사업결합을 통하여 A사가 취득한 B사의 식별 가능한 자산 및 부채의 공정가치와 세법상 기준액은 다음과 같다.

구분	공정가치	세법상 기준액	차이금액
유형자산	₩200,000	₩120,000	₩80,000
무형자산	₩20,000	-	₩20,000
기타자산	₩400,000	₩400,000	-
부채	₩(480,000)	₩(480,000)	-
순자산	₩140,000	₩40,000	₩100,000

A사에게 적용될 세율은 20%이다.

물음 1 이연법인세를 고려하지 않고 A사가 취득일에 인식해야 할 영업권을 계산하시오.

물음 2 물음 1 에서 이연법인세를 고려하여 A사가 인식해야 할 영업권을 계산하시오.

물음 3 물음 2 와 관련하여 현재 B사는 세무상 결손금 ₩40,000이 있으며, 동 사업결합이 적격합병에 해당되어 A사가 이를 전액 승계하였다고 가정하고 다시 답하시오.

물음 4 물음 3 과 관련하여 사업결합일 현재 A사는 세무상 결손금 ₩20,000이 있으나 미래 실현가능성이 높지 않다고 판단하여 이연법인세자산을 인식하지 않았다. 그러나 A사가 B사와의 사업결합으로 인하여 동 세무상 결손금의 미래 실현가능성이 높아졌다고 판단하였을 때 어떤 회계처리를 하는지 보이시오.

물음 1 영업권: 이전대가 200,000 - 피취득자의 식별 가능한 순자산 140,000 = 60,000

물음 2 영업권: 200,000 - (140,000 - 20,000[1]) = 80,000

1) 이연법인세부채: 가산할 일시적차이(80,000 + 20,000) × 20% = 20,000

차)	유형자산	200,000	대)	부채	480,000
	무형자산	20,000		이연법인세부채	20,000
	기타자산	400,000		현금	200,000
	영업권	80,000			

물음 3 영업권: 200,000 - (140,000 + 8,000[1] - 20,000) = 72,000

1) 이연법인세자산: 차감할 일시적차이(40,000) × 20% = (-)8,000

차)	유형자산	200,000	대)	부채	480,000
	무형자산	20,000		이연법인세부채	20,000
	기타자산	400,000		현금	200,000
	이연법인세자산	8,000			
	영업권	72,000			

물음 4

차)	이연법인세자산[1]	4,000	대)	법인세비용	4,000

1) 20,000 × 20% = 4,000

A사가 인식하지 않았던 세무상 결손금에 대한 이연법인세자산의 미래 실현가능성 변동은 사업결합거래와 별개의 거래이다. 따라서 영업권금액에는 영향을 미치지 않고 법인세비용에 가감한다.

문제 3

이전대가와 별도거래, 비화폐성자산이 포함된 이전대가
- Level 2 ~ 3

각 물음은 서로 독립적이다.

물음 1 ㈜하늘은 20×1년 말 ㈜사과를 흡수합병하기로 하였다.

(1) 취득일까지 합병 관련 거래를 제외한 모든 거래를 반영한 ㈜사과의 시산표는 아래와 같다.

구분	장부금액	공정가치	구분	장부금액	공정가치
현금	₩5,000	₩5,000	매입채무	₩3,000	₩3,000
재고자산	₩3,000	₩4,000	차입금	₩10,000	₩11,000
건물	₩2,000	₩3,000	자본금	₩5,000	
토지	₩10,000	₩12,000	이익잉여금	₩2,000	
매출원가	₩13,000		매출	₩20,000	
기타비용	₩7,000				
합계	₩40,000	₩24,000	합계	₩40,000	₩14,000

(2) 취득일까지 합병 관련 거래를 제외한 모든 거래를 반영한 ㈜하늘의 시산표는 아래와 같다.

구분	장부금액	공정가치	구분	장부금액	공정가치
현금	₩20,000	₩20,000	매입채무	₩12,000	₩12,000
재고자산	₩12,000	₩20,000	차입금	₩40,000	₩41,000
건물	₩8,000	₩10,000	자본금	₩20,000	
토지	₩50,000	₩50,000	이익잉여금	₩8,000	
매출원가	₩42,000		매출	₩80,000	
기타비용	₩28,000				
합계	₩160,000	₩100,000	합계	₩160,000	₩53,000

(3) ㈜하늘이 제공한 합병대가는 아래와 같다.

- ㈜하늘은 ㈜사과의 주주에게 신주 30주를 발행하여 교부하였다. ㈜하늘의 주식 공정가치는 주당 ₩400이며, 액면금액은 주당 ₩100이다.

- ㈜하늘은 사채를 발행하여 ㈜사과의 주주들에게 교부하였다. 사채의 발행비용을 제외한 발행가액(액면금액)은 ₩2,000이다.

(4) 합병과정에서 발생한 비용은 다음과 같다.

- 법무법인 자문 수수료 ₩200과 합병 관련 업무를 수행하는 부서의 급여 ₩150

- 사채 발행비용과 신주발행비용 각각 ₩80, ₩70이 발생

물음 1-1 ㈜하늘이 사업결합과 관련하여 취득일에 인식할 영업권을 계산하시오.

물음 1-2 사업결합 후 ㈜하늘의 20×1년 당기순이익을 구하시오.

물음 1-3 사업결합 후 ㈜하늘의 20×1년 말 재무상태표를 작성하시오.

물음 1-4 위 물음과 독립적으로 A사와 B사 간에 소송이 진행 중이다. B사는 배상금으로 ₩2,000을 요구하고 있으나 A사의 변호인은 ₩1,500을 합리적인 배상금으로 추정하고 있다. 이러한 소송이 진행되고 있는 중에 A사는 B사를 현금 ₩10,000을 지급하고 취득하였는데, 이 금액에는 B사의 영업사원이 취득일 이후 3년간 근무하면 지급하는 ₩1,200이 포함되어 있다. 취득일 현재 B사의 식별 가능한 순자산의 공정가치는 ₩6,000이다. 이 경우 A사가 B사를 취득하는 시점에 인식할 영업권을 구하시오.

물음 2 20×1년 초에 A사는 B사의 자산과 부채를 모두 취득·인수하였으며, 이는 사업결합에 해당된다. 취득일 현재 B사의 식별 가능한 자산의 공정가치는 ₩1,000,000이고 부채의 공정가치는 ₩600,000이다.

물음 2-1 A사가 이전대가로 A사 주식 100주(액면총액 ₩400,000, 공정가치총액 ₩500,000)를 발행·교부하고 추가로 A사 보유 토지(장부금액 ₩40,000, 공정가치 ₩100,000)를 이전하기로 하였다(단, 사업결합 후 A사는 이전한 토지에 대하여 통제를 하지 못한다). 20×1년 초에 A사가 사업결합과 관련하여 해야 할 회계처리를 하시오.

물음 2-2 **물음 2-1**과 관련하여 이전한 토지가 사업결합 후 A사에 계속 남아 있으며, A사가 동 토지에 대하여 통제를 한다고 가정하고 답하시오.

| 풀이 |

물음 1 **물음 1-1** 영업권: 4,000

차) 현금	5,000	대) 매입채무	3,000
재고자산	4,000	차입금	11,000
건물	3,000	사채	2,000
토지	12,000	자본금	3,000
영업권	4,000	주식발행초과금	9,000
차) 수수료비용	200	대) 현금	500
급여	150		
사채할인발행차금	80		
주식발행초과금	70		

☑ 합병과정에서 발생한 비용은 영업권에 영향을 미치지 않는다.

물음 1-2 사업결합 후 20×1년 ㈜하늘의 당기순이익: 80,000 - 42,000 - 28,000 - 200 - 150 = 9,650

물음 1-3

재무상태표

현금[1]	24,500	매입채무	15,000
재고자산	16,000	차입금	51,000
건물	11,000	사채(순액)	1,920
토지	62,000	자본금	23,000
영업권	4,000	주식발행초과금	8,930
		이익잉여금[2]	17,650
	117,500		117,500

1) 5,000 + 20,000 - 500 = 24,500
2) 8,000 + 9,650 = 17,650

물음 1-4 영업권: 1,300

차) 비용[1]	1,500	대) 현금	2,700
장기선급비용[2]	1,200		
차) B사 순자산	6,000	대) 현금[3]	7,300
영업권	1,300		

1) 기존의 비계약적 소송관계가 사업결합으로 사실상 정산되므로 독립된 변호인의 배상금 추정액을 공정가치로 보고 당기손익에 반영한다.
2) 사업결합 후 3년간 제공받는 용역에 대한 대가이므로 이를 장기선급비용으로 인식하고 향후 용역을 제공받는 시점에 비용으로 인식한다.
3) A사가 지급하는 10,000은 모두 사업결합거래의 이전대가가 아니다. 소송과 같은 비계약적 관계의 정산과 종업원에 대한 보상거래도 향후 제공받을 용역에 대한 대가이므로 별도거래로 회계처리한다.

물음 2 **물음 2-1**

차) 토지[1]	60,000	대) 자산처분이익	60,000
차) 자산	1,000,000	대) 부채	600,000
영업권	200,000	자본금	400,000
		주식발행초과금	100,000
		토지	100,000

1) 100,000 - 40,000 = 60,000
토지를 공정가치로 매각한 후 매각금액을 이전대가로 지급한 것처럼 회계처리한다.

물음 2-2

차) 자산	1,040,000	대) 부채	600,000
영업권	100,000	자본금	400,000
		주식발행초과금	100,000
		토지[1]	40,000

1) 토지를 공정가치로 재측정하지 않고, 장부금액을 이전대가와 취득자산에 각각 포함시킨다.

20×1년 초 A사는 B사를 흡수합병하기로 하였다. 인수대가로 A사 주식을 발행·교부하였는데 이는 사업결합에 해당된다. 취득일 현재 B사의 식별 가능한 자산·부채의 장부금액과 공정가치는 다음과 같다.

과목	장부금액	공정가치
자산	₩400,000	₩450,000
부채	₩300,000	₩350,000

한편, 갑회사는 다음과 같은 사업결합과 관련된 현금지출이 있었다.

변호사 수수료	₩1,000
합병 담당 직원 인건비	₩2,000
신주발행 수수료	₩2,000

물음 1 A사가 B사에게 발행·교부한 주식의 액면총액이 ₩100,000, 공정가치가 ₩200,000일 때 A사가 취득일에 해야 할 회계처리를 하시오.

물음 2 **물음 1**과 관련하여 당기 말 현재 영업권의 회수가능액을 ₩40,000으로 추정하고, 손상차손이 발생되었다고 판단하였다. 당기 말에 A사가 해야 할 회계처리를 하시오.

물음 3 **물음 1**에서 A사가 B사에게 발행·교부한 주식의 액면총액이 ₩50,000, 공정가치가 ₩70,000일 때 A사가 취득일에 해야 할 회계처리를 하시오(단, B사의 식별 가능한 자산·부채의 공정가치는 적절하게 측정되었다고 가정한다).

물음 4 **물음 3**과 관련하여 B사의 식별 가능한 자산·부채의 공정가치를 재검토한 결과 부채의 공정가치가 ₩20,000만큼 적게 측정되었다고 가정하고 다시 답하시오.

풀이

물음 1

차) 자산	450,000	대) 부채	350,000
영업권	100,000	자본금	100,000
		주식발행초과금	100,000
차) 주식발행초과금	2,000	대) 현금	5,000
기타비용	3,000		

물음 2

| 차) 손상차손[1] | 60,000 | 대) 영업권 | 60,000 |

1) 100,000 - 40,000 = 60,000

물음 3

차) 자산	450,000	대) 부채	350,000
		자본금	50,000
		주식발행초과금	20,000
		염가매수차익	30,000
차) 주식발행초과금	2,000	대) 현금	5,000
기타비용	3,000		

물음 4

차) 자산	450,000	대) 부채	370,000
		자본금	50,000
		주식발행초과금	20,000
		염가매수차익[1]	10,000
차) 주식발행초과금	2,000	대) 현금	5,000
기타비용	3,000		

1) 재검토 결과 식별 가능한 부채의 공정가치를 20,000만큼 증가시키므로, 염가매수차익도 동 금액만큼 감소하게 된다

영업권과 염가매수차익(측정기간과 잠정금액의 조정) - Level 3

A사는 20×1년 7월 1일을 취득일로 하여 B사를 흡수합병하기로 하였다. 다음의 자료들은 이와 관련된 내용들이다.

(1) A사는 B사의 주주들에게 현금 ₩290,000을 지급하기로 하였다.

(2) 취득일 현재 A사의 식별 가능한 순자산 공정가치는 ₩180,000이다. 그 중 토지와 건물의 공정가치는 잠정금액으로 측정하였다. 취득일 현재 건물의 잔존내용연수는 10년, 내용연수 종료시점의 잔존가치는 없고 정액법으로 감가상각한다. 토지와 건물의 취득일 현재 잠정금액은 각각 ₩60,000과 ₩40,000이다.

(3) A사는 20×2년 4월 1일 잠정금액으로 측정하였던 토지와 건물의 공정가치를 각각 ₩70,000과 ₩44,000으로 재측정하였다. 이러한 측정결과는 취득일에 존재하였던 정보를 추가로 입수한 결과를 반영한 것이다.

물음 1 A사가 20×1년 말과 20×2년 말의 재무상태표에 보고할 영업권금액을 구하시오.

물음 2 A사가 20×2년 재무보고 시에 비교 공시되는 20×1년 말 재무상태표와 20×2년 말 재무상태표에 표시할 토지와 건물의 장부금액을 구하시오.

물음 3 20×2년 4월 1일 A사가 수행할 회계처리를 보이시오.

풀이

물음 1 (1) 20×1년 말 영업권: 290,000 - 180,000 = 110,000

(2) 20×2년 말 영업권: 290,000 - 180,000 - (70,000 - 60,000) - (44,000 - 40,000) = 96,000

물음 2

구분	20×1년 말	20×2년 말
토지의 장부금액	70,000	70,000
건물의 장부금액	44,000 - 2,200[1] = 41,800	44,000 - 2,200 - 4,400[2] = 37,400

1) 토지 20×1년 감가상각비: 44,000/10년 × 6/12 = 2,200
2) 토지 20×2년 감가상각비: 44,000/10년 = 4,400

물음 3

차)	토지	10,000	대)	영업권	14,000
	건물	4,000			
차)	이월이익잉여금	200	대)	감가상각누계액[1]	200

1) 20×1년 감가상각비 추가 계상액: (44,000 - 40,000)/10년 × 6/12 = 200

문제 6 영업권과 염가매수차익(조건부대가의 공정가치 변동) - Level 3

각 물음은 서로 독립적이다.

[물음 1] A사는 20×1년 7월 1일을 취득일로 하여 B사를 흡수합병하기로 하였다. A사는 B사 주주들에게 현금 ₩100,000을 지급하기로 하고, B사의 주주들은 취득일 현재 존재하는 B사의 우발부채가 추후에 확정될 경우 확정손실이 ₩50,000을 초과한다면 동 초과액 전액을 A사에 보상하기로 약정하였다. 취득일 현재 보상자산의 공정가치는 ₩20,000으로 추정되며, 우발부채는 충당부채의 인식요건을 모두 충족시킨다. A사가 취득일 현재 보상자산으로 인식한 금액 중 20×1년 말 현재 회수 가능한 금액이 ₩15,000으로 추정될 경우 20×1년 말에 수행할 회계처리를 보이시오.

[물음 2] A사는 20×1년 10월 1일을 취득일로 하여 B사를 흡수합병하였다. A사는 B사의 기존 주주들에게 이전대가로 A사의 보통주식 100주를 발행·교부하였다. 취득일 현재 A사가 발행한 보통주의 공정가치는 주당 ₩300(액면금액 ₩100)이다.

> (1) A사는 경영성과에 따라 추가로 현금을 지급하기로 하였다. 취득일 현재 이러한 조건부대가의 공정 가치는 ₩6,000으로 추정된다.
>
> (2) B사의 순자산 공정가치는 ₩35,000이다.

[물음 2-1] A사가 사업결합으로 인식할 영업권 또는 염가매수차익을 계산하시오.

[물음 2-2] 조건부대가의 공정가치가 20×1년 12월 31일 현재 ₩8,000으로 추정이 변경되었다고 할 경우 A사가 해야 할 회계처리를 하시오(단, 공정가치 변동분이 취득일에 존재한 사실에 대하여 취득 일 후에 추가로 입수한 정보에 의한 것이라고 할 경우).

[물음 2-3] 조건부대가의 공정가치가 20×1년 12월 31일 현재 ₩8,000으로 추정이 변경되었다고 할 경우 A사가 해야 할 회계처리를 하시오(단, 공정가치의 변동분이 취득일 이후 발생한 사건으로 인한 것이라고 할 경우).

물음 3 A사는 20×1년 10월 1일을 취득일로 하여 B사를 흡수합병하였다. A사는 B사의 기존 주주들에게 이전대가로 A사의 보통주식 100주를 발행·교부하였다. 취득일 현재 A사가 발행한 보통주의 공정가치는 주당 ₩300(액면금액 ₩100)이다.

> (1) A사는 경영성과에 따라 추가로 보통주를 발행·교부하기로 하였다. 취득일 현재 이러한 조건부대가의 공정가치는 ₩6,000으로 추정된다.
>
> (2) B사의 순자산 공정가치는 ₩35,000이다.

물음 3-1 조건부대가의 공정가치가 20×1년 12월 31일 현재 ₩8,000으로 추정이 변경되었다고 할 경우 A사가 해야 할 회계처리를 하시오(단, 공정가치 변동분이 취득일에 존재한 사실에 대하여 취득일 후에 추가로 입수한 정보에 의한 것이라고 할 경우).

물음 3-2 조건부대가의 공정가치가 20×1년 12월 31일 현재 ₩8,000으로 추정이 변경되었다고 할 경우 A사가 해야 할 회계처리를 하시오(단, 공정가치의 변동분이 취득일 이후 발생한 사건으로 인한 것이라고 할 경우).

| 풀이 |

물음 1   차) 손상차손[1]   5,000   대) 손실충당금   5,000

1) 20,000 - 15,000 = 5,000

물음 2   **물음 2-1** 영업권: 100주 × 300 + 6,000 - 35,000 = 1,000

물음 2-2 차) 영업권   2,000   대) 조건부대가(부채)   2,000
☑ 조건부대가의 공정가치 변동이 취득일에 존재한 사실에 대하여 추가로 입수한 정보에 의한 것이므로 측정기간 동안의 조정에 해당한다. 따라서 조건부대가의 공정가치 변동분은 영업권에 가산한다.

물음 2-3 차) 금융부채평가손실   2,000   대) 조건부대가(부채)   2,000
☑ 조건부대가의 공정가치 변동이 취득일 이후 발생한 사건으로 인한 것이므로 공정가치 변동분을 당기손익 등으로 처리한다.

물음 3   **물음 3-1** 차) 영업권   2,000   대) 조건부대가(자본)   2,000

물음 3-2 회계처리 없음
조건부대가의 공정가치 변동이 취득일 이후 발생한 사건으로 인한 것이지만 조건부대가가 지분상품에 해당하므로 재측정하지 않고 자본 내에서 처리한다. 따라서 조건부대가의 공정가치 변동분은 회계처리하지 않는다.

문제 7 단계적으로 이루어지는 사업결합 - Level 3

아래의 각 물음에 답하시오.

---

(1) A사는 20×0년 1월 1일 B사 지분의 10%를 ₩2,000에 취득하고 FVOCI금융자산으로 분류하였으며, B사 지분의 20×0년 말 현재 공정가치는 ₩2,400이다.

(2) A사는 20×1년 1월 1일 B사의 기존 주주들로부터 지분 90%를 취득하고 그 대가로 A사의 보통주 120주를 발행하여 교부하고 흡수·합병하였다. 취득일 현재 A사 보통주의 공정가치는 주당 ₩300, 액면금액은 주당 ₩100이며, 취득일 직전에 A사가 보유하고 있는 B사 지분의 공정가치는 ₩2,500이다.

(3) 취득일 현재 B사의 순자산 공정가치는 ₩30,000이다. 이는 B사가 진행 중인 연구개발과 관련하여 ₩4,000을 지출한 후에 재무상태표상 자산으로 인식하지 않았으나, 취득일 현재 무형자산의 정의를 충족하고 식별가능한 공정가치가 ₩5,000인 지출이 포함되지 않은 금액이다.

물음 1 A사가 사업결합으로 인식할 영업권을 계산하시오.

물음 2 A사가 사업결합과 관련하여 취득일에 해야 할 회계처리를 하고, 취득일의 회계처리가 당기순이익과 총포괄이익에 미치는 영향을 구하시오(단, 감소인 경우에는 (-)표시를 하고 영향이 없는 경우 '0'으로 표시하시오). (평가이익은 이익잉여금으로 대체한다)

물음 3 만일 A사가 기존에 취득한 B사 주식을 FVPL금융자산으로 분류하였다고 할 경우 A사가 사업결합과 관련하여 취득일에 해야 할 회계처리를 하고, 취득일의 회계처리가 당기순이익과 총포괄이익에 미치는 영향을 구하시오(단, 감소인 경우에는 (-)표시를 하고 영향이 없는 경우 '0'으로 표시하시오).

물음 4 만일 A사가 기존에 취득한 B사 주식에 대하여 A사의 보통주 10주를 발행·교부하였다고 할 경우 영업권을 계산하고 취득일인 20×1년 1월 1일의 회계처리를 보이시오. (단, 기존 보유주식은 장부금액으로 측정한다)

─┤ **풀이** ├───

물음 1 영업권: 2,500 + 120주 × 300 - 35,000 = 3,500

물음 2

차)	FVOCI금융자산	100	대)	FVOCI금융자산평가이익	100
차)	FVOCI금융자산평가이익	500	대)	미처분이익잉여금	500
차)	B사 순자산	35,000	대)	FVOCI금융자산	2,500
	영업권	3,500		자본금	12,000
				주식발행초과금	24,000

(1) 당기순이익에 미치는 영향: 0

(2) 총포괄이익에 미치는 영향: 100(금융자산평가이익)

물음 3

차)	FVPL금융자산	100	대)	FVPL금융자산처분이익	100
차)	B사 순자산	35,000	대)	FVPL금융자산	2,500
	영업권	3,500		자본금	12,000
				주식발행초과금	24,000

(1) 당기순이익에 미치는 영향: 100(금융자산처분이익)

(2) 총포괄이익에 미치는 영향: 100

물음 4 영업권: (120 + 10)주 × 300 - 35,000 = 4,000

차)	자기주식	2,400	대)	FVOCI금융자산	2,400
차)	FVOCI금융자산평가이익	400	대)	미처분이익잉여금	400
차)	B사 순자산	35,000	대)	자본금	13,000
	영업권	4,000		주식발행초과금	26,000

☑ 기존 보유지분이 취득자의 지분이 되어 자기주식으로 분류되는 경우 공정가치와 장부금액 중 어느 금액을 원가로 할지에 대한 규정은 없다.

문제 8 사업결합 종합(조건부대가) - Level 3

㈜대한은 20×1년 1월 1일 ㈜민국의 주식 100%를 취득함으로써 ㈜민국을 흡수합병하였다. ㈜대한은 합병대가로 ㈜ 민국의 주주에게 자사 보통주 300주(1주당 액면금액 ₩1,000, 1주당 공정가치 ₩1,500)를 발행·교부하고, 현금 ₩100,000을 지급하였다. 단, ㈜대한과 ㈜민국은 동일 지배하에 있는 기업이 아니다. 합병 직전 ㈜대한과 ㈜민국의 재무상태표는 다음과 같다.　　　　　　　　　　　　　　　　　　　　　　　　　　　　　　　　　　[공인회계사 2차 2014년]

<합병 직전 양사의 재무상태표>

항목	㈜대한	㈜민국
유동자산	₩300,000	₩200,000
유형자산	₩500,000	₩150,000
무형자산	₩100,000	₩150,000
자산 계	₩900,000	₩500,000
부채	₩300,000	₩100,000
납입자본	₩400,000	₩250,000
기타자본[1)]	₩200,000	₩150,000
부채 및 자본 계	₩900,000	₩500,000

1) 납입자본을 제외한 나머지 자본요소는 모두 기타자본으로 보고한다.

합병 직전에 ㈜민국의 자산과 부채에 대해 '예비실사를 통해 ㈜대한이 산정한 공정가치(이하 예비실사금액)' 자료는 다음과 같다. 단, 아래 (2) 취득 자산·부채의 공정가치 관련 추가 자료'에 제시되는 사항을 제외하고는 ㈜대한이 공 정가치를 적정하게 산정한 것으로 가정한다.

항목	예비실사금액
유동자산	₩220,000
유형자산	₩200,000
무형자산	₩160,000
부채	₩100,000

<合병과 관련한 추가 자료>

(1) 조건부대가계약

- 합병 후 1년간 시장점유율이 25%를 초과하면 20주를 발행하여 추가 교부한다. 합병일 현재 동 '주식교부 조건부대가'는 자본으로 분류되고, 공정가치는 ₩25,000이다.

- 20×1년의 이익실적에 따라 일정 금액의 현금을 추가 지급한다. 합병일 현재 동 '현금지급 조건부대가'는 부채로 분류되고, 공정가치는 ₩7,000이다.

(2) 취득 자산·부채의 공정가치 관련 추가 자료

- ㈜민국의 유동자산에는 수취채권(장부금액 ₩10,000)이 포함되어 있다. ㈜대한은 예비실사 시 동 수취채 권 중 ₩3,000만큼은 회수가 어려울 것으로 판단하여, 동 수취채권을 ₩7,000으로 산정하였다. 취득일에 동 수취채권의 공정가치는 ₩8,000이다.

- ㈜민국의 유형자산에는 운용리스자산이 포함되어 있다. ㈜대한은 동 운용리스계약이 시장조건에 비해 ₩5,000만큼 유리한 것으로 판단하여 예비실사금액에 해당 계약에 대한 무형자산 ₩5,000을 포함하였다.

- ㈜민국의 무형자산에는 ㈜한국으로부터 취득한 라이선스계약(장부금액 ₩5,000 및 취득일의 공정가치 ₩6,000)이 포함되어 있는데, ㈜대한도 이미 동일한 라이선스계약을 보유하고 있다. ㈜대한은 동 라이선스 계약을 중복 보유하게 됨에 따라 사용가치가 없는 것으로 판단하여 예비실사금액 산정 시 반영하지 않았다.

물음 1 제시된 <합병과 관련한 추가 자료>를 반영하여 합병일에 ㈜대한이 작성하는 재무상태표상 아래 항목에 해 당하는 금액을 구하시오. 해당 금액이 없는 경우에는 '0'으로 표시하시오.

영업권	①
무형자산(영업권 제외)	②
부채	③
납입자본	④
기타자본	⑤

물음 2 20×1년 12월 31일 현재 <합병과 관련한 추가 자료>에 따른 2개의 조건부대가 계약에 대한 조건이 모두 충족되었다. 이와 관련하여 ㈜대한은 ㈜민국의 주주에게 ㈜대한의 주식 20주와 현금 ₩5,000을 지급하였 다. 20×1년 12월 31일 현재 ㈜대한 주식의 공정가치는 1주당 ₩2,000이다. 조건부대가에 대한 지급이 ① 납입자본에 영향을 미치는 금액과 ② 당기손익에 영향을 미치는 금액을 각각 구하시오. 단, 감소의 경우에 는 금액 앞에 (-)를 표시하시오.

─┤ **풀이** ├────────────────────────────────────

물음 1

영업권	① 100,000
무형자산(영업권 제외)	② 100,000 + 161,000 = 261,000
부채	③ 300,000 + 100,000 + 7,000 = 407,000
납입자본	④ 400,000 + 450,000(= 300주 × 1,500) = 850,000
기타자본	⑤ 200,000 + 25,000 = 225,000

회계처리

합병일	차) 유동자산	221,000	대) 부채	100,000
	유형자산	200,000	자본금	300,000
	무형자산	161,000	주식발행초과금	150,000
	영업권	100,000	현금	100,000
			조건부대가(자본)	25,000
			조건부대가(부채)	7,000

☑ 피취득자인 ㈜민국 장부에 운용리스자산이 유형자산으로 기록되어 있다는 것은 ㈜민국이 운용리스 제공자라는 것이다. 피취득
자가 운용리스 제공자인 경우 운용리스의 유리한 면이나 불리한 면은 해당 운용리스자산의 공정가치 측정 시 반영되어야 한다.
동 문제에서는 운용리스의 리스제공자로서 유리한 리스조건은 운용리스자산의 공정가치에 이미 포함되어 있으므로 무형자산으
로 인식해서는 안 된다. 문제에서 유리한 리스조건이 예비실사 시에 무형자산에 포함되어 있다고 하였으므로 동 금액에서 차감
하였다.

☑ 라이센스계약을 중복 보유하게 되어 공정가치가 ₩6,000인 무형자산을 제외시킨 것은 잘못이다. 그 이유는 사용가치가 없더라
도 공정가치가 존재하므로 중복 보유한 라이센스를 시장에 처분함으로써 효익을 얻을 수 있기 때문이다.

물음 2 ① 납입자본에 영향을 미치는 금액: 25,000

② 당기손익에 영향을 미치는 금액: 2,000

회계처리

20×1년 12월 31일	차) 조건부대가(자본)[1]	25,000	대) 자본금	20,000
			주식발행초과금	5,000
	차) 조건부대가(부채)	7,000	대) 현금	5,000
			당기손익	2,000

1) 취득일 이후에 발생한 사건에 근거한 공정가치의 변동이므로 자본항목은 변동을 반영하지 않는다.

문제 9   현금창출단위의 손상 - Level 4

각 물음은 서로 독립적이다.

물음 1 ㈜조니는 현금창출단위에 대한 자산손상검사를 실시한 결과 자산손상이 ₩36,000 발생하였음을 알았다. 현금창출단위는 건물, 기계장치, 토지, 차량으로 구성되어 있고 각각의 장부금액은 다음과 같다(단 건물의 순공정가치는 ₩1,490,000임을 확인하였다).

건물	기계장치	토지	차량
₩1,500,000	₩900,000	₩750,000	₩450,000

아래의 금액을 구하시오.

구분	손상차손	손상 배분 후 장부금액
건물	①	⑤
기계장치	②	⑥
토지	③	⑦
차량	④	⑧

물음 2 ㈜로얄은 자산에 대한 손상 발생 여부를 현금창출단위별로 검토하고 있다. 다음의 현금창출단위에는 영업권이 포함되어 있으며, 20×1년 말 손상차손 인식 전 개별 자산의 장부금액은 다음과 같다.

건물	기계장치	토지	영업권	합계
₩2,000,000	₩500,000	₩1,500,000	₩100,000	₩4,100,000

물음 2-1 20×1년 말 손상이 발생되었다고 판단되고 현금창출단위의 회수가능액은 ₩3,600,000일 때, 아래의 금액을 구하시오.

구분	손상차손	손상 배분 후 장부금액
건물	①	⑤
기계장치	②	⑥
토지	③	⑦
영업권	④	⑧

물음 2-2 20×2년 말 회수가능액은 ₩3,675,000이며, 손상차손환입을 인식하기로 하였다. 개별 자산 회수가능액은 결정할 수 없으며, 20×2년 말 장부금액(A)과 손상이 발생하지 않았을 경우의 20×2년 말 장부금액(B)은 다음과 같다.

구분	건물	기계장치	토지	합계
A	₩1,687,500	₩337,500	₩1,350,000	₩3,375,000
B	₩1,800,000	₩400,000	₩1,500,000	₩3,700,000

아래의 금액을 구하시오.

구분	손상차손환입액	손상차손 배분 후 장부금액
건물	①	⑤
기계장치	②	⑥
토지	③	⑦
영업권	④	⑧

물음 3 현금창출단위인 A사에서 20×1년 말 발생한 손상차손은 ₩2,000이다. 영업권이 배분된 A사의 감가상각 후 식별 가능한 자산의 구성이 다음과 같다.

토지	₩500
건물	₩1,000
기계장치	₩1,500
영업권	₩500
계	₩3,500

물음 3-1 20×1년 말 손상차손이 배분된 후의 개별 자산 장부금액을 구하시오.

물음 3-2 현금창출단위인 A사의 20×2년 말 회수가능액이 ₩250으로 회복된 경우, 개별 자산의 장부금액을 구하시오(단, 개별 자산은 모두 원가모형을 적용하며, 감가상각자산에 대하여 5년의 내용연수와 정액법을 적용하여 상각하며 잔존가치는 없는 것으로 가정한다).

물음 1

구분	손상차손	손상 배분 후 장부금액
건물	① (-)10,000	⑤ 1,490,000
기계장치	② (-)11,143	⑥ 888,857
토지	③ (-)9,286	⑦ 740,714
차량	④ (-)5,571	⑧ 444,429

구분	손상 전 BV	순 FV	손상배분	손상 후 BV	2차 배분	손상 후 BV
건물	1,500,000		(15,000)	1,485,000	5,000	1,490,000
기계	900,000		(9,000)[1]	891,000	(2,143)[2]	888,857
토지	750,000		(7,500)	742,500	(1,786)	740,714
차량	450,000		(4,500)	445,500	(1,071)	444,429
합계	3,600,000	3,564,000	(36,000)	3,564,000	-	3,564,000

1) 36,000 × 900,000/3,600,000 = 9,000
2) 5,000 × 900,000/(900,000 + 750,000 + 450,000) = 2,143

물음 2　**물음 2-1**

구분	손상차손	손상 배분 후 장부금액
건물	① (200,000)	⑤ 1,800,000
기계장치	② (50,000)	⑥ 450,000
토지	③ (150,000)	⑦ 1,350,000
영업권	④ (100,000)	⑧ -

구분	손상 전 BV	순 FV	손상 배분	손상 후 BV
건물	2,000,000		(200,000)[1]	1,800,000
기계	500,000		(50,000)	450,000
토지	1,500,000		(150,000)	1,350,000
영업권	100,000		(100,000)	-
합계	4,100,000	3,600,000	(500,000)	3,600,000

1) (4,100,000 - 3,600,000 - 100,000) × 2,000,000/4,000,000 = 200,000

물음 2-2

구분	손상차손환입액	손상차손 배분 후 장부금액
건물	① 112,500	⑤ 1,800,000
기계장치	② 37,500	⑥ 375,000
토지	③ 150,000	⑦ 1,500,000
영업권	④ -	⑧ -

구분	배분 전 BV	환입 배분	배분 후 BV
건물	1,687,500(50%)	150,000	1,837,500
기계	337,500(10%)	30,000	367,500
토지	1,350,000(40%)	120,000	1,470,000
영업권	-	-	-
합계	3,370,000	300,000	3,675,000

☑ 건물의 손상차손환입액 배분 후 회수가능액이 손상이 발생하지 않았을 경우의 장부금액을 초과하므로 2차 배분을 함

구분	1차 배분 후 BV	2차 배분	배분 후 BV
건물	1,837,500	(37,500)	1,800,000
기계	367,500(20%)	7,500	375,000
토지	1,470,000(80%)	30,000	1,500,000
영업권	-	-	-
합계	3,375,000	-	3,675,000

물음 3 **물음 3-1** 20×1년 말 손상차손 배분 후의 장부금액

구분	감가상각 후 장부금액	손상차손 배분	손상차손 배분 후 장부금액
토지	500	(250)[1]	250
건물	1,000	(500)[1]	500
기계장치	1,500	(750)[1]	750
영업권	500	(500)[2]	-
계	3,500	(2,000)	1,500

1) 영업권을 감소시킨 후 손상차손이 남는 경우 현금창출단위를 구성하는 다른 자산들의 장부금액에 비례하여 배분한다.

토지	(2,000 - 500) × 500/3,000 =	250
건물	(2,000 - 500) × 1,000/3,000 =	500
기계장치	(2,000 - 500) × 1,500/3,000 =	750
계		1,500

2) 영업권이 배분된 현금창출단위에서 손상차손이 발생하는 경우 영업권을 우선적으로 감소시킨다.

물음 3-2 20×2년 말 손상차손환입 후의 장부금액

구분	감가상각 후 장부금액[1]	손상차손환입	손상차손환입 후 장부금액[2]
토지	250	250	500
건물	400	400	800
기계상치	600	600	1,200
영업권	-	-	-
계	1,250	1,250	2,500

1) 감가상각 후 20×2년 말 장부금액

토지		250
건물	$500 \times 4/5 =$	400
기계장치	$750 \times 4/5 =$	600
영업권		-
계		1,250

2) 손상되지 않았을 경우 20×2년 말 장부금액(환입한도)

토지		500
건물	$1,000 \times 4/5 =$	800
기계장치	$1,500 \times 4/5 =$	1,200
영업권		-
계		2,500

문제 10　사업결합 종합(단계적 취득) - Level 3

㈜갑은 20×1년 12월 31일 ㈜을의 주식 90%를 추가로 취득함으로써 ㈜을을 흡수합병하였다. 취득일까지 합병 관련 거래를 제외한 모든 거래를 반영하여 작성된 ㈜갑과 ㈜을의 시산표는 다음과 같다(단, 양사의 결산일은 모두 12월 31일이고, ㈜갑과 ㈜을은 동일 지배하에 있는 기업이 아니다).　　　　　　　　　[공인회계사 2차 2012년]

<합병 직전 양사의 시산표>

(단위: 원)

차변 항목	㈜갑	㈜을		대변 항목	㈜갑	㈜을	
	장부금액	장부금액	공정가치		장부금액	장부금액	공정가치
현금	₩200,000	₩55,000	₩55,000	자본금	₩250,000	₩200,000	-
FVOCI금융자산	₩35,000	₩45,000	₩45,000	자본잉여금	₩310,000	₩80,000	-
건물(순액)	₩400,000	₩200,000	₩250,000	이익잉여금	₩200,000	₩50,000	-
토지	₩250,000	₩100,000	₩150,000	기타포괄손익누계액	₩5,000	-	-
매출원가	₩300,000	₩200,000		매출	₩500,000	₩400,000	
기타비용	₩80,000	₩130,000					
계	₩1,265,000	₩730,000		계	₩1,265,000	₩730,000	

* ㈜을이 보유한 FVOCI금융자산은 전액 ㈜갑의 주식을 취득하여 보유하고 있는 것이다.

합병과 관련한 추가 자료는 다음과 같다.

(1) 이전대가에 대한 자료
  - ㈜갑은 추가 취득의 대가로 자사 보통주 250주(1주당 액면금액 ₩1,000, 1주당 공정가치 ₩1,500)를 신규로 발행하였으며, 현금 ₩150,000을 함께 교부하였다.
  - 합병을 위한 추가 취득 이전에 ㈜갑은 ㈜을의 주식 10주(총발행주식 중 10%, 취득 시 1주당 공정가치 ₩3,000)를 보유하고 있었으며, 이를 FVOCI금융자산으로 분류하고 있다. ㈜갑의 기타포괄손익누계액은 전액 ㈜을의 주식을 공정가치로 평가한 데 따른 것이며, 합병일 현재 ㈜을 주식의 공정가치는 합병 직전일과 동일하다(단, ㈜갑은 FVOCI금융자산의 처분 시 기타포괄손익을 이익잉여금으로 대체하는 회계처리 방법을 선택하였다).

(2) 합병과 관련한 ㈜갑의 지출 내역
  - 법률자문 수수료: ₩4,500
  - 주식발행비용: ₩5,000
  - 건물 소유권 등기비용: ₩7,000

(3) 취득 자산 및 부채에 대한 추가 자료

- ㈜을은 생산부문, 영업부문, 관리부문으로 사업이 구성되어 있다.

- ㈜갑은 합병 직후 ㈜갑의 종업원과 업무가 중복되는 ㈜을의 관리부문 종업원에 대한 구조조정을 단행할 계획이며, 합병일 현재 ㈜을과 해당 종업원에게 이러한 사실을 통지하였다. 구조조정 대상 종업원에게는 통상적인 퇴직금 이외에 추가적인 보상을 해주는 내용을 합병계약에 포함하였으며, 이는 구속력이 있는 계약이다. ㈜갑은 추가 보상액이 총 ₩30,000 발생할 것으로 추정하고 있다.

- ㈜갑은 ㈜을의 사업을 지속적으로 영위하기 위해서는 ㈜을의 영업부서 종업원이 반드시 필요한 것으로 판단하였다. 합병일 현재 ㈜갑은 이러한 '집합적 노동력'의 가치가 ₩15,000 정도일 것으로 추정하고 있다.

- ㈜갑은 ㈜을이 경쟁업체와 차별화된 제품을 생산할 수 있는 이유가 ㈜을의 생산부문이 갖는 독특한 '공정 비밀'에 기인한 것으로 판단하고 있다. ㈜갑은 합병 후에도 제품 경쟁력을 유지할 수 있도록 이러한 '공정 비밀'에 대한 보안을 강화할 계획이다. 동 '공정 비밀'을 경쟁기업에 판매할 수도 있으며, 이의 경제적 가치는 ₩20,000으로 추정된다.

합병일에 ㈜갑이 위 합병거래를 반영하여 작성하는 재무제표상 다음 항목의 금액을 계산하시오(단, 자본금, 자본잉여금, 이익잉여금을 제외한 자본요소는 '기타자본'으로 한다. 항목별로 해당하는 금액이 없는 경우에는 '0'으로 표시하고, 자본항목 중 자본을 감소시키는 경우에는 금액 앞에 (-)를 표시한다).

① 매출	② 현금	③ FVOCI금융자산
④ 건물(순액)	⑤ 무형자산(영업권 제외)	⑥ 충당부채
⑦ 자본금	⑧ 자본잉여금	⑨ 이익잉여금
⑩ 기타자본	⑪ 영업권	

—| 풀이 |—

① 매출: 500,000

② 현금: 200,000 + 55,000 - 150,000 - 16,500 = 88,500

③ FVOCI금융자산: 0

☑ ㈜을이 보유한 FVOCI금융자산은 ㈜갑의 주식이므로 자기주식이 된다.

④ 건물(순액): 400,000 + 250,000 + 7,000 = 657,000

⑤ 무형자산(영업권 제외): 20,000

⑥ 충당부채: 30,000

⑦ 자본금: 250,000 + 250 × @1,000 = 500,000

⑧ 자본잉여금: 310,000 + 250 × @(1,500 - 1,000) - 5,000 = 430,000

⑨ 이익잉여금: 200,000 + 115,500[1] + 5,000 = 320,500

   1) 당기순이익: 500,000 - 300,000 - 80,000 - 4,500 = 115,500

⑩ 기타자본: 자기주식 (-)45,000

⑪ 영업권: 70,000

회계처리

취득일	차)	현금	55,000	대)	충당부채	30,000
		자기주식	45,000		자본금	250,000
		건물	250,000		자본잉여금	125,000
		토지	150,000		현금	150,000
		무형자산	20,000		FVOCI금융자산	35,000
		영업권	70,000			
	차)	FVOCI금융자산평가손익	5,000	대)	미처분이익잉여금	5,000
	차)	자문 수수료	4,500	대)	현금	16,500
		자본잉여금	5,000			
		건물	7,000			

㈜대한은 20×1년 7월 1일에 ㈜민국의 발행주식 중 10%(100주, 주당 액면금액 ₩1,000)를 ₩120,000에 취득하였다. ㈜대한은 매입한 주식을 기타포괄손익-공정가치 측정 금융자산으로 지정하였다. ㈜대한은 20×2년 2월 1일에 ㈜민국의 자산과 부채를 모두 인수하는 사업결합을 하기로 결정하였다. 사업결합을 진행하기 위해 ㈜대한은 ㈜민국의 자산과 부채에 대해 2차례의 실사(예비실사와 추가 실사, 총 ₩600,000 지출)를 수행하였다. 다음의 사업결합 관련 자료를 이용하여 물음에 답하시오(단, ㈜대한과 ㈜민국은 동일 지배하의 기업이 아니며 별도의 언급이 없는 사항에 대한 세금효과는 고려하지 않는다).

다음은 20×2년 2월 1일 현재 양사의 재무상태표와 ㈜민국의 예비실사 결과를 반영한 공정가치 자료이다.

㈜대한 재무상태표 (20×2년 2월 1일 현재)		㈜민국 재무상태표 (20×2년 2월 1일 현재)		
계정	장부금액	계정	장부금액	공정가치
유동자산	₩400,000	유동자산	₩750,000	₩750,000
유형자산	500,000	유형자산	350,000	500,000
무형자산	50,000	무형자산	100,000	100,000
기타자산	150,000	기타자산	100,000	100,000
자산총계	₩1,100,000	자산총계	₩1,300,000	
부채	450,000	부채	700,000	700,000
자본금	400,000	자본금	400,000	
기타자본	250,000	기타자본	200,000	
부채와 자본총계	₩1,100,000	부채와 자본총계	₩1,300,000	

<관련 자료>

(1) 세법상 자산의 임의적인 평가증은 인정되지 않는다. ㈜대한과 ㈜민국의 평균예상세율은 각각 25%와 20%이다.

(2) ㈜민국의 주당 공정가치는 다음과 같다.

일자	20×1. 7. 1.	20×1. 12. 31.	20×2. 2. 1.
금액	₩1,200	₩1,400	₩1,500

(3) 예비실사를 토대로 ㈜대한과 ㈜민국은 다음과 같이 사업결합대가를 결정하였다.

- ㈜대한은 자사 주식 200주(주당 액면금액 ₩1,000, 교부일의 주당 시가 ₩1,600)와 현금 ₩300,000을 지급하기로 한다.

- 합병 후 1년이 되는 시점인 20×3년 1월 31일에 ㈜대한의 시장점유율이 10%를 초과하면 초과 달성하는 1%당 10주를 추가로 교부하기로 한다. 20×2년 2월 1일(사업결합일)에 예상되는 20×3년 1월 31일의 시장점유율은 15%이다. 따라서 추가 발행될 것으로 예상되는 주식수는 총 50주(주당 액면금액 ₩1,000, 총공정가치 ₩90,000)이다.

물음 1 ㈜대한이 20×1년 7월 1일에 취득한 ㈜민국의 주식은 사업결합 회계처리에 어떻게 반영되는지 간략하게 설명하시오.

물음 2 20×2년 2월 1일에 ㈜대한과 ㈜민국의 사업결합 직후 다음의 각 항목별 금액을 계산하시오.

계정	금액
영업권	①
부채	②
기타자본	③

물음 3 다음은 취득일 이후 새롭게 입수한 정보에 기초하여 확인된, 예비실사 시에 반영되지 못한 ㈜민국에 대한 추가 실사 내용이다.

- 유동자산 중 재고자산 진부화로 인한 손상차손을 반영해야 하는 금액은 ₩80,000이며, 회수가 어려울 것으로 판단되는 거래처의 매출채권금액은 ₩20,000이다. 그러나 동 자산들에 대한 손상차손은 세법상 인정되지 않는다.

- ㈜민국은 서울 시내 주요 쇼핑지역 내에 대규모 영업점을 운영 중이며 운용리스계약을 체결하여 시장 조건의 리스료를 부담하고 있다. ㈜대한은 사업결합으로 ㈜민국의 기존 고객관계를 통해 신규 시장진입을 도모할 수 있다고 판단하였으며 이와 관련된 공정가치를 ₩50,000으로 평가하였다.

- ㈜민국은 사업결합 이전 회계기간을 대상으로 세무조사를 받을 것으로 예상된다. 세무조사가 실시될 경우 예상되는 추징세액은 ₩70,000으로 파악되었으나, 추징세액이 확정될 경우 ㈜민국의 기존 주주는 최대 ₩50,000까지만 보상하기로 하였다.

위의 추가 실사 결과가 예비실사 후 계산된 영업권에 미치는 영향을 계산하시오(단, 영향이 없는 경우에는 '0'으로 표시하고, 감소하는 경우에는 (-)를 숫자 앞에 표시하시오).

추가 실사 내용	영업권조정금액
재고자산 및 매출채권	①
영업점	②
세무조사	③

물음 1 사업결합 전에 취득한 피취득자 주식은 취득일의 공정가치를 이전대가로 처리하고, 장부금액의 차액은 기타포괄손익으로 인식한다. 만약, 기존에 취득한 주식은 FVPL금융자산으로 분류하였다면 취득일의 공정가치와 장부금액의 차액은 당기손익으로 인식한다.

물음 2

계정	금액
영업권	① 147,500
부채	② 1,277,500
기타자본	③ (-)220,000

근거

① 영업권: 147,500

② 부채: 450,000(취득자 부채) + 700,000(부채) + 37,500(이연법인세부채) + 90,000(조건부대가) = 1,277,500

③ 기타자본: 250,000(취득자 기타자본) + 10,000(금융자산평가이익) + 120,000(주식발행초과금)

　　　　 - 600,000(지급수수료) = (-)220,000

　☑ 제시된 자료에서 ㈜대한의 재무상태표상 자본은 자본금과 기타자본으로 구성되어 있으므로 기타자본은 자본금을 제외한 모든 자본을 말한다.

회계처리

취득일	차)	유동자산	750,000	대) 부채	700,000
		유형자산	500,000	이연법인세부채[1]	37,500
		무형자산	100,000	FVOCI금융자산[2]	140,000
		기타자산	100,000	FVOCI금융자산평가이익[3]	10,000
		영업권(역산)	147,500	자본금[4]	200,000
				주식발행초과금[5]	120,000
				현금	300,000
				조건부대가(금융부채)[6]	90,000
	차)	지급수수료	600,000	대) 현금	600,000

1) (500,000 - 350,000) × 25% = 37,500

　⇒ 피취득자의 취득일 현재 순자산 장부금액과 공정가치의 차액은 일시적차이를 발생시키므로 법인세효과를 취득일에 이연법인세부채로 인식하여야 한다. 만약, 취득자와 피취득자의 법인세율이 다른 경우에는 합병에서는 취득자가 법인세효익을 얻는 것이므로 취득자의 법인세율을, 연결에서는 종속기업이 법인세효익을 얻는 것이므로 피취득자인 종속기업의 법인세율을 각각 적용한다.

2) 100주 × @1,400 = 140,000

3) 100주 × @1,500 - 140,000 = 10,000

4) 200주 × @1,000 = 200,000

5) 200주 × @1,600 - 200,000 = 120,000

6) 조건부대가는 시장점유율 10%를 초과하는 경우 1%당 10주를 발행교부하므로 시장점유율이 달라지면 발행교부할 지분상품의 수령이 변동한다. 그러므로 동 거래는 금융부채에 해당한다.

물음 3	추가 실사 내용	영업권 조정금액
	재고자산 및 매출채권	① 75,000
	영업점	② (-)50,000
	세무조사	③ 20,000

근거

① 재고자산 및 매출채권: (80,000 + 20,000) × (1 - 25%) = 75,000

  ☑ 세법상 인정되지 않는다고 문제에서 제시한 재고자산과 매출채권에 대한 손상차손은 법인세 효과를 고려한다.

② 영업점: (-)50,000

  ☑ 한국채택국제회계기준서 제1103호 '사업결합'에서는 리스조건이 시장조건보다 유리하거나 불리한 경우만 사용권자산에 가감하도록 하고 있으므로 사용권자산의 가치를 증가시킨다.

③ 세무조사: 70,000 - 50,000 = 20,000

회계처리

재고자산과 매출채권	차)	이연법인세자산	25,000	대)	재고자산	80,000
		영업권(대차차액)	75,000		매출채권	20,000
리스조건	차)	사용권자산	50,000	대)	영업권	50,000
우발부채와 보상자산	차)	보상자산	50,000	대)	우발부채	70,000
		영업권	20,000			

㈜대한은 20×1년 7월 1일 ㈜민국의 지분 100%를 취득하는 합병계약을 체결하였다. 취득일 현재 ㈜민국의 순자산 공정가치는 잠정적으로 ₩50,000(자산 ₩67,000, 부채 ₩17,000)인 것으로 파악되었다(단, ㈜대한과 ㈜민국은 동일 지배하의 기업이 아니다).

물음 1 사업결합과 관련하여 ㈜대한은 ㈜민국의 자산과 부채를 실사하는 과정에서 다음과 같은 항목들이 순자산 공정가치에 반영되지 않았음을 발견하였다. 이러한 추가 항목들을 한국채택국제회계기준서 제1103호 '사업결합'에 따라 반영할 경우, ㈜민국의 자산과 부채의 공정가치에 미치는 영향을 평가하시오(단, 아래 영향 평가에서 과목(항목)은 유형자산, 무형자산, 기타자산, 부채 및 영향 없음으로 구분하며, 해당 금액이 감소하는 경우 (-)를 숫자 앞에 표시하시오).

추가 항목	영향평가
예 ㈜민국은 진행 중인 연구개발 프로젝트가 있다. 취득일 현재 이 프로젝트의 공정가치는 ₩1,000이다.	무형자산 ₩1,000
㈜민국에는 신기술을 개발하는 우수한 연구 인력들이 많이 있다. 이들은 합병으로 인해 더 큰 미래경제적효익을 창출할 것으로 기대된다. 이 연구 인력의 합병 전 공정가치는 ₩1,500이며, 합병 후 공정가치는 ₩3,000으로 측정된다.	①
㈜민국은 생산공정과 관련된 비밀기술을 보유하고 있다. 동 비밀기술은 특허는 받지 않았지만 미래경제적효익을 기대할 수 있으며, 그 공정가치는 ₩500이다.	②
㈜민국은 취득일 현재 새로운 고객과 5년 동안 제품을 공급하는 계약을 협상 중이다. 동 계약의 체결가능성은 매우 높으며, 그 공정가치는 ₩800이다.	③
㈜민국은 취득일 현재 계류 중인 손해배상소송과 관련하여 패소할 가능성이 높지 않아 관련 충당부채를 인식하지 않았다. 관련 충당부채의 공정가치는 ₩300이다	④
㈜민국은 위의 손해배상소송과 관련하여 향후 손해배상액이 ₩300을 초과하는 경우 그 초과액을 ㈜대한에 보상해주기로 하였다. 손해배상충당부채와 동일한 근거로 측정한 보상의 공정가치는 ₩50이다.	⑤
㈜민국은 종업원에게 현금결제형 주식기준보상을 부여하였다. ㈜대한은 합병 후 이를 자신의 주식기준보상(현금결제형)으로 대체하려고 한다. 취득일 현재 한국채택국제회계기준서 제1102호 '주식기준보상'의 방법에 따라 ㈜대한이 측정한 금액은 ₩1,500이며, ㈜민국이 측정한 금액은 ₩1,700이다. 한편, 동 주식기준보상의 공정가치는 ₩2,100이다. 동 주식기준보상은 부채의 공정가치 측정에 ₩2,000으로 반영되어 있다.	⑥

물음 2 취득자는 사업결합 이전에 자신이 인식했거나 인식하지 않은 무형자산을 사용하도록 피취득자에게 부여했던 권리를 사업결합의 결과로 다시 취득할 수 있다. 이처럼 다시 취득한 권리는 사업결합 과정에서 어떻게 인식 및 측정하여야 하며, 그 이유는 무엇인지 서술하시오.

추가 항목	영향평가
㈜민국에는 신기술을 개발하는 우수한 연구 인력들이 많이 있다. 이들은 합병으로 인해 더 큰 미래경제적효익을 창출할 것으로 기대된다. 이 연구 인력의 합병 전 공정가치는 ₩1,500이며, 합병 후 공정가치는 ₩3,000으로 측정된다.	① 영향 없음
㈜민국은 생산공정과 관련된 비밀기술을 보유하고 있다. 동 비밀기술은 특허는 받지 않았지만 미래경제적효익을 기대할 수 있으며, 그 공정가치는 ₩500이다.	② 무형자산 500
㈜민국은 취득일 현재 새로운 고객과 5년 동안 제품을 공급하는 계약을 협상 중이다. 동 계약의 체결 가능성은 매우 높으며, 그 공정가치는 ₩800이다.	③ 영향 없음
㈜민국은 취득일 현재 계류 중인 손해배상소송과 관련하여 패소할 가능성이 높지 않아 관련 충당부채를 인식하지 않았다. 관련 충당부채의 공정가치는 ₩300이다.	④ 부채 300
㈜민국은 위의 손해배상소송과 관련하여 향후 손해배상액이 ₩300을 초과하는 경우 그 초과액을 ㈜대한에 보상해주기로 하였다. 손해배상충당부채와 동일한 근거로 측정한 보상의 공정가치는 ₩50이다.	⑤ 기타자산 50
㈜민국은 종업원에게 현금결제형 주식기준보상을 부여하였다. ㈜대한은 합병 후 이를 자신의 주식기준보상(현금결제형)으로 대체하려고 한다. 취득일 현재 한국채택국제회계기준서 제1102호 '주식기준보상'의 방법에 따라 ㈜대한이 측정한 금액은 ₩1,500이며, ㈜민국이 측정한 금액은 ₩1,700이다. 한편, 동 주식기준보상의 공정가치는 ₩2,100이다. 동 주식기준보상은 부채의 공정가치 측정에 ₩2,000으로 반영되어 있다.	⑥ 부채 (-)300

근거

① 집합적 노동력은 별도의 자산으로 인식하지 않는다.
② 비밀기술은 미래경제적효익을 기대할 수 있으므로 무형자산의 정의를 충족한다.
③ 잠재적 계약의 가치는 별도의 자산으로 인식하지 않는다.
④ 우발부채는 자원의 유출가능성에 관계없이 부채로 인식한다.
⑤ 보상자산은 공정가치를 자산으로 인식한다.
⑥ 대체보상의 경우 피취득자가 취득일에 한국채택국제회계기준서 제1102호 '주식기준보상'의 방법에 따라 측정한 금액을 부채로 인식한다. 이미 부채의 공정가치에 ₩2,000이 인식되어 있으나 ₩1,700을 인식하여야 하므로 부채에서 ₩300을 차감한다.

물음 2 계약의 잠재적 갱신을 고려하는지와 무관하게, 취득자는 다시 취득한 권리의 가치를 관련 계약의 남은 계약기간에 기초하여 측정하고 무형자산으로 인식한다. 피취득자가 남은 계약기간 동안 동 권리에서 발생하는 미래경제적효익을 통제할 수 있었으므로 이는 무형자산의 정의를 충족한다.

㈜대한은 20×1년 1월 1일에 ㈜민국의 보통주 90%를 취득함으로써 ㈜민국을 흡수합병하였다. ㈜대한과 ㈜민국은 동일 지배하에 있는 기업이 아니다. 합병과 관련된 다음 자료를 이용하여 물음에 답하시오.

<자료>

(1) 취득 자산과 인수 부채에 관한 자료

- 아래의 요소를 제외한 취득일 현재 ㈜민국의 순자산 공정가치는 ₩540,000이다.

- 취득일 현재 ㈜민국이 진행하고 있는 연구개발프로젝트가 ㈜민국의 장부에 인식되어 있지 않다. ㈜대한은 동 프로젝트가 식별 가능한 자산에 해당한다고 판단한다. 취득일 현재 ㈜대한은 동 프로젝트에 대한 공정가치를 ₩50,000으로 측정하였다.

- ㈜대한은 ㈜민국의 사업을 지속적으로 영위하기 위해 ㈜민국의 핵심 종업원이 반드시 필요한 것으로 판단하였다. 취득일 현재 ㈜대한은 이러한 집합적 노동력에 대한 가치를 ₩200,000으로 추정하고 있다.

- ㈜민국은 리스이용자로 취득일 현재 잔여리스기간이 3년인 리스계약에 따라 매년 말 ₩83,271을 지급하고 있다. 이러한 리스계약은 시장조건에 비해 매년 말 ₩3,331을 더 지급하는 것이다. 리스계약 체결일에 적용된 내재이자율은 연 10%이며, 취득일에 재측정한 내재이자율은 연 12%이다. 동 리스는 취득일 현재 소액기초자산 리스에 해당하지 않는다.

(2) 이전대가에 관한 자료

- ㈜대한은 추가 취득의 대가로 취득일에 자사 보통주 200주(1주당 액면금액 ₩1,000, 1주당 공정가치 ₩3,000)를 신규로 발행·교부하고, 추가로 ㈜대한이 보유한 토지(장부금액 ₩200,000, 공정가치 ₩250,000)를 이전하였다(단, 이전한 토지는 사업결합 후 ㈜대한에 계속 남아 있으며, ㈜대한은 동 토지에 대한 통제를 계속 보유한다).

- ㈜대한은 합병을 위한 추가 취득 이전에 취득한 ㈜민국의 보통주 10주(발행주식 중 10%, 취득 시 1주당 공정가치 ₩1,000)를 보유하고 있으며, 이를 기타포괄손익-공정가치 측정 금융자산으로 분류하고 있다. 취득일 현재 ㈜민국의 보통주 1주당 공정가치는 ₩2,500이다. ㈜대한은 보유 중인 ㈜민국의 보통주에 대해 신주를 교부하지 않았으며, 합병(취득)일에 소각하였다.

- ㈜대한은 20×1년 시장점유율이 특정 비율을 초과하게 되면, ㈜대한의 보통주 30주를 추가로 발행하기로 약정하였으며, 이러한 조건부대가의 취득일 현재 공정가치는 ₩10,000이다.

(3) 합병과 관련한 ㈜대한의 추가 지출 내역

- 법률자문 수수료: ₩50,000

- 주식발행비용: ₩10,000

- 건물 소유권 이전비용: ₩15,000

물음 1 ㈜대한이 20×1년 1월 1일 지출한 취득 관련 원가(법률자문 수수료, 주식발행비용, 건물 소유권 이전비용)가 각각 사업결합 회계처리에 어떻게 반영(예 부채인식 등)되는지 간략히 서술하시오.

항목	회계처리방법
법률자문 수수료	①
주식발행비용	②
건물 소유권 이전비용	③

물음 2 사업결합을 통하여 취득일에 ㈜대한이 인식할 영업권을 계산하시오(단, 3기간, 연 이자율 10%와 연 이자율 12%에 대한 정상연금 ₩1의 현가계수는 각각 2.4869와 2.4018이며, 답안 작성 시 원 이하는 반올림한다).

영업권	①

물음 3 다른 모든 상황은 상기와 같으나 ㈜대한이 취득일 이전에 보유하고 있던 ㈜민국의 보통주 10주에 대하여 취득일에 ㈜대한의 보통주 10주를 발행·교부하였다고 할 경우, 사업결합을 통하여 취득일에 ㈜대한이 인식할 영업권을 계산하시오(단, 답안 작성 시 원 이하는 반올림한다).

영업권	①

다음의 <추가 자료>를 이용하여 물음에 답하시오.

<추가 자료>

(1) ㈜대한은 합병 후 ㈜민국을 독립된 사업부(민국사업부)로 운영하고 있다.

(2) ㈜대한은 ㈜민국과의 합병 시 인식한 영업권을 현금창출단위에 배분하여 매년 해당 현금창출단위에 대한 손상검사를 하고 있다.

(3) 20×1년 말 현재 민국사업부는 A사업부문과 B사업부문이라는 두 개의 현금창출단위로 구성되어 있으며, B사업부문의 20×1년 말 감가상각을 완료한 후 손상차손 인식 전 식별 가능한 자산과 배분된 영업권의 장부금액 등에 대한 정보는 다음과 같다.

계정	장부금액	순공정가치	비고
건물(순액)	₩50,000	₩30,000	잔존내용연수: 5년, 잔존가치: ₩0, 정액법 상각
토지	100,000	105,000	
기계장치(순액)	30,000	알 수 없음	잔존내용연수: 5년, 잔존가치: ₩0, 정액법 상각
개발비(순액)	20,000	알 수 없음	잔존내용연수: 5년, 잔존가치: ₩0, 정액법 상각
영업권	20,000	알 수 없음	

(4) 20×1년 말 현재 B사업부문 내의 개별 자산에 대해 손상을 시사하는 징후는 없었으나, 경기 침체로 인해 B사업부문의 사용가치에 근거한 회수가능액이 ₩140,000으로 추정됨에 따라 동 현금창출단위의 손상에 대한 회계처리를 적정하게 수행하였다.

(5) 20×2년 경기가 빠르게 회복되어 B사업부문의 상황이 크게 호전되었으며, 그 결과 20×2년 말 현재 B사업부문의 회수가능액이 ₩160,000으로 회복된 것으로 나타났다.

B사업부문의 손상회계처리와 관련하여 다음 양식에 제시된 항목의 금액을 각각 계산하시오(단, 20×2년 중 <추가 자료>의 표에 제시된 자산 외에 B사업부문에서 추가 취득한 자산은 없으며, 감가상각비와 손상차손 및 손상차손환입은 개별 자산별로 구분하여 회계처리한다. ㈜대한은 모든 유·무형자산에 대해 원가모형을 적용한다).

20×1년 기계장치에 배분된 손상차손	①
20×2년 기계장치의 손상차손환입	②
20×2년 말 개발비의 장부금액(순액)	③

─┤ 풀이 ├─

물음 1

항목	회계처리 방법
법률자문 수수료	① 취득일에 당기비용처리
주식발행비용	② 발행 교부되는 주식의 발행금액에서 차감
건물 소유권 이전비용	③ 건물의 취득원가에 가산

물음 2

영업권	① 53,000

회계처리

취득일						
	차)	순자산	540,000	대)	리스부채[2]	200,000
		무형자산(연구개발)[1]	50,000		자본금[4]	200,000
		사용권자산[3]	192,000		주식발행초과금[5]	400,000
		영업권	53,000		FVOCI금융자산[6]	25,000
					조건부대가(자본)	10,000
	차)	토지	200,000	대)	토지[7]	200,000
	차)	자문 수수료	50,000	대)	현금	75,000
		주식발행초과금	10,000			
		건물	15,000			

1) 집합적 노동력에 대한 가치는 식별 가능한 무형자산이 아니므로 별도로 인식하지 않는다.

2) 83,271 × 2.4018 = 200,000

⇒ 피취득자가 리스이용자인 경우 피취득자는 취득일에 해당 리스가 새로운 리스인 것처럼 나머지 리스료의 현재가치로 리스부채를 측정한다. 그러므로 리스부채를 측정할 때는 공정가치로 측정하기 위하여 취득일의 이자율을 사용하여야 한다.

3) 200,000 - 3,331 × 2.4018 = 192,000

⇒ 피취득자가 리스이용자인 경우 리스조건이 시장조건에 비해 불리하면 불리한 금액의 현재가치를 사용권자산에서 차감한다.

4) 200주 × @1,000 = 200,000

5) 200주 × (@3,000 - @1,000) = 400,000

6) 10주 × @2,500 = 25,000

⇒ 취득일 이전에 취득하여 FVOCI금융자산으로 분류된 피취득자의 지분은 취득일 직전인 20×0년 12월 31일에 공정가치로 측정하고 있으므로 장부금액은 20×1년 초의 공정가치와 일치한다. 또한, 이와 관련된 기타포괄손익누계액은 당기손익으로 재분류하지 않고 다른 자본계정으로 대체할 수 있으나 문제에는 이에 대한 언급이 없으므로 별도의 회계처리는 필요 없다.

7) 이전대가로 지급한 토지는 사업결합 후에도 계속 취득자인 ㈜대한이 통제하고 있으므로 장부금액을 이전대가로 본다.

물음 3

영업권	① 58,000

회계처리

취득일						
	차)	순자산	540,000	대)	리스부채	200,000
		무형자산(연구개발)	50,000		자본금[1]	210,000
		사용권자산	192,000		주식발행초과금[2]	420,000
		영업권	58,000		조건부대가(자본)	10,000
	차)	자기주식	25,000	대)	FVOCI금융자산[3]	25,000
	차)	토지	200,000	대)	토지	200,000
	차)	자문 수수료	50,000	대)	현금	75,000
		주식발행초과금	10,000			
		건물	15,000			

1) (200주 + 10주) × @1,000 = 210,000

2) (200주 + 10주) × (@3,000 - @1,000) = 420,000

3) 10주 × @2,500 = 25,000

I. 사업결합과 합병회계 **835**

해커스 IFRS 정윤돈 재무회계연습

제16장

사업결합과 합병회계

20×1년 기계장치에 배분된 손상차손	① 24,000
20×2년 기계장치의 손상차손환입	② 7,200
20×2년 말 개발비의 장부금액(순액)	③ 8,000

(1) 20×1년 기계장치에 배분된 손상차손

1) 손상차손 최초 배분

구분	장부금액	손상차손 배분	회수가능액
건물	50,000	60,000 × 50/200 = 15,000	35,000
토지	100,000	60,000 × 100/200 = 30,000	70,000
기계장치	30,000	60,000 × 30/200 = 9,000	21,000
개발비	20,000	60,000 × 20/200 = 6,000	14,000
영업권	20,000	20,000[1]	–
합계	220,000	80,000	140,000

1) 현금창출단위에 대한 손상차손을 인식하는 경우에는 전체 손상차손을 영업권에 먼저 배분하고 남은 손상차손금액은 다른 자산들의 장부금액에 비례하여 배분한다.

2) 토지 손상차손의 2차 배분

구분	2차 배분 전	손상차손 배분	2차 배분 후
건물	35,000	30,000 × 35/70 = (-)15,000	20,000
토지	70,000	30,000	100,000
기계장치	21,000	30,000 × 21/70 = (-)9,000	12,000
개발비	14,000	30,000 × 14/70 = (-)6,000	8,000
영업권	–	–	–
합계	140,000	–	140,000

⇒ 손상차손을 인식한 이후 개별자산의 장부금액은 순공정가치, 사용가치, '0' 중 큰 금액보다는 작아서는 안 된다. 토지의 경우 순공정가치가 장부금액을 초과하는데 평가증을 인식할 수 없으므로 토지의 장부금액을 초과할 수 없다.

3) 건물 손상차손의 2차 배분

구분	2차 배분 전	손상차손 배분	2차 배분 후
건물	20,000	10,000	30,000
토지	100,000	–	100,000
기계장치	12,000	10,000 × 12/20 = (-)6,000	6,000
개발비	8,000	10,000 × 8/20 = (-)4,000	4,000
영업권	–	–	–
합계	140,000	–	140,000

4) 20×1년 기계장치에 배분된 손상차손: 9,000 + 9,000 + 6,000 = 24,000

(2) 20×2년 기계장치의 손상차손환입과 개발비의 장부금액

1) 손상차손환입 최초 배분

구분	장부금액	손상차손환입 배분	회수가능액
건물	30,000 × 4/5 = 24,000	28,000 × 24/32 = 21,000	45,000
토지	100,000	-	100,000
기계장치	6,000 × 4/5 = 4,800	28,000 × 4.8/32 = 4,200	9,000
개발비	4,000 × 4/5 = 3,200	28,000 × 3.2/32 = 2,800	6,000
영업권	-	-	-
합계	132,000	28,000	160,000

☑ 토지는 이미 한도를 넘었으므로 배분대상에서 제외한다.

2) 손상차손환입 2차 배분

• 각 자산별 손상차손환입 후 한도금액(손상차손 인식 전 장부금액)

구분	한도금액	환입 후 장부금액	손상차손환입 취소액
건물	50,000 × 4/5 = 40,000	45,000	5,000
토지	100,000	100,000	-
기계장치	30,000 × 4/5 = 24,000	9,000	-
개발비	20,000 × 4/5 = 16,000	6,000	-

• 손상차손환입 2차 배분

구분	2차 배분 전	손상차손환입 배분	2차 배분 후
건물	45,000	(-)5,000	40,000
토지	100,000	-	100,000
기계장치	9,000	5,000 × 9/15 = 3,000	12,000
개발비	6,000	5,000 × 6/15 = 2,000	8,000
영업권	-	-	-
합계	160,000	-	160,000

3) 20×2년 기계장치의 손상차손환입: 4,200 + 3,000 = 7,200

[공인회계사 2차 2021년]

<공통 자료>

㈜대한은 20×1년 1월 1일 ㈜민국의 지분 100%를 취득하여 ㈜민국을 흡수합병하였다. 합병 전 ㈜대한의 ㈜민국에 대한 예비실사 결과, ㈜민국의 취득자산과 인수부채의 공정가치는 각각 ₩35,000 및 ₩5,000으로 파악되었다. 합병대가로 ㈜대한은 ㈜민국의 주주에게 현금 ₩40,000을 지급하기로 하였다. ㈜대한과 ㈜민국은 동일 지배하의 기업이 아니다.

물음 1 아래의 □예시□를 참고하여, <공통 자료>에 아래의 독립된 상황별로 추가 제시내용을 반영할 경우, 각 상황별로 영업권(또는 염가매수차익)금액을 계산하시오(단, 염가매수차익인 경우 금액 앞에 (-)를 표시하며 (예 (-)1,000), 별도의 언급이 있는 경우를 제외하고는 법인세 효과는 무시한다. 다음의 □상황 1□ ~ □상황 5□는 상호 독립적이다).

> □예시□ 취득일 현재 ㈜민국은 무형자산의 정의를 충족하는 특허기술을 보유(공정가치 ₩5,000)하고 있고 새로운 고객인 ㈜서울과 협상 중에 있는 계약(공정가치 ₩3,000)이 있으나 예비실사에 반영되지 않았다.
>
> → <공통 자료>와 □예시□ 자료를 적용하면 영업권은 ₩5,000임
>
> | 구분 | 영업권(염가매수차익) |
> |---|---|
> | <공통 자료> + □예시□ | ₩5,000 |

□상황 1□ ㈜민국은 차량 리스계약의 리스이용자로, 잔여기간 동안 리스료의 현재가치 측정금액이 취득자산(사용권자산)과 인수부채(리스부채)의 공정가치에 포함되어 있다. 다만, 취득일 현재 해당 리스조건은 시장조건에 비하여 불리하다. 예비실사 시 불리한 시장조건의 공정가치는 ₩1,000으로 측정되었으며 이는 취득자산에 반영되지 않았다. 한편, ㈜민국이 인식하지 않은 고객목록의 공정가치 ₩3,000이 예비실사 시 반영되지 않았다.

구분	영업권(염가매수차익)
<공통 자료> + □상황 1□	①

□상황 2□ 취득일 현재 ㈜민국이 산정한 집합적 노동력의 공정가치 ₩3,000과 ㈜민국이 이전의 사업결합에서 인식한 영업권 ₩1,000이 반영되지 않았다. 또한 ㈜대한은 회계, 법률 자문 수수료로 ₩2,000을 추가로 지출하였다.

구분	영업권(염가매수차익)
<공통 자료> + □상황 2□	②

상황 3 ㈜대한은 합병 후 ㈜민국의 일부 사업부를 폐쇄할 예정이며 구조조정비용은 ₩1,000으로 예상되나, ㈜민국은 이를 인식하지 않았다. ㈜대한은 ㈜민국의 매출액이 합병 이후 일정 수준에 미달하는 경우 기존 이전대가의 일부를 반환받을 수 있으며, 해당 권리의 공정가치는 ₩4,000으로 추정되나 해당 거래가 반영되지 않았다. ㈜대한의 합병전담부서 유지비용으로 ₩500이 추가로 지출되었다.

구분	영업권(염가매수차익)
<공통 자료> + 상황 3	③

상황 4 ㈜대한은 사업결합 전 ㈜민국에 부여한 프랜차이즈 권리(잔여 계약기간 2년)를 재취득하였는데, 취득자산에 반영되지 않았다. 해당 권리의 공정가치는 ₩2,000이며, 잠재적인 갱신 가능성을 고려할 경우의 공정가치는 ₩3,000이다. 추가로 ㈜대한은 기존 이전대가에 추가하여 ㈜민국의 주주에게 토지(공정가치 ₩3,000, 장부금액 ₩2,000)를 이전하기로 하였다. ㈜대한은 이전하는 토지를 사업결합 후 통제하지 않는다.

구분	영업권(염가매수차익)
<공통 자료> + 상황 4	④

상황 5 ㈜대한은 사업결합일 현재 ₩20,000의 세무상 이월결손금을 보유하고 있는데, 과거에는 실현가능성이 높지 않다고 판단하여 이연법인세자산을 인식하지 않았다. 그러나 ㈜대한은 ㈜민국과의 사업결합으로 해당 이월결손금의 실현가능성이 높다고 판단하고 있다. 한편, ㈜대한과 ㈜민국의 적용 법인세율은 각각 20% 및 30%이며, ㈜민국의 자산과 부채의 장부금액과 공정가치의 차이는 없다.

구분	영업권(염가매수차익)
<공통 자료> + 상황 5	⑤

물음 2 한국채택국제회계기준서 제1103호 '사업결합'에 따른 ① 조건부대가의 정의, ② 사업결합일의 조건부대가의 최초 측정방법 및 ③ 지급의무가 있는 조건부대가에 대한 회계처리상 분류방법을 간략히 기술하시오.

조건부대가의 정의	①
조건부대가의 최초 측정방법	②
조건부대가 지급의무의 회계처리 분류	③

물음 1 **상황 1**

구분	영업권(염가매수차익)
<공통 자료> + 상황 1	① 8,000

근거

공통 자료에 의한 영업권	40,000 - (35,000 - 5,000) = 10,000
불리한 리스조건의 공정가치	1,000
고객목록의 공정가치	(-)3,000
영업권	8,000

☑ 공통 자료에 의하여 피취득자의 식별 가능한 순자산이 증가하면 영업권이 감소하고, 감소하면 영업권이 증가한다.
☑ 시장조건에 비해 불리한 리스조건은 사용권자산에서 차감하며, 식별 가능한 무형자산(고객목록)은 인식기준의 충족 여부에 관계없이 공정가치로 인식한다.

상황 2

구분	영업권(염가매수차익)
<공통 자료> + 상황 2	② 10,000

근거

공통 자료에 의한 영업권	40,000 - (35,000 - 5,000) = 10,000
집합적 노동력의 공정가치	-
이전 사업결합에서 인식한 영업권	-
자문 수수료	-
영업권	10,000

☑ 집합적 노동력과 이전의 사업결합에서 인식한 영업권은 식별 가능하지 않아 인식하지 않는다. 사업결합과정에서 발생한 회계, 법률 등 자문 수수료는 취득일에 당기비용으로 인식한다.

상황 3

구분	영업권(염가매수차익)
<공통 자료> + 상황 3	③ 7,000

근거

공통 자료에 의한 영업권	40,000 - (35,000 - 5,000) = 10,000
구조조정비용	1,000
이전대가의 반환권리(조건부대가)	(-)4,000
합병전담부서의 유지비용	-
영업권	7,000

☑ 문제에 구조조정비용이 의무에 해당하는지 여부를 명확하게 제시하지 않았지만 문제에 제시된 의도를 볼 때 별도의 부채로 인식한다.
☑ 이전대가를 반환받을 권리는 조건부대가에 해당하므로 영업권을 감소시키며, 합병전담부서의 유지비용은 취득일에 당기비용처리한다.

상황 4	구분	영업권(염가매수차익)
	\<공통 자료\> + 상황 4	④ 11,000

근거

공통 자료에 의한 영업권	40,000 - (35,000 - 5,000) = 10,000
다시 취득한 권리의 공정가치	(-)2,000
추가 이전대가의 공정가치	3,000
영업권	11,000

☑ 다시 취득한 권리는 취득일에 잔여 계약기간에 기초하여 측정하며, 잠재적인 갱신 가능성은 고려하지 않는다.
☑ 이전대가로 이전하는 토지를 사업결합 후에도 통제하지 않으므로 공정가치로 이전대가를 측정한다.

상황 5	구분	영업권(염가매수차익)
	\<공통 자료\> + 상황 5	⑤ 10,000

근거

공통 자료에 의한 영업권	40,000 - (35,000 - 5,000) = 10,000
취득자의 이월결손금	(-)
영업권	10,000

☑ 취득자의 이월결손금에 대한 법인세효과는 피취득자의 식별 가능한 순자산이 아니므로 사업결합과 관련이 없다. 만일 피취득자의 이월결손금이라면 실현 가능한 법인세효과를 이연법인세자산으로 인식하여야 하며, 이때 법인세효과는 합병이므로 취득자의 법인세율을 사용하여 측정한다.

물음 2		
	조건부대가의 정의	① 특정 미래사건이 일어나거나 특정 조건이 충족되는 경우 피취득자의 이전 소유주에게 자산이나 지분을 추가적으로 이전하여야 하는 취득자의 의무
	조건부대가의 최초 측정방법	② 취득일의 공정가치
	조건부대가 지급의무의 회계처리 분류	③ 자산을 이전하는 의무는 금융부채로, 지분을 이전하는 의무는 자본으로 각각 분류

갑회사(상장기업)는 20×1년 4월 1일에 을회사(비상장기업) 주식과 교환하여 갑회사 주식을 발행함으로써 을회사를 취득하였다. 이와 같은 사업결합을 통하여 갑회사와 을회사는 각각 법적 지배기업과 법적 종속기업이 되었다. 취득일 현재 갑회사와 을회사의 재무상태표 및 추가 정보는 다음과 같다.   [공인회계사 2차 2011년]

<재무상태표>

과목	갑회사	을회사
자산총계	₩55,000	₩110,000
부채총계	30,000	60,000
자본총계	25,000	50,000
납입자본(보통주)	10,000	30,000
이익잉여금	15,000	20,000

<추가 정보>

(1) 취득 직전일 현재 두 회사의 발행주식은 다음과 같다.

구분	갑회사	을회사
발행주식수	100주	150주
주당 액면금액	₩100	₩200
주당 공정가치	₩200	₩800

(2) 취득일 현재 두 회사의 자산 및 부채의 공정가치는 다음과 같다.

구분	갑회사	을회사
자산의 공정가치	₩70,000	₩120,000
부채의 공정가치	₩33,000	₩70,000

(3) 갑회사는 사업결합 과정에서 을회사 주식 1주와 교환하여 갑회사 주식 2주를 발행하기로 하고 총 300주를 발행하였다.

(4) 관련 회계처리에서 법인세 효과는 고려하지 않는다.

물음 1   갑회사의 경영자는 갑회사가 취득자라고 주장하는 데 반해, 회계전문가는 이를 역취득으로 보고 을회사가 회계상 취득자라고 판단하고 있다. 역취득이라고 판단하는 이유를 제시하시오.

물음 2 상기 사업결합에서 회계상 취득자가 갑회사인 경우와 회계상 취득자가 을회사인 경우(역취득)로 구분하여 사업결합 직후 다음과 같이 연결재무상태표를 작성하였다. 공란에 들어갈 금액(①부터 ⑧까지)을 모두 계산하시오.

과목	회계상 취득자가 갑회사인 경우	회계상 취득자가 을회사인 경우
자산총계(영업권 포함)	①	⑤
부채총계	②	⑥
자본총계		
납입자본	③	⑦
이익잉여금	④	⑧

물음 3 갑회사가 사업결합 과정에서 을회사의 발행주식 150주 중 135주와 교환하여 갑회사의 주식을 발행하기로 하고 총 270주를 발행하였으며, 이를 제외한 다른 모든 사실은 위와 동일하다고 가정한다. 이러한 사업결합이 역취득에 해당될 때 사업결합 직후 연결재무상태표에 표시될 비지배지분을 계산하시오.

---| 풀이 |---

물음 1 사업결합 후 을회사 주주가 결합기업의 지분 75%[= 300주 ÷ (100주 + 300주)]를 소유하므로 역취득으로 판단된다.

물음 2

과목	회계상 취득자가 갑회사인 경우	회계상 취득자가 을회사인 경우
자산총계(영업권 포함)	① 185,000	⑤ 183,000
부채총계	② 100,000	⑥ 93,000
자본총계		
납입자본	③ 70,000	⑦ 70,000
이익잉여금	④ 15,000	⑧ 20,000

근거

① 55,000 + 120,000 + 10,000(영업권) = 185,000

② 30,000 + 70,000 = 100,000

③ 10,000 + 60,000 = 70,000

④ 15,000

⑤ 110,000 + 70,000 + 3,000(영업권) = 183,000

⑥ 60,000 + 33,000 = 93,000

⑦ 30,000 + 40,000 = 70,000

⑧ 20,000

(1) 회계상 취득자가 갑회사인 경우 20×1년 4월 1일 회계처리

을회사 주식 취득 시	차) 투자주식(을)	60,000	대) 자본금(갑)		30,000
			주식발행초과금		30,000
연결조정분개	차) 자본금(을)	30,000	대) 투자주식(을)		60,000
	이익잉여금(을)	20,000	부채(을)		10,000
	자산(을)	10,000			
	영업권	10,000			

(2) 회계상 취득자가 을회사인 경우 20×1년 4월 1일 회계처리

을회사 주식 취득 시	차) 투자주식(갑)	40,000	대) 자본금(을)[1]		10,000
			주식발행초과금[2]		30,000
	1) A주 ÷ (150주 + A주) = 25%, A주 = 50주, 자본금(을) = 50주 × @200 = 10,000				
	2) 50주 × (@800 - @200) = 30,000				
연결조정분개	차) 자본금(갑)	10,000	대) 투자주식(갑)		40,000
	이익잉여금(갑)	15,000	부채(갑)		3,000
	자산(갑)	15,000			
	영업권	3,000			

물음 3 비지배지분: 5,000

근거

1. 비지배지분율: 15주 ÷ 150주 = 10%

2. 비지배지분: 을회사 자본(30,000 + 20,000) × 10% = 5,000

문제 16 사업결합(역취득) (2) - Level 4

㈜대한은 20×1년 4월 1일에 ㈜민국의 주식과 교환하여 ㈜대한의 주식을 발행함으로써 ㈜민국을 취득하였다. 하지만 동 사업결합은 ㈜민국(법적 피취득자, 회계상 취득자)이 ㈜대한(법적 취득자, 회계상 피취득자)을 취득한 역취득에 해당한다. 아래 <자료>를 이용하여 물음에 답하시오.

<자료>

(1) 사업결합 직전 ㈜대한과 ㈜민국의 재무상태표는 다음과 같다. ㈜대한의 납입자본은 보통주 60주(액면금액: 1주당 ₩100)로 구성되어 있으며, ㈜민국의 납입자본은 보통주 40주(액면금액: 1주당 ₩500)로 구성되어 있다.

재무상태표
20×1년 4월 1일 (단위: ₩)

	㈜대한	㈜민국
유동자산	10,000	30,000
비유동자산	25,000	45,000
자산총계	35,000	75,000
유동부채	7,000	5,000
비유동부채	13,000	10,000
납입자본	6,000	20,000
이익잉여금	9,000	40,000
부채 및 자본총계	35,000	75,000

(2) 20×1년 4월 1일에 ㈜대한은 ㈜민국의 보통주 각 1주와 교환하여 보통주 6주를 발행하고, ㈜민국의 주주는 자신들이 보유하고 있는 ㈜민국의 주식을 모두 ㈜대한의 주식으로 교환한다. 이에 따라 ㈜대한은 ㈜민국의 보통주 40주 모두에 대해 보통주 240주를 발행한다.

(3) 20×1년 4월 1일 현재 ㈜대한과 ㈜민국의 보통주 1주당 공정가치는 각각 ₩200과 ₩3,000이다.

(4) 20×1년 4월 1일 현재 ㈜대한이 보유한 비유동자산의 공정가치는 ₩30,000이며, 이를 제외한 ㈜대한의 식별 가능한 자산과 부채의 공정가치는 장부금액과 동일하다.

물음 1 사업결합 직후 연결재무상태표에 표시될 다음의 금액을 계산하시오.

영업권	①
납입자본	②
이익잉여금	③

물음 2 ㈜민국의 20×0년 당기순이익과 20×1년의 연결당기순이익이 각각 ₩7,200과 ₩14,250이라고 할 때, ① 20×1년 주당이익과 ② 비교목적 공시를 위해 재작성된 20×0년 주당이익을 각각 계산하시오(단, 20×1년 기초부터 역취득 직전까지 ㈜민국의 유통보통주식수에 변동은 없으며, 가중평균유통보통주식수는 월할 계산한다).

20×1년 주당이익	①
재작성된 20×0년 주당이익	②

─┤ 풀이 ├───

물음 1

영업권	① 10,000
납입자본	② 50,000
이익잉여금	③ 40,000

근거

① 영업권

• 역취득의 지분율 산정

구분	㈜대한		㈜민국	
	주식수	지분율	주식수	지분율
㈜대한 주주	60주	20%	10주	20%
㈜민국 주주	240주	80%	40주	80%
합계	300주	100%	50주	100%

⇒ ㈜대한이 ㈜민국을 취득하였으나 ㈜민국의 주주들이 실질적으로 지배(지분율 80%)하고 있으므로 ㈜민국이 ㈜대한을 취득한 것이다. 이 경우 ㈜민국이 ㈜대한의 주주들에게 ㈜민국의 주식을 10주 발행하면 ㈜민국의 주주들 지분율은 80%가 된다.

• 영업권: 10주 × @3,000 - (10,000 + 30,000 - 7,000 - 13,000) = 10,000
  ☑ 문제에서 ㈜대한과 ㈜민국 주식의 공정가치 중 어느 것을 더 신뢰성 있게 측정할 수 있는지 제시되어 있지 않으므로 취득자인 ㈜민국의 주식 공정가치를 취득금액으로 본다.

② 납입자본: 20,000 + 30,000 = 50,000

③ 이익잉여금: 9,000 + 40,000 - 9,000 = 40,000(㈜민국의 이익잉여금)

(1) ㈜대한의 회계처리

차) 종속기업투자주식	30,000	대) 납입자본	30,000

(2) 연결조정분개

차) 납입자본	6,000	대) 종속기업투자주식	30,000
이익잉여금	9,000		
비유동자산	5,000		
영업권	10,000		

☑ ㈜민국이 ㈜대한을 취득한 것이므로 ㈜대한이 보유한 ㈜민국의 주식 ₩30,000과 ㈜대한의 지분교환 전 자본 ₩15,000(= 6,000 + 9,000)을 상계 제거한다.

물음 2

20×1년 주당이익	① 50
재작성된 20×0년 주당이익	② 30

근거

① 20×1년 주당이익

• 20×1년 1월 1일부터 20×1년 12월 31일까지 유통 중인 것으로 간주되는 주식수: 240주
  ☑ ㈜대한이 ㈜민국에 주주들에게 발행한 보통주식수

• 취득일부터 20×1년 12월 31일까지의 추가된 유통주식수: 60주
  ☑ 취득일 이후에 ㈜대한이 발행한 보통주식수를 더한 보통주식수를 의미한다.

• 가중평균유통보통주식수: (240주 × 12 + 60주 × 9) ÷ 12 = 285주

• 주당이익: 14,250 ÷ 285주 = 50

② 재작성된 20×0년 주당이익: 7,200 ÷ 240주[1] = 30

1) ㈜대한의 주식으로 환산된 주식 수

제 17 장

관계기업 투자주식

해커스 IFRS 정윤돈 재무회계연습

문제 1 지분법회계 (1) - Level 3

20×1년 1월 1일 A사는 B사의 보통주 40%를 ₩1,000,000에 취득하여 유의적인 영향력을 행사할 수 있게 되었다. 주식 취득일 현재 B사의 순자산 장부가치는 ₩2,000,000이며 장부금액과 공정가치가 다른 항목은 다음과 같다.

구분	장부금액	공정가치	비고
재고자산	₩100,000	₩200,000	20×1년 중 모두 판매
건물	500,000	700,000	잔존내용연수 5년, 정액법 상각

또한 A사는 B사에게 장부가치 ₩200,000인 재고자산을 ₩300,000에 판매하였다. B사는 20×1년 중에 80%, 20×2년 중에 20%를 외부에 판매하였다.

20×1년과 20×2년 B사의 순자산 장부금액의 변동 내역은 다음과 같다.

구분	20×1년	20×2년
당기순이익	₩200,000	₩300,000
기타포괄손익	100,000	(-)100,000
현금배당	(-)30,000	(-)40,000

물음 1 A사가 B사의 보통주를 취득하면서 B사에 지불한 영업권의 가치를 구하시오.

물음 2 A사가 인식할 20×1년 지분법손익과 20×1년 말 관계기업투자주식의 장부금액을 구하시오.

물음 3 A사가 인식할 20×2년 지분법손익과 20×2년 말 관계기업투자주식의 장부금액을 구하시오.

—| 풀이 |—

물음 1 영업권의 가치: 80,000

물음 2 20×1년 지분법이익: 16,000

20×1년 말 관계기업투자주식의 장부금액: 1,044,000

근거

	투자자의 지분율(40%)	기타 지분율
관계기업순자산 BV 2,000,000	800,000	
관계기업순자산 FV - BV 300,000	120,000	
영업권	80,000	
취득금액 1,000,000	+	
관계기업 조정 후 N/I(①) 40,000	지분법이익(A) 16,000	
	+	
(±) 관계기업 자본조정, 이익잉여금 직접변동	0	
	+	
(±) 관계기업 OCI 변동 100,000	40,000	
	+	
(±) 영업권 손상차손 및 환입	0	
	+	
(-)관계기업 현금배당 지급 (-)30,000	(-)12,000	

관계기업투자주식 장부금액
1,044,000

관계기업 조정 전 N/I		200,000
투자평가차액 상각		
재고자산		(-)100,000
건물	200,000/5년 =	(-)40,000
내부거래 제거		
당기미실현손익	(300,000 - 200,000) × 20% =	(-)20,000
전기실현손익		0
현물출자 미실현손익		0
현물출자 실현손익		0
우선주 귀속배당		0
관계기업 조정 후 N/I		① 40,000

☑ 관계기업투자주식은 내부거래 시 상향·하향 거래 구분 없이 미실현손익·실현손익을 관계기업 N/I에 반영한다.

20×2년 지분법손익: 112,000

20×2년 말 관계기업투자주식의 장부금액: 1,100,000

근거

	투자자의 지분율(40%)	기타 지분율
관계기업순자산 BV 2,000,000	800,000	
관계기업순자산 FV - BV 300,000	120,000	
영업권	80,000	
취득금액 1,000,000	+	
관계기업 조정 후 N/I(①) 40,000(×1) + 280,000(×2)	지분법이익(A) 16,000(×1) + 112,000(×2)	
	+	
(±) 관계기업 자본조정, 이익잉여금 직접변동	0	
	+	
(±) 관계기업 OCI 변동 100,000(×1) + (-)100,000(×2)	40,000(×1) + (-)40,000(×2)	
	+	
(±) 영업권 손상차손 및 환입	0	
	+	
(-)관계기업 현금배당 지급 (-)30,000(×1) + (-)40,000(×2)	(-)12,000(×1) + (-)16,000(×2)	

관계기업투자주식 장부금액
1,100,000

관계기업 조정 전 N/I		300,000
투자평가차액 상각		
재고자산		0
건물	200,000/5년 =	(-)40,000
내부거래 제거		
당기미실현손익		0
전기실현손익	(300,000 - 200,000) × 20% =	20,000
현물출자 미실현손익		0
현물출자 실현손익		0
우선주 귀속배당		0
관계기업 조정 후 N/I		① 280,000

☑ 관계기업투자주식은 내부거래 시 상향·하향 거래 구분 없이 미실현손익·실현손익을 관계기업 N/I에 반영한다.

문제 2　지분법회계 (2) - Level 4

A사는 20×1년 초에 B사의 보통주를 ₩300,000에 취득하고 지분율 40%를 취득하여 유의적인 영향력을 획득하였다. 아래는 주식 취득일 현재 B사의 순자산과 관련된 자료이다.

<자료>

(1) 20×1년 초 현재 B사의 순자산 장부금액은 ₩525,000이고 순자산 공정가치는 ₩630,000이다. B사의 순자산 장부금액과 공정가치가 일치하지 않는 이유는 재고자산과 건물의 공정가치가 장부금액보다 각각 ₩30,000과 ₩75,000이 많았기 때문이다. 해당 재고자산은 모두 20×1년 중에 외부에 판매되었으며, 20×1년 1월 1일 기준 건물의 잔존내용연수는 4년이고 잔존가치는 ₩0이며, 정액법으로 상각한다.

(2) 20×1년 초 B사의 재무상태표에 추가적으로 아래와 같은 사실이 발견되었다.

- B사는 운용리스계약의 리스이용자이며, 운용리스계약은 시장조건에 비하여 ₩10,000만큼 유리하다. 해당 리스계약의 잔여기간은 4년이다.
- B사는 손해배상소송사건에 피소되어 있으며, 손해배상금액의 공정가치는 ₩20,000으로 추정된다.
- B사의 연구개발부서는 우수한 인적자원을 보유하고 있으며, 이로 인한 합병 후의 시너지 효과는 상당할 것으로 예상된다. B사가 측정한 인적자원의 공정가치는 ₩15,000이다.

(3) 20×1년과 20×2년 B사의 별도재무제표상 순자산 장부금액의 변동액은 아래와 같다.

구분	20×1년	20×2년
중간배당	-	₩(-)30,000
당기순이익	₩100,000	120,000
기타포괄손익	20,000	(-)5,000

물음 1　A사가 B사의 보통주를 취득하면서 대가로 지불한 금액 중 영업권의 가치를 구하시오.

물음 2　A사가 계상할 아래의 금액들을 구하시오.

구분	20×1년	20×2년
지분법손익	①	③
관계기업투자주식의 장부금액	②	④

물음 1 (1) B사의 순자산 공정가치: 630,000 + 10,000 - 20,000 = 620,000

(2) 영업권의 가치: 300,000 - 620,000 × 40% = 52,000

물음 2

구분	20×1년	20×2년
지분법손익	① 19,500	③ 39,500
관계기업투자주식의 장부금액	② 327,500	④ 353,000

근거

1. 20×1년 조정 후 B사의 당기순이익: 100,000 - 30,000 - 75,000/4년 - 10,000/4년 = 48,750

2. 20×1년 지분법이익: 48,750 × 40% = 19,500

3. 20×1년 관계기업투자주식 장부금액: 300,000 + 19,500 + 20,000 × 40% = 327,500

	투자자의 지분율(40%)	기타 지분율
관계기업순자산 BV 525,000	210,000	
관계기업순자산 FV - BV 105,000 + 10,000 - 20,000	38,000	
영업권	52,000	
취득금액 300,000	+	
관계기업 조정 후 N/I(①) 48,750	지분법이익(A) 19,500	
	+	
(±) 관계기업 자본조정, 이익잉여금 직접변동	0	
	+	
(±) 관계기업 OCI 변동 20,000	8,000	
	+	
(±) 영업권 손상차손 및 환입	0	
	+	
(-)관계기업 현금배당 지급	0	

관계기업투자주식 장부금액
327,500

관계기업 조정 전 N/I		100,000
투자평가차액 상각		
재고자산		(-)30,000
건물	75,000/4년 =	(-)18,750
유리한 운용리스	10,000/4년 =	(-)2,500
내부거래 제거		
당기미실현손익		0
전기실현손익		0
현물출자 미실현손익		0
현물출자 실현손익		0
우선주 귀속배당		0
관계기업 조정 후 N/I		① 48,750

4. 20×2년 조정 후 B사의 당기순이익: 120,000 - 75,000/4년 - 10,000/4년 = 98,750

5. 20×2년 지분법이익: 98,750 × 40% = 39,500

6. 20×2년 관계기업투자주식 장부금액: 327,500 + 39,500 - 5,000 × 40% - 30,000 × 40% = 353,000

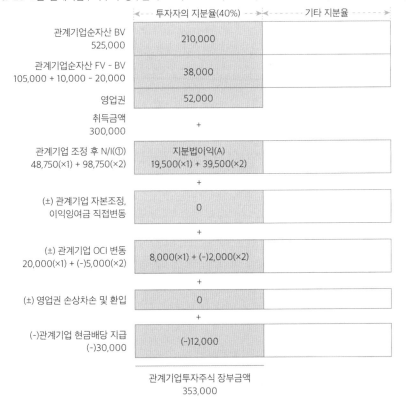

관계기업 조정 전 N/I		120,000
투자평가차액 상각		
재고자산		0
건물	75,000/4년 =	(-)18,750
~~유리한 운용리스~~	10,000/4년 =	(-)2,500
내부거래 제거		
당기미실현손익		0
전기실현손익		0
현물출자 미실현손익		0
현물출자 실현손익		0
우선주 귀속배당		0
관계기업 조정 후 N/I		① 98,750

㈜대한은 20×1년 1월 1일에 토지 A(장부금액 ₩260,000, 공정가치 ₩300,000)를 ㈜민국에 출자하고 주식 30%(보통주)와 현금 ₩30,000을 수취하여 유의적인 영향력을 행사할 수 있게 되었다. 아래 <자료>를 이용하여 각 물음에 답하시오.

[공인회계사 2차 2023년]

<자료>

(1) ㈜민국의 20×1년 1월 1일 다음의 자산을 제외한 모든 자산과 부채의 장부금액과 공정가치는 일치하였다.

(단위: ₩)

계정과목	장부금액	공정가치	비고
재고자산	80,000	120,000	20×1년에 50%를 판매하고 나머지는 20×2년에 판매
기계장치	120,000	150,000	잔존내용연수는 6년, 잔존가치는 없으며, 정액법으로 감가상각
토지 B	200,000	220,000	20×2년 중에 매각

(2) ㈜민국의 순자산 변동은 다음과 같다.

(단위: ₩)

항목	20×1년도	20×2년도
순자산 장부금액(기초)	800,000	870,000
현금배당	-	(20,000)
당기순이익	70,000	90,000
기타포괄이익	-	40,000
순자산 장부금액(기말)	870,000	980,000

(3) 20×1년 중에 ㈜대한과 ㈜민국 간에 다음과 같은 상호거래가 발생하였다.

- ㈜대한과 ㈜민국 간의 재고자산 거래는 다음과 같으며, 기말재고자산은 20×2년에 모두 판매된다.

(단위: ₩)

판매회사	매입회사	매출액	매출총이익률	기말보유비율
㈜대한	㈜민국	30,000	30%	40%
㈜민국	㈜대한	15,000	20%	20%

- 20×1년 5월 1일 ㈜대한은 ㈜민국에게 비품(취득원가 ₩40,000, 감가상각누계액 ₩20,000, 잔존내용연수 3년, 잔존가치 없이 정액법 상각)을 ₩16,400에 매각하였으며, ㈜민국은 20×2년 말 현재 계속 사용 중이다.

(4) ㈜대한과 ㈜민국은 유형자산(기계장치, 토지, 비품)에 대해 원가모형을 적용하고 있다.

물음 1 20×1년 12월 31일 ㈜대한의 재무상태표에 표시되는 ㈜민국에 대한 관계기업투자주식과 20×1년도 포괄손익계산서에 인식되는 지분법이익을 계산하시오.

관계기업투자주식	①
지분법이익	②

물음 2 20×2년 12월 31일 ㈜대한의 재무상태표에 표시되는 ㈜민국에 대한 관계기업투자주식을 계산하시오.

관계기업투자주식	①

풀이

물음 1

관계기업투자주식	① 272,280
지분법이익	② 2,280

물음 2

관계기업투자주식	① 292,680

근거

1. 관계기업투자주식 취득일 회계처리

차)	관계기업투자주식	300,000	대)	토지	260,000
				처분이익	40,000
차)	현금	30,000	대)	관계기업투자주식	30,000

2. 조정 후 당기순이익 계산

구분	20×1년	20×2년
조정 전 당기순이익	70,000	90,000
평가차액의 상각		
- 재고자산	(-)20,000[1]	(-)20,000
- 기계장치	(-)5,000[2]	(-)5,000
- 토지		(-)20,000[3]
내부거래 제거		
- 재고자산	(-)3,600[4]	3,600
	(-)600[5]	600
- 비품	3,600[6]	
	(-)800[7]	(-)1,200
현물출자	(-)36,000[8]	
조정 후 당기순이익	7,600	48,000

1) $(120,000 - 80,000) \times 50\% = 20,000$
2) $(150,000 - 120,000)/6년 = 5,000$
3) $(220,000 - 200,000) = 20,000$
4) $30,000 \times 30\% \times 40\% = 3,600$
5) $15,000 \times 20\% \times 20\% = 600$
6) $(40,000 - 20,000) - 16,400 = 3,600$
7) $3,600/3년 \times 8/12 = 800$
8) $40,000 \times (300,000 - 30,000)/300,000 = 36,000$

3. 관계기업투자주식 계산구조

	투자자의 지분율(30%)	기타 지분율
관계기업순자산 BV 800,000	240,000	
관계기업순자산 FV - BV 90,000	27,000	
영업권 or (-)염가매수차익	3,000	
이전대가 270,000	+	
관계기업 조정 후 N/I 7,600(×1) + 48,000(×2)	2,280(×1) + 14,400(×2)	
	+	
(±) 관계기업 OCI 변동 40,000(×2)	12,000(×2)	
	+	
(-)관계기업 현금배당 지급 (-)20,000(×2)	(-)6,000(×2)	

4. 20×1년 관계기업투자주식: 270,000 + 2,280 = 272,280

5. 20×1년 지분법이익: 2,280

6. 20×2년 관계기업투자주식: 272,280 + 14,400 + 12,000 - 6,000 = 292,680

㈜갑은 ㈜을의 주식 10%를 20×1년 1월 1일 ₩50,000에 취득하고 FVOCI금융자산으로 처리하였다. 20×2년 1월 1일 ㈜갑은 ㈜을의 주식 20%를 추가 취득하여 유의적인 영향력을 행사할 수 있게 되었다. ㈜을의 자본변동 내역은 아래와 같다. ㈜을의 이익잉여금은 모두 당기순이익으로 인해 증가한 것이며, 이익 처분은 없다. ㈜갑과 ㈜을 간에 상호거래는 없었으며, 단계적 취득에 대해서 일괄법을 적용한다.

구분	20×1. 1. 1.	20×2. 1. 1.	20×3. 1. 1.	20×3. 12. 31.
자본금	₩200,000	₩200,000	₩200,000	₩200,000
자본잉여금	₩100,000	₩100,000	₩100,000	₩100,000
이익잉여금	₩100,000	₩170,000	₩200,000	₩250,000
계	₩400,000	₩470,000	₩500,000	₩550,000
주식 취득원가	₩50,000	₩120,000		
지분율	10%	20%		

물음 1 20×1년에 필요한 모든 회계처리를 하시오(단, 20×1년 말 ㈜갑이 보유한 ㈜을 주식의 공정가치는 ₩60,000이다).

물음 2 20×2년에 필요한 모든 회계처리를 하시오(단, 20×2년 초 ㈜을의 순자산 공정가치는 ₩510,000이며, 장부금액과의 차이 원인은 건물(잔존내용연수 10년, 잔존가치 없이 정액법 상각)에서 비롯되었다. 20×1년 말 ㈜갑이 보유한 ㈜을의 주식 공정가치는 ₩60,000이다).

→| 풀이 |

회계처리

매입 시	차) FVOCI금융자산	50,000	대) 현금	50,000
평가 시	차) FVOCI금융자산[1]	10,000	대) FVOCI금융자산평가이익	10,000
	1) 60,000 - 50,000 = 10,000			

물음 2 회계처리

20×2년 초	차) 관계기업투자주식	60,000	대) FVOCI금융자산	60,000
	차) 관계기업투자주식	120,000	대) 현금	120,000
20×2년 말	차) 관계기업투자주식	7,800	대) 지분법이익	7,800

(1) 취득 시 차이 계산

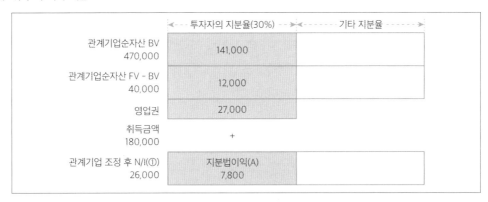

(2) 당기순이익 조정

관계기업 조정 전 N/I	200,000 - 170,000 =	30,000
투자평가차액 상각	40,000/10년 =	4,000
관계기업 조정 후 N/I		① 26,000

다음은 C사의 관계기업투자주식과 관련된 자료들이다.

(1) C사는 20×0년 1월 1일에 D사의 의결권 있는 보통주 10주(10%)를 ₩100,000에 취득하여 FVOCI금융자산으로 분류하였다. 20×0년 말 동 금융자산의 공정가치가 ₩105,000으로 상승하여 관련 평가손익을 인식하였다.

(2) 20×1년 1월 1일, C사는 D사의 의결권 있는 보통주 20주(20%)를 ₩268,000에 추가로 취득하여 처음으로 유의적인 영향력을 행사할 수 있게 되었다. 기존 보유주식의 20×1년 1월 1일 공정가치는 ₩107,000이다.

(3) 20×1년 D사의 주식을 추가로 취득할 당시 D사의 순자산 장부금액은 ₩1,200,000이고, 기계장치의 장부금액과 공정가치의 차이는 ₩50,000이며, 기계장치를 제외한 자산과 부채의 장부금액은 공정가치와 동일하였다. 기계장치의 잔존내용연수는 5년, 잔존가치는 없으며 정액법으로 상각한다.

(4) 20×1년 이후 D사의 순자산 변동은 다음과 같으며, 20×2년까지 결의한 배당은 없다.

구분	20×1년	20×2년	20×3년
당기순이익	₩(-)100,000	₩200,000	₩120,000
기타포괄이익		20,000	

  * 20×2년의 기타포괄손익은 FVOCI금융자산(채무상품)의 공정가치 평가로 인해 발생한 것이다.

물음 1   C사가 20×1년 1월 1일에 주식을 추가 취득할 때에 해야 할 회계처리를 보이시오.

물음 2   20×3년 1월 1일 C사가 D사의 지분 중 10%를 ₩160,000에 처분하였다고 할 경우, 동 관계기업투자주식이 C사의 20×3년 당기순이익에 미친 영향을 구하시오.

물음 3   20×3년 1월 1일 C사가 D사의 지분 중 20%를 ₩322,000에 처분하였다고 할 경우, 동 관계기업투자주식이 C사의 20×3년 당기순이익에 미친 영향을 구하시오(단, 20×3년 초 및 20×3년 말 D사의 주식의 주당 공정가치는 각각 ₩16,000과 ₩18,000이고 C사는 지분상품에 대해서 FVPL금융자산으로 분류하고 있다).

물음 4   위 **물음 3** 에서 20×2년 D사의 기타포괄손익이 토지의 재평가에 의한 재평가잉여금이라고 가정한다면 20×3년 초에 인식할 관계기업투자주식의 처분손익을 구하시오.

---| 풀이 |---

물음 1 회계처리

20×1년 1월 1일	차) FVOCI금융자산	2,000	대) FVOCI금융자산평가이익	2,000
	차) 관계기업투자주식	375,000	대) 현금	268,000
			FVOCI금융자산	107,000

☑ B사의 순자산 공정가치는 375,000{= (1,200,000 + 50,000) × 30%}으로 영업권이나 염가매수차익은 없다.

물음 2 20×3년 당기순이익에 미친 영향: 25,000 + 2,000 + 22,000 = 49,000

(1) 20×1년 지분법손실

(-100,000 - 50,000/5) × 30% = (-)33,000

(2) 20×2년 지분법이익

(200,000 - 50,000/5) × 30% = 57,000

(3) 20×2년 말 관계기업투자주식 장부금액

375,000 - 33,000 + 57,000 + 20,000 × 30% = 405,000

(4) 20×3년 초 회계처리

차) 현금	160,000	대) 관계기업투자주식[1]	135,000
		처분이익	25,000
차) 관계기업기타포괄손익[2]	2,000	대) 처분이익	2,000

1) 405,000 × 10%/30% = 135,000
2) 6,000 × 10%/30% = 2,000

(5) 20×3년 지분법이익

(120,000 - 50,000/5) × 20% = 22,000

물음 3 20×3년 당기순이익에 미친 영향: 52,000 + 25,000 + 6,000 + 20,000 = 103,000

(1) 20×1년 지분법손실

(-100,000 - 50,000/5) × 30% = (-)33,000

(2) 20×2년 지분법이익

(200,000 - 50,000/5) × 30% = 57,000

(3) 20×2년 말 관계기업투자주식 장부금액

375,000 - 33,000 + 57,000 + 20,000 × 30% = 405,000

(4) 20×3년 초 회계처리

차) 현금	322,000	대) 관계기업투자주식[1]	270,000
		처분이익	52,000
차) FVPL금융자산[2]	160,000	대) 관계기업투자주식	135,000
		처분이익	25,000
차) 관계기업기타포괄손익	6,000	대) 처분이익	6,000

1) 405,000 × 20%/30% = 270,000
2) 10주 × 16,000 = 160,000

(5) 20×3년 FVPL금융자산평가이익

(18,000 - 16,000) × 10주 = 20,000

물음 4 관계기업투자주식의 처분손익: 52,000 + 25,000 = 77,000

☑ 토지의 재평가잉여금은 재분류조정 항목이 아니다.

참고

> 지분법 적용을 중단하는 경우 그 투자와 관련하여 이전에 기타포괄손익으로 인식한 모든 금액은 피투자자가 관련 자산이나 부채를 직접 처분한 경우의 회계처리와 동일한 기준으로 회계처리한다. 즉, 피투자자가 인식한 기타포괄손익이 당기순손익으로 재분류되는 항목(예 FVOCI금융자산(채무상품)이라면 여기에 대해서 투자자가 인식한 관계기업기타포괄손익도 지분법 적용 중단 시 당기순이익으로 재분류하고, 피투자자가 인식한 기타포괄손익이 재분류 금지항목(예 유형자산 재평가잉여금)이라면 여기에 대해서 투자자가 인식한 지분법자본변동도 지분법 적용 중단 시 당기손익으로 재분류할 수 없다.

문제 6 지분법 회계처리(종합) - Level 3

㈜한국은 20×1년 1월 1일에 다음과 같이 ㈜영동, ㈜영서, ㈜영남의 의결권 있는 보통주를 취득하였다. 이로써 ㈜한국은 ㈜영동, ㈜영서, ㈜영남에 대해 유의적인 영향력을 행사할 수 있게 되었다. [공인회계사 2차 2013년]

구분	취득주식수(지분율)	취득원가
㈜영동	30주(30%)	₩180,000
㈜영서	25주(25%)	65,000
㈜영남	40주(40%)	50,000

<추가 자료>

(1) 취득일 현재 ㈜영동의 순자산 장부금액은 ₩390,000이며, 자산·부채 중 장부금액과 공정가치가 일치하지 않는 내역은 다음과 같다.

계정과목	장부금액	공정가치
재고자산	₩50,000	₩56,000
토지	110,000	140,000
기계장치	40,000	49,000

위 자산 중 재고자산은 20×1년 중에 전액 외부에 판매되었으며, 기계장치는 20×1년 초 현재 잔존내용연수 3년에 잔존가치 없이 정액법으로 상각한다.

(2) 취득일 현재 ㈜영서와 ㈜영남의 순자산 장부금액은 각각 ₩280,000과 ₩100,000이며, 자산·부채의 장부금액은 공정가치와 일치하였다.

(3) 20×1년 중에 ㈜한국은 ㈜영서에 원가 ₩20,000의 상품을 ₩28,000에 판매하였으며, ㈜영서는 동 상품 전액을 20×2년 중에 외부에 판매하였다.

(4) 20×1년에 ㈜영동, ㈜영서, ㈜영남이 보고한 당기순이익과 기타포괄손익은 다음과 같다.

구분	당기순이익	기타포괄손익
㈜영동	₩52,000	₩10,000
㈜영서	15,000	-
㈜영남	10,000	5,000

다음은 ㈜한국이 보유한 각각의 관계기업투자주식에 관한 물음이다.

물음 1 ㈜영동의 보통주 취득과 관련하여, ㈜한국의 관계기업투자주식 취득원가에 포함된 영업권금액을 구하시오.

물음 2 ㈜영동의 투자주식과 관련하여, ㈜한국의 20×1년 재무제표에 계상될 지분법손익을 구하시오(단, 손실의 경우에는 금액 앞에 (-)를 표시하시오).

물음 3 20×2년 4월 20일에 ㈜영동은 보통주 1주당 ₩150의 현금배당을 실시하였다. 동 배당금수령 시에 ㈜한국이 수행해야 할 회계처리(분개)를 제시하시오.

물음 4 ㈜영서의 투자주식과 관련하여, ㈜한국의 20×1년 말 재무제표에 계상되는 관계기업투자주식의 장부금액을 구하시오.

물음 5 ㈜한국은 20×2년 초에 ㈜영남의 보통주 10주를 ₩12,000에 매각하였다. 이 매각거래에 따른 투자주식처분손익을 구하시오. 단, 손실의 경우에는 금액 앞에 (-)를 표시하시오(단, ㈜한국의 기타포괄손익누계액은 FVOCI금융자산(채무상품)에서 비롯된 것이다).

풀이

물음 1 영업권: 49,500

근거

물음 2 지분법이익: (52,000 - 6,000 - 9,000/3) × 30% = 12,900

물음 3 회계처리

배당금수령 시	차) 현금	4,500	대) 관계기업투자주식	4,500

물음 4 20×1년 말 관계기업투자주식 장부금액: 71,750

근거

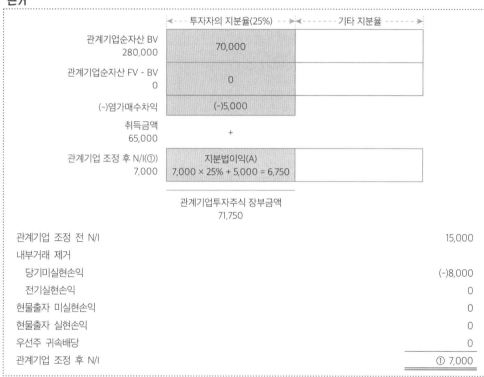

관계기업 조정 전 N/I	15,000
내부거래 제거	
당기미실현손익	(-)8,000
전기실현손익	0
현물출자 미실현손익	0
현물출자 실현손익	0
우선주 귀속배당	0
관계기업 조정 후 N/I	① 7,000

물음 5 투자주식처분손실: (-)1,500

회계처리

	차) 관계기업투자주식	4,000	대) 지분법이익	10,000 × 40%
	차) 관계기업투자주식	2,000	대) 관계기업기타포괄이익	5,000 × 40%
20×1년 말	차) 현금	12,000	대) 관계기업투자주식	(50,000 + 6,000)/4 = 14,000
	투자주식처분손실	2,000		
	차) 관계기업기타포괄이익	2,000/4 = 500	대) 투자주식처분손실	500

A사는 20×1년 초에 B사 주식 30%를 ₩320,000에 취득하여 유의적인 영향력을 갖게 되었다. 20×1년 초 현재 B사 순자산의 장부금액은 ₩1,000,000이며, 공정가치와 동일하다. B사의 순자산 변동 내역은 다음과 같다.

20×1년 초	₩1,000,000
20×1년 당기순손실	(-)1,200,000
20×1년 말	₩(-)200,000
20×2년 당기순이익	300,000
20×2년 말	₩100,000

물음 1 20×1년 말 A사의 지분법손익을 구하시오.

물음 2 **물음 1**과 관련하여 20×1년 말 현재 A사는 B사에 대해 20×1년 말 현재 장기대여금 ₩30,000과 매출채권 ₩10,000이 존재하는 경우, 20×1년 말 A사의 지분법손익을 구하시오.

물음 3 **물음 1**과 관련하여 20×2년 말 A사가 인식할 지분법손익을 구하시오.

풀이

물음 1 20×1년 지분법손실: 320,000
- ☑ (당기순손실 1,200,000에 지분율을 곱하면 360,000의 지분법손실을 인식하여야 하지만 관계기업투자주식의 장부금액 320,000을 초과하는 40,000은 손실을 인식하지 않는다.

물음 2 20×1년 지분법손실: 350,000

회계처리

20×1년 말	차) 지분법손실	350,000	대) 관계기업투자주식	320,000
			손실충당금	30,000

- ☑ 대여금은 실질적으로 A사의 순투자를 구성하므로 투자주식의 장부금액이 '0'이 되어 인식하지 못한 초과손실을 대여금에 대해서 인식한다. 그러나 매출채권은 A사의 순투자의 일부를 구성하지 않는다.

물음 3 20×2년 지분법이익: 50,000
- ☑ 20×1년 말에 투자주식의 장부금액을 초과하는 지분법손실 40,000을 인식하지 않았으므로, 20×2년 말에 인식할 지분법이익 90,000(= 300,000 × 30%)에서 이를 제외한 금액으로 지분법이익을 인식한다.

문제 8 지분법회계(종합, 매각예정비유동자산) (1) - Level 4

㈜한국은 20×1년 초에 ㈜서울의 주식 30%(30주)를 ₩350,000에 취득하여 유의적인 영향력을 행사할 수 있게 되었다. 관련 자료는 다음과 같다.

[공인회계사 2차 2017년]

(1) 20×1년 초 현재 ㈜서울의 순자산 장부금액은 ₩800,000이고, 공정가치와 장부금액이 상이한 자산은 건물이며 관련 정보는 다음과 같다.

- 장부금액: ₩200,000
- 공정가치: ₩300,000
- 잔존내용연수: 10년
- 잔존가치: ₩0
- 상각방법: 정액법

(2) 20×1년 중에 ㈜서울은 ₩5,000의 재고자산을 ㈜한국에게 ₩4,000에 판매하였고, ㈜한국은 동 재고자산 전체를 20×2년 중에 외부에 판매하였다. ㈜서울의 판매가격 ₩4,000은 해당 재고자산의 순실현가능가치의 감소에 대한 증거를 제공한다.

(3) ㈜서울은 20×1년의 당기순이익으로 ₩100,000, 기타포괄이익(재평가잉여금)으로 ₩50,000을 보고하였다.

(4) ㈜서울은 20×2년 초에 100주를 주당 ₩10,000에 추가 발행하였다.

물음 1 ㈜서울의 투자주식과 관련하여 ㈜한국의 20×1년 재무제표에 계상될 당기손익을 구하시오(단, 손실의 경우에는 금액 앞에 '(-)'를 표시하시오).

물음 2 ㈜서울의 유상증자 시점(20×2년 초)에 ㈜한국이 80주를 추가 매입하는 경우, ㈜한국이 수행해야 할 회계처리를 간략히 설명하시오.

물음 3 **물음 2**와 독립적으로, ㈜한국은 20×1년 말에 보유하고 있던 ㈜서울의 주식 중 20주를 매각예정자산으로 분류변경하기로 하였다. 이러한 경우 ① 매각예정자산으로 분류한 20주와 ② 매각예정자산으로 분류되지 않은 10주에 대하여 각각 어떻게 회계처리해야 하는지 간략히 설명하시오.

물음 1 20×1년 지분법이익: [100,000 - (300,000 - 200,000)/10] × 30% = 27,000
⇒ 재고자산의 내부거래로 발생한 손실은 손상의 증거가 있으므로 미실현손익이 아니다. 따라서 지분법이익을 인식할 때 미실현손익으로 고려하지 않는다.

물음 2 관계기업의 유상증자로 인하여 지배력을 획득[(30 + 80)주 ÷ (100 + 100)주 = 55%]하였으므로 관계기업은 종속기업으로 변경되며 연결재무제표를 작성하여야 한다. 이때 종속기업투자주식의 최초 측정은 기존에 취득한 주식의 공정가치와 신주의 취득원가의 합계로 한다. 이때, 관계기업기타포괄손익은 재평가잉여금에서 비롯되었으므로 당기순이익으로 재분류하지 않는다.

물음 3 ① 매각예정자산으로 분류한 20주
　　　　장부금액을 매각예정비유동자산으로 재분류한 후 장부금액과 순공정가치 중 적은 금액으로 측정하고 지분법 적용을 중지한다.
② 매각예정자산으로 분류되지 않은 10주
　　　　매각예정으로 분류된 20주가 매각될 때까지 지분법을 적용한다.

문제 9 지분법회계(종합, 매각예정비유동자산) (2) - Level 4

㈜대한은 20×1년 1월 1일에 ㈜민국의 의결권 있는 보통주식 300주(30%)를 ₩500,000에 취득하여 유의적인 영향력을 가지게 되었다. ㈜대한의 지분법적용투자주식은 ㈜민국 이외에는 없다. 다음은 20×2년까지의 회계처리와 관련된 <자료>이다.

[공인회계사 2차 2021년]

<자료>

(1) ㈜대한의 지분 취득시점에 ㈜민국의 순자산 장부금액은 ₩1,300,000이다. 공정가치와 장부금액의 차이가 발생하는 항목은 다음과 같다.

계정과목	장부금액	공정가치	비고
재고자산	₩150,000	₩210,000	20×1년과 20×2년에 각각 50%씩 판매되었다.
기계장치	200,000	350,000	잔존내용연수는 5년이며 잔존가치없이 정액법으로 감가상각한다.

(2) 20×1년 4월 1일 ㈜민국은 ㈜대한에 장부금액 ₩150,000인 비품을 ₩180,000에 매각하였다. ㈜대한은 20×2년 12월 31일 현재 동 비품을 보유 중이며, 잔존가치 없이 잔존내용연수 5년 동안 정액법으로 감가상각한다.

(3) ㈜민국의 20×1년도 포괄손익계산서상 당기순이익은 ₩235,500이다.

(4) ㈜대한은 20×2년 12월 31일에 지분법적용투자주식 중 150주를 향후에 매각하기로 결정하고 매각예정비유동자산으로 분류하였다.

(5) 20×2년 12월 31일 현재 매각예정인 지분법적용투자주식의 순공정가치는 ₩270,000이며, ㈜민국의 20×2년도 포괄손익계산서상 당기순이익은 ₩154,000이다.

물음 1 20×1년 12월 31일 ㈜대한의 재무상태표에 표시되는 ㈜민국에 대한 ① 지분법적용투자주식 장부금액과 20×1년도 포괄손익계산서상 ② 지분법이익을 계산하시오(단, 지분법손실인 경우에는 금액 앞에 (-)를 표시하시오).

지분법적용투자주식	①
지분법이익	②

물음 2 20×2년 12월 31일 회계처리가 ㈜대한의 20×2년도 포괄손익계산서상 당기순이익에 미치는 영향을 계산하시오(단, 보유주식에 대한 지분법 평가 후 매각예정비유동자산으로의 대체를 가정하며, 당기순이익이 감소하는 경우 금액 앞에 (-)를 표시하시오).

당기순이익에 미치는 영향	①

물음 3 ㈜대한이 20×2년에 매각하기로 했던 투자주식의 상황은 향후 ① 여전히 매각협상이 진행 중인 상황과 ② 예정대로 매각되어 유의적인 영향력을 상실한 경우로 구분된다. 20×3년 ㈜민국에 대한 투자주식과 관련하여 한국채택국제회계기준서 제1028호 '관계기업과 공동기업에 대한 투자'에서 기술하고 있는 회계처리방법을 약술하시오.

상황	기준서 내용
매각협상이 진행 중인 경우	①
매각되어 유의적인 영향력을 상실한 경우	②

풀이

물음 1

지분법적용투자주식	① 545,000
지분법이익	② 45,000

근거

1. 지분법이익: [235,500 - 60,000 × 50% - 150,000/5 - (30,000 - 30,000/5 × 9/12)] × 30% = 45,000
2. 지분법적용투자주식: 500,000 + 45,000 = 545,000

물음 2

당기순이익에 미치는 영향	① 12,500

근거

1. 지분법이익: (154,000 - 60,000 × 50% - 150,000/5 + 30,000/5) × 30% = 30,000
2. 매각예정비유동자산 손상차손: 270,000 - (545,000 + 30,000) × 150주/300주 = (-)17,500
3. 당기순이익에 미치는 영향: 30,000 - 17,500 = 12,500
4. 20×2년 말 회계처리

차) 관계기업투자주식	30,000	대) 지분법이익	30,000
차) 매각예정비유동자산	287,500	대) 관계기업투자주식	287,500
차) 손상차손	17,500	대) 손상차손누계액	17,500

물음 3

상황	기준서 내용
매각협상이 진행 중인 경우	① 매각예정으로 분류한 부분은 지분법을 중지하고 계속 보유할 부분은 계속 지분법을 적용한다.
매각되어 유의적인 영향력을 상실한 경우	② 계속 보유하고 있는 부분은 매각일의 공정가치로 측정하고 장부금액과의 차액은 당기손익으로 인식한다.

문제 10 비화폐성자산의 출자에 의한 관계기업 투자의 취득 (1) - Level 2

다음의 각 상황은 서로 독립적이다.

<상황 1>

20×1년 초에 A사는 보유 토지(장부금액 ₩10,000, 공정가치 ₩12,000)를 B사에 출자하고 B사의 지분 30%를 취득하여 유의적인 영향력을 가지게 되었다. B사의 당기순이익은 ₩10,000이다.

<상황 2>

20×1년 초에 A사는 보유 토지(장부금액 ₩10,000, 공정가치 ₩12,000)를 B사에 출자하고 B사의 지분 30%와 현금 ₩3,000을 수령하여 유의적인 영향력을 가지게 되었다. B사의 당기순이익은 ₩10,000이다.

물음 1 <상황 1>의 20×1년 회계처리를 보이시오.

물음 2 <상황 2>의 20×1년 회계처리를 보이시오.

풀이

물음 1 회계처리

20×1년 초	차) 관계기업투자주식	12,000	대) 토지		10,000
			처분이익		2,000
20×1년 말	차) 관계기업투자주식	2,400	대) 지분법이익[1]		2,400
	1) (10,000 − 2,000) × 30% = 2,400				

물음 2 회계처리

20×1년 초	차) 관계기업투자주식	12,000	대) 토지		10,000
			처분이익		2,000
	차) 현금	3,000	대) 관계기업투자주식		3,000
20×1년 말	차) 관계기업투자주식	2,550	대) 지분법이익[1]		2,550
	1) (10,000 − 2,000 × 9,000/12,000) × 30% = 2,550				

참고

투자자가 관계기업(또는 공동기업)의 지분을 취득하기 위하여 토지와 같은 비화폐성자산을 출자하는 경우도 있다. 이 경우 상업적 실질이 결여되어 있는 경우를 제외하고 비화폐성자산의 출자에 따른 처분손익을 상호거래에서 발생한 미실현손익으로 보고 지분법손익 계산 시 투자자의 몫에서 제거한다. 즉, 관계기업 당기순이익에서 미실현손익을 제거한 금액에 기초하여 지분법손익을 계산한다.

만약, 비화폐성자산을 출자하여 관계기업 지분을 수령하는 과정에서 관계기업으로부터 추가로 화폐성이나 비화폐성자산을 받았다면, 투자자는 수령한 화폐성이나 비화폐성자산과 관련하여 비화폐성 출자에 대한 손익의 해당 부분을 당기손익으로 모두 인식한다. 즉, 투자자는 화폐성이나 비화폐성자산을 받은 부분에 해당되는 처분손익을 실현손익으로 보고 지분법손익 계산 시 이 부분을 제거하지 않는다.

㈜대한은 20×1년 1월 1일에 당사 보유의 토지(장부금액 ₩400,000, 공정가치 ₩480,000)를 ㈜민국에 현물출자하면서 지분 30%를 수령했다. 이로 인해 ㈜대한은 ㈜민국에 대해 유의적인 영향력을 가지게 되었다. ㈜민국의 주식은 비상장주식이며 공정가치를 신뢰성 있게 측정할 수 없다. 다음은 20×1년과 20×2년 ㈜대한의 지분법 회계처리를 위한 자료이다.

[공인회계사 2차 2018년]

(1) 현물출자시점에 ㈜민국의 순자산 장부금액은 ₩1,400,000이다. 공정가치와 장부금액의 차이가 발생하는 항목은 다음과 같다.

계정과목	장부금액	공정가치	비고
재고자산	₩100,000	₩150,000	20×1년에 50% 판매, 20×2년에는 판매 없음
기계장치	300,000	450,000	잔존내용연수는 5년, 정액법 상각, 잔존가치 없음

(2) 20×1년 9월 30일에 ㈜대한은 ㈜민국에게 연 이자율 10%로 ₩40,000을 대여하였다. ㈜대한과 ㈜민국은 동 거래와 관련된 기간이자를 적절하게 계상하고 있다.

(3) 20×1년 ㈜민국의 당기순손실은 ₩200,000이다.

(4) 20×2년 ㈜민국의 당기순손실은 ₩1,400,000이다.

물음 1 현물출자 거래를 상업적 실질이 결여된 경우와 상업적 실질이 있는 경우로 나눈다. 각 경우에서 20×1년 지분법 관련 손익을 반영한 후 ㈜대한의 20×1년 말 현재 재무상태표상 관계기업투자주식은 얼마인지 계산하시오.

구분	상업적 실질이 결여된 경우	상업적 실질이 있는 경우
관계기업투자주식금액	①	②

물음 2 **물음 1**에서 상업적 실질이 결여된 경우와 상업적 실질이 있는 경우 ㈜대한의 20×1년 말 현재 재무상태표상 관계기업투자주식금액이 각각 ₩410,000과 ₩380,000이라고 가정한다. 20×1년 9월 30일의 대여금 거래를 ㈜민국에 대한 순투자의 일부로 간주하며, 20×2년까지 토지는 외부에 판매되지 않았다.

㈜대한이 ㈜민국에게 출자한 유형자산의 이전거래를 상업적 실질이 결여된 경우와 상업적 실질이 있는 경우로 나눈다. 각 경우에서 20×2년 말 현재 대여금의 순장부금액과 20×2년 말 현재 관계기업투자주식금액을 다음의 양식에 따라 주어진 조건별로 해당란에 기재하시오(단, 금액이 없으면 '0'으로 표시하시오).

구분	상업적 실질이 결여된 경우	상업적 실질이 있는 경우
대여금 순장부금액	①	③
관계기업투자주식금액	②	④

물음 1

구분	상업적 실질이 결여된 경우	상업적 실질이 있는 경우
관계기업투자주식금액	① 403,500	② 379,500

근거

1. 상업적 실질이 결여된 경우 회계처리

20×1년 초	차) 관계기업투자주식[1]	400,000	대) 토지	400,000	

1) 상업적 실질이 결여된 경우, 토지의 장부금액만큼 관계기업투자주식으로 인식한다.
염가매수차익: 400,000 - (1,400,000 + 50,000 + 150,000) × 30% = (-)80,000

20×1년 말	차) 관계기업투자주식	3,500	대) 지분법이익[2]	3,500	

2) [(-)200,000 - 50,000 × 50% - 150,000/5년] × 30% + 80,000 = 3,500

2. 상업적 실질이 있는 경우 회계처리

20×1년 초	차) 관계기업투자주식[3]	480,000	대) 토지	400,000	
			유형자산처분이익	80,000	

3) 상업적 실질이 존재하는 경우, 토지의 공정가치만큼 관계기업투자주식으로 인식한다.
480,000 - (1,400,000 + 50,000 + 150,000) × 30% = 0으로 영업권이나 염가매수차익이 존재하지 않는다.

20×1년 말	차) 지분법손실[4]	100,500	대) 관계기업투자주식	100,500	

4) [(-)200,000 - 50,000 × 50% - 150,000/5년 - 80,000] × 30% = (-)100,500

구분	상업적 실질이 결여된 경우	상업적 실질이 있는 경우
대여금 순장부금액	① 21,000	③ 0
관계기업투자주식금액	② 0	④ 0

근거

1. **상업적 실질이 결여된 경우**

   (1) 20×2년 지분법손실

   지분법손실은 [(-)1,400,000 - 150,000/5] × 30% = (-)429,000로 계산되지만 20×2년 초 관계기업투자주식의 장부금액(410,000)과 순투자금액으로 간주되는 대여금의 장부금액(40,000)의 합계가 450,000으로 전액을 지분법손실로 인식한다.

   (2) 20×2년 말 회계처리

차) 지분법손실	429,000	대) 관계기업투자주식	410,000
		손실충당금	19,000

   (3) 20×2년 말 대여금 순장부금액: 40,000 - 19,000 = 21,000

   (4) 20×2년 말 관계기업투자주식: 0

2. **상업적 실질이 있는 경우**

   (1) 20×2년 지분법손실

   지분법손실은 [(-)1,400,000 - 150,000/5] × 30% = (-)429,000으로 계산되지만 20×2년 초 관계기업투자 주식의 장부금액(380,000)과 순투자금액으로 간주되는 대여금의 장부금액(40,000)의 합계가 420,000으로 420,000까지만 지분법손실로 인식한다.

   (2) 20×2년 말 회계처리

차) 지분법손실	420,000	대) 관계기업투자주식	380,000
		손실충당금	40,000

   (3) 20×2년 말 대여금 순장부금액: 0

   (4) 20×2년 말 관계기업투자주식: 0

다음의 각 물음은 독립적이다.

[공인회계사 2차 2020년]

㈜대한은 20×2년 1월 1일에 상장기업 A사, B사, C사의 의결권 있는 보통주를 추가 취득 또는 일괄 취득하면서 이들 기업에 대해 유의적인 영향력을 행사할 수 있게 되었다. ㈜대한이 20×2년 1월 1일에 취득한 주식의 세부 내역은 다음과 같다.

<20×2년 1월 1일 취득주식 세부 내역>

피투자기업	취득주식수(지분율)	취득원가	비고
A사	150주(15%)	₩390,000	추가 취득
B사	300주(30%)	450,000	일괄 취득
C사	400주(40%)	900,000	일괄 취득

물음 1 다음의 <자료 1>을 이용하여 물음에 답하시오.

<자료 1>

(1) ㈜대한은 20×1년 10월 1일에 A사 보통주 100주(지분율: 10%)를 ₩250,000에 취득하고, 동 주식을 기타포괄손익-공정가치 측정 금융자산으로 분류하였다. A사 주식 100주의 20×1년 12월 31일과 20×2년 1월 1일 공정가치는 각각 ₩275,000과 ₩245,000이었다.

(2) ㈜대한은 A사에 대해 한국채택국제회계기준서 제1103호 '사업결합'의 단계적 취득을 준용하여 지분법을 적용한다.

(3) 20×2년 1월 1일 현재 A사의 순자산 장부금액은 ₩2,520,000이며, 자산·부채의 장부금액은 공정가치와 일치하였다.

(4) A사는 20×2년 6월 30일에 1주당 ₩200의 현금배당을 실시하였으며, 20×2년도 당기순이익과 기타포괄이익을 각각 ₩150,000과 ₩50,000으로 보고하였다.

A사 지분투자와 관련하여, ㈜대한의 관계기업투자주식 취득원가에 포함된 영업권금액과 ㈜대한의 20×2년 말 재무상태표에 표시해야 할 관계기업투자주식의 장부금액을 계산하시오.

영업권	①
관계기업투자주식 장부금액	②

<자료 2>

(1) 20×2년 1월 1일 현재 B사의 순자산은 납입자본 ₩1,000,000과 이익잉여금 ₩400,000으로 구성되어 있으며, 자산·부채의 장부금액은 공정가치와 일치하였다.

(2) 20×2년 이후 B사가 보고한 순자산 변동 내역은 다음과 같으며, 순자산의 변동은 전부 당기손익에 의해서만 발생하였다.

구분	20×2. 12. 31.	20×3. 12. 31.
납입자본	₩1,000,000	₩1,000,000
이익잉여금	100,000	300,000

(3) B사는 20×2년 중에 유의적인 재무적 어려움에 처하게 됨으로써 20×2년 말 현재 ㈜대한이 보유한 B사 투자주식의 회수가능액이 ₩250,000으로 결정되었다. 그러나 20×3년도에는 B사의 유의적인 재무적 어려움이 일부 해소되어 20×3년 말 현재 ㈜대한이 보유한 B사 투자주식의 회수가능액은 ₩350,000으로 회복되었다.

B사 지분투자와 관련하여, ㈜대한이 20×2년도에 인식할 손상차손과 20×3년도에 인식할 손상차손환입을 계산하시오.

20×2년 손상차손	①
20×3년 손상차손환입	②

물음 3 다음의 <자료 3>을 이용하여 <요구사항>에 답하시오.

<자료 3>

(1) 20×2년 1월 1일 현재 C사의 순자산 장부금액은 ₩2,100,000이며, 자산·부채 중 장부금액과 공정가치가 일치하지 않는 항목은 다음과 같다.

계정	장부금액	공정가치	비고
재고자산	₩40,000	₩55,000	20×2년 중 전액 외부판매되었음
건물	1,000,000	1,250,000	잔존내용연수: 5년, 잔존가치: ₩0, 정액법 상각

(2) 20×2년 중에 C사는 ㈜대한으로부터 원가 ₩120,000인 재고자산을 ₩100,000에 매입하여 20×2년 말 현재 전부 보유하고 있다. 동 하향거래는 재고자산의 순실현가능가치 감소에 대한 증거를 제공한다.

(3) 20×2년 중에 C사는 ㈜대한에 재고자산을 판매(매출액은 ₩350,000이며, 매출총이익률은 30%)하였는데, 20×2년 말 현재 ㈜대한은 매입한 재고자산의 80%를 외부에 판매하였다.

(4) C사는 20×2년도 당기순손실을 ₩60,000으로 보고하였다.

<요구사항 1>

C사 지분투자와 관련하여, ㈜대한이 염가매수차익에 해당하는 금액을 인식하기 위한 회계처리에 대해 한국채택국제회계기준서 제1028호 '관계기업과 공동기업에 대한 투자'에 근거하여 간략히 서술하시오.

<요구사항 2>

C사 지분투자와 관련하여, ㈜대한의 20×2년도 포괄손익계산서에 표시되는 지분법손익을 계산하시오(단, 지분법손실은 (-)를 숫자 앞에 표시하시오).

지분법손익	①

물음 1

영업권	① 5,000
관계기업투자주식 장부금액	② 635,000

근거

① 영업권: (245,000 + 390,000) - 2,520,000 × 25% = 5,000
  ☑ 관계기업의 순자산 장부금액과 공정가치가 일치하므로 주식취득일의 차이는 전액 영업권에 해당한다. 한편, 단계적으로 유의적인 영향력을 행사하는 경우에는 기존에 취득한 지분의 공정가치와 신규 취득한 지분의 취득원가의 합계금액을 취득금액으로 간주한다.

회계처리

20×2년 1월 1일	차) 관계기업투자주식	390,000	대) 현금	390,000
	차) 관계기업투자주식	245,000	대) FVOCI금융자산	275,000
	금융자산평가이익	25,000		
	금융자산평가손실	5,000		

② 관계기업투자주식의 장부금액: 635,000 - 250주 × @200 + 150,000 × 25% + 50,000 × 25% = 635,000

물음 2

20×2년 손상차손	① 110,000
20×3년 손상차손환입	② 40,000

회계처리

20×2년 초	차) 관계기업투자주식	450,000	대) 현금	450,000
20×2년 말	차) 지분법손실	90,000	대) 관계기업투자주식[1]	90,000
	차) 손상차손	110,000	대) 관계기업투자주식[2]	110,000

1) (100,000 - 400,000) × 30% - 0 = (-)90,000
2) (450,000 - 90,000) - 250,000 = 110,000

20×3년 말	차) 관계기업투자주식	60,000	대) 지분법이익[3]	60,000
	차) 관계기업투자주식	40,000	대) 손상차손환입액[4]	40,000

3) (300,000 - 100,000) × 30% - 0 = 60,000
4) Min[(360,000 + 60,000), 350,000] - (250,000 + 60,000) = 40,000

물음 3 <요구사항 1>

염가매수차익은 관계기업 지분을 염가로 매수하여 발생한 차액이므로 취득 즉시 당기손익에 반영한다. 지분법을 적용할 때 이를 별도의 항목으로 인식하지 않고 전액 지분법이익에 반영한다.

<요구사항 2>

지분법손익	① (-)12,400

근거

1. 염가매수차익: [2,100,000 + (55,000 - 40,000) + (1,250,000 - 1,000,000)] × 40% - 900,000 = 46,000
2. 지분법손실: [(-)60,000 - 15,000 - 250,000/5 - 350,000 × 30% × (1 - 80%)] × 40% + 46,000 = (-)12,400
  ☑ 하향거래에서 발생한 재고자산처분손실은 순실현가능가치의 감소에 대한 증거를 제공하므로 미실현손익이 아니다.

문제 13 공동약정 - Level 4

다음의 각 물음은 독립적이다.

[공인회계사 2차 2016년]

<공통 자료>

㈜갑과 ㈜을은 쇼핑센터를 취득하여 영업할 목적으로 20×1년 1월 1일에 각각 ₩20,000과 ₩30,000을 현금으로 출자하여 별도기구인 ㈜병을 설립하였다. 계약상 약정의 조건은 다음과 같다.

<계약상 약정의 조건>

- 계약상 약정은 ㈜갑과 ㈜을에 공동지배력을 부여하고 있다.
- 아울러 계약상 약정은 ㈜병이 보유하는 약정의 자산에 대한 권리와 부채에 대한 의무를 당사자들인 ㈜갑과 ㈜을이 보유하는 것을 명시하고 있다.

약정의 자산, 부채, 수익, 비용에 대한 ㈜갑의 배분비율은 40%이고, ㈜을의 배분비율은 60%이다. ㈜병을 설립하기 직전인 20×0년 12월 31일 현재 ㈜갑의 재무상태표는 다음과 같다.

재무상태표

㈜갑 / 20×0. 12. 31. 현재

계정과목	장부금액	계정과목	장부금액
현금	₩100,000	부채	₩0
토지	50,000	자본금	120,000
공동기업투자주식	0	이익잉여금	30,000
자산총계	₩150,000	부채·자본총계	₩150,000

㈜갑의 경우 20×1년 중 위 현금출자 및 아래 각 물음에 제시된 상황과 관련된 것을 제외한 다른 당기손익 항목은 없었다고 가정한다.

물음 1 <공통 자료>에 추가하여, ㈜병을 설립하면서 ㈜갑은 ㈜병에 장부금액이 ₩30,000인 토지를 공정가치인 ₩40,000에 판매하였다고 가정하라. 20×1년 12월 31일 현재 ㈜갑의 재무상태표에 계상될 다음의 금액을 구하시오(단, ㈜병을 설립한 이후에도 ㈜갑은 위 재무상태표에 보고된 계정과목만을 이용한다고 가정하라. 또한 해당 금액이 없는 경우에는 '0'으로 표시하시오).

<㈜갑의 재무상태표>

현금	①
토지	②
공동기업투자주식	③

물음 2 <공통 자료>에 추가하여, ㈜병을 설립하면서 ㈜갑이 ㈜병에 장부금액이 ₩30,000인 토지를 공정가치인 ₩25,000에 판매하였고, 동 공정가치는 손상차손의 증거를 제공한다고 가정하라. 이 밖의 다른 상황은 <공통 자료>에 주어진 바와 같다. 20×1년 12월 31일 현재 ㈜갑의 재무상태표에 계상될 현금과 토지의 금액을 구하시오(단, ㈜병을 설립한 이후에도 ㈜갑은 <공통 자료>에 제시된 20×0년 12월 31일 현재 재무상태표에 보고된 계정과목만을 이용한다고 가정하라. 또한 해당 금액이 없는 경우에는 '0'으로 표시하시오).

<㈜갑의 재무상태표>

현금	①
토지	②

물음 3 <공통 자료>에 추가하여, ㈜병을 설립하면서 ㈜갑은 ㈜병에 장부금액이 ₩30,000인 토지를 공정가치인 ₩40,000에 출자하였다고 가정하라. 또한, 계약상 약정의 조건을 다음과 같이 수정한다.

<계약상 약정의 조건>

- 계약상 약정은 ㈜갑과 ㈜을에 공동지배력을 부여하고 있다.

- 아울러 계약상 약정은 당사자들인 ㈜갑과 ㈜을에게 약정의 자산에 대한 권리와 부채에 대한 의무를 명시하지 않고 있으며, 대신 ㈜갑과 ㈜을이 ㈜병의 순자산에 대한 권리를 보유하도록 정하고 있다.

이 밖의 다른 상황은 <공통 자료>에 주어진 바와 같다. 20×1년 12월 31일 현재 ㈜갑의 재무상태표에 계상될 다음의 금액을 구하시오(단, ㈜병을 설립한 이후에도 ㈜갑은 <공통 자료>에 제시된 20×0년 12월 31일 현재 재무상태표에 보고된 계정과목만을 이용한다고 가정하라. 또한 해당 금액이 없는 경우에는 '0'으로 표시하시오).

<㈜갑의 재무상태표>

현금	①
토지	②
공동기업투자주식	③

물음 1 <㈜갑의 재무상태표>

현금	① 124,000
토지	② 36,000
공동기업투자주식	③ 0

근거

① 20×1년 말 재무상태표상 현금: 100,000 - 20,000(출자) + 40,000 + (50,000 - 40,000) × 40% = 124,000

② 20×1년 말 재무상태표상 토지: 50,000 - 30,000(처분) + 40,000(병의 토지) × 40% = 36,000

③ 20×1년 말 재무상태표상 공동기업투자주식: 공동영업에 해당하므로 공동기업투자주식은 없다.

물음 2 <㈜갑의 재무상태표>

현금	① 115,000
토지	② 30,000

근거

① 20×1년 말 재무상태표상 현금: 100,000 - 20,000(출자) + 25,000 + (50,000 - 25,000) × 40% = 115,000

② 20×1년 말 재무상태표상 토지: 50,000 - 30,000(처분) + 25,000(병의 토지) × 40% = 30,000

현금	① 80,000
토지	② 20,000
공동기업투자주식	③ 53,333

근거

1. 계약상 약정의 조건을 확인했을 때 공동영업이 아니라 공동기업으로 분류된다. 따라서 ㈜갑은 공동기업투자주식을 장부에 인식하고 지분법으로 회계처리하게 된다.

2. ㈜갑이 ㈜병에 현금출자 시 ㈜갑의 회계처리

차) 공동기업투자주식	20,000	대) 현금	20,000

3. ㈜갑이 ㈜병에 토지출자 시 ㈜갑의 회계처리

차) 공동기업투자주식	40,000	대) 토지	30,000
		처분이익	10,000

4. ㈜갑이 ㈜병에 토지출자 시 ㈜병의 회계처리

차) 토지	40,000	대) 자본금	40,000

5. 지분법손실의 인식

차) 지분법손실	6,667	대) 공동기업투자주식	6,667

   (1) 현물출자 전 병의 순자산: 20,000 + 30,000 = 50,000

   (2) 현물출자 후 병의 순자산: 50,000 + 40,000 = 90,000

   (3) 갑의 병에 대한 투자: 20,000 + 40,000 = 60,000

   (4) 갑의 병에 대한 지분율: 60,000/90,000 = 2/3

   ⇒ 처분이익 10,000 × 2/3 = 6,667

6. ㈜갑의 20×1년 말 재무상태표상 현금

   100,000 - 20,000(출자) = 80,000

   ☑ 공동기업 보유 현금은 50,000이지만 ㈜갑은 공동기업 지분을 지분법으로 평가하기 때문에 공동기업의 현금이 ㈜갑의 재무상태표에 표시되지 않는다.

7. ㈜갑의 20×1년 말 재무상태표상 토지

   50,000 - 30,000(출자) = 20,000

   ☑ 공동기업 보유 토지는 40,000이지만 ㈜갑은 공동기업 지분을 평가하기 때문에 공동기업의 토지가 ㈜갑의 재무상태표에 표시되지 않는다.

8. ㈜갑의 20×1년 말 재무상태표상 공동기업투자주식

   60,000 - 6,667 = 53,333

문제 14 지분법 회계처리의 기초 - Level 1

20×1년 1월 1일 ㈜하늘은 ㈜포도의 보통주 20%를 영향력 행사목적으로 ₩200,000에 취득하였다. 20×1년 1월 1일 현재 ㈜포도의 순자산 장부금액은 ₩1,000,000이며 주식 취득일 현재 ㈜포도의 순자산 장부금액과 공정가치는 일치하였다. ㈜포도의 매년 당기순이익과 현금배당액은 다음과 같다.

구분	당기순이익	기타포괄손익	현금배당
20×1년	₩200,000	₩50,000	₩100,000
20×2년	₩150,000	₩(20,000)	₩80,000

물음 1 20×1년의 회계처리를 보이시오.

물음 2 20×2년의 회계처리를 보이시오.

─┤ 풀이 ├─

물음 1 회계처리

취득	차)	관계기업투자주식	200,000	대)	현금	200,000
기말	차)	관계기업투자주식	40,000	대)	지분법이익	40,000
	차)	관계기업투자주식	10,000	대)	관계기업기타포괄이익	10,000
배당	차)	현금	20,000	대)	관계기업투자주식	20,000

물음 2 회계처리

기말	차)	관계기업투자주식	30,000	대)	지분법이익	30,000
	차)	관계기업기타포괄이익	4,000	대)	관계기업투자주식	4,000
배당	차)	현금	16,000	대)	관계기업투자주식	16,000

20×1년 1월 1일 ㈜하늘은 ㈜포도의 보통주 20%를 영향력 행사목적으로 ₩300,000에 취득하였다. 20×1년 1월 1일 현재 ㈜포도의 순자산 장부금액은 ₩1,000,000이다.

(1) 주식 취득일 현재 ㈜포도의 순자산 중 장부금액과 공정가치가 다른 항목은 다음과 같다.

구분	장부금액	공정가치	비고
건물	₩1,000,000	₩1,400,000	잔존내용연수 10년, 정액법, 잔존가치 ₩0
재고자산	₩200,000	₩250,000	20×1년 중 판매

(2) 매년 순자산 변동액은 다음과 같다.

구분	당기순이익	현금배당
20×1년	₩500,000	₩100,000
20×2년	₩300,000	₩80,000

물음 1 20×1년과 20×2년에 인식할 지분법이익을 구하시오.

물음 2 20×1년과 20×2년 말의 관계기업투자주식 장부금액을 구하시오.

풀이

물음 1 (1) 20×1년 지분법이익: 410,000 × 20% = 82,000

(2) 20×2년 지분법이익: 260,000 × 20% = 52,000

구분	20×1년	20×2년
조정 전 ㈜포도의 N/I	500,000	300,000
매출원가 조정	(-)50,000	
감가상각비 조정	(-)40,000	(-)40,000
조정 후 ㈜포도의 N/I	410,000	260,000

물음 2 (1) 20×1년 말 관계기업투자주식 장부금액: 300,000 + 82,000 - 100,000 × 20% = 362,000

(2) 20×2년 말 관계기업투자주식 장부금액: 300,000 + 82,000 + 52,000 - 180,000 × 20% = 398,000

참고 20×1년

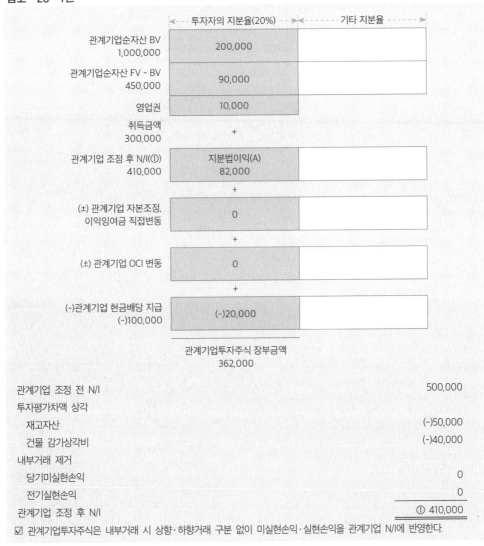

관계기업 조정 전 N/I	500,000
투자평가차액 상각	
재고자산	(-)50,000
건물 감가상각비	(-)40,000
내부거래 제거	
당기미실현손익	0
전기실현손익	0
관계기업 조정 후 N/I	① 410,000

☑ 관계기업투자주식은 내부거래 시 상향·하향거래 구분 없이 미실현손익·실현손익을 관계기업 N/I에 반영한다.

	투자자의 지분율(20%)	기타 지분율
관계기업순자산 BV 1,000,000	200,000	
관계기업순자산 FV − BV 450,000	90,000	
영업권	10,000	
취득금액 300,000	+	
관계기업 조정 후 N/I(①) 410,000(×1) + 260,000(×2)	지분법이익(A) 82,000(×1) + 52,000(×2)	
	+	
(±) 관계기업 자본조정, 이익잉여금 직접변동	0	
	+	
(±) 관계기업 OCI 변동	0	
	+	
(−)관계기업 현금배당 지급 (−)100,000(×1) + (−)80,000(×2)	(−)20,000(×1) + (−)16,000(×2)	

관계기업투자주식 장부금액
398,000

관계기업 조정 전 N/I	300,000
투자평가차액 상각	
재고자산	0
건물 감가상각비	(−)40,000
내부거래 제거	
당기미실현손익	0
전기실현손익	0
관계기업 조정 후 N/I	① 260,000

☑ 관계기업투자주식은 내부거래 시 상향·하향거래 구분 없이 미실현손익·실현손익을 관계기업 N/I에 반영한다.

문제 16 지분법회계(내부거래 제거) - Level 1

20×1년 1월 1일 ㈜하늘은 ㈜포도의 보통주 20%를 영향력 행사목적으로 ₩200,000에 취득하였다. 20×1년 1월 1일 현재 ㈜포도의 순자산 장부금액은 ₩1,000,000이며 주식 취득일 현재 ㈜포도의 순자산 중 장부금액과 공정가치가 일치하였다. 20×1년 중 ㈜하늘은 ㈜포도에게 원가 ₩100,000의 재고자산을 ₩150,000에 처분하였다. ㈜포도는 20×1년 중 해당 재고자산의 80%를 외부에 판매하였다. ㈜포도의 20×1년 당기순이익은 ₩200,000, 20×2년 당기순이익은 ₩150,000이다. 20×1년과 20×2년의 지분법이익을 계산하시오.

─┤ 풀이 ├─

(1) 20×1년 지분법이익: 190,000 × 20% = 38,000
(2) 20×2년 지분법이익: 160,000 × 20% = 32,000

구분	20×1년	20×2년
조정 전 ㈜포도의 N/I	200,000	150,000
내부거래 미실현이익	(-)10,000[1]	
내부거래 이익 실현		10,000
조정 후 ㈜포도의 N/I	190,000	160,000

1) (150,000 - 100,000) × 20% = 10,000

┌─☆ Self Study ─
1. 재고자산이 외부에 판매되지 않은 경우 재고자산과 매출총이익이 과대계상된다. 이러한 내부거래는 당기손익에 영향을 미치므로 지분법손익 계산 시 해당 효과를 제거하여야 한다. 또한 그 다음 해에는 해당 재고자산이 처분되면서 미실현이익이 실현되었으므로 해당 효과를 지분법손익에 반영하여야 한다.
2. 한국채택국제회계기준서 제1028호 '관계기업투자'에서는 투자자와 관계기업 사이의 상향판매거래나 하향판매거래에서 발생한 당기손익에 대하여 투자자는 그 관계기업투자지분과 무관한 손익까지만 투자자의 재무제표에 인식하도록 규정하고 있다. 이는 투자자와 관계기업 간의 내부거래에서 발생한 미실현이익을 하향판매와 상향판매의 구분 없이 제거하여 관계기업주식과 지분법손익에 각각 차감하여 반영하도록 하는 것이다. 이때 제거되는 내부 미실현이익은 하향판매와 상향판매 모두 투자지분율을 곱하여 계산한다.

각 물음은 서로 독립적이다.

물음 1 20×1년 1월 1일, A사는 B사에 장부금액 ₩1,000, 공정가치 ₩2,000의 토지를 현물출자하고 보통주식 20%를 취득하였다. 취득일 현재 B사의 순자산 장부금액은 공정가치와 일치하였으며 영업권 중 손상된 것은 없다. B사의 20×1년도 당기순이익은 ₩2,000이다.

물음 1-1 20×1년 A사가 인식할 지분법손익을 계산하시오.

물음 1-2 20×1년 A사가 각 일자에 해야 할 회계처리를 보이시오.

물음 1-3 만약, A사가 토지를 B사에 현물출자하면서 보통주식 30% 이외에 현금 ₩500을 수령하였다고 할 경우 20×1년도에 인식할 지분법손익을 계산하시오.

물음 1-4 물음 1-3의 경우 20×1년 A사가 각 일자에 해야 할 회계처리를 보이시오.

물음 2 A회사는 20×1년 초 B회사가 발행한 보통주의 20%를 취득하였다. 주식 취득 시 순자산 장부금액과 공정가치는 일치하였다.

(1) 20×1년 말 현재 B회사가 유통 중인 우선주자본금은 ₩20,000이며, 보통주자본금은 ₩140,000이다. 우선주는 누적적 우선주로 10%의 배당률이 보장되어 있다.

(2) B회사는 20×1년 ₩20,000의 당기순이익을 보고하였다. B회사는 우선주와 보통주 배당에 대하여 20×1년 귀속배당을 지급하지 않기로 하였다.

20×1년 A사가 인식할 지분법이익은 얼마인가?

---| 풀이 |---

물음 1 **물음 1-1** (1) 미실현손익: (2,000 - 1,000) = 1,000

(2) 조정 후 N/I: (2,000 - 1,000) = 1,000

(3) 20×1년 지분법이익: 1,000 × 20% = 200

물음 1-2 회계처리

20×1년 1월 1일	차) 관계기업투자주식	2,000	대) 토지	1,000
			유형자산처분이익	1,000
20×1년 12월 31일	차) 관계기업투자주식	200	대) 지분법이익	200

물음 1-3 (1) 미실현손익: (2,000 - 1,000) × (2,000 - 500)/2,000 = 750

(2) 조정 후 N/I: (2,000 - 750) = 1,250

(3) 20×1년 지분법이익: 1,250 × 20% = 250

물음 1-4 회계처리

20×1년 1월 1일	차) 관계기업투자주식	1,500	대) 토지	1,000
	현금	500	유형자산처분이익	1,000
20×1년 12월 31일	차) 관계기업투자주식	250	대) 지분법이익	250

물음 2 지분법이익: 18,000[1] × 20% = 3,600

1) 조정 후 당기순이익: 20,000 - 20,000 × 10% = 18,000

A사가 B사의 보통주 30%를 보유하여 유의적인 영향력을 행사하던 중 20×1년 1월 1일 A사가 B사의 보통주식 20%를 ₩11,000에 처분하여 지분율이 10%로 하락하였으며, A사는 B사에 대한 유의적인 영향력을 상실하게 되었다. 20×1년 1월 1일 현재 A사 재무상태표의 관계기업투자주식 관련 계정들은 다음과 같다. 관계기업기타포괄이익은 전액 B사의 FVOCI금융자산평가이익으로 인한 것이다.

관계기업투자주식	관계기업기타포괄이익
₩12,000	₩300

B사 주식 처분 후 A사가 보유하고 있는 B사 주식의 공정가치는 다음과 같으며 FVOCI금융자산으로 분류한다.

20×1년 1월 1일	20×1년 12월 31일
₩5,000	₩5,500

A사가 20×1년도에 인식할 관계기업투자주식처분손익을 계산하시오.

풀이

20×1년 관계기업투자주식처분손익: 4,000
(1) 처분주식 처분손익: 11,000 - 12,000 × 2/3 = 3,000
(2) 보유주식 처분손익: 5,000 - 12,000 × 1/3 = 1,000
(3) 재분류조정: -

회계처리

	차)	현금	11,000	대)	관계기업투자주식	8,000	
					관계기업투자주식처분이익	3,000	
20×1년 1월 1일	차)	FVOCI금융자산	5,000	대)	관계기업투자주식	4,000	
					관계기업투자주식처분이익	1,000	
	차)	관계기업기타포괄이익	300	대)	이월이익잉여금	300	
20×1년 12월 31일	차)	FVOCI금융자산	500	대)	FVOCI금융자산평가이익	500	

문제 19 지분법회계(단계적 처분 – 유의적인 영향력 유지) – Level 3

A사가 B사의 보통주 30%를 보유하여 유의적인 영향력을 행사하던 중 20×1년 1월 1일 A사가 B사의 보통주식 10%를 ₩5,000에 처분하여 지분율이 20%로 하락하였으며, A사는 B사에 대한 유의적인 영향력을 계속적으로 행사하고 있다. 20×1년 1월 1일 현재 A사 재무상태표의 관계기업투자주식 관련 계정들은 다음과 같다. 관계기업기타포괄이익은 전액 B사의 FVOCI금융자산평가이익으로 인한 것이다.

관계기업투자주식	관계기업기타포괄이익
₩12,000	₩300

20×1년 1월 1일 현재 관계기업투자주식의 장부금액에는 취득일 차이 중 미상각된 건물 과소평가액 ₩600과 영업권 ₩1,000이 포함되어 있으며, 건물 과소평가액의 20×1년도 상각액은 ₩120이다. B사는 20×1년도 당기순이익으로 ₩4,000을 보고하였다.

물음 1 A사가 20×1년도에 인식할 관계기업투자주식처분손익을 계산하시오.

물음 2 A사가 20×1년도에 인식할 지분법이익을 계산하시오.

물음 3 만일 A사가 20×1년 1월 1일 보고한 관계기업기타포괄이익이 B사의 유형자산 재평가로 인한 것이라고 할 경우 각 일자에 해야 할 회계처리를 하시오(단, 유형자산의 재평가금액은 처분할 때 이익잉여금으로 대체한다).

┤풀이├

물음 1 20×1년도 관계기업투자주식처분손익: 5,000 - 12,000 × 1/3 = 1,000

물음 2 20×1년도 지분법이익: 4,000 × 20% - 120 × 2/3 = 720

회계처리

	차) 현금	5,000	대) 관계기업투자주식	4,000
20×1년 1월 1일			관계기업투자주식처분이익	1,000
	차) 관계기업기타포괄손익	100	대) 이월이익잉여금	100
20×1년 12월 31일	차) 관계기업투자주식	720	대) 지분법이익	720

물음 3 **회계처리**

	차) 현금	5,000	대) 관계기업투자주식	4,000
20×1년 1월 1일			관계기업투자주식처분이익	1,000
	차) 관계기업기타포괄손익	100	대) 이월이익잉여금	100
20×1년 12월 31일	차) 관계기업투자주식	720	대) 지분법이익	720

㈜세무의 투자주식과 관련된 사항은 다음과 같다. [세무사 2차 2020년]

(1) ㈜세무는 20×1년 1월 1일 ㈜국세의 주식 100주(의결권의 5%)를 1주당 ₩10,000에 취득하고 당기손익-공정가치 측정 항목으로 분류하였다. 20×1년 말 ㈜국세의 1주당 공정가치는 ₩11,000이었다.

(2) 20×2년 1월 1일에 ㈜세무는 ㈜국세의 주식 500주(의결권의 25%)를 1주당 ₩12,000에 추가 취득하여 유의한 영향력을 행사할 수 있게 되었다. 이에 따라 ㈜세무는 보유한 ㈜국세의 주식을 관계기업투자주식으로 분류하고, 이 시점에 유의한 영향력을 일괄하여 획득한 것으로 간주하여 지분법을 적용하였다. 20×2년 1월 1일 현재 ㈜국세의 순자산 장부금액은 공정가치와 일치하였으며, 관계기업투자주식 취득원가와 ㈜국세의 순자산 공정가치 중 ㈜세무의 몫에 해당하는 금액은 동일하였다. ㈜국세는 20×2년도 당기순이익으로 ₩50,000을 보고하였으며, 20×2년 말 ㈜국세의 1주당 공정가치는 ₩12,300이었다.

(3) ㈜국세는 20×3년 2월 20일에 1주당 ₩20의 현금배당을 선언하고 지급하였으며, 20×3년도 당기순이익으로 ₩80,000을 보고하였다. 20×3년 말 ㈜국세의 1주당 공정가치는 ₩12,500이었다.

(4) 20×4년 1월 2일에 ㈜세무는 보유 중인 ㈜국세 주식 400주(의결권의 20%)를 1주당 ₩13,000에 처분하였으며, 더 이상 유의한 영향력을 행사할 수 없게 되었다. 이에 따라 ㈜세무는 계속 보유하고 있는 ㈜국세 주식을 당기손익-공정가치 측정 항목으로 분류하였다.

물음 1 ㈜세무가 20×2년 1월 1일과 12월 31일에 수행할 분개를 제시하시오.

20×2년 1월 1일	차)	대)
20×2년 12월 31일	차)	대)

물음 2 ㈜세무의 20×3년 말 현재 관계기업투자주식의 장부금액을 계산하시오.

물음 3 ㈜세무의 20×4년 1월 2일 관계기업투자주식의 처분으로 인하여 발생한 손익을 계산하고, 이때 수행할 분개를 제시하시오(단, 처분손실이 발생한 경우에는 금액 앞에 '(-)'를 표시하며, 계산된 금액이 없는 경우에는 '없음'으로 표시하시오).

처분손익	
차)	대)

물음 1 회계처리

	차) FVPL금융자산 100주 × (12,000 - 11,000)	대) 평가이익 100주 × (12,000 - 11,000)
20×2년 1월 1일	차) 관계기업투자주식 600주 × 12,000	대) 현금 500주 × 12,000
		FVPL금융자산 100주 × 12,000
20×2년 12월 31일	차) 관계기업투자주식 50,000 × 30%	대) 지분법이익 15,000

물음 2 20×3년 말 관계기업투자주식의 장부금액: 7,227,000

600주 × @12,000 + 50,000 × 30% - 600주 × @20 + 80,000 × 30% = 7,227,000

물음 3

처분손익	573,000 이익

20×4년 1월 2일 처분이익: 400주 × @13,000 + 200주 × @13,000 - 7,227,000 = 573,000

회계처리

	차) 현금 400주 × 13,000	대) 관계기업투자주식 7,227,000
20×4년 1월 2일	FVPL금융자산 200주 × 13,000	관계기업투자주식처분이익 573,000

20×1년 초 A사는 B사의 보통주 300주(지분율 30%)를 ₩260,000에 취득하여 유의적인 영향력을 행사할 수 있게 되었다. 20×1년 초 현재 B사의 순자산 장부금액은 ₩600,000이며, 순자산 공정가치와 일치한다.

(1) 20×1년 중 A사는 B사에 원가 ₩16,000인 재고자산을 ₩20,000에 판매하였다. B사는 이 재고자산 중 80%를 20×1년에 판매하고, 나머지는 20×2년 외부에 판매하였다.

(2) 20×1년 B사의 당기순이익은 ₩40,000이다.

(3) 20×1년 B사의 포괄손익계산서에 인식한 기타포괄이익은 ₩2,000이다.

물음 1 20×1년 지분법손익 및 20×1년 말 관계기업투자주식 장부금액을 구하시오.

물음 2 20×2년 B사의 당기순손실은 ₩1,000,000이고, 20×3년 B사의 당기순이익은 ₩120,000이며 그 밖의 순자산 변동은 없다고 가정한다. 아래의 표를 채우시오.

구분	지분법손익	관계기업투자주식 장부금액
20×2년	①	②
20×3년	③	④

물음 3 물음 2 의 상황에서 A사가 B사에 대한 장기수취채권 ₩5,000과 매출채권 ₩3,000을 보유하고 있을 경우, 아래의 표를 채우시오.

구분	지분법손익	관계기업투자주식 장부금액
20×2년	①	②
20×3년	③	④

물음 4 위 물음과 독립적으로 B사의 20×2년 당기순손실은 ₩200,000이고, 20×2년 말 관계기업투자주식의 회수가능액은 ₩30,000이며 손상의 사유를 충족한다. 20×2년에 A사가 인식할 관계기업투자주식손상차손을 구하시오.

풀이

물음 1 (1) 20×1년 지분법이익: 11,760

(2) 20×1년 말 관계기업투자주식 장부금액: 272,360

참고 20×1년

	투자자의 지분율(30%)	기타 지분율
관계기업순자산 BV 600,000	180,000	
관계기업순자산 FV - BV 0	0	
영업권	80,000	
취득금액 260,000	+	
관계기업 조정 후 N/I(①) 39,200	지분법이익(A) 11,760	
	+	
(±) 관계기업 자본조정, 이익잉여금 직접변동	0	
	+	
(±) 관계기업 OCI 변동 2,000	600	
	+	
(±) 영업권손상차손 및 환입 0	0	
	+	
(-)관계기업 현금배당 지급 0	0	
	관계기업투자주식 장부금액 272,360	

관계기업 조정 전 N/I		40,000
투자평가차액 상각		
재고자산		0
건물		0
내부거래 제거		
당기미실현손익	(20,000 - 16,000) × 20% =	(-)800
전기실현손익		0
현물출자 미실현손익		0
현물출자 실현손익		0
우선주 귀속배당		0
관계기업 조정 후 N/I		① 39,200

☑ 관계기업투자주식은 내부거래 시 상향·하향거래 구분 없이 미실현손익·실현손익을 관계기업 N/I에 반영한다.

구분	지분법손익	관계기업투자주식 장부금액
20×2년	① (-)272,360	② 0
20×3년	③ 8,600	④ 8,600

(1) 20×2년 지분법손실: Min[㉠, ㉡] = (-)272,360

　㉠ 시분법손실: [(1,000,000) + 800] × 30% = (-)299,760

　㉡ 20×2년 말 지분법손실 반영 전 관계기업투자주식 장부금액: 272,360

　　☑ 관계기업손실 중 투자자지분이 관계기업투자지분과 같거나 초과하는 경우 투자자는 관계기업투자지분 이상의 손실에 대하여 인식을 중지한다.

　　☑ 한국채택국제회계기준은 지분법 적용을 중지할 때 기타포괄손익의 처리에 대해서 언급하고 있지 않다. 따라서 동 문제 풀이에서는 기타포괄손익을 제거하지 않았다.

　　☑ 투자자의 지분이 0으로 감소된 이후 추가 손실분에 대하여는 투자자가 법적의무 또는 의제의무가 있거나 관계기업을 대신하여 지불하여야 하는 경우에 해당하는 금액까지만 손실과 부채를 인식한다.

(2) 20×3년 지분법이익: 120,000 × 30% - (299,760 - 272,360) = 8,600

　☑ 관계기업이 추후에 이익을 보고할 경우 투자자는 투자자의 지분에 해당하는 이익의 인식을 재개하되, 인식하지 못한 손실을 초과한 금액만을 이익으로 인식한다.

물음 3

구분	지분법손익	관계기업투자주식 장부금액
20×2년	① (-)277,360	② 0
20×3년	③ 13,600	④ 8,600

(1) 20×2년 지분법손실: Min[㉠, ㉡] + 5,000 = (-)277,360

　㉠ 지분법손실: [(1,000,000) + 800] × 30% = (-)299,760

　㉡ 20×2년 말 지분법손실 반영 전 관계기업투자주식 장부금액: 272,360

　　☑ 관계기업손실 중 투자자지분이 관계기업투자지분과 같거나 초과하는 경우 투자자는 관계기업투자지분 이상의 손실에 대하여 인식을 중지한다. 이러한 항목에는 우선주와 장기수취채권, 장기대여금이 포함될 수 있으나 매출채권, 매입채무 또는 담보부대여금과 같이 적절한 담보가 있는 장기수취채권은 제외한다.

회계처리

20×2년	차) 지분법손실	277,360	대) 관계기업투자주식	272,360
			장기수취채권	5,000

(2) 20×3년 지분법이익: 120,000 × 30% - (299,760 - 277,360) = 13,600

회계처리

20×3년	차) 장기수취채권	5,000	대) 지분법이익	13,600
	관계기업투자주식	8,600		

물음 4　20×2년 관계기업투자주식손상차손: 183,160 - 600 = 182,560

회계처리

	차) 지분법손실[1]	59,760	대) 관계기업투자주식	59,760
	차) 관계기업투자주식손상차손[2]	183,160	대) 관계기업투자주식	183,160
20×2년	차) 관계기업기타포괄손익	600	대) 관계기업투자손상차손	600
	1) [(200,000) + 800] × 30% = (-)59,760			
	2) (272,360 - 59,200) - 회수가능액 30,000 = 183,160			

　☑ 관계기업투자주식의 전체 장부금액을 단일자산으로 보고 손상차손을 인식한다.

문제 22 지분법회계(종합) (2) - Level 3

㈜대한은 20×1년 1월 1일 ㈜서울의 보통주 400주(발행주식의 40%)를 주당 ₩1,800에 취득하여 ㈜서울의 영업 및 재무정책에 유의적인 영향력을 행사할 수 있게 됨에 따라 ㈜서울의 보통주를 '관계기업투자주식'으로 회계처리하였다. 20×1년 1월 1일 ㈜서울의 순자산 장부금액은 ₩1,000,000이었으며 재고자산과 건물의 공정가치는 장부금액에 비해 각각 ₩150,000과 ₩500,000이 더 많고, 이외의 자산과 부채의 공정가치는 장부금액과 일치하였다. ㈜서울의 재고자산은 20×1년에 모두 판매되었고, 건물의 잔존내용연수는 10년이며 정액법으로 감가상각한다. 20×1년도와 20×2년도 ㈜서울이 보고한 당기순이익은 각각 ₩300,000과 ₩400,000이며, 20×1년도 기타포괄손익(FVOCI금융자산)은 ₩60,000이고 20×2년도 기타포괄손실(FVOCI금융자산)은 ₩25,000이었다. ㈜서울은 20×1년도와 20×2년도에 각각 ₩50,000과 ₩80,000의 현금배당을 실시하였다.

20×3년 1월 1일 ㈜대한은 ㈜서울의 보통주 300주를 시장가격인 주당 ₩3,000에 처분함에 따라 ㈜서울에 대하여 유의적인 영향력을 상실하였으며, 남아 있는 ㈜서울의 보통주 100주는 FVOCI금융자산으로 회계처리하였다(단, ㈜서울은 자기주식을 보유하고 있지 않고 ㈜대한과 ㈜서울 간 내부거래는 없으며, ㈜대한이 보유하고 있는 20×1년도와 20×2년도 ㈜서울의 보통주에 대한 손상징후는 없다고 가정한다). [공인회계사 2차 2019년]

[물음 1] ㈜대한이 ㈜서울의 보통주를 취득하면서 ㈜서울에 지불한 영업권의 가치를 구하시오.

[물음 2] ㈜대한이 20×1년 말 재무상태표에 보고할 ㈜서울의 보통주에 대한 관계기업투자주식 장부금액을 구하시오.

※ ㈜대한이 보유하고 있는 ㈜서울의 보통주에 대한 20×2년도 기말장부금액이 ₩862,000일 때, [물음 3]과 [물음 4]에 대해 답하시오.

[물음 3] 20×3년 1월 1일 ㈜대한이 처분한 ㈜서울의 보통주 300주에 대한 관계기업투자주식처분이익을 구하시오.

[물음 4] 20×3년 1월 1일 ㈜대한이 남아 있던 ㈜서울의 보통주 100주를 FVOCI금융자산으로 분류를 변경하여 회계처리한 경우, 이러한 회계처리로 인하여 ㈜대한이 FVOCI금융자산으로 새롭게 인식할 금액과 관계기업투자주식처분이익으로 인식할 금액을 각각 구하시오.

─┤ 풀이 ├──────────────────────────────────

물음 1 영업권의 가치: 60,000

물음 2 20×1년 말 관계기업투자주식 장부금액: 764,000

참고 20×1년

	투자자의 지분율(40%)	기타 지분율
관계기업순자산 BV 1,000,000	400,000	
관계기업순자산 FV - BV 650,000	260,000	
영업권	60,000	
취득금액 400주 × 1,800 = 720,000	+	
관계기업 조정 후 N/I(①) 100,000	지분법이익(A) 40,000	
	+	
(±) 관계기업 자본조정, 이익잉여금 직접변동	0	
	+	
(±) 관계기업 OCI 변동 60,000	24,000	
	+	
(±) 영업권손상차손 및 환입 0	0	
	+	
(-)관계기업 현금배당 지급 (-)50,000	(-)20,000	

관계기업투자주식 장부금액
764,000

관계기업 조정 전 N/I		300,000
투자평가차액 상각		
재고자산		(-)150,000
건물	500,000/10 =	(-)50,000
내부거래 제거		
당기미실현손익		0
전기실현손익		0
현물출자 미실현손익		0
현물출자 실현손익		0
우선주 귀속배당		0
관계기업 조정 후 N/I		① 100,000

☑ 관계기업투자주식은 내부거래 시 상향·하향거래 구분 없이 미실현손익·실현손익을 관계기업 N/I에 반영한다.

물음 3 관계기업투자주식처분이익: 253,500

회계처리

처분한 관계기업투자주식	차) 현금¹⁾	900,000	대) 관계기업투자주식²⁾ 관계기업투자주식처분이익	646,500 253,500
	1) 300주 × 3,000 = 900,000 2) 862,000 × 300주/400주 = 646,500			

물음 4 (1) FVOCI금융자산 인식액: 300,000

(2) 관계기업투자주식처분이익: 84,500

회계처리

보유한 관계기업투자주식	차) FVOCI금융자산¹⁾	300,000	대) 관계기업투자주식²⁾ 관계기업투자주식처분이익	215,500 84,500
	1) 100주 × 3,000 = 300,000 2) 862,000 × 100주/400주 = 215,500			

제 18 장

연결회계

해커스 IFRS 정윤돈 재무회계연습

문제 1 내부거래 종합 (1) - Level 4

20×1년 초에 A회사는 B회사의 보통주 80%를 ₩1,000,000에 취득하여 지배력을 획득하였다. 관련 자료는 다음과 같다.

(1) A회사와 B회사의 20×1년 초 주주지분과 20×1년의 당기순이익은 다음과 같다. B회사의 20×1년 초 순자산 장부금액과 공정가치는 일치하였다.

	A회사	B회사
납입자본	₩1,000,000	₩750,000
이익잉여금	500,000	250,000
계	₩1,500,000	₩1,000,000
당기순이익	₩250,000	₩200,000

(2) 연결실체 간 내부거래는 다음과 같다.

1) 20×1년 중에 A회사는 B회사에 ₩250,000의 상품을 판매하였으며, 20×1년 말 B회사의 기말재고자산에 남아 있는 A회사의 상품은 ₩40,000이었다. A회사의 매출총이익률은 20%이며, B회사는 동 상품에 대해 저가법을 적용하여 순실현가능가치인 ₩35,000으로 평가하였다.

2) 20×1년 중에 B회사는 A회사에 ₩100,000의 상품을 판매하였으며, 20×1년 말 A회사의 기말재고자산에 남아 있는 B회사의 상품은 ₩30,000이었다. B회사의 매출총이익률은 20%이며, A회사는 동 상품에 대해 저가법을 적용하여 순실현가능가치인 ₩20,000으로 평가하였다.

3) 20×1년 초에 A회사는 B회사에 장부금액 ₩200,000(취득원가 ₩230,000, 감가상각누계액 ₩30,000, 잔존내용연수 5년, 잔존가치 없음)의 기계장치를 ₩250,000에 처분하였다. B회사는 20×1년 말에 동 기계장치에 대하여 손상검사를 실시하여 ₩20,000(회수가능액 ₩180,000)의 손상차손을 인식하였다. 양회사 모두 감가상각방법은 정액법이다.

4) 20×1년 7월 1일에 B회사는 A회사에 장부금액 ₩90,000(취득원가 ₩140,000, 감가상각누계액 ₩50,000, 잔존내용연수 3년, 잔존가치 없음)의 비품을 ₩60,000에 처분하였다. A회사는 20×1년 말에 동 비품에 대하여 손상검사를 실시하여 ₩10,000(회수가능액 ₩40,000)의 손상차손을 인식하였다.

5) 20×1년 초에 A회사는 B회사가 발행한 액면금액 ₩50,000의 사채를 ₩45,500에 만기보유목적으로 구입하였다. B회사의 사채는 20×1년 초 현재 장부금액이 ₩47,000이며, 만기는 20×9년 말이다. A회사는 20×1년 말에 동 사채를 ₩47,300에 제3자에게 매각하였다. 양 회사 모두 사채관련차금은 정액법으로 상각한다.

물음 1 20×1년의 연결당기순이익을 계산하시오(단, 20×1년 말에 영업권은 ₩40,000 손상되었다. 비지배지분에 대한 영업권은 인식하지 않는다).

물음 2 20×1년 말 연결재무상태표상 비지배지분 금액을 계산하시오(단, 20×1년에 B회사의 이익 처분은 없었다. 비지배지분에 대한 영업권은 인식하지 않는다).

┤ 풀이 ├

물음 1 연결당기순이익: 387,700

		A회사	B회사	합계
조정 전 당기순이익		250,000	200,000	450,000
내부거래 제거				
재고자산	미실현이익	(-)8,000	(-)6,000	(-)14,000
	평가손실	5,000	6,000	11,000
기계장치	미실현이익	(-)50,000		(-)50,000
	실현이익(감가상각)	10,000		10,000
	실현이익(손상차손)	20,000		20,000
비품	미실현손실		30,000	30,000
	실현손실(감가상각)		(-)5,000	(-)5,000
	실현손실(손상차손)		(-)25,000	(-)25,000
사채	상환이익		1,500	1,500
	부분적 인식		(-)500	(-)500
	금융자산처분이익의 제거		(-)300	(-)300
조정 후 당기순이익		227,000	200,700	427,700
영업권손상				(-)40,000
연결당기순이익				387,700

물음 2

B회사 20×1년 말 순자산 공정가치	1,000,000 + 200,700 =		1,200,700
비지배지분율			× 20%
20×1년 말 비지배지분			240,140

20×7년 1월 1일에 ㈜갑은 ㈜을의 발행주식 중 60%를 ₩240,000에 취득하였다. 동 주식 취득일 현재 ㈜을의 자본계정은 납입자본 ₩200,000, 이익잉여금 ₩100,000, 기타자본요소 ₩100,000으로 구성되어 있으며, 자산과 부채의 장부금액과 공정가치는 일치한다. 한편, ㈜갑과 ㈜을은 각각 20×7년에 ₩80,000과 ₩50,000의 당기순이익을 보고하였고, 20×8년에는 ₩100,000과 ₩80,000의 당기순이익을 보고하였다. 20×7년과 20×8년 중에 결의되거나 지급된 배당은 없었으며, ㈜을의 순자산금액은 당기순손익으로만 변동되었다. 다음의 독립된 세 가지 상황에 대하여 답하시오(단, 비지배지분에 대한 영업권은 인식하지 않는다).

[물음 1] 20×7년 1월 1일에 ㈜을은 원가 ₩50,000의 상품을 ㈜갑에 ₩80,000에 현금판매하였으며, 동 상품은 20×7년 말 현재 ㈜갑의 재고자산으로 남아 있다. 20×7년도 연결재무제표에서 (1) 연결당기순이익과 (2) 비지배지분을 산출하시오.

[물음 2] 20×7년 1월 1일에 ㈜갑은 유통시장에서 ㈜을의 발행사채(액면금액 ₩100,000) 중 50%를 ₩47,000에 취득하고 AC금융자산으로 분류하였다. 취득 당시 ㈜을에 계상된 사채의 장부금액은 ₩90,000이며, 이자는 연 10%의 이자율로 매년 말 지급되고, 만기일은 20×7년 12월 31일이다. 20×7년도 연결재무제표에서 (1) 연결당기순이익과 (2) 비지배지분을 산출하시오(단, ㈜갑과 ㈜을은 사채관련차금을 정액법으로 상각한다).

[물음 3] 20×7년 1월 1일에 ㈜갑은 장부금액 ₩20,000의 건물(취득원가 ₩50,000, 감가상각누계액 ₩30,000, 잔존내용연수 10년, 잔존가치 ₩0)을 ₩23,000에 ㈜을에게 현금판매하였으며, 동 건물은 20×8년 말 ₩25,000에 외부로 매각되었다. 20×8년도 연결재무제표에서 (1) 연결당기순이익과 (2) 비지배지분을 산출하시오(단, ㈜갑과 ㈜을은 정액법을 적용하여 건물에 대한 감가상각비를 계산한다).

── | 풀이 | ──

물음 1 내부거래(재고자산)

(1) 연결당기순이익: 80,000 + 20,000 = 100,000

	㈜갑	㈜을	합계
조정 전 당기순이익	80,000	50,000	130,000
내부거래 제거			
재고자산		(-)30,000	(-)30,000
조정 후 당기순이익	80,000	20,000	100,000

(2) 비지배지분

20×7년 말 ㈜을의 순자산 장부금액			450,000
내부거래 제거			(-)30,000
20×7년 말 ㈜을의 순자산 공정가치			420,000
비지배지분율			× 40%
계			168,000

물음 2 내부거래(사채)

(1) 연결당기순이익: 80,000 + 49,000 = 129,000

	㈜갑	㈜을	합계
조정 전 당기순이익	80,000	50,000	130,000
내부거래 제거			
사채 상환손실		(-)2,000	(-)2,000
부분적 인식		1,000	1,000
조정 후 당기순이익	80,000	49,000	129,000

(2) 비지배지분

20×7년 말 ㈜을의 순자산 장부금액			450,000
내부거래 제거	(-)2,000 + 1,000 =		(-)1,000
20×7년 말 ㈜을의 순자산 공정가치			449,000
비지배지분율			× 40%
계			179,600

물음 3 내부거래(유형자산)

(1) 연결당기순이익: 102,700 + 80,000 = 182,700

	㈜갑	㈜을	합계
조정 전 당기순이익	100,000	80,000	180,000
내부거래 제거			
건물 실현이익(감가상각)	300		300
실현이익(처분)	2,400		2,400
조정 후 당기순이익	102,700	80,000	182,700

(2) 비지배지분

20×8년 말 ㈜을의 순자산 공정가치	400,000 + 50,000 + 80,000 =		530,000
비지배지분율			× 40%
계			212,000

㈜세무는 20×1년 1월 1일에 ㈜대한의 의결권 있는 보통주식 80%를 ₩100,000에 취득하여 실질지배력을 획득하였다. 취득일 현재 ㈜대한의 순자산 장부금액은 ₩80,000(자본금 ₩50,000, 이익잉여금 ₩30,000)이다. 다음 자료를 이용하여 각 물음에 답하시오.

[세무사 2차 2023년]

(1) ㈜세무와 ㈜대한은 별도(개별) 재무제표에서 보고한 20×1년도와 20×2년도의 당기순이익은 다음과 같다.

구분	20×1년도	20×2년도
㈜세무	₩50,000	₩60,000
㈜대한	20,000	30,000

(2) 취득일 현재 ㈜대한의 식별 가능한 자산과 부채 중 장부금액과 공정가치가 다른 내역은 다음과 같다.

구분	장부금액	공정가치	비고
토지	₩20,000	₩25,000	20×1년 중에 모두 ₩30,000에 처분
건물	60,000	75,000	취득일 현재 잔존내용연수는 5년, 잔존가치 ₩0, 정액법 상각

(3) 20×1년 중에 ㈜세무는 재고자산을 ㈜대한에게 ₩20,000에 판매(매출총이익률 20%)하였다. ㈜대한은 동 재고자산의 60%를 20×1년에, 나머지 40%를 20×2년에 외부로 판매하였다.

(4) 20×1년 중에 ㈜대한은 장부금액 ₩20,000의 재고자산을 ㈜세무에게 ₩30,000에 판매하였다. ㈜세무는 동 재고자산의 80%를 20×1년에, 나머지 20%를 20×2년에 외부로 판매하였다.

(5) 20×2년 3월 20일 ㈜대한은 현금배당을 결의하였으며, 현금배당으로 총 ₩5,000을 지급하였다.

(6) ㈜세무는 별도 재무제표에서 ㈜대한에 대한 투자주식을 원가법으로 회계처리하며, 연결재무제표 작성 시 유형자산에 대해 원가모형을 적용한다.

(7) 비지배지분은 종속기업의 식별 가능한 순자산 공정가치에 비례하여 결정하며, 영업권과 관련된 손상차손은 발생하지 않았다.

물음 1 ㈜세무가 20×1년 말에 연결재무제표에 인식할 ① 비지배지분귀속당기순이익과 ② 지배기업귀속당기순이익을 계산하시오.

비지배지분귀속당기순이익	①
지배기업귀속당기순이익	②

물음 2 ㈜세무가 20×2년 말에 연결재무제표에 인식할 ① 지배기업귀속당기순이익과 ② 비지배지분을 계산하시오.

지배기업귀속당기순이익	①
비지배지분	②

물음 1

비지배지분귀속당기순이익	① 2,000
지배기업귀속당기순이익	② 56,400

근거

① 20×1년 비재비지분귀속당기순이익: 10,000 × 20% = 2,000

② 20×1년 지배기업귀속당기순이익: 48,400 + 10,000 × 80% = 56,400

구분	㈜세무		㈜대한	
	20×1년	20×2년	20×1년	20×2년
조정 전 당기순이익	50,000	60,000	20,000	30,000
평가차액상각				
- 토지			(-)5,000[1]	
- 건물			(-)3,000[2]	(-)3,000
내부거래 제거				
- 하향판매	(-)1,600	1,600[3]		
- 상향판매			(-)2,000[4]	2,000
현금배당		(-)4,000[5]		
조정 후 당기순이익	48,400	57,600	10,000	29,000

1) 25,000 - 20,000 = 5,000
2) (75,000 - 60,000)/5 = 3,000
3) 20,000 × 20% × 40% = 1,600
4) (30,000 - 20,000) × 20% = 2,000
5) 5,000 × 80% = 4,000

물음 2

지배기업귀속당기순이익	① 80,800
비지배지분	② 26,800

근거

① 20×2년 지배기업귀속당기순이익: 57,600 + 29,000 × 80% = 80,800

② 20×2년 말 비지배지분: 26,800

[80,000 + (25,000 - 20,000) + (75,000 - 60,000)] × 20% + 10,000 × 20% + 29,000 × 20% - 5,000 × 20% = 26,800

A회사는 20×7년 1월 1일에 B회사의 보통주 60%를 ₩375,000에 취득하여 지배력을 획득하였다. 20×7년 1월 1일 A회사와 B회사의 자본계정은 다음과 같다.

	A회사	B회사
납입자본	₩1,000,000	₩200,000
이익잉여금	300,000	50,000
기타자본요소	500,000	100,000
계	₩1,800,000	₩350,000

<추가 자료>

(1) 20×7년 1월 1일 현재 B회사의 자산과 부채 중에서 장부금액과 공정가치가 일치하지 않는 항목은 다음과 같다.

구분	장부금액	공정가치
재고자산	₩60,000	₩70,000
건물	125,000	160,000

① 동 재고자산은 20×7년 중에 모두 외부로 판매되었다.

② 20×7년 1월 1일 현재 동 건물의 잔존내용연수는 5년이고 잔존가치는 없으며 정액법으로 상각한다.

③ 영업권은 20×7년 말까지 손상되지 않았다.

(2) 20×7년 중 A회사와 B회사 간에 발생한 내부거래는 다음과 같다.

① A회사는 B회사에 원가 ₩10,000의 상품을 15,000에 외상매출하였으며 B회사는 20×7년 중에 동 상품의 60%를 외부로 판매하였다. B회사에 대한 매출채권은 20×7년 중에 회수될 예정이다.

② B회사는 20×7년 1월 1일에 장부금액 ₩30,000의 비품을 ₩50,000의 가격으로 A회사에 매각하였다. 처분 시 비품의 잔존내용연수는 10년이며 잔존가치는 없다. A회사와 B회사는 비품을 정액법으로 상각한다.

③ 20×7년 1월 1일 A회사는 B회사가 20×5년 1월 1일에 발행한 사채(액면 ₩50,000, 액면이자율 10%, 발행금액 ₩53,000, 5년 만기)를 ₩48,500에 취득하고 이를 AC금융자산으로 회계처리하였다. A회사와 B회사는 정액법을 사용하여 사채관련차금을 상각한다.

(3) A회사와 B회사는 20×7년에 각각 ₩200,000과 ₩70,000의 당기순이익을 보고하였으며, 이 기간 중 이익처분은 없었다. 20×7년 A회사와 B회사의 부분재무제표는 다음과 같다.

재무상태표 항목	A회사	B회사
매출채권(순액)	₩200,000	₩120,000
건물(순액)	140,000	100,000
비품(순액)	120,000	40,000
사채(순액)	98,000	51,200
납입자본	1,000,000	200,000
이익잉여금	500,000	120,000
기타자본요소	600,000	150,000

포괄손익계산서 항목	A회사	B회사
수익(매출액)	₩350,000	₩210,000
매출원가	250,000	160,000
감가상각비	30,000	15,000
이자비용	10,500	4,400

20×7년의 연결재무제표에 표시될 다음의 금액을 계산하시오(단, 비지배지분에 대한 영업권은 인식하지 않는다).

① 매출채권		② 건물	
③ 비품		④ 영업권	
⑤ 비지배지분		⑥ 수익(매출액)	
⑦ 매출원가		⑧ 감가상각비	
⑨ 사채상환이익		⑩ 연결당기순이익	

① 매출채권(순액): 200,000 + 120,000 - 15,000 = 305,000
② 건물(순액): 140,000 + 100,000 + 35,000 - 35,000 ÷ 5년 = 268,000
③ 비품(순액): 120,000 + 40,000 - 20,000 + 20,000 ÷ 10년 = 142,000
④ 영업권: 375,000 - (350,000 + 10,000 + 35,000) × 60% = 138,000
⑤ 비지배지분: 192,880

20×7년 말 B회사 순자산 장부금액	200,000 + 150,000 + 120,000 =	470,000
20×7년 말 투자제거차액 반영		
건물	35,000 ÷ 5년 × 4년 =	28,000
20×7년 말 B회사 내부거래 제거		
비품	20,000 ÷ 10년 × 9년 =	(-)18,000
사채	3,300 ÷ 3년 × 2년 =	2,200
20×7년 말 B회사 순자산 공정가치		482,200
비지배지분율		× 40%
계		192,880

⑥ 수익(매출액): 350,000 + 210,000 - 15,000 = 545,000
⑦ 매출원가: 250,000 + 160,000 + 10,000 - 15,000 + 2,000 = 407,000
⑧ 감가상각비: 30,000 + 15,000 + 35,000 ÷ 5년 - 20,000 ÷ 10년 = 50,000
⑨ 사채상환이익: 51,800 - 48,500 = 3,300
⑩ 연결당기순이익: 198,000 + 37,200 = 235,200

		A회사	B회사	합계
조정 전 당기순이익		200,000	70,000	270,000
투자제거차액의 상각				
재고자산			(-)10,000	(-)10,000
건물			(-)7,000	(-)7,000
내부거래 제거				
재고자산		(-)2,000		(-)2,000
비품	미실현이익		(-)20,000	(-)20,000
	실현이익		2,000	2,000
사채	상환이익		3,300	3,300
	부분적 인식		(-)1,100	(-)1,100
조정 후 당기순이익		198,000	37,200	235,200

• 지배기업소유주 귀속분: 198,000 + 37,200 × 60% = 220,320
• 비지배지분 귀속분: 37,200 × 40% = 14,880

참고 연결제거분개

1. 투자계정과 자본계정의 상계 제거

①	차) 납입자본(B)	200,000	대) B회사 투자주식	375,000
	이익잉여금(B)	50,000	비지배지분[1]	178,000
	기타자본요소(B)	150,000	기타자본요소(A)[2]	30,000
	재고자산	10,000		
	건물	35,000		
	영업권	138,000		

1) (200,000 + 150,000 + 50,000 + 10,000 + 35,000) × 40% = 178,000
2) (150,000 - 100,000) × 60% = 30,000

②	차) 매출원가	10,000	대) 재고자산	10,000

③	차) 감가상각비[3]	7,000	대) 건물	7,000

3) 35,000 ÷ 5년 = 7,000

2. 내부거래 제거

④	차) 수익(매출)	15,000	대) 매출원가	15,000

⑤	차) 매출원가[4]	2,000	대) 재고자산	2,000

4) 15,000 × 40% × 5,000/15,000 = 2,000

⑥	차) 매입채무	15,000	대) 매출채권	15,000

⑦	차) 유형자산처분이익[5]	20,000	대) 비품	20,000

5) 50,000 - 30,000 = 20,000

⑧	차) 비품	2,000	대) 감가상각비[6]	2,000

6) 20,000 ÷ 10년 = 2,000

⑨	차) 사채	50,000	대) AC금융자산	48,500
	사채할증발행차금	1,800	사채상환이익	3,300

⑩	차) 이자수익	5,500	대) 이자비용	4,400
			사채할증발행차금	600
			AC금융자산	500

3. 비지배지분순이익 계상

⑪	차) 비지배지분순이익	14,880	대) 비지배지분	14,880

서울㈜는 20×4년 1월 1일에 대전㈜의 보통주 60%를 ₩750,000에 취득하여 지배력을 획득하였다. 20×4년 1월 1일 서울㈜와 대전㈜의 자본계정은 다음과 같다.

	서울㈜	대전㈜
납입자본	₩1,000,000	₩500,000
이익잉여금	600,000	300,000
기타자본요소	200,000	100,000
계	₩1,800,000	₩900,000

<추가 자료>

(1) 서울㈜와 대전㈜의 20×4년과 20×5년 당기순이익은 다음과 같고, 지배력획득 이후 서울㈜와 대전㈜의 자본은 이익잉여금을 제외하고 동일하게 유지되었다.

구분	서울㈜	대전㈜
20×4년	₩273,400	₩100,000
20×5년	328,300	200,000

(2) 20×4년 1월 1일 현재 대전㈜의 자산과 부채는 다음 항목을 제외하고 장부금액과 공정가치는 일치하였다.

구분	장부금액	공정가치
재고자산	₩100,000	₩80,000
건물	380,000	500,000

위의 자산 중에서 재고자산은 20×4년에 모두 외부로 판매되었으며, 지배력획득시점에서 위 건물의 내용연수는 5년이며 잔존가치는 ₩0이고 정액법으로 상각한다. 20×5년 1월 1일 대전㈜는 동 건물을 ₩450,000에 외부로 매각하였다. 서울㈜는 영업권을 5년에 걸쳐 정액법으로 상각하고 있다.

(3) 20×4년 중 대전㈜는 서울㈜에 매가 ₩50,000의 상품을 현금매출하였다. 동 거래에 따라 서울㈜가 매입한 재고자산의 40%는 20×4년에 외부로 판매되었으며 나머지 60%는 20×5년에 외부로 판매되었다. 대전㈜의 매출총이익률은 20%이다.

(4) 20×5년 중 서울㈜는 대전㈜에 매가 ₩80,000의 외상매출을 행하였으며 이 중 50%는 20×5년 말 현재 대전㈜의 재고자산으로 남아 있다. 서울㈜의 매출총이익률은 20%이다. 내부거래에서 발생한 ₩80,000의 매출채권 중에서 ₩50,000은 은행에서 할인되었으며 잔액은 기말 현재 미회수상태로 있다.

(5) 20×4년 1월 1일 서울㈜는 대전㈜가 20×2년 초에 발행하였던 사채(액면 ₩100,000, 액면이자율 10%, 발행금액 ₩96,000, 5년 만기)를 ₩98,500에 취득하고 이를 AC금융자산으로 계상하였다. 양 회사는 사채관련차금을 정액법으로 상각한다.

(6) 서울㈜와 대전㈜는 20×4년 중에 배당을 지급한 바 없으며 20×5년 2월 말에 정기주주총회의 결의에 따라 각각 ₩100,000과 ₩50,000의 현금배당을 지급하였다.

물음 1 다음은 20×4년의 서울㈜와 대전㈜의 개별재무제표와 연결재무제표이다. 빈칸에 필요한 금액을 계산하라 (단, 비지배지분에 대한 영업권은 인식하지 않는다).

구분	서울㈜F/S	대전㈜F/S	연결F/S
건물(순액)	₩1,600,000	₩350,000	(1)
영업권	-	-	(2)
비지배지분	-	-	(3)
매출원가	800,000	480,000	(4)
감가상각비	150,000	90,000	(5)
이자비용	60,000	11,000	(6)
비지배지분순이익	-	-	(7)

물음 2 다음은 20×5년의 서울㈜와 대전㈜의 개별재무제표와 연결재무제표이다. 빈칸에 필요한 금액을 계산하라 (단, 비지배지분에 대한 영업권은 인식하지 않는다).

구분	서울㈜F/S	대전㈜F/S	연결F/S
매출채권(순액)	₩110,000	₩70,000	(1)
차입금	(2)	80,000	₩190,000
사채(순액)	220,000	99,200	(3)
비지배지분	-	-	(4)
유형자산처분이익	-	146,000	(5)
비지배지분순이익	-	-	(6)

물음 1 20×4년 말 각 계정잔액

(1) 건물(순액): (1,600,000 + 350,000) + 120,000 - 120,000 ÷ 5년 = 2,046,000

(2) 영업권: 150,000

투자주식의 취득원가		750,000
대전㈜ 20×4년 초 순자산 공정가치	(900,000 - 20,000 + 120,000) × 60% =	(-)600,000
영업권		150,000

(3) 비지배지분: 435,760

20×4년 말 대전㈜ 순자산 장부금액	900,000 + 100,000 =	1,000,000
20×4년 말 투자제거차액 반영(영업권 제외)		
건물	120,000 ÷ 5년 × 4년 =	96,000
20×4년 말 대전㈜ 내부거래 제거		
재고자산	50,000 × 60% × 20% =	(-)6,000
사채	(97,600 - 98,500) ÷ 3년 × 2년 =	(-)600
20×4년 말 대전㈜ 순자산 공정가치		1,089,400
비지배지분율		× 40%
20×4년 말 비지배지분		435,760

(4) 매출원가: (800,000 + 480,000) - 20,000 - 50,000 + 50,000 × 60% × 20% = 1,216,000

(5) 감가상각비: (150,000 + 90,000) + 120,000 ÷ 5년 = 264,000

(6) 이자비용: (60,000 + 11,000) - (100,000 × 10% + 4,000 ÷ 5년) = 60,200

(7) 비지배지분순이익: 35,760

대전㈜ 조정 전 당기순이익		100,000
투자제거차액의 상각		
재고자산		20,000
건물	120,000 ÷ 5년 =	(-)24,000
내부거래 제거		
재고자산	50,000 × 60% × 20% =	(-)6,000
사채	900 - 900 ÷ 3년 =	(-)600
대전㈜ 조정 후 당기순이익		89,400
비지배지분율		× 40%
비지배지분순이익		35,760

물음 2 20×5년 말 각 계정잔액

(1) 매출채권(순액): (110,000 + 70,000) − 30,000 = 150,000

(2) 차입금: 서울㈜의 차입금 = x

$(x + 80,000) + 50,000 = 190,000$

∴ $x = 60,000$

(3) 사채(순액): (220,000 + 99,200) − 99,200 = 220,000

(4) 비지배지분

20×5년 말 대전㈜ 순자산 장부금액	900,000 + 100,000 − 50,000 + 200,000 =	1,150,000
20×5년 말 투자제거차액 반영(영업권 제외)		–
20×5년 말 대전㈜ 내부거래 제거		
사채	900 ÷ 3년 × 1년 =	(−)300
20×5년 말 대전㈜ 순자산 공정가치		1,149,700
비지배지분율		× 40%
20×5년 말 비지배지분		459,880

(5) 유형자산처분이익: 146,000 − 120,000 ÷ 5년 × 4년 = 50,000

(6) 비지배지분순이익

대전㈜ 조정 전 당기순이익		200,000
투자제거차액의 상각		
건물	120,000 ÷ 5년 × 4년 =	(−)96,000
내부거래 제거		
재고자산	50,000 × 60% × 20% =	6,000
사채	900 ÷ 3년 =	300
대전㈜ 조정 후 당기순이익		110,300
비지배지분율		× 40%
비지배지분순이익		44,120

다음은 A회사와 그 종속기업인 B회사의 20×3년 12월 31일 개별 및 연결재무제표로부터 발췌한 부분재무제표이다.

구분	A회사	B회사	연결재무제표
<부분재무상태표>			
재고자산	₩30,000	₩25,000	₩52,000
B회사 투자주식	59,400	-	-
영업권	-	-	30,000
사채할인발행차금	(-)8,000	(-)4,000	(-)10,000
자본	160,000	50,000	170,350
<부분포괄손익계산서>			
수익(매출액)	200,000	140,000	310,000
매출원가	150,000	110,000	233,000
매출총이익	50,000	30,000	77,000
건물 감가상각비	40,000	10,000	47,000
당기순이익	25,000	30,000	25,000

<추가 자료>

(1) 상품 내부거래: 20×3년에 A회사는 외부판매와 동일한 매출총이익률로 B회사에 상품을 판매하였으며 20×3년 12월 31일 현재 B회사는 A회사로부터 구입상품 중 40%를 재고자산으로 보유하고 있다.

(2) 건물 내부거래: 20×3년 1월 1일에 A회사는 건물을 B회사에 ₩36,000에 매각하였으며, 당해 건물의 잔존내용연수는 4년이며 잔존가치는 없고 정액법으로 상각한다.

(3) 사채 내부거래: A회사는 20×2년 1월 1일에 B회사가 20×1년 1월 1일에 발행한 사채(액면 ₩100,000, 액면이자율 10%, 발행금액 ₩90,000, 5년 만기) 중 50%를 ₩42,500에 AC금융자산을 취득하였고, 사채할인발행차금은 정액법으로 상각한다.

(4) A회사는 B회사의 지분을 20×1년 1월 1일에 취득하였다. 영업권은 20×3년 말까지 손상되지 않았으며, 비지배지분에 대한 영업권은 인식하지 않는다.

[물음 1] 20×3년의 A회사와 B회사 간의 내부상품거래금액은 얼마인가?

[물음 2] 20×3년에 B회사가 A회사로부터 구입한 상품 중 판매되지 않은 상품이 20×3년 12월 31일 연결재무상태표의 재고자산계정에 얼마로 계상되어 있는가?

[물음 3] 20×3년에 A회사가 B회사에 매각한 건물의 장부금액은 얼마인가?

물음 4 A회사의 B회사 사채 취득과 관련하여 A회사의 20×3년 12월 31일 현재의 만기보유금융자산의 금액을 산출하고, 20×3년 12월 31일 연결재무제표의 작성에 따른 사채 내부거래와 관련하여 제거되는 A회사의 이자수익과 B회사의 이자비용을 각각 산출하라.

물음 5 연결재무상태표상 비지배지분은 얼마인가?

─┤ **풀이** ├─────────────────────────────────

물음 1 A회사와 B회사 간의 내부상품거래금액: (200,000 + 140,000) - 310,000 = 30,000

물음 2 (1) A회사의 매출총이익률: 50,000 ÷ 200,000 = 25%

(2) 연결재무상태표상 재고자산: 30,000 × 40% × (1 - 25%) = 9,000

물음 3 (1) 건물 내부거래와 관련한 미실현이익 중 20×3년 실현분(감가상각비): 40,000 + 10,000 - 47,000 = 3,000

(2) 건물 내부거래 당시 발생한 미실현이익: 3,000 × 4년 = 12,000

(3) 매각한 건물의 장부금액: 36,000 - 12,000 = 24,000

물음 4 (1) A회사의 20×3년 12월 31일 만기보유금융자산

42,500 + (50,000 - 42,500) × 2년/4년 = 46,250

(2) A회사의 이자수익: 50,000 × 10% + 7,500 ÷ 4년 = 6,875

(3) B회사의 이자비용: (100,000 × 10% + 10,000 ÷ 5년) × 50% = 6,000

물음 5

20×3년 말 B회사 순자산 장부금액		50,000
20×3년 말 B회사 내부거래 제거		
사채	(92,000 × 50% - 42,500) ÷ 4년 × 2년 =	1,750
20×3년 말 B회사 순자산 공정가치		51,750
비지배지분율		× 20%
비지배지분		10,350

㈜지배는 20×1년 1월 1일에 ㈜종속의 발행주식 70%를 ₩800,000에 취득하여 지배력을 획득하였다. 관련 자료는 다음과 같다.

(1) 지배력획득일 현재 ㈜종속의 순자산 장부금액은 ₩1,000,000이고 공정가치는 ₩1,100,000이며, 양자의 차이는 건물(잔존내용연수 10년, 잔존가치 없이 정액법 상각)의 공정가치가 장부금액을 ₩100,000 초과하기 때문이다.

(2) ㈜종속의 20×1년도와 20×2년도 당기순이익 각각 ₩80,000과 ₩90,000이다. 두 회사 간에 발생한 내부거래는 다음과 같다.

① 20×1년 7월 1일에 ㈜지배는 사용하고 있던 기계장치(장부금액 ₩400,000, 잔존내용연수 4년, 잔존가치 없이 정액법 상각)를 ㈜종속에게 ₩420,000에 매각하였으며, ㈜종속은 동 기계장치를 20×2년 말 현재 계속 사용하고 있다.

② 20×1년 중에 발생한 상품내부거래와 관련된 자료는 다음과 같다.

판매회사	매출액	매출원가
㈜지배	₩600,000	₩420,000
㈜종속	100,000	60,000

20×1년 말 현재 ㈜종속은 ㈜지배로부터 매입한 상품 중 10%를 보유하고 있으며, ㈜지배는 ㈜종속으로부터 매입한 상품 중 20%를 보유하고 있다. 20×1년 말 현재 상품의 미실현이익은 20×2년도에 모두 실현되었다.

(3) 20×2년 말까지 영업권은 손상되지 않았으며 비지배지분에 대한 영업권은 인식하지 않는다.

물음 1 ㈜지배가 작성한 20×1년 12월 31일 현재 연결재무상태표와 20×1년도 연결포괄손익계산서의 일부는 다음과 같다. (1) ~ (6)에 들어갈 금액을 계산하시오.

과목	㈜지배	㈜종속	연결재무제표
재고자산	₩300,000	₩100,000	(1)
건물(순액)	950,000	520,000	(2)
기계장치(순액)	740,000	650,000	(3)
비지배지분	-	-	(4)
매출액	2,420,000	1,230,000	(5)
매출원가	1,690,000	740,000	(6)

물음 2 ㈜지배가 기업실체이론에 따라 연결포괄손익계산서를 작성하면 지배기업이론에 따라 연결포괄손익계산서를 작성한 경우에 비해 20×1년도 연결당기순이익은 얼마나 증가 또는 감소하는지 계산하고 그 이유를 설명하시오.

물음 3 ㈜지배가 20×2년 12월 31일 현재 연결재무상태표를 작성할 경우에 인식할 비지배지분을 계산하시오(단, 20×2년 중에 추가로 발생한 내부거래는 없다).

─┤ **풀이** ├─────────────────────────────────────

물음 1 20×1년 말 각 계정잔액

(1) 재고자산: $300,000 + 100,000 - 600,000 \times 10\% \times 30\%^{1)} - 100,000 \times 20\% \times 40\%^{2)} = ₩374,000$

> 1) ㈜지배의 매출총이익률: $(600,000 - 420,000) \div 600,000 = 30\%$
> 2) ㈜종속의 매출총이익률: $(100,000 - 60,000) \div 100,000 = 40\%$

(2) 건물(순액): $950,000 + 520,000 + 100,000 \times 9/10 = 1,560,000$

(3) 기계장치(순액): $740,000 + 650,000 - 20,000 + 20,000 \div 4년 \times 6/12 = 1,372,500$

(4) 비지배지분: 348,600

20×1년 말 ㈜종속의 순자산 장부금액	$1,000,000 + 80,000 =$	1,080,000
20×1년 말 투자제거차액		
건물	$100,000 \times 9/10 =$	90,000
20×1년 말 내부거래 제거		
재고자산	$100,000 \times 20\% \times 40\% =$	(-)8,000
20×1년 말 ㈜종속의 순자산 공정가치		1,162,000
비지배지분율		× 30%
20×1년 말 비지배지분		348,600

(5) 매출액: $2,420,000 + 1,230,000 - 600,000 - 100,000 = 2,950,000$

(6) 매출원가: $1,690,000 + 740,000 - 600,000 - 100,000 + 600,000 \times 10\% \times 30\% + 100,000 \times 20\% \times 40\%$
  $= 1,756,000$

물음 2 20×1년 연결당기순이익 비교

(1) 기업실체이론에서는 비지배지분순이익을 연결당기순이익에 포함시키지만, 지배기업이론에서는 비지배지분순이익을 연결당기순이익에서 제외한다. 따라서 20×1년의 경우 비지배지분순이익만큼 기업실체이론의 연결당기순이익이 더 크다.

(2) 비지배지분순이익

㈜종속의 조정 전 당기순이익		80,000
투자제거차액 상각		
건물	$100,000 \div 10년 =$	(-)10,000
내부거래 제거		
재고자산	$100,000 \times 20\% \times 40\% =$	(-)8,000
㈜종속의 조정 후 당기순이익		62,000
비지배지분율		× 30%
비지배지분순이익		18,600

물음 3 20×2년 말 비지배지분

20×2년 말 ㈜종속의 순자산 장부금액	$1,000,000 + 80,000 + 90,000 =$	1,170,000
20×2년 말 투자제거차액		
건물	$100,000 \times 8/10 =$	80,000
20×2년 말 ㈜종속의 순자산 공정가치		1,250,000
비지배지분율		× 30%
20×2년 말 비지배지분		375,000

해커스 IFRS 정윤돈 재무회계연습

제18장 연결회계

다음은 ㈜대한의 ㈜민국에 대한 주식 취득과 관련된 거래 내역이다. 물음에 답하시오.　　[공인회계사 2차 2016년]

(1) 20×1년 1월 1일에 ㈜대한은 ㈜민국 주식 30%(30주)를 주당 ₩2,500에 취득하여, 유의적인 영향력을 행사할 수 있게 되었다. 동 일자 ㈜민국의 식별 가능한 순자산 장부금액은 ₩230,000이며, 장부금액과 공정가치가 일치하지 않는 유일한 항목은 건물 A이다. 건물 A의 장부금액은 ₩100,000, 공정가치는 ₩120,000이고, 정액법으로 감가상각하며 잔존가치는 ₩0, 잔존내용연수는 5년이다.

(2) 20×2년 12월 31일에 ㈜민국은 보유하고 있던 건물 A를 ㈜만세에 처분하였다.

(3) 20×3년 1월 1일에 ㈜대한은 ㈜민국의 주식 30%(30주)를 주당 ₩4,000에 추가로 취득하여 지배력을 획득하였다. ㈜대한이 보유하고 있던 ㈜민국 주식 30주의 공정가치도 주당 ₩4,000으로 동일하다. 지배력획득일 현재 ㈜민국의 식별 가능한 순자산 장부금액은 ₩300,000이며, 자본구성 내역은 자본금 ₩150,000, 자본잉여금 ₩50,000, 이익잉여금 ₩100,000이다.

(4) 20×3년 1월 1일 현재, ㈜민국의 자산 중 장부금액과 공정가치가 상이한 것은 다음과 같다.

구분	장부금액	공정가치	차액
재고자산	₩200,000	₩220,000	₩20,000
토지	600,000	650,000	50,000

동 재고자산은 20×3년에 모두 외부로 판매되었고, 토지는 20×3년 말까지 ㈜민국이 보유 중이다.

(5) ㈜민국의 비지배지분은 종속기업의 식별 가능한 순자산에 대한 비례적 지분으로 측정한다. ㈜대한의 별도재무제표에서는 종속기업투자주식에 대하여 원가법으로 회계처리한다.

(6) ㈜민국의 20×1년, 20×2년, 20×3년의 당기순이익은 각각 ₩10,000, ₩20,000, ₩30,000이고, ㈜민국은 20×1년과 20×3년에 주당 ₩20씩 현금 배당금을 지급하였다.

물음 1　20×1년과 20×2년 개별재무제표 작성 시 ㈜대한의 재무상태표에 보고될 관계기업투자주식의 장부금액과 지분법 회계처리로 ㈜대한의 당기순이익에 미치는 영향을 각각 계산하시오(단, 당기순이익이 감소하는 경우에는 금액 앞에 '(-)'를 표시하시오).

20×1년 말 관계기업투자주식 장부금액	①
20×1년 당기순이익에 미치는 영향	②
20×2년 말 관계기업투자주식 장부금액	③
20×2년 당기순이익에 미치는 영향	④

물음 2 지분법으로 회계처리한 결과, 20×2년 12월 31일 ㈜대한이 보유하고 있는 ㈜민국에 대한 관계기업투자주식의 장부금액은 ₩80,000이라고 가정하자. ① 20×3년 말 연결재무상태표에 보고될 영업권의 장부금액, ② 비지배지분의 장부금액, ③ 20×3년 말 ㈜대한의 별도재무상태표에 보고될 종속기업투자주식의 장부금액, ④ 20×3년 ㈜대한의 별도포괄손익계산서상 당기순이익에 미치는 영향을 각각 계산하시오(단, 당기순이익이 감소하는 경우에는 금액 앞에 '(-)'를 표시하시오).

연결재무상태표에 보고될 영업권 장부금액	①
비지배지분 장부금액	②
별도재무상태표에 보고될 종속기업투자주식 장부금액	③
별도포괄손익계산서상 당기순이익에 미치는 영향	④

물음 1

20×1년 말 관계기업투자주식 장부금액	① 76,200
20×1년 당기순이익에 미치는 영향	② 1,800
20×2년 말 관계기업투자주식 장부금액	③ 77,400
20×2년 당기순이익에 미치는 영향	④ 1,200

(1) 20×1년 지분법이익: (10,000 - 20,000/5) × 30% = 1,800

(2) 20×1년 관계기업투자주식 장부금액: 75,000 - 600 + 1,800 = 76,200

(3) 20×2년 지분법이익: (20,000 - 20,000 × 4/5) × 30% = 1,200

(4) 20×2년 관계기업투자주식 장부금액: 75,000 - 600 + 1,800 + 1,200 = 77,400

물음 2

연결재무상태표에 보고될 영업권 장부금액	① 18,000
비지배지분 장부금액	② 151,200
별도재무상태표에 보고될 종속기업투자주식 장부금액	③ 240,000
별도포괄손익계산서상 당기순이익에 미치는 영향	④ 41,200

(1) 20×3년 초 종속기업투자주식 장부금액: 120,000 + 30주 × @4,000 = 240,000

(2) 영업권 장부금액: 240,000 - (150,000 + 50,000 + 100,000 + 20,000 + 50,000) × 60% = 18,000

(3) 비지배지분 장부금액: (300,000 + 30,000 - 2,000 + 50,000) × 40% = 151,200

(4) 별도포괄손익계산서상 당기순이익: 40,000(처분이익) + 1,200(배당금수익) = 41,200

참고 회계처리

1. ㈜대한의 20×3년 회계처리

(1) 20×3년 1월 1일

차) 종속기업투자주식	240,000	대) 현금	120,000
		관계기업투자주식	80,000
		관계기업투자주식처분이익(N/I)	40,000

(2) 20×3년 12월 31일

차) 현금	1,200	대) 배당금수익	1,200

2. ㈜대한의 20×3년 말 연결제거분개

(1) 투자주식과 자본의 상계 제거

차) 자본금	150,000	대) 종속기업투자주식	240,000
자본잉여금	50,000	비지배지분	148,000
이익잉여금	100,000		
재고자산	20,000		
토지	50,000		
영업권	18,000		

(2) 평가차액 상각

차) 매출원가	20,000	대) 재고자산	20,000

(3) 배당금수익의 제거

차) 배당금수익	1,200	대) 이익잉여금	2,000
비지배지분	800		

(4) 당기순이익으로 인한 순자산 변동 중 비지배지분

차) 이익잉여금	4,000	대) 비지배지분	4,000

문제 9 종속기업의 자기주식 취득과 연결현금흐름표 - Level 4

20×1년 1월 1일 ㈜대한은 ㈜민국 발행주식의 60%(60주)를 ₩300,000에 취득하여 지배력을 획득하였다. 동 일자 현재 ㈜대한과 ㈜민국의 자본계정은 다음과 같으며, 자산과 부채의 장부금액과 공정가치는 일치하였다.

[공인회계사 2차 2016년]

	㈜대한	㈜민국
자본금	₩400,000	₩100,000
자본잉여금	300,000	250,000
이익잉여금	250,000	50,000
자본총계	₩950,000	₩400,000

㈜대한은 ㈜민국의 투자주식을 원가법으로 회계처리하고 있으며, 종속기업에 대한 비지배지분을 종속기업의 식별 가능한 순자산 공정가치에 비례하여 결정한다.

㈜대한과 ㈜민국의 20×1년 당기순이익은 각각 ₩100,000과 ₩30,000이다. 20×1년 당기순이익에 따른 이익잉여금 증가 이외의 자본변동은 없다.

20×1년 중 ㈜대한은 ㈜민국에 상품을 ₩100,000에 판매하였는데, 동 상품 중 40%가 ㈜민국의 기말재고로 남아 있다. 또한, ㈜민국은 ㈜대한에 상품을 ₩50,000에 판매하였는데, 동 상품은 모두 20×1년 중에 외부에 판매되었다. ㈜ 대한과 ㈜민국의 매출총이익률은 모두 20%이며, 판매된 상품은 매출 다음연도까지는 모두 외부에 판매된다.

물음 1 20×1년 말 ㈜대한의 연결재무상태표에 보고되는 ① 영업권, ② 비지배지분, ③ 이익잉여금을 계산하시오.

물음 2 20×2년 1월 1일 ㈜민국은 비지배주주로부터 자기주식 20주를 ₩80,000에 취득하였다. 20×1년 12월 31일 현재, ㈜민국의 자본계정은 자본금 ₩100,000, 자본잉여금 ₩250,000, 이익잉여금 ₩80,000으로 구성되어 있다. 20×2년 1월 1일 자기주식 취득 후 작성되는 연결재무상태표에 보고되는 비지배지분 장부금액을 계산하시오.

물음 3 다음과 같은 연결실체 간의 현금거래가 연결현금흐름표에 표시되는지, 표시된다면 영업활동, 투자활동, 재무활동 중 어떤 현금흐름으로 표시되는지를 주어진 답안 양식에 따라 답하시오.

거래 1 종속기업이 지급한 현금 배당금 중 지배기업이 수취한 배당금

거래 2 종속기업에 대한 지배력 상실을 초래한 지배기업의 종속기업 주식 처분

거래 3 지배력획득 이후, 지배기업이 종속기업의 주식을 추가로 취득한 경우

거래 4 종속기업이 유상증자를 통해 발행하는 신주를 지배기업이 취득한 경우

구분	표시 여부	현금흐름 유형
(거래 예)	표시되지 않음	–
	표시됨	영업활동
거래 1		
거래 2		
거래 3		
거래 4		

┤ 풀이 ├

물음 1 ① 영업권: 300,000 - (100,000 + 250,000 + 50,000) × 60% = 60,000

② 비지배지분: (400,000 + 30,000) × 40% = 172,000

③ 이익잉여금: 250,000 + 100,000 + 30,000 × 60% - 100,000 × 20% × 40% = 360,000

참고 ㈜대한의 20 × 1년 12월 31일 연결조정분개

(1) 종속기업투자주식과 자본의 상계

차) 자본금	100,000	대) 종속기업투자주식	300,000
자본잉여금	250,000	비지배지분	160,000
이익잉여금	50,000		
영업권	60,000		

(2) 재고자산 내부거래 및 미실현이익 제거

차) 매출	150,000	대) 매출원가	150,000
차) 매출원가	8,000	대) 재고자산	8,000

(3) 당기순이익으로 인한 순자산 변동 중 비지배지분

차) 이익잉여금	12,000	대) 비지배지분	12,000

물음 2 (1) ㈜민국 자기주식 20주 취득 후 비지배지분율: 20주/80주 = 25%

(2) 20×2년 1월 1일 비지배지분 장부금액: [100,000 + 250,000 + 80,000 - 80,000(자기주식)] × 25% = 87,500

참고 ㈜대한의 20×2년 12월 31일 연결조정분개

(1) 종속기업투자주식과 자본의 상계

차)	자본금	100,000	대)	종속기업투자주식	300,000
	자본잉여금	250,000		비지배지분	160,000
	이익잉여금	50,000			
	영업권	60,000			

(2) 지배력취득시점부터 당기 초까지 종속기업의 순자산 변동분 중 비지배지분 해당액

차)	이익잉여금	12,000	대)	비지배지분	12,000

(3) 재고자산 하향판매 전기 미실현이익 제거

차)	이익잉여금	8,000	대)	재고자산	8,000

(4) 자기주식 취득에 대한 조정

차)	비지배지분	84,500	대)	자기주식	80,000
				자본잉여금	4,500

- 자기주식 취득 직전 비지배지분 잔액: 430,000 × 40% = 172,000
- 자기주식 취득 직후 비지배지분 잔액: (430,000 - 80,000) × 25% = 87,500
- 자기주식 취득으로 인해 비지배지분 변동액: 172,000 - 87,500 = 84,500
- 자기주식 취득으로 인해 비지배지분 변동액보다 자기주식 취득원가가 4,500 더 적으므로 이를 자본잉여금에서 조정한다.

(5) 당기순이익으로 인한 순자산 변동분 중 비지배지분 해당액

당기순이익으로 인한 순자산 변동분 중 비지배지분 해당액이 0이므로 별도 회계처리는 없다.

물음 3

구분	표시 여부	현금흐름 유형
거래 1	표시되지 않음	-
거래 2	표시됨	투자활동
거래 3	표시됨	재무활동
거래 4	표시되지 않음	-

㈜대한은 20×1년 초에 ㈜민국의 회사 주식 500주(50%)를 ₩600,000에 취득했다. ㈜대한의 지분율은 50%를 초과하지 않지만 실질지배력이 있는 것으로 판단되었다. ㈜대한은 ㈜민국의 종속기업투자주식을 별도재무제표상 원가법으로 평가하고 있다. 연결재무제표상 비지배지분은 종속기업의 식별 가능한 순자산 공정가치에 비례하여 결정한다. 순자산 장부금액은 공정가치와 일치한다. ㈜민국의 자본항목의 구성은 다음과 같다. [공인회계사 2차 2018년]

일자	구분	금액
지배력취득일(20×1. 1. 1.)	자본금(1,000주, 액면가 ₩500)	₩500,000
	자본잉여금	400,000
	이익잉여금	100,000
	기타자본	100,000
	순자산 장부금액	₩1,100,000

지배력취득일 현재 ㈜대한의 자본금은 ₩700,000 자본잉여금은 ₩400,000 이익잉여금은 ₩200,000이다.

종속기업투자에 따른 영업권 이외에 다른 영업권은 없다. 영업권에 대한 손상 검토를 수행한 결과 영업권이 배부된 현금창출단위의 20×1년 말 회수가능금액은 ₩35,000이다. 다음은 20×1년 중 ㈜대한과 ㈜민국에 관련된 거래이다.

- ㈜대한은 ㈜민국에게 20×1년 중 원가 ₩40,000인 재고자산을 ₩50,000에 판매하였다. ㈜민국은 ㈜대한으로부터 매입한 재고자산 중 70%는 20×1년 중에 외부로 판매했으며 30%는 아직 창고에 남아 있다. 한편, ㈜민국은 20×1년 중 ㈜대한에게 원가 ₩60,000인 재고자산을 ₩50,000에 판매하였다. ㈜민국의 ㈜대한에 대한 매출액은 해당 재고자산의 순실현가능가치이다. 기말 현재 ㈜대한의 창고에는 ㈜민국으로부터 매입한 재고자산의 20%가 남아 있다.

- ㈜민국은 20×1년 7월 1일에 ㈜대한에게 기계장치(취득원가 ₩90,000, 장부금액 ₩40,000)를 ₩50,000에 매각하였다. 매각시점에 기계장치의 잔존금액은 없으며 잔존내용연수는 5년, 정액법으로 상각한다.

- ㈜대한은 ㈜민국과의 재고자산 거래에서 발생한 매출채권 ₩50,000을 타사에 ₩45,000에 매각했다. 외부에 양도한 매출채권은 제거요건을 충족하지 못한다.

- ㈜민국이 20×1년 중 취득하여 보유하고 있는 타사의 기타포괄손익-공정가치 측정 금융자산의 취득원가는 ₩280,000이며, 20×1년 말 공정가치는 ₩320,000이다.

20×1년 ㈜대한과 ㈜민국의 별도(개별)재무제표상 당기순이익은 각각 ₩250,000과 ₩100,000이다. 지분변동 거래에서 발생한 차액은 자본잉여금에 반영한다.

물음 1 20×1년 연결조정분개 후 다음의 계정금액을 계산하시오.

총연결당기순이익	①
비지배지분	②

물음 2 20×2년 초에 ㈜대한은 ㈜민국의 주식 10%(100주)를 ₩130,000에 추가 취득하여 ㈜대한의 지분율이 60%로 상승했다. 다음은 20×2년 중 ㈜대한과 ㈜민국에 관련된 자료이다.

- 20×2년 영업권 손상징후는 없다.
- 20×1년 미판매재고자산은 모두 판매되었으며 20×2년 중 내부거래는 없다.
- ㈜민국이 보유하고 있던 타사 기타포괄손익-공정가치 측정 금융자산의 공정가치 변동은 없다.
- 20×2년 ㈜대한과 ㈜민국의 별도(개별)재무제표상 당기순이익은 각각 ₩300,000과 ₩150,000이다.

20×2년 연결조정분개 후 다음의 계정금액을 계산하시오.

총연결당기순이익	①
연결자본잉여금	②
비지배지분	③

물음 3 **물음 2**에서 ㈜대한이 추가 지분을 취득하는 대신, 20×2년 초에 ㈜대한이 ㈜민국의 유상증자 500주 가운데 400주를 주당 ₩1,300, 총 ₩520,000에 취득하여 ㈜대한의 지분율이 60%로 상승하였다고 가정한다. 20×2년 중 ㈜대한과 ㈜민국에 관련된 자료는 **물음 2**와 같다. 20×2년 연결조정분개 후 다음의 계정금액을 계산하시오.

연결자본잉여금	①
비지배지분	②

물음 4 **물음 2**와 **물음 3** 대신, ㈜민국이 자기주식 167주를 주당 ₩1,300, 총 ₩217,100에 취득하여 ㈜대한의 지분율이 60%(≒500주/833주)로 상승하였다고 가정한다. 20×2년 중 ㈜대한과 ㈜민국에 관련된 자료는 **물음 2**와 같다. 20×2년 연결조정분개 후 다음의 계정금액을 계산하시오.

연결자본잉여금	①
비지배지분	②

물음 1	총연결당기순이익	① 323,000
	비지배지분	② 615,500

근거

① 20×1년 총연결당기순이익: 250,000 + 100,000 − 15,000 − 3,000 − 10,000 + 1,000 = 323,000

② 20×1년 말 비지배지분

　[1,100,000(기초자본) + 100,000(개별 당기순이익) + 40,000(금융자산평가이익) − 9,000(상향 미실현이익 잔액)] × 50%

　= 615,500

참고　㈜대한의 20×1년 12월 31일 연결조정분개

(1) 종속기업투자주식과 자본의 상계

차)	자본금	500,000	대)	종속기업투자주식	600,000
	자본잉여금	400,000		비지배지분	550,000
	이익잉여금	100,000			
	기타자본	100,000			
	영업권	50,000			

(2) 영업권 손상검사

차)	손상차손	15,000	대)	영업권	15,000

(3) 재고자산 내부거래 상계 및 미실현손익 제거

차)	매출	100,000	대)	매출원가	100,000
차)	매출원가	3,000	대)	재고자산	3,000

(4) 유형자산 내부거래 제거

차)	기계장치	40,000	대)	감가상각누계액	49,000
	유형자산처분이익	10,000		감가상각비	1,000

(5) 채권·채무 상계 제거

차)	매입채무	50,000	대)	매출채권	50,000

(6) 당기순이익과 기타포괄손익으로 인한 순자산 변동 중 비지배지분 해당액

차)	이익잉여금	45,500	대)	비지배지분	45,500
차)	금융자산평가이익(OCI)	20,000	대)	비지배지분	20,000

물음 2

총연결당기순이익	① 455,000
연결자본잉여금	② 393,100
비지배지분	③ 553,200

근거

① 20×2년 총연결당기순이익: 300,000 + 150,000 + 3,000 + 2,000 = 455,000

② 20×2년 말 연결자본잉여금: 400,000(㈜대한 자본잉여금) - 6,900 = 393,100

③ 20×2년 말 비지배지분: (1,100,000 + 100,000 + 40,000 + 150,000 - 7,000) × 40% = 553,200

참고 ㈜대한의 20×2년 12월 31일 연결조정분개

(1) 종속기업투자주식과 자본의 상계

차)	자본금	500,000	대)	종속기업투자주식	600,000
	자본잉여금	400,000		비지배지분	550,000
	이익잉여금	100,000			
	기타자본	100,000			
	영업권	50,000			

(2) 지배력취득시점부터 당기 초까지 종속기업 순자산 변동 중 비지배지분 해당액

차)	이익잉여금	45,500	대)	비지배지분	45,500
차)	금융자산평가이익(OCI)	20,000	대)	비지배지분	20,000

(3) 당기 초 종속기업투자 추가 취득에 대한 조정

차)	비지배지분[1]	123,100	대)	종속기업투자주식	130,000
	자본잉여금[2]	6,900			

1) (550,000 + 45,500 + 20,000) × 10%/50% = 123,100

2) 130,000 - (1,100,000 + 100,000 + 40,000 - 9,000) × 10% = 6,900

(4) 영업권 손상검사

차)	이익잉여금	15,000	대)	영업권	15,000

(5) 재고자산 전기 미실현이익의 실현

차)	이익잉여금	3,000	대)	매출원가	3,000

(6) 유형자산 내부거래

차)	기계장치	40,000	대)	감가상각누계액	47,000
	이익잉여금	9,000		감가상각비	2,000

(7) 당기순이익으로 인한 순자산 변동 중 비지배지분

차)	이익잉여금[3]	60,800	대)	비지배지분	60,800

3) (150,000 + 2,000) × 40% = 60,800

물음 3	연결자본잉여금	① 393,100
	비지배지분	② 813,200

(1) 20×2년 초 유상증자 시 자본잉여금 조정액

1) 유상증자로 인한 ㈜대한 지분변동액: (1,100,000 + 100,000 + 40,000 - 9,000 + 500주 × @1,300) × 60% - (1,100,000 + 100,000 + 40,000 - 9,000) × 50% = 513,100

2) ㈜대한 초과지급액(자본잉여금 감소로 처리): 520,000 - 513,100 = 6,900

(2) 20×2년 초 유상증자 시 비지배지분 조정액: (1,100,000 + 100,000 + 40,000 - 9,000 + 500주 × @1,300) × 40% - (1,100,000 + 100,000 + 40,000 - 9,000) × 50% = 136,900

(3) 20×2년 말 연결자본잉여금: 400,000 - 6,900 = 393,100

(4) 20×2년 말 비지배지분: (1,100,000 + 100,000 + 40,000 + 500주 × @1,300 + 150,000 - 7,000) × 40% = 813,200

참고 ㈜대한의 20×2년 12월 31일 연결조정분개

(1) 종속기업투자주식과 자본의 상계

차)	자본금	500,000	대)	종속기업투자주식	600,000
	자본잉여금	400,000		비지배지분	550,000
	이익잉여금	100,000			
	기타자본	100,000			
	영업권	50,000			

(2) 지배력취득시점부터 당기 초까지 종속기업 순자산 변동 중 비지배지분 해당액

차)	이익잉여금	45,500	대)	비지배지분	45,500
차)	금융자산평가이익(OCI)	20,000	대)	비지배지분	20,000

(3) 당기 유상증자 시 취득한 종속기업투자와 종속기업 자본의 상계 제거

차)	자본금	250,000	대)	종속기업투자주식	520,000
	자본잉여금	400,000		비지배지분	136,900
	이익잉여금	6,900			

(4) 영업권 손상검사

차)	이익잉여금	15,000	대)	영업권	15,000

(5) 재고자산 전기 미실현이익의 실현

차)	이익잉여금	3,000	대)	매출원가	3,000

(6) 유형자산 내부거래

차)	기계장치	40,000	대)	감가상각누계액	47,000
	이익잉여금	9,000		감가상각비	2,000

(7) 당기순이익으로 인한 순자산 변동 중 비지배지분

차)	이익잉여금[1]	60,800	대)	비지배지분	60,800

1) (150,000 + 2,000) × 40% = 60,800

물음 4	연결자본잉여금	① 392,840
	비지배지분	② 466,360

(1) 20×2년 초 자기주식 취득으로 인한 자본잉여금 조정액: (1,100,000 + 100,000 + 40,000 - 9,000 - 217,100) × 60% - (1,100,000 + 100,000 + 40,000 - 9,000) × 50% = (-)7,160

(2) 20×2년 초 자기주식 취득으로 인한 비지배지분 조정액: (1,100,000 + 100,000 + 40,000 - 9,000 - 217,100) × 40% - (1,100,000 + 100,000 + 40,000 - 9,000) × 50% = (-)209,940

(3) 20×2년 말 연결자본잉여금: 400,000 - 7,160 = 392,840

(4) 20×2년 말 비지배지분: (1,100,000 + 100,000 + 40,000 - 217,100 + 150,000 - 7,000) × 40% = 466,360

참고 ㈜대한의 20×2년 12월 31일 연결조정분개

(1) 종속기업투자주식과 자본의 상계

차)	자본금	500,000	대)	종속기업투자주식	600,000
	자본잉여금	400,000		비지배지분	550,000
	이익잉여금	100,000			
	기타자본	100,000			
	영업권	50,000			

(2) 지배력취득시점부터 당기 초까지 종속기업 순자산 변동 중 비지배지분 해당액

차)	이익잉여금	45,500	대)	비지배지분	45,500
차)	금융자산평가이익(OCI)	20,000	대)	비지배지분	20,000

(3) 자기주식 취득에 대한 조정

차)	비지배지분	209,940	대)	자기주식	217,100
	자본잉여금	7,160			

(4) 영업권 손상검사

차)	이익잉여금	15,000	대)	영업권	15,000

(5) 재고자산 전기 미실현이익의 실현

차)	이익잉여금	3,000	대)	매출원가	3,000

(6) 유형자산 내부거래

차)	기계장치	40,000	대)	감가상각누계액	47,000
	이익잉여금	9,000		감가상각비	2,000

(7) 당기순이익으로 인한 순자산 변동 중 비지배지분

차)	이익잉여금[1]	60,800	대)	비지배지분	60,800

1) (150,000 + 2,000) × 40% = 60,800

다음의 각 물음은 독립적이다.

[공인회계사 2차 2023년]

물음 1 <자료 1>을 이용하여 각 <요구사항>에 답하시오.

<자료 1>

(1) ㈜대한은 20×1년 1월 1일에 ㈜민국의 의결권 있는 보통주식 60%를 ₩120,000에 취득하여 실질지배력을 획득하였다. 지배력취득일 현재 ㈜대한과 ㈜민국의 자본은 다음과 같다.

(단위: ₩)

항목	㈜대한	㈜민국
자본금	150,000	80,000
자본잉여금	100,000	60,000
이익잉여금	80,000	50,000
자본총계	330,000	190,000

(2) 다음은 ㈜대한과 ㈜민국의 20×1년과 20×2년의 별도(개별) 포괄손익계산서이다.

(단위: ₩)

계정과목	20×1년도		20×2년도	
	㈜대한	㈜민국	㈜대한	㈜민국
매출	150,000	100,000	200,000	120,000
기타수익	18,000	8,000	35,000	20,000
매출원가	(90,000)	(60,000)	(160,000)	(84,000)
감가상각비	(20,000)	(10,000)	(20,000)	(10,000)
기타비용	(30,000)	(18,000)	(16,000)	(12,000)
당기순이익	28,000	20,000	39,000	34,000

(3) 지배력취득일 현재 ㈜민국의 순자산 장부금액과 공정가치가 일치하지 않는 자산은 다음과 같다.

(단위: ₩)

계정과목	장부금액	공정가치	비고
재고자산	50,000	56,000	20×1년에 80%를 판매하고 나머지는 20×2년에 판매
토지	34,000	38,000	20×2년 중에 제3자에게 ₩42,000에 처분
건물	60,000	55,000	잔존내용연수는 5년, 잔존가치는 없으며, 정액법으로 감가
기계장치	60,000	70,000	상각

---

(4) 다음은 ㈜대한과 ㈜민국 간의 20×1년과 20×2년의 내부거래 내용이다.

- 20×1년과 20×2년 ㈜대한과 ㈜민국 간의 재고자산 내부거래는 다음과 같으며, 기말재고자산은 다음 연도에 모두 연결실체 외부로 판매된다.

(단위: ₩)

연도	판매회사	매입회사	매출액	기말보유비율
20×1년	㈜대한	㈜민국	30,000	50%
	㈜민국	㈜대한	15,000	40%
20×2년	㈜대한	㈜민국	50,000	40%
	㈜민국	㈜대한	12,000	50%

- 20×1년 1월 1일 ㈜대한은 지배력취득 직후 보유하던 기계장치(취득원가 ₩20,000, 감가상각누계액 ₩8,000, 잔존내용연수 3년, 잔존가치 없이 정액법 상각)를 ㈜민국에게 ₩18,000에 매각하였으며, ㈜민국은 기계장치를 계속 사용하다가 20×3년 4월 1일 연결실체 외부에 ₩15,000에 매각하였다.

- 20×2년 3월 20일 ㈜민국은 주주총회에서 20×1년 성과에 대해 주식배당 ₩5,000과 현금배당 ₩5,000을 결의하였으며, 주주총회 당일 주주들에게 지급하였다.

(5) ㈜대한은 종속기업투자주식을 원가법으로 평가하고 있으며, 연결재무제표 작성 시 비지배지분은 종속기업의 순자산 공정가치에 비례하여 배분한다.

(6) ㈜대한과 ㈜민국은 유형자산(토지, 건물, 기계장치)에 대해 원가모형을 적용하고 있다.

<요구사항 1>

㈜대한의 20×1년도 연결재무제표에 표시될 다음의 항목을 계산하시오.

비지배지분	①
지배기업소유주 귀속 당기순이익	②

<요구사항 2>

㈜대한의 20×2년도 연결재무제표에 표시될 다음의 항목을 계산하시오.

비지배지분	③
지배기업소유주 귀속 당기순이익	④

<요구사항 3>

20×3년도 ㈜대한과 ㈜민국의 당기순이익이 각각 ₩36,000과 ₩25,000일 경우 지배기업소유주 귀속 당기순이익을 계산하시오.

지배기업소유주 귀속 당기순이익	⑤

물음 2 다음 <자료 2>를 이용하여 각 <요구사항>에 답하시오. 단, <요구사항>은 독립적이다.

<자료 2>

(1) ㈜한국은 20×1년 1월 1일에 ㈜만세의 주식을 취득하여 지배기업이 되었다. 지배력취득일 현재 ㈜만세의 순자산 장부금액과 공정가치는 동일하였으며, ㈜만세의 자본은 다음과 같다.

(단위: ₩)

구분	항목	장부금액
20×1년 초	자본금(600주, 액면금액 ₩200)	120,000
	자본잉여금	20,000
	이익잉여금	60,000
	자본총계	200,000
20×1년	당기순이익	20,000
20×1년 말	자본총계	220,000

(2) ㈜한국의 20×2년 초 자본금은 ₩200,000이고 자본잉여금은 ₩100,000이며 이익잉여금은 ₩150,000이다.

(3) ㈜만세에 대한 ㈜한국의 지분이 변동하는 경우, 지분변동으로부터 발생한 차액은 자본잉여금으로 조정한다.

<요구사항 1>

㈜한국은 20×1년 1월 1일에 ㈜만세의 주식 480주(80%)를 ₩180,000에 취득하여 지배기업이 되었다. ㈜만세가 20×2년 1월 1일 200주를 주당 ₩400에 유상증자 시 ㈜한국이 ㈜만세의 신주를 전혀 인수하지 않았을 경우, 20×2년 말 유상증자에 대한 연결조정분개 시 다음의 항목을 계산하시오. 단, 비지배지분과 연결자본잉여금이 감소하는 경우 금액 앞에 (-)를 표시하시오.

비지배지분 증감액	①
연결자본잉여금 증감액	②

<요구사항 2>

㈜한국은 20×1년 1월 1일에 ㈜만세의 주식 360주(60%)를 ₩140,000에 취득하여 지배기업이 되었다. ㈜만세가 20×2년 1월 1일 자기주식 150주를 취득하여 20×2년 말 현재 계속 보유하고 있다. ㈜만세가 자기주식을 주당 ₩300에 비지배주주로부터 취득하였을 경우, 20×2년 말 자기주식 취득에 대한 연결조정분개 시 다음의 항목을 계산하시오. 단, 비지배지분과 연결자본잉여금이 감소하는 경우 금액 앞에 (-)를 표시하시오.

비지배지분 증감액	①
연결자본잉여금 증감액	②

물음 1 <요구사항 1>

비지배지분	① 86,720
지배기업소유주 귀속 당기순이익	② 28,080

<요구사항 2>

비지배지분	③ 96,080
지배기업소유주 귀속 당기순이익	④ 57,040

<요구사항 3>

지배기업소유주 귀속 당기순이익	⑤ 57,480

근거

1. 지배력획득일 계산구조

	지배기업지분(60%)	비지배지분(40%)
종속기업순자산 BV 190,000	114,000	76,000
종속기업순자산 FV-BV 15,000	9,000	6,000
영업권 or (-)염가매수차익	(-)3,000	
이전대가 120,000		

2. 연결당기순이익 계산

구분	㈜대한			㈜민국		
	20×1년	20×2년	20×3년	20×1년	20×2년	20×3년
조정 전 당기순이익	28,000	39,000	36,000	20,000	34,000	25,000
평가차액 상각						
- 재고자산				(-)4,800	(-)1,200	
- 토지					(-)4,000	
- 건물				1,000	1,000	1,000
- 기계장치				(-)2,000	(-)2,000	(-)2,000
염가매수차익	3,000					
내부거래 제거						
- 재고자산	(-)6,000[1]	6,000		(-)2,400[2]	2,400	
		(-)4,000[3]	4,000		(-)1,800[4]	1,800
- 기계장치	(-)6,000[5]					
	2,000	2,000	2,000			
배당수익		(-)3,000				
조정 후 금액	21,000	40,000	42,000	11,800	28,400	25,800

1) $30,000 \times 50\% \times 60,000/150,000 = 6,000$
2) $15,000 \times 40\% \times 40,000/100,000 = 2,400$
3) $50,000 \times 40\% \times 40,000/200,000 = 4,000$
4) $12,000 \times 50\% \times 36,000/120,000 = 1,800$
5) $18,000 - (20,000 - 8,000) = 6,000$

3. 지배력획득일 이후 계산구조

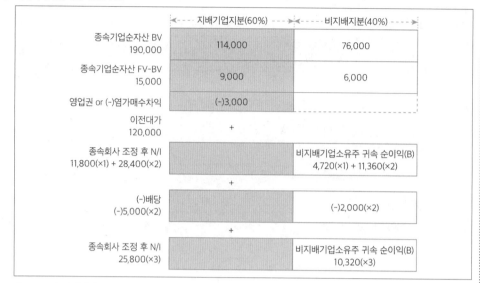

	지배기업지분(60%)	비지배지분(40%)
종속기업순자산 BV 190,000	114,000	76,000
종속기업순자산 FV-BV 15,000	9,000	6,000
영업권 or (-)염가매수차익	(-)3,000	
이전대가 120,000	+	
종속회사 조정 후 N/I 11,800(×1) + 28,400(×2)		비지배기업소유주 귀속 순이익(B) 4,720(×1) + 11,360(×2)
	+	
(-)배당 (-)5,000(×2)		(-)2,000(×2)
	+	
종속회사 조정 후 N/I 25,800(×3)		비지배기업소유주 귀속 순이익(B) 10,320(×3)

① 20×1년 비지배지분: 76,000 + 6,000 + 4,720 = 86,720

② 20×1년 지배기업소유주 귀속 당기순이익: 21,000 + 11,800 × 60% = 28,080

③ 20×2년 비지배지분: 86,720 + 11,360 − 2,000 = 96,080

④ 20×2년 지배기업소유주 귀속 당기순이익: 40,000 + 28,400 × 60% = 57,040

⑤ 20×3년 지배기업소유주 귀속 당기순이익: 42,000 + 25,800 × 60% = 57,480

물음 2 <요구사항 1>

비지배지분 증감액	① 76,000
연결자본잉여금 증감액	② 4,000

근거

1. 취득일 이후 계산구조

	지배기업지분(80%)	비지배지분(20%)
종속기업순자산 BV 200,000	160,000	40,000
종속기업순자산 FV-BV 0	0	0
영업권 or (-)염가매수차익	20,000	
이전대가 180,000	+	
종속회사 조정 후 N/I 20,000(×1)		비지배기업소유주 귀속 순이익(B) 4,000(×1)

2. 지배기업지분변동액: (1) - (2) = 4,000

(1) 증자 후 지배기업지분: (220,000 + 200주 × 400) × 480주/(600 + 200)주 = 180,000

(2) 증자 전 지배기업지분: 220,000 × 480주/600주 = 176,000

3. 20×2년 초 회계처리

차) 납입자본	80,000	대) 자본잉여금	4,000
		비지배지분(대차차액)	76,000

<요구사항 2>

비지배지분 증감액	① (-)53,000
연결자본잉여금 증감액	② 8,000

근거

1. 취득일 이후 계산구조

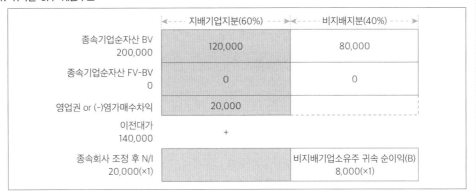

2. 비지배지분 증감액: (1) - (2) = (-)53,000

(1) 증자 후 비지배지분: (220,000 - 150주 × 300) × (240 - 150)주/(600 - 150)주 = 35,000

(2) 증자 전 비지배지분: 220,000 × 240주/600주 = 88,000

3. 자기주식 취득액: 150주 × 300 = 45,000

4. 20×2년 초 회계처리

차) 비지배지분	53,000	대) 자기주식	45,000
		자본잉여금(대차차액)	8,000

다음은 물음 1 과 물음 2 에 대한 정보이다.

[공인회계사 2차 2017년]

유통업을 영위하는 ㈜대한은 20×1년 1월 1일에 ㈜민국의 발행주식 70%를 ₩250,000에 취득하였으며, 동 일자에 ㈜민국은 ㈜서울의 발행주식 60%를 ₩70,000에 취득하였다. 20×1년 1월 1일 현재 ㈜대한, ㈜민국, ㈜서울의 자본계정은 다음과 같으며, 순자산 장부금액과 공정가치는 일치하였다.

구분	㈜대한	㈜민국	㈜서울
자본금	₩500,000	₩200,000	₩60,000
이익잉여금	300,000	100,000	30,000

<추가 자료>

- ㈜대한과 ㈜민국은 각각의 종속기업인 ㈜민국과 ㈜서울에 대한 투자주식을 원가법으로 회계처리하고 있으며, 연결재무제표 작성 시 비지배분은 종속기업의 식별 가능한 순자산 공정가치에 비례하여 결정한다.

- 20×1년 중에 ㈜대한은 ㈜민국 및 ㈜서울로부터 아래의 상품을 매입하였다. ㈜민국과 ㈜서울의 매출총이익률은 모두 30%이다.

판매회사 → 매입회사	판매액	매입회사 기말재고
㈜민국 → ㈜대한	₩30,000	₩20,000
㈜서울 → ㈜대한	10,000	10,000

- 20×1년 7월 1일에 ㈜대한은 사용하던 차량운반구(장부금액 ₩20,000)를 ₩28,000에 ㈜민국에게 현금 매각하였다. 매각일 현재 차량운반구의 잔존내용연수는 2년, 잔존가치는 ₩0, 감가상각방법은 정액법이다. ㈜민국은 동 차량운반구를 20×1년 말 현재 사용하고 있다.

- ㈜대한, ㈜민국, ㈜서울의 20×1년도의 당기순이익은 각각 ₩70,000, ₩30,000, ₩15,000이다.

물음 1   ㈜대한, ㈜민국, ㈜서울의 별도(개별)재무제표를 계정과목별로 단순 합산한 장부금액이 아래와 같을 경우, ㈜대한의 20×1년도 연결재무제표에 계상될 금액을 계산하시오(단, 20×1년 말 현재 영업권에 대한 손상은 발생하지 않은 것으로 가정한다).

[연결포괄손익계산서 항목]

계정과목	단순합산 장부금액	연결재무제표
매출액	₩820,000	①
매출원가	640,000	②

[연결재무상태표 항목]

계정과목	단순합산 장부금액	연결재무제표
차량운반구(순액)	₩180,000	③
영업권	0	④

물음 2 ㈜대한의 20×1년도 연결재무제표에 계상될 연결당기순이익을 ① 지배기업귀속당기순이익과 ② 비지배지분귀속당기순이익으로 구분하여 계산하시오.

지배기업귀속당기순이익	①
비지배지분귀속당기순이익	②

※ 물음 3 은 물음 1 , 물음 2 와 독립적이다.

물음 3 20×2년 1월 1일에 ㈜대한은 ㈜민국의 발행주식 70%를 ₩250,000에 취득하였다. 취득일 현재 ㈜민국의 자본합계는 ₩300,000(자본금 ₩200,000, 이익잉여금 ₩100,000)이며, 아래의 종속기업투자주식을 제외한 순자산 장부금액과 공정가치는 일치하였다.

<㈜민국의 재무자료>

구분	장부금액	공정가치
종속기업투자주식	₩70,000	₩80,000

한편 ㈜민국은 20×1년 1월 1일에 ㈜서울의 발행주식 60%를 ₩70,000에 취득하여 지배력을 획득한 바 있다. 취득일 당시 ㈜서울의 자본합계는 ₩90,000이며, 순자산 장부금액은 공정가치와 일치하였다.

<㈜서울의 재무자료>

구분	20×1. 1. 1.	20×2. 1. 1.
자본금	₩60,000	₩60,000
이익잉여금	30,000	40,000

㈜서울이 20×1년 당기순이익으로 보고한 금액은 ₩10,000이며, 이익 처분은 없다. 또한 20×2년 초 현재 순자산 장부금액과 공정가치도 일치한다. ㈜대한과 ㈜민국은 각각의 종속기업인 ㈜민국과 ㈜서울에 대한 투자주식을 원가법으로 회계처리하며, 연결재무제표 작성 시 종속기업에 대한 비지배지분은 종속기업의 식별 가능한 순자산 공정가치에 비례하여 결정한다.

지배력획득일(20×2년 1월 1일) 현재 ㈜대한의 연결재무상태표에 계상되는 ③ 영업권금액을 계산하시오.

영업권	③

---| 풀이 |---

물음 1 [연결포괄손익계산서 항목]

계정과목	단순합산 장부금액	연결재무제표
매출액	₩820,000	① 780,000
매출원가	640,000	② 609,000

[연결재무상태표 항목]

계정과목	단순합산 장부금액	연결재무제표
차량운반구(순액)	₩180,000	③ 174,000
영업권	0	④ 56,000

근거

① 820,000 - 30,000 - 10,000 = 780,000

② 640,000 - 30,000 - 10,000 + 20,000 × 0.3 + 10,000 × 0.3 = 609,000

③ 180,000 - 8,000 + 2,000 = 174,000

④ (70,000 - 90,000 × 60%) + (250,000 - 300,000 × 70%) = 56,000

물음 2

지배기업귀속당기순이익	① 85,840
비지배지분귀속당기순이익	② 14,160

근거

① 70,000 - 8,000 + 2,000 + (30,000 - 6,000) + (15,000 - 3,000) - 14,160 = 85,840

② [30,000 + (15,000 - 3,000) × 60% - 6,000] × 30% + (15,000 - 3,000) × 40% = 14,160

참고 연결조정분개

1. 20 × 1년 말 ㈜민국과 ㈜서울의 연결조정분개

차)	자본금	60,000	대)	종속기업투자주식	70,000
	자본잉여금	30,000		비지배지분	36,000
	영업권	16,000			
차)	매출	10,000	대)	매출원가	10,000
차)	매출원가	3,000	대)	재고자산	3,000
차)	이익잉여금	4,800	대)	비지배지분	4,800

2. 20 × 1년 말 ㈜대한과 ㈜민국의 연결조정분개

차)	자본금	200,000	대)	종속기업투자주식	250,000
	이익잉여금	100,000		비지배지분	90,000
	영업권	40,000			
차)	매출	30,000	대)	매출원가	30,000
차)	매출원가	6,000	대)	재고자산	6,000
차)	유형자산처분이익	8,000	대)	차량운반구	6,000
				감가상각비[1]	2,000
차)	이익잉여금	9,360	대)	비지배지분[2]	9,360

1) 8,000 ÷ 2년 × 6/12 = 2,000
2) [30,000 + (15,000 - 3,000) × 60% - 6,000] × 30% = 9,360

물음 3	영업권	③ 51,800

근거

③ 35,800 + 16,000 = 51,800

- ㈜대한의 영업권: 250,000 − (300,000 + 10,000 × 60%) × 70% = 35,800
- ㈜민국의 영업권: 70,000 − 90,000 × 60% = 16,000
  - ☑ 종속기업 순자산 장부금액과 공정가치의 차이가 발생한 경우 연결조정분개에서 이를 반영하여야 하지만, 종속기업투자주식의 장부금액과 공정가치의 차이는 고려할 필요가 없다. 그 이유는 종속기업투자와 자본의 상계를 통해 제거되는 항목이기 때문이다.

20×1년 1월 1일에 ㈜대한은 ㈜민국의 발행주식 70%를 ₩250,000에 취득하였으며, 또한 ㈜서울의 발행주식 40%를 ₩40,000에 취득하였다. 그리고 동 일자에 ㈜민국은 ㈜서울의 발행주식 20%를 ₩20,000에 취득하였다. 20×1년 1월 1일 현재 ㈜대한, ㈜민국, ㈜서울의 자본계정은 다음과 같으며, 순자산 장부금액과 공정가치는 일치하였다.

[공인회계사 2차 2014년]

구분	㈜대한	㈜민국	㈜서울
자본금	₩700,000	₩200,000	₩60,000
이익잉여금	300,000	100,000	30,000

<추가 자료>

(1) ㈜대한은 ㈜민국과 ㈜서울에 대한 투자주식을 원가법으로 회계처리하고 있으며, ㈜민국은 ㈜서울의 주식을 지분법으로 회계처리하고 있다.

(2) ㈜대한, ㈜민국, ㈜서울이 보고한 20×1년도의 당기순이익은 아래와 같다. 이 중 ㈜민국의 당기순이익에는 ㈜서울 주식에 대한 관계기업투자주식평가손익(지분법손익)이 포함되어 있다.

구분	㈜대한	㈜민국	㈜서울
당기순이익	₩115,000	₩32,000	₩8,000

(3) 연결재무제표 작성 시 비지배지분은 종속기업의 식별 가능한 순자산 공정가치에 비례하여 결정한다.

물음 1 ㈜서울에 대한 투자주식과 관련하여, ㈜민국의 20×1년 말 재무제표에 계상되는 관계기업투자주식의 장부금액을 구하시오(단, 20×1년 말 현재 영업권에 대한 손상은 발생하지 않은 것으로 가정한다).

물음 2 ㈜대한이 작성하는 20×1년도의 연결재무제표에 계상될 다음의 금액을 구하시오(단, 20×1년 말 현재 영업권에 대한 손상은 발생하지 않은 것으로 가정하며, 해당 금액이 없는 경우에는 "0"으로 표시하시오).

<연결재무상태표>

영업권	①

<연결포괄손익계산서>

연결당기순이익	
지배기업소유주순이익	②
비지배지분순이익	③

물음 1 20×1년 말 관계기업투자주식 장부금액: 21,600

회계처리

20×1년 1월 1일	차) 관계기업투자주식	20,000	대) 현금	20,000
20×1년 12월 31일	차) 관계기업투자주식	1,600	대) 지분법이익	1,600

물음 2 <연결재무상태표>

영업권	① 46,000

<연결포괄손익계산서>

연결당기순이익	
지배기업소유주순이익	② 140,600
비지배지분순이익	③ 12,800

근거

① 6,000 + 40,000 = 46,000

- (40,000 + 20,000) - (90,000 + 0) × 60% = 6,000
- 250,000 - (300,000 + 0) × 70% = 40,000

② 115,000 + 32,000 + 8,000 - 1,600 - 12,800 = 140,600

③ 3,200 + 9,600 = 12,800

참고 연결조정분개

1. 종속기업 ㈜서울과의 연결조정분개

(1) 지분법 취소

차) 지분법이익	1,600	대) 관계기업투자주식	1,600

(2) 투자주식과 지배력취득시점의 종속기업(㈜서울) 자본의 상계 제거

차) 자본금	60,000	대) 투자주식(대한)	40,000
이익잉여금	30,000	투자주식(민국)	20,000
영업권[1]	6,000	비지배지분	36,000

1) (40,000 + 20,000) - (90,000 + 0) × 60% = 6,000

(3) 당기순이익으로 인한 순자산 변동분 중 비지배지분 해당액

차) 이익잉여금	3,200	대) 비지배지분	3,200

2. 종속기업 ㈜민국과의 연결조정분개

(1) 투자주식과 지배력취득시점의 종속기업(㈜민국) 자본의 상계 제거

차) 자본금	200,000	대) 투자주식(대한)	250,000
이익잉여금	100,000	비지배지분	90,000
영업권[2]	40,000		

2) 250,000 - (300,000 + 0) × 70% = 40,000

(2) 당기순이익으로 인한 순자산 변동분 중 비지배지분 해당액

차) 이익잉여금[3]	9,600	대) 비지배지분	9,600

3) (32,000 - 1,600 + 8,000 × 20%) × 30% = 9,600

다음 자료는 ㈜초록의 연결현금흐름표 작성과 관련된 자료이다. 추가 자료를 고려하여 물음에 답하시오.

구분	20×2년		20×1년	
자산				
현금및현금성자산		₩460		₩1,320
수취채권		3,800		2,400
재고자산		5,000		6,400
FVPL금융자산		2,000		1,500
유형자산	7,460		3,820	
감가상각누계액	(-)2,900		(-)2,120	
유형자산순액		4,560		1,700
자산총계		₩15,820		₩13,320
부채				
매입채무		₩500		₩3,780
미지급이자		460		200
미지급법인세		980		2,000
장기차입금		2,580		2,080
사채		1,840		-
부채총계		₩6,360		₩8,060
자본				
납입자본		₩4,000		₩2,500
이익잉여금		5,460		2,760
자본총계		₩9,460		₩5,260
부채 및 자본총계		₩15,820		₩13,320

<20×2년 연결포괄손익계산서>

매출액	₩61,300
매출원가	(-)52,000
매출총이익	₩9,300
감가상각비	(-)900
판매비와 관리비	(-)1,320
FVPL금융자산평가손실	(-)500
이자비용	(-)800
이자수익	600
배당금수익	400
외환손실	(-)80
법인세비용차감전순이익	₩6,700
법인세비용	(-)600
당기순이익	₩6,100

<추가 자료>

(1) ㈜초록은 기중에 종속기업의 모든 주식을 ₩1,180에 취득하였다. 취득 자산과 인수 부채의 공정가치는 다음과 같다.
  · 재고자산(₩200)
  · 현금(₩80)
  · 유형자산(₩1,300)
  · 장기차입금(₩400)

(2) 당기에 유상증자로 ₩1,000, 장기차입금으로 ₩100을 조달하였다.

(3) 이자비용 ₩800에는 사채할인발행차금상각과 관련된 이자비용 ₩40이 포함되어 있다.

(4) 당기에 선언된 배당금에는 주식배당 ₩500이 포함되어 있으며, 나머지 배당금은 모두 현금지급되었다.

(5) FVPL금융자산 ₩1,000을 취득하였고, 나머지 차액은 기말 공정가치와 취득원가의 차이로 발생하였다.

(6) 유형자산을 개별적으로 총 ₩2,500에 취득하였다. 이 중에서 ₩1,800은 사채(액면금액 ₩2,000)를 발행하여 취득하였고, 나머지 ₩700은 현금으로 지급하였다.

(7) 취득원가가 ₩160이고 감가상각누계액이 ₩120인 설비자산을 ₩40에 매각하였다.

(8) 20×2년 말의 수취채권에는 미수이자 ₩200이 포함되어 있다.

(9) 외환손실 ₩80은 외화예금에서 발생한 것이다.

(10) 판매비와 관리비는 당기 발생된 비용으로 모두 현금 지출되었다.

물음 1 ㈜초록의 20×2년 연결현금흐름표를 직접법에 의하여 작성할 때, 아래의 빈칸 ① ~ ⑤에 들어갈 숫자를 계산하시오.

영업활동현금흐름		
고객으로부터 유입된 현금	①	
공급자와 종업원 등에 대한 현금유출	②	
영업으로부터 창출된 현금	?	
이자지급	③ ·	
이자수취	?	
배당금수취	₩400	
법인세납부	₩(-)1,620	
영업활동순현금흐름		?
투자활동현금흐름		
종속기업 취득에 따른 현금유출	④	
유형자산 취득	₩(-)700	
설비처분	₩40	
투자활동순현금흐름		?
재무활동현금흐름		
유상증자	₩1,000	
장기차입금	₩100	
배당금지급	⑤	
재무활동순현금흐름		?

물음 2 비금융회사의 경우, 이자의 수취 및 지급에 따른 현금흐름을 한국채택국제회계기준(K-IFRS)에서는 어떻게 분류하도록 하고 있는지 3줄 이내로 쓰시오.

물음 1 영업활동현금흐름

고객으로부터 유입된 현금	① 60,100	
공급자와 종업원 등에 대한 현금유출	② (-)56,000	
영업으로부터 창출된 현금	?	
이자지급	③ (-)500	
이자수취	?	
배당금수취	₩400	
법인세납부	₩(-)1,620	
영업활동순현금흐름		?
투자활동현금흐름		
종속기업 취득에 따른 현금유출	④ (-)1,100	
유형자산 취득	₩(-)700	
설비처분	₩40	
투자활동순현금흐름		?
재무활동현금흐름		
유상증자	₩1,000	
장기차입금	₩100	
배당금지급	⑤ (-)2,900	
재무활동순현금흐름		?

근거

① 61,300(매출) - 1,200(매출채권 증감) = 60,100
   ☑ 미수이자로 인한 증가 200 제외

② (-)52,000(매출원가) - 1,320(판매관리비) - 500(FVPL평가손실) + 1,600[1](재고자산 증감) - 500(FVPL금융자산 증감)
   - 3,280(매입채무 증감) = (-)56,000
   1) 기초 6,400 + 200(지배력획득 시 취득한 부분, 투자활동 1,100 포함) + 감소 = 기말 5,000, 감소 = (-)1,600

③ (-)800(이자비용) + 40(사채할인발행차금상각) + 260(미지급이자 증감) = (-)500

④ (-)1,180(종속기업 취득 시 현금유출) + 80(종속기업 현금) = (-)1,100

⑤ (-)2,900(배당금지급)

물음 2 이자의 수취 및 지급은 당기순손익의 결정에 영향을 미치므로 영업활동현금흐름으로 분류할 수 있다. 대체적인 방법으로 이자의 수취 및 지급은 재무자원을 획득하는 원가나 투자자산에 대한 수익으로 보아 각각 재무활동현금흐름이나 투자활동 현금흐름으로 분류할 수도 있다.

㈜지배는 20×8년 1월 1일에 미국에 소재하고 있는 ㈜종속의 보통주 지분 80%를 $2,500(₩3,000,000 상당액)에 취득하면서 지배력을 획득하였다. 취득 당시 ㈜종속의 자본항목은 자본금 $2,000와 이익잉여금 $1,000로 구성되어 있다. ㈜지배의 기능통화와 표시통화는 원화(₩)이며, ㈜종속의 기능통화는 US$이다. 또한 US$는 초인플레이션 경제의 통화에 해당하지 않는다.

---

(1) 20×8년도 ㈜종속의 재무상태표와 포괄손익계산서는 다음과 같다.

재무상태표

20×8년 12월 31일 현재

과목	금액	과목	금액
현금	$600	매입채무	$800
수취채권	1,800	장기차입금	1,300
재고자산	1,200	자본금	2,000
유형자산	2,400	기타포괄손익누계액	500
		이익잉여금	1,400
자산총계	$6,000	부채와 자본총계	$6,000

포괄손익계산서

20×8년 1월 1일부터 20×8년 12월 31일까지

과목	금액
매출액	$20,000
매출원가	(-)18,000
매출총이익	2,000
기타비용	(-)1,400
금융원가	(-)100
법인세비용	(-)100
당기순이익	400
기타포괄이익	500
총포괄이익	$900

(2) ㈜종속의 수익과 비용은 평균적으로 발생한다고 가정하며, 기타포괄이익은 20×8년 12월 31일에 발생한 재평가잉여금으로 법인세 효과를 차감한 순액이다.

(3) 20×8년의 환율정보는 다음과 같다.

- 20×8년 1월 1일: US$1 = ₩1,200
- 20×8년 평균: US$1 = ₩1,100
- 20×8년 12월 31일: US$1 = ₩1,050

물음 1 20×8년 12월 31일 ㈜지배가 연결재무제표를 작성하기 위해 ㈜종속의 재무제표를 ㈜지배의 표시통화로 환산하면서 발생하는 외환차이를 계산하시오(단, 손실의 경우에는 금액 앞에 (-)표시를 하시오).

물음 2 20×8년 12월 31일 ㈜지배의 표시통화로 작성되는 연결재무제표에 계상되는 영업권을 계산하시오(단, 20×8년 1월 1일 현재 ㈜종속의 자산과 부채의 공정가치는 장부금액과 동일하며, 영업권의 20×8년도 손상차손은 없다).

물음 3 ㈜종속의 장기차입금 $1,300 중 $600은 20×8년에 ㈜지배로부터 차입한 것이며, 차입 당시의 환율은 US$1 = ₩1,150이었다. 동 거래와 관련하여 ㈜지배는 20×8년 말 기능통화로 작성된 별도재무상태표에 ₩630,000의 장기대여금을 계상하고 있다. ㈜지배는 동 장기대여금이 예측할 수 있는 미래에 결제될 가능성이 낮다고 판단하고 있다. ㈜지배가 별도재무제표를 이용하여 연결포괄손익계산서를 작성할 때 어떠한 회계처리를 고려하여야 하는지 그 금액을 포함하여 2줄 이내로 기술하시오.

풀이

물음 1 외환차이: (-)470,000

근거 20×8년 환산재무제표

재무상태표							
과목	환산 전	환율	환산 후	과목	환산 전	환율	환산 후
자산	$6,000	1,050	₩6,300,000	부채	$2,100	1,050	₩2,205,000
외환차이	-		470,000	자본금	2,000	1,200	2,400,000
				기타포괄손익	500	1,050	525,000
				기초이익잉여금	1,000	1,200	1,200,000
				당기순이익	400	1,100	440,000
계	$6,000		₩6,770,000	계	$6,000		₩6,770,000

물음 2 영업권: ($2,500 - $3,000 × 80%) × ₩1,050 = 105,000
☑ 영업권은 마감환율로 환산한다.

물음 3 지배기업은 장기대여금에 대해서 ₩60,000(= $600 × ₩1,150 - $600 × ₩1,050)의 외화환산손실을 당기순손실로 계상하였다. 종속기업 재무제표 환산 시 장기차입금 $600로 인하여 외환차이 ₩60,000이 발생하였고 동 금액은 기타포괄손익으로 계상되었다. 연결재무제표 작성 시 지배기업이 장기대여금에 대해서 당기순손실로 인식한 외화환산손실 ₩60,000을 기타포괄손익으로 대체하여야 한다.

대한민국 소재 기업인 ㈜대한(기능통화와 표시통화는 원화(₩))은 20×1년 초 일본에 소재하는 ㈜동경(기능통화는 엔화(¥))의 주식 80%를 ¥48,000에 취득하여 지배기업이 되었다. 다음의 <자료>를 이용하여 물음에 답하시오.

[공인회계사 2차 2021년]

<자료>

(1) 다음은 ㈜대한과 ㈜동경의 20×1년 요약 별도(개별)재무제표이다.

계정과목	㈜대한	㈜동경
매출	₩1,000,000	¥60,000
(매출원가)	(-)700,000	(-)30,000
기타수익	200,000	10,000
(기타비용)	(-)300,000	(-)20,000
당기순이익	₩200,000	¥20,000
제자산	500,000	60,000
종속기업투자	480,000	-
토지	300,000	20,000
총자산	₩1,280,000	¥80,000
부채	780,000	10,000
자본금	300,000	40,000
이익잉여금	200,000	30,000
총부채와 자본	₩1,280,000	¥80,000

(2) 지배력취득일 현재 토지를 제외한 ㈜동경의 순자산 장부금액은 공정가치와 일치한다. 지배력취득일 현재 ㈜ 동경의 토지 공정가치는 ¥22,000이다.

(3) ㈜대한은 종속기업투자에 따른 영업권 이외에 다른 영업권은 없다. 영업권에 대한 손상 검토를 수행한 결과 손상징후는 없다.

(4) ㈜대한의 제자산 중에는 20×1년 초 지분인수와 함께 ㈜동경에 무이자로 장기 대여한 ¥10,000이 포함되어 있다. 동 대여금은 예측할 수 있는 미래에 결제계획이나 결제될 가능성이 낮아서 사실상 ㈜동경에 대한 순투 자의 일부를 구성한다.

(5) ㈜대한의 ㈜동경에 대한 대여금에서 신용손실이 발생하거나 유의한 신용위험 변동에 따른 채무불이행 위험 은 없는 것으로 판단하였다. 대여금 이외에 20×1년 중 ㈜대한과 ㈜민국 간의 내부거래는 없다.

(6) 20×1년 일자별 환율(₩/¥)은 다음과 같다.

20×1. 1. 1.	20×1. 12. 31.	20×1년 평균
10.0	10.3	10.2

(7) 기능통화와 표시통화는 초인플레이션 경제의 통화가 아니며, 위 기간에 환율의 유의한 변동은 없었다. 연결 재무제표 작성 시 비지배지분은 종속기업의 식별 가능한 순자산의 변동과 관련된 경우 순자산의 공정가치에 비례하여 배분한다.

물음 1 ㈜동경의 재무제표를 ㈜대한의 표시통화로 환산하면서 발생하는 외환차이(기타포괄손익)금액을 계산하시오. 외환차이가 차변금액인 경우 해당 금액 앞에 (-)를 표시하시오.

외환차이(기타포괄손익)	①

물음 2 ㈜대한의 ㈜동경에 대한 대여금에서 발생하는 외화환산차이에 대해 한국채택국제회계기준서 제1021호 '환율변동효과'에 따른 ㈜대한의 ① 별도(개별)포괄손익계산서와 ② 연결포괄손익계산서상 표시방법에 대해 약술하시오.

별도(개별)포괄손익계산서	①
연결포괄손익계산서	②

물음 3 ㈜대한의 20×1년도 연결재무제표에 표시되는 다음의 금액을 계산하시오. 염가매수차익이 발생하는 경우 괄호 안에 금액(예 (1,000))을 기재하고, 외환차이가 차변금액인 경우에는 해당 금액 앞에 (-)를 표시하시오.

영업권(염가매수차익)	①
외환차이(기타포괄손익)	②

─┤ **풀이** ├───

물음 1

외환차이(기타포괄손익)	① 17,000

근거 20×8년 환산재무제표

<table>
<tr><td colspan="8" align="center">재무상태표</td></tr>
<tr><td>과목</td><td>환산 전</td><td>환율</td><td>환산 후</td><td>과목</td><td>환산 전</td><td>환율</td><td>환산 후</td></tr>
<tr><td>자산</td><td>¥80,000</td><td>10.3</td><td>₩824,000</td><td>부채</td><td>¥10,000</td><td>10.3</td><td>₩103,000</td></tr>
<tr><td></td><td></td><td></td><td></td><td>자본금</td><td>40,000</td><td>10.0</td><td>400,000</td></tr>
<tr><td></td><td></td><td></td><td></td><td>기초이익잉여금</td><td>10,000</td><td>10.0</td><td>100,000</td></tr>
<tr><td></td><td></td><td></td><td></td><td>당기순이익</td><td>20,000</td><td>10.2</td><td>204,000</td></tr>
<tr><td></td><td></td><td></td><td></td><td>해외사업장환산이익</td><td></td><td></td><td>17,000</td></tr>
<tr><td>계</td><td>¥80,000</td><td></td><td>₩824,000</td><td>계</td><td>¥80,000</td><td></td><td>₩824,000</td></tr>
</table>

물음 2

별도(개별)포괄손익계산서	① 당기손익으로 처리함
연결포괄손익계산서	② 기타포괄손익으로 처리함

물음 3

영업권(염가매수차익)	① 65,920
외환차이(기타포괄손익)	② 19,000

(1) 영업권(¥): ¥48,000 - (¥50,000 + ¥2,000) × 80% = ¥6,400

(2) 영업권(₩): ¥6,400 × @10.3 = 65,920

(3) 외환차이(OCI): 1) + 2) + 3) + 4) = 19,000

    1) 환산재무제표 중 지배기업의 지분액: 17,000 × 80% = 13,600

    2) 토지 과소평가액의 환산: ¥1,600 × @(10.3 - 10.0) = 480

    3) 영업권의 환산: ¥6,400 × @(10.3 - 10.0) = 1,920

    4) 해외사업장 순투자의 일부인 대여금 환산: ¥10,000 × @(10.3 - 10.0) = 3,000

참고 연결제거분개

(1) 종속기업투자주식과 자본의 상계

차)	자본금	400,000	대)	종속기업투자주식	480,000
	이익잉여금	100,000		비지배지분	104,000
	토지[1]	20,000			
	영업권[2]	64,000			

1) ¥2,000 × @10.0 = 20,000
2) ¥6,400 × @10.0 = 64,000

(2) 지배력획득일 이후 증가한 자본의 배분

차)	이익잉여금	17,000	대)	해외사업장환산이익	13,600
				비지배지분	3,400

(3) 투자·평가차액의 상각

차)	토지	600	대)	해외사업장환산이익	480
				비지배지분	120
차)	영업권[3]	1,920	대)	해외사업장환산이익	1,920

3) ¥6,400 × @(10.3 - 10.0) = 1,920

☑ 영업권은 지배기업 지분액만 인식한 것이므로 환산에서 발생하는 해외사업장환산이익은 전액 지배기업의 소유주지분에 배분하여야 한다.

(4) 해외사업장 순투자의 일부에 해당하는 대여금의 외환차이

차)	외환이익	3,000	대)	해외사업장환산이익	3,000

(5) 이익잉여금의 비지배지분 대체

차)	이익잉여금[4]	40,800	대)	비지배지분	40,800

4) ¥20,000 × @10.2 × 20% = 40,800

제 **19** 장

외화환산과 파생상품

해커스 IFRS 정윤돈 재무회계연습

문제 1 외화환산 종합 - Level 3

㈜갑의 기능통화는 원화이며, 달러화 대비 원화의 환율이 다음과 같을 때 아래의 각 독립적 물음에 답하시오.

일자	20×1. 10. 1.	20×1. 12. 31.	20×2. 3. 1.
환율	₩1,000/$	₩1,040/$	₩1,020/$

물음 1 ㈜갑은 20×1년 10월 1일 미국에 $1,000의 외상매출을 하였다. ㈜갑이 20×2년 3월 1일 동 매출채권 전액을 회수하였을 때 행할 회계처리를 제시하시오.

물음 2 ㈜갑은 20×1년 10월 1일 미국으로부터 재고자산 $1,000을 매입하여 20×1년 12월 31일 현재 보유하고 있다. ㈜갑은 재고자산을 취득원가와 순실현가능가치 중 낮은 가격으로 측정한다. 20×1년 12월 31일 현재 외화표시 재고자산의 순실현가능가치가 $980일 경우에 ㈜갑이 기능통화 재무제표에 표시할 재고자산의 장부금액을 계산하시오.

물음 3 ㈜갑은 20×1년 10월 1일 미국에 소재하는 사업목적의 토지를 $12,000에 취득하였고, 20×1년 12월 31일 현재 토지의 공정가치는 $13,000이다. ㈜갑이 20×2년 3월 1일 토지의 1/4을 $5,000에 매각하였을 때, 원가모형에 의한 유형자산처분이익(또는 손실)을 계산하시오(단, 손실의 경우에는 금액 앞에 (-)표시할 것).

물음 4 ㈜갑이 매년 재평가를 실시한다고 가정하고, **물음 3** 에서 재평가모형에 의한 ㈜갑의 유형자산처분이익(또는 손실)을 계산하시오(단, 손실의 경우에는 금액 앞에 (-)표시할 것).

물음 5 ㈜갑은 20×1년 10월 1일 미국회사가 발행한 지분상품을 $5,000에 취득하였고, 20×1년 12월 31일 현재 지분상품의 공정가치는 $6,000이다. ㈜갑은 20×2년 3월 1일 지분상품 전부를 $7,000에 처분하였다. ㈜갑이 지분상품을 기타포괄손익-공정가치 측정 금융자산으로 인식하는 경우 20×2년 3월 1일에 행할 회계처리를 제시하시오.

물음 6 위 물음과 독립적으로 A사는 국내에 소재하고 원화를 기능통화로 사용하고 있다. 다음은 A사의 미국 소재 LA지점의 20×2년 재무제표이다.

재무상태표
LA지점   20×2년 12월 31일   (단위: $)

현금및현금성자산	1,000	매입채무	1,000
매출채권	1,500	장기차입금	2,000
재고자산	2,000	본점	3,700
건물	4,000	이익잉여금	1,300
감가상각누계액	(-)500		
자산총계	8,000	부채와 자본총계	8,000

포괄손익계산서
LA지점   20×2년 1월 1일 ~ 20×2년 12월 31일   (단위: $)

수익(매출액)	10,000
매출원가	(-)8,000
매출총이익	2,000
감가상각비	(-)200
기타수익	500
기타비용	(-)1,000
당기순이익	1,300

<추가 자료>

(1) LA지점은 20×1년 초 설립되었으며 건물은 설립 시 취득하였다.

(2) 20×2년 12월 31일 현재 A사의 LA지점 계정잔액은 ₩2,700,000이다.

(3) 지점의 매출, 매입, 기타수익, 기타비용은 연간 균등하게 발생하였다.

(4) 환율변동에 관한 자료는 다음과 같다.

① 20×1년 1월 1일: ₩700/$

② 20×2년 평균환율: ₩730/$

③ 20×2년 12월 31일: ₩800/$

LA지점의 재무제표를 표시통화인 원화로 환산 시 계상될 해외사업환산손익을 구하시오.

─┤ **풀이** ├─

물음 1 회계처리

20×2년 3월 1일	차) 현금[1] 외환손실	1,020,000 20,000	대) 매출채권[2]	1,040,000
	1) $1,000 × @1,020 = 1,020,000			
	2) $1,000 × @1,040 = 1,040,000			

물음 2 재고자산 장부금액: Min[$1,000 × @1,000 = 1,000,000, $980 × @1,040 = 1,019,200] = 1,000,000
☑ 외화재고자산의 저가평가는 기능통화로 환산한 원가와 순실현가능가치 중 작은 금액으로 측정한다.

물음 3 유형자산처분이익: $5,000 × @1,020 - $12,000/4 × @1,000 = 2,100,000
회계처리

20×1년 10월 1일	차) 토지	12,000,000	대) 현금	12,000,000
20×1년 12월 31일	- 회계처리 없음 -			
20×2년 3월 31일	차) 현금	5,100,000	대) 토지 유형자산처분이익	3,000,000 2,100,000

물음 4 유형자산처분이익: $5,000 × @1,020 - $13,000/4 × @1,040 = 1,720,000
☑ 재평가모형을 적용하는 토지는 20×1년 말 현재의 공정가치로 측정하였으므로 20×1년 말의 환율로 환산되어 있다.
회계처리

20×1년 10월 1일	차) 토지	12,000,000	대) 현금	12,000,000
20×1년 12월 31일	차) 토지[1]	1,520,000	대) 현금	1,520,000
	1) $13,000 × @1,040 - 12,000,000 = 1,520,000			
20×2년 3월 31일	차) 현금	5,100,000	대) 토지 유형자산처분이익	3,380,000 1,720,000

물음 5 회계처리

20×1년 10월 1일	차) FVOCI금융자산	5,000,000	대) 현금	5,000,000
20×1년 12월 31일	차) FVOCI금융자산[1]	1,240,000	대) 금융자산평가이익(OCI)	1,240,000
	1) $6,000 × @1,040 - 5,000,000 = 1,240,000			
20×2년 3월 31일	차) FVOCI금융자산[2] 차) 현금	900,000 7,140,000	대) 금융자산평가이익(OCI) 대) FVOCI금융자산	900,000 7,140,000
	2) $7,000 × @1,020 - (5,000,000 + 1,240,000) = 900,000			

물음 6 해외사업환산이익: 351,000

포괄손익계산서

	외화($)	환율	원화(₩)
수익(매출액)	10,000	730	7,300,000
매출원가	(-)8,000	730	(-)5,840,000
매출총이익	2,000		1,460,000
감가상각비	(-)200	730	(-)146,000
기타수익	500	730	365,000
기타비용	(-)1,000	730	(-)730,000
당기순이익	1,300		949,000
해외사업환산이익		재무상태표에서	351,000
총포괄이익			1,300,000

포괄손익계산서

	외화($)	환율	원화(₩)
현금및현금성자산	1,000	800	800,000
매출채권	1,500	800	1,200,000
재고자산	2,000	800	1,600,000
건물	4,000	800	3,200,000
감가상각누계액	(-)500	800	(-)400,000
	8,000		6,400,000
매입채무	1,000	800	800,000
장기차입금	2,000	800	1,600,000
본점자본금	3,700		2,700,000
이익잉여금(당기순이익)	1,300	포괄손익계산서에서	949,000
해외사업환산이익		대차차액	351,000
	8,000		6,400,000

㈜포도는 20×1년 초 ㈜사과가 발행한 아래와 같은 조건의 사채를 취득하여 FVOCI금융자산으로 분류하였다.

(1) 발행일: 20×1년 초

(2) 액면금액: $10,000

(3) 이자지급: 연 8%, 매년 12월 말 후급

(4) 상환일: 20×3년 말에 일시상환

(5) 사채 발행 시 시장이자율: 연 10%

(6) 관련 환율과 사채의 공정가치는 아래와 같다.

구분	20×1년 초	20×1년 말	20×2년 말	20×3년 말
환율	₩1,000/$	₩1,100/$	₩1,050/$	₩1,200/$
공정가치	$9,503	$9,600	$9,900	$10,000

구분	20×1년	20×2년	20×3년
평균환율	₩1,050/$	₩1,070/$	₩1,130/$

물음 1 ㈜사과가 동 사채와 관련하여 재무제표에 계상할 아래의 금액들을 구하시오.

	구분	금액
20×1년	20×1년 말 사채의 장부금액	①
	20×1년 사채의 이자비용	②
	20×1년 사채의 외환손익	③

물음 2 ㈜포도가 동 사채와 관련하여 재무제표에 계상할 아래의 금액들을 구하시오.

	구분	금액
20×1년	20×1년 말 FVOCI금융자산의 장부금액	①
	20×1년 FVOCI금융자산의 이자수익	②
	20×1년 FVOCI금융자산의 외환손익	③
	20×1년 FVOCI금융자산의 기타포괄손익	④

풀이

물음 1

	구분	금액
	20×1년 말 사채의 장부금액	① 10,618,630
20×1년	20×1년 사채의 이자비용	② (-)997,815
	20×1년 사채의 외환손익	③ (-)997,815

회계처리

20×1년 초	차) 현금 사채할인발행차금	9,503,000 497,000	대) 사채	10,000,000
20×1년 말	차) 이자비용[2] 외환손실 차) 사채할인발행차금[5] 외환손실	997,815 32,485 34,670 965,330	대) 현금[1] 사채할인발행차금[3] 대) 사채[4]	880,000 150,300 1,000,000

1) $10,000 × 8% × ₩1,100/$(기말환율) = 880,000
2) $9,503 × 10% × ₩1,050/$(평균환율) = 997,815
3) $(9,503 × 10% - 10,000 × 8%) × ₩1,000/$(기초환율) = 150,300
4) $10,000 × (₩1,100/$ - ₩1,000/$) = 1,000,000
5) $(10,000 - 9,653.3) × (₩1,100/$ - ₩1,000/$) = 34,670

물음 2

	구분	금액
	20×1년 말 FVOCI금융자산의 장부금액	① 10,560,000
20×1년	20×1년 FVOCI금융자산의 이자수익	② 997,815
	20×1년 FVOCI금융자산의 외환손익	③ 997,815
	20×1년 FVOCI금융자산의 기타포괄손익	④ (-)58,630

회계처리

20×1년 초	차) FVOCI금융자산	9,503,000	대) 현금	9,503,000
20×1년 말	차) 현금 FVOCI금융자산 차) FVOCI금융자산[1] 차) 금융자산평가손실(OCI)[2]	880,000 150,300 965,330 58,630	대) 이자수익 외환이익 대) 외환이익 대) FVOCI금융자산	997,815 32,485 965,330 58,630

1) $(9,503 × 1.1 - 800) × (₩1,100/$ - ₩1,000/$) = 965,330
2) $(9,600 - 9,653.3) × ₩1,100/$ = (-)58,630

㈜세무는 급격한 환율 상승 위험을 관리하기 위해 20×1년 7월 1일에, 통화선도계약(만기일인 20×2년 3월 31일에 US$100을 수취하고 ₩130,000을 지급하는 계약)을 체결하였으며, 환율정보가 다음과 같을 때, ① 결산일과 ② 만기일에 통화선도계약과 관련하여 인식할 손익은 각각 얼마인가? (단, 이익/손실 여부를 명확하게 표시하고, 화폐의 시간가치는 고려하지 않는다) [세무사 2차 2022년]

일자	현물환율	선도환율[1]
20×1년 7월 1일(계약 체결일)	₩1,250	₩1,300
20×1년 12월 31일(결산일)	₩1,330	₩1,315
20×2년 3월 31일(만기일)	₩1,350	–

1) 만기가 20×2년 3월 31일인 환율이다.

결산일(20×1년 말)	①	만기일(20×2년 3월 말)	②

| 풀이 |

결산일(20×1년 말)	① 1,500 이익	만기일(20×2년 3월 말)	② 3,500 이익

근거

	20×1년 7월 1일	20×1년 12월 31일	20×2년 3월 1일
받을 돈(변동)		$100 × 1,315 = 131,500	$100 × 1,350 = 135,000
- 지급할 돈(고정)		130,000	130,000
평가손익(누적)		1,500	5,000

회계처리

20×1년 7월 1일	- 회계처리 없음 -				
20×1년 12월 31일	차) 통화선도자산	1,500	대) 평가이익(N/I)		1,500
20×2년 3월 31일	차) 통화선도자산	3,500	대) 평가이익(N/I)		3,500
	차) 현금	5,000	대) 통화선도자산		5,000

㈜한국의 기능통화는 원화이다. 다음에 제시되는 물음은 각각 독립적이다(단, 영향을 묻는 경우에는 금액 앞에 증가 (+) 또는 감소(-)를 표기하고, 손익을 묻는 경우에는 금액 앞에 이익(+) 또는 손실(-)을 표시하시오).

[공인회계사 2차 2017년]

물음 1 ㈜한국은 20×1년 11월 1일에 원가 ₩80,000인 상품을 $100에 수출하고, 수출대금은 20×2년 2월 28일에 전액 수령하였다. 동 거래가 ㈜한국의 20×1년 및 20×2년의 당기순이익에 미치는 영향을 각각 계산하시오. 일자별 환율정보는 다음과 같다.

20×1년 11월 1일	20×1년 12월 31일	20×2년 2월 28일
₩1,010/$	₩1,040/$	₩1,020/$

20×1년 당기순이익에 미치는 영향	①
20×2년 당기순이익에 미치는 영향	②

물음 2 ㈜한국은 20×1년 9월 1일에 외국시장에 상장되어 있는 ㈜미국의 주식(A)을 $200에 취득하고 이를 FVOCI금융자산으로 분류하였다. 20×1년 12월 31일 현재 A주식의 공정가치는 $220이며, 일자별 환율정보는 다음과 같다.

20×1년 9월 1일	20×1년 12월 31일
₩1,000/$	₩970/$

A주식의 후속측정(기말평가 및 기능통화환산)이 ㈜한국의 20×1년도 ① 당기순이익과 ② 기타포괄이익에 미치는 영향을 각각 계산하시오.

20×1년 당기순이익에 미치는 영향	①
20×1년 기타포괄이익에 미치는 영향	②

※ 다음은 물음 3 과 물음 4 에 대한 공통 자료이다.

<공통 자료>

(1) ㈜한국은 20×1년 1월 1일에 ㈜일본이 발행한 외화사채(B)를 ¥8,969에 취득하였다.

(2) 외화사채(B)정보는 다음과 같다.
   • 액면금액: ¥10,000
   • 발행일: 20×1년 1월 1일
   • 만기일: 20×3년 12월 31일(만기 3년)
   • 액면이자율: 4%(매년 말 지급조건)
   • 취득시점의 시장(유효)이자율: 8%
   • 20×1년 말 현재 공정가치: ¥9,400

(3) 환율정보는 다음과 같다.
   • 20×1년 1월 1일: ₩10/¥
   • 20×1년 평균: ₩11/¥
   • 20×1년 12월 31일: ₩12/¥

물음 3 ㈜한국이 위 외화사채(B)를 AC금융자산으로 분류한 경우, 동 사채와 관련하여 20×1년도 포괄손익계산서에 보고할 ① 이자수익과 ② 환율변동손익을 각각 계산하시오(단, 외화기준 이자금액을 소수점 첫째 자리에서 반올림하여 정수로 산출한 후에 기능통화 환산을 수행하시오).

이자수익	①
환율변동손익	②

물음 4 ㈜한국이 위 외화사채(B)를 FVOCI금융자산으로 분류한 경우, 동 사채와 관련하여 20×1년도 포괄손익계산서에 보고할 ① FVOCI금융자산평가손익을 계산하시오(단, 외화기준 이자금액을 소수점 첫째 자리에서 반올림하여 정수로 산출한 후에 후속측정을 수행하시오).

FVOCI금융자산평가손익	①

물음 5 ㈜한국은 20×2년 3월 초에 $300의 재고자산(원재료)을 구입할 계획이며, 예상생산량을 고려할 때 매입거 래가 이루어질 것이 거의 확실하다. ㈜한국은 재고자산의 매입가격이 환율변동으로 인하여 상승할 위험에 대비하고자 20×1년 10월 1일에 다음과 같은 통화선도계약(C)을 체결하였다.

> - 통화선도계약(C)정보
>   - 계약체결일: 20×1년 10월 1일
>   - 계약기간: 5개월(20×1. 10. 1. ~ 20×2. 2. 28.)
>   - 계약조건: $300을 ₩1,010/$(통화선도환율)에 매입함
> - 환율정보
>
> | 일자 | 현물환율(₩/$) | 통화선도환율(₩/$) |
> |---|---|---|
> | 20×1. 10. 1. | 1,000 | 1,010(만기 5개월) |
> | 20×1. 12. 31. | 1,025 | 1,040(만기 2개월) |
> | 20×2. 2. 28. | 1,050 | - |

위 통화선도거래(C)가 위험회피요건을 충족한다고 할 때, ㈜한국이 통화선도계약 만기결제일(20×2년 2월 28일)에 당기손익으로 인식할 ① 파생상품평가손익(또는 파생상품거래손익)을 계산하시오(단, 통화선도의 공정가치를 측정하는 경우 현재가치 할인효과는 반영하지 않는다).

파생상품평가손익(또는 파생상품거래손익)	①

물음 1

20x1년 당기순이익에 미치는 영향	① 24,000
20x2년 당기순이익에 미치는 영향	② (-)2,000

근거

① 20×1년 당기순이익에 미치는 영향: 101,000 - 80,000 + 3,000 = 24,000
  ㉠ 매출액: $100 × @1,010 = 101,000
  ㉡ 매출원가: (-)80,000
  ㉢ 환율변동이익: $100 × (@1,040 - @1,010) = 3,000
② 20×2년 당기순이익에 미치는 영향: $100 × (@1,020 - @1,040) = (-)2,000

회계처리

20×1년 11월 1일	차) 매출채권	101,000	대) 매출	101,000
	차) 매출원가	80,000	대) 재고자산	80,000
20×1년 12월 31일	차) 매출채권	3,000	대) 환율변동이익	3,000
20×2년 2월 28일	차) 현금[1]	102,000	대) 매출채권[2]	104,000
	환율변동손실	2,000		

1) $100 × @1,020 = 102,000
2) $100 × @1,040 = 104,000

물음 2

20x1년 당기순이익에 미치는 영향	① 0
20x1년 기타포괄이익에 미치는 영향	② 13,400

근거

② 20×1년 기타포괄이익에 미치는 영향: $220 × @970 - $200 × @1,000 = 13,400

회계처리

20×1년 9월 1일	차) FVOCI금융자산	200,000	대) 현금	200,000
20×1년 12월 31일	차) FVOCI금융자산	13,400	대) 금융자산평가이익(OCI)	13,400

물음 3

이자수익	① 7,893
환율변동손익	② 18,655

회계처리

20×1년 12월 31일	차) 현금[1]	4,800	대) 이자수익[2]	7,893
	AC금융자산[3]	3,175	환율변동이익(대차차액)	82
	차) AC금융자산[4]	18,573	대) 환율변동이익	18,573

1) ¥10,000 × 4% × @12 = 4,800
2) ¥8,969 × 8% × @11 = 7,893
3) ¥(8,969 × 8% - 400) × @10 = 3,175
4) ¥(8,969 × 1.08 - 400) × @(12 - 10) = 18,573

물음 4	FVOCI금융자산평가손익	① 1,362

근거

FVOCI금융자산평가손익: ¥9,400 × @12 - (¥8,969 × 1.08 - ¥400) × @12 = 1,362

물음 5	파생상품평가손익(또는 파생상품거래손익)	① (-)1,500

근거

1. 20×1년 12월 31일의 기타포괄손익
   (1) 통화선도계약의 공정가치
      1) 수령할 금액: $300 × @1,040 = 312,000
      2) 지급할 금액: $300 × @1,010 = (-)303,000
      3) 이익: 312,000 - 303,000 = 9,000
   (2) 예상현금흐름의 변동액
      1) 계약체결일의 미래현금유출예상액: $300 × @1,000 = 300,000
      2) 보고기간 말의 미래현금유출예상액: $300 × @1,025 = (-)307,500
      3) 손실: 300,000 - 307,500 = (-)7,500
   (3) 위험회피에 효과적인 금액: Min[9,000, 7,500] = 7,500(기타포괄손익)

2. 20×2년 2월 28일의 기타포괄손익
   (1) 통화선도계약의 공정가치
      1) 수령할 금액: $300 × @1,050 = 315,000
      2) 지급할 금액: $300 × @1,010 = (-)303,000
      3) 이익: 315,000 - 303,000 = 12,000
   (2) 예상현금흐름의 변동액
      1) 계약체결일의 미래현금유출예상액: $300 × @1,000 = 300,000
      2) 보고기간 말의 미래현금유출예상액: $300 × @1,050 = (-)315,000
      3) 손실: 300,000 - 315,000 = (-)15,000
   (3) 위험회피에 효과적인 금액: Min[12,000, 15,000] = 12,000(기타포괄손익)
   (4) 20×2년 2월 28일에 당기손익으로 인식할 금액: (-)1,500

회계처리

20×1년 10월 1일			- 회계처리 없음 -		
20×1년 12월 31일	차)	통화선도	9,000	대) 현금흐름위험회피적립금 통화선도이익	7,500 1,500
20×2년 2월 28일	차) 차) 차) 차)	통화선도¹⁾ 통화선도평가손실(대차차액) 현금 원재료 현금흐름위험회피적립금	3,000 1,500 12,000 315,000 12,000	대) 현금흐름위험회피적립금²⁾ 대) 통화선도 대) 현금 대) 원재료	4,500 12,000 315,000 12,000
	1) 12,000 - 9,000 = 3,000				
	2) 12,000 - 7,500 = 4,500				

다음의 각 물음은 독립적이다.

[공인회계사 2차 2020년]

물음 1　다음의 <자료 1>을 이용하여 <요구사항>에 답하시오.

<자료 1>

(1) ㈜대한은 차입금의 시장이자율 변동에 따른 위험을 회피하기 위한 위험회피회계 요건을 충족하여 위험회피회계를 적용하였다.

(2) 차입금 정보

- 차입일: 20×1년 1월 1일(만기 3년)

- 차입금액: ₩10,000

- 차입금리: 차입일의 LIBOR(연 5%)에 연 1%의 신용위험을 가산하여 결정된 연 6% 고정금리조건이며 매년 말에 이자지급조건이다.

(3) 이자율스왑 정보(지정된 위험회피수단)

- 계약체결일: 20×1년 1월 1일(만기 3년)

- 계약금액: ₩10,000

- 계약내용: 연 5% 고정이자를 수취하고 변동이자율 LIBOR를 지급하며, 매년 말에 이자를 정산하고 이를 결정하는 LIBOR는 매년 초 확정된다.

- 장기차입금과 이자율스왑의 공정가치는 무이표채할인법에 의하여 산정하며 이자율스왑의 공정가치는 다음과 같다.

일자	LIBOR	이자율스왑 공정가치(₩)
20×1. 1. 1.	5%	–
20×1. 12. 31.	6%[1]	(-)181
20×2. 12. 31.	3%	192

1) 20×1. 12. 31.과 20×2. 1. 1.의 LIBOR는 동일하다.

<요구사항 1>

차입금과 이자율스왑 관련 거래가 ㈜대한의 20×1년 부채와 20×2년 자산에 미치는 영향을 계산하시오(단, 감소하는 경우 (-)를 숫자 앞에 표시하시오).

20×1년 부채에 미치는 영향	①
20×2년 자산에 미치는 영향	②

<요구사항 2>

㈜대한은 20×2년 1월 1일 차입금액 ₩10,000을 지급하는 조건으로 조기상환하게 되어 위험회피회계의 적용조건을 충족하지 못하게 되었으며 위험회피회계 전체를 중단한 경우, 차입금과 이자율스왑 관련 거래가 ㈜대한의 20×1년과 20×2년 당기순이익에 미치는 영향을 계산하시오(단, 감소하는 경우 (-)를 숫자 앞에 표시하시오).

20×1년 당기순이익에 미치는 영향	①
20×2년 당기순이익에 미치는 영향	②

물음 2 다음의 <자료 2>를 이용하여 <요구사항>에 답하시오.

<자료 2>

(1) ㈜민국은 확정계약의 외화위험회피를 위한 위험회피회계 요건을 충족하여 현금흐름위험회피회계를 적용하였다.

(2) 확정계약 정보

- 기계장치를 $2,000에 취득하는 계약이다.

- 계약체결일: 20×1년 12월 1일

- 인도일(대금지급일): 20×2년 3월 31일

(3) 통화선도 및 환율정보(지정된 위험회피수단)

- 계약체결일: 20×1년 12월 1일

- 계약내용: $2,000를 달러당 ₩1,080에 매수하는 계약이며 만기 청산 시 차액결제된다.

- 만기일: 20×2년 3월 31일

- 동 거래와 관련된 환율정보는 다음과 같다.

일자	현물환율(₩/$)	통화선도환율(₩/$)
20×1. 12. 1.	1,070	1,080(만기 4개월)
20×1. 12. 31.	1,130	1,110(만기 3개월)
20×2. 3. 31.	1,100	-

<요구사항 1>

확정계약과 통화선도 관련 거래가 ㈜민국의 20×1년 기타포괄이익과 20×2년 자산에 미치는 영향을 계산하시오(단, 감소하는 경우 (-)를 숫자 앞에 표시하시오).

20×1년 기타포괄이익에 미치는 영향	①
20×2년 자산에 미치는 영향	②

<요구사항 2>

㈜민국이 20×2년 1월 1일 확정계약의 해지로 인하여 위험회피회계의 적용조건을 충족하지 못하게 되었으며 위험회피회계 전체를 중단한 경우, 확정계약과 통화선도 관련 거래가 ㈜민국의 20×1년과 20×2년 당기순이익에 미치는 영향을 계산하되, 감소하는 경우 (-)를 숫자 앞에 표시하시오(단, 기타포괄손익으로 인식한 현금흐름위험회피적립금누계액을 당기손익으로 재분류하는 경우에 해당한다).

20×1년 당기순이익에 미치는 영향	①
20×2년 당기순이익에 미치는 영향	②

물음 1 <요구사항 1>

20×1년 부채에 미치는 영향	① 10,000
20×2년 자산에 미치는 영향	② (-)508

근거

① 20×1년 부채에 미치는 영향

  ㉠ 장기차입금평가이익: 10,000 - 9,819 = 181

   • 장부금액: 10,000

   • 공정가치: $600/1.07 + (10,000 + 600)/1.07^2 = 9,819$

   ⇒ 고정이자율 조건의 장기차입금은 공정가치 변동위험에 노출되어 있으므로 공정가치 위험회피에 해당한다. 그러므로 위험회피대상항목인 장기차입금은 공정가치로 평가하고 동 변동액은 당기손익으로 인식한다.

  ㉡ 20×1년 말 회계처리

차)	이자비용	600	대)	현금	600
차)	장기차입금	181	대)	장기차입금평가이익	181
차)	이자율스왑평가손실	181	대)	이자율스왑	181

  ㉢ 20×1년 부채에 미치는 영향: 9,819(장기차입금의 공정가치) + 181(이자율스왑의 공정가치) = 10,000 증가

   ⇒ 20×1년 1월 1일에 장기차입금을 차입하였으므로 20×1년도 부채 증가액에 장기차입금도 포함된다. 더하여 이자율스왑에서 평가손실이 발생하였으므로 이자율스왑의 공정가치도 부채가 된다.

② 20×2년 자산에 미치는 영향

  ㉠ 장기차입금평가손실: 9,819 - 10,192 = (-)373

   • 장부금액: 9,819

   • 공정가치: $(10,000 + 600)/1.04 = 10,192$

  ㉡ 20×2년 말 회계처리

차)	이자비용	600	대)	현금	600
차)	이자비용	600	대)	현금	600
차)	현금	500	대)	이자수익	500
차)	장기차입금평가손실	373	대)	장기차입금	373
차)	이자율스왑[1]	373	대)	이자율스왑평가이익	373

   1) 20×2년 말 이자율스왑 공정가치 - 20×1년 말 이자율스왑 공정가치 = 192 - (-)181 = 373
   ☑ 이자율스왑의 공정가치: (500 - 300)/1.04 = 192

  ㉢ 20×2년 자산에 미치는 영향: (-)508

   이자율스왑의 공정가치 - 현금의 감소 = 192 - (-600 - 600 + 500) = (-)508

   ⇒ 이자율스왑에서 평가이익이 발생하였으므로 이자율스왑의 공정가치도 자산이 된다.

<요구사항 2>

20×1년 당기순이익에 미치는 영향	① (-)600
20×2년 당기순이익에 미치는 영향	② 92

근거

① 20×1년 당기순이익에 미치는 영향: (-)600(이자비용) + 181(장기차입금평가이익) - 181(이자율스왑평가손실) = (-)600

② 20×2년 당기순이익에 미치는 영향: (-)181 - 600 + 500 + 373 = 92

회계처리

20×2년 1월 1일	차) 장기차입금 　　장기차입금평가손실[2]	9,819 181	대) 현금		10,000

2) 장기차입금을 10,000 지급하고 9,819 상환하였으므로 장부금액과 차액을 장기차입금상환손익으로 인식한다.
　⇒ 위험회피회계의 적용조건을 충족하지 못한 경우에는 전진적으로 위험회피회계를 중단한다. 또한 이자율스왑계약이 청산되었다는 내용은 없으므로 이자율스왑계약은 계속 공정가치로 평가한다. 다만, 위험회피수단으로 더 이상 지정된 것은 아니므로 공정가치 변동분은 당기순이익으로 인식한다.

20×2년 12월 31일	차) 이자비용 차) 현금 차) 이자율스왑	600 500 373	대) 현금 대) 이자수익 대) 이자율스왑평가이익		600 500 373

물음 2 <요구사항 1>

20×1년 기타포괄이익에 미치는 영향	① 60,000
20×2년 자산에 미치는 영향	② (-)60,000

근거

① 20×1년 기타포괄이익에 미치는 영향
　㉠ 통화선도의 공정가치
　　• 수령할 금액: $2,000 × @1,110 = 2,220,000
　　• 지급할 금액: $2,000 × @1,080 = (-)2,160,000
　　• 이익: 2,220,000 - 2,160,000 = 60,000
　　⇒ 통화선도의 공정가치는 현재가치로 측정하여야 하지만 할인율이 제시되어 있지 않으므로 현재가치 평가는 무시한다.
　㉡ 20×1년 말 회계처리

차) 통화선도	60,000	대) 현금흐름위험회피적립금(OCI)		60,000

　　⇒ 확정계약에서 통화선도평가손익은 전액 위험회피에 효과적이므로 전액 기타포괄손익으로 인식한다.
　㉢ 20×1년 기타포괄손익에 미치는 영향: 60,000
② 20×2년 자산에 미치는 영향
　㉠ 통화선도의 공정가치
　　• 수령할 금액: $2,000 × @1,100 = 2,200,000
　　• 지급할 금액: $2,000 × @1,080 = (-)2,160,000
　　• 이익: 2,200,000 - 2,160,000 = 40,000
　㉡ 20×2년 3월 31일 회계처리

차) 현금흐름위험회피적립금	20,000	대) 통화선도[1]		20,000
차) 현금	40,000	대) 통화선도		40,000
차) 기계장치	2,200,000	대) 현금[2]		2,200,000
차) 현금흐름위험회피적립금	40,000	대) 기계장치		40,000

　1) 40,000 - 60,000 = 20,000
　2) $2,000 × @1,100 = 2,200,000

　㉢ 20×2년 자산에 미치는 영향: (-)60,000 - 2,160,000 + 2,160,000 = (-)60,000
　　• 통화선도의 감소: (-)60,000
　　• 현금의 감소: (-)2,200,000 + 40,000 = (-)2,160,000
　　• 기계장치의 증가: 2,200,000 - 40,000 = 2,160,000

<요구사항 2>

20×1년 당기순이익에 미치는 영향	① 0
20×2년 당기순이익에 미치는 영향	② 40,000

근거

① 20×1년 당기순이익에 미치는 영향: 0(<요구사항 1> 참고)

회계처리

20×2년 1월 1일	차) 현금흐름위험회피적립금	60,000	대) 통화선도평가이익(N/I)	60,000
20×2년 12월 31일	차) 통화선도평가손실(N/I) 차) 현금	20,000 40,000	대) 통화선도 대) 통화선도	20,000 40,000

② 20×2년 당기순이익에 미치는 영향: 40,000

통화선도평가이익 60,000 - 통화선도평가손실 20,000 = 40,000

참고 현금흐름위험회피회계를 중단하는 경우 현금흐름위험회피적립금 누계액 회계처리

위험회피대상의 미래현금흐름이 여전히 발생할 것으로 예상되는 경우	미래현금흐름이 생길 때까지 현금흐름위험회피적립금에 계속 남김
위험회피대상의 미래현금흐름이 더 이상 발생할 것으로 예상되지 않는 경우	재분류조정으로 당기손익으로 즉시 재분류

해커스 IFRS 정윤돈 재무회계연습

다음의 각 물음은 독립적이다.

[공인회계사 2차 2022년]

대한민국 소재 기업인 ㈜대한은 12월 말 결산법인이다. 답안을 작성할 때 당기순이익이나 기타포괄이익 등이 감소하는 경우 금액 앞에 (-)를 표시하시오.

물음 1 ㈜대한은 20×1년 11월 30일 미국으로부터 상품 $200을 수입하고 수입일의 환율을 적용하여 매입채무를 인식하였다. ㈜대한은 동 수입 거래대금을 3개월 후에 미국달러($)로 지급하기로 하였다. 회사의 재무담당자는 환율변동위험에 대비하기 위해 3개월 후에 $200을 ₩1,230/$에 매입하는 통화선도계약을 체결하였다. 위의 거래들이 ㈜대한의 20×1년 및 20×2년의 당기순이익에 미치는 영향을 각각 계산하시오(단, 통화선도의 현재가치 평가는 생략한다).

일자	현물환율	선도환율[1]
20×1. 11. 30.	₩1,200/$	₩1,230/$
20×1. 12. 31.	₩1,250/$	₩1,270/$
20×2. 2. 28.	₩1,300/$	-

1) 선도환율은 만기가 20×2년 2월 28일이다.

20×1년도 당기순이익에 미치는 영향	①
20×2년도 당기순이익에 미치는 영향	②

물음 2 ㈜대한은 20×3년 3월 31일에 $300의 상품을 해외로 수출할 계획이며, 거래대금은 미국달러($)로 수령하려고 한다. ㈜대한은 위의 수출과 관련된 환율변동위험에 대비하기 위해 20×2년 9월 30일에 6개월 후 $300을 ₩1,380/$에 매도하는 통화선도계약을 체결하였다. 다음의 <요구사항>에 답하시오.

<요구사항 1>

㈜대한이 이 통화선도계약을 위험회피수단으로 지정(요건충족 가정)한 경우 이 통화선도계약이 ㈜대한의 20×2년과 20×3년의 기타포괄이익과 당기순이익에 미치는 영향을 각각 계산하시오(단, 상품의 수출로 인한 매출인식과 위험회피적립금의 재분류조정에 따른 영향은 고려하지 않는다. 통화선도의 현재가치 평가는 생략한다).

일자	현물환율	선도환율[1]
20×2. 9. 30.	₩1,400/$	₩1,380/$
20×2. 12. 31.	₩1,380/$	₩1,350/$
20×3. 3. 31.	₩1,340/$	-

1) 선도환율은 만기가 20×3년 3월 31일이다.

20×2년도 당기순이익에 미치는 영향	①
20×2년도 기타포괄이익에 미치는 영향	②
20×3년도 당기순이익에 미치는 영향	③
20×3년도 기타포괄이익에 미치는 영향	④

<요구사항 2>

㈜대한은 20×3년 3월 31일에 $300의 상품이 예정대로 수출되어 매출을 인식하였다. 이에 따라 위험회피적립금을 재분류조정하려 한다. 이 재분류조정이 20×3년도 당기순이익에 미치는 영향을 계산하시오(단, 매출인식의 영향은 고려하지 않는다).

20×3년도 당기순이익에 미치는 영향	①

물음 3 ㈜대한은 20×0년 말에 상품(취득금액 CNY5,000)을 외상으로 매입하였으나, 20×1년 말까지 매입대금을 상환하지 못하였다. ㈜대한의 기능통화는 달러화($)이고 표시통화는 원화(₩)라고 가정한다. 환율자료는 다음과 같다.

일자	환율($/CNY)	환율(₩/$)
20×0. 12. 31.	$0.23/CNY	₩1,200/$
20×1. 12. 31.	$0.20/CNY	₩1,250/$

20×1년 말에 ㈜대한이 재무제표를 작성하면서 외화표시 매입채무를 표시통화로 환산할 경우 당기순이익, 기타포괄이익 그리고 총포괄이익에 미치는 영향을 각각 계산하시오.

20×1년도 당기순이익에 미치는 영향	①
20×1년도 기타포괄이익에 미치는 영향	②
20×1년도 총포괄이익에 미치는 영향	③

물음 1	20×1년도 당기순이익에 미치는 영향	① (-)2,000
	20×2년도 당기순이익에 미치는 영향	② (-)4,000

근거

① 20×1년도 당기순이익에 미치는 영향
- ㉠ 20×1년 말 통화선도평가손익
  - 받을 돈: $200 × @1,270 = 254,000
  - 줄 돈: $200 × @1,230 = (-)246,000
  - 통화선도평가이익: 254,000 - 246,000 = 8,000
- ㉡ 환율변동손실: $200 × (@1,250 - @1,200) = 10,000(손실)
- ㉢ 20×1년 당기순이익에 미치는 영향: 8,000 - 10,000 = (-)2,000

② 20×2년도 당기순이익에 미치는 영향
- ㉠ 20×2년 말 통화선도평가손익
  - 받을 돈: $200 × @1,300 = 260,000
  - 줄 돈: $200 × @1,230 = (-)246,000
  - 통화선도평가이익: 260,000 - 246,000 = 14,000
- ㉡ 20×2년 당기순이익에 미치는 영향: 6,000 - 10,000 = (-)4,000
  - 통화선도거래이익: 14,000 - 8,000 = 6,000
  - 매입채무의 환율변동손실: $200 × (@1,300 - @1,250) = (-)10,000

회계처리

20×1년 11월 30일	차) 재고자산	240,000	대) 매입채무	240,000
20×1년 12월 31일	차) 통화선도	8,000	대) 통화선도평가이익	8,000
	차) 환율변동손실	10,000	대) 매입채무	10,000
20×2년 2월 28일	차) 현금[1]	260,000	대) 현금	246,000
			통화선도	8,000
			통화선도거래이익	6,000
	차) 매입채무[2]	250,000	대) 현금	260,000
	환율변동손실	10,000		

1) $200 × @1,300 = 260,000
2) $200 × @1,250 = 250,000

물음 2	<요구사항 1>	
	20×2년도 당기순이익에 미치는 영향	① 3,000
	20×2년도 기타포괄이익에 미치는 영향	② 6,000
	20×3년도 당기순이익에 미치는 영향	③ (-)3,000
	20×3년도 기타포괄이익에 미치는 영향	④ 6,000

근거

① 20×2년도 당기순이익에 미치는 영향

   ⊙ 20×2년 말 통화선도평가손익

      • 받을 돈: $300 × @1,380 = 414,000

      • 줄 돈: $300 × @1,350 = (-)405,000

      • 통화선도평가이익: 414,000 - 405,000 = 9,000

   ⓒ 예상현금흐름의 공정가치 변동누계액

      • 계약체결일: $300 × @1,400 = 420,000

      • 20×2년 12월 31일: $300 × @1,380 = (-)414,000

      • 손실: 420,000 - 414,000 = 6,000

   ⓒ 20×2년 당기순이익에 미치는 영향: 9,000 - Min[9,000, 6,000] = 3,000

② 20×2년도 기타포괄이익에 미치는 영향: Min[9,000, 6,000] = 6,000

③ 20×3년도 당기순이익에 미치는 영향

   ⊙ 20×3년 말 통화선도평가손익

      • 받을 돈: $300 × @1,380 = 414,000

      • 줄 돈: $300 × @1,340 = (-)402,000

      • 통화선도평가이익: 414,000 - 402,000 = 12,000

   ⓒ 예상현금흐름의 공정가치 변동누계액

      • 계약체결일: $300 × @1,400 = 420,000

      • 20×2년 12월 31일: $300 × @1,340 = (-)402,000

      • 손실: 420,000 - 402,000 = 18,000

   ⓒ 위험회피에 효과적인 금액: Min[12,000, 18,000] = 12,000

   ② 20×3년 당기순이익에 미치는 영향: (-)3,000(회계처리 참조)

④ 20×3년도 기타포괄이익에 미치는 영향: 12,000 - 6,000 = 6,000

회계처리

20×2년 9월 30일	- 회계처리 없음 -				
20×2년 12월 31일	차) 통화선도	9,000	대) 현금흐름위험회피적립금		6,000
			통화선도평가이익		3,000
20×3년 3월 31일	차) 통화선도[1]	3,000	대) 현금흐름위험회피적립금[2]		6,000
	통화선도평가손실	3,000			
	차) 현금흐름위험회피적립금	12,000	대) 통화선도평가이익		12,000
	차) 현금	402,000	대) 매출[3]		402,000

1) 12,000 - 9,000 = 3,000
2) 12,000 - 6,000 = 6,000
3) $300 × @1,340 = 402,000

<요구사항 2>

20×3년도 당기순이익에 미치는 영향	① 12,000

물음 3		
20×1년도 당기순이익에 미치는 영향	① 0	
20×1년도 기타포괄이익에 미치는 영향	② 130,000	
20×1년도 총포괄이익에 미치는 영향	③ 130,000	

근거

1. **기능통화로의 환산**

   (1) 20×0년 말 기능통화금액: CNY5,000 × @0.23 = $1,150

   (2) 20×1년 말 기능통화금액: CNY5,000 × @0.20 = $1,000

2. **표시통화로의 환산**

   (1) 기초매입채무: $1,150 × @1,200 = 1,380,000

   (2) 기말매입채무: $1,000 × @1,250 = (-)1,250,000

   (3) 해외사업환산이익(기타포괄이익): 1,380,000 - 1,250,000 = 130,000

㈜대한은 금 가공업체이며 금 매입 시세의 변동성 위험에 노출되어 있다. ㈜대한과 주채권은행은 신용관리를 위해 매 회계연도 말 기준으로 부채비율(= 총부채 ÷ 총자본)이 1.50을 초과하지 않을 것을 요구하는 부채약정을 맺고 있다.

20×1년 9월 1일에 ㈜대한은 생산에 투입할 원재료인 금 100온스(oz)를 온스당 $1,200에 매입하는 확정계약을 체결했으며 실제 금 인수일은 20×2년 3월 1일이다. 계약일로부터 인수까지 6개월 동안 ㈜대한은 향후 $당 원화 환율의 상승(원화 평가 절하)을 예상했다. 이에 금 매입 확정계약의 외화위험을 회피하기 위해 20×1년 9월 1일에 $120,000를 $당 ₩1,100에 매수하는 통화선도계약을 체결했다. 계약체결일 현재의 현물환율(W/$)은 ₩1,060이고 통화선도환율(W/$)은 ₩1,100이다. 선도거래 관련 결산 회계처리 효과를 반영하기 직전 ㈜대한의 총부채는 ₩16,000,000이고, 총자본은 ₩14,000,000이다. [공인회계사 2차 2018년]

[물음 1] 위 제시된 자료와 관계없이 한국채택국제회계기준(K-IFRS)상 확정계약(위험회피대상)의 외화위험에 적용할 수 있는 위험회피회계에는 무엇이 있는지 모두 제시하시오.

[물음 2] 20×1년 9월 1일에 ㈜대한이 선택할 가능성이 더 큰 위험회피회계는 무엇인지 이유와 함께 간략하게 설명하시오.

[물음 3] 20×1년 12월 31일 만기 2개월을 앞둔 상황에서 예상대로 현물환율(W/$)은 ₩1,110으로, 통화선도환율(W/$)은 ₩1,150으로 상승했다.

20×1년 12월 31일 결산·마감 후 [물음 2]에 따라 선택한 위험회피회계와 선택하지 않은 위험회피회계별로 ㈜대한의 부채비율을 계산하시오[단, 부채비율은 소수점 아래 셋째 자리에서 반올림하여 둘째 자리까지 표시하시오(예 5.608은 5.61로 표시)].

구분	부채비율(= 총부채 ÷ 총자본)
선택한 위험회피회계	①
선택하지 않은 위험회피회계	②

─┤ 풀이 ├─

물음 1 확정계약(위험회피대상)의 외화위험에 대해서는 공정가치위험회피회계를 적용할 수도 있고, 현금흐름위험회피회계를 적용할 수도 있다.

물음 2 ㈜대한은 현금흐름위험회피회계를 선택할 가능성이 더 크다. 그 이유는 부채비율이 1.5를 초과하지 않아야 하는데, 공정가치위험회피회계 방식의 회계처리에서는 부채가 증가하여 부채비율이 나빠지기 때문에 현금흐름위험회피회계 방식을 선택하는 것이 ㈜대한에게 유리하다.

물음 3

구분	부채비율(= 총부채 ÷ 총자본)
선택한 위험회피회계	① 0.8
선택하지 않은 위험회피회계	② 1.57

(1) 현금흐름위험회피회계 방식

　1) 통화선도계약의 공정가치

　　㉠ 받을 돈: $120,000 × @1,150 = 138,000,000

　　㉡ 줄 돈: $120,000 × @1,100 = (-)132,000,000

　　㉢ 통화선도평가이익: 138,000,000 - 132,000,000 = 6,000,000

　2) 회계처리

차) 통화선도	6,000,000	대) 현금흐름위험회피적립금(OCI)	6,000,000

　　⇒ 현금흐름위험회피회계 방식에서는 위험회피대상항목에서 20×1년 말에 아무런 회계처리가 없고 위험회피수단에서는 다음과 같이 자산이 증가하고 자본(기타포괄손익)이 증가하는 회계처리를 한다.

　3) 부채비율: 16,000,000 ÷ (14,000,000 + 6,000,000) = 80%

(2) 공정가치위험회피회계 방식

　1) 통화선도계약의 공정가치

　　㉠ 받을 돈: $120,000 × @1,150 = 138,000,000

　　㉡ 줄 돈: $120,000 × @1,100 = (-)132,000,000

　　㉢ 통화선도평가이익: 138,000,000 - 132,000,000 = 6,000,000

　2) 확정계약의 공정가치

　　㉠ 계약체결일의 공정가치: $120,000 × @1,100 = 132,000,000

　　㉡ 보고기간 말의 공정가치: $120,000 × @1,150 = (-)138,000,000

　　㉢ 확정계약평가손실: 132,000,000 - 138,000,000 = (-)6,000,000

　3) 회계처리

차) 통화선도	6,000,000	대) 통화선도평가이익	6,000,000
차) 확정계약평가손실	6,000,000	대) 확정계약	6,000,000

　　⇒ 공정가치위험회피회계 방식에서는 위험회피대상항목에서 20×1년 말에 평가손실(N/I)과 확정계약부채의 증가를 인식하고 위험회피수단에서는 다음과 같이 자산이 증가하고 평가이익(N/I)을 인식하는 회계처리를 한다.

　4) 부채비율: (16,000,000 + 6,000,000) ÷ 14,000,000 = 1.57

20×1년 6월 30일에 ㈜분당은 만기 3년의 차입금 ₩10,000,000을 연 7% 고정금리로 차입하였다. 고정이자율은 차입일 당시의 LIBOR에 ㈜분당의 신용위험을 고려 1%를 가산하여 결정되었다. 같은 날 경쟁업체인 ㈜화성은 만기 3년의 차입금 ₩10,000,000을 변동금리로 차입하였다. 변동이자율은 차입일 당시의 LIBOR에 ㈜화성의 신용위험을 고려 1%를 가산하여 결정되었으며, 이후 반년마다 LIBOR에 가산금리를 적용하여 조정된다. 동시에 ㈜분당과 ㈜화성은 다음과 같은 만기 3년의 이자율 스왑거래를 체결하였다. ㈜분당은 차입금 원금 ₩10,000,000에 대해 ㈜화성으로부터 고정이자율 연 6%를 수취하고 6개월 LIBOR에 상당하는 변동이자율을 ㈜화성에게 지급한다. 이자율스왑 정산과 관련한 이자는 매해 12월 31일 및 6월 30일에 지급하며, 이를 결정하는 LIBOR는 매 기간 초 확정된다. 즉, 12월 31일 스왑결제에 적용될 변동이자율은 6월 30일의 6개월 LIBOR에 의해 결정된다. 차입금과 관련한 이자율스왑의 위험회피효과는 100%이며, 차입 후 1년간 6개월 LIBOR와 이에 근거한 ㈜분당의 이자율스왑의 공정가치는 다음과 같다.　　　　　　　　　　　　　　　　　　　　　　　　　　　　　　[공인회계사 2차 2012년]

일자	6개월 만기 LIBOR(연 이자율)	㈜분당의 이자율스왑 공정가치
20×1. 6. 30.	6%	₩0
20×1. 12. 31.	7%	(-)222,591
20×2. 6. 30.	5%	185,855

물음 1　한국채택국제회계기준은 위에 제시된 이자율스왑과 같은 파생상품을 이용해 회피할 수 있는 위험을 (a) 공정가치위험 그리고 (b) 현금흐름위험으로 크게 구분하고 있다. 위의 스왑거래를 통하여 ㈜분당과 ㈜화성이 각각 회피하고자 하는 위험은 이 두 위험 중 무엇인지 다음의 양식에 따라 제시하시오.

구분	스왑거래를 통해 회피하고자 하는 위험
㈜분당	①
㈜화성	②

물음 2　20×1년 7월 1일부터 20×2년 6월 30일까지 차입 및 스왑과 관련하여 ㈜분당과 ㈜화성이 지급하여야 할 순이자비용은 각각 얼마인지 계산하시오.

구분	차입금 및 스왑 관련 순이자비용
㈜분당	①
㈜화성	②

물음 3　㈜분당이 위험회피회계를 적용하였을 경우, 위 차입금 및 스왑거래가 20×2년 1월 1일부터 20×2년 6월 30일까지 회계기간의 ㈜분당의 재무제표에 미친 영향을 계산하되, 손실이나 감소는 (-)로 표시한다.

당기손익에 미친 영향	①
기타포괄손익에 미친 영향	②

물음 4 ㈜화성이 위험회피회계를 적용하였을 경우, 위 차입금 및 스왑거래가 20×2년 1월 1일부터 20×2년 6월 30일까지 회계기간의 ㈜화성의 재무제표에 미친 영향을 계산하되, 손실이나 감소는 (-)로 표시한다.

당기손익에 미친 영향	①
기타포괄손익에 미친 영향	②

물음 5 ㈜분당과 ㈜화성이 각각 위험회피회계를 적용하였을 경우, 20×2년 6월 30일 현재 보유 중인 차입금의 장부금액을 계산하시오.

㈜분당의 차입금 장부금액	①
㈜화성의 차입금 장부금액	②

물음 1

구분	스왑거래를 통해 회피하고자 하는 위험
㈜분당	① 공정가치 위험(a)
㈜화성	② 현금흐름 위험(b)

⇒ 고정이자율조건의 차입금은 시장이자율이 변동하는 경우에도 미래현금흐름이 변동하지 않는다. 그러므로 시장이자율이 변동하면 변동하지 않은 미래현금흐름을 변동된 시장이자율로 할인한 공정가치가 변동하게 된다. 고정이자율조건의 차입금은 이렇게 공정가치가 변동하므로 공정가치 변동위험에 노출된 위험회피대상항목이 된다.

⇒ 변동이자율조건의 차입금은 시장이자율이 변동하는 경우 미래현금흐름(표시이자)이 변동한다. 미래현금흐름은 시장이자율의 변동에 따라 시장이자율에 해당하는 표시이자를 지급하게 되므로 미래현금흐름은 변동한다. 따라서 시장이자율이 변동하면 시장이자율로 변동한 미래현금흐름을 변동된 시장이자율로 할인한 공정가치는 항상 동일한 금액이 되어 변동하지 않는다. 변동이자율조건의 차입금은 이렇게 미래현금흐름이 변동하므로 현금흐름 변동위험에 노출된 위험회피대상항목이 된다.

물음 2

구분	차입금 및 스왑 관련 순이자비용
㈜분당	① 750,000
㈜화성	② 700,000

근거

1. ㈜분당

20×1년 12월 31일 장기차입금 이자비용	$10,000,000 \times 7\% \times 6/12 =$	350,000
20×2년 6월 30일 장기차입금 이자비용	$10,000,000 \times 7\% \times 6/12 =$	350,000
20×1년 12월 31일 이자율스왑 순이자비용	$10,000,000 \times (6\% - 6\%) \times 6/12 =$	0
20×2년 6월 30일 이자율스왑 순이자비용	$10,000,000 \times (6\% - 7\%) \times 6/12 =$	50,000
		750,000

2. ㈜화성

20×1년 12월 31일 장기차입금 이자비용	$10,000,000 \times 7\% \times 6/12 =$	350,000
20×2년 6월 30일 장기차입금 이자비용	$10,000,000 \times 8\% \times 6/12 =$	400,000
20×1년 12월 31일 이자율스왑 순이자비용	$10,000,000 \times (6\% - 6\%) \times 6/12 =$	0
20×2년 6월 30일 이자율스왑 순이자비용	$10,000,000 \times (7\% - 6\%) \times 6/12 =$	(-)50,000
		700,000

당기손익에 미친 영향	① (-)400,000
기타포괄손익에 미친 영향	② 0

근거

1. 장기차입금의 20×1년 12월 31일 공정가치: 9,777,409

   $350,000/1.04 + 350,000/1.04^2 + 350,000/1.04^3 + 350,000/1.04^4 + (10,000,000 + 350,000)/1.04^5 = 9,777,409$

2. 장기차입금의 20×2년 12월 31일 공정가치: 10,185,855

   $350,000/1.03 + 350,000/1.03^2 + 350,000/1.03^3 + (10,000,000 + 350,000)/1.03^4 = 10,185,855$

3. 장기차입금평가손실: (-)408,446

   9,777,409 - 10,185,855 = (-)408,446

4. 이자율스왑평가이익: 408,446

   185,855 - (-)222,591 = 408,446

5. 당기손익에 미친 영향: (-)400,000

   (-)350,000(이자비용) - 50,000(이자비용) - 408,446(장기차입금평가손실) + 408,446(이자율스왑평가이익) = (-)400,000

6. 기타포괄손익에 미친 영향: 없음(공정가치위험회피)

㈜분당의 회계처리

20×1년 6월 30일	차) 현금	10,000,000	대) 장기차입금	10,000,000
20×1년 12월 31일	차) 이자비용 차) 장기차입금 차) 이자율스왑평가손실	350,000 222,591 222,591	대) 현금 대) 장기차입금평가이익 대) 이자율스왑	350,000 222,591 222,591
20×2년 6월 30일	차) 이자비용 차) 순이자비용 차) 장기차입금평가손실 차) 이자율스왑	350,000 50,000 408,446 408,446	대) 현금 대) 현금 대) 장기차입금 대) 이자율스왑평가이익	350,000 50,000 408,446 408,446

물음 4	당기손익에 미친 영향	① (-)350,000
	기타포괄손익에 미친 영향	② (-)408,446

근거

1. 20×1년 12월 31일 현금흐름공정가치변동누계액: 222,591

   $50,000/1.04 + 50,000/1.04^2 + 50,000/1.04^3 + 50,000/1.04^4 + 50,000/1.04^5 = 222,591$

2. 20×2년 6월 30일 현금흐름공정가치변동누계액: 185,855

   $50,000/1.03 + 50,000/1.03^2 + 50,000/1.03^3 + 50,000/1.03^4 = 185,855$

3. 20×2년 당기순이익에 미친 영향: (-)350,000

   (-)400,000(이자비용) - (-)50,000(이자비용) = (-)350,000

4. 20×2년 기타포괄손익에 미친 영향: (-)408,446

㈜화성의 회계처리

20×1년 6월 30일	차) 현금	10,000,000	대) 장기차입금	10,000,000
20×1년 12월 31일	차) 이자비용	350,000	대) 현금	350,000
	차) 이자율스왑	222,591	대) 현금흐름위험회피적립금	222,591
20×2년 6월 30일	차) 이자비용	400,000	대) 현금	400,000
	차) 현금	50,000	대) 순이자비용	50,000
	차) 현금흐름위험회피적립금	408,446	대) 이자율스왑	408,446

물음 5	㈜분당의 차입금 장부금액	① 10,185,855
	㈜화성의 차입금 장부금액	② 10,000,000

근거

① ㈜분당의 차입금 장부금액(고정이자율조건): 10,185,855

   장기차입금의 공정가치: $350,000/1.03 + 350,000/1.03^2 + 350,000/1.03^3 + (10,000,000 + 350,000)/1.03^4$

   = 10,185,855

② ㈜화성의 차입금 장부금액(변동이자율조건): 10,000,000

   변동이자율조건인 경우에는 시장이자율이 변동할 때마다 표시이자가 변동하므로 공정가치의 변동이 없다

해커스
IFRS
정윤돈
재무회계연습

개정 7판 1쇄 발행 2024년 11월 29일

지은이	정윤돈
펴낸곳	해커스패스
펴낸이	해커스 경영아카데미 출판팀

주소	서울특별시 강남구 강남대로 428 해커스 경영아카데미
고객센터	02-537-5000
교재 관련 문의	publishing@hackers.com
학원 강의 및 동영상강의	cpa.Hackers.com

ISBN	979-11-7244-378-8 (13320)
Serial Number	07-01-01